THE NIV APPLICATION COMMENTARY

NIV 적용주석

크레이그 키너 ●

요한계시록

솔로몬

NIV 적용주석 시리즈 – 요한계시록

2015년 1월 25일 초판 3쇄 발행

지은이 | 크레이그 키너
옮긴이 | 배용덕
펴낸이 | 박영호
펴낸곳 | 도서출판 솔로몬

주소 | 서울시 동작구 사당로 155 신주빌딩 B1
전화 | 599-1482
팩스 | 592-2104
직영서점 | 596-5225

등록일 | 1990년 7월 31일
등록번호 | 제16-24호

ISBN 978-89-8255-468-1 94230
ISBN 978-89-8255-449-0(세트)

THE NIV APPLICATION COMMENTARY

CRAIG S. KEENER

NIV REVELATION

From biblical text... to contemporary life

이 시리즈는 성경의 영원한 메시지를 이 시대에 말하기를 추구하는 목사와 교사들을 위한 필수적인 도구가 될 것을 약속한다.

-빌리 그레이엄

NIV 적용주석 시리즈는 내가 바라는 사역의 열정과 동일한 목표-하나님의 말씀의 온전한 영향을 느낄 수 있도록, 메시지를 현대의 청중들에게 전하는 것-를 공유하고 있다.

-빌 하이벨스, 윌로우 크릭 교회

NIV 적용주석은 '하나님의 말씀을 행하는 자들'을 양육하는 데 헌신하고 있는 목사와 여타 사람들을 위한 탁월한 자료다.

-릭 워렌, 새들백 교회

이 주석 시리즈는 진부하지 않다. 그것은 새로운 시대의 신선함으로, 친구의 포옹처럼 직접적으로 들려지고 전달될 수 있도록, 오래된 강력한 하나님의 말씀을 현재로 가져오는 일을 제대로 해내고 있다.

-유진 피터슨, 리젠트 대학

해석의 실타래에서 제대로 된 적용을 얻기 원한다면, NIV 적용주석은 바로 당신을 위한 것이다! 이 시리즈는 원 의미와 현대적 의미에서 탁월하다. 나는 이 주석을 전적으로(100%) 추천한다

-하워드 핸드릭슨, 달라스 신학교

NIV 적용주석 시리즈는 이전에 학자들이 다루지 않았던 것을 과감하게 다룬다-목사와 교사들이 매일 직면하는 성경적 적용의 실제적 세계로 나아간다. 이것이 바로 좋은 주석 시리즈가 가져야 하는 모든 것이다.

-레잇 앤더슨, 우드데일 교회 목사

이것은 21세기의 설교 주석이다.

–조지 브루샤바르, 베델 대학의 신학교 총장

성경의 세계에서 도시 중심가로 적절히 순회하는 주석이 드디어 나왔다.

–켄트 휴 박사, 일리노이주 휘튼 대학교회 목사

NIV 적용주석은 성경이 무엇을 의미하고, 그것을 어떻게 적용해야 하는지, 또 어떻게 반응해야 하는지를 알기 원하는 독자들에게 크게 봉사한다.

–스튜어트 브리스코, 엘름브룩 교회 목사

NIV 적용주석 시리즈는 하나님의 말씀을 설교하고 가르치는 모든 이들에게 매우 탁월한 도움이 될 것을 약속한다.

–J. I. 패커, 리젠트 대학

NIV 적용주석은 NIV 성경에 기반한 철저하고 권위 있는 주석의 긴급한 필요를 충족시킨다. 이 시리즈를 모든 복음주의 공동체의 도서관과 서재에서 곧 발견하게 될 것이다.

–제임스 케네디 박사, 코랄 리지 장로교회 담임목사

차례

시리즈 서문

NIV 적용주석 시리즈는 독특하다. 대부분의 주석들은 우리들이 사는 이 세상에서 성경의 세계로 거슬러 올라가는 여행을 한다. 이 주석들은 우리를 성경의 세계와 분리시키는 시간, 문화, 언어 그리고 지형의 장벽을 넘어설 수 있게 한다. 하지만 그것들은 과거로의 편도 티켓만을 제공할 뿐이고, 돌아오는 여행은 우리들이 알아서 할 수 있다고 가정한다. 이런 주석들이 성경의 각 권이나 구절의 '원 의미'를 설명하지만 '현대적 의미'를 탐구하는 데는 우리에게 거의 아무런 도움을 주지 못한다. 이런 주석들이 제공하는 정보가 가치가 있기는 하지만, 단지 절반의 임무를 다하고 있을 뿐이다.

최근에 몇몇 주석들이 다소 현대적인 적용을 주석의 목표 중 하나로 포함시켰다. 하지만 그 적용이 자주 피상적이며 도덕적인 데서 그치고 있다. 또 다른 주석집들은 주석이라기보다는 인쇄된 설교처럼 들린다.

NIV 적용주석 시리즈의 주된 목표는 고대의 메시지를 현대의 정황으로 가져오는 어려우면서도 중요한 임무를 가지고서 여러분을 돕는 것이다. 이 시리즈가 완성된 하나의 책으로서 적용에 초점을 맞추지만 저자들은 성경 구절의 원 의미에서 현대적 의미로 나아가는 '과정'을 통해서 독자들이 스스로 생각할 수 있도록 돕는다. 본 시리즈는 주석서이지 대중적인 강해서는 아니다. 이것은 참고서적이지 경건 서적은 아니다.

본 주석은 '원 의미', '상황잇기' 그리고 '현대적 의미'라는 세 항목으로 시리즈의 목표를 이룰 수 있도록 구성되었다.

원 의미

이 항목은 원래의 배경에서 성경의 의미를 이해하도록 돕는다. 여기서는 간결한 형태로 전통적인 주해의 모든 요소들을 논한다. 성경 본문의 역사적, 문학적, 문화적 배경들이 여기에 포함된다. 주석 시리즈의 저자들은 문법과 구문론 그리고 성경 단어들의 의미와 관련한 문제들을 논한다. 시리즈 저자들은 성경구절들의 주요한 개념들을 탐구하고, 성경의 저자들이 이 개념을 어떻게 발전시키는가를 연구한다.

이 항목을 읽고 나면 '원 청중'이 갖고 있었던 문제와 의문, 그리고 관심을 이해하게 되고, 성경의 저자들이 어떻게 이런 이슈들에 대처했는지를 알게 될 것이다. 이런 이해가 오늘날 성경 본문의 합법적인 적용을 행할 수 있는 기초를 제공해준다.

상황잇기

이 항목은 성경의 세계와 오늘날의 세계를 잇는 다리를 놓는다. 즉 성경 본문의 시간적인 측면과 초시간적 측면에 초점을 맞춤으로써 원래의 배경과 현대의 배경을 서로 연결시켜 준다.

하나님의 말씀은 시간적이다. 성경의 저자들은 구체적인 상황과 문제 그리고 질문들에 대해 이야기하였다. 여호수아의 저자는 진노하시는 전사이신 하나님의 손에 난공불락의 도성으로 보였던 여리고의 함락을 이야기함으로써 원 독자들의 용기를 북돋아 주었다(수 6장). 바울은 할례의 결과에 대해서 그리고 율법으로 의롭다함을 얻으려는 위험성을 갈라디아인들에게 경고하였다(갈 5:2-5). 히브리서의 저자는 그리스도가 모세, 아론계열의 제사장들, 그리고 구약성경의 희생제사보다도 우월하시다는 것을 독자들에게 확증하려고 애썼다. 요한은 초기 영지주의의 형태를 가르쳤던 자들의 "영을 시험해 볼" 것을 독자들에게 촉구했다(요일 4:1-6). 이와 같은 경우에 성경의 시간적인 본질이 추상적이 아니라 '구체적'인 상황에서 우리로 하여금 하나님의 말씀을 들을 수 있게 해준다.

하지만 성경의 시간적인 본질은 몇 가지 문제를 낳을 수 있다. 지금 우리의 상황과 난제와 의문들이 성경의 사람들이 직면했던 것들과 항상 직접적으로 연관이 있을 수는 없다. 따라서 성경 시대의 사람들에게 주어진 하나님의 말씀이 항상 우리와 연관이 있어 보이지는 않는다. 예를 들어, 할례가 칭의의 필수적인 요소라고 주장하면서 지금 당신보고 할례를 받으라고 언제 누가 그렇게 주장하였던가? 그리스도가 아론계열의 제사장보다 우월하다는 것에 오늘날 얼마나 많은 사람들이 관심을 쏟고 있는가? 초기 영지주의를 드러내도록 의도된 "실험"이 현대 문화에서 얼마나 가치가 있겠는가?

다행히도 성경은 시간적일 뿐만 아니라 '초시간적'이다. 하나님이 원 청중들에게 말씀하셨던 것처럼 성경 말씀을 통해서 지금 우리에게도 여전히 말씀하신다.

우리는 성경의 사람들과 공통된 인간성을 공유하고 있기 때문에 성경 시대의 사람들이 직면했던 문제들과 하나님이 그들에게 주셨던 해결책 속에서 '보편적인 특징' 을 발견한다. 성경의 초시간적인 본질이 모든 문화의 모든 시간에 능력으로 말씀한다.

성경이 시간적이면서도 초시간적인 측면을 갖고 있음을 인식하지 못하는 사람들은 여러 가지 문제에 직면할 수 있다. 예를 들어, 히브리서와 갈라디아서 또는 신명기와 같은 시간적인 성경책으로 인해 지루함을 느낀 사람들은 오늘날 그런 책들이 의미 없어 보이기 때문에 다시는 그것을 읽지 않으려고 할 수 있다. 한편으로 성경의 초시간적인 본질을 확신하고 있지만 시간적인 요소를 분별하지 못하는 사람들은 멜기세덱의 반차를 좇은 제사장에 대해서 "열변을 토하지만" 청중들은 잠을 자고 있고, 설상가상으로 구약성경의 거룩한 전쟁을 오늘날의 하나님의 대적자들에게 물리적인 방식으로 적용하려고 시도할 것이다.

따라서 이 항목의 목적은 성경의 시간적인 본문에서 무엇이 초시간적인지(또는 무엇이 초시간적이 아닌지)를 여러분들이 식별하도록 돕는데 있다. 예를 들어, 구약의 거룩한 전쟁(성전, 聖戰)은 신약의 영적인 전쟁과 어떻게 관련이 있는가? 바울의 주요한 관심이 (그가 갈 5:6에서 말하고 있는 것처럼) 할례가 아니라면, 그는 무엇에 관심이 있는가? 아론계의 제자장직이나 멜기세덱에 대한 논의가 오늘날 우리와 관련이 없어 보인다면, 오늘날 이 구절에 담겨진 가치는 무엇인가? 1세기의 특정 이단을 분별하기 위해 맞추어진 실험으로 오늘날의 "영을 검증"하려면, 어떤 성경적 검증이 더 적합할 것인가?

하지만 이 항목은 성경 본문에서 어떤 것이 초시간적인지를 밝힐 뿐 아니라 초시간적인 것을 발견하는 방법을 알 수 있도록 돕는다. 주석 시리즈의 저자들은 본문에 함축되어 있는 것들을 명시적으로 밝힌다. 그들은 통상적으로 직관적인 과정을 취하여 논리적이고 정리된 방식으로 그것을 설명한다. 할례가 바울의 주요한 관심사가 아님을 우리는 어떻게 알 수 있는가? 성경 원문이나 배경의 어떤 단서가 바울의 진정한 관심이 더 깊은 차원에 속한 것임을 깨닫게 하는가?

물론 우리들과 원 독자들간의 역사적인 거리가 상당히 있는 구절들은 더 많은 취급을 요할 것이다. 하지만 역사적인 거리가 그리 길지 않거나 겉으로 보기에 거의 존재하지는 않는 구절들은 덜 주의를 기울여도 될 것이다.

마지막으로 덧붙여 말하고 싶은 것은 이 항목이 성경 본문의 '현대적 의미' 를 논의하기 위한 방식을 준비하고 있기 때문에 이 항목과 뒤이어지는 '현대적 의미'

항목간에는 분명한 단절이나 예리한 구분은 주어지지 않는다. 하지만 두 항목들을 종합해서 읽을 때, 여러분들은 성경의 세계에서 오늘의 세계로 이동하는 강력한 감정을 체험하게 될 것이다.

현대적 의미

이 항목은 성경이 처음 작성되었을 때에 그러했던 것처럼 오늘날에도 성경의 메시지가 권능으로 역사하도록 만들어 준다. 당신이 예루살렘, 에베소, 또는 고린도에 대해 배운 것을 시카고, 로스앤젤레스, 또는 런던에서 오늘날 필요한 것들에 어떻게 적용할 수 있는가? 본래 헬라어, 히브리어, 아람어로 전해진 메시지를 우리 자신의 언어로 어떻게 명료하게 전달할 수 있는가? 본래 다른 시대와 문화에 전해진 영원한 진리를 취하여, 유사하지만 다른 필요를 갖고 있는 문화의 사람들에게 어떻게 적용할 수 있는가?

이런 목표를 이루기 위해서 이 항목은 몇 가지 핵심적인 영역에서 도움을 준다.

(1) 이 항목은 원 청중들이 직면했던 상황과 문제 또는 의문들에 상응하는 현대적인 문제들을 식별하도록 돕는다. 현대의 상황이 원 청중들이 직면했던 상황과 좀처럼 일치하지 않기 때문에, 당신의 적용이 연관성이 있으려면 유추적인 상황들을 찾아야 한다.

(2) 이 항목은 성경 본문을 오늘날 적용할 수 있는 다양한 배경들을 탐구한다. 개인적인 적용을 살피기도 하지만, 개인적인 관심을 넘어서서 대체로 사회와 문화에 대해 생각하도록 고무시킨다.

(3) 이 항목은 성경본문을 적용하는 데서 발생할 수 있는 문제나 난관들을 환기시킨다. 그리고 어떤 본문이 적용할 수 있는 다양한 합리적 방식들이 있다면 (즉, 기독교인들이 서로 일치하지 않는 영역이 있다면), 본 시리즈의 저자들은 독자들이 이런 다양한 견해들에 관심을 갖고, 스스로 이런 이슈들에 참여하도록 돕는다.

이런 목표를 추구하는 본 시리즈의 기고자들은 두 가지 극단을 피하였다. 하나는 이 주석이 얼마 지나지 않아 구식이 되지 않도록 너무 구체적인 적용을 피하는 것이고, 다른 하나는 현대인의 삶과 문화와 연관짓지 못하는 아주 일반적인 방식으로 성경 본문의 의미를 논하는 것을 삼가는 것이다.

무엇보다도, 본 주석 시리즈의 기고자들은 이 주석이 도덕책이나 설교집이 되지 않도록 상당한 노력을 기울였다. NIV 적용 주석 시리즈는 바로 써먹을 수 있는 설교 자료집을 제공하려 했다기보다는 당신이 하나님의 말씀을 능력으로 전달할 수 있도록 돕는 도구, 개념, 그리고 통찰을 제공하려 했다. 당신으로 하여금 이 목표를 이룰 수만 있게 한다면, 우리는 이 시리즈의 목적을 이룬 셈이다.

편집자 서문

성경 중에서 요한계시록만큼이나 다양하게 해석되어 온 책은 없다. 특히 예언자들과 신비주의자들은 요한계시록에 나오는 환상들에서 사색과 영성을 위한 비옥한 토양을 발견해왔다. 마치 요한계시록에 대한 새로운 모든 주석들이 새로운 접근을 하는 것처럼 보이기도 한다.

요한계시록에 대한 이 책의 저자 크레이그 키너(Craig Keener)는 "이전의" 접근법에 초점을 맞추면서 "새로운" 접근법을 제시한다. 매력이 가득 찬 이 책을 이해하기 위해서, 우리는 "현대적인 것보다는 오히려 고대적인" 배경에 초점을 맞추어야 한다고 그는 말한다. 즉 "만일 오늘날의 신문들이 요한계시록을 해석하는데 필요한 열쇠라면, 우리 자신을 포함하여 그 어떤 세대도 이 책을 이해하거나 이에 순종하지 못했을 것이다."

저자는 요한계시록의 메시지를 원래의 청중에게 초점을 맞추면서 이 책의 장르(묵시문헌), 목적(예언), 방법(상징 사용), 또는 그 메시지가 오늘날의 독자들을 위한 것임을 부인하지 않는다(하나님의 경탄할만한 위엄과 통치). 다른 한편, 키너는 요한계시록의 메시지 혹은 최소한 이 책의 어떤 측면들을 이해하는데 있어서 이전에 있었던 모든 접근들의 중요성을 재차 확인한다.—이상주의적 해석, 역사적 해석, 과거주의적 해석, 미래주의적 해석—그러나 오로지 오늘날의 적용에만 초점을 맞추고 또한 성경의 권위가 오늘날의 삶의 모든 측면에 걸쳐있다는 입에 발린 소리를 한다면 수백만 권의 책이 팔릴 수는 있으나, 그러한 접근 방식은 그렇게 보일 뿐이라는 것이 키너가 말하는 주요 요점이다. 실제로 그렇게 말하는 것은 의문을 제기할 뿐만 아니라 또한 기독교 신앙의 근본적인 기반에 두 가지 문제를 야기 시킨다.

(1) 그것은 하나님의 진리의 우주적이며 영원한 본질에 의문을 제기한다. 요한계시록에 나오는 거대한 환상들은 20세기의 거대한 악의 제국—독일, 일본, 소련, 중국, 이슬람 세계—과 연관성이 있는 것으로 해석하면, 현재 정치적 성쇠의 모든 변동은 요한계시록에 대한 우리의 이해를 변화시키게 된다. 키너 교수가 매우 능숙하게 보

여주고 있듯이, 요한계시록의 거대한 상징들은 초기 기독교 시대를 겨냥하고 있는 것이지 20세기의 시대를 말하는 것이 아니다. 우리는 그 상징들이 무엇을 의미했는가를 이해함으로서 그것들이 무엇을 의미하고 있는가를 알 수 있다.

(2) 우리는 하나님이 모든 정치적인 상황 속에서 행동해오셨으며 또한 앞으로도 행동하실 것이라는 것을 잊어버리도록 유혹받는다. 요한계시록의 위대한 예언들은 오늘날 그것들이 우리에게 의미하는 것처럼 어거스틴, 루터, 칼빈, 웨슬리, 에드워즈, 그리고 바르트에게서도 의미를 가지고 있다. 요한계시록의 환상들이 하나님의 위대한 행위들에 대한 순차적인 이해라기보다는 오히려 병행을 이루는 것처럼, 요한계시록이 다른 모든 시대들과 병행을 이루는 것이지 사건들에 대한 연대기적인 연속이 아니라는 것을 모든 기독교 시대는 이해해야 한다.

실제로 우리를 향하신 하나님의 은혜로우신 행위들 중에서 위대하고 경이로운 것들 중 하나는 하나님의 행위가 어떤 특정 시대에 호감을 가지는 편견이 없이 실시간으로 일어난다는 것이다. 바로 그것 때문에 우리가 가장 최근에 살아간다고 해서 우리가 요한계시록을 가장 잘 이해할 수 있는 것이 아니다. 죄의 영향은 우리 시대를 포함하여 어떤 시대도 "황금" 시대가 되지 않도록 만드는데, 최소한 영적인 의미에서 그러하다. 동시에 모든 기독교 세대는 요한계시록이 주는 교훈들, 즉 하나님이 다스리시며, 세상의 권력은 하나님과 비교해볼 때 아무 것도 아니며, 하나님은 약하고 실패한 것처럼 보이는 일을 능력과 성공으로 바꾸시며, 또한 결국에는 하나님의 백성이 승리할 것이라는 것을 배워야 한다.

요한계시록은 성경에 나오는 마지막 책이다. 이 책은 마지막 시대에 대한 중요한 진리를 계시한다. 하지만 이 책은 또한 또 다른 의미에서 마지막이다. 즉 요한계시록을 적절하게 이해하려면 우리가 동원할 수 있는 모든 해석학적인 용기와 지혜와 성숙을 요구한다. 여러 가지 면에서 이 책은 NIV 적용주석을 마무리하는 작업이며, 또한 이미 발간된 주석들에 나왔던 "상황잇기"에서 우리가 배웠던 많은 교훈들을 충분히 적용해볼 수 있는 기회를 제공한다.

하나님의 때는 그분의 것이지 우리의 것이 아니다. 우리를 위한 하나님의 은혜로우신 행위들에 대한 이야기는 위대하고 영광스러운 결론으로 성취되어질 것이다. 하지만 어느 곳에 있든지 어느 시대에 살든지 모든 그리스도인들은 그때에 동등하게 접근할 수 있다. 그 접근은 요한계시록에 나오는 하나님의 메시지를 통해서 이루어져 왔으며 또한 가능하게 되었다.

테리 C. 먹

저자 서문

내가 무신론에서 그리스도인으로 회심한 지 얼마 안 되어 나는 어서 빨리 바울서신을 지나 요한계시록까지 읽고 싶었다. 하지만 일단 내가 성경을 다 읽은 후에 나는 성경이 무엇을 말하는지 전혀 알 수가 없었다. 나는 내가 들은 처음의 몇 안 되는 "예언 교사들"의 말에 귀를 기울였다. 그러나 비록 그들이 서로 모순되는 말을 한 것은 아니지만, 몇 년 시간이 지나면서 나는 그들이 말한 상세한 예언들 대부분이 실현되지 않았다는 것을 알았다.

아마도 회심한 지 6년 후에, 내가 처음으로 요한계시록을 헬라어로 읽었을 때, 그 책은 나에게 생생하게 다가왔다. 이제 나는 본문을 보다 신중하게 읽을 수 있었기 때문에, 나는 장면 전환이나 구조 등을 파악하고 있었으며, 또한 이 책이 내가 처음에 생각했던 것과는 매우 다른 사람들에게 보내어졌다는 것을 깨달았다. 동시에 나는 요한계시록과 다니엘서, 에스겔서와 스가랴서와 같은 예언서들 사이에 병행하는 내용들의 목록을 작성하기도 하였다. 아울러 나는 요한계시록과 동시대의 묵시문학인 에스라 4서(외경에서는 에스드라 2서)를 읽기 시작하였는데, 이는 요한계시록의 최초의 1세기 청중들이 본서가 말하는 것을 들었던 그 방식에 대해 더 많은 것을 알게 해주었다.

그러나 내가 그리스도인이 된 지 2년이 지났을 때 요한계시록과 다른 종말론적 구절들은 나에게 하나의 전환점을 제공해주었다. 내가 초신자 그리스도인이었을 때 나는 곧 어떤 특정의 대중적인 종말론적 견해에 접하게 되었으며, 나는 이러한 입장을 곧이곧대로 다 믿었다(그 특정 견해란 이 이야기가 말하는 요점의 결과가 아니다). 하지만 내가 계속 성경을 문맥 가운데서 읽기 시작하면서 나는 내가 가르침을 받았던 것에 대해 점차 확신하지 못하고 있다는 것을 깨닫기 시작했다. 어떤 방문 복음전도자가 내가 딜레마에 빠진 것을 알고서는 1976년 어느 날 오후를 다 할애하여 대중적 관점에 대해 그가 가지고 있었던 모든 논점을 나에게 설명해주었다. 그러나 내가 문맥을 살펴본 각 요점마다 그 복음전도자가 지니고 있는 관점이 그의 설명이 근거하고 있는 본문에 맞지 않는다는 것을 보여주었다. 마침내 그 복음전도자는 화가 나서 소리쳤다. "이 견해를 받아들이지 않는 사람이 누구라고 생각하느냐? 모든 하나님의 사람들이 이 견해를 가지고 있어. 짐 배커(Jim Bakker), 지미 스웨거트(Jimmy Swaggart), 그리고 다른 모든 사람들이 다 마찬가지야! 너는 예수 믿은 지 2년도 안 된 사람이잖아!" 나는 그가 옳다는 것을 알고 있었다. 내가 이 본문에서 무엇을 보고 무엇을 생각하든 관계없이 이러한 하나님의 사람들 모두가 그렇게 생각하고 있지 않은가?

두 달 후에 나는 그 목사님이 종말에 대해 가르치고 있는 교회를 방문하였다. 그는 내가 생각하기로 내가 본문에서 내 스스로 발견한 바로 그 견해를 주창하고 있었으며, 또한 그 견해가 전체 교회사를 통틀어 지배적인 견해라고 생각했다. 즉 초대 교회 교부들, 어거스틴, 루터, 칼빈 등의 견해로 말이다. 그는 또한 이러한 견해를 가지고 있는 이 시대의 어떤 유명한 하나님의 사람들의 이름들을 열거하였다. 한편 다른 사람들이 주장했던 견해가 한 세기 반 전에는 아무도 성경에서 그와 같이 이해하고 있지 않았다는 것을 알았다. 그날 나는 내 스스로 살펴보지 않고서는 그 누구든 성경에 대해 말하는 것을 결코 믿지 않기고 결심하였다. 나는 내가 다른 사람에게 가르치기 전에 먼저 모든 문제들에 대해 철저하게 연구하기로 결심하였다. 나를 성경 학문에 이끌어준 문제를 탐구하기 시작한 때는 내가 열여섯 살 정도 되었을 때였다. 내가 여러 학자들이 가지고 있는 모든 견해들을 아는 것에 단순히 관심을 가졌기 때문이 아니라, 성경 스스로가 말하는 메시지를 이해하기 위한 최상의 도구를 원했기 때문이었다.

몇 년이 지나 그러한 종말론적 이슈는 오늘날의 교회가 들을 필요가 있는 요한계시록의 메시지를 내가 더 많이 알게 되면서 나에게 덜 중요한 논쟁의 주제가 되었다. 하나님은 자신의 의제로 그의 교회를 일깨우시며, 또한 우리가 중요하게 생각하는 것들보다는(예를 들면, 할 수 있는 한 이 세상에서 우리 자신을 편하게 하고자 하는 것) 하나님에게 중요한 것들에 대해(세상을 복음화 한다든지 혹은 인간의 필요를 충족시키는 것) 관심을 가지기를 원하신다. 나는 계속 요한계시록을 연구하는데 시간을 투자하고 또한 설교하고 가르치고자 한다.

내가 마태복음 주석 집필을 끝내고 요한복음 주석을 반 정도 마쳤을 때, 나는 주님께서 내가 존더반 출판사와 접촉하여 그들에게 요한계시록에 들어있는 원리들에 대해 실제적이면서도 목회적인 적용 주석을 쓰겠다는 제안을 하기를 원하신다는 것을 느꼈다. 하지만 요한복음 주석을 쓰는 일로 너무나도 바빴기 때문에, 나는 출판사와 접촉하기 위해 그 해 후반부까지 기다리기로 하였다. 그러나 그때가 이르기 전에, 출판사의 잭 쿠하체크(Jack Kuhatscheck)가 전화를 걸어와 NIV 적용주석 시리즈 안에 있는 신약주석을 하나 집필할 수 있겠느냐고 하였다.

"제가 지금 쓰고 있는 요한복음 주석 때문에 상당히 늦을 것 같은데요"라고 주저 없이 말하였다. 하지만 나는 NIV 적용주석 시리즈를 집필할 수 있는 영광을 누리고 싶었다. "그런데 신약 중에서 무슨 책이죠?"

"요한계시록입니다"라고 그는 대답했다. 나는 즉시 출판사로부터 요청받은 것에 주님의 섭리가 있다는 것을 깨달았다. 나는 이 주석이 어떤 방식으로든 매우 중요하고 가치 있는 과업임이 드러날 것으로 기도하고 있다.

나는 이 책을 출간하는데 상당한 시간을 투자한 존더반 출판사의 편집인들, 특히 잭 쿠하체크(Jack Kuhatscheck), 테리 머크(Terry Muck), 스콧 맥나이트(Scot McKnight), 그리고 벨린 베브러지(Verlyn Verbrugge 등에 대해 감사를 드린다. 아울러 이 주석의 내용을 "검증"하도록 허락을 해준 나의 학생들에게 감사를 드린다. 필라델피아에 있는 도시 신학 연구소(Center for Urban Theological Studies, CUTS)에서 요한계시록을 공부하는 클래스, 노스 캐롤라이나의 후드 신학대학원(Hood Theological Seminary)에서 묵시문헌 및 요한문헌을 공부하는 클래스, 그리고 나이지리아 조스와 그 근방에 있는 여러 기관에서 온 국제 기독교 연구소(International Institute of Christian Studies, IICS)의 학생들에게 감사를 드린다. 이들은 나에게 "성경 배경"을 가르치도록 허락해주었다. 그리고 나의 조교이며 사랑하는 친구인 임마누엘 이탭슨(Emmanuel Itapson)에게도 감사를 드린다. 그는 CUTS에서 요한계시록 클래스 학생들의 채점을 해주었다.

지면이 제한되어 있기 때문에 나는 내가 써야 할 상당한 내용과 문헌을 생략해야만 하였다. 그럼에도 불구하고 나는 이 주석서가 많은 도움을 줄 것으로 기대한다. 적용 부분에서 내가 인용한 세속적인 내용 대부분은 한 두 가지 새로운 잡지에서 발췌한 것들이다. 내가 이러한 잡지들의 내용을 언급한 것은 이러한 잡지들이 다른 사람들로부터 지지를 받으려고 의도한 것이 아니라, 경제적인 상식을 얻고자 내가 지난 10년 동안 정기 구독을 해왔으며 또한 내가 보관하고 있는 파일에 이미 들어있는 정보 중에서 인용했다는 것을 인정하고자 하는 것이다.

크레이그 S. 키너

약어표

주의: 여기에 기록되어 있는 약어표 외에도 이 주석은 고대 고전 문헌들, 사해사본, 위경, 랍비문헌, 그리고 교부들에 대한 표준 약어들을 사용하고 있음.

AB	Anchor Bible
ABD	*Anchor Bible Dictionary*
AGJU	Arbeiten zur Geschichte des Judentums und Urchristentums
ANET	*Ancient Near-Eastern Texts Relating to the Old Testament*, ed., J. Pritchard.
ANRW	*Aufstieg und Niedergang der römischen Welt*
AUSS	*Andrews University Seminary Studies*
BA	*Biblical Archaeologist*
BAR	*Biblical Archaeology Review*
BASOR	*Bulletin of the American School of Oriental Research*
BibNot	*Biblische Notizen*
BibSac	*Bibliotheca Sacra*
BibTrans	*The Bible Translator*
BJRL	*Blletin of the John Rylands Library*
BTB	*Biblical Theology Bulletin*
BZ	*Biblische Zeitschrift*
CIG	*Corpus inscriptionum graecarum*
CIJ	*Corpus inscriptionum judaicarum*
CIL	*Corpus inscriptionum latinarum*
CPJ	*Corpus papyrorum judaicarum*
CT	*Christianity Today*
ÉPROER	Études préliminaires aux religions orintales dans l'empire romain
ETL	*Ephemerides theologicae lovanienses*
EvQ	*Evangelical Quarterly*
HTR	*Harvard Theological Review*
IEJ	*Israel Exporation Journal*

Interp	*Interpretation*
ITQ	*Irish Theological Quarterly*
JBL	*Journal of Biblical Literature*
JBLMS	Journal of Biblical Literature Monograph Series
JHS	*Journal of Hellenic Studies*
JJS	*Journal of Jewish Studies*
JPFC	*The Jewish People in the First Century* (2 vols., ed. S. Safrai, M. Stern, D. Flusser, and W. C. van Unnik)
JQR	*Jewish Quarterly Review*
JRS	*Journal of Roman Studies*
JSJ	*Journal of Study of Judaism*
JSNT	*Journal for the Study of the New Testament*
JSNTSup	Journal for the Study of the New Testament Supplements
JSP	*Journal for the Study of the Pseudepigrapha*
JSS	*Journal of Semitic Studies*
JTS	*Journal of Theological Studies*
LCL	Loeb Classical Library
LEC	Library of Early Christianity
MM	*Mountain Movers*
MNTC	Moffatt New Testament Commentary
Neot	*Neotestamentica*
NICNT	New International Commentary on the New Testament
NIV	New International Version
NovT	*Novum Testamentum*
NovTSup	Supplements to *Novum Testamentum*
NTA	*New Testament Abstracts*
NTS	*New Testament Studies*
NW	*Newsweek*
OTP	*The Old Testament Pseudepigrapha* (2 vols., ed. by James H. Charlesworth)
PGM	*Papyri graecae magicae*
POTTS	Pittsburgh Original Texts and Translation Series
RB	*Revue biblique*
RevExp	*Review and Expositor*
RevQ	*Revue de Qumran*
RHPR	*Revue d' histoire de philosophie religieuses*
RSR	*Recherches de science religieuse*

SBLBMI	Society of Biblical Literature, the Bible and Its Modern Interpreters
SBLDS	Society of Biblical Literature Dissertion Series
SBS	Sources for Biblical Study
SCP	*Spiritual Counterfeit Project*
SEG	*Supplementum Epigraphicum Graecum*
SJT	*Scottish Journal of Theology*
SNTSM	Studien zum Neuen Testament und seiner Umwelt Studia Theologica
ST	*Studia Theologica*
TDGR	Translated Douments of Greece and Rome
TDNT	*Theological Dictionary of the New Testament, ed. G. Kittel*
TNHL	*The Nag Hammadi Library*
TrinJ	*Trinity Journal*
TynBul	*Tyndale Bulletin*
UNDCSJCA	University of Notre Dame Center for the Study of Judaism and Christianity in Antiquity
USNWR	*U.S. News and World Report*
WPR	*World Press Rview*
ZAW	*Zeitschrift für die alttestamentliche Wissenschaft*
ZNW	*Zeitschrift für die neutestamentliche Wissenschaft*

서론

비록 요한계시록(그리고 이 주석에서) 안에 있는 세부적인 많은 내용들이 논란이 있지만, 근본적인 요점은 그렇지가 않다. 진실하시고 살아계신 하나님은 세상 일에 몰두하고 있는 우리들을 부르시어 역사에 대한 하나님의 궁극적인 목적에 비추어 무엇이 정말로 중요하며, 무엇이 정말로 중요하지 않은지를 알기를 원하신다.

하나님은 우선 책의 말씀들을 들을 수 있고 또한 가혹하고 무서운 상징들을 상상할 수 있는 문화 속에 살고 있는 사람들에게 요한계시록을 주셨다. 마찬가지로 우리들도 이 책의 풍부한 영향력에 지배를 받아 공포 이미지들 이해하는 상상력을 사용해야 한다. 요한계시록은 아무런 생각 없이 읽는다든지 혹은 저 알코올 음료를 마시듯 대충 읽어서는 안 된다. 요한계시록은 이 책의 말씀을 진실로 듣는 사람들에게 하나님을 반역하는 이 세상에 임할 하나님의 심판 문제로 고심하도록 권고하기 위해 주어진 말씀이다.

해석하는 열쇠가 있는가?

어떤 독자들은 현재 일어나는 사건들이 성경적 예언의 의미를 보여준다고 믿고 있다. 그리하여 어떤 작가는 루터와 칼빈도 "예언에 대해서는 거의 알지 못했다"라고 생각한다. 그러나 스터디 바이블 편집자인 스코필드(C. I. Scofield)는 지적하기를 요한계시록은 종말 해석자들이 그 의미를 드러내도록 하기 위해 기록되었다고 말한다.[1]

하지만 이러한 접근은 내가 보기에는 잘못 판단한 것으로 보인다. 나는 이러한 접근이 요한계시록의 증거 그 자체와 충돌한다고 생각한다. 요한은 문자적인 소아시아에 문자적인 일곱 교회에 이 글을 쓰고 있으며, 또한 로마의 도로를 여행하는

1. Lindsey, *New World Coming*, 21.

메신저가 요한계시록에 나와 있는 도시와 동일한 순서로 이 책을 전달하고 있다(1:4-8의《상황잇기》에 나오는 보다 상세한 설명을 참조하라). 만일 우리가 요한계시록 자체가 주장하는 바를 진지하게 받아들인다면, 이 책은 최초의 청중들에게 잘 이해가 되었음에 틀림없으며, 또한 이들은 실제로 그 말씀을 지킴으로써 "복"을 받았다(계 1:3). 요한이 헬라어로 이 책을 기록한 것은 아마도 그가 우리들의 문화가 아닌 그가 속한 문화의 일부분이었던 언어의 표상과 상징들을 사용했음을 암시한다. 요한계시록이 요한의 세대에조차도 "인봉되지 않은 채" 남아있었다는 것은 이 책이 그 시대 이후로 계속 이해되어야 한다는 것을 나타낸다(계 22:10; 단 12:9-10은 이와 반대이다).

아마도 훨씬 더 설득력이 있는 이유는 요한계시록을 이해하기 위해 현대적 배경보다는 오히려 고대의 배경에 초점을 맞추도록 주장하는데 있다. 만일 오늘날의 신문들이 이 책을 해석하기 위한 필요한 열쇠라면, 오늘 우리에 이르기까지 그 어떤 세대도 요한계시록을 이해하거나 지키지 못했을 것이다(1:3에 있는 전제와는 반대로). 신문들은 요한계시록을 교훈과 책망에 유익한 성경으로 읽지 않는다. 이러한 접근은 성경 권위의 고귀한 관점에 어울리지 않는다(딤후 3:16-17 참조). 그러나 만일 요한계시록이 최초의 세대가 이해할 수 있는 책이었다면, 그 다음 세대도 단순히 어떤 역사를 배움으로써 이 책에서 유익을 얻을 수 있는 것이다. 어떤 인기 있는 예언 교사는 도움이 되는 역사의 상당 부분을 무시하고 오히려 요즘 나오는 신문의 표제 기사에 비추어 요한계시록을 해석하고 있다. 이것은 아마도 그들 대부분이 신문 표제 기사가 바뀔 때마다 그들이 했던 예언을 얼마 지나지 않아 수정할 수밖에 없는 지를 보여준다.

또 다른 해석 문제는 어떤 이들은 요한계시록을 문자적으로 이해하고자 한다는 것이다. 우리가 이러한 접근법을 시도해야 하는가 하는 문제는 "문자적으로"라는 용어가 의미하는 것이 어느 정도까지인가 하는 것에 달려있다. 루터와 같은 종교개혁자들이 성경을 "문자적으로" 해석한다고 말할 때, 그들은 성경의 각 부분을 그 "문자적 의미"에 따라 해석하고, 따라서 문학 장르나 문학적 유형에 대한 관심을 포함하는 것을 의미하는 전문 용어(*sensus literalis*)를 사용하고 있었던 것이다. 하지만 그들은 우리가 은유적 언어나 상징들을 무시해도 된다는 것을 의도한 것은 아니었다. 우리는 성경에서 역사적 담화들을 문자적으로 받아들여야 한다. 그러나 요한계시록은 예언적 장르와 "묵시적" 장르가 혼합되어 있는 다른 장르에 속해 있으며, 이 두 장르 모두 상징으로 가득 차 있다. 종교개혁자들은 우리가 상징들을 마치 그것이 상징이 아닌 것처럼 해석해야 된다고 말한 것은 아니었다. 그리고 이러한 종류의 문자주의는 상징들이 의미하는 것과 실제적으로 조화를 이루지 못한다.[2]

사실 요한계시록에 나오는 모든 상징을 비상징적으로 다루는 것은 매우 어려운 일이며 그래서 지금까지 어떤 사람도 그렇게 해석한 적이 없다. 아무도 큰 성 바벨론을 문자적인 음녀나 음녀들의 어미로 해석하지 않으며(계 17:5), 아무도 새 예루살렘을 문자적인 한 개인의 신부로 해석하지 않으며, 그리고 어떤 프로테스탄트들도 12장에 나오는 여자를 문자적인 여자로 해석하지 않는다(해를 옷 입은 여자는 분명히 문자적인 의미일 수가 없다). "가능한 한 문자적으로 해석하라"는 것은 하나의 대응에서 비롯된 것이다. 그러나 "가능한"이라는 분량은 대개 각 사람이 가지고 있는 전제들에 의해 결정된다. 9장에 나오는 괴물들이 문자적으로 가능한가? 물론 하나님은 그러한 괴물들을 분명히 창조하실 수는 있다. 하지만 그러한 괴물들은 단순히 요엘서에 나오는 메뚜기들을 나타내는 생물들과 닮은 점을 상당히 많이 가지고 있다. 우리가 요한계시록의 나머지 부분들과 예언서들(그들 중 상당 부분은 분명히 상징적이다)을 일치되게 해석하는 것이 이들을 문자적으로 해석하고자 하는 것보다 더 중요하지 않겠는가? 요한계시록을 오늘날 주장하고 있는 해석 체계에 집어넣어 읽는 것보다 이 책을 (상징들이 포함된) 그 자체의 술어로 듣는 것이 요한계시록을 보다 존중하는 일이 되지 않겠는가? 요한계시록은 분명히 상징들을 포함하고 있으며 또한 때때로 그 상징들이 의미하는 것(가령 계 1:20)들은 요한계시록의 나머지 부분에 나오는 강렬한 상징주의를 무시하는 어떤 해석 방식을 의심하도록 우리를 이끌어야 한다는 것을 말해준다.

요한계시록은 하나님이 이 책을 요한에게 "알리신" 것으로 말씀하심으로서 시작한다(계 1:1; NIV, "알게 하신"). 이 말씀은 요한이 때때로 "이적" 혹은 "상징"에 대해 사용하고 있는 것과 관련이 있다(계 12:1, 3; 15:1). 이것은 서두 구절이 상징들에 의해 전달되는 책이라는 것을 단도직입적으로 선언하고 있음을 암시한다.[3]

---

2. Sproul, *Last Days*, 65-66; Robert B. Simple, "An Amillennial Response to Craig A. Blaising," in *Three Views of the Millennium*, ed. Bock, 262. 요한 크리소스톰(John Chrysostom)과 그의 "안디옥" 학파는 종종 "문자적인" 해석을 취했으며, 반면에 영지주의자들과 알렉산드리아 학파는 "영적인" 해석을 취하였다(Carl A. Volz, "The Genius of Chrysostom's Preaching," *Christian History* 44 [1994]: 24-26 [p. 24]; Stephen M. Miller, "Malcontents for Christ," *Christian History* 51 [1996]: 32-34 [p. 32]). 몇몇 미국 사람들은 그들이 "문자주의"로 간주했던 것을 예속을 정당화하기 위해 사용했지만, 반면에 다른 사람들은 성경적 원리들에서 나온 것으로 대답한다("Broken Churches, Broken Nation," *Christian History* 33 [1992]: 26-27 [p. 27]).

요한계시록의 유대교 동시대 사람들은 이 책이 사용하고 있는 일련의 상징들에 익숙해져 있었다. 그리하여 우리는 가령 신비한 짐승들이 등장하여(에녹 1서 85:3) 별들을 잉태하는(에녹 1서 86장) 초기 유대교 묵시록인 에녹 1서의 1세기 연속 판으로 읽어야 하는데, 이러한 환상은 분명히 문맥상 문자적으로 이해하도록 의도된 것이 아니다. 마찬가지로 요한계시록에 나오는 "황충"(계 9:3-11)도 요엘서의 내용과 상당 부분 일치한다. 우리는 요엘서 1-2장(욜 1:4; 2:11, 20, 25)에 나오는 메뚜기 군대에 대한 생생한 표현을 문자적으로 해석하지 않아야 한다는 것은 요한계시록도 동일한 방식으로 해석해서는 안 된다는 것을 인식하는 것이 중요하다. 많은 복음주의 주석학자들과 그 외 주석학자들이 말하는 바와 같이, 환상들은 우선 우리들을 하나님의 요구들 및 약속들과 대면시키는 것이지, 종말에 일어날 상세한 사건들에 대해 우리의 호기심을 만족시키기 위한 것이 아니다. 요한계시록은 진 딕슨(Jeanne Dixon), 에드가 케이시(Edgar Caycee), 혹은 통속적인 십이궁도와 같은 비성경적인 예언자들과 공통 기반을 가질 수 없다.

실패한 예언들

텍사스 웨코(Waco)에 있는 데이비드 코레쉬(David Koresh)의 추종자들 중 생명을 잃은 수많은 사람들은 요한계시록을 잘못 읽은 것과 관련이 있다.[4] 그러나 예언적 사색은 새로운 현상이 아니다. 유대교 작품들은 종종 숫자와 여전히 미래의 시간들에 대해 추측하곤 했는데 역사는 이러한 것들이 잘못되었다는 것을 보여주었다(예를 들면, 시빌의 신탁 11.265-67; 모세의 언약 2:3). 초기 교부들 역시 결코 실현될 수 없는 어떤 사색에 빠지곤 하였다. 가령 이 세상은 A.D. 500년에 끝이 날 것이라는 히폴리투스(Hippolytus)의 견해가 그 예이다. 불행하게도 많은 현대의 예언 교사들도 더 좋은 점수를 받을 수 없다.[5]

---

3. Beale, *Revelation*, 50-51을 보라. 비일(Beale)은 다니엘의 꿈-환상들에 사용되었던 것에서 이러한 언어의 배경을 발견하고 있다(칠십인 역의 단 2:28-30, 45). 예언은 '마샬'(*mashal*)을 포함할 수도 있는데(민 23:7, 18), 이는 "비유"를 포함하는 하나의 문학적인 형태이다.
4. Craig L. Nessan, "When Faith Turns Fatal: David Koresh and Tragic Misreadings of Revelation," *Currents in Theology and Mission* 22 (June 1995): 191-99.
5. 히폴리투스(Hyppolytus)에 대해서는 Lewis, *Questions*, 16을 보라. 현대의 예언 교사들에 대해서는 Dwight Wilson, *Amageddon Now! The Premillenarian Response and Israel Since 1917* (Grand Rapids: Baker, 1977).

제롬(Jerome)은 요한계시록을 포함하여 성경의 문학적 형식과 문맥을 보다 더 잘 이해하기 위해 성지(聖地)를 연구하였다. 그러나 많은 해석자들은 성경의 원래적 문맥을 이해하지 못하여 결국 요한계시록의 경고에도 불구하고(계 22:18) 본문 그 자체에 의해 정당화될 수 없는 신학적 체계를 본문에 집어넣어 읽음으로써 하나님의 말씀에 "더하는" 일을 저질렀다.[6] 물론 여호와의 증인들은 이와 같은 행동으로 유명한 집단들이다. 대부분의 집단은 한두 번 실수한 이후에 날짜 설정하는 일을 포기한 반면, "여호와의 증인들은 이런 일 하는 것을 결코 그만두지 않았다. 여호와의 증인 지도자들은 종말론적 중요성을 가진 시기로 1874년, 1878년, 1881년, 1910년, 1914년, 1918년, 1925년, 1975년, 그리고 1984년 들을 지정하였다."[7] 종교 학자들은 몰몬교, 여호와의 증인들, 그리고 크리스천 사이언스 신봉자들 등과 같은 여러 종파들이 자신들이 이미 주장한 견해들을 뒷받침하기 위해 요한계시록을 독단적으로 사용하고 있다는 것을 밝힌 적이 있다.[8] 여호와의 증인들은 결코 성공하지 못한 가장 유명한 예언적 비관주의의 공급업자들이며, 또한 이 요한계시록 주석서의 독자들도 여호와의 증인들이 오류에 빠진 집단임을 만장일치로 동의할 것이기 때문에, 나는 이 주석서에서 해석학적 방법에서 명백한 오류들을 보여주기 위해 그들을 종종 활용할 것이다.

그러나 안타깝게도 여호와의 증인들이 가장 유명한 위반자들임에도 불구하고, 역사는 기독교계 모든 부분에서 그러한 실패한 예언들로 가득 차 있음을 보여주었는데, 아마도 20세기 복음주의에서 가장 분명하게 나타났다. 1920년대에 몇몇 세대주의 예언 교사들은 『시온 장로들의 조서』(*The Protocols of the Elders of Zion*)—지금은 나치주의자들에 의해 조장된 하나의 위조문서로 밝혀졌다—를 자신들의 사상을 확증해주는 것으로 여기고 있다. (나중에 어떤 이들은 이 조서를 부인했지만 다른 사람들은 결코 그렇게 생각하지 않았다).[9] 그들의 업적으로서 이러한 예언적 해석의 흐름은 이스라엘이 하나의 국가가 되는 것에 대해 놀라울 만큼 옳다는 것을 입증하였는데, 이는 의미심장한 문제였다(비록 그들이 이를 예언한 유일한

---

6. John Randall, *The Book of Revelation: What Does It Really Say?* (Locust Valley, N.Y.: Living Flame, 1976), 11에 나오는 관찰들을 보라.

7. Kyle, *The Last Days*, 93.

8. W. Thiede, "Ein süsses und doch schwerverdauliches Büchlein: Zur Auslegung der Johannes-Offenbarung in christlichen Sondergemeinschaften," *Kerygma und Dogma* 41 (1995): 213-42를 보라.

9. Timothy P. Weber, "How Evangelicals Became Israel's Best Friend," *CT* (Oct. 5, 1998), 38-49(p. 43).

집단이 아니라는 것도 사실이지만).[10] 이러한 해석의 흐름과 관련된 그리스도의 몸의 지체들은 또한 선교와 세계 복음화에 누구에게도 뒤지지 않을 만큼 헌신한 것은 칭찬받아 마땅한 일이다. 그러나 세부적인 내용들을 살펴보면, 많은 유명한 예언자들은 적그리스도의 정체와 그 밖의 문제들에 대해 잘못 생각하고 있음을 드러내고 있다. "아무도 소비에트 제국의 멸망이나 걸프전의 대부분의 국면들을 예견하지 못했다. 역사가 예상하지 못한 변화를 할 때, 전문가들은 수정을 하고, 그들의 지도를 다시 그리고, 또한 새로운 책을 출간해야 한다."[11]

복음주의 교회들이 대체로 초기의 실수들로부터 겸손을 배웠다고 생각해서는 안 된다. 수많은 예들은 반대로 경고를 보여주고 있다. 1979년 콜린 딜(Colin Deal)의 책은 왜 그리스도가 1988년까지 재림할 것인가 하는 것이 "짐승"으로 알려진 벨기에의 한 컴퓨터에 의해 퍼져나가는 것을 보여주고 있는데 이 짐승은 적그리스도로 주장되고 있다.[12] 딜이 사용한 자료는 "컴퓨터가 단지 소설에서 비롯된 허구의 창작품임을 모르고 있는" 것처럼 보인다.[13] 마귀가 현대의 해석자들을 유혹하여 그러한 오류에 빠지도록 하는 것은 놀라운 일이 아니다. A.D. 397년에 죽은 뚜르의 성 마틴(Saint Martin of Tours)는 "적그리스도가 이미 태어났다는 것은 의심할 수 없다"고 주장하였다. (만일 마틴이 옳다면, 적그리스도는 엄청난 수명을 지니고 있다). 다른 사람들은 적그리스도가 1000년, 1184년, 1186년, 1229년, 1345년, 1385년 등의 해에 오신다고 예측하였다.[14]

만일 우리가 다른 견해들을 결코 동정심을 가지고 연구하지 않는다면 모든 종말론적 견해는 합리적인 것처럼 보일 수 있다. 그리하여 나는 어떤 특정의 종말론적 시나리오에 몰두하고 있는 사람들은 리차드 카일(Richard Kyle)의 『마지막 날이 다시 여기에』(*The Last Days Are Here Again*), 드와이트 윌슨(Dwight Wilson)의 『이제 아마겟돈이다! 1917년 이후 러시아와 이스라엘에 대한 전천년주의자의 응답』(*Amageddon Now! The Premillenarian Response to Russia and Israel Since*

10. 이러한 전승 외에도 많은 사람들, 가령 19세기 전천년주의자인 샤프테스베리(Shaftesbury) 경 같은 사람은 최소한 예수님의 재림 이전에 유대 민족들이 종말론적 회심을 할 것으로 기대하고 있다(John Wolffe, "Dismantling Discrimination," *Christian History* 53 [1997] : 37-39[38]).

11. Weber, "Israel's Best Friend," 49.

12. Colin Deal, *Christ Returns by 1988 - 101 Reasons Why* (Rutherford College, N.C. : Colin Deal, 1979), 86. 이는 Richard Abanes, *Americans Militas* (Downers Grove, Ill. : InterVarsity, 1996), 91에도 인용되어 있다.

13. Abanes, *Americans Militas*, 91.

14. Ibid., 90.

1917), 게리 드말(Gery DeMar)의 『마지막 날의 광기: 그리스도의 재림 시기를 예언하고자 하는 것의 어리석음』(*Last Days Madness: The Folly of Trying to Predict When Christ Will Return*) 등의 책들과 이와 같은 유의 책들을 살펴보기를 권한다. 실패한 예언들이 어질러놓은 종말 사색의 역사와 심지어 주요 종말에 대한 다양한 견해들이 존경받는 기독교 지도자들에 의해 발표되고 있는 것을 살펴보면, 그러한 것들은 관점에 있어서 우리 자신의 견해들을 나름대로의 관점을 가지도록 우리에게 도움을 주고 있다.

우리는 그리스도인들 중에 다양한 종말론적 견해들 중 하나의 예를 천년왕국 혹은 요한계시록 20장에 나오는 그리스도의 천 년 통치로 생각할 수 있다. 예수께서 미래의 천년왕국 이전에 재림하시는가(전천년주의적 견해, 오늘날 북미 복음주의자들 중에 가장 널리 알려진 견해이기도 하다), 혹은 그 이후에 재림하시는가(후천년적 견해), 혹은 이 기간은 단순히 현재 시대에 대한 하나의 상징에 불과한가?(무천년적 견해) 많은 독자들은 역사상 대부분의 기독교 지도자들이 무천년주의자였으며(어거스틴, 루터와 칼빈 등), 북미 부흥시기의 많은 지도자들이 후천년주의자였으며(조나단 에드워즈와 찰스 피니), 그리고 대부분 초기 교부들이 전천년주의자(그러나 환난 후)였다는 사실에 놀랄 수도 있다.

만일 칼빈, 웨슬리, 피니, 무디, 그리고 오늘날 대부분의 그리스도인들 각자가 다른 견해를 가지고 있다면, 하나님의 복이 어떤 특정 종말론적 견해를 가지고 있는 사람들에게만 임하지 않을 수도 있다는 것이 가능한가?[15] 만일 다른 견해들이 역사의 다른 시대들을 강하게 지배했다면(예를 들면, 종교개혁 시기에는 무천년주의, 미국의 대각성 시기에는 후천년주의, 오늘날에는 전천년주의), 오늘 우리들이 가지고 있는 견해들은 우리가 인정하고 싶은 것보다 역사적으로 더 진전된 견해라는 것이 가능한가? 더 나은 다양한 견해들을 공부하는 일은 우리로 하여금 요한계시록을 그 자체의 술어로 보다 객관적으로 읽도록 도움을 줄 것이다.

터키의 오토만 제국은 한 때 서방 세계에서 동방에 이르기까지 큰 위협이 된 적이 있었다. 그러나 그 제국이 멸망한 이후 제2차 세계대전 시대는 "동방에서 오는 왕들"(계 16:12)을 일본에 대한 언급으로 당연히 이해하였다(아시아의 일곱 교회는 터키에 속한 것으로 생각하지 않은 것이 분명하다). 일본이 패배하고 중국에서

---

15. 무디(D. L. Moody)는 최초의 저명한 북미 전천년주의 복음주의자였다. 그러나 그는 최소한 공개적으로 전환난주의와 같은 세대주의적 세부 내용에 대해서는 관여한 것으로 보이지 않는다(Stanley N. Gundry, "Questions About Moody's Theology," *Christian History* 25 [1990]: 19).

공산주의가 발흥한 이후에, 이 명칭은 역사적 상황에 따라 이전되었다. 신문의 제목 기사가 변화함에 따라 대부분의 예언들도 다시 수정되었으며, 그 결과 현대의 예언적 가르침은 거의 10년 이상도 유지될 수 없었다. 어느 역사학자가 한탄한 것처럼, "종말에 대한 생각들도 믿을 수 없을 정도로 신축성이 있었다." "예언적 조각 그림 맞추기 퍼즐"의 각 부분들은 "카멜레온과 같은 특성을 지니고 있는데, 즉 현재 일어나는 사건에 적합하게끔 규칙적으로 조정되어 왔다."[16] 우리가 살펴보겠지만, 요한에게 준 "예수 그리스도의 계시"(계 1:1)는 헬라어뿐만 아니라 그 시대에 의미가 통하는 이미지들과 상징들을 사용하였다. 그런데 오늘날의 예언 교사들은 그것이 무엇을 "의미하였는가"를 먼저 이해하지 않고 그것이 "의미하는" 것이 무엇인지가로 종종 뛰어넘고자 하였다.

그러나 어떤 의미에서 요한계시록과 성경의 다른 종말론적 본문들은 현재 일어나는 사건들에 보다 적절한 비교를 제공하고 있다. 이스라엘이 본토에 귀환하는 것(역사를 통하여 다양한 종말론적 신념들을 가진 많은 교사들에 의해 받아들여졌다)은 비록 어느 본문이 이를 암시하는가에 대해서는 논란이 있긴 하지만 하나님의 계획에 어떤 의미가 있다는 것을 누가 의심하겠는가? 적그리스도들이 누구인지 인식하는 것과 또한 우리로 하여금 그리스도의 오심을 보다 열렬하게 갈망하게 만드는 여러 가지 표적들은 각 세대가 마지막 세대일 수도 있다는 것을 우리가 인식할 때 자연스러운 일이다. (결국 예수께서 자신의 재림의 때를 아무도 알지 못한다고 말씀하셨다면, 거기에는 마귀도 포함되는데, 따라서 이들은 각 세대가 기다리고 있는 적그리스도들임에 틀림없다.) 그러나 우리는 "마지막 세대일 수도 있다는 것"을 그 상태 그대로 놓아두는 겸손이 필요하며 또한 마지막 세대 "일 수도 있다"에서 마지막 세대 "이다"로 성급하게 등급을 올릴 필요는 없다.

비록 요한이 그의 세대와 우리 세대 사이에 있는 많은 세대 동안 주님의 재림의 지연을 아마도 기대하지 않았음에도 불구하고, 그는 요한계시록의 이미지들이 자신의 세대에도 의미가 있었던 것과 마찬가지로, 그들 자신의 세대에 재적용 시키고자 하는 사람들에 대해 어떤 동정심을 가지고 있었을 것이다.[17] 어떤 세대는 어쩌면 마지막 세대일 수도 있으며, 그리고 요한은 아마도 그와 동시대 사람들 중에

---

16. Kyle, *The Last Days*, 187, 99.

17. 특히 요한의 상징주의를 "긴장을 불러일으키며, 창조력을 북돋우고, 또한 다의적(多義的)인" 것으로 보는 것에 대해서는 Boring, *Revelation*, 55를 보라. 요한계시록의 생생한 그림 언어들은 조화가 아닌 묵상을 위해 의도된 것이다(ibid., 57; Michaels, *Interpreting Revelation*, 16-17을 참조하라. 의도적인 다의성

성경의 예언들을 자신의 시대에 재 적용시킨 페세르(*pesher*) 해석자들을 잘 알고 있었을 것이다.[18] 이러한 접근법을 추구하는데 있어서 위험은 우리들 중의 많은 사람들이, 쿰란의 페세르 해석자들처럼, 우리들이 마지막 세대임에 틀림없으며—이는 대개 마가복음 13:28의 해석에 근거하고 있다—또한 그러한 예언들은 문자적으로 오직 우리 자신의 세대에만 적용된다고 생각하는 것이다.[19] 이러한 가정은 각 세대에서 잘못된 것으로 드러났기 때문에 유지될 수 없다. 그러나 어떤 세대에는 주님의 재림이 궁극적으로 정당화될 수 있다. 언젠가는 주님께서 다시 오실 것이라는 분명한 사실에 의해!

접근 방법들

역사는 요한계시록이라는 책에 대해 다양한 접근 방법들이 있었음을 보여준다. 그것들 중 많은 것은 추천할만한 어떤 요소들을 지니고 있다. 다만 우리가 다른 입장에 서 있는 부정적인 요소들을 너무 지나치게 공격하지 않는다면 말이다.

이상주의적 접근

이상주의적 접근은 요한계시록에서 시간을 초월하는 원리들을 찾는 것이다. 이 책을 가지고 설교하는 모든 사람은 이와 같은 전반적인 확신을 지지할 것이다. 하지만 이 견해의 가장 극단적인 형태로 가게 되면 이 접근은 이 책의 역사적 의미나 미래적 의미를 동시에 부정한다. 테니(Tenney)가 말하듯이, "자신이 어떤 학파에 속했는지에 관계없이 거의 모든 요한계시록 해석자들이 이 원리에 동의할 수 있다. 이상주의적 관점은 진실 된 부분을 많이 포함하고 있다. 이 관점의 약점은 이 견해가 긍정하는 것에 있다기보다는 오히려 부정하는 것에 있다."[20] 요한계시록은 일곱 교회 안에서 일어나고 있는 절박한 문제에는 아무런 관심이 없이 단지 무시

의 실례에 대해서는 계 17:9-10을 보라; Michaels, ibid., 106).

18. 페세르(*pesher*)해석자들에 대해서는 예를 들면, Devorah Dimanant, "Pesharim Qumran," *ABD*, 5:244-51; J. G. Harris, "Early Trends in Biblical Commentaries as Reflected in Some Qumran Texts," *EvQ* 36 (1964): 100-105를 보라.

19. 마가복음 13:30과 그 병행 본문들에 반영되어 있는 "세대"는 이 단어가 복음서에서 거의 항상 의미하는 것을 의미한다. 이는 예수님의 세대인데, 곧 성전 파괴가 성취되는 때이다(그러나 반드시 예수님의 재림을 의미하는 것은 아니다. 예를 들면, Craig Keener, *Matthew* [Downers Grove, Ill.: InterVarsity, 1997], 343, 348-49, 353을 보라. 재림조차도 상징적이며 이미 성취되었다는 다른 견해에 대해서는 예를 들면, Sproul, *Last Days*, 51-68을 보라).

간적인 일반 원리들만을 가르치고 있는가?

역사주의적 접근

최소한 14세기의 저자 라이러의 니콜라스(Nicolas of Lyra)부터 어떤 사람들은 요한계시록이 자신이 살고 있는 시대부터 예수님이 재림하실 때까지 역사에 대한 상세한 지도를 제공한다고 주장해왔다. 요한계시록을 교회 역사로 보는 역사주의적 견해는 17세기와 18세기 동안 요한계시록에 대한 지배적인 해석이었다. 하지만 오늘날에는 거의 주장되지 않고 있다. 요한계시록의 내용과 역사적 사건들을 서로 연결시키는 일은 늘 억지스러운 것임이 드러났다.

과거주의적 접근

과거주의적으로 해석하는 사람들은 요한의 최초의 청중들이 일곱 교회였을 것으로 생각하는 방식으로 이해한다. 다시 말해서, 그들은 우리가 성경의 다른 책에 적용하는 것과 동일한 해석 방식, 즉 우리가 성경을 그 역사적 문맥 가운데서 읽는 방식을 요한계시록에 적용하고자 한다. 그러나 대부분의 과격한 과거주의적 해석자들은 요한계시록의 사건들이 전적으로 1세기에 성취되었다고 주장하고 있기 때문에, 그들은 아마도 요한의 최초 청중들이 가지지 못했을 방식으로 요한계시록을 해석한다. 설사 그 밖의 다른 일이 이미 성취되었다 하더라도(요한계시록도 다른 대부분의 묵시록처럼 최소한 과거가 되풀이 되는 것을 포함한다. 계 12:1-5를 보라), 대부분의 초기 그리스도인들은 백 보좌 심판의 성취(계 20:11-15)나 혹은 거룩한 성의 도래(계 21:1-22:5) 등을 1세기의 어떤 사건들 속에서 인식하지는 못했을 것이다. 따라서 보다 온건한 과거주의적 해석자들은 요한계시록의 모든 사건들이 1세기에 성취되었다고 주장하지는 않는다. 오늘날 대부분의 주석학자들조차도 요한계시록이 최초의 청중들에게 의미를 지녔음에 틀림없다는 과거주의자들의 주장을 완전히 받아들이지 않는다(계 22:10).

미래주의적 접근

미래주의자들은 요한계시록에 나오는 어떤 사건들이 성취되기를 기다리고 있다고 주장하는 것은 분명히 옳다. 가령 이 세상 왕국 대신 세워질 하나님의 확고한

20. Tenney, *Revelation*, 143.

영원한 도성(계 21:1-22:5)이 그 예이다. 그러나 미래주의자들의 해석은 다른 접근과 마찬가지로 이 입장을 너무 멀리 밀고 나간다. 미래주의적 접근의 과격한 입장은, "요한계시록이 밧모 섬의 요한과 해석자 사이에 있는 수많은 세대에 대해서는 아무런 말도 하지 않는다는 것을 함축하고 있다"는 것이다.[21] 뿐만 아니라 요한계시록의 핵심적인 단서들(계 12:5-6에 대한 주석을 보라)은 이 책이 보도하는 시간적 구성의 많은 부분이 미래적 환난뿐만 아니라 현재적 환난이라고 주장한다.

비록 미래주의적 해석이 오늘날에는 지배적이면서도 대중적인 접근이긴 하지만 교회사의 많은 기간에 걸쳐 인기가 있는 것은 아니었다. 많은 복음주의 학자들이 이 견해를 지지하고 있다. 대개 전통적인 세대주의적 형태로 혹은 보다 일반적인 역사적 전천년주의적 견해로 나타난다. 전자는 7년 대환란, 혹은 때로는 3년 반의 환난을 필요로 한다. 한편 후자는 미래적 환란과 과거 혹은 현재적 환란을 날카롭게 구분하지는 않는다. 그러나 많은 사람들은 미래적 환란 후에 그리스도의 재림이 있을 것으로 주장한다.

절충주의적 접근

또 다른 사람들은 역사적 접근과 과거주의적 접근을 미래적 접근과 혼합시킨 해석을 보다 선호한다. 최소한 16세기 후반 스페인의 제수이트 파에 속한 리베이라(Jesuit Riberia) 시대 이후부터 어떤 해석학자들은 요한계시록이 요한 당시 뿐만 아니라 예수님의 재림 직전에 일어날 사건들을—이 두 시점 사이에는 많은 사건들이 일어나지 않는다—묘사하고 있다고 주장해왔다. 또 다른 제수이트 파 사람(d. 1614)은 요한계시록 4-19장은 요한 시대의 갈등 속에서 성취되었으나 20-22장은 콘스탄틴 이후 교회의 승리를 나타낸다고 주장하였다.[22]

그러나 다른 절충주의적 (혼합적) 접근도 있다. 요한계시록을 적용하고자 하는 대부분의 주석학자들은 어떤 절충주의적 접근, 즉 미래주의적, 과거주의적, 그리고

---

21. González, *Revelation*, 9. 많은 해석학자들은 최초 청중들을 위한 요한계시록의 의의를 경시해왔다 (Guthrie, *Relevance*, 12-17을 보라).

22. 이러한 요약에 대해서는 Mounce, *Revelation*, 40-41을 보라. 아울러 Johnson, *Revelation*, 12-15에 있는 요약을 보라. 여러 견해들에 대한 전체적인 개요에 대해서는 Isbon T. Beckwith, *The Apocalypse of John* (New York: Macmillan, 1922), 318-34; Craig R. Koester, "On the Verge of the Millennium: A History of the Interpretation of Revelation," *Word & World* 15 (1995): 128-36; 그리고 초기 교부들의 저작들로부터 시작한 요한계시록에 대한 InterVarsity 출판사의 주석 등을 보라(본서를 집필할 당시에도 요한계시록에 대한 이 책은 여전히 출간 예정 상태였다).

이상주의적 요소들을 결합시키고 있다. 요한계시록에 있는 어떤 요소들은 분명히 미래적이다(최소한 재림과 성도의 부활). 어떤 요소들은 과거적이다. 어떤 요소들은 아마도 현재 시대에 일어나는 심판들의 특징을 나타낸다.[23] 이들 견해의 차이점들 대부분에 대해서는 관대한 견해 차이의 여지가 있다. 하지만 어떤 해석에 대해서는 모든 요소들이 우리가 하나님의 방식을 묵상하도록 그리고 그 하나님의 방식에 따라 살아가도록 경고하고 있다.[24]

일단 우리가 하나님이 요한을 통하여 아시아 일곱 교회에 말씀하신 것을 이해하게 되면, 우리는 그 동일한 메시지가 오늘날 우리 시대의 교회에 어떻게 적용될 것인지 그 유비들을 이끌어내기 시작할 수 있다. 과거의 성경 말씀과 오늘 우리의 문화 사이의 격차를 어떻게 연결시킬 것인가를 구체적으로 생각하는 것은 중요한 일이다. 성경 저자들이 어떤 배경에서는 이런 말을 하고 다른 배경에서는 다른 말을 하도록 만드는 것이 바로 이것 때문이다. 그래서 우리는 그들이 한 말을 우리의 배경에 재 적용하기 전에 그들이 무슨 말을 했는가를 분명하게 들을 필요가 있는 것이다. 때때로 우리들과 우리의 역사적 선조들은 단순히 전승들을 이어받았으며, 거기에다가 미래 세대들을 위한 길을 따라 몇 가지 새로운 것들을 첨가시켰다. 그러나 종교개혁자들과 선교사들 혹은 대각성 시기의 많은 지도자들처럼 교회사 기간 동안의 많은 지도자들은, 마치 성경 저자들이 그들 세대와 문화에 하나님의 말씀들을 상황화 한 것처럼, 성경의 메시지를 그들 자신의 세대와 문화에 재 상황화하기 위해 노력하였다. 우리도 동일한 작업을 해야 한다. 하지만 우리가 그런 일을 하기 전에 먼저 성경을 적절하게 이해하는 일이 중요하다.

상징주의

위에서도 말하였듯이, 어떤 관점에서 보면 요한계시록은 많은 상징주의를 사용하고 있다. 비록 우리가 성경 안에 나오는 대부분의 이야기들을 문자적으로 이해해야 하지만, 예언적 문서와 묵시적 문서들(다음에 나오는 '장르'에 대한 항목을

---

23. 기본적인 문제는 어느 요소가 어떤 범주에 속하는가를 구별하는 일이다. 이 주석은 요한계시록 대부분의 내용이 예수님의 초림과 재림 사이의 현재 시대에 살아가고 있는 종말의 교회들을 위한 원리들을 제공하고 있는 것으로 제시하고 있으며, 또한 19-22장은 분명히 미래적인 것임을 말하고 있다.

24. Gordon D. Fee, *New Testament Exegesis: A Handbook for Students and Pastors* (Philadelphia: Westminster, 1983), 42-43을 보라. 고든 피는 부분적으로 묵시적 접근을 취하면서 아울러 Beale, *Revelation*, 44-49에 있는 절충주의적 접근을 취하고 있다.

보라)은 이 문서들을 연구하는데 많은 시간을 들인 사람이 인식하고 있는 것처럼 다른 관점으로 보아야 한다. 이들 문서들은 상당한 상징주의를 포함하고 있으며, 또한 종종 예상하지 못한 방식으로 성취되기도 한다. 구약성경(예를 들면, 삿 5:4; 시 18:4-19) 및 요한과 동시대 문헌(예를 들면, 시빌의 신탁 3.286-92; 4.57-60)에 나오는 여러 본문들은 그들 자신의 시대 혹은 최근에 일어나고 있는 사건들을 묘사하기 위해 우주적 재난의 언어를 사용하고 있다. 그러한 본문들 중 많은 부분은 역사를 개관하고 있으며(가령 에녹 1서의 "꿈-환상들"), 또한 그러한 본문들 몇몇은 분명히 과거에 일어난 사건들과 종말 이미지들을 혼합시키기도 한다(시빌의 신탁 5.336).

요한계시록에 나오는 상징들은 우리에게 생소하게 보일 수도 있지만, 그러나 이들 상징이 일곱 교회의 신자들에게는 어느 정도 곰곰이 생각해본 후에는 대체로 이해될 수 있는(최소한 생각해 낼 수 있는) 것들이었다. 어떤 주석학자는 "요한이 다른 방식으로는 표현될 수 없는 것을 전달하기 위해 상징들을 사용한 것이지, 보다 직설적으로 말해질 수 있는 그 무엇을 감추기 위해서가 아니었다"라고 말하였다.[25]

다른 많은 묵시문헌과 마찬가지로 요한계시록도 상징적인 숫자를 사용하고 있다.[26] 이것은 숫자를 상징적으로 사용하는 것이 고대 지중해 세계, 특히 피타고라스학파로 불리어지는 헬라의 한 철학 학파의 영향을 통하여 흔하게 일어난 것임을 고려한다면 이것은 그리 놀라운 일이 아니다.[27] 리차드 보캄(Richard Bauckham)은 요한계시록에 나오는 상세한 숫자의 패턴 목록을 제공하고 있는데, 특히 일곱에 대한 숫자이다. 예를 들면, "어린 양"은 28번이나 언급되고 있다(하나님과 나란히 정확하게 일곱 번 언급되고 있다).[28] 가령 요한계시록 17:12에 나오는 "한 시간 동안"(개역개정역은 "한동안")이라는 시간에 대한 명칭은 분명히 문자적인 의미가

25. Boring, *Revelation*, 55.

26. 예를 들면, 모세의 유언(T. Moses) 3.14에 나오는 일곱이다. 숫자적 상징에 대해서는 Adela Yarbro Collins, "Numerical Symbolism in Jewish and Early Christian Apocalyptic Literature," *ANRW* 2.21.2, 1221-87을 보라.

27. Plut. *E at Delphi* 8, Mor. 388C; *Gen of Soul* 18, *Mor.* 1018C; R. A. Laroche, "Popular Symbolic/Mystical Numbers in Antiquity," *Latomus* 54 (1995): 568-76; M. J. J. Menken, *Numerical Literary Techniques in John: The Fourth Evangelist's Use of Words and Syllables*, NovTSup 55 (Leiden: E. J. Brill, 1985), 27-29를 보라. 많은 문화들은 신적인 문제와 관련하여 상징적인 숫자를 사용하고 있다(예를 들면, John S. Mbiti, *African Religions and Philisophies* [Garden City, N.Y.: Doubleday, 1970], 73).

28. Bauckham, *Climax of Prophecy*, 22-37.

아니다. 그리하여 어떤 해석학자는 강력한 근거가 없으면 시간에 대한 다른 명칭들도 문자적으로 해석하려고 하지 않는다. 요한 당시 시대에는 일곱 혹은 열둘과 같은 숫자들이 종종 상징적인 의미로 사용되었다.[29] 유대교 문헌에서 열둘은 대개 이스라엘 열두 지파를 나타내었다. 하지만 또한 열둘은 다른 여러 방식으로도 사용이 되었다.[30] 요한계시록에서, 열둘과 열둘의 배수는 60회 정도 나오는데, 이 숫자는 대개 이스라엘을 가리킨다.[31]

문학 장르

학자들은 요한계시록이 어떤 구체적 문학형태에 해당되는지에 대해 논란이 있지만, 대부분의 사람들은 요한계시록이 최소한 현대학자들이 "묵시문학"이라고 부르는 한 부분에 속한다는 것에 동의한다.[32] 어떤 학자들은 '묵시'(apocalypse)라는 용어를 유대교의 종말론적 사상에 대충 관련시키는데 사용하고, 또 다른 학자들은 종종 하늘로 승천하여 계시를 받는 것 등을 포함하는 환상 문학에 보다 구체적으로 관련시키기도 한다. 묵시 장르는 초기 유대교에서 융성하였으며, 그리고 대부분의 학자들은 요한계시록을 이러한 범주에 포함시킨다.[33] 이러한 종류의 문헌에서 가장 구체적인 의미로, 선견자는 환상들과 계시들을 지니고 있으며—"묵시"는 문자적으로 "계시"를 의미한다—종종 우주적 사색을 포함하기도 한다(예를 들면, 에녹 1서 72-82). 요한계시록은 우주적 사색은 거의 포함하고 있지 않으며 하늘로의 여행도 많이 나오지 않는다(에녹 1서 17-18). 몇몇 현대학자들과는 달리 요

29. 일곱에 대해서는 예를 들면, Aulus Gellius, 3.10; Apuleius, *Metam.* 11.1; 요셉과 아세낫 2.6/10-11; Philo, *Abraham* 28; *Creation*, 99-100, 111-16; *Spec.* 2.56-62를 보라.

30. 고대 문헌에 나오는 다른 기능들에 대해서는 아브라함의 유언 2.5A; 요벳과 아세낫 3.2/3; *p. Meg.* 1:9, §12; Arrian, *Alex.* 5.29.1; *PGM*, 36.19를 보라.

31. A. Geyser, "The Twelve Tribes in Revelation: Judean and Judeo-Christian Apocalypticism," *NTS* 28(July 1982): 388-99(p. 388)를 보라.

32. 어떤 사람들은 이를 다른 방식, 이를테면 드라마로 보기도 한다 (Bowman, *First Christian Drama*, 9; J. L. Blevins, "The Genre of Revelation," *RevExp* 77 [1980]: 393-408).

33. 사실 "묵시"라는 장르의 제목은 계시록, *Apocalypsis*의 헬라어 제목에서 비롯되었다. 이 장르에 대해서는 예를 들어, James H. Charlesworth, *The Old Testament Pseudepigrapha and tne New Testament: Prolegomena for the Study of Christian Origin*, SNTSMS 54 (Cambridge: Cambridge University Press, 1985), 87; F. F. Bruce, *The New Testament Documents: Are They Reliable?* (5판 개정판, Grand Rapids: Eerdmans, 1981), 11; Hugh Anderson, "A Future for Apocalyptic?" 56-71 in *Biblical Studies: Essays in Honor of William Barclay*, ed. J. R. McKay and J. F. Miller (Philadelphia: Westminster, 1976), 68을 보라.

한계시록은 호기심어린 문제들을 추구하는 의제에서 벗어난 것이 아니다.

그러나 보다 일반적으로 현대의 학자들은 '묵시적'(apocalyptic)이라는 술어를 일종의 종말과 관련 있는 계시들에 초점을 맞추는 대부분의 초기 유대교 문헌들에 적용시킨다.[34] 대부분의 묵시문학처럼 요한도 셈적 언어와 성경의 예언서에서 발견되는 환상적 그림 언어를 따르고 있다(예를 들면, "내가 보니…, 내가 보매…", 계 4:1; 6:2, 5, 8). 이것은 요한계시록과 신약의 다른 책들 사이에 많은 언어적 차이가 있다는 것을 설명해주고 있다.

유대교 교사들이 수수께끼를 사용한 것처럼, 때때로 유대교의 예언적 저자들도 생각하도록 자극하기 위해 애매모호한 예언들이나 수수께끼 등을 사용하기도 하였다(예를 들면, 시빌의 신탁 5.14-42). 어떤 사람들은 요한계시록을 박해를 피하기 위해 암호를 사용하고 있는 것으로 간주하기조차 한다. 하지만 로마의 독자들은 일곱 산 위에서 다스리는 도시에 대한 반로마적 묘사라는 것을 금방 알아차렸을 것이다.[35] 요한계시록의 수수께끼는 생각하도록 자극하는 것이지, 그 의미 대부분을 감추기 위한 것이 아니다.

요한계시록과 위에서 언급한 많은 묵시문헌 사이의 차이점들과, 또한 요한계시록의 많은 부분이 성경적 예언에 어떻게 뿌리를 박고 있는지를 살펴 본 후에, 어떤 학자들은 요한계시록이 묵시라기보다는 오히려 예언이라고 주장하였다.[36] 묵시문학 중에서 요한계시록은 그와 동시대 작품들보다는 성경적 예언서에 더 가까운 것이 분명하다.[37] 그러나 "묵시"와 "예언" 중의 하나를 무조건 선택하는 것은 무의미한 일이다. 분명히 말해서 요한계시록에 있는 것 거의 대부분이 구약성경의 예언서들과 병행을 이루고 있다. 하지만 보다 우세한 구체적인 특징으로 본다면 요한계시록은 초기 유대교 동시대 문헌들 중에서 가장 흔한 것들에 속한다. 경계선은 자의적이다. 이사야서와 요엘서와 같은 포로기 이전 예언서들과 특히 에스겔서, 다니엘서, 스가랴서 등과 같은 포로기와 포로기 이후 예언서들은 후기 묵시문학에

---

34. 여러 사람들이 그러한 용어를 사용한다. Virgil, Ecl. 4.4-25에 나오는 미래의 황금시대; 로마의 멸망에 대한 전조들(예를 들면, Herodian, 1.14.1); 심지어 죽음 이후의 환상들(Plutarch, *Divine Vengence, Mor.* 548A-568A)과 영적 세계의 환상들(*PGM*, 4.662-64) 등의 유사한 이미지들을 참조하라.

35. Caird, *Commentary on Revelation*, 216-17을 보라. 마찬가지로 노예들도 형벌 없는 현실을 묘사하기 위해 우화를 사용하였다(Phaedrus 3, prologue 33-44).

36. James Kallas, "The Apocalypse - An Apocalyptic Book?" *JBL* 86 (March 1967): 69-80을 보라; Ellul, *Apocalypse*, 20-35; Fiorenza, *Revelation*, 170 등을 참조하라.

37. Bowman, *First Christian Drama*, 11의 판단을 보라.

서 묘사하고 있는 이미지들을 사용하고 있다. 하나님이 역사를 통해 그리하셨던 것처럼, 요한도 역시 그의 동시대 사람들이 이해할 수 있는 언어로 자신의 계시를 명확하게 표현할 모든 이유를 가지고 있는 것이다.

후기 묵시문학도 그들 자신에 대해 "예언"으로 간주하고 있으며(예를 들면, 에스라 4서 12:42), 마찬가지로 요한계시록도 동일하게 예언으로 간주되는 것도 놀라운 일이 아니다(계 1:3; 22:7, 10, 18-19).[38] 묵시문학 저자들이 환상들을 단순히 문학적 장치로 사용하였는지 혹은 그들이 그 환상을 체험한 것으로 생각하였는지 하는 문제는 논란이 되고 있다.[39] 그러나 비록 요한이 환상을 극적인 문학적 방식으로 묘사할 자유를 가지고 있었다 해도, 최소한 요한은 그가 쓰고 있는 문학 장르를 결정한 진정한 환상들을 보도한 것으로 볼 수 있다.[40]

소아시아 서부(일곱 교회가 위치해 있는 곳)는 다양한 신탁 중심지들이 있는 것을 자랑하였으며, 그리하여 우리는 일곱 교회에서 회심한지 얼마 되지 않은 이방인 신자들조차도 예언 사상에 익숙해져 있었던 것임을 알 수 있다.[41] 뿐만 아니라 이러한 신탁은 그 성격상 정치적이었으며, 때때로 초기에는 로마의 공공연한 비난의 대상이 되기도 하였다.[42] 그러나 그러한 책의 예언들을 읽는 것과는 다른 분명하고도 주요한 배경은, 물론 다른 유대교 묵시문헌과 그 배경을 공유하지만, 어디까지나 구약성경이다.

요한계시록은 요한복음과 마찬가지로 구약성경을 암시하는 언급들로 가득 차 있다. 사실 요한계시록은 다른 어떤 초기 기독교 문헌보다 성경적 언급들을 많이

---

38. Talbert, *Apocalypse*, 4를 보라; 여러 요소들을 혼합한 것에 대해서는 Aune, *Prophecy in Early Christianity*, 274; Beasley-Murray, *Revelation*, 19도 참조하라. 많은 저자들은 요한계시록의 장르를 복합적인 것으로 생각하고 있다 (Feuillet, *Apocalypse*, 8; Corsini, *Apocalypse*, 24-34; Roloff, *Revelation*, 8; Hill, *New Testament Prophecy*, 71-75; Beale, *Revelation*, 37-43; Aune, *Revelation*, 1:lxx-xc).

39. E. M. Stone, "Apocalyptic - Vision or Hallucination," *Mila wa-Milla* 14 (1974): 47-56 (*NTA*, 20:91)은 저자들이 스스로 진정한 영감을 받은 것으로 생각했다고 주장한다.

40. Rissi, *Time and History*, 20-21; Richard J. Bauckham, "The Role of the Spirit in the Apocalypse," *EvQ* 52 (1980): 66-83을 보라. Aune, *Prophecy in Early Christianity*, 274-75는 "예언적 경험과 문학적 수단의 결합"을 주장하고 있다.

41. T. L. Robinson, "Oracles and Their Society: Social Realities as Reflected in the Oracles of Claros and Didyma," *Semeia* 56 (1991): 59-77.

42. John J. Collins, *The Sibylline Oracles of Egyptian Judaism*, SBLDS 13 (Missoula, Mon.: Society of Biblical Literature, 1972), 4-5, 117; G. W. Bowersock, *Augustus and the Greek World* (Oxford: Clarendon, 1965), 110; 유대교에서 Sib. Oracles 3.350-80. 그러나 이 기간에 많은 사람들이 로마의 선전을 받아들였다(A. Erskine, "The Romans as Common Benefactors," *Historia* 43 [1994]: 70-87); 선지자들은 오랫동안 합법적인 통치자들에 대해 사용해왔다(예를 들면, J. N. Bremmer, "Prophets, Seers, and Politics in Greece, Israel, and Early Modern Europe," *Numen* 40 [1993]: 150-83을 보라).

포함하고 있다. 어떤 이는 요한계시록 구절의 거의 70% 정도가 구약성경을 언급하는 것으로 추정하기도 한다. 하지만 요한복음과는 달리 요한계시록은 구약성경에 대한 어떤 확대된 인용도 포함하지 않고 있다. 많은 인용 부분들도 그 성경적 자료의 문맥을 생각나게 할 정도이다. 그러나 많은 부분에 다양한 성경적 암시들이 많이 혼합되어 나타나고 있으며, 그리고 요한계시록은 이들을 신선한 방식으로 적용하기 위해 그 이미지들을 재활용하고 있다. (예를 들면, 요한계시록에 불이 섞인 우박 재앙이나 물이 피로 변하는 재앙 등은 모세 시대의 재앙을 상기시키고 있으며, 아울러 요한계시록이 과거에 일어난 성경적 사건들을 단순히 언급하는 것이 아니라는 것은 모든 학자들이 동의하고 있다.) 다른 유대교 문헌들도 성경적 예언들에서 종말의 이미지들을 이끌어내고 있다(시빌의 신탁 3.788-95). 쿰란공동체의 『훈련교본』(*Manual of Discipline*)과 같은 다른 문헌들도 성경 구절 인용은 거의 없지만(예를 들면, 1QS 5.15 ; 8.15), 성경 구절을 암시하는 것은 많이 있다. 다른 초기 유대교 해석학자들처럼, 요한계시록도 절충적인 방식으로 종말의 이미지들을 혼합시키고 있으며 또한 초기 예언 이미지들—심지어 성취된 예언들까지 - 을 새로운 방식으로 재활용하기도 한다.[43]

구조

찰스(R. H. Charles)와 같은 일부 주석학자들은 초기에 다른 사람의 책을 편집하여 독창성이 없이 비평학에 접근함으로서 요한계시록의 최초 편집자들을 무능한 사람으로 간주하고서는 자신들의 기호에 맞게끔 이 책을 재구성하였다.[44] 그러나 오늘날 대다수의 일치된 견해는 요한계시록이 하나의 통일성이 있는 작품임을 나

43. 사해사본에 있는 다양한 종말론적 견해에 대해서는 S. L. Mattila, "Two Contrasting Eschatologists at Qumran (4Q246 vs 1QM)," *Biblica* 75 (1994) : 518-38을 보라 ; 예언적 언어의 재사용에 대해서는, 예를 들면, H. W. Parke, *Sibyls and Sibylline Prophecy in Classical Antiquity*, ed. B. C. McGing (New York : Routledge, 1988), 15를 보라. 요한계시록의 구약성경 사용에 대한 철저한 연구에 대해서는(구약성경 문맥의 가치를 인식하고서), Beale, *Revelation*, 76-99를 보라.

44. 대체로 오늘날 가장 극단적으로 해석하는 주석학자들은 한 사람의 저자에 의해 수집된 이질적인 전승들을 배열한 것이라고 주장한다(Elisabeth Schüssler Fiorenza, "The Revelation to John," 99-120 in *Hebrews-Revelation*, ed. G. Krodel [Philadelphia : Fortress, 1977], 100-101). 그러나 포드(Ford)는 요한계시록이 유대 묵시록이었는데(세례 요한으로부터 나온 자료와 함께) 나중에 그리스도인들에 의해 편집된 것으로 생각한다(*Revelation*, 4-7, 22-26). 하지만 오니(Aune)의 철저한 주석은 자료 비평을 부활한 것에 있어서는 예외적이다(Aune, *Revelation*, 1 : cxviii-cxxxiv, 내 생각에 여기에서는 요한계시록 2-3장의 다른 장르를 충분히 고려하지 않았다).

타낸다는 것이다.[45] 실제로 요한계시록은 그 언어의 대부분이 기본적으로 묵시적 체계를 지니고 있음에도 불구하고, 대단히 섬세하고 절묘한 문학적 디자인의 산물이다.[46]

몇 가지 점에서 그 구체적인 구조가 논란이 있긴 하지만, 분명한 것은 전체적인 개요이다.[47] 일곱 교회에 보내는 편지와 약속된 미래 사이에, 하늘의 예배와 간헐적으로 막간 장면이 첨가되어 있을 뿐만 아니라 세 시리즈의 일곱 심판 시리즈가 놓여 있으며, 일곱째 요소에서 해결되는 종말의 대격변이 각 시리즈의 끝(대개 여섯째 요소에)에 나온다(계 6:12-17; 8:1; 9:13-21; 11:15-19; 16:12-21). 그러한 대격변, 우주적인 비유적 표현은 종종 역사 내에 일어나는 사건들을 언급하지만, 그러나 대개의 경우 초기 유대교 문헌에서는 세대의 끝에 나타난다. 그러므로 이러한 이미지들을 요한계시록에 나오는 것과 동일한 방식으로 다루는 것이 가장 자연스럽다.

어떤 저자들은 요한계시록을 처음부터 끝까지 계속되는 연대기적 기사로 만들려고 하지만 이러한 견해는 오늘날 광범위하게 받아들여지지 않는다. 3세기 후반 빅토리누스(Victorinus)에 의해 제기된 지배적인 견해는 다양한 심판 시리즈들이 연속적으로 이어지는 것이 아니라 오히려 서로 병행한다는 것이다.[48] 이러한 심판 시리즈 각각 이 세대의 종말로 끝을 맺기 때문에(위에서 언급한 것처럼), 이러한 해석 노선은 거의 정확한 것이 분명하다. 우리가 알고 있는 것처럼 세상이 여러 번 종말에 이르지 않는다면 인, 나팔, 그리고 대접을 마무리 짓는 사건들은 반복될 수가 없다(이러한 세 번의 언급들은 19:11-21을 포함한다).

그러나 요한계시록에서 묘사되고 있는 주요한 기간은 무엇인가? 그것은 이 세

---

45. 예를 들면, Feuillet, *Apocalypse*, 23-36; Rissi, *Time and History*, 17-18; Fiorenza, *Revelation*, 163; Charlesworth, *The Old Testament Pseudepigrapha and the New Testament*, 87.

46. 구약성경을 암시하는 곳에 나타나는 많은 문법적인 변칙들은 특별히 칠십인 역의 어법을 반영하고 있다(Beale, *Revelation*, 100-105); 요한계시록의 구문에 대한 보다 상세한 내용은 Aune, *Revelation*, 1:clxii-ccvii를 보라.

47. 구체적인 요점들의 다양한 개요에 대해서는, 예를 들어 Tenney, *Revelation*, 32-35; Bowman, *First Christian Drama*, 13; Caird, *Commentary on Revelation*, 105; Ford, *Revelation*, 46-50; Talbert, *Apocalypse*, 12를 보라. 가장 흥미 있는 것은—그럴 것 같지는 않지만—요한계시록을 성구집 달력과 연결시키는 것이다(M. D. Goulder, "The Apocalypse as an Annual Cycle of Prophecies," *NTS* 27 [April 1981]: 342-67; Shepherd, *Paschal Liturgy*, 77-84를 참조하라).

48. Mounce, *Revelation*, 39, 45; Beale, *Revelation*, 108-51(그러나 Aune, *Revelation*, 1:xci-xciii에서는 회의적이다). Talbert, *Apocalypse*, 7은 묵시적 문헌들과 병행하는 내용들 및 수사학 입문서에 나오는 해석을 제공하고 있다.

대의 끝과 함께 끝나는 것으로 보이지만, 그것이 언제 시작되는가 하는 것은 보다 덜 분명하다. 인 심판은 현재 시대에 적합한 것으로 보이지만(6:1-8에 대한 주석을 보라), 가장 분명한 단서는 요한계시록 12:5-6에 나온다. 환난 기간은 거의 이천 년 전에 예수님의 승귀(昇貴, exaltation)와 함께 시작된 것으로 보인다. 만일 이것이 실제로 그 구절의 요점이라면, 요한계시록은 다른 방식으로 다니엘서의 종말의 환난 묘사를 근본적으로 재적용하고 있는 것이다. (이것은 요한이 다니엘서의 의미와 다르다는 것을 주장하는 것이 아니라, 다만 요한이 부가적인 요점을 강조하기 위해 동일한 이미지를 재활용하고 있다고 주장하는 것이다.) 그 구절에 있는 다른 단서들과 요한계시록이 앞에 나온 상징들을 규칙적으로 재적용하는 것은 이러한 견해를 뒷받침하고 있으며 또한 많은 학자들이 이를 지지하고 있다.

1,260일은 예수님의 초림과 재림 사이의 기간을 가리키는 것으로, 어떤 의미에서는 환난의 기간으로서 전체 교회 시대를 특징짓는 표현이다. 이것은 이 시기의 끝을 향하여 나아가면서 고난이 최종적으로 강화되는 것을 배제하지는 않는다. 이는 이 기간의 종말론적 특징과 조화를 이룬다. 하지만 그것이 아마도 요한계시록의 주요한 요점은 아닌 것 같다. 이 경우에서 요한계시록이 현대의 "예언 가르침"에서 종종 논의된 일종의 미래적 "환난"을 직접적으로 말하는 것도 아니다. 이것은 다른 성경 구절들이 그것을 말하지 않을 수도 있다는 것에 대해 설명하는 것이 아니라, 요한계시록이 실제로는 이 시대에 사는 신자들의 상태에 보다 초점을 맞추고 있다는 것이며, 따라서 1,260일은 이 시대의 신자들을 격려하기 위한 하나의 훌륭한 자료임을 암시하는 것이다.

요한계시록의 "환난"이 문자적인 1,260일보다 더 길다는 것이 본문의 요점처럼 보이지만 그러나 이것은 논의를 넘어서는 것은 아니다. 우리는 그리스도의 승귀와 그날들의 시작 사이에 간격이 있다는 것을 주장할 수 있다. 그러나 그 어떠한 간격도 언급되지 않고 있으며 숫자들을 포함하여 재상징화(resymbolization)가 요한계시록의 지배적인 특징이다. 하지만 적용의 단계에서, 비록 그 환난의 기간이 문자적으로 1,260일이라 하더라도 요점은 여전히 동일하다. 우리가 구약성경이나 복음서를 읽으면서 배울 수 있는 것처럼 미래의 "환난 받는 성도들"의 모델로부터 배울 수도 있는 것이다. 그러므로 다양한 신학적 배경을 지니고 있는 해석학자들은 종종 비슷한 방식으로 본문을 설교하고 적용할 수 있는 것이다.

기록 연대와 배경

요한계시록이 하나님에 의해 영감 된 책이라는 것을 우리가 확신하고 있기 때문에, 어떤 독자들은 요한계시록의 연대와 배경이 무슨 상관이 있느냐고 물을 지도 모른다. 요한계시록의 메시지가 시간을 초월한 것은 아니지 않는가? 그러나 로마서와 빌립보서와 베드로전서의 메시지도 역시 시간을 초월한 것이긴 하지만, 그러나 우리는 이러한 편지들을 그 청중들로 분명하게 밝혀진 실제적인 사람들에게 써 보내도록 하나님이 사도들을 영감하셨다고 인식하고 있다. 다른 편지들과 마찬가지로 요한계시록도 우리들에게 의도된 청중들을 알려주고 있다(계 1:4, 11). 성경의 최초의 독자들이 당연히 가지고 있었을 배경을 아는 것은 저자가 최초의 가장 중요한 자들에게 전달하도록 자극을 받은 논제들을 우리가 이해하는데 도움을 준다. 만일 우리가 독자들이 원래 가지고 있었던 구체적인 필요들을 이해한다면 우리는 성경의 원리들을 훨씬 더 구체적으로 적용할 수 있다.

초대 교회 교부들은 요한계시록이 1세기 말 사악한 도미티안 황제 당시에 유래되었으며, 또한 요한이 도미티안 황제가 죽은 직후에 밧모 섬에서 돌아왔다고 주장하였다(예를 들면, Irenaeus, *Her.* 5.30.3; Eusebius, *H. E.* 3.18.1-3; 3.20.9; 3.23.1).[49] 어떤 사람들은 보다 이른 사악한 네로 황제 치하의 어느 시기에 요한계시록이 기록되었다고 주장하고 있는데, 이는 우리가 로마에 있었던 박해를 알고 있는 것과 일치한다(Tacitus, *Ann.* 15.44; 딤후 4:16-18).[50] 보다 덜 분명한 몇몇 외적 증거는 이런 방식으로도 이해할 수 있지만, 그렇다고 해서 이레나이우스의 증거가 더 분명한 것도 아니다.[51] 하지만 네로의 박해는 대체로 로마에 국한된 것으로 보이며(로마에서 기록한 저자들은 그 박해가 더 멀리 확산된 것으로 예상하고 있다, 벧전 1:1; 4:12; 5:9, 13), 그리고 요한계시록 2:1-7에 나오는 에베소 교회에

49. 다른 참고문헌들은 Mounce, *Revelation*, 32를 보라; 보다 상세한 것은 Beale, *Revelation*, 4-27을 보라. Clement of Alexandria, *Who Is the Rich Man That Shall be Saved?* 42는 다소 불분명하게 요한계시록이 "폭군" 치하에 기록된 것으로 본다. 이것은 최소한 20세기 후반 전체의 대다수 견해이다(Hemer, *Letters to the Seven Churches*, 3; H. Koester, *Introduction to the New Testament* (Philadelphia: Fortress, 1982), 2:250; A. C. Isbell, "The Dating of Revelation" *Restoration Quarterly* 9 [1966]: 107-17; Charlesworth, *Old Testament Pseudepigrapha and New Testament*, 87).

50. Sproul, *Last Days*, 141-45를 보라. Kenneth L. Gentry Jr., *Before Jerusalem Fell: Dating the Book of Revelation* (Tyrer, Tex.: Institute for Christian Economics, 1989)도 이 연대를 따른다.

51. 반대 논증에 대해, 이레나이우스가 도미티안의 시대에 "보았던" 그 무엇에 대해 말할 때, 그는 의심할 것 없이 그가 방금 언급한 요한이 "본" 그 환상을 언급하고 있는 것이다.

대한 예수님의 예언은 그 교회가 잘못된 것에 대해 스스로 잘 방어한 것으로 보이는데 이는 네로 당시의 상황과 어울리지 않는다(행 20:29-30; 딤전 1:3-7; 딤후 2:17-18).

뿐만 아니라 요한계시록은 사악한 통치자 네로의 귀환을 묘사하고 있는 것으로 보인다(계 17:11). 물론 이는 A.D. 68년 네로가 죽기 이전에는 관심사가 아니었을 것이다. 이와 반대로 도미티안은 교회를 심하게 박해했기 때문에 네로 재현 전승은 도미티안을 네로의 후계자로 간주했음이 분명하다(Eusebius, *H. E.* 3.17, 20). 다른 사람들은 요한계시록이 네로가 죽음 직후 혹은 베스파시안 시대 직후에 있었던 혼란의 시기에 기록된 것으로 보기도 하지만, 이것은 확실한 증거가 부족하다.[52] 초기 연대는 몇몇 해석학자들로 하여금 요한계시록에 나오는 그리스도의 재림을 예루살렘의 임박한 멸망으로 이해하도록 만든다. 그러나 이것은 각 산과 섬이 제자리에서 옮겨지는 것이나(계 6:14; 16:20) 죽은 의로운 자들이 부활하는(계 20:4-5) 이미지들과 거의 어울리지 않는다.[53] 그리하여 요한계시록이 1세기 말 도미티안 시대에 기록되었다는 교회 전승이 그럴듯한 것 같다. 물론 이것도 확실한 것은 아니지만 그 반대의 주장보다는 지지를 많이 받고 있다. 도미티안이 아시아 속주에서 자신의 신성과 종교적 예배에서 중심적인 위치를 지니고 있음을 주장한 것은 무엇보다도 그의 통치 후반부, 즉 90년대 중반의 상황과 잘 어울린다.[54]

도미티안의 통치 후반부에 중심이 되었던 한 가지 이슈는 황제숭배였다. 헬라 사람들은 오랫동안 인간과 신들 사이에 경계선이 뚜렷하지 않았다.[55] 따라서 알렉

---

52. A.D. 68-70년의 연대에 대해서는 John A. T. Robinson, *Redating the New Testament* (Philadelphia: Westminster, 1976), 221-53; E. Lipinski, "L'apocalypse et le martyre de Jean à Jérusalem," *NovT* 11 (1969): 225-32; Albert A. Bell, Jr., "The Date of John's Apocalypse: The Evidence of Some Roman Historians Reconsidered," *NTS* 25 (Oct. 1978): 93-102를 보라. 다른 사람들은 요한이 도미티안 시대에 기록했다고 주장하지만, 다른 묵시문헌의 저자들처럼 그의 저작은 베스파시안 시대보다 앞선다(Feuillet, *Apocalypse,* 93).

53. 예루살렘의 임박한 파멸에 대해서는 예를 들어 Brooke Foss Westcott, *The Gospel According to St. John: The Authorized Version with Introduction and Notes* (Grand Rapids: Eerdmans, 1950, 1881년판의 재판), p. lxxxvii를 보라.

54. Aune, *Revelation,* 1:lvii-lxx는 이 전승들을 60년대 혹은 그 보다 이른 시기로 연대를 추정하지만, 최종판은 도미티안 통치 후반부 혹은 트라얀의 통치 초기로 추정하고 있다. 요한계시록도 역시 다시 활기를 띠고 있는 종말론에 의해 초기 영지주의를 반대하기 위해 기록되었다는 주장들(Elisabeth Schüssler Fiorenza, "Apocalyptic and Gnosis in the Book of Revelation," *JBL* 92 [Dec. 1973]: 565-81 [p. 581])은 가능하긴 하지만 증거가 많이 부족하다.

55. 예를 들면, Homer, *Iliad* 2.407; 7.47; Od. 3.110; 17.3, 54, 391; Sophocles, *Oed. Rex.* 298; Euripides, *Andromache* 1253-58을 참조하라.

산더 대왕이 중동 지방 대부분을 정복하였을 때, 그는 통치자들은 신들이며 국민들의 숭배를 받아야 한다는 것을 당연히 여기는 일반적인 생각을 신속하게 받아들였다.[56] 로마가 지중해 동부 세계의 패권을 차지했을 때, 그들은 소아시아의 번영하는 도시들을 포함하여 제국의 동부 지역이 황제숭배를 하게 함으로써 로마 제국에 충성을 다하도록 하였다.[57] 여러 신들을 숭배할 때 사용되던 고대의 성소들도 역시 황제에게 종종 영광을 돌리곤 하였다.[58]

대부분의 로마 사람들은 훨씬 더 제약을 받았다. 그들은 황제가 불멸의 존재이며 죽은 이후에도 신이 될 수 있는 것으로 인식하고 있었다(이는 원로원의 승인을 얻어야 하는 행위였다).[59] 로마에서 아직 살아있는 동안에 신으로 주장되는 것 자체가 오만한 행위요 최고의 거만한 행위로 간주되었으며, 이는 대개 황제가 죽은 후에 그 이름을 저주하는 결과를 낳았다. 가이우스 칼리굴라(Gaius Caligula), 네로(Nero), 그리고 도미티안(Domitian) 등은 살아있는 동안에 숭배하도록 요구한 1세기의 유일한 황제들이었다. 결국 그들은 죽은 이후에 신으로 불리어지는 특권을 국가가 부정한 몇 달밖에 영향력을 미치지 못한 유일한 황제들이었다.[60]

그러나 지중해 동부에서 대부분의 사람들은 여신 로마뿐만 아니라 황제를 숭배함으로써 로마에 충성을 다하고 있음을 보여주었다. 그 밖의 아시아 도시들은 그러한 황제숭배 의식의 중심지인 에베소와 서머나와 더불어 황제 신전을 유치하는 영예를 얻기 위해 경쟁하였다. 요한계시록에서 그 교회가 직접 언급되고 있는 소아시아의 모든 일곱 도시들도 황제숭배에 노출되어 있었다.[61] 도미티안 황제의 통

---

56. 예를 들면, Arrian, *Alex.* 4.10.5-7; 7.29.3. 그의 후계자들에 대해서는 예를 들면, *P. Petr.* 3.43, col. 3.11-12.

57. 사람들은 심지어 황제를 두고 맹세하기도 하였다(*CIL*, 2.1963: Apuleius, *Metam.* 9.42; *CPJ* 2:213-14, §427에서는 한 유대인에 의해). 황제에 대한 충성의 맹세는 흔한 일이었으나(예를 들면, *CIG*, 3.137; *CIL*, 2.172) 그리스도인들은 이를 주저하였다(B. F. Harris, "Oaths of Allegiance to Caesar," *Prudentia* 14 [1982]: 109-22). 황제에게 신적 영예를 돌리는 일에 대해서는 Jane F. Gardner, *Leadership and the Cult of Personality* (London: J. M. Dent, 1974), 117-24에 나오는 자료를 보라.

58. Pausanius, 1.40.1; 3.11.5를 참조하라.

59. 예를 들면, Herodian, 4.2.1, 11. 이론상 황제의 요구들을 제한하는 로마의 이상에 대해서는 A. Wallace-Hadrill, "Civilis Princeps: Between Citizen and King," *JRS* 72 (1982): 32-48을 참조하라; 헬라의 제한에 대해서는 S. R. F. Price, "Gods amd Emperors: The Greek Language of the Roman Imperial Cult," *JHS* 104 (1984): 79-95를 보라.

60. 서방에서 이러한 '오만'(*hubris*)의 행위를 피하는 것에 대해서는 *P. Lond.* 1912.48-51; Tacitus, *Ann.* 4.38을 보라; 헬라인들 중에서도 나타나는 비슷한 태도에 대해서는 Sophocles, *Ajax* 758-79; Arrian, *Alex.* 4.11.1-9; 4.12.1을 보라. 사후(死後)에 저주의 대상이 된 것에 대해서는 Dio Cassius, 60.4.5-6; Herodian, 1.15.1.을 보라.

61. Yamauchi, *The Archaeology of New Testament Cities*, 57, 66, 83-85; Ramsay, *Letters to the Seven Churches*, 231-32, 283, 366-67, 410; Aune, *Revelation*, 2:775-79를 보라. 특히 에베소에 대해서는 Sjef

치가 진행되면서 점차 사람들은 도미티안을 "주"(master) 혹은 "신"(god)으로 부르고 있었다(Dio Cassius, 67.13.4).[62] 도미티안 역시 로마의 유대인들, 철학자들, 그리고 점성술사 등을 포함하여 잠재적으로 위협이 된다고 생각되는 수많은 소수 집단들을 억압하는 폭군으로 변해갔다.[63]

아시아에 사는 모든 사람들은 유대인들이 유일하신 한 분 하나님을 섬기고 있다는 이유로 그들이 황제숭배를 면제받은 것으로 분명히 이해하고 있었다.[64] 이러한 비공식적인 면제는 아마도 대중적인 이방 종교 의식에 참여하도록 초대를 받은 유대 그리스도인들을 보호했을 것이다. 그러나 로마 속주 아시아에서 많은 유대인들은 다른 지역보다 더 많이 상류층으로 이동하여 주류 사회로 받아들여졌다. 그들은 자신들이 가이사가 아닌 다른 왕을 추종하고 있다고 주장하는 예언적 운동에 의해 많은 것을 잃고 있다는 것을 알고 있었다. 로마 제국 전체의 유대인들과 마찬가지로 유대 그리스도인들도 A.D. 66년에 유대에 사는 유대인들의 봉기 때문에 특별세를 납부해야만 하였다.[65]

뿐만 아니라 A.D. 70년 예루살렘이 멸망한 이후 유대 기독교를 의심하면서 불신한 많은 팔레스타인의 유대인들도 소아시아에 정착하면서 이미 그 지역에 존재하고 있던 긴장들을 더욱 악화시켰다(행 19:9, 33-34; 21:27-29).[66] 아마도 이런 저런 이유로 유대 그리스도인들은 1세기 말에 아시아의 일부 유력한 회당 공동체들에서 환영을 받지 못하였다(계 2:9; 3:9).[67] 그리스도인들은 종교적으로는 유대인

---

van Tilborg, *Reading John in Ephesus*, NovTSup 83 (Leiden: Brill, 1996), 40-47, 174-212; R. Oster, "Christianity and Emperor Veneration in Ephesus: Iconography of a Conflict," *Restoration Quarterly* 25 (1982): 143-49를 보라.

62. "주"(lord)라는 칭호는 아우구스투스와 네로를 포함한 초기 황제들에게도 적용되었다. G. Adolf Deissmann, *Light From the Ancient Past* (Grand Rapids: Eerdmans, 1978년 재판), 351-55 (이와 반대 견해는 Arthur Darby Nock, *Early Gentile Christianity Its Hellenistic Background* [New York: Harper & Row, 1964], 34; 디오 카시우스[Dio Cassius]는 이러한 일이 단순히 이집트의 관습이 아닌 것임을 보여주고 있다). 이것은 이 칭호를 그리스도에게 적용한 것과 뚜렷하게 대조 된다 (Oscar Cullmann, *The Christology of the New Testament* [Philadelphia: Westminster, 1959], 228).

63. 예를 들면, Suetonius, *Dom.* 12; Aulus Gellius, 15.11.3-5; Philostratus, *V.A.* 7-8; M. H. Williams, "Domitian, the Jews and the 'Judaizers' - A Simple Matter of Cupiditas and Maiestas?" *Historia* 39 (1990): 196-211; *Sifre Deut.* 344.3.2; 시빌의 신탁 5.39-46을 참조하라.

64. 로마는 다른 형태의 존경을 그들에게 요구하였다. Alfredo Mordechai Rabello, "The Legal Condition of the Jews in the Roman Empire," *ANRW* (1980) 10.13.662-762 (pp.703-4)를 보라.

65. 예를 들면, *CPJ*, 2:125-28, §§183-93.

66. 다른 증거들, 가령 서머나에서 출토된 한 비문에 의하면, 유대인들은 A.D. 2세기에도 아시아 속주로 계속 이주하였다는 것을 보여준다.

67. 2세기와 그 이후의 자료에 나오는 갈등에 대해서는, 예를 들면, R. T. Herford, *Christianity in Talmud and*

들로 간주되었으며 또한 고대 이스라엘의 진정한 신앙을 지니고 있었다. 그리하여 그들은 지역 유대 공동체에 허용한 로마의 관용으로부터 이익을 얻고 있었다. 그러나 일단 그리스도인들이 유대인들로 구성되어 있는 기관을 설득하지 못하면—한 때 회당들이 그리스도인들을 추방하기도 하였다—그들은 그 기관들의 손에 의해 억압을 받거나 심지어 죽음을 당하기도 하였다.[68]

2세기 초에, 트라얀(Trajan)이 황제였을 때, 아시아 비두니아에 부임한지 얼마 되지 않은 한 새로운 총독은 많은 사람들이 기독교 신앙으로 회심한 일로 인하여 이교 신전들이 문을 닫게 된 것을 알게 되었다. 이 통치자는 정보를 얻기 위해 그리스도인들을 고문하였으며 만일 그들이 가이사 신상을 숭배만 한다면 그들을 풀어주겠다고 제안하였다. 그러나 그들이 너무나도 "거만하여" 가이사를 숭배하지 않는다는 것을 알고서는 그들을 처형하라고 명하였다(Pliny, *Ep.* 10.96). 이 총독이 트라얀 황제와 서신 교환을 한 것으로부터 우리는 로마 지역 밖에서 그리스도인들을 체포하는 관습이 트라얀과 함께 시작된 것이 아님을 알 수 있다. 아마도 그러한 관습은 그 이전 어느 때인가 시작되었을 것인데 아마도 도미티안 황제의 통치 기간이었을 것이다.[69] 2세기 초에 제국은 그리스도인들로 하여금 가이사를 "주"(Lord)로 부르도록 하고 또한 만일 그들이 석방되기를 원한다면 황제에게 제사를 드리도록 요구하였다(Mart. Poly. 8). 그리하여 그리스도인들은 다니엘과 안티오커스 에피파네스 4세 시대에 유대인들이 직면했던 위기로 다시 부를 수 있는 그 위기에 직면했던 것이다. 우리는 유일하신 하나님께 해야 될 예배를 감히 가이사에게 하지 않겠노라.[70]

Midrash (Clifton, N.J.: Reference Book, 1966), 221-26, 282-85를 보라.

68. 이 시기에 교회와 황제숭배의 충돌로 말미암아 야기된 잠재적인 고통들에 대해서는, 예를 들면, F. C. D. Cuss, *Imperial Cult and Honorary Terms in the New Testament* (Fribourg: Fribourg University Press, 1974); S. R. F. Price, "Between Man and God: Sacrifice in the Roman Imperial Cult," *JRS* 70 (1980): 28-43을 보라.

69. Tertullian, *Apol.* 5.4를 보라. 도미티안이 신성을 주장한 것에 대해서는, 예를 들면, Suetonius, *Dom.* 12; Dio Cassius, 67.13.4를 보라. 도미티안 치하의 진정한 박해에 대해서는(공식적이든 비공식적이든 간에), Hemer, *Letters to the Seven Churches*, 7-11; W. M. Ramsay, *The Church in the Roman Empire Before A.D. 170* (New York: G. P. Putnam, 1893), 196-213을 보라. 랍비 문헌들도 역시 그리스도인들에 대한 로마의 박해를 암시하고 있다. 다른 사람들은 이 박해가 단순히 산발적으로 일어난 것이라고 생각한다(Adela Yabro Collins, "Dating the Apocalypse of John," *Biblical Research* 26 [1981]: 33-45); 하여튼 요한계시록은 어떤 박해(예를 들면, 계 2:13)나 그 이상의 것을 예상할 수 있다.

70. 로마 제국이 지역 종교들을 압제함으로 일어난 도전이라는 주제에 대해 예를 들면, 단 3:1-18; 유딧 3:8; 마카비 2서 11:23을 보라; 동부 지역의 통치자들도 역시 숭배할 것을 요구하였다(Philostratus, *V.A.* 1.27-28).

전통적으로 학자들은 요한계시록이 강력한 로마 제국의 박해에 직면한 압제받는 그리스도인들에게 보내어진 것으로 생각하고 있다. 그러나 오늘날 많은 학자들은 오히려 요한계시록이 "자기만족적이며, 영적으로 무기력한 그리스도인들"에게 보내어진 것임을 강조하고 있다.[71] 사실, 우리가 일곱 교회에 보내어진 편지를 자세히 살펴보면, 우리는 이 두 가지 상황들이 여러 장소에서 공존하고 있다는 것을 발견하게 된다. 요한계시록은 살아있는 교회와 죽어있는 교회 모두에게 말하고 있다. 그러나 보다 더 많은 교회들이 세상에서 죽어가고 있다기보다는 오히려 세상과 타협하는 위기 속에 처해 있다. 이러한 점이 요한계시록을 오늘날 북아메리카의 기독교에 적절한 책으로 만들게 한다.

요한계시록의 메시지

적용은 그 성격상 상당히 상황적이다. 이는 구체적인 문화에, 교회에(설교에 있어서), 혹은 개인에게(종종 개인적 헌신에 있어서) 적용된다. 그 때문에 이 주석에 나오는 대부분의 적용들은 우리가 이끌어낼 수 있는 적용들의 여러 종류들에 대한 견본들이다. 나는 대다수 주석의 예상되는 청중들에게 여전히 타당한 문화의 범위 내에서 그런 견본들을 이끌어내려고 노력하겠지만, 몇 가지 점에서 내 자신의 배경이기도 한 북미 복음주의, 아프리카계 미국 교회들, 메시아파 유대교 집단들, 그리고 또 다른 청중들을 위해 적용을 위한 생각할 수 있는 모든 기초를 다루지는 못한다. 하지만 나는 성경 본문이 말하고 있는 논점들과 오늘날의 논점들 사이에 유비를 이끌어내기 위한 유용한 모델을 독자들이 발견할 것으로 믿고 있다.

그러나 동시에 인간의 본성과 하나님의 속성이 여전히 불변하기 때문에 요한계시록은 변하지 않는 많은 논점들을 말하고 있다. 우리가 이 단락에서 초점을 맞추는 것은 바로 이러한 주제들이다. 다행히도 이러한 주제들은 요한계시록 전체를 통하여 반복되어 나타나고 있다. 요한계시록은 하나의 전체적인 책으로, 어떤 의미에서 일곱 교회에 보내진 편지와는 별도로 전달되었으며, 부분적으로 떼어내어 읽히거나 설교되는 것을 의도하지 않았기 때문에, 우리가 요한계시록에 있는 어떤 구절을 읽고, 가르치고, 혹은 설교할 때마다 우리는 그 구절이 반영하고 있는 전체

---

71. Talbert, *Apocalypse*, 25. Beale, *Revelation*, 28-33은 두 가지 모두를 인정하지만 타협을 우선적인 위협으로 보고 있다.

책의 주제에 비추어 그렇게 하는 것이 중요하다.

나는 본문을 존중하고 또한 본문에 근거하여 내가 가진 생각들을 발전시키고자 최선을 다하였지 그 반대가 아니다. 내가 지금 가지고 있는 견해들은 내가 처음에 가르침을 받았던 내용들과 상당히 다르다. 동시에 나는 나와 다른 학문적 입장을 지닌 내용을 인용할 때, 존경심을 가지고 또한 그들과 대화를 하고자 하는 마음으로 했음을 강조하고자 한다. 예를 들면, 대부분의 독자들은 나를 세대주의자 중의 한 사람으로 분류하지는 않을 것이다(그러나 나의 세대주의자 친구들 중에 진보적인 성향을 지닌 한 사람이 세대주의적 한계들을 너무 광범위하게 설정하였기 때문에 그가 내게 말하기를 내가 명예 세대주의자의 자격을 얻었다고 말하였다.). 그러나 종말에 일어날 사건들의 세밀한 문제들에 대하 다양한 학자들 사이에 다른 견해들이 있음에도 불구하고, 모든 독자들은 요한계시록에 나오는 가장 중요한 논점들에 대해서는 견해를 같이 할 수 있다. 다양한 교파에 속한 학자들은 다양한 구절들에 대한 나의 주석적인 확신들 중 많은 부분에 공감할 것이다.

오늘날 우리가 요한계시록을 생각할 때, 우리들 중 많은 사람들은 종말의 사건들에 대한 세밀한 문제들에 대한 논쟁을 생각하지만, 이러한 세밀한 내용들은 요한계시록의 주된 메시지가 결코 아니다. 사실 세밀한 몇 가지 문제들에 대해서는 우리들 대부분이 놀랄 수도 있다. 한 저자는 하나님께서 자신이 구약성경의 예언들과 신약성경의 예언들 모두를 성취하신 방식을 통해 그의 백성들을 일상적으로 어떻게 놀라게 하셨는지를 보여준 후에, "하나님은 인간들이 아직 생각해보지 못한 방식으로 몇 가지 그의 예언들을 성취할 수 있다는 것이 가능하지 않겠는가?" 라고 그는 반문한다.[72]

요한의 계시들 중 몇 가지는 심지어 우리 시대에조차도 이해되도록 의도되지 않았다(계 10:4). 그러나 그 계시들 중 대부분은 가장 중요한 몇 가지 점에서는 이해되도록 의도되었다(계 22:10). 신약성경에서 혹은 초기 기독교 신앙고백 중 그 어느 것도 종말에 일어날 세부적인 내용들이 신앙고백의 일부분이 될 것으로 보이지는 않는다. 종말에 일어날 세부적인 내용에 대한 견해들이 기독교 정통성을 시험하는 것이 될 수 없다. 유일하게 "보수적인 그리스도인들 사이에 의견이 일치된 것은 예수님이 인격적이고 문자 그대로 눈에 보일 수 있게 재림하신다는 것은 핵심 교리에 속한다는 것이며, 이것을 넘어서는 문제에 대해서는 의견일치가 깨어진

72. Lewis, *Questions*, 133; 아울러 89도 참조하라.

다"는 것이다.[73]

하지만 빌리 그레이엄(Billy Graham)이 지적하였듯이, 세밀한 모든 문제들에 대해 논쟁하느라 작은 붓놀림 하나에 길을 잃어버리는 것보다, 우리는 한 걸음 뒤로 물러나 이 책의 "장엄한 계획"의 웅대함을 붙잡을 필요가 있다.[74] 우리는 애매한 문제들과 불확실한 내용들을 인정할 수 있고 또한 어떤 광범위한 종말에 대한 시나리오들, 가령 천년왕국의 성격과 같은 문제들에 대해 얼마든지 다른 그리스도인들과 견해가 다를 수가 있다. 그러나 오늘날 우리들의 삶에 적용시켜야 하는 가장 중요한 문제는 대체로 분명하다. 예수님의 재림에 대한 신약성경의 가르침에 대해 논의하면서, 우리가 신약성경에서 가장 널리 퍼져 있는 재림 주제들 중의 하나인 그리스도의 재림을 위해 깨어있어 거룩하라는 부르심을 어떻게 무시할 수 있겠는가?(막 13:33-37; 살전 3:13; 5:6-7, 23; 딛 2:12-13; 벧전 1:7; 벧후 3:14; 요일 2:28-3:3)

그러면 요한계시록의 메시지는 무엇인가? 우리는 아래에서 몇 가지 요점들을 언급할 것이다. 그러나 우리는 요한계시록의 메시지늘 대부분은 나중에 구체적인 구절들에 대한 주석에서 발전시킬 것이다.

- 하나님은 경외심을 일으키게 하는 장엄하신 분이시며, 또한 우리들이 가지고 있는 여러 고통들에 대해서도 주권을 가지고 계신 분이시다.
- 예수님이 어린 양으로 희생을 당하셨다는 것은 그를 믿는 자들에게 궁극적으로 완전한 구원을 주신다.
- 하나님께서 세상을 심판하신다는 것은 하나님이 그의 백성들을 신원(伸寃)하실 것임을 종종 세상에 알리신다.
- 당장은 아무 일도 일어나지 않으므로, "죄를 지어도 벌을 받지 않는다"고 생각할지 모르지만, 하나님은 심판하실 것이다.[75]
- 하나님은 자신의 목표를 작고 박해받는 남은 자들을 통해 성취하실 수 있다. 하나님은 세상이 권력을 중요시하는 것에 대해 좌우되지 않으신다.
- 예배는 우리의 고난으로 인한 슬픔으로부터 하늘의 관점으로 볼 수 있는 하나님의 영원한 목표로 향하도록 우리를 인도한다.

---

73. Ibid., 129-30.

74. Graham, *Approaching Hoofbeats*, 19-20.

75. Ibid., 23에서 언급한 것처럼.

- 그리스도께서 박해로 우리를 부르신다고 선포하는 것은, 이 세대에 헌신된 신자들의 정상적인 상태이다.
- 그리스도는 우리가 마땅히 그분을 위해 죽을 가치가 있는 분이시다.
- 하나님의 나라(신부, 새 예루살렘 등에서 예증되었다)와 세상의 가치관(음녀, 바벨론 등에서 예증되었다) 사이에는 근본적인 대조가 존재한다.
- 하나님께서 우리를 위해 예비하신 소망은 지금 우리가 당하는 고난을 훨씬 능가한다.
- 하나님의 계획과 고난은 궁극적으로 모든 백성들의 대표자들을 포함한다.

요한계시록은 또한 신약성경의 다른 부분들보다 더욱 분명하고도 자주 그리스도의 주재권을 선포하고 있다. 정상적인 환경 내에서 우리는 그리스도를 위한 우리의 증거를 약화시킴으로서가 아니라 보다 담대하게 증거 함으로써 반대에 직면한다. 분명히 요한계시록은 한편으로는 아버지와 어린 양을 구분함에도 불구하고 예수님에게 충만한 신성을 돌리고 있다—그러한 표현 바로 직후에 대개 이런 문구가 나온다(Pliny, *Ep.* 10.96; Ignatius, *Rom.* 3; Justin, *First Apol.* 67; *Second Apol.* 13). 요한계시록은 하나님에 관한 구약성경 구절들을 끊임없이 인용하고 있으며 또한 예수님에게도 적용하고 있다(단 7:9는 계 1:14에; 사 2:19와 호 10:8은 계 6:15-17에; 사 49:10은 계 7:17에; 신 10:17은 계 17:14와 19:16에; 사 63:2는 계 19:13에; 사 60:19-20은 계 21:23에).

예수님에게 적용된 다른 칭호들과 표현들은 그 주변 문화에서 신들에게 적용되었던 것들이며(예를 들면, 계 2:18), 그리고 유대교에서 하나님의 칭호들, 가령 "살아 있는 자"는 예수님에게 적용된다(계 1:18). 예수님은 신적인 기능들을 수행하신다. 구약성경에서 "여호와께서 이와 같이 말씀하시되"가 종종 예언들을 소개하는 반면, 요한계시록에서 성령에 의해 예언하도록 영감을 주시는 분은 바로 예수님이시다(계 2:1, 8, 12, 18; 3:1, 7, 14). 요한 당시에 유대교 사람들은 죽은 자들의 영역을 여는 열쇠를 오직 하나님에게만 돌렸다(솔로몬의 시편 16:13). 그러나 요한계시록은 이것을 예수님에게 돌리고 있다(계 1:18). 당대 유대교의 기대와는 대조적으로, 예수님은 영광송(계 1:5-6)과 완전한 예배(계 5:8-14)를 받으시며 또한 독자들에게 복을 기원하신다(계 1:4-5).

요한계시록이 신적인 칭호들을 예수님에게 적용하는 것은 예수님을 "처음이요 마지막"이라고 부를 때 가장 분명하게 나타나는 것 같은데(계 1:17; 2:8; 22:12-

13), 이 칭호는 이사야에 의해 하나님에게만 적용되었으며(사 41:4; 44:6; 48:12), 이는 "알파와 오메가"라는 의미와 정확하게 동일한 것으로서 요한계시록에서는 이 칭호가 하나님에게 적용되기도 한다(계 1:8; 21:5-7; 22:13에서는 예수님에게 적용됨). 요한의 기독론은 자신의 청중들에 대해 현저하게 실제적이라고 할 수 있다. 즉 요한계시록은 압제받는 신자들에게 "그들의 승리가 한 치의 의심도 없으며, 가이사가 아니라 예수님에게 세상에 대한 주권을 가지고 계신 전능자의 지위가 부여되어 있다"는 것을 확신시키기 위해 기록되어졌다.[76]

하지만 요한계시록이 신약성경에 대하 가장 뚜렷하게 공헌한 것은 우리 중의 많은 사람들이 불쾌감을 느끼도록 만든다는 것인데, 특히 우리가 이 세상에 대해 최고조의 만족감을 발견할 때 그렇다. 요한계시록은 이 세상에 마음을 빼앗긴 교회나 다음 세상에 절망감을 느끼는 사람들에게 더 나은 소망을 제공한다. 즉 "소망이 위치해 있는 곳은 '이미 그러나 아직은 아닌'의 그 사이에만 있으며, 그 가운데 시 하나님의 침묵 혹은 무미건조함을 경험할 수 있는데, 이 때는 계속 믿기가 힘들어 보일 때이다."[77] 요한계시록은 우리가 이 세상에 속한 것이 아니며 또한 세상이 중요하게 여기는 것에 의해 유혹을 받아서는 안 된다는 것을 우리들에게 상기시킨다. 요한계시록은 박해받는 교회들에게 계속 깨어있을 것(계 2:10; 3:11)과 아울러 그들의 시대정신과 타협하지 않도록 요청하고 있다(계 2:16, 25; 3:3, 18-20).[78]

76. Bruce, *New Testament Documents*, 11; idem, *The Message of the New Testament* (Grand Rapids: Eerdmans, 1981), 86-87; Vincent Taylor, *The Atonement in the New Testament Teaching* (London: Epworth, 1945), 34.

77. Ellul, *Apocalypse*, 58.

78. 많은 학자들은 요한계시록의 관련성을 이해하고 또한 이를 분명하게 표현하고자 노력하고 있다. Wainwright, *Mysterious Apocalypse*, 161-222에 나오는 실례들을 참조하라.

요한계시록의 개요

I. 서론 (1:1–3:22)

A. 제목과 축복 (1:1-3)

B. 편지의 서두 (1:4-8)

C. 서술부 서론 (1:9-20)

1. 배경 (1:9-11)
2. 인자 환상 (1:12-16)
3. 예수님의 메시지 (1:17-20)

D. 일곱 교회에 보내는 편지 (2:1-3:22)

1. 에베소: 잃어버린 사랑 (2:1-7)
2. 서머나: 고난 받는 성도들 (2:8-11)
3. 버가모: 행음하는 당파 (2:12-17)
4. 두아디라: 타협하는 그리스도인들 (2:18-27)
5. 사데: 잠자는 그리스도인들 (3:1-6)
6. 빌라델비아: 인내하는 기둥들 (3:7-13)
7. 라오디게아: 부유한 가난뱅이들 (3:14-22)

II. 하늘 성전의 환상 (4:1–5:14)

A. 하늘에서의 예배 (4:1-11)

B. 두루마리를 열기에 합당하신 분 (5:1-7)

C. 어린 양 찬양 (5:8-14)

III. 인 (6:1–8:1)

A. 말 탄 자들 (6:1-8)

1. 정복 (6:1-2)

2. 전쟁 (6:3-4)
3. 기근 (6:5-6)
4. 다양한 방법으로 죽임을 당함 (6:7-8)

B. 순교와 세상의 종말 (6:9-17)
1. 복음 증거로 순교를 당함 (6:9-11)
2. 우주적 대격변 (6:12-17)

C. 막간: 땅과 하늘의 성도들 (7:1-17)
1. 하나님의 종말의 군대 (7:1-8)
2. 다문화적인 순교자들의 큰 무리 (7:9-17)

D. 일곱 째 인 (8:1)

IV. **나팔 (8:2–11:19)**

A. 심판의 서론으로서의 기도 (8:2-6)

B. 처음 네 재앙들 (8:7-13)

C. 침략의 두 재앙 (9:1-21)
1. 마귀적인 황충 군대 (9:1-12)
2. 마귀적인 파르티안들 (9:13-21)

D. 둘째 막간 (10:1-11)
1. 비밀스러운 일곱 우레 (10:1-7)
2. 예언적 위임 (10:8-11)
3. 짓밟힌 성전 측량 (11:1-2)
4. 하나님의 두 증인들 (11:3-14)

E. 마지막 나팔: 세상의 끝 (11:15-19)

V. **성도들과 뱀 (12:1–14:20)**

A. 여자와 그녀의 자손 (12:1-17)
1. 하나님의 백성, 그리스도와 사탄 (12:1-6)
2. 하늘의 전쟁 (12:7-12)
3. 용의 박해 (12:13-17)

B. 용의 두 짐승들 (13:1-18)
1. 거짓 메시아 (13:1-10)

2. 거짓 제사장 (13:11-18)

C. 승리하는 순교자들 (14:1-5)

D. 바벨론에 대한 하나님의 승리 (14:6-20)

1. 바벨론에 대한 하나님의 승리의 노래 (14:6-8)

2. 짐승 숭배자들에 대한 저주 (14:9-11)

3. 성도들이 평안히 쉼 (14:12-13)

4. 세상에 대한 심판 (14:14-20)

VI. **진노의 대접 (15:1–16:21)**

A. 대접에 대한 서술적 서론 (15:1-16:1)

1. 재앙 선언 (15:1)

2. 새 출애굽 하는 승리적인 순교자들 (15:2-4)

3. 하늘 성전으로부터의 심판 (15:5-16:1)

B. 재앙의 대접들 (16:2-21)

1. 다섯 재앙들 (16:2-11)

2. 아마겟돈 (16:12-16)

3. 세상 질서의 파괴 (16:17-21)

VII. **바벨론의 운명 (17:1–19:21)**

A. 바벨론, 큰 음녀 (17:1-18)

1. 영적인 부도덕의 화신을 봄 (17:1-5)

2. 비밀을 설명함 (17:6-18)

B. 멸망한 바벨론을 애통함 (18:1-19:4)

1. 음녀에 대한 표면적인 애가 (18:1-3)

2. 세상의 유혹에 저항할 것을 요청함 (18:4-8)

3. 왕들의 애통 (18:9-10)

4. 애통하는 상인들 (18:11-19)

5. 하나님과 연합한 사람들에게 즐거워하라고 권고함 (18:20)

6. 핍박한 자들을 신원하심 (18:21-24)

7. 하늘이 바벨론의 죽음을 축하함 (19:1-4)

C. 그리스도께서 심판하러 오심 (19:5-21)

1. 의인들을 위한 혼인 잔치 (19:5-10)
2. 보복하는 신적인 전사 (19:11-16)
3. 사악한 자들에 대한 잔치 (19:17-21)

VIII. 성도들의 소망 (20:1-22:5)

A. 의인들과 악인들을 위한 심판 (20:1-15)
1. 마귀를 결박함 (20:1-3)
2. 의인들의 부활 (20:4-6)
3. 마귀의 마지막 저항 (20:7-10)
4. 저주 받은 자들의 최후 심판 (20:11-15)
B. 새 예루살렘, 어린 양의 신부 (21:1-22:5)
1. 새 창조 (21:1-8)
2. 새 예루살렘의 부요함 (21:9-22)
3. 새 예루살렘의 영광 (21:23-27)
4. 새 에덴 (22:1-5)

IX. 결론 (22:6-21)

A. 하나님의 종들이 아닌 하나님에게 초점을 맞춤 (22:6-7)
B. 결론적인 권면들 (22:10-17)
1. 때가 가까우니라 (22:10-12)
2. 예수님의 첫 번째 신적인 칭호 (22:13)
3. 의인들과 악인들의 운명 (22:14-15)
4. 예수님의 두 번째 신적인 칭호 (22:16)
5. 듣는 자들에 대한 예수님의 초대 (22:17)
C. 두루마리를 함부로 변경하지 말라 (22:18-19)
D. 약속된 예수님의 오심 (22:20)
E. 편지의 결어 (22:21)

참고 문헌

주석

Aune, David E. *Revelation.* 3 vols. Word Biblical Commentary 52a-c. Dallas: Word, 1997-1998. 비일(Beale)이 쓴 요한계시록에 대한 가장 최근의 철저한 주석과 더불어 요한계시록에 나오는 이미지들과 개념들에 대한 그레코-로마의 병행들을 가장 철저하게 연구한 책이다. (Revelation 1-5[52a]는 1997년 9월, Revelation 6-16[52b]는 1998년 9월에, Revelation 17-22[52C]는 1998년 11월에 Thomas Nelson 출판사에서 각각 출간되었다. 본서는 도서출판 솔로몬에서 『요한계시록 상·중·하』 세 권으로 번역되어 출간되었다.)

Beale, Gregory K. *The Book of Revelation: A Commentary on the Greek Text.* Grand Rapids: Eerdmans, 1999. 한 권의 책 안에 엄청난 양의 정보를 수록한 본서는 많은 독자들에게 가장 유용한 요한계시록 주석임을 보여줄 것이다. 오니(Aune)와 더불어 가장 최근의 철저한 요한계시록 주석이다(하지만 이 책이 너무 늦게 출간되는 바람에 이 주석이 지니고 있는 장점들을 충분히 논의하지 못하였다).

Beasley-Murray, G. R. *The Book of Revelation.* The New Century Bible. Greenwood, S. C.: Attic; London: Marshall, Morgan & Scott, 1974. 요한계시록에 대한 가장 철저하고도 유용한 주석들 중의 하나로서, 각 페이지마다 배경과 다양한 견해들에 대한 상세한 논의를 제공하고 있다.

Boring, M. Eugene. *Revelation.* Interpretation. Louisville: John Knox, 1989. 이 책은 해석 방법을 설명하는데 있어서 철저하고도 미묘한 차이를 보여주고 있으며, 아울러 주류 프로테스탄트적 관점에서 적용하는데 관심이 있다.

Bowman, John Wick. *The First Christian Drama: The Book of Revelation.* Philadelphia: Westminster, 1968. 이 책은 대중적인 수준으로 이해하기 쉽고 보수적이며 무천년설의 입장에서 기록되었다. 또한 이 책은 환난을 예수님의

초림부터 재림까지 역사의 전체 과정으로 생각하고 있다.

Caird, G. B. *A Commentary on the Revelation of Saints John the Divine.* Harper's New Testament Commentaries. New York: Harper & Row, 1966. 위에서 언급한 비슬리-머리와 마찬가지로, 요한계시록에 대한 가장 철저하고도 유용한 주석들 중의 하나이며, 각 페이지마다 배경에 대한 상세한 논의와 다양한 견해들을 제공하고 있다.

Corsini, Eugenio. *The Apocalypse: The Perennial Revelation of Jesus Christ.* Translated and edited by Francis J. Moloney. Good News Studies 5. Wilmington, Del.: Michael Glazier, 1983. 이 책은 몇 가지 훌륭한 통찰력에도 불구하고 요한계시록의 이미지들을 자연스럽게 조화될 수 없는 구원사적 해석에 무리하게 집어넣어 해석하고 있다.

Ellul, Jacques. *Apocalypse: The Book of Revelation.* Translated by George W. Schreiner. New York: Seabury, 1977.

Feuillet, André. *The Apocalypse.* Staten Island, N.Y.: Alba House, 1965. 이 책은 특히 본서가 출간된 당시까지 연구된 참고문헌 작업의 범위로 인하여 도움을 줄 것이다.

Fiorenza, Elizabeth Schüssler. *The Book of Revelation: Justice and Judgment.* Philadelphia: Fortress, 1985. 이 책은 수많은 주석적인 통찰력을 제공해주고 있으며 또한 요한계시록 안에 있는 방종주의적 주제들과 적용들에 관심을 가지고 있다.

Ford, J. Massyngberde. *Revelation.* Anchor Bible 38. Garden City, N.Y.: Doubleday, 1975. 몇 가지 엉뚱한 내용이 있긴 하지만(특히 그녀는 요한계시록의 많은 부분이 세례 요한의 예언에서 비롯되었다는 생각을 가지고 있다), 이 책은 도움이 되는 많은 배경, 특히 유대교적 자료를 제공해주고 있다.

González, Catherine Gunsalus, and Justo J. González. *Revelation.* Westminster Bible Companion. Louisville, K.Y.: Westminster/John Knox, 1997.

Johnson, Alan F. *Revelation.* The Expositor's Bible Commentary. Grand Rapids: Zondervan, 1996. 복음주의적이며 전천년주의적 입장에서 쓴 책이다.

Lindsey, Hal. *There's a New World Coming: A Prophetic Odyssey.* Santa Ana, Calif.: Vision House, 1973. 요한계시록의 상징들을 현대에 일어나는 사건들의 관점에서 대중적 수준으로 풀이하고 있는 책인데 세대주의적 관점을 지니고 있다.

린드세이는 그 이후 자신의 평가들을 수정해왔지만(가령 그리스도께서 1948년을 기점으로 40년 이내에 재림하신다는 생각), 많은 진보적인 세대주의자들은 린드세이의 견해를 이상하고 또한 주류 세대주의가 아닌 것으로 간주하고 있다.

Metzger, Bruce M. *Breaking the Code: Understanding the Book of Revelation.* Nashville: Abingdon, 1993. 최고의 성경학자에 의해 쓰여 진 유용하면서도 읽기 쉬운 책이다. 탈버트(Talbert)가 쓴 책보다는 증거 자료가 상당히 적다.

Michaels, J. Ramsay. *Revelation.* The IVP New Testament Commentary Series. Downers Grove, Ill: InterVarsity, 1997. 한 원로 복음주의 신약학자에 의해 쓰여 진 대중적이고 적용 중심의 주석이다.

Moffatt, James. "Revelation." Pages 281-494 in vol. 5, *The Expositor's Greek Testament.* Edited W. Robertson Nicoll. Reprinted ed.: Grand Rapids: Eerdmans, 1979. 20세기 초에 쓰여 진 책이긴 하지만, 이 주석은 모팻이 그 당시에 사용할 수 있었던 역사적 자료를 탁월하게 다루고 또한 학문적 선택에 대한 비평적 평가를 한 것으로 인하여 여전히 유용한 자료이다.

Mounce, Robert H. *The Book of Revelation.* The New International Commentary on the New Testament. Grand Rapids: Eerdmans, 1977. 이 책은 가장 유용한 주석들 중에서도 요한계시록에 대한 면밀하면서도 훌륭하게 탐구되고 많은 자료들을 참고한 주석이다. (이 책의 개정판이 1997년 11월에 출간되었다)

Richard, Pablo. *Apocalypse: A People's Commentary on the Book of Revelation.* The Bible & Liberation Series. Maryknoll, N.Y.: Orbis, 1995.

Roloff, Jürgen, *The Revelation of John: A Continental Commentary.* Translated John E. Alsup. Minneapolis: Fortress, 1993.

Ryrie, Charles Caldwell. *Revelation.* Chicago: Moody, 1968. 전통적인 세대주의적 관점에서 기록한 대중적인 수준의 주석이다.

Talbert, Charles H. *The Apocalypse: A Reading of the Revelation of John.* Louisville, Ky.: Westminster/John Knox, 1994. 주해뿐만 아니라 당대의 상황에도 관심을 가지고 쓴 요한계시록에 대한 문학적 해석이다. 이 책은 상당히 대중적인 수준으로 기록된 가장 유용한 작품들 중의 하나로서 요한계시록의 배경에 정통한 학자에 의해 쓰여 졌다. 많은 주석들과는 대조적으로(이들은 종종 이전의 논의들을 되풀이하고 있기도 하다), 탈버트는 주요 자료에 대한 신선한 해석을 제시하고 있기도 하다.

Tenney, Merrill C. *Interpreting Revelation.* Grand Rapids: Eerdmans, 1957. (『요한계시록 해석』 CLC 출간).

Walvoord, John F. *The Revelation of Jesus Christ: A Commentary.* Chicago: Moody, 1966. 구 세대주의적 관점에서 쓰여 진 보다 비교적 철저한 주석들 중의 하나이다.

Wesley, John. *Commentary on the Bible: A One-Volume Condensation of His Explanatory Notes.* Edited G. Roger Schoenhals. Grand Rapids: Zondervan, 1990.

특별 연구서

Aune, David Edward. *The New Testament in Its Literary Environment.* Library of Early Christianity 8. Philadelphia: Westminster, 1987. 이 책은(신약성경에 나오는 각 장르를 포괄하고 있는) 요한계시록과 같은 유의 저작을 해석하는데 중요하며, 요한계시록을 해석하는 방법을 제시하고 있다.

_______. *Prophecy in Early Christianity and the Ancient Miditerranean World.* Grand Rapids: Eerdmans, 1983. 이 책은 고대 지중해 사람들이 예언을 어떻게 이해했는가 하는 통찰력을 제공해주고 있다.

Bauckham, Richard. *The Climax of Prophecy: Studies on the Book of Revelation.* Edinburgh: T. & T. Clark, 1993. 학문적 연구로 이루어진 요한계시록에 대한 가장 철저하고도 통찰력이 풍부한 책들 중 하나이다. 신선한 통찰력을 제공해주는 한, 1990년대에 나온 가장 유용한 자료들을 포함하고 있다. (이 책은 그 일부가 한들출판사에서 『예언의 절정 I』로 출간되었다.)

Beale, G. K. "The Use of Daniel in the Synoptic Eschatological Discourse and in the Book of Revelation." Pages 129-53 in vol. 5, *Gospel Perspectives.* Edited by R. T. France, David Wenham, and Craig Blomberg. Sheffield: JSOT, 1980-1986. (Vol. 5: *The Jesus Tradition Outside the Gospels.* Edited by David Wenham. Sheffield: JSOT, 1984.)

Bock, Darrell L., editor. *Three Views on the Millennium and Beyond.* Grand Rapids: Zondervan, 1999.

Bruce, F. F. "The Spirit in the Apocalypse." Pages 333-44 in *Christ and Spirit in the*

New Testament: Studies in Honour of C. F. D. Moule. Edited by Barnabas Lindars and Stephen S. Smalley. Cambridge University Press, 1973.

Charlesworth, James H., editor. *The Old Testament Pseudepigrapha.* 2 vols. Garden City, N.Y.: Doubleday, 1983-1985. 구약성경 다음으로 그리고 사해사본과 더불어 구약 외경은 요한계시록의 이미지들을 이해하는데 아마도 가장 중요한 자료일 것이다. 그 중에서 가장 중요한 가치를 지닌 책들은(대충 중요도에 따라) 에녹 1서, 에스라 4서, 바룩 2서, 시빌의 신탁 등이다.

Collins, Adela Yabro. *Crisis and Catharsis: The Power of the Apocalypse.* Philadelphia: Westminster, 1984. 요한계시록에 나오는 묵시적 언어의 기능에 대해 문학 비평적 논의를 한 책이다.

Fekkes, Jan. *Isiah and Prophetic Traditions in the Book of Revelation: Visionary Antecedents and Their Development.* JSNTSup 93. Sheffield Academic, 1994.

George, David C., ed. *Revelation: Three Viewpoints.* Nashville: Broadman, 1977. 이 책은 요한계시록에 대해 남 침례교 학자들과는 다른 관점과 통찰력을 제공하고 있다.

Graham, Billy. *Approaching Hoofbeats: The Four Horsemen of the Apocalypse.* Waco, Tex.: Word, 1983. 이 책은 보다 논쟁적인 종말론적 주제들은 피하면서 요한계시록의 드라마틱한 이미지들을 현대적으로 적용하는데 초점을 맞추고 있다.

Guthrie, Donald. *The Relevance of John's Apocalypse.* Grand Rapids: Eerdmans, 1987.

Hanfmann, George M. A., editor. *Sardis From Prehistoric to Roman Times: Results of the Archaeological Exploration of Sardis 1958-1975.* Assisted by William E. Mierse. Cambridge, Mass.: Harvard University Press, 1983.

Hemer, Colin J. *The Letters to the Seven Churches of Asia in Their Local Setting.* JSNTSup 11. Sheffield: University of Sheffield, 1986. 이 책은 종종 램지(Ramsay)의 책과 동일한 윤곽을 따라 업데이트한 것이긴 하지만 비문들이나 화폐들의 증거들을 대량으로 사용하고 있다.

Hill, David. New *Testament Prophecy.* New Foundations Theological Library. Atlanta: John Knox, 1979.

Keener, Craig S. *The IVP Bible Background Commentary: New Testament.*

Downers Grove, Ill.: InterVasity, 1993. 이 책의 요한계시록 부분은 거의 대부분 요한계시록을 해석하는데 필요한 문화적이고 역사적인 세부 내용들에 초점을 맞추고 있다. 대중적인 수준으로 기록된 책이다. (『IVP 성경배경주석: 신약』 IVP 출간)

Kraabel, Alf Thomas. "Judaism in Western Asia Minor Under the Roman Empire, With a Preliminary Study of the Jewish Community at Sardis, Lydia." Th. D. Diss.; Cambridge, Mass.: Harvard Divinity School, 1968.

Kraybill, J. Nelson. *Imperial Cult and Commerce in John's Apocalypse.* JSNTSup 132. Sheffield: Sheffield Academic, 1996. 이 책은 최근의 고고학적 및 금석문학적 자료들을 철저하게 연구하고, 훌륭한 자료들로 입증한 최신의 작품이며 참으로 신선한 관점을 제공해주고 있는 저작이다. 이 작품은 요한계시록 학계에 없어서는 안 될 책이다.

Kyle, Richard. *The Last Days Are Here Again: A History of the End Times.* Grand Rapids: Baker, 1998. 이 책에는 2세기에서 20세기 말에 이르기까지 실패한 예언들을 포함하여 종말의 사색에 대한 흥미를 돋우는 역사의 상세한 내용들이 들어있다. 이 책은 읽기가 쉬우며 이해하기도 쉽다. 이 주제와 연관된 몇 가지 좋은 책들 중에서도 이 책은 가장 최근의 것이며 다루는 범위도 가장 넓다.

Ladd, George Eldon. *The Last Things.* Grand Rapids: Eerdmans, 1978. 존경받는 한 복음주의 학자가 종말에 대해 그리고 역사적 전천년주의적 관점에서 본 중간상태에 대해 많은 통찰력을 제공해주고 있다.

Lewis, Daniel J. *3 Crucial Questions About the Last Days.* Grand Rapids: Baker, 1998. 이 책은 요한계시록을 해석하는 다양한 신학적 체계들과 이들의 구약성경 문맥을 비교하고 있다.

Michaels, J. Ramsay. *Interpreting the Book of Revelation.* Grand Rapids: Baker, 1992. 이 책은 요한계시록을 해석하는 몇 가지 기본적인 원리들을 구체적으로 보여주고 있다.

Morrice, W. G. "John the Seer: Narrative Exegesis of the Book of Revelation." *Expository Times* 97 (Nov. 1985):43-46. 마치 환상가 요한에 의해 쓰여 진 것처럼, 이 논문은 요한계시록의 주요 특징들을 생생한 방식으로 전달하고 있으며 또한 학생들이나 평신도들에게 이 책을 가르치는데 매우 유용한 자료들을 제공하고 있다.

Moyise, Steve. *The Old Testament in the Book of Revelation.* JSNTSup 115. Sheffield: Sheffield Academic, 1995.

Newton, Sir Issac. *Observations Upon the Prophecies of Daniel and the Apocalypse of St. John. In Two Parts.* London: J. Darvy and T. Browne, 1773. 초기 역사적 전천년주의적 견해에 근거하여 역사적 관점을 제공하는 유익한 책이다.

Osei-Mensah, Gottfried. *God's Message to the Churches: An Exposition of Revelation 1-3.* Achimota, Ghana: Africa Christian, 1985. 아프리카적인 관점을 가지고 요한계시록 1-3장을 적용 중심으로 주해한 책이다.

Peterson, Rodney L. *Preaching in the Last Days: The Themes of "Two Witnesses" in the Sixteenth and Seventeenth Centuries.* New York: Oxford University Press, 1993.

Peterson, Eugene H. *Reversed Thunder: The Revelation of John and the Praying Imagination.* San Francisco: Harper & Row, 1988. 요한계시록의 내용을 저자의 잘 알려진 매력적인 분학석 문제로 공공 시적인 적용을 히고 있다.

Ramsay, William M. *The Letters to the Seven Churches of Asia.* London: Hodder & Stoughton, 1904; reprint: Grand Rapids: Baker, 1979.

Revelation: Its Grand Climax At Hand! New York: Watch Tower Bible & Tract Society, 1988. 여호와의 증인들에 의해 65개 언어로 1억 9천 5백만 부나 유포된 책으로서, 본 참고문헌에 나와 있는 어떤 다른 책들보다 더 광범위하게 읽혀진 책이다. 우리는 요한계시록을 심각하게 잘못 해석하는 여러 실례들 중의 하나로서 우리의 논의에 포함시키기로 한다.

Rissi, Mathias. *The Future of the World: An Exegetical Study of Revelation 19.11-22.15.* Studies in Biblical Theology, 2d ser., 23. Naperville, Ill.: Alec R. Allenson, n.d., 1966년부터 독일 판으로 출간.

_______. *Time and History: A Study on the Revelation.* Translated by Gordon C. Winsor. Richmond, Va.: John Knox, 1966.

Shepherd, Massey H., Jr. *The Paschal Liturgy and the Apocalypse.* Ecuminical Studies in Worship 6. Richmond, Va.: John Knox, 1960.

Sproul, R. C. *The Last Days According to Jesus.* Grand Rapids: Baker, 1998. 스프로울은 온건한 과거주의적 접근을 옹호하면서 의인들의 부활과 같은 미래적 사건들을 염두에 두고 있지만, 신약성경에 나오는 많은 미래적 예언들이 A.D.

70년에 성취된 것으로 간주하고 있다. (그는 요한계시록의 기록 연대가 70년 이전이 흥미를 끈다고 생각한다.)

Wainwright, Arthur W. *Mysterious Apocalypse: Interpreting the Book of Revelation.* Nashville: Abingdon, 1993. 이 책은 요한계시록의 다양한 해석에 대해 역사주의적 관점을 보여주고 있다.

Walvoord, John F. *The Prophecy Knowledge Handbook.* Wheaton: Victor, 1990. 요한계시록을 포함하여 성경 예언을 구 세대주의적 관점에서 쓴 책이다.

Yamauchi, Edwin M. *The Archaeology of New Testament Cities in Western Asia Minor.* Grand Rapids: Baker, 1980. 소아시아의 일곱 교회에 대한 램지의 고고학적 자료 몇 가지를 업데이트한 내용을 포함하고 있는 책이다.

요한계시록 1:1-3

1 예수 그리스도의 계시라 이는 하나님이 그에
게 주사 반드시 속히 일어날 일들을 그 종들
에게 보이시려고 그의 천사를 그 종 요한에
게 보내어 알게 하신 것이라
2 요한은 하나님의 말씀과 예수 그리스도의 증
거 곧 자기가 본 것을 다 증언하였느니라
3 이 예언의 말씀을 읽는 자와 듣는 자와 그 가
운데에 기록한 것을 지키는 자는 복이 있나
니 때가 가까움이라

원 의미

이들 서론적 세 구절은 계시의 궁극적 저자들(하나님 아버지와 예수), 그 주제("반드시 속히 일어날 일들"), 의도하고 있는 청중들("그의 종[들]") 그리고 메신저(그리스도와 요한의 천사) 등을 선언하고 있다. 이 서론은 요한계시록의 무대를 제공하고 있기 때문에, 우리는 다른 많은 주석학자들처럼, 요한계시록 1장(그리고 어느 정도는 일곱 교회에 보낸 편지까지)을 그 외의 요한계시록 부분보다 더 상세하게 다루어야 한다.

예수 그리스도의 계시(1:1a)

이 책의 제목과 주제는 "예수 그리스도의 계시"이다. 고대 저자들은 종종 제목들을 그들이 쓴 두루마리 겉에 포함시켰다. 그러나 2세기 중반에 일부 필사자들은 사본 안에 기록하기 시작하였는데, 이는 기본적으로 오늘날 우리가 사용하는 책의 종류이기도 하다.[1] 따라서 처음에는 가끔 문헌들의 겉면에 나타났던 제목들이 이제는 문헌의 시작하는 줄에 나타나고 있다.[2] 이것이 어쩌면 요한계시록의 경우에

---

1. Bowman, *First Christian Drama*, 10. 어떤 사람은 전체 제목이 1:1-3의 모든 것을 포함한다고 주장한다(Michaels, *Revelation*, 46); Aune, *Revelation*, 1:22는 고대 저자들이 종종 자신이 쓴 첫 번째 문장을 제목으로 사용했다고 말한다.
2. 예를 들면, *PGM*, 13.343; 36.211-12.

해당할 것이다.

그러나 보다 어려운 문제는 "계시"라는 단어가 "예수 그리스도"라는 이름과 어떤 관계가 있는가 하는 것이다. 전체 문구가 "예수 그리스도에 대한 계시"를 의미하는가("목적격적 속격"으로 불리어지는 헬라어 구문) 혹은 "예수 그리스도로부터 오는 계시"인가("주격적 속격"), 아니면 둘 다인가?[3] 만일 이 문구가 전자를 의미한다면, 예수님은 처음부터 끝까지 요한계시록의 주제가 될 것이다. 만일 후자라면, 다른 문제들이 책의 중심적인 내용이 될 것이다. 한편으로, 전자의 입장이 신학적으로 정확하다. 즉 예수님은 분명히 이 책의 중심적 인물이라는 것이다. 요한계시록에 나오는 심판들은 예수님의 주권을 반영한다(예를 들면, 6:1, 16; 8:4-6). 애굽의 재앙들과 유사한 내용이 나오는 것은 예수님이 모세보다 그리고 최초의 유월절 어린 양보다 더 크신 분이심을 우리들에게 말해준다. 이 책은 예수님이 요한에게 직접적인 계시를 주신 것으로 시작하며(계 1:13-20) 또한 처음부터 그 절정이 하늘로부터 오는 예수님의 계시가 될 것임을 약속하고 있다(계 1:7; 19:11-16).

다른 한편으로, 이 책의 문맥과 구조는 묵시와 제목 모두의 통상적인 기능과 함께 후자의 제안에 보다 강한 지지를 제공하는 것으로 보인다. 그 계시는 "반드시 속히 일어날 일들"을 다루고 있으며(계 1:1) 또한 아버지로부터 예수님에게 천사에게 요한에게 그리고 교회들에게 전달되고 있다. 그리하여 그 계시는 예수님에게서 비롯되는 것이다. 마찬가지로 요한계시록의 상당 부분을 채우는 인, 나팔, 대접 등도 이 세상에 임박한 심판들을 자세히 다루고 있다. 이것은 묵시적 문헌들에 나오는 전형적인 주제이다. 그러나 요한은 다른 묵시문헌들이 예수님과 비교하여 희미할 수도 있는 어떤 인물을 강조하는 것보다 훨씬 더 분명하게 예수님을 강조하고 있다. "계시"는 주님 자신에게 초점을 맞추고 있으며(고후 12:1), 혹은 우리가 이곳에서 생각하고 있는 것처럼, 예수님의 메시지에도 초점을 맞추고 있다(롬 16:25). 마지막으로, 책 제목은 "토빗의 말씀의 책"(토빗 1:1의 문자적 번역) 혹은 "호세아에게 임한 여호와의 말씀"(호 1:1)에서처럼 의도된 저자가 종종 기재되어 있다. 예수 그리스도는 저자이시지, 단순히 그 주제가 아니다. 예수님은 자신의 메시지를 그의 천사를 통하여 요한에게 계시하셨다.

하지만 결국, 이 책의 최초 헬라어를 말하는 청중들에게는 우리가 이 두 개념을

3. 목적격적 속격을 지지하는 사람들은 예를 들면, Corsini, *Apocalypse*, 67-72를 보라; 두 가지 속격 모두에 대해서는 Peterson, *Reversed Thunder*, 26을 보라.

구분하는 것처럼 어려운 일이 아니었을 수도 있다(문법 그 자체는 어떤 차이도 명확하게 밝히지 않는다). 그 메시지는 예수 그리스도에게서 온 것이지만, 궁극적으로 예수님은 직접적이든 아니면 간접적이든 간에 신약성경 전체의 초점이 되시는 분이시다. 예수님이 역사 속에서 가지고 계시는 목적은 자신의 인격을 계시하여 자신을 예배하도록 우리를 초청하는 것이다.

계시의 중재자들(1:1b-2)

요한과 천사. 대부분 전통적인 유대 묵시문헌들의 저자들은 고대의 유명한 하나님의 종들로부터 가지고 온 가명(假名)을 사용하였다. 이는 아마도 그들과 동시대의 많은 사람들이 그들 자신의 시대에는 예언이 더 이상 활동하지 않는다고 생각했기 때문이었다. 이와는 대조적으로 요한은 이전 시대에 활동하는 유명한 이름을 빌려오는 것이 아니라 오히려 자신의 정체성을 공공연히 밝히고 있다.[4] 그는 자신이 어느 요한인가를 밝힐 필요가 없었다는 것은 그가 초기 그리스도인들 중에서 가장 분명한 요한, 즉 세베대의 아들 사도 요한이며, 그는 육신 가운데 계신 예수님을 개인적으로 알고 있었던 사람임을 암시하고 있다(요 21:22 참조).[5] 3세기 중반의 저자 디오니시우스(Dionysius)가 등장할 때까지 정통 그리스도인들 사이에서 요한계시록에 대한 외적인 증거는 만장일치였으며, 그리고 이러한 증거가 어떤 신약성경의 문헌에 대해서도 가장 유효한 것임은 비방자들조차도 인정하고 있다.[6]

그러나 비록 그가 사도라 해도, 그는 교회들에 대해 자신의 권위로 자신의 신분을 밝히지 않는다. 오히려 그는 자신을 "하나님의 종"으로 밝히고 있는데, 이는 종

---

4. 예를 들면, Leon Morris, *Apocalypse* (Grand Rapids: Eerdmans, 1972), 52; M. A. Knibb, *The First and Second Books of Esdras* (Cambridge: Cambridge University Press, 1979), 106-7; Hill, *New Testament Prophecy*, 72.

5. 어떤 사람은 열 두 제자 중의 한 사람이 요한계시록 21:14를 쓰지 않았을까 생각한다(예를 들면, Michaels, *Revelation*, 19). 그러나 그곳에서 요한은 예를 들면, 에베소서 2:20처럼 사도적 전승으로 이미 잘 확립된 방식으로 하나의 집단으로서 열 둘 중의 한 사람으로 쓰고 있다. Feuillet, *Apocalypse*, 107-8을 보라; 요한은 자신을 사도로 밝히지 않고 있으며, 바울도 역시 마찬가지이다(빌 1:1; 살전 1:1; 살후 1:1; 몬 1).

6. Mounce, *Revelation*, 27-28을 보라. 요한의 저작권에 대한 보다 충분한 증거를 위해서는(여전히 그 증거에 나타나는 문제들을 인정하고서), Donald Guthrie, *New Testament Introduction*, 4th rev. ed. (Downers Grove, Ill.: InterVarsity, 1990), 932-48; D. A. Carson, Douglas J. Moo, and Leon Morris, *An Introduction to the New Testament* (Grand Rapids: Zondervan, 1992), 468-73을 보라. 그러나 몇몇 복음주의적인 학자들조차도 요한이 저자라는 것을 여전히 확신하지 못하고 있다 (Aune, *Revelation*, 1:xlvii-lvi; Beale, *Revelation*, 34-36).

종 구약의 선지자들에게 적용된 칭호였다(렘 29:19; 35:15 참조). 이 칭호는 복종뿐만 아니라 영예를 반영하기도 한다. 고대 세계에서 시저와 같은 어떤 강력한 주인의 종은 로마의 귀족보다 더 큰 위세를 지니고 있었다.[7] 그러나 요한은 자신을 높이지 않는다. 그는 주 그리스도의 종으로서 그의 동료 종들에게(계 1:1), 즉 예수의 환난에 동참하는 동료들에게(계 1:9) 이 글을 쓰고 있다. 마찬가지로 자신을 "에스라"로 밝히는 사람과 같은 몇몇 묵시적 환상가들과는 대조적으로(에스라 4서 10:38-39; 13:53-56), 요한은 자신의 계시를 자신의 어떤 특별한 공적으로 돌리지도 않는다.

요한계시록 1:1과 다른 곳에서처럼(계 10:9; 17:1, 7; 21:9; 22:6, 8, 16), 묵시문헌은 종종 하나님께서 천사들을 통해 계시를 전달하신다는 것을 보도한다.[8] 이것은 놀라운 일이 아니다. 왜냐하면 하나님은 성경에서 이러한 방식으로 몇몇 계시들을 전달하셨기 때문이다(단 9:21-22; 슥 1:9, 14, 19; 2:3; 4:1, 4-5; 5:5, 10; 6:4-5). 고대 유대교 묵시문헌에서, 천사들은 종종 환상들을 받는 사람을 동반하는데, 이들은 그 사람이 하늘에서 받는 이상한 환상들을 말로 설명해주는 역할을 한다.[9]

요한의 증언. 요한은 "자기가 본 것을 다" 증언하는데, 이는 "하나님의 말씀과 예수 그리스도의 증거"였다(계 1:2). 이러한 제목들은 놀라운 것이 아니다. 구약성경은 "하나님의 말씀"이라는 문구를 기록된 율법뿐만 아니라 그의 선지자들을 통한 하나님의 계시에 대해서도 사용한다(삼상 3:1, 7). 이 메시지가 또한 예수님의 "증거"라고 불리어지는 것은 예수님에 대한 요한의 증거(계 19:10) 혹은 예수님 자신(계 1:5; 22:20)이 그의 메시지를 그의 천사를 통해 요한에게 증언하였고, 이제는 요한이 다른 사람들에게 증언하고 있음을 의미한다. "증언한다"는 것은 종종 법률적 언어로 사용되는데, 이는 법정에 설 수도 있었던 요한과 다른 초기의 그리스도인들에게 적절한 말이었다(계 1:9; 요 16:2 참조). 로마법은 항상 피고인들에게 자신을 변호할 수 있도록 허락하였으며, 그리하여 그리스도인들은 그 재판 결과에 관계없이 법정에서 이루어지는 심리(審理)를 그리스도를 선포하는 기회로 사용할

7. Epictetus, *Disc.* 1.19.19; 4.7.23; Dale B. Martin, *Slavery As Salvation* (New Haven: Yale University Press, 1990), 49, 55-56에 나오는 보다 상세한 설명을 보라.

8. 예를 들면, 에녹 1서 1:2; 72:1; 74:2; 75:3; 희년서 1:27; 2:1; 32:21; 에스라 4서 4:1; 바룩 3서 1:8; 5:1; 6:1; 아울러 *TNHL*, 308-28, 453에 나오는 영지주의적 문서들; 예를 들면, James C. VanderKam, "The Putative Author of the Book of Jubilees," *JSS* 26 (Autumn 1981): 209-17 (p. 217)을 참조하라.

9. Ford, *Revelation*, 373-74.

수 있었다(막 13:9). 그러나 이 표현은 어떤 종류의 공개적인 증언보다 더 광범위한 것을 언급하고 있다. 머지않아 "증언하다"(*martyreo*)는 말은 "순교"의 의미를 띠기 시작했다. 하지만 증언은 종종 순교를 초래한 반면, 이 용어 자체는 요한계시록의 책과 같은 초기에는 이러한 의미를 지닌 것 같지는 않다.[10]

읽는 자와 듣는 자들(1:3)

인쇄기를 사용하기 전에, 잘 사는 사람들은 종종 공개 낭독회에서, 아마도 대개는 연회 석상에서 저작들을 "발표하였다."[11] 그러나 요한계시록이 교회에서 구약성경과 나란히 읽혀졌다는 것은 초기 그리스도인들이 당시 혹은 바로 직후에 요한계시록을 성경으로 인정하기 시작했다는 것을 암시한다(계 22:18-19도 참조하라).[12] 이 책을 읽는 사람("읽는 자가…복이 있나니")과 이 책을 듣는 전체 회중들("듣는 자가…복이 있나니")은 우리가 당시에 대해 알고 있는 것에 어울리는 표현이다. 당시에는 도시 지역에 사는 사람들조차도 많은 사람들이 많은 것을 읽을 수가 없었던 시대였다.

"복이 있나니"는 익숙한 고대 문학 형태인 "지복"(至福, beatitude)인데, 이는 특히 히브리어 성경과 유대교 문헌에 두드러지게 나타난다(예를 들면, 시 1:1; 잠 8:34).[13] "복" 형식 그 자체는 일반적이지만, 그 문맥은 종말에 받을 복들을 구체화하고 있는데(계 21-22장) 이를 위해 들은 자들만이 준비되어질 것이다("때가 가까움이라," 1:3). 성경적 관용구에서, "듣는 것"은 또한 "주의하는 것" 즉 순종을 종종 의미하였다(예를 들면, 창 26:5; 27:8의 히브리어). 그러나 요한은 그 어떤 애매함도 허락하지 않는다. 그리하여 "지키는"이라는 말을 첨가한다. 우리는 이 단어를

10. 다른 묵시문헌 저자들도 역시 그들이 보았던 것을 "증언하였으며"(예를 들면, 에녹 1서 104:11), 그리고 초기 그리스도인들도 하나님이 그들에게 계시하셨던 것을 정식으로 "검증하거나" 혹은 "증언하였다"(예를 들면, 요 15:27; 행 1:8). 요한계시록에 나오는 "증언" 주제에 대해서는 Allison T. Trites, *The New Testament Concept of Witness*, SNTSM 31 (Cambridge: Cambridge University Press, 1977), 154-74를 보라.

11. 예를 들면, Richard A. Burridge, *Four Gospels, One Jesus?* (Grand Rapids: Eerdmans, 1994), 20; Aune, *The New Testament in Its Literary Environment*, 171. Wayne A. Meeks, *The Moral World of the First Christian*, LEC 6(Philadelphia: Westminster, 1986), 62는 교육받은 사람들이 10% 정도 되는 것으로 추정한다. 그러나 우리는 도시의 보다 상류층에서는 중간 정도가 교육받은 사람들일 것으로 추측한다.

12. Caird, *Commentary on Revelation*, 287을 보라.

13. 보다 상세한 내용은 Craig S. Keener, *A Commentary on the Gospel of Matthew* (Grand Rapids: Eerdmans, 1999), 165-66을 보라.

계명들을 준수하는데 사용한다. 비록 계시록이 율법의 수집물이 아니지만, 그 메시지는 우리가 다름 아닌 진지할 것을 요구하고 있다(계 12:17; 14:12; 22:7).

상황잇기

우리는 "그 종 요한, 그가 본 것을 다 증언하였느니라"와 같은 저자에 관한 진술을 어떻게 적용해야 하는가?(계 1:1-2) 두 가지 방법이 가능하다. 다만 두 번째 진술이 첫 번째 것보다 더 많은 도움을 줄 수 있다.

신분. 어떤 독자들이 요한계시록 1:1과 같은 본문에 접근하는 한 가지 방법은 요한의 부르심에 개인적으로 일체감을 가지며 또한 하나님께서 그들을 무엇을 위해 부르셨는지 묵상하는 것이다. 다른 독자들은 이러한 접근에 이의를 제기한다. 결국 하나님은 그가 자신을 요한에게 계시하셨던 방식으로 오늘날 자신을 계시하시지는 않는다고 그들은 대답한다. 이러한 반대는 논쟁이 되고 있는 전제에 근거하고 있다. 오늘날 대부분의 그리스도인들은 하나님께서 성령을 통하여 계속 말씀하시며 그의 교회를 인도하신다고 생각하고 있으며, 또한 많은 사람들은 극적이고, 초자연적인 계시를 믿고 있다.[14] 그럼에도 불구하고 그 반대는 보다 일반적인 의미로 어떤 설득력을 지니고 있는 것은 아니다. 대다수 그리스도인들은 성경이라는 "정경"이—우리가 특히 계시라고 부르는 그 기준으로—닫혀져 있다는 것에 동의한다. 우리들 대부분은 하나님께서 여전히 말씀하시지만, 그러나 대부분은 이것이 오늘날 요한계시록처럼 영향력 있는 어떤 부가적인 계시가 필요하다는 것으로 생각하지 않는다.

그러나 우리의 상황이 요한과 동일한 상황이라고 주장하는 것과 요한의 상황과 우리의 상황 사이의 어떤 유비를 끌어내는 것 사이에 차이가 있다. (만일 우리가 유비를 끌어냄으로써 성경적 원리들을 적용할 수 없다면, 대부분 성경 말씀은 우리가 살고 있는 오늘날의 상황에 더 이상 아무 말도 할 수 없을 것이다.) 요한의 부르심과 동일시하는 것은 본문의 정신을 침해하는 것이 아니다. 요한은 다른 신자들이 가지고 있는 칭호와 정확하게 동일한 것을 받는다. 즉 예수 그리스도의 "종"이다. 이는 이 구절이 다른 모든 그리스도인들을 부르는 칭호이기도 하다(계 1:1). 요한은 그가 예수님을 따르는 다른 자들이 경험하고 있는 것을 공유하는 사람으로

14. 다양한 초자연적 계시가 지속되고 있다는 것에 대해서는 특히 Jack Deere, *Suprised by the Voice of God* (Grand Rapids: Zondervan, 1996)을 보라; 아울러 Craig S. Keener, *3 Crucial Questions About the Holy Spirit* (Grand Rapids: Baker, 1996), 131-80을 참조하라.

인식하고 있으며(계 1:9), 그리고 모든 신자들도 예수 그리스도의 복음을 선포하는데 있어서 동일한 예언적 영을 공유하고 있다(계 19:10). 다시 말해서, 요한이 성령을 받으며, 겸손한 하나님의 종이 되고, 또한 인기가 별로 없는 메시지를 말하는데 순종하는 것 등은 우리들에게 하나의 모범을 제공하고 있다.

전체를 이해하기. 그러나 우리가 그리스도의 종들로서 요한과 동일시하는 것은 타당하지만, 이 본문에 대한 또 다른 접근은 어떤 필수적인 통찰력과 균형을 제공한다. 요한계시록의 최초의 청중들인 소아시아의 일곱 교회들(계 1:4)은 그들이 요한 자신과 동일시했다기보다는 오히려 하나님께서 예수 그리스도의 계시를 전하도록 보내신 종들과 동일시했을 것이다. 그들은 무엇보다도 이 책의 권위에 대한 하나의 보증인으로서 요한을 언급하였을 것이며, 그리하여 계속 이어질 요한계시록에 신중한 관심을 가지도록 초대하고 있는 것이다.

이것은 일곱 교회들이 이러한 구절을 들었을 방식으로 이러한 서론적 구절들을 듣기 위해서는, 우리가 그들이 들었을 방식으로 요한계시록의 남은 부분들을 요약하려고 해야 한다는 것을 의미한다. 이러한 접근은 우리가 요한계시록을 대중들에게 가르칠 때보다는 우리들의 개인 경건 시간에 요한계시록을 공부할 때 보다 쉽게 도움이 된다. 왜냐하면 오늘날 대부분의 회중들과 성경공부들은 아시아의 일곱 교회와는 대조적으로 우리들에게 앉은 자리에서 책 전체를 읽도록 하지 않기 때문이다(계 1:3). (만일 우리가 책에 무언가를 첨가하기 위해 특별히 컴퓨터 그래픽을 디자인할 때에는 예외가 될 수도 있다.) 그러나 우리는 요한계시록의 최초의 청중들이 이 책을 들었던 것과 같은 방식으로 책 전체의 뜻을 이해하는데 최선을 다 해야 한다. 결국 어떤 사람이 그 책의 메시지를 어떻게 마음에 새기느냐—즉, "지키고" 혹은 "순종하느냐"—하는 것(계 1:3)은 우리가 최소한 그 메시지가 무엇을 말하는 지 요약하지 않고서 되겠는가?

따라서 우리는 문맥으로부터 이 서론적 구절을 분리시킬 때 그 위험성을 알고 있어야 한다. 많은 그리스도인들은 특정 견해들을 옹호하기 위해 문맥으로부터 구절들을 분리시키기도 한다. 그러나 비록 우리가 전체 성경 단락을 설교한다 해도, 문맥으로부터 그 단락을 분리시키는 것은 가능한 일이다. 이들 서론적 구절들은 요한계시록 전체를 소개하며 또한 나머지 요한계시록에 포함될 때 비로소 가장 완전한 의미를 가지게 된다. 그러나 심지어 오늘날 대부분의 회중들과 성경공부들이 우리로 하여금 요한계시록 전체를 읽도록 하지 않는다 해도, 우리는 그들이 이해할 수 있는 방식으로 그 주요 주제들을 요약할 수 있다(서론에 있는 "요한계시록의 메시지"를 보라). 우리는 아시아의 일곱 교회들과 동일시하기 위해 요한계시록의 메시지를 공유하는 사람들을 도울 수 있으며, 또한 우리는 이 책에서 그들이 배웠던 것을 배울 수 있다.

현대적 의미

아버지는 그의 종들에게 계시를 전달하기 위해 그의 아들 예수에게 권한을 부여하였다(계 1:1). 이 구절은 아들이 아버지에게 순종하여 또한 아들과 인성 모두에 대한 아버지의 은혜로우신 사랑을 보여준다. 이 구절은 우리들 자신이 아버지에게 순종해야 하는 하나의 모델을 우리에게 제시할 뿐 아니라, 또한 우리들을 위한 하나님의 사랑을 새롭게 받아들이도록 우리를 초대한다. 복음의 핵심은 하나님께서 예수님을 주신 것이며, 또한 하나님은 예수님을 통하여 우리가 필요로 하는 선물들을 우리들에게 계속 제공하신다는 것이다. 이러한 선물들 중에는 지혜가 있는데 이는 그의 교회와 개인적 신자들이 경험하는 고난의 시기를 위한 것이다(약 1:2-5를 참조하라). 요한계시록은 바로 그러한 지혜를 제공하는 것이다.

요한계시록의 목적. 소아시아에 있는 교회들은 박해로 인하여 충격을 받고 또한 그 박해를 완화시킬 수도 있는 타협의 삶으로 나아갈 수도 있는 갈림길에 서 있었다(계 2:10, 14). 비록 오늘날 세계에 살고 있는 그리스도인들은 종종 특별한 다른 유혹들에 직면하고 있지만, 세상의 압력에 굴복하는 기본적인 유혹은 항상 동일하다. 우리들이 그러한 유혹에 직면할 때, 우리들에게 주시는 그리스도의 계시는 모든 것을 원래의 관점으로 돌려놓는다. 우리들이 처해있는 상황이 아무리 힘들다 해도, 요한계시록은 하나님이 여전히 다스리시며 또한 그분께서 약속하셨던 방식대로 역사의 무대를 마무리하실 것임을 선언하고 있다. 하나님은 종종 우리들이 당하는 개인적인 고난에 대해서 해피엔딩을 제공하실 때도 있다. 그러나 하나님이 그렇게 하지 않으실 때라 해도, 우리는 모든 것이 그렇게 마무리될 때가 가까이 오고 있다는 확신을 가질 수 있다. 하나님은 역사를 세밀하게 통치하시기 때문에, 그분은 우리들에게 그 결과를 확신시킬 수가 있으시다.

하나님의 계시는 약속이기도 하면서 동시에 요구이기도 하다. 하나님의 계시는 세상을 바라보는 새로운 방식을 우리들에게 주기 때문에 하나의 약속이다. 고대 헬라의 비극처럼, 연속 홈드라마는 궁극적인 정의와 치유를 위한 희망이 부족한 세상을 바라보는 하나의 방식을 반영한다. 이와는 대조적으로 하나님의 관점이 우리들에게 격려해주는 것은 그의 공의가 항상 지배한다는 것이다—단기적으로는 때때로 그렇지만, 그러나 긴 안목으로 보면 항상. 요한계시록은 우리들에게 하나의 약속으로 다가오기 때문에, 3절은 "이 예언의 말씀을 읽는 자와 듣는 자와 그 가운데에 기록한 것을 지키는 자는 복이 있나니…"라고 선언한다.

하지만 이러한 계시는 또한 우리들에게 하나의 요구를 제시한다. 하나님의 메시지를 받는 그의 종들처럼, 우리들도 요한과 같이(계 1:2) 그의 메시지에 대한 "증인들"이 되어야 한다(계 6:9; 12:11; 17:6). 따라서 예를 들어, 미래에 정의의 나라가 오기를 진심으로 기대하는 사람들은 지금도 의롭게 행동해야 한다(암 5:18-24). 하나님께서 모든 악을 바로 잡으실 그날을 기대하는 사람들은 악을 행하는 자들을 멀리해야 한다. 세상 여러 곳에서 그리스도인들은 적극적으로 믿음 생활을 하고 있으며 그로 인하여 큰 대가를 치르고 있다. 예를 들면, 중국의 프로테스탄트들은 40년 동안의 강력한 박해와 고문과 많은 기독교 지도자들의 순교 이후에 200만 명이 채 안 되는 숫자에서 대략 30배의 숫자로 증가하였다.[15] 1960년에 네팔에서 세례를 받은 25명의 그리스도인들이 지난 25년 동안에 1천배로 증가하였다—그리스도인들이 다른 사람들에게 세례를 주었다는 이유로 6년 형에 처해진 때도 있었다.[16]

이와는 대조적으로 많은 북미의 그리스도인들은 그들의 동료들에게 단순히 복음을 증거 하는 것도 주저하고 있다.[17] 요한계시록은 진정한 그리스도인들이 예수님을 따르기 위해 기꺼이 지불해야 할 비용을 우리들에게 가르쳐줌으로써, 혹은 우리가 주님으로 인정하는 분을 불가피하게 반대하는 세상과 타협하고자 하는 위험들을 보여줌으로써, 이러한 우리의 무사안일에 도전을 주고 있다. 이것이 왜 3절이 하나의 축복일 뿐만 아니라 또한 '듣는' 자들에게 구체적으로 향하는 축복이 되는가 하는 이유이다. 요한계시록은 모든 자들에게 복음이 아니다. 요한계시록은

---

15. Patrick Johnstone, *Operation World* (Grand Rapids: Zondervan, 1993), 164 (중국의 "공식적인" 통계에도 불구하고, 통계청은 그리스도인들의 숫자가 7500만에 달할 것으로 보고 있다—"Counting China's Christians," *CT* [June 21, 1993], 60을 보라; 그보다 낮은 숫자에 대해서는 Kim-Kwong Chan, "The Miracles After Missions," *Christian History* 52 [1996]: 42-44 [p. 43]을 보라). 중국에서 계속되는 박해에 대한 논문에 대해서는 Kenneth Woodward, "Public Enemy Number One," *NW* (Aug. 26, 1991), 47; Andrew Wark, "The Bloody Seed of Chinese Persecution," *CT* (Nov. 23, 1992), 52-55, 61; Macro Rostelli, "China's Secret Holy War," *WPR* (May 1994), 43을 보라.
16. Johnstone, *Operation World*, 405-6; 네팔의 교회에 대해서는 Barbara Thompson, "Nepal's Book of Acts," *CT* (Nov. 9, 1992), 14-18을 보라.
17. 심지어 대부분 북미의 복음주의자들 중에서도 나약한 복음전도에 대해서는 "Evangelism in the '90," *CT* (Dec. 16, 1991), 34-45를 보라.

그 메시지를 들었던 고대의 많은 청중들을 두려워하게 했던 것과 동일한 방식으로 현재의 상황에 만족하면서 지내는 사람들을 두려워하게 할 것이다(계 9:14에 대한 주석을 보라).

요한계시록은 계시의 기원의 계도(系圖)를 보여주고 있기 때문에(하나님, 예수, 그의 천사, 그리고 초대 사도, 계 1:1), 이 책은 위대한 권위를 주장하고 있으며 또한 우리가 그 가르침에 순종하도록 요구하고 있다. 따라서 이 단락을 적용하기를 원하는 사람은 최소한 그러한 가르침들이 무엇인지를 요약할 수 있어야 한다. 요한계시록은 서론에 언급되어 있는 것과 같은 주제들을 강조하고 있다("요한계시록의 메시지"를 보라).

때가 가까움이라 - 아니면 때가 가까운가? 요한계시록의 주제는 "반드시 속히 일어날" 일들이다(계 1:1). 그러나 "속히"가 의미하는 것은 예수님이 1세기 후반에도 재림하시지 않으셨기 때문에(다행히도 오늘날 그리스도인들을 위해서도) 상당한 논란이 되었다. 어떤 이들은 임박한("속히") 오심에 대한 모든 성경적 언급들이 최후 환난 이전에 예수님이 자신을 따르는 자들을 위해 비밀리에 오실 것을 언급하는 것으로 이해하기도 한다. 그러나 이러한 언급들 대부분은 문맥으로 볼 때 환난 전에 예수님이 오시는 것을 가리키는 것이 아니라, 예수님이 역사를 완성시키기 위해 재림하시는 것을 가리키는 것이 분명하다(예를 들면, 벧후 3:10; 계 1:7; 16:15; 참조. 살전 5:2-3; 살후 2:2-4). "속히"는 단순히 "환난 전"을 의미하는 것이 아니다.

어떤 사람은 여기에 나오는 "속히"라는 단어가 일단 그 사건들이 시작된 것을 의미하며, 그리하여 이 사건들이 급하게 진행될 것으로 해석한다(계 11:14 참조).[18] 그러나 이 단어는 종말의 사건들이 신속하게 올 것을 의미하는 것으로, 보다 자주 쓰이는 의미로 해석하는 것이 좀더 자연스럽게 보인다. 요한계시록에 약속되어 있는 많은 사건들은 실제로 요한 당시에 혹은 요한 시대 이전에 시작된 것일 수도 있다(계 12:5-6에 대한 주석을 보라). 그러나 예수님의 재림은 우리가 이 책에서 예상할 수 있는 것처럼 "속히" 오지 않았다(계 3:11; 22:7, 12, 20). 어떤 이들은 예수님의 재림에 대한 요한계시록 대부분의 묘사들이 은유적인 사건들을 가리키고 있으며(예를 들면, 최소한 계 2:16의 경우에), 그리고 요한은 이 책이 묘사하고 있는 임박한 심판에서 예수님의 상징적인 오심을 가리키는 것으

18. Henry W. Frost, *Matthew Twenty-Four and the Revelation* (New York: Oxford, 1924), 144.

로 주장한다.[19] 그러나 이것은 대부분의 언급들에 나오는 이 단어의 가장 분명한 의미도 아니고, 또한 "때"가 가까웠다는 병행 문구의 의미도 아니다(계 11:18 참조).[20] 만일 요한이 "때"가 가까웠다는 것이 마가복음에서 하나님의 나라가 가까웠다는 것과 같은 것을 의미했다면 예외적인 것일 수도 있다. 비록 그 나라의 완성이 미래적이라 해도, 하나님의 나라는 예수 그리스도의 사역을 통하여 현재에도 침입하고 있으며, 또한 그 나라는 우리들의 삶에 대해 요구하고 있다(막 1:15).[21]

또 다른 접근은 이 예언의 본질에 초점을 맞추는 것이다. 요한은 이러한 단어들을 1,900년 전에 기록했기 때문에, 우리는 그가 사용한 "속히"라는 단어가 실제로 어떻게 생겨나게 되었는지 의심해 볼 수도 있다.[22] 그러나 재림의 지연은 단순히 하나님의 시간이 우리의 시간이 아니며(벧후 3:8), 혹은 하나님이 여전히 그의 자녀들이 세상 속에서 그들의 사명을 완수할 것을 인내심을 가지고 기다리신다는 것을 단순히 나타낼 수도 있다(마 24:14; 벧후 3:9, 12).[23] 아니면 아마도 실제적인 해결 열쇠는 단순히 "때"가 가까웠다는 것일 수도 있다. 즉 요한계시록 안에서 이 술어는 종말(계 11:18) 혹은 종말 이전에 있을 환난 기간(계 12:12)을 의미할 수도 있는데, 이는 심지어 요한 시대에서 이미 시작되었을 수도 있다(계 12:5-6).

"때가 가까웠다"(계 1:3)가 무엇을 의미하든지 간에, 이 문구는 아마도 종말의 사건들이 예상치 않게 일어날 것이며 또한 우리는 언제라도 이를 준비하고 있어야 한다는 것을 의미하는데(막 13:32-37; 살전 5:2), 이는 신자들이 "모든 순간을 마치 마지막인 것처럼" 살아야 한다는 것이다.[24] 준비하도록 요구하는 것은 이 문구가 가지고 있는 수사학적 기능의 중요한 부분임이 분명한데, 우리는 오늘날 이를 즉시 적용할 수 있다. 요한 시대처럼, 예수님의 재림은 여전히 임박해 있으며, 이 세상일에 정신이 팔린 우리들에게 갑자기 들이닥칠 것이며, 또한 쇠약한 사람들에

---

19. 예를 들면, Caird, *Commentary on Revelation*, 12, 235-36.
20. 예를 들면, Rissi, *Time and History*, 22; 에스라 4서 4:44-50; 6:18; 8:61-62에 나오는 유사한 표현을 보라.
21. Oscar Cullmann, *Christ and Time*, tr. F. V. Filson (Philadelphia: Westminster, 1950), 40; Beale, *Revelation*, 185, 1134.
22. 보다 덜 보수적인 몇몇 주석학자들은 요한이 단순히 실수를 했다고 생각한다(Boring, *Revelation*, 73).
23. Gordon D. Fee and Douglas Stuart, *How to Read the Bible for All Its Worth*, 2d ed. (Grand Rapids: Zondervan, 1993), 243-44에 나오는 보다 상세한 설명을 참조하라.
24. Michaels, *Revelation*, 48; p. 52를 참조하라.

게는 재림이 하나의 약속이 되지만 라오디게아의 그리스도인들처럼 현재 상태에 너무나도 만족해 있는 사람들에게는 하나의 위협이 될 수도 있다. 예수님의 재림은 인간 반역의 최종적 장면을 끝낼 것이다. 이는 하나님의 백성에게는 해피엔딩이 되지만 하나님의 길을 거부하기를 선택한 모든 이들에게는 비극적인 사건이 될 것을 선언하는 것이다. 그 구체적인 때는 알 수 없지만 가까이 다가왔기 때문에, 어떤 사람도 회개하기를 미루어서는 안 된다. 그리스도인들은 세상적인 재물이나 충성에 애착심을 가질 즐거운 시간이 결코 없다. 왜냐하면 시험이나 주님의 문자적인 재림이 우리의 모든 선택들을 설명하도록 우리에게 요구하지 않을 수도 있는 때는 결코 없기 때문이다.

마찬가지로 주님의 재림의 불예측성은 그 어떤 사람도 주님의 재림에 대한 최종 기한을 부과해서는 안 된다는 것을 의미한다. 예를 들면, 콜럼부스(Columbus)는 하나님이 성경에 예언된 임박한 새 하늘과 새 땅을 가져오는 일에 있어서 하나의 도구로 자신을 부르셨다는 것을 부분적으로 믿었기 때문에 신세계(New World)를 항해하였다.[25]

종교개혁 시기는 묵시적 기대가 만연한 때였다. 루터 이전의 많은 사람들과 마찬가지로, 루터도 종말에 살고 있으며 세상이 한 세기 안에 끝날 것으로 기대했음을 보여주었다. 초기의 청교도들은 천년왕국이 1300년에 끝난 것으로 생각했으며, 그리하여 세상이 그들 이후 100년 이내에 끝날 것으로 기대했다.[26] 재세례파인 멜키올 호프만(Melchior Hoffman)은 용감하게도 스트라스부르로 되돌아 와 순순히 체포를 당했다. 그 이유는 이곳이 새 예루살렘이 될 것으로 기대했기 때문이었다. 그는 10년 후에 그곳에서 죽었다. 당시 한 극단주의자는 뮌스터(Münster)가 새 예루살렘이 될 것으로 선언하였으며, 자신에게 다윗의 영예를 수여하였고, 또한 일부다처제를 회복하였으나, 루터파에 의해 그 도시의 모든 사람들이 단기간에 학살을 당하도록 하였다.[27] 토마스 뮌처(Thomas Müntzer)는 1524년 농민 봉기에 참여

---

25. Kevin A. Miller, "Why Did Columbus Sail?" *Christian History* 35 (1992): 9-16 (p. 10); Steven J. Keilor, *This Rebellious House: American History and the Truth of Christianity* (Downers Grove, Ill.: InterVarsity, 1996), 37; Reginald Stackhouse, "Columbus's Millennial Voyage," *Christian History* 61 (1999): 19.
26. Kyle, *The Last Days*, 55, 61-62, 65; Eric W. Gritsch, "The Unrefined Reformer," *Christian History* 39 (1993): 35-37. 묵시주의자들의 지나친 것에 대한 반작용으로서 칼빈과 츠빙글리 같은 종교개혁자들은 반묵시주의적으로 되었다(*The Last Days*, 60).
27. Walter Klassen, "A Fire That Spread: Anabaptist Beginnings," *Christian History* 4 (1985): 7-9 (p. 9); Robert L. Wise, "Münster's Monster," *Christian History* 61 (1999): 23-25.

하였는데, 이 봉기가 최후 심판일 것으로 기대하였다. 하지만 6천명의 농민들이 죽임을 당한 후에 그도 체포되어 처형되었다.[28] 그 당시 종말을 잘못 계산하는 일은 쉽사리 없어지지 않았으며, 안타깝게도 매우 문자적이었다.

이와 같은 생각들은 그 다음 세기에도 줄어들지 않고 계속되었다. 세례파의 첫 세대 지도자인 토마스 헬위스(Thomas Helwys)는 그와 그의 추종자들이 제임스 1세(1603-1625)의 박해를 받음으로써 "그리스도께서 말씀하신 대환난의 날"로 들어간다고 생각했다.[29] 1694년 40명의 독일 경건주의자들은 그리스도의 재림을 묵상하고 준비하기 위해 필라델피아 근교에 있는 한 동굴에 거주를 하면서 병자들을 돌보고 복음을 전하기도 하였다.[30] 1700년대에 몇몇 퀘이커 광신도들은 임박한 재난과 그리스도의 재림을 예언하였다.[31] 조나단 에드워즈(Jonathan Edwards)는 하나님께서 "[그 당시] 대각성 운동을 종말이 도래하기 전에 택한 자들을 마지막으로 모으시는 것으로 사용하실 수도 있다"고 생각하였다.[32]

한 세대가 지난 후, 많은 미국인들은 독립전쟁이 최후의 전쟁이며, 또한 조지 3세 왕이 마지막 적그리스도라고 생각하였다.[33] (조지왕은 실제로 복음주의적인 동정심을 가지고 있었으며, 그리고 웨슬리는 독립전쟁에 반대하였다.)[34] 독립전쟁 기간 동안, 일종의 후천년주의적 특징을 지니고 있는 어떤 이들은 천년왕국이 임박했다고 생각하였다. 제퍼슨(Jefferson)이 나중에 대통령이 되었을 때, 일종의 보다 전천년주의적 묵시주의를 지닌 사람들은 신임 대통령이 지니고 있는 이신론이 확산되는 것을 두려워하였다.[35]

이와 마찬가지로 남북 전쟁 직전에 북부의 많은 목회자들은 그 전쟁이 하나님 나라의 도래를 예고하는 것으로 기대하였다. 몇몇 남부 목회자들도 비록 하나님이 다른 측면에서 하나님 나라를 시작하실 것으로 기대했지만 이에 동의하기도 하였

---

28. "A Gallery of Factions, Friends and Foes," *Christian History* 4 (1985): 13-16 (p. 14).
29. Roger Hayden, "To Walk in All His Ways," *Christian History* 4 (1985): 7-9, 35 (p. 8). 아울러 1600년대 영국에서 다니엘의 다섯째 왕국(하나님의 나라)이 가까웠다는 다섯째 왕정복고주의자들의 믿음도 참조하라 ("The Fifth Monarchy Movement," *Christian History* 5 [1986]: 10).
30. "The Wissahickon Hermits," *Christian History* 5 (1986): 27.
31. Bruce L. Dhelley, "Counter-Culture Christianity," *Christian History* 45 (1995): 32-34 (p. 33).
32. "God's Wonderful Working," *Christian History* 23 (1989): 12-18 (p. 15).
33. Harry S. Stout, "Preaching the Insurrection," *Christian History* 50 (1996): 11-17 (p. 14).
34. 영국 식민지의 정의와 자유에 대한 모순된 기준에 대한 웨슬리(Wesley)의 불만에 대해서는(아프리카의 노예들을 착취하는 영국 정책을 비난하면서), "Selfish, Ungrateful Rebels," *Christian History* 50 (1996): 39-41 (p. 39)을 보라.
35. Mark Noll, "A Revolutionary in Religion, Too," *Christian History* 50 (1996): 42-44 (p. 43)를 보라.

다.[36] 이에 앞서 1840년대에는 수 만 명의 사람들이 예수님의 재림을 기대하였다.[37] 19세기 후반에 위대한 도시 복음전도자 윌리엄 부스(William Booth)는 자신의 구세군이 이 땅에 하나님 나라를 "마지막으로 그리고 완전하게 세우시기 위해 주요한 대리인으로 하나님에 의해 선택되었다"고 생각하였다.[38] 1999년 천 년의 전환기에 울려 퍼진 팡파르도 새로운 것이 아니다. 한 세기 전인 1899년 12월 31일에, "사람들은 뉴욕과 시카고의 신문에 예수 그리스도의 재림을 기대하는 전면 광고를 내기도 하였다."[39] 심지어는 중세 시대에 재난을 초래한 어린이 십자군처럼, 예수님이 추측컨대 어떤 사람에게 나타나시어 그에게 종말의 진리를 나누라고 부탁을 하셨을 때, 아마 그 사람은 속임을 당했을 지도 모른다.[40] 시간과 때를 예언하는 초기와 현대의 여러 소리들은 모두가 다 한 가지 주요한 공통의 결점을 가지고 있었다. 즉 그들 모두 잘못된 것으로 드러났다는 것이다.

20세기에는 이러한 예언에 많은 것들이 덧붙여졌다. 구 세대주의학파의 가장 인기 있는 대표자들 중의 한 사람인 클라렌스 라르킨(Clarence Larkin)은 그의 성경 해석을 통해서 그리스도께서 아마도 20세기 말에 재림하실 것이라는 결론을 내렸다. 그러나 어떤 다른 예언 교사들은 그러한 주장들을 상당히 모호한 것으로 간주하고 있다. 1988년 몇몇 기독교 서점들은 에드가 휘스넌트(Edgar Whisenant)의 베스트셀러 책인 『1988년에 휴거가 일어날 수도 있는 88가지 이유』(*88 Reasons Why the Rapture Could Be in 1988*)를 산더미처럼 쌓아놓았다(이 책은 300만부 이상 유통되었다).[41] (만일 이스라엘이 1948년에 하나의 국가가 된 이후 한 세대인 40년 내에 예수님이 재림하실 것이라고 우리가 가정한다면, 이러한 최종 시한은 의미가 통할 수도 있다. 그러나 이것은 그러한 내용이 근거해 있는 본문[마 24:32-34]의 적절한 의미도 아니고, 또 그런 일이 일어날 것 같지도 않다.)[42] 1988년 12월

---

36. James H. Moorhead, "Preaching the Holy War," *Christian History* 33 (1992): 38-41 (p. 39).
37. Bruce Shelly, "The Great Disappointment," *Christian History* 61 (1999): 31-33.
38. Roger J. Green, "William Booth's Theology of Redemption," *Christian History* 26 (1990): 27-30 (p. 28).
39. "1899: The Names Have hanged, but the Worries Remain," *NW* (Jan. 11, 1999), 10.
40. 바다가 기적적으로 나누어진다는 십자군들의 신념을 참조하라. 오히려 선주들은 아이들을 노예로 이슬람교도들에게 팔았다 (Sir Steven Runciman, "The Children's Crusade," *Christian History* 4 [1993]: 30-31).
41. 기독교연구소(Christian Research Institute)의 보다 현명한 대답, *99 Reasons Why No One Knows When Christ Will Return*, by B. J. Oropeza를 참조하라.
42. 예를 들면, Jack T. Chick, "The Last Generation" (Chino, Calif.: Chick Publications, 1972), 4를 참조하라.

에 한 서점에서 근무했던 친구가 나에게 말하기를 지배인이 그녀에게 가능한 한 많은 책을 팔도록 말했다는 것이다. 왜냐하면 1989이 되면 더 이상 책을 팔 수 없기 때문이라는 것이다. 우리는 그러한 실패한 예언들이 세상 사람들의 눈에 띄지 않고 사라지고 있다고 생각해서는 안 된다. 어떤 대학교 신문의 일기 예보에서, "휴거가 지난밤 동안에 진행되었기" 때문에 우리가 이 땅에 여전히 존재하고 있다면 우리 모두 "죄를 짓고, 타락한 사람들"임에 틀림없다고 조롱하였다.[43]

보도에 의하면 1989년에 그 책의 저자는 자신의 날짜 계산을 수정하였고, 1989년에 휴거가 일어날 수도 있는 88가지 이유를 제시하는 새로운 책을 출간하였다. 개정판은 이전 판처럼 잘 팔리지는 않았다. 오늘날의 그리스도인들은 쉽게 속는다는 말을 하도록 내버려두어서는 결코 안 된다. 그리스도인들이 성경에서 배우지 못한 것을 우리는 오히려 경험에서 배우고 있다.[44] 역사를 광범위하게 휩쓸고 간 것을 희생하여 우리가 "지금"에 초점을 맞추는 것은 우리가 그렇게 지나가고 있는 유행에 영향을 받기 쉽게 만든다는 것이다. 그리하여 사담 후세인(Saddam Hussein)에 대한 신문 제목 기사에 적절한 것으로 보이는 좀더 예언의 뉘앙스를 풍기는 책은 자연히 페르시아 만 걸프 전쟁 동안에 인기가 있는 것으로 드러났지만, 그러나 나중에 이 책을 너무 많이 매입해놓은 몇몇 판매업자들은 이 책을 공짜로 주거나 혹은 환불을 받기 위해 출판업자에게 반품하는 일이 벌어지기도 하였다.[45]

다양한 예언 교사들은 주님께서 아마도 2000년경에 재림하실 것이라고 주장해

이 구절의 문맥을 다르게 그리고 좀더 신중하게 해석하는 것에 대해서는 Craig L. Blomberg, *Matthew* (Nashville: Broadman, 1992), 354-64; Craig S. Keener, *Matthew* (Downers Grove, Ill.: InterVarsity, 1997), 347-53을 보라.

43. *Duke Chronicle* (Sept. 14, 1988), 1 (발행 부수 25,000부).

44. 또한 "Rapture Seer Hedges on Latest Guess," *CT* (Oct. 21, 1988), 43을 참조하라. 유명한 성경 예언 교사들 중에서 실패한 예언들의 역사에 대해서는 Dwight Wilson, *Armageddon Now! The Premillenarian Response to Russia and Israel Since 1917* (Grand Rapids: Baker, 1977)을 보라; 아울러 Paul Boyer, *When Time Shall Be No More: Prophecy Belief in Modern American Culture* (Cambridge, Mass.: Belknapp of Harvard University, 1992); Russel Chandler, *Doomsday: The End of the World - A View Through Time* (Ann Arbor, Mich.: Servant, 1995)도 보라.

45. 백만 부 이상 인쇄된 John F. Walvoord, *Armageddon, Oil and the Middle East Crisis*, rev. ed. (Grand Rapids: Zondervan, 1990); Edwin Yamauchi, "Updating the Armageddon Calendar," *CT* (April 29, 1991), 50-51에 나오는 비판을 보라. 비록 월부어드가 이러한 추측에 관여하지는 않았지만, 미국인들의 약 15% 정도가 걸프전이 아마겟돈의 시작이라고 생각하였다 ("Goodbye, Armageddon," *CT* [May 27, 1991], 57).

왔다.[46] 더 더구나 책임도 지지 않고서, 이 주석의 많은 독자들을 놀라게 할 대중적인 견해들을 반영하는 타블로이드 판 신문은 천 년의 전환점에 대한 병적인 흥분을 이용하고 있다. 「위클리 월드 뉴스」(*Weekly World News*)에 게재된 한 사설은 세상이 2000년에 끝난다고 주장하고 있다.[47] 또 다른 사람은 "전문가들"의 91%가 지금 "묵시록에 대한 새로운 연구가 보여줄 놀라운 것을 기대하고 있다"고 주장하고 있다.[48] 다행히도 이 논쟁은 또한 실제적인 안내를 제공하였는데, 가령 현재 외계인에 의해 만들어지고 있는 방주에 우리가 어떻게 안전하게 도달할 수 있는지 하는 것이다.[49] 지난 해 나온 어떤 책은, 정부의 기밀 녹음테이프에서 예수님이 이미 이 땅에 존재하고 계시면서, 세상의 종말을 위해 준비하고 있음을 입증하고 있다고 주장하였다.(마 24:26-28; 막 13:21-22에 나오는 것을 주장하는 것에 대해 명백하게 경고하고 있음에도 불구하고).[50] 심판의 날을 준비하면서, 신문은 독자들을 구원으로 초청하고 있다—그레이엄이 행위로 말미암은 구원을 조장한다고 생각하도록 독자들을 잘못 인도하고 있다는 것과 같은 방식으로 빌리 그레이엄의 도덕적 가르침을 간략하게 요약함으로서.[51]

하지만 그러한 예언을 하는 사람들은 예수님의 첫 번째 생일 이후에 다가오는 2000년을 예상하고 있다는 것은 조금 늦게 달리고 있는 것이다. 예수님은 아마도

46. Kyle, *The Last Days*, 120은 Grant R. Jeffrey, *Armageddon: Appointment with Destiny* (Toronto: Frontier Research, 1988), 193과 Jack Van Impe (그는 1975년에 "소련의 국기가 1976년에는 필라델피아에 있는 독립기념관 위에 펄럭일 것이다"고 역설하였다)에 나오는 근사치를 인용하고 있다. 몇몇 오컬트 집단에서 이와 같은 시간 구조에 고정시키는 것은(*The Last Days*, 151-56을 보라) 사탄의 계략에 대한 그 무엇을 보여 줄 수도 있지만 (매튜 폭스는 이 시기에 우주적 그리스도께서 오실 것으로 기대하고 있다. Steven Keillor, *This Rebellious House* [Downers Grove, Ill.: InterVarsity, 1996], 303), 그리스도인의 사고에 영향력이 있는 것으로 입증되지는 않았다.

47. "Will God Destroy the World in the Year 2000?" *Weekly World News* (Dec. 29, 1998), 10-11.

48. Lisa Merakis, "The Millennium Countdown Has Begun," *Weekly World News* (Dec. 29, 1998), 36.

49. Lila Schvandt, "Space Aliens Building New Noah's Ark…and Here's How You Can Get on It, Says Expert!" *Weekly World News* (Dec. 29, 1998), 35. 동일한 논쟁은 이집트에서 나타난 마리아의 유령을 보도하고 있다 ("Glowing Image of Virgin Mary Dazzles Thousands!" *Weekly World News* (Dec. 29, 1998), 15.

50. George Sanford, "Jesus Is Back on Earth AND the End of the World Is Near!" *Weekly World News* (Aug. 12, 1997), 8-9.

51. R. Neale Lind, "Judgment Day - Are You Prepared?" *Weekly World News* (Dec. 29, 1998), 38-39. 또 다른 논문 Beatrice Dexter, "Simple 12-Point Plan That Will Get You Into Heaven!" *Weekly World News* (Dec. 29, 1998), 38-39는 영생을 얻기 위해 모든 하나님의 피조물들을 소중하게 여기고("You might even consider becoming a vegetarian," 38), "종교적 상징들"을 휴대하고 있으며, 그리고 "교회에" 증여하는 것 등이 그러한 항목들로 포함된다.

B.C. 7년에 태어나셨으며, 그리하여 그의 2천 번째 생일은 1993년 정도가 되었어야 했다.[52] 최종 시한을 설정하는 것—혹은 그러한 최종 시한을 암시하는 표적들을 예언하는 것—은 요점을 빗나간 것이다. 그러한 표적이 있든지 아니면 없든지, 우리는 항상 준비되어 있어야 한다.

52. 헤롯 대왕은 예수를 죽이기를 원했지만 그때 예수는 두 살 밖에 되지 않았으며(마 2:16), 그리고 헤롯은 B.C. 4년에 죽었다. 우리가 사용하고 있는 달력은 잘못된 것이다. 이장림 목사는 1992년 10월 28일에 휴거가 일어날 것이라고 선언하였지만, 이 사건이 일어나지 않자 그는 이를 사과하였다 (*CT* [Jan. 11, 1993], 54). 조금 더 지혜롭게 해롤드 캠핑(Harold Camping)은 휴거가 1994년 9월까지는 일어나지 않을 것이라고 예상했다 ("Rapture Date Set - Again," *CT* [Nov. 23, 1992], 48; "End-Times Prediction Draws Strong Following," *CT* [June 20, 1994], 46-47; "Are You Ready?" [Year of Jubilee Ministries에서 나온 소책자], "Camping Misses End-Times Deadline," *CT* [Oct. 24, 1994], 84).

요한계시록 1:4-8

4 요한은 아시아에 있는 일곱 교회에 편지하노
니 이제도 계시고 전에도 계셨고 장차 오실
이와 그의 보좌 앞에 있는 일곱 영과
5 또 충성된 증인으로 죽은 자들 가운데에서
먼저 나시고 땅의 임금들의 머리가 되신 예
수 그리스도로 말미암아 은혜와 평강이 너희
에게 있기를 원하노라 우리를 사랑하사 그의
피로 우리 죄에서 우리를 해방하시고
6 그의 아버지 하나님을 위하여 우리를 나라와
제사장으로 삼으신 그에게 영광과 능력이 세
세토록 있기를 원하노라 아멘
7 볼지어다 그가 구름을 타고 오시리라 각 사
람의 눈이 그를 보겠고 그를 찌른 자들도 볼
것이요 땅에 있는 모든 족속이 그로 말미암
아 애곡하리니 그러하리라 아멘
8 주 하나님이 이르시되 나는 알파와 오메가라
이제도 있고 전에도 있었고 장차 올 자요 전
능한 자라 하시더라

원 의미

만일 1:1-3이 적절한 제목과 묵시적 계시에 대한 서론을 제공한다면, 1:4-8은 편지의 서론을 제공하면서 청중을 상술하고 있다(1:1에 나오는 "종들"에서 1:4 "일곱 교회"로). 가장 중요한 것은 계시를 주시는 하나님이 어떤 분이신가를 설명하고 또한 그렇게 함으로써 하나님이 그들을 시험하는 자들보다 더 위대하신 분이심을 말함으로써 고난 받고 있는 그리스도인들을 격려하고 있다.

아시아에 있는 교회들 (1:4a)

"아시아"는 흔히 소아시아 서부에 있는 로마의 속주를 지칭하는 표현이며(지금은 터키 서부), 이곳에서 기독교가 1세기 말에 번창하였다. 2세기 초에 비두니아(터키 북부에 있는) 총독은 그리스도인들이 너무나 급속하게 퍼져나가고 있기 때문에 이교 신전들이 문들 닫고 있다는 것을 로마 황제에게 불평하기도 하였다.[1] 그

1. Pliny, *Ep.* 10.96. 2세기 후반 무렵 많은 숫자의 그리스도인들을 가정하고서, 터툴리안은 그리스도인들이 사자에게 던져지도록 요구하는 사람들의 수사학적 부정확함을 비웃었다. "무엇이라고, 그들 모두를 사자 한 마리에게 준다고?" (Tertullian, *Apol.* 40.2).

러나 교회가 이런 힘을 가지고 있다고 해서 하나님이 그들에게 계속 고난을 받을 것을 경고하는 것이나(계 2:10) 혹은 보다 깊은 거룩한 삶을 살 것을 요구하시는 (계 2:14-16) 하나님의 메시지를 행할 필요가 없다는 것은 아니었다.

교회들은 아시아 속주 전체에 퍼져나갔으며 또한 교회가 요한계시록에 언급되어 있는 도시에 한정된 것도 아니었다(행 19:10). 그러나 요한은 그 지역에 있는 가장 중요하고 전략적인 일곱 도시에 편지를 쓰고 있으며, 이 도시들로부터 하나님의 말씀이 멀리 떨어진 곳으로 빠르게 퍼져나갔던 것이다. 아시아 관리라는 지도자 협의회(행 19:31, "속주의 관리들")는 매년 일곱 도시들의 계승자로 매년 만났는데, 이곳은 요한이 쓰고 있는 곳과 정확하게 동일한 일곱 도시들이다—요한은 가장 북쪽에 있는 시지쿠스(Cyzicus)를 보다 중심부에 위치하고 있는 두아디라로 대신하는 것을 제외하고.[2] 에베소는 요한이 언급하고 있는 첫 번째 도시로서 아시아 속주 중에서 가장 중요한 도시였으며, 에게 해에서 겨우 50마일 정도 떨어진 밧

2. Bo Reicke, *The New Testament Era: The World of the Bible from 500 B.C. to A.D. 100*, tr. D. E. Green (Philadelphia: Fortress, 1974), 231.

모 섬에서 출발하는 메신저가 가는 일곱 도시 중에서 첫 번째 도시이다.

요한은 이 편지의 내용을 불러줄 때 동시에 받아 쓸 수 있는 일곱 명의 비서가 없었기 때문에, 그리고 이 편지는 손으로 필사되었을 것이기 때문에, 그는 한 교회에 한 권씩 일곱 권의 책을 보내지 않았다 (각 교회에 속한 사람들은 이 책이 도착하면 이를 당연히 복사했을 것이다). 아마도 요한이 보낸 사자들은 모든 일곱 교회가 그리스도께서 그들을 보내어 각성시키고자 하는 말씀을 들을 때까지 한 교회에서 다른 교회로 이 두루마리를 전했을 것이다.

한편 이 말씀은 이 일곱 교회들로부터 퍼져나갔을 것이다. 예를 들면, 히에라폴리스(Hierapolis), 트랄리스(Trallis), 그리고 마그네시아(Magnesia)와 같은 다른 중요한 도시들도 사자들이 요한계시록을 일곱 교회로 가지고 간 곳과 실제로 동일한 도로상에 위치해 있었다.[3] 보다 중요한 것은 각 일곱 교회는 아시아 속주에 사는 여러 주민들에게 도달할 수 있는 전략적인 곳에 위치해 있었다는 것이다. 버가모에서 북부 연안 지역으로, 두아디라에서 북부 및 동부 내륙 지역으로, 사데에서 광활한 중앙 헤르무스 계곡으로, 빌라델비아에서 상부 리디아로, 라오디게아에서 리커스 계곡과 중앙 브리기아로, 서머나에서 하부 헤르무스 계곡들과 북부 이오니아 연안으로, 그리고 에베소에서 카이스터와 하부 메안더 계곡들 및 에베소의 대도시 지역 등으로 나아갈 수 있다.[4] 그리하여 일곱 교회들은 로마 령 아시아 속주 모든 곳에 요한의 메시지를 전했을 것이다.

사랑의 하나님으로부터(1:4b)

요한은 "묵시적" 서문(계 1:1-3)을 쓴 다음에, 그는 우리의 귀에 마치 바울서신처럼 들리는 편지의 서문으로 시작한다. 고대의 서신들은 관례상 이름과 때로는 보내는 사람의 직함으로 시작하고, 그 다음 수신자들을 언급하고, 아울러 수신자들을 위한 기도와 감사를 포함시킨 것이 전형적인 형식이었다.[5] "은혜와 평강"은 하나님보다는 오히려 편지의 청중이나 독자에게 직접적으로 전달되는 특별한 종류의 기도의 형태이지만, 그러나 실제로는 이러한 말을 하나님에 대한 기도로서

---

3. Ramsay, *Letters to the Seven Churches*, 188.
4. Idid., 191.
5. Stanley K. Stowers, *Letter Writing in Greco-Roman Antiquity*, LEC 5 (Philadelphia: Westminster, 1986), 20을 보라.

수신자들에 대한 축복을 기원하는 것으로 의도된 것이다.[6]

"은혜"(*charis*)는 전형적인 헬라의 인사 "문안합니다"(*charein*)와 관련된 것이며,[7] 그리고 "평강"은 전형적인 유대의 인사로 '샬롬'(*shalom*)을 번역한 것이다. 몇몇 헬라어를 말하는 유대의 저자들은 이미 그러한 인사들을 결합시켰으며(마카비 2서 1:1; 바룩 2서 78:2-3), 그리고 이러한 결합은 초대 기독교 편지의 많은 부분에 표준이 되었다(예를 들면, 롬 1:7; 벧전 1:2; 벧후 1:2; 요이 1:3). 초대 기독교 편지들에 있어서 가장 중요한 것은 신자들이 하나님 아버지께 간구하는 것이 아니라 그들이 하나님과 함께 주 예수에게 간구한 것으로서, 이는 그리스도인들이 예수님이 신성을 지니고 계신 분이심을 함축하고 있는 것이 거의 확실하다.[8]

어떤 작품의 서론, 혹은 서두(exordium)는 한 작품의 경향을 결정한다(Quintilian, *Inst. Or.* 6.1.5). 축복을 포함하여 전통적인 편지 서론의 어떤 부분을 확대하는 것은 종종 그 다음 부분에 나오는 주제들의 줄거리들을 제공한다.[9] 요한이 1:5-6에서 예수님의 역할을 매우 상세하게 설명하고 있는 것은 기독론이 요한계시록에서 차지할 중심적인 역할을 암시하고 있다. 하나님은 "이제도 계시고 전에도 계셨고 장차 오실 이"라고 말하는 것은 하나님이 복의 근원이 되심을 의미하고 있으며(계 1:4, 8), 그리하여 요한이 분명하게 이를 강조하고자 하는 것이 그 요점이다. 몇몇 이교도들도 최상의 신성의 자존(自存)의 개념을 이해하고 있었다.[10] 그러나 여기에 나오는 표현은 출애굽기 3:14에서 "나는 스스로 있는 자이니라"고 말씀하시는 하나님의 주장에 대한 고대 유대교의 보다 일반적인 해석으로 보인다.[11]

---

6. 예를 들면, *Ep. Arist.* 185; Aune, *The New Testament in Its Literary Environment*, 193.
7. P. *Eleph.* 13.1; *P. Oxy.* 292.2; 299.1; *B.G.U.* 1079.2; Demosthenes, *Letter* 1.1; 마카비 3서 7:1; 행 23:26. 헬라어로 기록한 유대 저자들은 종종 헬라적 관습을 유지하였다 (예를 들면, 마카비 1서 10:18; 12:6; 아브라함의 유언 16A; 13B; 행 15:23; 약 1:1).
8. A. M. Hunter, *The Epistle to the Romans* (London: SCM, 1955), 26을 보라.
9. Wilhelm Wuellner, "Paul's Rhetoric of Argumentation in Romans: An Alternative to the Donfried-Karris Debate Over Romans," *CBQ* 38 (July 1976): 335-36; 참조. Stowers, *Letter Writing*, 20-21.
10. 예를 들면, Plutarch, *E at Delphi* 17, *Mor.* 392A; 보다 상세한 내용에 대해서는 Aune, *Prophecy in Early Christianity*, 280-81을 보라. 주석학자들은 과거, 현재, 그리고 미래에 중요한 모든 것을 포함하는 신성과 보다 밀접하게 축어적으로 병행하는 것에 대해 Plutarch, *Isis* 9를 인용 한다. Aune, *Revelation*, 1:30-32는 많은 병행들을 제공하고 있는데, 이는 아래에서 인용된 유대적 확장이 그 표현에 있어서 헬레니즘적 영향을 반영할 수도 있다는 것을 암시한다.
11. Sib. Or. 3.15-16. 아울러 출 3:14와 특히 신 32:39에 대한 예루살렘 탈굼을 보라 (Beasley-Murray, *Revelation*, 54; 보다 상세한 것은 Ford, *Revelation*, 376; Beale, *Revelation*, 187을 보라). 요한의 "이제도 있고, 전에도 있었고, 장차 올 자"라는 어색한 헬라어 표현은 어쩌면 셈어를 표현하기 위한 하나의 시도를 반영하는 것일 지도 모른다(Tenney, *Revelation*, 14).

"일곱 영"(계 1:4)의 정체는 완전히 명백한 것은 아니다.[12] 초기 유대교는 하나님이 보좌 앞에 있는 일곱 천사장으로 생각하였으며,[13] 그리고 이들이 특별히 일곱 교회의 사자로 지정되었으며(계 1:20), 요한의 많은 독자들은 처음에 이러한 것이 요한이 의미했던 것으로 생각했을 것이다. 천사들은 때때로 다른 곳에서 아버지 및 아들과 함께 언급되고 있다(계 14:10; 아울러 막 8:38; 딤전 5:21을 보라). 그러나 일곱은 요한계시록에서 흔하게 나타나고 있으며, 그리하여 하나님의 보좌 앞에 있는 "일곱 영"은 요한이 다른 곳에서 언급하고 있는 일곱 천사들을 가리키는 것이 아니다. 실제로 요한계시록은 "영"(spirits)을 천사들을 가리키기 위해 사용하지 않는다. 그리고 헬라어에서 각 집단은 그 자체의 관사를 가지고 있기 때문에, "일곱 영"은 요한계시록 3:1에 나오는 일곱 천사와는 분명하게 구별되는 것으로 보인다. 그리하여 대부분의 주석학자들은 "일곱 영"을 이사야 11:2에 나오는 "일곱 겹의 영"(sevenfold Spirit)으로 혹은 하나님의 영에 대한 또 다른 유비로 해석하고 있으며,[14] 이는 해석학자들로 하여금 여기에 나오는 "일곱 영"을 삼위일체 중 제 삼위의 위격으로 이해하도록 하는 견해이다.

요한계시록에서 "하나님의 보좌 앞에 있는" 일곱 영(계 1:4; 참조. 계 4:5)은 어린 양에게 속한 일곱 눈이다(계 5:6). "일곱 눈"은 스가랴서에 나오는 하나님의 눈을 반영하고 있으며(슥 3:9; 4:10), 우리는 이 눈을 땅에 두루 다니라고 보냄을 받은 하나님의 천사들로 생각할 수도 있는데(슥 1:8-11; 그러나 계 6:1-8에 대한 주석을 보라), 이들은 "하늘의 네 바람"이다(슥 6:5; 참조. 슥 6:1-7). 그러나 문맥상 이 눈은 하나님의 영을 가리킬 수 있다(계 4:6).

만일 우리가 여기서 일곱 영을 하나님의 영으로 이해한다면, 요한계시록 1:4-5은 삼위일체, 즉 아버지, 성령, 그리고 아들로부터 오는 복을 간구하고 있는 것이다. 요한이 이곳에서 삼위일체에 호소하고 있는지에 관계없이, 예수님의 역할이 중심

12. 일어날 수도 있는 혼란에 덧붙여, 일부 초기 유대교 문헌들은 천사들과 하나님의 영을 연결시켰다(이사야의 승천 9:36 참조). 일부 초대 그리스도인들도 대개 삼위일체의 구별을 유지하면서 이와 함께 천사들을 언급하였다(Justin, *First Apol.* 6). Talbert, *Apocalypse*, 14는 요한이 여기서 성령을 천사의 이미지로 묘사했다고 생각한다.

13. 토빗 12:15; 에녹 1서 20:1-8; 에녹 2서 19:1-3; 4QSerek. 르우벤의 유언 2; 에녹 2서 19:6에 있는 다양한 집단의 일곱 영들을 보라. Aune, *Revelation*, 1:34-35는 이러한 견해를 주장한다.

14. Caird, *Commentary on Revelation*, 15; Beasley=Murray, *Revelation*, 55; Metzger, *Breaking the Code*, 23; Rissi, *Time and History*, 58; 참조. F. F. Bruce, "The Spirit in the Apocalypse," 333-36 (특히 336). Fekkes, *Isaiah*, 108-10은 여기서 이사야서의 사용에 대해서는 보다 회의적이다. 우리가 "여호와의 영"을 포함시키지 않는다면, 영(the Spirits)은 칠십인 역에서만 칠중으로 나타난다. 에녹 1서 61:11에 나오는 일곱 영과 *b. Sanh.* 93b; *Ruth Rab.* 7:2에 나오는 사 11:2의 메시아적 해석을 참조하라.

적인 초점이기 때문에 요한은 예수님으로 끝을 맺고 있다. 요한의 독자들이 회당 공동체와 로마로부터 오는 박해에 직면한 것은 무엇보다도 그들이 예수님에게 충성했기 때문이었다(서론을 보라).

구원자 예수 (1:5-6)

요한은 1:5에서 예수님의 인격을 묘사하는 세 칭호들과 1:5-6에서는 예수님의 사역에 대한 세 진술들을 제시하고 있다. 1:5에 나오는 예수님의 각 칭호들은 고난 받고 있는 교회에 특별한 위로를 제공한다. 즉 예수님은 증언하셨으며(그 때문에 요한의 많은 최초의 청중들처럼 고난을 받으셨다), 죽은 자들 가운데서 살아나셨으며(그 청중들에게 소망의 약속이었다), 그리고 지금은 통치하신다(그들을 박해하는 자들에 대한 확신이다).

예수님은 "충성된 증인"이시다. 즉 예수님은 아버지의 최종적인 증언을 제공하시며(요 3:11) 또한 빌라도 앞에서 심문을 받으실 때에도 여전히 아버지를 증거하는데 충성되셨다(딤전 6:13). 예수님은 "충성되고 참된 증인"이시기 때문에(계 3:14), 신자들은 그가 하신 약속들을 신뢰할 수 있다(잠 14:5, 25). 실제로 그는 신적인 역할을 수행하고 계신다(렘 42:5).[15] 그러나 여기서 보다 중요한 것은, 예수님은 자신을 증거 하며(계 19:10) 그리고 그 증거를 위해 고난을 받을(계 17:6) 그리스도인들을 위한 완전한 모델을 제공하신다는 것이다.[16] 따라서 계시록에서 유일하게 순교자로 이름이 붙여진 사람은 "충성된 증인"으로도 또한 불리어진다(계 2:13).

예수님이 "죽은 자들 가운데서 먼저 나시고"라고 불리어 지는 것은 예수님이 죽은 자들로부터 살아나신 최초의 사람이시라는 사실을 표현하는 초기 기독교적 방식을 상시시키지만(골 1:18; 히 1:6; 참조. 롬 8:29), 그러나 이는 그리스도의 이름 때문에 죽음에 곧 직면할 지도 모르는 그리스도인들에게 무엇보다도 적절한 표현이었다. 대부분의 유대인들은 죽은 모든 의로운 자들이 이 세대의 끝에 다시

15. Philo, *That the Worse Is Wont to Attack the Better* 138에서 모세를 "거짓이 없는 증인"으로 묘사한 것을 참조하라.

16. Mitchell G. Reddish, "Martyr Christology in the Apocalypse," *JSNT* 33 (1988): 85-95는 요한계시록에서 예수님의 다양한 역할들은 그의 순교를 강조하는데, 이는 청중들에게 순교가 패배가 아닌 승리임을 상기시킨다고 말한다.

살아날 것으로 기대하였다(단 12:2). 그리고 초기 그리스도인들은 예수님이 역사의 중간에 미래에 일어날 사건을 실제로 시작하신 것으로 믿었다(그리하여 그들은 "예수 안에 죽은 자의 부활이 있다"고 선포하였다, 행 4:2). "첫 열매"처럼, 예수님의 부활은 예수님을 따르는 죽은 자들이 살아나게 될 것을 보증하는 것이었다(고전 15:20)－그리하여 그들은 두려워할 그 무엇도 없었다. 심지어 죽음 그 자체까지도(아울러 계 1:18을 보라). 유대교의 가르침에서는, 이스라엘의 이익에 적대적인 천사들이 열국을 다스렸으나,[17] 그러나 여기서 예수님은 땅의 임금들을 다스리신다. 이 문구는 시편 89:27을 암시하고 있는데, 이 구절에서 하나님의 "장자"는 "세상 왕들"을 다스린다. 강력한 가이사의 대리인들에게 고난을 받고 있는 신자들에게, 이러한 예수님의 칭호는 그들에게 진정한 위로가 되었을 것이다.

요한은 1:5에서 예수님에 대한 세 가지 칭호들을 열거하면서, 그는 또한 1:5-6에서 예수님에 대한 세 가지 사역들을 열거한다(그러나 문법적으로 완전하게 병행하는 것은 아니다). 그는 "우리를 사랑하신다." 그는 "우리 죄에서 우리를 해방하셨다." 그리고 그는 "우리를 나라와 제사장으로 삼으셨다." 우리를 향한 예수님의 사랑은 신약성경 다른 곳에서도 말하는 것처럼 우리를 위한 그의 죽음에서 나타났다(요 3:16; 롬 5:5-8; 갈 2:20). 그리스도의 이러한 사랑에 대한 확신은 요한의 독자들 가운데서 고난 받고 있는 신자들에게 위로가 되었을 것이다. 그의 죽음 역시 세상에서 하나님의 사명을 위해 어린 양의 희생에 참여하도록 부르심을 입은 사람들을 위한 하나의 모범을 제공한다(계 6:9).

예수님이 우리를 "나라와 제사장"으로 삼으셨다는 것을 선포하면서, 요한은 구원이 하나님이 우리를 (우리 죄에서) 구원하신 것뿐만 아니라(계 1:5), 또한 그가－그의 대리인들과 예배자들로서의 숙명을 위해(계 1:6)－우리를 구원하신 것임을 청중들에게 상기시키고 있다. 출애굽기 19장은 이스라엘이 거룩하고, 하나님에게 구별되어 있는 백성들이며, 또한 그들은 하나님의 특별하고도 소중한 소유임을 상기시키고 있다(출 19:5-6). 그러나 이 구절은 특히 이스라엘의 사명이 제사장 나라가 되어야 할 것을 선언하고 있다(출 19:6). 다른 초기 기독교 저자들처럼(벧전 2:9), 요한도 이러한 칭호와 사명을 모든 신자들에게 적용하고 있는데(계 1:6; 5:10; 20:6), 이 신자들이 이스라엘이 가졌던 유산 속으로 이식된 것이다. 요한의

17. 예를 들면, 단 10:13, 20; 희년서 15:21-32, 35:17, 49:2-4; 에녹 1서 40:9; 에녹 3서 26:12; 29:1; 30:1-2; *Mek. Shir.* 2:112ff; *Sifre Deut.* 315.2.1.

청중에 대해 이러한 적용을 하는 것은 중요성을 지니고 있다. 아마도 많은 사람들은 유대인 신자들이 예수 그리스도를 믿는다는 이유로 그들을 회당에서 추방하였다(계 3:8-9에 대한 주석을 보라). 유대인들은 황제숭배에서 면제받았지만, 그러나 어떤 이들은 그리스도인들이 더 이상 유대인이 아니라는 이유로 그들을 고소하였으며, 그리하여 가이사를 숭배하지 않는다는 것 때문에 그들은 보복을 당하였다(서론을 보라). 요한의 청중들이 여전히 이스라엘의 유산에 소속되어 있다는 것을 다시 확인함으로써, 요한은 그들의 주장이 의롭다는 것으로 그들을 격려하고 있다.

요한은 이 표현을 나라와 제사장으로 약간 변경시킨다(계 1:6).[18] 비록 "나라"가 대개 통치자의 통치권을 의미했지만(시 145:11-14), 이 단어는 간혹 통치자가 다스리는 백성들을 의미했다(시 105:13). 그리고 이런 경우에 이 단어는, 아담과 하와가 하나님을 위해 피조물을 다르신 것처럼(창 1:26-27), 위임된 권한을 암시했다. 이러한 나라가 성경에서 약속하는 것처럼(단 7:22, 27) 예수님과 함께 "다스릴" 것이다(계 5:10; 20:6).[19]

그들을 "제사장"으로 말하는 칭호도 역시 의미심장하다. 쿰란 공동체는 자신들의 사명을 제사장적인 것으로 보았으며, 또한 그 공동체는 많은 제사장들을 포함하였다.[20] 그러나 여기서 요한이 의미하는 제사장직 종류는 전체로서 고대 이스라엘의 것처럼 영적인 제사장직이다(사 61:6 참조). 제사장들로서 예수님을 따르는 자들은 기도의 향을 드리며(계 5:8; 8:4) 그들 자신의 생명을 희생함으로서(계 6:9) 예배(계 4:10-11; 5:8-10; 참조. 계 22:3)와 제사를 드릴 것이다.[21]

요한이 삼위일체 하나님으로부터 오는 은혜와 평강으로 기도를 드린 후, 그는 예수님에게 송영과 찬송을 드리기 위해 잠시 멈춘다(계 1:6). (이것은 그가 방금 언급한 제사장직의 한 사람인 저자에게 있어서 놀라운 일이 아니다). 전통적인 유대교 본문들은 하나님 아버지를 찬송하는 반면, 이곳에 나오는 찬송은 분명히 예수님에게 드려지고 있는데(또한 롬 9:5를 참조하라), 이 예수님은 우리를 위해 죽

18. Beasley-Murray, *Revelation*, 57-58에 나오는 다른 초기 유대교 자료들을 참조하라.

19. 열방을 다스릴 이스라엘의 미래적 고양(高揚)은 대중적인 유대교 전승이 되었다 (솔로몬의 지혜 5:16; 1QM 1.5; 12.16; CD 6.5-6; 희년서 22:11-12; 32:19; *Sifre Deut.* 47.2.8).

20. William H. Brownlee, "The Priestly Character of the Church in the Apocalypse," *NTS* 5 (April 1959): 224-25에서 강조되었다. 실제로 수많은 유대교 제사장들이 그리스도인이 되었다(행 6:7).

21. Andrew J. Bandstra, "A Kingship and Priests': Inaugurated Eschatology in the Apocalypse," *Calvin Theological Journal* 27 (1992): 10-25는 그리스도의 메시지의 현재적 중보와 중재를 강조한다.

으시고(계 1:5) 또한 그의 아버지를 위하여 우리를 제사장으로 삼으신 분이시다(계 1:6).[22]

약속과 확언으로 끝을 맺음 (1:7-8)

요한의 서론적 언급은 하나님의 영원하심에 대한 또 다른 확언으로 끝맺기 전에 하나의 약속으로 절정을 이루고 있다(계 1:8). 즉 예수님은 오신다(계 1:7). 예수님이 구름을 타고 오신다는 것은(아마도 신적인 영광으로) 다니엘 7:13을 반영한다. 그리고 그를 찌른 자들도 볼 것이며 애곡한다는 것은 스가랴 12:10을 반영한다. 마태복음 24:30의 표현도 동일한 본문들을 반영하고 있기 때문에, 여기서 요한은 아마도 앞선 예수님의 말씀을 반향 시키고 있을 것이다.[23] "땅에 있는 모든 족속"(문자적으로, 지파들)은 아시아 여러 도시들에 살고 있는 지역 주민들의 조직체를 언급하는 것 같은데, 이들은 여러 족속으로 나뉘어져 있었다. 예를 들면, 빌라델비아는 일곱 족속으로 구성되어 있었다.[24] 어떤 확신도 예수님이 모든 일들을 올바른 상태로 만드시기 위해서 오실 것이며, 또한 교회를 압제하는 자들이 하나님의 종들에게 행한 잘못된 행위를 인정할 것임을 아는 것보다 고난 받는 신자들을 더 잘 격려하는 것은 없다. 요한계시록 1:7에서 "애곡하는 것"이 회개를 암시하는지(계 11:11-13 참조) 아니면—아마도 여기에 함축되어 있는 이방인들의 경우일 가능성이 더 많다 (마 24:30 참조)—두려움인지(계 6:16)는 전적으로 분명하지 않지만, 그러나 변호의 어조가 있다는 것은 분명하다.

마지막으로, 요한은 현재뿐만 아니라 미래를 포함하여 모든 역사가 하나님의 손에 있다는 것을 다시 한 번 확인하고 있다(계 1:8). 그러므로 하나님의 백성은 마치 그 어떤 일이 하나님의 계획과 관계없이 자신들에게 일어날 것처럼 두려워할

---

22. 예수님은 초기 교부문헌들, 가령 Justin, *First Apol.* 67; *Second Apol.* 13; 아울러 Pliny, *Ep.* 10.96 등에서 훨씬 더 자주 신으로 명백하게 계속 칭송을 받고 있다. Larry W. Hurtado, *One God, One Lord: Early Christian Devotion and Ancient Jewish Monotheism* (Philadelphia: Fortress, 1988)을 참조하라.
23. 막 13:26; 14:62 참조. 보다 상세한 내용은 Beale, "Use of Daniel in the Synoptic Eschatological Discourse," 138-39를 보라; 참조. Bauckham, *Climax of Prophecy,* 319-21. 요한에게 있어서 예수님이 "찔리심을 당한 것"은 아마도 요 19:37에서 창에 찔린 것을 의미할 것이다. 계 1:7은 표현에 있어서 슥 12:10의 칠십인 역보다는 요 19장에 더 가깝다.
24. Ramsay MacMullen, *Roman Social Relations: 50 B.C. to A.D. 284* (New Haven, Conn.: Yale Univ. Press, 1974), 131-32. 헬라의 독자들은 또한 다른 곳에 있는 별개의 민족들을 상상했을 지도 모른다. 예를 들면, 인도의 118개로 추산되는 "민족들"(Arrian, *Ind.* 7.1).

필요는 없다. "알파와 오메가라 이제도 있고 전에도 있었고 장차 올 자"라는 칭호는 하나님의 영원성을 나타내며, 또한 처음부터 끝까지 모든 역사가 하나님에게는 동일한 것임을 암시하고 있다. 헬라인들은 종종 자신들의 신들을 묘사하기 위해 상징적인 문자를 사용하였으나,[25] 요한은 하나님을 "처음"과 "나중"으로 묘사하기 위해 헬라어 알파벳의 첫 글자와 마지막 글자를 사용한다. 몇몇 유대인 저자들은 동일한 요점을 나타내기 위해 히브리어 첫 글자와 마지막 글자(알렙과 타브)를 사용하였다.[26] 두 경우 모두 저자들은 이사야서를 암시하고 있는데, 여기서 하나님은 자신이 처음이요 마지막이심을 선언하고 계신다(사 41:4; 44:6; 48:12). 이교도들은 또한 "처음"이 최고의 신을 묘사한다고 인식하였으며,[27] 심지어는 "처음과 마지막"을 이러한 방식으로 사용하기도 했다.[28] 그러나 유대인들은 특히 하나님을 처음과 마지막이실 뿐만 아니라,[29] 또한 "모든 것 중에 처음과 끝"으로도 묘사하였다.[30]

하나님은 시간을 다스리시는 주님이실 뿐 아니라, 전 우주를 다스리시는 분이시기도 하다. 즉 하나님은 전능자(*pantakrator*, 판타크라토르)이신데, 요한계시록에서 하나님에 대해 자주 나오는 칭호이다(계 1:8; 4:8; 11:17; 15:3; 16:7, 14; 19:6, 15; 21:22; 신약성경 다른 곳에서는 오직 고후 6:18에 나온다). 헬라어로 쓰여 진 유대교 문헌들은 대개 하나님에 대해 이 칭호를 사용한다.[31] 후대 랍비들은 이에 상응하는 히브리어 및 아람어 술어들을 계속 사용하였다.[32] 몇몇 로마 작가들

---

25. 예를 들면, Plutarch, *E at Delphi*, 여러 곳에. 모음들을 마법으로 사용한 것에 대해서는 Aune, *Revelation*, 1:57-59를 보라.
26. Robert Hayward, *Divine Name and Presence: The Memra* (Totowa, N.J.: Allanheld, Osmun & Co., 1981), 34를 참조하라. 종종 그들은 하나님을 "진리" 혹은 "신실함"으로 묘사하기 위해 중간에 있는 글자(Mem)를 포함시키기도 했다 (Aleph-Mem-Tav), *p. Sanh.* 1:1, §4; *Gen. Rab.* 81:2.
27. Plutarch, *Isis* 2, 75; *Mor.* 352A, 381B; Apuleius, *Metam.* 430에 나오는 다른 신들; 몇몇 관련이 없는 문화에 있어서는 John S. Mbiti, *African Religions and Philosophies* (Garden City, N.Y.: Doubleday, 1970), 43을 보라.
28. *Orphic Hymns* 15.7에서는 제우스에게, *Orphic Hymns* 34.15에서 처음과 마지막은 아폴로에 속해 있다. 마술 교과서에서 "알파"와 "오메가"의 사용(예를 들면, *P. Köln*, 6; David E. Aune, "The Apocalypse of John and Greco-Roman Revelatory Magic," *NTS* 33 [1987]: 481-501에 있는 인용문들)은 기독교로부터 받은 영향을 반영할 수도 있다.
29. 예를 들면, Philo, *Noah's Work As a Planter* 93.
30. Josephus, *Ant.* 8.280; *Apion* 2.190에서 그는 또한 "중간"을 첨가한다.
31. 예를 들면, 솔로몬의 지혜서 7:25; 마카비 2서 6:26; 마카비 3서 5:7; 아리스테아스의 편지 185; 시빌의 신탁 1.66. 칠십인 역은 이 칭호를 150회 이상 사용하는데, 대개 "만군의" 여호와에 대해 사용한다.
32. 예를 들면, *b. Shab.* 88b; *Yeb.* 105b; *Yoma* 12a.
33. 예를 들면, Virgil, *Aen.* 7.141, 770; 9.625; *Georg.* 2.325; Ovid, *Metam.* 1.154; 2.304 (나는 여기서 그 자료들을 내 자신이 되는 대로 살펴보고서 내가 수집한 참고문헌의 작은 분량을 인용했을 뿐이다). 헬라의 술어에 대해서는 *Orphic Hymn* 18.17을 참조하라.

도 최고의 신을 이에 상응하는 라틴어 칭호로 묘사하였다.[33] 하지만 가장 널리 알려진 고대 헬라 이야기에서, 신들은 종종 애처로운 모습으로 나타나기도 한다. 그러한 신들은 인간들에게 사로잡혀 심문을 받기도 하고, 혹은 인간 친족을 보호할 수도 없는 존재로 드러나기도 한다.[34] 그들이 지니고 있는 능력은 고대 이스라엘의 살아계신 하나님이 가지고 계신 능력과는 크게 다르다.

독재자이며 황제인 가이사 치하에서 고난 받는 그리스도인들에게,[35] 그들이 "전능자"를 섬기고 있다는 것을 아는 것은 큰 힘이 되었음에 틀림없다. 가이사는 제한적인 방식으로 제국의 시민들을 다스렸을 것이지만, 하나님은 우주를 다스리신다. 그리고 하나님은 처음과 나중이 되셔서 가이사가 죽어서 로마에서 화장된 이후에도 오랫동안 역사의 과정을 인도하실 것이다.

상황잇기

요한계시록 1-3장의 잘못된 해석. 이 단락은 현대의 독자들에게, 특히 어떤 대중적인 예언 교사들에게 강한 영향을 받은 어떤 집단들에게 다양한 해석적 논쟁을 불러일으켰다. 보다 이전의 견해에 의해 야기된 한 가지 논쟁은 일곱 교회가 상징적이라는 것이다. 물론 요한계시록 대부분은 묵시록과 예언적 장르가 섞여 있는 책이며, 또한 이 책에 나오는 몇 가지 상징들은 다른 것보다 이해하기가 더 어렵다는 것을 보여준다. 그러나 편지는 대개 다른 종류의 문학이다. 대부분의 묵시문헌들은 저자에 있어서 위명(僞名)을 사용하였으며 또한 명백하게 특별한 청중들에게 보내는 것도 아니다. 그러나 요한계시록은 편지로서 다르게 구성되어 있다.[36] 요한계시록이 1세기의 특정 교회들에게 보낸 편지라는 것은 우리가 이 책에 나오는 상징주의를 이들 교회가 이해했을 상징에 비추어 해석해야 한다는 것을 암시한다.

초기의 일부 세대주의자들은 아시아의 일곱 교회들(계 1:4)을 일곱 "교회 시대" 혹은 교회 역사의 일곱 단계로 상징적으로 해석하곤 하였다. 물론 오늘날 이런 견해를 지지하는 사람은 거의 없다.[37] 몇 가지 이유로 인하여, 이러한 해석 노선은 바

34. 예를 들면, Homer, *Od.* 4.459-61; Euripides, *Electra* 1298-1300.

35. 예를 들면, Josephus, *Ant.* 14.199.

36. Fiorenza, *Revelation*, 35; Aune, *The New Testament in Its Literary Environment*, 240. 하지만 다양한 문학을 혼합시킨 것으로 곤란을 겪는 사람은 아무도 없다. 예를 들면, 어떤 역사 문헌도 편지의 서두로 시작하고 있다(마카비 2서 1:1-6).

37. 비평에 대해서는 Michaels, *Revelation*, 24; Robert L. Thomas, "The Chronological Interpretation of Revelation 2-3," *BibSac* 124 (1967): 321-31; Lewis, *Questions*, 74-76을 보라; 현대적 실례는 Lindsay, *New World Coming*, 38이다. Corsini, *Apocalypse*, 103-9는 편지에서 구원사를 찾고 있다.

울서신에서 그 편지가 보내어지고 있는 교회들을 알레고리화 해서는 안 되는 것처럼 있어서는 안 되는 것이다. (1) 풍부한 증거가 암시하고 있는 것은 요한계시록이 일곱 개의 문자적인 교회 공동체에 보내어졌으며, 또한 각 일곱 교회에 적합한 지역적 색채의 항목들을 포함하고 있다는 것이다(편지들에 대한 주석을 보라).

(2) 지도는 요한에게서 온 사자가 바다 가까이에 있는 에베소에 도착하여 아마도 아시아의 주요 도로를 따라 명단에 나와 있는 각 도시들을 여행하여 바로 그 순서대로 요한계시록을 일곱 교회에 전달하였음을 보여준다(서론을 보라). 각 도시 간 평균 거리는 약 30에서 35마일 정도이다.[38]

(3) 교회 역사에 따라 무리하게 해석하면 (대개 시간이 지나면서 수정되지만) 이러한 해석을 허용하게 된다.

(4) 마지막으로, 만일 요한계시록이 예수님이 재림하시기 전의 일곱 교회 시대가 완성될 것을 요구한다면, 교회 역사 대부분의 세기에 그리스도인들은 임박한 주님의 재림을 기대할 권리가 없다. 이것은 일곱 교회 시대 견해를 지지하는 사람들에게는 이상한 결론이 될 것이지만, 그러나 오히려 그들 중 대부분은 그리스도의 재림의 임박성을 열렬하게 강조한다.

현대의 교리적인 의제들. 성경 본문들을 읽는 또 하나의 위험은 우리가 현대적인 교리적 의제로 이들을 읽는 것이다. 예를 들면, 어떤 저자들은 예수님이 휴거 시에는 "구름과 함께 오시지만"(살전 4:17 참조) 이 땅에 발을 내딛으시는 것은 재림하실 때라고 주장함으로써(슥 14:4) 전환난적 휴거와 후환난적 재림 사이를 구별하려고 한다. 그러한 교리에 대한 각자의 견해가 어떠하든지 간에, 오로지 이 같은 구분에 근거하고 있는 주장은 반드시 실패한다. 예수께서 심판 때에 재림하실 것에 대한 대부분의 본문들은 예수님이 땅에 오시는 것에 대한 상세한 내용은 언급하지 않는다. 더욱이 예수님이 구름과 함께 오시는 것에 대한 대부분의 본문들은 이곳과 마찬가지로 전 세계가 눈에 볼 수 있도록 오신다는 것을 분명하게 말하고 있다(계 1:7; 참조. 단 7:13; 막 13:26; 14:62).[39] 우리는 여러 가지 현대의 교리적인

38. Ramsay, *Letters to the Seven Churches*, 183-86; Hemer, *Letters to the Seven Churches*, 15; Ford, *Revelation*, 382를 보라. 도로 체계에 대한 램지의 상세한 내용 및 부분은 추론에 의한 것으로 보인다. 그러나 도로의 몇 부분은 이정표에 의해 증명되고 있다 (Aune, *Revelation*, 1:131). 그 순서가 우리가 예상할 수 있는 것과 다르다는 것은 고대 사람들도 종종 인식하였다(예를 들면, Plutarch, *T.T.* 4.7, *Mor.* 672). Bowman, *First Christian Drama*, 23은 헤롯의 메노라(7개의 가지가 뻗어있는 장식 촛대-옮긴이)처럼 배열되었다고 주장한다. 비록 이것이 옳다 해도 이러한 주장은 요한의 고대 청중들의 편에서 볼 때 가능하다기보다는 오히려 지도 제작의 기술을 요구한다.

논쟁들을 말하고 있지 않은 본문들 속에 이들을 집어넣어 해석해서는 안 된다. 요한은 현대 신학자로서가 아니라 예언자요 목회자로서, 고난 받는 신자들을 격려하고 또한 자기만족에 빠져있는 신자들을 권면하기 위해 이 글을 쓰고 있는 것이다.

이 단락은 오늘날 무엇을 말하는가? 하지만 만일 우리가 이 단락을 그 자체의 술어로 접근하려고 한다면, 이 단락이 오늘날에도 적절한 말씀이라는 것이 어떻게 입증될 수 있겠는가? 만일 요한이 죽음에 대해 승리하신 예수님(계 1:5)과 적대적인 로마 정권에 의해 위협을 받고 있는 신자들을 격려하기 위해 역사를 다스리시는 하나님의 주권(계 1:8)을 강조하고 있다면, 그의 메시지는 로마가 멸망한지 1,500년 이상이 지난 현대의 독자들에게 무엇을 말하고자 하는가?

그 문제는 대답하기 어려운 것이 아니다. 모든 신자들은 죽음에 직면해 있으며(히 9:27), 그리고 증거 하는 모든 신자들도 그런 종류의 반대에 직면한다(딤후 3:12). 하나님은 우리가 볼 수 있는 상세한 내용보다 더 큰 계획을 가지고 계시며, 또한 우리는 그의 계획을 역사에 맞추어야 하며, 하나님의 계획의 목표는 나라와 제사장으로 삼으실 백성들이라는 예수님의 말씀은 우리의 여러 가지 개인적인 시련 속에서 우리들에게 하나의 격려가 된다.

이러한 말씀은 특히 우리들이 교회로서 당하는 집합적인 고난을 보다 넓은 관점 속에 둔다. 믿음의 눈과는 관계없이, 분투하는 기독교 운동이 강력한 로마 제국보다 더 오래 생존할 것이라고는 아무도 예상하지 못했다. 마찬가지로 믿음의 눈과는 관계없이, 1세기 전에 세계의 3분의 2에 해당하는 신자들이 서구에 있는 신자들의 수를 쉽게 압도할 것이라고 누가 생각했겠는가? 혹은 베를린 장벽이 무너질 것이라고 누가 생각했겠는가? 혹은 인종차별 정책이 남아프리카에서 내전 없이 사라질 것이라고 누가 생각했겠는가?[40]

오늘날 교회를 박해하는 자들은 종종 다르긴 하지만, 그 원리는 동일하다. 이란에 있는 이슬람 근본주의 정권과[41] 특히 수단은[42] 많은 그리스도인들을 죽였다. 그

39. 아마도 행 1:9-11도 마찬가지이다. 구름은 종종 신적인 심판, 특히 최후 심판 때에 동반한다(겔 30:3, 18; 32:6-7; 욜 2:2).

40. 동유럽에서 전체주의 국가가 붕괴한 것에 있어서 기독교의 영향에 대해서는, Bud Bultmann, *Revolution by Candlelight* (Portland: Multnomah, 1991)를 보라; 인종차별에 대한 기독교의 저항에 대해서는, 예를 들면, Albert Luthuli, *Classics of Christian Missions*, ed. Francis M. DuBose (Nashville: Broadman, 1979)에 나오는 "Let My People God," 409-26의 후기를 보라; Caesar Molebasti with David Virtue, *A Flame for Justice* (Batavia, Ill.: Lion, 1991).

41. "The Church Triumphant in Iran," *Mountain Movers* (May 1995), 6-8; "Prominent Church Leaders Slain," *CT* (Aug. 15, 1994), 54; "Protestants Live with Fear, Insecurity," *CT* (Feb. 6, 1995), 58을 보라.

러나 역사의 주님을 아는 것은 현재를 넘어서서 하나님의 궁극적인 계획까지 볼 수 있도록 우리에게 요구한다. 요한계시록의 많은 부분이 박해의 상태를 경험하고 있거나 혹은 예상하고 있는 신자들에게 가장 적절한 말씀이기 때문에, 이 책은 우리가 보편적인 그리스도의 몸에 참여하고 있다는 것을 상기시키며 또한 우리가 우리의 고난 받는 형제와 자매들을 위해 기도하도록 요청하는데, 이는 우리의 때가 올 때 그들이 우리를 위해 해 줄 것을 우리가 소망하듯이 말이다(마 24:9).

현대적 의미

선교 전략과 교회의 현실. 요한계시록은 우선 소아시아의 가장 전략적인 도시들에게 우선 보내어졌다는 것은, 그 메시지가 거기서부터 퍼져나갈 것을 기대하고 있는 것인데(계 1:4), 이는 하나님의 메시지가 우리가 속한 공동체들과 세계에 퍼져나갈 것을 우리의 계획 속에서 전략적으로 생각하도록 요청한다. 우리가 세계 선교를 위해 신자들을 동원하며,[43] 우리가 속한 공동체들을 섬기기 위한 전략들을 개발하고,[44] 복음전도를 위한 목표 집단을 구성하는 등,[45] 우리는 가능한 한 전략적으로 사고해야 한다.

하지만 역사에 있어서 우리가 유리한 점은 우리가 요한 당시에는 보다 덜 분명했던 부가적인 적용을 끌어낼 수 있도록 한다는 것이다. 요한계시록이 기록되었을 때, 기독교는 터키 서부에서 번창하였지만, 시간이 흐르면서 이들 지역에 있는 교회들은 점차 압력에 굴복하여 마침내 이슬람에 의해 사실상 근절되었다. 초대 교회가 가장 융성했던 지역들(터키, 시리아, 그리고 북아프리카)은 이제 이슬람의 근거지들이 되었다.

---

42. Charles Colson, "Tortured for Christ—and Ignored," *CT* (March 4, 1996), 80을 보라. 이슬람이 대부분 그리스도인들이 사는 북부와 전통주의자들이 있는 남부를 억압한 것에 대해서는 Jeffrey Bartholet, "Hideden Horrors in Sudan, *NW* (Oct. 12, 1992), 49; Shyam Bhatia, "A War's Living Booty," *WPR* (Aug. 1995), 40; "Sudan: The Ravages of War" (New York: Amnesty International USA, 1993); Marcus Mabry, "The Price Tag on Freedom," *NW* (May 3, 1999), 50-51을 보라.
43. 기도로 시작하는 것: David Bryant, *In the Gap* (Ventura, Calif.: Regal, 1984); Johnstone, *Operation World*를 보라.
44. 우리들의 공동체들을 섬기는데 있어서 간략하지만 매우 실제적인 편람은, 내가 이를 가르치는 학생들에게도 사용하고 있는데, Joy Bolton, *Ideas for Community Ministries* (Birmingham: Women's Missionary Union, 1993)이다.
45. Ralph W. Neighbour Jr. and Cal Thomas, *Target Group Evangelism* (Nashville: Broadman, 1975)를 보라. 이에 대한 한 가지 예는 지역 회중들의 소그룹들에 목표를 맞춘 DivorceCare 비디오 시리즈이다 (1994).

그러나 대체로 교회를 파괴시킨 것은 이슬람이라기보다는 오히려 교회였다. 무슬림 침입자들은 단순히 교회 뒤에서 마무리했을 뿐이었다. 북아프리카에서 기독교는 내적인 교리적 및 인종적 분열과 이단들, 그리고 비잔틴 및 라틴의 그리스도인들이 지역 문화에 둔감한 것 등을 통해서 스스로 약해져갔다. 누비아 왕국(아프리카 북동부에 있는 지방, 고대왕국-옮긴이)은 여전히 융성한 기독교 아프리카 문화를 가지고 있었으나 선교와 기독교 교육 모두에 있어서 서서히 약해지다가 14세기에서 16세기 사이에 붕괴되어 마침내 이슬람이 되었다.[46] 교회의 분열은 이슬람이 도래하기 이전에 영화로운 동방 정교회의 종말에 이르게 하였다.[47] 2세기 이전에 비교적 복음의 불모지였던 지역들이 이제는 복음이 융성한 곳이 되었으며, 반면 서방 세계의 여러 곳들은 그리스도인의 목소리를 유지시키기 위해 안간힘을 쓰고 있었다. 촛대가 그들의 지역에서 옮겨질 수 있었으며(계 2:5), 또한 이것은 오늘날 세계 여러 곳에 있는 신자들에게 일종의 경고로서의 역할을 해야 한다. 우리는 하나님의 계획 속에서 우리가 하고 있는 역할을 당연한 것으로 여겨서는 안 된다. 교회의 어떤 부분에서 선교를 그만둘 때, 하나님은 그 일을 이루시기 위해 나른 이들을 일으키실 것이다.

하나님의 도우심과 현존에 대한 확신. 요한계시록의 요점에 보다 중요한 것은 하나님께서 그의 백성들이 고난을 당할 때 그들을 안전하게 보장하신다는 것이다. 요한계시록은 임박한 고난을 겪고 있거나 혹은 고난에 직면하고 있는 교회들에게 보내고 있는 책이기 때문에, 이 책은 그들을 지키시는 분의 충족성을 강조하고 있다. "이제도 계시고, 전에도 계셨고, 장차 오실 이"라는 칭호(계 1:4, 8)가 이 단락을 구성하고 있으며, 또한 이 칭호 속에 다른 모든 칭호들이 포함되어 있다. 조지 캐어드(George Caird)가 말했듯이, 출애굽기 3:14을 이렇게 정교하게 다듬은 것은 "교회에 다가오는 시련을 하나님의 영원성이라는 배경에 비추어 생각하고 있으며, 뿐만 아니라 이 칭호는 또한 하나님을 역사의 활동무대로 내려오시도록 한다. 하나님은 과거와 현재와 미래의 주님이시다." 하지만 그 순서도 중요하다. 과거와 미래는 하나님의 영원한 현재 속에 포함되어 있다.[48] 그리스도인들은 확신을 가질 수 있다. 왜냐하면 초대 기독교 찬송시 작가가 관찰했듯이, 하나님은 태초부터 종말

46. Craig. Keener and Glenn J. Usry, *Defending Black Faith* (Downers Grove, Ill.: InterVarsity, 1997), 15-16, 19.
47. Mark Galli, "Better the Infidel," *Christian History* 54 (1997): 19.
48. Caird, *Commentary on Revelation*, 16.

을 분명히 보시기 때문이다(Odes Sol. 4:12, 14). 하나님은 우리 자신들의 세대와 역사 속의 모든 순교자들을 동시에 보신다. 모든 세대의 교회는 하나님의 계획의 일부분이며, 또한 우리는 개인적으로 우리보다 더 크며 또한 실패하지 않을 계획의 일부분이다.

고난 받는 그리스도인들은, 가령 서머나와 빌라델비아 그리고 오늘날 많은 그리스도인들처럼, 그들을 향한 하나님의 크신 긍휼하심을 상기할 필요가 있다. 때때로 우리는 그리스도가 십자가에서 우리가 당하는 고통을 함께 나누셨다는 것을 인식하지 못한다면, 우리가 고난을 당할 때 과연 주권자이신 하나님이 우리를 사랑하시는지 느끼지 못할 때가 있다. 예수님에 대한 사랑을 확신하는 것(계 1:5)은 단순한 말보다 더 깊이 움직인다. 남편과 아내가 "당신 사랑해요"라고 말을 하는 것뿐만 아니라 그들의 사랑을 실제적으로 증명해야 하는 것처럼, 신약성경도 우리를 위한 그리스도의 사랑이 우리를 위한 그의 희생과 밀접한 관계에 있는 것으로 묘사하고 있다(계 1:5; 롬 5:5-9). 유명한 구절인 요한복음 3:16에서 하나님의 사랑은 부정과거 시제로 되어 있다. 이는 하나님께서 그의 아들을 "주신" 때(십자가에서, 요 3:14-16)와 동시에 구체적으로 그의 사랑을 과거에 보여주셨다는 것을 암시한다.

내가 가장 힘들었을 때, 그리고 그 어떤 정교한 신학적 명제도 나를 위로하지 못했을 때, 하나님의 사랑에 대한 나의 깊은 확신이 십자가를 바라보게 했으며 또한 하나님이 친히 내가 당하는 고통을 나누고 계신다는 것을 생각나게 했다. 요한계시록 1:5은 현재 시제인 "사랑하사"를 사용하는데, 이는 아마도 여기서 고난 받고 있는 교회가 그들을 위한 하나님의 사랑이 지금도 계속되고 있으며, 또한 하나님이 결코 그들을 잊어버리지 아니하신다는 것을 확신시킬 필요가 있었기 때문이었을 것이다.

그리스도께서 신자들을 그들의 죄로부터 해방시킨 것은 그들에게 자신들과 또한 그들을 박해하고 혹은 타협하도록 그들을 유혹하는 세상적 시스템을 구별하도록 일깨우시기 위함이다. 비록 요한계시록에 나오는 동사 시제들이 반드시 일관되는 것은 아니지만, "해방하시고"의 시제는 죄로부터 결정적인, 과거의 해방임을 가리키는 것으로 봐야 한다.[49] 우리는 우리 자신을 하나님이 만족하실 수 있도록 하

---

49. Vincent Taylor, *The Atonement in New Testament* (London: Epworth, 1945), 39. 후대의 이문인 "씻었다"는 헬라어의 한 철자의 차이를 반영하지만, 그 개념은 계 7:14에 나타난다. 요일 1:7 참조.

기 위해 우리의 죄를 서서히 그만두지 않는다. 예수님은 우리를 해방하셔서 우리가 중생할 때 새로운 삶에 이르게 하신다(요 3:3-5). 우리가 즉시 그러한 모든 변화를 행동으로 바꾸는가 하는 것은 그러한 중생에서 그리스도 자신이 우리 안에 이루신 변화를 우리가 믿음으로 받아들이는 정도에 달려있다(롬 6:11). 그러나 요한의 첫 번째 청중들 대부분과 마찬가지로, 고난은 그러한 변화의 과정을 돕는 것으로 보인다(벧전 4:1).

하나님은 모든 것을 통제하신다. 하나님이 처음과 마지막이 되시며, 또한 그분이 영원하시다는 것은 어떤 일도 하나님의 계획과 관계없이 우리에게 일어날 수 없다는 것을 우리에게 상기시키도록 한다. 하나님이 죄 있는 열국들을 심판하신다는 것은 반복되는 성경적 원리이며, 또한 이것은 우리 자신이 속한 나라를 필연적으로 포함하는 원리이기도 하다. 그러나 그러한 심판이 하나님이 의로우시고 거룩하시다는 우리의 느낌에 호소하는 반면, 그 심판은 또한 우리를 낙담시킬 수도 있다. 왜냐하면 우리는 하나님의 심판에 의해 흔들리는 동일한 세상의 일부에 속해 있기 때문이다. 하지만 성경적 원리들은 그들의 확신에 있어서 두드러지게 나타난다. 즉 하나님은 모든 것을 통제하신다는 것이다.[50] 이 메시지는 또한 성경 전체를 꿰뚫고 흐르는 소망의 요소와 일치한다. 심판은 오고 있다. 그러나 하나님은 그의 종들을 지켜주실 것이다(창 19:16; 참조. 합 2:4). 비록 그들이 원수들의 손 안에 있다 해도, 그 어떤 것도 하나님의 목적과 관계없이 그들을 덮치지 못할 것이다(마 10:28-31; 벧전 2:15; 3:17; 4:19).

하나님을 "알파"와 "오메가"로 그리고 "이제도 있고, 전에도 있었고, 장차 올 자"로 부르는 것은 "전능하신" 하나님이 어떤 분이 되어야 하는가를 보여준다(계 1:8). 최근에 발견된 분자의 특성으로 인하여, 20세기 후반의 많은 물리학자들은 창조 사건에 우리가 경험하는 4차원뿐만 아니라 최소한 9차원이 필요하다는 것을 주장하였다. 창조 사건은 모든 차원들을 포함하고 있으며 또한 필연적으로 그러한 차원들 밖에 있는 어떤 재료로 시작한다. 이러한 발견은 우리의 창조주이신 하나님이 우주와 시간보다 크신 분이심을 우리에게 상기시켜주며, 또한 우주의 역사에 있어서 어떤 시점도—시작이든 끝이든—결코 하나님에게 가까이하기 어렵다는 것이다.[51] 전능하신 최고의 신의 개념은 여러 전통 종교들 안에서 나타나며, 또한

50. Graham, *Approaching Hoofbeats*, 23; 아울러 David Wikerson, *The Vision* (Old Tappan, N.J.: Revell, 1974), 113-21을 참조하라.
51. 가장 상세한 것은 Hugh Ross, *Beyond the Cosmos* (Colorado Springs: NavPress, 1996)를 보라.

성경에서처럼 경외감을 일으키는 존재이다.[52] 그러나 성경은 하나님의 능력이 경외감을 일으킬 뿐만 아니라, 이 전능하신 하나님이 우리의 아버지이시며, 또한 우리를 돌보시는 분이심을 우리에게 상기시킨다.

하나님이 역사의 주님이심을 상기하는 것은 우리의 삶을 어떤 관점에 두도록 한다. 우리가 마주치는 어떤 상황도 하나님을 놀라게 할 수 없다. 많은 이스라엘의 동시대 사람들은 한 편이 전쟁에서 지면 그들의 수호신이 잠을 자고 있다는 이야기를 전해주고 있다.[53] 엘리야는 바알신이 잠을 자고 있는지 아니면 잠깐 나갔을지도 모른다는 그들의 전통으로 바알 선지자들을 조롱하였다(왕상 18:27). 그러나 이스라엘의 하나님은 졸지도 아니하시고 주무시지도 아니하신다(시 121:3-4). 하나님을 위해 일하는 공동체, 회중, 혹은 개인 중에 믿음에 대한 어려운 도전들, 가령 사랑하는 이들의 죽음, 우리가 느끼는 방해물이 하나님의 계획이라는 것, 혹은 복음을 선포할 때의 좌절 등에 직면하지 않는 사람은 거의 없다. 그러나 하나님의 전체 계획의 전체적 시야에서 보면, 우리는 하나님이 모든 것이 합력하여 선을 이루실 것임을 확신한다(롬 8:28). 때때로 그러한 역사는 궁극적으로 우리가 그리스도의 형상을 본받도록 하는데 주로 초점을 맞추고 있다(롬 8:29).

---

52. Mbiti, *Religions*, 40-41을 보라.

53. 예를 들면, Homer, *Il.* 14.352-60; "Prayers to the Gods of Night," *ANET*, 391에 나오는 메소포타미아의 신들. 이집트인들은 최고신 아몬-레(Amon-Re)에 대한 보다 높은 수준의 견해를 가지고 있었다 ("Hymn to Amon-Re," *ANET*, 366).

요한계시록 1:9-12

9 나 요한은 너희 형제요 예수의 환난과 나라
와 참음에 동참하는 자라 하나님의 말씀과
예수를 증언하였음으로 말미암아 밧모라 하
는 섬에 있었더니
10 주의 날에 내가 성령에 감동되어 내 뒤에서
나는 나팔 소리 같은 큰 음성을 들으니
11 이르되 네가 보는 것을 두루마리에 써서 에
베소, 서머나, 버가모, 두아디라, 사데, 빌라델
비아, 라오디게아 등 일곱 교회에 보내라 하
시기로
12 몸을 돌이켜 나에게 말한 음성을 알아 보려
고 돌이킬 때에 일곱 금 촛대를 보았는데

원 의미

서간문 혹은 편지의 시두를 완성한 후(계 1:4-8), 요한은 설명적 서론으로 들어간다(계 1:9-20). 고대의 조약, 연설, 그리고 편지 등은 종종 설명적 서론으로 시작하는데(연설에 있어서, *narratio*로 불리어진다), 이는 전달의 핵심에 이르게 한다. 본서의 기록 동기의 배경을 설정한 후(계 1:9-10), 요한은 그가 본 영화롭게 되신 그리스도의 환상(계 1:11-16)과 일곱 교회에 주시는 예수님의 메시지의 시작(계 1:17-20)을 자세히 말한다. 우리는 예수님의 환상을 소개하는 배경으로 시작한다(계 1:9-12)—그는 요한계시록이 보내어지는 일곱 교회와 배경을 공유한다. 환난(계 1:9)과 (아마도) 예배(계 1:10). 요한이 부활하신 그리스도를 보았을 때(계 1:13-16), 그는 또한 예수님이 나타나시는 정황을 보고 있다. 예수님은 촛대 사이에 계시는데(계 1:12), 촛대는 곧 교회이다(계 1:20).

배경 설정(1:9-10)

요한은 "형제"요 "환난에 동참하는 자"이다. 즉 그는 이러한 교회들과 함께 복음을 위해 함께 고난을 당하는 자이다(계 6:11; 12:10). "환난"과 "나라"는 예수 안에 있는 우리의 유업에서 분리할 수 없는 부분이다. "참음"은 현재의 환난 동안에(계 1:9; 2:3, 9-10; 3:10; 7:14에 나오는 *thlipsis*) 하나님의 약속으로 인하여 인내하는 것이다(계 13:10; 14:12). 북아프리카의 한 신학자는 예수님 당시에 여전히 유포되고 있었던 것으로 전해지는 예수님의 한 말씀을 기록하고 있다. "우선 시험을 통과하지 않고서는 아무도 하늘나라에 들어갈 수 없다."[1]

요한이 고난을 말하고 있는 문맥에서 자신이 "하나님의 말씀과 예수를 증언하였음으로 말미암아" 밧모라 하는 섬에 있었다고 선포할 때, 그는 밧모가 여유를 즐기기 위해 방문하는 휴양지임을 암시하는 것이 아니다. 문자 그대로 요한은 하나님의 말씀 "때문에" 그곳에 있었던 것이다—예수를 전파하고 그를 증거했다는 이유로 로마 제국에 의한 형벌로서(계 6:9; 12:11 참조). 에스겔은 문자적인 바벨론 근처에서 유배를 당했을 때 여호와에 대한 환상을 본 반면(겔 1:1), 요한은 이전의 바벨론과 닮은 한 제국에 의해 유배를 당하는 중에 환상을 보았다. 비록 다양한 종류의 유배가 있었음에도 불구하고, 대개 유배는 어떤 섬으로 추방당하는 것을 포함하였다.[2] 후대의 한 작가는 도미티안 황제가 통치하는 동안 각 섬들은 유배자들로 가득 찼다고 주장한다.[3] 종종 낮은 사회적 계층에 속해 있었던 사람들이 처형을 당하고, 노예가 되었으며, 또는 광산으로 추방을 당하거나 혹은 검투사의 경기에서 죽임을 당하였다.[4] 그러나 요한은 나이가 많았으며, 그리고 때때로 권력을 지니고 있는 사람들은 나이가 많다는 이유로 보다 쉽게 처형하곤 하였다.[5]

그러나 추방이 처형보다는 좀더 가벼운 형벌이었지만, 그렇다고 해서 요한이 받은 형벌을 결코 가벼운 것으로 생각해서는 안 된다. 요한은 그의 나이 때문에 혹은 황제가 아닌 통치자가 선고한 형벌이었기 때문에 다른 사람들보다는 덜 가혹하게 취급을 받았다 해도, 어쨌든 추방은 영예를 잃어버리는 것을 포함하였다.[6] 가장 가혹한 형태의 추방은—아마도 요한이 경험한 것 같지는 않지만—시민권을 상실

---

1. Joachim Jeremias, *Unknown Sayings of Jesus*, 2d ed., tr. R. H. Fuller (London: SPCK, 1964), 73에 있는 Tertullian, *Baptism* 20.
2. Plutarch, *Exile* 12, *Mor.* 604B; Juvenal, *Sat.* 1.73; Tacitus, *Ann.* 1.53; 3.68-69; 4.13, 30; 13.43; Suetonius, *Aug.* 19; *Gaius* 14-15; *Galba* 10. 그러한 섬 생활은 대개 불쾌한 것 이었다 (Epictetus, *Disc.* 1.25.20; 2.6.22).
3. Philostratus, *V.A.* 8.5.
4. Paulus, *Sententiae* 5.23.14, 19; John E. Stambaugh and David L. Balch, *The New Testament in Its Social Environment*, LEC 2 (Philadelphia: Westmnster, 1986), 35.
5. *Digest* 47.21.2; Sophocles, *Oed. Rex* 402-3, 1153; Dionysius of Halicarnasus, 10.29.1; Herodian 2.5.8; Cornelius Nepos, 19 (Phocion), 4. 1과 비교하라.
6. Apuleius, *Metam.* 7.6. 철학자들은 그러한 문제들에 대한 관심을 거절할 지도 모른다 (Epictetus, *Disc.* 1.29.7; 1.30.2-3; 3.24.100, 109, 113; 4.4.34; 4.7.14; Dio Chrysostom, *13th Disc., In Athens* 4-5; Wayne A. Meeks, *The Moral World of the First Christians*, LEC 6 [Philadelphia: Westminster, 1986], 49).

하거나, 자신의 거의 모든 재산을 국가에 몰수당하는 일을 포함하였다. 만일 정부가 추방령을 취소하지 않으면, 섬에 추방당한 사람은 죽을 때까지 그곳에 남아 있었다. 보다 높은 사회 계층에 속한 사람들은 채찍질을 당하거나(그 사람의 뼈가 드러날 때까지 맞는 것으로 알려진 형벌), 쇠사슬에 묶이고, 형편없는 음식이나 의복이 주어진다든지, 맨땅에 잠을 자도록 내버려둔다든지, 혹은 고된 노동에 처해지기도 하였다.[7]

이러한 가혹한 형벌(*deportatio*)은 황제가 판결을 내릴 것을 요구하였기 때문에, 아마도 우리는 요한이 그가 속한 지방 속주의 통치자에 의해 받은 가벼운 형태의 형벌(*relegatio*)을 받은 것으로 생각해야 하는데, 그 통치자는 요한의 모든 재산을 몰수하지는 않았다.[8] 아울러 요한이 주일 아침에 일하러 떠나기 전에 자신의 전체 환상을 받아야 했던 노동 죄수였는지 상상하는 것은 어려운 일이다. 그러나 비록 그가 아마도 추방의 보다 관대한 형태를 경험했다 하더라도, 그가 처한 상황들은 그의 나이에 비해 가혹하였을 것이다.

로마는 특히 정치범들을 감금하기 위해 소아시아 근처 에게 해에 있는 섬을 두 그룹으로 사용하였는데, 즉 사이클라데스와 스포라데스이다. 밧모는 스포라데스에 속해 있었으며, 그리고 옛 플리니는 이곳을 추방 장소로 불렀다.[9] 이 섬은 사람이 살지 않는 곳이 아니었다. 이곳은 헬라의 경기장과 신전 그리고 아르테미스 신전과 숭배가 있는 곳이기도 하였다(비록 아르테미스 숭배가 인근 에베소처럼 광범위하게 퍼져있었던 같지는 않지만).[10] 요한은 방문자들을 허락하였을 것이기 때문에, 아시아에 속한 교회들은 그에게 사자들을 보냈던 것이 분명하다. 밧모 섬은 에베소에서 남서쪽으로 40에서 45마일정도 떨어져 있었다.

소아시아에 있는 어떤 사람들은 신적인 황제를 기념하여 매달 "황제의 날"을 경축하였다(세바스테, 아우구스투스의 날).[11] 이들과는 대조적으로 황제 숭배를 거

7. Ramsay, *Letters to the Seven Churches*, 83-85.
8. Caird, *Commentary on Revelation*, 21-23. 추방의 형태에 대해서는 Aune, *Revelation*, 1:80-81을 보라.
9. Pliny, *N.H.* 4.12.69; 4.23; Talbert, *Apocalypse*, 3; J. N. Sanders, "St. John on Patmos," *NTS* 9 (Jan. 1963): 75-85[76]; 그러나 Aune, *Revelation*, 1:78-79를 참조하라. 어떤 사람들은 도미티안이 밧모 섬의 광산에 가도록 요한에게 유죄 판결을 내린 것으로 페타우의 빅토리누스(Victorinus of Petau)의 견해(*Commentary on Revelation*. 10.3)를 인용한다. 그리하여 어떤 이들은 죄수들이 그곳 대리석 채석장에서 일했다고 주장하고(Bowman, *First Christian Drama*, 23), 다른 이들은 밧모 섬에 광산이 존재하지 않은 것으로 보인다고 주장한다(Sanders, "Patmos," 76).
10. H. D. Saffrey, "Relire l'apocalypse à Patmos," *RB* 82 (1975): 385-417.
11. G. Adolf Deissmann, *Light From the Ancient East* (Grand Rapids: Baker, 1978), 358-59를 보라. 오늘날 대부분의 학자들은 이러한 배경을 받아들이고 있다 (Ford, *Revelation*, 382; Beasley-Murray, *Revelation*, 65).

부한 것 때문에 고난을 받았을 그리스도인들은 진정하고 궁극적인 왕을 기념하여 다른 날을 경축하였다—퀴리아코스(*kyriakos*, 문자적으로는 "주님의"), 이 칭호는 로마인들이 가이사에게 속한 것을 나타내기 위해 사용한 술어이지만, 그리스도인들은 이를 궁극적인 퀴리오스(*kyrios*) 혹은 주님에게 적용하였다(계 1:10).

아마도 "주의 날"은 주의 첫째 날, 즉 일요일을 가리킬 것이다.[12] 이 문구는 디다케 14.1에도 등장하는데, 이 날에 그리스도인들은 떡을 떼기 위해 모였다(Pliny, *Ep.* 10.96). 그리스도인들은 초기부터 일요일에 함께 모였던 것으로 보이며(행 20:7; 고전 16:2), 아마도 예수님의 부활을 기념하기 위해서였을 것이다(요 20:19, 26).[13] 초대 그리스도인들이 유대인들이었기 때문에, 그들은 또한 회당 예배와의 충돌을 피하기 위해 금요일 저녁이나 토요일에 모이는 것을 피했을 것이다. 여기서 "주의 날"은 말 유희를 포함할 수도 있다. 예배를 드리는 중에 요한은 미래적 주의 날의 전조를 경험하고 있었으며, 이때 신자들은 그 나라에 고난을 바쳤을 것이다(계 1:9).[14]

요한의 동시대 사람들은 종종 성령을 예언적 영과 관련시키곤 하였으며, 그리하여 요한의 청중들은 요한이 예언적 영감에 의하여 "성령 안에" 있었던 것으로 자연스럽게 이해하였을 것이다(겔 2:2; 3:12-14; 11:5, 24를 보라).[15] 그러나 환상이 시작되었을 때 요한은 이미 성령 안에 있었기 때문에, 아마도 여기서 "성령 안에"는 요한계시록 4:2와 21:10에서처럼 환상의 상태가 아니라, 처음에 환상의 상태에 이르게 한 예배에서이다.[16] 이러한 해석은 아마도 요한이 공동의 예배에 대해

---

12. 대부분의 학자들이 이런 견해를 지지 한다 (예를 들면, Arthur Darby Nock, *St. Paul* [New York: Harper & Row, 1963], 58; Oscar Cullmann, *Early Christian Worship* [Philadelphia: Westminster, 1953], 10-11; Rissi, *Time and History*, 28; Ugo Vanni, "Giorno del Signoré in Apoc. 1,10, giorno di purificazione e di discernimento," *Revista Biblica* 26 [1978]: 187-99; Beale, *Revelation*, 203). 그러나 어떤 이들은 다른 견해들을 선호 한다 (예를 들면, Kenneth A. Strand, "Another Look at 'Lord's Day' in the Early Church and in Rev. I.10," *NTS* 13 [Jan. 1967]: 174-81).

13. Ep. Barn. 15.9; Justin, *First Apol.* 67; *b. Taan.* 27b를 참조하라. 얼마되지 않아 일요일은 "작은 부활절"로 간주되기에 이르렀다.

14. Shepherd, *Paschal Liturgy*, 78. 어떤 유대교 종말론적 구조들은 미래의 안식일 시대를 기대하고 있지만 (*Mek. Shab.* 1.38ff.; Life of Adam 51.1-2; Samuel Bacchiocchi, "Sabbatical Typologies of Messianic Redemption," *JSJ* 17 [1986]: 153-76), 때때로 그 기간에 있어서는 천 년이며(에녹 2서 33:1-3, rec. J, 아마도 기독교적 자료일 것이다), 그리고 어떤 후대의 그리스도인들은 이 날 후에 첫 (팔일 째) 날에 그리스도의 부활에 의해 예표 된 "여덟째" 시대를 덧붙였다 (바나바 서신 15.8-9).

15. 성령과 영감에 대해서는, Craig S. Keener, *The Spirit in the Gospels and Acts* (Peabody, Mass.: Hendrickson, 1997), 10-13을 보라.

16. 아울러 Hill, *New Testament Prophecy*, 90도 참조하라. 그럴 가능성은 별로 없지만 어떤 사람은 "성령 안

사용한 "주의 날"을 언급한 것을 설명하는데 도움을 줄 것이다(위의 주석을 보라). 요한의 동시대 사람들 중에 "성령 안에서"의 통상적인 의미를 염두에 둔다면, "성령 안에서의 예배"(요 4:24; 빌 3:3 참조)는 의심할 것 없이 성령의 인도함을 받은 그리고 성령의 능력을 받은 예배임을 의미한다. 예언적으로 영감을 받은 예배는 초기 기독교의 특징이었으며(고전 14:15, 26; 엡 5:18-19) 또한 고대 이스라엘에도 존재하였다(삼상 10:5; 대상 25:1-5). 아시아의 교회들이 "주의 날"에 모였을 때 요한의 메시지가 읽혀졌을 것이며, 그 환상이 시작된 그날에 아마도 요한은 예배 가운데 있었을 것이다.[17]

촛대 사이에 (1:11-12)

요한이 "나팔 소리 같은" 한 음성을 들었을 때 그는 몸을 돌이켰다(계 1:10). 이러한 표현은 분명히 예수님의 음성을 가리키는 것인데, 이러한 음성은 준비되지 않은 자의 마음속에 두려움이 일어나게 했을 것이다.[18] 몇몇 학자들은 어떤 유대인들이 하나님의 "음성"을 신적 존재 그 자체로 이해했다고 주장하며 또한 요한이 돌이켰을 때, 그는 그 "음성"을 보았는데(계 1:12), 이는 아마도 "말씀"으로서의 예수님의 칭호와 연결되어 있다고 말한다(계 19:13).[19] 하지만 아마도 그 음성을 거의 인격화 한 것은 단순히 셈어적 관용구이다(출 20:18; Josephus, *War* 6.301).

때때로 환상가들은 그들이 환상을 보았을 때 구술로 기록하였는데, 여기서도 이러한 일이 일어났을 것이다(계 1:11). 때로 그들은 요한계시록 10:4에서처럼 환상을 본 직후에 기록하였다. 그러나 요한은 그가 본 환상들이 완성될 때까지 기다릴 필요가 없었다(이런 일은 일부 유대교 문헌에도 등장 한다. 토빗 12:20; 희년서 32.25-26). 그리고 "내가 보매"(계 1:12; 5:1)는 전형적인 환상 언어인데, 성경뿐만 아니라(겔 1:1; 23:13; 단 8:7), 묵시문헌에도 나온다.[20]

에서"를 "믿는 공동체 안에서"로 해석하기도 한다 (Richard L. Jeske, "Spirit and Community in the Johannine Apocalypse," *NTS* 31 [1985]: 452-66).

17. Cullmann, *Early Christian Worship*, 7을 보라.

18. 아킬레스의 것처럼 "나팔처럼 분명한," in Homer, *Il.* 18,219; 참조. 사 58:1.

19. T. Abr. 14; 15; 20A; *Apoc. Sedr.* 2:2; James H. Charlesworth, "The Jewish Roots of Christology: The Discovery of the Hypostatic Voice," *SJT* 39 (1986): 19-41; idem, *The Old Testament Pseudepigrapha and the New Testament*, SNTSM 54 (Cambridge: Cambridge Univ. Press, 1985), 128-30; *Ellul, Apocalypse*, 104. "그 뒤에서"에 대해서는 요 20:14를 참조하라.

20. 예를 들면, 에녹 1서 17:3-8; 18:1-12; 에녹 2서 20:1; 에녹 3서 42:3; 44:7.

가장 중요한 것은 예수님이 촛대 사이에서 등장하시는 것인데(계 1:12-13; 2:1), 이 일곱 촛대는 일곱 교회를 나타낸다(계 1:20). 이는 아마도 예수님이 그의 교회들 가운데 임재 하신다는 것을 암시하는 듯하다(요 20:19 참조). 제사장들은 외부 세계의 빛으로부터 차단된 성소에서 기능을 수행하기 위해 빛을 필요로 하였기 때문에, 성전에는 금 촛대가 있었고(출 25:31-35; 37:18-21; 대하 4:7, 20), 그 촛대는 밤낮으로 불이 켜있어야 하였다.[21]

고대 지중해 세계 전체에서, 이 일곱 가지가 있는 촛대 혹은 메노라(menorah)는 이스라엘과 유대교에 대한 가장 일반적인 상징이었으며,[22] 또한 소아시아도 포함하였다.[23] 가령 사마리아인들처럼 자신들을 이스라엘의의 유산의 진정한 상속자로 생각한 사람들은 자연히 이를 스스로에 대한 상징으로 사용하였다.[24] 요한은 회당으로부터 배제된 유대 그리스도인들을 격려하면서, 유대교 유산으로부터 그들을 분리시킨 사람들이 유대 그리스도인들이 아니라 그들의 적대자들임을 말하고 있다(2:9에 대한 주석을 보라). 그러나 유대교의 성상학(iconography)에서 촛대는 전체로서의 이스라엘을 나타내는 반면, 요한은 각 지역 공동체가 하나의 촛대임을 나타낸다. 이는 아마도 촛대가 "완전한 보편적 교회"를 구체적으로 나타내고 있기 때문일 것이다.[25]

상황잇기

이 단락에서 우리는 "주의 날," 성령 충만한 예배, 그리고 유대교와 기독교 사이의 관계에 대한 몇 가지 측면들과 관련이 있는 다양한 견해들에 대한 논점들을 살펴보려고 한다.

---

21. Josephus, *Apion* 1.198-99. 메노라 상징은 팔레스타인에서는 흔한 것이었다. 예를 들면, *CIJ* 2:165, §980; 2:234-35, §1197-98; G. Foerster, "Some Menorah Peliefs from Galilee," *IEJ* 24 (1974): 191-96; Zvi Uri Ma'oz, "Ancient Synagogue and the Golan," *BA* 51 (June 1988): 116-28(p. 123).
22. 예를 들면, *CIJ* 1:8, §4; 1:16, §14 (*CIJ*는 전체적으로 200개 정도의 견본을 포함하고 있다); Harry J. Leon, *The Jews of Ancient Rome* (Philadelphia: Jewish Publication Society of America, 1960), 49, 196-97; Erwin R. Goodenough, *Jewish Symbols in the Graeco-Roman Period*, 13 vols (New York: Pantheon Books, 1953-1965), 12:79-83.
23. 예를 들면, *CIJ* 2:12, §743; 2:32, §771과 2:53, §801 전체 여러 곳; Andrew R. Seager, "The Synagogue and the Jewish Community: The Building," pp. 168-77 in *Sardis from Prehistoric to Roman Times*, ed. George M. A. Hanfmann (Cambridge: Harvard Univ. Press, 1983), 171, 176; Goodenough, *Symbols*, 2:77-78.
24. Goodenough, *Symbols*, 1:262-63; S. Dar, "Three Menorot From Western Samaria," *IEJ* 34 (1984): 177-79.
25. Caird, *Commentary on Revelation*, 24; 아울러 교회를 나타내는 촛대의 이스라엘 상징에 대해서는 Beale, *Revelation*, 207을 참조하라.

고난에 동참하는 것. 세상 여러 곳에서 그리고 여러 사역 현장에 있는 신자들은 여기서 요한이 그리스도를 위해 겪은 수치 및 박해와 동일시 될 수 있다. 하지만 서구에 있는 대부분 우리들은 박해보다는 물질주의에 보다 유혹을 받을 때가 많으며, 그리고 요한 자신이 받은 고난은 박해였다. 그러나 이러한 것으로부터 유추를 이끌어낼 수 없다는 의미는 아니다. 만일 요한이 받은 고난이 우리가 받는 고난보다 더 심각한 것이라면, 우리는 여기서 추론해낼 수가 있다. 만일 하나님이 박해를 받고 있는 요한과 그의 동료들이 이를 참도록 하셨다면, 하물며 보다 덜 가혹한 시련에 직면한 우리들은 더욱 굳게 서야 하지 않겠는가?

뿐만 아니라 오늘날 서구에서조차도 우리는 세상이 교회를 자기편으로 받아들이지 않는다는 많은 신호들을 우리는 가지고 있다(요 15:18-25 참조). 우리들 중 많은 사람들은 우리가 그리스도에게 순종하는 것 때문에 직업을 갖지 못하거나 중상모략을 당하기도 한다. 우리들 중 몇몇은 우리가 하나님의 뜻을 추구하는 것으로 인하여 교회 내에서도 "아군에 의한 오발"(friendly fire, 교인들에 의해 공격을 받고 있다는 의미–옮긴이)을 겪고 있기도 하다. 그러나 요한이 당시의 신자들을 위한 모델이었던 것과 마찬가지로, 요한은 오늘 우리들을 위한 모델이기도 하다.

주의 날, 교회, 그리고 안식일. "주의 날"의 의미는 이 단락의 배경을 위해서 중요하지만, 그러나 요한의 요점을 해명하는데 별로 도움이 되지 않는 몇 가지 방식으로 재 적용되어 왔다. 그러나 우리 자신들이 가지고 있는 전통들은 우리가 이 본문에 부적절한 생각들을 집어넣어 해석하도록 하고 있다.[26] "주의 날"에 대해 가능성이 있는 잘못된 해석 중의 한 가지 영역은 몇몇 사람들이 일요일을 새로운 안식일로 생각하는 것이다. 내가 성경 대학에 다닐 때, 내 고향의 신문은 성수해야 할 안식일이 주의 어느 날인가에 대해 전통적인 목회자와 제7일 안식교의 평신도 사이에 논쟁이 벌어졌다. 제7일 안식교도는 예상대로 토요일이라고 주장했으며, 이에 대해 목사님은 "우리는 율법 아래 있지 않습니다. 따라서 안식일은 일요일입니다"라고 대답하였다. 목사님의 결론은 분명히 그의 주장을 따를 수 없다는 것이었다. 첫째 이유는 안식일의 가르침이 모세의 율법보다 선행하기 때문이고(창 2:2-3), 둘째 이유는 그 목사님이 "율법 아래"가 무엇을 의미하는지 명확하게 말하지 않았기 때문이었다(이것은 오늘날에도 상당한 논란이 되고 있다). 그리고 무엇보다도 곤

26. 다행히도 우리들 중 어느 누구도 여호와의 증인들의 잘못된 해석에 빠질 것 같지는 않다. 이들은 "여호와의 날"을 1914년 이후부터의 기간으로 이해하는 전통을 간직하고 있다 (*Revelation: Grand Climax*, 22, 24).

란한 것은 율법 아래 있지 않다는 것이 안식일을 하루 앞당기는 것을 의미하는 것으로 단순히 생각하였기 때문이었다.

2세기 초에 몇몇 이방 그리스도인들은 "주의 날"과 유대교의 안식일을 대조하였다(Ignatius, *Magn.* 9.1).[27] 그러나 신약성경 내에서는 안식일이 토요일에서 일요일로 "변경되었다"는 증거는 나오지 않는다. 일요일을 기독교의 "안식일"로 지키는 관습은 교회 역사가 헨리 채드윅(Henry Chadwick)이 지적한 것처럼, 단지 후대에 가서, 아마도 A.D. 321년 이후에 가서 널리 퍼지게 되었다.

> 자그레브(Zagreb) 근처에서 발견된 한 비문은 콘스탄틴이 칠일동안 일을 하고 매 팔일째 되는 날을 장날로 지키는 옛 관습을 바꾸어, 농부들에게 매 일요일마다 장날을 지키도록 지시하였다고 기록한다. 이것은 일요일이 그리스도인들이 예배를 위해 모이는 날일뿐 아니라 또한 안식의 날이 된 과정을 보여주는 최초의 증거이며, 또한 율법과 비문 모두에서 콘스탄틴이 이러한 관습을 소개하는 공식적인 동기가 태양에 경의를 표하기 위한 것임은 주목할 만하다.[28]

일부 그리스도인들은 안식을 위한 어떤 주간의 날도 여전히 필요하지 않다고 주장한다. 즉 우리는 매일을 동등하게 지켜야 하며(롬 14:5-6) 또한 예수님의 안식일-안식을 계속 누려야 한다(히 4:9). 다른 사람들은 하나님이 안식의 하루를 창조의 성격으로 만드셨기 때문에(창 2:2-3), 우리는 비록 특별한 날이 덜 중요하다 해도, 만일 우리가 매주 우리의 노동에서부터 하루를 뺀다면 훨씬 더 나은 신체적 및 정서적 건강을 유지할 것이라고 주장한다.[29] 그러나 특별한 날을 주장하는 사람들은 그날이 일요일이어야 한다는 것을 성경의 권위로부터 주장하지 않는다.[30] 마찬

27. 비록 R. B. Lewis, "Ignatius and the Lord's Day," *AUSS* 6 (1968): 46-59에서 "날"이라는 말이 헬라어 원어에 빠져있다는 것이 옳긴 하지만 말이다.

28. Henry Chadwick, *The Early Church* (New York: Penguin, 1967), 128. 콘스탄틴은 또한 그리스도를 예배한다는 명목 하에 태양을 숭배하는 것을 포함하여 크리스마스를 위한 날을 선택하였을 것이다 (E. Glenn Hinson, "Worshiping Like Pagans?" *Christian History* 37 [1993]: 16-20 [p. 20]). 2세기 연대에 대해서는, 보다 상세한 Bacchiocchi, *From Sabbath to Sunday: A Historical Investigation of the Rise of Sunday Observance in Early Christianity* (Rome: Gregorian Univ. Press, 1977)를 보라.

29. 일반적으로 어떤 주중의 날을 신성하게 하는 것의 중요성에 대해서는 Eugene H. Peterson, "Confessions of a Former Sabbath Breaker," *CT* (Sept. 2, 1988), 25-28; idem, "The Good-for-Nothing Sabbath," *CT* (April 4, 1994), 34-36을 보라.

30. "Consider the Case for Quiet Saturday," *CT* (Nov. 5, 1976), 42를 보라.

가지로 성경에서 특별한 날이 토요일이라고 주장하는 몇몇 사람들은 사람들이 토요일에 교회에 참석해야 한다는 주장을 결코 바꾸지 않고 있다. 그러나 성경은 각 사람이 쉬는 날에 예배를 드리도록 요구하지 않는다. 한편으로 "주의 날"과 안식일 사이를 연결시키고 또 다른 한편으로 안식일과 교회 사이를 연결시키는 것은 성경 다음의 일이며, 그리고 우리는 이 점에 있어서 관습의 차이에 대해 관대해야 한다.

어느 성령인가? 만일 우리가 이 구절이 성령 충만한 예배에 대한 언급을 포함하는 것으로 정확하게 이해한다면, 우리는 이를 오늘날에 적용하는 일에 신중해야 한다. 다양한 교회들과 문화들은 "성령 충만한" 예배가 어떤 것인가에? 대해 다양하게 이해하고 있다. 어떤 사람들은 활기차게 성경을 합창하는 것을 선호한다. 또 다른 사람들은 단순히 성경을 인용한 찬송보다 때때로 더 깊은 성경 묵상을 반영하는 전통적인 교회 찬송을 선호한다(시편 118:24의 "이 날은"처럼 때때로 문맥을 벗어난 성경구절). 예배 스타일에 있어서 어떤 것을 더 좋아하는 것은 성령의 임재나 부재보다는 오히려 문화적 혹은 세대 차이를 반영하며 또한 우리가 예배로 초대하는 사람들에게 가장 잘 맞추어진다. 나는 왜 그들이 보나 젊은 예배자들의 관심을 끌지 않는지 이해하지 못하는 어떤 역사가 오래된 교회들을 알고 있다. 그러나 그들은 음악 스타일에 있어서 그 어떤 것도 보다 젊은 예배자들의 문화에 맞추고자 하지 않는다.

동시에 예배 찬송의 내용도 중요할 수 있다. 즉 그 찬송들이 우리가 경외하는 하나님을 예배하도록 우리를 초대하는가, 아니면 단순히 그 음악을 즐기는가?(나쁜 음악이 반드시 좋은 예배에 더 도움이 되는 것은 아니다) 예배 찬송들은 전통적인 신자들을 위해 단순히 고향을 그리는 안전감을 제공하는가, 아니면 그들은 하나님을 순종하는 가운데 영광을 돌리면서 우리의 느낌을 초월하는 기회를 우리들에게 제공하는가? 하여튼 우리는 하나님에게 보다 깊은 친밀감으로 인도함을 받기 위해서는 하나님의 성령의 능력에 의존할 필요가 있다. 우리는 단순히 "육체적으로" 혹은 기계적인 수단으로 이를 성취할 수 없다. 오직 하나님의 능력에 의존함으로서 우리는 그의 영광에 진실로 합당한 예배를 드릴 수 있다.

아울러 우리는 이 본문을 적용하는데 너무 많은 것을 약속하지 않도록 신중해야 한다. 요한 당시에 유대 신비주의자들과 묵시주의자들은 때때로 사람들이 환상들과 계시를 얻기 위해 어떻게 하늘에 이끌림을 받을 수 있는지에 대한 공식들을 제공하곤 했다. 이러한 기술들 중 몇몇은 마술적이었으며 또한 하나님의 영보다는 신들과 관련이 있는 경우가 많았다. 그러나 성경의 선지자들처럼, 요한도 예수님이 그에게 찾아오셨을 때 단순히 영적으로 준비되어 있었던 것이지(사 6:1, 5; 고후 12:2-4), 그가 환상을 유발시킬 어떤 행동을 하고자 한 것이 아니었다.[31] 성경은 선지자들이 인도를 받기 위해 하나님을 구하는 것은 허용하였지만(단 2:18-19), 그 수단은 항상 기도였지 마술적 조작이 아니었으며, 그리고 하나님은 계시를 구하지 않았던 사람들에게도 말씀하실 수가 있었다(예를 들면, 삿 6:11-12; 행 10:9-13).

우리는 하나님이 예배 가운데 그의 백성들을 어떻게 만나실 것인지 혹은 성령을 어떻게 경험할 것인지는 단언할 수 없다. 하지만 우리는 그들이 언제 하나님에게 눈을 돌려야 하는지, 언제 그들이 하나님의 임재를 구할 것인지, 그리고 하나님의 임재 속에서 그들이 필요한 대답들을 언제 배우기 시작할 것인지에 대해서는 약속할 수 있다. 우리가 필요로 하는 대답들은 반드시 우리가 원하는 대답들은 아니지만(요한은 더 큰 고난을 약속하기도 한다), 그들은 또한 우리가 생각하는 것보다 더 좋은 것이기도 하다(새 예루살렘에 대한 묘사와 비교하라).

촛대, 유대교, 그리고 교회. 요한이 요한계시록 1:12, 20에서 유대교에 대한 표준적인 상징인 촛대를 교회에 적용한 것에 대해 우리는 오늘날 어떻게 적용해야 하는가? 우리는 요한이 단순히 일곱 교회의 인종적으로 유대 그리스도인들에게 편지를 보낸 것으로 생각해서는 안 된다. 요한 당시보다 훨씬 이전에도 이방인들은 이들 도시 여러 곳에서 이미 그리스도인이 되어 있었다(예를 들면, 행 19:10, 17). 어떤 그리스도인들은 하나님의 계획 속에서 교회가 이스라엘을 대치했다고 주장함으로써 이 구절 및 다른 신약 구절들에 대답을 해왔다. 유대인 학자들은 특히 나치가 "기독교적인" 유럽에 행한 대학살 이후 그러한 주장에 대해 적대감을 가지고 반발하는 경향이 있다.[32] 교회가 이스라엘을 대치하였는가?

요한의 관점을 이해하는 것은 그 후 19세기 동안 이어지는 해석은 제쳐두고 우리를 1세기 그리스도인들 중에서 상상하도록 요구한다. 유대인 메시아를 선포하는 유대 그리스도인들, 이스라엘에게 주셨던 옛날 약속들의 성취 등은 이교도를 얻었

31. 요한의 명료한 말 때문에, 많은 사람들은 요한의 상태가 황홀경에 있었다는 것에 회의적이다(Hill, *New Testament Prophecy*, 90; M. Eugene Boring, *Sayings of the Risen Jesus*, SNTSM 46 [Cambridge: Cambridge Univ. Press, 1982], 83). 계시를 위한 요청에 대해서는 Norman B. Johnson, *Prayer in the Apocrypha and Pseudepigrapha*, JBLMS 2 (Philadelphia: Society of Biblical Literature and Exegesis, 1948, 34-36)를 보라; 요구하지 않은 환상에 대해서는 Aune, *Prophecy in Early Christianity*, 118을 보라.

32. 많은 그리스도인들은 유대인들을 히틀러의 앞잡이들로부터 보호하려고 애를 썼다 (특히 David P. Gushee, The *Righteous Gentiles of the Holocaust: A Christian Interpretation* [Minneapolis: Fortress, 1994]를 보라. 그러나 이들은 단지 작은 비율의 고백적인 그리스도인에 불과했다.

는데, 이들 다신교도들은 대개 이스라엘의 한 분 하나님에 대한 신앙으로 회심하였다. 대부분의 다른 유대인들과는 달리, 바울의 집단 속에 있는 유대 그리스도인들은 이방인 회심자들이 할례를 받을 것을 요구하지 않았지만, 그럼에도 그들은 이방인 회심자들을 예수를 믿는 그들의 유대교적 신앙에 새로운 참여자들로, 아브라함의 영적인 자녀로(갈 3:29), 내적으로는 할례를 받은 자로(롬 2:28-29) 받아들였다. 유대 그리스도인들은 그러한 이방인 회심자들을 이스라엘에 접붙임을 받은 자들로 간주하였지만, 그러나 믿지 않는 가지들은 꺾여 졌다(롬 11:17).

비록 예수님이 오시기 전에는 사람들이 이러한 관점을 좀처럼 받아들이지 않았지만, 그 원리는 이미 구약성경에서 통용되고 있었다(롬 16:25-26 참조). 하나님은 불순종하는 유대인 개개인을 그의 언약의 복으로부터 잘라내셨다. 비록 다른 세대에서는 단지 작은 소수와 관련이 있었음에도 불구하고(수 1:16-18), 몇몇 세대에서는 이러한 일이 심지어 국민 대다수를 포함하기도 했다(신 1:35-38). 이와 마찬가지로 이방인들은 종종 소수이긴 했지만, 때때로 그들은 언약 공동체의 일원이 되기도 하였다(예를 들면, 수 6:25, 룻 1:16, 삼하 8:18).

요한의 그리스도인들 집단은 그들이 구약성경의 약속들을 상속받는 자들로 생각하였다. 하지만 그들은 아마도 대부분의 이방 교회가 이스라엘을 "대치하는 것"으로 생각하지는 않았을 것이다. 사해사본에서 자신들의 가르침을 거절한 유대인들을 배교한 것으로 간주하였듯이, 그들 대부분은 예수님을 거절한 유대인들을 이스라엘로부터 배교한 것으로 간주했을 것이다(계 2:9; 3:9). 그들은 아마도 이방 그리스도인들을 가장 진정한 형태의 유대교로 회심한 자들로 생각하였다. 다시 말해서 요한은 예수 안에 있는 믿음의 유대성 및 신자들의 믿음이 고대 이스라엘의 유산과 연속성을 강조하기 위해 "촛대" 이미지를 사용하고 있다.[33] 오늘날의 보다 덜 논쟁적인 상황에서, 이방 그리스도인들은 자신들을 이스라엘의 영적 유산에 접붙임을 받은 것으로 계속 간주해야 하지만, 우리가 그렇게 생각하지 못할 때, 변한 것은 우리이지 유산이 아니라는 것을 인식함으로써 그렇게 해야 한다.[34]

---

33. 유대인들은 황제를 숭배하는 것으로부터 면제를 받았기 때문에, 그들의 신앙의 유대성에 호소하는 것은 또한 정부 당국자들에 의한 박해에 투쟁하기 위한 하나의 전략을 제공하였다.

34. 바울은 어떤 의미에서 이방인들을 영적인 유대교에 대한 개종자들로 간주했을 것이다. Terence L. Donaldson, "Riches for the Gentiles' (Rom 11:12): Israel's Rejection and Paul's Gentile Mission," *JBL* 112 (1993): 81-98을 보라.

현대적 의미

고난에 동참함. 때때로 우리는 우리가 동참하지 않는 다른 사람들이 당하는 고난에 대하여 너무나도 쉽게 내 마음대로 말하고, 또한 우리의 무감각이 분명하게 드러날 때가 있다. 이러한 일은 단순히 요한이 받았던 박해뿐만 아니라 모든 종류의 상실에 대해서도 일어날 수 있다. 나는 한 독신자들의 모임에 참석하였는데, 거기서 20대 초반에 결혼했던 한 목사가 그의 청중들에게 자신의 독신생활에 대해 어떻게 만족해야 하는가에 대해 강의하고 있었다. 비록 나는 그가 말하는 전제에는 동의하였으나, 나는 몇몇 독신자들이 자기들에게 매우 중요한 그 무엇을 기다리면서 만족을 얻기 위해 기도하고 금식하고 하나님의 능력을 얼마나 많이 구해야 하는지 등 그가 요구하는 것들의 부담을 과연 그가 이해는 하고 있는지 그 목사의 삶 속에서 그 어떤 증거도 찾아볼 수 없었다. 만일 그가 그의 청중들의 상황에 대해 좀더 잘 알고 있었더라면 보다 설득력이 있었을 지도 모른다.

고난들이나 혹은 세상의 반대 속에 처해 있는 사람들은 종종 여러 장벽들을 극복하는 방식들로 하나가 되어 있다. 성경 대학을 다닐 때 우리들 중 몇몇은 비록 우리들 대부분이 같은 교단에 속해 있었음에도 불구하고 종말에 대한 세부적인 내용을 토론하면서 거의 교제가 깨어질 뻔하였다. 이와는 대조적으로 내가 다녔던 고등학교와 세속적 대학교에서, 뿐만 아니라 내가 일했던 세속 직업에서, 헌신된 그리스도인들은 교단적인 차이점들이 있음에도 불구하고 서로 잘 지내고 있었다.[35]

우리는 또한 "고난"이 "예수님 안에 있는 우리들의 것"이라는 요한의 요점을 주목해야 한다. 그러나 사람들은 그리스도를 따르지도 않고 고난을 경험하려고도 하지 않는다. 오늘날 일부 교회들은 하나님이 그들의 모든 문제들을 해결해주실 것이며 또한 만일 그들이 그리스도인들이 되기만 하면 그들에게 풍성한 것으로 복을 주실 것으로 예비 회심자들을 가르치고 있지만, 그러나 이것은 사도들이 새로운 회심자들에게 가르친 내용도 아니었고(행 14:21-22), 또한 사도들 자신이 경험한 삶도 아니었다(고전 4:11-12). 그들은 박해를 당하고, 때로는 박탈을 당하기도 한다는 선포를 하였다. 추방은 종종 사람들이 가지고 있는 재산을 몰수당하는 것을 포함할 수도 있다. 요한 당시 사회의 지도자들은 요한에게 익숙한 그 모든 것으로

---

35. 동일한 이유로 오늘날 많은 북미의 복음주의 지도자들은 점증하는 세속 사회에서 보수적인 가톨릭 신자들과 복음주의자들이 그들 사이에 차이점들이 있음에도 불구하고 도덕적이고 영적인 문제들에 대해 종종 같은 목소리를 내고 있다. Charles Colson and Richard John Neuhaus, eds., *Evangelicals and Catholics Together* (Dallas: Word, 1995)를 보라.

부터 요한을 분리시켰지만, 그러나 나이가 많은 그 선지자는 여전히 가장 큰 안정감을 유지하고 있었다. 즉 하나님은 시련 중에서도 주권자로 계시며(계 1:8), 또한 요한이 그리스도와 함께 고난을 받고 있는 것처럼, 그는 또한 그리스도와 함께 다스릴 것이다(롬 8:17; 딤후 2:12). 만일 요한이 그의 동료 신자들과 함께 그리스도의 고난에 동참한다면, 이 구절이 선언하는 것처럼(계 1:9), 그는 또한 그리스도의 참음과 그의 나라에도 궁극적으로 동참한 것이다. 브루스(F. F. Bruce)는 다음과 같이 말한다.

> 요한이 "나라"를 "환난"과 "참음" 사이에 두는 것은 반복되고 있는 신약성경의 주제를 강조하는 것이다—환난의 참음은 하나님의 나라에 들어가는 길이다. 따라서 만일 요한이 아시아 교회들에 있는 그의 친구들에게 굳게 서있도록 격려하고 있다면, 그는 방관적 입장에서 그들을 격려하고 있는 것이 아니다. 오히려 그는 동일한 전투에 참여하고 있는 것이다.[36]

고난에 대한 요한의 대응은 편안한 삶이 우리의 타고난 권리라고 생각하며 또한 이를 위협하는 사람들에게 냉담한 것을 보여주는 오늘날의 몇몇 신자들에게 교훈적인 내용이 될 수도 있다. 요한의 동시대 사람들 중 일부는 로마에 폭력으로 저항하는 것을 옹호하였으나, 요한은 하나님이 구원하실 것을 기다리는 사람들 중에 속해 있었다. 동시에 요한은 전적으로 수동적인 것은 아니다. 그는 그의 동시대 몇몇 유대인들처럼 하나님의 말씀을 위해 고난을 받고 순교를 당하는 것이 종말을 앞당길 것으로 생각한다(계 6:9; 참조. 골 1:24).[37]

예배의 문맥 속에서의 계시. 만일 요한이 우리가 제시한 것처럼 "성령 안에서"(혹은 성령에 의해 압도되어) 예배하고 있다면, 이 단락은 우리가 구하고 있는 것이 하나님의 얼굴과 영광일 때 가장 분명하게 하나님의 음성을 듣기 쉽다는 것을 우리들에게 시사하고 있다. 내가 성경 대학 1학년생일 때 릴리안(Lillian)이라는 한 학생이 매일 몇 시간동안 기도를 했다—그녀는 기도에 특별한 기름부음이 있었으며,

---

36. F. F. Bruce, *The Message of the New Testament* (Grand Rapids: Eerdmans, 1981), 85.

37. Adela Yabro Collins, "The Political Perspective of the Revelation to John," *JBL* 96 (June 1977): 241-56(특히 255-56); S. Légasse, "Les chrétiens et le pouvoir séculier d'après l'Apocalypse johannique," Bulletin de Littérature Ecclésiastique 80 (1979): 81-95; 아울러 마카비 4서 6:28-29; 17:20-21에 나오는 비 종말론적 상당어구를 참조하라.

내가 늘 그녀를 볼 때마다, 나도 어딘가로 달려가서 기도하고 싶은 충동을 느꼈다. 그녀와 함께 복음을 전하는 동료 몇 사람은 그녀가 복음을 전하는 수단들에 대한 이야기들을 나에게 해주었다. 예를 들면, 한 남자가 그녀가 복음 전하는 것을 비웃고 있었을 때, 그녀는 그가 지은 은밀한 죄들의 목록을 적어서 재빨리 그가 회개하도록 하였다. 우리는 각자 다양한 은사들을 가지고 있다. 릴리안은 나를 볼 때마다, 어서 가서 성경을 읽고 싶게 만든다고 말하였다. 그러나 기도와 예배에 헌신함으로써 우리는 종종 성령이 증거 하시는 여러 측면들에 대해 좀더 충만하게 우리의 마음을 열었다.

요한계시록 전체를 통하여 우리는 하늘에 있는 성도들이 예배에 전념하고 있는 것을 보게 되며(계 4:10; 5:14; 7:11; 11:16; 19:14), 한편 성도들은 땅에서 죽임을 당하고 있으며 그리고 짐승을 따르는 자들은 짐승을 예배하고 있다(계 13:4, 8, 12, 15; 14:9-11). 하늘의 장면들은 예배의 장면으로 의도되고 있다. 왜냐하면 하늘의 가구는 구약의 성전 가구이기 때문이다. 즉 언약궤(계 11:19), 증거 장막(계 15:5), 금향로와 희생 제단(계 6:9; 8:3-5; 9:13), 바다(계 4:6; 15:2; 참조. 왕상 7:23-25, 39, 44)—아울러 촛대(계 1:12-13; 2:1, 5)까지. 지상에 있는 교회는 영광을 받으시기에 합당하신 하나님과 어린 양에게 우리가 제사를 드릴 때보다 결코 하늘에 더 가까이 있는 것이 아니다. 우리가 "성령 안에서" 하늘의 전조를 경험하는 것은 바로 그때이다(고전 2:9-10; 고후 5:5 참조).[38] 이 세상에서 고난을 받고 있는 교회는 하늘을 사모할 것이며, 또한 우리의 마음이 우리의 하늘의 왕에게로 향할 때 우리는 미래의 세계가 우리에게 속한다는 것을 기억함으로써 힘을 얻을 것이다.

요한계시록은 우리 주님의 놀라우신 위엄을 인식하도록 우리에게 요구하는 예배의 책이다. 내가 목회한 회중들은 이 책에서부터 많은 예배 합창들을 사용하였으며, 그리하여 내가 행한 첫 설교들 중의 하나에서 나는 우리가 부르는 찬송의 주제가 지닌 문맥적 중요성을 설명하고 또한 그 속에서 우리에게 말씀하신 하나님을 경배함으로써 성경의 메시지에 반응하는 방식으로 설교 속에 예배 합창을 끼워 넣었다.[39]

교회 가운데 계시는 예수님. 요한계시록이 지니고 있는 가장 중요한 선포들 중의

38. "성령 안에서 예배"를 미래세계를 미리 맛보는 것으로 인식하는 것에 대해서는, David . Aune, *The Cultic Setting of Realized Eschatology in Early Christianity*, NovTSup 28 (Leiden: Brill, 1972), 12-16을 보라.
39. D. L. Barr, "The Apocalypse of John as Oral Enactment," *Interp* 40 (1986): 243-56은 요한이 아마도 성만찬 의식을 행하는 동안 구두 상연을 위해 요한계시록을 계획했다고 주장한다.

하나는 예수님이 촛대 가운데 나타나신다는 것인데(계 1:12; 2:1), 이 촛대는 일곱 교회를 나타낸다(계 1:20). 우리가 단순히 2장과 3장에 나오는 일곱 교회에 대한 편지를 대충 읽어만 보아도 이들 중 다섯 교회가 심각한 교정을 받아야 할 필요가 있음을 알 수 있다. 그럼에도 불구하고, 한 교회가 그 위치에서 옮겨지기까지(계 2:5), 교회는 여전히 그리스도의 임재가 나타나는 곳이다.[40] 우리는 고린도의 그리스도인들이 "그리스도 예수 안에서 거룩하여 진" 사람들임을 기억해야 한다(고전 1:2). 그들의 삶의 방식에도 불구하고(고전 3:3; 5:2), 하나님은 여전히 그리스도 안에서 이루어진 그의 역사에 따라 그들을 바라보신다(고전 6:11). 우리는 이곳 요한계시록에서 지역 교회를 포함하여 교회에 대한 그리스도의 신실하심을 볼 수 있다. 우리가 교회들 안에서 여러 결점들을 볼 때, 우리는 때때로 경멸감을 가지고 반응하는 경향이 있다. 하지만 우리는 교회 안에 여전히 남아 있는 영적인 생명을 결코 포기해서는 안 된다. 왜냐하면 그들을 구속하시기 위해 그의 피를 흘리신 교회의 주님은 여전히 그들을 사랑하시며 그들 가운데 다니시기 때문이다(계 1:5; 3:4 참조).

요한은 교회를 전통적 유대교 이미지인 "촛대"로 상징적으로 묘사하고 있기 때문에, 그는 우리 믿음의 유대성을 강조하고 있다. 우리 이방 그리스도인들은 너무나도 자주 구약성경을 신약성경에 대한 단순한 서론과 같은 것으로, 혹은 오늘날 우리들의 삶에 아무런 관련성이 없는 지겹고 무의미한 이야기로서의 역사로 간주하곤 한다. 그 어느 것도 성경의 의도와 거리가 멀다.[41] 우리는 족장들과 선지자들의 이야기들을 우리의 영적인 선조들의 이야기로 읽어야 하며, 또한 우리 자신이 아브라함부터 시작되는 그의 백성을 위한 역사 속에 그의 자비하심으로 하나님의 단일 계획 속에 접붙임을 받은 것으로 해석해야 한다. 우리는 유대교적 전통이 종종 우리가 가지고 있는 것보다 더 큰 존경심을 가지고 보존되어 온 유산에 대한 이해를 유대교로부터 배워야 한다(롬 11:16-18, 24 참조). 동시에 신약성경은 어떤 유산이나 전통도 우리가 하나님과 올바른 관계를 맺는데 적절하지 않다는 것에 아무런 이의가 없다. 오직 그의 아들 예수님에 대한 믿음만이 하나님과 올바른 관계

40. Bowman, *First Christian Drama*, 25를 보라.

41. 오늘날의 신자들을 위한 구약성경의 적절성에 대한 다양한 견해들에 대해서는, Walter C. Kaiser Jr., *The Old Testament in Contemporary Preaching* (Grand Rapids: Baker, 1973); Daniel P. Fuller, *Gospel and Law: Contrast or Continuum?* (Grand Rapids: Eerdmans, 1980); David L. Baker, *Two Testament, One Bible*, rev. ed. (Doeners Grove, Ill.: InterVarsity, 1991); Wayne G. Strickland, ed., *The Law, the Gospel, and the Modern Christian: Five Views* (Grand Rapids: Zondervan, 1993) 등을 보라.

를 맺게 할 수 있다(요 14:6; 행 4:12).[42]

어떤 상황에서는 다른 상황보다 이러한 교훈을 적용하는 것이 더 쉬운 일이 될 것이다. 미국의 도시 지역에 살고 있는 많은 그리스도인들은 유대인 친구들을 가지고 있으며 또한 처음부터 그들의 믿음의 유대성을 개선시키고자 하는 경향을 가질 수도 있다. 이와는 대조적으로 아랍 세계에서 이스라엘의 유산으로 회심하여 예수에 대한 믿음을 보여주는 것은 하나님의 계획 속에 있는 아랍 민족들의 역할에 대한 성경적 가르침을 신중하게 설명하지 않고서는 심각한 오해에 이르게 할 수도 있다(예를 들면, 사 19:24-25를 참조하라). 결국 그것은 처음부터 모든 백성들을 복 주시고자 하는 하나님의 계획이었다. 그러나 하나님은 복을 주시는 통로로서 한 특정 민족의 역사를 선택하셨다(창 12:3).

42. Keener and Usry, *Defending Black Faith*, 108-35를 보라.

요한계시록 1:13-20

13 촛대 사이에 인자 같은 이가 발에 끌리는 옷
을 입고 가슴에 금띠를 띠고
14 그의 머리와 털의 희기가 흰 양털 같고 눈 같
으며 그의 눈은 불꽃 같고
15 그의 발은 풀무불에 단련한 빛난 주석 같고
그의 음성은 많은 물 소리와 같으며
16 그의 오른손에 일곱 별이 있고 그의 입에서
좌우에 날선 검이 나오고 그 얼굴은 해가 힘
있게 비치는 것 같더라
17 내가 볼 때에 그의 발 앞에 엎드러져 죽은 자
같이 되매 그가 오른손을 내게 얹고 이르시되
두려워하지 말라 나는 처음이요 마지막이니
18 곧 살아 있는 자라 내가 전에 죽었었노라 볼
지어다 이제 세세토록 살아 있어 사망과 음
부의 열쇠를 가졌노니
19 그러므로 네가 본 것과 지금 있는 일과 장차
될 일을 기록하라
20 네가 본 것은 내 오른손의 일곱 별의 비밀과
또 일곱 금 촛대라 일곱 별은 일곱 교회의 사
자요 일곱 촛대는 일곱 교회니라

원 의미

요한의 그리스도 환상에 대한 배경을 소개한 후(계 1:9-12), 요한은 환상(계 1:13-16)과 교회들에 대한 예수님의 메시지의 시작(계 1:17-20)으로 방향을 돌리고, 이어서 일곱 교회에 대한 편지가 나온다(계 2:1-3:22).

요한의 인자 환상(1:13-16)

유대 신비주의자들과 묵시적 환상가들에 의해 보도되는 많은 환상들의 초점은 보좌 위에 계시는 하나님이지만,[1] 그러나 요한계시록은 계시자이신 예수님으로 시작한다. 의복과 띠는 성경의 대제사장을 연상시키고(출 28:4; 39:29; 레 8:7)[2] 이는 예수님이 그의 백성들의 대제사장이 되심을 암시한다. 비록 띠가 또한 다니엘

1. Ira Chernus, "Visions of God in Merkabah Mysticism," *JSJ* 13 (1982): 123-46을 보라.
2. 가령 Caird, *Commentary on Revelation*, 25. 다른 이들은 이 이미지가 그렇게 구체적일 필요는 없다고 반대한다. 이 의복은 자기의 일을 아직 마치지 못한 어떤 노동자와는 대조적으로 고귀한 사람이 입는 옷이다(Beasley-Murray, *Revelation*, 66-67).

10:5을 생각나게 할 수도 있고, 또한 이 구절이 이 문맥에 적절한 것 같지만, 이것은 그 상징적 의미를 제사장적 이미지에서 끌어낸 것일 수도 있다. 요한계시록에서 띠가 나오는 유일한 다른 곳은 15:6인데(여기서도 "금 띠"), 이곳에서 띠는 하늘의 성전에 있는 천사들을 위한 제사장적 이미지이다. 그리하여 예수님은 왕으로서 뿐만 아니라 제사장으로서도 나타나는데, 이는 마카비 시대에 유대 민족들에게 점차 익숙하게 된 이미지들의 결합이다.[3]

이 단락에 나오는 예수님의 이미지는 다니엘서의 세 가지 자료에 나오는 이미지를 서로 엮어서 맞춘 것이다. 첫 번째 것(가장 중요하지 않은 것)은 다니엘 10:5-6에 나오는 천사의 계시이지만, 그러나 두 가지 가장 중요한 것은 동일한 구절에서 유래한다. 즉 통치하시는 인자(단 7:13-14)와 인자가 등장하기 전에 옛적부터 항상 계신 이(하나님)이다(단 7:9).

요한의 예수 환상에서 천사적 특징들(단 10:6에서 "그의 눈은 횃불 같고 그의 팔과 발은 빛난 놋과 같고."[4] 그러나 놋으로 된 팔다리는 또한 겔 1:7을 상시시키기도 한다)은 예수님을 천사적 수준으로 강등시키는 것이 아니라, 단순히 예수님의 위대한 영광을 암시하는 듯하다. 예수님이 영광스러운 천사보다 덜 영광스러우신 분으로 묘사될 수는 없는 것이다. 불꽃과 같은 눈은 헬라 문헌에서 정열적인 눈을 묘사하지만,[5] 그러나 이러한 눈은 또한 신적인 존재나 천사들의 초자연적으로 타오르는 눈을 묘사할 수도 있다.[6] 타오르는 금속은 또한 에스겔에서 하나님의 영광을 묘사할 수도 있다.

그러나 다른 특징들은 요한이 예수님의 영광을 천사의 영광과 다름이 없는 것으로 묘사하고 있지만, 그것은 천사의 영광을 분명히 능가하는 것임을 암시한다. "많은 물소리와 같은" 음성(계 1:15; 참조. 계 19:6)은 다니엘 10:6에 있는 무리의 소리와 같은 것을 생각나게 할 수도 있지만, 그러나 에스겔 1:24과 43:2에 나오는

---

3. 보다 상세한 것은 Beale, *Revelation*, 208-9를 보라. 그는 다니엘의 이미지들을 또한 제사장직과 연결시키고 있다. Aune, *Revelation*, 1:94는 헬레니즘적 신현(神顯)에 나오는 황금 겉옷과 병행시킨다.

4. Christopher Rowland, "The Vision of the Risen Christ in Rev. i.13ff.: The Debt of an Early Christology to an Apect of Jewish Angelology," *JTS* 31 (1980): 1-11; idem, "A Man Clothed in Linen: Daniel 10.6ff. and Jewish Angelology," *JSNT* 24 (1985): 99-110을 참조하라. 에녹 3서 22:4-9; 26:2-7; 35:2에 나오는 천사의 현현도 참조하라. 스바냐의 묵시(Apoc. Zeph) 6.11-15에 나오는 유사한 천사 현현은 계 1:13-16의 기독론에 대한 에비온파의 대응일 것이다.

5. Homer, *Il.* 1.104; 12.466; 19:16-17, 365-66, 466에 나오는 격분; Ovid, *Metam.* 4.348-50에 나오는 고난; Herodian 1.7.5에 나오는 아름다움.

6. *PGM*, 4.703-4; 에녹 3서 18:25; 35:2; 요셉과 아세낫 14.9; 아마도 Homer, *Il.* 1.200, 206.

많은 물소리처럼 특히 하나님 자신의 음성의 소리를 생각나게 한다(4 에스라 6:17 참조).[7] 예수님의 칭호("인자 같은 이", 계 1:13)는 다니엘 7:13-14에서 하나님의 대리인으로 다스릴 인물을 상기시킨다. 흰 양털과 눈에 비유한 머리(계 1:14)는 하나님 자신을 암시하는데, 동일한 다니엘서 구절에 나오는 "옛적부터 항상 계신 이"이다(단 7:9-10).[8]

예수님의 얼굴은 또한 해처럼 비친다(계 1:16). 헬라 문헌들은 때때로 신들을 태양이나 혹은 광선과 같이 빛나는 것으로 묘사한다.[9] 유대교 문헌은 천사들에 대해서와 다른 존재들에 대해서 동일하게 묘사하지만,[10] 또한 하나님 자신에 대해서도 그렇게 말한다.[11] 예수님의 불꽃같은 눈, 흰 머리, 그리고 빛난 주석 같은 발 등의 요점(계 1:14-15)은 그가 성경에 나오는 하나님의 몇몇 환상들처럼(겔 1:27; 단 7:9-10; 참조. 계 21:23; 22:5) 빛 혹은 불을 발하시는 분이라는 것이다(계 1:15에서 주석은 "빛난"으로 말한다).[12] 여러 신들이 검을 지니고 있는 것으로 묘사되지만,[13] 그러나 이러한 이미지는 이사야 11:4("그의 입의 막대기로 세상을 치며 그의 입술의 기운으로 악인을 죽일 것이며")과[14] 하나님의 말씀을 검을 가지고 있는 전사(戰士)로 묘사하는 유대교적 이미지(지혜서 18:15; 참조. 계 19:15)를 암시한다.

예수님의 메시지(1:17-20)

요한은 그의 발 앞에 엎드려 "죽은 자 같이" 됨으로서 이러한 예수님의 영광의

---

7. 하늘을 묘사하는데 있어서 이러한 물에 대한 후대 유대교 전통의 주석; 계 4:6에 대한 주석을 보라.
8. 단 7:13의 옛 헬라어 역도 이 두 인물을 융합시키고 있다. Loren T. Stuckenbruck, "'One Like a Son of Man As the Ancient of Day's in the Old GreekRecension of Daniel 7,13: Scribal Error or Theological Translation?" *ZNW* 86 (3-4, 1995): 268-76을 보라.
9. Aristophanes, *Lysis.* 1285; *PGM,* 4.635-38. Homer, *Il.* 18.205-6의 인간을 놀라게 하는 신적인 것 중에서.
10. 예를 들면, 단 10:6; 에녹 2서 1:5; 19:1; 아브라함의 유언 2; 7A; 요셉과 아세낫 14:9에 나오는 천사들; 보다 상세한 것은 Mark S. Smith, "Biblical and Canaanite Notes to the *Songs of Sabbath Sacrifice* from Qumran," *RevQ* 12 (1987): 585-88을 참조하라. 천사들은 전형적으로 불을 구성하는 것으로 간주되었다(에녹 1서 17:1; 에녹 2서 20:1; 29:3; 에스라 4서 8:22). 아브라함의 유언 12A의 아벨; *b. B.B.* 75a의 모세; 에스라 4서 10:25의 시온 등을 참조하라.
11. 예를 들면, 단 7:9-10; 에녹 1서 14:18-20; 46:1; 71:10; 에녹 3서 28:7.
12. 그가 아마도 맨발이라는 것(계 1:15)은 요한의 청중들을 놀라게 하지 않았을 것이다. 이들은 신격화된 황제에 대한 일반적인 묘사가 맨발인 것을 보았기 때문이었을지도 모른다(Aune, *Revelation,* 1:95).
13. 예를 들면, Apollo (*Ap. Rhod.* 3.1283).
14. 에녹 1서 62:2에 나오는 하나님의 입에서 나오는 심판; 솔로몬의 시편 17:35; 에스라 4서 13:10에 나오는 메시아의 심판도 참조하라. 초기 유대교 문헌에서 연설의 은유로서의 검을 참조하라(잠 12:18; 25:18; 보다 상세한 것은 Aune, *Revelation,* 1:98-99).

계시에 반응한다(계 1:17). 다른 선지자들도 신적인 영광과 천사의 영광에 이러한 방식으로 반응을 했으며(겔 1:28; 3:23; 43:3; 44:4; 단 8:17; 10:9), 그리하여 이것은 성경에 근거한 유대교적 전승에 하나의 표준적인 반응이 되었다.[15] 마치 자신이 "죽은 자"같이 엎드려졌다는 것은 단순히 요한이 얼마나 완전하게 하나님의 영광에 압도되었는가를 절실하게 느끼게 한다. 이러한 언어는 잊을 수 없을 만큼 정신적 충격이 큰 계시나 뉴스에 반응하는 익숙한 표현이기도 하다(마 28:4).[16] 정신적 충격이 큰 계시를 받는 사람들이 그러한 방식으로 반응할 때, 계시자는 종종 그의 발 위에 엎드려져 있는 계시를 받는 자를 일으켜 세워서, "두려워하지 말라"고 선언하신다(단 10:11-12; 참조. 마 17:7).[17]

가장 중요한 것은, 예수님은 "처음과 마지막"이 되신다는 것이다(계 1:17). 이것은 단순히 "죽은 자들 가운데서 먼저 나신 자"(계 1:5) 그 이상을 의미한다. 그 의미는 오직 하나님에게만 적용되는 칭호(계 1:8; 21:6)인 "알파와 오메가"와 정확하게 동일하며, 이 칭호는 또한 요한계시록 22:12-13에서 예수님에게도 적용되고 있다. 이 칭호가 동일한 문맥에서 신성을 증명하는 것과 정확하게 동일하기 때문에(사 41:4; 44:6; 48:12 참조), 예수님은 자신의 신성을 알리심으로서 요한에게 그의 계시를 공표하신다. 로마 제국은 가이사를 숭배하도록 요구하였으며 그리고 많은 회당들은 예수님의 신성을 부인하도록 요구하였지만, 만일 예수님이 진정으로 우주의 주님이시라면, 요한은 고난을 받고 심지어는 주님을 위해 죽을 가치가 있는 것이다.

요한계시록 1:18이 주장하는 모든 것들은 예수님이 죽음에 대해 승리하셨다는 것을 포함한다. 성경과 유대교 문헌에서, 하나님은 "살아 계신 하나님" 혹은 "살아 계신 이"이지만(아울러 계 7:2; 15:7을 참조하라), 그러나 예수님은 특별히 여기서 "살아 있는 자"로 불리어진다. 왜냐하면 비록 예수님이 죽으셨지만 그는 영원히 살아계시기 때문이다. 유대 민족들은 종말에 의로운 자들의 부활을 믿었다. 초

---

15. 예를 들면, 토빗 12:16; 에녹 1서 14:13-14; 60:3; 71:2, 11; 에녹 2서 21:2; 22:4; 에스라 4서 4:12; 10:30; 요셉과 아세낫 14:10-11; 욥의 유언 3:4/5; 스바냐의 묵시록 6:9-10. 또한 창 15:12; 에녹 1서 89:30-31; 102:1; Ach. Tat. 1.3.4-5 등에 나오는 두려움과 비교하라.
16. 또한 삼상 25:37; Josephus, *Ant.* 6.306; 마카비 4서 4:11; Diodorus Siculus, 4.24.5; Petronius, *Sat.* 62를 보라. 계시에 대한 반응으로 약함은 *PGM*, 4.725에도 나온다. 하지만 요한은 진실로 죽었으며 이제는 살아나신 분을 만나고 있다(계 1:18).
17. 토빗 12:17; 에녹 1서 60:4; 71:3; 에녹 2서 1:8; 20:2; 21:3; 22:5; 에녹 3서 1:7, 9; 에스라 4서 5:14-15; 요셉과 아세낫 14. 11; *PGM*, 1.77-78; 바룩 2서 13:1-2에서 서 있으라는 명령과 비교하라.

대 그리스도인들은 예수님의 부활을 미래적 부활에 대한 실제적인 첫 열매, 혹은 첫 분할 할부금으로 인식하였다(계 1:5에 대한 설명을 보라). 그리하여 죽은 자들로부터 살아나심으로서, 예수님은 자신을 따르는 모든 자들이 비록 예수 이름으로 인하여 죽음에 직면한다 해도 그들에게 영생을 보증하셨다(계 20:4). 이것은 이어서 나오는 나머지 계시의 관점에서 볼 때 매우 적절한 교회에 대한 약속이다.

예수님이 죽음에 대해 승리하셨기 때문에, 그는 "사망과 음부의 열쇠"를 가지고 계신다(계 1:18). 고대의 왕궁에서, 열쇠를 지니고 있는 사람은 중요한 관리였으며, 또한 사람들이 왕을 알현하도록 하거나 아니면 차단시킬 수 있는 사람이었다(계 3:8에 대한 주석을 보라). 음부(Hades)는 죽은 자들의 영역인 "음부의 집"(House of Hades)을 다스리는 헬라의 신이었지만,[18] 그러나 이 당시에 그의 영토는 "음부"로 널리 알려져 있었다.[19] "사망과 음부"는 공히 죽음의 권세를 나타낸다. 예수님이 베드로에게 말씀하신 것처럼, 음부의 문은 교회를 이기지 못할 것이다(마 16:18). 헬라 문헌들은 죽은 자들의 영역에 오는 것을 음부의 "문들"에 오는 것으로 말한다.[20] 마찬가지로 몇몇 유대교 문헌들도 "[스올]의 문들"(사 38:10) 혹은 "사망의 문"(욥 38:17; 시 9:13; 107:18)에 대해 말하고 있는데, 이는 헬라어로 쓰여 진 유대교 문헌에서 "음부의 문"으로 나타난다(예를 들면, 사 38:10 칠십인 역; 마카비 3서 5:51).

헬라 사람들은 오르페우스(무생물까지도 감동시켰다는 하프의 명수–옮긴이)와 같은 영웅들의 이야기들을 말하였는데, 그는 자신의 죽은 아내를 음부에서 데려오려고 하였으나 실패하였으나 헤라클레스는 몇몇 사람들을 끌어내는데 성공하였다(예를 들면, Diodorus Siculus, 4.25.4; 4.26.1). 그러나 이들 영웅들 중 그 어느 누구도 일반적으로 죽은 자들을 부활시키는 능력은 가지고 있지 않았다. 이교도들은 그들의 지하 신(하데스, 플루토, 혹은 아누비스)이 지하 세계에 대한 열쇠를 가지고 있는 것으로 생각하였다.[21] 하지만 실제로 진정으로 부활하셔서 살아 계신 이,

---

18. Homer(예를 들면, *Il.* 22.52, 213, 425, 482)와 같은 초기에는 널리 퍼져 있었다.

19. 예를 들면, Homer, *Il.* 11.263, 445; Sophocles, *Ajax* 635; Euripides, *Cb. Her.* 218; *Electra* 142-43; Apollonius Rhodius, 2.609; 3.810.

20. Homer, *Od.* 14.156; Euripides, *Hippol.* 56-57, 1447; Euripides, *Hec.* 1에 나오는 유사한 표현들.

21. Anubis in *PGM*, 4.340-41. 참조. Apollodorus, 3.12.6. 물론 유대교 전승에서 하나님 혹은 그의 주요 천사들 중 하나는 열쇠를 가지고 있었다(예를 들면, 바룩 3서 11:2; 바룩 4서 9:5; *b. Sanb.* 113a; 그러나 에녹 2서 42:1에는 마귀들이 가지고 있다).

"죽은 자들 가운데서 먼저 나신 이"(계 1:5)만이 죽은 자들의 영역인 음부에서 사람들을 구원하실 수 있다. 유대교 문헌들은 이러한 권한을 오직 하나님 한분에게만 돌리고 있다. "당신은 삶과 죽음에 대한 권세를 가지고 계십니다. 당신은 죽어야 할 인간들을 음부의 문에 내려가게도 다시 올라오게도 하실 수 있습니다"(솔로몬의 지혜 16:13). 그러나 예수님의 신분을 알고 있는 사람은 예수님이 이 같은 신적인 역할을 수행하시는 것에 대해 놀라지 않을 것이다(계 1:17).

황제와 같은 존재들은 제국의 야만적인 권력을 사용하여 비록 그들이 죽은 자들을 다시 살리지는 못한다 해도 사람들을 죽음에 처하게 할 수는 있었다. 그러나 예수님은 사망과 음부의 열쇠를 가지고 계시기 때문에, 그는—로마의 황제나 신자들을 박해하는 자들보다—삶과 죽음을 다스리신다. 그들의 머리털 하나라도 주님의 지식과 뜻이 없이는 땅에 떨어지지 않을 것이며(마 10:29-31), 그리하여 주님의 사랑스러운 돌보심을 신뢰하는 자들은 두려워할 필요가 없는 것이다. 죽음은 우연히 사람들에게 다가오지 않을 것이다. 죽음이 다가올 때, 그것은 오로지 우리의 사랑하시는 주님이 그것을 허락하실 때에만 다가온다.[22]

예수님이 요한에게 "네가 본 것과 지금 있는 일과 장차 될 일"을 기록하라고 말씀하셨을 때(계 1:19), 그는 자신이 개인적으로 본 것을 증거 해야만 하는 사람인 "증인"(계 1:2)의 전형적인 역할을 요한에게 배정하신 것이다(행 22:15; 요일 1:1-2).[23] (묵시적 환상들을 "기록하는 것"에 대해서는 계 1:11에 대한 주석을 보라). 이 구절에서 과거, 현재, 그리고 미래의 계시를 결합시킨 것은 우리들에게 예수님이 역사의 주님이심을 다시금 상기시킨다(계 1:17). 하나님은 이제도 있고, 전에도 있었고, 장차 올 자이다(계 1:8). 이교도들은 과거, 현재, 그리고 미래를 자세히 말하는 예언적 점쟁이들과 신들에 대해서 말하였지만,[24] 유대 민족들과 그리스도인들은 참되신 하나님만이 그의 종들에게 과거, 현재, 그리고 미래를 계시하신다는 것을 인식하였다(사 42:9; 48:5-7).[25] 요한은 주님이 진정으로 역사와 그들의 유산,

---

22. 그러나 예수님이 사탄을 이기고 음부에서 죽은 자들을 구원하시는 것으로 지금은 흔하게 설교적으로 묘사하는 것은 신약성경 이후 시대이다. "Christ's Descent Into Hell"(tr. F. Scheidweiler in *New Testament Apocrypha*, 1:470-76을 보라.

23. 우리는 "지금"과 "장차" 구절이 "네가 본 것"을 설명하는 것으로 이해할 수 있지만(Mounce, *Revelation*, 82), 그러나 이것은 그럴 가능성이 거의 없다. 오히려 이 세 문구 모두 형식에 있어서 병행하고 있다. Beale, *Revelation*, 152-60은 단 2:28-29, 45에서 암시를 찾고 있다 (최소한 "장차 될 일"은 가능성이 있다).

24. 예를 들면, Homer, *Il.* 1.70; Plutarch, *E at Derlphi* 6, *Mor.* 387B; *Egyptian Book of the Dead*, spell 172.S-3. 이방인들은 시간을 과거, 현재 그리고 미래로 나누었으며(Seneca, *Dial.* 10.10.2) 또한 신비적인 신들이 정말로 다스리는지 혹은 미래를 단순히 예언하는지 등에 대해 논쟁하였다(Lucan, *C.W.* 5.91-93).

그들의 현재적 상황, 그리고 그들의 운명 모두를 주장하시는 분이심을 그의 청중들 중 박해를 받고 있는 자들에게 격려하고 있다.

요한계시록 1:20에 나오는 "비밀"은 하나님이 비밀로 하시고자 하는 그런 것이 아니다(계 17:7 참조). 하나님은 종종 성경적 전통(단 2:27-30, 47)과 묵시적 전통(에녹 1서 103:2) 모두에서 자신의 "비밀들"을 환상가들에게 계시하실 때가 있다. 예수님의 손에 있는 별들이 교회의 사자들임을 나타내며 또한 그가 그 사이에 서 계시는 촛대가 교회를 나타낸다는 것은 예수님이 그의 백성들을 친밀하게 보살피고 계신다는 것을 보여준다. 예수님은 그의 백성들 가운데 계시며(계 21:3 참조), 또한 그들의 미래는 예수님의 손 안에 있다(요 10:28-29 참조). (다윗의) 별은 종종 로마의 비문에서 유대인의 상징으로 나타나지만, 그러나 촛대처럼 일찍 혹은 빈번하게 상징으로 등장하는 곳은 없다.[26] 더 중요한 것은, 이 시기에 점성술이 지중해 지역 전체에 널리 퍼져있었다는 것이다. 사람들은 운명이 별들을 통해 자신들의 미래를 지배하고, 안내하고 혹은 계시하고 있다고 생각하였다. 심지어 대부분의 유대인들조차도 하나님이 별들을 통해 이방인들의 미래를 계시한다고 믿었다.[27] 이와는 반대로 예수님을 따르는 자들은 두려워할 그 어느 것도 없다. 왜냐하면 예수님이 그의 손에 교회의 별들을 잡고 계시기 때문이다.

보다 어려운 질문은 이것이다. 즉 일곱 교회의 천사들은 무엇을 말하는가? 헬라어로, 이곳에 사용된 술어(*angelos*)는 단순히 "사자"(messenger)를 의미할 수도 있고,[28] 때로는 신들의 "사자들"(messengers)에 대해 사용되기도 한다.[29] 따라서 어떤 사람들은 이 술어를 요한의 메시지를 가지고 가는 예언자적 사자들에게 적용한다.[30] 다른 사람들은 이 술어를 회중들 안에서 메시지를 읽는 낭독자들, 다시 말해

25. 그들은 습관적으로 요한이 여기서 말하는 것과 비슷한 과거, 현재, 그리고 미래에 대한 표현을 사용하였다 (희년서 1:4; 시빌의 신탁 1:3-4; 11:319-20; 바나바 서신 1.7; 불완전하지만 유사한 것으로 바룩 2서 14:1).

26. 예를 들면, *CIJ* 1:444, §621; 1:474, §661.

27. 예를 들면, Josephus, *Ant.* 1.69; 18.216-17; Philo, *Creation* 58-59; *tos. Kid* 5.17. 여기서 적절한 것으로 어떤 사람들은 "일곱 행성들"을 상징하기 위해 성전의 일곱 등대를 사용하였다 (Josephus, *War* 5.217; *Ant.* 3.144-45; Philo, *Heir* 221; *Moses* 2.103). 어떤 사람은 문자적으로 별들을 천사들로 생각하였다 (1QM 10.11-12; 에녹 1서 18:14; 에녹 2서 4:1; 에녹 3서 46:1). Michal Wojciechowski, "Seven Churches and Seven Celestial Bodies (Rev 1,15; Rev 2-3)," *BibNot* 45 (1988): 48-50은 태양, 달, 그리고 다섯 행성들을 주장하면서, 교회에 보낸 편지에서 이들의 구체적인 병행을 발견한다. Aune, *Revelation*, 1:97-98을 보라.

28. 예를 들면, Homer, *Il.* 22.438; Euripides, *Medea* 1120-1230; 마카비 1서 1:44.

29. 신적인 사자들, 예를 들면, Homer, *Il.* 4.121; 24.169; Euripides, Electra 462; *PGM* 1.76-77, 172; 종종 신들의 인간적인 사자에 대해서도 사용한다 (Epictetus, *Disc.* 3.22.23).

서 직분이 "사자들"로 또한 번역될 수 있는 지도자들에게 적용하기도 한다.[31] 회중 안에서 공적 낭독자는 하나님 앞에서 회중의 "사자" 혹은 대리인으로서의 역할을 하기 때문에, 그의 임무를 부적절하게 수행하는 낭독자는 전체 회중들에게 고통을 안겨다 줄 수도 있다(*m. Ber.* 5:5). 심지어 어떤 사람은 이들에게 지역 공동체들의 감독들로 적용하기도 한다.[32]

그러나 요한계시록은 다른 묵시문헌들과 마찬가지로 천사들로 가득 차 있다. 초대 기독교 문헌들은 "천사"를 인간적 존재에 대해서는 거의 사용하지 않으며, 그리고 이 본문을 어떤 종류의 천사들에 대한 언급으로 해석하는 것이 보다 자연스럽다. 다니엘서(단 10:13, 20-21)와 대부분의 초기 유대교는 하늘의 천사들이 지상적 통치자들의 활동을 안내한다는 것을 인식하였으며, 그리고 몇몇 유대교 전통에서 이러한 천사들은 지상적 통치자들의 행동에 책임을 공유하고 있었다.[33] 따라서 이러한 천사들은 아마도 회중들의 수호천사들을 의미할 것이다.[34] 아니면 우리는 그들을 회중 지도자들의 천상적 대표자들로 간주할 수도 있는데, 이들은 개인들에 대해 수호천사와 같은 기능을 수행한다(마 18:10 참조).[35]

상황잇기

1:13-16에 나오는 예수님의 모습. 비록 몇몇 해석자들이 때때로 좋은 의도를 가지고 있긴 하지만, 이 단락에 나오는 예수님의 이미지를 잘못 적용해 왔다. 어떤 집단에서 일어나는 함정은 영광스러운 예수님을 인종적 특징과 동일시하려고 한다. 어떤 이들은 "양털 같은" 머리털(계 1:14)을 가리켜 예수님이 아프리카 사람임에 틀림없다는 주장을 하기도 했다.[36] 헬라인들과 로마인들이 아프리카 사람의

30. 예를 들면, Aune, *Prophecy in Early Christianity*, 197: 참조. 아마도 Josephus, *Ant.* 15.136. "사자"에 대한 히브리어 술어는 최근의 성경적 예언자들에서는 "예언자들"로 대치된다 (Naomi G. Cohen, "From *Nabi to Mal ak* to 'Ancient Figure,'" *JJS* 36[1985]: 12-24).

31. Talbert, *Apocalypse*, 17을 참조하라. 그러나 이러한 용법은 랍비 문헌에 제한되는 것으로 보이며(*b. Ber.* 7b 참조), 그리고 그곳에서조차도 회중들의 지도자들은 아마도 드물긴 하지만 독자들을 대신했을 것이다 (*tos. Meg.* 3:21). Brownlee, "Priestly Character," 224는 이 이미지가 제사장적 배경을 가지고 있다고 주장한다.

32. Fréderic Manns, "L' évêque, ange de l'Église," *Ephemerides Liturgicae* 104 (1990): 176-81은 제사장들을 천사들에 비교하는 유대교 문헌들에 주목하고 있다.

33. Craig S. Keener, *Paul, Women and Wives* (Peabody, Mass.: Hendrickson, 1992), 41-42와 주(註)에 나오는 문헌들을 보라.

34. Caird, *Commentary on Revelation*, 24.

35. Beasley-Murray, *Revelation*, 69 (페르시아의 *fravashis*를 인용하면서).

36. 기독교 집단들에 대해서는 Walter J. Hollenweger, *The Pentecostals*, tr. R. A. Wilson (Peabody, Mass.:

머리털을 "양털 같은 것"으로 묘사한 것은 분명하다.[37] 다니엘 7:9은 하나님의 옷을 희기가 눈 같은 것으로 묘사하였으나(에녹 1서 14:20도 참조하라), 그의 머리털은 단지 "양의 털 같은" 것으로 묘사한다(에녹 3서 28:7도 참조하라). 하지만 요한은 머리털을 "흰 양털 같고"로 구체적으로 부른다(계 1:14; 아울러 에녹 1서 46:1; 71:10을 참조하라). 누구든지 그 요점에서 빗나가지 않도록 요한은 "흰 양털 같고 눈 같으며"라고 보다 구체적으로 밝히는데(계 1:14), 이는 희다는 것을 묘사하는 보다 흔한 고대의 방식이기도 했다.[38] 물론 흰 머리는 예수께서 금발의 머리를 가지셨다는 것도 아니고(몇몇 군데서 그렇게 묘사하는 것처럼) 또한 예수님이 나이가 많이 들어 죽음 직전에 있다는 것을 의미하는 것도 아니다. 그것은 "노령의" 머리가 상징적으로 "옛적부터 항상 계신 이"(단 7:9)를 생각나게 하는데, 이는 예수님이 육신을 입으신 하나님이심을 상기시킨다.

이러한 조건들은 예수님이 흰 피부를 가진 유럽인임을 의미하는 것은 결코 아니다. 우리는 예수님이 불꽃 같이 타오르는 것으로 그의 피부색의 정도를 판단하도록 생각해서는 안 되고, 오히려 예수님의 지상 사역 동안 그가 군중들과 어울릴 수 있는 분으로서(요 7:10-11, 25), 이는 그의 외모가 동시대 유대인들 대부분과 잘 지낼 수 있었음을 암시한다. 유대인들은 유럽인들이 아니며 주로 중동의 혼합된 인종적 유산일 뿐만 아니라 또한 북아프리카의 혈통도 포함하고 있다.[39] 어떤 인종이나 문화에 속했든지 그리스도인들에게 훨씬 더 중요한 것은 이 같이 영광스러운 상태에 계신 예수님의 겉모습이다. 부활하신 주님은 능력이 있으시며, 신성을 가지고 계신 분이시기 때문에, 그는 압제에 직면해 있는 자신의 백성들을 보호하시고 또한 그들에게 능력을 주실 수 있으시다. 한 은사주의적 가톨릭 저자는, 이 단락의 상징적 언어는 예수님이 항상 어떤 모습을 가지고 계시는가에 대한 정확한 묘

Hendrickson, 1988), 294; Gayraud S. Wilmore, *Black Religion and Black Radicalism: An Interpretation of the Religious History of Afro-American People*, 2d rev. ed. (Maryknoll, N.Y.: Orbis, 1983), 153-54에 언급되어 있는 것을 보라; 이슬람 국가도 첨가하여.

37. Frank M. Snowden Jr., *Blacks in Antiquity: Ethiopians in the Greco-Roman Experience* (Cambridge, Mass.: Harvard Univ. Press, 1970), 6, 264를 보라.

38. 예를 들면, Homer, *Il.* 10.437; Virgil, *Aen.* 11.39; *Ecl.* 2.20; Ovid, *Metam.* 13.789; Barius, 5.3; Phaedrus, 5.7.36-37; 요셉과 아세낫 5:4/5; 16:18/13; 22:7. 노아는 에녹 1서 106.2; 1QpGen Apoc col. 2; 에녹 1서 71:1에 있는 천사들 등에서 그렇게 묘사되어 있다.

39. Glenn J. Usry and Craig S. Keener, *Black Man's Religion* (Downers Grove, Ill.: InterVarsity, 1996), 60-75를 보라; 아울러 W. E. B. DuBois, *The World and Africa* (New York: International Publishers, 1965), 143도 보라.

사를 우리들에게 제공해주지 않는다고 말한다. "우선 그의 입에서 좌우에 찌르는 검이 나오는 사람은 아마도 흉측한 묘사일 것이다."[40] 오히려 그것은 예수님이 어떤 분이신가를 우리에게 가르쳐주고 있다.

계시의 내용. 이 단락에서 성경의 문맥에 그 무엇을 집어넣어 해석하는 가장 노골적인 실례들 중의 하나는 여호와의 증인들에 의해 저질러진 것인데, 그들은 1:17에서 "처음이요 나중"이라는 예수님의 신적 칭호(계 2:8 참조)가 분명히 함축하고 있는 것들을 회피하고자 한다.[41] 이와 정확하게 동일한 칭호는 이사야서에 나오는 신적 칭호이며(사 41:4; 44:6; 48:12) 그리고 요한계시록 다른 곳에서 하나님에게 적용되었는데(계 21:6), 이는 특히 "알파와 오메가"의 형태로 나타난다(계 1:8). 이 둘은 동일한 의미를 가진 것으로(계 21:6; 22:13; 계 1:8에 대한 주석을 보라) 예수님에게 적용되기도 한다(계 22:13). 요한계시록은 거듭 하나님에 관한 구약성경의 이미지들을 예수님에게 적용한다(예를 들면, 계 7:16-17). 그러나 그러한 애매한 해석은 내가 풋내기 그리스도인으로서 여호와의 증인들과 논쟁할 때는 나에게 쓸모가 있었다. 즉 여러 쟁점들에 대해 우리가 가지고 있는 편견들과 충돌하는 다양한 본문을 교묘하게 빠져나가려고 할 때 우리는 우리 자신의 애매한 전략을 사용할 수 있다.

예를 들면, 어떤 해석학자들은 1:19("네가 본 것과 지금 있는 일과 장차 될 일")에서 요한계시록 나머지 부분들에 대한 구조적 장치를 발견하기도 한다. 요한이 이미 보았던 것을 넘어서서, 그는 현재(일곱 교회들)와 다가올 일들(요한계시록 나머지 부분에 있는 미래)에 대해 기록할 것이다.[42] 이 구절이 현재와 미래에 대한 계시를 약속하는 것은 분명하지만, 그러나 이 구절은 요한계시록에서 어느 구절들이 그 자신의 시대를 나타내며 또한 어느 구절이 미래를 나타내는지 구체적으로 말하지 않는다.[43] 우리는 일곱 교회에 보낸 편지가 요한 자신의 시대를 포함하는 것보

---

40. John Randall, *The Book of Revelation: What Does It Really Say?* (Locust Valley, N.Y.: Living Flame, 1976), 45.

41. 그들은 이 칭호가 단순히 여호와에 의해 "부여된" 것이며 "나중"은 "여호와에 의해 개인적으로" 부활된 마지막 사람을 의미한다고 주장하는데 (*Revelation: Grand Climax*, 27-28), 이는 요한계시록이 어떤 암시도 제공하지 않는 사상이다.

42. Ryrie, *Revelation*, 118을 참조하라.

43. Aune, *The New Testament in Its Literary Environment*, 241은 비록 그것이 구조적 장치라 해도, 이러한 통찰력으로 분명해지는 것은 아니다 라고 불만을 털어놓는다. Gregory K. Beale, "The Interpretive Problem of Rev. 1:19," *NovT* 34 (1992): 360-87은 이 구절의 각 요소가 요한계시록 전체에 적용된다고 주장한다.

다 요한계시록에 대해 훨씬 더 많은 것을 12:5-6에서 주장할 수도 있다. 일곱 교회에 보낸 편지에 있는 많은 약속들과 경고들은 또한 미래적인 것을 포함하는 것이 분명하다.

요한계시록에 나오는 상징들에 관심을 가지고 있는 해석학자들은 1:20에 특별한 관심을 가지고 있는데, 이곳에서 핵심적인 상징들 중 두 개는 분명하게 해석이 되고 있다. 고든 피(Gordon Fee)가 강조하듯이, "요한 자신이 그의 이미지들을 해석할 때, 이렇게 해석된 이미지들은 확고한 것으로 주장될 수 있으며 또한 다른 이미지들을 이해하는 출발점으로서의 역할을 해야 한다."[44] 죽음에 대해 승리하신 예수님(계 1:18)은 우리가 오늘날 반대에 직면해 있는 교회에도 역시 적절한 말씀이지만, 그러나 여전히 모든 신자들에게도 적용이 가능한 말씀이다. 왜냐하면 만일 예수님이 재림하실 때까지 신자들이 살아있지 못한다면 그들도 결국 죽음에 직면하게 될 것이기 때문이다.

현대적 의미

1:13-16에 나오는 예수님의 모습. 내가 노스캐롤라이나에 있는 흑인 침례교회에서 어느 주일 아침 예배를 드리면서 이 구절을 읽기 시작했을 때 나는 흥분을 느낄 수 있었다. 그 교회는 몇 년 전 내가 목사 안수를 받았던 교회였다. 최근 몇 달 동안, 백인 지상주의자들이 남부의 여러 주에 걸쳐서 수많은 교회들을 불태웠으며, 또한 이 교회도 담임목사가 방화에 담대하게 맞설 것이라고 공개적으로 밝힌 후에 그 다음 차례가 될 것이라는 위협을 받았다.[45] 그 위협들이 너무나도 맹렬했기 때문에 심지어 어떤 지방의 랍비는 교회를 보호하기 위해 자신의 회원들이 교회를 둘러싸도록 약속하기도 하였다—비록 나는 백인 지상주의자들이 유대교 자원자들을 보다 호소력이 덜한 목표물로 간주했는가는 의심하고 있지만.

방화가 우리에게 위협이 되기 전에, 내가 이 교회를 다시 방문하고자 했을 때 주님은 나에게 이 본문으로 말씀을 전하라는 것을 이미 느꼈다. 지금 나는 이곳에서 예수님에 대한 묘사가 우리들에게 그의 겉모습을 말하고자 하는 것이 요점이

44. Fee and Stuart, *How to Read the Bible*, 237.

45. 인종 차별주의자들이 많은 교회들을 불태우도록 선동한 한 가지 예에 대하여, 남부의 빈곤법 센터(the Southern Poverty Law Center)는 1995년 사우스캐롤라이나에 있는 마케도니아 침례교회를 불태운 클랜 집단(Klan Group: Ku Klux Klan, 쿠클럭스클랜, 이른바 3K단, 미국의 천주교도·유대인·흑인 등을 배척하는 백인 지상주의 비밀 결사-옮긴이)을 상대로 소송을 제기하여 마침내 승소하였다(" 'Day of Reckoning': Record Judgment Cripples Klan Group," *SPLC Intelligence Report* [Summer 1998], 6-7).

아니라 그의 능력을 선포하고자 하는 것임을 설명했다. 예수님은 우주를 다스리시는 주님이시며, 생명과 죽음에 대한 권세를 지니신 분이시다(계 1:18). 요한은 박해를 받고 있는 그리스도인들에게 이 글을 쓰면서, 하나님은 그들이 당하는 시련보다 더 크신 분이심을 그들에게 상기시키고 있다. 그리고 그날에 요한의 메시지는 수세기를 가로질러 시련 속에 있는 우리들의 교회에까지 전달되고 있다. 우리가 우리의 신실하신 주님의 위대한 능력을 인식할 때 우리의 불안은 곧 찬양으로 변하게 된다.

예수님의 메시지. 요한계시록에 있는 몇몇 구절들과는 대조적으로, 이 단락은 요한의 배경으로부터 우리 자신의 배경으로 옮겨놓기 위해 노력을 할 것을 거의 요구하지 않는다. 요한의 청중들은 그들의 신앙으로 인하여 직접적으로 고난을 당하고 있는 사람들(계 2:10; 3:8-10), 경제적 시련에 처한 사람들(계 13:17), 타협의 유혹에 직면하고 있는 사람들(계 2:14, 20), 그리고 오늘날에도 지속되는 모든 종류의 도전에 직면하고 있는 사람들을 포함한다. 우리들과 오늘날 교회에 속한 사람들 모두 죽음에 대한 예수님의 승리와 인간 역사에 대한 예수님의 주권의 암시를 적절한 것으로 만드는 매일의 도전에 직면하고 있다. 구체적으로 어떻게 적용할 것인가 하는 것은 차이가 있으며, 또한 우리 목회자들이 마주치는 사람들이 겪고 있는 경험에 달려있다(예를 들면, 실업, 배우자나 부모에 의한 유기, 사별, 혹은 종교적, 성적, 혹은 다른 이유로 직장에서 당하는 괴롭힘 등).

무엇보다도 우리는 그리스도의 교회가 무슨 일을 당하든지, 미래는 우리에게 속해있다는 약속을 귀담아 들어야 한다. 비교적 오랫동안 신앙생활을 한 북미의 그리스도인들은 기독교의 상징들이 우리 문화를 구성하는 것의 일부로 광범위하게 받아들여진 때를 기억하고 있다. 세월이 흘렀다. 미국의 여러 곳에서, "언론의 자유"는 그리스도를 모욕하는 예술 작품을 지지하거나 혹은 이교 신상을 "문화적인" 것으로 생각하는 반면, 크리스마스 때에 어쩌면 "문화적인" 공공연한 탄생 장면들은 종교 다원주의에 대한 하나의 모욕으로 금지되고 있다.[46]

하지만 그러한 상황에 대해 그리스도인들이 놀라서 피해 망상적으로 대응할 필요는 없다. 요한계시록은 훨씬 더 가혹한 상황 속에 있는 교회에 보내어진 책이다. 로마 제국에서 그리스도인들은 얼마 되지 않는, 박해를 받고 있는 소수에 불과했

---

46. Stephen V. Monsma, "Yelling 'Fire' in a Crowded Art Gallery," *CT* (Oct. 22, 1990), 40-41; Mark A. Kellner, "City Erects Pagan Sculpture," *CT* (Sept. 12, 1994), 62-63을 보라.

다. 그리스도를 믿는 사람들 외에 그 어느 누구도 자신들이 로마 제국보다 오래 살아남을 수 있을 것인지 예상하지 못했다. 오늘날 세계 여러 곳에 있는 그리스도인들은 엄청난 박해에 직면하는 가운데 복음을 가지고 나아가고 있다.[47] 교회의 미래는 그것만으로는 우리들 중 어느 누구보다 더 크지만, 그러나 그 미래는 교회와 그리고 교회의 소망과 운명을 공유하는 모든 구성원들에게 속해 있다(계 21:2-7).

죽음에 대한 예수님의 승리처럼(계 1:18), 예수님이 그의 손에 교회를 잡고 계신다는 사실(계 1:20)은 결국 하나님의 자비로운 목적들이 승리할 것임을 우리들에게 다시 확신시킨다.

---

47. 예를 들면, 인도의 대부분이 힌두 지역인 비할스(Bihals)의 수천명의 회심자들, 그리고 요르단과 남부 필리핀에서 예수 비디오에 대한 무슬림의 대응을 보라("International Year 1997: Popcorn Testimonies, Various Individuals," Campus Crusade cassettes, 1997); 무슬림의 회심에 대해서는, 예를 들면, Stan Guthrie, "Muslim Mission Breakthrough," *CT*(Dec. 13, 1993), 20-26을 보라.

요한계시록 2:1-7

1 에베소 교회의 사자에게 편지하라 오른손에 있는 일곱 별을 붙잡고 일곱 금 촛대 사이를 거니시는 이가 이르시되
2 내가 네 행위와 수고와 네 인내를 알고 또 악한 자들을 용납하지 아니한 것과 자칭 사도라 하되 아닌 자들을 시험하여 그의 거짓된 것을 네가 드러낸 것과
3 또 네가 참고 내 이름을 위하여 견디고 게으르지 아니한 것을 아노라
4 그러나 너를 책망할 것이 있나니 너의 처음 사랑을 버렸느니라
5 그러므로 어디서 떨어졌는지를 생각하고 회개하여 처음 행위를 가지라 만일 그리하지 아니하고 회개하지 아니하면 내가 네게 가서 네 촛대를 그 자리에서 옮기리라
6 오직 네게 이것이 있으니 네가 니골라 당의 행위를 미워하는도다 나도 이것을 미워하노라
7 귀 있는 자는 성령이 교회들에게 하시는 말씀을 들을지어다 이기는 그에게는 내가 하나님의 낙원에 있는 생명나무의 열매를 주어 먹게 하리라

원 의미

일곱 교회에 보내는 편지(2-3장)는 설교의 자료로 가장 빈번하게 사용이 되고 있으며 또한 오늘날 교회의 삶에 직접적인 의미를 상당히 많이 제공해주고 있기 때문에, 우리는 이 단락에서 몇 가지 특별한 관심사에 초점을 맞출 것이다. 이 장에서, 우리는 편지 전체에 대한 전반적인 설명뿐만 아니라 에베소에 보내는 편지에 대한 구체적인 설명도 제공하려고 한다.

편지 개요

모든 편지들이 제국의 운송업자에 의해 배달되지 않은 것처럼, 요한계시록도 여행객들이나 혹은 (이 경우에는) 개인적인 사자들에 의해 전달되었을 것이다. 로마 제국의 공식적인 업무는 별도로 하고, 그 어떤 공공 우편 업무도 존재하지 않았다.[1] 일곱 교회에 보내는 편지는 "예언적 편지"로서, 성경의 초기에(대하 21:12-15; 렘 29장), 초기 유대교 문헌에(바룩 2서 77:17-19, 78-87; 예레미야의 편지 1장), 그

리고 몇몇 고대 근동 자료들(마리 서판; 기원전 18세기 아카드 어로 쓰여 진 문서. 구약족장 시대의 문화를 반영하는 관습, 언어 및 개인의 이름들 등에 관하여 상세한 정보를 제공하는 편지들과 행정적 문서들을 포함하고 있다-옮긴이) 등에 나타나는 일종의 문서이다. 이들 편지들의 권위를 인정한다면, 이들은 "고대의 왕 또는 황제 칙령"과 몇 가지 점에서 닮았다.[2] 그러나 이 편지들은 다양한 사람들에 대한 신탁의 성경적 형태를 훨씬 더 밀접하게 닮았으며(사 13-23장; 렘 46-51장; 겔 25-32장; 암 1-2장), 여기서는 구체적으로 다양한 도시들에 흩어져 살고 있는 하나님의 백성들에게 보다 구체적으로 적용되고 있다.[3]

각 편지는 예수님으로부터(예를 들면, 계 2:1), 성령을 통하여(예를 들면, 계 2:7), 그리고 그 성령께서 요한을 감동시키신(계 1:10) 예언적 말씀이다.[4] "이가 이르시되"(계 2:1)는 문자적으로 "이와 같이 이르시되"로서, 이는 표준적인 성경적 예언 사자 형식이다(예를 들면, 행 21:11). 각 편지는 비슷한 형식을 취하면서, 칭찬과 책망이 균형을 이루고 있다.[5]

- 지정된 도시의 교회의 사자에게 편지하라:
- 예수(영광중에 계신, 종종 계 1:13-18의 술어로 묘사됨)께서 이르시되:
- 내가 아노라(대부분의 경우 몇 가지 칭찬을 하실 때)
- 그러나 너를 책망할 것이 있나니(적용할 수 있는 몇 가지 책망할 일을 말씀하심)
- 귀 있는 자는 성령이 하시는 말씀을 들을지어다
- 종말론적인 약속[6]

---

1. William M. Ramsay, "Roads and Travel (in NT)," 5:375-402 in *The Dictionary of the Bible*, 5 vols., ed. James Hastings (New York: Charles Scribner's Sons, 1904); S. R. Llewelyn, *New Documents Illustrating Early Christianity*, vol. 7 (North Ryde, N.S.W.: Ancient History Documentary Research Centre, Macquarie University, 1994), §1 (pp. 1-25). 그리하여 우편은 긴 시간이 걸릴 수도 있었다(Seneca, *Ep. ad Lucil.* 50.1; M. P. Charlesworth, *Trade-Routes and Commerce of the Roman Empire*, 2d rev. ed. [New York: Cooper Square, 1970], 86).
2. 칙령에 대해서는 Aune, *The New Testament in Its Literary Environment*, 159, 242; idem, "The Form and Function of the Proclamations to the Seven Churches (Revelation 2-3)," *NTS* 36 (1990): 182-204; idem, *Revelation*, 1:126-28; Deissmann, *Light From the Ancient Past*, 374 등을 보라.
3. 미가 1:6-16을 참조하라; 초대 기독교 기간에 다양한 사람들 혹은 장소들에 관한 신탁에 대해서는 마 11:21-24; 시빌의 신탁, 여러 곳(예를 들면, 5.447-67)을 보라.
4. "성령이 말씀하시되"는 여러 기독교 예언자들의 특징이었다(행 21:11). 그리스도에게서 나온 예언들은 Odes Sol. 8:8-19; 17:6-16; 22:1-12; 28:9-20; 31:6-13; 36:3-8; 41:8-10; 42:3-20에도 나타난다.
5. 고대 수사학자들에 의해 추천된 것이다(Stowers, *Letter Writing*, 80-81).

이 메시지가 예수님으로부터 나오며, 또한 구약성경에 나오는 하나님의 계시와 동일한 형태를 따르고 있다는 것(아울러 아브라함의 유언 8A)은 명백하게 예수님의 신성을 암시한다.[7] 실제로 예수님의 영광에 대한 묘사들은 헬라인들이 종종 자신들의 신들에 대해 불렀던 칭호들의 종류와 형식적으로는 비슷하다(예를 들면, Homer, *Il.* 1.37-38, 451-52).

에베소에 보내는 편지

에베소가 지리적 관점에서뿐만 아니라(만일 어떤 사자가 요한계시록을 밧모 섬에서부터 가지고 간다면) 속주에서 에베소가 차지하고 있는 탁월성의 관점에서 볼 때에 제일 먼저 언급되고 있는 것은 이치에 합당하다. 비록 두 도시가 경쟁을 하고 있음에도 불구하고, 에베소는 정치적으로는 버가모보다 더 강력하며 황제 숭배로 볼 때에는 서머나보다 더 우월하다는 것이 입증되었다.

숭배할 것을 요구하는 악한 세상의 통치자에 대한 묘사(계 13:12 15)는 에베소에 있는 그리스도인들에게는 분명히 적절했을 것이다. 그들은 자신들이 도시 종교의 상징들에 의해 둘러싸여 있다는 것을 알고 있었다. 아우구스투스는 에베소가 자신을 기념하여 두 개의 신전을 건립하는 것을 허락하였으며, 그리고 도미티안은 에베소를 황제 숭배의 "수호자"로 명명함으로써 에베소를 로마의 아시아 속주에서 황제 숭배의 최고 중심지로 만들었다. 사실상 에베소는 요한계시록이 기록되기 약 5년 전에 열린 황제들에 대한 새로운 의식을 개최하였다. 에베소는 본서가 기록되기 직전에 올림픽 경기에서 도미티안에게 경의를 표하였다.[8] 황제 의식이 에베소에 있는 이교주의의 유일하게 두드러진 요소는 아니었다. 에베소는 아데미 숭배(행 19:23-40)와 또한 마술을 행하는 것으로 유명하였다(행 19:13-19). 에베소는 또한 규모가 큰 유대인 공동체도 있었다(행 19:8-9).[9] 이 모든 요소들은 요한계시

---

6. William H. Shea, "The Covenantal Form of the Letters to the Seven Churches," *AUSS* 21 (1983): 71-84는 성경적 언약 양식들과 비교한다. 대부분의 성경 예언자들은 소망의 메시지로 끝을 맺고 있다 (많은 고대의 해석학자들에 의해서도 언급되고 있는 것처럼, 예를 들면, *Pes. Rab Kab.* 13:14).
7. 그 형식은 또한 사자 양식으로도 사용되었으나(예를 들면, 왕하 18:19; 욥의 유언 7:10/8), 신탁은 신적인 근원을 암시한다.
8. 상세한 내용에 대해서는 Kraybill, *Imperial Cult and Commerce*, 27-28; Steven Friesen, "Ephesus: Key to a Vision in Revelation," *BAR* 19 (1993): 24-37을 보라.
9. 그곳에 있는 유대 공동체에 대해서는 *CIJ* 2:13-14, §§745-47; Kraabel, "Judaism," 51-60을 보라. 몇몇 유대의 신탁들은 에베소와 서머나에 대한 심판을 기대하고 있다 (시빌의 신탁 3.343-44). 그곳의 마술에 대

록의 여러 가지 특징들이 그들에게 적절한 것으로 만드는데 도움을 줄 것이다.

에베소에 거짓 교사들이 있었다는 것은 결코 놀랄만한 일이 아니지만(행 20:29-30; 딤전 1:3-7), 그러나 요한계시록 2:2은 그 교회가 바울 시대 이후부터 분별하는 일에 진보를 보여 왔다는 것을 암시하고 있으며(딤후 1:15), 이러한 행위는 그 다음 수십 년에 이르기까지 계속된 것으로 보인다(Ignatius, *Eph.* 6.2; 8:1).[10] 거짓 교사들이 자칭 사도라고 한 것(계 2:2)은 그들이 원래 예루살렘에서 보냄을 받았다고 주장한 것을 의미할 필요는 없지만(고후 11:13, 22), 아마도 그들이 에베소 밖에서부터 들어온 사람들임을 암시할 것이다(Ignatius, *Eph.* 9.1).[11]

하지만 에베소의 그리스도인들이 옳게 행한 모든 것이 그들이 잘못 한 일을 변명하기에 충분하지는 않다. 그들의 행위 중에서 치명적인 약점은 사랑이 부족한 것이었다. 어떤 해석학자들은 "너의 처음 사랑을 버렸느니라"를 하나님에 대한 사랑이 줄어든 것을 의미하는 것으로 해석하였다(계 12:11 참조). 그러나 오늘 보다 많은 주석학자들은 이 문구를 서로에 대한 사랑으로 이해한다(아마도 계 2:19에서처럼; 참조. 엡 1:15; 골 1:4; 살후 1:3). 사랑의 두 대상 모두 가능하지만(히 6:10 참조), 니골라 당의 행위에 대한 "미움"(계 2:6)과 2:4에 나오는 "사랑"의 부족을 강하게 대조시키는 것을 볼 때, 후자를 포함하는 것이 분명하다.[12]

옳은 것이 무엇인지 이미 알고 있는 사람들은 그들이 회개하여 돌아올 수 있다는 것을 "생각(기억)해야" 한다(계 2:5; 참조. 계 3:3; 신 9:7; 16:3).[13] 어떤 사람들은 에베소 교회를 그 자리에서 옮기는 것(계 2:5)을 카이스터 강의 침니(沈泥) 퇴적물을 암시하며, 결국 이것이 문자적으로 에베소의 장소를 옮기게 했다고 이해한다.[14] 보다 가능성이 있는 것은 예수님이 직접 그 교회에 대해서만 책망하셨다는

해서는 Floyd V. Filson, "Ephesus and the NT," *BA* 8 (Sept. 1945): 73-80 (p. 78); Clinton E. Arnold, *Ephesians: Power and Magic*, SNTSM 63 (Cambridge: Cambridge Univ. Press, 1989), 14-16; Paul Trebilco, "Asia," 291-362 in *The Book of Acts in Its Graeco-Roman Setting*, ed. D. W. J. Gill and C. Gempf (Grand Rapids: Eerdmans, 1994), 314 등을 보라.

10. 이그나티우스는 에베소의 그리스도인들을 높이 칭찬하였으나, 요한계시록에 나오는 내용보다는 다른 행위로 인하여 그렇게 하였다 (Ramsay, *Letters to the Seven Churches*, 240-41).

11. Michaels, *Revelation*, 70을 보라.

12. 많은 주석학자들은 그것을 동료 그리스도인들(Ray Frank Robbins in George, *Revelation: Three Viewpoints*, 160; Beasley-Murray, *Revelation*, 75) 혹은 둘 모두에 대한 사랑(Hemer, *Letters to the Seven Churches*, 41)에 적용시키고 있다. Beale, *Revelation*, 230-31은 그것을 증언에 대한 열정의 부족으로 적용시키고 있지만 이것은 본문에 명확하게 나타나지 않는다.

13. "기억하라"는 말은 성경(신 4:10; 8:18; 16:12)과 헬라(Aune, *Revelation*, 1:147을 보라)의 도덕적 권면에 흔히 나타나는 표현이다.

것이다. 그리스도 앞에서 에베소의 촛대를 옮기신다는 것은 에베소가 교회로서 더 이상 존재하지 않을 것임을 의미 한다—만일 그렇지 않다면 에베소 교회는 오히려 계속 존재할 수도 있다.

우리는 니골라 당의 정체에 대해 추측만 할 수 있다. 2세기에 이레나이우스(1.26.3; 3.11.1)에서 성경에 나오는 니골라와 동일시한 것은 아마도 단지 추측에 불과하며, 반율법주의적 영지주의와 연관시킨 것도 마찬가지이다(Epiphanius, *Haer.* 1.2.25; Hyppolytus, *Haer.* 7.24).[15] 이러한 이단들이 요한계시록 2:9과 3:9의 "유대인"처럼 외부에서 들어와 박해한 것도 아니다. 가장 합리적인 추측은 그들이 "발람"과 유사한(그러나 동일한 것은 아니다) 견해를 제공한다는 것이다—즉 이들이 부도덕과 우상에게 드려진 음식을 먹는 것을 묵과하는데(계 2:14-15), 분명히 이는 초대 그리스도인들 사이에 동화(同化)라는 공통적인 영역이 있었음을 가리킨다(고전 6장; 8-10장 참조).[16]

에베소 교회에 있어서, "이기는 것" 혹은 "정복하는 것"(계 2:7)은 신학적인 파수군의 경계 그 이상을 요구한다. 그것은 나아가서 내적인 사랑의 일치를 요구한다. 그렇게 이기는 것에 대한 상급은 고대 유대교에서 익숙한 이미지인 "생명나무의 열매"를 먹는 것이다.[17] 고대 유대교 저자들은 의로운 자(솔로몬의 시편 14:3-4), 하나님 자신(마카비 4서 18:16), 덕을 세우는 말(잠 11:30; 15:4) 등을 "생명나무"로 묘사하였으며, 그리고 종종 율법 교사들 중에서는 하나님의 율법을 그렇게 묘사하기도 하였다(*Sifre Deut.* 47.3.2; *b. Ab.* 6:7). 그러나 몇몇 유대교 말기의 문서들(예를 들면, 에스라 4서 8:52)처럼 이곳에서 생명나무는 영원한 생명의 근원으로서 창세기의 원래적 기능을 수행한다(창 3:22; 계 22:2). 그것은 "낙원" 즉 하나님의 동산에 있는 나무이다.[18] 심지어 성경을 제외한다 해도, 에베소의 그리스도

14. Ramsay, *Letters to the Seven Churches*, 243-45; Hemer, *Letters to the Seven Churches*, 53에서는 약간 다르게 말한다.

15. 이그나티우스의 보다 긴 교정인 *Trall.* 11과 *Philad.* 6은 니골라 당을 향락적인 사랑으로 비난하지만, 이것은 원문의 일부분이 아니다.

16. 유사한 것으로 Fiorenza, *Revelation*, 195; Aune, *The New Testament in Its Literary Envronment*, 245; Tenney, *Revelation*, 61; Panayotis Coutsoumpos, "The Social Implication of Idolatry in Revelation 2:14: Christ or Caesar?" *BTB* 27 (Spring 1997): 23-27을 참조하라; 발람과의 어원적 연관성에 대해서는 Beale, *Revelation*, 251을 보라. 그러나 발람과 이세벨의 연결은 결코 확실하지 않다 (W. M. Mackay, "Another Look at the Nicolatians," *EvQ* 45 [1973]: 111-15 참조).

17. Erwin R. Goodenough, *Jewish Symbols in the Graeco-Roman Period*, 13 vols. (New York: Pantheon, for Bollingen Foundation, 1953-1968), 7:87-134(특히 134)를 보라.

인들에게 그러한 이미지가 낯설지는 않았을 것이다. 아시아 속주에서 전통적인 왕의 정원과 에베소의 아데미 제의의 정원 구역은 나무를 자랑하였으며, 그리고 후자의 경우에 나무 성소는 기원자들을 위한 피난처로서의 기능도 하였다.[19]

상황읽기

편지 개요. 일부 주석학자들은 교회들이 각각 다른 교회들의 편지를 읽도록 초청을 받았다고 언급하였다(가장 가혹하게 말하고 있는 교회들의 회원들에게는 의심할 여지없이 상당히 난처한 문제였다. 골 4:16 참조). 이러한 해석 원칙은 본문에 충분히 명백하게 암시되어 있다. 즉 각 교회는 "성령이 교회들에게 하시는 말씀"을 듣도록 요청받고 있다(복수형으로 되어 있는 것에 주목하라). 특정 교회들에게 준 메시지들이 어떤 특징이 있으며, 또한 모든 교회들에게 말해진 것의 견본으로서 그들이 어떻게 읽어야 하는가?

어떤 의미에서 각 교회는 그 편지 속에서 적절한 내용을 받고 있다는 느낌은 분명히 있다. 윌리엄 램지(William Ramsay, 그리고 보다 최근에는 콜린 헤머[Colin Hemer])는 각 교회에 주는 메시지가 그 교회들이 존재하고 있는 도시들에 대해 우리가 알고 있는 것과 얼마나 유사한지를 강조하였다. 램지가 비교하고 있는 것 몇 가지는 그 자체로 거의 중요하지 않다. 왜냐하면 메시지의 어떤 부분들은 수많은 고대 도시들에게는 적절할 것이기 때문이다. 그러나 램지가 비교하는 다른 몇 가지는 보다 강한 적절성을 지니고 있으며, 또한 이러한 비교들을 누적적으로 합치면 많은 경우에 어떤 연관성을 뒷받침하는데 충분하다.

하지만 각 교회는 또한 요한계시록 전체를 받고 있다. 요한의 모든 청중들처럼(계 1:3; 13:9; 22:17), 각 교회는 "들어야" 하는데, 이는 유대교와 헬라의 윤리적 권고에 공통적으로 나타나는 표현이다.[20] 이 특징적인 표현은 아마도 예수님의 원래적 가르침들을 반영하는 듯하다(막 4:9). 각 교회는 또한 "이길 것"을 요구받고 있는데, 이는 요한계시록의 많은 부분에 묘사되어 있는 것으로 다가올 환난에서 인내할 것을 암시하고 있다(계 21:7). 이러한 권유는 아마도 "극복하다"는 뉘앙스

18. "Tree of Life," 889-90 in *Dictionary of Biblical Imagery*, ed. Leland Ryken et al. (Downers Grove, Ill.: InterVarsity, 1998). 생명나무는 사해사본에서 부활을 상징할 수도 있다 (Marc Philonenko, "Un arbre se courbera et se redressera [4Q 385 2 9-10]," *RHPR* 73 [1993]: 401-4). 생명나무는 에녹 1서 25:4-5에서 영생을 나타낸다.

19. Hemer, *Letters to the Seven Churches*, 44-51.

20. 신 6:4; 9:1; Epictetus, *Disc.* 2.29.12; 3.24.68; Plutarch, *Lectures* 14, *Mor.* 45D.

를 풍기고 있는데, 만일 신자들이 하나님의 종말의 군사처럼 보인다면 특히 그러하다(계 14:3-4에 대한 주석을 참조하라).[21] 각 교회는 다른 교회들에게 약속되어 있는 소망을 공유하고 있다. 교회들이 끝까지 이 말씀을 들을 때, 그들은 모든 교회들에게 주신 약속들이 요한계시록에서 다가오는 세상에 대한 마지막 환상에서 성취된다는 것을 인식할 것이다(계 21-22장).[22]

이 편지들을 오늘날 우리 자신들과 다른 사람들에게 적용하는 기본적인 원칙은 다음과 같을 것이다. 즉 만일 신발이 자기 발에 맞다면, 그것을 신으라는 것이다. 우리의 삶이나 교회들이 부활하신 주님이 이 편지들에서 말하고 있는 것과 유사한 징후들을 어느 정도로 반영하고 있다면, 우리는 "성령이 교회들에게 하시는 말씀"에 주목해야 한다.

에베소에 보내는 편지. 에베소 교회가 사랑하는 일에 약점을 가지고 있다는 예수님의 메시지를 들을 때 나타나는 심각한 위험은 그 메시지가 우리 자신과 관련이 있다는 것을 단순히 잊어버리는 것이다. 그러나 에베소에 있는 교회를 잊어버리는 것은 바리새인과 세리에 대한 이야기를 읽고서 마무리할 때와 어느 정도 비슷하다(눅 18:9-14). "하나님이여 내가 그 바리새인과 같지 아니함을 감사하나이다!" 우리는 이 교회가 우리에게 제시하는 경고를 들을 필요가 있다.

또 다른 위험은 거짓 사도들의 비난으로 인하여 진정한 사도들이(요한을 제외하고) 사라졌다고 우리가 생각하는 것이다. 그러나 2:9과 3:9의 거짓 유대인들은 진정한 유대인들이 사라졌다는 것을 암시하는가? 거짓 유대인들처럼, 진정한 사도들 역시 계속 존재하고 있기 때문에 이러한 가짜도 어쩌면 믿을만한 일이었다(계 18:20; 엡 411-13 참조).[23]

어떤 문제들은 우리가 그것이 원래 무엇을 의미했는가를 모르기 때문에 적용하거나 혹은 재상황화 하는데 어려움이 있다. 니골라 당은 누구였는가? 비록 성경이 하나님의 말씀이라 해도, 몇 가지는 오늘날 우리가 이해할 수 없다. 왜냐하면 우리

---

21. "이기는 것"에 대한 보다 상세한 종합적인 주석에 대해서는 Stephen L. Homcy, "To Him Who Overcomes': A Fresh Look at What 'Victory' Means for the Believer According to the Book of Revelation," *JETS* 38 (June 1995): 193-201을 보라.

22. G. R. Beasley-Murray, "The Contribution of the Book of Revelation to the Christian Belief in Immortality," *SJT* 27 (1974): 76-93을 보라.

23. 나는 다른 곳에서 어떤 은사들의 중단을 주장하는 적절한 성경적 근거가 없다는 것을 주장한 적이 있다. 그러나 실제로 우리가 속한 단체들에서 그러한 은사들 중 몇 가지에 대한 증거는 거의 볼 수 없다 (*3 Crucial Questions About the Holy Spirit* [Grand Rapids: Baker, 1996], 81-107).

는 최초의 청중들에게 알려진 직접적인 배경을 모르기 때문이다(예를 들면, 살후 2:5).[24] 그러나 비록 우리가 그 잘못의 구체적인 성격을 모른다 해도, 니골라 당에 대한 경고는 우리가 거짓 교사들에 대해 경계해야 하는 기본적인 교훈이 지금도 유효하다는 것이다—이는 잠재적 적용 가능성이 넓은 범위를 가지고 있는 교훈이다.

현대적 의미

편지 개요. 일곱 교회에 보낸 편지가 종종 이들 교회들이 번창했던 도시들의 특성을 나타내고 있다는 것은 만일 우리가 그 도시들의 가치관에 대해 계속 경계하지 않는다면 교회들이 얼마나 쉽게 그 가치관에 영향을 받을 수 있는지를 우리들에게 상기시킨다. (이것은 특히 박해를 덜 받는 교회들에 해당된다.) 그러한 비교들은 주석에 적절한 요점으로 언급되어 있지만, 램지가 한 여러 관찰들 중 하나는 여기서 간단하게 언급되어야 한다. 지금은 사람이 전혀 살고 있지 않는 두 도시는 가장 엄격하게 책망을 받고 있는 두 교회에 속하고 있다(사데와 라오디게아). 터키가 정복을 당하기 전에 가장 오랫동안 저항했던 두 도시는 완전하게 칭찬을 받은 두 교회뿐이다(서머나와 빌라델비아). 그리고 에베소 교회가 네 촛대를 그 자리에서 옮기리라는 위협을 받은 것처럼, 에베소 시는 요한 당시에 있었던 곳보다 문자적으로 약 3킬로미터 정도 그 장소에서 옮겨졌다(계 2:5).[25]

그러한 비교는 우연의 일치일 수도 있지만, 그러한 것들은 또한 역사에서 하나의 양식을 보여줄 수도 있다. 즉 교회가 특정 사회에서 아무리 힘이 없다 해도, 교회는 그 문화의 수호자라는 것이다. 소돔에서 의인의 존재가 그 도시가 심판을 제지할 수 있었던 유일한 요소였던 것처럼(창 18:20-32), 한 문화의 운명은 궁극적으로 그 문화 속에 있는 신자들의 행위에 달려있다. 북미의 그리스도인들이 우리 문화의 가치들에 상당히 동화된 정도를 고려한다면—증거 하는 일보다는 여흥에 더 많은 시간을 사용하며, 인간의 필요보다는 우리를 즐겁게 하는 일에 더 많은 돈을 쓰는 것—사회 전체에 대한 예측은 좋지 않다. (현대적 여흥의 몇 가지 형태에 대한 위험에 대해서는 13:14에 대한 주석을 보라.)

이교도들이 로마가 기독교로 개종한 것 때문에 멸망했다고 비난했을 때, 어거

24. 우리가 가공의 독자로부터 너무나도 멀리 떨어져 있는 다양한 고대 작품의 경우에 이런 일이 일어날 수 있다 (예를 들면, Phaedrus, 3.1.7). 고대 사람들도 역시 자신들이 역사적으로 문헌들에서 너무나도 멀리 떨어져 있으면 그 작품들을 완전하게 이해할 수 없다는 것을 깨닫고 있었다 (Aulus Gellius 20.1.6).

25. Ramsay, *Letters to the Seven Churches*, 432-33.

스틴은 로마가 멸망한 것은 오히려 그들의 죄가 하늘까지 높이 쌓였기 때문이며 또한 기독교인 인구의 대부분의 헌신도가 너무나도 천박하여 하나님의 진노를 억제할 수 없었기 때문이라고 대답하였다. 우리는 고난이 반드시 심판을 반영하지 않는다는 것을 자연스럽게 인식할 수 있다. 그러나 어떤 사람들이 인식하듯이, 특히 사회적 수준에 대해서이다. 우리 사회에 대한 하나님의 심판을 지연시키기 위해 서구 기독교가 진정으로 우리가 속한 문화와 차별성이 있는가?

에베소에 보내는 편지. 에베소 교회에 의해 제시된 긍정적인 모델은 예언자들을 시험하는 것을 포함한다. 상대주의가 우리 문화에서 증가하는 것처럼, 잘못된 것에 반대하기 위해 분별하고 이에 불굴의 의지를 나타내는 일은 점차 인기가 없어져가며 또한 점차 치명적인 것으로 되어 가고 있다(계 2:20에 대한 주석을 보라).[26] 현재 대학들의 포스트모던 문화는 다양한 신념들을 공유하도록 조장하고 있다(몇 가지 새로운 방식으로 그리스도인들을 환영하고 또한 이전에 우리가 이용할 수 없었던 기회들을 제공해주는 것). 그러나 그것은 또한 마치 우리가 절대적 진리를 가지고 있는 것처럼 우리가 다른 사람을 회심시키려고 노력하는 것을 금지한다. 즉 "하지만 이것이 바로 그리스도인들이 하려고 목표로 삼는 것입니다."[27] 우리는 사람들이 복음을 이해하기를 원하지만, 그러나 우리는 또한 그들이 복음을 받아들이도록 애를 쓴다. 그러나 많은 그리스도인들조차도 절대 진리라는 개념에 점차 난처해하고 있다.

만일 요한 당시에 자칭 "사도들"(계 2:2)과 "깊은 비밀들"이라 불리어지는 거짓된 것을 선포하는 선지자들(계 2:20)이 있었다면, 그들의 숫자가 우리 시대에 감퇴

26. 적용을 위해서는 Osei-Mensah, *God's Message*, 47-49를 보라. 오늘날의 상대주의에 대한 몇 가지 비판에 대해서는 Joe Klein, "How About a Swift Kick?" *NW* (July 26, 1993), 30; George Will, "A Trickle-Down Culture," *NW* (Dec. 13, 1993), 84; Tim Stafford, "Favorite-Song' Theology," *CT* (Sept. 14, 1992), 36-38; Christina Hoff Sommers, "How to Teach Right and Wrong," *CT* (Dec. 13, 1993), 33-37; Charles Colson, "Postmodern Power Grab," *CT* (June 20, 1994), 80; Peter Bocchino, "Words Without Meaning," *Just Thinking* (Ravi Zacharias Ministries: Winter 1995), 4-7; *Worldwide Challenge* (July 1997)에 수록되어 있는 논문들 등을 보라.

27. Ajith Fernando, *Acts* (NIV Application Commentary: Grand Rapids: Zondervan, 1998), 59는 포스트모더니즘에 대한 서론으로서 Stanley Grenz, *A Primer on Postmodernism* (Grand Rapids: Eerdmans, 1996); J. Richard Middleton and Brian Walsh, *Truth Is Stranger Than It Used to Be* (Downers Grove, Ill.: InterVarsity, 1995)와 Gene Edward Veith Jr., *Postmodern Times* (Wheaton: Crossway, 1994) 등을 인용한다. 포스트모더니즘에 대하여 여러 가지 다양하지만 별로 차이가 없이 대답하는 것에 대해서는 *Christian Apologetics in the Postmodern World*, ed. T. R. Phillips and D. L. Ockholm (Downers Grove, Ill.: InterVarsity, 1995); *The Challenge of Postmodernism*, ed. David S. Dockery (Wheaton: Bridgepoint, 1995) 등을 보라.

한 것이 아니며, 또한 거짓 교사들의 침투에 대비하여 경계해야할 필요성이 줄어든 것도 아니다. 그리하여 가령 몇몇 은사주의자들은, 어느 것이 설득력이 있는지를 알기 위해 여러 항의들을 세밀하게 살펴보는 일보다는, 오히려 믿음의 말씀(Word-of-Faith) 집단의 지나친 것들에 대한 비은사주의적 비평가들에 반대하여 결속을 다져왔다.[28] 그러나 믿음의 말씀 집단의 가르침들 중 몇 가지는 케넌(E. W. Kenyon)에 의해 처음 시작되었는데, 그 사람의 사고는 또한 크리스찬 사이언스(1866년 미국의 Mary Baker Eddy가 조직한 신흥 종교로서, 신앙의 힘으로 병을 고치는 정신 요법을 특색으로 한다. 공식 명칭은 The Church of Christ, Scientist이다-옮긴이)를 낳은 신사고 운동(New Thought Movement)에 영향을 받은 비은사주의자이다. 몇몇 저자들은 현대의 믿음 운동의 창시가가 몇 가지 요점에서는 거의 축어적으로 케넌에게서 모방하였음을 보여주었다.[29]

선지자와 사도로서 요한은 분명히 일반적인 선지자들 및 사도들과 반대되는 사람이 아니다. 그러나 그는 그 당시에 분별할 것을 요구하였으며 또한 우리 시대에도 마찬가지로 그렇게 하도록 요구할 것이다. 만일 니골라 당(계 2:6)이 성적 및/혹은 종교적 타협의 대중적인 문화적 가치들을 지지했다면, 그들은 또한 사람들이 단순히 듣기를 원하는 것에 대한 현대적인 소문을 퍼뜨리는 자들을 우리가 조심하도록 하는 일종의 경고로서의 역할을 한다. 실제로 성경적인 거룩을 설교하는 교회들의 몇몇 구성원들과 대화를 나누면서, 나는 그들의 목회자가 자신들을 위로해주는 문제들에 대해 말하는 것은 받아들이지만 그러나 다른 것들, 즉 도덕적 가르침에 대한 보다 세속적인 출처를 선호하는 사람들의 숫자를 보고 충격을 받은 적이 있다.

하지만 부분적으로 분별하는 일은 우리가 무엇을 분별해야 하는지를 아는 것을 포함하며, 또한 이러한 논점에서 에베소 교회가 실패한 것의 비극은 역사를 통해서 그리고 우리 자신의 시대에 반복되어 일어나는 인간 본성의 비극이기도 하다.

---

28. 비은사주의적 비판에 대해서는, 예를 들면, Hank Hanegraaf, *Christianity in Crisis* (Eugene, Ore.: Harvest House, 1993); John F. MacArthur Jr., *Charismatic Chaos* (Grand Rapids: Zndervan, 1992), 264-90을 보라. 은사주의적 관점으로 보는 것은 Gordon D. Fee, "The Disease of the Health and Wealth Gospels" (Costa Mesa: Word for Today, 1979); Bruce Barron, *The Health and Wealth Gospel* (Downers Grove, Ill.: InterVarsity, 1987); D. R. McConnell, *A Different Gospel* (Peabody, Mass.: Hendrickson, 1988); Charles Hummel, *The Prosperity Gospel* (Downers Grove, Ill.: InterVarsity, 1991) 등을 보라. 아울러 Larry Bishop, "Prosperity," *Conerstone* (Jesus People USA) 10 (May 1981): 12-16도 참조하라.
29. McConnell, *Gospel*, 8-12, 21-50에 나오는 몇 가지 상세한 내용을 보라.

동일한 교회가 니골라 당의 행위를 "미워한" 것은 옳았으며(계 2:6) 또한 자신들의 "처음 사랑"을 버린 것은 잘못된 것이었다(계 2:4). 오늘날 많은 그리스도인들처럼, 그들은 우리의 "죄는 미워해도 죄인은 사랑하라"는 격언을 무시할 수도 있다.[30] 오늘날 실제로 우리가 반대하는 것을 미워하는 것은 때때로 죄와 죄 짓는 사람들을 넘어서는 것이다. 모든 교리들이 복음의 핵심은 아니며, 모든 잘못들이 이단으로 적절하게 불리어질 수 있는 것이 아니며, 그리고 모든 의견 불일치들이 싸울만한 가치가 있는 것이 아니다.[31]

그러나 중요하고 현저한 예외들이 있긴 하지만, 복음의 진리에 가장 확고하게 헌신되어 있는 교회들 중 많은 교회들이 이차적인 논쟁에 대해 너무나도 엄격하게 경계선을 그어 온 교회들이다. 수많은 시간동안 우리는 헌신된 그리스도인들이 성의 역할들, 그들의 다른 문화적 혹은 정치적 관점들, 혹은 그밖의 이유 때문에 사회의 주류에서 밀려났다고 증언해왔다.[32] 이들 중 많은 경우에 사회적으로 무시를 당한 사람들은 자신들을 좀더 용인하는 집단들을 자연스럽게 발견하게 된다—그러한 집단들 중 많은 곳이 그들이 마음에 밀접한 문제들에 대해 느슨한 대도를 보여주고 있음에도 불구하고(두아디라의 죄와 함께 하는 집단들—아래를 보라).

그러한 몇몇 경우들에서 나는 상처 입은 그리스도인들이, 속담에 있듯이 아기를 목욕물과 함께 버린다는 방식으로, 그들의 보다 전통적인 배경 속에서 그들이 경험한 거부에 대응하는 것을 살펴보았다. 예를 들면, 어떤 교수는 수년 전에 그녀의 복음주의적인 캠퍼스 사역에 의해 주류에서 제외되었다. 왜냐하면 지금 전하는 바에 의하면 그녀의 학생들 중 성경에 대한 적대감을 배가시킨 성의 역할에 대해

---

30. Darrell L. Bock, "Arrogance Is Not a Family Value," *CT* (Nov. 9, 1992), 10; Charles Colson, "Wanted: Christians Who Love," *CT* (Oct. 2, 1995), 112를 보라; 많은 사람들이 동성애 행위라는 구체적인 쟁점을 제기하고 있다. 예를 들면, Stanton L. Jones, "The Loving Opposition," *CT* (July 19, 1993), 18-25; Tim Stafford, "Ed Dobson Loves Homosexuals," *CT* (July 19, 1993), 22; Thomas Schmidt, *Straight and Narrow?* (Downers Grove, Ill.: InterVarsity, 1995); Mindy Michels and Jenell Williams, "Finding Common Ground': Anti-Gay Violence and Public Discourse," *The Graduate Review* (American University, 1996), 18-27 등이다.

31. 한 칼빈주의자와 알미니안주의자가 분리와 화해를 통해 배운 것이 무엇이었는가에 대해서는 J. D. Walsh, "Wesley vs. Whitefield," *Christian History* 38 (1993): 34-37을 보라.

32. 한 세대 이전에는 종말에 대한 견해들이나 영적인 은사들에 대한 것이 보다 빈번한 논쟁의 주제들이었다는 것을 주목하라. 이와는 대조적으로 평화적인 논조를 지니고 있는 많은 복합적인 견해의 책들이 있다 (예를 들면, Darrell Bock, ed., *Three Views on the Millennium*; Wayne Grudem, ed., *Are Miraculous Gifts for Today? Four Views* [Grand Rapids: Zondervan, 1996]; 성의 역할에 대한 네 가지 견해에 대해 Craig Blomberg and James Beck이 편집한 존더반의 근간); 혹은 대럴 복(Darrell Bock)과 내가 1999년 3월에 달라스 신학교에서 여성의 역할에 대해 벌인 공개 토론 등이 있다.

그녀가 다른 견해를 가지고 있었기 때문이었다.

종종 우리는 부주의한 생각으로 인하여 사람들을 주류에서 소외시키곤 한다—예를 들면, 이혼에 대한 반대가 성경적으로 옳다는 것을 말하기 위해 때때로 우리는 자신들의 뜻과는 관계없이 가족을 버렸거나 이혼한 신실한 배우자들을 정죄하는 경우가 종종 있다(우리가 강간을 반대하기 때문에 강간의 희생자들을 정죄하는 것과 같이 민감한 문제이다).[33] 그리하여 그들이 우리의 교회를 떠날 때, 우리는 때때로 그들이 무엇보다도 영적이지 않았음에 틀림없다는 의심을 하면서 확신을 하기도 한다.

우리가 죄와 명백하게 잘못된 경우들을 다룰 때조차도, 성경은 우리가 사랑과 은혜로 징계할 것을 요구하지 않는가?(눅 15:1-2; 딤후 2:24-26) 한편 패커(J. I. Packer)가 올바르게 말한 것처럼, 우리 서구 복음주의자들 중 많은 사람들은 "1마일이 떨어진 곳에서도 불건전한 교리의 냄새를 맡을 수 있지만," 하나님을 개인적으로 경험한 것의 열매는 때때로 우리들 가운데 희귀하다는 것을 보여주고 있다.[34]

사랑이 멈춘 교회는 그리스도의 많은 지체들로 구성된 몸이라는 특유의 표현으로서는 더 이상 적절한 기능을 할 수 없다. 이것은 촛대가 그 자리에서 옮겨질 수도 있는 범죄들 중의 하나이며(계 2:5), 이를 통해 교회는 결국 교회로서 존재하기를 멈출 수도 있는 것이다. 어떤 교회들은 봉사 활동의 부족으로, 청년층에 대한 계획 부족으로, 혹은 방문자들에 대한 예의 부족으로 죽어가기도 한다. 또 어떤 교회들은 에베소 교회처럼 그들이 다른 사람들을 단순히 어떻게 대하느냐 하는 것으로 스스로를 감히 죽일 수도 있다.

---

33. Craig Keener, "Divorce as a Justice Issue," *Prism* 5 (Nov. 1998): 6-8, 20; idem, *…And Marries Another* (Peabody, Mass.: Hendrickson, 1991), 1-11; idem, "Some Reflections on Justice, Rape, and an Insensitive Society," 117-30 in *Women, Abuse and the Bible: How Scripture Can Be Used to Hurt or Heal*, ed. C. C. Kroeger and J. R. Beck (Grand Rapids: Baker, 1996).

34. J. I. Packer, *Knowing God* (Downers Grove, Ill.: InterVarsity, 1973), 25.

요한계시록 2:8-11

8 서머나 교회의 사자에게 편지하라 처음이며
마지막이요 죽었다가 살아나신 이가 이르시되
9 내가 네 환난과 궁핍을 알거니와 실상은 네
가 부요한 자니라 자칭 유대인이라 하는 자
들의 비방도 알거니와 실상은 유대인이 아니
요 사탄의 회당이라
10 너는 장차 받을 고난을 두려워하지 말라 볼
지어다 마귀가 장차 너희 가운데에서 몇 사
람을 옥에 던져 시험을 받게 하리니 너희가
십 일 동안 환난을 받으리라 네가 죽도록 충
성하라 그리하면 내가 생명의 관을 네게 주
리라
11 귀 있는 자는 성령이 교회들에게 하시는 말
씀을 들을지어다 이기는 자는 둘째 사망의
해를 받지 아니하리라

원 의미

서머나 교회에 주시는 예수님의 메시지는 대조적인 것들을 강조하고 있다. 즉 "처음이며 마지막이신" 분은 또한 죽었다가 살아나신 분이신데, 그는 가난하지만 부요한 자들, 그리고 자칭 유대인이라고 주장하지만 실상은 아닌 자들, 그리고 예수님처럼 죽음 속에서 생명을 찾을 자들에게 말씀하신다.[1]

3세기 동안 서머나는 소아시아에서 가장 중요한 도시들 중의 하나였다. 서머나는 그 위치에 있어서도 일곱 교회들 중 두 번째의 위치를 얻고 있다. 버가모와 더불어(계 2:12), 비록 에베소가 아시아 속주에서 여전히 가장 강력한 도시였지만, 서머나는 탁월성에 있어서 에베소와 경쟁하였다. 에베소처럼, 서머나는 아시아에서 황제숭배의 중심지였으며, 이러한 "특권"을 황제로부터 받은 두 번째 도시였다.[2] 앞서 언급한 것처럼, 유대인들만 황제숭배를 하는 일에서 면제를 받았다. 왜냐하면 로마는 유대인들이 유일신론자들이며 마땅히 관용을 받을 만한 고대의, 소수

1. Ford, *Revelation*, 394. "가난"은 종종 쿰란 두루마리에서 경건에 대한 하나의 칭호로 나타나지만, 그러나 여기서 가난을 진정한 부요와 대조시키고 있기 때문에 여기서 실제적인 고통을 암시한다.
2. Tacitus, *Ann.* 4.55-56. 그곳에 나오는 이교주의에 대한 여러 형태에 대해서는 Giulia Sfameni Gasparro, *Soteriology and Mystic Aspects in the Cult of Cybele and Atis* (ÉPROER 103: Leiden: Brill, 1985), 71-72를 보라.

민족의 종교임을 알고 있었기 때문이었다. 그리하여 그리스도인들이 유대교의 일부라는 인식(그들은 예수님이 고대 이스라엘에게 주신 성경적 약속들을 성취하신 분이라고 주장하였다)은 그리스도인들을 불필요한 박해로부터 보호를 해주었다(최소한 처음에는). 불행히도 많은 회당의 지도자들은 그들 자신을 그리스도인들과 날카롭게 구별할 필요성을 느꼈으며 혹은 유대 그리스도인들이 여러 회당에서 환영을 받지 못하도록 하였던 것 같다.

서머나의 통치 계층은 아시아계 헬라인들이 지배적이었으며, 이들과 유대 공동체는 사데보다 덜 안전한 관계를 가지고 있었다.[3] 서머나에 있는 유대 공동체는 상당했던 것으로 보이며, 또한 그들은 로마 정부와 보다 적극적인 관계를 가졌던 것으로 보인다.[4] 동시에 그들은 위험을 무릅쓸 수도 없었다. 유대와 로마의 전쟁 이 있은 지 20년 후, 결국 로마 제국 도처에 살고 있는 유대인들은 특별세를 납부해야 했으며, 아시아의 많은 유대 지도자들은 기독교와 같은 예언적이고, 메시아적인 운동들과 연관성이 있는 것에 대해 아마도 신경과민이었을 것이다.

지역 유대인들이 그리스도인들을 거부한 것은 이 시기 이후로 수십 년 동안 지속된 것이 분명하다. 2세기 초 일부 유대인 고소자들이 사도 요한의 제자이며 서머나의 감독인 폴리캅(Polycarp)을 로마 당국에 밀고하여 그가 처형을 받도록 하는데 관여하였다.[5] 그러한 갈등은 "자칭 유대인이라 하는 자들의 비방도 알거니와 실상은 유대인이 아니요 사탄의 회당이라"는 말씀을 설명하는데 도움을 준다(계 2:9). 이전에 유대 공동체 내에서 공개적으로 고발하는 일은 때때로 이방인들을 선동하여 유대 그리스도인들을 박해한 적도 있었다(행 13:50; 14:2, 19; 17:5; 18:12; 24:5; 살전 2:14-15). "사탄"의 회당은 또한 "마귀"와 연관되어 있다는 것

---

3. 아시아에서는 평화의 전망이 있었지만, 유대교의 한 예언은 서머나의 멸망이 임박해있다고 말한다(시빌의 신탁 3.365-67; 참조. 5.122-23, 306).

4. Claudia J. Setzer, *Jewish Responses to Early Christians: History and Polemics, 30-150 C.E.* (Minneapolis: Fortress, 1994), 114를 보라. 유대인의 존재에 대해서는 *CIJ* 2:9-12, §§739-43; *New Documents Illustrating Early Christianity*, vol. 3, ed. G. H. R. Horsley (North Ryde, N.S.W.: The Ancient History Documentary Research Centre, Macquarie University, 1983), 3:52, §17 (더 상세한 것은, Goodenough, *Symbols*, 2:79-81; Colin J. Hemer, "Unto the Angels of the Churches," *Buried History* 11 [1975]: 62). Kraybill, *Imperial Cult and Commerce*, 170-94는 이 편지들의 논점이 유대교적이긴 하지만 이교적 상업에서 그리스도인이 면제된 것은 아니라고 주장한다.

5. *Mart. Polyc.* 13.1; 17.2. 저스틴(Justin), 터툴리안(Tertullian), 그리고 오리겐(Origen) 등에 의해 주장 되는 바, 나중에 유대인들이 그리스도인들을 중상 모략했다는 것에 대해서는 Aune, *Revelation*, 1:162를 보라; 보다 상세한 논의는 Kraabel, "Judaism in Western Asia Minor," 32-40을 보라. 후대 서머나에서 있었던 순교에 대해서는 James Parkes, *The Conflict of the Church and the Synagogue: A Study in the Origins of Antisemitism* (New York: Atheneum, 1979), 137을 보라.

을 암시하는데, 이 마귀는 신자들을 감옥에 던지기도 하였다(계 2:9-10). 그리하여 많은 주석학자들은 최소한 지역 유대 공동체의 몇몇 구성원들이 소수 그리스도인들을 억압하기 위해 지역의 관리들과 협력했을 가능성을 인식하고 있다.[6]

학자들은 이 구절에 나오는 거짓 유대인들에 대해 다른 해석들을 제안하기도 하지만, 그러나 이러한 제안들 중 그 어떤 것도 의견의 일치를 보지 못하고 있으며, 또한 그 어떤 제안도 서머나의 그리스도인들이 분명하게 겪었을 박해와 관련된 것으로 보이는 이런 유대인들의 "비방"을 적절하게 설명하지 못하고 있다. 어쩌면 이러한 비방은 로마인들이 델라토레스(*delatores*)라고 불렀던 "밀고자들"을 가리킬지도 모른다. 로마의 관리들은 대개 어떤 대상자를 박해하기 이전에 고소인들인 밀고자들에 의존하였으며, 또한 이러한 일은 요한계시록이 출간된 직후 수십 년 동안 아시아에 사는 그리스도인들을 박해하는 일에도 해당된다.[7] 하지만 일단 그러한 고소가 받아들여져서 관리들이 그것을 허락을 하면 종종 그러한 고소는 연약한 증거에 근거하여 다른 사람들을 멸하는 근거가 되기도 하였다.[8]

이 단락은 지역적 차원에서 일어나는 공식적 박해를 묘사하고 있다. 로마의 형벌인 투옥(계 2:10)은 대개 재판을 받을 때까지 일시적으로 구금하는 것이며 또한 그 재판을 받은 후에 공식적인 형벌을 받든지 아니면 석방되었다.[9] 이 본문이 암시하는 형벌은 신자들이 죽음을 각오해야 한다는 것이다("네가 죽도록 충성하라"). 그리하여 서머나의 그리스도인들은 승리를 얻기 위해서 죽기까지 자기들의 생명을 아끼지 않아야 하는 것으로 이해했을 것이다(계 12:11 참조).

우리는 투옥의 구체적인 기간("십 일")이 나중에 받을 형벌보다는 구금에 강조가 있다는 것을 주장하는 것에 대해서는 반대한다. 하지만 이러한 기간은 요한계시록에 나오는 다른 많은 기간처럼 아마도 구약성경에 대한 상징적인 암시일 것이다. 다니엘과 그의 친구들처럼(단 1:12-14), 서머나의 신자들은 다른 사람들에 의해 십 일 동안 "시험"을 받았다. 그러나 그것은 하나님이 역사 가운데서 그의 목적을 성취하시기 위해 그들을 궁극적으로 높이시기 위해서였다. 그들이 갇힌 기간은

---

6. 예를 들면, Setzer, *Responses*, 101; Hemer, *Letters to the Seven Churches*, 67.
7. W. J. O'Neal, "Delation in the Early Empire," *Classical Bulletin* 55 (1978): 24-28; E. A. Judge, *The Social Pattern of the Christian Groups in the First Century* (London: Tyndale, 1960), 71.
8. 예를 들면, Herodian 7.3.2. 개인적 혹은 파벌적인 이유들 때문에 수많은 고발이 발생했을 것이다 (참조. Gary J. Johnson, "De conspiratione delatorum: Pliny and the Christians Revisited," *Latomus* 47 [1988]: 417-22).
9. 예를 들면, Hemer, *Letters to the Seven Churches*, 68을 보라.

다른 사람들에 대한 정보를 지키기 위해 고문당하는 것을 포함했을 것이다. 투옥이 그러한 고문을 포함했을 수도 있다는 것을 아는 것은 충성을 요구하였다.[10]

어떤 주석학자들은 2:8에 나오는 예수님에 대한 특정 칭호에서 의미를 찾기도 한다. 몇 세기 전에 서머나는 거의 사라질 뻔 했다가 탁월하도도 아름다운 도시로 다시 회복되어, 부활의 상징이기도 한 상상의 불사조와 비교되기도 하였다(Strabo, 14.1.37).[11] 이와는 대조적으로 예수님은 진실로 죽었다가 살아나신 분이시다. 이러한 주장의 장점이 무엇이든, 여기에서 예수님의 부활을 우선적으로 강조하는 것은 죽음에 직면해 있는 서머나의 그리스도인들에게, 뒤따르게 될 생명의 관을 바라보면서 감히 소망을 가지며, 또한 순교를 경험하는 것은 "둘째 사망"의 해를 받지 않을 것이라는 약속을 하시는 것이다(계 2:11).[12] 생각건대 서머나의 많은 그리스도인들은 죽음에 직면하여 충성될 것(마카비 4서 7:15-16), 순교자들을 위한 영생의 약속(마카비 4서 16:25; 17:12), 그리고 순교 가운데 이기는 사람들을 위한 승리의 관(마카비 4서 17:15) 등을 강조한 유대교의 순교 전승들을 잘 알고 있었을 것이다.

관(올리브 나무, 월계수, 소나무, 혹은 셀러리로 만든 화관)은 전투에서 승리한 자들에게 혹은 종종 체육 경기에서 이기는 자들에게 주어졌다. 그리하여 관은 로마의 아시아 속주에 사는 모든 성인들이나 대부분의 아이들에게 익숙한 상징적 이미지가 되었다.[13] 사람들은 또한 여러 가지 영예로 관을 수여하였으며(시락 32:1-2), 그리고 크라운(crown)이라는 말은 어떤 종류의 영예나 상급에 은유적으로 적용되기에 이르렀다.[14] 유대교의 종말론적 사고도 역시 관을 의인들을 위한 상급으

10. Aune, *Revelation*, 3:1166에 있는 *Digest* 48.18.29를 참조하라.

11. 보다 상세한 것은 Hemer, *Letters to the Seven Churches*, 58-59, 63-64를 보라. 탁월함에 대해서는 Dio Chrysostom, *40th Disc.* 14를 보라.

12. 초기의 일부 유대교 문헌에서 "둘째 사망"은 멸절을 가리킨다(I. Abrahams, *Studies in Pharisaism and the Gospels* [2d ser.: Cambridge: Cambridge Univ. Press, 1924], 44; 참조. Martin McNamara, *Targum and Testament* [Grand Rapids: Eerdmans, 1972], 123; 아마도 *Gen. Rab.* 96.5). 그러나 요한계시록에서 이와 동일한 문구(계 20:6, 14; 21:8)는 부활하여 영원한 고통에 들어가는 것을 가리킨다(계 14:11; 20:10). 이것은 유대교적 관용어에 대한 정확한 암시가 없다 해도 익숙한 개념이다. 우리는 죽어있는 동안 추가된 고통을 "둘째 사망"으로 말할 수도 있다 (Phaedrus, 1.21.11).

13. 전쟁에 대해서는, 예를 들면, Dionysius of Halicarnassus, 6.94.1; *Arrian*, Alex. 7.5.4; Aulus Gellus, 5.6을 보라; 체육 경기에 대해서는, 예를 들면, Pausanius, 6.8.4; 6.14.11; Diodorus Siculus, 16.79.3을 보라; 상징적 용법에 대해서는 Dio Chrysostom, *9th Isthmian Disc.* 10-12; 솔로몬의 시편 4:2; Josephus, *Apion* 2.217-18; 욥의 유언 4:10/8을 보라; 사후에 화관을 수여하는 것에 대해서는 Aune, *Revelation*, 1:168-69를 보라.

14. 예를 들면, Apuleius, *Metam.* 10.12; 은유적인 의미로는 욥 19:9; 잠 4:9; 12:4; 16:31; 17:6; 사 28:1-3; 아리스테아스의 편지 280; *m. Ab.* 4:13; *Ex. Rab.* 34:2. 면류관은 잠 14:24; 애 5:16; 시빌의 신탁

로 말하였는데, 이는 초대 그리스도인들 사이에서도 널리 퍼져있었던 전승이었다.[15] 아울러 이 구절에서 "관"은 권력을 주장하는 도시와 미묘한 대조를 나타낼 수도 있다. 서머나의 성채는 종종 왕관과 비교되었으며, 또한 초기 몇 세기 비문들 중 거의 20%가 화관(花冠)의 상징을 지니고 있다.[16]

에베소에서는 "이기는 것"이 사랑을 회복할 것을 요구했다면(계 2:4), 서머나에서 "이기는 것"은 박해를 견딜 것을 요구하였다. 순교에 대한 대중적인 유대교의 가르침은 순교와 이기는 것을 이미 동일시하였기 때문에(마카비 4서 9:24; 17:15), 따라서 이러한 요점을 이해하지 못하는 사람은 아무도 없었다. 그러나 요한계시록은 특히 5:5-6에서 승리적인 사자를 죽임 당한 어린 양의 이미지로 그 요점을 강조하고 있다. 즉 우리는 적대감으로 돌아서는 것이 아니라 오히려 하나님이 우리를 신원하실 것이라는 확신 가운데 우리의 생명을 버림으로써 이길 수 있다는 것이다.

상황잇기

"사탄의 회당"(계 2:9)은 강한 표현이며, 또한 그러한 단어들은 교회사 후반에 활용하기 쉬운 것으로 입증되었다.[17] 원래 이 말은 소수 그리스도인을 압제하는 유력한 유대 공동체에 대한 하나의 항의로 말해진 것이지만, 그 표현은 소수 유대인들을 박해하는 후기의 "기독교" 정권들에 대해서도 재사용되었으며, 또한 이는 오늘날 미국에서 폭력적인 아리아족 지상주의자들의 선전에서 계속 두드러지게 나타나고 있다. 기독교 정체성 운동과 결합되어 있는 오늘날의 백인 지상주의자들은 유색 인종이 시시한 인간들이며 또한 유대인들은 문자적으로 사탄과 이

5.100에서는 번영과 평안을; 희년서 16:30에서는 축하를(특히 아 3:11; *Koh. Rab.* 10:5, §1; *Lam. Rab.* 5.16, §1에서는 혼인날에) 각각 나타낸다. 후기 유대교 전승은 이를 시내 산의 이스라엘 백성들에게 적용시킨다 (*b. Shab.* 88a; *Pes. Rab Kah.* 16.3; *Song Rab.* 4:4, §1; *Lam. Rab.* 2.13, §17). 아울러 Aune, *Revelation*, 1:172-75도 참조하라.

15. 사 28:5; 1QS 4.7; 솔로몬의 지혜서 5:16; 바룩 2서 15:8; 시빌의 신탁 2.153-54; 욥의 유언 40:3/5; Gr. Ezra 6:17; *b. Ber.* 17a; *Meg.* 15b; *Deut. Rab.* 3:7; 고전 9:25; 빌 4:1; 살전 2:19; 딤후 4:8; 약 1:12; 벧전 5:4를 보라.

16. *New Documents*, 3:52, §17; Ramsay, *Letters to the Seven Churches*, 205; Hemer, *Letters to the Seven Churches*, 59-60, 72-74를 보라.

17. 적용에 대해서는 González, *Revelation*, 27을 보라. 교회 안에서 반유대주의 역사에 대해서는(그러나 그 뿌리는 기독교 이전이다) Edward H. Flannery, *The Anguish of the Jews: Twenty-Three Centuries of Anti-Semitism* (New York: Macmillan, 1965); James Parkes, *The Conflict of the Church and the Synagogue: A Study in the Origins of Antisemitism* (New York: Atheneum, Temple Books, 1979)을 보라.

브의 후손들이라고 주장하고 있다(그러나 성장하고 있는 "온건"파는 그들이 사탄적이라고 주장하지만, 사탄의 문자적인 후손들이라고는 말하지 않는다). 극단적인 백인 지상주의자들은 중무장을 한 채로, 유대인들의 지배를 받고 있는 미국 정부에 대항하는 아마겟돈 전쟁을 기다리고 있으며, 그 후에 그들은 이곳에서 새 예루살렘을 세울 것이라고 말한다.[18] 그러한 견해들이 유포되는 한, 진정한 그리스도인들이 우리가 하고 있는 것과 우리가 의미하지 않는 것을 분명하게 표현하는 것은 여전히 중요한 일이다.[19]

오늘날 요한계시록을 읽는 그리스도인 독자들이 예수께서 서머나의 그리스도인들에게 하신 말씀들을 우리가 처한 매우 다른 현대의 상황에 해석하는 적절한 방법은 무엇인가? 첫 번째 단계는 예수님이 말씀하시는 그 상황들을 이해하는 일이다. 요한의 청중은 자신들의 회중들을 유대인들로 간주하였다. 그것이 그들이 촛대로 묘사되고 있는 이유이다(계 1:12에 대한 설명을 보라). 최초의 그리스도인들은 유대인들이었으며, 또한 최초의 이방인 회심자들도 자연히 자신들을 가장 진정한 형태의 유대교에 회심한 자들로 간주하였다. 대부분의 사람들이 다수의 신들을 숭배하고 우상들 앞에서 희생 제사를 드리는 세상 속에서, 그리고 유대교의 성윤리와 성경의 역사가 경멸을 당하는 곳에서, 이스라엘의 하나님을 섬기는 그리스도인들은 이스라엘의 메시아와 성경을 받아들였으며, 또한 유대인들처럼 보이는 성적 정절을 준수하였다. 그러나 유대인들과는 달리, 그리스도인들은 그들 자신의 시대에 예수님에게 순종하는 것이 수 세기 전에 모세의 계시에 순종하는 것과 같이 필요한 일이었다고 생각하였다. 따라서 그들은 예수님을 거절한 유대인들을 이스라엘의 진정한 신앙으로부터 배교한 사람으로 간주하였던 것이다. 또한 그리스도인들이 이스라엘의 남은 자들을 신실하지 않은 사람이나 혹은 배교자로 간주하는 유일한 유대교 운동이 아니었다는 것도 주목하라. 동일한 수사법은 사해사본에도 나타난다.[20]

---

18. "Racist Identity Sect Fuels Nationwide Extremist Movement," *Klanwatch Intelligence Report* (Aug. 1995), 1-5 (pp. 3-4); "Mistaken Identity," *Intelligence Report* (Winter 199), 8-9; Richard Abanes, *American Militias: Rebellion, Racism and Religion* (Downers Grove, Ill.: InterVarsity, 1996), 162-63; Richard Kyle, *The Last Days Are Here Again: A History of the End Times* (Grand Rapids: Baker, 1998), 160-61; Leonard Zeskind, "Justice vs. Justus," *Intelligence Report* (Spring 1988), 14-17 (p. 17).
19. 비록 지금은 지배적인 것은 아니지만, 이러한 백인 지상주의자들은 몇 가지 보수적인 의제들을 공유하는 비인종차별주의적 근본주의자들과 함께 "공통 기반"을 구축해오고 있다 ("Racist Sect," 5); 이러한 위험의 실재에 대해서는 Abanes, *American Militias*를 보라.
20. Luke Timothy Johnson, "The New Testament's Anti-Jewish Slander and Conventions of Ancient

서머나와 같은 여러 곳의 유대교 지도자들이 그리스도인들을 더 이상 진정한 유대인이 아니라고 비난했을 때, 유대 그리스도인들이 "하나님의 언약 안에 있는 유산으로부터 자신을 스스로 잘라낸 사람들은 바로 당신이다"고 대응한 것은 놀라운 일이 아니다.[21] 1세기의 몇몇 유대인들은 "유대인"을 실제로 경멸적인 의미로 사용하였다. 그러나 여기에서 이 말은 언약 백성의 구성원들로서 자신의 역할을 진정으로 수행하는 사람들에게 적용된다.[22] "사탄의 회당"이라는 문구는 의도적으로 분리적이고 충격적이며 또한 쿰란에서 발견되는 한 찬송시의 유대인 저자에 의해 표현된 것과 동일한 종류의 감정을 반영하고 있는데, 여기서는 사해 공동체 밖에 있는 이스라엘을 "벨리알의 회중" 혹은 사탄으로 부르고 있다(1QH 2.22-23).[23]

오늘날 그리스도인들은 1세기의 유대 그리스도인들이 높은 계층의 유대인 대적자들에 대해 반 유대교적 방식으로 비난한 것을 반복해서는 안 된다. 오늘날의 사회에서 우리는—아마도 인간 역사에서 독특할 것이다—우리와 견해를 달리하는 사람들과 상호 존중을 하면서 대화를 하고, 또한 마음을 변화시키기 위해 자신의 진리를 사용하는 성령을 의지하는 기회를 가지고 있다. 반유대주의 그리스도인은 많은 현대의 유대인들이 직면하고 있는 예수님을 믿는 믿음에 가장 큰 장벽들을 세우고 있다. 가장 큰 당연한 장벽은 유대인이 자신의 고대 유산에 충실하지 않고 예수님을 믿는 것이라는 광범위한 전제일 지도 모른다. 논쟁을 하는 것은 그러한 장벽을 강화하는 반면, 성경적 유대교에서 그들의—그리고 우리들의—유산을 사랑하고 이해하는 것은 그러한 장벽을 축소시킬 수도 있다.

죽음의 위협은, 비록 지금까지 때때로 아시아의 교회들 중에서만 인식되는 것이긴 하지만(계 2:13), 계속 이어지는 여러 세기에 걸쳐 진실한 것임이 입증되었다. 북미의 그리스도인들은 그러한 본문들이 오늘 우리들, 특히 교외에 살고 있는 중산층 신자들 대부분이 직면하고 있는 도전들과는 관계가 없는 것으로 넘어가는

Rhetoric," *JBL* 108 (1989): 419-41; 참조. Craig Keener, *A Commentary on the Gospel of Matthew* (Grand Rapids: Eerdmans, 1999), 536.

21. Setzer, *Responses*, 100을 참조하라. 비난하는 것으로 방향을 바꾸는 것은 고대의 갈등을 나타내는 수사학에서 일반적으로 인정된 형태였다(왕상 18:17-18; 마 12:24, 45; Cornelius Nepros, 7 [Alcibiades].4.6). 그리스도인 자기 정의의 사회적 기능에 대해서는 Adela Yabro Collins, "Vilification and Self-Definition in the Book of Revelation," *HTR* 79 (1986): 308-20을 참조하라.

22. 이러한 표현의 사용에 대한 논의에 대해서는 Craig S. Keener, "The Function of Johannine Pneumatology in the Context of Late First Century Judaism" (Ph.D. diss.: Duke University, 1991), 330-49를 보라.

23. Diogenes, *Ep.* 28에서 헬라인들에 대해 진정한 헬라인과 거짓 헬라인으로 말하는 것을 참조하라.

것은 너무나도 쉬운 일이다. 그러나 우리는 다만 그 문제를 보다 철저하게 이해시키기 위해 "…하면 어떻게 될까?" 하는 어떤 가정적인 질문을 물을 필요가 있다. 과거에는 우리의 형제와 자매들의 순교뿐만 아니라 현재에는 여러 곳에서 많은 사람들의 순교도 우리에게 그 비용을 계산하도록 도전하고 있다. 예수님은 우리들에게 어느 정도의 가치가 있을까?

현대적 의미

일곱 교회 중에 분명하게 칭찬을 받고 있는 유일한 두 교회는 서머나 교회와 빌라델비아 교회이다. 고난은 삶 속에서 실제로 어느 것이 중요한가를 우리들에게 상기시켜주며, 우리로 하여금 철저하게 하나님만 의존하도록 하며, 또한 하나님의 뜻에 대한 우리의 순종을 정화시키는 하나의 방식이다.

그러나 중요한 것은 우리가 고난에 직면하기 전에 하나님의 마음을 아는 것이다. 이렇게 하는 것은 우리가 우리를 향한 하나님의 마음을 우리의 고난에 근거하여 해석하기 보다는, 오히려 우리가 당하는 고난을 우리를 향한 하나님의 사랑에 비추어, 십자가에서 우리가 당하는 고난에 하나님이 동참하신 것에 비추어 이해하기 위함이다. 빌리 그레이엄(Billy Graham)이 지적했듯이, "고난은 신비로우며, 알 수 없는 요소를 가지고 있다." 서머나가 더 큰 고난에 직면했던 반면(계 2:10), 다른 박해받는 교회(빌라델비아)는 그들의 고난을 통하여 구원을 얻을 것이다(혹은 우리가 보기에, 강해질 것이다)(계 3:10). 동일한 방식으로 야고보는 처형을 당하였지만 베드로는 풀려났다(행 12:2-7). 어떤 사람들은 기적적으로 풀려나지만 또 어떤 사람들은 죽임을 당한다(히 11:35). 코리 텐 붐(Corrie ten Boom)은 나치 감옥에서 생존하였지만 그녀의 자매는 그곳에서 죽었다. 우리는 왜 어떤 사람들의 고난이 다른 사람들보다 훨씬 더 가혹한지 그 이유를 설명할 수 없다. 빌리 그레이엄은 다음과 같이 결론을 내린다. "요한계시록에 나오는 짧은 편지에서 내가 아는 전부는 이것이다. 즉 그리스도는 그분만이 공급해주실 수 있는 능력 안에서 '이겨라!' 고 우리에게 명령 하신다…."[24]

나는 대다수의 서구인들이 확인할 수 있는 것보다 더 강렬한 고난에 직면해 있는 세상 여러 곳에 살고 있는 친한 친구들을 가지고 있다. 예를 들면, 나는 나이지리아의 몇몇 친구들에게서 무슬림 근본주의자들이 그들 나라 곳곳에서 폭동을 일

24. Graham, *Approaching Hoofbeats*, 60-62.

으키고, 또한 그들의 친구였던 기독교 목회자들을 죽이는 것에 한탄하고 있는 것을 들은 적이 있다. 그들은 또한 그 살인자들이 권력을 쥐고 있는 무슬림 정부에 의해 법에 따라 결코 처벌을 받지 않는다는 사실에 주목하고 있다.[25] 한 아프리카 주석학자는 우간다의 무슬림인 이디 아민(Idi Amin) 치하에서 그리고 차드에서 전통 종교들이 부활하는 동안에 죽임을 당한 많은 유력한 아프리카 순교자들의 명단을 작성하였다—이들은 "예수를 위하여 즐거이 고난을 받은 사람들이다." 마찬가지로 동아프리카의 부흥은 백인들을 증오하거나 우상을 숭배하는 마우 마우 맹세(Mau Mau oath)를 거부하도록 많은 케냐의 목회자들을 준비시켰으며, 또한 많은 사람들이 그들의 승리적인 장례식을 통하여 회심하였다.[26]

우리들 중 몇 사람에게 이 문제를 보다 자세하게 이해시키기 위해, 순교의 전망을 재배치할 것을 반드시 요구할 필요는 없다. 내가 1970년대 후반 미국의 여러 길거리에서 복음을 증거하고 있었던 초보 그리스도인이었을 때, 나는 여러 번 맞고 또한 내 생명이 위협을 받았던 적이 있었다. 이제는 내가 마지막으로 맞은 지 상당한 시간이 지났지만, 그러나 그 이후에도 나의 복음 증거로 인하여 죽음의 위협을 여러 번 받은 적이 있었으며, 또한 복음 증거를 위해 내가 살기로 선택한 여러 장소 때문에 여러 위험스러운 상황에 처하기도 하였다. 독자들은 내가 죽임을 당하지 않을 것으로 생각하는 것도 무리가 아니다. 그러나 미국에서조차도 순교는 일어날 수 있는 가능성이 있으며, 또한 장래에 더욱 심해질 수도 있다. 예수님은 우리가 모든 민족에게 미움을 받으리라고 말씀하셨다(마 24:9). 많은 신자들이 그리스도를 증거 하기 위해 마약이나 살인이 들끓는 지역에서 이동하거나 혹은 여전히 남아있거나 선택해왔으며, 그리고 이러한 일 역시 그것이 그리스도의 부르심이라면 그리스도를 위해 기꺼이 죽겠다는 것을 나타낸다.

만일 우리가 필요할 경우 우리 자신이나 회중들이 그리스도의 이름을 위해 죽는 것이 준비되어 있지 않다면, 우리는 제자들을 준비시키는 우리들의 책임을 완수하지 못한 것이다(막 8:34-38). 다니엘과 그의 친구들처럼, 우리들도 지금 우리에게 주어진 것들을 통과함으로써 보다 격렬한 미래의 시련들을 위해 최선의 것을

---

25. 뉴스 기사에 대해서는 "Did Muslims Plan Religious Violence?" *CT* (July 10, 1987), 43; Sharon Mumper, "Global Report: Nigeria," *EMQ* 24 (Jan. 1988): 86-87; "Riots Kill Hundreds," *CT* (June 24, 1991), 56; "Christian-Muslim Tensions Prompt Riots," *CT* (Nov. 25, 1991), 58; "Intolerance," *World Press Review* (July 1991), 38; Randy Tift, "More Bloodshed Feared in Religious Fighting," *CT* (June 22, 1992), 67; "The Fight for African Souls," *World Press Review* (June 1992), 48 등을 보라.

26. Osei-Mensah, *God's Message*, 25.

준비해야 한다. 하지만 우리가 거절과 박해에 직면하여 우리가 여전히 충실하게 남아있을 때, 예수님은 지금 우리의 압제자들이 누리는 권세와 지위보다 훨씬 더 큰 상급을 우리에게 약속하신다.

요한계시록 2:12-17

12 버가모 교회의 사자에게 편지하라 좌우에 날
선 검을 가지신 이가 이르시되
13 네가 어디에 사는지를 내가 아노니 거기는
사탄의 권좌가 있는 데라 네가 내 이름을 굳
게 잡아서 내 충성된 증인 안디바가 너희 가
운데 곧 사탄이 사는 곳에서 죽임을 당할 때
에도 나를 믿는 믿음을 저버리지 아니하였
도다
14 그러나 네게 두어 가지 책망할 것이 있나니
거기 네게 발람의 교훈을 지키는 자들이 있
도다 발람이 발락을 가르쳐 이스라엘 자손
앞에 걸림돌을 놓아 우상의 제물을 먹게 하
였고 또 행음하게 하였느니라
15 이와 같이 네게도 니골라 당의 교훈을 지키
는 자들이 있도다
16 그러므로 회개하라 그리하지 아니하면 내가
네게 속히 가서 내 입의 검으로 그들과 싸우
리라
17 귀 있는 자는 성령이 교회들에게 하시는 말
씀을 들을지어다 이기는 그에게는 내가 감추
었던 만나를 주고 또 흰 돌을 줄 터인데 그
돌 위에 새 이름을 기록한 것이 있나니 받는
자 밖에는 그 이름을 알 사람이 없느니라

원 의미

버가모는 오랫동안 번영을 누렸던 유명한 도시였다. 버가모는 120,000에서 200,000명 정도의 주민들이 살고 있었다.[1] 또한 이 도시의 주민들은 동부 지중해의 여러 왕들을 쳐부수기 위해 로마에 협력하는 일에 선두에 설만큼 선견지명을 가지고 있었으며, 그리하여 특별한 호의를 힘입어 안전을 확보하였다. "검"의 이미지는 로마 정부의 '정의의 검'(*ius gladii*), 즉 사형을 집행할 수 있는 권리를 암시할 수도 있는데, 이 때문에 예수님은 그리스도인들에게 로마 정부가 아니라 자신이 사망과 음부의 열쇠를 가지고 계신다는 것을 상기시키신다(계 1:18).[2] 이러한 말씀들은 박해를 받고 있는 자들에게 위로가 되었을 것이다(계 2:13). 하지만 이 편지는 교회 안에 있는 거짓 교사들에게 초점을 맞추고 있다. 그리하여 이 "검"

1. 버가모의 번영에 대해서는 Strabo, 13.4.1-3을 보라. 버가모의 인구에 대해서는 Aune, *Revelation*, 1:181에 나오는 갈렌(Galen)의 인용문을 보라.
2. Ramsay, *Letters to the Seven Churches*, 292-93; Hemer, *Letters to the Seven Churches*, 85.

은 예언서들에서 종종 언급된 것처럼 전쟁의 심판을 언급할 수도 있다—그러나 여기서는 그의 교회를 타락시키는 거짓 교사들과 싸우실 주 예수에 대한 언급이다(계 2:15-16).[3]

이 교회는 외부적 반대뿐만 아니라 내부적 반대에도 직면해 있었다. 비록 그 전체적인 의미가 분명한 것은 확실하지만, "사탄의 권좌"(계 2:13)의 정확한 의미는 논란이 되고 있다. 아스클레피우스(Asclepius)의 치유 의식은 버가모에서 유명하였다. 이 도시의 유대인들은 요한계시록의 뱀(계 12:9)에서 버가모 신의 주요 상징을 인식했을 수도 있다.[4] 대개 학자들은 유명하고 거대한 보좌처럼 생긴 "구원자 제우스"의 제단을 생각하고 있는데, 그 조각물은 여러 마리의 뱀을 포함하고 있었다. 이 제단은 "말굽의 형태로 기념비적인 열주(列柱)가 있는 가로 세로 120피트의 안뜰"이 있었으며, 그 기단(基壇)은 "높이가 거의 18피트"나 되었다.[5]

그밖에 다른 이교적 종파들도 역시 버가모에서 여전히 두드러졌는데, 특히 데메테르(Demeter), 디오니시우스(Dionysius), 아데나(Athena), 그리고 오르페우스(Orpheus) 등이 주위에 있었다.[6] 그러나 만일 어떤 구체적인 이교도 신앙을 고려한다면, 신자들에게 가장 크고도 직접적인 위협은 황제숭배 의식이었을 것이다. 아우구스투스의 옛 신전은 우뚝 솟은 바위 성채 위에 서 있었으며, 또한 버가모를 찾아오는 누구에게나 눈에 잘 띄었다.[7] 속주의 황제숭배 의식의 중심지로서 버가모는 요한계시록이 사탄의 "권좌"로 적절하게 정죄하는 것을 정당화하였다.[8] 버가모가 일부 유대인들이 생각하기에 신적인 파멸을 당할 것으로 책망을 받는 도시들

3. Beale, *Revelation*, 250-51은 여기서 특히 "발람"의 위협에 관하여 민 22:23, 31과 후기 유대교 전승을 인용한다.

4. 버가모에서 행해진 아스클레피우스 의식에 대해서는 Pausanius, 2.26.9; Herodian, 4.8.3을 보라. 그곳에서 치유와의 연관성은 Homer, *Il.* 5.446-448(Apollo)만큼이나 이른 시기에 나타난다. 이 시기에 특히 유명하였으며 또한 이 도시에서 중심적이었던 아스클레피우스에 대한 정보는 Howard Clark Kee, *Miracle in the Early Christian World: A Study in Sociohistorical Method* (New Haven: Yale, 1983), 78-104를 보라.

5. Yamauchi, *The Archaeology of New Testament Cities*, 35. 이것이 "사탄의 권좌"일 수도 있다는 견해에 대해서는 Stambaugh and Balch, *Environment*, 153; Beasley-Murray, *Revelation*, 84; 몇몇 사람은 이 명칭을 오히려 아크로폴리스 전체에 대해 적용하고 있다 (Peter Wood, "Local Knowledge in the Letters of the Apocalypse," *ExpT* 73 [1962]: 263-64).

6. W. C. Guthrie, *Orpheus and Greek Religion*, 2d ed. (New York: W. W. Norton, 1966), 260-61; W. W. Tarn, *Hellenistic Civilization* (London: E. Arnold, 1952): 354; Ramsay, *Letters to the Seven Churches*, 284-85; Yamauchi, *The Archaeology of New Testament Cities*, 31 등을 보라.

7. Hemer, *Letters to the Seven Churches*, 82-85; Ford, *Revelation*, 398; Fiorenza, *Revelation*, 193. 버가모의 초기 통치자들은 그들이 살아있는 동안에는 숭배를 받지 않았다 (Tarn, *Civilization*, 51). Aune, *Rvelation*, 1:182-84는 이 명칭을 보다 일반적으로 그리스도인들에 대한 지역 로마의 적대에 대해 적용시킨다.

8. Bowman, *First Christian Drama*, 31.

중에 속한다는 것은 놀라운 일이 아니다(시빌의 신탁 5.119).[9]

문맥을 보면, 일반적으로 이교주의, 혹은 아마도 구체적으로는 황제숭배 때문에 2:13에 언급된 것처럼 안디바를 순교에 이르게 했을 것이다. "충성된 증인"으로서 그는 그의 주님과 같은 사람이었다(계 1:5; 참조. 계 3:14). 교회 안에 있었던 다른 사람들은 살아남았지만 그럼에도 불구하고 그들은 고통을 당하였으며, 그리고 예수님은 그들에게 자신을 믿는 "믿음"을 칭찬하시는데(계 2:13), 이는 아마도 예수님에 대한 충성을 의미할 것이다(참조. 계 2:10; 14:12).[10] 그러나 예수님이 고난 받고 있는 교회에 특별한 마음을 가지고 계심에도 불구하고, 고난을 당하는 것이 우리가 행하거나 믿는 모든 것의 정당성을 자동적으로 입증하는 것은 아니다(계 2:14).

외부로부터 오는 반대 외에도, 버가모는 또한 내부적인 문제들을 경험하고 있었다. 두아디아의 "이세벨"처럼(계 2:20), "발람"(계 2:14)도 그 선지자 자신이 선호하고 있는 이름이 아닌 것은 분명하지만, 그러나 이 암호와 같은 이름은 이 선지자가 하나님의 백성들을 나쁜 길로 이끄는 거짓 선지자임을 암시한다. 성경에서 그리고 유대교 전승에서는 보다 분명하게, 발람은 돈을 위해 탐욕을 가지고 행동하는 사람이다(민 22:19; 신 23:4; 느 13:2; 벧후 2:15; 유 11).[11] 발람은 이스라엘 백성들을 하나님의 은혜로부터 이끌어내기 위해 그들로 하여금 죄를 짓게 만들었으며, 이 일로 인하여 이스라엘 백성들이 고난을 당하였다(민 31:16). 다른 사람들은 만일 처음으로 하나님을 불순종하도록 유혹한다면 이스라엘은 파멸을 당할 뿐이라는 것을 또한 인식하고 있었다(유딧 5:20-21; 11:10).[12] 발람과 관련하여 이스라엘이 지은 특별한 죄는 행음과 우상에게 바친 음식이었는데(민 25:1-2; 참조. 31:8, 16), 이는 나중에 이교 사회에서 여전히 유혹으로 남아있어 그리스도인들에

9. 버가모에 있었던 회당의 고고학적 증거에 대해서는 Goodenough, *Symbols*, 2:78-79를 보라.

10. Donald S. Deer, "Whose Faith/Loyalty in Revelation 2.13 and 14.12?" *Bible Translator* 38 (1987): 328-30을 보라.

11. 아울러 *Ps-Philo* 18:13. 많은 사람들은 발람을 최고의 이교 선지자로 생각하고 있으며 (Josephus, *Ant.* 4.104; *Sifre Deut.* 343.6.1; 357.18.1-2), 그리고 후대 랍비들은 그를 최고의 이교 "철학자"로 여기고 있다 (*Pes. Rab Kah.* 15.5; *Gen. Rab.* 65:20; 93:10; *Lam. Rab* Proem 2). 일반적으로 John T. Greene, "The Balaam Figure and Type Before, During, and After the Period f the Pseudepigrapha," *Journal for the Study of the Pseudepigrapha* 8 (1991): 67-110을 보라.

12. 후대 랍비들은 다른 사람으로 하여금 죄를 짓게 하는 것을 그 사람을 죽이는 것보다 더 나쁜 일로 간주하였다 (*Sifre Deut.* 252.1.4). 그들은 이러한 일이 발람이 이스라엘로 하여금 말썽을 일으키게 한 것이었다고 이해하였으며 (*p. Sanh.* 10:2, §8; *Taan.* 4:5, §10), 그리고 어떤 문헌은 그를 심판을 부인한 것과 연관시키고 있다 (*Pes. Rab.* 41:3).

심판을 초래한 죄이기도 하였다(고전 10:7-8; 디다케 6.3).[13]

학자들은 요한계시록 2:14에 나오는 "행음"이 가령 이교 신전들에서 종종 행해지는 매춘과 같이 문자적인 행음을 말하는지, 아니면 하나님으로부터 타락한 영적인 간음을 말하는지에 대해 논쟁을 하고 있다.[14] 행음은 지중해 동부에서 널리 퍼져 있었다—오늘날에 못지않게. 그럼에도 불구하고 히브리어 성경에서 이 이미지가 자주 사용되고 있는 것을 고려하고(예를 들면, 왕하 9:22; 렘 3:9; 13:27; 겔 16:15-36; 23:7-35; 호 1:2; 4:12; 5:4; 나 3:4) 그리고 특히 요한계시록의 후반부에 나오는 "음녀"를 고려하면(계 17:1, 15-16), 이 구절과 2:20은 영적인 의미가 더 가능성이 있는 것으로 보인다.[15]

발람이 우상에게 음식을 바치도록 조장한 것은 곧 혼합주의를 조장한 것을 의미하는데, 이는 하나님의 백성들이 여러 신들을 숭배하는 의식에 참여하도록 유혹받은 것을 말한다.[16] 가장 보수적인 유대인들은 죽음의 고통에 처해 있다 해도 우상에게 드려진 음식을 먹는 일을 거부하였다(마카비 4서 5:2-3). 고대 여러 도시의 시장에서 팔려지는 고기들 대부분은 이교의 신들에게 바쳐진 것들이었다. 그러나 그러한 고기는 우상에게 바쳐지지 않은 고기와 구별되지 않았기 때문에, 그것은 여기에서 고려하지 않는다.[17]

보다 중요한 것은 그 고기가 특히 이교 신에게 드려진 것으로 알려져 있는 의식의 종류들이다. 가령 이교 축제들에서 자유롭게 음식을 나누고 우상 신전에서 식사를 하며(고전 8:10; *m. A.Z.* 2:3; 3:4), 혹은 아마도 이곳의 그리스도인들의 경우처럼 길드 축제에 참여하는 것 등이다. 그리하여 선지자들은 황제숭배 의식과 타협을 하고 또한 가이사에게 드려진 음식을 나누는 것을 옹호할 수 있었다. 이것은 버가모에서 박해를 경험한 것과 일치한다(계 2:13).[18] 하지만 동일한 가르침이

---

13. 발람을 부도덕과 연관시키는 것에 대해서는 또한 Josephus, *Ant.* 1.129-48; 4.157; Philo, *Moses* 1.296-97; *Ps-Philo* 18:13을 보라.

14. 영적 음행에 대해서는 Caird, *Commentary on Revelation*, 39, 44를 보라.

15. 이러한 이미지의 은유적 사용에 대해서는 4QpNah 3.4; 아마도 지혜서14:12를 보라.

16. 유대교 전승은 이러한 우상숭배 기사를 확대시키고 있다 (Josephus, *Ant.* 4.130, 141, 149; Philo, *Moses* 1.298-99).

17. 시장의 고기에 대해서는 E. P. Sanders, *Jewish Law From Jesus to the Mishnah: Five Studies* (London: SCM: Philadelphia: Trinity Press International, 1990), 280; Wendell Lee Willis, *Idol Meat in Corinth: The Pauline Argument in 1 Corinthians 8 and10* (SBLDS 68; Chico, Calif.: Scholars, 1985), 63; Gerd Theissen, *The Social Setting of Pauline Christianity*, tr. J. H. Schütz (Philadelphia: Fortress, 1982), 124-27; Aune, *Revelation*, 1:191-94 등을 보라.

박해에 대한 암시가 거의 없이 두아디라에서도 나타나기 때문에, 유혹은 보다 포착하기 어려운 것일 수도 있다. 그것은 우상에게 드려진 음식을 먹는 전반적인 경향을 반영할 수도 있다.

이러한 유혹의 가장 어려운 형태들 중의 하나는 그리스도인들이 상업 길드에 참여하는 것을 거부함으로서 그들의 생계를 유지하는데 도전이 된 일이었을 것이다. 상업 길드는 그들이 모일 때에 후원 신을 예배하는 식사를 포함하고 있었으며,[19] 그리고 특히 두아디라에서 도시생활을 지배했던 상업 길드를 피하는 일은 어려운 일이었을 것이다. 신학적인 차원에서, 자신의 생명을 유지하기 위해 황제숭배 의식과 타협을 하고 또한 자신의 생계를 유지하기 위해 상업 길드의 이교적 활동과 타협을 하는 것은 같은 종류의 일이다(계 13:17 참조). 그들은 하나님의 표준에 대한 자신의 전체적 헌신을 희생하여 세상에 동화(同化)시키고 있음을 보여준다. 그러한 동화를 옹호하는 사람은, 마치 여호와께 신실하지 못했던 고대의 이스라엘 백성들처럼, "음녀"와 같다(참조. 계 2:20; 17:1-2). 2세기 초, 로마의 관리들은 희생 제사 음식을 먹는 것을 거부하고 이에 거칠게 반응한 그리스도인들의 영향력을 인식하고 있었다(Pliny, *Ep.* 10.96).

버가모의 그리스도인들에게 있어서, "이기는 것"은 반대에도 불구하고 계속 흔들리지 않는 것(계 2:13), 특히 세상과 타협하는 가르침에 대항하고 또한 그러한 가르침을 자신들이 속한 집단에서 제거하기 위해 최선을 다하는 것을 의미한다(계 2:14-16).

이기는 자에게 예수님은 "감추었던 만나"와 "그 돌 위에 새 이름을 기록한 흰 돌"을 약속하신다(계 2:17). 감추었던 만나는 아마도 법궤 속에 두었던 그 만나가 종말에 법궤가 회복될 때 다시 회복될 어떤 유대교 전승을 암시하는 것 같다(*tos. Kip.* 2:15). 비록 예레미야가 최초의 법궤가 결코 회복되지 않을 것임을 분명하게 선포했다 하더라도(렘 3:16), 초기 유대교 전승은 그 법궤와 성전 기구들이 감추어졌다가 메시아 시대에 회복될 것임을 선언하고 있다.[20] 요한은 곧 하늘의 법궤가

18. 황제숭배에서 그러한 희생제사 음식은 아마도 *CIL* 3.550에 함축되어 있으며 이는 또한 보다 일반적인 이교적 관습을 반영하고 있다. 몇몇 학자들은 여기서 그러한 의식에서 나온 고기라고 주장한다 (Bowman, *First Christian Drama*, 31).

19. E. A. Judge, *The Social Pattern of the Christian Groups in the First Century: Some Prolegomena to the Study of New Testament Ideas of Social Obligation* (London: Tyndale, 1960), 40; Ramsay MacMullen, *Roman Social Relations: 50 B.C. to A.D. 284* (New Haven: Yale, 1974), 77, 82 등을 보라.

20. 마카비 2서 2:4-8; 바룩 2서 6:7-9; 바룩 4서 3:10, 19; 4:4; *Lives of Prophets* 2:15 (예레미야 §25에는 헬

보여 질 것을 알고 있지만(계 11:19), 그러나 그에게 있어서 만나는 아마도 특히 새 출애굽(참조. 계 12:6, 14)과 그리고 수고하지 않고 영원한 생명을 유지하는 것에 대한 하나님의 약속(계 7:17; 22:2)을 상징할 것이다.[21] 이렇게 약속된 만나는 발람의 추종자들이 그들의 미래적 상급을 타협하기 위해 준비한 것으로 보이는 우상에게 바쳐진 음식과 강한 대조를 보이고 있다(계 2:14).[22]

흰 돌의 의미에 대해서는 보다 더 논란이 있다. 왜냐하면 사람들은 돌을 여러 가지 상징적인 방식으로 사용했기 때문이다. 종종 '테세라'(*tessera*, 고대 로마에서 표, 패, 혹은 주사위로 사용한 돌-옮긴이) 혹은 작은 돌덩어리나 상아(象牙)에 글자나 상징들을 새겨 넣기도 하였다.[23] 요한계시록은 여기서 다양한 뉘앙스를 지닐 수 있지만(참조. 계 17:9-10), 그러나 그 배경은 우리가 가장 가능성 있는 것을 결정하는데 도움을 줄 수도 있다. 아시아적인 이교주의와 대조를 이루고 있다는 가능성이 있다. 유명한 프리기아의 어머니 여신인 키벨레(Cybele)의 신성한 토템 상(像)이 검은 돌이었다.[24] 그러나 사람들은 조약돌을 공적인 회합이나 축제 등에 들어갈 수 있는 증거로 사용하였다는 것이 보다 가능성이 있다. 여기서의 경우도 하늘의 잔치와 메시아 잔치의 새 만나일 것이다(계 7:9; 19:9).[25] 아마도 가장 의미심장한 암시는 고대의 법정에 대한 언급일 것이다. 이곳에서 배심원들은 무죄 방면에 대해서는 흰 돌을 그리고 유죄에 대해서는 검은 돌을 던져 투표하였다. 여기서는 아마도 사형의 경우를 염두에 두고 있을 것이며(계 2:13), 또한 예수님은 생명과 둘째 사망을 선언하시는 최후 심판 때에 버가모에서 그리스도인들을 박해하

라어로 기록); *m. Shek.* 6:1-2; *Yoma* 5:2등을 보라. 이와 관련이 있는 사마리아 사상에 대해서는 Josephus, *Ant.* 18.85; M. F. Collins, "The Hidden Vessels in Samaritan Traditions," *JSJ* 3 (1972): 97-116; Issac Kalimi and James D. Purvis, "The Hiding of the Temple Vessels in Jewish and Samaritan Literature," *CBQ* 56 (Oct. 1994): 679-85등을 참조하라.

21. 아울러 바룩 2서 29:8; *Mek. Vayassa* 3.42-45; 5.53-65에 나오는 종말론적 만나를 보라; 참조. *Ex. Rab.* 47:5; 시빌의 신탁 7.149에 나오는 기독교 전승. 천사의 음식으로서 만나에 대해서는 *b. Yoma* 75b를 보라.

22. 고대의 독자들은 아마도 그러한 대조를 재빨리 인식했을 것이다. 이와 유사한 대조에 대해서는 후대의 *Num. Rab.* 21:21을 보라.

23. Ramsay, *Letters to the Seven Churches*, 302. 아래에서 재인용되고 있는 견해들 중 대부분은 다른 학자들에 의해 개진되기 이전에 램지에 의해서 혹은 램지 이전에 주장된 것들이다.

24. Stambaugh and Balch, *Environment*, 136. 사데에서 코레(Kore)는 또한 바위로 나타난다 (David J. Gill, "Religion in a Local Setting," 79-92 in *The Book of Acts in Its Greco-Roman Setting* [ed. D. W. Gill and C. Gempf; Grand Rapids, 1994], 88).

25. Caird, *Commentary on Revelation*, 42; Ford, *Revelation*, 399-400; Beasley-Murray, *Revelation*, 88; Hemer, *Letters to the Seven Churches*, 98-99.

는 자들의 판결을 뒤집으실 것이다(계 2:13; 20:12-14; 참조. 행 7:56-60).[26]

이러한 조약돌은 영생 혹은 죄로부터의 정결을 상징하기 위해 흰색이었을 것이다(계 3:4-5, 18; 4:4; 6:11; 7:9, 13-14). 아울러 실제적인 고려를 한다면 이름을 새기는 일에 대해서는 흰 돌을 지지한다. 비록 버가모에서 대부분의 건축 재료들이 진한 갈색의 화강암이었지만, 그 도시는 흰 대리석을 비문(碑文)에 사용하였다.[27] 이교 신들은 때때로 새로운 신분을 나타내기 위해 숭배자들에게 새 이름들을 수여하였다(자녀들이 출생한 직후에 부모들이 이름을 지어주는 것처럼).[28] 이스라엘의 역사에도, 이름의 변화는 종종 약속과 관련이 있었다(예를 들면, 창 17:5, 15; 참조. 17:4, 9, 20).

새 이름은 여기서 이사야 56:5과 특히 62:2을 암시한다. 여기서 하나님은 그의 백성들에게 새 이름을 주시며, 그들의 수치를 제하여 주실 것임을 약속하신다(사 62:4). 이러한 일은 새 예루살렘과 새 창조의 시대에 적합하다(사 65:15-19). 새 이름은 어떤 사람의 신분에 대한 새로운 묘사를 나타낼 수도 있지만(계 3:1, 5 참조), 그러나 요한계시록 문맥에서는 아마도 하나님(계 3:12; 참조. 계 2:13; 3:8, 사 43:1)과 어린 양(계 14:1; 19:12-13, 16)의 감추어진 이름일 것이며, 또한 그들은 이 이름을 영원히 지닐 것이다(계 22:4).

상황잇기

동화(同化)에 대한 경고. 비록 박해의 주제가 요한계시록에서 중심적이긴 하지만, 이 책 전체가 세상과 동화하는 것에 대한 경고임을 강조하는 사람들도 역시 정확하다. 어느 학자가 언급했듯이, "요한묵시록은 기독교가 비기독교적 정신이 문제가 되고 있는 문화와 동화하는 상황에서는 목회적 적절성을 가진다."[29]

26. Beasley-Murray, *Revelation*, 88; Ford, *Revelation*, 399-400; Hemer, *Letters to the Seven Churches*, 97에 있는 보다 상세한 증거 자료. 그러나 투표자들은 종종 질그릇 조각 위에 쓰기도 하였다 (Cornelius Nepos 2 [Themistocles], 8.1; 5 [Cimon], 3.1).

27. Hemer, *Letters to the Seven Churches*, 101-2. 어떤 특별한 치유력이 있는 흰 돌이 "유대의 돌"로 불리어졌다는 것(Galen 9.2.5; Dioscurides, *Materia Media* 5.137)은 아마도 부적절할 것이다. 석회질의 흰 돌은 아시아 여러 지역의 특징이었다(J. B. Lightfoot, *Saint Paul's Epistles to the Colossians and to Philemon* [n.p.: Macmillian & Company, 1879], 10 참조).

28. Talbert, *Apocalypse*, 19; Hemer, *Letters to the Seven Churches*, 99-100은 Aelius Aristides, *Hymn to Ascl.* 6.69를 인용한다. 아이들은 대개 출생 후 8-9일이 지나면 이름을 받는다 Plutarch *R.Q.* 102, *Mor.* 288BC; 눅 1:59). 1QpHab 8.9에서 은유적으로 새 이름을 지어주는 것을 참조하라.

29. Talbert, *Apocalypse*, 111.

물론 우리는 문화와의 적절한 상호 작용과 문화와의 타협 사이를 구별하는데 신중해야 한다. 바울은 1세기 선교사로서 자신이 속한 문화의 언어를 쉽게 말하였으며(예를 들면, 롬 1:19-32에서 스토아적 모델들을 자신의 견해를 진행시키는데 적응시키고 있다), 또한 정규적으로 이교의 시민 종교에 참여하는 높은 계층의 시민들인 친구들을 가지고 있었다(행 19:31). 불신자들과 친밀한 관계를 가지는 것에 대한 경고(시 1:1; 잠 13:20)는 세상의 가치관을 받아들이지 않도록 하며, 또한 다른 사람들이 그리스도의 가치관들을 옹호하지 않는 것에 대한 경고이다(마 11:18-19; 눅 15:1-2). 요셉(창 41:45; 47:22, 26)과 다니엘(단 2:24; 4:19) 모두 이교 문화 내에서 일하면서 그들의 동료들과 왕들에 대한 존경을 보여주고 있으며, 그리고 예레미야는 바벨론 포로자들에게 하나님이 그들을 두신 땅에서 선을 구하도록 말하였다(렘 29:7). 그러나 우리는 하나님 나라의 가치관으로 세상에 영향을 미치고 있으며, 또한 하나님 나라의 가치관과 충돌하는 세상의 가치관을 받아들이지 않도록 확신해야할 필요가 있다.

세상 여러 곳에서 그리스도인 부모들(때때로 하나님이 오늘날 더 이상 치유하지 않으신다는 서구의 선교사들에 의해 가르침을 받은)은 병을 고치기 위해 자신의 자녀들을 마법사들에게 데려간다.[30] 비록 오늘날 대부분의 서구 그리스도인들이 문자적인 우상들과 관계를 가지는 것은 아니지만, 우리가 직면하는 유혹들과 유사한 것은 거의 투명할 정도로 직접적이다—만일 우리가 그 유혹에 직면할 용기를 가지고 있다면. 우상과의 문제는 예술 활동이 아니며, 유일신론은 "한 분 하나님 혹은 그 이하"가 아니며, 그리고 이교 사상들은 다른 신들의 이름을 노골적으로 부르는 것과 다름없는 세속적인 물질주의의 무신론적 전제들을 포함할 수 있다. 북미에서 우리는 황제숭배 그 자체에 직면하는 것은 아니지만, 우리는 물질주의이든(마 6:24) 아니면 많은 사람들이 하나님보다 더 많은 관심을 받는 명성이든 간에 많은 우상들을 가지고 있다.[31]

우리가 교회를 위한 이상적인 모델을 분별하기 위해 예수님의 가르침과 사도행전의 여러 부분들을 진지하게 살펴보면, 우리는 그곳에 나오는 그리스도인들이 자

30. Osei-Mensah, *God's Message*, 28; *Our Time Has Come: African Christian Women Address the Issues of Today*, ed. Judy Mbugua (Grand Rapids: Baker, 1994)에 있는 Medame Nanan, "The Sorcerer and Pagan Practices," 81-87을 보라.

31. 연예인들 주위에 있는 팬클럽에 대해서는 Ned Zeman, "The Adoration of the Evil," *NW* (Apr. 22, 1991), 82-83을 보라. 유명해지는 것이 명성을 낳는 문제점에 대해서는 Walter Leavy, "The Price of Fame," *Evony* (Sept. 1994), 54-59를 보라.

신이 가지고 있는 모든 자원을 사용하고 또한 그 일을 이루기 위해 필요한 어떤 대가를 지불하고서라도 복음 전도와 그 밖의 사역에 대해 강하게 헌신되어 있음을 발견할 수 있다(예를 들면, 눅 14:26-35; 행 4:32). 우리가 오늘날 대부분의 북미 기독교를 비교해보면, 우리는 그리스도인들이 그들 자신의 물질적인 진보에 깊이 전념하고 있고, 매주 셀 수 없는 시간들을 여흥을 위해 사용하면서도, 하나님의 말씀을 배우는 일에는 훨씬 적은 시간을 사용하는 것을 볼 수 있다. 오늘날 거의 대다수 "복음주의적인" 그리스도인들이 구원을 비 그리스도인들에게 설명하는 의미에서 자신의 신앙을 그들과 결코 공유하지 않고 있다는 것은 여러 가지 연구가 보여준다.[32] 만일 우리가 문화에 비추어 성경을 살펴보는 것이 아니라 성경에 비추어 문화를 그대로 살펴본다면, 교회가 영적 각성을 매우 필요로 하고 있다는 것을 우리가 감히 의심할 수 있겠는가? 발람과 이세벨은 더 이상 교회 내의 분파를 나타내지 않는다. 그들이 교회를 좌우하고 있다 해도, 우리를 위한 요한계시록의 유일한 해결책은 회개이다(계 2:16, 21-22).

비록 교회의 한 당파만이 그러한 가르침에 굴복했다 해도(계 2:14-15), 예수님은 전체 교회에 대해서 자신이 그들을 치실 것이며 또한 회개하도록 요청할 것임을 말씀하신다(계 2:16). 다시 말해서, 만일 배교가 일어나고 있을 때 우리가 이를 무시하기로 선택한다면, 우리는 주님의 책망을 받아야 한다.

현대적 의미

안디바와 오늘날 그리스도인의 고난. 요한계시록은 안디바의 순교만 언급하고 있기 때문에, 요한계시록이 기록되었을 때 이미 순교를 당한 사람은 아마도 거의 없었을 것이다. 만일 아시아의 교회들이 우리들 중 다수와 비슷하다면, 그들은 안디바가 마지막 순교자로 판명되도록 소망하면서 기도할 지도 모른다. 하지만 요한계시록은 고난이 오고 있다는 것을 경고한다. 복음은 항상 고난을 포함한다(막 13:9-10; 딤후 3:12). 만일 우리가 주님의 재림을 위해 기도한다면 우리는 또한 그 재림의 전제가 되는 것으로 그 복음이 퍼져나가도록 준비해야 한다(마 24:14; 롬 11:25; 참조. 벧후 3:9, 12, 15). 그러나 신랄한 복음전도를 하게 되면 마지막 세대까지 내내(계 6:9) 필연적으로 고난을 수반한다(마 10:16-39; 골 1:23-24). 요한계시록은 우리가 그리스도의 복음보다 우리의 생명을 더 사랑하는 것을 금한다. 이

---

32. James F. Engel, "Who's Really Doing Evangelism?" *CT* (Dec. 16, 1991), 35-37에 나오는 통계를 보라.

책은 우리로 하여금 그 대가가 어떤 것이든 관계없이 충성된 증인으로서 안디바의 모델을 따르도록 요구한다.

위에서 언급한 것처럼, 예수님은 고난 받는 교회와 함께 인내하시면서 격려하고 있는 것처럼 보이지만(계 2:8-11; 3:7-12), 그러나 고난을 받는 것이 자동적으로 우리가 하는 일이나 믿은 모든 일을 정당화하는 것은 아니다. 버가모 교회와 두아디라 교회는 타협의 유혹을 받는 것을 허용했기 때문에 예수님으로부터 책망을 받았다. 하지만 그들이 받은 유혹들은 모든 그리스도인들이 비기독교 사회에서 살아가면서 당하는 모든 종류의 선택들과 너무나도 유사하다.

만일 내 형제의 결혼식 잔치에서 인접해 있는 우상 신전의 제사장들에 의해 음식물이 제공된다면, 과연 나는 우상의 음식을 먹어야 하는가 아니면 음식을 먹지 않고서 내 형제를 화나게 해야 하는가? 내가 가이사를 위한 어떤 신에게 드려진 음식을 공개적으로 거부함으로써 로마 제국에 대해 불충성한다는 의심을 초래해야 하는가? 이 단락이 타협에 대해 경고하는 가능한 적용들이 매우 많기 때문에, 우리는 기껏해야 몇 가지 견본만을 제공할 뿐이다. 하나님의 성령에 의해 인도함을 받는 각 목회자, 성경공부 지도자, 그리고 개인은 자기 자신이 놓여있는 상황 속에서 가장 적절한 적용을 할 수 있도록 해야 한다.

타협에의 유혹. 일단 우리가 버가모와 두아디라가 처해있는 과거의 구체적인 상황들 속으로 이동한다면, 타협이라는 원리가 수많은 상황 속에서 드러날 수 있다. 내가 대략 10년 전에 한 대학의 주일학교에서 요한계시록을 가르쳤을 때, 버가모와 두아디라에 있는 교회들이 요한계시록의 나머지 교회보다 더 많은 논란을 불러일으켰다. 학생들은 성도덕, 마약 중독, 자신들의 대학에서 세속주의가 판치고 있는 것에 대한 무언의 동조, 등등에 공감하였다. 요한계시록이 음행을 문자적 혹은 은유적으로 사용하든지 간에, 그 이미지는 여전히 문자적 음행에 대한 경고로서의 기능을 한다. 즉 음행은 다른 죄와 마찬가지로 하나님의 뜻을 더럽히는 것이며, 그리고 우리의 문화에서 세상의 가치관들을 적응하는 것임이 분명하다.[33]

성경은 모든 혼전 성관계나 혼외정사를 확고하게 반대하고 있으며 그리고 종종 "음녀"라는 말을 그 같은 행동을 하는 사람을 묘사하기 위해 사용한다(계 17:5).

33. 음행에 대해서는 Andrés Tapia: "Abstinence: The Radical Choice for Sex Ed," *CT* (Feb. 8, 1993), 25-29; Katherine Bond, "Abstinence Eucation: How Parents Are Making It Happen," *Focus on the Family* (Sept. 1998), 12-13; Craig Keener, "Sexual Infidelity As Exploitation," *Priscilla Papers* 7 (Fall 1993): 15-18 등을 보라; 계 21:8의 "현대적 의미" 단락에 인용되어 있는 다른 자료들도 참조하라.

결국, 만일 어떤 사람이(몹시 가난한 사람이라 해도) 자신의 성을 적은 돈을 받고 파는 것이 비열한 일이라면, 그러면 아무런 값도 지불하지 않고 내어주는 것은 더 나은 방법인가?[34] 성경적 성윤리는 작은 돈이 아닌 우리를 존중해주고 또한 우리를 그들과 동등한 가치를 지닌 사람들로 간주를 하고 우리를 위해 자신을 내어주는 사람들을 위해 우리의 몸을 지킬 것을 요구한다.

그러나 우리는 또한 그들이 예수님을 만나기 전에 다르게 살아왔던 사람들에게 민감할 필요가 있다. 왜냐하면 우리 모두 우리가 무슨 죄를 지었던 간에 예수님이 우리의 죄를 사해주신 것에 의존하고 있기 때문이다(막 2:14-17; 눅 7:47-50; 15:1-32; 요 4:16-26). 여전히 부도덕에 관련되어 있는 사람들도 역시 그리스도의 사랑에 영향을 받아야 한다. 그들은 하나님이 얼마나 자신들을 가치 있는 존재로 생각하시는지를 깨달아야 한다. 예수님은 그 당시 대부분의 종교인들의 생각과는 반대로 창녀들에게 사역을 하셨다(마 21:31-32). 내가 알고 있는 동일한 사역을 하는 어떤 여자 그리스도인은 오늘날 몇몇 그리스도인들로부터 동일한 종류의 비판에 직면해 있다. 그러므로 우리가 이 단락에서 음행에 대해 설명할 때, 우리는 다른 죄들처럼 과거에 대한 그리스도의 보혈의 효능을 부정하기보다는 오히려 우리가 죄에 대해 분명히 경고해야 한다.

세상의 가치관을 정당화 하는 것. 종교적 "선지자"로서 발람은 아마도 그들에게 "우상은 실제로 아무 것도 아니기 때문에, 내가 우상을 섬긴다 해도 아무런 해가 없다"(예를 들면, 고전 8:4)라는 신학적인 변명을 제공함으로서 문화의 가치들을 정당화 했을 것이다. 발람과 이세벨처럼 우리도 그러한 것들을 하나님께 돌림으로서 세상적 가치관을 정당화할 수 있다. 민권 운동(특히 1950-60년대의 흑인 차별 철폐 운동-옮긴이) 기간 동안, 성경과 기독교는 클랜(Klan, Ku Klux Klan-미국의 천주교도, 유대인, 흑인 등을 배척하는 백인 지상주의 비밀 결사-옮긴이)의 지도자인 샘 바우어스(Sam Bowers)를 이용하여 격렬한 클랜 운동을 정당화하였으며, 한편 유명한 침례교 목회자인 더글라스 허진스(Douglas Hudgins)도 그들을 이용하여 심지어 자신의 교회 교인들에 의해 행해지고 있었던 인종 차별과 폭력을 묵인하기도 하였다.[35] 이와는 대조적으로 민권 투쟁은 헌신된 그리스도인들이 그들

34. 대부분의 고대 창녀들은 금전적 필요에 의해 그러한 상황으로 전락(轉落)하였으며(Terence, *Lady of Andros* 73-39), 혹은 바울 당시에는 종종 노예들이 그들의 의지와 관계없이 매춘을 하도록 강요하였다(Martial, *Epig.* 9.6.7; 9.8; *Metam.* 7.9; *ARN* 8A). 이는(노예의 경우에) 분명히 그들을 착취하는 사람들에게 죄의 책임이 있다.

문화의 가치관에 반대한다는 것을 보여주었다. 흑인 운동가 화니 루 해머(Fannie Lou Hamer)는 그녀의 백인 박해자들을 용서하였고 또한 예수의 이름으로 정의를 위해 일어섰으며, 그리고 백인 미시시피 사람인 에드 킹(Ed King)은 자신의 흑인 동료들이 고난 받는 일에 동참하였으며, 또한 "만일 어떤 사람이 자신을 그리스도인으로 부른다면, 그는 모든 것을 버리고 그리스도를 쫓아야 한다"는 것을 깨달았다.[36]

요약하면, 우리가 하나님 나라를 존중하지 않고 오히려 세상이 중요하게 여기는 것을 존중할 때, 우리는 이 세상에서 그리스도의 나라를 위해 증인으로서의 우리의 역할을 상실하는 것이다. 서구 기독교의 너무나도 많은 부분이 우리의 문화와 구분할 수 없게 되었으며, 또한 우리의 "복음 전도적" 노력의 너무나도 많은 부분이 우리가 세상과 비슷하기 때문에 우리가 받아들일 수 있는 세상을 설득하는 방향으로 맞춰지고 있다. 만일 우리가 세상이 주장하는 것을 주장한다면, 아니면 더 자주 세상이 살아가는 것처럼 살아간다면, 우리가 회심하는 일에 이미 그들이 경험한 것과 다른 것을 어떻게 그들에게 요구하겠는가?

요한계시록은 아시아의 교회들에게 세상과 교회가 죽기까지 싸움에 둘러싸여 있으며, 또한 교회가 그리스도를 위해 타협하지 않는 증인으로 전투에 달려들어 순교를 각오함으로서만 "이길 수" 있다는 현실에 각성하도록 요청하고 있다. 현대의 서구 기독교에서 사람들은 전쟁터가 옮겨진 것은 아닌지 생각하고 있으며, 그리하여 이제 전선은 한편으로는 철저하게 그리스도를 증거 하는 남은 자들과 다른 한편으로는 세상과 함께 하는 나머지 교회 사이에 놓여 있다. 세계 여러 곳에서 복음을 위해 고난당하는 많은 제자들은 미국이 많은 점에서 영적 축복의 근원이었던 나라에서 그리스도인들이 복음을 수출하던 것보다 훨씬 더 많이 오락 미디어를 통해 난잡한 성과 탐욕을 수출하는 자기중심적 선교 현장의 나라로 얼마나 빨리 이동하게 되었는가를 보고 애통해하고 있다.

---

35. 우리는 아무도 오늘날의 인종차별주의를 정당화하기 위해 성경을 사용하지 않도록 해야 한다. 어떤 백인 지상주의자 "창조주의 교회"(Church of the Creator)의 목회자인 조지 로엡(George Loeb)은 동료 인종차별주의자들에게 다수의 흑인들을 죽일 것을 주장하였는데, 그는 이들을 인간 이하의 존재로 간주하였다. 그가 한 흑인 남자를 죽인 것 때문에 체포된 후, 그는 자신의 운동 단체의 지도자들로부터 "영예의 상"을 받았다. 조지 로엡에 대해서는 Morris Dees, Southern Poverty Law Center mailing (April 13, 1995); "National Alliance Leader William Pierce Sued in Connection with Church of the Creator Case," *Klanwatch Intelligence Report* (March 1995), 9 등을 보라.

36. Charles Marsh, *God's Long Summer: Stories of Faith and Civil Rights* (Princeton: Princeton Univ. Press, 1997), 131을 보라.

"발람"의 바로 그 이미지는 우리들에게 고대 이스라엘 백성들의 패망을 가져온 것이 바로 이교주의와의 타협임을 상기시켜주고 있으며, 또한 이교적 가치들과 타협하는 것은 우리들에게 동일한 일을 행할 것이다. 그러나 성경의 선지자들은 가능하다면 어디서든지 격려의 말로 끝을 맺고 있다. 아마도 버가모의 모든 그리스도인들이 다 "이긴 것"은 아닐 것이지만, 우상의 제물을 먹지 않은 사람들은 무한정 공급되는 만나로 하늘의 잔치에 초대받을 것이다. 우리가 훗날 하나님이 우리를 위해 예비하신 훨씬 더 좋은 세계가 있다는 것을 명심한다면 그리스도인들이 세상의 매혹적인 가치들과 타협하는 것을 피하는 것은 보다 쉬운 일이다. 우리가 이겨야 하는 것이 무엇이든 간에, 우리는 우리를 위해 예비하신 것에서 더 나은 소망을 가진다.

요한계시록 2:18-29

18 두아디라 교회의 사자에게 편지하라 그 눈이
불꽃 같고 그 발이 빛난 주석과 같은 하나님
의 아들이 이르시되
19 내가 네 사업과 사랑과 믿음과 섬김과 인내를
아노니 네 나중 행위가 처음 것보다 많도다
20 그러나 네게 책망할 일이 있노라 자칭 선지
자라 하는 여자 이세벨을 네가 용납함이니
그가 내 종들을 가르쳐 꾀어 행음하게 하고
우상의 제물을 먹게 하는도다
21 또 내가 그에게 회개할 기회를 주었으되 자
기의 음행을 회개하고자 하지 아니하는도다
22 볼지어다 내가 그를 침상에 던질 터이요 또
그와 더불어 간음하는 자들도 만일 그의 행
위를 회개하지 아니하면 큰 환난 가운데에
던지고
23 또 내가 사망으로 그의 자녀를 죽이리니 모
든 교회가 나는 사람의 뜻과 마음을 살피는
자인 줄 알지라 내가 너희 각 사람의 행위대
로 갚아 주리라
24 두아디라에 남아 있어 이 교훈을 받지 아니
하고 소위 사탄의 깊은 것을 알지 못하는 너
희에게 말하노니 다른 짐으로 너희에게 지울
것은 없노라
25 다만 너희에게 있는 것을 내가 올 때까지 굳
게 잡으라
26 이기는 자와 끝까지 내 일을 지키는 그에게
만국을 다스리는 권세를 주리니
27 그가 철장을 가지고 그들을 다스려 질그릇
깨뜨리는 것과 같이 하리라 나도 내 아버지
께 받은 것이 그러하니라
28 내가 또 그에게 새벽 별을 주리라
29 귀 있는 자는 성령이 교회들에게 하시는 말
씀을 들을지어다

원 의미

만일 에베소의 그리스도인들이 경직성과 사랑이 없음으로, 서머나의 그리스도인들이 박해로, 그리고 버가모의 그리스도인들이 박해와 타협의 선지자들로 시험을 받았다면, 두아디라 그리스도인들 편에서는 경제적인 압박으로 인한 타협이었다. 아시아의 교회들은 "하나님의 아들"(계 2:18)이라는 예수님의 성경적 칭호에서 황제숭배에 대한 직접적인 도전을 듣는 것도 당연하다. 황제들은 아시아 속주에서 신들이며 구원자들임을 주장하였다. 일부 주석학자들은 두아디라의 수호신인 제우스의 아들 아폴로와 특별히 대조가 된다는 것을 주장해왔는데, 신격화된 황제들은 이 아폴로신과 연관되었다.[1] 아폴로가 태양신 헬리오스(Helios)와 연결된다는 것은 또한 이곳에 나오는 예수님의 불꽃같은 모습에 함축되어 있는 대조를 더욱 확대시키지만, 그러나 여기서 이러한 모습들은 성경의 예언자들에게 익숙해 있는 독자들에게 적절할 것이다(계 1:14-16 참조). 비록 이 문제가 불확실하지만, 예수님은 청중들에게 특히 금속 작업이 두드러진 산업이었던 이 도시에서 빛난 주석과 같은 발을(계 1:15) 상기시키는 것은 우연의 일치 그 이상이다.[2]

예수님은 에베소의 그리스도인들과는 대조적으로 두아디라의 그리스도인들이 그들이 전에 행했던 것보다 더 많은 행위가 있다는 것을 알고 계셨지만(계 2:5, 19), 그러나 그 회중들 가운데 있는 한 가지 결점은 이러한 칭찬을 상쇄시킬 만큼 심각한 것이었음을 보여준다. 에베소와는 달리, 그들은 타협의 거짓 선생을 용납하고 있었다(계 2:2, 20). 두아디라는 상업, 공예, 그리고 이러한 것들의 길드 등으로 유명하였다(또한 행 16:14를 참조하라).[3] 공적인 경제적 삶의 이러한 측면에 참여했던 사람들이 만일 상업 길드에 참여하는 것을 거부한다면 그들의 생계의 상당한 부분에 타격을 받았을 것이다. 그러나 길드의 회합들은 길드의 수호신에게 드려진 공동 식사를 포함하였다—따라서 이 식사는 보다 전통적인 그리스도인들에게는 도를 넘어서는 일이었다(행 15:20; 고전 10:19-22). 이 시기에 황제숭배의 여러 측면들은 거의 모든 상업 길드에 영향을 미치기 시작했다.

많은 주석학자들은 이러한 상황을 "이세벨"의 호소에 대한 주요 공헌자로 생각하고 있다.[4] 사람들이 듣기를 원하는 것을 말하는 선지자 혹은 여선지자가 쉽게 인기를 얻을 수 있었다는 것은 놀라운 일이 아니다(딤후 4:3-4 참조). 하지만 에베소의 어떤 사람들이 자칭 사도로 거짓 주장을 하였으며(계 2:2), 서머나와 빌라델비아의 어떤 이들도 자칭 유대인으로 거짓 주장을 하였으며(계 2:9; 3:9), 또한 라오디게아의 그리스도인들이 부자인 것으로 주장한 것처럼(계 3:17), 이 이세벨은 여선지자로(계 2:20) 그리고 "깊은 비밀"을 제시하는 사람으로(계 2:24) 주장하였다.

---

1. Hemer, *Letters to the Seven Churches*, 86-87; Fiorenza, *Revelation*, 193; Caird, *Commentary on Revelation*, 43. 두아디라와 마게도니아와의 관련성에 대해서는 Strabo, 13.4.4를 보라.
2. Hemer, *Letters to the Seven Churches*, 111-17을 보라. 이 책은 특히 가장 알기 쉽게 진기한 헬라어 용어들에 대한 설명을 포함하고 있다. 참조. Caird, *Commentary on Revelation*, 43.
3. "리디아와 미시아 사이의 가장 중요한 교차로"에 두아디라가 위치해있다는 것(Aune, *Revelation*, 1:213)은 상업에 있어서 위치에도 도움이 되었을 것이다.
4. Kraybill, *Imperial Cult and Commerce*, 110-23; Beasley-Murray, *Revelation*, 89-90; Collins, *Crisis and Catharsis*, 88; Talbert, *Apocalypse*, 20; Beale, *Revelation*, 261 등을 보라. 유대교와 교회들의 호소 및 상업의 위험들에 대하여 특히 가장 철저한 것으로는 Kraybill, *Imperial Cult and Commerce*, 87-99, 184-93을 보라.

사탄(계 12:9; 20:2, 8, 10)과 세상의 체계(계 13:14; 18:23; 19:20)처럼, 그녀는 하나님의 종들을 미혹하는 속이는 자이다.

"발람"처럼 이 거짓 여선지자도 분명히 그가 선택한 것은 아니지만 한 별명을 얻었다. 예수님이 그녀를 부르는 이름이 "이세벨"이라는 것은 즉시 복합적인 연관성을 생각나게 한다. 성경에 나오는 이세벨이 "여선지자"는 아니지만, 그러나 850명의 거짓 선지자들을 후원했던 사람이었다(왕상 18:19; Josephus, *Ant.* 8.318). 또한 그녀는 하나님의 참된 선지자들의 생명을 취하려고 하였다(왕상 18:13; 19:2; Josephus, *Ant.* 8.334, 347). 그녀는 결코 문자적인 음행 때문에 비난을 받는 것은 아니지만, 그러나 이스라엘 백성들이 하나님으로부터 떠나게 함으로써 영적인 음행을 하도록 후원하였다(왕하 9:22, 이 구절에서 이세벨의 종교적 행위는 또한 술수로 비유되고 있다. 참조. 계 9:21; 18:23). 요한계시록 후반부에서 음녀 바벨론은 아마도 "이세벨"을 모델로 했을 것이다. 두아디라는 "바벨론"이라는 보다 큰 시스템을 지방적으로 구체화한 것이다. 왜냐하면 이세벨은 이교주의와 타협을 요구하는 곳에서 지방의 시민생활 및 상업적 생활에 참여하는 것을 옹호했기 때문이다.[5]

초기 그리스도인들은 경건한 여선지자들을 잘 알고 있었으며(행 2:17-18; 21:9; 고전 11:5), 그리고 2세기 중반의 저자들은 아시아의 빌라델비아 교회에서 암미아(Ammia)라 불리어지는 1세기의 여선지자에 대해 말하고 있다.[6] 하지만 그들은 또한 거짓 여선지자들과 거짓 선지자들 모두에 대해 알고 있었다(느 6:14; 겔 13:17). 아시아 속주에서 이교 및 유대교는 여 선지자적 인물들을 존경하였다.[7]

아시아에서 주요 여 선지자 모델은 고대의 신비적인 시빌(Sibyl)이었는데(종종 아시아와 연관이 있다. Strabo, 14.1.34 참조), 이 존재는 아마도 영구적인 젊음이 없었다면 신탁의 능력과 긴 수명 모두를 부여받았을 것이다.[8] 때때로 고대의 저자

---

5. Bauckham, *Climax of Prophecy*, 377-78; C. S. Keener, "Women and Man," 1205-15 in *Dictionary of the Later New Testament and Its Developments*, ed. R. P. Martin and P. H. Davids (Downers Grove, Ill.: InterVarsity, 1997), 1211을 보라.
6. Eusebius, *H. E.* 5.17.3-4를 보라. 암미아(Ammia)에 대해서는 Catherine Kroeger, "The Neglected History of Women in the Early Church," *Christian History* 17 (1988): 6-11 (p. 7)을 보라.
7. 아시아의 황제숭배 의식에서 여성에 대하여는 Mary R. Lefkowitz and Maureen B. Fant, *Women's Life in Greece and Rome* (Baltimore: Johns Hopkins Univ. Press, 1982), 157 (§159)을 보라; 상업 길드에 대해서는 Hemer, *Letters to the Seven Churches*, 121을 보라. 나중에 두아디라는 몬타니즘에 심하게 굴복을 당하였으며, 이 일에 여선지자들이 처음에 중요한 역할을 하였다.
8. 예를 들면, Ovid, *Metam.* 14.129-53. 유대교의 시빌라인주의에 대해서는 John J. Collins, *The Sibylline Oracles of Egyptian Judaism*, SBLDS13 (Missoula: SBL, 1972)을 보라; 유대교의 시빌에 대해서는 시빌의 신탁 1.287-90; 3.827; CPJ 3:47-51을 보라. 그리스도인들 중에서는 Herm. 1.2.4; Theophilus, 2.36;

들은 신탁 예술에서 발전된 여러 여자들을 시빌과 연관시켰으며 혹은 그들에게 이러한 칭호를 주기도 하였다. 로마와 유대교의 시빌 전승들 모두 상당한 숫자의 시빌을 로마 속주 아시아에 두고 있으며, 그리고 어떤 학자들은 지역 여신 삼바데(Sambathe)를 시빌과 동일하며, 또한 한 지역의 예언적 의식에 두아디라의 몇몇 그리스도인들이 예언주의를 이해한 방식에 영향을 주었을 수도 있는 유대교적 관련성을 제공하였다고 주장하였다.[9] 요한에게 있어서 진정한 선지자들은 예수님에 대한 진리를 고백하는 사람들이다(계 19:10; 참조. 요일 4:1-2). 표적들은 그렇게 결정적인 것이 아니다. 왜냐하면 그러한 것들은 진정한 선지자들에게도(계 11:5-6) 혹은 거짓 선지자들에게도(계 13:13-14) 나타나기 때문이다.

하지만 주님은 자신의 백성들을 미혹하는 자들이 아무런 문제가 되지 않고 통과되는 것을 허락하지 않으실 것이다. 주님은 "이세벨"을 질병으로 치실 것이다(계 2:22). (그러한 형벌은 아마도 그 죄에 직절할 것이다. "침상"은 종종 육체적인 관계를 맺는 자리로 종종 묘사되고 있지만[히 13:4 참조], 그것은 또한 어떤 사람이 질병으로 몸져누운 자리이기도 하다.) 주님은 또한 그녀의 "자녀"—의심할 것도 없이 그녀의 제자들, 아마도 그녀의 지도를 받고 있는 가정 교회의 회원들 —도 죽이실 것이다(요이 1:1 참조).[10] "사망"으로 죽이는 것(이 문구는 NIV에서 "죽음으로…치다"로 번역된다)은 역병이나 전염병의 신적 심판, 혹은 때때로 신성모독과 관련된 심판에 대한 히브리적인 표현의 잘 알려진 헬라적인 번역을 반영한다(민 14:36-38).[11] 자신의 행위에 따른 보응은 주님이 재림하실 때 또한 일어날 것

Tertullian, *Apol.* 19.1를 보라.

9. Hemer, *Letters to the Seven Churches*, 119; Ford, *Revelation*, 405; 그러나 이와는 대조적으로 Ramsay, *Letters to the Seven Churches*, 337; Moffatt, "Revelation," 360. 리디아, 특히 두아디라의 유대인 인구에 대해서는(그러나 이 편지는 이들에 대한 직접적인 언급이 부족하다) *CIJ* 2:17-18, §752; Kraabel, "Judaism in Western Asia Minor," 155-97을 보라; 하나님을 경외하는 사람들(God-fearers)에 대해서는 행 16:14를 보라. 1세기 아시아에서 유대인 금속 노동자들에 대한 몇 가지 증거도 있다(S. Applebaum, "The Social and Economic Status of the Jews in the Diaspora," 701-27 in *Jews in Palestine in the First Century*, 717-18).

10. 일부 유대교 전승은 간음의 결과로 생겨난 후손(솔로몬의 지혜 3:13; 참조. 삼하 12:14) 혹은 사악한 부모들의 자녀(희년서 5:7; 유다의 유언 11:3-5)에 대하여 신적인 심판을 강조하고 있지만, 계 2:23은 그러한 이미지를 하나의 모욕으로서 은유적으로 사용하고 있다(사 57:3, 8 참조). 이세벨의 자손은 그녀의 음행의 영을 영속시킨다(참조. 계 17:5; 또한 요 8:41). 심판으로서의 질병에 대해서는 고전 11:30; 르우벤의 유언 1:7-8; 스불론의 유언 5:2, 4를 보라.

11. Matthew Black, "Some Greek Words with Hebrew Meanings in the Epistles and the Apocalypse," 135-46 in *Biblical Studies: Essays in Honor of William Barclay*, ed. J. R. McKay and J. F. Miller (Philadelphia: Westminster, 1976), 136을 보라. NIV의 "갚아 주다"(repay)는 헬라어의 셈어적인 뉘앙스를 정확하게 표현하고 있다 (Black, "Greek Words," 145).

이다(계 22:12).

이러한 거짓 가르침이 두아디라 교회에 있었다는 것이 이곳에 나오는 주님의 유일한 비판이긴 하지만(계 2:23; 2:24에 "다른 짐으로 너희에게 지울 것이 없노라"; 참조. 행 15:28), 이러한 도전은 신자들이 예수님이 오실 때까지 그들의 믿음을 굳게 잡아야 한다는 경고를 요구할 만큼 중요하다(계 2:25). 사람의 뜻과 마음을 살피는 분으로서—즉 하나님으로서—예수님은 사람들의 마음속에 무엇이 있는지를 알고 계신다(계 2:23; 참조. 요 2:24).[12] "깊은 비밀"(문자적으로는 "깊은 것")로 이세벨과 그녀의 추종자들은 아마도 계시에 의해 획득된 "심오한 것들"을 의미했음이 분명하다(고전 2:10; 에녹 1서 63:3; 에녹 3서 11:1).[13] 그러나 진정한 마음을 살피시는 분으로서 예수님은 그들이 받은 계시의 근원을 말씀하신다. 즉 사탄인데(계 2:24), 그는 또한 회당 공동체에서 반대를 획책한 존재이기도 하다(계 2:9; 3:9).

예수님은 거짓 가르침의 위협을 이겨낸 사람들에게 그들이 만국을 다스리는 권세를 주실 것임을 약속하신다(계 2:26). 그들은 나라와 제사장만이 아니라(계 1:6; 5:10) 천 년 동안(계 20:6) 그리고 세세토록(계 22:5) 그와 함께 다스릴 것이다(계 5:10). 그들은 철장을 가지고서 예수님의 통치에 참여할 것인데(계 2:27), 이는 시편 2:9의 메시아적 약속에서 기원한 소망이기도 하다. 구약성경의 가장 유명한 헬라어 번역판처럼, 요한계시록도 철장을 가지고 만국을 "다스리는 것"뿐만 아니라 또한 그들의 "목자가 되시는 것"에 대해서도 말하고 있는데, 이는 그들이 예수님의 권세를 공유할 것임을 다시 강조한다(계 7:17).[14] 이 편지들의 헬라어 본문에서 "주는 것"이 빈번하게 나오는 것은 이기는 자들에 대한 약속들을 강조하고 있는 것이다(계 2:7, 10, 17, 26, 28; 3:9, 21).

비록 시편 2편이 하나님의 메시아적 통치를 말하고 있지만(아울러 솔로몬의 시편 17:23-25도 보라), 예수님은 자신의 통치를 그의 백성들과 함께 공유한다. 이는

---

12. "사람의 뜻과 마음을 살피시는 분"으로서의 하나님에 대해서는 대상 28:9; 롬 8:27; 히 4:13; tos. *Sanh.* 8.3; Epictetus, *Disc.* 2.14.11; A. Marorstein, *The Old Rabbinic Doctrine of God: The Names and Attributes of God* (New York: KTAV, 1968), 73 등을 보라.

13. '바도스'(*Bathos*, "깊은")는 헬라어에서 "심오한"을 의미할 수도 있으며(예를 들면, Longinus, *Sublime* 2.1; Philo, *Posterity of Cain* 130), 그리고 신비 종교에서 쿰란에 이르는 자료들은 비밀들이 어떤 특별한 집단에 계시되는 것을 강조하고 있다.

14. "막대기"를 들고 있는 아이조차도 양 무리를 몰 수 있다(Epictetus, *Disc.* 1.16.5); 또한 고대 문헌들은 충성스러운 사자들에게 자신들의 홀이나 왕관을 수여하는 하나님 혹은 신들에 대해 묘사하고 있다(ibid., 4.8.30; *Ex. Rab.* 8:1; 참조. 26:2). 메시아에 대해서는 솔로몬의 시편 18:7을 보라.

하나님이 땅을 다스리는 권세를 인간들에게 위임하셨기 때문이다(창 1:26-27; 시 8:6; 참조. 단 7:14, 22). 그리고 예수님은 이기는 자들에게 새벽 별을 주실 것이다(계 2:28). 고대 사람들은 행성인 금성, 즉 "새벽 별"의 영광을 강조하였으며(시락 50:6-7), 또한 그 이미지를 위대한 통치자들에게 적용하였다(사 14:12).[15] 로마 사람들은 금성을 승리 및 통치와 연관시켰으며, 그리하여 그들의 승리에 대해 이 여신을 칭송하였다.[16] 그러나 요한계시록에서—비록 이 책에서 이 말이 두 번 나올 때까지 이를 이해하지 못할 수도 있지만—예수님은 친히 새벽 별이 되시는데(계 22:16), 이는 아마도 민수기 24:17에 나오는 약속된 별을 암시하는 것 같은데, 많은 고대의 유대인들은 이 별을 메시아적으로 이해하였다.[17]

다시 말해서 두아디라 교회에 주신 예수님의 약속은 추상적인 의미로 그가 승리를 공유하실 뿐만 아니라(계 2:26) 또한 스스로를 그의 백성들과 함께 있는 새벽 별이심을 암시하신다(계 2:28). 그는 교회의 사자인 별들보다 더 크신 분이시다(계 1:20).

상황잇기

두아디라의 일부 상인들은 자신들이 사회 안에서 기능을 수행하는 능력에 한계를 두는 것을 하나님이 원하지 않는다고 확신하면서, 보다 전통적인 그리스도인들이 이교의 여러 신들에게 헌신된 길드나 조합에 참여하는 것에 대한 관심사를 단순하게 생각한 것이 분명하다. "길드 회원 자격을 위한 최소한의 요구 조건들을 거부하는 것은 경제적 자살 행위"이며 또한 "모든 세대의 그리스도인들은 다음과 같은 질문에 직면해야 한다. 나는 오늘날의 표준들과 관습들을 어느 정도로 받아들여 채택해야 하는가?"[18] 우리는 결국 생존을 위해서는 세상을 바라보아

15. 어떤 사람은 새벽별과 저녁별을 동일시하지만(Diogenes Laertius, 8.1.14), 일반적으로 "별"은 정복을 상징할 수도 있다(Sophocles, *Eectra* 66). 이 별은 벧후 1:19에서 종말론적인 기능을 한다.

16. 이 점에 대해 보다 상세한 내용은 Beasley-Murray, *Revelation*, 93-94를 보라. 그 배경은 그리스도(계 22:16)를 진정한 세상의 통치자로 묘사한다(Beale, *Revelation*, 269).

17. 2세기 초기의 랍비들은 민 24:17을 메시아 사칭자인 바르 코크바(Bar Kochba)에 잘못 적용하였다. 계 2:26-28에 나오는 시 2:9와 민 24:17은 "철장"이라는 단어를 사용하는 요한계시록의 네 개 메시아적 구절들 중의 두 개를 나타낸다. 즉 계 22:16은 민 24:17과 사 11:10을 연결시킨다. 계 5:5는 창 49:9와 사 11:10을 연결시킨다. 그리고 계 19:15는 시 2:9와 사 11:4를 연결시킨다. Bauckham, *Climax of Prophecy*, 323은 솔로몬의 시편 17:24-27; 4QPBless에 나오는 함축적 의미들을 인용한다. Michael S. Moore, "Jesus Christ: 'Superstar' (Revelation xxii 16b)," *NovT* 24 (1982): 82-91은 새벽별 이미지에 대한 메소포타미아적인 배경을 제안한다.

18. Metzger, *Breaking the Code*, 37.

야 하는가 아니면 광야에서 만나를 공급하시는 하나님을 바라보아야 하는가?(계 12:6, 14; 13:17)

이러한 갈등에 대한 또 하나의 사회적 측면은 오늘날 우리가 여전히 잘 알고 있는 문제이다. 우리들 중 누가 이런 저런 문제들에 대한 보다 전통적인 그리스도인들의 경고를 음악 스타일, 복장 규정에 대해 단순히 문화적으로 순진한 것으로 아니면 다른 신자들과의 관계에서 지나치게 엄격한 것으로 얼른 결론을 내리는 유혹을 받고 있는 것은 아닌가? 동시에 우리는 종종 자신들이 평형 상태의 다른 쪽에 있는 것을 발견하면서, 우리는 복음의 중심적 진리에서 벗어나 자유주의적인 상대주의라는 불확실한 암초로 나아가고 있다고 생각하는 그리스도인들을 경고하고 있다. 한 그룹은 정당하고, 동정심이 있는 관심사로 간주하는데, 다른 그룹은 율법주의와 문화적으로 부적절한 것으로 간주한다. 우리는 어디에 선을 그어야 하는가?

성경은 심지어 자신들이 신학적으로 박식하다 해도 우리가 문화적인 선호의 문제들에 대해서는 선을 그을 필요가 없다는 것을 분명히 한다(롬 14:3-10). 뿐만 아니라 사도들조차도 비록 그들이 가장 심각한 문제들에 대해 공개적으로 책망하는 것을 보류하는 것처럼 보인다 하더라도(갈 2:11, 이 경우에 자신의 동적 유대인들의 문화적 감수성을 가지고 이방인 회심자들의 문화적 감수성을 평가하는 사도를 책망하고 있는데, 왜냐하면 이방인 회심자들을 이류 그리스도인으로 취급하는 것이기 때문이다) 복음을 넘어서는 모든 사항들에 대해 그들 사이에 의견이 일치하는 것은 아니다. 그리스도인들이 종말에 대한 교훈, 여성 사역, 영적 은사 등 여러 문제들에 대해 논쟁의 다양한 측면을 아무리 강하게 느낀다 해도, 우리는 진실로 다른 견해들을 지니고 있는 사람들이 헌신된 그리스도인일 수도 있으며, 또한 그들을 위해 우리의 생명을 버려야 하는 형제와 자매들일 수도 있다는 것을 인정하고 또한 공개적으로 주장해야 한다.

동시에 다른 문제들은 영적인 생명과 죽음, 가령 우상숭배에 참여하는 것을 포함한다. 예를 들면, 예수님의 신성은 그의 주되심을 함축하고 있는데, 이는 신약성경에 기록되어 있는바 그리스도에 대한 원시적인 사도적 선포에 핵심적인 가르침이다. 내가 알고 있는 바로, 이 견해는 오늘날 많은 교회들에서 논쟁이 되지 않고 있으며, 복음주의적 교회들에서도 확실히 그렇다. 하지만 다른 문제들은 삶과 죽음의 문제들을 포함하고 있으며 또한 우리 교회들에서 점차 중요한 문제가 되어가고 있으며, 더 이상 무시될 수 없는 문제들이기도 하다('현대적 의미' 단락을 보라).

두아디라 교회에 주신 예수님의 약속은 소아시아에 있는 모든 교회들에게 용기를 북돋울 것이다. 그들은 철장을 가지고 만국을 다스릴 것이다(계 2:27). 그들이 살고 있던 시대에 로마가 만국을 다스렸기 때문에 교회는 당연히 고난을 받았다.[19] 이러한 약속을 적절하게 적용하기 위해서, 우리는 오늘날의 세상이 복음의 확산을 제지하고 또한 불의를 행하고 있는 다양한 방식들을 고려해야 한다. 우리는 결국 하나님께서 그의 말씀에 신실한 자들로 나타나는 자들에게 상급을 주실 것이라는 것을 우리 자신과 우리의 동료 신자들에게 상기시켜야 한다.

현대적 의미

경제적 유혹들. 두아디라에서 타협하도록 유혹하는 것의 일부가 경제적인 것일 수도 있기 때문에, 우리는 무엇보다도 경제적인 요소를 염두에 두고서 적용을 고려해야 한다. 물론 우리가 채소류를 구입할 때마다, 우리는 불공정을 포함하는 국제적 경제 시스템에 참여한다. 많은 카리브 해 국가들에서 일하는 바나나 노동자들은 북미의 소비자들에게 보다 경쟁적인 가격으로 제공하기 위해 단순히 생존하기 위한 음식으로 그들 가족들을 먹이기 위해 필요한 것보다 더 낮은 일당을 받고 있다. 1954년 미국 정부는 과테말라에서 민주적으로 선출된 정부를 전복시키는데 도움을 줌으로써 과일 회사들 중의 하나에 대해 인식될 수 있는 위협으로 대응하였다. 1975년 바나나 노동자들이 그들의 노동에 맞는 보다 정당한 임금을 요구했을 때, 바나나 시장의 90%를 지배하는 큰 회사들이 노동자들 대부분을 굶주리게 하여 결국 굴복하게 만들었으며, 정부에 대해서는 뇌물을 주어 그 밖의 일에 대해서는 입을 다물도록 하였다.[20]

하지만 바나나 불매 운동은 아마도 상황을 더 악화시켰을 것이며, 또한 비록 모든 소비자들이 단결하여 바나나 가격 인상을 요구했다 해도(일어나기 어려운 일이긴 하지만!), 우리는 잉여 이익이 바나나 노동자들에게 갔을 것이라고는 전혀 장담할 수 없다. 개인들이 정치적으로 정통하지 않다면, 가능한 윤리적 수단을 통해 그러한 불평들을 말하는 것은 옳은 일이며, 아마도 북미의 소비자들처럼 우리가 가지고 있는 경제적 이익들을 기준 이하의 임금을 받고 일할 수밖에 없는 상황을 완화시켜줄 기독교적인 경제 발전 프로그램에 투자하기 위해 사용하는 것이 보다 실제적일 것이다(따라서 바나나 회사들이 보다 경쟁적인 임금을 지불할 것을 요구한다).

---

19. Ramsay, *Letters to the Seven Churches*, 333은 두아디라가 가장 미약한 도시들 중의 하나였음을 지적하면서, 미래적 통치에 대한 이 약속의 반어법을 강화시킨다.
20. Ronald J. Sider, *Rich Christians in an Age of Hunger*, 3d ed. (Dallas: Word, 1990), 143-44.

그러나 개인적인 차원에서 경제적 유혹들이 함축하는 것은 더욱 분명해지고 있다. 우리의 행복을 위해 우리는 궁극적으로 누구를 의지해야 하는가? 많은 프로젝트 중에서, 종종 차선의 임금 대안으로 한 청년은 맥도날드에서 일하는 것보다 골목에서 마약을 거래하여 하루에 수백 달러를 벌 수 있다. 어떤 회사에서 아마도 우리는 자신의 가족 혹은 그리스도인 증거자로서의 신뢰성을 파괴시키는 희생을 치름으로써만이 승진할 수 있다. 분명히 학계에서도 한 기관의 정확한 정책 노선을 따르지 않는 사람들은 자신의 직업을 잃어버릴 위험을 각오해야 한다(몇몇 보수적인 학교뿐만 아니라 이른바 포용력이 있는 세속 대학교의 종교학부에서도). 예수님의 심판 날을 믿는 것이 이 세상에서 부와 지위보다 우리에게 더 중요한 문제가 되어야 하든지, 그렇지 않으면 우리는 두아디라 신자들처럼 유혹에 굴복할 것이다.[21]

복음과 현대의 다원주의. 넓은 의미에서 타협의 유혹에 대한 원리들은 여기서 경제적 유혹들의 범위를 넘어선다. 그리고 여기서 우리가 주목하는 많은 적용들은 버가모의 그리스도인들에게 보낸 편지에서 계속 분명하게 드러나는 기본적인 주제들이다. 로마는 궁극적으로 제국에 경쟁하기 위한 보편적인 주장을 하지 않는 한 종교들에 대해 관용적이었다. 그러나 어떤 보편적인 종교가 로마에 위협이 된다면 "그러한 종교는 타파되든지 사라졌다."[22] 현대 다원주의의 칭찬할 만한 측면은 이것이 소수들을 위한 목소리를 보다 많이 제공한다는 것이다—헌신된 그리스도인들처럼 인종적 소수, 종교적 소수, 아니면 다른 것이든 간에.

그러나 현대 다원주의의 위험은 로마 제국에서의 다원주의처럼 그것은 철학적, 도덕적, 혹은 종교적 상대주의의 주장들에 대해 우연히 신빙성을 제공하는 것처럼 보일 수 있다는 것이다.[23] 미국 사람의 18-25세의 계층들 중 72%는 절대적인 진리

---

21. 보다 풍부한 실례에 대해서는 궁핍한 자들과 감옥에 갇힌 자들을 돌보는 것이 어떻게 Dave Chapman의 고객들을 갈라놓을 수 있는지(Charles Colson, *Loving God* [Grand Rapids: Zondervan, 1987], 217-44), 그리고 Judge Bill Bontrager가 하나님이 요구하시는 것이라고 생각한 것을 순종함으로써 자신의 직업을 어떻게 잃어버렸는가를 보라(ibid, 147-64).

22. Martin Perrson Nilsson, *Greek Piety*, tr. H. J. Rose (Oxford: Clarendon, 1984), 185.

23. 예를 들면, 유전학적인 종류들(인종이나 성)이 비도덕적 행위와 서로 교환되어서는 안 되지만(가령 동성애적인 행동 - 혹은 그 문제에 대해서는 게이들과 레즈비언들을 학대하는 것), 이들은 종종 함께 분류되고 있다(예를 들면, Peter Plagens, "Fade From White," *NW* [March 15, 1993], 72-74에 보도되어 있는 예술가들). Jo Kadlecek, "Blacks, Latinos, Native Americans, Asians - and Gays?" *Urban Family* (Spring 993), 34; David Neff, "Two Men Don't Make a Right," *CT* (June 19, 1993), 14-15' Matthew James Jr., "Who's Leading the Choir?" *Urban Family* (Fall 1995), 18-19 등을 보라. 상대주의는 심지어 나치의 유대인 대학살의 실재도 정당화하든지 혹은 부정하곤 한다(Laura Shapiro, "Denying the Holocaust," *NW*

와 같은 것을 믿지 않고 있다. 이러한 견해는 모태 교인으로 주장하는 사람들의 반 이상을 차지하는 것으로 보인다.[24] 우리 사회 대부분의 사람들은 상대주의를 타협할 수 없는 유일한 진리로서 절대화하고 있으며(이것이 얼마나 모순된 사고인가?), 이는 본질적으로 어떤 것이 옳다고 주장하지만 않는다면 모든 사람이 옳다고 말하는 것이다. 한 주석학자는, "오늘날 어떤 사람들에게 있어서 관용은 유일하게 실제적인 덕목이며 불관용은 유일한 악덕이다"라고 경고한다.[25] 또 다른 학자는 "에베소에 대한 메시지가 사랑이 없는 정통주의의 위험에 대해 교회를 경고하고 있는 반면, 두아디라에 대한 메시지는 모든 것들을 관용하고 아무 사람도 판단하지 않는 '부드러운' 사랑의 위험에 대해 경고하고 있다."[26] 많은 비 그리스도인들은 기적들 혹은 예수님이 하나님에게 이르는 길이 될 수 있는 가능성을 더 이상 부정하지는 않는다. 그러나 그들에게 기독교적 길은 많은 길 중의 하나에 불과하다. 그들은 예수님이 유일한 참된 길이라고 주장하면 신경이 곤두선다.

하지만 세상은 지나친 관용만이 문제가 아니다. 두아디라의 그리스도인들처럼, 우리도 복음이나 기독교 윤리를 직접적으로 훼손하는 "깊은" 가르침들을 잘못 주장하는 사람들을 용납할 수도 있는 것이다. 위에서 언급한 것처럼, 오늘날 예수님의 신성이나 부활과 같은 몇 가지 아주 중요한 기독교적 가르침들에 대해 이의를 제기하는 복음주의자들은 거의 없다. 그러나 상대주의가 점차 우리 문화에서 인기를 얻어가고 있기 때문에, 구원을 얻기 위해 그리스도를 믿어야 하는 절대적인 필요성은 많은 사람들이 받아들이기에 보다 불편한 견해가 되어가고 있다. "지난 1900년 동안 기독교 선교 활동은 이러한 믿음에만 달려 있었지만," 이것은 여전히 "기독교 신학이 지니고 있는 사회적으로 유일하게 가장 공격적인 측면"으로 남아 있다는 것을 몇몇 연구는 보여주고 있으며, 그리고 이것은 신학적 자유주의의 가장 두드러진 효과이기도 했다.

이렇게 상대주의를 받아들이는 경향은 복음주의 진영에 큰 타격을 주었을 것이며 또한 아마도 21세기 초기에 복음주의의 주요 전쟁터가 될 것이다. "명문" 복음주의적 인문대학이나 신학대학원에 다니는 학생들 중에 3분의 1은 구원에 이르는

[Dec. 20, 1993], 120).

24. George Barna, *What Americans Believe* (Ventura, Calif.: Regal, 1991), 83-85.

25. Michaels, *Revelation*, 78.

26. González, *Revelation*, 31. 여기에서 "관용"으로 우리는 우리와 견해를 달리하는 사람들을 사랑하는 성경적 덕목이 아니라 견해가 다른 것을 두려워하는 것에서 나오는 지적인 마비 상태를 의미한다.

다른 길이 예수 그리스도를 전혀 들어보지 못한 사람들에게 가능할 수 있다고 믿고 있다.[27] 대부분의 사람들은 예수님을 정당한 분으로 인정하지만 구원에 이르는 유일한 길로는 인정하지 않는 내가 알고 있는 힌두교 신자처럼 그렇게 멀리 나아가지는 않을 것이다. 그들은 단지 하나님이 복음을 결코 들어보지 못한 사람들을 위해 특별한 계획을 가지고 계실 것이라고 주장한다.

그러나 이렇게 비교적 온건한 주장조차도 구원의 복음, 바로 그 핵심을 잃어버리고 있다. 표준적인 예수님이 유일한 길이라는 전형적인 본문들은 제쳐놓고(예를 들면, 요 14:6; 행 4:12), 만일 구원 계획이 실제로 여러 가지 선택들 중의 하나였다면 어떤 하늘 아버지가 십자가를 지도록 자신의 아들을 보내겠는가?(갈 2:21) 신약성경은 다양한 보조적인 천사들로부터 사도적 구원의 복음을 제시한다. 즉 성령에 의한 중생, 믿음으로 말미암아 의롭게 됨, 사망에서 생명으로 혹은 어둠에서 빛으로 옮겨짐 등. 그러나 이 모든 모델들은 하나의 상태에서 다른 상태로 옮겨지는 기준이 그리스도에게 달려있다는 공통적인 요소를 공유하고 있다. 모든 인간은 이러한 복음을 통해 구원을 얻을 때까지 여전히 하나님으로부터 멀리 떨어져 있다(요 3:17-18; 롬 10:13-17). 실제로, 사도적 복음은 선교에 대해 타협할 수 없는 헌신을 하도록 우리에게 요구한다.

그러므로 하나님이 그리스도에 대한 메시지를 믿는 것뿐만 아니라 구원의 다른 길을 가지고 있다고 주장하는 것은 기독교 신앙의 핵심을 거스르는 것이다. 그리스도인들이 많은 문제에 대해 서로 나누어질 수도 있지만(계 2:4에 대한 주석을 보라), 우리들 중 어떤 이들은 사람들의 구원에 직접적으로 미치는 문제들에 대해 너무나도 관용적이다—혹은 강한 의지가 너무 부족하다(잠 25:26). 유대인들은 로마 세계에서 하나님이 한 분이시라는 주장을 하여 고난을 받았다. 한편 그리스도인들은 동족 유일신론자들이라 해도 만일 그들이 그리스도에게 나아오지 아니한다면 구원을 얻지 못할 것이라고 주장함으로써 공격을 악화시켰다.[28] 우상숭배에

27. James Davison Hunter, *Evangelicalism: The Coming Generation* (Chicago: Univ. of Chicago Press, 1987), 34-35. 대략 자기 스스로 모태 그리스도인이라고 생각하는 사람들의 절반 정도가 그리스도인들과 불교도들이 동일한 신을 공유하고 있다고 생각한다 (Barna, *What Americans Believe*, 212; 그러나 문제는 한 가지 방식 이상으로 해석될 수 있다는 것이다).

28. 보다 상세한 논증에 대해서는 Keener and Usry, *Defending Black Faith*, 108-35의 마지막 장에 나오는 "Why Does It Matter?"를 보라. 훌륭하고도 균형 잡힌 설명에 대해서는 Ajith Fernando, *The Christian's Attitude Toward World Religions* (Wheaton, Ill.: Tyndale House, 1987)를 보라. 다양한 견해들에 대해서는 William V. Crockett and James G. Sigountos, *Through No Faults of Their Own? The Fate of Those Who Have Never Heard* (Grand Rapids: Baker, 1991); Dennis Okholm and Timothy Phillips, *More Than One*

대한 고대의 과제는 하나님이 한 분이시며 올바른 예배를 요구하신다는 것을 부정하는 것이었다. 그러한 과제는 오늘날 새롭게 변장하여 나타나고 있으며, 그리고 그리스도인들은 우리의 생명을 희생하고서라도 우상숭배와 기꺼이 싸울 태세가 되어 있어야 한다.

끝까지 신실한 자로 남아있기. 끝까지 신실한 자로 남아있어야 할 필요성(계 2:26)은 역사적 칼빈주의자 및 아르미니안의 신념과 일치한다. 전자는 타락한 사람들은 결코 회심할 수 없다고 주장하였으며, 한편 후자는 타락한 자들은 그들의 구원을 잃어버린다고 주장했다—그러나 둘 모두 그들이 구원을 얻지 못할 것이라는 것에는 의견이 일치하였다. 그러나 이 구절과 다른 많은 구절들(행 14:22; 고전 9:27; 고후 13:5; 골 1:23; 살전 3:5; 딤전 4:1; 히 2:1-4; 4:1-2; 6:4-8; 10:19-31; 12:14-17; 약 5:19-20; 계 3:5에 대한 주석을 보라)은 진실로 기독교 신앙으로 인내하지 않고 단순히 기도하는 것만으로 구원을 얻기에 충분하다고 생각하는 사람들에게는 불쾌한 것으로 드러날 수도 있다.[29] 하지만 인내에 대한 위협들은 박해에서부터 사랑이 없음과 이교주의와의 타협에 이르기까지 교회마다 다양하다—전 세계적 교회에 영적인 경계를 할 것을 요구하는 경고이다.

Way? Four Views on Salvation in a Pluralistic World (Grand Rapids: Zondervan, 1995)에 나오는 소론을 보라.

29. I. Howard Marshall, *Kept by the Power of God: A Study in Perseverance and Falling Away* (Minneapolis: Bethany Fellowship, 1974)를 보라. 아르미니안적 관점으로는 Robert Shank, *Life in the Son: A Study of the Doctrine of Perseverance*, 2d ed. (Springfield, Mo.: Westcott, 1961).

요한계시록 3:1-6

1 사데 교회의 사자에게 편지하라 하나님의 일
곱 영과 일곱 별을 가지신 이가 이르시되 내
가 네 행위를 아노니 네가 살았다 하는 이름
은 가졌으나 죽은 자로다
2 너는 일깨어 그 남은 바 죽게 된 것을 굳건하
게 하라 내 하나님 앞에 네 행위의 온전한 것
을 찾지 못하였노니
3 그러므로 네가 어떻게 받았으며 어떻게 들었
는지 생각하고 지켜 회개하라 만일 일깨지
아니하면 내가 도둑 같이 이르리니 어느 때
에 네게 이를는지 네가 알지 못하리라
4 그러나 사데에 그 옷을 더럽히지 아니한 자
몇 명이 네게 있어 흰 옷을 입고 나와 함께
다니리니 그들은 합당한 자인 연고라
5 이기는 자는 이와 같이 흰 옷을 입을 것이요
내가 그 이름을 생명책에서 결코 지우지 아
니하고 그 이름을 내 아버지 앞과 그의 천사
들 앞에서 시인하리라
6 귀 있는 자는 성령이 교회들에게 하시는 말
씀을 들을지어다

원 의미

이 편지는 "죽은" 사데 교회에 보내고 있다(계 3:1). 예수님이 에베소에 주신 말씀은 사랑이 없는 교회에 도전하신다. 서머나에 주신 말씀은 박해받는 교회를 격려하신다. 버가모에 주신 말씀은 박해와 타협 문제를 모두 다루신다. 두아디라에 주신 말씀은 타협에 대한 것이다. 하지만 사데에 주신 예수님의 말씀은 잠자는 교회가 각성할 것을 요구하신다.[1]

사데는 복잡한 이교주의로 가득 차 있었다. 예를 들면, 헬라 사람들은 초기 아시아의 어머니 여신을 그들이 섬기는 데메테르(Demeter)와 동일시하였으며, 그리고 1세기 초 로마 사람들은 이 여신을 신성화된 황후 리비아(Livia)와 동일시하였다.[2] 사데에 사는 그리스도인들에 대해 박해가 있었다는 언급이 나오지 않는 것은 의

1. 롬 13:11; 살전 5:6에 나오는 유사한 권면을 참조하라. 도덕가들과 현인들 중에서는 Seneca *Ep. Lucil.* 20.13; Marcus Aurelius, 6.31; 에녹 1서 82.3을 보라.

2. Caird, *Commentary on Revelation*, 47을 보라; 데메테르(Demeter)와 코레(Kore)에 대해서는 Hanfmann, *Sardis*, 147을 보라. 몇몇 발굴자들은 그들이 또한 황제 신전도 발견하였다고 생각한다(C. Ratté, T. N. Howe and C. Foss, "An Early Imperial temple Pseudodipteral Temple at Sardis," *American Journal of Archaeology* 90 [1986]: 45-68).

미심장하다. 이것은 아마도 이교 숭배를 거절한 유대 공동체가 안전한 위치를 확보했음을 반영하며, 또한 그리스도인들이 이러한 관용의 혜택을 누렸음을 암시한다.[3]

사데는 상당히 강력한 유대 공동체를 가지고 있었다.[4] 나중에 그들이 이 도시의 경기장(이교 헬라 문화의 중심지) 옆에 새로운 회당을 건립했을 때, 그 회당은 대략 축구장 정도의 길이였으며, 분명히 고대에서 가장 큰 회당 중의 하나였다.[5] 그러나 서머나 및 빌라델비아 교회와는 대조적으로(계 29; 3:9 참조), 예수 추종자들은 회당 공동체와 평화적으로 공존한 것 같으며, 그리하여 대체로 그 도시의 지도자들과도 평화적으로 공존한 것으로 보인다. 세상으로부터 반대를 별로 받지 않았기 때문에, 사데의 그리스도인들은 세상과 편안한 관계를 가졌을 것이다.[6]

예수님이 이 교회에 대해 살았다 하는 이름은 가졌으나 죽은 자라고 꾸중하신 것(계 3:1)은 다양한 지역적 관련성을 환기시킬 수도 있다. 예를 들면, 가장 두드러진 지역적 이교 종교들 중의 몇몇은 생명의 계절적인 소생에 초점을 맞추었다.[7] 어떤 사람들은 사데의 마주보고 있는 언덕, 즉 아크로폴리스와 네크로폴리스를 암시하며, 그리하여 이곳의 그리스도인들이 마치 아크로폴리스와 같이 살아있는 것처럼 보이지만 그 도시에서 거의 대등하게 보이는 네크로폴리스와 같이 실제로는 죽은 자들이라고 주장하는 사람이 있긴 하지만 아마도 그럴 가능성은 낮다.[8]

그러나 그 지역의 그리스도인들은 죽었다와 살아 있다는 이미지들을 그들이 살고 있는 지역과의 관련성을 상기시켰을 가능성이 더 크다. 예를 들면, 요한계시록

---

3. 사데 회당의 성상학(iconography)은 사데의 그리스도인들이 이방 문화에 친숙해져 있었음을 암시한다. Eric Meyers and A. Thomas Kraabel, "Archaeology, Iconography, and Nonliterary Written Remains," 175-210 in *Early Judaism and Its Modern Interpreters*, ed. R. A. Kraft and G. W. E. Nickelsburg, SBLBMI 2 (Atlanta: Scholars, 1986), 192를 보라.
4. Josephus, *Ant.* 14.235, 259-61; *CIJ*, 2:16, §§750-51; Kraabel, "Judaism in Western Asia Minor," 198-240 등을 보라.
5. David Gordon Mitten, "A New Look at Ancient Sardis," *BA* 24 (May 1966): 38-68 (특히 65); George M. A. Hanfmann, "The Tenth Campaign at Sardis," *BASOR* 191 (Oct. 1968): 2-41; Marianne Palmer Bonz, "Differing Approaches to Religious Benefaction: The Late Third-Century Acquisition of the Sardis Synagogue," *HTR* 86 (April 1993): 139-54 등을 보라. Helga Botermann, "Die Synagoge von Sardes: Eine Synagoge aus dem 4. Jahrhundert?" *ZNW* 81 (1990): 103-21은 후대의 증거를 나타낸다.
6. Pilch, "Lying," 132는 그리스도인들이 갈등을 피하기 위해 스스로 회당의 제도에 순응하였다고 주장한다. 후대 사데의 기독교에 대해서는 George M. A. Hanfmann and Hans Buchwald, "Christianity: Churches and Cemeteries," 191-210 in *Sardis*, ed. Hanfmann을 보라.
7. 데메테르(Demeter)와 페르세포네(Persephone)에 대해서는 Hemer, *Letters to the Seven Churches*, 138-40; Ramsay, *Letters to the Seven Churches*, 363-65를 보라.
8. Peter Wood, "Local Knowledge in the Letters of the Apocalypse," *ExpTim* 73 (1962): 263-64.

이 기록되기 수십 년 전에, 사데는 지진에 의해 황폐화 되었으며,[9] 그리고 재건 된 이후 건축물이 또 지진이 나서 무너지지 않을까 계속 두려워하였다.[10] 이처럼 사데의 그리스도인들도 이 도시의 널리 알려진 고대의 전승과 동일시했을 것이다. 사데는 가장 유명한 통치자 크뢰수스(Croesus) 시대 이후로 위대한 도시로서 고대의 "명성"(문자적으로는 "이름")을 얻었으나, 요한계시록이 기록될 당시에 사데는 고대의 명성에는 훨씬 미치지 못하였다.[11] 분명히 예수님은 사데의 역사가 아니라 그 교회에 대해 말씀하신다.[12] 그러나 도시들은 불후의 명성을 얻었으며, 또한 지역의 거주자들도 그러한 명성을 알고 있었다. 그러나 여기서 사용된 이미지의 구체적인 근거가 무엇이든 간에, 그 이미지의 가장 중요한 기능은 죽었다가 지금은 살아계신 주님 자신과의 의도적인 대조이다(계 1:18; 2:8). 사데에 살고 있는 신자들의 영적인 상태는 그들이 예수님 자신의 부활의 능력을 사용하지 않는 것이다.

예수님이 아마도 밤에 예상치 못하게 "도둑"같이 그들에게 이를 것이라는 경고(계 3:3)는 초대 그리스도인들에 의해 종종 반복되었던(살전 5:2; 벧후 3:10; 계 16:15) 종말에 대한 예수님의 말씀을 상기시킨다(마 24:43; 참조. 눅 12:39).[13] 그러나 이 경고는 특히 어릴 때부터 이 도시의 역사에서 가르침을 받은 자부심이 있는 사데 사람들에 대한 경고임이 드러난다. 정복자들은 전통적인 전쟁으로 결코 사데를 정복한 것이 아니었다. 사데는 적절한 경계를 하지 못했기 때문에 두 번이나 예상치도 못하게 정복을 당하였다.[14] (NIV의 "wake up"의 배후에 있는 헬라어 단어는 다른 본문에서, 예를 들면, 마 24:42-43에서 "watch"로 번역되었다). 실제

9. Strabo, 12.8.18; Tacitus, *Ann.* 2.47.

10. Mitten, "Look," 61-62; 참조. Ramsay, *Letters to the Seven Churches*, 375. 시빌의 신탁 5.289는 아시아의 여러 도시들 중에서 지진에 의해 심판을 받은 것에 대해 사데를 겨냥하고 있지만, 이것은 아마도 역사적 사건들을 반영하고 있을 것이다.

11. Herdotus, 1.26-28; Strabo, 13.4.5; Colin J. Hemer, "The Sardis Letter and the Croesus Tradition," *NTS* 19 (Oct. 1972): 94-97을 보라. 사데의 붉은 색 염료에 대해서는 오랫동안 유명했다(Aristophes, *Acharnians* 112). 사금(砂金)은 종종 강에서 발견되지만(Strabo, 15.1.69), 그 공급은 근처에 있는 팍톨루스(Pactolus)에서 이루어졌다 (Strabo, 13.4.5); 그럼에도 불구하고 사데는 여전히 1세기에 비교적 부유한 곳이었다 (Philostratus, *V.A.* 1.11).

12. Michaels, *Revelation*, 82.

13. 보다 상세한 내용은 Richard Bauckham, "Synoptic Parousia Parable Again," *NTS* 29 (1983): 129-34를 보라.

14. Caird, *Commentary on Revelation*, 47; Richard, *Apocalypse*, 59를 보라. 사데를 정복한 자들에 대해서는 Herodotus, 1.47-91; 7.11을 보라;.참조. Cornelius Nepos 1 (Miltiades), 4.1을 보라. 고레스의 예상치 못한 사데 점령은 후대의 저자들에 의해 조사되어 도덕적 교훈을 주는 자료가 되었다 (Aune, *Revelation*, 1:220을 보라).

로 강력하게 보였던 이 도시가 쉽게 정복을 당했다는 것은 언제든지 비난의 대상이 되었다(시빌의 신탁 4.93).

그들의 옷을 "더럽히지" 아니한 사람들이 "흰 옷을 입고" 예수님과 함께 다닐 것이라는 것(계 3:4)은 의미심장하다. 아시아와 다른 곳에 있는 신전에서 숭배자들은 더러운 옷을 입은 채로 감히 신들에게 가까이 가지 못하였다. 신전에서 신들에게 나아가기 위한 정상적인 의복은 흰색이나 아마포 옷이었다.[15] 아마도 여기서 예수님은 이교주의 문화에 스스로 더럽히지 아니한 그의 추종자들이 새 예루살렘에 들어가게 될 것임을 약속하신다. 그러나 새 예루살렘은 어떤 구체적인 성전이 없을 것이기 때문에(계 21:22), 그것은 하나님이 거하시는 성전 도시일 것이다(계 21:3, 16). 깨어 있지 못한 사람들은 벌거벗은 채로 다니게 될 것이다(계 16:15).

사데 교회에서 이긴 자들이 "생명책에서" 그 이름이 지워지지 않을 것이라는 약속(계 3:5)은 그 반대의 내용, 즉 사데 교회의 많은 사람들이 거의 영적인 죽음에 처해 있어서(계 3:2) 그 나라를 보지 못할 것임을 암시한다. 이름이 지워진다는 이미지는 출애굽기 32:32-33에서 비롯된 것인데, 이는 또한 하늘의 생명책에 적용되기에 이른다(시 69:28; 단 12:1; 눅 10:20; 빌 4:3).[16] 아시아의 고대 청중들은 이 생명책 이미지를 소아시아에 알려져 있는 시민 등록부를 배경으로 이해했을 것이다. 보다 이른 시기에 사데는 왕립 공문서 보관소로 유명하였다. 어떤 곳에서(아덴에서 문서로 가장 잘 증명된다), 잘못을 저지른 시민들의 이름은 그들이 처형되기 전에 즉시 명부에서 그 이름이 지워졌다.[17] 예수님이 그의 아버지 앞에서 신실한 남은 자들을 시인하실 것이라는 약속은 예수님이 그의 제자들에게 하셨던 말씀을 반영한다(마 10:32; 눅 12:8).

---

15. Josephus, *War* 2.1; *Ant.* 11.327; Philo, *Cont.* 66; Euripides, *Bacch.* 112; Pausanius, 2.35.5; 6.20.3; Diogenes Laertius, 8.1.33을 보라; 제사장들에 대해서는 Josephus, *War* 5.229; *Pes. Rab.* 33:10; Appian, *C.W.* 4.6.47; Plutarch, *Isis* 3-4, *Mor.* 352C; Apulius, *Metam.* 11.10, 23 등을 보라. 그러나 Ramsay, *Letters to the Seven Churches*, 386-87; Hemer, *Letters to the Seven Churches*, 146-47은 여기서 로마의 승리의 이미지를 보다 선호한다.
16. 에녹 1서 10:8; 47:3; 104:1; 희년서 30:18-23; 36:10; 1QM 12.1-2; Hermas 1.1.1; Jean Daniélou, *The Theology of Jewish Christianity* (London: Darton, Longman & Todd, 1964), 192-204; 어쩌면 사 4:3; 아울러 18 기도문에 나오는 분리주의자들에 대한 저주 등을 보라. 특히 에녹 1서 108:3에서 죄인들의 이름이 하늘의 책에서 지워질 것이라는 것을 보라.
17. Hemer, *Letters to the Seven Churches*, 148; Ramsay, *Letters to the Seven Churches*, 385; Aune, *Revelation*, 1:225.

상황잇기

이 편지의 몇몇 요소들은 구체적으로 사데에 말하고 있지만, 이것은 바울의 편지에서도 구체적인 지방적 특징을 가지고 권면하는 것처럼 현대의 독자들에게 부적절한 권면을 하는 것이 아니다. 모든 교회들은 예수님이 여러 교회에 경고하는 내용으로부터 배우도록 요청을 받고 있으며(계 2:7, 11, 17, 29; 3:6, 13, 22), 그리고 "일깨우다" 혹은 "경계하라"는 권면(계 3:2)은 모든 사람들에게 적용된다(계 16:15; 참조. 살전 5:2). 우리는 이것을 모든 사람들에게 적용할 수 있다. 왜냐하면 우리 모두 주님의 재림 혹은 심판에 대비해야 하기 때문이다. 하지만 우리는 이 본문의 요점을 가장 밀접한 유비들에 대해 가장 안전하게 적용해야 하며, 그리하여 "일깨우라"는 경고는 잠자고 있는 교회—즉 예수님의 음성이나 혹은 예수님 앞에서 생각하는 미래의 어떤 의미보다 오히려 그들의 문화에 의해 좌우되는 사람들에게—에 특히 적절하다.

아울러 우리의 보다 편안한 신학적 전제들에 근거하여 감소시키는 것이 아니라 이 본문에 있는 그대로의 경고를 듣는 것이 중요하다. 우리의 믿음을 하나님의 말씀으로서의 성경에 둔다는 것은 우리의 사고를 그 반대가 아닌 성경에 적합하도록 교정할 것을 우리에게 요구한다. 예를 들면, 이기지 못한 사람들에게 잃어버리는 것이 함축하고 있는 것을 이해하라(계 3:5, 다음 단락을 보라).

현대적 의미

죽은 교회에 대한 경고. 사데의 그리스도인들은 지금까지 논의한 여러 교회들과는 다르다. 시탄은 박해나 혹은 타협으로 이들에게 압박을 가하지 않았다. 사데 교회는 이미 죽은 교회였기 때문이다. 그들은 세상과 더불어 안락을 누렸으며, 예수 그리스도 안에 있는 믿음을 위해 어떤 대가도 지불하지 않았고, 또한 그 때문에 갑작스러운 기습을 받았다(계 3:3). 그러한 경고는 현대의 서구 그리스도인들에게 자기반성을 일으켜야 한다. 하나의 교회로서 사데의 신자들은 그들이 깨어 있다는 환상에 잠겼음이 분명하다. 예수님은 우리의 삶이나 우리의 교회가 현상 유지되는 것에 만족하지 않으실 것이다.

우리 주변의 세상이 여전히 잠들어 있을 때 깨어 있는 것은 어려운 일이다(계 16:15 참조). 나치 독일에서 국가 교회의 18,000명 목회자들 중 약 7,000명이 유대계 그리스도인들을 교회에서 일하는 것으로부터 배제시킨 아리안 조항에 항의하였다.[18] 때가 이르러 고백 교회는 국가 교회가 히틀러와 타협하는 것에 항의하기 위해 결성하였지만, 그러나 점차 히틀러는 이 교회에 대해 지지를 구하였다. 그는 만일 그들이 자신의 팽창 정책에 순순히 응해주기만 한다면 그들의 특수성을 인정해주고 또한 그들에게 합법성을 제공해줄 것이라고 하였다. 디트리히 본회퍼(Dietrich Bonhoeffer)는 이러한 타협과 투쟁하였지만, 교회 상황의 "실제적인 현실"에서 볼 때 점차 고립된 소수의 목소리가 되어갔다.[19] 그는 "독일의 그리스도인들이 권력을 얻은 나치에 항거하지 못한 것은 그들의 도덕성 투명성이 결여되어 있기 때문"이라고 주장하였다. 그러한 상황에서 굳건하게 서있었던 유일한 사람들은 이성이나 양심이 아닌 하나님과 그의 말씀이 기준이 되었던 사람들이었다.[20] 우리가 저항하는 회심자들을 얻으려고 하든지 아니면 가난한 자들과 아직 태어나지 않은 사람들을 위해 정의를 위한 투쟁을 하든지 간에, 선행을 하는 일에는 지치고 군중을 따르는 일은 항상 쉬운 일이다—특히 우리 주위에 있는 교회가 군중의 일부가 되어갈 때 그렇다.

나아가서 사데라는 도시와 사데의 그리스도인들처럼, 우리가 미래에 하나님이 우리에게 요구하시는 것을 바라보는 것 대신 과거의 업적에 의존하는 것은 너무나도 쉬운 일이다(빌 3:12-14 참조). 우리는 기드온의 예를 생각해볼 수 있다. 그는 자신의 승리를 기념하기 위해 금 에봇을 만들었는데, 그의 백성들이 이를 숭배할 때에도 이 에봇을 없애지 못하였다(삿 8:27). 기드온은 표준을 낮추었기 때문에 그가 죽은 후에 바알 숭배로 되돌아오는 일과 이스라엘의 영적인 유산을 붕괴시키는 일에 사전 준비를 하는 셈이 되었으며, 또한 그는 자신이 이전에 성취했던 가치를 효과적으로 약화시켰다(삿 8:33). 기드온은 자신이 과거에 이루었던 승리를 돌아보았지만, 그는 미래를 위한 더 나은 계획을 세웠어야 했다.

내부로부터의 변화. 사데에 있는 몇 사람이 여전히 옷을 더럽히지 않았다는 것(계 3:4)은 사데 교회처럼 교회 밖에 있는 일부 그리스도인들이 가질 수도 있는 전제에 도전을 줄 수도 있다. 예수님이 사데 교회에 있는 의로운 신자들에게 다른 도시로 이주하거나 혹은 사데의 다른 곳에서 기존의 방식과 전혀 다른 교회를 시작하라고 요구하지 않으셨다는 것은 주목할 만한 일이다. 오늘날 "잠을 자고 있는"(혹

18. Richard V. Pierard, "Radical Resistance," *Christian History* 32 (1991): 30-33 (p. 31).
19. Geffrey B. Kelly, "The Life and Death of a Modern Martyr," *Christian History* 32 (1991): 8-17 (pp. 13-14). 그러나 국가의 압력에도 불구하고 고백 교회는 결국 유대계 백인들에 대해 정신적으로 잘못된 국가 살인을 공식적으로 정죄하였다 (Pierard, "Resistance," 32).
20. Gary Haugen, *Good News About Injustice: A Witness of Courage in a Hurting World* (Downers Grove, Ill.: InterVarsity, 1999), 91.

은 졸고 있는) 많은 교회에, 최소한 많은 여러 그리스도인들이 "잠을 자고 있는 것"으로 간주될 수 있는 교회에도 진정한 신자들이 있다. 어떤 보수적인 그리스도인들은 자신들이 가지고 있는 성경적 뿌리에서 빗나간 교단에서 신앙 생활하는 성경적으로 신실한 그리스도인들을 멸시하고 있기도 하다. 그러나 하나님은 몇몇 그리스도인들에게 신실함을 그들에게 상기시키기 위해서 그러한 교단 안에 여전히 남아있도록 요청하신다. 교회가 더 이상 교회가 아니고(계 2:5) 그리하여 분리하는 일(분명하게 증거하는 소수로 분리되든지 아니면 떠남으로서)이 필연적일 수도 있는 시점에 이를 수도 있지만(계 18:4), 그러나 보다 영적으로 편안한 상황에 있는 우리들이 우리가 판단을 내릴 수도 없는 전쟁터에서 여전히 투쟁하고 있는 우리의 동료들을 판단하는 것은 지혜롭지 않은 일이다.

인내하지 않는 사람들에게. 3:5이 함축하고 있는 경고(이기지 못한 자들은 생명책에서 그 이름이 지워질 것이라는)는 전통적인 북미의 종교에서 몇몇 인기가 있는 생각들에 도전을 주고 있다. 알미니안들은 배교가 회심의 결과들을 뒤집을 수 있다고 가르친다. 그러나 역사적 칼빈주의자들은 인내하지 못한 사람들은 우선 결고 회심하지 않은 사람들이라고 가르친다. 가장 중요한 것은 두 사람 모두 최종적인 결과에 대해서는 동의한다는 것이다. 인내하지 않는 사람들은 잃어버린 자들이다. 그러나 많은 사람들(특히 내 자신이 속한 침례교 전통에서)은 칼빈주의자들의 가르침을 잘못 해석하여 일단 구원을 받았다고 고백하는 사람들은 하늘에 들어갈 수 있다고 하는데, 그러나 이러한 생각은 여기에 나오는 두 부류의 사람들이나 신약성경 전체에서도 반박된다(예를 들면, 막 4:16-19; 요 8:30-32; 롬 11:20-22; 갈 4:19; 5:4; 벧후 2:20-22; 아울러 계 2:26에 대한 설명을 보라).

개인적으로 복음을 전할 때, 나는 종종 주 예수 그리스도에 대해서는 좀처럼 묵상하지 않지만 그들이 일단 세례를 받았기 때문에 혹은 죄인들의 기도에서 누군가의 기도문을 따라 읽었기 때문에 그들이 반드시 하늘나라에 간다고 생각하는 명목상의 복음주의자들을 만난 적이 있다. 인내하는 사람들은 생명책에서 그 이름이 지워지지 않을 것이라는 약속은 또한 우리의 문화에서 자신들이 받은 구원을 안전하게 하기 위해 순전히 과거의 신앙고백에 의존하는 수많은 명목상의 그리스도인들에게 심각한 경고를 하고 있다.

1940년대 후반 로스앤젤레스의 유명한 갱 단원이었던 미키 코헨(Micky Cohen)이 그리스도를 믿는다고 공개적인 고백을 하였을 때, 그의 새로운 그리스도인 친구들은 고무되었다. 그러나 시간이 지나면서 그들은 왜 그가 자신의 갱 단원 시절의 삶의 방식을 버리지 못했는지 의심하기 시작했다.[21] 그러나 그들이 이러한 질문으로 그에게 제기했을 때, 그는 "당신들은 내가 나의 과거 경력을 포기해야 한다고 결코 나에게 말하지 않았다. 당신은 내가 내 친구들을 포기해야 한다고 결코 나에게 말하지 않았다. 그리스도인 영화배우들도 많고, 그리스도인 체육 선수들도 많고, 그리스도인 사업가들도 많다. 그리스도인 갱 단원이 있다는 게 뭐가 그리 큰 문제냐? 만일 내가 그 모든 것을 포기해야 한다면—만일 그러한 기독교라면—나를 제명시켜라"고 항변하였다.[22] 코헨은 점차 그리스도인 모임에서부터 탈선하기 시작했으며 마침내 그는 외롭게 죽어서 잊혀지고 말았다. 척 콜슨(Chuck Colson)은 다음과 같이 말했다.

> 코헨은 비록 그것을 기꺼이 인정하고 싶지는 않겠지만 그들 자신의 삶을 통해서 동일한 질문을 제기하는 수백만의 가짜 그리스도인들을 반영하고 있다. 그리스도인 갱 단원이 되는 일에 대한 것이 아니라, 그들이 어떤 사람이었든 간에 기독교인으로 변화가 되었는지, 그리고 그리스도인으로 남아있기로 굳게 결심하였는가에 대한 것이다.[23]

21. Charles Colson, *Loving God* (Grand Rapids: Zondervan, 1987), 81-92.
22. Ibid., 92.
23. Ibid., 94.

요한계시록 3:7-13

7 빌라델비아 교회의 사자에게 편지하라 거룩
하고 진실하사 다윗의 열쇠를 가지신 이 곧
열면 닫을 사람이 없고 닫으면 열 사람이 없
는 그가 이르시되
8 볼지어다 내가 네 앞에 열린 문을 두었으
되 능히 닫을 사람이 없으리라 내가 네 행위
를 아노니 네가 작은 능력을 가지고서도 내
말을 지키며 내 이름을 배반하지 아니하였
도다
9 보라 사탄의 회당 곧 사칭 유대인이라 하나
그렇지 아니하고 거짓말 하는 자들 중에서 몇
을 네게 주어 그들로 와서 네 발 앞에 절하게
하고 내가 너를 사랑하는 줄을 알게 하리라
10 네가 나의 인내의 말씀을 지켰은즉 내가 또
한 너를 지켜 시험의 때를 면하게 하리니 이
는 장차 온 세상에 임하여 땅에 거하는 자들
을 시험할 때라
11 내가 속히 오리니 네가 가진 것을 굳게 잡아
아무도 네 면류관을 빼앗지 못하게 하라
12 이기는 자는 내 하나님 성전에 기둥이 되게
하리니 그가 결코 다시 나가지 아니하리라
내가 하나님의 이름과 하나님의 성 곧 하늘
에서 내 하나님께로부터 내려오는 새 예루살
렘의 이름과 나의 새 이름을 그이 위에 기록
하리라
13 귀 있는 자는 성령이 교회들에게 하시는 말
씀을 들을지어다

원 의미

자신들이 스스로 보기에 강한 교회들과는 대조적이지만(계 3:17), 자신들의 궁핍을 인정한 서머나의 그리스도인들처럼(계 2:9), 빌라델비아 교회는 단지 "작은 능력"밖에 없었지만 그러한 능력 가운데 굳게 서 있는 일에 있어서 성공적이었음을 보여주었다(계 3:8). 비록 위치적으로는 사데에 더 가깝지만, 빌라델비아의 그리스도인들의 상황은 대략 서쪽으로 60마일 떨어져있는 서머나의 동료 신자들의 상황과 비슷하다.

예수님은 "다윗의 열쇠를 가지신" 분으로서 열고 닫을 수 있는 권세를 가지고 계신다. 이것은 예수님이 "다윗의 뿌리"이실 뿐만 아니라(계 5:5; 22:16), 또한 왕궁에 들어갈 수 있는 것을 관장하는 분으로, 그 나라에서 가장 높은 권세의 위치에 있는 청지기임을 의미한다(사 22:15-25, 특히 22:22; 사 45:1-2; 겔 44:2).[1] 이와 같이 예수님은 누가 그의 집에 들어갈 수 있는지 그리고 누가 들어갈 수 없는지를 결정하시는 분이시다.

서머나에서처럼, 빌라델비아의 신자들도 지역 회당과의 갈등을 경험하고 있었다.[2] 아마도 그들은 요한이 처음으로 자신의 복음서를 써서 보냈던 유대 그리스도인들과 같았을 것인데, 그들 중 다수가 자신들이 다니던 회당에서 추방되었을 것이다(요 9:34에서 이전에 소경되었던 자의 경우와 비슷하다). 그러나 예수님은 그 사람을 자신의 양들 중의 하나로 변호하셨으며, 또한 신적인 목자이신 예수님이 누가 그의 백성 중에 속하며 또한 누가 그렇지 않은지를 결정하시는 권리를 가지고 계신다는 것을 말씀하셨다(요 10:1-15). 여기서도 마찬가지로 비록 이러한 회당들이 유대 그리스도인들을 그들의 예배의 집에서 쫓아내었다 해도, 예수님은 신자들을 그 자신의 집으로 환영하신다.

당국자들은 유대인들이 이러한 신자들을 하나님의 백성으로부터 쫓아내었음을 알고 있었지만, 예수님은 진실로 새 예루살렘에 들어갈 수 있도록 허락하시는 분이시다(계 21:12-14). 이것은 여기서 문을 열고 닫는 것과 가장 유사한 의미이다.[3] 1세기 후반의 몇몇 유대교 지도자들은 그들이 회당과 하나님의 백성들에 속할 수 있는 것을 관리하는 권한을 가진 것으로 생각했던 것이 분명하다(마 23:13). 아마도 이 본문은 하늘 문(계 4:1), 혹은 보다 가능성이 있는 것으로 새 예루살렘(계 3:12; 21:12-15, 21, 25; 22:14)이나 성전에 들어가는 문들(계 11:19; 15:5), 예수님과 지금 누리는 교제(계 3:20), 혹은 완성된 구원으로서 예수님을 암시한다(눅 13:24-25; 요 10:7-9; 14:6 참조).[4]

성경의 예언자들은 이방인들이 언젠가는 하나님의 백성들 앞에 엎드릴 것이라

---

1. 문들, 왕의 보물 등의 열쇠를 가지고 있는 사람은 상당한 권세를 휘둘렀다. 아울러 계 9:1; 20:1; 특히 1:18에 대한 주석을 보라. Livy, 24.23.1; 24.37.8; Boaz Cohen, *Jewish and Roman Law: A Comparative Study*, 2 vols. (New York: Jewish Theological Seminary of America, 1966), 538-39를 보라. 대부분의 문은 단 한 개의 열쇠만 가지고 있었기 때문에, 그 열쇠를 지니고 있는 사람은 상당한 권세를 가지고 있었다 (E. F. F. Bishop, *Apostles of Palestine: The Local Background to the New Testament Church* [London: Lutterworth, 1958], 232).
2. 빌라델비아의 유대교에 대해서는 *CIJ* 2:18-19, §754; Ignatius, *Philad.* 6.1; Kraabel, "Judaism in Western Asia Minor," 181-90을 보라.
3. Beasley-Murray, *Revelation*, 100; Mounce, *Revelation*, 116-17 참조; 이에 대한 반대는 Caird, *Commentary on Revelation*, 51-53. 캐어드는 여기서 복음전도의 기회로 생각한다 (전형적인 바울의 의미: 고전 16:9; 고후 2:12; 골 4:3). "문"을 "여는 것"은 헬라어에서 빈번히 등장하는 은유적 표현이다(예를 들면, Plutarch, *Reply to Colotes* 3, *Mor.* 1108D); 아울러 두려워하는 마음에 대한 하나님의 "소망의 문"도 참조하라(1QM 11.9).
4. Michaels, *Revelation*, 84를 참조하라. 하늘의 문(희년서 27:25); 하나님이 구원의 문(1QM 18.7) 혹은 하늘의 문(계 4:1; 에녹 1서 14:15; 마카비 3서 6:18; 레위의 유언 2:6)을 참조하라.

고 그들에게 약속하였으며(사 60:14; 참조. 사 45:14; 49:23; 참조. 사 45:23; 49:7; 66:23), 이는 유대교 전승도 인식하고 있다(에녹 1서 90:30; 1QM 12.14). 하지만 여기에서 불신 유대인들이 불신 이방인들과 더불어 신실한 신자들 앞에 와서 절하는데 참여하고 있다(계 3:9).[5] 유대인들은 하나님이 그의 백성들을 선택하셨다는 것(사 49:7)과 또한 하나님이 그들을 사랑하신다는 것(사 43:4; 특히 말 1:2)을 깨달아야 한다. 예수님이 사랑하시는 사람들처럼, 그들도 "그가 사랑하시는 성"의 예정된 주민들이다(계 20:9). 그들이 그리스도의 백성임을 나타내는 것은 그들이 하나님의 말씀을 "지키는" 것이다(계 3:10; 참조. 계 1:3; 2:26; 3:3, 8; 12:17; 14:12; 16:15; 22:7, 9). 그렇게 해야 그리스도도 그들을 지켜주실 것이다.[6]

요한계시록 3:10은 처음으로 요한계시록의 전형적인 대조인 "하늘에 거하는 자들"과 "땅에 거하는 자들"을 소개한다. 땅에 거하는 자들은 대개 심판을 받는 사악한 자들이며(계 6:10; 8:13; 11:10; 13:8, 12, 14; 17:2, 8), 반면에 하늘에 거하는 자들은 의로운 자들을 가리킨다(계 12:12; 13:6). 땅에 거하는 자들이라는 표현이 대체로 땅 위에서 고난 받는 성도들을 포함하지 않는다는 것(계 2:13을 참조하라)은 비록 이 사람들이 일시적으로는 땅에서 고난을 받는다 해도, 장기적으로 볼 때 그들의 집은 하늘이라는 것을 암시할 수도 있다.[7] 시험의 때는 믿지 않는 자들을 시험하기 위해 계획된 것이다. 그러나 신자들은 이 시기에 보호를 받을 것이다(계 7:1-8에 대한 설명을 보라).[8]

그러나 예수님이 이 점에 있어서 빌라델비아 그리스도인들의 인내를 칭찬하시지만, "시험의 때가 끝날 때까지는 끝나지 않는다." 그들은 자신들이 가지고 있는 것을 계속 굳게 잡아야 한다(계 3:11). 즉 그들의 인내를 요구하는 메시지를 계속 지켜야 하며(계 3:10), 또한 그들을 박해하는 자들이 자신들의 면류관을 빼앗지 못하도록 해야 한다(계 3:11; 참조. 계 2:25). "면류관"은 이긴 자들에게 적절한 승리

---

5. Fekkes, *Isaiah and Prophetic Tradition*, 134-35는 이사야서에서 압제당하는 하나님의 공동체와 요한계시록에 나오는 것 사이의 연결을 강조한다.

6. 구약성경의 언급 외에도 희년서 2:28; 20:2; 1QS 5.9; 8:3; CD 6.18; 10.14, 16; 20.17; 마카비 1서 2:53; 시빌의 신탁 1.52-53, 170 등에서 계명을 지키는 것에 대한 유사한 표현들을 참조하라.

7. "땅에 거하는 자들"과 "하늘에 거하는 자들"에 대해서는 나 1:5; 눅 21:35; 에녹 1서 40:6-7; 54:6; 65:12; 80:7; 104:6; 4QpNah prologue 9; 솔로몬의 지혜 9:18; 에스라 4서 5:6; 7:72; 13:30-31; 바룩 2서 25:3; 27:15; 아브라함의 유언 3A; 욥의 유언 36:3-6도 참조하라. "하늘에 거하는 자들"은 이교 문헌에서 신들을 지칭할 수도 있다 (Frederick C. Grant, *Hellenistic Religions* [Indianapolis: Bobbs-Merrill, 1953], 136; Cicero, *De Legibus* 2.8.19).

8. 여기서 Guthrie, *Relevance*, 97을 참조하라.

자에게 주어지는 화관(花冠)이며(계 2:10에 대한 주석을 보라. 이 구절에서 생명의 관은 2:11에 있는 둘째 사망과 대조를 이룬다), 또한 그것을 잃어버리는 것은 대략 앞에 나왔던 교회에 대한 경고, 즉 그 나라에서 제외되는 것과 동일한 것을 의미한다(계 3:5).

하지만 이기는 자들은 예수님의 가족, 즉 하나님의 성전에 환영을 받을 뿐 아니라 그 가족의 일부를 구성하게 될 것이다(계 3:12). 그리하여 비록 그들이 "사탄의 회당"에서는 쫓겨난다 해도(계 3:9), 그들은 여전히 하나님의 성전에 거하게 된다. 이러한 이미지는 이사야 56:5을 직접적으로 상기시키는데, 여기서 이방인들과 고자들이 하나님의 집 안에서 이스라엘이 가진 것보다 더 나은 기념물과 영원한 이름을 가질 것이라고 말한다. 비록 이방인들이 구약의 성전 안에 허용되었다 해도(왕상 8:41-43), 둘째 성전의 건축물(요한계시록이 기록되기 수십 년 전에 파괴되었다)은 이스라엘 남자들과 이스라엘 여자들까지 구분하였다. 둘째 성전은 여자들을 유대 남자들보다 더 낮은 위치에 두었으며 또한 이방인들을 성소에서 훨씬 멀리 두었다(행 21:29를 보라).

한편 고자들은 항상 하나님의 백성들로부터 배제되었다(신 23:1). 그러나 하나님은 자신의 계명을 지키는 이방인들과 고자들이 하나님의 계명을 지키지 않는 자신의 백성들의 위치보다 더 나은 곳에 있게 될 것임을 약속하셨으며(사 56:3-6), 그리하여 하나님의 새 성전은 "만민을 위한 기도의 집"이 될 것이다(사 56:7; 참조. 막 11:17). 그리스도께서 자신의 백성을 유대인과 이방인으로 이루어지는 하나의 새로운 성전으로 세우신다는 것은 이 당시 아시아의 그리스도인들에게는 익숙한 이미지였다(엡 2:18-22; 벧전 2:5). 옛 성전이 그랬던 것처럼(출 27:10-17; 38:10-28; 왕상 7:2-6, 15-22) 이 새 성전도 기둥들을 포함할 것을 기대하고 있으며(겔 40:9-41:3; 에녹 1서 90:29), 또한 인격화된 기둥들은 구체적으로 힘 혹은 복의 이미지로서의 기능을 한다(출 24:4; 시 144:12; 렘 1:18; 갈 2:9; 클레멘트 1서 5.2).[9]

9. 강한 "기둥들"로서 사람들에 대해서는 바룩 2서 2:1; 바룩 4서 1:2; *ARN* 25A; 요셉과 아세낫 17:6의 어떤 사본들; *Gen. Rab.* 43:8; 75:5에 나오는 족장들 등을 보라. Aune, *Revelation*, 1:241에 나오는 헬라 자료들을 참조하라. Beale, *Revelation*, 295는 사 22:23의 몇 가지 헬라어 역본들을 비교하고 있다. 종말론적인 기둥들에 대해서는 시빌의 신탁 2.240을 참조하라(그러나 아마도 기독교적으로 써 넣은 어구의 일부일 것이다). 옛 성전의 기둥들은 기둥에 대한 이교적 용법과 대조가 될 수도 있다(예를 들면, 출 23:24; 34:13; 신 7:5; 12:3; 왕상 14:23; 왕하 10:26; 17:10; 18:4; 23:14; 대하 31:1; 호 10:1-2; 미 5:13; Homer, *Il.* 17.434; Od. 12.14; Cornelius Nepos, 7 [Alcibiades], 3.2). 솔로몬 성전의 "왕의 기둥"

그러한 기둥들은 하나님의 이름과 새 예루살렘의 이름을 가질 것이며, 그리고 예수님의 새 이름(계 3:12)은 단순히 그들이 거룩한 성에 속한다는 것을 확인한다. 고대의 기둥들에는 종종 명예로운 내용을 새겼으며,[10] 또한 우리는 종말론적인 기둥들에 대해서도 동일한 내용을 기대할 수 있다.[11] 뿐만 아니라 초기의 선지자들은 새 예루살렘의 미래적 이름의 의미를 이미 선언하였다(렘 33:16; 겔 48:35; 참조. b.B.B. 75b). 하나님은 또한 종말에 신원하실 때 그의 백성들에게 새 이름을 약속하셨다(사 62:2; 계 2:17에 대한 주석을 보라). 아마도 빌라델비아가 1세기에 두 개의 새로운 이름을 채택했기 때문에, 빌라델비아의 그리스도인들이 특히 새 이름에 대한 약속에 민감했을 것이다. 그러나 그러한 영예로운 이름들이 다른 몇몇 지역에도 등장하고 있으며, 그리고 당연히 모든 신자들이 새 이름을 받을 것이다.[12]

새 예루살렘은 "하늘에서 내려온다"(계 3:12). 어떤 이들은 이 표현을 반복적인 현재로 해석하여, 신자들이 하나님의 통치에 복종할 때 새 예루살렘은 항상 현재의 신자들을 만족시킬 것임을 암시한다고 말한다. 현재 시제가 단순히 새 예루살렘의 기원이 위에서 내려오는 것임을 생생하게 강조할 가능성이 보다 높으며(계 21:2), 또한 새 예루살렘은 단순히 인간적인 예루살렘과 대조를 이루고 있는데 이 예루살렘에서 이스라엘의 소망들이 최근에 산산조각 났으며 그리고 빌라델비아의 그리스도인들이 회당 공동체로부터 추방을 당하였다(계 3:9).

과의 연관성(Richard H. Wilkinson, "The *STULOS* of Revelation 3:12 and Ancient Coronation Rite," *JBL* 107 [1988]: 498-501)은 너무 제한된 것일 수 있다. 그러나 우리는 "성전에서"를 솔로몬의 외부적인 기둥들을 제외하도록 강요해서는 안 된다(Aune, *Revelation*, 1:241이 그러하다). 왜냐하면 그것도 성전 시설의 일부였기 때문이었다.

10. 예를 들면, Diogenes Laertius, 7.1.11-12; Josephus, *Ant.* 16.165; 참조. 삼하 18:18; 마카비 1서 14:27; 아울러 저주 비문들(Cornelius Nepos, 7 [Alcibiades], 6.5)과 법률들(Lysias, *Murder of Eratosthenes* 30). 가버나움에 있는 회당 기둥들은 이름들을 포함하고 있다 (M. Abi-Yonah, "Archaeological Sources," 46-62 in *JPFC*, 53). 이러한 이미지의 은유적 사용에 대해서는 Philo, *Abraham* 4를 보라.

11. 이스라엘의 종말론적인 기준들에 대한 비문들에 관해서는 Michael Avi-Yonah, "The 'War of the Sons of Light and the Sons of Darkness' and Maccabean Warfare," *IEJ* 2 (1952): 1-5 p. 3); Yigal Yadin, *The Scroll of the War of the Sons of Light Against the Sons of Darkness* (Oxford: Oxford Univ. Press, 1962), 61-64(하지만 K. M. T. Atkinson, "The Historical Setting of the 'War of the Sons of Light and the Sons of Darkness,'" *BJRL* 40 [1957-1958]: 272-97 [p. 292]를 참조하라).

12. Mounce, *Revelation*, 121은 빌라델비아의 새 이름(네오가이사랴와 플라비아)이 이 구절에 적절하다는 것에 대해서는 회의적이다.

상황잇기

만일 추방된 그리스도인들에 대한 예수님의 약속이 우리로 하여금 쓸데없는 분리주의를 부추긴다면, 우리는 그러한 추방에 대한 이유들을 생각하는 것이 유익할 것이다. 여기서 그리스도인들이 다른 사람들을 추방하거나 혹은 곤란한 장소에서 공개적인 증거를 하지 않는 것이 아니라, 그들의 증거로 인하여 본의 아니게 추방을 당한 것이다.

상황잇기 단락이 종종 해석상의 위험들을 제기하고 있긴 하지만, 3:10의 한 가지 유명한 적용을 제시하는 것이 유익할 수도 있다. 많은 북미의 해석학자들은 이 구절이 마지막 3년 반 혹은 7년 대 환난 이전에 교회가 휴거될 것이라는 교리를 지지한다고 주장해왔다.[13] 그리하여 예를 들면, 어떤 학자는 한 사람은 단순히 고난을 당할 것이지만 다른 사람은 고난의 "때"를 면하게 될 것이라고 말한다.[14] 이 본문을 그렇게 해석하는 것은 문법적으로 불가능한 것은 아니지만, 그러나 이 구절 자체는, 사용된 단어들과 또한 요한계시록의 보다 넓은 문맥이 제시하는 것처럼, 그러한 교리를 위한 훌륭한 토대는 아니다.[15]

"시험의 때"가 이러한 논쟁을 해결하지는 않는다. 요한계시록에서 "때"는 종말 이전의 시험(계 9:15; 17:12) 혹은 주님이 재림하실 때의 마지막 때(계 3:3; 14:7, 15)를 가리킬 수 있다.[16] 어느 경우든 요한계시록에서 시간에 대한 언급은 종종 질

---

13. 예를 들면, Jeffrey L. Townsend, "The Rapture in Revelation 3:10," *BibSac* 137 (1980): 252-66; Lindsey, *New World Comong*, 77; 보다 신중하게 Walvoord, *Revelation*, 87. 이러한 교리에 익숙하지 않는 독자들을 위해, 이는 존 넬슨 다비의 세대주의에 대한 최초 형태의 추론으로서 1830년에 처음 등장한 것으로 보이는데, 그는 하나님이 이스라엘과 교회 모두를 동시적으로 다루지 않을 것이라고 주장하였다(J. Barton Payne, *The Imminent Appearing of Christ* [Grand Rapids: Eerdmans, 1962], 11-42에 있는 요약들; Robert H. Gundry, *The Church and the Tribulation* (Grand Rapids: Zondervan, 1973), 172-88; Arthur Katterjohn with Mark Fackler, *The Tribulation People* (Carol Stream, Ill.: Creation House), 104-115; Timothy Weber, "The Dispensationalist Era," *Christian History* 61 (1999): 34-37 (특히 35) 등을 보라. Walvoord, *The Rapture Question* (Grand Rapids: Zondervan, 1972), 52-56은 교회사에서 전진하는 계시에 호소함으로서 대답한다. 사도 시대 이후 최초의 해석자들은 환난 후 휴거를 주장한 것으로 보인다(예를 들면, Herm. 1.2.2; 1.4.2-3; Irenaeus, 5.28.4; 5.29.1; 5.35.1).
14. 가령 Ryrie, *Revelation*, 29-30.
15. 여기서 환난 후 휴거를 옹호하는 문법적 논증에 대해서는 Thomas R. Edgar, "R. H. Gundry and Revelation 3:10," GTJ 3 (1982): 19-49; David G. Winfrey, "The Great Tribulation: Kept 'Out of' or 'Through?'" *GTJ* 3 (1982): 3-18; J. F. Strombeck, *First the Rapture* (Eugene, Ore.: Harvest House, 1982), 172-75; 환난 후 휴거에 대한 몇몇 논증에 대해서는 Gundry, *The Church and the Tribulation*, 55-60; Payne, *Imminent Appearing*, 78; Mounce, *Revelation*, 119; Beale, *Revelation*, 290-92 등을 보라.
16. 몇몇 예증들은 어느 한쪽의 방향으로 간주될 수 있으며, 문맥에 대한 각 사람의 해석에 의존한다(계 11:13; 18:10, 17, 19); 그러나 문맥에서 예수님의 경고 대부분은 은유적이든 문자적이든 간에 예수님의 재림의 때를 포함한다 (계 2:5, 16; 3:11). 최후 심판의 날로서 시험의 때에 대해서는 에녹 2서 50:5-6,

적인 것으로서 시간의 기간보다는 오히려 시간의 종류를 말한다(계 12:6에 대한 주석을 보라). "시험"은 예수님이 재림하시기 이전의 환난을 가리킨다는 것이 보다 가능성이 있지만(계 2:10 참조), 요한계시록에서 이 술어에 대한 용법의 표본 크기가 너무나도 적기 때문에 확신을 가지고 말할 수 없다.

그러나 "지켜…면하게 하리니"라는 문구는 암시하는 것이 보다 많을 수도 있다. 요한계시록 다른 곳에서 "지켜"는 하나님의 계명들을 지키는 것을 가리킨다. "면하게 하리니"라는 표현은 요한계시록에서 이곳에만 등장하지만, 이는 신약성경 다른 곳에서 한 번 나타난다. 그곳에서 요한은 예수님의 말씀을 기록하고 있는데 그 의미는 분명하다. 즉 시험을 제거하는 것이 아니라 그 시험으로부터 보전하시는 것이다(요 17:15; 참조. 요일 5:18).[17] 이것은 마지막 때에 관한 몇 가지 본문에서 발견되는 종말론적 생존자들의 이미지에 맞을 수도 있다(막 13:20; 에스라 4서 6:25; 7:27). 성경에서 하나님은 대개 그의 백성들이 이미 시험을 받은 후에 그들을 구원하신다(예를 들면, 시 34:19; 107:6; 렘 30:7). 흥미롭게도 빌라델비아의 그리스도인들에게 박해는 계속되었다(폴리캅의 순교 19.1).

보다 중요한 것은 요한계시록의 넓은 문맥이다. 예수님의 재림에 대한 어떤 묘사도 19:11-16보다 앞서지 않으며, 그리고 집합적인 부활에 대한 어떤 분명한 언급도 천 년의 시작인 20:4-6의 "첫째" 부활보다 앞서지 않는다. 비록 요한계시록 전체에서 성도들이 죽임을 당하지만, 그들은 또한 7:1-8에서 하나님의 진노로부터 보호를 받는데, 이는 빌라델비아 교회의 그리스도인들이나 또한 그들과 같은 그리스도인들에 대한 3:10의 약속을 성취하는 행위이다. 한 주석학자는 한탄하기를 '환난 전 휴거'의 결과는 그리스도인 독자들과 짐승의 손에서 박해를 받고 고난을 받은 자들을 분리시키며 또한 교회의 정체성이 순교하는 교회임을 부정하는 것이라고 말한다.[18] 무슨 이유에서든지 간에 요한계시록에서 그리스도인들을 고난 받는 성도들과 분리시키는 것은 본서가 주로 경고하는 것의 적절성 상당 부분을 놓치는 것이다. 하지만 결국 현대의 예언적 가르침에서 강조되고 있는 3년 반 혹은 7년 대 환난을 구체적으로 언급하지 않을 수도 있다는 것은 가능하다(12:5-6에 대

---

rec. A; Lucan, *C.W.* 1.73을 보라; 여기서 환난에 대해서는 Schuyler Brown, "'The Hour of Trial' (Rev 3:10)," *JBL* 85 (Sept. 1966): 308-14; Rissi, *Time and History*, 28-29; Bauckham, *Climax of Prophecy*, 83을 보라.

17. 대부분의 주석학자들, 예를 들면, Brown, "Hour," 310; Tenney, *Revelation*, 65; Beasley-Murray, *Revelation*, 101. "지키다"를 "보호하다"로 보는 것에 대해서는 에녹 1서 100:5; 1QM 14.10을 참조하라.

18. Michaels, *Interpreting Revelation*, 140.

한 논의를 보라). 만일 그렇지 않다면, 우리가 여기서 주장해 온 그런 문제에 대해 직접적인 설명이 아닐 수도 있는 것이다.

현대적 의미

하나님의 능력에 대한 의존. 그리스도인들이 작은 능력을 가지고 있다는 것(계 3:8)은 하나님 앞에서 그들이 받은 은혜를 포함시키는 것이다. 힘은 잘못 사용되기가 쉽다. 하지만 약함은 종종 하나님의 능력을 의존하도록 이끈다.[19] 비록 신학자들이 자유주의 신학자들의 보다 급진적인 몇몇 제안들에 대해 토론하고 있지만, 자유주의 신학의 한 가지 통찰이 성경적인 관점을 이끌어내는 것이 분명하다. 즉 하나님은 마음이 상한 자들에 대해 특별한 관심을 가지고 계신다는 것이다. 하나님은 특별히 마음이 상한 자들과 겸손한 자들에게 약속하시며 또한 그들을 기꺼이 받아들이시는 반면, 교만한 자들이나 자기만족의 사람들은 멀리 하신다(시 51:17; 사 57:15; 66:2; 약 4:6). 우리들 각자는 다양한 배경을 지니고 있는데, 어떤 사람들은 보다 많은 이점을 지니고 있는 반면 또 어떤 사람은 그렇지가 못하다. 그러나 하나님은 우리가 무슨 능력을 가지고서 시작하는지를 판단하지 않으시고, 오히려 하나님이 우리에게 주신 것으로 우리가 무엇을 하는지를 판단하신다.

빌라델비아의 그리스도인들은 회당에서, 즉 그들의 유산으로부터 추방을 당함으로써 마음이 상해진 사람들이다. 신실함은 종종 우리에게 중요한 것을 의미하는 집단들, 때로는 가정으로부터 배제되는 것을 의미한다. 기독교 가정에서 성장하거나 혹은 한 교회에 가족이 함께 신앙생활을 하는 사람들은 짝 믿음 그리스도인들이나 종교적으로 다른 결혼을 한 그리스도인들이 교회에서 기독교 가정의 유대감을 경험하고 싶어 하는 필요성을 인식하지 못할 수도 있으며, 특히 그러한 사람들이 복음 때문에 그들의 가족들로부터 배제를 당하는 경험을 하였을 경우에 그렇다. 나는 몇몇 메시아의 도래를 믿는 유대인 친구들 중에 이러한 가족의 거부를 당한 자들 혹은 명목상 "문화적으로" 기독교 가정에서 회심한 자들을 목격해왔으며, 또한 내 자신이 증인으로 살아가는 초기에 그와 비슷한 것을 느낀 적이 있었다.[20]

예수님은 그의 백성들이 시험을 받는 중에 그들을 보호하실 것이며, 또한 그들

---

19. Ellul, *Apocalypse*, 138에 의한 유사한 설명을 보라.

20. 이러한 박해가 어떤 상황에서는 훨씬 더 극적인 것으로 될 수 있다. 예를 들면, 네팔에서 힌두교 출신 회심자는 그 자신의 가족들로부터 죽음의 위협에 직면할 수도 있다(Barbara Thompson, "Nepal's Book of Acts," *CT* [Nov. 9, 1992], 14-18 [p. 16]).

은 세상과 함께 시험을 공유하며(계 3:10), 그리고 예수님은 아마도 그가 재림하실 때(계 3:11) 그들을 변호하실 것이다(계 3:9). 비록 최악의 상황이라 해도 소망은 신자들에게 인내할 수 있는 힘을 제공한다.[21] 그러나 인내는 그러한 소망에 참여하도록 하는 명령이다(계 3:11; 그리고 3:5에 대한 주석을 보라). 3:12의 상급에 대한 각 이미지들은 신실한 백성들에 대한 하나님의 사랑의 깊이를 강조한다. 많은 사람들이 다른 성도들을 개인적으로 알지 못한 채로 큰 교회에 출석하고 있지만, 그러나 예수님은 배제를 당한 사람들에게 교제와 인정을 약속하신다. 오늘날 몇몇 그리스도인들은 그리스도인임을 명백하게 나타내는 것들을 입거나(가령 교회의 스웨트 셔츠) 혹은 자신들의 믿음을 공공연하게 말하는 것을 창피하게 생각하지만, 그러나 오늘날 자신들의 믿음 때문에 배제를 당한 사람들은 그들을 약속된 미래 세계의 시민임을 증명하는 이름을 휴대하려고 한다.

하나님의 영원한 성전에 참여함. 그리스도인들이 하나님의 성전에 영원히 참여한다는 것은 우리가 항상 하나님 앞에서 살아갈 것임을 암시한다(계 21:3, 22-25). 요한계시록은 하늘 성전에 대한 암시들로 가득 차 있다. 즉 언약궤(계 11:19), 증거장막(계 15:5), 향과 제단(계 6:9; 8:3-5; 9:13), 바다(계 4:6; 15:2; 참조. 왕상 7:23-25, 39, 44) 등, 그리고 당연히 촛대(계 1:12-13; 2:1, 5)까지. 요한계시록 전체에서 하늘은 성전으로 나타나며 그 활동의 주된 초점도 예배이기 때문에, 우리는 또한 하나님의 성전에서 우리가 할 일도 예배를 포함한다는 것을 인식한다.

우리가 예배를 드림으로서 혹은 다른 사람들을 하나님의 위대하심에 초대함으로서 우리가 하나님을 영화롭게 할 때처럼 우리가 우리의 영원한 운명에 가까운 것은 없다. 물론 예배는 단순히 우리 교회 안에서 예배를 드릴 때에 일어나는 것만은 아니다. 우리는 장엄한 성가에서 경외감 혹은 예배를 위한 익숙한 예배 합창곡에서 느끼는 흥분을 착각하기 쉬우며, 한편 그러한 찬송들이 우리에게 요구하는 진정한 예배의 대상을 무시할 수도 있다. 예배는 하나님과 그리스도의 진정한 신분 및 사역을 인식하는 것을 포함하며(계 5:9-10, 12 참조), 그리하여 우리는 장엄한 소리뿐만 아니라 주님 그분을 두려워하는 것이다. 하나님이 진정 어떠한 분이신지 우리가 알고 있을 때, 우리는 하나님에게 영광을 돌리는 것을 억누를 수 없게 된다.

---

21. "지연된 만족의 궁극적 형태로서" 우리의 소망에 대한 탁월한 관점에 대해서는 Philip Yancey, "Why Not Now?" *CT* (Feb. 5, 1996), 112를 보라. 그러나 지연된 만족에 대한 인내는 약속하신 분이 진실을 말했다는 믿음을 요구한다.

요한계시록 3:14-22

14 라오디게아 교회의 사자에게 편지하라 아멘
이시요 충성되고 참된 증인이시요 하나님의
창조의 근본이신 이가 이르시되
15 내가 네 행위를 아노니 네가 차지도 아니하
고 뜨겁지도 아니하도다 네가 차든지 뜨겁든
지 하기를 원하노라
16 네가 이같이 미지근하여 뜨겁지도 아니하고
차지도 아니하니 내 입에서 너를 토하여 버
리리라
17 네가 말하기를 나는 부자라 부요하여 부족한
것이 없다 하나 네 곤고한 것과 가련한 것과
가난한 것과 눈 먼 것과 벌거벗은 것을 알지
못하는도다
18 내가 너를 권하노니 내게서 불로 연단한 금
을 사서 부요하게 하고 흰 옷을 사서 입어 벌
거벗은 수치를 보이지 않게 하고 안약을 사
서 눈에 발라 보게 하라
19 무릇 내가 사랑하는 자를 책망하여 징계하노
니 그러므로 네가 열심을 내라 회개하라
20 볼지어다 내가 문 밖에 서서 두드리노니 누
구든지 내 음성을 듣고 문을 열면 내가 그에
게로 들어가 그와 더불어 먹고 그는 나와 더
불어 먹으리라
21 이기는 그에게는 내가 내 보좌에 함께 앉게
하여 주기를 내가 이기고 아버지 보좌에 함
께 앉은 것과 같이 하리라
22 귀 있는 자는 성령이 교회들에게 하시는 말
씀을 들을지어다

원 의미

아마도 지방적 색채에 있어서 가장 구체적인 것은 라오디게아 교회에 주시는 예수님의 메시지일 것이다. 라오디게아는 프리기아의 리커스 계곡에 위치해 있으며, 골로새로부터 서쪽으로 10마일(골 2:1; 4:15-16) 그리고 히에라폴리스로부터 남쪽으로 6마일 떨어져 있다(골 4:13). 이교 예배, 특히 제우스 신 뿐 아니라 수많은 다른 신들(가령 디오니수스, 헬리오스, 헤라, 그리고 아데나 등) 숭배가 이곳에서 융성하였다.[1] 한 중요한 유대교 공동체가 프리기아에 존재하고 있었지만(행 13:14-50; 14:1-5, 19), 그들은 많은 점에서 헬라 문화와 혼합된 것으로 보인다.[2] 3세기 경 일부 동전들에 새겨진 그림들은 홍수 설화에 대한 유대교 판과

1. Yamauchi, *The Archaeology of New Testament Cities*, 143-44; J. B. Lightfoot, *Saint Paul's Epistles to the Colossians and to Philemon* (Grand Rapids: Zondervan, 1959; reprint of 1879 ed.), 8-9.
2. Kraabel, "Judaism in Western Asia Minor," 82-86, 146; 참조. Craig A. Evans, "The Colossian Mystics,"

이교 판이 혼합되어 있다.[3]

예수님이 라오디게아 교회에 말씀하실 때 아무런 사정을 봐주지 않으신다. 예수님은 "아멘"이신데, 이는 확증에 대한 히브리적 표현으로서(예를 들면, 렘 11:5; 28:6) 그가 약속하신 모든 것에 대한 확신을 나타낸다(고후 1:20 참조).[4] 예수님은 또한 "충성되고 참된" 분이시다(계 3:14). 이는 그가 약속하신 것들의 확실성을 또 다시 강조하는 하나의 방식이다(계 19:11; 21:5; 22:6). 그러나 라오디게아 그리스도인들에게 있어서 이것은 결코 복음이 아니었다. 아울러 예수님은 "통치자"(계 3:14; 문자적으로는 "시작")이시다. 요한계시록 다른 곳에서 "시작"은 "처음"과 연결되어 있는 신적인 칭호임이 분명하며(계 21:6; 22:3), 이는 이사야 41:4; 44:6; 48:12에서도 명백한 신적인 칭호이다. 여기서 사용된 헬라어 단어(*archē*)와 같은 어원의 말은 "통치자"를 지칭하는데, 또한 이 단어는 통치 혹은 권력을 지칭할 수도 있다. 실제로 로마 황제는 스스로를 로마 사람들 중에 '프린셉스'(princeps), 혹은 "처음"(first)으로 불렀으며, 신으로 숭배를 받았다.

라오디게아는 상당한 부요함을 자랑하였다(계 3:17). 라오디게아 그리스도인들은 아마도 여러 가지 점에서 라오디게아의 자족에 대한 도시 사람들의 자부심을 공유하였던 반면, 그들은 또한 아마도 물 공급에 대한 불만도 공유하였을 것이다(계 3:15-16). 라오디게아의 좋지 못한 물 사정은 유명하였다. 비록 라오디게아가 히에라폴리스보다는 마시기에 적합했다 해도 고대 문헌들은 라오디게아가 침전물로 가득했다고 분명하게 밝히고 있다.[5] 라오디게아에 적갈색 파이프가 발굴되는 것은 두꺼운 석회 침전물이 있었음을 보여주는데, 이는 물 공급에 있어서 심한 오염이 있었다는 것을 시사한다. 라오디게아의 바로 반대편의 폭포에서 떨어지는 석회 침전물은 이곳에 대한 물 공급의 사정을 지속적으로 볼 수 있도록 해주었다.[6]

Biblica 63 (1982): 188-205; F. F. Bruce, "Colossian Problems. Part 1: Jews and Christians in the Lycus Valley," *BibSac* 141 (1984): 3-15.

3. Eric M. Meyers and A. Thomas Kraabel, "Archaeology, Iconography, and Nonliterary Written Remains," 175-210 in *Early Judaism and Its Modern Interpreters*, ed. R. A. Kraft and G. W. Nickelsburg, SBLBMI 2 (Atlanta: Scholars, 1986), 191.

4. 일부 주석학자들은 맹세 양식과 병행한다고 주장한다(참조. 예수님의 유명한 "진실로 [문자적으로 "아멘"] 너희에게 이르노니"); 따라서 Fekkes, *Isaiah*, 137-39는 사 65:16에 가능성이 있는 배경을 제시하는데, 이는 계 3:14의 "창조"에 대한 설명과 일치 한다 (사 65:17; 보다 상세한 내용은 Beale, *Revelation*, 298-300을 보라).

5. Strabo, 13.4.14를 보라.

6. Sherman E. Johnson, "Laodicea and Its Neighbors," *BA* 13 (Feb. 1950): 1-18 (p. 10); Beasley-Murray, *Revelation*, 105.

라오디게아는 그 자체의 물 공급이 부족하였는데, 산에서 내려오는 차가운 물이나 혹은 북쪽 히에라폴리스에 있는 인근 온천의 뜨거운 물도 공급을 받을 수가 없었다. 라오디게아가 자족을 주장한 것과는 대조적으로(계 3:17), 그들은 물을 공급받기 위해서는 파이프가 있어야만 하였다. 비록 남쪽으로 내려오는 수로(水路)의 대부분이 땅 속에 있었지만, 도시 인근 지역에는 돌로 만들어진 파이프로 연결되어 있었기 때문에 라오디게아의 물 공급을 중단시키고자 마음을 먹은 사람들에 의해 쉽게 공격을 받을 수 있는 취약성이 여전히 남아 있었다.[7] 보다 중요한 것은 이 물이 라오디게아에 도달할 즈음에는 미지근하게 변해있었다는 것이다.

"뜨거운" 물이나 "차가운" 물을 직접 마실 때와는 대조적으로 미지근한 물을 마시면 역겹다는 것이 요점이다. 모든 교회들은 이러한 경고를 분명하게 이해할 것이다.[8] 뜨거운 물(그 물이 너무 뜨겁지 않는 한)은 목욕을 하는데 적합하였다. 히에라폴리스 근처나 다른 곳에서 나는 온천의 물은 여러 가지 질병을 완화시키는데 상당한 도움을 주었다. 물론 라오디게아는 그 물을 직접 다시 가열하였으나, 이것은 별도의 일이있으며, 어떤 이들은 이러한 작업을 고역으로 생각할 정도였다.[9] 차가운 물은 마시기에 좋았으며 골로새와 같은 인근 지역에서 얻기가 쉬웠지만, 그러나 라오디게아의 물이 이런 상태로 도달하지는 않았다.[10] 대부분의 사람들은 차

7. Ramsay, *Letters to the Seven Churches*, 415; Johnson, "Laodicea," 10. 고대의 기술자들은 우리가 생각할 수 있는 것보다 훨씬 숙련된 사람들이었다. 파이프가 터질 가능성을 줄이기 위해, 로마의 기술자들은 종종 산에 터널을 뚫었으며 또는 계곡에 높은 아치를 걸치기도 하여 50마일이나 먼 거리를 물이 비교적 일정한 속도로 흘러갈 수 있도록 하였다 (M. Cary and T. J. Haarhoff, *Life and Thought in the Greek and Roman World*, 4th ed. [London: Metheun & ompany, 1946], 105-6).

8. 참조. M. J. S. Rudwick and E. M. B. Green, "The Laodicean Lukewarmness," *ExpTim* 69 (March 1958): 176-78; Hemer, *Letters to the Seven Churches*, 188-91 (물의 온도가 아닌 질에 대하여); Stanley E. Porter, "Why the Laodiceans Received Lukewarm Water (Revelation 3:15-18)," *TynBul* 38 (1987): 143-49; 참조. Aune, *Revelation*, 1:258.

9. 고대인들은 자신의 발을 씻을 때 뜨거운 물과 찬 물을 적절하게 섞어서 사용하였다 (Homer, *Od.* 19.386-89). 고대인들은 종종 목욕을 하기 위해 물을 데우기도 하였다 (Apollonius, Rhodius, 3.272-73; Petronius, *Sat.* 72; tos. *Shab.* 3:3-4). 그러나 너무 많은 양의 뜨거운 물은 위험하였다 (Diodorus Siculus, 4.78.2); 잘못하여 목욕탕에 뜨거운 물을 너무 많이 쏟아 부어 손님을 데게 하면 소송이 제기될 수도 있었다 (*P. Enteuxis* 82). 로마인들은 대체로 화로와 지하의 송수관으로 목욕물을 데웠다. 뜨거운 목욕탕 물은 불결함을 초래할 가능성이 줄어들었을 것이다 (*p. Ter.* 8:5). 그러나 오늘날 어떤 사람은 뜨거운 물이 남성의 수정 능력을 감소시켰다고 지나치게 생각하고 있다 (A. M. Devine, "The Low Birth-Rate in Ancient Rome: A Possible Contributing Factor," *Rheinisches Museum für Philologie* 128 [3-4, 1985]: 313-317).

10. 마시기 위한 찬물의 유용성에 대해서는 Achilles Tatius, 4.18.4; Diogenes Laertius, 6.9.104; 포도주를 혼합한 뜨거운 물에 대해서는 Martial, *Epig.* 1.11.3; 종종 뜨거운 물의 부적절함에 대해서는 Dio Cassius, 57.14.10; 59.11.6; 60.6.7; 미지근한 물의 역겨움에 대해서는 Seneca, *Dial.* 4.25.1 등을 보라.

가운 물을 선호하였지만, 뜨거운 물은 흔히 연회를 열 때 사용하였다.

그리하여 예수님은 라오디게아 교회가 그가 원하시는 것과는 다른 모습을 가지고 있는 것을 발견하셨다(사 5:2-6 참조). 오늘날의 영어로 말하면, 예수님은 라오디게아의 자기만족적인 교회에 말씀하고 계신다. "나는 나를 상쾌하게 해줄 수 있는 물을 원하지만, 너희들은 그러한 물이 아닌 너희들이 항상 불평하고 있는 것을 생각나게 하는구나. 너희들은 나를 토하고 싶도록 만드는구나." 이전의 선지자들도 하나님이 자신을 역겹게 하는 백성들을 거부하신다는 것을 묘사하기 위해 상한 음식의 이미지를 사용하였다(렘 24장). 그러나 예수님은 라오디게아에 대해 이러한 이미지를 상황화 하신다. 또한 고대 사람들은 백성들에게 쓴 물을 내뱉는 유비를 적용하였다.[11]

라오디게아의 자기만족적인 그리스도인들에게 예수님이 도전하시는 것(계 3:17-18)은 그리스도인들이 이러한 행동에 대한 비판적인 숙고를 하지 않고 우리 문화의 사고방식에 얼마나 쉽게 동화될 수 있는가를 우리들에게 상기시킨다.[12] 라오디게아는 부유한 은행 중심지로 유명하였으며, 요한 당시에 여전히 권력을 가지고 있었던 제국의 왕조 하에서 특히 번창하였다.[13] 라오디게아는 일찍이 B.C. 50년에 검투사 경기를 개최하였으며 또한 극장도 자랑하였다.[14] 보다 중요한 것은 라오디게아가 키브리아틱 대회의 중심지였으며, 이는 최소한 25개의 도시를 포함하였다.[15] 지역 시민의 자부심은 아시아의 여러 도시에서 점점 강화되어 갔으며, 그리고 라오디게아는 프리기아에 있는 주요 경쟁자인 안디옥과 힘을 겨루었다.[16] 라오디게아는 자신의 부에 대해 매우 거만하였기 때문에 A.D. 60년의 지진으로 라오디게아가 다른 아시아의 도시와 함께 파괴되었을 때 로마 황제가 라오디게아를 재건하도록 도움을 주겠다는 제안을 하자, 라오디게아는 우리가 지금 "연방 재난 구호 기금"으로 부를 수 있는 것으로 복구할 수 있다고 거절하였다.[17]

---

11. *Ahîquar* 148, saying 59; 좀더 분명한 것은 *Armenian Ahîquar* 2:8.
12. 자기만족의 유사한 비판에 대해서는 눅 12:19; Epictetus, *Disc.* 3.7.29. 중요한 것을 소유하는 사람을 자유롭게 하는 부족한 소유물의 스토아의 모티프에 대해서는, Victor Paul Furnish, *II Corinthians*, AB 32A (Garden City, N.Y.: Doubleday, 1984), 348에 나오는 상세한 내용을 보라.
13. 여러 주석학자들이 Cicero, *Ep. Fam.* 3.5; *ad Att.* 5.15를 인용하고 있다. 보다 상세한 것은 Hemer, *Letters to the Seven Churches*, 191-92를 보라. 근처에 있는 히에라폴리스도 역시 부유한 곳이었다 (시빌의 신탁 5.318).
14. Yamauchi, *The Archaeology of New Testament Cities*, 142-43.
15. Lightfoot, *Colossians*, 6-7을 보라.
16. Herodian, 3.3.3.; 3.6.9.

라오디게아 사람들은 그들이 "벌거벗었다"는 것을 알지 못하였다. 라오디게아는 직물 생산, 특히 검은색 양모로 짠 옷과 카펫 생산으로 유명하였다.[18] 그리하여 몇몇 주석학자들은 "흰 옷"을 사서 입으라는 예수님의 제안이 아마도 라오디게아의 유명한 검은색 양모와 뚜렷한 대조를 이루고 있다고 주장한다. 그들은 또한 예수님이 그들에게 영적인 안약을 공급해줄 필요가 있다는 것을 알고서 놀랐을 지도 모른다. 고대의 자료들은 1세기에 라오디게아에 의과대학이 있었으며, 그곳에서 귀 연고가 만들어지고 있었으며, 유명한 안과 의사가 개업을 하고 있었고, 또한 프리기아의 가루(아마도 그곳에서 풍부하게 구할 수 있었을 것이다)로 만들어진 눈 연고가 있었다고 전한다.[19] 하지만 대부분의 라오디게아 사람들은 그들의 의료 시설과 함께 신적인 도움의 유익성을 인정했을 것이다.[20] 그리하여 라오디게아는 예언의 신 아폴로(Apollo)와 치유의 신 아스클레피오스(Asklepios) 모두를 크게 숭배하였다.[21]

요한계시록 3:17-18의 표현은 고대 문헌들에서 흔히 나타나는 반어법의 기술을 사용하고 있다. 예를 들면, 한 눈 먼 예언자가 눈이 보이는 왕에게 그가 눈이 있어도 눈이 멀 것이며, 부자이지만 가난하게 될 것이라고 말한다.[22] 그러나 이 은유는 특히 성경 예언서에서도 흔하게 나타난다(사 6:10; 29:9; 42:19; 43:8; 56:10; 렘 5:21; 겔 12:2; 참조. 요 9:39-41). 라오디게아의 그리스도인들은 그들의 부유한 사회의 가치관들을 반영하면서, 옛 이스라엘이 말한 것처럼 "나는 실로 부자라"

17. Tacitus, *Ann.* 14.27을 보라. 이전의 세대는 황제의 도움을 받아들였다(Strabo, 12.8.18). 라오디게아의 파괴와 재건에 대해서는 시빌의 신탁 4.107-8을 보라; Sib. Or. 5.289-91(지진에 의한). 7.22(아마도 그리스도인의 물질)에 나오는 심판의 다른 예언들을 참조하라.

18. Strabo, 12.8.16; Vitruvius, 8.3.14를 보라. Ramsay, *Letters to the Seven Churches*, 429를 보라.

19. Galen, *De san. tuenda* 6.4.39; Strabo, 2.8.20을 보라. Hemer, *Letters to the Seven Churches*, 196-99; Horsley, ed., *New Documents*, 3:56, §17; Aune, *Revelation*, 1:260에서 적절하게 신중한 동의를 하는 것을 보라. 안약은 적절하게 사용될 때 유용하였지만(Epictetus, *Disc.* 2.21.20; 3.21.21), 눈에 잘못된 연고를 바르면 실제로 앞을 보지 못할 수도 있었다(Diodorus Siculus, 22.1.2; Dionysius of Halicarnasus, 20.5.2-3; Appian, *R.H.* 3.9.2).

20. 신들은 안약을 사용할 수 있었으며(Epidauros inscr. 4, 9), 그리고 유대 문헌들은 기적적인 눈 연고를 보도하고 있는데(Tob. 6:8; 11:11-13), 이는 고대의 치유 관습과 유사하다 Bernd Kollmann, "Göttliche Offenbarung magisch-pharmakologischer Heilkunst im Buch Tobit," *ZAW* 106 [1994]: 289-99). 몇몇 유대의 현자들은 약을 하나님의 율법에 대한 상징으로 사용하였다(*Sifre Deut.* 45.1-2; *Lev. Rab.* 12.3; *Deut. Rab.* 8:4). 일반적으로 유대의 안약에 대해서는 P. R. Berger, "Kollyrium für die Blinden Augen, Apk. 3:18," *NovT* 27 (April 1985): 174-95; 뿐만 아니라 *b. Shab.* 108b; *Lam. Rab.* 4:15, §18 등을 참조하라.

21. Yamauchi, *The Archaeology of New Testament Cities*, 145; 히에라폴리스에 대해서는 Lightfoot, *Colossians*, 11-12; 히에라폴리스의 치유력이 있는 온천에 대해서는 Strabo, 13.4.14를 보라.

22. Sophocles, *Oed. Tyr.* 454-55.

(호 12:8)고 자랑하고 있다.[23] 예수님은 자신에게서 진정한 부와 옷을 사라고 그들에게 권면하시는데(계 3:18; 21:18, 21; 참조. 사 55:1), 이는 세상의 웅장함과 뚜렷한 대조를 이루고 있다(계 17:4; 18:12, 16).

어느 누구도 예수님이 꾸중하시는 것의 어조나 동기를 오해하지 않도록 하기 위해, 예수님은 그렇게 하시는 목적이 사랑이라는 것을 분명히 하신다(계 3:19, 잠 3:12의 표현을 사용하여; 참조. 히 12:6; 클레멘트 1서 56.4).[24] 실제로 예수님은 그들을 거절하지 않으실 뿐만 아니라 또한 예수님은 그들과 더불어 식사하실 것을 원하시는데(계 3:20), 이는 고대에서 친밀함에 대한 익숙한 이미지였다.[25] 식사 자리에 예수님을 초대하는 것은 우리가 아는 사이에서도 기대할 수 있는 가장 보잘것 없는 종류의 환대였다. 예수님을 주님으로 부르는 그리스도인이 그보다 못한 일을 할 수 있겠는가? 초대의 인격화된 성격은 미래의 메시아적 잔치뿐만 아니라(계 2:17; 19:9) 예수님의 부르심에 응답하는 사람들이 가질 수 있는 친밀함을 현재적으로 미리 맛보는 것을 암시한다. 예수님의 "음성"을 듣는 것은 요한복음 10:3-4에서와 동일한 기능을 수행할 수도 있다. 예수님은 라오디게아 그리스도인들이 그들 자신의 자기만족적인 삶 때문에 예수님을 어떻게 못 들어오게 하셨는가를 깨닫게 하기 위해 그들을 초대하고 계신다.

예수님은 자신과 같이 "이기는" 자들과 그의 통치를 공유하신다는 약속을 제공하신다(계 3:21). 이것은 요한계시록에서(2:26-27; 5:10; 20:6; 22:5) 미래에 대한 잘 알려진 약속이다. 비록 현재에 신자들이 마귀적 권세들에 대해 그리스도의 승귀(昇貴)를 공유하고 있음에도 불구하고(엡 1:20-23; 2:6), 초기 기독교 문헌은

---

23. Beale, *Revelation*, 304를 보라. 성경 밖의 병행들, 특히 지혜로운 자들의 진정한 부에 대한 스토아의 강조에 대해서는 Aune, *Revelation*, 1:258-59를 보라. 벌거벗음은 다른 곳에서 은유적으로 사용되고 있다(4QpNah 2.8-3.1).

24. 하나님이 의로운 자들 혹은 그의 자녀들을 "징계하시는 것"에 대한 개념은 초기 유대교 문헌에 자주 등장한다 (솔로몬의 시편 3:4; 8:26; 10:1-3; 13:9-10; 14:1-2; 18:4; 솔로몬의 지혜 3:5; 12:22; 마카비 2서 7:32-35; *Sifre Deut.* 35.5.6-7).

25. 요아킴 예레미아스가 생각하는 것처럼(*The Parables of Jesus*, 2d rev. ed. [New York: Scribner's, 1972], 55), 이 말씀이 문지기 비유를 거슬러 언급하는지는 분명하지 않다. 다른 사람들은 아 5:2에 대한 암시, 특히 유대교 전승에서 이해되는 것으로 생각한다 (André Feuillet, "Le Cantique des Cantiques et L'apocalypse. Étude de deux réminiscences du Cantique dans l'Apocalypse johannique," *RSR* 49 [1961]: 321-53; Enric Cortès "Una interpretación judía de Cant 5,2 en Ap 3,19b-20," *Revista Catalanta de Teologia* 4 [1979]: 239-58); 이것은 신랑이 그의 잔치에 초청하는 것에 적합할 것이다 (계 19:9; 참조. 눅 12:36-37). 예수님이 죄인들과 식사하시는 것과 연관성이 있다는 것은 가능하다 (Tim Wiarda, "Revelation 320: Imagery and Literary Context," *JETS* 38 [June 1995]: 203-12를 보라). 두드리는 것에 대해서는 Callimachus, *Hymn* 2.1-8을 보라.

우리의 통치의 완전함은 여전히 그리스도의 재림을 기다리고 있다는 것을 암시한다(마 5:5; 롬 5:17; 8:32; 딤후 2:12). 의로운 자들의 종말론적 즉위 및 통치는 유대교적 개념에서 익숙한 것이다(단 7:22; 에녹 1서 108:12).[26]

상황잇기

우리는 신학적 전제들을 통하여 우리의 본문 읽기를 지배하지 않도록 해야 한다. 이러한 일을 행하는 극단적인 예는 3:14에 나오는 "하나님의 창조의 근본"(NIV는 이를 "하나님의 창조의 통치자"로 해석한다)을 비록 첫 번째 피조물이 창조되었지만, 예수님도 창조된 존재라는 것을 인정하는 방식이라고 할 수 있다.[27] 그러나 이러한 해석은 성경의 본문들을 선행하는 신학적 개념에 억지로 끼워 맞추는 시도이다. "근본"은 사실상 요한계시록에서 신적인 칭호이며, 또한 "처음과 마지막"과 동일한 것으로(계 21:6; 22:13), 이사야에서도 분명한 신적인 칭호들로 나온다(사 41:4; 44:6; 48:12). 이러한 용법으로 보면, 예수님은 창조의 첫 번째 실례라기보다는 오히려 창조의 근본이시다. 본문은 그 반대가 아닌 예수님의 신성을 암시하고 있다. 노바티안은 "하나님은 아무런 기원도 가지고 있지 않으시며, 정확하게 하나님이신 것과 하나님이 아닌 그 무엇을 구분하는 무 기원의 개념이다"라고 말했다.[28]

어떤 저자들은 그리스도인들이 하나님과 "동등성"을 공유할 것이라고 주장함으로써 미래에 우리가 받을 영적인 특권들을 과장하여 말한다.[29] 비록 그러한 생각이 성경의 전체적 방향을 거스른다 해도, 그들이 그러한 주장을 대개 뒷받침하고 있다고 생각하는 본문은 3:21이다. 우리는 보좌를 공유하는 것이 그것을 공유하는 사람들과의 동등성을 암시할 수 있다고 주장할 수 있다.[30] 그러나 이 이미지의 요

---

26. 시락 40:3에 있는 보다 일반적인 지혜 말씀을 참조하라. 만일 계 3:21이 마 19:28과 눅 22:30에 나오는 예수님의 말씀을 반영하고 있다면 (Roloff, *Revelation*, 65), 그것은 열둘에 대한 말씀을 대중화 한 것이다.
27. 설명이 거의 없긴 하지만 예를 들면, *Revelation: Grand Climax*, 66. 아울러 Robert Payne, "A Hammer Struck at Heresy," *Christian History* 51 (1996): 11-19 (p. 17)에서 동부의 몇몇 목회자들에 의해 주장된 초기 아리우스파의 입장도 보라.
28. A. W. Tozer, *The Knowledge of the Holy* (New York: Harper and Row, 1961), 32.
29. 오늘날의 인기가 있는 일부 교사들에 의하면, 그리스도인들은 그리스도이다 (Kenneth Hagin, *Authority of the Believer*, 11-12; "Understanding Confession," 25-27; *Zoe: The God-Kind of Life* [1981], 41; *The Name of Jesus*, 105-6); 인간은 하나님적인 존재 부류에 속해 있으며 (Hagin, *Zoe*, 36; Kenneth Copeland, "The Decision Is Yours" [1978], 6) 또한 "결코 노예로 만들어지지 않았다.…그는 하나님과 동등한 사이로 창조되었으며, 그리고 그는 어떤 열등감을 의식하지 않고 하나님의 임재 앞에 서 있을 수 있다"(*Zoe*, 35).

점은 신자들이 그리스도와 함께 왕 노릇한다는 것이다(계 5:10; 20:6; 22:5). 요한계시록의 나머지 부분은 분명히 이러한 통치를 세세토록 하나님의 신하로서의 권한을 부여한다는 것이다(계 4:10; 22:2-4).

물론 정통 그리스도인들도 비록 보다 낮은 수준이긴 하지만 우리의 해석 전통에 근거하여 본문들의 여러 측면들을 오해할 수도 있다. 때때로 본문이 적용되는 것을 우리가 듣는 방식은 우리를 잘못된 해석으로 인도할 수도 있다. 어떤 해석학자들은 "뜨거운" 것은 좋은 것으로 간주하여, 이는 하나님에 대한 불타는 열정을 상징한다고 주장하는 한편, "차가운" 것은 영적인 죽음을 가리키며 그리고 "미지근한" 것은 영적인 울타리의 양 쪽에서 놀고자 하는 사람들을 가리킨다고 주장한다.[31]

하나님은 영적인 울타리의 양 쪽에서 놀고자 하는 그 어떤 시도도 반대하시는 것이 분명하지만(약 4:4, 7-8 참조), 이러한 해석은 예수님의 유추의 요점을 놓치는 것이다. 뜨거운 것이 성경에서 반드시 긍정적인 것을 상징하는 것도 아니고, 또한 차가운 것이 반드시 부정적인 것을 상징하는 것도 아니다(마 3:10-12에서 심판으로서의 불을 참조하라). 그리고 물의 경우 고대 문헌에서 차가운 것이 뜨거운 것보다는 긍정적인 상징임으로 보다 자주 나타난다(마 10:42 참조). 실제적인 요점은 뜨거운 물과 차가운 물 모두 심지어 이를 마실 때조차도 중요한 기능을 수행하는 반면, 미지근한 물은 그렇지 않다는 것이다. 미지근한 물이 덥혀지든지 아니면 그늘진 곳에서 시원하게 되도록 두어야 한다. 몇몇 만족해하는 라오디게아 사람들이 그들이 마시는 물 때문에 아프게 되었다고 불평할 수 있었던 것처럼, 예수님도 이것이 바로 예수님이 그들에 대해 느끼는 것이라고 만족해하는 라오디게아의 그리스도인들에게 말씀하신다.[32] 이러한 메시지를 오늘날의 교회에 대해 상황화 하는 것은 교회의 겉을 좋게 꾸미는 것을 의미하는 것이 아니다. 왜냐하면 예수님이 라오디게아의 그리스도인들에게 가혹하게 말씀하실 때, 그분은 많은 점에서 오늘날 많은 교회들과 닮은 교회에 말씀하고 계시기 때문이다(아래를 보라).

---

30. Aune, *Revelation*, 1:262는 3:21의 이미지는 고대에서 유명한 이중 보좌의 이미지일 수도 있다고 주장한다.

31. 예를 들면, Walvoord, *Revelation*, 91-92; Richard, *Apocalypse*, 62; 참조. Meeks, *Moral World*, 147. 이와는 대조적으로 Aune, *Revelation*, 1:257은 "뜨거운 것"을 나쁜 것으로(잠 15:18), "차가운 것"을 좋은 것으로(잠 17:27, NRSV) 주장하고 있는데, 이는 어쨌든 현대적 언어의 은유를 요한계시록의 뜻으로 해석하지 않은 것이다.

32. 토하여 버리는 것은 존 파이퍼가 주장하듯이(*Desiring God: Meditations of a Christian Hedonist* [Portland, Ore.: Multnomah, 1986], 261), 우리가 하나님에 대한 열정을 잃어버릴 때 "영원은 위기에 처해진다"는 것을 의미할 수도 있다.

현대적 의미

예수님의 책망을 듣기. 예수님이 라오디게아 교회에 주시는 말씀은 교회에 제기하시는 문제들뿐만 아니라 이 교회가 책망 받을 일을 만들어내고 있기 때문에 마음이 편한 것이 아니다(계 3:19). 현대 서구 기독교의 치유 방식에서, 우리는 하나님으로부터 우리에게 가혹하게 말씀하실 것을 들으려고 하지 않는다. 많은 그리스도인들은 희생을 했다고 느끼고 있으며(어떤 이들은 좋은 이유들 때문에) 또한 그들 자신 혹은 어떤 다른 사람의 가치관에 대한 비판을 무감각하게 받아들이고 있다. 그러나 그리스도는 우리 중 많은 사람들에 대해 가혹한 말씀을 하신다.

확실히 예수님은 진실로 마음이 상한 자들, 즉 약한 자들과 한계 상황에 처한 자들, 그리고 고난을 당하는 자들에게 부드럽게 말씀하신다(계 2:9-10; 3:8-10). 우리는 예수님의 솔직한 책망들을 라오디게아와 또한 자신들의 삶 속에서 진정한 고통을 당하면서 일을 하고 있는 우리의 형제와 자매들에게 적용하는 일에 둔감해서는 안 된다. 그러나 예수님의 말씀은 스스로 만족해하고 또한 그들 자신의 재산에 안정감을 가지고 있는 교회들에게, 즉 라오디게아 사회와 그 교회처럼 그늘 밖에 있는 사람들로부터 도움을 받을 필요성을 거의 느끼지 못하는 사람들에게 우레와 같이 공격 하신다.

그러나 예수님이 자기만족적인 그리스도인들에게 책망을 하실 때조차도, 우리는 그분이 말씀하시는 음성의 어조를 놓쳐서는 안 된다. 예수님이 책망하시면서 외치시는 소리는 화가 나서 이성을 잃은 것에서가 아닌 상한 마음에서 흘러나오는 것이다. "무릇 내가 사랑하는 자를 책망하여 징계하노니"(계 3:19). 그런 다음 만일 우리가 그분에게 문을 열기만 하면 예수님은 우리를 식사 자리에 초대하신다(이 경우에 현대의 서구 관용어 "점심을 하다"는 합당치 않은 것일 수도 있다. 계 3:20). 하나님은 우리 삶의 가장 깊은 쉼 속에서 우리와 친밀한 교제를 가지시기를 원하신다.[33] 이 본문의 요점은 회개하지 않는 그리스도인들에 대한 예수님의 책망과 명령이다.[34]

---

33. 기도에 있어서 이러한 친밀함에 대해서는 Richard J. Foster, *Prayer: Finding the Heart's True Home* (New York: Harper Collins, 1992), 1을 보라. 하나님의 음성을 듣는 것에 대한 논의에 대하여, 다소 다른(모순되는 것은 아니지만) 측면에서 본 것으로는 Jack Deere, *Surprised by the Voice of God* (Grand Rapids: Zondervan, 1996); 또한 Craig S. Keener, *3 Crucial Questions About the Holy Spirit* (Grand Rapids: Baker, 1996), 131-80을 보라.

34. 복음전도에 대한 부차적인 적용이 만일 예수님이 사람들에게 어떻게 접근하시는가 하는 원리를 적용하면서 이루어진다면 반드시 나쁜 것만은 아니다 (Wiarda, "Revelation 3:20," 212); 바울이 고린도후서

물질적 부와 영적인 가난의 위험. 라오디게아 교회는 그곳 문화의 가치관들을 반영하고 있다. 즉 자부심, 자기만족, 주님으로부터 오는 많은 것을 포함하여 외부의 어떤 도움도 필요로 하지 않는 것 등이다(계 3:17). 이들은 하나님이 간섭해주실 것을 갈망하는 고난 받는 교회와 대조를 이룬다(계 2:9; 3:8 참조). 북미의 교회와 세계 여러 곳에 있는 교회들과 비교를 해보면, 나는 라오디게아 교회가 가지고 있는 문제들 대부분이 오늘 우리들의 교회와 비슷하다는 것에 대해 두려워하고 있다.[35] 우리는 다른 곳에서 일어나는 강력한 고난에 대해 듣고 있으며 또한 그와 동일한 압제를 겪을 수도 있다는 생각을 피하기 위해 종종 고난에 대한 신학적 혹은 사회학적인 설명을 찾기도 한다. 우리들 중 많은 사람들은 우리보다 훨씬 더 많은 고난을 겪고 있는 여러 교회들로부터 배운 교훈들을 우선 겸손한 마음으로 들으려고 하지 않고 북미 기독교의 심오한 학문을 수출하려고 한다.

서구에서 우리 대부분의 삶의 매우 전형적인 것이 되어버린 기도하지 않음과 메마른 경건의 시간 등은 하나님 앞에서의 의식이 부족한 것에서 종종 비롯된다. 만일 우리가 경솔하다면 우리들의 물질적 풍요는 그것이 라오디게아의 그리스도인들의 경우처럼 영적인 가난의 근원임을 입증해줄 것이다. 박해와 정치적 압제, 그리고 많은 지역에서 우리의 영적인 형제들 사이에 퍼져있는 고난의 여러 형태에 대해 우리가 무관심 하고 있다는 것은 우리가 경험하고 있는 세상에 대해 우리가 만족하고 있다는 것을 드러내고 있다. 라오디게아에서처럼, 우리의 부요는 우리를 눈멀게 할 수도 있다. 전 레녹스(Lenox, 정교한 도자기 제조회사)의 CEO였으며 지금은 월드 비전(World Vision)의 리차드 스턴스(Richard Steans)의 설명에 주목하라. "만일 요한계시록이 오늘날에 쓰여 졌다면, 그리고 미국에 보내는 편지도 있다면, 나는 우리들의 물질주의와 부가 가난한 자들의 주장에 대해 우리들의 귀를 막게 하고 우리들의 눈을 멀게 했다는 사실을 비난했을 것으로 생각한다."[36]

우리들 중 일부는 그러한 대조를 힘든 방식으로 배우고 있다. 러시아 방문객들의 대표단 중 많은 사람들이 미국의 청년 그리스도인에 대해 실망한 것을 안타까워하였을 때 한 목회자는 충격을 받은 표정을 지었다. "그들이 그리스도인들이기

5:20-6:2에서 복음전도적인 표현을 회개하지 않는 그리스도인들에게 적용하고 있는 것을 참조하라.

35. 일부 서구 교회들에 대한 다른 관찰자들, 가령 Karen M. Feaver, "Chinese Lessons," *CT* (May 16, 1994), 33-34; J. I. Packer, *Knowing God* (owners Grove, Ill.: InterVarsity, 1973), 174, 또한 "심판이 임하기 전에" 우리가 회개해야 한다는 것을 덧붙이고 있다(175).

36. *World Vision News* (Summer 1998), 5.

때문에, 나는 그들이 영적인 것들에 대한 관심이 있을 것으로 기대했습니다. 하지만 그들은 러시아의 마르크스주의에 빠진 젊은이들보다 더 물질주의적이었습니다."[37] 아마도 어느 정도는 과장된 부분이 있긴 하지만, 최근에 그리스도인이 된 한 유대인 학생은 바로 그 목회자에게 불평을 토로하였다. "만일 누군가가 예수님의 팔복 가르침을 받아들이고서는(마 5:3-12) 그러한 가르침과 반대되는 종교를 만들어 낼 것으로 결심했다면, 그 사람은 어쩌면 프로테스탄트 교회를 복수하는 것일지도 모릅니다."[38] 전에 텔레비전 복음전도자였던 짐 베이커(Jim Bakker)는 그가 예수님이 가르치셨던 것과 정반대의 것을 가르쳐왔다는 것을 감옥에서 두려운 마음으로 깨달았다.[39] 우리는 하나님의 부르심을 성취하기 위해 가야할 먼 길이 남아 있다.

어떤 교회들은 약하지만 인내한다(계 3:8). 반면에 어떤 교회들은 가난하지만 부요하다(계 2:9). 네팔의 그리스도인들은 많은 고난과 가난을 경험하면서 몇 배나 증가하였다. 그러나 어떤 교회들은 자신들이 부요하다고 생각하지만, 그러나 그들에게 얼마나 진정한 영적인 능력이 결여되어 있는지는 잘 모르고 있다(계 3:17-18). 우리는 자신을 거만하거나 혹은 헌신하지 않는 사람으로는 생각하지 않는다. 그러나 그리스도 안에 있는 우리들의 형제들과 자매들이 여러 나라에서 그들의 신앙 때문에 고난을 받고 죽임을 당하고 있을 때, 우리는 그들을 돕기 위해 우리들이 가지고 있는 어떤 자원도 거의 내놓지 않고 있으며, 그리고 대부분의 북미 그리스도인들은 그들을 위해 기도조차 하지 않고 있다. 우리의 경제가 비교적 잘 돌아가고 있는 동안, 우리는 우리의 재산을 몇 배나 증식시킬 기회를 가졌다. 하지만 다른 모든 나라의 때와 마찬가지로, 우리들의 때도 다할 때가 올 것이다. 우리가 기회를 가지고 있는 동안 영원한 것들을 위해 씨를 뿌릴 수 있는 지혜를 주옵소서!

한 주석학자는 "이전에는 그리스도인이 되는 일은 너무나도 많은 비용이 들기 때문에 고달픈 일이었다. 지금은 수지가 맞기 때문에 고달프다. 둘 중에서 후자가 훨씬 더 교활하다"고 말하였다.[40] 웨슬리는 "나는 종교의 부흥이 계속 지속되는 것이 가능한 지 알 수 없다. 진정한 종교는 열심히 일하는 것과 검약을 낳으며, 또한

---

37. Tony Campolo, *Wake Up America!* (Grand Rapids: Zondervan, 1991), xii.

38. Ibid., 96.

39. Jim Bakker with Ken Abraham, *I Was Wrong* (Nashville: Thomas Nelson, 1996), 531-44. 그 장에서 베이커의 솔직하고도 뉘우치는 뜻밖의 새로운 사실에서 얻을 수 있는 심오한 교훈들은 그 책의 값어치를 하고 있다.

40. John Fisher, "When Christianity Pays," *Contemporary Christian Magazine* 8 (Dec. 1985): 46.

이것은 부를 낳는다. 그러나 반대로 부는 모든 부문에서 세상을 사랑하는 것을 낳는다"고 한탄하였다.[41] 마틴 루터 킹 주니어(Martin Luther King Jr.) 박사가 처음에는 교회가 인종 차별에 대해 교회가 침묵하는 문맥에서 말한 것이었는데, 지금도 교회가 오늘날의 쟁점들에서 분리되어 있는 많은 여러 영역에 대하여서도 여전히 적절하다.

> 그러나 하나님의 심판이 전에는 결코 없었던 것처럼 교회에 임해 있습니다. 만일 오늘날의 교회가 초대 교회의 희생적 능력을 되찾지 못한다면, 교회는 진정한 소리를 잃어버릴 것이며, 수백만 명의 충성을 상실할 것이며, 그리고 20세기에 아무런 의미도 없는 부적절한 사교 클럽으로 전락할 것이다. 나는 매일 교회가 부흥하는 것에 대해 질색을 하면서 실망하는 젊은이들을 만나고 있다. 아마도 나는 너무 낙관적으로 생각해 온 것 같다. 조직화된 교회가 현상을 유지하는데 너무 급급하여 우리나라와 세상을 구원할 수 없게 되었는가?[42]

이것은 마틴 루터 킹의 시대에서 새로운 문제가 아니었다. 노예 제도 폐지론자들 중 많은 사람들이 정의를 위한 외침에 대해 대부분의 교회가 냉담하게 반응하자 결국은 교회에 대해 "환멸을 느끼고 분개하였다."[43] 그러한 환멸은 미국에서 점증하는 세속주의의 무대를 마련하는데 도움을 주었다.

환난을 경험함. 실제적인 차원에서 볼 때, 서구 기독교는 때때로 다른 국가들에게조차도 복음의 대가를 잘못 전하였다. 중국에서 그리스도의 메시지가 확장되는 것을 축하하는 메모에서, 미국의 어떤 교단의 선교 담당자는, 수백만 명의 사람들을 죽음에 이르게 했던 마오쩌뚱의 숙청 기간 동안, 중국의 많은 그리스도인들은 "대 환난이 시작되었으며, 하지만 그들은 고대했던 교회의 휴거를 놓쳤으며, 또한 지금은 순교를 당할 수도 있는 냉엄한 현실에 맡겨져 있는" 것으로 생각했던 것에 주목하였다.[44] 하지만 만일 우리가 요한계시록의 전체 문맥을 이해한다면, 모든 그

41. Nathan O. Hatch and Michael S. Hamilton, "Can Evangelicalism Survive Its Success?" *CT* (Oct. 5, 1992), 20-31 (p. 31). 그리스도인의 재산에 대한 웨슬리의 견해에 대해서는 Theodore W. Jennings Jr., *Good News to the Poor: John Wesley's Evangelical Economics* (Nashville: Abingdon, 1990)를 보라. 일반적으로 단순하게 살아가는 것에 대해서는 Frank Martin, "Lighten Your Load," *Discipleship Journal* 78 (Nov. 1993): 28-31을 보라.
42. Martin Luther King, Jr., "Letter fom the Birmingham City Jail" (April 16, 1963 [내가 가진 책의 p. 12]).
43. Tim Stafford, "The Abolitionists," *Christian History* 33 (1992): 21-25 (pp. 24-25).

리스도인들은 순교를 당할 준비가 되어있어야 하며 또한 그렇게 할 수 있도록 가르쳐야 한다. 북미의 그리스도인들로 하여금 복음을 위해 목숨을 걸도록 해야 한다고 앤드류 형제가 말했듯이, 중국의 많은 그리스도인들은 선교사들이 되돌아가는 것을 원하지 않았다. 왜냐하면 "우리는 대 환난을 겪었고 휴거는 일어나지 않았기 때문이다. 너희들은 거짓말쟁이이다."[45]

그리스도인들은 그들이 금세기에만 대 환난을 겪었다고 생각하지 않았다. 예를 들어 초대 교부들처럼 가톨릭교도와 프로테스탄트교도들에 의해 공히 미움을 받았던 프로테스탄트의 한 집단이었던 초기의 재침례교도들도 그들이 재림 직전의 대 환난 중에 있다고 생각하였다.[46] 오늘날 점차 국제적 테러리즘에 취약하다는 것이 우리의 주목을 받기 시작하고 있으며, 또한 역사상 모든 국가와 제국처럼 미국도 하나님의 계획 안에서 좋은 기회를 가지고 있다는 것을 우리에게 상기시킨다.[47] 그리스도인인 우리들은 그러한 좋은 기회의 유물을 우리의 사치를 증가시키기 위한 것이 아니라 열방 중에서 하나님의 목적에 도움이 되도록 사용해야 한다.

라오디게아의 기독교에 대한 해결책은 회개이다(계 3:19). 즉 우리가 주님의 임재 없이 멋진 식사를 했다는 것을 인정하는 것이다(계 3:20). 주님은 오직 회개하고 상한 심령들과 함께 하신다(사 57:15; 66:2; 약 4:6). 우리는 우리 스스로를 영화롭게 하는 것 때문에 주님 없이 식사를 하였는데, 이는 세상이 하는 것과 비슷하며(계 18:7), 또한 이것은 주님을 구역질나게 만들었다(계 3:16). 만일 우리가 우리들의 마음을 겸손하게 하고 성경에서 그리고 다른 곳에 있는 교회를 통하여 말씀하시는 그분의 음성을 듣는다면, 우리는 능히 이길 수 있다.

---

44. G. Edward Nelson의 전체적인 편지, Secretary of U.S. Relations, Assemblies of God Division of Foreign Missions (Feb. 1986), 1.
45. Michael Maudlin, "God's Smuggler Confesses," *CT* (Dec. 11, 1995), 45-46에서 앤드류 형제는 전환난주의가 지혜로운 생각이며 또한 이에 직면해야 한다고 주장한다.
46. Walter Klassen, ed., *Anabaptism in Outline: Selected Primary Sources* (Scottsdale, Pa.: Herald, 1981), 317-21. 교부들 중에서 그리스도인들이 환난 동안에 고난을 받는 것에 대해서는 Hermas 1.4.2-3; Irenaeus, *Her.* 5.28.4; 5.29.1; 5.35.1; Clementine, *Homilies* 2.17; Ambrose, *Comm. Luke* 10 등을 보라. 참조. Did. 10.
47. 계 6:4에서 테러리즘에 대한 설명을 보라.

요한계시록 4:1-11

1 이 일 후에 내가 보니 하늘에 열린 문이 있는
데 내가 들은 바 처음에 내게 말하던 나팔 소
리 같은 그 음성이 이르되 이리로 올라오라
이 후에 마땅히 일어날 일들을 내가 네게 보
이리라 하시더라
2 내가 곧 성령에 감동되었더니 보라 하늘에
보좌를 베풀었고 그 보좌 위에 앉으신 이가
있는데
3 앉으신 이의 모양이 벽옥과 홍보석 같고 또
무지개가 있어 보좌에 둘렸는데 그 모양이
녹보석 같더라
4 또 보좌에 둘려 이십사 보좌들이 있고 그 보
좌들 위에 이십사 장로들이 흰 옷을 입고 머
리에 금관을 쓰고 앉았더라
5 보좌로부터 번개와 음성과 우렛소리가 나고
보좌 앞에 켠 등불 일곱이 있으니 이는 하나
님의 일곱 영이라
6 보좌 앞에 수정과 같은 유리 바다가 있고 보
좌 가운데와 보좌 주위에 네 생물이 있는데
앞뒤에 눈들이 가득하더라
7 그 첫째 생물은 사자 같고 그 둘째 생물은 송
아지 같고 그 셋째 생물은 얼굴이 사람 같고
그 넷째 생물은 날아가는 독수리 같은데
8 네 생물은 각각 여섯 날개를 가졌고 그 안과
주위에는 눈들이 가득하더라 그들이 밤낮 쉬
지 않고 이르기를 거룩하다 거룩하다 거룩하
다 주 하나님 곧 전능하신 이여 전에도 계셨
고 이제도 계시고 장차 오실 이시라 하고
9 그 생물들이 보좌에 앉으사 세세토록 살아
계시는 이에게 영광과 존귀와 감사를 돌릴
때에
10 이십사 장로들이 보좌에 앉으신 이 앞에 엎
드려 세세토록 살아 계시는 이에게 경배하고
자기의 관을 보좌 앞에 드리며 이르되
11 우리 주 하나님이여 영광과 존귀와 권능을
받으시는 것이 합당하오니 주께서 만물을 지
으신지라 만물이 주의 뜻대로 있었고 또 지
으심을 받았나이다 하더라

원 의미

학자들은 교회에 대한 편지 다음에 이어지는 요한계시록 단락을 여러 가지 방식으로 해석해왔다.[1] 그러나 4-5장은 아마도 선행하는 하늘의 사건들을 소개하고 그 다음 6-16장에서 인, 나팔, 그리고 대접 심판을 설명한다. 하늘에서 일어나는 사건들이 땅 위에서 일어나는 사건들에 영향을 미치고 있다(계 12:7-12).

---

1. Corsini, *Apocalypse*, 120-21은 계 4:1-8:1을 타락으로 시작하는 구원역사의 알레고리로 해석한다. André Feuillet, *Johannine Studies*, tr. Thomas E. Crane (Staten Island, N. Y.: Alba House, 1964), 256은 계 4-11장이 A. D. 70년에 시작하는 공관복음의 묵시를 설명하고 있다고 주장한다.

요한계시록에서 요한의 보좌 환상은 이 책 대부분에 나오는 것처럼 성경적 예언자들의 환상과 유사하다(특히 사 6:1-5; 겔 1:4-28; 단 7:9-14).[2] 그러나 요한계시록이 성경적이긴 하지만, 그것은 또한 그 당시의 문제들과 언어에 적절한 것이기도 하다. 요한은 종종 그와 동시대 사람들의 문헌에서 가장 지배적인 주제들을 강조하고 있는데, 그 문헌을 우리는 묵시문헌(apocalyptic literature)이라고 부른다. 초기부터 유대 묵시 문헌들은 특히 에스겔서와 이사야서에 나오는 보좌 환상에 초점을 맞추면서 또한 이를 발전시켰다.[3] 요한의 언어는 성경을 규칙적으로 반영하고 있지만, 그는 이러한 특징을 그의 동시대 사람들과 공유하고 있다. "내가 보니"는 에스겔서(예를 들면, 겔 1:4, 15; 2:9; 8:2, 7, 10; 44:4)와 다니엘서(단 8:3, 15; 10:5; 12:5)에 나오는 관례적인 표현이며, 또한 이는 묵시적 환상들의 특징이기도 하다(예를 들면, 에녹 1서 14:14-15, 18; 85:3).[4]

요한계시록과 다른 묵시적 환상들 사이의 주제에 있어서 유사성은 상세한 부분에 나타나는 몇 가지 차이점들을 훨씬 더 두드러지게 만들고 있다. 묵시적 문헌들은 종종 하늘의 여러 문들을 통하여 하나님의 보좌에 이르는 가공적인 힘든 여행을 이야기하고 있다(예를 들면, 에녹 1서 14:9-13). 어떤 사람들은 이 여행에 위험이 포함되어 있음을 암시하기도 한다.[5] 이와는 대조적으로 그의 성경적 전임자들처럼, 요한도 단순히 하나님의 주권적인 부르심(계 4:1)과 성령의 영감(계 4:2; 참조. 계 17:3; 21:10)에 의해 하늘로 옮겨진다. 어떤 문헌들은 그러한 승천에 천사의 도움이 있음을 제시하기도 하지만(예를 들면, 에녹 1서 71:5; 87:3; 에녹 2서

2. 나는 여기서 에스겔 1장을 주요 자료로 생각하고 있지만, 그러나 G. K. Beale, "The Use of Daniel in the Synoptic Eschatological Discourse and n the Book of Revelation," 130-37 in *The Jesus Tradition Outside the Gospels*, ed. D. Wenham (Sheffield: JSOT, 1984), 134를 참조하라. 비일(Beale)은 단 7장의 우선성을 주장한다. 어쨌든 메르카바(Merkabah) 본문들은 세 자료들 모두에 나오는 요소들을 조화시키고 있다 (P. Alexander, "Introduction" to 3 Enoch, *OTP*, 1:247).

3. 예를 들면, D. Dimant and J. Strugnell, "The Merkabah Vision in Second Ezekiel (4Q3854)," *RevQ* 14 (1990): 331-48; 보다 상세한 내용은 Aune, *Revelation*, 1:276-78을 보라.

4. 아울러 에스라 4서 11:2, 5, 7, 10, 12, 20, 22, 24-26, 28, 33, 35, 37을 보라. 이는 흔하게 나오는 셈어적인 관용구로서, 구약성경에는 약 50회 나오지만 신약성경에서는 단지 7회 나오는데, 그것도 모두 요한계시록에 나온다(계 4:1; 6:2, 5, 8; 7:9; 14:1, 14).

5. 몇몇 본문에 나오는 것처럼 여기서는 그 어떤 신비로운 변형도 발견되지 않는다(이에 대해서는 에녹 1서 71:11; 에녹 2서 22:8-10; 에녹 3서 15:1; C. R. A. Morray-Jones, "Transformational Mysticism in the Apocalyptic-Merkabah Tradition," *JJS* 43 [1992]: 1-31). 후기 묵시록들(예를 들면, T. Jacob)도 종종 밀턴(Milton)에서처럼 하늘과 지옥의 여행을 포함시키기도 한다. Richard J. Bauckham, "Early Jewish Visions of Hell," *JTS* 41 (1990): 355-85를 참조하라. "지옥 여행"은 원래 호머(Homer)의 오딧세이(*Odyssey*)에서 지옥의 영들과의 대담(對談) 이전에 근거를 두고 있는 헬라의 장르를 반영한다(예를 들면, *Select Papyri* 3:416-21).

7:1; 바룩 2서 6:3-4), 요한은 에스겔의 경우처럼(겔 2:2; 3:12, 14, 24; 8:3; 11:1, 5, 24; 37:1; 43:5) 단순히 성령에 의해서 하늘로 올라간다.[6]

하늘에 "열린 문"(계 4:1)은 하늘이 열린 것이 의미하는 것, 즉 하나님의 계시를 나타낸다(계 11:19; 15:5; 참조. 겔 1:1; 막 1:10; 요 1:51).[7] 요한은 그와 동시대 일부 사람들이 생각했던 것처럼 억지로 하늘로 올라가려고 한 것이 아니라, 요한은 하나님이 모세를 부르시어 그에게 계시를 주신 장면을 상기시키는 언어로 초대를 받고 있다. "이리로 올라오라"(계 4:1; 참조. 출 19:20, 24; 24:12; 34:2)는 성경의 최초 보좌 환상을 생각나게 한다(출 24:10-12; 아울러 19:24도 참조하라). 유대교 전승은 하나님께서 모세를 부르신 것을 인정하고(Jub., title; Ps-Philo 11:2) 이를 더욱 발전시키는데, 마침내 이 사건은 모세가 하늘로 승천한 것을 포함한다고 많은 사람들이 주장하기에 이르렀다.[8] 유대교 저자들은 이와 동일한 언어를 또한 다른 하늘의 환상들에도 적용시켰다.[9]

만일 요한이 하늘로 들어간 양식(계 4:1-2)이 요한과 동시대 사람들의 묵시적 환상들과 두드러지게 차이가 난다면, 하늘 궁정에 대한 그의 환상도 마찬가지이나(계 4:3-11). 당시 주변 문화의 주요 신들은 통치자들로 이해되었으며, 또한 이들은 자연히 보좌에 앉아있는 것으로 묘사되고 있다. 그리하여 유대인들은 당연히 하나님도 보좌에 앉아계신다는 것을 인정하였으며, 또한 성경적 환상들은 이러한 이미지를 정교하게 다듬었다(왕상 22:19; 사 6:1; 66:1; 겔 1:26; 10:1). 그러나 특히 보좌 환상들은 유대 묵시주의와 신비주의의 특징이었다.[10] 보좌를 보는 것은 실제

---

6. 우리는 일부 본문에서처럼 "영으로"의 승천과 "육체적" 승천을 대조할 수 있지만(에녹 1서 71:1; 아브라함의 유언 8B; 고후 12:2-3), 그러나 요한계시록의 문맥에서 "영"은 여기서 선지자들을 영감 시키는 하나님의 영을 가리키는 것이어야 한다(계 1:10; 2:7; 19:10; 아울러 솔로몬의 송시 36:1-2; 헤르마스 1.1.1; 1.2.1; Craig S. Keener, *The Spirit in the Gospels and Acts* [Peabody, Mass.: Hendrickson, 1997], 10-13).

7. 유대교의 신현(神顯)에서 열린 하늘에 대해서는 에녹 1서 14:8; 바룩 2서 22:1; 레위의 유언 2:6; 5:1; F. Lenzen-Deis, "Das Motiv der 'Himmelsöffnung' in verschiedenen Gattungen der Umweltliteratur des Neuen Testaments," *Biblica* 50 (1969): 301-27을 보라. 유대인들과 다른 사람들 모두 하늘이 신적인 계시를 보내거나 받는 역할을 하는 것으로 이해하고 있다(Virgil, *Aen.* 9.20-21; 아브라함의 유언 7A). 고대 문헌들은 종종 하늘의 "성문들" 혹은 "문들"을 상상하고 있다 (예를 들면, *PGM,* 4.662-63).

8. 예를 들면, *Sifre Deut.* 49.2.1; *Ex. Rab.* 28.1; 47:5; *Lev. Rab.* 1.15; *Pes. Rab.* 20:4. 이러한 전승이 요한의 시대만큼 이른 것인가 하는 것은 분명하지 않다. 그러나 신 30:12를 참조하라.

9. 예를 들면, 에녹 1서 14:24-25; 15:1; 에녹 2서 21:3; 에녹 3서 41:1; 42:1; 43:1; 44:1; 47:1; 아울러 *b. Hag.* 14b (한 랍비는 모세의 경험을 반복하고 있다); 참조. Plutarch, *Divine Vengence* 33, *Mor.* 568A. "와서 들으라" 혹은 "오라 그리하면 내가 너를 가르치리라"는 어떤 가르침을 묵상하기 위해 청중들을 초청하는 일반적인 방식이었지만 (예를 들면, *b. Ber.* 19b; *Men.* 109b), 그러나 "오라 그리하면 내가 너에게 보여주리라"도 역시 그 무엇인가를 보여주기 위해 초청하는 기능을 할 수도 있다 (*b. B.B.* 46a; 73b-74a; *Bek.* 28b).

로 유대 신비주의 몇몇 형태들의 목적이기도 하였다(예를 들면, 에녹 3서 1장).

몇몇 묵시들은 하나님의 위엄을 상세하게 설명하기 위해 하나님의 보좌의 특성을 매우 정교하게 설명한다. 요한은 인간의 언어로 하나님의 위엄을 묘사하기가 불충분하다는 것을 기꺼이 인정하는 가운데, 그는 그러한 장식 없이 하나님의 보좌 환상을 설명한다.[11] 하늘 궁정은 또한 아시아에서 숭배되었던 로마 황제들의 궁정에 있는 단순한 지상적 위엄의 허식과 뚜렷한 대조를 제공한다.[12] 그리하여 하늘의 예배는 짐승들의 지상적 예배와 강한 대조를 이루고 있다(계 13:4-8, 15).[13] 헬라의 합창단이 헬라 드라마의 연기를 설명해주는 것처럼, 요한계시록에 나오는 하늘의 찬양들도 이 책에 나오는 사건들의 진정한 묘사를 제공한다. 지상에서 경험되는 일이 무엇이든 간에, 하나님은 진정으로 모든 것을 지배하고 계신다.[14]

"무지개"(계 4:3)는 에스겔 1:28에 나오는 하나님의 보좌의 광채를 상기시킨다. "벽옥"(계 4:3)도 역시 투명하고 또한 찬란한 것인데, 그리하여 요한의 청중들은 나중에 새 예루살렘을 하나님의 영광스러운 처소로 인식하게 될 것이다(계 21:11, 18-20). 에스겔에서 하나님의 보좌는 남보석과 같다(겔 1:26; 10:1).

보좌 주위에 있는 이십사 장로들(계 4:4)은 하늘의 다른 예배자들처럼(계 4:7-9; 5:11-14) 하나님의 영광에 대해 적절한 반응을 해야 함을 보여 준다(계 4:10-11; 5:8-10, 14).[15] 이러한 의미로 그들의 문학적 기능을 논의하기 어렵지만, 그들

---

10. 보좌에 앉으신 하나님에 대해서는 시락 1:8; 에녹 1서 9:4; 18:8; 에녹 2서 1a:4; 20:3; 모세의 유언 4:2; *CIJ*, 2:54, §802 등을 보라; 묵시적 및 신비적 묘사에 대해서는 Life of Adam 25:3-4; 레위의 유언 5; Gershom G. Scholem, *Major Trends in Jewish Mysticism*, 3d rev. ed. (New York: Schocken, 1971), 44 등을 보라. 다른 곳에서처럼 아시아의 신전들도 종종 그들의 신들을 위한 보좌를 가지고 있었다 (David W. J. Gill, "Religion in a Local Setting," 79-92 in *The Book of Acts in Its Greco-Roman Setting*, ed. D. W. J. Gill and C. Gempf [Grand Rapids: Eerdmans, 1994], 89).

11. 일부 본문들은 이곳 요한계시록과 비슷한 방식으로 성경적 이미지를 발전시키고 있는데, 때로는 보다 상세하게 그렇게 한다 (예를 들면, 에녹 1서 14:18-20; 71:5-9). 그러나 후대의 자료에서 하늘의 실재들의 위대함에 대해서는 에녹 3서 9:2-3; *Pes. Rab.* 20:4를 보라.

12. David E. Aune, "The Influence of the Roman Imperial Court Ceremonial on the Apocalypse of John," *Biblical Research* 28 (1983): 5-26; Meeks, *Moral World*, 145를 보라.

13. Paul S. Minear, "The Cosmology of the Apocalypse," 23-37 in *Current Issues in New Testament Interpretation: Essays in honor of Otto A. Piper*, ed. W. Klassen and G. F. Snyder (New York: Harper & Row, 1962), 31을 보라.

14. Tenney, *Revelation*, 36을 보라; Gerhard Delling, "Zum Gottsdienstlichen Stil der Johannes-Apokalypse," *NovT* 3 (1959): 107-37을 보라.

15. 이십사 장로들은 왕궁처럼 (어떤 이들은 산헤드린의 전통을 인용하기도 한다—Bowman, *First Christian Drama*, 43), 또는 헬라의 합창단처럼(Callimachus, *Hymn* 4.301; 마카비 4서 8:4; 13:8; 14:7-8; 그들은 24명의 단원들로 구성될 수도 있었다) 보좌를 둘러싸고 있는데, 그들이 이곳에서 복합적이며, 대개 신뢰할만한 인물로서의 기능을 하고 있다. 유대교 환상에서 천사들(아브라함의 유언 7A)과 순교자들(마카비

의 정확한 정체는 그러한 동일한 접근할 것을 요구하지 않는다. 어떤 사람들은 이십사 장로들을 천사들로 간주하며, 다른 사람들은 구약의 성도들로 간주한다.[16] 그러나 아마도 그들은 모든 신자들을 나타낼 것이다. 열둘을 이중적으로 한 것은 구약의 하나님의 백성들과 신약의 하나님의 백성들을 함께 나타내는 것일 수도 있다(계 21:12-14를 보라). 그러나 그들이 예배에서 담당하는 기능을 보면 그들은 아마도 구약성경에서 제사장들의 24반차를 나타낼 수도 있다(대상 24:4).[17]

흰 옷은 지중해의 다양한 종교들에서 제사장들과 예배자들의 특징이다.[18] 뿐만 아니라 일부 유대교 전승들은 특별히 제사장들이 보좌에 나아가는 것(에녹 3서 2:3-4) 혹은 하늘에서 예배하는 제사장적 모델(에녹 2서 22:3A)을 그리고 있다. 면류관은 체육 경기에서 승리자들 혹은 "이기는 자들"에게 적절한 것이기 때문에, 이십사 장로들이 쓴 면류관은 일곱 교회에 보내는 각 편지가 요구하고 있는 것처럼 이들이 끝까지 인내한 그리스도인임을 의미할 수도 있다. 그러나 신에게 드려지는 경기에서 이겼을 때 그 면류관은 대개 "금"으로 만들어졌으며, 또한 제사장들이 신에게 나아갈 때 입는 옷도 금색이었다.[19]

하지만 우리는 이 숫자를 하나님의 백성의 지도자들로 제한하여 이해해서는 안 된다. 아시아의 예술에서 작은 수의 제사장들은 훨씬 더 많은 수의 예배자들을 상징하였다.[20] 장로들은 백성들의 지도자들이며 또한 그들이 종말의 때에 그런 것처

4서 17:18-19) 모두 하나님의 보좌 옆에 설 수 있었다.

16. Mounce, *Revelation*, 135-36은 천사들을 선호한다. Feuillet, *Studies*, 185-94에서는 천사들에 대해서는 반대하고 이를 구약의 성도들로 본다(194-214; idem, "Les vingt-quatre vieillands de l'Apocalypse," *RB* 65 [1958]: 5-32; idem, "Quelques énigmes des chapitres 4 à 7 de l'Apocalypse: Suggestions pour l' interpretation du language imagé de la révélation johannique," *Esprit et Vie* 86 [1976]: 455-59); A. Geyser, "The Twelve ribes in Revelation: Judean and Judeo-Christian Apocalypticism," *NTS* 28 [1982]: 388-99 (p. 396은 이상적인 이스라엘이라고 주장한다). 천사들은 특징상 흰색으로 나타난다(에녹 1서 71:1; 87:2). 후대 유대교 전승도 역시 면류관과 시내 산에서의 이스라엘을 연관시키고 있다 (*ARN*, 1A). 여러 견해들의 개관에 대해서는 Aune, *Revelation*, 1:288-92를 보라.

17. 제사장의 24반차는 후대에도 여전히 남아 있었다. 눅1:5, 8; Josephus, *Life* 2; *Ant.* 7.366; *tos. Suk.* 4:26-27; *Taan.* 2:1; 3:1을 참조하라; 1QM 2.2에 나오는 26개 조를 참조하라.

18. 예를 들면, 예를 들면, 예루살렘 예배 (Josephus, *War* 2.1; *Ant.* 11.327); 황제숭배 의식 (SEG, 11.923); 일반적인 이교 예배 (Diogenes Laertius, 8.1.33; Athenaeus, 4.149d); 이시스의 제사장들 (Apuleius, *Metam.* 11.10); 아데미 숭배자들 (Acts of John 38) 등이다. 그러나 흰색은 또한 선한 것 (Diogenes Laertius, 8.1.34), 기쁨 (*p. R.H.* 1:3, §27), 혹은 부활을 기대하는 자들의 죽을 때 입는 옷 (Ps-Philo 64:6).

19. Gregory M. Stevenson, "Conceptual Background to Golden Crown Imagery in the Apocalypse of John (4:4, 10; 14:14)," *JBL* 114 (1995): 257-72 (pp. 259, 261-65)를 보라. 그러나 그는 여기서 제사장적 해석을 결정하지는 않는다.

20. Ramsay, *Letters to the Seven Churches*, 62-63.

럼(사 24:23) 시내 산의 하나님의 영광 앞에 백성들의 대표자들로 서 있다(출 24:9-10). 따라서 이들 장로들은 전체로서 하나님의 백성들을 상징하며, 그들 모두 함께 "나라와 제사장들"인 것이다(계 1:6; 5:10).[21]

하나님 보좌 주위의 우레(계 4:5; 8:5; 11:19; 16:18)는 하나님의 주권을 드러낸다. 이것은 요한계시록의 최초 독자들에게는 명백했을 것이다. 유대인들뿐만 아니라(시 29:3) 다른 유명한 지중해의 종교들도 최고의 신을 번개 및 우레와 관련하여 묘사하였다.[22] 번개는 또한 우리가 생각하듯이 하늘의 특징이기도 하다(에녹 1서 14:8; 17:3; 69:23 참조). 일부 유대교 문헌들은 번개를 높은 천사들에게 위임한다(에녹 3서 29:2).[23] 그러나 보좌 주위의 우레와 번개는 하나님이 시내 산에서 율법을 주셨을 때 하나님의 위엄의 계시를 상기시킨다는 것이 가장 중요하다(출 19:16; 20:18).[24]

"바다"(계 4:6)는 특별한 설명이 필요하다. 바다는 아마도 독자들에게 하늘 성전의 위대한 영광을 암시할 것이다. 많은 물(계 1:15 참조)은 또한 하늘 혹은 낙원에 대한 묵시적 환상들 가운데 나타나는데, 이는 아마도 시편 104:3, 148:4, 그리고 특히 에스겔 1:24 등을 발전시킨 것 같다. 아울러 하늘에서 떨어지는 비와 번개도 주목하라.[25] 그리하여 연대가 불확실한 일부 문헌들은 가장 낮은 하늘에 있는 넓은 바다(에녹 2서 3:3J; 4:2A) 혹은 하늘의 불바다(스바냐의 묵시록 6:1-2) 등을 묘사하기도 한다. 그러나 여기서 요한의 가장 직접적인 자료는 제사장들이 들어가서 씻는 솔로몬 성전의 놋으로 만든 "바다"이다(왕상 7:23-44; 대상 18:8; 대하 4:2, 6). 왜냐하면 요한계시록에서 하늘은 성전처럼 보이기 때문이다(계 7:15; 11:19;

---

21. 탈굼은 사 24:23에 나오는 장로들을 이스라엘의 장로들로 이해한다 (Beasley-Murray, *Revelation*, 113). 유대교 전승은 대개 이들을 산헤드린의 지상적 모사(模寫)였던 하늘의 법정으로 간주하였다 (Joseph M. Baumgarten, "The Duodecimal Courts of Qumran, Revelation, and the Sanhedrin," *JBL* 95 [March 1976]: 59-78 [pp. 67-70, 78]).

22. Homer, *Il.* 7.443; 15.377; *Od.* 5.4; Aristophanes, *Lysis.* 773; Pausanius, 10.9.11; 디아스포라 유대인들 중에서 Sib. Or. 1.323; 4.113; 5.302-3. 보다 상세한 내용은 John Pairman Brown, "Yahweh, Zeus, Jupiter: The High God and the Elements," *ZAW* 106 (1994): 175-97을 보라. 그러나 몇몇 고대 사상가들은 폭풍에 대해 순수하게 자연적인 설명을 제공한다 (Pliny, *N.H.* 2.18.82).

23. 불은 아람의 주문(呪文) 본문 12.14; 아브라함의 유언 12A에서 아벨의 심판 보좌와 함께 하나님의 보좌와 연관성이 있다.

24. 이것은 유대교(Josephus, *Ant.* 3.80; Ps-Philo 11:4-5) 및 사마리아 전승(John Bowman, ed., *Samaritan Documents Relating to Their History, Religion & Life*, POTTS 2 [Pittsburgh, Pa.: Pickwick, 1977], 48)에서도 계속 강조되고 있다. 아울러 겔 1:4, 13에서 폭풍 속에서의 계시도 참조하라.

25. 에녹 1서 14:10; Life of Adam 28:4; 29:2를 보라. 수증기는 하늘의 "문들"을 통해 떨어진다(Martial, *Epig.* 4.2; 참조. 창 7:11; 왕상 8:35; 말 3:10).

14:15, 17; 15:5-16:1; 16:17; 하늘의 성전 기구들에 대해서는 계 1:10의 "현대적 의미" 단락을 보라). 솔로몬 성전은 아마도 고대 이집트 신전들이 그 천정에 하늘을 그린 것과 같은 이유로 "바다"를 포함시켰을 것이다. 즉 그들의 신이 전 우주를 통치하신다는 것을 입증하기 위해.[26]

바다가 "수정과 같은 유리"라는 것은 하나님이 시내 산에서 이스라엘에게 계시하실 때의 "청명한" 청옥(출 24:10), 특히 에스겔 1:22에서 하나님의 보좌 아래와 보좌 천사들 위에 있는 수정과 같은 궁창을 반영한다. "수정"과 같은 바다는 바다를 새 예루살렘과 연결시키고 있는데, 이는 하나님의 위대한 영광이 바다를 통과하여 빛날 만큼 맑다는 것이다(계 21:11, 18, 21). 그리하여 바다는 아마도 일부 주석학자들이 주장해온 것처럼 정복된 우주적 악을 상징하는 것이 아닐 것이다.[27] 유리가 "맑다"는 것은 요한 당시에 사용할 수 있었던 대부분의 유리와는 대조를 이룬다.[28]

이사야 6:1-4, 에스겔 1:4-28, 그리고 다니엘 7:9-14의 하늘 예배에 대한 묘사의 관점에서 보면, 요한의 동시대 사람들이 예배를 하늘에서의 활동의 주요 특성으로 생각한 것이 놀라운 일은 아니다(에녹 1서 12:3; 39:7; Ps-Philo 19:16). 사해사본을 기록한 사람들조차도 그들의 지상적 예배를 하늘의 예배와 연관시키려고 하였으며 그렇게 함으로써 그들은 천사들과 더불어 하나님을 예배할 수 있었다. 예배를 드리는 동안에 예배에 대해 요한이 설명하는 것을 들었던 최초의 그리스도인들은 예배를 하늘의 합창과 동일시했음이 틀림없다.[29]

---

26. Manfred Lurker, *The Gods and Symbols of Ancient Egypt: An Illustrated Dictionary* (London: Thames & Hudson, 1980), 120; Alexander Badawy, *A History of Egyptian Architecture: The Empire (1580-1085 B.C.)* (Berkeley: Univ. of California Press, 1968), 161을 보라. 이것은 초기가 아닌 후기 성전 시대를 반영한다 (Harold H. Nelson, "The Egyptian Temple," 147-58 in *The Biblical Archaeologist Reader*, ed. G. E. Wright and D. N. Freedman [Chicago: Quadrangle, 1961], 150-52). 문화적 문맥에서 성전에 관해서는 Keener and Usry, *Defending Black Faith*, 139-46; "Tabernacle," 837-40 in *Dictionary of Biblical Imagery*, ed. Leland Ryken et al. (Downers Grove, Ill.: InterVarsity, 1998)을 보라.

27. Michaels, *Revelation*, 92-93; 이에 대한 반대는 Caird, *Commentary on Revelation*, 65-68 (계 13:1; 21:1에도 불구하고). 수정석 혹은 수정으로 만든 기구가 하늘에 나타나고 있는데, 예를 들면, 에녹 1서 71:5; 아브라함의 유언 12A 등이다. 출애굽기의 청옥은 아마도 투명한 푸른 하늘을 반영하는 듯하다 (*b. Men.* 43b, bar.과 더불어); 후대에 교사들은 바다의 푸른색과 하늘의 푸른색을 (적절하게) 연결시켰다 (*Sifre Num.* 115.2.8).

28. James Moffatt, *The First Epistles of Paul to the Corinthians*, MNTC (London: Hodder &Stoughton, 1938), 201을 참조하라. 유리 창문의 희귀한 사용에 대해서는 S. Safrai, "Home and Family," 728-92 in *JPFC*, 734; M. Cary and T. J. Haahoff, *Life and Thought in the Greek and Roman World*, 4th ed. (London: Methuen, 1946), 101, 116을 보라.

또한 하늘에 대한 유대교의 묘사는 항상 성경이 이미 말했던 것으로 시작하고 있기 때문에, 대부분의 문헌들이 보좌 주위에 있는 생물들, 즉 이사야서의 불같은 "스랍"(사 6:2-3) 혹은 하나님의 보좌를 받치는 에스겔서의 그룹 등을 강조하고 있는 것은 놀라운 일이 아니다(겔 1:5-21; 10:1-20; 11:22).[30] 그룹은 아마도 처음부터 보좌의 받침대로서의 역할을 했을 것이다(삼상 4:4; 삼하 6:2; 왕하 19:15; 대상 13:6; 시 80:1; 99:1 참조).[31] 요한의 동시대 사람들 대부분이 묘사하는 것처럼, 그는 아마도 에스겔서에서 이를 직접 가져왔을 것이다. 즉 사자, 소(여기서는 송아지), 독수리, 그리고 사람의 얼굴 등도 역시 에스겔의 생물들이다(에스겔서에서 각 생물이 각각 네 얼굴을 가지고 있는 것은 예외로 하고). 아마도 에스겔의 환상은 하나님의 보좌를 움직이는 생물들의 위엄을 전달하기 위해 가장 힘세고 당당한 짐승들을 사용했을 것이다.[32] 생물들이 "눈들이 가득하다"는 것(계 4:6; 참조. 겔 1:18; 10:12; 에녹 3서 22:8)은 이 땅위에 그 어느 것도 그 생물들에게서 숨을 수 없다는 것을 암시한다. 그들이 쉬지 않고 예배하는 것(계 4:8)은 예배를 위한 신적인 권능 부여와 하나님의 존귀함을 또한 암시한다(계 7:15 참조).[33]

네 생물들에 대한 묘사의 절정은 그들 자신의 훌륭함이 아니라 그들이 전하는 메시지이다. 이 존재들은 인간의 생각을 뛰어넘는 영광스러운 존재들이며, 하나님의 성품을 찬양하는 기능 외에 다른 역할이 없다. "거룩하다 거룩하다 거룩하다!"

---

29. 천사들과 함께 드리는 유대교의 예배에 대해서는, *Sifre Deut.* 306.31.1을 참조하라; 아마도 시 148:2; 1QS 10.6; 1QM 12.1-2; 희년서 30:18; 31:14; Prayer of Menasseh 15도 참조하라; 보다 상세한 것은 Fred O. Francis, "Humility and Angelic Worship in Col 2:18," 163-95 in *Conflict at Colossae*, ed. F. O. Francis and . A. Meeks, SBS 4 (Missoula, Mont.: Society of Biblical Literature, 1973), 178-80을 보라.
30. 예를 들면, 시빌의 신탁 3.1-2; 에녹 1서 61:10; 71:7; 에녹 2서 1a:6; 21:1; 22:2; 에녹 3서 1:7-8; 21:1-2; 22:13-16; 26:9-12; 바룩 2서 51:11; 아브라함의 묵시 18:3-12; *b. Hag.* 13b. 에녹 1서 20:7; 40:2-10에서 천사장이 이러한 역할을 수행하는 것이 분명하다. 후대에 에스겔서의 "생물"과 그룹 사이에 몇 가지 구분을 하는 것과 반대로 (*Ruth Rab.* 5:4), 에스겔은 이들을 동일시하고 있다 (겔 10:1-20; 11:22). 서구의 기독교 도상학(圖像學)은 에스겔의 그룹과 요한계시록의 생물을 융합시키고 있다 (Robin M. Jensen, "Of Cherubim & Gospel Symbols," *BAR* 21 [July 1995]: 42-43, 65).
31. 따라서 이 생물들은 보좌의 일부분이다 ("가운데"라는 말에서); Robert G. Hall, "Living Creatures in the Midst of the Throne: Another Look at Revelation 4:6," *NTS* 36 (1990): 609-13을 보라.
32. *m. Ab.* 5:20을 참조하라; 아울러 Roloff, *Revelation*, 71-72도 참조하라. 롤로프는 다른 학자들과 함께(예를 들면, Caird, *Commentary on Revelation*, 64) 일부 학자들에 의해 제기된 12궁 해석에 회의적이다. 혼합된 생물들은 고대의 비유적 묘사의 특징이었다 (예를 들면, Homer, *Il.* 6.179-82; Apollodorus, 2.3.1); 사자에 대해서는 계 5:5; 독수리에 대해서는 8:13에 대한 설명을 각각 보라.
33. 하나님의 임재 앞에서 쉬지 않고 움직이는 능력은 다른 곳에서도 나타나며(에녹 2서 22:3) 또한 아마도 모세의 계시에서도 암시되어 있다 (출 24:18; 34:28; 신 9:9; 10:10); 쉬지 않고 찬양하는 것은 에녹 1서 41:7에도 나온다. 그룹이 쉬지 않고 찬양했다는 것을 선포하는 다른 초기의 유대교 문헌에 대해서는 Beale, *Revelation*, 332를 보라. 눈에 대해서는 Aeschylus, *Suppl. Maidens* 303-5를 참조하라.

(계 4:8). 요한은 그의 동시대 사람들처럼 이사야 6:3에 나오는 이러한 존재들의 찬양을 잘 알고 있었다. 유대교 전승들조차도 이러한 표현을 채택하여 회당 예배의 일부가 되고 있었던 세 번째 축복의 기도 속에 포함시켰다.[34]

비록 이 모든 것이 하나님의 위대하심을 충분히 상기시키지 못한다 해도, 요한은 그 다음에 나오는 단락에서 하나님은 주권적인 분이시며—보좌에 앉으신 분—또한 하나님은 세세토록 살아 계시는 분이심을 두 번이나 반복하고 있다(계 4:9-10).[35] 하늘의 모든 피조물들—하나님의 위대하심을 직접적으로 증거하는 모든 존재들—은 하나님에게 영광을 돌리며, 또한 우리들에게도(그리고 5:13에서 마침내 모든 피조물들) 동일한 행위를 하도록 요청한다.[36] 한 사람이 다른 사람에게 엎드리는 것은 궁극적인 복종을 나타내며 또한 자신보다 훨씬 뛰어난 다른 이를 영화롭게 하는 최고의 행위로서, 하나님을 예배하는 일에 이를 적용하는 것이 타당하다.[37] 요한은 지상의 왕들이 동일한 복종을 요구한다는 것을 잘 알고 있었다—이와 동일하게 "엎드리는 것"과 "예배"를 결합시키는 것은 다니엘 3:5-15에서 느부갓네살 왕을 예배하도록 요구하는 일에 여섯 번 나타난다. 그러나 요한계시록은 그리스도인들에게 하나님에 대해서만 진정한 예배를 드리도록 요청하고 있다.

하나님만이 모든 영광과 권세를 가지셔야 한다. 왜냐하면 하나님이 만물을 창조하셨기 때문이다(계 4:11). 이는 또한 요한 당시 가이사의 허식뿐만 아니라 그

---

34. 아미다 (Amida): W. O. E. Oesterley, *The Jewish Background of the Christian Liturgy* (Oxford: Clarendon, 1925), 67-68; Aune, *Revelation*, 1:303-7을 보라. 삼중 거룩 ("거룩하다, 거룩하다, 거룩하다")은 하늘의 묘사에서 (에녹 1서 39:12; 에녹 2서 21:1; 에녹 3서 1:12; 20:2; 27:3; 34:2; 35:5; 38:1; 39:1; 40:1-3; 22B:7; 아담의 유언 1:4) 그리고 다른 곳에서도 (바룩 4서 9:3; T. Abr. 3; 20 A; 아람의 주문[呪文] 33.5; *CIJ*, 2:373, §1448; A. L. Warren, "A Trisagion Inserted in the 4QSam[a] Version of the Song of Hannah, 1 Sam. 2:1-10," *JJS* 45 [1994]: 278-85) 규칙적으로 등장한다. 이것은 후대에 기독교 의식에 채택되었다 (Oesterley, *Background*, 142-47; David Flusser, "Jewish Roots of the Liturgical Trishagion," *Immanuel* 3 [1973-1974]: 37-43).

35. 이것은 세밀한 의도임을 반영한다. "보좌에 앉으신 이"라는 명칭은 "그리스도"라는 칭호와 마찬가지로 요한계시록에서 7번 반복된다. 예수는 14번 ("증인"과 함께 7번), 그리고 "어린 양"은 28번 등장한다(하나님과 연결된 문구로는 7번); Bauckham, *Climax of Prophecy*, 33-34를 보라.

36. 많은 주석학자들은 요한계시록에 나오는 찬송들이 아마도 초기 유대 그리스도인들의 예배 찬송과 유사한 것으로 생각한다. Oscar Cullman, *Christ and Time*, tr. F. V. Filson (Philadelphia: Westminster, 1950), 74; Archibald M. Hunter, *Paul and His Predecessors*, rev. ed. (Philadelphia: Westminster, 1961), 37; Hans Conzelmann, *History of Primitive Christianity*, tr. J. E. Steely (Nashville: Abingdon, 1973), 74 등을 보라.

37. 하나님께 예배하기 위해 엎드리는 것에 대해서는 대하 20:18; 29:30; 에스드라 1서 9:47; 유딧 6:18; 9:1; 마카비 1서 4:40, 55; 마카비 3서 5:50-51; 시락 50:21; Ps-Philo 4:5; 아브라함의 유언 20 A; 4 B 등을 보라. 종말에 열방들은 하나님 앞에서 스스로 엎드릴 것이다 (사 66:23; 시빌의 신탁 3.716, 725).

이후 인간의 모든 우상들에게도 도전하는 주장이기도 하다.[38] 유대교 전승은 종종 하나님이 인류 혹은 이스라엘을 위해 세상을 창조하셨다고 주장한다. 그리스도인으로서 우리는 그리스도 안에서 행하신 하나님의 구원 행위 안에서 하나님의 궁극적인 목적을 본다(엡 1:10; 골 1:18-22 참조).[39] 그러나 이 본문은 하나님의 다른 관심사들이 무엇이든 간에 만물이 하나님의 뜻을 위하여(혹은 "때문에") 창조되었다고 단순하게 말하는 것이 적절하다는 것을 우리들에게 상기시킨다.

그러한 드라마틱한 진술은 여기서 하나님의 주권에 대한 묘사를 강화시킨다. 요한의 동시대 사람들은 창조주로서 하나님과 의로운 통치자로서 하나님 사이의 연관성을 이해했을 것이다(에녹 1서 9:5). 도미티안 황제는 '도미누스 에트 데우스'(*dominus et deus*, "주와 하나님")로 예배 받기를 기대하였으며, 또한 그 같은 예배를 거부하는 모든 자들은 아시아에서 황제 권력의 수많은 대리인들로부터 의심을 받았을 것이다.[40] 그러나 고대 이스라엘의 성경을 알고 있는 누구나 생각하듯이, 하늘에서 천사들의 합창과 구속받은 백성들은 진정한 "주 하나님"을 찬양하였으며(계 4:11), 또한 주 하나님은 그의 우주를 창조하시고 다스리신다.[41]

상황잇기

하나님의 위대하심. 이 장을 소화하여 전달하기를 원하는 사람은 비록 요한계시록 배경의 대부분이 요한의 묘사에 대한 상세한 내용을 이해하는데 중요하긴 하지만 거기에 빠져 꼼짝 못해서는 안 된다. 오히려 우리는 (그들의 우선적인 구약성경 배경의 문맥 속에서 설명되고 있는) 상세한 모든 내용들이 어떤 역할을

38. 술어들을 반복하는 것(예를 들면, "영광", "영예" 등)은 마치 크리센도(crescendo)처럼 단순히 요점을 강화하기 위한 수사학적 기능을 한다 (시 150:1-6; 에녹 1서 41:7; 에녹 3서 1:12; 14:5); 또한 유대교의 축복기도는 하나님을 창조주요 구속주로 찬양하였다(계 5:9 참조).

39. 하나님이 이스라엘을 위해 세상을 창조하셨다는 것에 대해서는 모세의 유언 1:12-13; 에스라 4서 6:59; 7:11; *Sifre Deut.* 47.3.1을 보라; 의인들에 대해서는 바룩 2서 15:7; 21:24; *Sifre Deut.* 47.3.1-2; 인간에 대해서는 바룩 2서 14:18-19; Gr. Ezra 5:19; *Koh. Rab.* 7:13, §1; 토라에 대해서는 ARN, 31, §66; *Gen. Rab.* 1:4, 10; 12:2 등을 각각 보라. 하지만 어떤 전승은 하나님이 오로지 자기의 영광을 위해서만 모든 것을 창조하셨다고 주장하기도 한다(*m. Ab.* 6:11).

40. Suetonius, *Dom.* 13; 보다 상세한 것은 Deissmann, *Light From the Ancient Past*, 361; G. B. Caird, *The Apostolic Age* (London: Gerald Duckworth, 1955), 19는 Dio Cassius, 67.13을 인용한다. Aune, *Revelation*, 1:310-12; 찬송은 황제를 높이기 위해서도 사용되었다는 것을 참고하라 (Herodian, 4.2.5; Yamauchi, *The Arshaeology of New Testament Cities*, 42).

41. 특히 칠십인 경의 시 86:15(칠십인 경에서는 시 85:15)를 보라. 유대교 자료들은 성경을 따라 하나님에 대해서 이러한 칭호를 보유하고 있다 (에녹 1서 84:5); 그러나 그리스도인들은 종종 이러한 칭호 때문에 특별한 대가를 지불하기도 하였다(2:9에 대한 설명을 보라).

하는지 보다 넓은 관점 속에 두어야 한다—하나님의 궁정의 위대하심, 즉 하나님 자신의 위대하심을 드러내기 위해. 그리하여 하나님의 궁정은 또한 지상적 통치자의 거만한 허영의 가식과 뚜렷한 대조를 보여주고 있다. 본문은 우리들에게 예배하도록 요청하는데, 요한계시록을 에베소에서 처음 읽을 때나 오늘이나 다름이 없다. 본문은 또한 인간적인 웅장함에 대한 우리의 두려움을 버리도록 요청한다. 왜냐하면 우리가 깊은 관계를 맺게 되는 영원하신 하나님 앞에서는 인간적인 웅장함이 빛을 잃어버리기 때문이다.

일반적인 함정과 중요한 지침들. 우리는 또한 원래적 의미의 해석으로부터 적용까지 나아가는 일에 있어서 해석하는 일뿐만 아니라 지침들에 있어서도 몇 가지 일반적인 함정을 말하지 않으면 안 된다. 단순히 종말에 대한 각자의 견해들을 본문에서 알아내기 위해 과도하게 집중하는 것은 요한계시록 4장의 환상이 종말의 세부적인 순서에 대한 우리의 질문들을 다루는 것으로 억지로 갖다 붙일 수 있으며 이것은 종종 시도되어 왔던 것이다. (우리는 여기서 교리를 입증하는 방법에 대해 설명하는 것이지, 그 교리가 여러 본문들에 근거하여 정확한지 아닌지에 대해 설명하는 것이 아니다.) 그러므로 일곱 교회에 보내는 편지와 요한계시록 6-16장에 나오는 환난에서 교회 시대를 찾고자 하는 어떤 사람들은 휴거를 4:1에 위치시키고 있다 (구체적으로 "이리로 올라오라"는 말 속에서). 그들은 만일 교회가 (여러 말씀에 근거하여) 환난 이전에 휴거된다면, 휴거가 이곳에 위치하든지 아니면 요한계시록이 환난 이전 휴거에 대한 분명한 언급을 제공하지 않는다는 것을 받아들이든지 해야 한다고 주장한다(몇몇 전환난주의자들이 인정하는). 대개 이러한 주장을 하는 해석학자들은 4:1이 요한의 환상을 언급하고 있다는 것을 인정하지만, 그러나 요한은 여기서 교회의 "원형"으로서의 역할을 한다고 주장한다.[42]

그럼에도 불구하고, 4:1이 환난 이전 교회의 휴거를 묘사한다고 말하는 대부분의 해석학자들은 이 본문이 실제로는 자신들의 견해를 입증하지 않는다는 것을 받아들이고 있다. 스트롬벡(Strombeck)은 요한이 4:1에서 경험하고 있는 것보다 "요한계시록에 기록되어 있는 그 어떤 사건도 교회의 휴거를 더 잘 나타내는 것은 없다"고 주장하며, 또한 그러한 "양식"이 하나의 증거로서의 역할은 할 수 없지만, 그러나 만일 어떤 사람이 요한계시록에서 환난 이전 휴거와 비슷한 "어떤 사건을 찾

42. 예를 들면, Strombeck, *Rapture*, 185-86; Ladd, *Blessed Hope* (Grand Rapids: Eerdmans, 1956), 76에 있는 반응을 보라.

고자 한다면, 이곳보다 더 좋은 어떤 다른 것을 발견할 수 없다"는 것을 인정하고 있다.[43]

4:1에서 요한의 계시가 계시록 다른 곳에 있는 요한의 여러 계시들보다 휴거에 대한 더 나은 형태를 보여주는 것인지 우리는 의아하게 생각할 수도 있다. 요한은 또한 1:10에서 나팔 소리를 들으며 다른 곳에서는 "이리로 오라"는 말씀을 듣지만(계 17:1; 21:9), 이 말씀들은 "휴거"로 간주되지 않는다. 왜냐하면 이들은 요한계시록의 잘못된 위치에서 환난 이전 휴거를 나타내고 있기 때문이다. 그리고 심지어 이 본문이 휴거의 형태라 하더라도, 그 문맥이 그런 유형일 때만 그러한 타이밍이 의미가 있을 수 있는 것이다. 그리하여 그것은 순교의 시기 이전보다는 오히려 그 이후의 휴거를 상징할 수도 있다(11:12의 "이리로 올라오라"의 문맥을 보라). 하지만 이곳 4:1에서 "이리로 올라오라"는 말씀은 우리가 위에서 언급한 것처럼 아마도 단순히 하나님이 시내 산에서 모세를 부르신 사건을 상기시킬 것이다. 요한은 "성령에 감동"되었는데(계 4:2), 이는 에스겔처럼 환상 가운데 올리어진 것을 말한다(겔 8:3).

일부 해석학자들은 요한의 "이후에 일어날 일들"(계 4:1)에 종말의 사건들에 관한 너무나도 많은 이해를 집어넣고 있다. 마치 이 연대기적 표지가 일곱 교회에 보낸 편지에서 상징되고 있는 현재의 "교회 시대"와 먼 미래의 환난(계 1:19 참조)을 구분시키고 있는 것처럼 말이다. 그러나 "이후에 일어날 일들"은 묵시문헌(에녹 1서 89:30)과 다른 저작들(예를 들면, 요 5:1; 토빗 1:1) 모두를 포함하여 고대 문헌들에서 흔히 등장하는 전환 장치이다. "이후에 일어날 일들"은 그 다음에 나오는 사건들을 언급할 수 있으며(계 9:12; 20:3), 뿐만 아니라 앞에 나왔던 계시들을 잇는 계시들을 언급하기도 한다(계 7:9; 15:5; 18:1; 19:1). 여기서 이 문구는 단순히 예수님이 일곱 교회에 보내는 편지의 내용을 요한이 들은 후에, 그가 하늘의 환상으로 자신을 부르는 음성을 들었다는 것을 암시한다. 즉 이 문구는 요한이 보고 있는 것의 순서에 적용되는 것이지 역사적 사건들의 순서에 적용되는 것이 아니다.[44]

---

43. Strombeck, *Rapture*, 185-86; 이와 유사한 내용은 Walvoord, *Revelation*, 103을 참조하라. 그 교리의 주석적 결점들은 우리가 전통적인 세대주의를 전제한다면(그러나 아마도 전제할 때만) 극복될 수 있다(John F. Walvoord, *The Rapture Question* [Grand Rapids: Zondervan, 1972], 19-21, 65-66을 보라).

44. 그 다음에 이어지는 사건들에 대해서는 아리스테아스의 편지 179; Josephus, *Life* 427을 보라. 그 다음에 이어지는 환상들에 대해서는 에녹 1서 41:1; 바룩 2서 22:1을 보라. Gundry, *Church and Tribulation*, 66에서 말하는 것처럼, 만일 이 문구가 세대적 변화를 의미한다면, 그러한 여섯 개 혹은 일곱 개의 세대적 변화들은 환난 동안에 일어난다.

등불 일곱이 하나님의 일곱 영을 상징한다고 이 본문이 명확하게 주장하는 것은 제외하고, 보좌 앞에 켠 "등불 일곱"(계 4:5)이 하늘에서 휴거된 교회를 나타낸다고 주장하는 것은[45] 가능할 수는 있다(계 1:20 참조). 뿐만 아니라 1:20에서 촛대에 대해 사용된 것과 다른 헬라어가 사용되고 있다(동일한 단어가 8:10에서는 "횃불"로 번역되었다).

4:4의 장로들이 보좌 앞에 있는 성도들을 가리킨다고 제안하는 것에 대해 더 나은 논증, 즉 그리스도인들이 이미 부활되었다는 견해가 있을 수도 있다. 그러나 이러한 논증은 약해지고 있다. 성도들이 하늘에 도착하여 부활하지도 않고 흰 두루마기를 받을 수 있으며(계 6:11), 그리고 관(冠)은 순교를 암시할 수도 있으며(계 2:10) 아울러 심판 이전에 조건적으로 약속된 것일 수도 있다(계 3:11). 그리하여 이 장로들이 "성도들"이라고 주장하는 것은(우리가 동의하는 것처럼) 그들이 "휴거되었다"는 그 어떤 필수적인 증거도 제공하지 않는다.[46]

분명히 "교회"는 요한계시록의 환난 동안에 그런 이름으로 땅에서 언급되지 않으며, 또한 하늘에서도 그런 이름으로 언급되지 않는다. 그러나 "성도들"은 두 장소 모두에서 등장하고 있다.[47] 더군다나 요한이든 그를 하늘로 안내하는 자들이든 4:1 이전에서도 일반적으로 그리스도인들을 묘사하기 위해 "교회"라는 단어를 사용하지 않는다. 요한은 지역 교회들에 대해서만 말하고 있다. 그러나 내가 알고 있는 바로는 그 누구도 구체적인 지역 교회들의 휴거는 주장하지 않는다(3:10에도 불구하고)—필리핀의 비복음주의적 한 분파 말고는(전한 바에 의하면 이들은 교회 건물까지도 휴거가 되는 것으로 주장하고 있다). 게다가 하늘의 장면은 인 재앙에서 쏟아졌던 심판에 대한 논리를 제공한다. 만일 인 재앙이 연대기에 대한 그 무엇을 우리들에게 말해준다면, 그것은 아마도, 우리가 다음의 내용에서 논의할 것이지만, 거의 이천 년 전에 시작된 심판 이전의 하늘의 상태에 대해서 우리들에게 말해주는 것일 지도 모른다.

---

45. 가령 Lindsey, *New World Coming*, 86.
46. 아울러 Gundry, *Church and Tribulation*, 74; Ladd, *Blessed Hope*, 96-97을 보라. 이사야의 승천 9:24-26에서 하늘의 의인들은 (부활하기 이전) 옷을 입고, 면류관을 쓰고, 보좌 위에 앉아있지만, 그러나 이것은 아마도 초기 기독교의 영향을 받은 듯하다.
47. Walvoord, *Revelation*, 103은 계 4:1과 계 22:16 사이에 "교회"의 부재를 주목하고 있는 사람들 중의 하나인데, 그러나 교회는 계 19:7에 암시되어 있다는 것을 인정해야 한다.

현대적 의미

하나님이 다스리신다. 4-5장이 이 세상에 대한 하나님의 심판의 그림을 소개하고 있기 때문에, 이 장들은 누가 다스리시는가를 우리들에게 상기시키는 하늘의 관점을 가질 것을 우리들에게 요구한다. 그레고리 비일(Gregory Beale)이 적절하게 말한 것처럼, "[요한계시록 4-5장의] 목회적인 목적은 하나님과 예수님이 주권자이시며 그리고 그리스도인들이 직면하는 사건들이 그들의 구속과 또한 그들을 박해하는 자들을 심판함으로써 그들의 믿음을 신원하시는 것으로 최고조에 달할 주권적 계획의 일부임을 고난 받는 그리스도인들에게 확신시키는 것이다."[48]

요한이 스스로 환상을 만들어 내려고 하는 증거는 없다. 요한의 동시대 사람들의 수많은 경험들의 분명한 증거들과는 대조적으로, 요한은 단순히 하나님의 영에 의해 감동된 것으로 보인다(계 4:2). 비록 우리가 하나님과 친밀하게 동행하며 또한 그분의 음성에 열려있다 해도, 몇몇 집단들처럼, 우리가 영적인 경험을 발생시키는 원인이 될 수는 없다(혹은 어떤 다른 집단들처럼 그런 경험들을 부정하든지). 우리는 하나님이 받으실만한 마땅한 찬양을 드려야 하며 또한 하나님이 원하시는 경험들을 그분이 주시도록 해야 한다.[49] 요한이 받은 계시의 초점은 하나님의 영광이다. 심판조차도 요한은 미래에 대한 우리의 호기심을 단순히 즐겁게 하기보다는 오히려 곧 하나님을 영화롭게 하는 증거가 되며 또한 하나님의 행위를 설명하는 것이 될 것이다.

찬양으로의 초대. 만일 이십사 장로들이 교회를 상징한다면(그리고 비록 그들이 그렇지 않다고 해도), 그들의 드리는 예배의 전체적인 성격은 우리로 하여금 동일한 찬양을 드리도록 초대하고 있다는 것이다. 그들은 그들의 말뿐만 아니라 그들의 관을 보좌 앞에 드림으로서 자신의 영광까지 하나님께 드리고 있다(계 4:10; 참조. 계 21:24). 왜냐하면 그들은 하나님을 존재의 창조자이시며 목적으로 인식하고 있기 때문이다(계 4:11).[50] 어떤 학자가 언급했듯이, "고대에 신하됨의 일반적

---

48. Beale, *Revelation*, 311.

49. 신비적 경험들을 보는 사람들은 자연적인 수단을 통해 무아지경에 이를 수 있으며 (예를 들면, J. G. Clark, "Noisy Brain in Noisy World" [NJ Psychological Association, Nov. 5, 1977]), 그리고 집단적 무아지경에 이르는 몇 가지 행동들은 정신 생리적 변화를 유발시킬 수도 있다 (Felicitas D. Goodman, Jeannette H. Henney, and Esther Pressel, *Trance, and Hallucination: Three Field Sudies in Religious Experience* [New York: John Wiley & Sons, 1974]를 보라). 그러나 이러한 것들이 하나님의 복을 보증하는 것은 아니다.

50. 유대교 전승은 또한 창조주를 위해 면류관을 만드는 고귀한 존재를 상상함으로써 하나님의 위대하심을 찬양하고 있다 (*b. Hag.* 13b, bar.).

인 표시는 정복당한 통치자의 왕관을 벗겨서(충성의 상징) 그 왕관을 정복자의 발 앞에 두는 것이었다(Cicero, *Sest.* 27; Tacitus, *Ann.* 15.29)." "그러한 복종의 행위"를 모방함으로써, 장로들은 관(冠)이 그들 자신의 것이거나 혹은 용의 것임을 주장하는 것이 아니라 오로지 하나님께 속한 것임을 입증하고 있다.[51] 겸손은 단순히 겸양이 아니다. 그것은 하나님이 누구이시며 우리가 누구인가를, 그리고 하나님과 우리 자신들 사이의 필연적인 광대한 차이를 인정하는 것이다.

요한계시록의 이 단락과 그와 같은 다른 단락들은 하늘에서 다른 모든 피조물의 경우와 마찬가지로 하늘에서 우리가 주로 하는 일이 하나님을 예배하는 것임을 우리들에게 상기시킨다. 현재의 삶 속에서 하나님의 존귀하심에 초점을 맞추는 예배―그분의 성품(계 4:8)과 행위들(계 4:11; 5:9; 참조. 시 150:2에서 이 두 가지 모두―는 우리가 가장 가까이에서 하늘을 미리 맛보는 것이며, 또한 종말의 성령의 보증을 경험하는 것이다(고전 1:9-10; 고후 1:22). 아울러 예배는 지금 우리의 부르심과 은사가 무엇이든 간에, 모든 그리스도인들은 하나님을 예배하는 자들과 동일한 존재가 되어야 한다는 것을 우리들에게 상기시킨다. 지금은 소중한 은사들이 영원한 미래에는 별로 중요하지 않겠지만, 하나님에 대한 우리의 헌신은 항상 일어날 것이다(고전 13:8-13 참조).

거룩하신 하나님. 비록 찬양이 일반적으로 다른 문맥들 안에서 다시 사용되고 있긴 하지만, 네 생물이 "거룩하다! 거룩하다! 거룩하다!"라고 외치는 소리를 듣고 있던 대부분의 고대 사람들은 우선 이사야서 6장을 생각했을 것이다. 이사야서에서, 한 거룩한 제사장이 이스라엘의 역사에서 보다 순수한 시기들 중 한 시기에 살았던 가장 거룩한 사람들 중에 거룩한 성소에서 철저하게 낙심한 채 "나는 입술이 부정한 사람이요 나는 입술이 부정한 백성 중에 거주하는 사람이다"(사 6:5)라고 외치고 있다. 그는 자신을 다른 사람들과 비교해서가 아니라 그가 거룩하신 하나님 앞에서 서 있으며, 그리고 하나님 앞에서는 그 어떤 도덕적 존재도 합당하지 않기 때문에 자신의 부정함을 인식하고 있다(사 6:3). 이사야는 일단 그의 눈으로 "만군의 여호와이신 왕"을 보게 되자 자신의 부정함에 직면하게 된다(사 6:5). 하나님의 무한한 위대하심을 맛보는 것보다 도덕적 인간의 자존심 혹은 인간의 경쟁과 의제들을 더 잘 떨쳐버리는 것은 없다.

죽을 수밖에 없는 인간의 구조와 그리하여 쉽게 티끌로 돌아갈 허식과는 대조

51. Stevenson, "Crown Imagery," 269. Aune, *Revelation*, 1:308-9에 나오는 보다 상세한 유추들을 보라.

적으로 하나님은 거룩하시며, 전능하시며, 그리고 영원하시다(계 4:8; 또한 1:8에 대한 설명을 보라). 아시아 전역에서 황제의 합창단들이 그들 자신의 노래로 강력한 황제들을 신으로 부르고 있었다.[52] 그러나 요한이 모든 것 중에서 가장 위엄스러운 보좌를 묘사하기 전에, 황제의 주장들은 불합리한 것으로 사라졌으며, 그리고 예배하는 그리스도인들은 황제의 주장들의 거짓을 견디어 내기 위한 힘을 발견한다.[53]

네 생물의 찬양은 또한 우리들에게 하나님이 진실로 누구이시며 또한 그가 어떠한 분이시기에 그에게 영광을 돌려야 하는가를 단순히 선포해야 한다는 것을 상기시킨다. 하나님은 "거룩하시며" 또한 그분만이 완전하시다. 그 어느 누구도 하나님과 비교될 수 없다. 예배는 하나님에 대해 말하기 위해 좋은 것들을 만들어내는 것이 아니다. 예배는 하나님이 이미 어떤 분이시며(계 4:8), 뿐만 아니라 그가 이미 생하신 일 혹은 행하시기로 약속하신 것(계 4:11; 5:9-12), 그리고 그분이 우리의 찬양을 받으시기에 얼마나 합당하신 분이신가(계 4:11; 5:12-14)를 인식하는 것이다.[54]

하지만 예배는 단순한 신학적 정보가 아니다. 패커(J. I. Packer)가 언급했듯이, 우리는 "하나님에 대해 우리가 배운 각 진리를 하나님 앞에서 묵상의 내용으로 바꾸어 하나님께 기도하며 찬양하기에 이름으로써 하나님에 대한 지식을 하나님의 지식으로 바꾸어야" 한다.[55] 우리의 예배와 또한 이곳에서 예배를 위해 제공된 모형 사이의 한 가지 차이점은 우리가 그러한 모형을 필사적으로 필요로 하고 있다는 것이다. 하나님의 보좌 앞에 있는 피조물들이 그분의 현존하는 영광의 투명성 가운데 하나님을 예배하는 반면, 우리들은 대개 이 세대에서 믿음으로 하나님을 예배하면서 거울을 통하여 희미하게 바라보고 있지만 우리가 예배하는 분은 그분의 손에 의해 지음 받은 모든 작품 보다 더 크신 분이심을 확신하고 있다(고전

52. 예를 들면, Sjef van Tilborg, *Reading John in Ephesus*, NovTSup 83 (Leiden: Brill, 1996), 201-2; Aune, *The New Testament in Its Literary Environment*, 243. 고대 예배는 종종 합창단이 노래를 부르며 신들에게 행진하는 것을 포함하였다.

53. 요한계시록의 많은 구절들은 하나님과 어린 양께 드리는 하늘 예배와 가이사에게 드리는 지상 예배를 대조시키는 듯하다. Paul Barnett, "Polemical Parallelism: Some Further Reflections on the Apocalypse," *JSNT* 35 (1989): 111-20을 보라).

54. "합당한"(*axios*)은 전형적으로 고대에서 위대한 은인들에 대해 사용되는 헬라어 단어이며, 이는 "적절한" 혹은 "알맞은" 등을 의미한다. 여기서 이 말은 예배가, 다른 어떤 존재보다도, 가장 위대한 은인으로서 하나님께 적절하다는 것을 나타낸다.

55. J. I. Packer, *Knowing God* (Downers Grove, Ill.: InterVarsity, 1973), 23.

13:12 참조).

우리가 엎드리는 것(계 4:10)은 하나님의 영광에 비교해볼 때 우리 자신의 영광이 아무 것도 아닌 것으로 만드는 것이다. 우리들 중 몇몇은 우리 자신의 영광이나 명성을 너무나도 갈망하고 있으며, 심지어는 우리가 그러한 것들을 우리의 "부르심"에 대한 관심으로 위장하기도 한다. 물론 우리는 복음을 위하여 우리의 선한 명성을 유지하도록 최선을 다해야 한다(딤전 3:2; 참조. 잠 22:1). 하지만 사역자들과 다른 사람들이 종종 세상 나라에서 경험하는 경쟁과 사소한 논쟁들 같은 것들(막 9:34; 눅 9:46; 22:24; 고전 3:4-7; 고후 10:12; 빌 1:15-17)은 우리 모두 진정한 영광을 받으실만한 유일하신 분을 인식할 때 부끄러워하는 침묵 속으로 사라져야 한다.

하나님의 마음. 하나님은 자족하시는 분이시지만, 어거스틴(Augustine)은 "하나님은 목마르신 후에도 목말라하신다"고 선포한 것은 옳다. 하나님의 사랑은 그분이 사랑하시는 사람들에게는 하나님을 약한 분으로 만드는데, 만일 우리가 이러한 표현을 하나님이 우리와 친밀한 관계를 원하신다는 것을 묘사하기 위해 감히 사용한다면 말이다. 리차드 포스터(Richard Foster)가 지적했듯이, "우리의 하나님은 돌로 만든 하나님이 아니시다. 하나님의 마음은 모든 것 중에서 가장 민감하며 부드럽다. 어떤 행위가 아무리 시시하고 작다 해도 간과되는 일이 없다."[56] 마치 한 어머니가 자신의 자녀로부터 민들레라도 받으면 기뻐하듯이, 물 한 그릇이라도 그리스도의 관심을 얻기에 충분하다(막 9:41). 예수님은 돌아와서 감사를 표현한 고침받은 한 나병환자로부터는 감동하였으나 감사하지 아니한 나머지 아홉 사람에 대해서는 슬퍼하셨다(눅 17:17-18). 예수님은 그의 발에 기름을 부은 여인으로부터 감동을 받으셨다(막 14:6-8).[57] 하나님은 그분에 대한 우리의 사랑을 기뻐하시며 또한 그분으로 하여금 성령에 의해 우리에게 그분의 사랑을 아낌없이 주시도록 하는 것도 기뻐하신다.

현대의 우상들에게 맞서기. 요한의 환상이 로마의 아시아 속주에 있는 그리스도인들에게 격려하고 있는 것은 황제숭배 의식이 단순한 광대극이며, 하늘의 궁정에 있는 진정한 예배의 희미한 모방에 불과하다는 것이다. 그리고 1세기 후반 그리스도인들이 황제가 아무런 의복도 가지고 있지 않았다는 것을 선언하는 용기를 얻은

56. Richard J. Foster, *Prayer: Finding the Heart's True Home* (New York: HarperCollins, 1992), 85.
57. Ibid.

것처럼, 우리들도 우리 세대의 우상들에게 동일한 것을 선포해야 한다. 가이사는 만물을 창조하지도 않았으며(계 4:11) 영원한 존재도 아니고(계 4:8), 또한 그의 피로 우리를 구속한 것도 아니다(계 5:9). 가이사는 궁극적인 소망에 대한 그 어떤 지배권도 가지고 있지 않다. 우주에서 생명의 형성에 대하여 본질적으로 한정된 요소에 관한 현재의 지식에 비추어볼 때, 우리는 우리의 선조들보다 오늘날 훨씬 더 상세하게 창조에 있어서 하나님의 사랑의 설계도를 볼 수 있다.[58] 다만 우리가 예배 중에 하나님의 위엄스러운 영광을 경외함으로 서 있을 때, 애정과 관심에 대한 다른 모든 경쟁적인 주장을 하는 것은 그들에게 어울리는 자리로 물러간다. 하나님만이 하나님이시며, 그리고 그분만이 첫째의 위치를 마땅히 받으실만한 분이시다—다른 모든 사랑, 다른 모든 걱정, 우리를 삼키는 다른 모든 두려움을 넘어서서.

만일 하나님의 장엄함이 황제의 위엄을 위축시킨다면, 그것은 또한 현대 서구 문화를 마비시키는 진부함을 다른 방식으로 도전하는 것이다. 하나님의 위대하심은 우리의 관심을 불러일으킨다. 즉 죽을 수밖에 없는 황제 혹은 지금 우리의 시련에 의해 압도당하는 우리는 누구인가? 하나님이 역사의 주이시며 또한 모든 것을 다스리신다는 것은 삶의 모든 것들도 그러한 관점으로 바라보도록 우리에게 도움을 준다. 찬양은 박해와 가난과 재앙 등에 어떤 관점을 가지게 한다. 하나님은 자신의 목적을 성취하시는 주권적인 분이시며, 또한 이 세상의 고통은 다만 새로운 세계의 산고(産苦)에 불과하다(계 21-22장).

---

58. Hugh Ross, *Creator and the Cosmos* (Colorado prings: NavPress, 1993).

요한계시록 5:1-14

1 내가 보매 보좌에 앉으신 이의 오른손에 두
루마리가 있으니 안팎으로 썼고 일곱 인으로
봉하였더라
2 또 보매 힘있는 천사가 큰 음성으로 외치기
를 누가 그 두루마리를 펴며 그 인을 떼기에
합당하냐 하나
3 하늘 위에나 땅 위에나 땅 아래에 능히 그 두
루마리를 펴거나 보거나 할 자가 없더라
4 그 두루마리를 펴거나 보거나 하기에 합당한
자가 보이지 아니하기로 내가 크게 울었더니
5 장로 중의 한 사람이 내게 말하되 울지 말라
유대 지파의 사자 다윗의 뿌리가 이겼으니 그
두루마리와 그 일곱 인을 떼시리라 하더라
6 내가 또 보니 보좌와 네 생물과 장로들 사이
에 한 어린 양이 서 있는데 일찍이 죽임을 당
한 것 같더라 그에게 일곱 뿔과 일곱 눈이 있
으니 이 눈들은 온 땅에 보내심을 받은 하나
님의 일곱 영이더라
7 그 어린 양이 나아와서 보좌에 앉으신 이의
오른손에서 두루마리를 취하시니라
8 그 두루마리를 취하시매 네 생물과 이십사
장로들이 그 어린 양 앞에 엎드려 각각 거문
고와 향이 가득한 금 대접을 가졌으니 이 향
은 성도의 기도들이라
9 그들이 새 노래를 불러 이르되 두루마리를
가지시고 그 인봉을 떼기에 합당하시도다 일
찍이 죽임을 당하사 각 족속과 방언과 백성
과 나라 가운데에서 사람들을 피로 사서 하
나님께 드리시고
10 그들로 우리 하나님 앞에서 나라와 제사장들
을 삼으셨으니 그들이 땅에서 왕 노릇 하리
로다 하더라
11 내가 또 보고 들으매 보좌와 생물들과 장로
들을 둘러 선 많은 천사의 음성이 있으니 그
수가 만만이요 천천이라
12 큰 음성으로 이르되 죽임을 당하신 어린 양
은 능력과 부와 지혜와 힘과 존귀와 영광과
찬송을 받으시기에 합당하도다 하더라
13 내가 또 들으니 하늘 위에와 땅 위에와 땅 아
래와 바다 위에와 또 그 가운데 모든 피조물
이 이르되 보좌에 앉으신 이와 어린 양에게
찬송과 존귀와 영광과 권능을 세세토록 돌릴
지어다 하니
14 네 생물이 이르되 아멘 하고 장로들은 엎드
려 경배하더라

원 의미

요한이 "내가 보매"라고 말할 때마다, 요한은 자신이 보는 그 다음의 장면들을 보도하고 있다. 그러나 그 내용은 그가 방금 보도한 장면을 연대기적으로 뒤따르는 것일 수도 있고 혹은 그렇지 않을 수도 있다. 그러나 이 단락에서 우리는 이것이 앞선 장면 다음에 나오는 것임을 의심할 아무런 강제적인 이유도 가지고 있지 않다(계 6:2; 에녹 1서 86:1, 3 참조).

유대교 전승들은 종종 하나님의 하늘의 도덕적 판결, 삶에서 사람들의 운명, 혹은 사람들의 영원한 운명 등을 포함하는 하늘의 책 혹은 서판을 묘사하고 있다(에녹 1서 103:2). 비록 이러한 본문을 지니고 있는 책이 결코 구체적으로 확인되지는 않았지만, 그 책은 어린 양의 생명책, 즉 그의 백성들을 위한 어린 양의 유산을 나타내는 것이 당연하다(계 13:8; 17:8; 20:12, 15; 21:27; 3:5에 대한 설명을 보라). 어떤 사람들은 하늘의 두루마리가 역사를 위한 하나님의 판결을 보도하는 요한계시록의 원형이라고 주장하고 있지만(계 1:11; 22:7-10, 18-19), 요한계시록은 여전히 인봉되지 않은 채로 남아있다(계 22:10).

대부분의 고대 사람들은 두루마리의 한쪽 면, 즉 일반적으로 "앞면"(*recto*라고 하는데, 이는 섬유질이 수평적으로 놓여 져 있어서 글을 쓰기가 보다 용이하였다)에만 글을 썼다. 그들은 대개 앞면의 공간이 부족할 경우에만 뒷면(*verso*)을 사용하였다.[1] 현재의 본문에서 두루마리(겔 2:10에서 심판을 포함하고 있는 두루마리를 상기 시킨다. 계 10:8에 대한 설명을 보라)는 말할 내용이 많았던 것이 분명하다. 그리하여 두루마리의 사용자는 두루마리를 말아서 실로 감아 매었으며, 법률 문서는 누가 손대지 못하도록 여러 개의 실로 묶기도 하였다.

법률 문서는 통상적으로 대개 여섯 명의 증인들의 이름을 기록하여 봉인하였다.[2] 그러한 문서들은 대개 작업이 끝난 두루마리를 묶은 실 위에 뜨거운 밀랍을 발라 단단히 봉인하였다. 그 다음 증인들은 자신들의 개인 인장(대개는 도장을 새긴 반지)을 그 뜨거운 밀랍 위에 누르곤 하였으며, 그리하여 그들의 독특한 인(印)과 일치되어야 그들이 증인임이 입증된다는 인상을 주었다. 딱딱하게 굳어진 봉인을 부수지 않고서는 실로 고정시킨 두루마리를 아무도 개봉할 수 없었으며, 또한 증인들의 반지가 없이는 아무도 그러한 봉인을 대체할 수가 없었다. 따라서 그 두루마리가 공개적으로 개봉될 때까지는 아무도 그 법률 문서에 손을 댈 수가 없었다.[3] 증인들이 여전히 살아있는 동안에는, 그들이 봉인했던 문서의 유효성을 사람

1. Deissmann, *Light From the Ancient Past*, 29; George Milligan, St. *Paul's Epistles to the Thessalonians: The Greek Text with Introduction and Notes* (London: Macmillian & Company, 1908), 123. 고대 로마의 가십 칼럼니스트인 쥬베날(Juvenal)은 너무나도 장황하게 자신의 작품을 두루마리의 양면에 가득 채웠으나 두루마리 끝에 가서도 완성하지 못한 한 극작가를 조소하고 있다. Juvenal, *Sat.* 1.4-6을 보라.
2. *P. Eleph.* 1.16-18; *P. Tebt.* 104.34-35를 보라.
3. Euripides, *Hippol.* 864-65; Chariton, *Chaer.* 4.5.8; *Pes. Rab Kah. Sup.* 2:4; Efrat Carmon, ed., *Inscription Revealed: Documents From the Time of the Bible, the Mishna and the Talmud*, tr. R. Grafman (Jerusalem:

들에게 입증할 수 있었으며, 요한계시록에 나오는 인들 역시 결코 조작될 수 있는 것이 아니었다(계 6:1-17).[4]

인들은 정당한 수신자를 위해 문서의 내용을 보존하였으며 그 문서를 증명한 증인들과 함께 그 문서를 인증하였다. 일부 묵시주의자들은 그 내용을 함부로 변경했다는 비난을 받지 않기 위해 하늘의 두루마리를 인봉된 문서로 생각하였다(에녹 1서 89:71). 몇몇 전승들은 그 문서가 하나님에게 드려지기 전에 높은 천사들에 의해서만 이러한 인봉이 부수어 질 수 있도록 하였다(에녹 3서 27:2). 그러한 책들을 개봉한다는 것은 천사들을 보내어 심판을 실행하는 것에 이를 수도 있다(에녹 3서 32:1). 그리하여 우리는 인봉된 심판의 책을 생각할 수도 있다(사 29:11). 이곳에 나오는 두루마리처럼 에스겔 2:9-11에 나오는 두루마리도 앞면과 뒷면 모두 글이 쓰여 졌는데, 이는 그 책이 기록하고 있는 심판에서 엄청난 양의 고통이 있을 것임을 강조하는 것이다.

그러나 여기에 나오는 심판들은 그 책의 내용이 아니라 인 심판에 나오는 증언들을 증명하는 것이다(계 6:1-17).[5] 만일 이것이 어린 양의 생명책이라면, 역사에 있어서 하나님의 심판들은 성도들의 약속된 기업을 보증한다. (위에서 언급한 것처럼 가장 가능성 있는 대안은 인들이 책의 겉면에 있는 것으로 생각하는 것이며, 에스겔서처럼 두루마리 전체에 걸쳐 기록된 여러 심판들이 뒤따른다. 그리하여 그 "두루마리"는 본질적으로 요한계시록이 되는 것이다. 에스겔 2:9-3:3에 나오는 에스겔처럼, 요한도 그 책의 내용이 쓰다는 것을 발견한다[계 10:2-10].)

하나님은 그 책을 오른 손으로 잡고 계시며, 그리고 그의 천사들 중 하나가 모든 피조물들에게 초대(혹은 도전)를 한다. 누가 그 책을 펼 수 있는가?(계 5:3)[6] 대개 두루마리는 그 내용을 전달하는 사람들에 의해서 "풀려져"(그 인들이 부서져)

Israel Museum, 1973), 90-91, 200-201, §189를 보라. 여기에 나오는 문헌의 구체적인 형식의 논의에 대해서는 특히 Beasley-Murray, *Revelation*, 120-23을 보라.

4. 인의 정당성을 입증하기 위해 증인들을 다시 불러내는 것에 대해서는 *P. Oxy.* 494.31-43을 보라.

5. Beale, *Revelation*, 343은 증인들의 인이 그 내용의 생략을 포함하는 유언을 인용하고 있지만, 비일(Beale)의 반대에도 불구하고, 단 12:4, 9에서 숨기기 위해 인을 사용하는 것은 아마도 이곳에 나오는 사상과 반대되는 작용을 한다.

6. 하늘의 인물들 혹은 환상가들로부터 제기되는 질문은 묵시문헌들에서 이를 설명하는 기회를 제공한다. 예를 들면, 단 10:20; 슥 4-5장; 에녹 1서 25:1; 54:4; 108:5; 아브라함의 유언 12-13 A; 8 B; *p. Hag.* 2:2, §5; Cicero, *De Re Publica* 6.18.18 등이다. Aune, *Revelation*, 1:331은 고대에서 찬양을 소개하는 수사학적인 "누구인가" 질문들을 인용한다. 수신자들에 의해 개봉되는 두루마리에 대해서는 Euripides, *Iph. Aulis* 307을 보라.

있어야 한다. 게다가 살아계시는 하나님의 오른 손에 있는 책 위에 있는 이 인들은 너무나도 강하여 평범한 인간들이 이를 부술 수가 없다. 모든 권능을 받으시는 것이 합당하신 분으로 하나님을 찬양한 후에(계 4:11), 누가 감히 그 책을 "합당하게"(계 5:2) 펼 수 있는 힘을 가지고 있는가(계 5:3)를 묻는다. 아직은 어린 양이 모든 능력을 가지고 계신 분으로 인정하지 않지만(계 5:12), 요한은 그러한 상황에 대해 낙심하여 충격을 받는다. 우주 전체에서 뛰어난 사람이 없는 것으로 보이기 때문에, 요한은 크게 울었다(*klaio*, 가장 극적으로 슬퍼하는 형태에 사용되는 술어, 5:4).

그러나 마침내 하나님을 예배하는 자들 중의 한 사람, 아마도 하나님의 구속받은 백성들 중의 한 대표자(계 4:4에 대한 설명을 보라. 참조. 계 7:13)가 요한을 위로한다. 유대 지파의 사자가 승리한 챔피언이며, 또한 그가 이기신 분이시다(계 5:5).[7] 유대 지파의 사자라는 이미지는 창세기 49:9-10에서 나온 것인데, 유대인들은 대개 이를 다윗 계통의 메시아에 적용시켰다(에스라 4서 12:31-32).[8] "다윗의 뿌리"는 다윗의 집에서 나온 가지이며(사 11:1), 여호와의 영으로 기름부음을 받았으며(사 11:2), 또한 평화로 모든 열방을 다르시도록 임명을 받은 메시아이다(사 11:3-10; 참조. 렘 23:5; 33:15; 슥 3:8; 6:12; 1QH 6.15; 7.19; 8.6-10). 초기 유대교는 강력한 전사(戰士)인 왕자를 나타내기 위해 이 단락에 나오는 이미지를 재사용하였다.[9]

하지만 여기에서 요한계시록과 기독교 신앙의 중심적인 역설이 대개 주목을 받고 있다. 예수님은 힘으로서가 아니라 죽음으로서, 폭력이 아니라 순교로서 이기

---

7. 당황한 환상가들은 다른 곳에서 위로를 받거나(아브라함의 유언 7 B) 혹은 설명을 듣는다(에녹 1서 19:2; 21:5, 9).

8. 아울러 1QSb 5.29. 초기 유대교, 특히 토라의 전당 주변에서 사자 상징을 사용하는 것에 대해서는 *CIJ*, 1:197, §281a; 1:378-79, §§516-17; Zvi Uri Ma'oz, "Ancient Synagogues and the Golan," *BA* 51 (June 1988): 116-28 (p. 125)을 보라. 사자들은 아시아에서 특별히 리디아에서 특히 대중적인 상징이었다 (Eric M. Meyers and A. Thomas Kraabel, "Archaeology, Iconography, and Nonliterary Written Remains," 175-210 in *Early Judaism and Its Modern Interpreters*, ed. R. A. Kraft and G. W. . Nickelsburg, SBLBMI 2 [Atlanta: Scholars, 1986], 191).

9. Bauckham, *Climax of Prophecy*, 181은 1QSb 5.24; 솔로몬의 시편 17:27을 인용한다. 사 11:1-10을 메시아적 구절로 보는 것에 대해서는 4QFlor. 1.11-12; 4QpIsaa Frag. D.를 보라. "다윗의 화살"과 "유다의 사자"는 4QPatriarchal Blessings; 1QSb 5.20-29(Bauckham, ibid.: L. P. Trudinger, "Some Observations Concning the Text of the Old Testament in the Book of Revelation," *JTS*, n.s. 17 (April 1966): 82-88 [p. 88])에서 함께 나타난다. 많은 사람들은 이 구절을 어린 양의 즉위로 간주한다. 어떤 학자(Aune, *Revelation*, 1:332-38)는 이 구절을 어린 양의 수여식과 관련시킨다(단 7:9-18을 인용하여).

셨다. 사자가 어린 양이다! 대개 고대 문헌에서, 사자는 위대한 힘을 상징 한다—동물의 왕국의 용기 있고, 강력한 통치자(계 9:8, 17; 10:3 참조).[10] 유대 문헌들도 일반적으로 용기와 힘에 대해 사자라는 이미지를 메시아에 대해 보다 자주 사용하고 있다.[11] 요한은 이제 방향을 돌려 강력한 영웅을 증거 하려고 한다. 그러나 어린 양은 대조적으로 무기력한 이미지를 제공한다.[12] 어린 양은 양들 중에서 가장 공격을 받기 쉬우며, 또한 양들은 가장 동물들 중에서 가장 연약하며, 육식동물과 뚜렷한 대조를 이룬다.[13]

요한에게 있어서 가장 중요한 것은 이 양이 죽임을 당한 어린 양, 즉 희생을 당한 어린 양이라는 점이다. 재앙들이 불순종하는 세상에 임할 것이지만(계 6-16장), 그러나 유월절 어린 양의 피가 절정의 재앙에서부터 이스라엘을 구원하였듯이(출 12:23), 예수님의 피는 하나님의 심판이 인간들에게 행해질 때 그의 백성들을 보호해줄 것이다(계 7:3). 예수님의 승리는 새 출애굽과 같으며(계 5:9-10; 15:3), 또한 예수님 그분은 새 어린 양이다(고전 5:7 참조).[14]

"뿔"은 무엇을 의미하는가?(계 5:6) 우리는 묵시적 상징주의에서 뿔이 달린 어린 양들에 대해 말할 수도 있지만(에녹 1서 90:9), 그러나 뿔 역시 유월절 어린 양에 문자적으로 등장한다(*tos. Pisha* 6:7—그러나 수컷 어린 양은 두 개의 뿔이 나지만 일곱 뿔은 아니다). 그러나 전통적 상징주의에 대한 요한의 재해석은 독특한 기독교적 관점을 전달하기 위해 그의 동시대 사람들이 사용한 어떤 모형도 능가한다. 뿔은 예언 문학에서 종종 힘을 나타내지만(단 7:7-24; 8:3-22), 그러나 여기에

10. 이는 문학 작품에 널리 퍼져 있다. 예를 들면, Homer, *Il.* 10.297, 485; 11.239, 548; *Od.* 4.724; 6.130; Virgil, *Aen.* 12.6; Apollonius Rhodius, 2.26-29; Babrius, 1, 65, 90-92, 95, 97, 101, 103, 105-7, 139; Phaedrus, 1.5; 4.14.2; Seneca, *Dial.* 4.11.4; Martial, 1.60; Cornelius Nepos, 18.11.1.

11. 마카비 1서 3:4; 시빌의 신탁 11.290-91; Ps-Philo 24:6; 아브라함의 유언 17 A; *Pes. Rab Kah.* 4:2; 11:24; 13:15; *Pes. Rab Kah. Sup.* 1:8 등을 보라.

12. 어떤 사람은 어린 양을 묵시적 어린 양과 관련이 있는 능력의 이미지로 묘사하지만(에녹 1서 90:38; Talbert, *Apocalypse*, 29), 그러나 이것은 단 한 마리의 죽임 당한 어린 양이며, 그리고 최초의 유대교 문헌들은 특히 유월절 혹은 희생 제사를 생각하곤 한다. 따라서 대부분의 사람들은 죽음을 통한 예수님의 승리를 생각하고 있으며 또한 이미지들의 대조에 주목하고 있다 (Boring, *Revelation*, 111; Bauckham, *Cilmax of Prophecy*, 183-84).

13. 시락 13:17; Diogenes Laertius, 6.5.92; Dionysius of Halicarnassus, 7.11.3; Aelian, *Animals* 7.27; Terence, *Brothers*, 534-35 등을 보라.

14. 여기서 유월절 어린 양으로서의 그리스도에 대해서는 또한 Paul S. Minear, *Images of the Church in the New Testament* (Philadelphia: Westminster, 1960), 102-3; Norman Hillyer, "The Lamb' in the Apocalypse," *EvQ* 39 [1967]: 228-36; C. S. Keener, "Lamb," 641-42 in *Dictionary of Later New Testament*를 보라; 보다 사변적인 것은 Fréderic Manns, "Traces d'une Haggadah pascale chrétienne dans l'Apocalypse de Jean?" *Antonianum* 56 (1981): 265-95.

서 힘은 인간적 힘이 아니라 하나님의 일곱 영이다(계 5:6). 이것은 유대의 왕이 인간의 힘에 의해서가 아닌 성령의 힘에 의해 이겨야 한다는 고대의 예언을 암시한다(슥 4:6).

요한은 여기서 뿔과 일곱 눈을 동일시하는데(계 5:6), 이것은 아마도 그가 스가랴의 환상에서 성령뿐만 아니라(슥 3:9; 4:6, 10) 일곱 등불(슥 4:2; 계 4:5)을 나타내는 것으로 이해하고 있다. 그러나 스가랴서에서 하나님의 목적을 지켜보는 눈들과 그의 백성들은 하나님 자신에게 속한다. 이들을 어린 양이신 예수님에게 적용하는 것은 예수님의 진정한, 고양된 신분에 대한 실마리를 제공한다.[15] 예수님이 보좌에 계신 위치(계 5:6)는 또한 몇몇 본문들이 신적인 지혜에 대해 유지하고 있는 어떤 지위를 암시할 수도 있다(지혜서 9:4; 참조. 에녹 3서 10:1). 그러나 예수님의 지위는 신적인 지혜보다 훨씬 높다. 왜냐하면 예수님은 궁극적으로 보좌의 중간에 앉아 계시면서 아버지의 최상의 통치를 공유하시기 때문이다(계 7:17; 22:1, 3; 그러나 계 3:21도 참조하라).

고대 세계에서 증인들에 의해 인봉된 많은 종류의 문서들 중의 하나는 유언장이었다(종종 여섯 명의 증인들에 의해 인봉되었으나, 일곱 명의 증인들이 등장하기도 한다).[16] 일단 유언장을 작성한 사람이 실제로 죽었다는 것이 입증되기만 하면, 인봉들이 부수어져서 그 유언장이 개봉되며 그 내용이 공개된다. 이런 식으로 유언장의 내용의 진실성이 지켜졌다.[17] 두루마리가 개봉될 수 있는 것이 어린 양이 죽임을 당한 이후에만 가능하다는 것은 여기서 의미심장한 것일 수 있다(계 5:6). 만일 이 책이 어린 양의 생명책, 즉 그를 따르는 자들에 대한 그의 유산이라면, 그 책은 어린 양의 자기희생을 통하여 그들의 것이 된다. 그리하여 많은 해석학자들은 이 단락에 나오는 책을 예수님의 유언으로 이해한다.[18]

하여튼 예수님은 하나님의 손에서 그 두루마리를 "취하셨다"(계 5:7). 이 동사의 완료 시제는 예수님이 그 책을 받으실 뿐만 아니라 또한 그분이 여전히 그 책을 가지고 계시는데, 이는 예수님이 인간 역사의 사건들을 다스리고 계신다는 것을 암시한다. 그러나 전통적인 유대인 청중을 가장 놀라게 하는 것은 그 다음에 나오

15. Bruce, "The Spirit in the Apocalypse," 335를 보라.

16. *P. Eleph.* 2.17-18; *P. Lond.* 1727.68-72에는 여섯 증인들; Emmet Russel, "A Roman Law Parallel to Revelation Five," *BibSac* 115 (1958): 258-64에는 일곱 증인.

17. *B.G.U.* 326.21을 보라.

18. George E. Ladd, *A Theology of the New Testament* (Grand Rapids: Eerdmans, 1974), 623.

는 내용이다. 즉 하늘의 합창이 하나님 아버지가 아닌 예수님에게 성도들의 기도를 드리고 있는데(계 5:8), 이는 성도들의 탄원으로 곧 베풀어질 재앙들을 직접적으로 불러들이는 기도이다(계 6:10; 8:4-6).[19] 하늘에서 향로와 같은 예배 기구들은 놀랄만한 일이 아니다(모세의 승천 33:4). 향 제물은 성전에서 관례적인 것이며, 그리하여 하늘 성전이 향 없이는 불완전하다. 금 대접은 가장 색다른 것으로 간주된다.[20] 거문고(계 5:8; 14:2; 15:2에서처럼)도 역시 하늘 성전에 속하는 것이다(대상 15:16; 16:5; 25:1, 3, 6 참조).[21]

뿐만 아니라 유대 민족들은 주요 천사들 중의 하나가 성도들의 기도를 하나님 앞에 드리는 것에 대해 오랫동안 상상해 왔다(토빗 12:15). 한 전승에서는 천사장 미가엘이 성도들의 의로운 행위들이 담겨져 있는 큼직한 대접을 하나님 앞에 드린다(바룩 3서 11:8-9).[22] 여기서 놀랄만한 특징은 어린 양이 하나님의 하늘에서 예배를 받으며(계 5:12), 그리하여 하나님과 공통적으로 예배의 대상이 된다는 것이다(계 5:13).[23]

종종 예배자들이 제1 성전 시대에 하나님께 드렸던 "새 노래"(계 5:9; 14:3)는 아마도 이미 사용할 수 있는 찬양의 곡목 이외에 새롭게 영감 된 노래임을 암시한다(시 33:3; 40:3; 96:1; 98:1; 144:9; 149:1; 사 42:10). 이스라엘은 유월절과 출애굽기에서 애굽으로부터 하나님이 이스라엘 백성들을 구속하신 것을 축하하는 노래를 불렀다(출 15:3; 참조. *m. Pes.* 10:5). 그들은 특히 시편 113-18편을 유월절 및 출애굽 사건을 축하하기 위해 사용하였다. 뿐만 아니라 초기에 정규적인 회당 예배의 일부가 되었던 것은 하나님이 "각 나라와 방언 가운데에서" 그의 백성들을 선택하신 것을 축하하는 것이었다.[24]

---

19. 마카비 2서 15:12, 14; 에녹 1서 39:5에서처럼, 우리는 죽은 성도들이 이 땅에 있는 사람들을 위해 중보기도하는 것을 생각해볼 수도 있다(그러나 Ps-Philo 33:4-5는 이러한 개념에 반대한다). 그러나 요한계시록 자체는 신원(伸冤)에 대한 외침에 대해 말하고 있으며(계 6:10; 8:4-6), 이 기도는 또한 에녹 1서 97:3-5에서 심판을 가져오기도 한다.
20. 금 대접을 선호하는 것에 대해서는 Virgil, *Georgics* 2.192를 보라.
21. 거문고와 향이 가득한 금 대접을 함께 가지고 있는 것이 어색해보이긴 하지만, 고대의 예술은 종종 이런 방식으로 예배자들을 묘사하기도 한다 (Aune, *Revelation*, 1:355-56에 나오는 자료들을 보라).
22. 초기의 헬라 문헌은 인간의 운명을 제우스 앞에 있는 두 개의 항아리로 묘사하였다 (Homer, *Il.* 24.527-33).
23. 요한계시록에서 예수님을 예배의 대상으로서 풍부한 논의를 하는 것에 대해서는 Bauckham, *Climax of Prophecy*, 118-49를 보라; 초기 기독교의 다른 문헌은 롬 9:5; Pliny, *Ep.* 10.96.7을 보라. 인자는 에녹의 비유에서 예배를 받으시지만 (Issac이 아닌 Knibb에 의해 번역된 것으로 48:5-6), 이 문헌은 어떤 기독교적 영향을 반영할 수도 있다.

그러나 진정한 하늘 합창의 관점은 역사 가운데서 나타난 하나님의 행동이라는 훨씬 더 결정적인 초점을 축하하는 것이다. 즉 새 출애굽의 어린 양의 피로 모든 나라 가운데서 성도들을 구속하신 일이다(계 5:9). 고대의 이스라엘처럼(출 19:6), 이 백성들도 역시 "나라와 제사장들"이 될 것이다(계 5:10; 1:6에 대한 설명을 보라).[25] 황제 숭배에 참여하는 것을 거절한 것 때문에 박해를 받은 사람들은 인간 권력이 주장하는 것과 대조적인 것에 감동을 받았을 것이다. 로마 제국 전체의 여러 지역들에서 합창단은 황제를 찬양하는 노래를 불렀다.[26] 그러나 구약성경에 몰두해 있었던 청중은 이 새로운 구속의 행위가 모든 사람들로부터 신자들을 에워쌌다는 사실로 말미암아 큰 감명을 받았을 것이다. 모든 사람들을 묘사하는 요한의 사중적 형식("족속과 방언과 백성과 나라")은 요한계시록에서 일곱 번이나 다양한 순서로 등장하며 또한 다니엘서에서는 여섯 번이나 삼중적 형식으로 등장한다(단 3:4 [이 구절에서는 칠십인 경을 참조하라], 7; 4:1; 5:19; 6:25; 7:14). 다니엘은 이 모든 백성들에 대한 인자의 통치를 선언하고 있으며, 그리고 요한은 교회 안에서 이러한 약속의 문자적 성취를 바라보고 있다.[27]

하나님께서 자신을 예배하는 무수한 존재들을 가지고 있다는 것(계 5:11)은 하나님이 예배를 받으시기에 합당하시다는 본문의 예를 우리들에게 강화시킨다. "만"은 단순히 헬라어가 제공하는 쉬운 표현으로서 가장 큰 숫자이며, 그리하여 (헬라어로) "만만"이라는 복수는 그들이 셀 수 없다는 것을 말하는 편리한 방식이다.[28] 우리는 심지어 황제라도 그러한 계시에 자신이 은밀히 관여되어 있는 것을 발견했다면 감명을 받지 않았을까 생각한다. 이러한 이미지는 다니엘 7:10에서 직

---

24. Martin McNamara, *Targum and Testament* (Grand Rapids: Eerdmans, 1972), 39.
25. 이러한 약속은 나라들을 주면서 제사장적 직무들을 승인한 황제들의 자만과 강한 대조를 이룬다(Kraybill, *Imperial Cult and Commerce*, 221-22). 여기에 나오는 다른 대조들에 대해서는 Peder Borgen, "Moses, Jesus, and the Roman Emperor: Observations in Philo's Writings and the Revelation of John," *NovT* 38 (1996): 145-59를 보라. 예배는 유대교의 신비 문헌들에서도 예기되는 종말론으로 나타난다(P. Prigent, "Qu'est-ce qu'une apocalypse?" *RHPR* 75 [1995]: 77-84).
26. Kraybill, *Imperial Cult and Commerce*, 221; 참조. Herodian, 4.2.5; Yamauchi, *The Archaeology of New Testament Cities*, 42. 여기에 나오는 기독교 찬송의 사용에 대해서는 Oscar Cullmann, *Early Christian Worship* (Philadelphia: Westminster, 1953), 37; 요한계시록에서 찬송의 중심성에 대해서는 Tenney, *Revelation*, 36; Gerhard Delling, "Zum gottesdienstlichen Stil der Johannesapokalypse," *NovT* 3 (1959): 107-37을 보라.
27. Bauckham, *Climax of Prophecy*, 326-29.
28. 이 문구는 아마도 "셀 수 없는 무한성"을 의미하는 것 같다(계 9:16에 대하여 Beale, *Revelation*, 509를 참조하라).

접 온 것인데, 이 구절은 무한정으로 공급되는 하늘 존재들에 의해 하나님의 무한한 위대하심이 예배를 받는 것에 대한 후기 유대교의 사고를 위한 자료가 되었다(에녹 1서 14:22-23; 40:1; 60:1; 71:8).[29] 모든 하늘뿐만 아니라 모든 피조물도 궁극적으로 하나님에 영광을 돌린다(계 5:13; 참조. 시 148:1-13; 에녹 1서 69:24).[30]

상황잇기

성경의 인물들과 동일시. 우리가 이 본문을 읽을 때, 우리는 하늘 예배의 웅장함을 경험하고 있는 요한과 동일시하도록 초청을 받는다. 너무나도 자주 우리들은 성경에 나오는 완전한 인물들과 동일시하는데 두려워하고 있으며, 또한 그들은 우리가 성취할 수 있는 그 어떤 것을 훨씬 능가하는 영적인 수준에 있을 것으로 가정한다. 그러나 어떤 동일시는 성경 공부에 필수적이다. 사도 바울도 그의 교회 구성원들에게 자기를 "본받는 자가 되라"고 말하지 않았던가?(고전 4:16; 11:1) 만일 우리가 성경에 나오는 이야기들 속에서 긍정적이고 부정적인 예들을 배우지 않는다면(고전 10:11) 그밖에 어떤 방법으로 우리가 성경에서 도덕적 교훈을 얻을 수 있겠는가?(딤후 3:16)

그러나 여기에서 신자들은 약함 가운데 있는 요한과 동일시할 수도 있다. 즉 우리 모두 구원자에게 완전히 의존하고 있다는 것이다(계 5:4-5). 성경적 인물들과 동일시하는 것은 그들도 역시 여러 약한 것들을 가지고 있었다는 것을 기억할 때 보다 쉬운 일이 될 수도 있다. 야고보는 엘리야도 우리와 동일한 문제들을 경험했던 사람이었지만, 하나님의 명령으로 그가 비를 멈추게 할 수 있었다는 것을 우리들에게 상기시킨다(약 5:17). 심지어 하늘에서 내려온 불도 그의 숙적 이세벨 때문에 낙심했을 때, 엘리야는 모든 것을 포기하고 죽으려고 하였다(왕상 19:4). 욥과

---

29. 에녹 3서 17:2; 35:1; 스바냐의 묵시 4:2; 8:2 참조. 후대의 랍비들은 단 7:10에서 추론하기를, 하나님께서 정기적으로 그의 보좌에서 나오는 불의 강으로부터 예배를 위해 새로운 천사들을 창조하신다고 하였다 (*b. Hag.* 14a; *Gen. Rab.* 78:1). 천사가 "큰 음성"으로 외치는 것은 예상치 못한 것은 아니지만(바룩 2서 6:8), 그처럼 무수한 사람들에게 "큰 음성"은 절제된 언어이다.

30. "땅 아래" 피조물에 대해(계 5:3, 13), 요한은 바다를 의미할 수도 있지만(계 10:6; 14:7; 21:1) 그러나 "바다"와 "땅 아래"는 5:13에서 상호 교환될 수 없으며, 아마도 요한은 지하의 영역을 의미하는 것 같다(빌 2:10; Prayer of Joseph 11: *ARN* 2A). 헬라인들은 이를 하데스(Hades)와 동일시하였으며 (Homer, *Il.* 3.276-78; Hesiod, *W.D.* 141; Virgil, *Aen*, 12.199; Dionysius of Halicarnassus, 11.37.6; Livy, 31.31.3; Chariton, *Chaer.* 5.7.10; *PGM*, 1.264, 315-16; 17a.2-3), 유대인들도 그렇게 인식하고 있었다(Josephus, *Apion* 2.240).

예레미야는 깊은 슬픔에 만족하지 못하고 실제로 그들이 결코 태어나지 않았더라면 이라고 바라지 않았던가!(욥 3:3; 렘 20:14-15) 세례 요한은 의심과 싸우면서 예수님이 실제로 메시아에 대해 그가 선포해온 것에 합당한 사람인지 의문을 가지고 있었다(마 11:3). 요셉이 감옥에 있을 때에도 그의 꿈에 대한 믿음을 간직하고 있었지만(창 40:8), 그가 성공했을 때 최소한 그 꿈이 준 메시지의 일부를 잊어버린 것처럼 보인다(창 41:51). 그리고 우리는 베드로에 대해 말하기를 시작할 필요도 없다! 하나님은 우리들과 똑같이 사람들을 택하신다—우리가 얼마나 위대한 존재인가를 자랑하는 그런 것이 아니라, 질그릇으로 우리를 만드셔서 하나님의 영광으로 채우신 것은 "심히 큰 능력이 하나님께 있고 우리에게 있지 아니함을 알게 하기 위함"(고후 4:7)임을 보여주기 위해 택하신 것이다.

요한은 이러한 계시의 첫 번째 수여자로서 그의 역할이 긍정적이며 또한 요한계시록의 수신자들로서 우리의 역할을 미리 나타내주기 때문에(계 1:1), 그는 상정상(想定上)의 저자일 뿐만 아니라 또한 이상적 독자를 위한 모델로서의 기능을 하기도 한다. 그리하여 하늘의 중재자가 없으므로 세상의 절망을 보고 요한이 우는 것(계 5:4)은 우리도 이러한 충격적인 잠재적 상황에 다가갈 것으로 예상되는 어조를 암시하고 있다.[31] 그리고 우리는 요한과 함께 예수님의 등장으로 안도를 경험한다. 요한과 마찬가지로, 우리들도 예수님이 우리의 승리자이심을 이미 알고 있지만, 요한계시록은 그러한 메시지를 전통적인 신학적 제안들이 아닌 항상 신선한 방식을 사용하여 복음의 익숙한 메시지를 우리에게 대면시키는 생생한 이미지로 전개한다. 이것은 우리가 우리들의 세대에도 역시 항상 신선한 방식으로 그의 메시지를 전달하는 창조적인 방식들을 발견하기 위해서 하나님의 도우심을 구해야 한다는 것을 암시할 수도 있다.

예수님이 자기희생을 통하여 정복하신 것(계 5:5-6)은 신자들에게 하나의 모델을 제공한다. 왜냐하면 요한계시록도 역시 순교자들을 예수님의 희생을 공유하는 자들로 묘사하고 있기 때문이다(계 6:9에 대한 설명을 보라). 따라서 "그리스도와 그리스도인들의 두 경우 모두에서 '이기는 것' 은 죽는 것 그 이상도 그 이하도 아닌 것을 의미한다."[32] 우리는 각 페이지를 요한계시록 전체에 비추어 읽어야 하며(가능하면 어디서든지 여러 주제들을 굴절시키는 하나의 프리즘처럼), 그리고 나서 그 메시지를 오늘날의 상황에 기꺼이 재적용해야 한다. 우리가 자신을 제물로

31. Michaels, *Revelation*, 18.
32. Boring, *Revelation*, 111.

드리는 방식은 여러 상황에서 다를 수도 있지만, 그러나 복음에 대해 대가를 지불할 것을 요청하는 것은 여전히 동일하다.

사회적 위치. 오늘날 성경 연구의 논의들은 종종 사회적 위치에 초점을 맞추고 있다. 다양한 배경을 가지고 있는 독자들은 다양한 질문들을 가지고 본문에 접근하고 있으며 또한 다양한 주제들을 선택하는 경향이 있다. 논의의 근본적인 형태에서 이러한 접근은 모든 해석들을 관련성 있게 만드는 보다 큰 의제의 일부를 구성할 수도 있다. 그러나 서술적인 훈련으로서 이것은 우리 각자가 본문에 가져 오는 우리 자신의 문화와 전통의 편견들에 이의를 제기하는 일에 있어서 적절한 것으로 입증될 수 있으며, 그것에 의하여 우리가 성경의 영감 된 메시지를 보다 분명하게 듣도록 하는데 도움을 줄 수 있다.[33]

이러한 접근이 낳은 한 가지 유익한 통찰은 고난을 당하거나 사회에서 무시당하는 사람들이 가장 신속하게 고난당하신 주님과 동일시할 수도 있다는 것이다(계 5:5-6).[34] 이방인 신자들이 아마도 1세기 말에 그랬던 것처럼, 소수 민족 문화들 혹은 그리스도인들이 작은 소수 민족들인 문화들의 일부에 속한 사람들은 이 구절에서 특별한 격려를 발견할 수도 있다. 모든 족속들에 대한 하나님의 관심(계 5:9-10)은 사회나 혹은 교회에서 무시를 당하고 있다고 느끼는 집단들에게 특히 격려를 주는 것으로 드러날 수도 있다. 물론 이러한 것을 느끼는 집단들이 시대마다 다양하게 나타날 수도 있다. 성경에 나오는 문화들은 주로 중동, 북아프리카와 동아프리카 일부, 그리고 (신약성경에서) 남유럽 등이다.[35] 비록 북유럽 사람들이 로마제국에서 유명했지만, 그들은 대개 원시 야만인들이었으며, 또한 그들은 일부 요약적 진술 외에는 성경 어디에서도 등장하지 않는다.[36]

---

33. 독자 반응 비평(이에 대해서는 Jane P. Tompkins, ed., *Reader-Response Criticism: From to Post-Structuralism* [Baltimore: Johns Hopkins, 1980]을 보라)은 규범적으로 사용되어 왔지만, 그러나 우리는 여기서 서술적인 용법만을 채택한다. 성경을 듣는데 있어서 우리 자신의 목적은 하나님이 저자들에게 전달하도록 영감하신 그 메시지를 듣고자 하는 것이기 때문에, 우리는 여전히 저자의 의도를 찾는 것이다 (E. D. Hirsch Jr., *Validity in Interpretation* [New Haven: Yale, 1967]).

34. 노예들과 노예폐지론자들이 노예소유주들과는 달리 정의와 구원에 대한 성경의 본문들을 어떻게 읽는가에 대한 몇 가지 예들에 대해서는 Glenn J. Usry and Craig S. Keener, *Black Man's Religion: Can Christianity be Afrocentric?* (Downers Grove, Ill.: InterVarsity, 1996), 98-109를 보라.

35. 구약성경에서 북동 아프리카 및 서아시아에 대한 몇 가지 암시에 대해서는 Usry and Keener, *Black Man's Relgion*, 60-82를 보라; 고대 지중해에 대한 것은 특별히 Frank M. Snoeden, *Blacks in Antiquity* (Cambridge, Mass.: Harvard Univ. Press, 1970); idem, *Before Color Prejudice* (Cambridge, Mass.: Harvard Univ. Press, 1983).

36. Herodian, 3.14.6-7은 그들의 동물 문신을 드러내기 위해 벌거벗고 뛰면서 돌아다니는 영국 사람들에 대해 언급하고 있다.

동아프리카의 악숨 제국은 약 A.D. 333년경, 즉 로마제국이 개종할 무렵 기독교로 개종하였다.[37] 여러 선교사들이 재빠르게 동쪽으로 퍼져나갔다.[38] 그러나 우리 백인들과 서구 그리스도인들 중 많은 사람들은 기독교를 서구 세계의 유산으로 생각하는데 익숙해져 왔으며, 반면에 무슬림들은 기독교가 "백인의 종교"라고 거짓말을 하여 예상되는 아프리카 및 여러 회심자들에게 선전하였다. 한편 기독교가 탄생한 지역은 발판을 다시 마련하기가 가장 어려운 지금도 투쟁하고 있는 지역들 중의 하나가 되어있다. 만일 사도들이 교회가 이스라엘만을 위한 것이 아니라고 그들의 초기 청중들에게 상기시킬 필요가 있었다면, 우리도 역시 어떤 문화나 지역도 복음에 대해 영속적인 주장을 할 수 없다는 것을 기억해야 한다. 따라서 우리는 모든 문화에 대해 복음의 메시지를 상황화하려고 해야 하며 또한 모든 문화 속에 있는 그리스도인들로 하여금 그들의 민족들을 효과적으로 복음화 하는데 있어서 앞장서도록 격려해야 한다.[39]

현대적 의미

하나님의 심판의 의미. 만일 인 심판이 그 나라에서 성도들의 미래적 유산의 진실성을 입증하는 것이라면 (우리가 주장하였듯이, 비록 임시적이긴 하지만), 우리 주위의 세상에 대한 하나님의 심판은 우리로 하여금 두려워하는 것이 아니라 소망을 가지도록 요청한다. 심판은 우리의 압제자가 아니라 하나님이 여전히 주권자이심을 증명한다. 서머나와 빌라델비아에 있는 사람들처럼 고난당하는 그리스도인들은 마치 하나님이 마지막 날까지 자신들이 당하는 고난을 모르는 체 하시는 것처럼 느낄 필요는 없다. 그들을 미워하는 사회에 대한 심판은 그들을 변호하고 있음을 보여준다. 한편 사데 혹은 라오디게아와 같은 보다 부유한 그리스도

37. 초기 아프리카 기독교 역사에 대해서는 Keener and Usry, *Defending Black Faith*, 13-19; Elizabeth Isichei, *A History of Christianity in Africa from Antiquity to the Present* (Lawrenceville, N.J.: Africa World: Grand Rapids: Eerdmans, 1995), 13-44를 보라.

38. Ruth A. Tucker, *From Jerusalem to Irian Jaya* (Grand Rapids: Zondervan, 1983), 45; Steohen Neill, *A History of Christian Missions* (Baltimore: Penguin, 1964), 95-97.

39. Roland Allen, *Missionary Methods: St. Paul's or Ours?* (Chicago: Moody, 1956); Melvin L. Hodges, *The Indigenous Church* (Springfield, Mo.: Gospel, 1976); David Tai-Woong Lee, "Missionary Training by Nationals," *Training for Cross-Cultural Ministries* (April 1998), 1-3 (in *Mission Frontiers Bulletin* [May 1998]). 상황화에 대해서는 D. A. Carson, ed., *Biblical Interpretation and the Church: The Problem of Contextualization* (Nashville: Nelson, 1985)에 있는 논문들; William A. Dyrness, *Emerging Voices in Global Christian Theology* (Grand Rapids: Zondervan, 1994); Craig Blomberg, "The Globalization of Hermeneutics," *JETS* 38 (Dec. 1995): 581-93 등을 보라.

들은 심판을 두려워할 수도 있다. 왜냐하면 그들의 부유함은 그들이 속한 사회의 부유함에서 비롯된 것이기 때문이다—신자들이 그러한 것을 의존하지 않도록 종종 요청을 받는 한 가지 이유이다(계 13:17; 18:4). 만일 우리가 심판 사상으로 불편함을 느끼고 있다면, 아마도 그것은 우리가 예수님을 증언하는 것으로 고난당하기보다 세상에서 편안함을 느껴왔기 때문이다.

천사는 누가 그 두루마리를 펴기에 합당한가 묻고 있으며(계 5:2), 또한 이사야가 합당하지 못하였을 때 제단의 핀 숯으로 정결하게 되어야 했다(사 6:5-7). 예수님만이 합당하신 분으로 입증된다. 유일하게 가능한 우리의 구원자이신 예수님을 올바른 위치에 두는 것은 우리들에게 우리 자신이 필요불가결한 사람임을 생각하는 거만함을 가지지 않도록 해준다. 실제로 우리가 성경에 나오는 여러 인물들과 동일시하려고 하면, 우리는 그들에 대해 많은 설명이 주어질 때마다 큰 결점을 지니고 있는 우리 자신과 같은 사람들임을 발견하게 된다. 다윗은 분노로 나발의 권속 대부분을 거의 죽일 뻔하였다(삼상 25:21-22). 사라는 하나님의 계획을 돕기 위해 하갈을 선택하였으나 그녀를 학대하였다(창 16:2-6). 여호수아는 기브온 사람들에 대해 하나님의 지혜에 의존하지 않고 행동하였다(수 9:14-18). 모세는 하나님의 뜻에 너무나도 많은 이의를 제기했기 때문에 모세가 부르심을 받았던 초기에 자신의 생명을 거의 잃을 뻔하였다(출 4:13-14, 24-26). 기드온은 하나님의 부르심을 수행하는 자신의 능력을 의심하였다(삿 6:15-17). 이스라엘의 사사들은 종종 결점이 있는 사람들이었는데, 어떤 사람은 약간의 기능 장애를 일으켜 그 때문에 하나님의 뜻을 행할 수 없었다(삼상 8:1-3). 또 어떤 사람들은 그들의 기능 장애를 결코 극복하지 못하여 하나님의 복을 받았음에도 불구하고 비극으로 끝나기도 하였다(삿 11:34-40; 16:30; 아울러 계 1:3에 대한 설명을 보라). 우리가 무조건적으로 존경할 수 있는 유일하게 완전하신 분은 예수님이시다. 만일 우리가 다른 사람들을 받침대로 하여 그 사람을 딛고 오르려고 한다면, 우리는 반드시 실패에 이르게 된다.

가장 주목할 만한 것은 어린 양 그분이 인을 떼기까지는 하나님의 심판을 포함하여 그 다음에 이어지는 어떤 역사도 일어나지 않는다는 사실이다. 브루스(F. F. Bruce)가 언급했듯이, 하나님의 목적에 성취를 가져오는 것은 새로이 죽임을 당한 어린 양의 도착이다. "이것이 요한계시록의 중심적 메시지이다. 모든 시대의 가장 결정적인 사건은 갈보리의 희생이다. 그것은 하나님의 목적에 반대하는 모든 세력들에 대해 하나님의 목적과 하나님의 백성의 최종적 승리를 확증하는 결정적인 승리였다."[40] 요한계시록은 정확하게 신약성경의 나머지 책들이 선포하는 것과 동일한 복음을 선포하고 있기 때문에 신약성경의 일부이다. 모든 역사는 하나님의 구원 계획에 있어서 중심적 사건인 십자가에 의존하고 있다(고전 1:18-2:16; 골 1:18-23).

죽음을 통해 승리하심. 예수님이 죽음을 통하여 승리하신다는 것은 우리가 어떤 일들을 행하는 방식에 도전을 준다. 우리는 정치적 혹은 사회적 힘을 얻고 또한 하나님의 말씀을 위에서 아래로 명령하기를 좋아한다.[41] 이와는 대조적으로 예수님은 진정한 승리는 희생과 약함으로 온다는 것을 보여주고 있으며, 이는 우리로 하여금 하나님의 변호에 의존하도록 한다. 예수님을 따르는 자들의 군대는 그의 모범을 본받아야 한다(계 7:4-9에 대한 설명을 보라).

우리는 최근 시애틀 특별 올림픽에서 아홉 명의 육체적 혹은 정신적 장애인 경쟁자들이 100야드 경주를 달리는 것을 생각해 볼 수 있다. 한 소년이 발부리가 걸려 넘어지면서 울기 시작했을 때, 다른 여덟 명의 어린 아이들 모두 멈춰 서서 그를 돕기 위해 되돌아 왔다. 다운 증후군이 있는 한 소녀가 그에게 입을 맞추었고, 그러자 그들 모두 함께 팔짱을 끼고서 결승점을 향하여 나아갔다. 관중들은 10분 동안 기립 박수를 쳤다. 개인적인 승리를 포기함으로써, 아이들 모두 훨씬 더 큰 승리를 이루었다.[42]

필립 얀시(Philip Yancey)는 기독교 메시지가 세상에 희생자들을 위한 공감을 가져왔다고 말한다. 왜냐하면 처음으로 한 희생자(예수님)가 영웅이었기 때문이었다. 박해를 받는 사람들은 기독교적 가르침 때문에 서구의 양심에서 "높은 도덕적 기반"을 가지고 있다.[43] 얀시는 헨리 나우웬(Henry Nouwen)이 그의 귀중한 시간을 바쁜 대부분의 사람들이 시간을 내어 돌볼 수 없었던 정신 장애우들을 섬기는 일에 얼마나 헌신했는가를 놀라움으로 자세히 이야기하고 있다. 나우웬은 그에게 주어진 하나의 은사로서 이런 사람을 바라보았으며, 또한 우리 인간들이 어떤 존재들인지, 얼마나 소중한 존재들인지, 그리고 하나님 앞에서는 우리의 인격이 우리의 성취보다 더 중요하다는 것을 그에게 상기시켜 주었다.[44] 많은 것들을 성취하

40. F. F. Bruce, *The Message of the New Testament* (Grand Rapids: Eedmans, 1981), 84.

41. 척 콜슨(Chuck Colson)은 그가 "권력을 가지고 있을 때가 아니라 감옥에 있을 때 성취를 발견했다"고 말한다 ("My Journey from Watergate," *CT* [Sept. 13, 1993], 96).

42. 이 사실적인 이야기는 시카고에 있는 삼위일체 연합 그리스도교회(Trinity United Church of Christ) 목사 제러마이어 라이트(Jeremiah Wright) 박사가 나에게 전송해주었다.

43. Philip Yancey, "Why I Can Feel Your Pain," *CT* (Feb. 8, 1999), 136.

기 위해 바쁘게 돌아가는 빡빡한 스케줄 속에서(나는 그 누구보다도 나 자신에게 말하고 있다), 우리는 승리가 하나님과 함께 놓여있으며 또한 우리의 공적인 승리처럼 때로는 우리의 명백한 패배를 통해서도 승리가 성취된다는 것을 상기시킬 필요가 있다. 예수님의 죽음은 또한 우리를 위한 그의 사랑의 깊이를 보여주는데(계 1:5), 이는 우리들에게 하나의 확신을—그리고 우리가 기독교적 사랑을 드러내는 하나의 모델을—제공한다.

자기 민족 중심주의의 위험들. 예수님이 친히 모든 백성들 중에서 한 백성을 구속하셨다는 것(계 5:9)은 우리들에게 자기 민족 중심주의의 위험을 경고하시는 것이다. 다문화주의는 단순히 일시적 유행이거나 혹은 신학적 자유주의의 발명품이 아니다(그러나 대부분 좋은 일들처럼, 그것은 선뿐만 아니라 악의 도구가 될 수도 있다. 계 13:7-8을 보라). 하나님은 처음부터 다문화적인 그리스도의 몸을 원하셨다(마 28:19; 행 1:8). 사실 초기 그리스도인들은 지중해 전역에 걸쳐 서로 연락을 주고받았는데, 이곳은 분명히 초지역적 조직체를 발전시킨 초기 로마제국에서 유일한 지역이었다.[45] 이것은 하나님이 사람들을 차별 대우하는 분이 아님을 암시한다. 하나님은 모든 사람들을 돌보신다. 이것을 인정한다는 것은 우리가 인종적이고 문화적인 노선을 넘어서서 그들의 견해를 들을 만큼 동료 신자들을 사랑할 것을 요구하는데, 특히 우리가 논평하는 논제들이 종종 그들의 삶에 보다 직접적으로 영향을 미칠 때이다.[46]

빌리 그레이엄(Billy Graham)은 아프리카계 미국인들의 상황이라고 거의 간주될 수 없는 한 자그마한 남부의 농장에서 성장했다고 말한다. 그러나 일단 그가 인종적 관계에 대해 복음이 가지고 있었던 의미를 깨닫게 되자, 그는 1952년 남부의

44. 특히 Philip Yancey, "The Holy Inefficiency of Henri Nouwen," *CT* (Dec. 9, 1996), 80에 나오는, 헨리 나우웬이 한 중증 장애우를 정규적으로 섬긴 이야기를 보라. 아울러 Tony Campolo, *Wake Up America* (Grand Rapids: Zondervan, 1991), 87-88에서 한 장애 여인 낸시(Nancy)가 그녀의 공동체에서 외로운 사람들을 섬긴 것도 참조하라. 때때로 우리는 처음 제자들을 보다 좋아하는데, 그들은 예수님이 그 나라를 세우시기 위해 예루살렘에 빨리 올라가시도록 하는데 너무 관심이 있었던지 그들은 그 나라가 어떤 것인지도 전혀 알지 못했다. 즉 그 나라는 어린 아이들을 축복하며 한 맹인 거지를 치유하는 것이다(막 10:13-16, 48).

45. Robert Louis Wilken, "Roman Redux," *Christian History* 57 (1998): 42-44 (p. 43).

46. 행 10:34에 대해서는(이 본문은 아프리카계 미국인에 의해 노예제도 폐지를 위한 것으로 사용되고 있다 - James Melvin Washington, *Frustrated Fellowship* [Macon, Ga.: Mercer, 1986], 27), 특히 J. Julius Scott Jr., "Acts 10:34, a Text for Racial and Cultural Reconciliation Among Christians," p. 131-39 in *The Gospel in Black and White*, ed. D. L. Ockholm (Downers Grove, Ill.: InterVarsity, 1997)을 보라. 바울의 메시지 중에 인종적 화해의 중심성에 대해서는 Craig S. Keener, "The Gospel and Racial Reconciliation," 117-30 in *Gospel in Black and White*를 보라.

개혁 운동에서 흑인과 백인을 분리시키는 상황을 거부하였다. 그 이후로 그는 인종 차별을 옹호하는 모임에서 설교하는 것을 아예 거절하였다.[47] 미국의 여러 지역에서 다양한 인종적 원동력이 두드러지게 나타났다. 그러나 만일 현재의 경향이 미국에서 전체적으로 지속된다면, 백인들을 포함하여 모든 인종적 집단은 결국 인종적 소수를 구성하게 될 것이며, 또한 여기에 순응하지 못하는 사람들은 문화적으로 불이익을 받을 것이다.[48]

나는 두드러지게 흑인 주택들이 있는 곳에서 한 백인 그리스도인으로 살아가던 나의 초기 시절 중 얼마간이 생각난다. 그곳에서 어린이들은 텔레비전과 다른 것으로부터 나의 문화에 대한 모든 것을 알고 있었지만, 그러나 나는 그들이 어떻게 자신들의 머리를 다듬는지조차 알지 못했다. 나는 박사학위를 가지고 있는 사람으로 일하고 있었지만, 나는 점차 그들의 삶을 알지 못하는 것에 매우 부끄러워하게 되었으며, 또한 나 자신과는 다른 어떤 인종 집단—하나였다고 생각하지 않았던 한 인종 집단—속에서 일하기 위해 준비가 불충분한 채 나를 내버려두었던 교육 체제에 속았다는 느낌이 들었다. 다시금 다양한 장벽들이 다양한 장소에서 사람들과 관련이 있지만, 기본적인 요점은 만일 그리스도의 몸이 모든 백성들 가운데 하나가 되는 것을 봄으로써 세상이 하늘을 미리 맛본다면 우리는 이 모든 장벽들을 초월해야 한다는 것이다.

하나님이 기뻐하시는 예배. 하나님은 우리의 예배와 기도를 향, 즉 그를 기쁘시게 하는 향기로 받으신다(계 5:8).[49] 요한계시록과 성경 다른 곳에서 대개 예배에는 다양한 행위들을 포함하고 있는데, 가령 시편을 노래하는 것 등이다(예를 들면, 대상 15:22, 27; 25:7; 대하 23:18; 29:30; 스 2:65; 느 12:46). 예배는 종종 본문에서처럼(계 5:8) 악기를 사용하기도 하는데(예를 들면, 대상 13:8; 15:16, 28; 16:5; 25:1), 그러나 오늘날 악기를 사용하지 않는 교회들도 어떤 아름다운 아카펠라 화음을 내는 것은 인정한다. 성경에서 예배는 종종 즐거운 찬양이며(시편에

---

47. Graham, *Approaching Hoofbeats*, 144-45; Edward Gilbreath, "Billy Graham Had a Dream," *Christian History* 14 (Aug. 1995): 44-46; 그레이엄에 대해 보다 상세한 내용은 William Curtis Martin, *A Prophet with Honor*(New York: Quill, William Morrow, 1991)를 보라.

48. Russel Chandler, *Racing Toward 2001* (Grand Rapids: Zondervan, 1992), 28.

49. 후기 전승에서 하나님께 대한 자기희생적 헌신은 희생 제사처럼(창 8:21; 1QM 2.5; 희년서 3:27; 6:3-4; 21:14), 하나님이 받으실만한 향기였다(*Gen. Rab.* 34:9; 47:7; *Song Rab.* 4.6, §1). 향은 또한 승리를 거둘 때에도 사용되었으나(Josephus, *War* 7.72), 여기서는 성전 이미지가 보다 적합하다. 영적 제사에 대해서는 시 50:14; 51:16-19; 69:30-31; 141:2; 사 1:11-17; 58:6-7; 호 6:6; 암 5:21-24; 미 6:6-8; 1QS 9.4-5 등을 보라.

서 100회 이상 기뻐한다는 표현이 나온다), 때때로 소리치는 것을 포함하기도 한다(시편에서 20회 이상 나온다).

만일 이것이 우리의 보다 엄격한 교회들 중에서 너무나도 의식적인 것으로 보인다면, 세계에서 가장 빠르게 성장하고 있는 운동들 중 많은 것들이 우리의 엄숙함보다는 인간의 본성을 훨씬 많이 따르는 것을 알 수 있다. 그들은 최소한 예배의 몇몇 형식들이 재미가 있을 수도 있다는 것을 발견해왔다. (그러나 우리는 시편 역시 애통과 슬픔의 기도를 포함하면서 인간 정서의 전 범위에 걸치고 있다는 것을 주목해야 한다.) 예배는 또한 상황화 될 수 있어야 한다. 일부 사람들이 내가 직원으로 있었던 교회에서 음악 목사님이 드럼을 들여놓으려는 것을 막으려고 했을 때, 나는 시편 150편을 가지고 설교하면서 150편 3-6절에서 다양한 악기들을 포함하고 있다는 것을 말한 적이 있다. 나는 그들이 자신들의 문화 속에서 사용할 수 있는 모든 악기들을 사용했다는 것을 주목하였다(그들의 이교 이웃들에 의해 사용된 것들을 포함하여). 왜냐하면 하나님은 우리가 드릴 수 있는 가장 훌륭한 찬미를 받으시기에 합당하신 분이기 때문이다.

동시에 기쁨, 소리를 내는 것, 악기들, 그리고 의식 등은 그 자체로서는 예배를 구성하지 않는다. 그렇지 않다면 몇몇 대학의 사교 클럽과 다를 바가 무엇이 있겠는가! 예배의 중심은 하나님이 얼마나 위엄이 있으신 분이시며 그리고 그분이 행하신 일이 얼마나 위대하신가를 선포하는 것인데(몇몇 시편에서처럼, 2인칭 혹은 때로 3인칭으로 나오지만 하나님을 염두에 두고 있다), 이는 한 마디로 말해서 하나님에 대한 진리를 분명하게 표현하는 것을 의미한다. 따라서 신학은 경건할 수 있으나, 성경적 예배는 일반적으로 합리적일뿐만 아니라 정서적이며, 자신의 전 존재를 집중하여 하나님께 드리는 것이다. (종종 이스라엘의 문화에서 즐거워하는 것의 표현인 춤과 결합될 때, 예배는 또한 육체적인 것이 될 수도 있다. 예를 들면, 시 149:3; 150:4). 신학자들은 때때로 그들의 단체의 언어로 말해야 하지만, 그러나 모든 신자들이 하나님에 대한 적절한 이해를 하게 될 때, 그들도 시와 노래라는 예술적이고 은유적인 언어로 하나님을 영화롭게 하는 성경적 주제들을 분명하게 표현함으로써 참여할 수 있다. C. S. 루이스도 인식했듯이, 인간 언어가 지닌 한계들을 고려하면, 음악적 은유들과 묵시적 이미지들은 대부분의 사람들에게 우리의 메마른 논문보다 더욱 하나님의 영광을 전달할 수도 있다. 많은 성경적 "예배"의 표현들은 우리의 다양한 문화 속에서 실제로 아무런 의미가 없는 것이 되기도 한다 (하나님을 향하여 우리의 머리를 든다는 것은 무엇을 의미하는가?).[50] 나는 오늘날의 많은 성경적 예배의 합창들이 원래의 문맥에서 가져온 것이지만, 그것들이 사용하는 성경적 표현이 성경이 사용한 방식과 완전히 다르게 사용되고 있는 것을 생각해본다.[51] 동시에 우리는 요한이 그랬듯이 성경의 구속 역사뿐만 아니라 하나님이 우주와 우리의 삶과 현대의 사건들을 다스리신다는 것을 계속 찬양해야 한다. 찰스 웨슬리(Charles Wesley)의 것과 같이 성경에 흠뻑 젖은 찬송들은 그러한 예배에 이상적으로 적합하다. 하지만 우리의 입술이 올바른 말을 하며 우리의 감정이 즐거운 리듬으로 찬양할 때에도, 하나님을 갈망하는 예배가 무엇보다도 우리의 마음속에 있어야 하며 산제사로 드려지는 것이어야 한다(계 6:9-11; 아울러 롬 12:1도 참조하라).

변화된 삶. 예수님이 우리를 나라와 제사장으로 삼으셨다는 것(계 5:10)은 회심에 대한 우리의 인기 있는 몇 가지 21세기의 개념들을 가득 채우고 있다. 그것은 하나님이 우리를 제사장으로서 기도하고 예배하며 또한 다스리도록 우리를 부르신 것이지(계 5:10), 단순히 언젠가는 "천국에 가는 것"이 아님을 암시한다(그러한 목적지가 중요하긴 하지만). 그러므로 하늘의 합창이 여기서 묘사하는 구속은 단순히 개인적 경건이 아니다. 그것은 오히려 세상을 다스리도록 예정된 믿음의 중보적 공동체로 들어가는 것을 말한다.

19세기 초에 미국에서 교회 다니는 많은 사람들은 구원이 그들의 삶의 끝에서 소망할 수 있는 하나의 사건이라고 믿고 있었다. 복음주의적 각성에서 회심에 대한 강조점은 목표로서의 구원으로부터 세상에 영향을 미칠 수 있는 사람으로 만드는 새롭고도 변화된 삶의 시작으로서의 구원으로 바뀌었다.[52] 그리하여 피니(Finney)는 수만 명의 사람들이 그리스도에 대한 믿음을 공언하는 것을 목격하였을 때, 그는 즉시 노예제도 폐지 운동을 하는 그들의 새로운 헌신에 참여하였다.[53]

---

50. 이스라엘의 예배 언어가 그 문화에 얼마나 많이 반영되었는가에 대한 견본에 대해서는 Mitchell Dahood, *Psalms 1: Psalms 1-50*, AB 16 (Garden Cit, N.Y.: Doubleday, 1966)을 보라. 그러나 그는 아마도 우가릭 병행 문구에 너무 지나치게 의존하는 듯하다. 예배 방식들은 변화한다. 영국 국교회는 1820년까지 찬송시(고전 14:26; 엡 5:19; 골 3:16)를 허용하지 않았다("Did You Know?" *Christian History*, 31 [1991]: 전면 표지).
51. 예를 들면, "이 날은 여호와께서 정하신 것이라"는 모든 날이 아니라 건축자가 버린 돌이 집 모퉁이의 머릿돌이 되었을 때의 중대한 날을 가리킨다(시 118:22-24).
52. Gilbert Hobbs Barnes, *The Antislavery Impulse, 1830-1844* (New York: Harcourt, Brace & World, 1964), 3-11.
53. Timothy L. Smith, *Revivalism and Social Reform: American Protestantism on the Eve of the Civil War* (Baltimore: Johns Hopkins, 1980), 180; Usry and Keener, *Black Man's Religion*, 106-7.

예수님은 무작정 우리를 구속하신 것이 아니라, 이 세상에서 예수님의 대리인이 되도록 하기 위해서였다.

요한계시록 5:13에 나오는 모든 피조물의 예배는 아마도 각 피조물이 자연에 있는 것을 봄으로써 창조주께 고백하는 것 그 이상을 암시할 것이다(시 8:3; 19:1-6; 롬 1:20). 이러한 이미지는 시편 96편 11-13, 이사야 44:23, 55:12 등에서 그려지고 있는 적극적인 찬양에 보다 가까운 것으로 보인다. 동물들과 무생물이 하나님의 형상을 따라 지음을 받은 사람들보다 덜 지적인 것은 분명하다. 하지만 우리는 우리가 가진 지혜를 너무나도 저하시켜서 때로는 동물들이 우리보다 더 영리할 때도 있다(사 1:3; 롬 1:21-23; 벧후 2:16).

요한계시록 6:1-8

1 내가 보매 어린 양이 일곱 인 중의 하나를 떼
시는데 그때에 내가 들으니 네 생물 중의 하
나가 우렛소리 같이 말하되 오라 하기로
2 이에 내가 보니 흰 말이 있는데 그 탄 자가
활을 가졌고 면류관을 받고 나아가서 이기고
또 이기려고 하더라
3 둘째 인을 떼실 때에 내가 들으니 둘째 생물
이 말하되 오라 하니
4 이에 다른 붉은 말이 나오더라 그 탄 자가 허
락을 받아 땅에서 화평을 제하여 버리며 서
로 죽이게 하고 또 큰 칼을 받았더라
5 셋째 인을 떼실 때에 내가 들으니 셋째 생물
이 말하되 오라 하기로 내가 보니 검은 말이
나오는데 그 탄 자가 손에 저울을 가졌더라
6 내가 네 생물 사이로부터 나는 듯한 음성을
들으니 이르되 한 데나리온에 밀 한 되요 한
데나리온에 보리 석 되로다 또 감람유와 포
도주는 해치지 말라 하더라
7 넷째 인을 떼실 때에 내가 넷째 생물의 음성
을 들으니 말하되 오라 하기로
8 내가 보매 청황색 말이 나오는데 그 탄 자의
이름은 사망이니 음부가 그 뒤를 따르더라
그들이 땅 사분의 일의 권세를 얻어 검과 흉
년과 사망과 땅의 짐승들로써 죽이더라

원 의미

이 단락은 무서운 심판의 격렬한 이미지들로서 묵시록의 악명 높은 네 말 탄 자를 묘사하고 있다. 몇 가지 역사적 고려를 해본다면 이러한 이미지들이 1세기 청중들의 세상적 안전에 얼마나 위협을 주었겠는가를 이해하는데 도움을 줄 수 있을 것이며, 그것에 의하여 이러한 이미지들이 원래 일으켰을 것과 동일한 불안을 느끼도록 우리를 초대한다.

우리가 네 말 탄 자들 혹은 다른 심판들을 종말이 이르기 이전 역사의 연대기적인 지도로서 이해해야 하는가 하는 것은 의심스럽다. 오히려 이러한 것들은 아마도 그 시대를 특징짓는 심판의 종류들일 것이며, 또한 이들은 요한이 보았던 순서로 정렬되어 있다.[1] 어떤 이들은 인 심판을 과거의 것으로, 즉 요한계시록 다른 곳

1. González, *Revelation*, 53을 보라. 묵시적 환상들은 대환난을 다양한 방식으로 도식화하고 있지만(예를 들면, 바룩 2서 27장에서 환난을 12부분으로 나눈다), 이러한 심판들 중 몇 가지는 분명한 연속성을 보여주기보다는 오히려 중복되고 있다(바룩 2서 27:14-15).

에 나오는 현재 혹은 미래적 심판의 서곡으로 간주하고 있다.[2] 아마도 인 심판은 나팔 심판 및 대접 심판과 동일한 기간에 걸쳐 있을 것이다. 왜냐하면 세 심판 시리즈 모두 이 시대의 끝에서 그 절정에 달하기 때문이다(계 6:12-14; 11:15, 18; 16:17, 20; 요한계시록의 시간에 대해서는 12:5-6에 대한 설명을 보라).

네 말 탄 자들에 의해 위협을 받는 심판들은 예수님이 이 시대를 특징지을 것으로 말씀하신 심판들이다(막 13:7-8).[3] 고대의 많은 예언 교사들은 종말의 타락한 시대에 있을 것으로 그들이 예상했던 특별한 고난들의 목록을 작성하였다. 예수님은 이러한 것들 중 몇 가지를 택하였으며 그리고 (반대로 몇몇 현대의 예언 교사들은 예수님의 말씀을 정확하게 이해하지 못하였다) 그러한 사건들이 종말의 징조가 아님을 분명히 말씀하셨다. 오히려 예수님은 "아직 끝은 아니니라"고 말씀하셨는데, 이들은 단순히 "재난의 시작"일 뿐이다(막 13:7-8; 참조. 마 24:6, 8). 그러나 예수님과 요한계시록 모두 돌연변이와 같은 고대의 예언 교사들에 의해 언급되고 있는 몇몇 징조들을 생략하고 있다.[4]

이곳에 나오는 요한의 심판에 대한 묘사는 문학적 기교와 성경에 몰두하고 있는 내용 모두를 반영하고 있다. 네 재앙들의 목록은 구약성경에 나오는 것들과 유사하지만(신 32:24; 대하 20:9; 렘 15:2; 겔 5:17; 14:21), 그러한 사중적 양식은 요한계시록 6:8에도 구체적으로 다시 반복되고 있으며 또한 말 탄 자들 전체를 지지하지 않을 수도 있다(그러한 개요는 "사나운 짐승"이 정복을 대신하기 때문이다).[5] 보다 간결한 세 심판 목록은 (전쟁과 정복을 결합시킨 것이지만, 역병과 기근은 계속 유지시킨다) 훨씬 더 일반적인 것인데, 이는 요한계시록이 전쟁과 정복의 이미지를 강조하고 있음을 암시한다.[6]

---

2. Wesley, *Commentary on the Bible*, 597 (계 6-9장은 과거적인 것으로, 10-14장은 현재적인 것으로, 그리고 15-19장은 임박한 것으로 생각하고 있다).
3. 일부 사람들은 요한계시록 6장이 마가복음 13장을 반영하고 있는 것으로 생각한다 (Beasley-Murray, *Revelation*, 129-30).
4. 유대교는 아마도 이것을 이교주의로부터 가져왔을 것이다. 예를 들면, Hesiod, *W.D.* 180-81; 통상적인 전조들 중에는 예를 들어 Livy, 36.37.2; Appian, *C.W.* 1.9.83; Lucan, *C.W.* 1.526-27. 유대교에서는 에스라 4서 5:8, 6:21을 보라.
5. 아울러 Ps-Philo 3:9; 유다의 유언 23:3에 있는 사중적 방식들; 그리고 시빌의 신탁 3.331에 나오는 전쟁, 기근, 역병 및 침략 등을 보라.
6. 검(전쟁), 역병, 그리고 기근의 삼중적 목록 (예를 들면, 렘 14:12; 21:7-10; 27:8; 29:17-18; 32:24, 36; 34:17; 38:2; 42:17, 22; 44:13; 겔 5:12; 6:11-12; 7:15; 12:16). 시빌의 신탁 3.335에 나오는 검, 기근 및 사망을 참조하라; *Sifre Deut.* 43.9.1에서는 오중적으로 개조한다. 그러나 더 긴 목록들도 흔히 나타난다 (예를 들면, 시빌의 신학. 3.601-3).

네 말 탄 자들은 심판의 천사들로 보이지만, 그러나 이들의 상징적인 문학적 기능을 고려할 때 그들의 정체가 지나치게 강조되어서는 안 된다.[7] 그들 모두 스가랴 1:8을 직접적으로 생각나게 하는데, 이곳에서 네 가지 다른 색깔의 말을 탄 자들은 땅에 두루 다닌 후 다시 돌아와서 보고를 하는 여호와의 순찰병들이다(슥 1:8-11). 그 후에 하나님은 네 병거를 보내시는데, 각 병거는 하나님의 순찰병으로서 다른 색을 지닌 말이 끌고 있는데(슥 6:1-8), 이는 이러한 이미지가 유래되었을 페르시아의 순찰병들보다 더욱 인상적이다. 여기서 하나님은 몇몇 천사들에게 보다 적극적인 역할을 부여하셨다. 어떤 유대교 문헌은 하나님이 말을 탄 천사들을 통하여 치명적인 원수들을 패배시키는 것을 묘사하고 있다(마카비 2서 3:24-30).

흰 말을 탄 자에 대한 묘사(계 6:2)에 대해서는 다양한 설명이 제시되고 있는데, 적 그리스도적 인물인 곡에 대한 암시라는 것을 포함하여(겔 39:3) 궁수(弓手)이며 예언의 신 아폴로에 대한 암시라고도 말한다.[8] 곡과의 관련성을 지지하는 증거는 충분하지 않다. 독자들이 만일 이미 19:11을 읽었다면 ("흰 말"은 스가랴 1:8 이외의 다른 예언서에는 나오지 않는다) 그리스도의 말을 모방한 것임을 발견할 것이다 (따라서 적 그리스도적 인물과 관련성이 있다). 비록 요한계시록의 청중들이 이 책을 한 번 이상 읽은 것이 분명하다 해도, 흰 말은 이미 제기된 것들의 의미를 약화시킬 만큼 일반적인 것이다. 마찬가지로 아폴로와의 관련성도 비록 훌륭하게 주장되고 있긴 하지만 너무나도 희박한 것으로 보인다. 아폴로에 대한 다른 암시들은 이곳에서 생략하고 있으며, 그리고 아폴로는 화살을 지닌 유일한 신이 아니었다(아르테미스, 에로스 등을 참조하라). 다른 사람들은 이 흰 말과 그리스도의 말을 비교하고 있으며 그리하여 첫째 말 탄 자를 종말 이전에 복음을 전파하는 것으로 생각한다(마 24:14 참조).[9] 또 다른 사람들은 "오라"는 부르심에서(계 6:1, 3,

7. 에녹 1서 87:2-89:1에 나오는 심판의 네 천사를 참조하라. 그러나 숫자가 다른 천사들이 다른 곳에서 나타난다. Aune, *Revelation*, 2:39는 헬라 신들에 대한 다양한 색을 지닌 네 마리의 천상적 말들을 인용한다. 그러나 그 병행은 전차를 끄는 말들의 이상적인 숫자를 단순히 반영할 수도 있다.

8. 곡(Gog)에서 적그리스도가 나온다는 것에 대해서는 Mathias Rissi, "The Rider on the White Horse: A Study of Revelation 6:1-8," *Interpretation* 18 (1964): 407-18; idem, *Time and History*, 72-73; Walvoord, *Prophecy Knowledge Handbook*, 553; Daniel K. K. Wong, "The First Horseman of Revelation 6," *BibSac* 153 (1996): 212-26 등을 보라. 아폴로(Apollo)에 대해서는 Allen Kerkeslager, "Apollo, Graeco-Roman Prophecy, and the Rider on the White Horse in Rev. 6:2," *JBL* 112 (Spring 1993): 116-21의 세밀한 연구를 보라. 케르케스라거는 계 9:11과 12:1-5에서 아폴로에 대한 암시들을 발견하지만(pp. 119-20), 그러나 어느 경우도 아폴로에 대한 암시가 주된 것이 아니다.

9. Oscar Cullmann, *Christ and Time*, tr. F. V. Filson (Philadelphia: Westminster, 1950), 161; idem, "Eschatology and Missions in the New Testament," 409-21 in *The Background of the New Testament and*

5, 7) 그리스도께서 "오실 것"을 요청하는 것에 대한 암시로 생각하여(계 22:20), 네 말 탄 자들 모두 역사의 심판에서 오실 그리스도의 현현(顯現)들이라는 것이다.[10] 그러나 비록 주님이 이러한 천사들을 궁극적으로는 후원하신다 해도, 그 다음에 이어지는 상징들은 부정적이며 그리하여 이 상징에 대해서도 부정적인 빛을 던져주고 있다.

보다 일반적인 암시는 가능하다. 우리는 또한 그러한 말들이 높이 평가될 수도 있다는 것을 주목함으로써 흰 말로 시작하는 것의 중요성을 감소시킬 수도 있다.[11] 성경 예언자들은 "검"이 전쟁을 가리키는 것처럼 또한 "활"을 정복에 대한 하나의 은유로 사용하였는데, 이 이미지는 활을 다루는 기술로 유명한 특별한 사람들과 가장 빈번하게 관련이 있다 (예를 들면, 사 21:15; 22:3; 41:2; 렘 6:23; 46:9; 49:35; 50:14, 29, 42; 호 1:5, 7; 2:18). 그러나 요한계시록에서 파르티아에 대한 여러 암시들을 고려하면 (계 9:14; 16:12)—아마도 소아시아의 청중들이 분명하게 알고 있었던 암시들이다—이곳에서 파르티아를 암시하고 있다는 것이 분명한 것으로 보인다.[12]

파르티아 사람들은 스키타이 사람들처럼 그들이 타는 말로 유명하였다. 그들은 말을 탄 전사들로 잘 알려져 있었으며, 또한 그들의 기병대는 특히 무서운 궁술로 유명하였다.[13] 로마 군대에서는 오로지 보조 부대들만 활을 사용하였고 기병 부대에 소속된 반면, 파르티아 사람들은 모두가 말을 탄 궁수들이었다. 그들은 고대 지중해 세계에서 이름 있는 유일하게 말 탄 궁수들 집단이었다.[14] 흰 색은 파르티아에서 신성한 색이었으며, 그리고 모든 파르티아 군대는 몇몇 신성한 흰 말들을 가지고 있었다.[15] (개선식에서 로마의 장군들은 또한 흰 말들을 가졌는데, 왜냐하면

Its Eschatology, ed. W. D. Davies and D. Daube (Cambridge: Cambridge Univ. Press, 194), 416; Ladd, *Theology*, 623.

10. 헬라인들은 신들의 개입을 "신현"(神顯, epiphanies)으로 말하였다 (Martin Persson Nilsson, *Greek Piety*, tr. H. J. Rose [Oxford: Claredon, 1948], 106). 여기서 보다 가능성이 있는 것은 하나님의 목적들을 선언하는 하늘 음성에 대한 유대교적 개념이다 (Josephus, *Ant.* 13.282-83; *b. Ab.* 6:2; *Sifre Deut.* 357.10.3).
11. Homer, *Il.* 10.437; Livy, 5.28.1; *b. Sanh.* 93a 등을 보라.
12. William M. Ramsay, *The Cities of St. Paul: Their Influence on His Life and Thought* (London: Hodder & Stoughton, 1907; reprint: Grand Rapids: Baker, 1979), 430; González, *Revelation*, 47을 보라.
13. 말들에 대해서는 Tacitus, *Ann.* 15.17; 에녹 1서 56:7; Horace, *Sat.* 2.1.15를 보라. 유명한 파르티아의 궁술(弓術)에 대해서는 Virgil, *Aen.* 12.857-58; *Georg.* 4.290, 313-14; Plutarch, *Pompey* 70.3; Tacitus, *Ann.* 15.4, 7, 9; Seneca, *Ep. Lucil.* 35.7 등을 보라. 유대교 문헌들도 궁술을 동방과 연관시킨다 (시빌의 신탁 5.116-17).
14. Ramsay, *Letters to the Seven Churches*, 58; Caird, *Commentary on Revelation*, 80.

흰 말이 최고였기 때문이었다. 그러나 흰 말은 병거들을 끄는데 사용되었다.)

뿐만 아니라 지중해 동부에 살고 있는 많은 유대인들은 파르티아 사람들이 종말론적 전쟁에서 어떤 역할을 해줄 것으로 기대하고 있었다(에녹 1서 56:5-7; 시빌의 신탁 5.438).[16] 요한계시록 19:11-16에서도 백마 탄 자는 주 예수님이신 것이 분명한데, 이 책은 파르티아의 위협에 대한 암시를 함으로써 로마의 애국자들의 마음속에 테러를 가한 것일 수도 있다. "만왕의 왕"이라는 칭호는 파르티아의 통치자를 암시한 것일 수도 있다(계 19:16에 대한 설명을 보라). 그러나 요한계시록은 이 이미지를 단순히 적대적인 침략자들이라는 요점을 강조하기 위해 사용한 것이지, 파르티아의 침략을 구체적으로 예언한 것이 아니다. 요점은 로마의 통치가 언젠가는 붕괴될 것이라는 점이다—파르티아의 영원한 통치가 아닌 궁극적으로 하나님에게 굴복한다(계 11:15-19).[17]

전쟁과 정복의 위협은 팍스 로마나(*pax Romana*), 즉 로마의 평화라는 현혹시키는 주장에 도전한다. 로마는 제국의 경계 내에서는 평화를 유지하였지만—비록 그 평화가 평정과 정복보다는 진정성이 덜 한 것이긴 하지만—제국의 "평화" 선전이 그 국경을 확장시키기 위한 시도들을 끝내지 못하였다. 보다 강력한 침략자들은 로마의 평화의 허구성을 이제 드러낼 것이다.[18]

"정복"(계 6:2) 다음에는 피 흘림이 따라올 것이다(계 6:4). 그리고 전쟁이 있을 때 흔히 일어나는 것처럼 경제적 불안정(계 6:5-6)과 광범위한 사망(계 6:8)으로 인하여 기근이 발생할 것이다. 피 흘림, 즉 둘째 말 탄 자는 소름 끼치게 하는 모습을 하고 있다. 독자들은 "붉은" 말에서 피에 대한 암시가 있다는 것을 간파할 것이다. 후대 랍비들은 스가랴의 "붉은 말을 탄 남자"(슥 1:8; 참조. 슥 6:2)를 여호와께서 심판을 가져오셔서 세상을 피로 물들이시는 것으로 이해하였다 (*b. Sanh.* 93a). "칼"은 전쟁과 폭력적인 죽음의 심판을 나타내는데, 이는 구약성경에서만 100회가 족히 넘을 만큼 등장하는 표현이다(예를 들면, 레 26:33; 민 14:43; 신

---

15. Ramsay, *Letters to the Seven Churches*, 58-60도 파르티아의 통치자들이 통상적으로 그들의 권위를 상징하는 것으로 활을 지니고 다녔다는 것에 주목하고 있다.

16. 로마의 문헌들에는 파르티아의 위협에 대한 암시들로 가득 차 있으며 (예를 들면, Lucian, *How to Write History*), 그리고 팔레스타인의 많은 유대인들도 그들을 두려워하는 이유를 가지고 있었다 (Josephus, *War* 1.248-273 참조). 종말론적 전쟁에 대해서는 1QpHab 3-4를 보라. 아울러 1QM에 나오는 최후 전쟁을 참조하라.

17. Boring, *Revelation*, 122.

18. Kraybill, *Imperial Cult and Commerce*, 147을 보라.

32:25; 사 31:8; 65:12; 렘 4:10; 19:7).[19] 여기서 다양한 국가들에 대한 어떤 구체적인 언급도 없으며, 그리하여 사람들을 "서로 죽이게" 하는 것은 몇몇 주석학자들이 주장하는 것처럼 내전을 포함하는 것일 수도 있다 (그러나 반드시 포함하는 것은 아니다).[20] 분명히 이전 세대의 가장 기억에 남을만한 전쟁들이 제국 자체 내에 있었는데, 특히 유대 전쟁(A.D. 66-73)과 A.D. 68년에 있었던 로마의 격렬한 권력 투쟁이 있었다. 이 전쟁은 자국민들의 피를 흘리는 것을 수반하였기 때문에, 내전은 종종 가장 끔찍한 것으로 보였다.[21]

이와 마찬가지로 기근(셋째 말)도 무서운 공포였다. 대개 어떤 사람이 자신이 가지고 있는 돈으로 살 수 있는 식량의 무게를 달기 위해 시장에서 사용되었던 저울(계 6:5) 이미지는 하나님께서 식량 공급에 대한 주권을 가지고 계심을 암시한다. 기근(시빌의 신탁 3.236)과 역병(시빌의 신탁 3.538) 모두 때로는 전쟁을 수반하기도 하였다. 예를 들면, 역병은 썩어 가고 있는 시체가 물을 통해 발생할 수도 있었다. 많은 농부들이 역병에 걸려 아플 때 역병은 결국 기근을 가지고 올 수도 있었다.[22] 이교도들과 유대인들 모두 그러한 고통들이 종종 신적인 심판을 나타내는 것으로 이해하였으며, 또한 그러한 것들은 회개할 것을 요구하였다(레 26:26; 렘 11:22; 21:6; 겔 4:16; 33:27).[23]

기근은 지중해 지역의 사람들이 먹는 일상의 음식물의 기본 식료품들 중 많은 것들에 영향을 미쳤는데, 이러한 것들 중에는 보리, 밀, 그리고 아마도 치즈나 올리브, 수역(水域) 근처에 있는 어류들 등과 같은 식료품들 등이다. "밀 한 되"는 많은 것이 아니다. 하루에 보리 한 되의 반으로 제한되어 살아가는 사람들은 곧 영양실조가 되어 치명적인 질병에 걸리기 쉽다.[24] 그래도 아직 농부들을 위한 생계 임금

---

19. 다른 초기 유대교 문헌들 중에서 에녹 1서 14:6; 88:2; 90:19; 91:11-12; 희년서 5:9; 9:15; 20:6; 22:8; 23:22-23; CD 1.4, 17; 1QM 11.11-12; 12.11-12; 15.3; 16.1; 1QpHab 6.10; 4QpNah 2.5; 바룩 2서 27:3-5; 시빌의 신탁 3.316, 689; 아브라함의 유언 18 A; *tos. B.K.* 7:6; *Suk.* 2:6 등을 보라.

20. Mounce, *Revelation*, 154-55에서도 죽이는 것에 대한 용어가 흔히 전쟁에서 죽는 것이 아니라는 것을 주장한다(155 n. 12). 일반적으로 이 표현은 종종 죄수들을 죽이는 것에 대해 사용된 것이 사실이지만, 그러나 때때로 전쟁에서 죽이는 것에 대해서도 적용되었다(삿 12:6; 렘 19:7).

21. 예를 들면, Appian, *C.W.* 1.intro. 5; Lucan, *C.W.* 2.148-51; 에스라 4서 6:24. 도미티안이 속해 있었던 당시의 플라비안 왕조는 로마에서 일종의 내전이 벌어졌을 때 권력을 잡았다.

22. Dionysius of Halicarnassus, 10.53; Livy, 4.25.4-6을 보라.

23. Hierocles, *How to Conuct Oneself Toward the Gods* 1.3.53-54; 솔로몬의 시편 17:18-19; 바룩 2서 27:6; *b. Ber.* 55a. 신적인 저주로서 역병에 대해서는 Diodorus Siculus, 14.69.4-14.71.4; *Pes. Rab.* 15:14/15를 보라.

24. Plutarch, *Nicias* 29.1을 보라. 주요 산물에 대해서는 Plutarch, *Love of Wealth* 2, *Mor.* 523F를 보라.

이 보기 드문 것은 아니다. 농장에서 고용된 노동자들은 하루에 빵 두 덩이 정도(약 500그램)의 적은 임금을 받는데, 이는 단지 자신과 그들 가족들만 먹을 정도의 식량에 불과하다.[25]

한 데나리온은 이 당시에 대략 하루의 임금이었다. 밀 한 되는 하루 동안 노동자 한 사람이 먹을 수 있는 양이었지만, 만일 그가 부양해야 할 가족이 있다면 그는 밀을 구입하는 것 대신 보다 값이 싼 보리를 세 배나 구입할 수 있었다. 사람이 먹을 수는 있지만, 여기에 나오는 곡식 값은 경기가 좋을 때보다 최소한 다섯 배에서 열다섯 배 정도 비싼 것이었다.[26] 이집트와 같은 보다 가난한 지역에서 평균 규모의 가정을 고려한다면, 많은 어린 아이들이 굶어 죽거나 영양실조로 발육이 늦어졌을 것이다.

왜 본문은 곡식보다 생명에 덜 필수적인 감람유와 포도주는 해치지 말라고 언급하는가?(6:6)[27] 어떤 학자들은 부자들이 여전히 사치스러운 물품들을 가지고 있었음을 암시한다고 주장한다(참조. 계 18:13; 욥 24:11; 잠 21:17).[28] 이러한 제안이 받아들여지든 그렇지 않든 간에, 이러한 불균형은 아마도 로마 경제 안에 내재해있는 불공평이 있었다는 것을 가리킬 것이다. 비록 기근이라는 적나라한 현실이 고대 대부분의 사람들에 의해 느껴졌음에도 불구하고, 이러한 이미지는 특히 1세기의 90년대 로마 제국의 아시아 속주에서 살아가고 있는 청중들의 관심을 끌었을 것이다. 포도주 무역은 곡물보다는 보다 많은 이윤이 남았기 때문에, 지역 부동산을 소유하고 있는 로마인들은 곡물보다 포도주를 더 많이 가지게 되었으며, 그리하여 포도주는 과잉이 되었지만 곡물은 부족하게 되었다. 요한계시록이 기록될 즈음에, 도미티안 황제는 아시아와 같은 지역에 포도 생산을 제한하려고 하였으나, 그의 시도는 인기도 없었고 성공하지도 못하였다.[29] 만일 시행되었다면, 그의 정책

25. Naphtali Lewis, *Life in Egypt Under Roman Rule* (Oxford: Claredon, 1983), 69.

26. 밀 가격의 8배와 보리 가격의 5와 3분의 1배(Aune, *Revelation*, 2:397을 보라). 더 높은 수치는 Beasley-Murray, *Revelation*, 132-33에 나온다.

27. 많은 사람들이 다양한 필수품들의 가격을 예언하기 위해 점성술을 활용하려고 하였으며, 때때로 심지어는 고대 유대교에서도 그렇게 하였다(Tr. Shem 1.11; 2.5, 8; 5.1-4; 6.7-11; 7.4-7, 14; 8.6-7; 11.8-9; 12.9).

28. Caird, *Commentary on Revelation*, 81; Beasley-Murray, *Revelation*, 133. 포도나무가 해를 입지 않았다면 포도주 값이 광범위한 지역에서 사람들을 술에 취하게 만들었을 것이다(*m. Sot.* 9:15; *Pes. Rab.* 15:14/15; 참조. 요엘 1:5). 그러나 포도주와 기름은 필수품으로 간주되었다(신 7:13; 11:14; 12:17; 14:23; 18:4; 느 5:11; 시 104:15; 미 6:15).

29. Suetonius, *Dom.* 7.2; 14:2.

은 특히 빌라델비아(계 3:7-13)를 강타했을 것이다. 왜냐하면 빌라델비아는 특별히 포도 생산에 의존하고 있었기 때문이었다.[30]

아시아 속주의 많은 토지가 이윤이 많이 남는 수출을 하기 위해 감람유와 포도주를 생산하는데 할애되었기 때문에 아시아 속주의 도시들은 종종 이집트나 흑해로부터 곡물을 수입해야할 필요가 있었다. 그리하여 토지 소유주들과 해운업자들은 돈을 많이 번 반면, 아시아 속주의 대부분의 사람들은 종종 자신들의 식량을 위해 더 높은 가격을 지불해야만 했다.[31] 심지어 사데, 두아디라, 그리고 라오디게아의 부유한 사람들까지도 자신들에게 그러한 심판이 얼마나 가까이 올 수도 있는가를 깨달았으며, 또한 그러한 고통이 야기된 것에는 제국 전체의 경제적 관습들이 연관되어 있다는 것을 알았는데, 이러한 경제적 고통은 가난한 자들이 가장 힘들었다.[32] 인플레이션은 이미 1세기 말에 견디기 어려울 정도였다. 하지만 기근은 늘 인플레이션을 통제할 수 없게 만들었다(왕하 6:25).[33]

그러나 감람유와 포도주를 아끼는 것은 또한 심판 중에서 하나님의 자비를 드러낸다 (6:6의 "해치지 말라"는 7:3의 "해하지 말라"와 동일한 헬라어 표현이다). 고대 지중해의 전쟁은 들판에 서 있는 농작물을 파괴시키는 것을 포함하였지만 포도나무와 감람나무는 무너뜨리지 않았다. 포도나무와 감람나무를 파괴하는 것은 장기간 지역 경제의 황폐화를 가져왔다(그렇게 하는 것은 땅을 정복하는 전체적인 목적을 무효로 하는 것이다). 밀과 보리를 해치는 것은 새로운 추수를 할 때까지 일 년 동안 고통을 겪는 것을 의미했지만, 감람나무(이 나무가 자라기까지는 17년이 걸린다)와 포도나무를 해치는 것은 영속적인 재난을 초래하였다.[34] 고대 지중해 사람들의 사고에서는, 잔인한 야만인들만이 식량을 생산하는 모든 수단을 파괴하곤 하였다. 요한계시록 6:2-4에 나오는 전쟁은 전체적인 전쟁은 아니지만, 그것

30. Hemer, *Letters to the Seven Churches*, 158-59 ; 그러나 Aune, *Revelation*, 2:398-400에 나오는 경고들을 주목하라. 도미티안 통치 당시 경제적 어려움들은 특히 로마의 아시아 속주를 강타하였다 (Helmut Koester, *Introduction to the New Testament* [Philadelphia : Fortress, 1982], 2:251).

31. Kraybill, *Imperial Cult and Commerce*, 66-67.

32. Wesley, *Commentary on the Bible*, 599는 그 예언이 트라얀 황제의 통치 기간에(2세기 초) 있었던 기근에서 성취되었다고 생각한다.

33. 아울러 Josephus, *War* 6.198을 보라. 1세기 말의 물가상승에 대해서는 William White Jr., "Finance," 218-36 in *The Catacombs and he Colosseum*, ed., S. Benko and J. J. O'Rourke (Valley Forge, Pa. : Judson, 1971), 234를 보라.

34. Ramsay, *Cities*, 431-32 ; idem, *Pauline and Other Studies in Early Church History* (New York : A. C. Armstrong & Son, 1906 ; Grand Rapids : Baker, 1979), 241.

은 보다 강력한 위협에 이르게 할 수도 있다(계 16:12-16).

"청황색 말"(계 6:8)은 문자적으로는 "초록색" 말일 수도 있지만, NIV 성경이 이 말을 정확하게 번역하고 있는 것처럼, 이 말이 안색에 적용될 때는 단순히 "창백한" 것을 의미한다.[35] "사망"이 오는 것은 이전의 말 탄 자들의 결과들을 모두 합친 것일 수도 있으며 혹은 특히 역병을 가리킬 수도 있다(계 2:23 참조).[36] 사망은 종종 유대교 자료에서 인격화된 것으로 나타나기도 하는데, 전형적으로는 하나님의 계획에 복종하는 천사로 혹은 때때로 사탄과 대등한 존재로 인격화된다. 그러나 사탄은 하나님의 뜻과 관계없이 하나님의 백성들을 해칠 수는 없다.[37] 인격화된 사망과 음부는 몇몇 성경적 시에서 함께 나타나기도 한다(삼하 22:6; 시 49:14; 116:3; 사 28:15; 38:18; 호 13:14; 합 2:5).

네 말 탄 자들은 함께 검으로(폭력적인 죽음, 아마도 처음 두 말 탄자들처럼), 기근으로(셋째 말 탄 자), 역병으로(아마도 넷째 말 탄 자), 그리고 땅의 짐승들로(계 6:8) 죽인다. 특히 땅의 짐승들은 네 가지 재앙에 대한 성경의 목록 중에 등장하기 때문에 추가되었을 것이다(겔 5:17; 14:21). 아울러 땅의 짐승은 다른 곳에서는 심판을 행하기 위해 나타나기도 한다(왕하 2:24; 솔로몬의 지혜 11:15-18; 12:9).

상황잇기

상응하는 이미지들. 이러한 이미지들을 적용하기 위해서 우리는 오늘날 이에 상응하는 영향을 줄 수 있는 이미지들로 변형시켜야 한다. 전쟁, 기근, 그리고 역병 등은 여전히 오늘날에도 무서운 문제들이다. 요한계시록 6:1-8의 메시지를 새롭게 환기시키기 위해, 우리는 이 환상이 주는 엄청난 전율을 받아들여야 하며, 그 다음 하나님이 이러한 심판을 행하시는 중에도 주권자이심을 묵상해야 한다. 하나님이 세상의 죄에 대해 분노를 드러내심으로써 하나님은 박해자들에 대해 경고를 하실 뿐만 아니라 또한 우리가 사라질 운명에 처해 있는 세상의 체계에 대해 너무 편안하게 되지 않도록 그의 자비로우심으로 우리를 막으신다(요일 2:15-

35. Longus, 1.17; Aune, *Revelation*, 2:400은 이러한 창백함을 병과 관련시키는 문헌들을 인용하고 있는데, 이것이 역병을 일으켰을 지도 모른다(계 6:8).

36. Black, "Greek Words," 136을 참조하라.

37. 예를 들면, 바룩 2서 21:23; 아브라함의 유언 8.16A; 9B; Syr. Men. Sent. 444-46; 시빌의 신탁 3.393, 692; *Sifre Deut.* 305.3.3; *ARN* 12A; *Pes. Rab Kah. Sup.* 1:14. 죽음은 계 9:6에서 의인화되고 있다. 참조. 계 8:11; 20:14; 시락 41:1-2; 솔로몬의 시편 7:4; Horace, *Sat.* 2.1.58. 의인화된 기근에 대해서는 시빌의 신탁 3.331-32를 보라.

17). 하나님은 역사의 주권자이시며, 심지어 고난에 대해서도 마찬가지이다. 고난들은 하나님의 약속들이 진실하다는 것에 대한 신적인 증거의 인이며 표지이다.

예언 교사들은 이러한 이미지들을 다양한 방식으로 해석해왔지만, 반드시 그 원래의 역사적 문맥에 관심을 기울인 것은 아니었다. 예를 들면, 홀 린드세이(Hal Lindsay)는 흰 말을 탄 자가 로마에서 통치하는 유럽의 적그리스도라고 말한다(그는 이스라엘에서 다스리는 한 유대인 적그리스도의 도움을 받는다).[38] 그러나 파르티아인들을 거의 확실하게 암시하고 있다는 것은 아마도 본문이 로마인들을 위협했을 것임을 의미하는 것이지, 그들이 로마 제국에 대해 자긍심을 가지고 있다는 것을 주장하는 것이 아니다. 이 인물은 우선 그가 로마를 정복했을 경우에 한해서 로마로부터 다스리고 있을 것이다.

만일 첫째 말 탄 자가 파르티아의 정복자 이미지를 가지고 있다면, 우리는 그러한 이미지를 1세기 로마 세계를 넘어서서 어떻게 해석해야 할 지 질문하지 않으면 안 된다. 로마는 제국을 넘어선 침략자들에게 결국 굴복하였지만, 그러나 동부보다는 오히려 북부에서 가장 격렬하고 성공적인 것으로 입증되었다. 그렇다면 요한계시록의 경고는 잘못된 것인가? 요점은 파르티아인들만이 로마를 전복시킬 수 있었다는 것이 아니라, 이 환상은 전쟁이 다가오고 있다는 점을 전달하기 위해 그 당시의 로마 세계에 대해 가장 섬뜩한 전쟁 이미지로 묘사하고 있는 것이다.

마찬가지로 우리는 로마의 멸망이 무서운 심판에 대한 요한계시록의 이미지의 의미를 소진시키는 것으로 생각해서는 안 된다. 요점은 로마뿐만 아니라 역사에 등장하는 모든 제국에 적용시키는 것이다. 로마는 그 당시에는 가장 강대한 제국이었지만, 역사에 나타난 다른 제국들도 티끌 속에 파묻혔으며, 그 뒤를 이은 다른 제국들도 영원하지 않은 것은 로마가 영원하지 않는 것과 같다.

만일 우리들 중에 누가 기근과 역병을 멀리 떨어져 있는 사실로 생각하면서 이 본문이 전달하는 공포를 듣는다면, 우리는 보다 가까운 곳에 있는 유비들을 생각해봐야 한다. 오늘날 교회를 다니는 많은 사람들은 집을 가지지도 못한 채 임대료를 지불하면서 단지 한 두 장의 급료 지불 수표로 살아가고 있으며, 그리하여 요한계시록과 같은 이미지들은 우리의 생각 이상으로 적절할 수도 있다. 구조조정, 시장 이동 등으로 인하여 미국의 회사에서조차도 완전하게 안정성이 있는 직업은 거의 없다.[39] 도시의 상황에서 사역을 하면서 나는 몇 가지 위기를 겪으면서 직업을

38. Lindsey, *New World Coming*, 103.

잃어버리고 마침내 길거리로 내몰린 전직 대학 교수를 한 번 이상은 마주친 적이 있다. 광범위하게 퍼진 콜레라 혹은 황열병은 미국인들의 마음에서는 멀리 떨어진 것처럼 보이지만, 그러나 에이즈(AIDS)와 암은 그렇지가 않다. 전 세계는 고난과 죽음의 저주를 당하고 있다. 그리하여 이 본문은 우리들에게 무서운 이미지들과 또한 그것들의 의미가 무엇인지를 알기 위해 노력하도록 우리를 초대한다. 모든 고난이 개인적인 죄의 산물은 아니지만, 그러나 고난은 대체로 세상의 타락한 상태에서 비롯되는 것이며, 아울러 하나님은 세상의 질서를 심판하시며 또한 그것에 주목할 것을 요구하신다는 것을 우리들에게 상기시키고 있다.

네 말 탄 자들. 우리는 네 말 탄 자들에 대해 어떻게 생각해야 하는가? 위에서 언급하였듯이, 유대교는 죽음의 천사들에 대해 대개 무서운 방식으로 묘사하고 있다. 심지어 헬라인들과 로마인들 중에서도, 전쟁을 일으키는 신은 끔찍하고도 냉정한 존재로 간주되었다.[40] 그러나 이 말 탄 자들은 모두 하나님의 명령을 따라 그의 대리인들로 행동한다(계 8:5-6; 14:19도 보라). 심지어 마귀와 같은 배교의 영도 루터(Luther)의 노래가 "작은 하나의 말씀이 그를 쓰러뜨릴 것이니"라고 한 것처럼 하나님의 명령에 복종해야 한다(계 20:1-3). 이 세상의 고난 한 가운데서—불가피하게 우리 자신을 포함하여 죽을 수밖에 없는 모든 존재의 삶을 건드리는 고난이다—우리는 하나님이 모든 것을 자신의 통제 하에 두시며 또한 역사 가운데 그의 목적들을 성취하신다는 것을 기억해야 한다. 이것은 우리가 악에 반대해서는 안 된다든지 혹은 하나님이 그 자신의 백성에 대해 선택적인 보호를 제공하지 않으신다는 것을 의미하는 것이 아니라(계 7:3), 고난 중에 있을 때에도 우리는 우리가 분별하는 것보다 더 큰 원대하고도 구속적인 목적뿐만 아니라 신실한 인내에 대한 상급까지 분별할 수 있다(계 21:4).

때때로 해석학자들은 네 말 탄 자들의 이미지를 오로지 미래 시대의 환난에만 적용시켜 왔다. 여러 많은 이유로 이러한 견해는 받아들일 수가 없다(특히 계 12:5-6에 대한 설명을 보라). 그러나 적용의 차원에서, 요점은 동일하다. 즉 하나님은 그의 심판에 있어서 주권을 가지고 계시며, 또한 세상의 관심을 불러일으킨다는 것이다. 우리는 감히 이 세상에 대해 편안함을 가져서는 안 된다. 왜냐하면 이 세상은 우리의 집이 아니기 때문이다.

---

39. 예를 들면, "How Safe Is Your Job?" *NW* (Nov. 5, 1990), 44-47; "Young, Gifted and Jobless," *NW* (Nov. 5, 1990), 48-55; Marc Levinson, "Thanks, You're Fired," *NW* (May 23, 1994), 48-49.
40. 예를 들면, Virgil, *Aen.* 7.323-40.

현대적 의미

역사에 대한 하나님의 주권. 이 단락은 하나님이 역사에 대해 주권을 가지고 계신다는 인식을 강조하고 있다. 끔찍한 것들은 설명할 수 있는 범위를 넘어서서 일어날 수도 있지만, 하나님은 역사에 절정을 가지고 오기 위해 그러한 힘을 보다 큰 규모로 사용하신다. 이 본문은 우리들에게 제퍼슨(Jefferson), 프랭클린(Franklin), 그리고 "이성 시대"(Age of Reason)의 다른 많은 추종자들에 의해 주창된 이신론의 하나님을 우리들에게 제시하지 않는다. 오히려 본문은 진정하고도 살아계신 하나님을 선포한다.[41] "미신"과 종교의 필요성을 극복하기 위한 근대의 실험은 실패로 끝났다. 근대의 세계관들은 우리의 세계가 경험하고 있는 위협들에 대처하는데 적절하지 않은 것으로 판명되었다. 계속되는 전쟁들, 대량 살상 무기들, 그리고 여러 역병들은 근대의 인간성을 "기독교 종말론에 대한 믿음이 없는 일종의 묵시적 시대"로 던져 넣었다.[42] 테러는 목적론과 더불어 우리의 죽을 수밖에 없는 운명, 즉 우리가 우리 자신보다 더 큰 어떤 존재에 의존해야 할 필요성을 우리에게 상기시킬 뿐이다. 목적론이 없는 테러는 절망을 낳는다.

엘룰(Ellul)은 네 말 탄자들을 "역사의 주요 네 요소들"로 간주한다. 역사는 끔찍한 흔적들로 특징 지워진다.[43] 만일 요한이 오늘날 그의 환상을 보았다면, 끔찍한 상징들은 다를 수는 있지만, 그들은 요한 당시에 의미했던 것과 동일한 메시지를 전달해줄 것이다. 우리는 역사를 다스리시는 주권자 하나님을 신뢰하는 것 외에 다른 어떤 존재를 붙들어서는 안 된다. 왜냐하면 확실한 것으로 남아있는 것은 그 어떤 것도 없기 때문이다.

현대의 심판들. 심판은 다양한 방식으로 올 수 있으며, 그러한 심판들 중의 하나는 전쟁과 테러리즘으로 촉발되는 고난이다. 전쟁 이미지는 전쟁을 직접적으로는 결코 알지 못했던 세대들에 의해서는 미화될 수도 있지만(삿 3:2 참조), 전쟁의 참상을 겪은 사람들에 의해서는 더욱 현실적인 것으로 간주된다. 내 마음은 지금 전쟁 중에 있는 나라들의 친구들을 그리워하고 있지만, 그러나 그 위협은 이곳에서조차도 다소 생생하게 다가온다. 말할 필요도 없이, 정복과 전쟁은 우리 세대에도

41. 기독교가 초기 미국의 이신론과 충돌한 것에 대해서는 Mark A. Noll, *A History of Christianity in the United States and Canada* (Grand Rapids: Eerdmans, 1992), 135-36, 166; Steven J. Keillor, *This Rebellious House: American History and the Truth of Christianity* (Downers Grove, Ill.: InterVarsity, 1996), 100-101; Philip Yancey, "The Last Deist," *CT* (April 5, 1999), 88 등을 보라.

42. Keillor, *Rebellious House*, 254.

43. Ellul, *Apocalypse*, 150.

여전히 끔찍한 망령이다. 빌리 그레이엄(Billy Graham)은 수십 년 전에 붉은 말에 대해 상당히 상세하게 설명하면서 전 세계 인류를 "열일곱 번 이상" 멸망시킬 수 있는 "60,000개의 수소폭탄 비축량"에 대해 경고한 적이 있다.[44] 본서가 기록될 당시 핵무기 대참사에 대한 두려움은 사라졌지만, 그래도 핵무기와 화학무기는 실제로 급격하게 증가하고 있다. 그리하여 핵무기 소유 국가들이 한 때 가졌던 것보다는 보복에 대한 두려움이 덜하지만 이러한 무기들이 테러리스트들의 손에 들어가 있는 것이 드러날 수 있을 지도 모른다.[45]

대략 추정해보면, 세계는 "여전히 15,000개의 핵무기를 가지고 있으며", 이는 현대 문명을 끝장내고 남을 양이다.[46] 폭탄을 가지고 있지 않은 테러리스트들은 정치적인 주장을 하는 것으로 대신 때우고 있다. 따라서 근본주의적 이슬람 테러리스트들은 알제리에서 "거의 목이 잘린 여덟 살 난 소녀"을 포함하여 정치적으로 아무 관련이 없는 농부들 수천 명을 살해하였다.[47]

대사관 폭파와 같은 국제적인 테러리즘이 증가하고 있지만, 국내의 테러리즘도 역시 실제적인 위협이 되고 있다. 티모시 맥베이(Timothy McVeigh)는 오클라호마시에서 자신의 폭탄 트럭으로 168명을 죽였는데 그는 고립된 행동주의자가 아니었다. 그는 윌리엄 피어스(William Pierce)의 신나치주의자 소설인 『터너의 일기』(*The Turner Diaries*)에서부터 직접 폭탄 테러 계획을 수립하였다. 그는 이 책을 유포시켰는데, 그가 순회 여행을 하는 중에 이 책은 20만부 이상 팔려나갔다. 이 소설은 트럭의 종류, 폭발물, 그리고 맥베이가 폭탄 테러를 하는 날의 시간까지 지시할 뿐 아니라, 그들이 연방 정부를 혼란시킨 후에 격렬한 백인 우월주의자들이 행하기를 원하는 것이 무엇인지에 대해서도 묘사해놓았는데, 예를 들면, 로스앤젤레스의 가로등 기둥에서 수만 명의 "혼합 인종들"에게 린치를 가하는 일 등이다.[48] 이

---

44. Graham, *Approaching Hoofbeats*, 123.

45. 핵확산에 대해서는 Carrol Bogert, "Selling Off Big Red," *NW* (March 1, 1993), 50-51; Dorinda Elliott, "Psst! Wanna Buy a Missile?" *NW* (Sept. 6, 1993), 28; Tom Masland, "For Sale," *NW* (Aug. 29, 1994), 30-31; Sharon Begley, "Chain Reaction," *NW* (July 12, 1993), 50-51; "Nuclear Challengers," *WPR* (Oct. 1995), 4 등을 보라. 화학무기 및 세균무기에 대해서는 "The New Face of War," *WPR* (March 1989), 11-21; "The 'Winds of Death,'" *NW* (Jan. 16, 1989), 22-25; John Barry, "Planning a Plague?" *NW* (Feb. 1, 993), 40-41; Sharon Begley, "The Germ Warfare Alert," *NW* (Jan. 7, 1997), 25; Geoffrey Cowley and Adam Rogers, "The Terrors of Toxins," *NW* (Nov. 24, 1997), 36-37 등을 보라.

46. Richard Kyle, *The Last Days Are Here Again: A History of the End Times* (Grand Rapids: Baker, 1998), 172에 나오는 세속적인 최후 심판 일에 대한 시나리오를 보라.

47. Gary Haugen, *Good News About Injustice* (Downers Grove, Ill.: InterVarsity, 1999), 111-12.

48. "Nero-Nazi Novel a Blueprint for Hate," *SPLC [Southern Poverty Law Center] Report* 25 (Sept. 1995): 1,

러한 성격을 지닌 적극적인 테러리스트들은 많지 않지만, 그러나 그들은 놀라운 비율로 자신들의 견해를 퍼뜨리고 있다. 폭력적인 백인의 힘을 노래하는 가사를 만드는 한 음악 회사는 일 년에 콤팩트디스크를 50,000장이나 팔았다.[49]

전쟁은 잔인하며 또한 그 전쟁에서 희생당하는 자들을 공정하게 선택하지 않는다.[50] 우리가 전쟁에 대해 더 잘 알기 때문이든 혹은 살인 기계들과 이데올로기들이 보다 효과적이기 때문이든 간에, 우리가 방금 떠나보낸 20세기는 인류 역사에 있어서 가장 야만적인 세기 중의 하나였다. 대부분의 독자들은 유대인들에 대한 나치의 대학살과 그리고 캄보디아와 르완다에 있었던 대량 학살을 잘 알고 있을 것이다. 종종 덜 논의되고 있는 것은 남경(南京) 대학살이다. 이곳에서—중국의 도시가 항복한 후에—여자들은 집단 강간을 당했으며 그리고 남자들은 총검술 연습용으로 학살당했다.[51]

우리는 또한 20세기 한국이 겪은 고통을 기억할 수도 있다. 미국은 1882년에 맺은 조약을 위반하여 1905년 미국이 필리핀을 점령하는 것을 허용하는 대신 일본이 한국을 합병하는 것을 승인하였다. 이것은 한국이 5,000년 역사상 처음으로 외국에 예속되는 사건이었다. 1941년과 1945년 사이에 약 200,000명의 한국 여자들이 점령군에 의해 자행되는 성노리개 감으로 잡혀갔다. 처녀들이 줄어들자 나중에는 결혼한 여자들까지 잡혀갔다. 일본군은 평균 20세에서 30세에 이르는 이들에 대해 "위안부"(comfort women)라고 불렀는데 이들은 하루에 70명의 군인들을 상대하였다. 어떤 군인들은 위안부들의 가슴을 잘라내기도 하였다. 많은 여자들이 자살하였다. 대부분의 여자들이 노예나 다름이 없었다. 전쟁이 끝날 무렵 대부분의 여자들은 "고립된 지역에서 죽도록 내버려지거나 혹은 이러한 잔학한 범죄들의 증거를 숨기기 위해 몰살되기도 하였다. 일본군은 무덤을 파놓고서 거기에 위안부들을 서있게 하여 그들에게 총을 쏘기도 하였다." 보도에 의하면 약 200명의 여자들이

---

5. 테러리즘은 전혀 새로운 것이 아니다. 무정부주의자들이 1919년 9월에 월스트리트에 폭탄을 던져 33명의 사람들을 죽였다 (Steven J. Keilor, *This Rebellious House: American History and the Truth of Christianity* [Downers Grove, Ill.: InterVarsity, 1996], 231).

49. *SPLC Intelligence Report* 28 (Winter 1998): 2.

50. 고대인들도 역시 전쟁과는 아무런 관계가 없는 사람들에 대한 위험을 알고 있었다 (예를 들면, Phaedrus, 1.30). 전쟁으로 인하여 상처를 입은 아이들을 다루는 일에 대해서는 Phyllis Kilbourn, ed., *Healing Children of War* (Monrovia, Calif.: MARC, 1995)를 보라.

51. Iris Chang, *The Rape of Nanking: The Forgotten Holocaust of World War II* (Baltimore: Penguin, 1997), idem, "Exposing the Rape of Nanking," *NW* (Dec. 1, 1997), 55-57; Ralph Kinney Bennett, "The Woman Who Wouldn't Forget," *Reader's Digest* (Sept. 1998), 102-9 등을 보라.

강제로 잠수함에 태워졌는데, 그 다음 그 잠수함은 어뢰 공격을 받았다.[52]

나는 여러 나라에서 그들의 기독교 신앙뿐만 아니라 그들이 "부정한" 종족에 속해 있다는 이유로 혹은 음식이나 의료시설 부족 등으로 인하여 위험한 삶을 살고 있는 나와 매우 친한 열심 있는 몇몇 그리스도인 친구들이 있다. 그러한 시련에 처해있지 않은 우리들은 만일 우리가 그러한 나라에서 태어났다면 그러한 상황에 놓였을 것이다. 우리는 하나님이 그의 나라를 위해 우리에게 주신 축복을 선하게 사용해야 하며, 하나님께 영광을 돌리고 또한 우리의 형제들과 자매들을 위해 기도해야 한다. 요한계시록이 주는 메시지의 한 부분은 모든 그리스도인들이 기꺼이 고난을 받아야 한다는 것을 경고하고 있다. 고난은 불쾌한 것이지만, 그러나 거의 보편적으로 일어나는 것이며, 따라서 우리는 고난당할 것에 대비해야 한다. 우리가 어떤 존재인가를 증명하는 것은 우리의 기회이기도 하다. 우리 중에 얼마나 많은 사람들이 여러 나라에서 우리의 형제자매들이 붙잡지 않으면 안 되는 하나님의 은혜를 기꺼이 붙잡고 있는가? 그러나 요한계시록 6장의 고난들은 원칙적으로 이 세상에 임하는 하나님의 심판으로서, 이는 하나님의 진정한 남은 자들을 멸망시키고자 하는 것이 아니라 오히려 그들을 신원(伸寃)하시기 위한 것이다.

그리하여 우리의 "현대 문화"는 너무나도 자주 혐오감을 가지고서 전집을 고대 문화들(그리고 성경과 같은 고대의 저술들)의 "야만"으로 간주하고 있는데, 이는 과거 시대들과 동일하게 우리가 죄 있는 인간 본성의 포로로 남아있다는 것을 우리에게 상기시키고 있다. 실제로 우리는 20세기 초에 문명의 절정으로 예언된 20세기를 다음과 같이 묘사할 수 있다.

> 대량학살: 유럽 젊은이들의 전 세대가 희생당한 제1차 세계대전의 베르던과 솜므강의 전투, 히틀러의 유대인 600만 명 학살, 스탈린의 소련 시민 2천만 명 학살, 마오쩌뚱의 정적(政敵) 및 소작농민 수천만 명 학살, 폴 포트의 캄보디아인 200만 명 학살, 르완다의 투치족 대학살, 그리고 남아프리카공화국의 40년 인종차별기간 동안 희생된 수백만 명의 사람들.[53]

인간성은 도덕적으로 진화했다기보다는 오히려 과거에 이용할 수 있었던 것보

52. Andrew Sung Park, *Racial Conflict and Healing: An Asian-American Theological Perspective* (Maryknoll, N.Y.: Orbis, 1996), 12-15.

53. Haugen, *Injustice*, 47.

다 훨씬 효과적인 살해 수단을 사용하여 같은 인간들을 죽이는 방법이 발전했을 뿐이다.

기근(계 6:5-6)도 역시 세상을 경고하는 것으로서 하나님이 역사 속에 종종 행하시는 것들 중의 하나이다. 만일 기근과 질병이 서구의 많은 독자들에게 그렇게 두려움을 느끼게 하지 못한다면, 그것은 다만 그들이 현재 수천만 명이 현재 처해 있는 고통에 노출되지 않았기 때문이다. 빌리 그레이엄이 검은 말에 대해 설명을 하면서, 그도 역시 현대 세계에 기근의 공포에 대해 상세하게 설명하면서 예를 들기를, "가난한 국가에서 태어나 생존한 아이들 중 3명 중 1명이 충분한 영양을 섭취하지 못하여 건강하지 않다"라고 말한다.[54] 론 사이더(Ron Sider)는 한 아이가 그녀의 부모들에게 자신이 먹을 수 있도록 부유한 이웃집에 자신을 팔아달라고 간청하는 슬픈 이야기를 전한다.[55] 본서가 기록될 때, 기근의 망령이 수단(Sudan)에서 다시 발생하였는데, 그곳의 남부에 있는 우리의 그리스도인 형제자매들이 이미 상당한 고통을 겪고 있었다.[56]

우리는 지금 빈곤의 결과가 어떤지를 상상하기 위해 대규모로 공격해오는 기근을 기다릴 필요는 없다. 왜냐하면 기근은 종종 여러 종류의 취약한 것들에 있어서 식량 부족 그 이상이기 때문이다. 그러한 이미지들은 우리의 세상이 이미 많은 사람들에게 고통의 장소라는 것을 우리들에게 상기시키고 있다. 예를 들면, 우리는 이 세상에서 수백만 명의 어린이들이 어쩔 수 없이 길거리 혹은 쓰레기 더미에서 지내고 있거나, 때로는 사회의 체제에서 위험한 존재들로 취급받기도 한다.[57] 예를 들어 과테말라에서 열세 살 된 나하만 카르모나 로페즈(Nahamán Carmona López)가 1990년 3월 4일 경찰에 의해 폭행을 당했다. 그는 "간이 파열되고 갈비뼈 여섯 개가 부러졌으며 그의 신체 70% 이상이 타박상을 입어" 혼수상태로 병원에 도착했다. 그는 10일 후에 사망했다.[58]

---

54. Graham, *Approaching Hoofbeats*, 159.

55. Sider, *Rich Christians*, 11.

56. Bruce W. Nelan, "Sudan: Why Is This Happening Again?" *Time* (July 27, 1998), 29-32. 내전(內戰)에 의해 악화된 이전의 기근들에 대해서는 Bruce Bander, "Sudan's Civil War : Silent Cries to a Deaf World," *World Vision* (June 1996), 2-7을 보라.

57. 인도의 거리의 아이들에 대해서는 R. Shane Clark, *When I Grow Up: Street Children of India* (Columbus, Ga.: Positive Pess, 1997)을 보라. 어떤 사람은 전 세계에 2억 명의 거리의 아이들이 있는 것으로 추산하면서 현재의 비율로 간다면 2020년에는 8억 명에 달할 것으로 주장하고 있다 (*Asia's Little Ones Update* 8 (Jan. 1999): 1).

58. Ron Lajoie, "Shelter from the Storm," *Amnesty Action* (Summer 1998), 6-8 9p. 6): 아울러 *Amnesty Action* (Sept. 1991), 6을 보라.

또한 복잡한 브라질의 한 거리에서 전직 경찰관에 의해 총을 맞은 14살 된 웰링턴 바르보사(Wellington Barbosa)도 있다. 살인하는 것을 목격한 그의 누나가 자신도 죽어가고 있었기 때문에 기자에게 자신을 병원으로 데려가 달라고 간청하였다.[59] 암살대(남미의 군사 정권에서 경범죄자 혹은 좌파에 대한-옮긴이)는 대략 경찰관 수의 70% 정도 되는데 이들이 각 거리를 휩쓸고 있다. 18개월의 한 기간 동안 브라질 언론은 최소한 130명의 거리를 떠도는 아이들이 경찰 암살대에 의해 살해되었다고 보도하였으며, 또한 브라질의 인권 운동가들은 그러한 살인이 매일 발생하는 것으로 추정하고 있다.[60] 브라질에서는 약 20만 명의 아이들이 거리에서 지내고 있다. 그곳에서 일천 명 당 60명이 그들의 첫 돌을 맞이하기 전에 죽으며, 또한 740만 명은 초등학교도 결코 졸업하지 못한다. 열한 살인 데리반 페레이라(Derivan Ferreira)는 다섯 살 이후부터 사이잘 마(麻) 공장에서 일을 해왔다. 그는 그곳에서 일하는 다른 아이들과 동일한 임금인 주당 2.50달러를 받고 하루에 12시간을 일하고 있다. 함께 일하는 한 아이는 일하다가 눈 하나를 잃어버렸고 그 후에 그의 다른 한쪽 눈도 일하다가 사고를 당하여 여덟 살 때 맹인이 되었다.[61] 브라질 노동력의 11.6%가 18세 이하로서 750만 명이다.[62]

마찬가지로 마닐라의 선교사들도 거리에서 일하고 있는 소녀들을 목격하였는데, 이들은 주로 고아들이나 가출소녀들로서 창녀촌으로 유괴되어 그곳에서 "하루에 몇 번이나 성폭행을 당하고 있다." 지역 경찰들은 이들을 도우려고 하지도 않는다. 왜냐하면 그들은 창녀촌의 종업원 명부에 등록되어 있기 때문이다. 다행히도 국제 정의 선교회(International Justice Mission)는 그 아이들을 대표하여 중재할 수 있었다.[63]

그 문제에 대해서는 심지어 미국에서도 수만 명의 집 없는 아이들과 십대 청소

---

59. Brook Larmer, "Dead End Kids," *NW* (May 25, 1992), 38-40 (p. 38).

60. Larmer, "Kids," 38; "Children of the Streets: Life and Dead Among Brazil's Disposable Youth," *Amnesty Action* (Sept. 1990), 1, 3은 경찰의 용의자 얼굴 사진에 올라간 5살의 한 거리 소녀의 사진을 포함하고 있다. 아울러 "Armed and Dangerous," *WPR* (Aug. 1995), 41을 참조하라. 유럽의 노숙자들에 대해서는 Pascal Privat, "Down and Out in Europe," *NW* (June 29, 1992), 32; "Down and Out in London," *WPR* (March 1994), 46-47; Peter Damman, "St. Petersburg's Street Kids," *WPR* (Aug. 1992), 50 등을 보라.

61. "Tragedy, Success and Precocity: Brazil's 7.5 Million Young Workers," *WPR* (Jan. 1996), 10-12 (pp. 10-11).

62. Larmer, "Kids," 38-39. 노동 상태에 대해서는 "Wage Slaves of Brazil," *WPR* (Aug. 193), 46도 참조하라.

63. Haugen, *Injustice*, 42.

년들이 있다. 내가 1980년대 초에 거리 선교로 사역하고 있을 때, 나는 주로 남자들에게서 이제는 여자들과 아이들까지 거리에서 살아가고 있는 것을 목격하였다.[64] 우리는 또한 많은 사람들이 정신적 질병으로 인하여 거리에 돌아다니고 있는 것을 보았는데, 특히 정신 질환에 대한 연방 기금이 삭감된 이후에 그러한 일이 발생하고 있다.[65] 많은 아이들이 결국에는 살아남기 위해 거리에서 자신들의 몸을 팔고 있다. 만일 그들이 자신들의 공동체에서 가난한 자들의 필요에 무관심한 교회 출신이라면 단순히 매춘을 반대하는 설교만으로는 아무런 효과가 없을 것이다.[66] 그러나 그리스도인들이 약 1세기 전에 가출한 한 십대 소녀를 강간했던 두 명의 뉴올리언스 경찰관이 체포되는 것을 도왔을 때, 그리스도인 행동주의자인 캐더린 버쉬넬(Katherine Bushnell)이 미시간 북부와 위스콘신의 여러 광산촌에서 경찰관 비호와 강요된 어린아이 매춘을 반대하는 성공적인 투쟁을 했던 것처럼, 그리스도인들도 정의를 위해서 일할 수 있다.[67]

마찬가지로 역병도 1990년대에 계속 일어나고 있는 삶의 한 부분이었으며, 서구에서는 이를 일소하기 위해 노력해왔다. 우리는 14세기로 다시 돌아갈 필요는 없다. 그 당시 "흑사병"(Black Death, 선[腺]페스트)이 유럽 인구의 30% 정도를 죽음에 이르게 하였는데, 이는 벼룩의 한 종류가 도처에 있었던 검은 쥐에 붙어서 퍼

---

64. William L. Chaze, "Behind Swelling Ranks of America's Street People," *USNWR* (Jan. 30, 1984), 57-58; idem, "Helping the Homeless: A Fight Against Despair," *USNWR* (Jan. 14, 1985), 54-55; Muriel Dobbin, "The Coming of the 'Couch People," *USNWR* (Aug. 3, 1987), 19-21; "Hard Time," *NW* (March21, 1988), 46-58; Beth Spring, "Home, Street Home," *CT* (April 21, 1989), 15-20; David Gelman, "Some Really Good Scouts" (노숙하는 소녀들에 대해), *NW* (Jan. 14, 1991), 58 등을 보라.

65. 노숙자들이 만들어내는 특징들에 대해서는 Donald Baumann and Charles Grisby, *Understanding the Homeless* (Austin: Hogg Foundation for Mental Health, University of Texas, 1988)를 보라; 거리에서 정신 장애가 있는 사람들의 삶의 방식에 대해서는 Pamela Diamond and Steven Schnee, *Lives in the Shadows* (Austin: Hogg Foundation for Mental Health, University of Texas, 1991)를 보라; 어떤 사람이 어떻게 노숙자가 될 수 있는가에 대한 기사에 대해서는 Marie James and Jane Hertenstein, *Orphan Girl: The Memoir of a Chicago Bag Lady* (Chicago: Cornerstone, 1997)를 보라.

66. Mary Rose McGeady, *God's Lost Children* (New York: Covenant House, 1991); idem, *Does God Still Love Me? Letters from the Street* (New York: Covenant House, 1995); idem. *Please Help Me, God* (New York: Covenant House, 1997); Bruce Ritter, *Sometimes God Has a Kid's Face* (New York: Covenant House, 1988) 등에 나오는 감동적인 이야기들을 보라. 몇 가지 더 깊은 해결책들에 대해서는 Larry Wilson and Alice Shabecoff, "Three Ways Your Church Can Help the Homeless," *World Vision* (Oct. 1994), 17-19; Ronald J. Sider, "Homelessness and Public Policy," *World Christian* (Jan. 1990), 28-33 등을 보라.

67. Haugen, *Injustice*, 40-41, 53-55; 아울러 20세기 초에 앨라배마의 한 목회자가 어린이 노동 착취에 대해 반대한 것도 참조하라 (55-57).

져나간 것이었다.[68] 하나님은 이 시기에도 일하고 계셨지만, 흑사병은 묵시적 광란을 부채질하였다.[69] 우리는 우리 사회에서 현재 HIV(human immunodeficiency virus, 인체 면역 결핍 바이러스, 《AIDS 바이러스》-옮긴이) 양성반응을 보이거나 또한 하나님이 그들을 고쳐주시지 않는다면 결국에는 에이즈(AIDS)로 죽게 될 백만 명이 더 되는 사람들을 생각해 볼 수 있다.[70] 일본에서는 어떤 신흥 종교가 지하철에 치명적인 신경 독가스를 살포한 적이 있었다. 정보기관 직원들은 지하철에서 탄저균과 같은 치명적인 역병을 살포하고자 하는 사람들을 붙잡았다.[71]

하나님은 우리의 관심을 끌기 위해 역병을 사용하신다. 어느 주일에 나는 성적인 죄에 대해 설교하도록 이끌림을 받고 있다는 것을 느꼈으며, 그리고 많은 사람들이 그날에 성적인 죄에 대해 회개하였다. 뉴스에 보도된 것은 아니지만, 나는 왜 주님이 그 특별한 주일에 그러한 메시지를 전하도록 나를 인도하였는지 나중에 알게 되었다. 즉 마술사인 존슨(Johnson)이 그가 HIV 양성이라는 사실을 방금 선언하였으며, 그리고 그날 앞으로 나왔던 많은 사람들이 특히 그 메시지를 잘 받아들였다.

이러한 내용들을 다른 사람들과 나누는 우리들 중의 일부 사람들은 오해되는 것을 피하기 위해 최선을 다하여 우리의 도덕적 책임을 다하고 있다. 그러한 역병들이 인간들에게 경고하기 위한 것이지만, 그러나 우리는 그러한 역병들이 사회에 대한 심판이지 반드시 개인에 대한 심판이 아니라는 것을 명심해야 한다. 무고하게 고난을 받는 자들은 종종 개인적 정죄로서의 심판에 대한 우리의 포괄적인 진술을 듣고 있기 때문에, 우리는 항상 이미 우리가 알고 있는 것, 즉 고난 받는 모든

---

68. 듀크대학교의 역사학자 톰 로비쇼우즈(Tom Robisheaux)가 가르쳤던 과정을 요약한 Vicki Arnold, "Black Death Was Unparalleled for Panic and Fear," *Duke Dialogue* (Dec. 11, 1987), 1, 5; Mark Galli, "When a Third of the World Died," *Christian History* 49 (1996): 36-39 등을 보라.

69. 하나님의 역사하심에 대해서는 "Wycliffe's England: A Time of Turmoil," *Christian History* 2/2 (1983): 6-9, 8; 묵시적 광란에 대해서는 Kyle, *The Last Days*, 51을 각각 보라.

70. 현재의 증가율대로라면 에이즈(AIDS)는 젊은 사람들을 죽이는 주요 질병이 될 것이다(*NW* [July 19, 1993], 8; "AIDS: At the Dawn of Fear," *USNWR* [Jan. 12, 1987], 60-70; "Surviving the Second Wave," *NW* [Sept. 19, 1994], 50-51). 에이즈는 또한 이성애(heterosexual) 여성들에게도 주요 위협이 되어왔다(Muriel Whetstone, "The Increasing Threat to Black Women," *Ebony* [April 1994], 118-20; "Danger Signs," *NW* [arch 21, 1994], 70).

71. 일본에서 사린(독성이 강한 신경가스-옮긴이) 공격에 대해서는 "A Cloud of Terror—and Suspicion," *NW* (April 3, 1995), 36-41을 보라. 미국에서의 체포에 대해서는 *NW* (May 29, 1995), 4를 보라. 외국의 테러리즘의 경우는 "Fear of Bio-Warfare," *NW* (Aug. 27, 1990), 4; Barry, "Planning a Plague?" *NW* (Feb. 1, 1993), 40; Begley, "Germ Warfare Alert," *NW* (Jan. 7, 1997), 25 등을 보라.

사람이 개인적인 심판을 당하는 것이 아님을 분명해 해야 한다.[72]

예를 들면, 많은 사람들은 수혈을 통하여, 때로는 혈우병으로 인하여 HIV에 감염되고 있다. 여기에는 처음으로 널리 공표된 AIDS 환자 중의 한 사람인 열네 살의 그리스도인 라이언 화이트(Ryan White)를 포함하고 있다. 이러한 상황은 스티브 소이어(Steve Sawyer)에 대해서도 말할 수 있는데, 그는 지금 캠퍼스 십자군(Campus Crusade)에서 수천 명의 대학생들에게 복음을 전하면서 자신의 말년을 보내고 있다. 그리고 남침례교 총회 전 의장의 며느리는 그녀의 두 자녀와 함께 목숨을 잃었다.[73] 우간다의 일부 그리스도인 여성들은 정확하게 그들이 성적으로 부정한 남편들에 대해 여전히 충실했기 때문에 AIDS에 걸려 죽었으며, 그리고 그 나라는 AIDS 때문에 생겨난 수만 명의 새로운 고아들 문제에 직면하게 되었다.[74] 우리는 세상이 당하는 고통 속에서 고난 받는 개인들을 정죄하는 것이 아니라 보다 광범위한 관점에서 세상이 하나님을 주목하도록 요구하시는 목소리를 들어야 한다.

그리스도인의 반응. 그러한 고난에 대해 우리는 어떠한 대응을 반응을 해야 하는가? (1) 요한계시록의 관점에서, 우리는 기근이 집합적인 심판이며(사회에 대한 것이지 개인에 대한 것이 아니다), 또한 하나님이 회개하지 않는 세상을 일깨우시기 위한 수단들 중의 하나임을 인식해야 한다. 하지만 보다 부유한 국가에서 살아가는 신자들은 이러한 사실에 별로 관심을 기울이지 않고 있다. 본문은 어떤 나라들에 대해서도 예외를 인정하지 않으며, 그리고 원칙적으로 모든 사람들이 이러한 심판을 받을 가능성이 있으며, 아울러 그러한 일이 자신들에게는 일어나지 않으리라고 생각하는 매우 교만한 사람들이 특히 그러하다(계 18:7-8). 심지어 하나님의 백성들조차도 그러한 심판을 받을 수도 있다(예를 들면, 삼하 21:1; 24:13). 하물며 일반 대중들의 종교가 세속주의로 변해버린 국가는 얼마나 더욱 심판을 받겠는

72. 교회는 에이즈에 걸린 사람들을 사역하는 일에 앞장서야 한다. "Churches Urged to Lead the Way in AIDS Care," *CT* (June 17, 1988), 58; "The Church's Response to AIDS," *CT* (Nov. 22, 1985), 50-51; Andrés Tapia, "High-risk Ministry," *CT* (Aug. 7, 1987), 15-19; "Joining the AIDS Fight," *NW* (April 17, 1989), 26-27; Doug Murren, "What the Church Suould Do About AIDS," *Ministries Today* (May 1992), 53-55와 이러한 이슈를 다루는 다른 기사들을 보라.

73. Edward Gilbreath, "Insider Turned Out," *CT* (Feb. 5, 1996), 35-36; Erik Segalini, "Dying to Tell You," *Worldwide Challenge* (July 1998), 22-25. 라이언은 인디애나 코코마(Kokoma)에 있는 세인트 루크 연합 감리교회에 출석하였는데, 그 교회에서 그는 받아들여졌다 (*Pentecostal Evangel* [March 22, 187], 27).

74. "AIDS in Africa," *CT* (April 8, 1988), 36-40; "Of Orphans and AIDS," *WPR* (March 1991), 34; "Sacred Celibate," *WPR* (Sept. 1993), 46; Ken Sidey, "AIDS Reshapes Africa's Future," *CT* (Oct. 22, 1990), 47-49; Ginni Freshour, "AIDS in Uganda," *InterVarsity* (Fall 1994), 16-17; "Making Men Listen," *NW* (Sept. 25, 1995), 52; 특히 "The War Against HIV," *CT* (April 4, 1994), 70-73 등을 보라.

가? 그러한 고난들이 하나님의 백성들에게도 임할 수 있다는 것을 부정하는 사람들은 종종 성경에서 거짓 선지자들로 나타난다(렘 5:12; 14:13-16). 하나님은 때때로 기근이 닥쳐올 것을 경고하셔서 자신의 백성들이 미리 예비할 수 있도록 하신다(창 41:28-36; 행 11:28-30).

(2) 우리는 자신들이 통제할 수 없는 여러 상황들 때문에 실제로 가난하게 된 사람들을 섬기고 또한 그들이 무언가를 할 수 있도록 최선을 다해야 한다. 기독교에 대한 몇몇 회의론자들은 이러한 역경들이 그리스도인들의 하나님에 의해 행하여진 심판들로 생각한다면 그리스도인들이 역병이나 기근에 대항할 수 있는지를 질문해왔다.[75] 그러나 심판의 선지자들인 세례 요한과 주님의 형제 야고보 모두 하나님 앞에서 진정한 회개는 다른 사람들의 필요를 돌보기 위해 우리가 헌신하는 것으로 정의를 내린다(눅 3:11; 약 2:14-17). 예수님은 다른 사람들의 필요를 돌보기 위해 자신의 소유물을 내어놓은 것에 대해 말씀하셨는데, 이는 우리의 형제자매들이 소유물보다 더 소중하기 때문이다(눅 12:33; 14:33). 그러나 나사로를 대문 앞에서 버려진 채 굶어죽도록 방치한 것으로 심판을 받은 부자와는 달리(눅 16:25), 우리들 중의 그 누구도 가난한 사람이 우리의 문 앞에서 굶어죽도록 방치하는 것으로 심판을 받는 사람은 거의 없다—왜냐하면 우리 사회에서는 가난한 누군가가 우리 집 현관문 가까이에 있도록 우리가 허락하지 않을 것이기 때문이다.

일단 우리가 그들의 필요를 알고 있다면, 우리는 세상의 여러 지역에서 가난에 짓눌린 사람들을 위해 신자들이 필요한 것을 나눠주어야 하는 책임이 여전히 있으며, 반대로 우리가 궁핍할 때 그들이 우리를 도울 수도 있는 것이다(고후 8:13-15). 분명히 미국의 일부 회중들은 요한이나 예수님의 설교를 들었던 청중들과는 달리 그러한 메시지를 더 이상 들으려고 하지 않고 있다. 그러나 가난한 사람들에 대해 우리가 책임이 있다는 것을 부정하는 것은 성경을 부정하는 것이다.[76] 일부 영역에 있어서 신학적 자유주의를 선택하는 것은 자유주의나 다름이 없다. 이는 성경이 말하는 것을 취사선택해서 순종하고자 하기 때문이다. 그러한 행위는 단지 위선적인 것에 불과하다. 이는 실제로 편리한 것으로 보이는 부분들만 믿을 때 그 부분만

75. 철학자 앨버트 카뮈(Albert Camus)는 한 도덕적 딜레마를 제기하였다. 즉 그리스도인은 하나님이 보내신 질병과 싸워야 하는가? 그러나 성경은 예수님이 보여주신 특징으로 대답을 한다. 즉 예수님은 헌신적으로 치유를 하셨으며(마 8:16-17) 또한 자원들을 제공하셨다(막 6:38-42).

76. 아울러 초기 영적 각성 시대의 지도자들, 가령 John Wesley (Theodore W. Jennings Jr., *Good News to the Poor: John Wesley's Evangelical Economics* [Nashville: Abingdon, 1990]와 Charles Finney (*Lectures on Revivals of Religion* [New York: Revell, 1869], 53, 127) 등은 이에 대해 철저한 요구를 하였다.

큼은 성경을 긍정하는 것처럼 가장하기 때문이다. 그러한 선택적 경건은 여호와의 원수들로 하여금 비방할 거리를 주게 된다(삼하 12:14 참조).

이 단락에 대해 빌리 그레이엄이 설명을 하면서, 만일 우리가 주의하지 않는다면, 이러한 우리들의 삶의 방식이 언젠가는 "우리 앞에서 심판으로 펼쳐질 것이다"라고 경고한다.[77] 러셀 챈들러(Russell Chandler)는 심지어 우리나라 안에서도 불공평한 자원 분배가 이루어지고 있는데, 즉 전 세대의 1%가 "우리나라의 전체 개인적인 부의 3분의 1을 차지하고 있다"고 말한다. 비록 부지런한 자가 부하게 된다는 격언이 상당한 진리이긴 해도(잠 10:4 참조), 우리는 이러한 1%가 이 나라의 나머지 전체 사람들을 합친 것보다 더 열심히 일한다는 어떤 회의론을 즐겁게 하기 위한 유혹을 받을 수도 있다.[78] 월드 비전(Eorld Vision), 굶주리는 자들을 위한 음식(Food for the Hungry), 그리고 구세군(the Salvation Army) 등과 같은 복음주의 단체들은 그들에게 기부된 발전 기금들을 탁월하게 사용하고 있다. 챈들러는 만일 모든 교회의 구성원들이 십일조를 한다면, 우리는 "세상의 가난이라는 최악을 제거할" 수 있을 것인데, 국내의 필요를 위해서 170억 달러가 소요되며, 또한 이를 사용하고 남은 헌금으로 "현재 수준의 교회의 활동들"을 충분히 할 수 있다고 주장한다.[79]

그러나 한 가지 의아한 것은, 진정한 부흥과는 별도로, 과연 교회들이 그러한 생산적인 방식으로 하나님의 기금을 사용할 것인가 하는 것이다. 현재 우리 예산의 99.9%가 우리 자신들이나 다른 교회들을 위해 사용되고 있다. 세계 선교를 위해서는 80억 달러가 할당되어 있으며, 그 1% 중에서 10분의 1도 안 되는 액수가 비기독교 세계를 위해 배정되어 있다.[80] 예수님 당시 복음을 받아들이지 않은 사람들과 버림받은 사람들에게 초점을 맞추시며 또한 배고픈 무리들을 먹이신 예수님께서 우리가 설정해놓은 우선권을 보시고서 어떤 평가를 내리실 것인가?

그러나 우리가 최선을 다할 때조차도, 이 시대에 고난은 종종 세상이 주목할 것에 대한 하나님의 요구임을 요한계시록은 우리들에게 상기시키고 있는데, 이는 우리가 하나님의 요구를 듣는 것을 거부할 때에도 그렇게 하신다(계 9:20-21).

---

77. Graham, *Approaching Hoofbeats*, 159.
78. Chandler, *Racing Towards 2001*, 30.
79. Ibid., 229.
80. Ibid., 223.

요한계시록 6:9-17

9 다섯째 인을 떼실 때에 내가 보니 하나님의
말씀과 그들이 가진 증거로 말미암아 죽임을
당한 영혼들이 제단 아래에 있어
10 큰 소리로 불러 이르되 거룩하고 참되신 대
주재여 땅에 거하는 자들을 심판하여 우리
피를 갚아 주지 아니하시기를 어느 때까지
하시려 하나이까 하니
11 각각 그들에게 흰 두루마기를 주시며 이르시
되 아직 잠시 동안 쉬되 그들의 동무 종들과
형제들도 자기처럼 죽임을 당하여 그 수가
차기까지 하라 하시더라
12 내가 보니 여섯째 인을 떼실 때에 큰 지진이
나며 해가 검은 털로 짠 상복 같이 검어지고
달은 온통 피 같이 되며
13 하늘의 별들이 무화과나무가 대풍에 흔들려
설익은 열매가 떨어지는 것 같이 땅에 떨어
지며
14 하늘은 두루마리가 말리는 것 같이 떠나가고
각 산과 섬이 제 자리에서 옮겨지매
15 땅의 임금들과 왕족들과 장군들과 부자들과
강한 자들과 모든 종과 자유인이 굴과 산들
의 바위 틈에 숨어
16 산들과 바위에게 말하되 우리 위에 떨어져
보좌에 앉으신 이의 얼굴에서와 그 어린 양
의 진노에서 우리를 가리라
17 그들의 진노의 큰 날이 이르렀으니 누가 능
히 서리요 하더라

원 의미

일곱 인 심판에서 네 말 탄 자들(계 6:1-8)은 하나의 단위를 형성하며 그리고 일곱째 인(계 8:1)은 긴 막간(계 7:1-17)에 의해 앞의 단락과 구분되고 있다. 이것은 우리들에게 6장에서 다섯째 인과 여섯째 인을 함께 다루도록 한다. 다섯째 인은 예수 그리스도에 대한 메시지를 전하다가 적대적인 세상의 손에 죽임을 당한 순교자들을 묘사하고 있는데, 이들은 자신들을 변호해줄 것을 위해 탄원하고 있다. 그리고 여섯째 인은 주님의 손에 있는 세상의 운명에 대해 서술하는데, 이 세상이 주의 사자들을 죽였다. 이러한 증거들과 더불어 우리가 직면할 수 있는 어떤 반대에도 불구하고 우리는 증인들로 서 있어야 한다는 것을 신자들에게 강하게 권면하고 있다.[1]

1. 마찬가지로 에녹 1서 102:6-8에서 죄인들은 의인들의 죽음이 그들의 끝이라고 생각했지만, 하나님은 의

다섯째 인(6:9-11)

요한은 제단 아래에 있는 영혼들을 보는데, 이들은 그들의 증거로 말미암아 순교를 당한 자들이다.[2] 순교자들은 변호를 위해 탄원하고 있다: "얼마나 오랫동안"[3] 그들은 인간의 법정에서 죽음에 처해졌기 때문에, 이제 그들은 하나님의 법정에서 변호를 기다리고 있다. 고대법에서 원고는 대개 자신의 소송 사건을 스스로 변호하였으며, 그리하여 만일 재판관이—지상의 혹은 하늘의—원고가 정당하다는 것을 입증하지 못한다면, 이러한 침묵은 사실상 피고를 인정하는 것으로 간주되었다.[4] 현재 원고들로서 순교자들은 하늘의 재판관이 변호해줄 것을 요청하고 있다.

"얼마나 오랫동안"은 성경적 기도들에서 하나님이 속해 개입해주실 것에 대한 전형적인 탄원이다(예를 들면, 시 79:5; 사 6:11; 렘 47:6; 합 1:2; 슥 1:12). 그리하여 에스라 4서에서 의인들은 "얼마나 오랫동안"이라고 묻고 있으며 그리고 천사장 예레미엘은 "그 수가 차기까지"라고 대답을 한다(에스라 4서 4:33-37). 그들처럼 순교당한 자들이 머물고 있는 집은 종말이 오기를 열망하면서 그들이 부활하기를 기다리고 있다(에스라 4서 4:41-42).[5] 초기의 한 전승은 죽은 의인들이 심판을 위해 계속 크게 소리치도록 납득시키고 있는데, 왜냐하면 하나님이 그들의 원수를 갚아주시며 또한 그들에게 큰 상급을 주실 것이기 때문이다(에녹 1서 104:3-4).

종말이 오기 전에 순교자들의 수가 차야 한다는 것은 아마도 아시아 교회들에게는 익숙한 묵시적 주제였을 것이다(에녹 1서 47:2-4; 에스라 4서 4:35-37).[6] 이것 이상으로 이는 정의에 대한 성경적 민감성과 복음의 대가를 반영하고 있기도

인들을 격려하시며(102:4) 또한 종말에 죄인들을 파멸시키실 것이다(103).

2. 많은 묵시적 환상들도 예언자들로 하여금 육체로부터 분리된 "영혼들"을 보도록 허락하고 있는데, 예를 들면, 모세의 묵시 13:6; 32:4; 욥의 유언 52:9/4; 바울의 묵시 13 등이다. Aune, *Revelation*, 2:404는 영혼의 가시성에 대한 헬라 전승들을 인용하고 있다. Aratus, Phaen. 403에 나오는 천상의 제단을 참조하라.
3. 요한계시록에서 유일한 탄원 기도이기 때문에, 6:9-11은 요한계시록 전체에서 중요한 부분이다. J. P. Heil, "The Fifth Seal (Rev. 6, 9-11) as a Key to the Book of Revelation," *Biblica* 74 (1993): 220-43 참조.
4. Caird, *Commentary on Revelation*, 85.
5. 요한계시록에서는 에스라 4서와는 반대로 그 집이 아래에 있는 것이 아니라 위에 있다. 그러나 에스라 4서는, 바울이 이전에 말했던 것처럼(롬 8:22-23, 26), 완성을 열렬히 기다리는 것과 산고(産苦) 중에 있는 여인을 대조시키고 있다(에스라 4서 4:41-42). 에녹 3서 44:7-8에서 죽은 의인들은 "얼마나 오랫동안"이라고 외치고 있으며 그리고 사악한 자들의 악이 그 나라를 지체시키고 있다는 것을 알고 있다.
6. 아울러 에녹 1서 89:68-69; 바룩 2서 23:3-5를 참조하라. 의인들의 고난은 종종 유대교 문헌들에서 종말의 특징이기도 하다(예를 들면, 모세의 유언 8:4; *m. Sot.* 9:15; *b. Ket.* 112b).

하다. 하나님은 가나안 족속들의 죄악이 사악하여 그들이 집단적으로 죽음을 맞이하기까지는 이스라엘 사람들로 하여금 가나안 족속을 진멸하지 않도록 하셨다(창 15:6). 선지자들을 죽인 사람들의 후손들이 하나님 그분의 아들을 죽임으로써 이러한 유산이 절정에 이를 때까지는 완전한 심판이 예루살렘에 임하지 않았다(마 23:31-32; 막 12:4-8).[7] 뿐만 아니라, 예수님이 세상의 죄를 위해 대가를 지불하셨다 해도, 그의 사자들은 그러한 메시지를 여전히 적대적인 세상에 전하고 있다는 의미에서 그들은 예수님의 고난에 동참하고 있는 것이다(골 1:24).

초기의 성경적 선지자들은 하나님의 백성들이 이방인들에게 증인이 될 것을(예를 들면, 사 42:1, 6; 43:10-12; 44:8; 49:6), 이방인들이 회심할 것을(사 19:19-25; 렘 3:17; 슥 2:11; 8:22-23), 그리고 하나님의 백성들이 종말에 고난당할 것(단 7:21) 등을 예언하였다. 그러나 요한계시록 6:9-11에 나오는 환상은 이러한 세 가지 주제들을 연결시키고 있다(막 13:9-10에서처럼). 신자들이 고난을 당하면서 증거 하는 것은 열방 중에 이방인의 충만한 수가 차기 위한 필수적인 전제 조건이며, 그리하여 온 이스라엘이 예수님을 믿는 마지막 회심 사건이 뒤 따른다(롬 11:25-27 참조).[8] 종말이 이르기 전에 모든 민족들에게 복음이 전파되어야 한다(마 24:14; 벧후 3:9-12; 참조. 계 7:9). 보캄(Bauckham)은 이것이 요한계시록의 핵심이며 성경적 예언의 절정이라고 선언한다.

> 예언자들이 모든 민족들의 회심을 예언하였으며…그리고 마지막 날에 이교적 세력에 의해 하나님의 백성들이 압제당하는 것을 어렴풋이 내다본 반면, 요한의 예언은 전자는 후자의 결과가 되어야 하며, 그리고 이 두 가지 내용에 대한 열쇠는 반대에도 불구하고 신실하게 증거 하는 자들의 과업임을 보여주고 있다.…[9]

이러한 순교자들이 "제단 아래에" 있다는 그 위치는 의심할 것도 없이 제사장

---

7. "일정한 양을 채운다"는 은유적 이미지는 헬라 문헌에서는 오래된 것이다 (Homer, *Il.* 8.354; 11.263; Apollonius Rhodius, 1.1035, 1323). 유대인들도 역시 사람의 생명의 연한이 "채워지는 것"에 대해 말하고 있다(대상 17:11; 아브라함의 유언 1 B 참조). 두 가지 모두 하나님의 주권 혹은 운명(이교적 관점에서)을 강조한다.

8. David Wenham, *The Rediscovery of Jesus' Eschatological Discourse*, vol. 4 of *Gospel Perspectives* (Sheffield: JSOT, 1984), 208은 계 6:11에서 눅 21:24에 나오는 전승, 즉 이방인들의 때가 차는 것에 대한 암시를 발견한다.

9. Bauckham, *Climax of Prophecy*, xvi.

들이 그들의 희생제물의 피(즉 "생명"－레 17:11)를 쏟는 것을 생각나게 한다(예를 들면, 레 4:7, 18, 25, 34; 5:9; 8:15; 9:9).[10] 이교 전승은 종종 폭력에 의한 죽음을 희생 제물에 은유적으로 비교하곤 하였다. 그러나 유대교 전승은 특히 이러한 이미지를 발전시켜, 순교자들이 전체 하나님의 백성들에 대한 하나님의 분(憤)을 속죄하는데 도움을 줄 수 있는 것으로 주장하였다(마카비 4서 9:24).[11] 유대교 전승은 순교자들이 하나님과 함께 그리고 평화로운 상태에 있으며(지혜서 3:1-3) 또한 하나님에 의해 받아들여진 희생 제물로 인식하였다(지혜서 3:6). 이곳 요한계시록에서 희생 제물은 그 자체로 대리적인 것은 아니지만, 순교자들은 그리스도의 희생적 고난에 참여하고 있다. 그들은 5:6, 9에서 일찍이 죽임을 당한 어린 양과 동류이며 또한 그의 보좌에 함께 앉을 것이다(계 3:21; 20:4). 그들은 "하나님께 드려진 희생 제물이다. 사실 그들은 이 땅에서 죽임을 당하였지만, 기독교적 믿음 안에서 볼 때 그러한 희생은 실제로 하늘에서 이루어진 것이다. 그곳에서 그들의 영혼들－그들의 생명들－은 하늘의 제단에 바쳐졌다."[12]

비록 그들이 기다리고 있는 것으로 말하고 있지만, 그들은 신적인 확증을 받고 있다(계 6:11). "주시며"라는 수동태는 하나님 자신이 그들에게 흰 두루마기로 그들에게 보상하시며(계 4:4에 대한 설명을 보라), 그리고 그분 자신이 그들의 탄원에 응답하고 있음을 암시한다.[13] 순교자들은 그때까지는 "쉬어야" 한다(계 14:13 참조). "잠시 동안"은 막연한 인간의 시간이며, 하나님의 기준에 의해서만 측정되는 것이다(계 10:6; 12:12; 17:10; 20:3 참조). 그럼에도 불구하고 그 시간은 제한되어 있다는 확신을 주고 있으며, 그리하여 이는 순교자들이 참기에 그렇게 긴 시간이 아니라는 것을 보여줄 것이다.

10. Caird, *Commentary on Revelation*, 84. 땅에서의 매장과 제단 아래에서의 매장을 연결시키는 후대 랍비 전승(예를 들면, Ford, *Revelation*, 110)은 단순히 땅의 거룩함에 대한 랍비적인 강조를 보여줄 뿐이다. 보다 강력하게 말해서, 모든 영혼들은 영광의 보좌 아래에서(*ARN* 12A; 25, §51B), 하나님의 보물 가운데 있다(바룩 2서 30:2).

11. Sallust, *Letter to Caesar* 4.2; Livy, 10.38.11; Phaedrus, 4.6.9; Josephus, *Ant.* 17.237. 마찬가지로 빌 2:17; 딤후 4:6; Ignatius, *Rom.* 4.2; 혹시 모세의 유언 9도 참조하라.

12. Ladd, *The Last Thing*, 39.

13. "흰 색"은 환난으로 말미암아 정결케 된 사람들을 반영하는 것일 수도 있다 (단 11:35; Beale, *Revelation*, 394, 437을 보라).

여섯째 인(6:12-17)

여섯째 인은 인간이 알고 있는 한 우주의 끝을 보여준다. 이는 네 말 탄 자처럼(계 6:1-8), 단순히 역사 안에서 반복될 수 있는 심판이 결코 아니다. 이 심판은 하늘이 해체되는 것을 포함하며(계 6:12-14) 그리고 세상은 창조주의 진노 아래 놓이게 되는 것을 마지막으로 인식하고 있다(계 6:16-17).

파멸에 대한 이 같은 생생한 묘사는 지진으로 시작하는데(계 6:12), 이 지진이 각 산들을 움직이게 하며 또한 사악한 자들이 도망가서 바위틈에 숨도록 만든다(계 6:15-16). 고대 저자들은 종종 지진을 과장된 언어로 묘사하고 있는데, 예를 들면, 지진이 "산들을 붕괴시키게 만든다"고 말하기도 한다.[14] 유대 저자들도 역시 세상의 끝에 일어날 대격변의 사건들에 대해 이와 유사한 시적인 표현을 사용하고 있다(렘 4:24; 8:16; 미 1:4).[15] 그러나 이러한 지진은 그 어떤 과장이 있는 것으로 보이지는 않는다. 그것은 실제로 산들을 제거하는 절정의, 종말론적인 지진인 것이며(계 11:13; 16:18; 참조. 시 97:5; 겔 38:19-20; 슥 14:5), 이는 종종 종말에 대한 유대교적 장면에 등장하고 있다(에녹 1서 1:6-7; 53:7; 에스라 4서 6:13-16; 모세의 언약 10:4).[16] 하지만 하나님이 택하신 자들에 대한 그의 신실함(계 7:17)은 어떤 지진의 공포에서부터도 보호하실 것이다(사 54:10). 요한계시록이 보내어진 몇몇 도시들이 바로 몇 십 년 전에 지진으로 황폐화 된 적이 있었기 때문에, 이러한 이미지는 아마도 특히 그들에게 생생하고도 무서웠을 것이다(시빌의 신탁 5.291에서처럼).[17]

해와 달이 빛을 잃고 어두워진다는 것은 유대인들과 이교도들 모두에게 무서운 심판을 상징하였다.[18] 때때로 고대 문헌은 별이 사라지는 것, 섬이 옮겨지는 것 등

---

14. Livy, 22.5.8을 보라. 사 5:25와 시빌의 신탁 5.438-39에 나오는 지진은 전쟁을 나타낼 수도 있다. 욜 2:25에 나오는 메뚜기 군대를 참조하라.
15. 그것은 또한 시내 산 신의 현현(theophany)과 공통점이 있다(출 19:16-18; 합 3:6, 10; Ps-Philo 11:5; 23:10). 지진은 종종 역사 안에서 나타나는 심판이기도 하다(시빌의 신탁 1.187; 3.449-59). 시빌의 신탁 3.286-92에서 어떤 과거의 사건에 대한 명백한 종말론적 언어를 참조하라.
16. 종말론적 지진에 대해서는 Richard Bauckham, "The Eschatologival Earthquake in the Apocalypse of John," *NovT* 19 (1977): 224-33을 보라. 피조물이 그 최초의 혼란 상태로 붕괴되는 것(창 1:2)은 심판의 징조이다(렘 4:23; 1QM 17.4 참조). 에녹 1서 1:6-7에서 종말의 때의 지진은 시내 산에서의 진동을 생각나게 한다(1:4-5).
17. Bauckham, *Climax of Prophecy*, 206-7을 보라. 이교도들은 일반적으로 지진을 심판의 전조로 간주하였다(Ovid, *Metam.* 15.798; Pausanias, 7.24.6). 그러나 어떤 이들은 지진을 순전히 자연적인 현상으로 설명한다(Diodorus Siculus, 15.48.3-4; Diogenes Laertius, 7.1.154; 10.105).

을 과거 역사에서 매우 심한 충격에 대한 은유적 이미지로 사용하였다(시빌의 신탁 4.58-60). 요한계시록(12:7)이나 유대교 문헌(시빌의 신탁 5.512-31)은 종종 천체의 붕괴를 하늘에서 일어나는 영적인 전쟁으로 말한다.[19] 그러나 그것은 이러한 이미지의 통상적인 의미가 아니며, 그리고 여기에 나오는 이미지는 단순히 광채를 잃는 것보다 더 악화된 것이다. 특히 이러한 종류의 문학에서, 다양한 천체적 징후들이 결합된 것은 대개 이 세대의 끝을 가리키며, 이 때 해와 달은 어두워질 것이다(사 13:9-11; 24:21-23; 에녹 1서 102.2-3).[20]

하늘이 "두루마리처럼" 말리는 것(계 6:14)은 이사야 34:4에서 주의 날 이미지에서 온 것인데, 이는 하나님이 사악한 열방들을 징벌하실 때의 우주적 심판을 가리키고 있으며, 또한 이 본문은 하늘의 만상이 무화과나무의 잎처럼 말라질 것이라고 말한다(계 6:13 참조).[21] 대부분의 요한계시록 청중들에게 이러한 묘사는 어떤 두루마리를 읽고 있는 흔한 이미지를 생각나게 하고 있는데, 이는 일반적으로 우리가 방금 읽은 두루마리를 왼손으로 마는 동안 오른 손으로는 두루마리를 푸는 것으로 생각할 수 있다.[22] 그러나 여기서 우주적 이미지가 인간에 대해 공포의 이미지로 변화되고 있다는 것이다. 초기 문헌들은 하늘에 대한 하나님의 주권을 강조하기 위해(시빌의 신탁 3.81) 하늘이 두루마리처럼 말리는 이미지(시빌의 신탁 3.82)와 그리고 하늘의 전체 둥근 지붕이 마치 전체 우주의 솔기가 풀리는 것

---

18. 예를 들면, Livy, 37.4.3; Diodorus Siculus, 20.5.5; Dio Cassius, 57.4.4; *tos. Suk.* 2:6. 그러나 어떤 이들은 이러한 것들에 대해 오늘날 일반적으로 생각하는 것처럼 순전히 자연적인 설명을 한다(Livy, 44.37.6-7; Pliny, *N.H.* 2.6.47; Diogenes Laertius, 10.114-15).

19. 비록 이곳에서 천사들을 염두에 두고 있긴 하지만(계 12:4 참조), 그것은 아마도 그들이 별들과 관련되어 있기 때문일 것이다(사 24:21). 별들의 전쟁에 대해서는 삿 5:20; 시빌의 신탁 5.211-13, 512-31 등을 참조하라. 섬들은 유배와 함께 그러한 것들을 포함한다(계 1:9). Beale, *Revelation*, 397은 구약적 암시의 많은 것들이 죄악 된 국가에 대한 일시적인 심판을 반영하고 있음을 주목하고 있다. 그러나 우리는 이러한 이미지들의 합류점이 대부분의 1세기 독자들에게는 결국 종말론적이었던 것으로 간주한다. Aune, *Revelation*, 2:415는 고대 문헌들을 인용하면서, 땅에 떨어지는 별들이 단순히 임박한 일시적인 심판의 징후라고 말한다. 그러나 이러한 징후들 대부분은 시적인 것으로 단순히 어떤 별들을 지칭하기도 했으며 혹은 1세기에 다르게 이해될 수도 있었다.

20. 사 50:3; 욜 2:10, 31을 참조하라. 보다 자세한 내용은 에스라 4서 7:38-42; 시빌의 신탁 1.200-202; 3.800-804; 5.476-84; 8.190-93, 204; 모세의 유언 10:5를 보라. 에스라 4서 5:4-5에 나오는 유사한 불규칙적인 것들은 전조(前兆)에 대한 로마의 전승을 반영하는 것일 수도 있다(Livy, 29.14.3 참조).

21. 설익은 무화과나무 열매는 지중해 세계에서 살아가는 대부분의 사람들에게 익숙했던 이미지였을 것이다. Mounce, *Revelation*, 161 n. 35; F. F. Bruce, *The New Testament Documents: Are They Reliable?* 5th ed. (Grand Rapids: Eerdmans, 1980), 73-74를 보라.

22. Milligan, *Thessalonians*, 124. 포드(Ford)는 쿰란의 구리 두루마리처럼 금속 두루마리가 내는 시끄러운 소리로 생각한다.

처럼(시빌의 신탁 3.80) 땅 위로 붕괴할 것이라는 이미지(시빌의 신탁 3.81)를 사용하였다.[23]

이 단락은 또한 인간의 운명을 결정짓는 것은 사회적 지위가 아니라 궁극적으로 예수 그리스도에 대한 충성임을 보여주고 있다. 고대인들은 종종 단순히 대조적으로 정반대의 위치에 있는 인류를 요약하였는데, 예를 들면, "종과 자유자"이다.[24] 죽음만이 그러한 구별을 종식시킬 수 있었다(욥 3:19). 그러나 요한은 15절에서 전체 사회적 순서의 목록을 작성하면서, 어떤 구별의 표지도 심판에서부터 누구든지 예외가 되지 않을 것임을 강조하고 있다—"신적인" 가이사에서부터 하위 계층으로 내려오면서.[25]

6:15-17에서 요한계시록은 호세아 10:8(이곳에서 하나님의 진노로부터 도망친 사람들이 자신들을 가리어 달라고 작은 산들과 산들에게 탄원하고 있다)과 이사야 2:19(이곳에서 사람들은 여호와의 진노의 날에 암혈과 토굴로 도망을 치고 있다. 참조. 사 2:10)에서 가지고 온 피할 수 없는 심판의 이미지를 재현시킨다.[26] 굴과 산들의 바위틈(계 6:15)은 인간적 원수들로부터 숨기에 적절한 곳이었으며, 그리고 사데의 그리스도인들은 그들의 아크로폴리스와 마주 대하고 있는 산의 동굴 무덤을 생각했을 수도 있다.[27] 하지만 그러한 장소들은 하나님의 진노로 인하여 산 전체를 움직이시는 분을 막기에는 완전히 헛된 것으로 드러날 것이다(계 6:14).[28]

이러한 사람들이 하늘에서 일어나는 하나님의 진노로부터 도망치는 것은 하늘이 파멸되고 있다는 것을 반영할 수도 있다(계 6:12-14). 그러나 그것은 또한 하나님과 어린 양의 오심이 하늘에서 나타난다는 이미지를 암시할 수도 있다(마 24:30

23. 종말의 때에 지리적인 대격변에 대해서는 시빌의 신탁 3.680-86; 5.447-83을 보라.

24. Demosthenes, *Against Phormio* 31; Cornelius Nepos, 2.6.5를 보라.

25. 많은 문헌들은 유사한 차이점들을 열거하고 있다(예를 들면, Plato, *Theaetetus* 175A; 아브라함의 유언 19A). 강한 자들에 대한 하나님의 심판(예를 들면, 에녹 1서 48:8; 54:2; 62:3-12; 시빌의 신탁 5.380)은 하나님의 능력과 강한 자들의 건방진 오만함을 강조한다.

26. 그 밖의 문헌들은 사악한 자들이 심판 때에 숨고자 하는 일이 성공하지 못하는 것에 대해 말한다(Sir. 16:17-19; 에녹 1서 104:5; 시빌의 신탁 5.273). 어떤 이들은 사 2:18-20(시빌의 신탁 3.606-7)을 암시한다고 주장한다. 우주적 두려움은 이 시기의 특징이기도 하다(사 2:19-21; 에녹 1서 1:5; 시빌의 신탁 3.679 참조).

27. 사데의 네크로폴리스에 있는 동굴에 대해서는 Hemer, *Letters to the Seven Churches*, 140을 보라. 사람들은 움푹 들어간 바위 밑에 숨을 수도 있다. 비록 요한 자신의 초점은 아니라 해도, 요한의 청중들 중에 이전에 이교도였던 사람들은 6:15에서 출 12:12에서처럼 그들이 섬겼던 신들에 대한 심판을 보았을 지도 모른다. 예를 들면, 산들은 판(Pan)이 거주하는 곳으로 간주되었다(Dionysius of Halicarnassus, 1.38.1).

28. 사람들은 인간 압제자들을 피하여 동굴에 숨을 수도 있으나 다른 수단들에 의해 죽을 수도 있다(겔 33:27).

참조).[29] 어린 양들은 동물 중에서 가장 온순한 것으로 알려져 있다(사 11:6; 시락 13:17). 그리하여 "어린 양의 진노"는 인상적이고도 무서운 이미지이다. 아직도 회개하지 않은 사람들을 주목하라. 그들은 굴과 산들의 바위틈에 숨으려고 하지만 하나님과 어린 양에게 자비를 베풀어달라고 외치지는 않는다. 그리고 그렇게 하기에는 이제 너무 늦었다(에녹 1서 50:2-5; 63:1-12 참조).

여섯째 인의 마지막 이미지는, 하나님의 뜻에 불순종하는 자들이 "누가 능히 [진노의 날에] 서리요?"라고 외치는데 (6:17은 요엘 2:11의 표현을 각색한 것으로, 이는 요엘 2:10의 우주적 심판 이미지 다음에 나온다. 참조. 말 3:2), 이는 그 다음에 이어지는 환상으로 대답할 것임을 독자들에게 준비시키고 있다. 즉 하나님의 종들은 그날에 능히 설 수 있다(계 7:1-17).[30] 그들은 역사 안에 일어나는 여러 재앙 중에도 설 수 있는데(계 7:3), 이는 또한 하나님이 이 세대의 끝에도 그들과 함께 하실 것이라는 확신을 제공한다.

상황잇기

종말을 향하여 질주함. 하나님 나라의 복음이 그 나라가 실제로 임하기 전에 모든 민족들에게 전파되어야 한다고 우리가 말할 때(마 24:14), 우리는 그러한 과업이 성취되었다는 것을 어떻게 결정할 수 있겠는가? 어떤 사람들은 복음이 전해지지 않은 집단들을 분류하긴 하지만(선교 활동에는 유익한 프로젝트이다), 그러나 신약성경은 "민족 집단"의 규모나 한계를 규정하는데 많은 에너지를 소비하지 않는다. 아마도 예수님의 재림만이 우리가 세상을 복음화 하는 일이 충분히 성취되었다는 것을 확인해줄 것이다. 예수님이 아직 오지 않으셨다는 사실은 우리가 그 과업을 아직 이루지 못했다는 것을 암시한다. 만일 우리가 진실로 "하나님의 날을 바라본다면"(벧후 3:12), 우리는 하나님의 의제에 참여함으로서 그날이 올 수 있도록 질주할 수 있다. 하나님은 "모든 사람이 다 회개하기를" 원하시기 때문에 늦추어진 것이다(벧후 3:9). 그러나 요한계시록은 우리에게 주어진 과업이 우리가 큰 대가를 지불해야만 이루어질 수 있는 것임을 우리들에게 경고하고 있다. 하지

29. 일부 유대교 전승들에서, 하나님의 얼굴은 심판 때에 나타날 수도 있다(시빌의 신탁 3.556-61). 하늘의 어떤 형상은 운명의 무서운 전조로 작용하였다(Herodian, 8.3.8-9).

30. 여러 문헌들은 "누가 주의 목전에 서리이까"라고 질문함으로써 인간이 죽음을 면할 수 없음과 비교하여 하나님의 비교할 수 없는 위대함을 강조하며(시 76:7; 130:3; 렘 49:19; 50:44), 어떤 문헌은 하나님의 진노의 날에 대한 언급으로 본다(나 1:6; 말 3:2; 바룩 2서 48:17; 스바냐의 묵시 12:7).

만 다섯째 인은 경고하기를, 우리가 우리의 생명이나 재산을 소중히 하지 않아야 그 과업을 이룰 수 있다는 것을 경고하고 있다. 우리가 한 발은 바벨론에 그리고 다른 한 발은 하늘의 도성에 각각 둘 수는 없는 것이다.

순교자들의 기도의 본질. 이 단락에서 순교자들은 구약성경에 나오는 몇몇 고난당하는 의인들처럼(삼상 24:12; 대하 24:22; 시 79:10; 렘 18:21), 원한을 풀어달라는 기도를 하고 있다.[31] 그러나 예수님은 우리를 박해하는 자들을 위해 기도하라고 우리들에게 가르치시며(마 5:44; 행 7:60), 그리고 때때로 우리의 본성적 성향들을 구성하는 것과는 반대로, 예수님은 아마도 우리가, "주님, 그들을 죽도록 때려주십시오!"라고 기도하도록 의도하신 것이 아니었을 것이다. 예수님은 또한 아벨의 피로부터(창 4:10) 스가랴의 피까지(대하 24:20-22; 마 23:35) 순교자들이 외치는 피에 대해 말씀하셨다. 스가랴의 피에 대한 한 전승은 스가랴를 죽인 자들이 희생 제물을 다루었을 때처럼 정중하게 그의 피를 다루지 않았기 때문에 하나님이 특별히 성전을 심판하신 것으로 호소하고 있다.[32] 그리고 예수님 자신의 피 또한 신원(伸寃)을 요구한다(마 23:30-32; 27:25). 그러한 생각은 신약성경 다른 곳에서도 나타난다(눅 18:7; 딤후 4:14).

고난당하는 의인들은 원한을 풀어달라고 외치고 있으며(에녹 1서 47:1), 그리고 여기서 순교자들의 외침도 궁극적으로는 정의에 대한 외침으로서 원한을 풀어달라는 탄원이다. 이는 하나님이 죄악 된 세상을 심판하심으로서(계 8:4-6; 16:6) 그리고 궁극적으로 하나님의 최후 심판을 통해 응답되었다(계 6:12-17; 18:21, 24; 19:2). 우리의 개인적 원수들의 빚을 탕감해준다는 것은 우리가 신원(伸寃)을 위한 기대를 멈추어야 할 필요가 있다는 것을 의미하는 것이 아니다. 다만 우리가 그들이 죽기보다는 오히려 그들이 개인적으로 회개함으로서 원한을 갚는 것 이상을 기대하는 것이다. 왜냐하면 하나님 그분은 그들이 회개하는 것을 더 좋아하시기 때문이다(겔 18:23). 오늘날 많은 그리스도인들의 한 편에 치우친 윤리와는 대조적으로, 이것은 정의와 악의 전복을 위한 외침이며, 이는 구약적 개념일 뿐만 아니라 신약적 개념이기도 하다.[33]

---

31. 또한 초기 유대교에서 집합적 심판을 위한 기도를 참조하라. 예를 들면, 에녹 1서 9:10; 84:6; 95:2; 99:3; 1QM 12.11-12; *CIJ*, 1:524, §725를 참조하라; 아울러 Deissmann, *Light From the Ancient Past*, 413-24도 보라. 헬라인들은 다른 이들의 파멸을 위해 서슴없이 기도하였다(Walter Burkert, *Greek Religion*, tr. J. Raffan [Cambridge, Mass.: Harvard Univ. Press, 1985], 75; Aune, *Revelation*, 2:409).

32. Pes. *Rab Kah.* 15:7을 보라. 좀더 상세한 내용은 Keener, *Matthew* (Downers rove, Ill.: InterVarsity, 1997), 341을 보라.

지진들, 별들, 그리고 우주적 붕괴. 우리가 원칙을 본문에 적용하는 방식은 우리가 본문을 상황화하고 있는 그 문화에 달려있을 것이다. 예를 들면, 전통적인 쇼나(Shona: 아프리카의 모잠비크와 짐바브웨에 분포되어 있는 부족군(部族群)-옮긴이)문화에서, 지진은 신이 땅 위를 걸어 다니면서 발생하는 것이며, 그리고 어떤 다른 부족들은 전통적으로 지진을 특별한 신들에게 돌리고 있다.[34] 이러한 문맥에서 볼 때, 이 땅에 대해 하나님의 주권을 선언하는 것(계 6:12)은 최고의 것일 수도 있다. 이와 마찬가지로 하나님이 지진을 다스리신다는 메시지는 캘리포니아의 샌앤드레어스 단층(북미 서해안의 대단층[大斷層]-옮긴이) 가까이에 살아가는 그리스도인들에게는 위로를 주었을 지로 모른다. "하나님이 방금 손뼉을 치셨다"는 말은 55명의 생명과 수십억 달러의 재산상 피해를 가져왔던 1989년의 캘리포니아만(灣)의 지진을 목격한 한 사람이 한 말이다.[35] 요한의 고대 아시아 청중들은 지진을 알고 있었고 또한 이를 두려워했기 때문에, 그러한 심판의 이미지가 비록 구약의 예언자들로부터 예상된 것이긴 하지만, 무엇보다도 사람을 낙담시키는 것으로 드러날 것이다.

이러한 이미지를 두려움에 대한 현대의 유사한 이미지들과 연관시키는 것(특히 지리적으로 관련 있는 이미지들)은 오늘날의 청중들에게 그 이미지를 해석하는데 도움을 줄 것이다.[36] 그러나 궁극적으로 요한계시록은 그리스도께서 오시기 직전에 회개하지 않는 세상을 기다리고 있는 최후의 지진과 공포를 묘사하고 있다. 그리하여 가장 중심적인 적용은 하나님이 그의 고난당하는 성도들을 신원하실 것이

---

33. Michaels, Revelation, 108을 보라. 해방으로서의 심판에 대해서는 Stephen Hre Kio, "The Exodus Symbol of Liberation in the Apocalypse and Its Relevance for Some Aspects of Translation," BibTrans 40 (Jan. 1989): 120-35를 보라; 압제당하는 자들을 위한 요한계시록의 중요성에 대해서는 Christopher Rowland, "Keeping Alive the Dangerous Vision of a World of Peace and Justice," Concilium 200 (1988): 75-86을 보라.

34. John S. Mbiti, *African Religions and Philosophies* (Garden City, N.Y.: Doubleday, 1970), 70. 헬라인들은 전형적으로 지진을 "지구를 흔드는 자"(Earth-Shaker, 고대 문헌에 수백 번 등장한다[예를 들면, Homer, *Il.* 7.445; 20.13; *Od.* 1.74])인 포세이돈(Poseidon)의 탓으로(Pausanias, 7.24.6), 때로는 제우스에게 돌렸다(*Orphic Hymn* 15.8). 그러나 어떤 이들은 지진을 자연적 원인으로 돌렸다(Diodorus Siculus, 15.48.3-4; Diogenes Laertius, 7.1.154; 10.105).

35. "After the Shock," *NW* (Oct. 30, 1989), 22-27, 22. 매몰된 지 90시간이 지나 구조된 어떤 57세의 생존자는 그의 전처(前妻)가 하나님을 찬양하게끔 하였다("Out of the Ruins, a Miracle," *NW* [Oct. 30, 1989], 32).

36. 예를 들면, "Bracing for the Big One," *NW* (Oct. 30, 1989), 28-32; "Coping with Quake Fear," *NW* (Oct. 30, 1989), 42-47; "The Quake's Fearful Wake," *NW* (Jan. 8, 1990), 54 등을 보라. 미국의 많은 지역들은 현재 지진에 취약한 곳이다. "Any Old Day Now…," *NW* (Jan. 30, 1995), 28에 나오는 도표와 통계 자료를 보라.

며(계 6:9-11) 또한 그들이 쫓아내었던 창조주를 세상이 인식하도록 만들 것임을 알고서(계 6:12-17) 용기를 내는 것이다.

우리는 하늘의 별들이 땅에 떨어지는 고대의 이미지들(계 6:13)이 물리적으로는 불가능하다는 것을 알고 있는 천문학자들이 될 필요는 없다. 모든 별들이 지상에 적합한 블랙홀이 될 것이며, 그 다음 수 조개의 별들이 수백만 배의 광년으로 지구의 표면으로 달려들 것이다. 그리하여 6:16-17에서처럼 자신의 비참함을 한탄하면서 아무도 오래 살지 못할 것이다.

하지만 단순히 그러한 시나리오를 상상하는 것만으로 우리는 고대 청중들을 사로잡았을 지도 모르는 몇 가지 공포를 경험하였다. 환기시키는 효과도 대충 상당할 것이다. 다른 고대 문헌에서처럼(위에서 언급한 것처럼, 때때로 그러한 이미지들을 역사 안에서 지역적인 심판들에 다시 적용된다), 구체적인 이미지들은 우리가 알고 있는 것처럼 우주의 해체라는 전체적인 묘사에 기여한다. 독자들에 대한 충격은 완벽해야 한다. 하나님 그분 외에는 그 어떤 안전도, 서 있을 수 있는 그 어떤 확고한 발판도, 의지할 그 어떤 존재도 우주에 없다.

현대적 의미

희생 제물로서 가치가 있음. 순교가 하나님의 희생 제물로서 가치가 있다는 제안은 "산 제물"이 되라는 요청의 권면을 함으로서(롬 12:1) 희생 제물의 논리적 결론에 이르게 한다. 비록 세상이 그리스도의 증인들을 박해하고 있지만(다섯째 인이 증거 하는 것처럼), 하나님은 그들을 신원하실 것이다. 그러므로 우리는 담대하게 증거 해야 한다. 그러나 종종 내 경험으로 볼 때 미국의 그리스도인들은 자기만족에 빠져 있으며, 자기 자신이 회심을 하고 개인적으로 "성장"한 것으로 만족하고 있다. 내가 모르몬교와 같은 여러 컬트 교도들을 바라볼 때, 나는 종종 자신들의 메시지를 확산시키는 일에 있어서 대부분의 복음주의 교회에 다니는 사람들에게서 발견하는 것보다 훨씬 더 헌신하고 있다는 것을 발견하곤 한다—비록 잘못된 복음이긴 하지만.[37]

컬트주의자들이 성경적으로 논증하는 것들은 대체로 반박하기 쉬운 일이지만, 그러나 처음으로 컬트에서 "제자도"의 형태를 배운 이전의 복음주의자들인(내가

37. 그 문제에 대하여 코카콜라와 같은 세속적 상품을 거래하는 사람들은 종종 그리스도인들이 복음을 전파하기 위해 노력하는 사람들보다 더 전략적으로 활동하고 있다(Paul Eshleman with Carolyn E. Phillips, *I Just Saw Jesus* [Lguna Niguel, Calif.: The Jesus Project, 1985], 173-74를 보라).

오늘날 그리스도를 전했던 여호와의 증인처럼) 컬트 교도들의 불만들에 대해 우리가 어떻게 대응하고 있는가? 내가 대학원 학생이었을 때, 나는 극단적인 국제 그리스도 교회(International Churches of Church) 운동 출신의 몇몇 학생들을 도운 적이 있었다. 그러나 나중에 그들이 자신들의 ICC 교회에서 발견한 열정 및 교제와 동일한 정도로 건전한 교회들을 찾기 위해 애를 쓰고 있을 때 나는 약간의 위로만 제공해줄 수 있을 뿐이었다. 분리파 교회의 교제는 거짓된 것이며(그들이 철수하자 즉시 끝나버렸다) 그리고 대부분의 제자도는 증거 본문으로 선택한 것에 기초해 있었다. 그러나 그들의 열정은 내가 알고 있는 가장 자기만족적인 교회들보다는 초대 기독교와 보다 유사하였다(최소한 겉으로는).[38]

길거리 사역을 하면서 나는 몇 번이나 맞은 적이 있었고 내 생명이 위협을 당한 적도 있었다. 한 번은 브루클린에 있는 플랫버쉬 애비뉴(Flatbush Avenue)에서 내가 한 남성에게 예수님이 하나님과 화해할 수 있는 유일한 길이라는 것을 강조하자 마침내 그는 화가 나서 자기는 총을 가지고 있으며 죽일 수도 있다고 엄포를 놓았다. 그는 "당신은 천국에 대해 이야기 하고 있구만. 우리는 당신이 얼마나 죽을 준비가 잘 되어 있는지 볼거야"라고 비난하였다. 나는 내가 가고 있는 곳이 어디인지 알고 있다고 대답하였으나, 나는 그와 같은 사람들에게 계속 복음을 증거 하는 것보다 더 오래 살면서 이 땅에 머물고 싶었다. 몇 번 더 위협을 당한 후에 그는 사라졌으며, 그리고 그 다음날 저녁에 그는 다시 돌아와서 사과하면서 그와 자신의 아내가 내가 사역하고 있는 교회를 방문하고 싶다고 말하였다. 그러나 그 위험은 실제적인 것이었으며, 그리고 복음을 전하던 1986년의 여름이 나에게 마지막이 되었을 지도 모르는 일이다. 요한계시록을 배우는 클래스에서 몇몇 학생들은 순교를 당할 수도 있다는 가능성에 대해 염려하고 있을 때, 이매뉴얼 이탑슨(Emmanuel Itapson)이라는 나이지리아 북부에서 온 한 목회자는, 당신이 순교에 실제로 직면했을 때는 그것이 작은 일로 보인다고 설명하였다. 만일 우리가 오늘날 우리가 직면하고 있는 대부분의 시험에서 우리의 신실함을 입증한다면, 우리는 다가올 지도 모르는 더 큰 시험을 대비하는 것이 될 것이다.

19세기 후반, 허드슨 테일러(Hudson Taylor)는 문화적으로 민감한 토착 중국 교회들을 양육하기 위해 자신의 사역을 도울 더 많은 회원들을 찾으면서 주장하기

---

38. 국제 그리스도 교회에 대해서는(주류 그리스도 교회와 혼동해서는 안 된다), Randy Frame, "The Cost of Discipleship?" CT (Sept. 1, 1997), 64-88을 보라. 나는 이 집단의 전술과 교리를 반대하고 있지만, 나는 이 집단이 많은 진정한 그리스도인들을 포함하고 있다고 생각한다.

를, 그가 필요로 하는 사람들은 "예수, 중국, 영혼들 등을 모든 것 중에서 그리고 모든 시간 중에 최우선의 위치에 두는 남자와 여자들이다. 심지어 생명 그 자체도 이차적인 것이 되어야 한다."고 하였다.[39] 그러한 헌신은 적절한 때에 검증되어야 한다. 1900년에 일어난 의화단 운동(The Boxer Rebellion)은 일반적으로 서구인들의 냉담한 행동에 대응하여 188명의 프로테스탄트 선교사들과 30,000명의 중국 그리스도인들을 살해하였다. 그러나 이러한 살해는 결국 "그 다음 10년 동안에 교회를 세 배나 증가하게 만들었다."[40] 타문화 선교사들은 종종 오늘날에도 순교에 직면하기도 한다.[41]

복음이 전해지지 않은 사람들에게 나아가기 위해 문자 그대로 죽고자 할 만큼 철저한 그리스도인 세대가 일어나기 까지는 복음이 모든 민족에게 완전히 선포되지 않을 것이다(마 24:14). 몇몇 강경 이슬람교 및 힌두교의 거점들이 유럽에 진출하게 될 것이라는 점이 지금도 나타나고 있으며 또한 대부분의 다른 선교지들도 처음에는 순교의 피를 통하여 겨우 열려졌다.[42] 많은 나라들, 가령 수단, 이란, 그리고 파키스탄과 같은 나라들은 이미 많은 우리 형제자매들의 피를 받아들여 왔다. 하지만 몇 가지 중요한 예외들도 있다. 북미 그리스도인들의 현재 세대는 복음을 위해 희생하고자 하는 의향이 별로 없는 것 같으며, 더군다나 그 복음을 위해 죽고자 하지도 않는다. 음악가 존 피셔(John Fisher)는 다음과 같이 말한다.

> 갤럽의 여론 조사에 따라 중생했다고 말하는 그리스도인들 6,000만 명의 사람들 각자에게 사람에게 총을 겨누어보라. 그들에게 그리스도를 포기하라 그렇게 하지 않는다면 그들의 머리를 날려버리겠다고 말해보라. 그 다음에 그 숫자를 다시 세어보라. 내가 생각하기에 기드온처럼 조지(George)는 자신의 군대가 점점 줄어들고 있다는 것을 발견

---

39. Roger Steer, "Pushing Inward," *Christian History* 52(1996), 10-18 (p. 18). 테일러(Taylor)는 너무나도 열정적이었기 때문에 그는 수백만 명의 사람들이 복음을 듣지 못한 채 죽어가는 동안 영국의 한 교회 예배에서 1,000명 이상의 그리스도인들이 즐거워하는 것을 보면서 그대로 머물러 있는 것을 참을 수가 없었다(ibid., 14).

40. Mark Galli, "Fury Unleashed," *Christian History* 52 (1996), 31-33(p. 33).

41. "Burning Shame," *India Today* (Feb. 8, 1999), 10-16(인도의 한 잡지는 어떤 선교사와 그의 자녀들을 죽이는 것을 강하게 비판하고 있다).

42. 과거의 순교지에 대해서는 Ruth A. Tucket, *From Jerusalem to Irian Jaya* (Grand Rapids: Zondervan, 1983), 35, 49, 57, 222, 294, 419-36을 보라. 많은 선교사들을 포함하여 20세기에 순교를 당한 자들에 대해서는 James and Marti Hefley, *By Their Blood: Christian Martyrs of the 20th Century* (Milford, Mich.: Mott Media, 1979)를 보라; 보다 최근에 나온 Paul A. Marshall, *Their Blood Cries Out: The Worldwide Tragedy of Modern Christians Who Are Dying for Their Faith Faith* (Dallas: Word, 1997)을 참조하라.

하게 될 것이다. 실제로 그 대가는 아마도 오늘날에도 그렇게 극단적일 필요가 없을 지도 모른다. TV 수상기를 몰수하겠다고 협박을 한다 해도 동일한 결과를 낳을 것이다. 믿음이 값싼 것이 되어버릴 때, 그 믿음은 쉽게 저당잡혀 지게 된다.[43]

그리스도를 위해 세상으로 나아가고자 하는 비전을 가지고 있는 우리들 중 어떤 사람들은 보다 나이가 젊고 점차 다문화 세대가 되어 가는 이들에게 희생적인 리더쉽으로 그들이 무장되도록 투자하기를 시작해야 한다. 보다 젊은 지도자들은 복음 전하는 것을 겁내는 현재 세대에 속한 사람들에게(주목할 만한 예외가 있긴 하지만) 성경적 복음을 선포하기를 시작해야 한다. 즉 복음은 우리의 생명과 우리가 가진 모든 것을 희생할만한 가치가 있으며, 또한 우리 주 예수 그리스도를 위해 세상에 나아가는 것보다 더 값진 희생이 없다는 것을. 빌리 그레이엄은 요한계시록에 대해 설명하면서, 지난 수십 년 동안 그가 "기독교 믿음을 너무 쉬운 것으로 보이게 만들었으며" 그리하여 그는 본훼퍼(Bonhoeffer)가 "값싼 은혜"라고 불렀던 것을 선포했다고 말했다. 그는 다음과 같이 질문한다. "하나님의 크신 은혜를 나누어주고자 하는 나의 열심을 가지고, 악에 대한 그분의 전투에서 그분이 지불하신 대가에 대해 과연 나는 정직했는가? 그리고 우리의 삶 속에서 그리고 우리의 삶 주변에서 활동하고 있는 악에 대한 우리 자신의 전투에서 우리가 지불해야 하는 대가를 나는 적절하게 설명해왔는가?"[44] 이것은 우리 대부분이 직면하는 질문인 것이다.

다가 올 변호. 순교자들이 원수를 갚아달라고 외치고 있다면, 오늘날 고난을 당하는 신자들도 역시 마찬가지이다. 하나님이 순교자들의 요청을 들어주시지만 그 일이 즉시로 일어나는 것이 아니라는 것은 우리로 하여금 인내하도록 요구한다. 미국 노예들의 많은 세대들은 노예 해방이 일어나기 전에 하나님께 자유를 주실 것을 간구하였다(출 2:23-25 참조). 수많은 남아프리카 사람들도 인종차별이 최종적으로 철폐되기 이전에 이를 위해 죽음을 각오하고 투쟁하였다. 예레미야와 같은 선지자들(렘 43:4-7)과 바울과 사도들(딤후 1:15)은 그들의 사역들이 완전한 영향을 미칠 때까지 결코 생존하지 못하였지만, 우리가 되돌아보면 그러한 일이 일어났다는 것을 알 수 있다. 예레미야 바로 그 다음 세대는 그의 메시지를 받아들였다

43. John Fischer, "When Christianity Pays," *Contemporary Christian Magazine* (Dec. 1985), 46.
44. Graham, *Approaching Hoofbeats*, 26.

(대하 36:21-22; 스 1:1; 단 9:2). 하나님은 하박국에게 이스라엘을 압제하는 자들에게 임박한 심판이 있을 것임을 보여주었으며 그리하여 그에게 묵시를 신뢰할 것을 요구하였다. "비록 더딜지라도 기다리라 지체되지 않고 반드시 응하리라"(합 2:3). 때가 되자 약속된 심판이 요한의 바벨론에 임했으며, 또한 그 심판은 더 이상 지체되지 아니하고 최후의 바벨론에 임하게 될 것이다.

하나님의 시간이 반드시 우리의 시간은 아니다. 비록 우리가 기도드린 것들이 성취되는 것을 볼 수 있을 만큼 오래 살지는 못한다 해도, 우리는 하나님이 약속하신 것들을 하나님이 이루실 것임을 소망하는 가운데 죽을 수 있다. 성도들의 외침 후에, 하나님은 세상을 심판하신다(계 6:12-17). 하나님의 원수들이 거만하게 터무니없는 상상을 한다 해도(잠 18:11), 진정한 왕께서 가이사부터 아래에 이르기까지 전체 사회 질서에 대해 정의의 심판을 행하실 그날에는 어떤 인간 권력도 피난처를 찾지 못할 것이다(계 6:15).

요한계시록 7:1-8

1 이 일 후에 내가 네 천사가 땅 네 모퉁이에
선 것을 보니 땅의 사방의 바람을 붙잡아 바
람으로 하여금 땅에나 바다에나 각종 나무에
불지 못하게 하더라
2 또 보매 다른 천사가 살아 계신 하나님의 인
을 가지고 해 돋는 데로부터 올라와서 땅과
바다를 해롭게 할 권세를 받은 네 천사를 향
하여 큰 소리로 외쳐
3 이르되 우리가 우리 하나님의 종들의 이마에
인치기까지 땅이나 바다나 나무들을 해하지
말라 하더라
4 내가 인침을 받은 자의 수를 들으니 이스라
엘 자손의 각 지파 중에서 인침을 받은 자들
이 십사만 사천이니 각 나라에서 온 무리
5 유다 지파 중에 인침을 받은 자가 일만 이천
이요 르우벤 지파 중에 일만 이천이요 갓 지
파 중에 일만 이천이요
6 아셀 지파 중에 일만 이천이요 납달리 지파
중에 일만 이천이요 므낫세 지파 중에 일만
이천이요
7 시므온 지파 중에 일만 이천이요 레위 지파
중에 일만 이천이요 잇사갈 지파 중에 일만
이천이요
8 스불론 지파 중에 일만 이천이요 요셉 지파
중에 일만 이천이요 베냐민 지파 중에 인침
을 받은 자가 일만 이천이라

원 의미

우리는 뒤따르는 심판들이 6:12-17에서 이미 묘사된 시대의 끝과 일치하지 않는다고 생각할 수도 있다. 그러나 요한이 "이 일 후에"(계 7:1) 144,000(계 7:1-8)의 환상을 보았다는 것은 7:19에 나오는 "이 일 후에"가 셀 수 없는 큰 무리가 144,000 다음에 연대기적으로 뒤따르는 것이 아닌 것처럼, 7:1-8이 여섯 째 인 다음에 일어난다는 것을 의미하는 것도 아니다. 오히려 "이 일 후에" 다음에 나오는 동사는 "보니"이다. 즉 요한은 그 다음의 환상을 받았으며, 그리고 이 환상은 전체 환난 기간 동안 그리스도의 "종들"이 어떤 상태에 있는가를 보여주는 것처럼 보인다. 땅, 바다, 그리고 수목이 환난 동안에 고통을 당한다(계 8:7-8; 11:6). 땅, 바다, 혹은 수목을 해하기 전에 하나님의 종들에게 인을 치라는 명령(계 7:2)은 환난의 끝에서 땅과 바다가 멸망한 다음에 등장할 수없는 것이 분명하다(계 6:12-16). 요점은 단순하다. 즉 하나님의 진노의 날을 견뎌 낼 수 있는 사람들(계 6:17)

은 하나님이 그 이전의 재난들을 견디어낼 수 있도록 능력을 부여하신 사람들이다(계 7:2-3).

그리하여 많은 학자들은 7장이 문학적인 목적을 가지고서 여섯째 인과 일곱 째 인 사이에 위치하고 있는 삽입적인 막간으로 간주하고 있는 것은 옳다. 그러한 막간들은 나팔 심판과 대접 심판 시리즈에서도 이와 유사한 곳에 등장하고 있다.[1] 그러한 삽입은 긴장감을 형성하는 문학적 기능을 지니고 있다. 요한계시록에서 많은 삽입적인 막간들(예를 들면, 계 14:1-5; 15:2-4; 20:4-6), 특히 찬송들(계 12:10; 19:1-8)은 의인들의 보호 혹은 구원에 관심을 가지고 있으며, 또한 격려하는 문맥 가운데 심판 장면들을 놓고 있다. 심판은 구속적 목적을 가지고 있는데, 이는 불순종하는 자들에게 회개를 촉구할 뿐만 아니라(계 9:20-21) 또한 박해 당하는 의인들을 변호하기도 한다(계 6:10).

144,000의 정체(7:4-8)

그러면 144,000은 누구인가? 이 문제는 논의의 여기가 있지만, 본문의 형식은 인구 조사를 암시할 수도 있는데, 이는 군사적 준비 상태를 평가하기 위해 히브리 성경에서 일반적으로 사용되었다(민 1:3, 18, 20; 26:2, 4; 대상 27:23). 이것은 또한 14:4에서 성인 남자들의 상세한 내용을 설명하기도 한다. 아울러 그것은 왜 각 지파로부터 일정한 숫자가 명단에 올라갔는가를 이해할 수 있다(민 1:20-47 참조). 실제로 전쟁이 일어나면 각각 다른 지파 혹은 지역에서 열 두 파견부대를 동등하게 선발했을 수도 있다(민 31:4-6; 대상 27:1-15).[2] 일천 명의 부대는 비교적 표준적인 단위들로 구성되어 있는데, 이는 "각 지파가 각각 남자 천 명으로 구성된 열 두 부대를 제공했음"을 암시한다.[3]

---

1. 예를 들면, Tenney, *Revelation*, 73; Ford, *Revelation*, 120은 유대교의 심판 구절에 나타나는 다른 예들을 제공한다.
2. Bauckham, *Climax of Prophecy*, 216-18; Caird, *Commentary on Revelation*, 178; Michaels, *Revelation*, 170-71. 참조. 1QM 2.1-3.
3. Bauckham, *Climax of Prophecy*, 218 (마카비 1서 3.55; Josephus, *War* 2.578; 1QM 4.2, 16; 5.3을 보라). 로마의 단위처럼, 유대의 단위에서 실제적인 수는 종종 그 숫자의 서류상의 힘보다는 더 적었을 것이다. 요한의 환상은 열두 지파가 최후 전쟁에 참여한다는 유대교의 이미지를 채택한 것일 수 있다(1QM 2.2-3, 7; 3.13-14, 14.16; Bauckham, *Climax of Prophecy*, 219). 보다 분명한 군사적 이미지가 없는 것은 오니(Aune)로 하여금 한 곳에서는 회의적으로 보이게 만들었다(*Revelation*, 2:436). 그러나 그는 다른 곳에서 종말의 군대라는 견해를 받아들이는 것처럼 보인다(pp. 444, 463).

그리하여 이러한 환상은 종말의 군대를 나타낼 수도 있는데, 이는 영적인 전투를 위해 준비된 것이다(계 12:7-9 참조). 만일 그렇다면, 그것은 19:14에서 예수님을 따르는 군대일 수도 있는데, 이들은 성도들의 옳은 행위로 옷 입은 자들이다. 요한계시록 다른 곳에서 요한이 유일하게 "수"를 들은 곳이 있는데, 그것은 이억 명으로 구성된 세상의 군대 숫자이다(계 9:16). 하나님의 지상적 군대는 숫자적으로 우세한 그 세상의 군대를 보고서 압도를 당할 수도 있지만(계 9:16; 참조. 20:8; 그러나 5:11을 참조하라), 그러나 그들이 반드시 이길 것이다.

하지만 이러한 사실이 다음의 문제를 해결하지는 않는다. 즉 "누가 이 군대를 구성하는가? 하는 것이다. 한 가지 견해는 그들을 문자적으로 각 열두 지파에서 나온 유대 그리스도인들로 생각하고 있지만 대개 그 백성 모두 메시아 군대를 위해 징집된 군인들로 간주하지는 않는다.[4] 이러한 견해는 이를 반대하는 대부분의 사람들도 기꺼이 인정하고 있으며 또한 이를 찬성하는 몇 가지 요소들을 가지고 있다는 것이 훨씬 더 그럴듯하다. 가장 두드러진 사실은 만일 우리가 마지막 때에 유대의 남은 자들에 대해 말하고 있다면, 지파들을 계수하는 것보다 이러한 견해를 분명하게 만드는 뚜렷한 방식을 생각하기 어렵다는 것이다. 요한계시록에 나오는 다른 이미지들도 이러한 생각과 일치할 수도 있다. 특히 요한계시록 12장에 나오는 여자가 이스라엘을 나타낸다면(계 12:6, 17을 보라) 말이다. 아울러 종말에 유대 민족이 그리스도에 대한 믿음으로 대규모로 돌아설 것이라는 것에 대해 말하는 충분한 성경적 선례가 있으며(예를 들면, 롬 11:25-27; 아마도 마 23:39; 참조. 사 61:1-9; 렘 31:15-40; 겔 36:8-38; 호 2:14-23; 11:8-11; 14:4-7; 암 9:11-12), 또한 요한 자신이 유대 그리스도인으로서 이러한 견해를 강조할 수 있다는 것을 의심할 아무런 이유도 없다(계 11:8, 13 참조).

그럼에도 불구하고 요한계시록 본문 자체에 있는 다른 요소들은 요한이 아마도 이러한 유대의 종말론적 남은 자의 양식을 오히려 모든 신자들을 묘사하는 것에 적용시켰을 수도 있다는 것을 암시한다.[5] 비록 요한이 다른 많은 초기 그리스도교 저자들이 그랬던 것처럼 종말에 유대민족들의 회심을 기대했다는 것이 분명하지

4. González, *Revelation*, 55; Tenney, *Revelation*, 78; Ryrie, *Revelation*, 51; Walvoord, *Revelation*, 143을 보라. 특히 A. Geyser의 통찰력 있는 논증인 "The Twelve Tribes in Revelation: Judean and Judeo-Christian Apocalypticism," *NTS* 28 (July 1982): 388-99를 보라.

5. Aune, *Revelation*, 2:443은 144,000이 종말의 환난 때에 살아남은 신자들을 가리킨다는 강력한 논증을 하고 있지만, 계 7:4-8에 있는 "중에"와 7:9-17의 큰 무리 사이에 너무나도 큰 구분을 하고 있다.

만, 그것이 여기에서 그의 초점이 아니다. 요한에게 있어서 자칭 유대인이라고 주장하는 자들과는 대조적으로, 모든 신자들이 "촛대"의 일부분이 되었으며(계 1:20에 대한 설명을 보라), "나라와 제사장"의 일부가 되었다(계 1:6). 요한에게 있어서 예수님에 대한 믿음과 하나님의 계명들에 대한 순종은 나란히 서있는 것들이다(계 12:17; 14:12 참조). 예수님을 믿는 것보다 더 유대교적이고 성경적인 유산과 일치하는 것은 없으며, 또한 예수님을 부인하는 것보다 더 그러한 유산과 불일치하는 것은 없다. 그러므로 요한에게 있어서, 예수님을 믿는 이방인들은 예수님을 믿는 유대교적 운동의 일부가 된 것이다. 이천 년 후에, 이방 "기독교"의 반유대주의 역사는 이방인들이 이스라엘에 접붙임을 받았다는 것에 대해 그리고 이방 그리스도인들이 그들의 믿음의 유대성을 인식하는 것에 대해 우리가 듣는 것을 더욱 어렵게 만들었다. 그러나 요한은 그 모든 비극적 사건이 일어나기 이전에 이를 기록하였다.

오늘날 대부분의 주석학자들이 공유하고 있는 바 144,000이 모든 신자들을 나타낸다는 이 같은 견해를 우리가 받아들이도록 하는 본문상의 단서는 무엇인가? (1) 가장 중요한 것은, 하나님의 심판으로부터 보호를 받는 사람들이 아무런 조건이 없이 단순히 그의 "종들"로 되어 있다는 것인데(계 7:3), 이들은 요한계시록 어디서든지 모든 신자들 혹은 증인들을 나타낸다(계 1:1; 2:20; 6:11; 10:7; 11:18; 19:2, 5, 10; 22:3, 6, 9). 만일 우리가 그들의 민족성을 문자적으로 해석한다면, 우리는 그 숫자와 다른 상세한 내용들까지도 문자적으로 해석해야 한다. 그러나 만일 우리가 그렇게 한다면, 그리고 만일 "종들"이 모든 신자들을 나타낸다면, 역사를 통틀어 진실로 구원받은 사람들의 전체 숫자(혹은 다른 독법에서, 환난을 통해)는 유대 각 지파에서 나온 12,000명의 순결한 남자들로 국한되어야 한다(그러나 144,000을 순결한 남자로 구체화하고 있는 그 구절은 그들의 민족성까지 구체화하지 않는다[계 14:1-5]). 만일 우리가 여기서 "종들"을 대개 요한계시록에서 나타나는 것보다 좁은 의미로 해석한다면(계 10:7; 22:9에서는 "선지자들"을 신자들의 특정 집단으로 동일시하고 있다), 하나님은 그들의 민족성, 성, 그리고 결혼 여부에 기초한 교회 내의 어떤 집단에게만 자신의 특별한 보호를 제공하실 것이다. 그러나 모든 이방인들, 여성들, 그리고 결혼한 신자들도 고난을 겪어야 한다(9:4).

(2) 그들의 이마에 인을 치는 것(계 7:3; 14:1)은 또한 그들을 모든 신자들과 관련시키고 있으며(계 3:12; 22:4; 참조. 고후 1:22; 엡 1:13; 4:30) 동시에 그들을 짐승을 따르는 모든 자들과 대조시키고 있다(계 13:16-17; 14:9, 11; 16:2;

19:20; 20:4).

(3) 144,000은 문자적인 이스라엘에 대한 묘사와 일치하지 않는다. 이미 요한 당시에 대부분의 지파들은 사라졌으며, 그리고 많은 유대인들은 그 지파들이 회복될 것으로 기대하고 있었지만, 그 지파들로부터 대부분의 유대 민족들이 계통을 이어 진정으로 재구성될 것이라는 것은 불가능하게 되었다.[6] 보다 중요한 것은, 그 지파들 중의 하나를 잃어버렸는데, 사실 이 지파는 자신의 기업을 받으리라고 예상되었던 첫째 지파인 단이었다(계 7:4-8; 참조. 겔 48:1).

(4) 요한계시록은 모든 신자들의 유대성을 강조하고 있다(계 1:20; 2:9에 대한 설명을 참조하라).

(5) 요한계시록 나머지 부분은 144,000이 아마도 상징적인 숫자일 것으로 기대하도록 한다(12의 제곱 곱하기 10의 3제곱, 하나님의 백성의 수). 12,000과 144라는 숫자는 다른 곳에서 거룩한 공동체를 가리키는 것으로 나타난다(계 21:16-17). 새 예루살렘은 네모가 반듯하며 또한 정 입방체의 형태로 제시되고 있다(계 21:16). 그리하여 144,000은 새 예루살렘에 들어가기로 되어있는 모든 사람들을 가리킨다. 나아가서 이러한 논증들이 절대적으로 결정적인 것으로 입증되지 않을 수 있다 해도, 그들은 144,000이 예수님을 믿는 진정한 모든 신자들을 가리키고 있다는 것을 지지하는 입장에 상당한 무게를 더해주고 있다.[7]

이러한 논증들을 볼 때, 두 번째 나오는 환상이 종종 그런 것처럼(창 41:17-32; 단 7:9-22; 에스라 4서 9:38-10:28; 10:38-59), 이곳에 나오는 두 번째 환상(계 7:9-17)을 첫 번째 환상(계 7:1-8)에 대한 또 다른 해석으로 보는 것이 가장 단순한 것으로 보인다. 두 번째 환상(계 7:9-17에 대한 설명을 보라)은 하나님의 백성의 남은 자들에 대한 표준적인 유대교적 종말 이미지의 결정적인 재해석을 포함하고 있으며, 또한 이것은 요한계시록이 다른 곳에서 가르치고 있는 방식과 일치한다. 요한은 유대 지파 출신의 정복하는 사자에 대해 듣고 있지만(계 5:5), 그러나 오히려 일찍이 죽임을 당한 어린 양을 보기 위해 방향을 돌리고 있다(계 5:6). 여기서 요한은 하나님의 종들의 수를 "듣고" 있지만(계 7:4) 그러나 셀 수 없는 큰 무리를

6. "잃어버린" 열 지파의 회복에 대해서는 Joachim Jeremias, *New Testament Theology* (New York: Charles Scribner's, 1971), 235; E. P. Sanders, *Jesus and Judaism* (Philadelphia: Fortress, 1985), 96-97을 보라.

7. 현대의 대부분의 주석학자들은 이러한 견해를 받아들이고 있다. Heinrich Schlier, *Principalities and Powers* (New York: Herder and Herder, 1961), 70; Caird, *Commentary on Revelation*, 94-95; Rissi, *Time and History*, 89, 110; Mounce, *Revelation*, 168-70; Beasley-Murray, *Revelation*, 140; Bauckham, *Climax of Prophecy*, 399; Johnson, *Revelation*, 85; Michaels, *Revelation*, 113; Beale, *Revelation*, 412-23 등을 보라.

"보고" 있다(계 7:9). 정복하는 사자가 일찍이 죽임을 당한 것으로 드러나고 있기 때문에, 종말의 이스라엘 군대는 열방 중에서 나온 순교자들의 무리로 드러나고 있다.[8] 우리의 "거룩한 전쟁"은 죽음에 이르기까지 우리가 신실하면서 비폭력적인 증거를 하는 것이다.[9]

지파들의 인을 침(7:1-3)

바람에 대한 하나님의 주권(계 7:1)은 유대교의 묵시적이고 천문학적인 전승에 대한 잘 알려진 특징이다. 이교도들은 다양한 신들을 경배하였으며 심지어 특정 바람에 대한 신들(보레아스[Boreas]와 같은, 그리스신화에서 북풍의 신-옮긴이)을 가지고 있었던 반면, 하나님은 바람을 다스리시며 또한 오로지 하나님의 명령을 수행하는 천사들을 바람에게 보내신다.[10] 하나님은 축복을 위해 그리고 심판을 위해 바람을 보내실 수 있다(에녹 1서 36:2-3; 76:4). 어떤 사람들은 바람이 하늘의 둥근 천장을 지탱하고 있다고 생각하였다(에녹 1서 18:2-5). 다른 사람들은, 만일 억제되지 않는다면 바람이 땅과 바다와 하늘을 날려 보낼 것이라고 생각하였다(Virgil, *Aen.* 1,56-59). 어떤 전승에서 하나님은 노아 당시의 홍수 이후에 사나운 바람을 억제시켜, 또 다른 시대의 여명을 알리셨다는 것이다(시빌의 신탁 1.195; 참조. 창 8:1).

사방의 바람은 "땅 네 모퉁이"와 대응하는데(렘 49:36에서 심판의 이미지이기도 하다), 이는 단순히 네 방향을 의미하는 일반적인 문구이다.[11] 여기서 사방의 바람은 땅의 가장 먼 곳까지 미치는 하나님의 주권을 보여주는데, 이는 마치 스가랴

---

8. Bauckham, *Climax of Prophecy*, 215-16; Michaels, *Revelation*, 113.

9. Richard Bauckham, "The Book of Revelation as a Christian War Scroll," *Neot* 22 (1988): 17-40.

10. 에녹 1서 18:1; 35:1-36:2; 요셉과 아세낫 12:2/3의 일부 사본들을 보라. 하나님은 *Gen. Rab.* 24:4; *Lev. Rab.* 15:1에서 세상의 생존을 위해 바람을 제지하신다. 바람은 하늘의 전차들이 가는 길을 안내하는데 특히 유용하며(에녹 1서 72:5; 73:2; 모세의 승천 38:3; 참조. 시 18:10; 104:3), 전차들은 또한 이방 문헌에서 하나의 이미지를 가진 것으로 규칙적으로 등장한다. Virgil, *Aen.* 1.56-59에서, 아이올로스(Aeolus, 그리스 신화에서 '바람의 신'-옮긴이)가 바람을 제어하고 있다.

11. 비록 대부분의 고대인들은 땅이 비교적 평평하다고 생각했지만, 그들은 땅을 사각형이 아닌 하나의 원의 모양을 가진 것으로 여겼다. 네 바람이 모든 방향을 의미한다는 것에 대해서는, 겔 37:9; 단 7:2; 8:8; 슥 2:6; 막 13:27을 보라. 네 모퉁이에 대해서는, 계 20:8; 사 11:12; 바룩 2서 6:4-5; 아셀의 유언 7:3 등을 보라. 하늘의 둥근(둥근 지붕) 모양에 대해서는, Aristotle, *Heavens* 2.4, 286b 10을 보라. 소수의 천문학자들도 역시 이 당시에 땅을 하나의 구체(球體)로 인식하였다(Diogenes Latertius, 9.9.57 참조). 해로운 바람은 남동쪽, 남서쪽, 동남쪽 그리고 서남쪽에서 부는 바람이다(Mounce, *Revelation*, 166).

서의 네 말 탄 자처럼 네 방향으로 두루 돌아다니는 하늘의 네 영들이다(슥 6:1-5). 스가랴서의 헬라어 역은 선지자가 사용한 히브리어를 "네 바람"으로 번역하고 있다(계 6:5). 네 바람이 부는 것은 또한 악의 세계 제국의 전조(前兆)로서의 역할을 한다(단 7:2-3). 여기서 하나님은 그가 그의 종들을 보호하실 때까지(계 7:3) 심판의 바람이 불지 못하도록 막으신다(계 7:1; 참조. 계 6:13).

천사가 "해 돋는 데로부터" 올라오는 것(계 7:2)은 하나님의 영광이 그의 집으로 돌아오는 것(겔 43:2) 혹은 종말론적 성전의 동쪽 지향성(겔 46:1, 12; 47:1)을 연상시키거나, 아니면 동쪽에서 비롯되는 하나님의 심판을 암시할 수도 있다(계 16:12). 그러나 가장 그럴듯한 것은 이 이미지가 해가 돋는 것을 가리킨다는 것이다(여기서 헬라어가 문자적으로 말하는 것은, 이 문구가 흔히 말하는 방식이기도 하지만, "동쪽으로부터"이다).[12] 헬라인들과 로마인들은 태양신을 숭배하였으며, 그리고 그들의 신화에서도 만일 태양이 정해진 경로로부터 방향을 바꾸게 되면 지구가 타들어가든지 아니면 얼어붙게 될 것임을 경고하고 있다. 유대인들은 태양을 단순히 힘 있는 천사로 간주하였다.[13] "해 돋는 데로부터" 올라온 천사는 태양의 천사처럼 강력한 존재일 수도 있지만, 그러나 여기서 그의 임무는 단순히 하나님의 메시지를 전달해주는 것이다(계 19:17 참조). 하나님은 바람에 대해서와 마찬가지로(계 7:1) 태양에 대해서도 주권을 가지고 계신다(계 6:12; 7:16; 8:12; 9:2; 16:8; 21:23 참조).

천사의 "인"은 아마도 도장을 새긴 가락지를 의미하는데, 이것으로 왕은 자신을 대신하여 어떤 행위를 수행하도록 대리인에게 권한을 부여하였다. 이러한 문맥에서 방금 언급했던 재앙들을 처음으로 입증했던 하나님의 심판의 대리인들 중 하나였음을 암시할 수도 있다(계 6:1-7; 이러한 인들에 대해서는 5:1-2에 대한 설명을 보라). 학자들은 여기서 의인들을 인치는 것에 대한 이미지에 대해 다양한 해석들을 제시해왔다. 어떤 학자들은 군인들에 대해 기호 표시를 하는 것을, 다른 학자들은 손, 이마, 혹은 목에 표시하는 것을 언급하고 있다. 이것은 144,000의 예상되는 이미지를 14:1-5의 하나님의 군대와 연관시킬 수도 있다. 손과 이마는 성구함(구

12. 이것은 동쪽에 대해 어떤 다른 것보다도 자주 등장하는 이미지이며(예를 들면, Homer, *Od.* 3.1; 19.434) 그리고 여기서처럼 "동쪽"에 대한 일반적인 관용구의 일부이다.

13. Sophocles, *Oedipus Tyrannus* 660-61; *Orph. Hymns* introduction 3-4; Josephus, *Apion* 2.265를 보라; 자연적인 견해들에 대해서는 Diogenes Laertius, 7.1.144; 8.2.77; Plutarch, *Oracles at Delphi* 12, *Mor.* 400BC를 보라. 유대교적인 견해들에 대해서는 1QS 10.1-5; CD 10.15-16; 에녹 1서 72:2-37; 75:4; 바룩 4서 4:4; 솔로몬의 유언 6:10; 에녹 2서 11:4; 14:3; 에녹 3서 17:4; *tos. Ber.* 6:6 등을 보라.

약성경의 구절을 적은 양피지를 담은 가죽상자로서 아침 기도할 때 하나는 이마에 다른 하나는 왼팔에 잡아매었다-옮긴이)을 매는 위치이기도 한데, 이것으로 하나님의 종들은 자신이 율법에 충실하다는 것을 보여주었다.[14] 많은 학자들은 여기에 나오는 인을 동물이나 종들에게 찍는 소인(燒印)과 관련시킨다(출 21:6 참조). 이것은 하나님의 종들로서 그들의 정체성(계 7:3; 참조. 22:3-4)과 또한 그들이 세상의 종들과 대조가 된다는 것(계 13:16-18)을 설명해준다. 비록 소수의 종들만이 소인이 찍혔지만, 이러한 견해는 충분히 권할 만하다.[15] 그리스도인들은 나라와 제사장들이기 때문에(계 1:6), 요한은 대제사장의 이마에 "여호와께 성결"이라고 마치 "인처럼" 새겼던 것을 생각했을 수도 있으며(출 28:36-38), 또한 이는 바벨론과 적절하게 대조를 이루고 있는 것으로서 그들의 이마에 땅의 음녀(계 17:5)로 기록하였으며, 혹은 짐승의 종들과 대조를 이루기도 한다(계 13:16).

"인"(*sphragizo*, 스프라기조)이라는 단어 그 자체는 에스라 4서가 의인들을 위해(에스라 4서 6:5) 그리고 시온을 위해(10:23) 선언하고 있듯이, 소유권 혹은 승인이라는 특별한 특질을 암시할 수 있다.[16] 어떤 사람들은 여기서 십자가의 표를 나타내기 위해 에스겔 9:4에 언급되어 있는 타우(*tau*) 글자를 이마에 그린 것과 관련한 유대 전승을 사용하지만, 그러나 분명히 요한은 이것을 인용했던 보다 분명한 이유를 가지고 있었을 것이다. 오히려 요한은 짐승의 이름과는 정반대인(계 13:17-18) 하나님의 이름과 어린 양의 이름으로 표시를 한 것을 마음에 두고 있었다(계 14:1).[17]

---

14. 출 13:8-9; 신 6:8에 나오는 성구함은 은유적인 의미로 의도되었을 것이다. 여러 견해들에 대한 보다 상세한 목록들과 이를 지지하는 자료들에 대해서는 Ford, *Revelation*, 116-17을 보라.

15. Martial, *Epig.* 3.21; Plutarch, *Nicas* 29.1; Ps-Phocylides, 225를 보라; 노예의 표식에 대해서는 *CIL*, 15.7194를 보라; 노예 문신은 마카비 3서 2:28-29에서 유대인들이 압제를 당하는 것을 암시할 수도 있다. 초기에 노예에게 소인(消印)을 찍는 것에 대해서는 I. Mendelsohn, "Slavery in the Ancient Near East," *BA* 9 (Sept. 1946): 78-88(pp. 80-82)을 보라. 어떤 사람들은 자신들의 자녀들에게도 문신을 새겼지만(Artemidorus, *Oneir.* 1.8; Sextus Empiricus, *Outlines of Pyrr.* 1.148), 그러나 아시아에서는 그런 일을 행하지 않았다. 소인(燒印), 문신, 그리고 그 밖의 표식에 대해서는 보다 상세한 Aune, *Revelation*, 2:456-59를 보라.

16. 인을 치는 것은 욥의 유언 5:2에서 어떤 과업을 위해 신적으로 거룩하게 하고, 또한 솔로몬의 유언 2:5에서는 어떤 직무를 명심시키는 기능을 하였다. Aune, *Revelation* 2:758은 어떤 신의 이름을 가지는 것이 신적인 소유권을 나타낼 수도 있다는 증거로 Pinder, *Olymp.* 3.29-30을 인용한다. 마카비 3서 2:28-29 참조.

17. 여기에 나오는 십자가에 대해서는 David Daube, *The New Testament and Rabbinic Judaism* (Peabody, Mass.: Hendrickson, n.d.; London: University of London, 1956), 401-2; *b. Shab.* 55a; Ford, *Revelation*, 123에 나오는 자료를 보라; 혹시 *m. Men.* 6:3도 참조하라.

하여튼 이 인(seal)은 소유권을 입증하기 위한 기능을 하였으며(사 44:5), 아울러 그 칭호도 단순히 "표"(mark)라고 한 것과는 대조를 이룬다(계 13:16-17). 이 이미지에 대한 가장 중요한 자료는 에스겔 9장인데, 여기서 하나님은 의로운 남은 자를 그의 심판으로부터 보호하시기 위해 표를 하신다.[18] 하나님은 또한 그의 백성들 중 살아남은 남은 자들 중에 표를 하실 것이며 또한 그들에게 이방 중에 하나님의 영광을 증거 하게 하실 것이다(사 66:19). 초기 유대교 문헌도 역시 하나님이 기근과 전쟁의 위험으로부터 의인들을 보호하시기 위해 그들에게 "표"를 하시지만, 반면에 악인들은 멸망을 위한 "표"를 하셨다는 것으로 묘사하고 있다(솔로몬의 시편 15:6-9). 요한계시록에 나오는 많은 재앙들이 언급하고 있는 출애굽기의 재앙처럼, 하나님은 그의 백성들과 세상 사이의 구분선을 그어놓으신다(출 8:28; 9:4; 11:7).[19]

유다는 군대의 지도자로서(계 5:5 참조) 첫 번째 목록에 올라가고 있으며, 대부분의 다른 사람은 출생 순서를 따라 혹은 적절한 형제들끼리 짝을 이루고 있다.[20] 학자들은 왜 단 지파가 특히 생략되었는지에 대해 논의를 하고 있다. 왜냐하면 단 지파는 분명히 구약성경의 선지서에서는 생략되어 있지 않기 때문이다(겔 48:1-2). 많은 학자들은 단 지파가 우상숭배와 연관되어 있다는 점(삿 18:30; 왕상 12:29), 나아가서 단에 대한 부정적인 랍비 전승들, 즉 단이 단의 유언(Testament of Dan) 5:6에서 단이 사탄과 연관되어 있다는 것 그리고 적그리스도가 단 지파에서 나올 것이라는 이레나이우스(Irenaeus)의 의심(아마도 요한계시록의 이 구절에 근거하

18. 아울러 창 4:15; 출 12:23에 나오는 보호의 표를 참조하라. 이스라엘 사람들의 이미지에 적합한 할례의 "표"(창 17:11)는 이스라엘을 종말의 파멸로부터 구원해줄 것이다(희년서 15:26). 의인들이 보존되거나 혹은 통지될 때까지 심판을 늦추는 것에 대해서는, 에녹 1서 66:1-67:2; 바룩 4서 3:5를 보라. 에녹 1서 100:5에서 하나님은 악인들을 심판하시는 동안에 그의 백성들은 보호하신다. 탈벗(Talbert)은 바룩 2서 29:2; 71:1에서 최후의 환난 동안에 하나님의 백성들을 보호하시는 것과 대조하고 있다(*Apocalypse*, 36).

19. Josephus, *Ant.* 2.294-95; 3.17; 아울러 창 18:23-25에 나오는 원칙도 참조하라.

20. Bauckham, *Climax of Prophecy*, 221을 보라. 그러나 그는 내가 생각하는 출생 순서를 잘못된 기억이 아닌가 하고 추측하고 있는데 이는 단순히 혼합된 기준을 나타낼 수도 있다. 구약성경은 지파들의 목록을 거의 20가지나 다른 방식으로 배열하고 있다. Christopher R. Smith, "The Portrayal of the Church as the New Israel in the Names and Order of the Tribes in Revelation 7.5-8," *JSNT* 39 (1990): 111-18은 여종의 자녀들이 이방인들의 숫자에 포함되도록 장려되었다고 주장한다 (보캄은 "The List of the Tribes in Revelation 7 Again," *JSNT* 42 [1991]: 99-115에서 이러한 주장에 반대한다). R. E. Winkle, "Another Look at the List of Tribes in Revelation 7," *AUSS* 27 (1989): 53-67은 겔 48:31-34의 목록에서 시계 반대 방향으로 역전되었지만(계 21:12 참조), 유다가 여전히 첫째를 유지하고 있다고 주장한다. 그러나 이러한 도식이 분명한 것이 아니다.

여) 등을 지적하고 있다.[21]

그러나 이러한 설명들이 충분히 만족스러운 것은 아니다. 왜냐하면 본문들이 단에 대해 아무 것도 말하고 있지 않으며, 다른 지파들에 대해서는 많은 것들을 말하기도 한다(예를 들면, 창 49:3-7). 다른 사람들은 단 지파를 생략한 것이 별 의도가 없이 일어난 것으로 생각한다. 레위, 므낫세, 그리고 에브라임을 각각 포함시키기 위해 한 지파가 생략되어야 했으며, 그리하여 열두 지파를 이루었다는 것이다.[22] 아마도 만일 어떤 지파가 생략되었다면, 다른 지파가 첫 번째로 선택된 것처럼 보다 부정적인 관련성이 있을 수도 있다(위에서 언급한 내용 참조). 학식이 풍부한 독자는 단 지파가 뱀과 관련되어 있다는 것을 생각할 수도 있는데(창 49:16-17; 참조. 렘 8:16-17), 그 독자는 이를 에덴의 뱀과 연결시킬 수도 있으며(창 3:1-15), 또한 이 뱀은 요한계시록 12:9에서 마귀를 나타내고 있다.

상황잇기

요한계시록의 우주론 해석. 우리가 요한계시록의 우주론을 어떻게 읽을 것인가? 어떤 사람들은 이를 문자적으로 받아들인다(비록 그들은 이와 동일한 해석 패턴이 요한계시록 전체에 일관되게 나타나는 것으로 주장하지는 않지만). 가령 홀 린드세이(Hal Lindsey)는 7:1에서 하나님이 바람을 불지 못하게 하시는 것을 현재 발생하고 있는 지구 기상 이변과 연관시키고 있다.[23] 기상 이변이 일어나고 있는 것처럼 보이기는 하지만, 그러한 변화를 이 구절과 관련시키는 것은 빈약하다고 할 수 있다.[24] 만일 문자적으로 바람이 불기를 멈춘다면, 우리는 즉각적이고도

---

21. Beasley-Murray, *Revelation*, 143-44; Caird, *Commentary on Revelation*, 99; Ford, *Revelation*, 118; Talbert, *Apocalypse*, 35. 우상숭배에 대해서는, 예를 들면, *tos. Shab.* 7:3; *Gen. Rab.* 43:2; *Pes. Rab.* 12:13을 보라. 적그리스도 전승에 대해서는 Irenaeus, *Her.* 5.30.2; Hippolytus, *On the Antichrist* 14; 초기 문헌이긴 하지만 덜 분명한 희년서 44:28-33을 각각 보라. 단(Dan)은 사사기에서 거의 배타적으로 부정적인 관점에서 묘사되는 몇 안 되는 지파들 중의 하나이다.

22. Bauckham, *Climax of Prophecy*, 222-23. "에브라임"이라는 명칭은 몇몇 쿰란 문헌에서 바리새파를 암시하고 있다 (Stephen Goranson, "The Exclusion of Ephraim in Rev. 7:4-8 and Essene Polemic Against Pharisees," *Dead Sea Discoveries* 2 [1995]: 80-85를 보라). 그러나 요한의 청중들이 에세네파의 논쟁을 구체적으로 알았을까 하는 것은 의심스러워 보인다.

23. Lindsey, *New World Coming*, 116-17.

24. 환경적 재앙의 위협들에 대해서는 "Ravage in the Rain Forests," *USNWR* (March 31, 1986), 61-62; "Facing Life in a Greenhouse," *USNWR* (Sept. 29, 1986), 73-74; *NW* (July 11, 1988), 16-24에 있는 몇 가지 논문들; "More Bad News in the Air," *NW* (Feb. 17, 1992), 26; Gregg Easterbrook, "Return of the Glaciers," *NW* (Nov. 23, 1992), 62 등을 보라. 보다 신중한 견해들에 대해서는 "Is It All Just Hot Air?" *NW* (Nov. 20, 1989), 64-66; "Feuding Over Gloval Warming," *WPR* (July 1995), 6-11; Sharon Begley,

무서운 환경적 결과에 직면하게 될 것인데, 그렇게 된다면 아마도 상층부 대기에 수천 톤의 유독성 폐기물이 급속하게 가라앉게 되어, 결국 행성으로부터 인간 생명을 질식시킬 것이다.

그러므로 우리는 대 환난 이전에 휴거될 것을 기대하지 않는 사람들은 대기 정화 프로그램을 작동시키든지 아니면 방독면을 구입하든지 해야 할 것이다. 그러나 이러한 접근은 이 본문의 요점을 벗어난 것이다. 요한은 우리가 코이네 헬라어로 부르는 언어로 글을 기록하였기 때문에, 그는 그 당시에 익숙한 이미지들을 사용하여 의사소통을 하고 있는 것이다. 오늘날 우리가 다른 언어를 말하고 혹은 다른 이미지들을 사용하고 있다고 해도 요한이 묘사하고자 하는 그의 생생한 이미지들의 요점을 변경시키지는 않는다. 즉 하나님은 우주를 다스리시며 그리고 세상의 주목을 끌어내기 위해 그가 행하시는 심판들의 결과로부터 그의 백성들을 보호하실 수 있다는 것이다.

144,000. 오늘날 144,000의 요점은 무엇인가? 물론 여호와의 증인들은 잘 알려진 한 가지 대답을 제시하지만, 그러나 그들이 여기서 사용하는 해석의 도구는 놀라울 정도로 독단적이다. 그들은 그 숫자를 문자적으로 해석하지만, 그 밖에 상세한 내용들은(예를 들면, 유대인 순수한 자들[계 14:4]) 상징적으로 해석한다.[25] 요한계시록에는 상징적인 숫자가 과도하게 나타나고 있는 것을 감안하면, 만일 어떤 요소가 다른 요소들보다도 더 상징적이라면, 그것은 이 숫자임에 틀림없다(21:16-17에 대한 설명을 참조하라).[26]

그러나 자신들의 신학으로 그 본문을 해석하는 것이 여호와의 증인들만이 아니다. 예를 들면, 현대의 한 학자는 교회가 하나님의 "종들"이 아니기 때문에 144,000이 "교회"를 나타낼 수 없다고 주장한다(요 15:15를 인용하면서).[27] 그러나 이상하

"Odds on the Greenhouse," *NW* (Dec. 1, 1997), 72 등을 보라.

25. *Revelation: Grand Climax*, 115-18. 여호와의 증인들은 계 7:9-17에 나오는 허다한 무리를 문자적인 숫자가 거의 완성되었다는 새로운 계시를 러더퍼드(J. F. Rutherford)가 받은 후인 1935년 이후부터 인침을 받은 사람들로 간주한다 (ibid., 119-29). 유능한 16세기 복음주의 전도자였던 한스 헛(Hans Hut) 역시 그리스도의 재림을 대비하여 문자적인 144,000명(이방 그리스도인들)을 준비하려고 하였다 ("A Gallery of Factions, Friends & Foes," *Christian History* 4 [1985]: 13-16 [p. 14]).

26. 숫자 그 자체로 발생할 가능성이 없다는 것이 일반적으로 받아들여지고 있지만(예를 들면, 요셉과 아세낫 2:6/7이다. 이곳에서 아세낫의 일곱 명의 모든 종들은 그녀와 마찬가지로 같은 날 밤에 태어났다), 상징적인 숫자들은 묵시문헌들에서 표준적인 의미를 지니고 있다 (Leon Morris, *Apocalyptic* [Grand Rapids: Eerdmans, 1972], 39).

27. Strombeck, *Rapture*, 145. 스트롬벡은 144,000이 이스라엘을 나타낸다고 주장하면서, 이것은 이스라엘이 대 환난 기간 동안에 이 땅 위에 존재해야 한다는 것을 입증한다고 주장한다 (ibid., 119) - 실제로는 그

게도 요한계시록에서 명백히 그리스도인들을 지칭하는 "종들"의 다른 용법들(예를 들면, 계 1:1; 22:3)에 대해서는 그것을 교회라고 말한다. 린드세이는 이들이 교회가 휴거를 당한 후에 회심한 유대인 복음주의자들이라고 주장한다.[28] 그는 이들이 옳기도 하면서 또한 잘못된 복음주의자들일 수 있다는 것이 그의 생각이다. 즉 그가 그 본문을 구체화되지 않은 부르심으로 해석한다는 점에서는 잘못되었지만, 요한계시록에서 모든 진정한 신자들은 그리스도를 증거 하도록 예언의 영이 충만한 하나님의 종들이라는 점에서 옳다는 것이다(계 19:10).

어떤 사람들은 문자적인 해석이 불가능하지 않다는 것을 지적함으로써 144,000이 모든 신자들을 나타낸다는 견해에 이의를 제기한다.[29] 물론 이러한 반론이 정확할 수도 있지만, 그러나 그것이 어떤 견해가 다른 견해를 능가할 수도 있다는 가능성을 입증하는 것은 아니다. 상징적 해석도 역시 불가능한 것이 아니며, 그리고 대체로 이 해석이 요한계시록의 성격에 더 적합할 것이다. 왜냐하면 이 해석은 통찰력 있는 상징주의와 전통적인 유대교 종말의 상징들을 재해석하는데 열중하고 있기 때문이다.

144,000에 대한 가능성 있는 정체성은 하나님이 우리의 영적 선조들인 족장들과 선지자들을 다루시는 일 속에서 우리의 기업을 기억하고 또한 우리의 운명을 선지자들을 통하여 하나님의 백성들에게 주어진 약속들의 상속자들로 인식하는 예수님을 믿는 신자들로 생각하는 것이다. 아울러 144,000은 교회가 그 후 잊어버렸던 것을 발견하고서는 요한이 아마도 놀랐을 지도 모르는 그 무엇을 우리들에게 상기시키고 있다. 즉 교회의 유대교적 유산 말이다. 전문적으로 말해서 이방 그리스도인들이 이스라엘을 "대치한" 것도 혹은 이스라엘을 쓸모없게 만든 것이 아니라(144,000을 모든 그리스도인들에 대한 상징으로 해석하는 사람들 중에서 공유하고 있는 정서이다), 유대 그리스도인들과 함께 이스라엘의 기업으로 접붙임이 된 것이다(롬 11장을 참조하라).

누구도 논쟁하지 않는 논점이지만, 그는 교회가 이 땅 위에 있을 수 없다는 것을 암시한다고 생각한다(고전적인 불합리한 추론).

28. Lindsey, *New World Coming*, 112-16.

29. Ibid., 120-21.

현대적 의미

우리가 이 단락을 문맥 가운데 읽을 때 몇 가지 원칙들이 가장 두드러지게 나타난다. (1) 하나님은 우리들을 그의 군대로 보시지만, 그러나 우리는 어린 양의 고난을 통하여 승리한다(롬 8:17; 딤후 2:11-13). (2) 그럼에도 불구하고 우리는 두려워할 아무 것도 없다. 왜냐하면 하나님은 그의 피조물에 대한 주권을 가지고 계시며, 능히 우리들을 재앙에서부터 보호하실 수 있기 때문이다. 하나님은 우리를 그의 진노의 행위로 나타나는 고난을 겪지 않도록 우리를 분명히 보호하신다. (3) 결국 하나님은 우리를 그의 백성으로 간주하신다. 한 때는 외인들로 간주되었던 이방인들이 이제는 이스라엘의 진정한 신앙에 완전히 회심한 사람들로 환영을 받으며(유대인 신자들과 함께), 그리하여 이스라엘의 약속된 기업의 일부가 되었다(사 56:3-7; 엡 2:11-13). 하나님께서 우리를 인 치시는 가운데 우리를 그 자신의 소유로 자랑스럽게 여기신다.

역사에 대한 주권자로서의 하나님. 이 단락에서 우리는 또한 하나님이 두 가지 방식으로 역사의 사건들에 대한 주권자이심을 알 수 있다. (1) 하나님은 땅, 바다, 그리고 나무들을 포함하여 자연에 그의 심판을 행하시는 일에 주권자이시다(계 7:1). 대개 전통 종교들은 나무 혹은 강이 영들을 지니고 있는 것으로 인격화한다. 이것은 사람들이 그러한 영들의 비위를 맞추고자 하며, 혹은 그들을 화나게 할까봐 두려워하도록 만들었다.[30] 이와는 대조적으로 현대의 세속주의는 자연보다 더 큰 어떤 권세를 부정하며 그리하여 사람들로 하여금 서부 해안의 지진들, 중서부의 토네이도, 혹은 멕시코 만의 허리케인 등이 어떤 목적이 없이 우연히 일어난 파괴로 간주하도록 만든다.

(2) 하나님은 그의 심판으로부터 그의 백성들을 선택적으로 면제시킬 수가 있다(계 7:2-3). 이신론자들이 생각하는 것처럼, 하나님은 단순히 시계처럼 우주의 태엽을 감아놓고서 그것이 재깍거리도록 놓아두는 분이 아니시다. 하나님은 그 자신의 종들에 대해 친밀한 관심을 가지고 계시며 또한 그들을 보호하시기 위해 여러 가지 일들을 조정하신다. 한 선교사는 콩고 공화국의 수도 브라자빌에서 큰 가게들과 호텔들 대부분을 파괴시킨 심한 폭격에 대해 나에게 말해주었다. 많은 그리스도인들과 그들이 다니는 교회의 이웃 사람들이 큰 교회 건물 속으로 모여들었다. 그리고 교회 주변의 모든 것들이 파괴되었음에도 불구하고, 교회는 아무런 해

30. John S. Mbiti, *African Religions and Philosophies* (Garden City, N.Y.: Doubleday, 1970), 71을 보라.

도 입지 않고 그대로 남아있었다.[31] 또 다른 사람들은 토네이도가 자신들이 살고 있는 방들을 갑작스럽게 날려버리고 모든 것을 파괴시켰지만 그 안에 있었던 그리스도인 가정은 아무런 해를 입지 않았다는 이야기를 해주었다.[32]

그러나 적용의 차원에서 볼 때 이는 문제를 야기 시킨다. 즉 의인들이 보호를 받지 못하면 어떻게 될까?[33] 예를 들면, 필리핀에 사는 한 임산부와 그녀가 데리고 있는 아이 모두 가까운 곳에서 고성능 무기에 의해 그녀의 몸에 여러 발을 맞았지만 기적적으로 살아남았다—그러나 다른 열일곱 명의 희생자들은 총에 맞아 쓰러졌다.[34] 에머 모스(Emma Moss)는 구세군 창립자인 윌리엄과 캐더린 부스(William and Catherine Booth)의 딸이었는데, 그녀는 미국에서 그녀의 남편과 함께 봉사 활동을 하다가 비교적 젊은 나이에 열차 사고로 죽은 유일한 사람이었다.[35] 우리들 중에 많은 사람들이 그리스도인 음악가인 키이스 그린과 조종사, 그리고 선교사 한 가족이 어이없는 비행기 사고로 잃어버린 것에 대해 애통해 하고 있다.[36] 마찬가지로 나는 스펜스 퍼킨스(Spencer Perkins)에게 믿음의 확신을 준 지 삼일 후에 나는 하나님이 그가 미국의 인종 화해 운동에서 맡고 있는 그의 전략적인 역할 때문에 그를 오랫동안 가까이 두고 싶었지만, 그는 마흔 세 살의 나이에 심장마비로 죽음을 맞이하였다. 우리들 중에 망연자실한 사람이 한 두 사람이 아니다.[37] 요한계시록은 우리들에게 많은 그리스도인들이 순교자의 죽음을 예상해야 한다고 말하지만, 그러나 그 죽음이 열차 사고로, 비행기 사고로, 아니면 심장마비로 죽어야 하는가?

때때로 우리가 적절한 경고를 무시했기 때문에(대하 35:21-24), 때때로 우리가 진실한 경고와 거짓 경고를 분별하지 못했기 때문에(왕상 13:21-22), 때때로 우리가 다른 신자들을 경멸했기 때문에(고전 11:29-30) 죽음에 직면할 수도 있지만, 그

---

31. Eugene Thomas, 개인적 서신 (Aug. 15, 1998).
32. Dawn Sundstrom, "Twister?" *Worldwide Challenge* (July 1998), 38-41.
33. 신적인 보호에 대한 위의 설명에서처럼, 교회로 모여드는 것이 반드시 안전을 가져오는 것이 아니다. 르완다의 전율스러운 이야기들을 참조하라 (예를 들면, Gary Haugen, "Rwanda's Carnage," *CT* [Feb. 6, 1995], 52-53; Richard Nyberg, "Bloodletting Sweeps Rwanda," *CT* [May 16, 1994], 54; Joshua Hammer, "Inside a War Zone: 'The Situation Is Desperate,'" *NW* [June 20, 1994], 44-46).
34. Gary Haugen, *Good News About Injustice* (Downers Grove, Ill.: InterVarsity, 1999), 30.
35. Norman H. Murdoch, "The Booths' Children," *Christian History* 26 (1990): 26.
36. Melody Green and David Hazard, *No Compromise: The Life Story of Keith Green* (Chatsworth, Calif.: Sparrow, 1989), 265-85; *Last Days Newsletter* 5 (Sept. 1982).
37. *Reconcilers* (Spring 1998)에 있는 논문들을 보라.

러나 때때로 하나님은 단순히 우리를 천국으로 데려가시고자 하시기 때문에 우리가 죽을 수도 있다(신 34:4; 왕상 2:1). 하나님은 또한 시간이 지나고 나서야 비로소 우리가 깨달을 수 있는 방식으로 일하시기도 한다. 윌리엄 윌버포스(William Wilberforce)는 그의 나이 아홉 살 때 아버지를 잃어버렸으며, 그리고 그의 숙모와 삼촌은 아이가 없었다. 그러나 이 두 가지 비극적인 사건들이 겹치는 가운데, 윌버포스는 노예폐지론자인 존 뉴톤(John Newton)의 복음주의적 설교를 듣게 되었다.[38] 결국 윌버포스는 그의 임종 자리에서 노예가 대영제국에서 폐지될 때까지 영국에서 노예폐지론주의의 선도적인 투사가 되었다. 우리가 기억해야할 가장 중요한 것은 우리의 아버지께서 허락하지 아니하시면 우리의 머리털 하나라도 땅에 떨어지지 아니한다는 것이다(마 10:29-31).[39] 가끔 성경에서 하나님은 연약한 자들을 치유하신다. 그러나 하나님이 그렇게 하지 않으신다 해도(왕상 1:1; 14:4; 왕하 13:14; 갈 4:13; 딤전 5:23; 딤후 4:20), 신자들은 하나님이 항상 신실하시며 사랑의 하나님이심을 믿을 수 있다.

적절한 방어와 대응으로 승리함. 하나님의 순교적 군대로서 144,000에 대한 묘사는 아울러 우리들에게 깊은 도전을 던진다. 우리는 대개 능력을 얻기를 원하며 또한 그 힘으로 승리하기를 원한다. 그러나 하나님은 약함으로 승리하도록 우리를 부르시기도 한다. 알렉산드르 솔제니친(Aleksandr Solzhenitsyn)은 소련의 강제 노동 수용소에서 그를 체포한 사람들에게 오랫동안 항거해오면서 그의 일정, 그의 음식, 혹은 다른 문제들에 대해 몇 가지 유사한 통제권을 얻으려고 노력하였다. 그러나 솔제니친이 그리스도인이 되었을 때, 그는 통제권을 얻으려고 하는 그러한 시도들을 포기하였으며, 그리하여 "심지어 그를 체포한 사람들의 권력으로부터도 자유하게 되었다."[40] 마찬가지로 헤즈볼라(Hezbollah)의 한 지도자는 형제 앤드류가 한 죄수의 생명과 교환하여 자신의 생명을 내어놓았을 때 그는 충격을 받았다. 그리하여 그 무슬림 지도자는 앤드류 형제의 친구가 되었다. 하지만 그가 나중에 대부분의 그리스도인들 중에 헌신이 부족하다는 것을 알고서는, "앤드류야, 너와 같은 그리스도인들은…예수님의 삶을 더 이상 따르지 않는구나…너희 그리스도

38. Christopher D. Hancock, "The 'Shrimp' Who Stopped Slavery," *Christian History* 53 (1997): 12-19 (p. 12).

39. 문맥상, 마 10:29-31과 특히 벧전 4:19와 같은 본문들은 하나님의 원수들에 의해 행해지는 박해를 말하고 있는데, 이러한 것들은 우리가 하나님의 손을 좀처럼 인정할 수 없는 상황들이다.

40. Charles Colson, *Kingdoms in Conflict* (Grand Rapids: Zondervan, 1987), 273.

인들은 그 책으로, 신약성경으로 돌아가야만 한다."고 항변하였다. 앤드류 형제는 우리가 선도해야만 하는 예수님의 가르침이 우리의 원수들을 사랑하는 것을 포함하는 것이라고 덧붙인다.[41] 이슬람 세계 대부분의 근본주의자들이 비폭력적인 순교자 그리스도인이라면 얼마나 좋겠는가!

오늘날의 북 아메리카의 설교들, 기독교 음악, 그리고 개인적 권면들 등은 대개 그리스도인들에게 개인적인 궁핍과 시련에 직면할 때 "굳게 서라"고 격려한다. 그것이 적절한 강조이긴 하지만, 우리의 균형은 종종 잘못된 것일 수도 있다. 우리는 하나님의 군대이며, 그리고 이 전쟁은 단순히 개인적인 문제가 아니다. 순수하게 방어적인 전략은 전쟁이나 게임에서 절대로 이길 수가 없다. 기껏해야 그것은 피할 수 없는 것을 지연시킬 뿐이다. 예수 그리스도는 우리가 서있을 뿐만 아니라(엡 6:11-14), 또한 복음이 준비한 것으로 신을 신고 앞으로 나아가도록 우리를 부르셨다(엡 6:15). 비록 로마의 군인들이 두 가지 공격 무기, 즉 창과 짧은 검을 지니고 있었지만, 바울은 한 가지 공격 무기, 즉 접근전(接近戰)에서 사용되는 무기만을 예로 든다. 즉 "하나님의 말씀"이다(엡 6:17; 참조. 1:13). 바울의 저작에서 이 문구는 대개 복음을 의미한다.

그리하여 그리스도는 잃어버린 자들이 찾아오거나 혹은 과거 부흥 시대의 열매들이 시들어가기를 멈추기를 기다리면서 교회에서 설교나 하도록 우리를 부르신 것이 아니다. 오히려 그리스도는 우리가 교회 담장 밖에서 우리의 왕이신 그리스도에 대한 소식을 전하면서 방어적으로 서있을 뿐만 아니라 또한 공격적으로 전진해 나갈 것을 우리들에게 도전하시는 것이다. "누가 왕의 군대에 입대하기를 원하는가?"라고 우리는 외쳐야 한다. "누가 영생의 소망을 가지고서 죽음을 각오하고 있는가?"

우리의 영적인 유산. 만일 144,000에 대한 우리의 해석이 옳다면, 유대인이든 이방인이든 모든 하나님의 종들은 이스라엘이라는 프리즘을 통해서 바라보아야 한다. 즉 유대 그리스도인들뿐만 아니라 이방 그리스도인들도 그들의 영적인 유산이 고대 이스라엘의 족장들과 선지자들에게 있다는 것을 인식해야 한다. 이것은 하나님이 이스라엘을 이방 기독교로 "대치하셨다"는 의미는 아니다. 그것은 이방 그리스도인들이 이스라엘의 유산 속으로 접붙임을 받았다는 것이며 그리하여 아브라

---

41. Wendy Murray Zoba, "Brother Andrew's Boldest Yet: 'Smuggling' Jesus into Muslim Hearts," *CT* (Oct. 5, 1998), 50-56.

함을 "우리의 조상"이라 부를 수가 있는 것이다. 우리가 다른 방법으로는 연대성을 주장할 수없는 어떤 인종적인 유산보다 더 깊이 흐르는 하나님의 백성의 역사 속에 있는 영적인 유산을 그들은 인식하고 있다(롬 2:26-29; 갈 3;29; 아울러 계 20장에 대한 설명을 보라). 단 지파가 빠진 것은 우연한 것일 수도 있다. 그러나 만일 그렇지 않다면, 그것은 구원받은 것이 확실한 것으로 보이는 사람들조차도 만일 그들이 인내하지 못한다면 최종적인 숫자에 등장하지 않을 수도 있다는 하나의 경고를 제공한다(막 13:22; 요 6:70-71).[42]

42. Christopher R. Smith, "The Tribes of Revelation 7 and the Literary Competence of John the Seer," *JETS* 38 (June 1995): 213-18 (p. 217)을 참조하라.

요한계시록 7:9-17

9 이 일 후에 내가 보니 각 나라와 족속과 백성
과 방언에서 아무도 능히 셀 수 없는 큰 무리
가 나와 흰 옷을 입고 손에 종려 가지를 들고
보좌 앞과 어린 양 앞에 서서
10 큰 소리로 외쳐 이르되 구원하심이 보좌에
앉으신 우리 하나님과 어린 양에게 있도다
하니
11 모든 천사가 보좌와 장로들과 네 생물의 주
위에 서 있다가 보좌 앞에 엎드려 얼굴을 대
고 하나님께 경배하여
12 이르되 아멘 찬송과 영광과 지혜와 감사와
존귀와 권능과 힘이 우리 하나님께 세세토록
있을지어다 아멘 하더라
13 장로 중 하나가 응답하여 나에게 이르되 이
흰 옷 입은 자들이 누구며 또 어디서 왔느냐
14 내가 말하기를 내 주여 당신이 아시나이다
하니 그가 나에게 이르되 이는 큰 환난에서
나오는 자들인데 어린 양의 피에 그 옷을 씻
어 희게 하였느니라
15 그러므로 그들이 하나님의 보좌 앞에 있고
또 그의 성전에서 밤낮 하나님을 섬기매 보
좌에 앉으신 이가 그들 위에 장막을 치시리니
16 그들이 다시는 주리지도 아니하며 목마르지
도 아니하고 해나 아무 뜨거운 기운에 상하
지도 아니하리니
17 이는 보좌 가운데에 계신 어린 양이 그들의
목자가 되사 생명수 샘으로 인도하시고 하나
님께서 그들의 눈에서 모든 눈물을 씻어 주
실 것임이라

원 의미

요한계시록은 둘째 무리(계 7:9-17)를 첫째 무리(계 7:1-8)와 분명하게 구분하고 있다. 요한은 첫째 무리의 수를 "들었고" 또한 둘째 무리는 "보았다"(계 7:4, 9). 첫째 무리는 숫자로 셀 수 있지만(계 7:4), 둘째 무리는 "아무도 능히 셀 수 없다"(계 7:9). 첫째 무리는 유대인들이지만(계 7:4-8), 둘째 무리는 "각 나라에서" 온 사람들이다(계 7:9).[1] 이러한 이미지는 아마도 종말에 이방인들 중에 살아남은 자들이 이스라엘의 살아남은 자들을 순례한다는 유대인들의 기대에서 유래

1. 일부 문헌에서 "셀 수 없는 큰 무리"는 이방인 압제자들을 가리킬 수도 있으며(계 20:8), 그리하여 긴장감을 형성시킨다고 말하지만(유딧 2:20), 그러나 어떤 문헌들은 이를 유대인들에게 적용시키기도 한다(마카비 3서 4:17). 비록 오늘날 대부분의 학자들이 요한계시록 7장에서 두 개의 집단을 동일시하고 있지만, 20세기의 전환점에 있는 대부분의 학자들은 그들을 구분하였다(Aune, *Revelation*, 2:447).

했을 것이다(아울러 계 21:24-26을 참조하라).[2]

그러나 요한의 환상이 단순히 전통적인 유대교적 이미지를 변경시키지 않은 채 가져왔는가, 아니면 이 이미지를 개조하거나 변형시켰는가? 우리가 위에서 논의한 것처럼, 만일 첫째 환상이 하나님의 종말론적 영적 군대를 상징적으로 묘사하고 있다면, 이 둘째 환상은 첫째 환상에 대한 보다 문자적인 해석이라고 할 수 있다.[3] 하나님의 백성들처럼 우리 모두는 하나님의 종말론적 군대이며, 그리고 우리는 우리의 적들을 죽이는 것이 아니라 그들의 손에 순교를 당함으로써 그들을 정복하는 것이다(계 11:7; 12:11; 13:7; 15:2; 21:7). 이런 점에서 볼 때 우리는 우리의 주님을 닮은 것이라 할 수 있다(계 5:5-6).

무리들을 셀 수 없다는 것은 아마도 족장들에게 주신 약속들을 반영한다(창 13:16; 15;5; 32:12). 하지만 이곳에서 약속된 무리들은 모든 나라들에서 모인 자들이다. 즉 복음의 소망은 모든 민족들에게 이르는 것이다.[4] 그리스도인들이 여기서 "아무도 능히 셀 수 없는" 큰 무리로 등장한다는 것이 놀라운 일이다(최소한 백만 단위로 수를 세고 있다. 계 5:11 참조). "왜냐하면 A.D. 1세기 말경 유대인들과 이방인들을 포함하여 그리스도인들의 수가 그리 큰 숫자가 아니었기 때문이다."[5] 이 환상은 그리스도인들의 증거가 성공할 것임을 요한에게 격려하고 있는 것이다.

"흰 옷"은 예배를 드리는 데 적절하며(계 4:4에 대한 설명을 보라) 또한 이는 승리자들의 의복을 반영하기도 하며 아울러 이는 6:11의 순교자들 및 3:4-5, 18의 이기는 자들과 관련되기도 한다. 이 흰 옷을 어린 양의 피에 씻었다는 것(계 7:14)은 어린 양이 하셨던 것처럼 순교로 이겼다는 것을 암시할 수도 있다(계 12:11). 그러나 이 이미지의 초점은 그리스도께서 그들을 대신하여 속죄 제물을 드리신 결과를 나누는 것이다(계 1:3; 요한 1서 1:7 참조).

"종려 가지"(계 7:9)는 종종 장막절을 연상시킨다. 이 절기는 애굽의 노예로부터 구원하신 것과 광야의 이스라엘 백성들이 최종적인 기업을 받기까지 하나님이 함께 하셨다는 것을 상기시킨다.[6] 그러나 대개 종려 가지는 마카비의 왕들처럼 어

2. Jonathan A. Draper, "The Heavenly Feast of Tabernacles: Revelation 7.1-17," *JSNT* 19 (Oct. 1983): 133-47은 이를(아마도 너무나 구체적으로) 스가랴 14:16-19에서 초막절에 종말론적 순례를 하는 것과 관련시키고 있다(계 7:9에 종려 가지에 주목하라). Ford, *Revelation*, 126은 계 7:9-17이 유대 디아스포라의 남은 자들을 묘사할 수도 있다고 주장한다.

3. 예를 들면, Ladd, *The Last Things*, 71-72.

4. Bauckham, *Climax of Prophecy*, 223-24.

5. Aune, *Revelation*, 2:466-67.

떤 군사적 승리를 반영하며 또한 이는 아마도 요한복음에서 예수님의 승리의 입성 때에 가졌던 기대였을 것이다(요 12:13).[7] 요한이 들었던 종말의 군대(계 7:1-8)는 실제로 궁극적 승리자이신 예수님을 환영하는 것인데, 예수님이 그들을 승리로 이끄시는 것이다. 어린 양처럼, 그들도 그들 자신의 죽음을 통하여 "승리한다"(계 5:5-6; 참조. 6:9-11). 하늘은 마치 번갈아 부르는 합창단의 기능을 하는 가운데(출 15:21 참조), 순교자들은 그들을 승리로 이끄신 하나님과 어린 양을 환호하며(계 7:10), 그리고 하늘의 모든 존재들이 또 하나의 찬양으로 화답을 한다.[8]

장로는 그의 응답에 요한이 대답을 하도록 요한에게 의도적으로 질문을 할 때(계 7:13), 그는 식견이 있는 대답을 기대한 것이 아니다. 오히려 그는 요한의 문화에서 일반적으로 용인되고 있는 교육학적 기술을 따르고 있는 것이다. 그러한 격려는 요구 받지 않은 질문들과 이에 뒤따르는 대답과 같이 묵시 문헌에서 등장한다. 질문들과 대답들은 표준적인 수사학적 장르의 일부였다.[9] 여호와께서 에스겔에게 수사학적 질문을 하셨을 때, 에스겔은 "주 여호와여 주께서 아시나이다"라고 대답한다(겔 37:3; 참조. 계 7:13-14). 흰 옷 입은 성도들을 "큰 환난에서 나오는 자들"과(계 7:14) 동일시하는 것은 의심할 것 없이 다니엘 12:1의 비길 데 없는 환난을 가리키며(아울러 단 9:25를 참조하라. 참조. 렘 30:7), 마태(마 24:21) 역시 이를 큰 환난으로 부른다("큰 고통"; 이 환난의 기간에 대해서는 계 12:6에 대한 설명을 보라).[10] 그들은 극적인 종말의 환난을 참아왔으며 그리하여 죽기까지 신실함을

6. 희년서 16:31을 보라. 어떤 사람들은 이곳에서 초막절에 대한 암시로 생각한다 (Draper, "Feast"; T. F. Glasson, *Moses in the Fourth Gospel* [Naperville, Ill.: Alec R. Allenson, 1963], 107-8). 그러나 Aune, *Revelation*, 2:449를 참조하라. 일반적인 예배의 배경에 대해서는 G. Adolf Deissmann, *Bibles Studies*, tr. A. Grieve (Edinburgh: T. & T. Clark, 1923), 370을 보라.

7. Aune, *Revelation*, 2:468에 있는 철저한 증거 자료들을 보라. 심지어 초막절의 종려 가지는 *Pes. Rab Kah.* 27:2에서 승리와 관련이 있는 것으로 해석되기도 한다(하나님의 궁정에서).

8. 요한계시록은 종종 7중의 찬양을 사용하기도 한다. 복합적인 찬양은 다른 곳에서도 나타난다(Ford, *Revelation*, 119에서는 4QS 1.37-40에 나오는 일곱이 나온다는 것을 확인하고 있다). "서 있는 것"(계 7:11)에 대해서는 Aune, *Revelation*, 2:471은 그 어느 누구도 하나님 앞에 앉는 것이 허락되지 않았다는 유대교 전승을 인용하지만(4Q405), 장로들은 예외였다(계 4:4).

9. 이곳에서처럼 격려에 대해서는 슥 4:2, 5, 13; 5:2; 바울의 묵시 19 등을 보라. 격려가 없는 것은 단 8:13-16; 12:8; 슥 1:9, 19, 21; 4:4, 12; 5:6; 6:4; 에스라 4서 10:29-37; 바룩 2서 38:3; 아브라함의 유언 10A; 스바냐의 묵시 6:16-17 등을 보라. Aune, *Revelation*, 2:472는 지하 세계에서 방문객들과 환상들을 식별하기 위해 사용된 질문들을 병행시킨다.

10. 마태가 최소한 이를 A.D. 66-70년의 시기에 부분적으로 적용시키고 있는 것은 마 24:34의 관점에서 볼 때 부인하기는 어렵다(마 23:36-38을 보라); Craig Keener, *Matthew* (Downers Grove, Ill.: InterVarsity, 1997), 347-49와 다른 주석들을 보라. 보다 일반적인 "환난"도 가능하지만(에녹 2서 9:1; 바룩 2서 51:13-14) 여기서는 그럴 것 같지는 같다. 비록(Beale, *Revelation*, 433-35와 함께) 큰 환난이 현재적인 것

입증하였다.

만일 순교로 이루어지는 승리가 모순 어법처럼 들린다면, 흰 옷을 피에 씻는 것은 어떠한가?(계 7:14)[11] 그러나 사람들의 예상과 선명한 대조를 이루는 것은 청중들에게 이같이 세상의 적대 행위를 겪어 온 사람들에게 축복에 대한 생생한 묘사를 준비시키는 것이다. 이 사람들은 보좌에 앉은 황제를 신으로 섬기는 것을 거절하였다. 그런데 지금 그들은 하나님의 보좌 앞에 있다(계 7:15). 그들은 가이사의 신전들과 다른 거짓 신들에 저항하였다. 그런데 지금 그들은 하나님의 성전에서 밤낮 섬기고 있다(계 7:15). 그들은 세상의 체제를 섬기는 것을 거부한 것으로 인하여 경제적 손실을 겪었다(계 13:17). 그러나 지금 그들은 고통과 슬픔에서 해방되었으며, 또한 그들에게 필요한 모든 것들이 공급되고 있다(계 7:16-17).[12]

이러한 무리들이 밤낮 하나님을 섬긴다는 것(계 7:15; 참조. 4:8)은 성도들이 제사장의 나라임을 상기시키는데(계 1:6; 5:10), 제사장들과 레위인들이 성전에서 행했던 것들을 이들도 행하고 있는 것이다(대상 9:33; 시 134:1). 반어적으로, 이들 제사장들은 아마도 그들이 드렸던 제물들과 동일시되는 것으로 의도되고 있다(계 6:9에 대한 설명을 보라. 아울러 5:5-6에 대한 설명도 참조). 하나님께서 그의 백성들 위에 장막을 치시는 것(계 7:15; 참조. 13:6; 21:3)은 아마도 이사야 4:5-6을 암시한다. 이곳에서 하나님은 그의 백성 이스라엘을 회복시키시며 또한 그의 영광으로 그들을 덮어서 보호하는 피난처가 되실 것을 약속하셨다. 이제 이 본문은 하나님이 광야에서 그의 백성들과 함께 거하실 것을 암시하심으로써 새 출애굽을 약속하셨으며(계 12:14 참조), 이어서 해마다 장막절에 이를 일깨우셨다.[13]

특히 요한계시록 7:16-17은 이사야 49:10을 생각나게 한다. 그 구절에서 하나

으로 이해될 수 있다 해도, 오히려 종말론적인 시험이 더욱 적합하다(예를 들면, 1QM 1.11-12).

11. 피가 흰 색을 더럽힌다는 것은 주지의 사실이며(사 1:15, 18), 그리고 피에 씻는 것은 죽는 것에 대한 하나의 은유로서 기능을 할 수 있다(시빌의 신탁 3.696). 비록 몇몇 아시아 독자들이 만일 요한이 피의 세례에 대한 키벨레의 제의로부터 이 이미지를 차용하지 않았을까 의심할 수도 있지만(예를 들어 Walter Burkert, *Ancient Mystery Cults* [Cambridge, Mass.: Harvard Univ. Press, 1987], 6; Gasparro, *Soteriology*, 107-18; Duthoy, *Taurobolium*, 126-2 등을 참조하라), 보다 나은 배경은 피로 씻는 의식적인 씻음이다(레 14:14-28, 52; 16:19; 겔 43:20; 히 9:14, 22).

12. Kraybill, *Imperial Cult and Commerce*, 222는 하나님의 공급하심과 황제가 로마에 음식을 하사(下賜)하는 것과 대조한다.

13. 사 4:2-6에 대한 타르굼은 메시아를 언급하지만(Ford, *Revelation*, 119), 이것을 여기서 고려하기에는 너무 후대의 것일 수 있다. 이사야서 이외에 어느 정도 비슷한 묘사를 하는 것에 대해서는 에녹 1서 62:14; 아브라함의 유언 20A를 참조하라. 하나님이 지금 해나 뜨거운 기운으로부터 피난처가 되신다는 것에 대해서는 시 121:5-6; 시락 34:19를 보라.

님은 이미 이스라엘이 회복될 때에 그의 백성들이 더 이상 주리거나 목마르지 아니할 것이며, 더위와 볕이 그들을 상하지 아니할 것임을 약속하셨다(사 49:10; 참조. 계 21:23).[14] 뿐만 아니라 그의 백성들에게 긍휼을 베푸시는 분으로서 하나님(사 49:10-15 참조)이 "그들을 이끌되 샘물 근원으로 인도하실" 것이다(사 49:10; 참조. 렘 31:9).[15] 하나님 그분은 또한 그의 백성의 눈물을 씻어주실 것을 약속하였다(사 25:8).

7:17에 있는 "어린 양"은 이사야가 여호와께 돌린 역할을 성취하시는 분이심이 분명하다. 요한은 예수님의 신성을 주장하고 있는 것이 확실하다. 이러한 이미지는 다른 근거를 통해서도 두드러지게 나타난다. 즉 하나님은 목자같이 긍휼한 마음으로 그의 백성들을 물가로 인도하신다(시 23:1-2; 사 40:11). 그러나 요한계시록에서 어린 양이 목자이다(계 7:17).[16] 어린 양은 가축들 중에서 가장 연약한 존재들이지만(사 40:11), 예수님은 정확하게 죽임을 당하신 어린 양이시며, 그의 백성들을 위해 도살을 당하신 분이시기 때문에(요 10:11; 참조. 사 53:7) 그리고 그의 약하심이 하나님의 능력의 통로가 되었기 때문에(고후 13:4) 그는 목자가 되신다.[17]

하나님이 그의 백성들을 회복시키실 때 슬픔이 사라질 것임을 약속하셨다(사 35:10; 51:11). 그러나 여기서 의인들이 고통으로부터 종말론적으로 안식을 취하는 것은 죽음 직후에 오는 것이다(참조. 계 21:4; 참조. 사 57:1-2).[18] 이스라엘에게 주어진 성경적 약속이 진실하신 하나님께 순종하는 이스라엘의 유산 속으로 접

---

14. "뜨거운 기운에 상한다"는 것의 배경은 팔레스타인에 부는 열풍을 암시할 수도 있다(Ford, *Revelation*, 121). 그러나 이에 해당하는 칠십인 역의 의미는 대개 보다 중립적이다(창 8:22; 31:40; 삼하 4:5; 참조. 사 4:6).

15. 종말론적인 샘에 대해서는 에녹 1서 48:1; 49:1을 보라(지혜를 나타낸다). 내세를 가리키는 것에 대해서는 *p. Hag.* 2:2, §5; *Sanh.* 6:6, §2를 보라(낙원의 상태를 묘사한다. 참조. 요셉과 아세낫 2:12/20에서는 사치).

16. 이것은 또한 새 출애굽의 표상이기도 하다(사 35:7-10; 48:21). 아울러 "양을 치는 것"은 계 2:27; 12:5에서는 (문자적으로) 철장과 관련이 있고 14:4에서는 144,000을 인도한다.

17. 분명히 우리는 다른 양을 이끄는 양에 대해 알고 있다(Beasley-Murray, *Revelation*, 149). 그러나 이것은 양을 "목자"로 부르는 것과는 여전히 차이가 있다. "목자"에 대한 은유적 용법이 있긴 하지만(시빌의 신탁 3.642), 그것은 지도력에 대한 고대의 표상이었다(C. S. Keener, "Shepherd, Flock," 1090-93 in *Dictionary of the Later New Testament and Its Developments*, ed. R. P. Martin and P. H. Davids [Downers Grove, Ill.: InterVarsity, 1997]을 보라).

18. 의인들이 고난으로부터 종말론적인 안식을 취하는 것에 대해서는 살후 1:7; 에녹 1서 25:6; 에녹 2서 65:9; 모세의 유언 10:1; *Ex. Rab.* 23:11 등을 보라. 지금 하늘에서 안식을 취하고 있다는 것에 대해서는 *Sifre Num.* 42.2.3을 참조하라. 이것은 단순히 슬픔이 그쳤다는 것 이상이다.

붙임을 받은 모든 나라의 신자들의 소망이 된 것이 가장 주목할 만한 것이다(계 7:9).

상황잇기

모든 자들을 위한 복음. 요한계시록의 국제적인 초점은 이 책이 쓰여 졌던 동시대 사람들의 기대들을 훨씬 능가하는 것이며 또한 그러한 초점이 매우 철저하기 때문에 신약성경의 교훈에 중심적인 것으로 드러나고 있다. 즉 이방 그리스도인들이 하나님의 백성으로 접붙임을 받을 수 있다는 것이다. 초대 교회와는 대조적으로, 오늘날 그 어느 누구도 많은 이방인들이 그리스도인들이라는 것을 알고서 놀라는 사람은 아무도 없지만, 우리는 하나님께서 우리가 기대하지 않는 사람들을 기꺼이 받아들이신다는 원리에서 여전히 배울 수 있다. 때때로 우리는 다양한 집단의 사람들이 복음을 받아들인다는 것에 대해 의혹을 품기도 한다(예를 들면, 힌두교도나 무슬림들). 어떤 사람들은 그들이 복음에 대해 보다 긍정적으로 접해 본 경험 때문에 복음에 대해 좀더 열려진 마음을 가질 수도 있다. 역설적이게도 유대인들은 복음이 이방인들에게 퍼져나간 이후부터 수세기 동안 "그리스도인들"에 대한 적대감으로 복음에 대해 종종 마음 문을 닫아왔는데, 중세기의 종교재판 때에 고문을 당하거나 십자가 위에서 화형을 당하고, 또한 세례라는 이름으로 강제로 물에 빠져 죽게 하는 일 등을 포함한다.

그러나 복음은 우리가 가지고 있는 편견들에 도전을 한다. 나와 나의 다문화적 동료들은 뉴욕에서 개인적인 복음전도 사역을 하면서 많은 아프리카계 미국인들, 많은 푸에르토리코인들, 그리고 소수의 영국계 미국인들 등을 그리스도에게로 인도하는 기회를 가졌었다. 같은 기간 동안 나는 내가 사역했던 사람들 중에 러시아계 유대인들 중의 어떤 사람을 그리스도에게로 인도하는 일에 실패한 적도 있었다. 그러나 많은 사람들이 우리들이 전하는 말을 듣기 시작했으며, 그리고 추수는 나중에 이루어졌다. 우리는 누가 하나님의 복음을 받아들일 것인지 결정할 아무런 권리도 없으며, 그리고 우리는 우리에게 복음을 증거 해 준 사람들 혹은 우리의 영적인 선조들이 우리가 복음을 적절하게 받아들일 것인지에 대해 성급한 판단을 하지 않고 복음을 전해준 것에 대해 감사를 드려야 할지도 모른다. 그러나 만일 우리가 그리스도의 복음에 대해 어떤 충성을 주장한다면, 이것은 우리들에게 모든 문화적 배경을 지니고 있는 신자들을 사랑하는 마음으로 끌어안고 문화적 편견을 넘어서서 복음을 전해야 할 것을 요구한다.

긍정적인 이미지들 해석하기. 우리는 또한 긍정적인 이미지들이 누적된 것을 긍정적으로 해석해야 한다. 문자적으로 모든 뜨거운 기운이 부족하게 되면(7:16을 강조할 수 있는 데까지 강조한다면) 온도가 절대 영도(섭씨 영하 273.15°-옮긴이)로 떨어지기 훨씬 전에 모든 인간들이 죽음에 이른다는 것을 의미한다. 하지만 그 이미지는 긍정적인 것이지 부정적인 것이 아니다. 목자들이 자기들의 양떼를 과도한 열로부터 보호하는 것처럼, 예수님도 우리들을 불편한 환경에 노출되는 것으로부터 보호하실 것이다(시 121:6).[19]

어떤 신자들은 만일 하나님께서 그리스도를 믿지 않고 죽은 사랑하는 사람들에 대한 어떤 기억들을 지우지 않으신다면 과연 하늘나라에서 우리가 즐거워할 수 있을 것인지 의아하게 생각하면서, 7:17에서 모든 눈물을 씻어주실 것이라는 것에 호소하기도 한다. 그러나 그 본문은 기억을 지우는 것에 대해서는 아무런 말도 하지 않는다. 하나님은 모든 사건들을 웅장한 보다 넓은 문맥 속에 놓으실 것이다. 하지만 우리가 과연 내세에서 저주받은 자들의 운명을 생각해볼 것인지 의아히게 생각할 수도 있다. 1세기 『에녹의 비유』(*Similitudes of Enoch*)에서 발견되는 것과 같은 전승에서 눈물을 씻겨주실 것이라는 것과는 대조적으로, 하늘에 있는 사람들이 땅 위에서 일어나는 일들을 살펴볼 수도 있다(에녹 1서 57:2). 그 문헌에서 악한 자들은 심판 이후에도 여전히 의인들에게 보기에도 딱한 광경으로 남을 수도 있지만(에녹 1서 62:12) 그 이후 그들의 시야로부터 영원히 사라져 버리고 만다(에녹 1서 62:13).

현대적 의미

진정한 영웅들. 우리 사회는 유명한 사람들로 가득 차 있으며, 그리고 교회 역시 교회 자체의 명성을 들먹거리기도 한다(고전 1:12; 3:4).[20] 그러나 영웅들에 대한 성경적 개념은 우리 문화의 개념과 현저하게 차이가 난다. 위대한 종말의 하나님의 군대(계 7:1-8)는 하나님을 위해 악한 자들을 죽이는 강한 전사(戰士)로서가 아니라 하나님의 메시지를 선포하다가 죽는 순교자들의 군대임이 드러난다

19. 목자가 짐승들을 태양으로부터 보호하는 것에 대해서는 Virgil, *Georg.* 3.331-34; Longus, 1.8, 25를 보라.
20. 그리스도인 명사를 예찬하는 것에 대한 경고는 고전 3:4-7; Chuck Colson, "The Celebrity Illusion," *CT* (Dec. 11, 1987), 72; idem, "The Pedestal Complex," *CT* (Feb. 5, 1990), 96을 보라. 세속 사회에서 교황과 테레사 수녀를 제외하고 여론조사에서 상위에 랭크되는 그리스도인 영웅들은 거의 없다("Heroes Are Back," *USNWR* (Apr. 22, 1985), 44-48).

(계 7:9-17). 그들은 궁극적인 영웅이신 그들의 지도자 예수님을 환호하며 맞이한다(계 7:9). 세상의 일시적인 평판은 우리로 하여금 어떤 일을 행하도록 하지만(마 21:8-11; 행 2:47; 참조. 삼상 18:7-8, 16, 30), 그러나 그것은 항상 덧없는 것이다(마 27:22-25; 행 12:3; 참조. 삼상 25:10). 우리는 세상의 가치관이 아닌 하나님의 기준에 따르는 위대한 영웅들을 열망해야 한다.

이 본문은 누가 진정한 영웅인지를 우리들에게 상기시킨다. 성경에 등장하는 거의 모든 영웅들은 몇 가지 결점들을 지니고 있는데, 삼손과 입다처럼 중요한 결점일 수도 있고 아니면 아브라함이나 사무엘처럼 사소한 결점일 수도 있다. 단 하나의 예외는 궁극적인 의미에서 유일하게 진정한 영웅이신 예수님이시다. 순교자 군대는 그들의 정복하시는 사령관을 찬양하기 위해 종려 가지를 들고 있다는 것은 우리가 예수님에 의존해야 한다는 것을 말해주며 또한 우리로 하여금 그분을 예배하도록 요구한다. 콜슨(Colson)은 제2차 세계대전에 대해 언급하면서 "많은 군인들이 유럽의 승리를 가져오기 위해 죽었다. 그러나 하나님의 나라에서 승리를 보장하신 분은 바로 왕의 죽음이었다"라고 말하였다.[21] 이 본문은 그 무엇보다도 우리의 승리가 그리스도께서 완성시킨 사역에 근거하고 있으며(계 7:14), 또한 우리의 미래적 소망이 그리스도와의 교제에 있다는 것을 우리들에게 상기시켜 주고 있다(계 7:15-17).

승리의 본질. 이 신자들이 무장하여 적을 격퇴시킴으로써가 아니라 고난과 어린 양의 승리를 통하여 이겼다는 것은 이 시대를 위한 승리의 본질을 우리가 재정의하도록 한다. 그리스도는 강한 자들보다는 약한 자들을 통하여 더욱 분명하게 자신의 능력을 드러내신다. 스탈린보다는 테레사 수녀를 통하여, 검 보다는 십자가를 통하여 그렇게 하신다. 한 유대인 작가는 기독교에 대해 자신이 가지고 있는 경의감에 대해 말하였다. "하나님의 능력이 약함 가운데서 나타난다고 기독교가 말할 때, 나는 그것이 약한 자들과 아무런 힘도 없는 자들을 멸시하지 않는 복음주의자들의 행위를 통하여 가장 잘 이해할 수 있다."[22]

그러한 은혜가 약함 가운데 분명하게 나타난다는 실례는 심지어 완악한 마음조차도 종종 감동시키기도 한다. 필라델피아의 길거리에서 자란 일부 십대 노숙자들

21. Colson, *Kingdoms in Conflict*, 85.
22. Blu Greenburg, "Mission, Witness and Proselytism," 226-39 in *Evangelicals and Jews in an Age of Pluralism*, ed. Marc H. Tanenbaum, Marvin R. Wilson, and A. James Rudin (Grand Rapids: Baker, 1984), 237.

이 이스턴 칼리지(Eastern College)를 우등으로 졸업하고 펜실베이니아 대학교 대학원에서 약학을 공부하고 있는 한 한국인을 때려서 숨지게 하였다. 그 희생자는 한국의 집에 있는 그의 가족들에게 계속 편지를 보내고 있었다. 그 부모들은 그의 자식을 죽인 살인자들의 전 재판 과정을 조용히 앉아서 지켜보고서는 마지막에 말할 기회를 줄 것을 부탁하였다. 유죄 판결이 내려진 후 그들은 그 판사 앞에 무릎을 꿇었다. 그리고는,

> 어리둥절하게 있는 청중들 앞에서 이들 부모는 판사에게 자신들의 아들을 죽인 살인자들을 석방하여 그들에게 집을 주어 그들이 이전에 결코 하지 못했던 일을 할 수 있도록 간청하였다. 그들은 그리스도인들이었으며, 그들은 판사에게 설명을 하였고, 또한 그들은 그렇게 중대한 악을 저지른 사람들에게 그들이 하나님으로부터 받았던 은혜를 그들에게 보여주기를 원했다. 그 판사는 신문 기자들에게 엄격하고 냉정한 사람으로 정평이 나있었지만, 그의 눈에 눈물이 고이면서 다음과 같이 말하였다. "그것은 우리의 사법 체제가 일하는 방식이 아닙니다!"[23]

그 부모들이 용서를 해줌으로써 그들은 이 세상의 나라와는 전혀 다른 한 나라, 오랫동안 그 나라가 존재한다는 것을 담대하게 믿은 나라가 어떠한 곳인가를 입증해 보여주었다.

요한은 큰 환난으로 인하여(계 7:14) 모든 사람들이 순교자들의 죽음을 당하도록 내버려둔다는 것을 우리에게 말하고자 하는 것이 분명히 아니다. 오히려 그것은 요한이 다른 곳에서 신자들을 위하여 대 환난으로부터 유일하게 마련된 특별한 출구이다.[24] 모든 그리스도인들이 순교의 특권을 가지는 것은 아니지만, 어떤 대가를 지불하고서라도 세상을 복음화하고자 하는 열정으로 채움을 입은 우리가 바로 순교하는 교회이다. 터툴리안(Tertullian)은 그 당시의 순교자들에 대해 생각하면서 다음과 같이 말했다(A.D. 2세기 후반과 3세기 초). "우리가 승리한 때는 우리가 죽임을 당할 때였다. 우리가 도망칠 때는 우리가 비난을 당할 때였다." 우리가 장작

---

23. Tony Campolo, *Wake Up America* (Grand Rapids: Zondervan, 1991), 47-48.

24. Walvoord, *Revelation*, 144; idem. *Prophecy Knowledge Handbook*, 560(아울러 Lindsey, *New World Coming*, 123. 그러나 린드세이는 그들을 144,000의 회심자들로 간주한다)을 포함하여 대부분 주석학자들은 그들을 순교자들로 받아들이고 있다. Aune, *Revelation*, 2:474는 이를 "합리적인 추론"으로 간주하면서 최소한 그들 중의 일부를 종말 이전에 죽은 모든 그리스도인들에게 적용시키고 있다(2:447).

에 둘러싸여 산 채로 화형을 당할 때에, "이것은 우리의 승리의 옷이며, 종려나무로 수놓은 옷입니다. 그리고 이것은 우리의 승리의 전차입니다."[25]

오늘날 우리들 대부분은 최소한 안락한 삶의 방식들 속에서 가족들과 함께 살아가고 있기 때문에 순교를 하나의 특권으로 생각하지 않고 있다. 하지만 만일 우리가 주님이 늦게 오심으로써 우리가 어떤 방식으로든 죽어야 한다면, 우리가 살든지 죽든지 어떻게든 하나님께 큰 영광이 되어야 하지 않겠는가? 이곳에서 순교자들은, 그들 이전에 고난을 받은 사도들처럼(행 5:41), 자신의 명예를 타협하기를 거부함으로써 그들을 이러한 승리로 이끄신 그들의 영원한 사령관을 즐겁게 찬양하고 있다(계 7:10).[26] 만일 우리가 이 환상을 진지하게 받아들인다면, 이 세상에 대해 너무나도 편안함을 느끼고 있는 우리들을 어떤 부조화로 초대할지도 모른다. 과연 우리 주 예수 그리스도의 영광이 우리들에게 얼마나 중요할까?

모든 민족으로부터. 우리는 요한계시록에 나오는 다문화적 무리들에 대해 어떻게 생각해야 할까? 고고학과 요한 당시의 문헌들을 보면 요한의 청중들이 지중해 세계뿐만 아니라 서아프리카 및 동아프리카, 인도, 중국, 그리고 영국의 작은 섬들의 나라들과 이들에게서 온 무역상들을 알고 있었으며, 또한 모든 민족들이 초대 그리스도인들에게서 너무나도 멀리 떨어져 있었기 때문에 "모든 족속"이라는 이미지는 상당한 믿음을 요구했을 것이다. 오늘날 우리들의 지리적 지식은 더욱 풍부해졌으며, 그리고 복음은 훨씬 많은 문화 속에서 자신의 자리를 굳게 지키고 있다.[27] 모든 세대에서 다문화적으로 이루어진 성도들의 합창단을 상상해보라—고대 이스라엘 레위 지파의 찬송가 작가들, 흥겹게 박수치며 찬양하는 아프리카의 성도들, 장엄한 찬송을 부르는 유럽의 종교개혁자들, 그레고리안 성가와 에티오피아 콥틱 성가를 부르는 수도사들, 승리의 외침으로 찬송을 부르는 라틴 아메리카의 오순절주의자들, 호라(*horah*)를 춤추는 메시아적 유대인들, 그리고 가스펠 랩을 부르면서 길거리에서 복음을 전하는 북 아메리카의 세대들 말이다.

오늘날 많은 그리스도인들은 복음이 문화적 차이들을 없애버린다고 생각한다 (그리고 때때로 여러 문화적 배경을 지닌 그리스도인들이 단순히 자신들의 교회에

25. Tertullian, *Apol.* 50.3(LCL, p. 223).
26. 어린 양의 승리로 인하여, "죽음이 더 이상 교회에 공포가 되지 아니하지만, 그러나 큰 환난을 통과해야 한다(계 7:14)" (Rissi, *Time and History*, 110; 참조. 고후 5:8).
27. 복음이 가장 급속하게 자라는 곳에 대해서는(라틴 아메리카, 아프리카, 그리고 아시아의 많은 나라들), Sharon E. Mumper, "Where in the World Is the Church Growing?" *CT*(July 11, 1986), 17-21을 보라.

출석하여 자신들의 "전형적인" 문화적 형식의 예배에 동화될 것이라고 기대한다). 그러나 본문은 문화를 없애는 것과는 아무런 관계없이, 하나님은 각 문화에서 유용한 것을 취하시어 그것을 그의 영광을 위한 찬미의 도구로 변화시키신다는 것을 암시한다.[28] 내가 신학교 교수로 있을 때 선교학 교수였던 모리스 윌리엄스(Morris Williams)라는 분이 계셨는데, 그는 이전에 10년 동안 아프리카의 오순절 교단을 위한 미국 선교본부의 책임자였다.[29] 우리가 살펴보고 있는 이 본문이 다가올 세상에서 문화들을 없애는 것이 아니라 오히려 하나님께서 각 사람에게 주셨던 은사들과 또한 그의 영광을 위해 부여하신 문화(그리고 혼합된 문화들)를 감사해야 한다는 사실을 볼 수 있도록 처음으로 나의 눈을 뜨게 해준 분이었다.

찰스 웨슬리(Charles Wesley)는 다음과 같이 외쳤다. "오, 일천 개의 언어로 나의 위대하신 구속자를 찬미하게 하라!" 성령 안에서 드리는 예배(1:10에 대한 설명을 보라)는 모든 문화적 차이들을 초월하지만, 그러나 종종 다양한 문화 속에서 하나님이 부여하신 요소들을 제시하기도 한다. 왜냐하면 하나님은 너무나 크신 분이시기 때문에 난 하나의 문화적 예배의 스타일 속에 제한시킬 수 없기 때문이다. 비록 어떤 주요 교단이 찬양을 드리는 유일한 규범적인 방식을 지니고 있다 해도 말이다. 이것은 우리가 이 모든 표현 방식들을 하나의 지역 회중들 속에 혼합시키거나 표현할 수 있다든지 아니면 그렇게 해야 한다는 것을 의미하는 것이 아니다. 왜냐하면 예배는 우선 그 자체의 공동체에 적절하다는 것을 입증해야 하기 때문이다. 그러나 예배는 현재를 위한 이상이기도 하지만 미래를 위한 소망을 제공하기도 한다. 하나님은 역사를 통하여 인간 속에 있는 하나님의 형상의 여러 측면들을 수천 가지의 문화 속에 심어놓으셨다. 인간의 면역 체계가 유전학적으로 보다 차이가 있는 그들의 부모들보다 더 강한 것처럼, 그리스도의 몸도 그 모든 지체들의 관점들을 혼합시킬 때 가장 강해지는 것이다.[30]

윌리엄 세이모어(William Seymour)는 오늘날 전 세계에 수백만개의 오순절 및

28. 이러한 사실은 종종 인식되고 있다. 예를 들면, Steve Hawthorne, "Laying a Firm Foundation for Mission in the Next Millennium," *Missions Frontiers Bulletin* (March 1998), 9-14 (p. 11). 단지 개인이 아니라 민족 집단들까지 복음을 전하라는 성경적 명령에 대해서는 John Piper, *Let the Nations be Glad! The Supremacy of God in Missions* (Grand Rapids: Baker, 1993), 169-81을 보라.

29. 토착 교회에 대한 그의 강조와 국가적 교회들과의 협력하는 것에 대해서는 Morris O. Williams, *Partnership in Missions*, rev. ed. (Springfield, Mo.: Morris Williams, 1986)를 보라.

30. 구원의 메시지가 전해지기 전에도 많은 문화에 하나님이 일하신 것에 대해서는 Don Richardson, *Peace Child* (Ventura, Calif.: Regal, 1974)를 보라.

은사주의적 교회를 탄생시킨 아주사 거리(Azusa Street)의 아프리카계 미국인 지도자로서 그는 성령 사역의 가장 큰 표적은 사랑이며, 특히 그리고 필연적으로 인종 및 민족적 한계를 뛰어넘은 것으로 표현되어야 한다고 결론을 내렸다.[31] 우리는 성경 저자들이 이와 비슷한 강조점을 공유하고 있는 것에 놀랄 필요는 없다(행 1:8; 2:5-11; 엡 2:18, 22).[32]

31. Cecil M. Robeck Jr., "William J. Seymour and the Bible Evidence," in *Initial Evidence: Historical and Biblical Perspedtives on the Pentecostal Doctrine of Spirit Baptism*, ed. Gary B. McGee (Peabody, Mass.: Hendrickson, 1991), 79-81; 참조. H. V. Synan, "Seymour, William Joseph," 779-81 in *Dictionary of Pentecostal and Charismatic Movements*, ed. Stanley Burgess, Gary McGee, and Patrick Alexander (Grand Rapids: Zondervan, 1988), 781.

32. 화해에 대한 많은 좋은 책들이 있다. 예를 들면, Spencer Perkins and Chris Rice, *More Than Equals* (Downers Grove, Ill.: InterVarsity, 1993); Raleigh Washington and Glenn Kehrein, *Breaking Down Walls* (Chicago: Moody, 1993); John Dawson, *Healing America's Wounds* (Ventura, Calif.: Regal, 1994) 등이다. 성경적이고 신학적인 접근에 대해서는 신약성경 사상의 중심에 대한 나의 논문("The Gospel and Racial Reconciliation," 117-30)을 포함하여 *The Gospel in Black and White: Theological Resources for Racial Reconciliation*, ed. Dennis L. Ockholm (Downers Grove, Ill.: InterVarsity, 1997)에 있는 논문들을 보라.

요한계시록 8:1-13

1 일곱째 인을 떼실 때에 하늘이 반 시간쯤 고요하더니
2 내가 보매 하나님 앞에 일곱 천사가 서 있어 일곱 나팔을 받았더라
3 또 다른 천사가 와서 제단 곁에 서서 금 향로를 가지고 많은 향을 받았으니 이는 모든 성도의 기도와 합하여 보좌 앞 금 제단에 드리고자 함이라
4 향연이 성도의 기도와 함께 천사의 손으로부터 하나님 앞으로 올라가는지라
5 천사가 향로를 가지고 제단의 불을 담아다가 땅에 쏟으매 우레와 음성과 번개와 지진이 나더라 나팔 소리
6 일곱 나팔을 가진 일곱 천사가 나팔 불기를 준비하더라
7 첫째 천사가 나팔을 부니 피 섞인 우박과 불이 나와서 땅에 쏟아지매 땅의 삼분의 일이 타 버리고 수목의 삼분의 일도 타 버리고 각종 푸른 풀도 타 버렸더라
8 둘째 천사가 나팔을 부니 불 붙는 큰 산과 같은 것이 바다에 던져지매 바다의 삼분의 일이 피가 되고
9 바다 가운데 생명 가진 피조물들의 삼분의 일이 죽고 배들의 삼분의 일이 깨지더라
10 셋째 천사가 나팔을 부니 횃불 같이 타는 큰 별이 하늘에서 떨어져 강들의 삼분의 일과 여러 물샘에 떨어지니
11 이 별 이름은 쓴 쑥이라 물의 삼분의 일이 쓴 쑥이 되매 그 물이 쓴 물이 되므로 많은 사람이 죽더라
12 넷째 천사가 나팔을 부니 해 삼분의 일과 달 삼분의 일과 별들의 삼분의 일이 타격을 받아 그 삼분의 일이 어두워지니 낮 삼분의 일은 비추임이 없고 밤도 그러하더라
13 내가 또 보고 들으니 공중에 날아가는 독수리가 큰 소리로 이르되 땅에 사는 자들에게 화, 화, 화가 있으리니 이는 세 천사들이 불어야 할 나팔 소리가 남아 있음이로다 하더라

원 의미

첫 여섯 나팔들(계 8:1-9:21)은 첫 여섯 인들처럼 그 시리즈들의 일곱째 재앙이 막간들(계 10:1-11:14)에 의해 분할되는 하나의 문학적 단위를 구성하고 있다. 이 나팔 재앙 중에 첫 넷은 네 말 탄자들처럼(계 6:1-8) 하나의 단위를 구성하고 있다(계 8:7-12). 마지막 세 재앙은 8:13에서 세 개의 "화"로 요약되어 있다. 그 다음에 뒤따르는 하나님의 진노의 대접과 마찬가지로(계 16장), 이 나팔 심판과 관련되어 있는 대부분의 재앙들은 출애굽의 재앙을 상기시킨다. 그 숫자가 열 재앙에서 일곱 재앙으로 축소되었다는 것이 그러한 유사성을 감소시키는 것이

아니다. 요한계시록은 일곱이라는 숫자들로 가득하며, 그리고 다른 유대교 문헌들도 종종 그 재앙들을 생략하거나 혹은 재배열하고 있다.[1]

일곱째 인(8:1)

우레같이 울리는 여섯 인 심판(계 6:1-17)과 7:1-17의 극적인 막간 이후에, 독자들은 마지막 인과 듣는 것, 즉 침묵에 도달할 때 일종의 점강법(漸降法)이 나온다는 것을 인정해야 할지도 모른다. 그러나 바로 이러한 점강법이 극적인 부조화를 이루는 내러티브 기술의 일부라고 할 수 있으며, 또한 반어법으로 우리의 관심을 끌고 있다. 학자들은 8:1에 나오는 침묵의 의미가 무엇인가에 대해 논쟁을 하고 있다. 아무도 어려운 과업에 자원하려고 하지 않기 때문에 어떤 모임은 침묵을 경험할 수 있다. 가령 전투에 나서는 일과 같이 아마도 하나님이 임명하신 사자가 올 때까지 그 시간은 기다리는 사람들이 불완전하다는 것을 나타낸다(계 5:3 참조).[2] 그것은 또한 연설이 끝났을 때 어울리는 일종의 침묵을 생각나게 할 수도 있는데 (에스드라 1서 4:41), 이는 문제들이 해결되었기 때문이다. 아니면 대화를 하면서 새로운 주제가 등장하기 전에 짧은 중단을 나타내는 것일 수도 있다.[3]

보다 나은 해석(비록 우리들 대부분이 선호하는 것은 아니지만)은 하늘의 모든 존재들이 성도들의 기도를 들을 수 있도록 침묵하는 것이다.[4] 이 해석은 상당히 많은 지지를 받고 있다. 가장 중요한 것은 향과 희생 제물이 예루살렘 성전에서 침묵 가운데 드려지도록 되어있었는가 하는 증거이다.[5] 우리는 어떤 지도자의 기도가 들려질 수 있도록 하기 위해 다른 사람들이 하는 기도를 조용히 시킬 수도 있다 (마카비 3서 6:1). 주석학자들은 특히 이스라엘의 기도가 들려질 수 있도록 하기 위해 천사들이 침묵했다는 어떤 유대 전승을 인용하기도 한다(예를 들면, *b. Hag.*

1. Ps-Philo 10을 보라; 아울러 Artapanus in Eusebius, *P.E.* 9.27.28-33도 보라. 재앙들은 이집트에서 하나님의 "전쟁"으로도 나타난다(*Pes. Rab Kab.* 7:11). 초기 유대교에서 일곱 재앙 전승에 대해 철저하게 다루고 있는 것에 대해서는 Aune, *Revelation*, 2:502-4를 보라.
2. Appian, *R.H.* 6.4.18. 침묵은 또한 슬픔에서 비롯된 것일 수도 있다(Achilles Tatius, 1.13.1).
3. Plutarch, *T.T.* 8.2.1, *Mor.* 718B.
4. Michaels, *Revelation*, 117; Beasley-Murray, *Revelation*, 150; Caird, *Commentary on Revelation*, 106-7.
5. Israel Knohl, "Between Voice and Silence: The Relationship Between Prayer and Temple Cult," *JBL* 115 (1996): 17-30 (pp. 20-23); Peter Wick, "There WasSilence in Heaven (Revelation 8:1): An Annotation to Israel Knohl's Between Voice and Silence," *JBL* 117 (Fall 1998): 512-14. 그러나 희생 제물 양들의 울음소리 등을 염두에 둔다면, 성소 그 자체는 실제로 조용한 곳이 아니었을 것이다.

12b). 그러나 이것은 연대가 확실하지 않다.[6] 이러한 해석과는 반대로 우리는 몇몇 해석가들이 앞에 나온 인 심판과 동시에 일어나는 것이 아니라 오히려 일곱 째 인 다음에 나팔 심판이 시작된다고 생각했다는 주장을 할 수 있다(계 8:2-5). 그러나 이러한 반대는 요한의 환상 시간이 실제 시간과 일치될 때에만 가능한데, 그럴 리는 없는 것이다.[7] 인 심판 후에 나팔 심판을 도식적으로 배열하는 것은 요한의 환상들의 진전을 반영하는 것이지 역사의 연대기적인 연속을 말하는 것이 아니다.

그러나 침묵에 대해 구체적으로 종말론적인 해석을 하는 것이 가장 그럴듯해 보인다. 일부 고대 문헌들에서, 침묵은 다른 사람이 연설하는 것을 경청하는 것을 의미한다.[8] 여기에서 연설이 언급되고 있는 것은 아니지만, 여기에 나오는 침묵 역시 경외감에서 비롯되는 것이다(욥 40:4).[9] 여러 구절들은 심판의 날에 하나님 앞에서 세상이 침묵하는 것에 대해 말하고 있다(습 1:17; 슥 2:13; 롬 3:19; 참조. 계 18:22-23; 20:12).[10] 침묵은 태고의 창조로 돌아간다는 것을 나타낼 수도 있는데, 이 때 그러한 침묵으로 묘사되며 그 다음에 부활이 뒤 따르다(에스라 4서 7:30; 바룩 2서 3:7).[11]

---

6. Bauckham, *Climax of Prophecy*, 73은 4QShir Shabb (4Q405 20-22)에 있는 보다 초기의 증거를 찾아내고 있지만, 그러나 그의 초기 증거 대부분(74-83)이 모호하다. 보캄은 아침의 향 제사가 드려진 대략적인 시간(이 환상 직후에 뒤따른다, 계 8:3-4)이 반시간이었다고 합리적으로 추정한다. 그러나 이러한 표준적인 시간이 요한계시록의 최초의 청중들이 그것을 이해할 만큼 충분하였는가?
7. 일곱 째 인과 나팔 다음에 일련의 심판 시리즈가 나오는 것에 대해서는 Ellul, *Apocalypse*, 44를 보라.
8. 다른 사람들이 듣고 있는 동안에 침묵하는 것에 대해서는 Homer, *Il.* 19.255-56; Apollonus Rhodius, 1.513-15; Virgil, *Aen.* 10.100-103; 11.241, 300 등을 보라. 법정을 여는 것에 대해서는 Chariton, *Chaer.* 5.4.9를 보라; 거만한 질문자를 침묵시키는 것에 대해서는 마 22:34; Aulus Gellius, 1.2.13; Demosthenes, *On the Crown* §112 등을 보라; 말하는 것을 알지 못하는 것에 대해서는 Chariton, *Chaer.* 8.2.12를 보라.
9. 경건한 예배에 대해서는 Diogenes Laertius, 8.1.33; 두려운 마음으로 드리는 예배에 대해서는 Chariton, *Chaer.* 5.5.9; 부끄러움으로 드리는 예배에 대해서는 Arrian, *Alex.* 7.8.3; 7.11.2; 아침에 드리는 예배에 대해서는 Arrian, *Alex.* 7.14.8을 각각 보라.
10. Beale, *Revelation*, 446-52에 나오는 보다 자세한 심판의 이미지들을 보라. Ford, *Revelation*, 134도 역시 1QpHab 13.2-4가 이러한 방식으로 합 2:20을 적용하고 있다는 것을 주목하고 있다.
11. 아울러 에스라 4서 6:24에서 종말 이전에 세 시간 동안 샘들의 근원이 흐르지 않는다는 것을 참조하라. 새 창조 이미지는 Joachim Jeremias, *The Central message of the New Testament* (New York: Charles Scribner's Sons, 1965), 89; Rissi, *Time and History*, 4에 의해 이곳에서 선호되고 있는 이미지이다. 비록 우리가 일곱 째 나팔을 창조의 일곱 째 날과 병행시킬 수는 있다 해도, 종말론적 안식의 개념(계 14:13; 유다의 유언 22:2 참조)은 이곳에서 나타나지 않는 것 같다.

기도의 능력(8:2-6)

이 구절들은 성도들의 기도의 효능에 대해 말하고 있다, "하나님 앞에 서 있는" 일곱 천사들(계 8:2)은 아마도 대부분 요한의 청중들에게는 유대 전승에서 말하는 일곱 천사장들이 생각났을 것이다(예를 들면, 토빗 12:15; 에녹 1서 20:1-8)—힘 센 천사들은 하나님 자신에 의해 직접적으로 행동하도록 권한을 부여받았다. 가능한 많은 문헌들이 이 천사들에게 주어진 나팔들의 표상에 대해 말해주고 있는데, 사람들은 나팔을 다양한 방식으로 사용하였다.[12] 그러나 하늘에 있는 여러 성전 이미지를 고려하면(예를 들면, 계 4:6; 6:9; 15:5), 나팔(계 8:2)은 아마도 예배를 드리기 위해 성전에서 사용된 것을 생각나게 할 것이다.[13]

하지만 예배를 위해 사용되는 이 도구들은 또한 임박한 심판을 알리기도 하는데(계 15:6-8 참조), 이는 전쟁에 소집할 때 흔히 나팔을 사용하기도 한다.[14] 제단의 향과 향로는 임박한 심판을 암시하는 성전의 도구들이다(계 8:3-5). 하늘 성전의 개념은 옛날에 있었던 개념인데, 이는 아마도 광야에서 최초의 장막이 상징적으로 표현하고 있는 것에 함축되어 있다(히 8:5).[15]

그러나 가장 중요한 것은 이 향이 하늘 성전에 드려진 "성도의 기도"를 나타내는 것이 분명한데(계 8:3-4), 이는 구약성경에 깊이 젖어있는 사람들이라면 쉽게 이해할 수 있는 개념이다(시 141:2; 눅 1:10; 참조. 희년서 2:22). 성도들의 기도가 드려진 직후에 심판이 뒤 따른다는 것은 우리가 지금까지 드려진 성도들의 기도를 곰곰이 생각해보면 그 의미를 알 수 있다. 즉 성도들은 신원(伸冤)을 위해 큰

---

12. Caird, *Commentary on Revelation*, 108-10은 심판의 날을 위한 나팔에 초점을 맞추면서(아울러 스바냐의 묵시 9:1을 참조하라), 또한 신년 축제와 비교하고 있다. 그러나 이러한 비교는 마지막 나팔에 가장 적절하다(계 10:7; 참조. 에스라 4서 6:23-25); Beasley-Murray, *Revelation*, 154는 시내산 이미지를 주목하고 있다(출 19:16, 19; 20:18). 천사들이 부는 하늘의 나팔은 모세의 묵시 37:1-2; 아브라함의 유언 12A에서도 등장한다. 좁고 짧은 은 나팔에 대한 묘사는 Josephus, *Ant.* 3.291을 보라.

13. 대하 7:6; 29:26; 스 3:10; *m. Arak.* 2:5; *R.H.* 3:2-4:2; *Suk.* 5:4; *Tam.* 7:3 등을 보라. J. M. Baumgarten, "The Sabbath Trumpets in 4Q493 Mc," *RevQ* 12 (1987): 555-59에서 안식일 제사 때 부는 나팔을 참조하라.

14. 전투 신호로서의 나팔에 대해서는 민 10:9; 31:6; 삿 3:27; 6:34; 삼상 13:3; 마카비 1서 5:31-33; Josephus, *War* 3:89-91, 265; Livy, 24.46.3; Appian, *R.H.* 6.9.52; Lucan, *C.W.* 4.750; Arrian, *Alex.* 6.3.3. 등을 보라. 전쟁 때 부는 나팔에 대해 요한 당시의 사람들이 마지막 나팔로 이해했을 것으로 보는 것에 대해서는 습 1:16을 보라; 그리고 Aune, *Revelation*, 2:519에 나오는 상세한 내용을 보라.

15. Umberto Cassuto, *A Commentary on the Book of Exodus*, tr. I. Abrahams (Jerusalem: Magnes, 1967), 322; Richard J. Clifford, "Tent of El and Israelite Tent of Meeting," *CBQ* 33 (April 1971): 221-27 (p. 226); Keener and Usry, *Defending Black Faith*, 143과 이곳에 인용된 그 밖의 문헌들을 보라.

소리로 탄원해왔으며(계 6:10), 그리고 비록 최후 심판이 아직 온 것은 아니지만(계 6:11), 그들의 신원에 대한 몇 가지는 역사 내에 일어나고 있는 것이다.[16] 그들은 어째서 자신들이 드린 기도에 대한 응답이 지연되고 있는지 의아하게 생각했을 수도 있다. 이 단락도 역시 이에 대한 하나의 설명, 혹은 최소한 그 의미를 알 수 있는 일종의 비유를 제공할 수도 있다. 전체적인 선포와 뒤 따르는 고난이 성취되어야 하는 것처럼(계 6:11), 아마 성도들의 기도도 개입이 일어나기 전에 어떤 특별한 차원으로 행해져야 한다.

그리하여 심판이 실행에 옮겨지는 것은 신원을 위한 처음의 기도가 다른 기도들과 합해질 때이다(계 8:3). 비록 하나님의 시간이 반드시 우리의 시간은 아니라 해도, 하나님의 백성들이 당하는 고난은 하나님이 개입하실 것을 요구한다(출 2:23-25; 눅 18:7).[17] 하늘에서 일어나는 일은 이 땅에서 일어나는 일에 분명히 영향을 미친다(계 8:5). 그리고 비록 우리가 항상 그 과정들을 볼 수는 없다 해도, 인간의 기도에 대한 응답으로 심판이 행해지는 경우가 많다.[18]

재앙으로 인한 형벌(8:7-12)

요한계시록 8:7-12에서, 요한은 처음 네 인(계 6:1-8)과 숫자적으로 대응하는 처음 네 나팔을 보도하고 있으며, 그 다음 훨씬 더 극적인 화가 뒤따르고 있다(계 8:13). 이 재앙들은 출애굽기에 나오는 재앙과 유사하다. 즉 하나님은 애굽과 요한계시록 모두에서 우박에 섞인 불을 보내셨다(출 9:23-24; 계 8:7). 하나님은 애굽의 물을 피로 변하게 하셨으며(출 7:20-21), 마찬가지로 하나님은 세상의 많은 물을 피가 되게 하셨으며(계 8:8-9) 그럼으로써 그 물을 마실 수 없게 만드셨다(계 8:10-11). 하나님은 옛 애굽에 대해 흑암의 재앙을 보내셨으며(출 10:22) 또한 요한계시록에서는 세상에 흑암을 보내셨다(계 8:12). 그러나 의인들은 이스라엘 백

---

16. 다른 사람들은 계 8:4가 계 6:9-11을 암시하고 있다는 것에 동의하고 있다(Bowman, *First Christian Drama*, 61). Roloff, *Revelation*, 107은 요한계시록에 나오는 대부분의 기도가 찬양이라는 것에 반대한다. 하지만 요한은 이러한 술어들을 상호 교환적으로 사용하지 않는다. "향연"은 긍정적인 것일 수도 있고(계 15:8) 혹은 심판을 지칭할 수도 있다(계 9:2-3, 17-18; 14:11; 18:9, 18; 19:3).

17. Talbert, *Apocalypse*, 40은 에녹 1서에서 하나님의 개입을 위한 촉진제로서 성도들이 신원(伸寃)을 위해 외치는 소리를 천사들이 운반하는 것에 비유하고 있다.

18. 하늘에 있는 현관문에 대해서는 창 7:11; *Baal Epic* 2.6.25-35를 보라. 에녹 1서 57:2에 보면 하늘에 있는 사람들이 땅을 관찰할 수 있다.

성들이 그랬던 것처럼(출 8:22; 9:26) 보호를 받는다(계 7:1-8). 결국 둘 모두 유월절 어린 양의 피로 보호를 받는 것이다(출 12:13; 계 5:5-6).

요한의 청중들은 8:7에서 우박의 성경적 재앙에 대한 암시를 쉽게 알았을 것이지만, 그러나 당대 이교도들조차도 심판이라는 주제를 몰랐던 것은 아니었을 것이다. 위험스러운 우박 혹은 다른 것들과 섞인 우박은 일종의 불가사의한 것으로 나타나는데, 이는 고대 지중해 세계에서 신적인 심판을 경고하는 것이었다.[19] 유대교 문헌들도 역시 우박과 불의 비가 내리는 것(아마도 번개)을 특히 종말에 하나님이 이 세상에 내리는 심판으로 인식하였다.[20] 나무의 삼분의 일이 파괴되는 것(계 8:7)은 감람나무, 무화과나무, 그리고 아마도 포도주를 위한 포도 등 필수적인 산물을 포함하여 과실이 부족해진다는 것을 의미한다(Columella, *Trees* 11.1-2에서처럼 만일 포도나무가 나무에 포함된다면). 모든 푸른 풀이 파괴된다는 것은 양, 염소, 그리고 소 등이 곧 죽는다는 것을 의미 한다—그렇게 되면 세상은 육류, 우유 및 치즈의 공급이 끊어질 것이다.[21]

피와 불이 섞인 우박은 뒤 따르는 피의 물 재앙(계 8:8) 및 불붙은 별과 산이 바다에 떨어지는 재앙(계 8:8-10)의 전조가 될 수도 있다. 물이 피로 변하는 것(계 8:8)은 하나님의 백성들을 속박으로부터 해방시키기를 거부하는 애굽에 대한 첫째 심판을 상기시킨다(출 7:17). 이곳에서 바다의 삼분의 일이 영향을 받지만, 인간은 이 땅 위에서 계속 삶을 영위해 나가고 있으며, 재앙은 맹렬하게 일어난다. 애굽은 마실 물뿐만 아니라 고기잡이와 비옥한 토양을 위한 관개(灌漑)를 위해서도 나일 강에 전적으로 의존해 있기 때문에, 첫째 재앙으로 엄청난 경제적 손실을 입었을 것이다(출 7:18). 로마도 마찬가지로 다른 나라들과 해상 무역을 통해 금전상의 많은 이익을 얻었기 때문에 고통을 받았을 것이다(계 13:1; 17:1; 18:17-18 참조).[22] 대부분의 사람들은 육류보다는 생선을 더 많이 먹었기 때문에, 이 재앙은 앞

19. 이는 피가 섞인 비(Homer, *Il.* 16.459; Livy, 24.10.7; 40.19.2; 43:13.5; Appian, *C.W.* 2.5.36) 혹은 돌이 비가 되어 내리는 것(Livy, 25.7.7; 26.23.5; 27.37.1.4; 42.2.4; 43.13.4; 45.16.5; Appian, *C.W.* 4.14) 등을 포함한다. 우박도 역시 문맥에 의해 한정될 경우 전쟁에 대한 하나의 은유로 기능을 하기도 한다(Virgil, *Aen.* 9.669-71; 시빌의 신탁 5.93). 그러나 여기서는 그런 의미가 아닌 것 같다.

20. 종말론적인 우박에 대해서는 시빌의 신탁 3.691; *Ex. Rab.* 12:2; 불에 대해서는 시빌의 신탁 5.337-79; 바룩 2서 27:10 등을 보라.

21. 양과 염소의 젖을 치즈로 사용하는 것에 대해서는 Longus, 1.23; Epictetus, *Disc.* 1.16.8; 보다 상세한 것으로 C. S. Keener, "Milk," in *Dictionary of New Testament Background*, ed. Craig Evans and Stanley Porter (Downers Grove, Ill.: InterVarsity, 2000).

22. 피는 희년서 48:5에서도 나오는데 이는 재앙들 중에 첫 번째 것이다. 후대 랍비들은 애굽 사람들이 뱉는

의 재앙(계 8:7)보다 식량 공급에 더 많은 충격을 주었을 지도 모른다. 비록 사람들이 애굽에 행해졌던 첫째 재앙에 대한 언급을 몰랐다 해도, 모든 사람들은 물이 피로 변하는 것을 신적인 진노의 표시로 인식하였다.[23] 그러한 재앙은 이곳에서처럼 성도들이 신원을 위해 외친 것에 대한 직접적인 응답으로 올 수도 있고(계 8:4-5) 혹은 예언적 선언에 대한 응답으로 올 수도 있다(계 11:6).

큰 산이 불로 타고 있다는 것(계 8:8)은 시내 산과 하나님의 율법을 상기시킬 수도 있지만(출 24:17; 신 4:11; 5:23; 9:15; 히 12:8), 그러나 단순히 심판에 대한 또 다른 묵시적 상징일 수도 있다. 하늘의 별들(종종 천사들을 상징하기도 한다. 계 9:1; 12:4 참조)은 불타는 산처럼 보일 수도 있으며(에녹 1서 18:13; 21:3), 그리고 시빌의 신탁 5.158-61에서는 의로운 유대인들이 고난 받는 것에 대한 심판으로서 불타는 별이 바다로 떨어지며 또한 바다뿐만 아니라 바빌론과 이탈리아까지 불태우기도 한다. 아마도 시빌의 신탁과 요한계시록 모두 예레미야 51:25, 42에 나오는 그리 분명하지 않은 이미지에 근거하고 있는 듯하다.[24]

셋째 재앙(계 8:10-11)은 인간이 의존하고 있는 물 공급의 파괴를 말하고 있다는 점에서 8:8-9에서 물이 피로 변하는 것과 유사하다. 그리하여 이 재앙도 애굽에 내려졌던 재앙을 상기시키지만, 여기에 마라의 쓰고 오염된 물을 하나님이 깨끗하게 하셨던 것에 대한 암시를 첨가한다(출 15:23). 이제는 깨끗한 물에 독이 들어간 것이다. 모든 고대인들은 이를 무서운 신적인 심판으로 인식하였다(렘 8:14).[25] "쑥"은 쓴 맛으로 유명하며(잠 5:4; 애 3:15, 19) 때로는 독이 있는 것으로 여겨지기도 했다(신 29:18; 렘 9:15; 23:15). 이것은 또한 죄에 대한 은유로 나타난다(신 29:18; 암 5:7; 6:12).[26]

침조차도 피로 변했으며, 그리고 이스라엘 사람들이 애굽 사람들에게 실제로 물을 주었을 때, 그 물도 애굽 사람들의 손에서 피로 변했다고 말했다(*Ex. Rab.* 9:10; *Num. Rab.* 9:14).

23. Cicero, *De Divinatione* 1.43.98; Virgil, *Aen.* 4.453-63; *Lives of Prophets* 4.20 (§27 in Schermann). 물로 인한 심판은 에녹 1서 66:1; 89:5-6에 나오는 홍수에 대한 언급과 더불어 시빌의 신탁 3.461-62에도 나온다. 피로 물든 물은 사 15:9에서 전쟁의 은유로 사용된다.

24. Caird, *Commentary on Revelation*, 114-15; Ford, *Revelation*, 133을 참조하라. "횃불 같이 타는"(계 8:10)은 4:5와 동일한 표현을 사용하지만, 만일 "영들"이 천사들이 아니라면(계 1:4에 대한 설명을 참조하라), 이것은 아마도 흔하게 나타나는 이미지에 불과할 것이다. 재난의 징조로서 별이 떨어지는 것에 대해서는 Aune, *Revelation*, 2:520을 보라. 아울러 A. D. 79년 베수비우스 화산이 폭발하여 이 때 10,000명 이상이 목숨을 잃었는데, 이 때 불붙은 잔해들이 물 근원들에 영향을 미친 것을 암시할 수도 있다.

25. Lucan, *C.W.* 1.648; 종말의 재난의 징조로서는 에스라 4서 5:9를 보라.

26. 쑥이 전문 용어로 무엇을 의미하든 간에, 그것은 쓰긴 하지만 독은 없으며, 또한 마취제로도 사용이 되었을 것이다(F. Nigel Hepper, *Baker Encyclopedia of Bible Plants* [Grand Rapids: Baker, 1992], 152).

하늘의 발광체에 대해 벌을 내리시는 것(계 8:12)은 다른 종말의 예언들에서처럼(바룩 2서 20:1) 때의 단축을 언급할 수도 있지만, 그러나 그것보다는 어둠 그 자체에 초점을 맞추는 것이 더 좋을 듯하다.[27] 흑암은 애굽에 내려졌던 아홉째 재앙을 상기시키는 것이 분명하며(출 10:21-22; 참조. 솔로몬의 지혜 17), 아마도 애굽에서 가장 숭배되고 있는 태양신에 대한 심판을 나타낸다(출 12:12).[28] 이교도들도 흑암이 땅에 임하는 것을 두려워하였는데, 이는 대 변동의 심판을 의미하기 때문이었다.[29] 이러한 종류의 심판(계 9:2도 참조하라)은 해와 달에 대해 최후적으로 벌을 내리는 것(계 6:12-13)과 새로운 세상에는 해와 달이 없을 것(계 21:23)에 대한 전조가 된다.

이 내러티브는 남은 세 재앙들을 처음 네 재앙들과 구분하여 특별히 충격적인 것으로 서술한다. 이 세 재앙들은 "화"라는 명칭을 받는다(계 8:13). 요한의 유대 그리스도인 청중들은 이 심판들의 가혹한 성격을 쉽게 이해했을 것이다. 그들은 아마도 에녹 1서와 같은 초기 유대교 문헌에서 발견되는 "화"에 대한 비슷한 용법에 익숙하였을 것이다.[30] 듣는 사람에게 구체적으로 향하지 않는 어떤 메시지를 듣는 것은 예언문서와 묵시문헌에서는 어떤 관례적인 수사학적 장치이지만(단 8:13, 16; 슥 6:7; 에녹 1서 67:12), 그러나 그것은 종종 듣는 사람의 이익을 위한 것이었다(단 8:14, 17; 슥 6:8).

이러한 메시지를 선언하는 "독수리"가 무엇을 의미하는가 하는 것은 좀더 어려운 문제이다. 아마도 그것은 단순히 하늘의 피조물을 나타내는 것이지만(계 4:7; 12:14; 모세의 묵시 33:2), 그러나 이것은 다른 동물이 아닌 왜 독수리가 여기서 선택되었는가를 설명하지 않는 채로 놓아둔다(막 1:10 참조). 독수리는 다른 새들

27. 묵시적 해석자들의 설명은 땅의 종말을 가리키기 위해 창 8:22에 있는 날의 중단을 허용했을 지도 모른다. 막 13:20은 택함 받은 자들의 고난을 단축시키는 것에 대해서만 언급한다.

28. 몇몇 후대 랍비들은 이러한 흑암의 재앙이 지금은 로마에 초점을 맞추고 있을 것으로 생각하였다(*Lev. Rab.* 6:6; *Pes. Rab.* 17:7). 그러나 그들은 또한 흑암이 이스라엘의 사악한 자들을 소멸시키는 것으로 주장하였다 (Pes. *Rab Kah.* 5:9; *Ex. Rab.* 14:3; *Num. Rab.* 15:12; *Song Rab.* 2:13, §1).

29. Ovid. *Metam.* 2.394-96; 4.200-201; Livy, 40.45.2. 때때로 흑암은 탄원에 응답하여 물러가기도 하였다 (Homer, *Il.* 17.644-50). 초기 유대교는 흑암을 종말론적인 내용을 포함하여(*Pes. Rab Kah.* 9:1; *Ex. Rab.* 14:3) 심판으로 계속 인정하였다(시빌의 신탁 4.56-58). 그러나 종종 흑암은 심판에 대한 보다 일반적인 은유로서의 기능을 하였다 (시빌의 신탁 11.45). Aune, *Revelation*, 2:523은 이 넷째 재앙이 넷째 날에 하늘의 광명체들을 창조하신 것(창 1:14-19)을 역전시킨다고 주장한다.

30. R. A. Coughenour, "The Woe-Oracles on Ethiopic Enoch," *JSJ* 9 (1978): 192-97에 있는 에녹 1서 91-105를 보라. "화(禍)"와 애가(哀歌)는 구약성경과 마찬가지로 초기 유대교 예언 문서에서도 규칙적으로 나타난다(마 11:21; 에녹 1서 94:6-8; 100:7-9; 시빌의 신탁 3.319, 480, 483, 492, 504, 508, 512; 11.138; *ARN* 24 A); 참조. 계 18:19.

처럼 메시지를 전달하기 위해 사용되고 있지만(바룩 2서 77:19; 바룩 4서 6:15-16; 7:4, 6), 그러나 이들은 문자적으로 말을 하는 존재는(여기서처럼) 아니다. 그것은 또한 단순히 하늘의 보좌 동물을 나타낼 수도 있다(계 4:7).

의심할 것 없이 독수리는 심판의 상징으로서 기능을 하지만, 구체적인 연관성은 여전히 알기 어렵다. 로마 군단의 주요 상징이 깃대 위에 은이나 금으로 그린 독수리(*aquila*—독수리자리)였다. 그리하여 아마도 이 표상은 자신들보다 우월한 군단에 의해 평가를 받는 로마 군단들 중의 하나였을 것이다(계 9:7-10, 14-17).[31] 독수리는 육식동물이며 또한 그들의 새끼들을 먹이기 위해 살아있는 어린 양까지도 부리로 물어서 옮겨가는 존재로 알려져 있기 때문에(Babrius, 137.1-2), 독수리는 심판을 나타낼 수도 있다(신 28:49; 렘 48:40; 호 8:1). 여기서 독수리(eagle)는 아마도 죽은 짐승의 시체를 탐식하는 새들(vultures)로 묘사되고 있는 것이 분명하다(마 24:28; 눅 17:37; 참조. 겔 39:17; 합 1:8; 계 19:17-18).

그러나 그 메시지가 심판이기 때문에, 이 독수리는 전령이지 반드시 그 내용을 상징하는 것이 아니다(계 19:17 참조). 따라서 상징적인 해석이 그럴듯하지만 확실하지는 않다. 하지만 헬라인들은 독수리들을 제우스신에게서 비롯되는 전조(조짐이 좋든 나쁘든 간에)로 간주했으며 그리고 로마인들은 새가 날아가는 것을 보고 미래를 예언하려고 하였는데, 이들은 특히 이곳에서 신적인 전령의 상징으로 보고 있다.[32] 어쨌든 독수리는 "공중"으로 태양의 천정(天頂)까지 올라가 "전 세계가 그의 외침을 듣도록 한다."[33]

상황잇기

과거에 행하신 하나님의 행위. 요한계시록은 출애굽의 재앙들을 재사용함으로써(그리고 그곳에서 하나님이 자신의 백성들을 보호하심) 과거에 행하신 하나님의 행위를 암시하고 있으며, 그리하여 역사상 그분이 행하신 행위를 통해 우리

31. 군단의 상징으로서 독수리에 대해서는 Everett Ferguson, *Backgrounds of Early Christianity* (Grand Rapids: Eerdmans, 1987), 40; 참조. Josephus, *Ant.* 17.151. 제4에스라 11:1-12:39에 나오는 독수리는 로마를 가리킨다.

32. Homer, *Il.* 8.247; 24.315; *Od.* 2.146; 15.161; 19.543; 20.243; Callimachus, *Hymn* 1.67-68. 독수리는 또한 유대교 전승에서 신적인 은유들로서의 기능을 하고 있다 (출 19:4; Ben Zion Wacholder and Steven Bowman, "Ezechielus the Dramatist and Ezekiel the Prophet: Is the Mysterious zöon in the *Exagōgē* a Phoenix?" *HTR* 78 [July 1985]: 253-77을 보라).

33. Beasley-Murray, *Revelation*, 159. 하늘의 여러 층들 중에 중간을 나타낸다기보다는(에녹 2서 17:1) 이러한 해석이 보다 적절한 것으로 보인다(계 19:17 참조).

가 미래를 가장 확고하게 확신할 수 있다는 것을 우리들에게 상기시킨다. (그리하여 계몽주의의 반초자연주의에 의해 형성된 신학적 자유주의가 성경에 기록되어 있는 초자연적인 그 어떤 것의 역사성도 의심하고 있다는 것은 놀라운 일이 아니다. 그러나 요한계시록 그 자체가 예언하고 있는, 로마 제국의 멸망과 같은 몇몇 역사적 기적들은 부정하기가 어려운 일인데, 이 사건은 기독교와 유대민족의 인내와는 대조적이다).[34] 만일 하나님이 우리의 영적인 선조들을 압제한 자들을 심판하셨다면, 하나님은 또한 지금 그의 백성들을 억압하고자 하는 권세자들을 때가 되면 뒤집으실 것이다.

출애굽기에 나오는 재앙들을 언급하는 요점은 아마도 모든 물이 문자적으로 다시 피로 변하게 될 것이라는 것이 아니라, 하나님이 이러한 자연적 요소들에 대해 주권자이시며 또한 역사를 통하여 그러한 문제들에 대해 심판을 행하신다는 것이다. (오늘날 우리는 광범위하게 퍼져있는 컴퓨터 바이러스에 대해 이야기함으로써 몇몇 서구인들을 비슷하게 위협할 수도 있다.) 비록 우리가 이러한 심판들을 문자적으로 취하여 미래의 어떤 환난에 적용한다 해도, 오늘날을 위한 적용의 원리는 동일하다. 즉 하나님은 심판을 통하여 사람들의 관심을 끌고자 하신다는 것이다. 우박(계 8:7-8)은 하나님이 심판을 위해 대기의 기상 조건들을 사용할 수 있으시다는 것을 우리들에게 보여준다. 우리는 우박뿐만 아니라 홍수, 허리케인, 그리고 토네이도 등에 대해서도 동일하게 생각할 수 있다.[35] 마찬가지로, 우리는 물에 대한 심판(계 8:8-11)을 물의 오염으로 혹은 몇몇 도시들과 지역에서 마실 수 있는 물의 공급이 줄어드는 것으로 해석할 수 있다.[36]

---

34. 이러한 범주 안에 있는 다른 사건들은 예수님이 십자가 처형된 지 한 세대 후에 예루살렘의 멸망이 일어나며(마 23:36-24:2, 15, 34), 혹은 유다가 바벨론으로부터 회복된다는 것(포로 이전 문헌에서 예언되고 있는데, 예를 들면, 신 4:29-30; 32:36; 렘 16:15; 27:22; 29:14) 등을 포함한다.

35. 예를 들면, "Hugo Is a Killer," *NW* (Oct. 1989), 18-19; "Andrew's Wrath," *NW* (Sept. 7, 1992), 16-21; "Was Andrew a Freak—Or a Preview of Things to Come?" *NW* (Sept. 7, 1992), 30; "Come Hell or High Water," *NW* (July 18, 1994), 26-31; "The 'Billion-Dollar Flood' Keeps on Rolling Along," *NW* (July 19, 1993), 22-23; "A Deadly Spree for Georges," *NW* (Oct. 5, 1998), 38-39 등이다. 그러나 교회들도 역시 그러한 폭풍으로 인하여 황폐화 될 수도 있다(예를 들면, "Andrew Goes to Church," CT [Oct. 5, 1992], 60; Owen Wilkie, "When Disaster Strikes," *Pentecostal Evangel* [March 29, 1987], 13). 그러나 하나님의 주권 안에서 이와 동일한 몇 가지 현상들은 지구 위에서의 생활을 위한 최적의 조건들을 유지시키는데 여러 방식으로 기여한다는 것을 주목하라. Hugh Ross, "Design Update: Hurricanes Bring More Than Destruction," *Facts & Faith* 12/4 (1998): 4-5를 보라.

36. 오염에 대해서는 "Alaska After Exxon," *NW* (Sept. 18, 1989), 50-62; "More Oil on the Waters," *NW* (June 25, 1990), 60-61 등을 보라. 물 부족에 대해서는 "How to Make Sure There's Enough Good Water," *USNWR* (March 18, 1985), 65-68; "Mideast Water Wars," *WPR* (Jan. 1995), 37-39; "Next, Wars

어둠(계 8:12)은 해석하기가 보다 어렵지만, 이것 역시 자연의 힘에 의해 두려움을 느끼는 사람들에 대해 말하는 것이다. 독수리는 상황이 훨씬 더 악화되는 것을 암시한다. 우리의 세속적인 동시대 사람들은 그러한 사건들에 대해 순전히 자연적인 원인으로 설명하는 것을 좋아한다. 그러나 하나님은 출애굽기에 나오는 재앙들처럼 자연적인 힘을 통하여 심판을 행하시면서, 또한 그러한 힘을 통하여 우리의 관심을 끌려는 그분의 방식을 가지고 계신다.[37] 환원주의적(생명현상은 물리학적, 화학적으로 모두 설명된다는 주장-옮긴이) 자연주의(자연을 중시하고 모든 현상을 과학의 법칙으로 설명하는 주의-옮긴이)가 파괴적인 심판으로부터 아무런 보호를 제공하지 않는다는 것에 직면할 때, 일부 세속주의자들은 보다 종교적으로 될 만큼 충분히 열려진 마음을 가지게 될 것이다.[38]

현대적 의미

하나님 앞에서 침묵하라. 세상이 언젠가는 하나님 앞에서 침묵해야 한다는 것(계 8:1)은 지금 세상 사람들이 크게 말하고 있는 소리를 듣고 있는 우리들에게 위로가 된다. 하나님을 비웃거나 무시하는 정치적, 학문적, 그리고 다른 엘리트들의 거만한 입을 다물 때가 올 것이다. 본문은 또한 "내가 하늘나라에 가면, 하나님께 한두 가지 일을 말할 거야"라고 선언하는 사람들에게 한 마디 말을 해주고 있는데, 이는 인간이 저지르는 죄의 결과는 별것 아닌 것으로 간주하면서 이 세상의 불의에 대해서는 하나님을 비난하기로 작정한 사람들로부터 한 번 이상은 들었던 말이다. 하나님의 긍휼하심 때문에 그들은 독설을 뿜어내고 있지만, 그러나 하나님의 공의의 날에 그들은 다른 모든 불의한 짓거리를 하는 사람들과 더불어 침묵하게 될 것이다.

역사를 움직이는 것은 기도이다. 하나님은 주권자이시지만, 그분의 주권적 계획

Over Water?" *WPR* (Nov. 1995), 8-13; "The New Politics of Thirst," *WPR* (Nov. 1992), 18-20 등을 보라. 마실 수 있는 물을 위해 우물을 공급하는 구호 사역에 대해서는 *World Vision Partners* (Spring 1994); *World Vision Report* (Fall 1995)를 보라.

37. H. M. Duncan Hoyte, "The Plagues of Egypt: What Killed the Animals and the Firstborn?" *The Medical Journal of Australia* 158 (1993): 706-8; Terence E. Fretheim, "The Plagues As Ecological Signs of Historical Disaster," *JBL* 110 (1991): 385-96 등을 보라.

38. 그들의 세속적인 체계가 그들의 개인적인 슬픔의 상태보다 재난에 대한 더 넓은 체계를 이해하기 쉽게 만드는 것 같지는 않다(A. J. Conyers, "After the Hurricane," *CT* [Nov. 9, 1992], 34-36). 그러나 또한 하나님의 사랑을 증명하는 기회들을 참조하라("Massive Rebuilding Effort Continues After Andrew," *CT* [June 21, 1993], 52).

속에서 하나님은 자신의 뜻을 이루시기 위해 부분적으로 그의 백성들의 기도를 사용하시기로 작정하신다. 비슬리-머리(Beasley-Murray)는, "하나님께서 그의 백성들의 기도가 그 나라가 도래하는 그 과정의 일부가 되어야 할 것을 작정하신 것"으로 보인다고 말한다.[39] 그리고 유진 피터슨(Eugene Peterson)은 다음과 같이 말한다.

> 선과 악 사이에 갈등이 날뛰고 있지만, 기도는 로마 제국 전역에서 1세기 그리스도인들의 경건한 무리들로부터 위로 올라가고 있다. 박해와 조롱의 강력한 엔진들이 그들의 반대편에 서 있다. 그들은 무기도 없고 참정권도 가지고 있지 않았다. 그들은 돈도 거의 가지고 있지 않았으며 명성도 없는 사람들이었다.[40]

하지만 그들은 기도했다. 기도가 인간 역사의 방향을 형성하는 힘을 가진 것이라니! 우리는 이를 다니엘에 견주어볼 수 있는데, 그의 기도는 지상의 통치자들보다 더 크게 영향을 미치는 천사의 권세를 위한 전쟁터가 되고 있다(단 10:13; 10:20-11:1). 제국들의 지도자들이 주권자 하나님의 손에 볼모로 잡혀있는 것이나 다름없이 흥하고 망하는 동안(단 11:2-12:3), 다니엘 자신은 하나님에 의해 높이 존중을 받는 존재로 인정을 받고 있다(단 10:11).[41] 우리는 종종 우리가 겉으로 하찮게 보이는 삶의 영향들을 보지 못하는 경우가 있다. 한나 당시에, 이스라엘의 미래가 이스라엘의 대제사장 엘리의 영적인 유산에 있다기보다는 오히려 겸손한 그녀의 기도에 놓여있는 것으로 누가 생각하였겠는가?(삼상 1:10-20) 우리가 기도하는 상세한 내용들이 때로는 "안 된다"는 응답을 받을 때도 있지만, 그러나 인간 역사의 전체 과정이라는 큰 그림으로 보면, 하나님의 계획은 그의 백성들의 기도를 통하여 그의 주권적 뜻 가운데 확고하게 진전되고 있는 것이다.

그러므로 우리는 하나님 나라를 위해 장기적인 중요성을 지니고 있는 문제들에 대해 지속적으로 단결하여 전략적인 기도를 하도록 동료 신자들을 격려해야 한다. 지금 많은 그리스도인들이 무슬림들이 기도를 하는 날인 매주 금요일마다 이슬람 세계의 복음 전도를 위한 기도를 하기 위해 함께 모이고 있는데, 특히 이슬람 세계는 이 시대에 복음을 반대하는 가장 무너뜨리기 힘든 성으로 보인다. 그리고 "폐쇄

39. Beasley-Murray, *Revelation*, 151.

40. Peterson, *Reversed Thunder*, 87.

41. 내가 하는 말은 개인적인 자유 의지 교리에 도전하고자 하는 의도가 아니지만(계 3:19 참조) 그러나 하나님은 너무나 주권적이시기 때문에(계 1:8) 그분은 그러한 의지를 통하여 허락하시며, 미리 아시며, 또한 일하시고, 아울러 역사의 광범위한 영역도 하나님의 주권을 드러낸다.

된 국가들" 속에 있는 무슬림들이 심지어 꿈과 환상을 통해서도 회심하고 있다는 수많은 보도들도 있다.[42] 가능한 한 많은 그리스도인들이 습득을 하고 사용되어야 하는 가장 유용한 기도의 도구들 중의 하나는 패트릭 존스톤(Patrick Johnstone)의 『오퍼레이션 월드』(*Operation World*)이다.[43] 비록 이 책이 모든 나라의 모든 세부적인 내용들에 대해 최근의 정확한 작업을 계속 유지하는 것은 어렵지만, 이것은 여러 나라들을 위해 적절한 기도를 하기 위한 가장 전략적인 도구 중의 하나를 제공해주고 있다.

하나님의 진노와 심판. 심판이 기도의 응답으로 주어진다는 것은 우리들의 기도 요청 우선순위 목록에서 높은 위치를 차지하는 것으로 보이는 것 같지는 않다. 그러나 고난을 받고 박해를 받는 사람들에게 있어서, 그들을 억누르고 있는 이 세상에 대한 심판은 희망의 표지이며, 또한 하나님이 그들을 옹호하시는 것을 시작하기 위해 단지 재림 때까지 기다리실 것은 아님을 보여준다. 하나님은 재림의 날에 역사를 완성하실 것이다. 하지만 그분은 현재에서도 역사의 주님이시다.[44]

하나님의 진노는 중요한 도덕적 함의를 지니고 있다. 사람들이 세상의 많은 곳에서 고통을 당하고 있는 반면, 다른 사람들은 정치적 혹은 종교적 압제를 통한 그들의 고통으로부터 종종 이익을 얻기도 한다. 상대주의적인 서구 문화가 잊어버리는 만큼이나 하나님은 공의의 하나님이시다. 그러나 그분은 상황에 따라 한쪽은 옳을 수 있지만 다른 쪽은 틀릴 수도 있는 것을 인정하신다. 하나님은 진노의 하나님이시다. 그러나 압제에 대한 명백한 실례들이 발생하고 있을 때 편을 들기 위해 필요한 "도덕적 투명성"을 우리들에게 제공하시는 분이시다.[45] 리차드 니이버(H.

---

42. 예를 들면, Del Kingswriter, "Miracles in the Muslim World," *Mountain Movers* (May 1992), 12-13; Mohammad, "I Saw Jesus," *Mountain Movers* (Nov. 1990), 16-17; Marilyn Ford, "Hadijah," *Mountain Movers* (Aug. 1991), 5; "We Met in a Dream," *Arab World Ministries Update* (4, 1993): 4 등이다.

43. Patrick Johnstone, *Operation World: The Day-by-Day Guide to Praying for the World*, 5th ed. (Grand Rapids: Zondervan, 1993); 이런 책들은 종종 3년마다 열리는 InterVarsity의 얼바나 선교대회에서 할인된 가격에 구입할 수 있다. 선교 기도의 중요성에 대해서는 David Bryant, In the Gap: *What It Means to be a World Christian* (Ventura, Calif.: Regal, 1984), 78-80, 221-24를 보라.

44. 여호와의 증인들은 계 8:1-9:21을 "전 기독교도에 대한 여호와의 재앙들"로 잘못 해석하고 있다(*Revelation: Grand Climax*, 129-41). 물론 그 재앙들이 "세상"에 대해 행해지는 것이긴 하다. 그러나 교회가 세상적일 때, 우리는 하나님의 심판이 우선 그의 집에서부터 시작한다는 것을 기억해야 한다(겔 9:6; 벧전 4:17).

45. Gary A. Haugen, *Good News About Injustice* (Downers Grove, Ill.: InterVarsity, 1999), 84-91, "Hope in the God of Moral Clarity"를 보라. 이것은 어떤 상황들이 무죄와 유죄의 다양한 정도를 포함하고 있다는 것을 부인하지는 않는다. 그러나 어떤 경우는 무고한 희생자들을 포함하고 있다는 것을 성경으로 더불

Richard Niebuhr)는 십자가의 모욕을 완화시키는 자유주의적 사회 복음에 대해 다음과 같이 적절하게 이의를 제기한다. "진노 없는 하나님은 십자가 없는 그리스도의 직무를 통해 죄 없는 나를 심판 없는 하나님 나라에 이르게 하는 것이다." 그러나 우리 복음주의자들이 그러한 구 자유주의자들을 비난하면서, 우리가 죄 있는 나라들에 대해 임박한 심판이 임할 것을 침묵하는 것이 하나님의 진노를 무시하는 또 하나의 형태가 아닌가? 그리고 "일단 우리가 진노를 포기했다면, 죄, 심판, 혹은 십자가는 뒤로 처질 수 있는 것이 아닌가?"[46]

찰스 캡스(Charles Capps)와 같은 어떤 주변의 인기를 얻고 있는 교사들의 항변에도 불구하고, 본문은 또한 하나님이 자연의 사건들을 통제하시며(예를 들면, 시 65:6-12; 89:8-13; 93:3-4; 104:2-8; 107:23-30; 135:6-7; 147:15-18; 148:8) 종종 그러한 것들을 심판으로 사용하신다는 것(예를 들면, 사 5:10, 13; 암 4:6-13; 학 2:16-19)을 우리들에게 상기시킨다. 우리들의 현대적인 세계관과는 대조적으로, 자연적 재난들은 단순히 임의적으로 일어나는 사건들도 아니고, 혹은 우리들이 그러한 사건들을 이용하고 통제하는 것과 같은 능력을 가지고 많은 재난들을 예측할 수 있는 능력도 없다.

너무나도 자주 우리는 재난들을 단순히 세상 여러 곳에서만 일어나는 것으로 —방글라데시의 홍수, 일본이나 멕시코의 지진, 동아프리카의 기근 등—혹은 최소한 그 나라의 특정 지역에서 일어나는 것으로 간주해왔다. 그리하여 중서부에 사는 사람들은 캘리포니아의 지진을 무서워하고 있으며, 캘리포니아 사람들은 중서부의 토네이도의 좁은 통로 안에서 사람들이 어떻게 살아갈까 놀랍게 여기고 있으며, 시골 사람들은 도시가 미사일이나 테러리스트들 혹은 그 밖의 것들로 보다 공격당하기 쉬운 목표물을 제공하는 것으로 인식하고 있다.[47] 그러나 우리들이 가지고 있는 가정은 우리 인간들이 의심스러운 확신으로 우리들의 근심들을 진정시키고자 하는 방식들에 익숙하다는 것이다(삼상 23:7; 삼하 18:25-27). 이 글을 쓰고 있는 순간에도 서구의 상대적인 번영이 하나님의 축복을 보증하는 것이 아니다. 바벨론은 유다보다 훨씬 더 군사적이고 경제적인 힘을 행사했지만, 바벨론 제국은

어 인정해야 한다(신 19:13; 왕상 21:19; 왕하 21:16; 24:4; 시 10:8; 106:38; 사 59:7; 렘 2:34; 7:6; 19:4; 22:3, 17).

46. William D. Eisenhower, "Sleepers in the Hands of an Angry God," *CT* (March 20, 1987), 26-28 (p. 26).

47. 때때로 우리는 재난들이 우리가 살고 있는 재난 다발 지역들에서 다시 일어날 것이라는 사실을 부인하기도 한다. Eloise Salholz, "Disaster and Daniel," *NW* (July 26, 1993), 27을 보라.

기껏해야 2,000년 정도만 우리의 기억에 남아있을 뿐이다.

선교사를 파송하는 국가로서 서구의 역사는 아마도 하나님의 많은 은총을 받았다는 것을 보여주고 있으며 우리가 그러한 은혜 아래 살고 있지만, 그러나 훨씬 더 많은 중생한 그리스도인들이 지금 라틴 아메리카, 아프리카, 그리고 아시아의 개발도상 국가들에서 살아가고 있다. 한편 하나님을 거스르는 세속적인 반발과 이에 동반하는 도덕적 배교가 심판을 초래하고 있는 것이 분명하다. 미국의 그리스도인들은 그 나라의 사람들이 "거의 모두가 택함 받은 민족"이라는 에이브러햄 링컨(Abraham Lincoln)의 주장을 지금 감히 되울리지 않는다.[48] 공공 광장에 남아있는 그리스도인의 헌신을 나타내는 표시들이 유다의 성전보다 더 큰 것은 분명히 아니지만, 그러나 예레미야와 동시대 사람들이 가지고 있는 확신들과는 대조적으로, 하나님의 성전조차도 불순종하는 백성들에 대한 그의 진노를 멈추게 할 수 없었다(렘 7:4-15).

사실, 오늘 이 시대에서 기독교 유산의 흔적들과 기독교 선포의 자취는 성경적 예언자들과 동시대에 살았던 사람들처럼 우리를 더욱더 책임감 있게 만든다(예를 들면, 암 3:2). 그리하여 지금은 고든-콘웰 신학교(Gordon-Conwell Theological Seminary) 총장이며 복음주의 구약신학자인 월터 카이저(Walter Kaiser)는 약 20년 전에 다음과 같이 말했다. "북아메리카 사회는 파멸과 심판을 향해 나아가고 있다. 그리고 우리는 그것이 오고 있다는 것을 믿어야 한다. 왜냐하면 회개가 임박했다는 그 어떤 표징도 없기 때문이다. 심판이 오고 있든지 아니면 하나님이 거짓말쟁이이며 그의 말씀이 사실이 아니든지 둘 중의 하나이다. 선지자들의 메시지는 오늘날에도 다시금 선포되어야 한다."[49] (이 말이 인용되어 있는 책의 출판 연도가 1973년임을 주목하라–옮긴이)

심판은 이미 우리의 관심을 끌기 시작했다. 하지만 분명히 더 큰 심판이 기다리고 있다. 성경과 세속 사회의 도덕적 상태 모두를 연구하고 있는 사람들은 예레미야 시대처럼 우리 시대에도 사람들이 듣고 싶어 하는 평강의 메시지를 사람들에게 외치는 거짓 선지자들이 지금도 분명히 남아있다는 것 외에는 결코 달리 생각할 수 없다(렘 6:14; 8:11; 14:13; 23:17; 참조. 겔 13:16; 미 3:5; 딤후 4:3-4).

---

48. Mark Noll, "Is This Land God's Land?" *CT*(July 11, 1986), 14-15를 보라.

49. Walter C. Kaiser Jr., *The Old Testament in Contemporary Preaching* (Grand Rapids: Baker, 1973), 97-99 (p. 99)를 보라.

요한계시록 9:1-21

1 다섯째 천사가 나팔을 불매 내가 보니 하늘
에서 땅에 떨어진 별 하나가 있는데 그가 무
저갱의 열쇠를 받았더라
2 그가 무저갱을 여니 그 구멍에서 큰 화덕의
연기 같은 연기가 올라오매 해와 공기가 그
구멍의 연기로 말미암아 어두워지며
3 또 황충이 연기 가운데로부터 땅 위에 나오
매 그들이 땅에 있는 전갈의 권세와 같은 권
세를 받았더라
4 그들에게 이르시되 땅의 풀이나 푸른 것이나
각종 수목은 해하지 말고 오직 이마에 하나
님의 인침을 받지 아니한 사람들만 해하라
하시더라
5 그러나 그들을 죽이지는 못하게 하시고 다섯
달 동안 괴롭게만 하게 하시는데 그 괴롭게
함은 전갈이 사람을 쏠 때에 괴롭게 함과 같
더라
6 그날에는 사람들이 죽기를 구하여도 죽지 못
하고 죽고 싶으나 죽음이 그들을 피하리로다
7 황충들의 모양은 전쟁을 위하여 준비한 말들
같고 그 머리에 금 같은 관 비슷한 것을 썼으
며 그 얼굴은 사람의 얼굴 같고
8 또 여자의 머리털 같은 머리털이 있고 그 이
빨은 사자의 이빨 같으며
9 또 철 호심경 같은 호심경이 있고 그 날개들
의 소리는 병거와 많은 말들이 전쟁터로 달
려 들어가는 소리 같으며
10 또 전갈과 같은 꼬리와 쏘는 살이 있어 그 꼬
리에는 다섯 달 동안 사람들을 해하는 권세
가 있더라
11 그들에게 왕이 있으니 무저갱의 사자라 히브
리어로는 그 이름이 아바돈이요 헬라어로는
그 이름이 아볼루온이더라
12 첫째 화는 지나갔으나 보라 아직도 이 후에
화 둘이 이르리로다
13 여섯째 천사가 나팔을 불매 내가 들으니 하
나님 앞 금 제단 네 뿔에서 한 음성이 나서
14 나팔 가진 여섯째 천사에게 말하기를 큰 강
유브라데에 결박한 네 천사를 놓아 주라 하매
15 네 천사가 놓였으니 그들은 그 년 월 일 시에
이르러 사람 삼분의 일을 죽이기로 준비된
자들이더라
16 마병대의 수는 이만 만이니 내가 그들의 수
를 들었노라
17 이같은 환상 가운데 그 말들과 그 위에 탄 자
들을 보니 불빛과 자줏빛과 유황빛 호심경이
있고 또 말들의 머리는 사자 머리 같고 그 입
에서는 불과 연기와 유황이 나오더라
18 이 세 재앙 곧 자기들의 입에서 나오는 불과
연기와 유황으로 말미암아 사람 삼분의 일이
죽임을 당하니라
19 이 말들의 힘은 입과 꼬리에 있으니 꼬리는
뱀 같고 또 꼬리에 머리가 있어 이것으로 해
하더라
20 이 재앙에 죽지 않고 남은 사람들은 손으로
행한 일을 회개하지 아니하고 오히려 여러
귀신과 또는 보거나 듣거나 다니거나 하지
못하는 금, 은, 동과 목석의 우상에게 절하고
21 또 그 살인과 복술과 음행과 도둑질을 회개
하지 아니하더라

원 의미

이 단락은 다섯째 및 여섯째 나팔을 포함하고 있으며, 두 나팔 재앙 모두 침략을 다루고 있다. 하지만 침략자들이 인간적인 존재인지 아니면 마귀적인 존재인지 논란이 되고 있다. 가장 중요한 것은 그 같은 무서운 심판이 회개에 이르도록 하는 것이지만 그러나 회개하지 않는다(계 9:20-21).

침략, 다섯째 나팔(9:1-11)

땅에 떨어진 별(계 9:1)은 천사의 도덕적 타락을 나타날 수도 있으며(계 12:4; 9:11의 무저갱의 사자 참조), 그리하여 이는 하나님의 궁극적인 목적들을 성취하기 위해 악한 자들조차도 사용하시는 하나님의 주권적 능력을 강조한다. 그러나 이 이미지는 단순히 어떤 지리적인 강하(降下)를 나타내는 것일 수도 있다(계 20:1 참조).

요한의 동시대 사람들이 무저갱에 대해 요한이 하는 말들을 어떻게 이해했을 것인지 더 잘 이해하려면 고대 전승들을 아는 것이 우리에게 도움을 줄 수 있다(계 9:1-2). 요한 당시 많은 사람들은 무저갱으로 불리어지는 땅 위의 어떤 실제적인 장소가 있는 것으로 생각하였다(에녹 1서 18; 21:7).[1] 후대 본문들도 역시 지옥의 열쇠를 보관하는 자들에 대해 묘사하고 있는데(에녹 2서 42:1), 이곳에서 무저갱과 음부를 책임지고 있는 어떤 위대한 천사를 묘사하고 있으며 또한 모든 악한 자들의 영혼들이 그곳에 갇혀 있고(스바냐의 묵시 6:15), 혹은 타르타로스(Tartarus, 그리스신화에서 지옥 아래의 밑바닥 없는 못–옮긴이)에서 내려오는 어떤 적 그리스도적 인물에 대해 말하고 있다(Gr. Ezra 3:15). 어떤 사람들은 악한 자들이 "아이들" 혹은 "'구덩이'의 사람들," 즉 그곳에서 저주를 받기로 예정된 사람들이라고 생각한다(1QS 9.16, 22; CD 6.15; 13:14).

요한계시록에서(칠십인 역과는 대조적으로) 무저갱은 악의 장소이며(계 11:7; 17:8) 또한 악의 존재들이 갇혀있는 장소이기도 하다(계 20:1, 3; 참조. 눅 8:31). 그곳에 있는 피조물들이 제국의 악한 세력들을 반대하고 있다는 것(계 9:1-11)은 다시금 하나님의 주권을 강조하고 있다. 즉 하나님은 다른 악한 존재들을 멸망시키기 위해 심지어는 악한 존재들도 사용하신다는 것이다(계 17:17 참조).[2]

---

1. 그리스와 로마 신화에 나오는 에레보스(Erebus, 땅과 음부 사이의 암흑계–옮긴이)와 비교하라(그러나 아래의 다양한 지역들은 혼합되어 있다. 참조. Virgil. *Aen.* 7.140).
2. 이 점에 대해 보다 상세한 내용은 Beasley-Murray, *Revelation*, 160-61을 보라.

다섯째 나팔 심판은 어떤 인간의 침략을 언급할 수도 있다. 대부분의 다른 나팔 심판들과 마찬가지로, 이 황충도 애굽에 내려진 재앙을 상기시키고 있기 때문에(출 10:13-14) 이곳에서 "황충"이 의심할 여지없이 등장하고 있다. 황충이 올 때 이들은 하늘을 뒤덮는다(욜 2:2, 10; 참조. Livy, 42.2.5). 시골뿐만 아니라 아시아의 도시 지역에 살고 있는 대부분의 청중들은 전갈이 그들의 꼬리로 치는 것을 알고 있었을 것이다. 유대인들은 하나님의 주권을 강조하기 때문에 그들은 하나님이 그의 심판을 행하시기 위해 전갈을 사용하실 수도 있는 것으로 인식하였다(계 9:3, 10).[3] 몇몇 현존하고 있는 생물들이 혼합된 것으로 생각되는데,[4] 그러한 혼합은 종종 깜짝 놀라게 하거나 때로는 초자연적인 것으로 간주되고 있다. 그리스 신화의 켄타우루스(centaurs)는 말과 인간이 섞여진 존재이다. 바벨론 사람들은 인간을 전갈 혹은 말로 섞어서 묘사하였다.[5] 주석학자들은 황충의 머리가 말의 것과 닮은 것으로 지적하는데, 때때로 이것을 분명하게 만드는 아라비아의 한 속담을 인용하기도 한다.[6]

그러나 이러한 황충에 대한 구체적인 묘사는 요엘서에서 비롯된 것인데(욜 1:6; 2:4), 이곳에서 황충은 침략하는 군대로 묘사되고 있다(욜 2:11, 20, 25; 참조. 1:4). 그러나 침략하는 종말론적 군대도 역시 황충으로 예시되는 것으로 보인다(욜 3:9-12). 분명히 요한은 정상적인 황충을 묘사하고 있는 것이 아니다. 황충은 이들이 해를 가하지 않는 바로 그 초목들을 목표로 삼고 있지만(계 9:4), 이 황충은 사람들에게 해를 가한다. 사람의 얼굴(계 9:7)은 천사적 존재의 복합적 구조를 나타낼 수도 있지만(겔 1:10), 아울러 그것은 어떤 인간 군대를 상징하는 것일 수도 있다. 황충의 날개들이 병거와 같은 소리를 낸다는 것(계 9:9)은 인간 군대를 암시할 수도 있지만, 그러나 그러한 이미지 역시 요엘서에서 직접 가져온 것이다(욜 2:5).[7]

---

3. *Gen. Rab.* 10:5; *Ex. Rab.* 10:1; *Koh. Rab.* 5:8-9, §§2, 4. 후대 랍비들은 개구리가 어떻게 그의 등에 전갈을 얹고서 강을 건너 그 전갈이 어떤 사람을 죽이고 다시 그 전갈을 데리고 되돌아왔는가에 대한 유명한 이야기를 자세히 말하고 있다(*b. Ned.* 41a; *Gen. Rab.* 10:7).

4. Philo, *Mos.* 1.130-32.

5. Ford, *Revelation*, 145는 12궁(宮)에서 전갈과 긴 머리를 지닌 켄타우루스 및 궁수자리에 메뚜기를 사용하고 있는 것에 주목하고 있다. 그녀는 켄타우루스의 군대를 주장한다. 참조. Apollodorus, 2.4.2.

6. Mounce, *Revelation*, 196도 역시 황충에 대한 독일어와 이탈리아어의 명칭(각각 건초 말과 작은 말)을 특별히 언급하고 있으며, 또한 금 면류관은 그들의 가슴 부분에 있는 노란 색과 관련이 있을 지도 모른다고 주장한다(n. 21). 속담은 황충의 더듬이와 젊은 처녀의 머리털을 비교한다.

7. 종말론적인 병거에 대해서는 에녹 1서 57:1-3을 보라.

"철 호심경"은 일부 유대교 문헌에 나오는 것처럼, 황충의 비늘 모양의 몸체를 동부의 군인들의 갑옷에 비유하는 것일 수도 있다.[8] "금 같은 관"(계 9:7)은 대개 왕위 혹은 높은 지위에 잇는 사람을 가리킨다(출 39:30; 삼하 12:30; 대상 20:2; 시 21:3 참조). 그러므로 이것은 각 황충이 다른 황충들에게 명령하는 것을 암시할 수도 있으며, 따라서 요한이 묘사하고 있는 것보다 훨씬 더 막대한 군대를 시사한다. 다른 사람들은 금 같은 관이 로마 군인들의 청동 투구에 있는 청동 광택을 패러디한 것으로 주장하기도 한다.[9]

만일 요한계시록이 여기서 어떤 특정 군대를 염두에 두고 있다면, 그것은 아마도 파르티아 군대일 것이다. 예를 들면, 말처럼(계 9:7; 참조. 6:2에 대한 설명) 파르티아를 생각할 수도 있는 몇 가지 특징들은 단순히 요엘서에서 비롯된 것이다(욜 2:4; 참조. 렘 51:27). 그 밖에 세부적인 내용들은 요엘서에 빠져 있지만 이곳에서 파르티아를 가리키고 있을 것이며, 특히 그들의 긴 머리털이 그렇다(계 9:8; 로마 제국에서 여자들의 머리털은 대개 남자들보다 더 길었다. 참조. 고전 11:14-15).[10]

그러나 결국 파르티아와 구체적으로 연결되는 것은 거의 없다. 그리고 여기서 실제적으로 연결되는 것들이 무엇이든 이는 단순히 공포에 대한 복합적인 묘사를 강화하기 위해 로마가 파르티아에 대해 느끼는 공포로부터 빌려온 것이다. 긴 머리는 단지 기괴하면서도 초인간적인 이미지에 대한 무서운 환상의 일부일 수도 있다.[11] "사자의 이빨"(계 9:8)은 요엘서의 황충을 반영하고 있으며(욜 1:6), "많은 말들의 우레 같은" 모습처럼 "전쟁터로 달려 들어가는 병거"의 소리도 위에서 언급하였다(계 9:9; 욜 2:4).[12] 이와는 대조적으로 여섯째 나팔에서 파르티아의 배경에 대한 근거는 훨씬 강하다.

무저갱에서 나오는 괴물들은 몇몇 학자들이 주장하는 것처럼 심판의 천사들을

8. Robert P. Gordon, "Loricate Locusts in the Targum to Nahum iii 17 and Revelation ix 9," *VetT* 33 (July 1983): 338-39를 보라.

9. Ford, *Revelation*, 151.

10. 파르티아인인들의 긴 머리털에 대해서는 Suetonius, *Vesp.* 10.23을 보라. 이것은 또한 북부 야만인들의 특징이기도 하며(Dionysius of Halicarnassus, 14.9.4), 뿐만 아니라 초기의 영웅들 및 신적 표상이기도 하였다(Homer, *Il.* 2.51; 3.43; Virgil, *Aen.* 9.638). 파르티아에 흡수되었던 페르시아의 군대는 모든 남자들과 여자들 일부도 포함하였다(Herodian, 6.5.3).

11. 예를 들면, Pausanias, 8.42.4에 나오는 데메테르(농업, 결혼, 사회 질서의 여신-옮긴이), 스바냐의 묵시 4:4; 6:8에 나오는 무서운 천사들 등이다. Mounce, *Revelation*, 196은 황충의 더듬이와 비교하는 것(아라비아의 속담에서 형성된)을 반대하지만, 그러나 황충의 다리나 몸체에 있는 털과는 연결이 가능하다는 것을 인정하고 있다.

12. 강력한 동물의 이빨이나 엄니는 공포의 환상에 기여한다(단 7:5, 7, 19; 스바냐의 묵시 4:3; 6:8).

나타낼 수도 있다.[13] 이것은 순전히 초자연적인 심판을 암시한다. 다른 곳에서 하나님은 그러한 심판을 그의 천사들을 통하여 행하시지만(겔 9:1-7), 그러나 여기서는 분명하게 하나님이 그들에게 파멸을 가하기 위해 악한 세력들을 풀어놓으신다. 하나님이 강도에 있어서나(계 9:6) 그 기간에 있어서(계 9:10) 그들의 파멸 행위에 제한을 설정하시는 것은 하나님의 긍휼을 암시할 뿐만 아니라 그의 주권을 강조하는 것일 수 있다. 다섯 달은 대략 메뚜기의 정상적인 생존 기간이며, 그리고 하나님은 그 기간을 연장시키려고 하지 않으신다.[14] 전갈이 쏘는 살은 대개 심각한 고통을 가져오지만 인간을 죽음에 이르게 하지는 않는다. 그러나 이러한 내용들은 순수하게 문자적인 전갈을 말하는 것이 아니다.[15] 하나님은 그들이 죽는 것을 방지함으로써 차라리 죽고 싶은 사람들의 고통을 증가시키며, 그리하여 우리는 이러한 제한이 심판의 강도를 증대시키는 것으로 해석할 수 있으며, 이는 강렬한 심판의 문맥에 적합하다. 다른 저자들은 그 고통들이 너무나 강렬하기 때문에 고통을 당하는 사람들이 단순히 죽고 싶어 하는 것에 대해 말하고 있다.[16]

그러나 그러한 심판의 목적은 사람들로 하여금 회개에 이르도록 하는 것이며, 그리하여 이러한 제한조차도 회개 하도록 하는데 도움을 줄 수도 있다(계 9:20-21).[17] 다섯 달의 고통(계 9:5)은 1,260일의 고통과 같이(계 11:10 참조), 영원한 고통과 대조를 이룬다(계 14:10-11; 20:10). 황충이 초목은 해하지 않고 하나님의 인침을 받지 아니한 사람들만 해하는 것(계 9:4)도 역시 듣는 사람의 관심을 7:3로 되돌리는 것인데, 이 구절에서도 초목은 하나님이 그의 종들을 인치기까지 해함을 입어서는 안 된다. 이러한 연관성은 다음과 같은 요점을 강화시킨다. 즉 하나님은 특히 그의 종들을 이러한 심판으로부터 면제시키시는데, 아마도 특히 이것이 마귀적인 군대일 경우에 강조가 되고 있다.

"아바돈"(Abaddon)은 구약성경에서 죽은 자들이 지하에 있는 장소였으며(욥

---

13. 가령 Talbert, *Apocalypse*, 42는 에녹 1서 66:1; 에녹 2서 10:3; 레위의 유언 3:2-3을 각각 인용한다.

14. Herschel H. Hobbs in George, ed., *Revelation: Three Viewpoints*, 103. Aune, *Revelation*, 2:530은 이러한 자료를 언급하지만 "다섯"을 작은 숫자에 대한 대략적 수치로 본다(고전 14:19).

15. 전갈의 고통에 대해서는 왕상 12:11, 14; 대하 10:11, 14; Plutarch, *Divine Vengence* 20, *Mor.* 562C 등을 보라. 만일 이것이 마귀적인 군대라면 어쩌면 눅 10:19를 참조하라. 그러나 눅 10장은 겔 2:6에 의존하고 있다. 전갈은 *Sifre Deut.* 172.1.1에서는 마법과 관련이 있다.

16. 렘 8:3; Euripides, *Medea* 96-97, 144-47을 보라; 가능하면 계 6:16도 참조하라.

17. 죽음을 배제시킨 것은 때때로 긍정적이기도 하였다(욥 2:6; 욥의 유언 4:4). 그러나 그것은 또한 고통이 연장되는 것을 나타낼 수도 있었다(Lucan, *C.W.* 2.177-80). 이는 하나님의 주권을 보여주었다(요셉과 아세낫 16:18/13 참조).

31:12), 또한 이곳은 대개 죽음 또는 죽은 자들의 영역과 관련되어 있다(욥 26:6; 28:22; 시 88:11; 잠 15:11; 27:20). 이는 또한 사해 문서에서 지옥과 관련이 있다.[18] 그리하여 "아바돈"은 하데스(Hades)에 상당하는 어구이며, 때로는 죽은 자들의 인격화된 영역을 지칭하기도 하며(계 6:8), 또한 하나님(계 20:13-14)과 그리스도(계 1:18)께서 궁극적인 통치권을 이곳에 행사하신다. 그러나 여기서 통치권은 악한 천사에게 일시적으로 위임되고 있으며, 또한 그 악한 천사는 무저갱에 있는 다른 영들과 함께 갇혀있었던 것으로 보인다.

"아볼루온"(Apollyon)은 "멸망시키다"는 의미를 지니고 있는 헬라어 동사 '아폴뤼미'(*apollymi*)와 관련이 있지만, 요한은 이 명칭을 어느 정도는 자신의 주장을 관철시키기 위해 개조하고 있는 것 같다. 그리하여 많은 사람들은 이 명칭이 또한 궁수(弓手) 신인 아폴로(Apollo)를 조롱하기 위한 의도가 있으며, 이 신의 상징들(쥐 및 도마뱀과 더불어) 중의 하나가 황충이었다고 주장한다(Aeschylus, *Agamemnon* 1080-86). 보다 중요한 것으로, 도미티안은 종종 자신을 아폴로 신으로 드러내기도 하였다. 이는 황제 자신이나 그의 수호신이 마귀의 무리를 인도하여 로마를 멸망시킬 것이라는 내용이 여기에 암시되어 있을 수도 있다.[19] 이러한 이미지들의 정확한 지시 대상들은 그것들이 의도하고 있는 연상 효과보다는 덜 위험했을 지도 모른다. 즉 심판은 무서울 것이며, 또한 하나님의 보호 속에 들어가지 않는 사람들(계 9:4)은 그러한 공포를 대비하는 편이 좋을 것이다.

파르티아의 침략(9:12-21)

여섯째 천사가 나팔을 불 때, 금 제단서 한 음성이 그에게 말한다(계 9:13). 금 제단은 번제단보다는(출 35:16) 분향단을 가리킨다(출 30:1-3; 히 9:4). 그리하여 이 심판은 성도들의 기도에 더욱 응답할 것임을 암시하고 있다(계 8:4-6). 청중들에게 마지막 세 나팔들이 "화"라는 것을 상기시킴으로서(계 8:13), 9:12은 하나님의 진노의 여섯째 대접, 즉 아마겟돈 재앙(계 16:12-16)과 상응하는 여섯 째 나팔

18. 4Q286.10.2.7을 보라. Paul J. Kobelski, "Melchizedek and Melchiresa: The Heavenly Prince of Light and the Prince of Darkness in the Qumran Literature" (Ph. D. diss. Fordham University, 1978), 97을 보라. Gr. Ezra 4:21에서 "파멸"과 "무저갱"을 연결시킨 것은 계 9:11에서 비롯된 기독교 전승에 의존하고 있는 것일 수도 있다. 보다 도움이 되는 것으로는 Beale, *Revelation*, 504는 호 13:14를 인용하고 있는데, 이 구절은 스올을 "재앙" 및 "멸망"과 관련시킨다(계 9:10 참조).

19. Caird, *Commentary on Revelation*, 120; Ford, *Revelation*, 152; 특히 Beasley-Murray, *Revelation*, 162.

의 극적인 성격을 강화하고 있다. 그 대접은 또한 "동방의 왕들"이 유브라데를 건너는 것을 포함한다. 유브라데와 마찬가지로 지중해 동부 지역에 사는 청중도 무엇보다도 파르티아를 생각했을 것이다.[20]

"큰 강 유브라데"에 대한 언급은 파르티아를 염두에 두고 있다는 것은 의심할 여지가 없다. 왜냐하면 유브라데는 지중해 문헌 전체에서 로마와 파르티아의 영토 사이에 있는 전통적인 경계선으로 반복해서 등장하기 때문이다.[21] 폼페이(Pompey)는 B.C. 1세기에 이러한 경계선을 확정하였으며 이는 요한 당시까지 지속되었다.[22] 파르티아가 유브라데를 건넜다면, 그것은 로마인들과 싸우기 위한 것이었다. 한 후대 저자는 당시 세계에서 가장 강력한 두 제국이 하나의 강을 사이에 두고 분리되어 있었다고 전한다.[23]

파르티아는 로마 제국의 최대의 라이벌이었으며, 북부 경계선에 있는 게르만 야만족보다 훨씬 더 두려움을 느꼈다. 초기의 로마 제국의 선전은 아우구스투스가 파르티아를 패배시킨 것을 축하하였으나, 그 이후 어떤 세대로 그와 동일한 성공을 가져오지 못했다.[24] 비록 로마가 북부, 시부, 그리고 남부를 복종시켰다고 주장했으나, 동부에 있는 파르티아는 패배시킬 수 없었음을 인정하였다. 파르티아는 대담하게 전투를 치르는 것으로 잘 알려져 있으며 또한 신뢰할 수 있는 존재가 아니었다. 그들은 로마에 어울리는 적수로 간주되었다. 파르티아의 왕들은 그들의 힘과 권세로 유명하였다.[25]

초기에 아시아가 로마를 침략할 것이라는 이교도의 예언들은 로마 사람들을 공포에 떨게 만들었으나 그런 일은 결코 일어나지 않았다.[26] 그러나 이제 하나님은 말씀하신다. 그들이 두려워할 실제적인 이유를 가지고 있다는 것을! 일부 유대교

---

20. 주석학자들은 이곳에서 일상적으로 파르티아를 인식하고 있는데, 예를 들면, Tenney, *Revelation*, 76; Ford, *Revelation*, 146; Beasley-Murray, *Revelation*, 164 등이다.

21. Virgil, *Georg.* 4.561; Appian, *R.H.* pref. 9; Tacitus, *Ann.* 12.11; 15:7, 16-17; Suetonius, *Calig.* 14; Chariton, *Chaer.* 5.1.3; Josephus, *War* 1.179-80; 2.388-89; 7.105; *Ant.* 18.101; 시빌의 신탁 4.120, 124.

22. 폼페이가 연루된 것에 대해서는 Appian, *R.H.* 12.15.105; 12.17.116을 보라. 파르티아는 그 당시(Sallust, *Mithridates* 1-23)와 1세기 이후 오랫동안 로마의 적수였다(Herodian, 6.3.2).

23. Herodian, 4.10.2. 파르티아는 로마와 싸우기 위해 유브라데 강을 건너곤 했다 (Lucan, *C.W.* 8.354-58).

24. 아우구스투스의 축하에 대해서는 Horace, *Epistle* 2.1.256; *Ode* 1.12.53; 1.21.13-16; 3.5.3-4; 3.8.19-20; 4.25-27; *Epode* 7.9-10을 보라. 후대의 전투에 대해서는 Tacitus, *Ann.* 13.34-41; 15.1-18, 24-31; Suetonius, *Tib.* 41을 보라.

25. 이 단락에 대한 정보에 대해서는 Horace, *Epistle* 2.1.112; *Ode* 1.19.12; 4.15.23; Lucan, *C.W.* 2.552; 10:48-51; Martial, *Epig.* 2.53.10 등을 보라.

26. Meeks, *Moral World*, 29를 보라.

적 견해는 그리스도인들이 적그리스도의 전조로 보았던 네로가 유브라데를 건너 파르티아로 들어가서 로마를 배반할 것이라고 생각하였다(시빌의 신탁 4.119-24). 팔레스타인은 로마 속주 시리아의 남은 부분과 함께 로마 제국의 동부 국경선과 인접해있었으며, 그리하여 파르티아를 칠 수 있는 천혜의 위치에 있었다.[27] 그리하여 몇몇 1세기 유대교 전승은 하나님의 천사들이 파르티아를 불러 모아 성지를 침략할 것이라고 주장하기도 했다(에녹 1서 56:5-6).[28]

악한 천사들은 지하의 깊은 수렁(에녹 1서 10:4-6, 12-13; 88:1-3; 희년서 5:6)과 깊은 수역(솔로몬의 유언 6:3-6; 25:7)을 포함하여 여러 곳에 갇혀있는 것으로 간주되었다(계 9:14; 20:2, 7).[29] 유대인들은 또한 천사들이 파르티아와 메데의 동방 왕들이 전쟁을 일으키도록 부추겨서 팔레스타인을 침략하도록 하는 것으로 이해하였다(에녹 1서 56:5-6). 그리하여 유브라데 강에 결박한 네 천사(계 9:14-15)는 하나님이 악한 세계를 심판하는 대리인들로 사용하시는 악한 천사들이며, 이들이 파르티아를 선동하는 것이 분명하다.

이 천사들은 앞에 나온 재앙에서처럼(계 9:10) 꼬리에 쏘는 살이 있다(계 9:19). 파르티아의 궁수들은 말을 타고 앞으로 달려 나가면서 뒤로 돌아 활을 쏘는 완벽한 기술을 지니고 있었다. 그들은 종종 언덕으로 퇴각하기도 하였으며, 또한 로마 군대가 뒤따라올 때, 말을 탄 궁수들이 일제히 활을 쏘아서 그들을 전멸시키기도 하였다. 그들은 로마 군인들이 언덕까지 파르티아를 추격하지 않기로 깨닫기도 전에 두 개 군단을 패배시키기도 하였다. 로마는 이러한 전술을 사용하는 파르티아를 오랫동안 기억하였으며 그들을 두려워하였다.[30]

하지만 이 "말 탄 군인들"이 실제로 파르티아인들인가?(계 9:16) 어떤 사람들은 파르티아의 상징적인 이미지들을 마귀적인 군대에 대한 무서운 이미지와 섞어놓고서는 이를 "1세기 사람들이 잘 알고 있는 악몽으로 개작"했다고 주장한다.[31] 요

---

27. Aulus Gellius, 15.4.4.

28. 후대 랍비들은 로마가 보다 부유하였지만 페르시아가 더 강했다고 주장하였으며(*ARN* 28A), 그리고 로마나 페르시아 중 누가 승리자로 드러날 것인지 토론하였다(*b. Yoma* 10a).

29. 혹은 음부(Hades)에(스바냐의 묵시 6:15); 혹은 타르타로스(Tartarus, 지옥 아래의 밑바닥 없는 못-옮긴이)나 게헨나(Gehenna)에(시빌의 신탁 1.101-3; Ps-Philo 60:3; 솔로몬의 유언 6:3); 일부 문헌들은 둘째 하늘에 그들이 갇혀있는 것으로 말한다(에녹 2서 7). 요한 당시에 유포되고 있었던 일부 유대교 전승들은 "형벌을 행하는 천사들"에 대해 말하고 있는데, 이들이 홍수를 일으키기 위해 지하에 있는 물을 방류한다(에녹 1서 66:1).

30. 이것은 특히 요한보다 1세기 이전에 특별히 강조되었다(Virgil, *Georg.* 3.31; *Ode* 2.13.18; Propertius, *Elegies* 2.10.13-14). 파르티아의 무장한 기병에 관한 고대의 묘사에 대해서는 Aune, *Revelation*, 2:533을 보라.

한은 144,000의 신적인 군대를 들은 것(계 7:4)과 마찬가지로 그들의 수를 듣는다. 그러나 그가 144,000을 "보았을 때" 그들은 문자적으로 무언가 다른 그 무엇임이 드러났는데(계 7:9), 어쩌면 이 군대는 단순한 파르티아 군대 이상의 그 무엇임이 드러나고 있다(계 9:17). 불과 연기를 내뿜는 이 정체불명의 생물(계 9:17)은 애굽에 대한 재앙의 강화로서(지혜서 11:18), 하나님이 인간을 심판하시는 궁극적인 형태를 상징할 수도 있다. 헬라 문헌에서 이 생물들과 가장 유사한 것은 키메라(Chimaera)라고 불리어지는 무서운 괴물인데, 이것은 "사자의 머리, 용 혹은 뱀의 꼬리, 그리고 염소의 몸과 불을 내뿜는" 모습을 하고 있다. 고대의 묘사에서, 이것은 염소의 머리와 사자의 몸을 지닌 것으로 나타난다.[32] 이들의 전임자들인 황충과는 대조적으로(계 9:5), 이들 전사들은 (문자적으로) "불과 유황빛"의 호심경을 지니고 있다(계 9:17). NIV 성경이 이러한 묘사를 색깔(붉은 색, 푸른 색, 그리고 노란 색)로 나타낸 것이 부분적으로 옳을 수는 있다 해도—유황은 노랗고 푸른 불꽃을 내며 탄다—문자적 번역이 여기서 무시될 수는 없다. 왜냐하면 "불과 연기와 유황"이 "그 입에서 나오기" 때문이다(계 9:17; 아마도 11:5에서는 상징적일 것이다. 참조. 계 12:15-16).[33] 말들의 머리가 사자 머리 같다는 것은 9:8에 나왔던 군대를 생각나게 하며 또한 사자에 대한 표준적인 고대의 이미지를 사나우면서도 무서운 육식동물에 호소하고 있다(대상 12:8 참조; 계 5:5에 대한 설명을 보라). 뱀과 같은 꼬리는 그리스 신화에 나오는 메두사(Medusa)나 뱀의 머리를 지니고 있는 여러 수호신처럼 무시무시한 묘사를 생각나게 한다.[34] 이들은 또한 12:3-4에서 강한 꼬리를 지닌 용을 암시할 수도 있으나, 최초의 독자들은 이러한 비교를 아직 이해하지 못했을 것이다.

그 다음 요한은 그가 보았던 것이 "환상"이었음을 분명히 말하고 있는데(계 9:17), 이는 아마도 상당히 상징적 요소들을 고려하고 있으며 또한 우리에게 그가 어떤 문자적인 인간 군대를 무서운 용어로 묘사하고 있는 것으로 생각하도록 만든다. 이 환상이 파르티아의 특징들을 지니고 있는 것으로 묘사된 어떤 마귀적인 군대에 초점을 맞추고 있는지, 아니면 끔찍한 상징적 군대로서 묘사되고 있는 파르티아가 최종적인 결과를 단지 조금만 변경시키고 있는지 하는 것이다. 어느 경우

31. Caird, *Commentary on Revelation*, 122.
32. Aune, *Revelation*, 2:539는 철저하게 자료를 제공하고 있다.
33. 유황은 다양한 심판에 등장한다(예를 들면, 시빌의 신탁 3.462).
34. Homer, *Od.* 11.634-35를 보라; 참조. Apuleius, *Metam.* 11.3.

든지 그 이미지는 공포를 일으키고 있다.

세상 인구의 삼분의 일이 죽임을 당하는 것(계 9:15, 18)은 유례없는 재난이다. 동시에, 그것은 다른 많은 묵시 전승들보다는 적은 숫자이다. 예를 들면, 다시 살아난 네로가 서방을 공격하여 사람들의 삼분의 이를 죽인다든지(시빌의 신탁 5.102-3), 혹은 하나님의 심판이 인류의 삼분의 이를 죽인다든지(시빌의 신탁 3.540-44), 혹은 하나님의 백성 이스라엘의 삼분의 이가 죽임을 당할 것이라는 유대 전승이 있다(슥 13:7-8). 종종 요한계시록에서 하나님의 심판은 삼분의 일(계 8:7-12; 참조. 계 12:4) 혹은 십분의 일(계 11:13) 정도만 치기도 하시는데, 이는 하나님이 다수보다는 남은 사람들을 치심으로써 다른 사람들이 회개에 이르도록 하기 위해서이다(계 9:20-21). 세상의 삼분의 일이 죽임을 당하는 것은 분명히 심판이다. 그러나 그것을 또한 하나님의 긍휼하심을 나타내기도 한다.[35]

심판의 천사들이 정해진 시간에 준비되었다는 것(계 9:15; 참조. 아마도 9:7; 12:6; 16:12)은 하나님이 땅 위에서 행하시는 모든 심판들을 통제하신다는 요한계시록의 강조점을 강화한다. 신자들은 마치 하나님이 다스리지 않으시는 것처럼 세상의 고난을 두려워할 필요가 없다.[36] 어떤 주석학자들은 이만 만이라는 군대의 수가 시편 68편 17 및 다니엘 7:10에 나오는 하나님을 섬기는 무리들에 근거한 계산을 반영하며, 아울러 이것이 마귀적인 수라 하더라도 이들 또한 하나님의 명령을 받들어야 한다고 주장한다.[37] 이 수는 보다 훨씬 더 적은 수인 144,000과 하나의 대조를 제공할 수도 있는데(계 7:4-8), 이 숫자로는 로마를 대항하기 위한 군대를 일으킬 필요가 없을 것이다. 하나님은 그들의 외침을 들으시어 악한 다른 존재들과 싸우기 위해 악한 자들을 일으키실 것이다. 하여간 그 수는 무서운 것이다. 이들 군대는 아마도 지중해 세계의 전체 인구를 넘을 것이다.

이 단락의 절정은 9:20-21에 있다. 하나님은 인간들 중 삼분의 일을 죽게 하시며 그리하여 살아남은 삼분의 이를 벌주지 않고 그들이 회개에 이르도록 하신다. 하지만 애굽에 재앙이 행해지는 동안의 바로 왕처럼, 세상은 회개하기를 거부한다

35. 삼분의 일에 대한 심판 양식(계 8:7-12; 9:13-19)은 다른 유대교의 종말 문헌에 등장하지 않지만, 겔 5:2, 12를 막연하게 상기시킨다(Aune, *Revelation*, 2:500, 519를 보라). 가장 중요한 것은 이것이 하나님의 긍휼하심을 나타내는 것이며 또한 회개에 이르도록 의도되고 있는 이러한 심판들이 다가올 최후 심판과는 차이가 있다는 것이다.

36. 유대교 문헌들(에녹의 비유를 포함하여)에 나오는 심판의 천사들에 대해서는 Aune, *Revelation*, 2:538을 보라.

37. Beasley-Murray, *Revelation*, 165.

(출 7:22-23). 그들은 진정한 하나님보다는 거짓 신들을 경배하며 또한 아마도 그들로부터 도움을 구했을 것이다. 그들을 회개시키고자 하시는 하나님의 강력한 계획은 실패로 돌아가는데 이는 왜 그들에 대한 하나님의 오래 참으심이 결국에는 끝나게 된다는 것을 설명해주는 이유가 된다(롬 2:4; 9:22 참조).

많은 철학자들은 신들이 회개에 이르도록 형벌을 보내셨다고 생각하였다.[38] 로마 세계에 살아가는 대부분의 사람들은 재앙들을 그들의 신이 진노한 것으로 보았지만, 그러나 어떤 사람들은 그러한 사건이 단지 우연히 일어난 것으로 생각하였다.[39] 유대교 선생들 역시 하나님께서 보다 가혹한 심판을 행하시기 전에 회개를 촉구하기 위해 징조들이나 심판들을 종종 행하시기도 한다는 것을 인식하고 있었다. 훗날에 유대교 선생들은 심지어 자신들이 저지르는 죄에 푹 빠진 자들이 지옥의 문 앞에서도 회개하지 않을 것이라고 선언하기도 했다.[40] 유대 교사들도 하나님이 종종 하나님이 행하시는 일들을 보고서도 회개하기를 거부하는 사람들에 대해 때때로 불만을 나타내기도 하였으며(출 7:23; 대하 28:22; Ps-Philo 7:1), 혹은 악한 재앙들이 세상을 괴롭히고 있기 때문에, 모든 사람들이 고통을 당한다고 생각했다(ARN 9A). 그들은 하나님이 회개에 이르도록 하기 위해 애굽에 재앙을 보내셨다고 인정하였다.[41] 하나님은 심판을 통하여 회개하도록 계속 시도하신다(암 4:6-11; 학 2:17).

유대교 문헌들은 나무, 돌, 그리고 귀중한 금속들로 만든 신들을 섬기는 사람들을 정죄하고 있다(사 37:19; 44:19; 에녹 1서 99:7; 시빌의 신탁 3.586-90; 5.82-83). 초대 그리스도인들(고전 10:20)과 많은 유대인들(바룩 4:7; 에녹 1서 19:1; 99:7; 희년서 1:11; 22:17) 모두 이교도들이 마귀들을 섬기고 있다는 요한계시록의 관점을 공유하고 있다(계 9:20).[42] 요한계시록이 하나님의 형상으로 지음을 받

---

38. Abraham J. Malherbe, *Moral Exhortation: A Greco-Roman Sourcebook*, LEC 4 (Philadelphia: Westminster, 1986), 86, on Hierocles. 고대 사상에서 신적인 훈육으로서의 고난에 대해서는 Talbert, *Apocalypse*, 43을 보라.

39. Dionysius of Halicarnassus, 7.68.2.

40. ARN, 32A; *b. Erub.* 19a를 보라.

41. Beale, *Revelation*, 466에서 유대교 해석학자들은 악한 재앙들을 통해서 애굽이 회개하도록 했으며(필로를 인용하면서) 나아가서 실제로 모든 인류가 회개하도록(요세푸스를 인용하면서) 이해했다는 것을 특별히 언급한다.

42. 아울러 욥의 유언 3:3; 솔로몬의 유언 5:5; 6:4; *Sifre Deut.* 318.2.1-2; Athenagoras, 26. 이러한 견해는 조로아스터교도 공유하고 있는 것으로 보인다(A. T. Olmstead, *History of the Persian Empire* [Chicago: Phoenix Books, Univ. of Chicago Press, 1959], 96, 195).

은 사람들을 학대하는 것과 우상숭배로 하나님의 진정한 형상을 거절하는 것을 연관시키는 것(계 9:20-21)이 우리들을 놀라게 해서는 안 된다(롬 1:23-27).[43]

상황잇기

성경에서 교훈을 이끌어내기. 성경의 각 부분이 교훈하기에 유익하지만(딤후 3:16), 그러나 다양한 구절들은 다양한 상황에서 유익하다. 요한계시록 9장에 나오는 다섯째 및 여섯째 나팔과 같은 단락은 대개 사별한 사람들이나 외로운 사람들을 위로할 수는 없겠지만, 그러나 이 구절들은 자기만족에 빠진 우리들을 뒤흔드는 데는 유익할 것이다. 이 단락은 현실을 직시할 수 있도록 해주며, 또한 우리들의 생활이 늘 정상적인 것처럼 지속된다는 환상을 비난하며 아울러 무서운 세상의 고난이 우리 주위에 있다는 것을 인식하도록 우리들에게 요구한다.

황충들 및 그 밖의 예언적 상징들 이해하기. 현대의 예언 교사들은 황충들에게 구체적으로 접근하는데 있어서 차이점을 드러내고 있다. 어떤 사람들은 그들을 "이처럼 특이한 황충의 모습을 지니고 있는 마귀들"로 간주한다.[44] 또 다른 사람들은 이들이 문자 그대로 마귀에 사로잡힌 돌연변이의 황충들일 수 있다고 생각할 수 있으나 이들은 상징적이며, 아마도 베트남전에서 사용된 꼬리 부분에 신경가스를 살포하는 코브라 헬리콥터와 같은 종류일 것이라는 견해를 선호하는 것처럼 보이기도 한다.[45]

코브라 헬리콥터의 유비는 확대 해석한 그 무엇이며, 옛날에 급속하게 무성했던 주장의 일종이기도 한다. 그러나 그것은 대부분의 학자들이 이해하고자 하는 성향보다 더 많은 가치를 지니고 있다. 만일 요한계시록이 그 당시에 가장 생생하고, 무서운 침략의 이미지들을 사용하고 있다면, 아마도 신경가스를 가지고 공격하는 헬리콥터의 이미지가 이 시대에 대충 적절한 현대적 이미지를 제공하는 것일 수도 있는 것이다—만일 우리가 그 같은 극적인 이미지들에서 인간 역사를 향하시는 하나님의 심판을 인식할 수 있다면 말이다(계 1:8). 즉 우리는 최초의 이미지들

43. "마술"은 문자적으로 음료(그리고 독약)를 포함하고 있으며, 대개 다른 사람들에게 불리하도록(혹은 그들을 유혹하기 위해) 사용되었다. 유대교는 공식적으로 이러한 관습을 반대하였지만(시빌의 신탁 3.225), 그러나 로마의 아시아 속주에서는 흔했던 일이었음에 틀림없다(행 19:19; 참조. 계 18:23).

44. Ryrie, *Revelation*, 61.

45. Lindsey, *New World Coming*, 138-39. 마술사들은 적들을 공격하기 위해 문자 그대로 짐승을 보내는 것으로 유명하였다 (John S. Mbiti, *African Religions and Philosophies* [Garden City, N.Y.: Doubleday, 1970], 261-62).

이 전달했을 것과 동일한 공포를 현대적 이미지로 전달할 수 있는 유비를 찾아야만 한다. 그것은 곧 파괴적인 침략이다. 무서운 이미지를 파르티아에 제한하는 것은—비록 그것들이 요한과 동시대 사람들의 역할을 충족시키고 또한 그 표상에 들어있는 그 무엇을 제공하는 것이 분명하다 해도—부적절하며, 이는 "요한계시록의 극적인 은유를 천박한 산문의 수준으로 깎아내리는 것"이다.[46] 그것은 요한계시록에 나오는 예언적 상징주의의 많은 것들이 제구실을 하지 않는 것과 마찬가지이다.

일부 해석학자들은 이런 식으로 성경적 예언에 접근하는 것에 혼란을 느낄 수도 있다. 만일 요한이 아직까지 구체적으로 나타나지 않은 파괴적인 파르티아의 침략을 상상하고 있는 것이 분명하다면, 우리는 문자적으로 파르티아가 부활하여 그들이 다시 침략할 수도 있는 것으로 예상해야 한다(어떤 사람들이 부활한 로마 제국을 예상하는 방식처럼).[47] 그러나 만일 요한의 환상의 요점이 그 이미지의 세부적인 내용보다 오히려 그 이미지가 전달하는 메시지에서 찾는다면, 그것은 아무리 악하다 해도 하나님은 그들을 심판하시기 위해 로마 제국의 가장 흉악한 원수들을 사용하실 것이라는 것을 경고할 뿐이다. 박해를 받고 있는 그리스도인들은 그 어떤 악한 제국도 두려워할 필요가 없다. 사탄의 왕국은 분열되었으며, 그리고 하나님은 다른 나라를 파멸시키기 위해 어떤 악한 제국도 사용하시는 한편, 예수 그리스도의 교회는 여전이 존재하면서 성장해나갈 것이다.

요한계시록이 어떤 재앙에 대해 요엘서의 문자적인 황충과 다른 요엘서의 황충을 빌려 올 수 있다는 것은 우리가 그들의 의미에 주의하지 않고 성경적 이미지들을 자유롭게 재활용해도 된다는 것은 아니다. 오히려 그것은 자신의 본질을 결코 바꾸시지 않으시는 하나님께서 일반적으로 일관성 있는 양식에 따라 역사 속에서 행동하신다는 것을 우리들에게 상기시킨다. 그리하여 하나님께서 과거의 시대에 행하신 심판들은 종말에 이르기까지 다양한 사회들에 대해 하나님이 계속 행하실 유사한 심판들이 주는 경고들을 제공하는 것이다(고전 10:6-12). 우리들의 수명은 너무나도 짧기 때문에 그러한 심판을 경험함으로써 모든 것을 깨달을 수는 없지

46. Bowman, *First Christian Drama*, 67.

47. 요한계시록이 기록된 지 채 20년이 지나지 않아 로마는 다른 주요 전쟁에서 파르티아를 패배시켰다. Robert K. Sherk, *The Roman Empire: Augustus to Hadrian*, TDGR 6 (New York: Cambridge Univ. Press, 1988), 168-77에 나오는 자료들을 보라. 예언 교사들은 종종 단 7:23-24를 성취하기 위해—아니면 다시 성취하기 위해—로마 제국의 부활을 종종 상상하기도 하지만, 그러나 로마 제국의 부활에 대한 이 같은 해석은 놀랄 것 없이 신성 로마제국이 몰락하기 이전에 시작되었으며 그 이후 구전으로 이어지고 있다.

만, 우리가 지혜롭기만 한다면 우리는 역사로부터 배울 수가 있는 것이다. 그렇지만 역사는 전체적인 관점에 의하여 해석되어야 하며, 그 때문에 도덕적 교훈을 주기 위해 가장 도움이 되는 역사는 바로 성경이다. 왜냐하면 이 성경이 역사에 대한 하나님의 관점을 제공해주고 있기 때문이다.

이 상황잇기에서, 우리는 또한 이 본문이 주는 메시지를 어떻게 적용할 것인지에 대해 주의해야 한다. 로마인들에게 있어서 파르티아는 하나의 무서운 위협이었으나, 그들의 위치가 "동방"에 있다는 것(계 16:12)은 순전히 지리적인 문제이다.[48] 20세기 후반의 일부 미국 예언 교사들은 공산주의 국가인 중국이나 경제 대국인 일본에 대한 당대의 두려움에 호소하였다. 홀 린드세이는 중국의 상비군이 2억 명이 넘는다는 것에 주목하면서(계 9:16) "동방에서 오는 왕들"(계 16:12)을 "동양"이 중동 지역을 침략하는 것으로 간주하였다.[49]

최근 중국 역사에서 정의에 대한 관심사의 중요성이 줄어들지 않고 있으며, 그리하여 현대 세계의 "동방"(동아시아처럼)을 요한의 "동방"(파르티아처럼)과 동일시하는 접근은 요점을 벗어난 것이며 또한 아시아에 대한 불공평한 편견을 지지하는 위험을 무릅쓰는 것이다(계 16:12에 대한 설명을 보라). 본문을 적용하는 일에 있어서, 우리의 동시대 사람들에 대한 현대적 두려움을 로마인들의 두려움과 비교하고, 그리하여 요한과 동시대 사람들이 요한이 본 환상을 들었을 때 경험했던 것과 동일한 종류의 정서적 충격을 설명하고 환기시키는 것은 여전히 완벽하게 정당한 일이다. 하지만 파르티아의 이미지는 상징적으로 해석하면서 "동방"은 문자적으로 해석하여 특정 민족에 고정시키는 것은 정당하지도 않고 일관성도 없다.[50] 실제로, 이러한 파르티아의 침략은 순종하는 신자들을 겁주려는 것이 아니라 오히려 신자들을 압제하는 로마에 대해 그들을 신원(伸冤)해 주실 것임을 의미하고 있는 것이다.

홀 린드세이는, 9:17에서 사자의 머리를 지니고 있는 사나운 기병에 대해 해석

48. 훨씬 이전에 유브라데 강이 야곱과 라반(창 31:21) 및 다윗의 북부 영토를 구분시켰다(창 15:18; 삼하 8:3; 대상 18:3). 그러나 많은 유대인들이 지금은 유브라데 건너편에 살고 있다(Josephus, *War.* 1.5, 179; b. *B.M.* 28a).

49. Lindsey, *New World Coming*, 140-41.

50. Michaels, *Revelation*, 130은 미국인들을 성가시게 만들어 온 몇몇 정권들을 언급한 후에 외계인들에 대한 현대인들의 두려움을 덧붙이고 있다. 비록 나는 현대의 공포 영화물(공상과학 종류에서도)에서 긍정적인 가치가 거의 없다는 것으로 생각하는 경향이 있지만, 그들은 이곳에 나오는 요한계시록의 정서적 충격을 전달하는 데는 몇 가지 유용한 실례를 제공할 수도 있다.

하면서, "내 생각에는 요한이 일종의 탄도 미사일 발사기를 묘사하고 있다"고 무미건조한 주장을 하고 있다.[51] 그러나 불을 내뿜는 생물이 1세기의 이미지에서 잘 알려진 극장 상연물이었다는 것을 고려할 때 이러한 해석을 선호하는 것은 어떤 분명한 근거가 없다. 린드세이는 요점을 놓치고 있는 것이다. 왜냐하면 묵시적 본문은 우리가 이야기들을 읽는 방식 그대로 해석되는 것을 의도하지 않기 때문이다. 이 본문들은 많은 성경적 시편 기자들이나 예언자들의 시와 보다 유사하다. 환상적 이미지는 그 위협들이 주는 겉모습의 정확하고 문자적인 묘사를 전달하기보다 오히려 공포의 이미지를 유발시키기 위해 의도된 것이다.

하지만 동시에 린드세이의 본문 해석은 요한 당시의 무서운 이미지들을 우리 시대에 유사한 공포를 일으키는 이미지로 해석하는 점에 있어서는 그 기본적인 의미를 붙들고 있다고 할 수 있다.[52] 그렇게 해석하면서 린드세이는 단순히 고대적 병행들을 분석하는 일 속에 단순히 파묻어버린 몇몇 학자들보다는 그 본문들이 더 자유롭게 의도된 효과를 가지고서 말하도록 하고 있다. 오늘날을 위한 그 본문의 의미를 우리가 전달할 때, 우리는 오늘날의 청중들에게도 동일한 효과를 줄 수 있는 생생한 이미지를 가지고 비교를 제공할 수 있도록 해야 한다.

현대적 의미

하나님은 모든 역사 속에 깊이 개입하신다. 우리 교단의 일부 오래된 그리스도인들은 "자신들의 평강을 유지하는 일"과 "주님으로 하여금 자신들의 싸움을 싸우도록 하는 일"에 대해 이야기를 나누곤 한다. 그것은 우리가 지금 다루고 있는 본문이 우선적으로 주는 교훈일 수도 있다. 종말에 하나님의 군대로서 우리(계 7:1-8)는 실질적인 무기를 가지고 다른 사람들 죽이고자 하는 것이 아니다. 오히려 우리는 순교자의 무리들임이 드러난다(계 7:9-17). 그렇지만 하나님은 초자연적인 군대이든 아니면 인간적인 군대이든 간에 세상 제국들을 멸망시키기 위한 다른 군대들을 가지고 계신다. 하나님은 유다를 심판하시기 위해 바벨론을 일으키셨으며, 그 다음 바벨론 그 자체의 죄로 인하여 그들을 심판하셨다. 오늘날 때때로 테러리즘이라는 악한 행동들은 여론으로 하여금 테러리스트들에 대해 악한 감정을 가지

51. Lindsey, *New World Coming*, 141.

52. 린드세이가 몇 가지 세부적인 내용(가령 불이 나오는 것)에 대해서는 그 대응하는 것들을 하나하나 말하고 있는 반면, 현대적 상응물에 적절하지 않는 다른 세부적인 내용들은 무시하는 것은 너무나도 단조로운 것임이 명백하다. 요한의 이미지들이 구체적인 특징에 보다 덜 속박되어 있는 다른 일부 공포 이미지들은 동등한 충격을 보다 쉽게 전달할 수도 있다.

도록 만들며, 또한 그러한 여론은 기껏해야 일시적으로 유혈을 감소시킬 뿐이다.[53]

종말의 전쟁에서 살아남기 위해 스스로 무장하고자 하는 민병대 운동은 요한계시록을 오해한 것이다.[54] 주님은 그의 나라의 목적들을 성취하시기 위해 우리의 육체적인 수단에 의존하지 않으신다(마 26:52; 눅 22:51).

그리스도인들을 위한 메시지. 고의적으로 진리를 거부하는 사람들에 대해 요한계시록의 이미지가 주는 의도된 충격은 가혹하다고 할 수 있다. 즉 요한은 어떤 이들에게 회개에 이르도록 "겁주는 일"을 꺼려하는 어떤 세련된 오늘날의 설교자들과는 다르다. 그러나 요한계시록의 메시지를 거부하지 않는 사람들은 이 책을 깊이 받아들일 것이다. 이는 요한계시록의 주요 청중들이 그리스도인들이기 때문이다. 그리하여 이 시점에서 요한계시록의 주요 메시지는 이중적이라고 할 수 있다. (1) 가벼운 기분으로 세상과 타협하는 그리스도인들은 두 번 생각해야 한다. 왜냐하면 전체 사회 질서는 전쟁이라는 무서운 재난으로 파괴될 것이기 때문이다. 그리스도만이 적절한 안전이 되신다.

(2) 세상의 힘에 의해 고난을 받고 있는 그리스도인들은 그들을 박해하는 자들의 위치를 결코 부러워해서는 안 된다. 그리스도인들을 박해하는 자들도 역시 고난을 받을 것이다. 다른 사악한 인간들이나 영들에 의한 침략은 악한 사회에 대한 하나님의 심판으로서의 역할을 하게 되며, 그리하여 하나님은 그의 박해받는 백성들을 능동적으로 신원하신다. 물론 그리스도인들도 가령 1990년대 르완다에서 있었던 대량학살 기간에서와 같이 전쟁에서 종종 죽기도 한다. 요한은 하나님의 종들이 전쟁의 모든 참혹함으로부터 특별히, 전체적으로 면제된다는 약속을 하는 것이 아니라, 최소한 마귀적인 약탈자들이 그들을 건드릴 수 없다는 것을 말한다(계 9:4).[55]

---

53. 예를 들면, *The Ku Klux Klan: A History of Racism and Violence*, 4th ed. Sara Bullard (Montgomery, *Ala.*: Klanwatch, Southern Poverty Law Center, 1991), 22; 1998년 여름 북 아일랜드에 있는 세 명의 가톨릭 아이들이 살해를 당한 사건의 여파에 대해 YWAM에 있는 한 친구의 설명 등을 보라. 우익 테러리스트들의 오클라호마 시청 폭파 사건과 무슬림 극단주의자들의 나이로비 대사관 폭파 사건 모두 최소한 단기적으로 그들의 대의명분을 약화시켰다.

54. 대부분의 회원들이 보수주의적 개신교도들인 이 운동들에 대해서는 Richard Abanes, *American Militias: Rebellion, Racism and Religion* (Downers Grove, Ill.: InterVarsity, 1996), 87-97을 보라. 선지자 엘리자베스 클레어(Elizabeth Clare)와 그녀의 교회인 Universal and Triumphant에 대한 보다 구체적인 내용에 대해서는 Joe Szimhart, "Lambs to Slaughter—An Insider's Report of Cultic Bondage," *SCP Newsletter* 19/3 (Winter 1995): 1, 9, 13-14를 보라.

55. 악한 자들을 지옥으로 안내하도록 임명된 (대개) 마귀적인 저승사자들에 대한 고대의 이미지들을 참조하라(아셀의 유언 6:4-5; 에녹 3서 44:2; 스바냐의 묵시 4:2-4; 에스라의 질문들 15A; *Sifre Deut.*

뿐만 아니라 요한은 세상에서 일어나는 여러 고난들에 대한 한 가지 관점을 제공하는데 이것이 그 밖의 성경적 관점들을 보완하고 있다. 즉 하나님은 세상이 고난을 당할 때에 가만히 계시는 것이 아니라, 여전히 다스리신다는 것이다. 그리스도인들도 역시 우리 주위에 있는 고통을 치유하는 일을 하도록 우리에게 요구하는 또 다른 성경적 관점을 인식해야만 한다. 십자가는 하나님께서 그분에게 적대적인 세상을 사랑하신다는 것을 입증하는 것이며 또한 궁극적으로 우리를 해방시키기 위해 우리의 고통을 나누시는 것이기도 하다. 그러나 우리도 역시 요한계시록의 관점이 필요하다. 왜냐하면 이 책은 하나님의 순교자들과 그들을 박해하는 자들 사이에 두드러진 구분이 있다는 것을 보여주고 있기 때문이다. 즉 하나님은 정의를 위해 역사 속에서 그리스도가 재림하실 때까지 마냥 기다리고만 있지 않으신다.

마지막으로, 회개의 메시지(계 9:20-21)는 세상을 위한 것일 뿐만 아니라, 또한 세상의 가치관들에 대해 너무나도 편안함을 느끼고 있는 가짜 그리스도인들을 위한 것이기도 하다(계 2:5, 16, 21-22; 3:3, 19; 참조. 계 18:4).

357.11.2: 어쩌면 이교주의에서 개작했을 수도 있다—*Egyptian Book of Dead Spell* 1, S5; Diogenes Laertius, 8.1.31; 보다 상세한 내용은 Erwin R. Goodenough, *Jewish Symbols in the Greco-Roman Period*, 13 vols. [New York: Pantheon for Bollingen Foundation, 1953-68], 12:149-52)를 참조하라. 그러나 성경적 묘사에서는 빠져 있다(눅 16:22-23).

요한계시록 10:1-11

1 내가 또 보니 힘 센 다른 천사가 구름을 입고
하늘에서 내려오는데 그 머리 위에 무지개
가 있고 그 얼굴은 해 같고 그 발은 불기둥
같으며
2 그 손에는 펴 놓인 작은 두루마리를 들고 그
오른 발은 바다를 밟고 왼 발은 땅을 밟고
3 사자가 부르짖는 것 같이 큰 소리로 외치니
그가 외칠 때에 일곱 우레가 그 소리를 내어
말하더라
4 일곱 우레가 말을 할 때에 내가 기록하려고
하다가 곧 들으니 하늘에서 소리가 나서 말
하기를 일곱 우레가 말한 것을 인봉하고 기
록하지 말라 하더라
5 내가 본 바 바다와 땅을 밟고 서 있는 천사가
하늘을 향하여 오른손을 들고
6 세세토록 살아 계신 이 곧 하늘과 그 가운데
에 있는 물건이며 땅과 그 가운데에 있는 물
건이며 바다와 그 가운데에 있는 물건을 창
조하신 이를 가리켜 맹세하여 이르되 지체하
지 아니하리니
7 일곱째 천사가 소리 내는 날 그의 나팔을 불
려고 할 때에 하나님이 그의 종 선지자들에
게 전하신 복음과 같이 하나님의 그 비밀이
이루어지리라 하더라
8 하늘에서 나서 내게 들리던 음성이 또 내게
말하여 이르되 네가 가서 바다와 땅을 밟고
서 있는 천사의 손에 펴 놓인 두루마리를 가
지라 하기로
9 내가 천사에게 나아가 작은 두루마리를 달라
한즉 천사가 이르되 갖다 먹어 버리라 네 배
에는 쓰나 네 입에는 꿀 같이 달리라 하거늘
10 내가 천사의 손에서 작은 두루마리를 갖다
먹어 버리니 내 입에는 꿀 같이 다나 먹은 후
에 내 배에서는 쓰게 되더라
11 그가 내게 말하기를 네가 많은 백성과 나라
와 방언과 임금에게 다시 예언하여야 하리라
하더라

원 의미

여섯째 인과 일곱째 인 사이에(계 6:12; 8:1), 요한계시록은 인을 치시는 기간 동안에 성도들의 상태에 대한 묘사를 제공하였다(계 7:1-17). 이 책은 여섯째 나팔과 일곱째 나팔 사이에서도(계 9:13; 11:15) 비슷한 막간을 제공한다.[1] 그리하여 요한계시록 12-14장은 하나님의 진노의 나팔 재앙과 대접 재앙 사이에

1. Aune, *Revelation*, 2:499는 출 12:1-18에 나오는 유월절 담화와의 병행을 주장하면서 이를 아홉째 재앙과 열째 재앙 사이에 두고 있다.

끼어 있기 때문에 본서의 중심적 역할을 한다.

10:1에서 요한은 장대한 한 천사를 본다. 빛나는 천사들에 대한 묘사(계 10:1)는 유대교 문헌에 흔하게 나타난다(특히 단 10:6을 보라).[2] 이 천사의 머리 위에 있는 무지개는 어쩌면 찬란한 면류관과 같은 기능을 하는데(계 12:1; 14:14), 일부 전승들은 이를 높은 천사들에게 돌리고 있다(에녹 3서 22:5; 26:7). 무지개는 신적인 영광을 나타낼 수도 있다(계 4:3). "구름을 입고"(계 11:12; 14:14-16 참조)는 단순히 그 천사의 하늘에서의 지위를 강조할 뿐이다.

유대교 전승은 많은 거대한 천사를 강조하는데, 어떤 천사들은 하늘처럼 키가 크기도 한다.[3] 이 천사의 발이 "불기둥 같다"는 것은 세상이 기둥들에 의해 지탱되고 있다는 고대의 전승을 생각나게 한다. 그의 두 발로 각각 바다와 땅을 밟고 있다는 것은 이러한 장대한 이미지를 뒷받침한다(계 10:2).[4] 하지만 무지개 및 해와 비교한 직후에 나타나는 그의 광채는 아마도 더 많은 것을 강조하는데, 이는 하나님의 영광이 광야에서 불기둥으로 이스라엘에게 나타나서 하늘에까지 뻗쳐져 유대교 전승을 분명히 암시하고 있다(출 13:21-22; 14:24; 민 14:14; 느 9:12, 19). 이러한 천사의 장대함은 요한계시록을 포함하여 그와 같은 기사들을 알고 있는 고대의 독자들이 장대한 천사들보다 무한정 위대하신 하나님을 경외하도록 하는데 도움을 주었다.

학자들은 그 천사가 들고 있는 "작은 두루마리"가 무엇인가에 대한 견해에 있어서 광범위하게 나누어진다(계 10:2).[5] 어떤 학자들은 이를 예언적 임무로 간주한

---

2. 단 10:6; 에녹 2서 14:3; 19:1; 에녹 3서 14:5; 22:4; 26:2-7; 35:2; 아브라함의 유언 12A를 보라; 아울러 계 1:14-16에 대한 설명도 보라. 이러한 영광은 광범위하게 등장하고 있기 때문에(Ford, *Revelation*, 158 참조) 계 1:13-16에서 이 천사와 예수님 사이의 그 어떤 동일시도 필요하지 않다 (Beale, *Revelation*, 524-25는 구약성경에서 "여호와의 사자"처럼 이를 그리스도로 해석한다); 계 10:3에 나오는 "사자의 부르짖음"도 5:5에 나오는 예수님을 암시할 필요가 없다(계 4:7 참조).
3. 악한 천사들(에녹 1서 7:2; 르우벤의 유언 5:6)과 선한 천사들(에녹 3서 9:2; 22:3; 33:3; 35:2; *b. Hag.* 13b) 모두가 그렇다. 이것은 육중한 신들(Apollonus Rhodius, 2.679-82; Babrius, 68; Callimachus, *Hymn* 6.57-58; Apollodorus, 1.6.3)과 반신적 거인들뿐만 아니라 악마들(Homer, Il. 4.440-43; Longinus, *Sublime* 9.4)에 대한 헬라의 묘사들과 유사하다.
4. 지탱시키고 있는 기둥들에 대해서는 Homer, *Od.* 1.52-53을 보라. "헤라클레스의 기둥들"에 대해서는 예를 들면, Appian, *R.H.* 6.1.1; 12.14.93; 아틀라스(Atlas, 지구를 어깨에 짊어지고 있는 거인-옮긴이)에 대해서는 Aeschylus, *Prometh. Bound* 350-52를 각각 참조하라. 다리와 기둥을 비교하는 것은 그들의 힘을 강조하는 것이다(아 5:5). Aune, *Revelation*, 2:556은 105피트나 되는 태양신의 큰 동상인 아시아 로도스의 거상과 많은 부분에 병행들이 있음을 지적한다. 비록 이 시기에 서있지는 않았으나 그 거상은 널리 알려져 있었다.
5. 우리가 정상적으로는 양 손으로 책을 펼쳐 들고 있지만, 고대 예술은 종종 한 손으로 책을 들고 있는 것으

다(겔 3:1-4를 보라).[6] 하지만 이 두루마리가 요한이 예언하는 것의 내용이 되고 있기 때문에(계 10:10-11), 아마도 이 두루마리는 요한계시록의 내용을 나타내는 것으로 보인다(계 1:11; 22:7-10, 18-19). 이것이 6:1-8:1에서 인들이 떼어지는 그 책일 가능성도 있지만, 그러나 이 두루마리의 내용은 요한계시록의 전체 메시지를 구성하고 있다—어린 양에 의해 펼쳐지는 그 책(계 5:1-9)인데 이 책은 어떤 의미에서 생명책을 포함할 수도 있다(계 3:5; 13:8; 17:8; 20:12, 15; 21:27).

우레의 이미지도 적절하다. 고대인들은 높으신 하나님이 우레를 지배하신다는 것을 널리 알고 있었으며(계 4:5에 대한 설명을 보라), 그리고 일부 전승들에서 우레는 하나님의 목소리와 같은 소리일 수도 있다(요 12:29 참조). 하지만 일곱 우레의 내용은 의도적으로 비밀이 된다(계 10:4). 어떤 사람들은 요한이 이러한 우레를 사용하여 왜 그가 자신에게 계시된 한 시리즈의 심판들을 생략했는가에 대한 이유를 설명해준다고 생각한다. 어떤 이들은 이 심판 시리즈를 이러한 계시가 여전히 비밀로 남아있다는 것은 제외하고, 출애굽의 열 재앙 이후에 나오는 십세명과 반어적으로 병행하는 것으로 간주하기도 한다(그러나 왜 그것들이 여전히 비밀로 남아있는가 하는 것은 그러한 견해를 거의 의미 없게 만든다). 다른 사람들은 우레가 긴장감을 조성하기 위한 하나의 문학적 기술로서 비밀로 남아있다고 주장한다.[7]

만일 일곱 우레의 내용이 천사의 손에 있는 작은 두루마리와 관련이 있다면(계 10:1-3), 그것이 요한의 책에는 기록될 수 없지만(계 10:4), 작은 두루마리를 먹은 사람이 예언하는 내용 속에서는 나타날 수 있을 지도 모른다(계 10:8-11). 그리하여 우리는 이 단락이 하나님께서 요한을 통하여 그리고 두 증인들을 통하여(계 11:3), 다시 말해서 적대적인 세상과 마주하고 있는 하나님의 백성들의 증거를 통하여 보다 상세한 내용들이 계시될 것임을 함축하고 있다고 주장할 수 있다. 이러한 해석은 요한계시록의 신학을 훼손하지 않는다. 비록 우리가 요한계시록 그 자체의 내용에 감히 더할 수는 없다 해도(계 22:18), 이 책은 하나님이 요한계시록을 끝으로 혹은 심지어 정경의 마무리와 함께 말씀하시는 것을 멈추신다는 것을 암시하는 것은 아니다. 오히려 사람들이 그리스도에 대해 증거하는 어디서든지 하나님

로 묘사하고 있으며, 특히 독서가 방해를 받고 있을 때 그렇다(Aune, *Revelation*, 2:558); 또한 그 책은 이 거대한 천사와 비교해볼 때 매우 "작았을" 것이다.

6. Beasley-Murray, *Revelation*, 171-72.

7. 마지막 견해에 대해서는 Michaels, *Revelation*, 134를 보라. 우레는 요한계시록에 전해진 별개의 자료임을 나타낸다는 견해에 대해서는 Friedrich W. Horn, "Die sieben Donner, Erwägungen zu Offb 10," *SNTU* 17 (1992): 215-29를 보라.

은 계속 말씀을 하실 것이다(계 19:10). 그러나 이러한 해석에 호소한다 해도, 일곱 우레가 종말에만, 즉 하나님의 "비밀"이 이루어질 때(계 10:7) 계시될 것이라는 점이 보다 가능성이 있는 것 같다.

필시 일곱 우레는 하나님께 속한 감추어진 것들을 가르치기 위해 여전히 비밀로 남아있는 것 같다(신 29:29; 참조. 고후 12:4; 계 2:17; 19:12).[8] 요한계시록은 다니엘서와는 달리 그 내용 대부분을 봉하는 것은 아니지만(계 22:10; 참조. 단 12:9), 그러나 어떤 내용들은 여전히 봉해지고 있다. 일곱 우레의 의미를 감추는 것은 하나님께서 지금 우리에게 말씀하고 계시는 것보다 미래에 대해 훨씬 더 많은 것을 알고 계신다는 것을 우리에게 상기시킨다.

천사가 손을 들고 맹세를 하는데(계 10:5), 이는 종말이 결국에는 도래할 것이라는 그의 주장의 확실성을 강조하는 것이다. 한 쪽 손을 드는 것은 고대 이스라엘(신 32:40)과 후기 유대교(희년서 13:29)에서 맹세를 하는 표준적인 관습이었으며, 그리고 헬라인들은 가능하다면 맹세를 하는 동안 제우스신을 만질 것을 제안함으로써 맹세의 신실성을 확증할 수 있었다.[9] 이곳에서 맹세에 대한 구체적인 묘사는 다니엘 12:7을 생각나게 한다. 다니엘서에서 계시하는 천사는 자신의 양손을 하늘로 향하여 들고 영원히 살아 계시는 이를 가리켜 맹세하기를(계 1:18; 4:9 참조) 종말 이전에 반드시 3년 반이 지나야 한다고 말한다. 그러나 요한계시록에서 환난의 기간은 이미 끝났으며, 그리고 일곱째 천사가 소리를 낼 때에는 종말 이전에 더 이상의 막간이 남아 있지 않다. (계 10:1-3에서 외치고 있는 천사가 나팔 부는 자들의 시리즈에서 일곱째 천사를 큰 소리로 알리는 것처럼 보이기 때문에, 그 자신이 일곱째 천사일 수는 없다는 것을 주목하라. 요한계시록은 많은 천사들이 등장한다.)

"지체하지 아니 하리니"(계 10:6)는 "시간이 다시 없으리니"로 번역될 수도 있다. 이것은 일부 묵시 전승처럼(에녹 2서 65:6-7), 종말이 가까이 다가올수록 시간이 단축된다는 것을 암시할 수도 있다. 그러나 NIV성경은 여기서 "지체하다"(delay)라고 보다 정확하게 번역한다. 헬라어 '크로노스'(*chronos*)는 "지체하다"를 의미할 수도 있다(합 2:3; 히 10:37처럼; 참조. 계 2:21; 6:11; 20:3). 종말 이전에 더 이상의 막간은 남아있지 않다. 요한의 요점은 아마도 최후의 신원을 위한 성도

---

8. 감추어진 것으로 남아있는 한 가지에 대한 고대의 계시적 문헌의 병행들에 대해서는 특히 Aune, *Revelation*, 2:562-63을 보라.
9. Chariton, *Chaer.* 3.2.5. "손을 드는 것"은 실제로 히브리어 관용구에서 "맹세하는 것"을 의미한다(출 6:8; 민 14:30; 겔 20:5-6 참조).

들의 기도가 더 이상 지체되지 않을 것이라는 점이다(계 6:9-11). 심판은 왔다(계 11:18; 14:7).[10]

"비밀"이 이루어지는 것(계 10:7)은 어쩌면 일곱 우레가 더 이상 비밀로 남아있지 않을 것임을 암시할지도 모른다(계 10:4). 완성의 날에는 모든 것들이 계시될 것이다(고전 13:8-12 참조).[11] 비록 요한계시록에서 어떤 상징적인 것이 설명이 될 때까지는 "비밀"로 남아있을 수 있다 해도(계 1:20; 17:5-7), 신적인 "비밀"은 여기서 하나님 나라를 포함하는 것으로 보인다(단 2:44, 47; 막 4:11). 하나님의 목적은 "그의 종 선지자들"에게 약속하신 것과 같이 "이루어질" 것이다(계 10:7; 참조. 계 11:7; 15:1; 16:17; 17:17).

하늘의 소리의 명령으로 요한은 천사의 손으로부터 작은 두루마리를 취하는데, 이는 에스겔이 행했던 것과 비슷하다(겔 2:9; 계 10:8-9). 하늘에서 나는 소리(계 10:4, 8)는, 일곱째 천사의 소리(계 10:7)와는 구별되는 것으로서, 이는 아마도 예수님의 음성일 것이다(계 1:10; 4:1). 하나님이 에스겔에게 말씀하신 것처럼(겔 2:8; 3:1), 천사는 요한에게 그 책을 먹으라고 말한다(계 10:9). 에스겔서에서처럼, 그 두루마리가 요한의 입에서는 꿀과 같이 단 맛이다(겔 3:3; 계 10:9-10).[12] 그러나 요한의 배에서 쓴 맛이 난다는 것(계 10:9-10; 8:11처럼, 독성이 없음에도 불구하고)은 아마도 그 메시지의 내용을 가리키는 듯하다. 즉 애곡과 재앙이다(겔 2:10). 하나님의 말씀과 지혜는 종종 꿀에 비유된다(시 19:10; 119:103; 잠 24:13-14).[13] 책을 먹는 것은 그 책의 내용을 내면화한다는 것을 상징한다. 왜냐하면 먹는 자는 그 다음에 예언을 하기 때문이다(겔 3:1; 계 10:11). 하지만 에스겔이 그 메시지를 이스라엘 족속에게만 전하는 반면(겔 3:1), 요한은 예레미야(렘 1:10) 그리고 두 증인처럼(계 11:3). "많은 백성과 나라와 방언과 임금"에게 예언할 것이다(계 10:11).[14]

---

10. Oscar Cullmann, *Christ and Time*, tr. F. V. Filson (Philadelphia: Westminster, 1950), 49; Rissi, *Time and History*, 24 등을 보라. Aune, *Revelation*, 2:568은 "시간이 끝날 것이다"라는 뉘앙스를 더 좋아한다.

11. 예언의 성취를 묘사하는 표현에 대해서는 시빌의 신탁 3.698-700을 참조하라.

12. 책을 먹는 것은 계 11:1-2에서 성전을 측량하는 것과 같이 아마도 환상의 영역 안에서만 일어났을 것이다. 에스라 4서 14:38-41, 45의 저자도 역시 에스겔의 이미지를 성령의 권능 부여에 적용시킨다. 후대의 교사들은 에스겔의 경험을 율법을 연구하는 것에 적용시켰다(William Barclay, *Train Up a Child* [Philadelphia: Westminster, 1959], 12-13). 천사들이 종종 설명을 해주었으며(예를 들면, 바룩 3서 9:5), 그리고 맛은 좋지만 쓴 것으로 드러나는 것은 속담이었을 것이다(잠 5:3-4; 참조. Diogenes Laertius, 6.2.61). 민 5:23을 참조하라.

13. 아울러 "달콤한" 연설에 대한 헬라어 관용구에 대해서는 Aune, *Revelation*, 2:572를 참조하라.

상황잇기

오늘날 대부분의 담화 장르들은 천사들을 강조하지 않는다. 물론 대부분의 사람들은 천사들의 존재를 믿고 있으며, 심지어 왜곡되고 반 기독교적 견해를 가지고 있는 사람들 중에서도(이 문제에 대한 보다 상세한 내용은 계 19:10에 대한 "현대적 의미" 단락에 있는 설명을 보라) 천사에 대해 관심을 가지고 있다는 것은 주목할 만한 일이다.[15] 하지만 천사가 개인으로서의 우리들과 관련이 있을 뿐만 아니라 우주의 질서와 관련한 거대한 존재라는 관점에서 생각하고 있는 사람은 거의 드물다. 물론 성경은 후자의 의미로 천사의 관련성을 암시하는 듯하다(시 148:2-10; 갈 4:8-10 참조).

원래의 담화가 최초의 청중들에게서 환기시킨 것과 동일한 효과를 달성하기 위해서, 우리는 천사들에 대한 1세기 유대교적 개념에 대한 것을 이해하지 않으면 안 된다. 그래야 우리는 이러한 담화가 하나님의 주권을 강조하고 있는 생생한 방식을 보다 상세하게 이해할 수가 있는 것이다. 이 천사는 대부분의 헬라인들이 자기들의 신들에 대해 묘사하고 있는 것보다 훨씬 더 강한 존재로 묘사되고 있다. 하지만 이 천사는 단순히 진정한 하나님께 순종하는 종에 불과하다. 하나님은 그러한 묘사가 상상할 수 있는 것보다 무한하게 크신 분이시다.

요한계시록의 이미지들이 최초의 청중들에게 전달했던 요점들과 관련성들을 살펴봄으로써, 우리는 우리들이 살고 있는 현재의 문맥과 유사한 요점들을 분명하게 설명할 수 있다. 그러한 요점들은 그 천사의 장엄함(이는 우리로 하여금 그보다 더 큰 하나님의 위엄을 묵상하고 분명하게 표현할 수 있도록 요청한다), 우레들의 역설적인(우리들에게는) 침묵, 종말이 그때가 이르렀다는 확실성과 성령의 능력을 부여받은 요한의 순종과 체험의 모범 등을 포함하고 있다.

---

14. 다른 선지자들이 그랬던 것처럼(사 13-23장; 렘 25:15-38; 46:1-51:64), 에스겔도 열방들에게 예언을 한다. 그러나 겔 3:1에 나오는 그 특별한 두루마리는 이스라엘 족속들에게 말한다. 비록 요한이 이곳에서 일곱 도시 교회 공동체들에게만 구체적으로 예언하고 있다 해도, 그의 메시지는 다른 사람들에게도 퍼져나갈 것이다(David Hill, "Prophecy and Prophets in the Revelation of St. John," *NTS* 18 [July 1972]: 401-18 [pp. 417-18]). 모든 백성들에 대한 예언적 영감에 대해서는 시빌의 신탁 3.162-64, 297-99, 518-19를 보라.

15. Geoffrey Hodson, *Claivoyant Investigations* (Wheaton, Ill.: Theosophical Publishing House, 1984); R. Gustav Niebuhr, "Long unemployed, angels now have their work to do: as guardians, especially, they are popular with people, religious and otherwise," *Wall Street Journal* 73 (May 12, 1992): 1, 6 등을 참조하라.

현대적 의미

이 단락은 우리들에게 몇 가지 교훈을 주고 있는데, 각 교훈들은 우리 자신들의 삶 속에서 특정 청중이나 특정 상황들에 대해 상황화 될 수 있다. (1) 하나님께 순종하는 천사의 장엄함은 하나님께서 모든 초인간적인 그리고 초자연적인 세력들을 다스리고 계신다는 것을 암시한다. 우리가 개인으로서 혹은 전체 하나님의 백성으로서 직면해야 하는 위기가 무엇이든 간에, 우리는 하나님께서 모든 것을 통제하고 계신다는 성경에서 끊임없이 되새기고 있는 내용에 용기를 얻어야 한다.

(2) 우레는 몇 가지 문제들이 아직 우리들에게는 알려지지 않았다는 사실을 보여준다(계 10:4). 감추어진 일은 하나님께만 속해 있다(신 29:29). 예수님이 재림하실 때까지, 우리는 부분적으로 알 수 있을 뿐이다(고전 13:9). 이것은 우리가 지식을 추구해서는 안 된다는 의미가 아니다(잠 18:15; 23:12; 25:2). 또한 하나님은 우리가 알아야 할 가장 좋은 것에 경계선을 쳐놓았다는 의미도 아니며, 그러면서도 우리는 그러한 경계선들을 인정해야 한다(롬 16:19). 다시 말해서 우리는 우리가 확신할 수 없는 문제들에 대해 과도한 사색을 하지 않도록 해야 하며 또한 그러한 것들에 대해 교리적으로 말하는 일을 피해야 한다(딤전 1:4; 딤후 2:23). 하나님은 미래를 다스리시지만, 그러나 우리는 미래에 속한 상세한 내용들을 알 필요는 없는 것이다. 하나님은 그러한 지식, 특히 그 "지체"가 끝나기 전에 최후에 관한 세부적인 내용들에 대한 것을 우리에게 떠맡기신 것이 아니다. 일곱 우레는 요한계시록 전체에서 예언 교사들에게 주는 가장 중요한 말씀들 중 하나를 구성하는 것일 지도 모른다.

이러한 원칙과는 대조적으로, 일부 예언 교사들은 본문이 말하지 않는 것에 대해 너무나도 많은 상세한 내용들을 설명하고 있다. 점쟁이들은 우리의 호기심을 만족시켜줄 지는 몰라도, 그러나 성경 주석학자들의 임무는 우리들이 하나님의 말씀에 무언가를 덧붙이는 것이 아니라(계 22:18) 그 말씀의 메시지를 듣고 순종하도록 도와주는 일이다(계 1:3). 그들이 예언한다고 할 때 우리는 그러한 의식들을 반박할 수 있는 그 이상이 되어야 한다. 나는 한 여호와의 증인과 이야기를 나눈 적이 있는데, 그는 하나님이 다른 시대와 문화들에서 살고 있는 모든 사람들을 동시에 부활시키지 않을 것이라는 것이 이치에 맞다고 말함으로써 요한계시록 20장에 나오는 점진적 부활에 대한 파수대의 견해를 옹호하고 있었다. 이와 같은 노선의 주장에 대해 내가 가지고 있는 문제는 그러한 "논리"가 이 담화의 명백한 진술과는 모순된다는 것이며, 또한 그것은 144,000이라는 숫자(그러나 인종이나 성이 아니다)를 문자적으로 해석하고자 우기고 있는 것과 동일한 신념 체계에서 비롯된 것이다.

나는 그들의 모든 주장들이 오직 성경에 근거해야 한다는 것을 지적하기 위해 그러한 모순을 지적하였으며, 그리고 여호와의 증인들은 자신들의 견해들 중 많은 것들을 주장하기 위해서는 파수대의 전반적인 사고 구조를 받아들여야만 한다. 뿐만 아니라 어떠한 신학적 혹은 철학적 체계도 그 내부 체계와 일치하는 것으로 보여야 한다. 여호와의 증인들은 그런 점에서 그들의 신념들이 성경뿐만 아니라 그들 집단들이 옳다고 특별히 주장하는 것—다른 많은 집단들에 의해서도 역시 주장되고 있다—에 근거하고 있다는 것을 받아들이고 있다.

수년 전에 내가 신흥종교에 빠져 있는 사람들에게 복음을 전하면서 나는 때대로 정통 그리스도인들이 그러한 신흥종교가 주장하는 것과 동일한 종류의 해석적 오류를 가지고 있다는 것을 인식하도록 해주었다. 예를 들면, 신명기 33:24에 나오는 "기름"이 말할 것도 없이 감람유임에도 불구하고, 복음주의적 석유업자들이 그 구절의 해석에 근거하여 선교 사역에 헌금했으면 더 나았을 뻔한 13,000,000달러 이상을 성경을 탁월하게 해석하는 일보다는 시추하는 일에 과도하게 허비하였다.[16] 젊은 그리스도인으로서 나는 1981년 9월에 한 예언 교사가 이란이 그 다음 12개월 내에 소련의 손에 들어가게 될 것이라는 것을 성경에 근거하여 약속했을 때 나는 흥미를 가지고 들었다. 나는 그 예언을 받아 적었으며, 그것을 보관해놓고 있었으며, 그리고 몇 년 후에 그 예언이 정확했는지 조사해보았다. 거의 20여년이 지난 후에 특별히 소련이 더 이상 존재하지 않는 이후에도 이렇게 중대한 확신은 여전히 성취되지 않고 있다(나는 그 예언 교사가 다른 노선의 직업을 가지고 있는 것으로 알고 있다). 우리는 몇 가지 사색의 문제들을 변증적인 이유를 가지고서 살펴보아야 하지만(예를 들면, 많은 비 그리스도인들이 "가인은 어디에서 그의 아내를 얻었습니까?"라고 질문한다), 그러나 우리는 늘 우리들이 하는 대답에 대해 겸손해야 한다(예를 들면, "이러한 접근이 정확할 수도 있고 그렇지 않을 수도 있지만, 당신의 질문이 해결책이 될 수도 있다는 것을 보여 줍니다").

(3) "지체하지 아니하리니"(계 10:6)라는 약속은 비록 우리가 지금은 기다려야 하지만, 그 지체가 영원히 지속되지는 않을 것임을 우리들에게 상기시킨다. 하나님께서 역사를 통하여 이루셨던 자신의 모든 약속들을 성취하실 그때가 오고 있다

16. "Are There Treasures Hid in the Sand?" *Pentecostal Evangel* (Jan. 5, 1986), 13을 보라.

(행 3:21). 앞서 A. M. E. Zion 목사인 조셉 찰스 프라이스(Joseph Charles Price)는 "아무리 밤이 어둡다 해도, 나는 새벽이 오리라고 믿는다"라고 말했다.[17]

(4) 우리는 요한의 모범을 본받아야 하며, 또한 우리가 선포하도록 부르심을 받은 그 메시지가 쓰다 해도 혹은 우리에게 이해가 되지 않는다 해도 그 말씀에 순종해야 한다. 어떤 집단들, 특히 번영을 강조하는 사람들은 하나님으로부터 즐거운 것만 기대하도록 청중들에게 훈련을 시키고 있다. 그러나 하나님의 메시지가 늘 즐거운 것만은 아니다. 오히려 하나님은 항상 고난을 참을 수 있도록 순종하는 은혜를 공급하여 주신다(렘 39:18; 45:5 참조).

(5) 요한계시록의 메시지는 "많은 백성"과 관계가 있다(계 10:11). 아무도 그 경고에서 예외가 없으며, 그리고 자신들의 사회에서 현재 안락함으로 스스로 위안을 삼고자 하는 대부분의 사람들도 특별히 조심해야 한다. 심판의 잔은 신자들에게 다가올 고난처럼(마 24:9) 모든 백성들에게 다가올 것이다(렘 25:15-17).

17. 노스캐롤라이나 솔즈베리(Salisbury)에 있는 리빙스턴 칼리지의 헤리티지 홀에 새겨져 있다(시 30:5 참조).

요한계시록 11:1-14

1 또 내게 지팡이 같은 갈대를 주며 말하기를 일어나서 하나님의 성전과 제단과 그 안에서 경배하는 자들을 측량하되
2 성전 바깥 마당은 측량하지 말고 그냥 두라 이것은 이방인에게 주었은즉 그들이 거룩한 성을 마흔두 달 동안 짓밟으리라
3 내가 나의 두 증인에게 권세를 주리니 그들이 굵은 베옷을 입고 천이백육십 일을 예언하리라
4 그들은 이 땅의 주 앞에 서 있는 두 감람나무와 두 촛대니
5 만일 누구든지 그들을 해하고자 하면 그들의 입에서 불이 나와서 그들의 원수를 삼켜 버릴 것이요 누구든지 그들을 해하고자 하면 반드시 그와 같이 죽임을 당하리라
6 그들이 권능을 가지고 하늘을 닫아 그 예언을 하는 날 동안 비가 오지 못하게 하고 또 권능을 가지고 물을 피로 변하게 하고 아무 때든지 원하는 대로 여러 가지 재앙으로 땅을 치리로다
7 그들이 그 증언을 마칠 때에 무저갱으로부터 올라오는 짐승이 그들과 더불어 전쟁을 일으켜 그들을 이기고 그들을 죽일 터인즉
8 그들의 시체가 큰 성 길에 있으리니 그 성은 영적으로 하면 소돔이라고도 하고 애굽이라고도 하니 곧 그들의 주께서 십자가에 못 박히신 곳이라
9 백성들과 족속과 방언과 나라 중에서 사람들이 그 시체를 사흘 반 동안을 보며 무덤에 장사하지 못하게 하리로다
10 이 두 선지자가 땅에 사는 자들을 괴롭게 한 고로 땅에 사는 자들이 그들의 죽음을 즐거워하고 기뻐하여 서로 예물을 보내리라 하더라
11 삼 일 반 후에 하나님께로부터 생기가 그들 속에 들어가매 그들이 발로 일어서니 구경하는 자들이 크게 두려워하더라
12 하늘로부터 큰 음성이 있어 이리로 올라오라 함을 그들이 듣고 구름을 타고 하늘로 올라가니 그들의 원수들도 구경하더라
13 그때에 큰 지진이 나서 성 십분의 일이 무너지고 지진에 죽은 사람이 칠천이라 그 남은 자들이 두려워하여 영광을 하늘의 하나님께 돌리더라
14 둘째 화는 지나갔으나 보라 셋째 화가 속히 이르는도다 일곱째 나팔 소리

원 의미

이 단락은 아마도 요한계시록 전체에서 해석하기가 가장 어려운 단락일 것이다. 요한처럼(계 10:11), 두 증인들도 예언을 한다(계 11:3). 그런데 이 두 증인들은 누구인가? 우리는 11:1-2에 있는 성전은 무엇인가? 하는 처음으로 등장하는 질문을 살펴본 이후에, 이 단락을 해석하는데 가장 중심적인 이

질문으로 돌아갈 것이다.

성전(11:1-2)

요한계시록은 통상적으로 당시의 종말의 묘사들로부터 빌려오고 있지만, 그들을 새롭고도 놀라운 의미로 재적용하고 있다. 짓밟힌 성전에 대한 묘사를 이러한 범주로 분류할 수 있다. 만일 요한이 A.D. 70년 성전이 파괴되기 이전에 기록했다면 그는 문자적인 성전을 언급하고 있을 것이며, 아울러 A.D. 66-70년에는 예루살렘에 큰 재난이 있었던 시기였다. 하지만 대부분의 학자들은 요한계시록이 90년대에 기록된 것으로 본다. 어떤 학자들은 성전의 위협에 대한 계시를 원래는 A.D. 70년 이전 예루살렘의 문자적 성전에 대한 계시로 간주하고 있으며, 요한은 자기가 살던 당시의 환난에서 영적인 상황을 지금 재적용하고 있다는 것이다.[1] 이러한 제안의 장점이 무엇이든 간에, 다니엘서에 나오는 문자적인 3년 반의 기간을 그리스도의 초림과 재림 사이의 전 기간에 은유적으로 재적용하는 것은 가능한 일이다(계 12:5-6에 대한 설명을 보라).

어떤 이들은 11:1-2이 문자적인 성전의 재건을 요구한다고 생각한다.[2] 성전이 재건될 것이라는 요한 당대 사람들의 신념을 고려한다면, 그러한 견해가 의미는 있다. 하지만 몇 가지 요소들은 우리가 이 구절을 보다 상징적으로 읽는 것을 선호하도록 만든다. (1) 묘사되고 있는 기간(1,260일)은 문자적인 성전이 없었던 대부분의 기간을 볼 때 아마도 상징적일 것이다(12:5-6에 대한 설명을 보라). (2) 증인들은 아마도 상징적일 것이다(아래에 나오는 11:3-14에 대한 설명을 보라). (3) 요한은 성전이 멸망당한 이후에 기록하고 있기 때문에, 그는 아마도 그의 청중들이 그가 영적인 성전을 언급하고 있다는 것을 이해하기를 기대했을 것이다. 왜냐하면 요한 당시에는 성전이 서 있지 않았으며 또한 물리적인 성전이 재건될 것이라는

---

1. Beasley-Murray, *Revelation*, 37-38, 176-77; 참조. Helmut Seng, "Apk 11,1-14 im Zusammenhang der Johannesapokalypse: Aufschluss aus Lactatius und Hippolytus," *Vetera Christianorum* 27 (1990): 111-21. 비슷한 표현("짓밟은 것"을 포함하여)은 문자적으로 이방인이 성전을 모독하는 것에 적절할 것이며(마카비 1서 3:45; 4:60; 마카비 2서 8:2; 마카비 3서 2:18; 유딧 9:8; 솔로몬의 시편 2:2; CD 1.3-4; 유다의 유언 23:3; 눅 21:24), 또한 이것은 심판에서 유래했을 것이다(바룩 2서 8:1). 만일 어떤 계시가 있었다면, 그것은 한 유대 그리스도인의 계시였으며, 이는 칼리굴라 당시(살후 2:4 참조) 혹은 60년대 후반(막 13:14 참조) 정도에서 유래했을 것이다.
2. 가령 Lindsey, *New World Coming*, 156(그는 성전이 휴거 이후에 재건될 수도 있다고 주장한다, 160).

그 어떤 분명한 암시도 제공하지 않기 때문이다. (4) 가장 중요한 것은 성전이 요한계시록 다른 곳에서도 상징적인 의미를 지니고 있다는 사실이다(계 3:12; 13:6).

그러나 만일 성전이 상징적이라면, 그것은 무엇을 의미하는가? 여기서 요한이 "성전"에 대해 사용하는 술어는 "나오스"(*naos*)인데, 이 말은 고대 이스라엘 성경의 헬라어 번역판에서는 대체로 전체 건물 단지가 아닌 성전의 가장 거룩한 부분들을 지칭한다. 어떤 학자들은 성전이 이스라엘을 나타내며 그 제단은 세상과 동화되는 것을 거부한 신실한 남은 자들이라고 주장한다.[3] 이러한 해석은 이스라엘에 대한 고대의 성경적 예언들과 일치한다. 그것은 어쩌면 현 시대 동안에 문자적인 유대 백성들이 고난당하는 것을 언급하는 것일 수도 있으며, 이들은 그리스도 안에 있는 하나님께 진정한 믿음을 가지고 있는 유대 그리스도인들의 남은 자들을 포함한다. 분명히 요한계시록은 믿는 공동체의 유대적인 토대와 성격에 여전히 관심을 가지고 있다(계 1:20; 2:9; 3:9; 7:1-17).

그렇지만 초기 그리스도교 문헌에서, 성전은 대개 유대인들과 이방인들로 구성된 그리스도인들을 상징한다(고전 3:16; 고후 6:16; 엡 2:18-22; 벧전 2:5). 이것은 또한 요한계시록 전체에서 성전이 상징하는 것이기도 하다(계 3:12; 13:6). 놀랄 것 없이 이것은 오늘날 이러한 성전에 대한 보다 일반적인 학문적 해석이기도 하다.[4] 그리하여 일부 학자들은 "성전 바깥마당"이 세상적인 가치들과 타협하는 그리스도인들을 가리키며(두아디라에 있는 그리스도인들처럼), 그리고 신실한 그리스도인들이 아닌 오직 그들만이 세상의 압제 아래 놓이게 될 것이라고 주장한다.[5] 다른 학자들은 단순히 하나님의 원수들이 이 시대에 "외적이고 가시적인 교회"를 짓밟을 것이지만 그리스도 안에 감추어져 있는 불가시적인 교회는 짓밟히지 않고 궁극적으로 인내할 것이라고 주장한다.[6] 그럼에도 불구하고 다른 사람들은 이 구절이 언급하고 있는 보호가 영적이라기보다는 물질적인 것이며, 그리하여 성전의 내적인 부분은 환난을 안전하게 통과하여 종말까지 살아남는 사람들을 가리키지

3. Rissi, *Time and History*, 99.

4. Caird, *Commentary on Revelation*, 132; Metzger, *Breaking the Code*, 70; Talbert, *Apocalypse*, 44. 사해사본도 역시 그들의 공동체를 집 혹은 성전으로 묘사하고 있으며(Bertril Gärtner, *The Temple and the Community in Qumran and the New Testamnt* [Cambridge: Cambridge Univ. Press, 1965], 16-46), 아울러 예루살렘의 문자적인 성전이 영적으로 더럽혀졌다고 간주하였다(예를 들면, CD 4.18; 5.6-7' 1QpHab 9.4-10.1).

5. Talbert, *Apocalypse*, 45.

6. Caird, *Commentary on Revelation*, 152; Beale, *Revelation*, 557-65. Michael Bachmann, "Himmlisch: der Tempel Gottes' von Apk 11.1," *NTS* 40 (July 1994): 474-80은 11:1을 하늘 성전에 적용시킨다.

만 성전 바깥마당에 있는 그리스도인들은 죽음을 겪게 될 것이라고 주장한다.[7]

그러나 이 단락 전체 문맥을 고려하면, 보다 구체적으로 유대 그리스도인들의 견해를 따르는 것이 그런대로 괜찮을 것이다. 이 경우 성전(*naos*)은 이스라엘의 신실한 남은 자로서의 교회를 나타낸다(접붙임을 받은 이방 그리스도인들을 포함하여). 따라서 성전 바깥마당을 짓밟는 것은 악한 자의 통치를 묘사하는 것인데, 그가 유대 민족의 남은 자들을 잘못 인도하지만, 종말에 남은 자들은 마침내 깨닫고서 회개하기에 이른다(계 11:8, 13).[8] 이것은 아래에 나오는 불의한 예루살렘에 대한 묘사에 적합하다(계 11:8). 만일 우리가 여기서 옳다면, 성전 바깥마당을 사용하는 것은 심히 반어적인 것이다. 왜냐하면 요한의 동시대 사람들이 기억하고 있는 가장 최근의 성전에서 성전 바깥마당까지 들어올 수 있는 사람들은 이방인들이었기 때문이다.[9] 하지만 이러한 제안이 나에게 설득력 있게 보이긴 하지만 그러나 그것은 결코 확실하지 않다. 성전 바깥마당의 정확한 의미는 여전히 논의 중에 있다.

요한의 "지팡이 같은 갈대"가 말하는 요점은 무엇인가?(계 11:1) 1500년대 초에 프란시스 람베르트(Francis Lambert)는 성전이 교회였으며 지팡이 같은 갈대는 하나님의 말씀이었다고 주장하였다.[10] 그는 최초의 독자들이 측량하는 행위를 상징적으로 이해했을 것이라고 보는 것은 어쨌든 옳았다. 1세기의 어떤 유대 작품에 보면 죽은 자들의 부활을 나타내기 위해 낙원을 측량하였다는 내용이 나온다(에녹1서 61:1-5). 의인들을 심판에서 보호하기 위해 그들에게 인을 치는 것과 마찬가지로(계 7:3), 의인들을 "측량"한다(에녹 1서 70:3-4).

여기서 측량하는 행위에 대한 가장 그럴듯한 상징적인 해석은 예루살렘(시 48:12-13; 슥 2:1-2) 혹은 성전(겔 40-42장; 특히 40:3)을 측량할 때처럼 보호를 약속하는 것이다.[11] 만일 바깥마당이 아직까지 메시아에게로 돌아서지 않은 유대민족들과 관련이 있다면, 그것은 또한 이스라엘이 영적으로 준비되지 않은 것을 암

7. Aune, *Revelation*, 2:598은 살아남은 자들을 144,000에 대한 그의 해석과 동일시한다.

8. Heinrich Schlier, *Principalities and Powers in the New Testament* (New York: Herder & Herder, 1961), 72는 성전 바깥마당을 하늘 성전에 반대되는 지상의 예루살렘으로 보는 듯하다.

9. Beasley-Murray, *Revelation*, 182는 성전 바깥마당이 불신 세계를 상징한다고 생각한다. 만일 성전이 동화된 그리스도인들을 상징한다면, 보다 덜 순결한 것이 주요 초점을 구성할 수도 있다.

10. Peterson, *Preaching in the Last Days*, 151. 문자적으로 사용될 때 그러한 자의 물질적 성질에 대해서는 Ford, *Revelation*, 168을 보라.

11. Talbert, *Apocalypse*, 44. 겔 40:3-42:20(칠십인 역)에서 측량하는 장대에 대한 빈번한 사용을 보라. 레 16장에 암시된 병행(Kenneth A. Strand, "An Overlooked Old Testament Background to Revelation 11:1," *AUSS* 22 [1984]: 317-25)은 측량하는 자가 빠져 있다.

시할 수도 있다(암 7:7-9). 그런데 가장 중요한 것은 여기서 측량하는 그 어떤 행위도 나오지 않는다는 것이다. 이러한 일은 21:16까지 측량하는 자에 대한 언급을 미루고 있다. 이 때 요한은 영광스럽게 거대한 새 예루살렘을 측량하기 시작하며, 그 성의 모양은 지성소처럼 생겼다.[12] 이 기간 동안 억압을 받는 작고, 박해받는 남은 자들이 다가 올 시대의 거룩한 성을 구성한다(막 4:31-21 참조).

증인들의 정체(11:3-6)

해석학자들은 두 증인들의 정체가 무엇인가에 대해 광범위하게 의견이 나뉘어져 왔다.[13] 우리는 가장 분명한 암시, 즉 두 감람나무와 두 촛대(계 11:4)로 우리의 탐구를 시작하고자 한다. 감람나무는 스가랴 4:11-14에서 하나님의 백성들을 진실하게 인도하는 기름부음 받은 왕과 제사장을 생각나게 한다. 스가랴서의 인접한 문맥에서 볼 때, 이들은 여호수아와 스룹바벨인데, 또한 이들은 이방인들에 의해 짓밟힌 도성을 위해 일하고 있는 자들이다(슥 3-4장; 참조. 계 11:2).[14] 스가랴 4:2에 나오는 등잔은 성령의 근원을 언급하는 것일 수 있다(슥 4:6 참조). 아마도 그것은 그 두 기름부음 받은 자들이 기름부음 받은 것과 같은 기름으로 태워지고 있을 것이다. 하지만 요한계시록은 대개 앞에 나온 상징들을 뚜렷하게 새로운 방식으로 재적용하고 있다. 요한계시록은 다른 곳에서는 촛대를 교회를 상징하기 위해 사용하지만, 성령 그 자체를 순교당한 증인으로는 제시하지는 않는다. 아울러 여호수아와 스룹바벨이 문자적으로 되돌아온다는 것도 결코 주장하지 않는다.[15]

우리가 두 증인에 대한 현재적 혹은 미래적인 정체를 논의할 수 있다 해도, 그들이 암시하는 과거의 인물들(심지어 여호수아와 스룹바벨보다 더욱 분명하게)이 누구인지는 결정하기가 더 쉽다. 불이 나오는 것은 엘리야를 생각나게 하는데, 그는 하늘로 이끌려간 사람이며 삼년 반 동안 기근을 가져온 사람이기도 하다(약

---

12. 초기 유대교에서 새로운(문자적인) 성전의 기대(E. P. Sanders, *Jesus and Judaism* [Philadelphia: Fortress, 1985], 77-90)를 참조하라. 이는 이곳에서 재해석될 수도 있는 이미지이다.
13. Peterson, *Preaching in the Last Days*의 여러 곳을 보라; 종교개혁자들이 그들 자신의 시대 속에서 예언의 부활을 보았던 것에 대해서는 ibid., 59-87을 보라.
14. 모세 역시 일부 유대교 문헌들에서 하나의 촛대로(*Sifre Num.* 93.1.3), 그리고 나중에는 슥 14:4의 기름부음 받은 자들 중의 한 사람으로 나타난다(*Ex. Rab.* 15:3).
15. 학자들은 요한계시록이 종종 옛 예언들을 새로운 방식으로 재적용하고 있다는 것을 오랫동안 주목해왔다(예를 들면, Wesley, *Commentary on the Bible*, 594).

5:17 참조). 물을 피로 만들고 여러 재앙들을 행한 사람은 특히 모세를 상기시킨다. 그는 몇몇 유대 전승에 의하면 하늘로 승천했다고 전해진다.[16] 요한계시록 역시 더욱 상세한 상징적 묘사를 제공하기 위해 다른 몇 가지 암시들을 혼합시키고 있는데, 가령 입에서 불이 나오는 것(이는 렘 5:14에 나오는 예레미야를 암시한다)과 이사야가 예루살렘을 소돔으로 부르는 일로 인하여 순교를 당했다는 유대교 전승 등이다.[17]

어떤 사람들은 요한이 엘리야와 모세의 문자적인 귀환을 상상했다고 주장한다.[18] 그러한 견해가 불가능한 것은 아니다. 예를 들면, 힙폴리투스(Hyppolytus), 터툴리안(Tertullian), 제롬(Jerome) 등은 에녹과 엘리야가 여전히 살아 있으며 또한 증인으로 되돌아 올 것이라고 믿었다.[19] 요한 당시에 다른 유대교 저자들은 결코 죽음을 맛보지 않은 사람들, 아마도 엘리야와 에녹 같은 자들이 돌아와서 선포할 것이라는 기대를 하였다(에스라 4서 6:26). 다른 전승들도 모세가 죽지 않았다고 주장하였다.[20] 그러나 이 단락에 나오는 두 증인이 모세와 엘리야를 모델로 삼고 있긴 하지만 그러한 연관성을 의도적으로 수정하고 있기도 하다. 예를 들면, 엘리야의 경우처럼 불이 하늘에서 나오는 것이 아니라 오히려 두 증인의 입에서 불

---

16. Bauckham, *Climax of Prophecy*, 169는 Josephus, *Ant.* 4.326; Clement of Alexandria, *Strom.* 6.15.2-3을 인용한다. 그러나 요세푸스는 엘리야의 승천 분위기를 부드럽게 묘사한다(*Ant.* 9.28).

17. 이사야의 승천 3:10을 보라. 여기서는 특히 Bauckham, *Climax of Prophecy*, 169-70을 보라. 비록 엘리야의 사역에 근거를 두고 있긴 하지만(왕상 18:38; 왕하 1:10-14; Lives of Prophets 21:2), 하늘에서 내려온 불은 경건한 자들이 행하는 심판의 표준적인 수단이 되었다(아브라함의 유언 10A; 12B; 요셉과 아세낫 25:6/7); 전하는 바에 의하면 몇몇 랍비들도 역시 무례한 자를 뚫어지게 쳐다봄으로써 그들을 분해시켰다고 한다(*b. B.B.* 75a; *Shab.* 34a; *Pes. Rab Kah.* 11:16; 18:5; *Gen. Rab.* 79:6). 요구하지 않은 불이나 빛이 하늘에서 내려오는 것은 출 40:38; Plutarch, *Aemilius Paulus* 24.1; *p. Hag.* 2:1, §§4, 9; *Song Rab.* 1:10, §2 등에서 일종의 확증으로 나타난다. 그리고 Diodorus Siculus, 4.67.2; 16.83.2; Dionysius of Halicarnassus, 3.35.2; 9.6.5; Pausanias, 9.25.10 등에서는 심판으로 나타난다. 참조. 레 10:2; 민 16:35; 1QM 17.2-3; Josephus, *Ant.* 4.55-56.

18. Lindsey, *New World Coming*, 162-63; Frost, *Matthew Twenty-Four*, 212. Daniel K. K. Wong, "The Two Witnesses in Revelation 11," *BibSac* 154 (July 1997): 344-54는 두 사람의 문자적인 종말의 증인들을 선호하지만 그들의 정체는 아직 알려지지 않고 있으며, 또한 이들은 엘리야 및 모세의 능력을 가지고 온다.

19. 여러 견해들의 요약에 대해서는 Ford, *Revelation*, 177-78; Peterson, *Preaching in the Last Days*, 13을 보라. 엘리야의 귀환은 초기 유대교에서 광범위하게 퍼져있었던 것으로 보인다(말 4:5-6; 시락 48:10; *Sifre Deut.* 41.4.3; 342.5.2; 막 9:11).

20. 모세에 대해서는 *Sifre Deut.* 357.10.5; ARN, 12A를 보라; 참조. 모세의 유언 11:8; 에녹 1서 89:38과 대조하라. 아마도 엘리야의 승천 4:7-19에 나오는 에녹과 엘리야의 순교는 계 11:3-7에 있는 전승에 대한 후대의 한 유대 그리스도인의 해석을 반영하는 것 같다. 다른 사람들은 후대 랍비들에게서 모세와 엘리야의 종말론적 나타남을 인용한다(T. Francis Glasson, *Moses in the Fourth Gospel* [Naperville, Ill.: Alec R. Allenson, 1963], 27, 69).

이 나온다(계 11:5). 이것은 예레미야의 사역에서처럼(렘 5:14), 하나님의 말씀의 가혹한 능력에 대한 은유적인 표현이다. 그렇기 때문에 요한이 다른 곳에 나오는 전통적인 유대교의 상징들을 일관되게 재해석하는 것을 고려해보면, 그가 되돌아오는 선지자들에 대한 이같이 전통적인 유대교적 기대를 변형시켜 이를 상징적으로 재적용하고 있다는 것이 보다 가능성이 있지 않을까?

그럼에도 불구하고 이 두 증인들이 상징적이라고 주장하는 것은, 만일 우리가 그들이 무엇을 상징하고 있는지 결정하지 못한다면 아무런 도움이 안 된다—이는 요한계시록에서 보다 어려운 해석학적 과업들 중의 하나이다. 어떤 사람들은 이들을 율법과 선지자들에 대한 상징으로 간주한다.[21] 다른 사람들은 두 증인들이 베드로와 바울이며, 두 사람 모두 거의 동시에 네로 치하에서 처형당했을 것이다.[22] (그러나 그들은 11:11에서처럼 부활하지는 않는다.) 또 다른 사람들은 이스라엘에 대한 감람나무 상징을 가리키기도 하며(렘 11:16; 호 14:6; 롬 11:17) 또한 그 두 증인들이 이스라엘과 교회를 나타낸다고 주장하기도 한다.[23]

이러한 제안들이 추측들이 그런 것처럼 그럴듯한 추측일 수도 있는 반면, 또 다른 견해는 본문의 증거에서 보다 직접적으로 끌어낸 것도 있다. 가장 일반적인 견해는 이 두 증인이 교회의 선지자적 증거를 나타낸다는 것이다.[24] 다양한 요소들이 이러한 해석을 지지한다.

(1) 그들은 "촛대들"이다(계 11:4). 요한계시록 다른 곳에서 촛대는 교회와 명백하게 동일시되고 있다(계 1:20).[25]

(2) 여호수아와 스룹바벨은 그들의 거룩한 도성을 회복하고자 하는 대제사장이요 왕이었다. 성도들이 나라와 제사장으로서(계 1:6; 5:10) 그들의 새 예루

---

21. Corsini, *Apocalypse*, 193-98; 몇몇 사람들이 막 9:4에서 모세와 엘리야에 관하여 제시한 비슷한 해석들을 참조하라.

22. John Randall, *The Book of Revelation: What Does It Really Say?* (Locust Valley, N.Y.: Living Flame, 1976), 71.

23. González, *Revelation*, 72.

24. Bowman, *First Christian Drama*, 71; Hill, *New Testament Prophecy*, 89; Bauckham, *Climax of Prophecy*, 166, 273-75; Michaels, *Revelation*, 138-39; Talbert, *Apocalypse*, 45-46; Aune, *Revelation*, 2:631; Beale, *Revelation*, 572-75; 그리고 Newton, *Observations*, 286; Mounce, *Revelation*, 218은 두 증인들이 종말의 교회를 나타낸다고 생각한다.

25. 일곱 촛대 전체가 전체 교회를 나타내고 있는 것처럼, 역시 이곳에서도 두 증인(Beasley-Murray, *Revelation*, 184)은 증인으로서 교회의 역할을 강조한다(민 35:30; 신 17:6; Bauckham, *Climax of Prophecy*, 274).

살렘을 추구한다는 것보다 더 나은 상징이 있겠는가?[26]

(3) 이 문맥에 나오는 요한처럼, 그들도 예언을 하며(계 10:11; 11:3, 6), 또한 그리스도를 증거하는 일반적인 그리스도인의 사명을 성취하고 있다(계 19:10 참조).

(4) 만일 이 기간이 전 기독교 시대에 대한 상징적인 것이라면, 그것이 당연한 경우이지만(12:5-6에 대한 설명을 보라), 그 증인들은 동일하게 긴 기간의 그 무엇에 대해서 상징적일 필요가 있을 것이다 (혹은 단순히 그리스식의 형식보다 더욱 효과적인 그 무엇으로 그들의 초인간적인 수명을 감추기 위해).

(5) 다양한 구약성경의 예언적 주제들에 대해 가중적인 각색을 하는 것, 가령 불이 하늘보다는 증인들의 입에서 나온다는 것은 상징적 해석을 보다 광범위하게 하고 있음을 시사한다.

두 증인들이 교회라는 근거는 논란이 있지만, 그러나 이것이 가능한 선택들 중에서 최상의 것으로 보인다. 두 증인들이 교회라는 것을 거부하는 사람들은 특히 문자적인 세부사항들, 가령 삼일 동안 거리에 누워있다든지 하는 것은 교회에 적합하지 않다는 근거에서 그렇게 주장한다.[27] 그러한 반대들이 불합리한 것은 아니지만, 그들은 요한계시록의 담화들에 나오는 세부적인 내용들이 반드시 문자적으로 해석되어야 한다는 것을 전제하고 있는데, 하지만 그러한 전제는 우리가 요한계시록의 나머지 부분들에서 발견하는 것과 많은 부분에서 모순을 일으킨다. 이와 마찬가지로 어떤 이들은 성경을 진지하게 읽으면 우리가 두 증인이라는 인물을 문자적인 두 사람으로 해석할 것을 요구한다고 주장하기도 한다. 그러나 성경의 다른 많은 장르들과는 달리 요한계시록에서는 그러한 해석학적 도구를 일관성 있게 적용하는 일은 어려운 일이다. 예를 들면, 12장 혹은 17장에 나오는 여자들이 문자적인 개인들을 나타내어야만 한다고 주장하는 이들은 거의 없다.

만일 그 증인들이 교회를 나타내고 있다면, 우리는 1,260일도 두 가지 방식 중에 하나로 볼 수 있다. (1) 우리는 여기서 교회의 성공적인 종말의 증거를 볼 수 있다(대부분의 교회사에서는 그 증거에 대해 반대하고 있지만). (2) 우리는 오히려

---

26. 쿰란 두루마리 중의 몇 개는 종말에 선지자뿐만 아니라 기름부음 받은 제사장도 강조하고 있다는 것(예를 들면, 1QS 9.11; 4Q540)은 요한이 이곳에서 광범위한 종말의 이미지를 새로운 방식으로 재적용하고 있을 가능성을 강화한다. 슥 4:3-14에서 왕적 및 제사장적 요소들이 분명하게 나타난다(*Pes. Rab.* 8:4).

27. 예를 들면, Strombeck, *Rapture*, 185.

1,260일을 상징적인 숫자로 해석할 수 있으며(이러한 상징주의가 요한계시록 대부분의 내용에 적합하다), 이 경우 요한계시록은 다른 많은 사람들이 하는 것처럼 이러한 유대교 상징들을 재해석하고 있는 것이다(12:5-6에 대한 설명을 보라). 여기에서 요한계시록은 우리들에게 시간의 길이를 말하고자 하는 것이 아니라 시간의 성격을 알려주기 위해 다니엘서의 인물을 빌려오고 있는데, 즉 교회 시대는 다니엘서의 환난처럼 큰 고난을 당하는 것이 그 특징이다.

요한은 교회의 때를 위해 1,260일을 사용하며 또한 짐승의 때를 묘사하기 위해 마흔두 달이라는 이와 동등한 숫자를 사용한다. 1,260일은 마흔두 달 혹은 3년 반을 나타낸다. 이것은 아마도 상징적인 숫자로 의도된 듯하다(12:5-6에 대한 설명을 보라). 요한계시록은 1년에 대해 364일의 합(에녹 1서 74:12-13), 혹은 다니엘서의 1,290일(단 12:11)과 1,335일(단 12:12) 보다는 이 숫자를 선호하는데, 이는 아마도 고대 기하학자들에게 분명한 이유가 있을 것이다. 이들은 숫자의 양식에 큰 의미를 발견했던 사람들이었다.[28]

만일 실제로 요한계시록이 두 증인을 교회로 나타내고 있다면, 성경적 암시들은 교회의 예언적 사역을 위한 하나의 양식을 제공한다. 즉 "그들의 증거는 심지어 모세나 엘리야의 증거보다 더욱 큰 것이며 그리고 이 증인들에 대항하여 짐승이 더욱 강한 세력들을 불러 모은다…"[29]

증인들은 아마도 여러 가지 이유로 인하여 두 사람일 것이다. (1) 증거에 대한 성경적 원칙은 타당한 증언을 위해 최소한 두 사람의 증인들을 필요로 한다(신 17:6; 19:15). (2) 초기 그리스도인들은 가능하면 둘씩 짝을 지어 보냄을 받았다(막 6:7; 행 13:2-4).[30] (3) 보다 중요한 것으로, 스가랴 4장에서 여호수아와 스룹바벨에 대한 암시는 두 대표자들을 요구한다. (4) 마지막으로 증인들의 이중적인 성격은 13:11-12에 나오는 악한 두 지도자들과 문학적인 대조를 제공하는데, 그 중에 하나도 역시 불을 가져온다(계 13:13). 11장의 기름부음을 받은 왕과 제사장

---

28. 1,260은 70까지 짝수를 모두 합한 숫자이며, 그리고 12까지 짝수의 합은 42이다. 뿐만 아니라 1,260은 35번째 직사각형 숫자이며(정사각형은 1,225에 해당한다), 그리고 42는 여섯째 직사각형 숫자이다(정사각형은 36에 해당한다. 이것이 666의 삼각형 근이다). 1 다음에 정사각형들과 삼각형 숫자의 첫째 및 둘째 숫자는 각각 36과 1,225이다. 1,260 다음에 직사각형 숫자는 1,332인데(이사야의 승천 4:12, 14에서 대환난에 대해 사용된다), 이에 대응하는 삼각형은 666이다(Bauckham, *Climax of Prophecy*, 401-3).

29. Bauckham, *Climax of Prophecy*, 170.

30. 이것은 요한 당시에도 그대로 남아있었던 형태였으며(예를 들면, 11QTemple 61:6-7; 64:8; CD 9.3-4, 17-23; Josephus, *Life* 256; *Ant.* 4.219; *b. Sanh.* 37b, *baraita*), 그리스도인들도 마찬가지였다(마 18:16; 고후 13:1; 딤전 5:19).

은 13장의 악한 통치자와 그의 제사장과 강한 대조를 이루고 있다. 이러한 묘사는 요한이 교회와 세상적인 체계 사이를 대조하고 있는 것을 강화시킨다. 후자는 하나님의 증인들을 죽이는 권세를 가지고 있지만, 그러나 증인들이 비록 희생을 당한다 해도 승리할 것이다.

두 증인들은 또한 우리가 12장에서도 살펴보겠지만 우리가 알고 있는 것 이상으로 교회에 대한 다양한 모습을 보여준다. 분명히 하나님은 광야에서 그의 백성들을 양육하실 것이며(계 12:6, 14), 또한 재앙들로부터 그들을 보호하실 것이다(계 7:3). 그러나 여기에서 두 증인들은 악한 통치자들에 대해 담대하게 도전한다. 이들은 적그리스도의 영을 구체화하는 자들이다. 최초의 사도들처럼, 교회도 표적으로서 그리고 고난을 받음으로써 예수님에 대한 그의 메시지를 확증한다. 그들은 적그리스도의 손에 의해 죽임을 당하지만(계 11:7; 13:7), 그러나 바로 그들의 순교에서 그들은 적그리스도를 이긴다(계 12:11). 날카로운 증거는 항상 고난의 위협에 노출되어 있으며, 또한 그리스도인의 증거와 고난은 모두 종말보다 앞서서 일어나야 한다(계 6:9-11).

두 증인의 역사(11:7-14)

증인들은 예언하도록, 즉 고대 이스라엘의 선지자들처럼 하나님의 성령에 의해 하나님을 대신하여 하나님의 메시지를 말하도록 권위를 부여받았다. 그들은 슬픔과 자기 비하, 구체적으로 말해서 종종 회개의 슬픔을 나타내는 굵은 베옷을 입고 있다(계 11:3).[31] 이것은 그들이 죽은 이후에 뒤따르는 잔치 기분과는 뚜렷한 대조를 이루고 있으며(계 11:10), 이는 세상이 불쾌한 진리를 듣는 것보다는 오히려 속이는 것을 즐겨하고 있다는 것을 암시한다.

무저갱에서 올라오는 짐승(계 9:11 참조. 13:1-13에서는 보다 상세하게 서술되어 있다)이 두 증인들과 "전쟁"을 하려는 것(계 11:7, 문자적 번역; NIV "그들을 공격하다")은 요한계시록에서 종종 개작되고 있는 거룩한 전쟁 언어에서 빌려온 것이다.[32] 그러나 진정한 그리스도인 전사들(계 7:1-8에 대한 설명을 보라)은 순교

31. 구약성경에서는 사 20:2; 렘 6:26; 애 2:10; 욜 1:13 등을 보라; 후대의 것은 마카비 1서 2:14 | 요셉과 아세낫 10:14/16; 13:2를 보라. 그것은 사악한 사회에서 떨어져 살아가는 예언자들에게 여전히 적절한 것이었다(이사야의 승천 2:10).

32. 초기 유대교에서는 1QM 1.4를 보라. 이러한 표현은 메시아가 벨리알에 대해 싸우는 것(다니엘의 유언

자들이며(계 7:9-17), 그리고 궁극적인 전투는 영적인 것이며(하늘에서, 그리고 이곳에서 사탄은 의문의 여지없이 패한다. 12:7을 보라) 아울러 종말론적임이 드러날 것이다(예수님이 그에게 도전하는 자들을 패배시키실 때, 17:14; 19:11을 보라. 2:16에 나오는 미리 맛보기를 참조하라). 짐승을 경배하는 자들은 "누가 능히 이로 더불어 싸우리요"라고 묻는다(계 13:4). 그 대답은 죽임을 당한 어린 양이다. 그는 또한 만왕의 왕이시다(계 17:14). 짐승이 성도들을 "제압하고" 혹은 "이긴다"는 것(계 11:7; 13:7)은 단지 일시적이며, 인간의 관점을 보여줄 뿐이다. 결국 성도들은 타협을 하지 않고 순교를 받아들임으로써 세상을 이기게 된다(계 2:10-11; 3:9, 12; 12:11; 15:2).

요한의 이미지들은 의도적으로 다중적인 것처럼 보인다(계 17:9-10처럼, 이곳에서 동일한 이미지가 두 가지를 나타내고 있다).[33] "큰 성"(계 11:8)은 전체적으로 불의한 세상을 지칭할 수도 있는데(가령 바벨론), 요한 당시에는 로마로 생각되었다. 결국 모든 백성들의 대표자들(계 11:9-10)은 로마 제국을 암시한다 하지만 예수님이 십자가에 못 박힌 장소에 대한 언급(계 11:8)은 아마도 구체적으로 예루살렘을 말할 것이다(막 10:33; 눅 13:33-34; 히 13:12).[34] 증인들이 증거를 하는 기간 동안 이방인들에 의해 짓밟히는 거룩한 성(계 11:2)은 예루살렘이다. 그리하여 예수님을 증거하는 자들은 예수님이 고난 받은 그곳에서 고난을 당한다. 거룩한 성의 이름들에 대한 요한의 통찰은 "비유적으로 하면…소돔이라고도 하고 애굽이라고도 하니"(가령 NIV)가 아니라, 문자적으로, "영적으로 하면" 즉 "성령으로"인데, 이 성령께서 하나님이 주시는 계시들을 깨달을 수 있도록 선지자들에게 영감을 주신다(계 17:3-5처럼).[35] "소돔"은 심판을 받을 것으로 암시된 예루살렘에 대한 예언적 명칭이었다(사 1:9-10; 렘 23:14; 애 4:6)—로마를 "바벨론"으로 부르며 거짓 선지자들을 "발람"과 "이세벨"로 부르는 이 책에서는 놀라운 일이 아니다.

하지만 요한의 "영적인" 통찰에 의해, 이 도시는 또한 어떤 의미에서는 보다 넓

5:10), 혹은 악한 자들이 하나님에 대항하여 싸우고자 하는 것에 적용된다(*Gen. Rab.* 38:6).

33. 쿰란의 페셰르(pescher) 해석에서는 이것이 가능한 해석임을 참조하라(예를 들면, 1QpHab의 여러 곳). 이교적 신탁들도 역시 이미지들을 자유롭게 개조하였다(H. W. Parke, *Sibyls and Sibylline Prophecy in Classical Antiquity*, ed. B. C. McGing [New York: Routledge, 1988], 15).

34. Ford, *Revelation*, 180; Rissi, *Future of the World*, 55-56을 보라. 70,000명의 인구(계 11:13) 역시 로마보다는 예루살렘에 보다 적합하다(Beasley-Murray, *Revelation*, 2:628).

35. 또한 Bruce, "Spirit," 339; Bauckham, *Climax of prophecy*, 168-69; Roloff, *Revelation*, 133을 보라. 그리고 피(Fee)는 바울에게 나타나는 "영적인"을 "성령의"로 이해한다(Gordon D. Fee, *God's Empowering Presence: The Holy Spirit in the Letters of Paul* [Peabody: Hendrickson, 1994], 28-31).

은 세상을 상징하기도 한다. 왜냐하면 모든 족속들의 대표자들이 그 시체를 목격하기 때문이다(계 11:9).[36] "큰 성"(계 11:8)은 어떤 의미에서는 이곳에서 예루살렘일 수도 있지만(아마도 11:2의 "거룩한 성"), 그러나 대개 요한계시록에서 이곳은 분명히 바벨론을 가리킨다(계 17:18; 18:10, 16, 18-21).[37] 바벨론이 새 예루살렘과 대조를 이루는 것처럼, "거룩한 성"(계 21:2, 10, 19)은 그 규모로 볼 때 "큰 성"보다 비교할 수 없이 더 큰 것으로 드러난다(계 21:16 참조). 요한 당시 적그리스도의 세상 체계는 로마에서 전형적으로 나타날 것이지만, 그러나 그것이 로마에만 한정되는 것은 아니다. 믿지 않는 예루살렘은 그곳의 일부분이기도 한 제국의 세상 체계와 섞여진다. 마치 그리스도인들을 지방 관리들에게 고소했던 유대인들을 2:9과 3:9에서는 사탄과 연결이 되어있는 회당이라고 불렀듯이 말이다. "애굽"(계 11:8)은 하나님의 종들을 압제해 온 세상에 대한 적절한 명칭이지만 또한 출애굽 당시 하나님의 백성들처럼 재앙들을 견디는 것을 말하기도 한다(계 8-9장; 16장). "소돔"도 역시 불로 멸망을 받기로 예정되어 있는 세상 체계에 적절한 말이다(계 20:9; 참조. 11:5).

증인들이 길에 누워있다는 것(계 11:8)은 그들이 매장되지 않았다는 것을 암시하며, 그리하여 이들은 고대 세계에서 대개 가장 악랄한 죄인들에게나 해당되는 가장 수치스러운 취급을 당하고 있음을 보여준다.[38] 세상이 그들의 죽음을 즐거워하고 또한 순교당한 자들을 조롱하는 것은 심히 반어적이다. 즉 초기의 성경적 전통에서 하나님의 종들은 대량학살을 모면했으며, 오히려 그들을 대적하는 원수들을 죽이고 서로 예물을 주면서 축하하였다(에 9:19). 그러나 대조적으로 이곳에서는 하나님의 종들의 대적들이 이들을 죽인 후에 서로 예물을 보내고 있다. 하지만 결국에는 많은 사람들이 회심하였다(계 11:11-13). 그러나 거룩한 전쟁에 대한 성경적 전승에서처럼, 하나님 편에 있는 사람들은 마지막 환희를 즐길 것이다. 하늘

36. 어떤 학자들은 이 도시를 특별히 예루살렘이라기보다는 오히려 세상을 상징하는 것으로 간주한다(예를 들면, Bowman, *First Christian Drama*, 71; Caird, *Commentary on Revelation*, 138; Beale, *Revelation*, 591-92). 이 경우에 Aune, *Revelation*, 2:619-20(587도 참조하라)은 예루살렘에 대한 초기의 종말 전승이 이곳에서 재적용되고 있다는 것은 옳은 것일 지도 모른다. 로마는 대규모의 국제적 인구를 자랑하였다(계 11:9; Aune, *Revelation*, 2:621).

37. 로마는 또한 스스로에 대해 "가장 위대한 도시"로 생각하고 있었다(Aune, *Revelation*, 3:959에 나오는 언급들을 보라).

38. 사 5:25; Sophocles, *Antig.* 21-30, 697; Virgil, *Aen.* 9.485; Tacitus, *Ann.* 6.29; Petronius, *Sat.* 112 등을 보라. 두 증인이 큰 성 "길"에 있다는 것(계 11:8)은 수치를 강조하며 또한 영화로운 종말 도성의 거리와 대조를 이룬다(계 21:21; 22:2).

은 이 도시가 붕괴되는 것에 즐거워할 것이다(계 19:1-7).[39]

증인들의 시체가 사흘 반 동안 모독을 당하는 것은 그들의 시체가 썩고 있는 것을 암시하지만, 그러나 이는 또한 3년 반의 그들의 사역을 암시하는 것일 수도 있다(계 11:9, 11). 만일 요한이 두 증인들이 사역하는 동안 그들이 계속 죽임을 당했다고 주장한다면 본문은 일관성 있는 담화로서의 기능을 할 수 없다. 그러나 요한이 비록 죽음을 암시한다 해도 죽음이 교회가 증거하는 것을 막을 수는 없으며(마 16:18 참조), 또한 순교가 종종 교회의 예언자적 사역을 성취하고 있다는 것을 보여준다.[40]

증인들은 그들이 사역하는 동안에 보호를 받지만(계 11:5), 결국에는 죽는다(계 11:7). 이것은 하나님께서 증인들이 증거하는 모든 시대에는 그의 교회를 보호하실 것이지만, 그러나 복음의 보편적인 선포가 이루어졌을 때, 세상은 마침내 대규모의 순교를 통하여 교회를 말살시키려 한다는 것을 보여주기 위한 하나의 방식을 제공한다. (요한 당시에 신자들은 아마도 로마 제국에서 그러한 사건들이 즉시 일어날 것으로 기대했지만, 그들은 오늘날의 경박한 세상에서도 역시 믿을 수 있는 사람들이다.)

그리하여 교회는 주님의 발자취를 따라갈 것이다. 즉 그리스도인들은 죽을 것이지만 그러나 부활의 소망을 기다려야 한다(계 11:11; 참조. 계 1:5; 2:8-10; 히 11:35-12:4). "생기"(계 11:11)는 "생명의 성령"으로 번역될 수도 있는데(롬 8:2 참조), 이는 창세기 2:7에서 하나님의 보살핌을 암시하며(요 20:22처럼) 또한 요한계시록 13:15에서 주어지는 거짓된 생명과 대조를 이룬다.[41] 압제의 시대가 시작될 때의 예수님처럼(계 12:5 참조), 이 증인들은 마침내 하늘로 올라가는데(계 11:12), 이는 신원(伸寃)과 궁극적 구원의 표시이다(계 12:5). 4:1에서 인용된 "이리로 올라오라"와는 대조적으로 이 문구의 경우는 "휴거"이다. 하지만 몇몇 인기

39. 보다 상세한 것은 Bauckham, *Climax of Prophecy*, 281-82를 보라. 유대인들은 해마다 부림절을 거행했기 때문에, 분명히 에스더 9장을 암시하고 있다. Aune, *Revelation*, 2:623은 선물 교환을 둘러싸고 있는 통상적인 그레코-로마 관습들, 특히 농신제(農神祭, 고대 로마에서 12월 17일경 추수를 축하하는 축제-옮긴이)와 고대 로마 달력에서 초하루에 대한 축제에 대한 내용을 상세하게 말해주고 있다.

40. 어떤 이는 삼 일 반을 "제한된 시간이긴 하지만 삼 년 반보다는 짧은 시간"으로 생각한다(Talbert, *Apocalypse*, 46). 콥틱어로 된 엘리야의 승천 4:7-15에서는 아마도 그 이야기를(에녹과 엘리야가 삼 일 반 동안 시장에 누워 있다가 일으킴을 받았다는 내용) 이 구절에서 차용한 듯하다. "칠천"(계 11:13)과 생명을 부활시키는 영(계 11:1) 모두 아브라함의 유언 17-18A에 등장한다.

41. "생기"(Spirit of Life)는 또한 에녹 1서 61:7; 아브라함의 유언 18A에서는 죽은 자들을 살리는 것과, 그리고 르우벤의 유언 2:4에서는 일반적으로 생명과 관련이 있는 것 같다. "발로 일어서는 것"은 종종 소생했다는 것에 대한 최초의 확증이었다(왕하 13:21; 겔 37:10; 막 5:42; 참조. 눅 7:15; 요 11:44).

있는 북미의 종말론적 구조와는 달리, 이 휴거는 시대의 끝 몇 년 전에 일어나는 것이 아니라 그 직전에 일어나는 것이다(계 11:15).[42]

세상이 하나님의 재앙들에 직면해서도 회개하기를 끈질기게 거부하는 것을 생각하면(계 9:20-21; 16:9-11, 나팔과 대접 재앙의 끝에서), 11:11-13에서 이 도시의 회개는 고무적이라고 할 수 있다. "영광을 하늘의 하나님께 돌리더라"(계 11:13)는 예배를 수반하는 것이 분명하지만(계 4:9; 19:7), 불의한 자들의 회개를 포함한다(계 16:9; 참조. 14:7). 그들이 하나님이 두려우시다는 것을 새롭게 발견한 것(계 11:11, 13)은 또한 하나님이 행하시는 심판들에 대한 하나의 적절한 반응을 나타낸다(신 21:21; 행 5:11; 종말의 지진에 대해서는 계 6:12; 16:18-19도 보라). 이 경우에 그러한 상징의 의미는 전체로서 세상 체계라기보다는 오히려 예루살렘이나 유대인의 보다 좁은 의미의 이미지에 제한되는 것으로 보인다. 만일 11:8과 에스더서에서 부림절에 대한 반전된 암시가 이곳에 나오는 원수들이 믿지 않는 예루살렘 사람들을 포함하는 것을 암시하고 있다면, 이 본문은 이전에 회심하지 않은 예루살렘에 사는 유대 민족들 대부분의 종말론적 회심을 암시할 수도 있다. 이러한 예언은 초기 그리스도인들의 기대와도 어울리며(마 23:39; 롬 11:25-27), 한편 종말에 살아남은 대부분의 이방인들은 회개하지 않는 것으로 보여 진다(계 6:16-17).[43]

이 경우 요한계시록은 희망적인 반어법을 포함한다. 성경 예언자들은 종종 심판 이후에 살아남은 자들을 결국에는 여호와를 따르게 될 십분의 일에 제한시킨다(사 6:13; 암 5:3). 그러나 여기서 십분의 일이 죽으며(7,000은 남은 자의 이미지에 잘 들어맞는다. 왕상 19:18; 롬 11:4 참조), 반면 대다수 사람들은 믿음에 이르게 된다.[44]

---

42. 승천은 엘리야의 이미지를 다시 언급하는 것일 수도 있지만(왕하 2:11; 계 11:6), 그러나 승천 전승들은 초기 유대교 문헌에서는 에녹과 모세에게(에녹 1서 39:3; Josephus, *Ant.* 4:326), 그리고 이교 신화에서는 신격화된 인간들에게(Ovid, *Metam.* 14.824-28; Diogenes Laertius, 8.2.68; Phaedrus, 4.12.3) 적용되고 있다. Aune, *Revelation*, 2:626-27도 역시 그레코-로마의 승천 기사에서 증인들과 대기 또는 지진 현상 등을 언급하고 있다. 음성과 구름은 예수님의 승귀 뿐만 아니라(행 1:9; 참조. Rissi, *Time and History*, 103) 교회의 휴거에 대한 전승(살전 4:16-17)을 암시하는 것일 수도 있다.
43. 특히 로마서 11장에서 유대인들이 종말에 회심할 것이라는 믿음은 교회사 대부분의 기간 동안 몇몇 집단들 내에서 계속 주장되었는데, 예를 들면, 도미니크회의 수사 로마의 훔베르트(Humbert of Romans)의 1272 논문(Humbert of Romans, "Objections to the Crusades Answered," *Christian History* 40 [1993]: 20-21); 19세기의 전천년주의자인 섀프티스베리(Shaftesbury) 경(John Wolffe, "Dismantling Discrimination," *Christian History* 53 [1997]: 37-39 [38]).

상황잇기

모범적인 증인들. 두 증인들을 미래의 문자적인 증인들로 생각하는 사람들은 이들을 교회에 대한 모범으로 간주한다. 왜냐하면 우리들도 역시 고난의 시기에(계 1:9) 증인들이기 때문이다(계 19:10). 아울러 증인들을 이 시대에 교회를 위한 상징으로 생각하는 사람들은 자연히 그들을 훨씬 더 모범적인 것으로 간주한다. 여러 사람들이 다양한 역사적 설명들을 제시해오고 있지만, 그러나 이런 경우라 해도 종종 증인들을 그들 자신의 경험에 대한 모델들로 기능하도록 허용해 왔다.

역사를 통틀어서 많은 사람들은 두 증인의 고난을 순교하는 교회로서의 그들 자신의 경험들에 적용시켜 왔다. 예를 들면, 1500년대 후반과 1600년대 초반에 파레우스(Pareus)는 두 증인을 종교 재판소에 의해 고난을 받는 위클리프(Wycliffe) 및 후스(Hus)와 관련시켰다. 마찬가지로 조나단 에드워즈(Jonathan Edwards, 1703-1758)는 적그리스도 아래에서 프로테스탄트 개혁자들이 받는 고난으로 이해하였다.[45] 요한의 초점이 이처럼 좁은 사건들의 범위에 있다는 것을 주장하는 것이 부석절할 수 있다 해도, 그러한 고난들은 분명히 허용되는 적용의 범위 속에 포함된다.

우리 그리스도 증인들이 고난을 받도록 부르심을 받을 때, 우리는 그들을 두 증인들과 동일시해야 한다. 왜냐하면 두 증인들처럼 그리고 우리 주님처럼, 우리들도 그리스도께서 우리들의 원수를 갚으러 오실 때 죽음을 넘어서서 일으키심을 받을 것이기 때문이다. 문제는 고난 받는 증인들이라는 원리의 구체적인 적용이 그 본문의 유일하고도 적절한 해석이라고 우리가 생각할 때 일어난다. 예를 들면, 한스 허트(Hans Hut)는 1500년대에 가장 유능하고도 헌신된 재세례파 복음전도자들 중의 한 사람이었는데, 그는 두 증인들이 순교당한 토마스 뮌쩌(Thomas Müntzer)와 그의 동역자라고 생각했다. 그리하여 그는 1528년에 그리스도의 재림이 있을 것으로 기대했다. 그러나 그는 너무나도 빨리 죽었기 때문에 그가 한 예언이 잘못되었다는 것을 알지 못했다.[46]

---

44. 가장 상세한 것으로는 Bauckham, *Climax of Prophecy*, 282-83을 보라. 보캄은 다른 사람들을 회개에 이르게 하는 것이 남은 자들의 고난이라고 생각한다(예를 들면, Caird, *Commentary on Revelation*, 140은 칠천 명을 남은 자들을 죽인 것에 대한 보복으로 인해 죽임을 당한 것으로 본다). 10분의 1의 남은 자는 비록 타락한 천사들에 대한 것이긴 하지만 희년서 10:9에 나온다.
45. Peterson, *Preaching in the Last Days*, 168, 231. 분파 집단들도 동일한 유혹을 경험한다. 여호와의 증인들은 1,260일을 1차 세계대전 동안에(1914년 10월 - 1918년) 그들이 받은 시험에 문자적으로 적용하였다(*Revelation: Grand Climax*, 162, 164). 이들은 계 11:8에 나오는 성을 전 기독교도로 간주한다(ibid., 168).
46. "A Gallery of Factuins, Friends & Foes," *Christian History* 4 (1985): 13-16 (p. 14).

삼년 반. 오늘날의 인기 있는 요한계시록에 대한 이해는 문자적인 7년 대 환난에 초점을 맞추고 있다. 이러한 견해에 대한 한 가지 문제는 다니엘의 칠십 번째 이레(7년) 전체가 요한계시록이 말하는 기간이라고 가정하는 것이다. 그러나 실제로 요한계시록은 단지 그 기간의 반에 불과한 삼년 반을 말하고 있다. 우리가 7년을 얻기 위해 삼년 반의 기간에 둘을 곱할 수도 있지만(계 11:2-3; 12:6, 14; 13:5), 그러나 우리가 다른 기간들은 어떻게 처리해야 하는가? 왜 어떤 것은 결합시키지만 이들 시간에 대한 언급들에 대해서는 그렇게 하지 않는가?[47]

또 하나의 문제는 요한계시록이 규칙적으로 예언서에 나오는 이미지들을 포함하여 초기의 유대교 이미지들을 새로운 상징적인 방식으로 재적용하고 있다는 것이다. 문자적인 삼년 반은 예수님의 승귀(昇貴) 직후에 시작되었는가?(보다 자세한 내용은 12:5-6에 대한 설명을 보라.) 요한계시록의 장르를 고려해보면, 우리는 1,260일이라는 정해진 시간적 구조가 상징적인 것인지 아니면 문자적인 것인지에 대한 문제와 씨름하는 일을 피할 수 없다.

신적인 원수 갚음. 신적인 원수 갚음이라는 교리는 많은 불신자들에게는 사회적으로 "원시적인" 것으로 들릴 수도 있으며(이들은 항상 변하는 문화적 가치들 때문에 신적인 계시보다 도덕적 표준이 우월하다고 생각한다), 그리하여 불신자들이 일부 그리스도인들을 당황하게 만들기도 한다. 하지만 압제를 받는 사람들은 그러한 약속에 동조할 수 있다. 압제를 받지 않는 사람들은 그러한 본문들에서 자신들을 실제로 압제하지 않고 있는 사람들을 미워하라는 요구가 아니라, 오히려 우리는 우리의 마음이 새 예루살렘보다는 바벨론에 늘 끌리는 것을 발견하지 않도록 하기 위해, 그 나라를 세상적인 이익보다 높이 평가하라는 요구를 들어야 한다.

유대인들에 대한 선교. 지금 우리가 살펴보고 있는 본문에서 혹은 다른 본문에서(특히 롬 11:26) 예루살렘이 마침내 메시아 예수님에 대한 믿음으로 돌아설 것이라는 내용을 보고 있는 사람들은 이러한 확신을 잘못 적용하도록 종종 유혹을 받기도 한다. 어떤 사람들은 "유대인들 어쨌든 회심할 것이기" 때문에, 예수님에 대한 메시지를 유대인들에게 전하는 것을 등한시한다.[48] 이러한 접근은 비논리적이

47. Michaels, *Interpreting Revelation*, 141에 나오는 비평을 보라.
48. 유대인들을 포함하는 복음 전도에 대해서는 Vernon, C. Grounds, "The problem of Proselytization," 199-225 in *Evangelicals and Jews in an Age of Pluralism*, ed. M. H. Tanenbaum, M. R. Wilson, and A. J. Rudin (Grand Rapids: Baker, 1984)을 보라; 메시아를 믿지 않는 유대인들의 관점에서는 같은 책에 나오는 Blu Greenburg, "Mission, Witness, and Proselytism," 226-39; 그리고 Sanford Seltzer, "Mission, Witness, and Proselytization: A Jewish View," 240-54를 보라.

기도 하면서 동시에 본문의 요점을 놓친 것이기도 하다. 성경은 마지막 세대의 살아남은 남은 자들의 회심만을 언급하고 있는 것이지, 마지막 세대에 이르기까지 역사상 대다수 유대인들의 회심을 말하는 것이 아니다. 게다가 요한계시록(계 11:3)과 바울(롬 1:16-17; 11:14, 25, 31) 모두 신자들이 이방인들뿐만 아니라 인종적인 이스라엘에게도 복음을 계속 선포해야 한다고 전제한다.

교회 역사가 세상에 복음을 전했던 사람들에게 문화적으로 민감한 증인보다는 반유대주의의 비극(유대인들을 "십자가" 위에서 화형시키고 또한 그들을 거짓 세계로 물에 빠져 죽게 하는 일을 포함하여)을 더 많이 반영하고 있다는 것은 신자들이 이곳에 언급된 희생적이면서도 순교적인 증인을 모방할 필요성을 더욱 강화시킨다(계 11:7 참조). 우리는 유대인들 중에 그리스도를 믿는 사람들의 현재 "남은 자"가 그 규모가 상당하다 해도 거기에 감히 만족할 필요는 없다.[49] 바울이 남은 자로서 유대인 신자들에 대해 말할 때(롬 11:5), 바울은 그것을 온 이스라엘과 대조하였다(롬 11:26). 예수 안에 있는 유대인 신자들의 비율은 우리 시대보다 바울 당시에 훨씬 높았으며, 그리고 이것은 기독교의 반유대주의의 역사를 반영하며, 이를 우리는 지금 반드시 극복해야 한다.[50]

현대적 의미

만일 우리가 본문의 원래적 의미에 동의할 수 없다면 적용은 어려운 일이다. 왜냐하면 여러 가지 점에서 여전이 논란이 있기 때문이다. 그렇지만 우리는 몇 가지 제안은 할 수 있다. 성전 바깥마당을 짓밟는 것은 아마도 이 시대에 하나님의 백성들(어쩌면 유대인, 혹은 그리스도인)의 고난을 의미할 것이다. 그러나 좀 더 분명하게 말해서, 측량하는 일은 21:16의 새 예루살렘까지 미루어지고 있다. 하나님을 섬기는 사람들은 소수, 때로는 박해받는 소수일 수도 있지만, 그러나 미래

49. 이 운동의 급성장하는 규모에 대해서는 Gary Thomas, "The Return of the Jewish Church," *CT* (Sept. 7, 1998), 62-69에 나오는 정보를 보라. 필라델피아에 있을 때, 나는 베트 예수아(Beth Yeshua)에 많은 친구들이 있었는데, 그곳에서 사진을 찍었다.

50. 이러한 역사에 대해서는 Edward H. Flannery, *The Anguish of the Jews: Twenty-three Centuries of Anti-Semitism* (New York: Macmillan, 1965); James Parkes, *The Conflict of the Church and the Synagogue: A Study in the Origins of Antisemitism* (New York: Atheneum, Temple Book, 1979); Adriaan H. Bredero, *Christendom and Christianity in the Middle Ages*, tr. R. Bruinsma (Grand Rapids: Eerdmans, 1994), 274-318 등을 보라. 기독교적 반유대주의는 기독교 이전 로마의 이교주의에서 기원하였으며, 종종 회심자들의 문화 속에 들어있는 여러 이교적 측면들과 함께 교회 안에 들어오기도 했다. J. N. Sevenster, *The Roots of Pagan Anti-Semitism in the Ancient World*, NovTSup 41 (Leiden: E. J. Brill, 1975)을 보라.

는 궁극적으로 우리들의 것이다. 하나님은 종종 이 시대에 작은 사람들, 상한 사람들, 그리고 멸시받는 사람들을 통해서 역사하시지만, 하나님은 결국 그의 남은 자들을 변호하실 것이다.

오늘날을 위한 상징으로서 두 증인들. 만일 이 두 증인들이 교회라면, 그들은 우리들에게 직접적인 모델을 제공한다. 이들을 문자적인 두 개인으로 해석하는 사람들은, 성경에 나오는 하나님의 사람들이 그랬던 것처럼, 우리들에게도 역시 역할 모델을 제공해준다는 것을 인정할 수 있다(고전 10:11 참조). 그러므로 우리는 세상에 대해 성령의 권능을 부여받은 증인들이 되어야 하며, 어떤 대가도 지불할 준비가 되어있어야 하고 또한 하나님의 목적을 성취하기 위해 하나님의 능력에 완전히 의존해야 한다.

증인들의 숫자가 두 사람이라는 것에 대해서는 여러 이유가 있지만, 하나는 증거를 공유하는 원리일 수도 있다(신 17:6). 우리는 단지 스스로 증명하지 않는다. 우리 자신이 증거 한다고 해서 한 사람이나 문화를 자동적으로 그리스도에게로 인도할 수 있는 것이 아니라, 오히려 우리의 증거는 교회라는 전체 예언적 남은 자들의 보다 광범위한 증거에 기여하는 것이다. 증인들이 교회 사역의 왕적이고 제사장적 측면들을 어떻게 드러내든지 간에, 본문은 또한 교회의 다양한 기능들의 중요성을 암시하고 있다. 그러나 또 다시 그러한 적용은 논란이 있을 수 있으며, 특히 그들이 의존하고 있는 해석들이 여전히 논란이 되고 있다.

보다 분명하게 말해서 성경에 나오는 선지자들의 목소리처럼, 우리는 종종 실질적으로 혼자 서 있어야 하며, 우리 시대의 잘못된 것들에 도전할 필요가 있다.[51] 우리는 보다 자주 하나님의 메시지의 진리를 위한 소리들로 그리스도 안에 서 있을 때가 있다. 우리는 사람들을 그리스도께로 인도하고 또한 그들을 성숙한 증인들로 양육함으로써(마 28:19-20), 우리의 영향력을 여러 배 이상으로 증가시킬 수 있다.[52]

1870년 그리스도께 회심한 한 힌두교도가 추흐라(Chuhra)의 불가촉천민(不可觸賤民) 출신의 한 절름발이 남자에게 이르렀다. 그가 그리스도의 복음을 가지고 이 마을 저 마을로 돌아다니면서 상당한 핍박에 직면하였지만, 11년이 지나자 500명 이상의 추흐라 불가촉천민들이 그리스도인이 되었다. "1900년까지 이 천민들

51. Vernon C. Grounds, "Dare to Be a Micaiah," *CT* (March 18, 1988), 24-25를 보라.

52. Robert E. Coleman, *The Master Plan of Evangelism* (Huntingdon Valley, Pa.: Christian Outreach, 1963).

의 반 이상이…회심하였으며, 그리고 1915년까지 거의 수백 명의 천민들이 기독교 신앙을 공언하였다."[53] 복음주의에 헌신한 몇몇 사람들은 말하기를, "오늘날, 네 사람 중 세 사람이 이미 예수 그리스도를 믿고 있으며 그리고 최소한 네 사람 중 두 사람이 이미 그리스도에 대해 들었으며, 만일 어떤 모임이 재생산을 하고 있지 않다면, 그 모임을 어떻게 부르든 간에 신약 교회일 수는 없다."[54]

우리는 이 시대에 그리고 세계 여러 곳에서 중생한 그리스도인들의 많은 숫자를 암시하는 통계에 즐거워할 수는 있다. 그러나 심지어 미국처럼 분명히 기독교에 흠뻑 젖은 지역들에도, 교회를 다니지 않는 대부분의 젊은 사람들(그리고 교회 다니는 많은 사람들)은 복음이 주장하는 것을 실제로 전혀 이해하지 못하고 있다. 이 나라 여러 지역에 있는 거리에서, 몇몇 문화적 집단들 속에서, 그리고 대학생들 속에서, 나는 기독교적 경험이 교회 안에서 대체로 구분되어 있다는 것을 발견하였다. 이것은 아마도 대부분의 그리스도인들이 비그리스도인 동료들로부터 거부를 당하지 않기 위해 자신들의 신앙을 주로 동료 그리스도인들과 나누고 있기 때문일 것이다.

만일 두 사람의 근본주의적 침례교도들이 1975년 길거리에서 나에게 복음을 전하지 않았다면, 나는 결코 복음에 대해 들어보지 못했을 것이다. 왜냐하면 나는 그 당시에 복음주의 교회에 결코 발을 들여놓지 않으려고 했던 무신론자였기 때문이다. 정말 놀라운 일은 교회 안에서조차도 만일 그들에게 복음을 하나하나씩 설명해주지 않는다면 그 중에 어떤 사람들은 복음을 이해하지 못한다는 것이다. 나는 교인들이 강단에서 강해되고 있는 구원을 신중하면서도 자주 듣고 있지만 그러한 교리가 그들에게 개인적으로 설명이 되기까지는 어떻게 구원을 얻는지 실제로 전혀 알지 못하는 교회들을 섬겨왔다. 우리는 이러한 것을 감히 당연한 것으로 여겨서는 안 되며, 또한 우리는 하나님의 메시지를 전파하는데, 마치 요한계시록의 두 증인들이 그랬던 것처럼, 어떤 대가라도 지불할 준비가 되어 있어야 한다.

표적과 기사. 하나님은 오순절 날 예언적 기름을 부으심으로 그의 교회에 권능을 주셨다(행 2:17-18). 이 사건이 보다 좁은 의미에서 예언을 포함하고 있긴 하지만

---

53. J. Waskom Pickett, Christian Mass Movements in India (New York: Abingdon, 1933), 45에 이어 George G. Hunter, III, "The Key Strategy: Finding the Bridges of God," 28-40 in *Church Growth: Strategies That Work*, by Donald McGavran and George Hunter III (Nashville: Abingdon, 1980), 29-30을 보라.
54. Donald A. MaGavran and Winfield C. Arn, *Ten Steps to Church Growth* (San Francisco: Harper & Row, 1977), 96.

(행 21:9-10), 이 기름 부으심의 초점은 증거 하기 위한 권능이다.[55] 이 두 증인들이 표적과 기사를 행했다는 것은 사도행전에서 교회의 사도적인 지도자들과 다른 복음전도자들의 증거에 어울린다(행 2:43; 5:12, 16; 6:8; 14:3). 표적과 기사는 복음에 대한 세상의 관심을 끌어낼 수 있는 가장 빈번한 수단들 중의 하나를 구성한다(행 9:34-35, 40-42; 19:10-20; 28:8-9). 내가 사도행전에서 이 점에 주목하였을 때, 나는 내가 그리스를 전하는 사람들의 병을 고쳐주시기를 기도하기 시작했다. 어떤 사람들은 극적으로 치유함을 받았으며 또한 하나님이 확증해주시는 복음의 메시지에 즉각 응답하기도 하였다.

그러나 오늘날 서구 교회는 좀처럼 기적을 체험하기가 힘들다. 실제로 기적에 대해 가장 승리주의적인 서구 교회의 일부에서조차도 모세, 엘리야, 엘리사, 예수님, 혹은 바울 등의 성경적 사역에서 나타나는 규모로 기적을 나타내는 일은 거의 없다. 몇몇 사람들은 기적이 잘 일어나지 않고 있는 것에 대해 대답하기를 하나님께서 정경이 완성된 이후에는 기적의 흐름을 중단시켰다는 주장을 함으로써 성경을 그들의 경험의 관점에서 해석하고 있다. 그러나 이러한 설명은 너무나도 많은 것들을 부정하고 있다. 성경은 때의 마지막이 오기까지 초자연적 은사들이 지속되는 것으로 말하고 있으며(고전 13:8-12; 엡 4:11-13; 계 11:5-6), 그리고 교회 역사와 최근 세계 여러 곳에서 일어나고 있는 영적 각성들을 볼 때 하나님은 여전히 기적들을 통하여 그의 교회들에게 주권적으로 은혜를 베풀어주신다는 것을 입증하고 있다.[56]

하나님의 주권과 서구의 합리주의는 모두 서구 기독교에 기적이 드물게 일어나는 것에 대한 설명을 해줄 수 있다. 하지만 그보다 더욱 더 우리는 세상에 대해 너무나도 만족한 라오디게아, 두아디라, 그리고 사데에 있는 타협하고 있는 교회와 혹은 사랑 없는 에베소 교회와 전반적으로 많은 공통점을 지니고 있다.[57] 성경에 나오는 기적들은 하나님의 행위가 두드러지게 나타날 때, 특히 하나님 나라의 복

55. 보다 상세한 내용은 Craig keener, *3 Crucial Questions About the Holy Spirit* (Grand Rapids: Baker, 1996), 35-37; idem, *The Spirit in the Gospels and Acts: Divine Purity and Power* (Peabody, Mass.: Hendrickson, 1997), 200-201을 보라. 초기 유대교에서 예언과 성령의 연관성에 대해서는 Keener, *Spirit in the Gospels*, 10-13을 보라.

56. Jack Deere, *Surprised by the Power of the Spirit* (Grand Rapids: Zondervan, 1993), 특히 45-46; Keener, *3 Questions*, 81-127을 보라. 능력 대결에 대해서는 계 13:13에 대한 현대적 의미 부분을 참조하라.

57. Jack Deere, *Surprised by the Voice of God* (Grand Rapids: Zondervan, 1996), 88에도 나오는 이러한 관찰을 참조하라.

음이 확산될 때 가장 빈번하게 일어난다(행 6:8; 14:3; 19:11-12). 나는 우리가 낙원의 이러한 측면을 우리 스스로 만족하면서 무아지경이 될 때보다는 신자들이 복음으로 신천지를 개척해 나갈 때 그러한 것들을 훨씬 더 많이 목격해왔다. 두 증인들이 본문에서 하고 있는 것처럼, 교회가 그리스도의 주장으로 사회의 우상들에 도전할 준비가 되어있을 때만, 우리는 성경적인 충만함으로 하나님의 능력을 증거할 수 있다.

순교에 대하여. 하나님이 그들에게 순교를 허락하실 때까지 그 어느 누구도 그 증인들을 해할 수 없다는 것(계 11:5)은 세상에 대한 하나님의 심판도 역시 그의 종들을 해할 수 없다는 것을 상기시킨다(계 7:3). 이것은 하나님이 자연에 대해서 뿐 아니라 우리의 대적들이 우리를 무너뜨리려고 하는 것에 대해서도 주권적이심을 우리들에게 상기시킨다. 진실로 우리의 머리털 하나라도 우리 아버지께서 허락하지 아니하시면 떨어지지 않을 것이다(마 10:29-30).

그러나 이 본문은 세상에서 하나님의 말씀을 선포하는 그의 종들이 늘 구원받는 것으로 기대할 수 없음을 보여준다. 요한계시록은 우리 자신들을 순교하는 교회로 준비되도록 요구한다. 우리가 그리스도를 따르는 자들이 되는 순간, 우리는 그 나라의 과업을 위해 우리의 생명을 박탈당한다(막 8:34-38). 그렇지만 대부분 우리 자신들과 우리의 동료 종들이 이러한 부르심에 대해 준비되어 있지 못하다. 우리의 문화는 "자연적인" 죽음에 대부분 직면해있는 것으로부터 우리를 더욱 보호하고 있다. 그것은 순교를 위해 우리를 준비시키지 않는 것이 분명하다. 하지만 만일 우리가 우리 주님의 가르침을 믿는다면, 우리는 교회가 고난, 심지어는 순교까지 감당할 수 있도록 사역해야 하며, 만일 그것이 주님의 가르침을 듣기를 원하지 않는 사람들에게 우리의 증거가 없어서는 안 될 대가가 된다면 말이다(계 2:10; 참조. 요 12:25-26; 15:18-21).

신적인 변호. 결국 하나님은 그들을 조롱하는 바로 그 사람들의 관점에서 그의 종들을 변호하신다. 또한 그러한 변호는 성경에 빈번하게 나오는데(시 23:5), 그러나 우리가 그것을 개인적으로 이해하기 까지 반드시 살아있는 것이 아니다. 지금 우리의 메시지를 조롱하는 사람들 중의 얼마는 나중에 회개할 지도 모른다. 내가 고등학교에 다닐 때 한 내가 복음을 전한 한 마약 중독자는 내가 무신론자이었을 때와 같이 복음에 문을 닫고 있는 것처럼 보였으며, 그래서 나는 그가 도대체 회심할 수 있을 것인지 솔직히 말해서 의심이 들었다. 내가 대학교 1학년을 마치고 집으로 돌아왔을 때, 내가 교회에서 누구를 만났는지 한번 맞춰보시라?

그러나 때때로 사람들의 마음이 복음을 받아들일 수 있도록 만들기 위해서는 우리의 설교 이상의 것이 필요하다. 새롭게 회심한 우리들 중 두 사람이 고등학교에서 담대하게 복음을 증거 했지만, 그러나 많은 사람들이 복음을 받아들이는데 있어서 전환점은 두 달이라는 시간이 지난 후에 우리가 전하는 메시지를 거부하고 대부분 조롱했던 여섯 명의 사람들이 다양한 방식으로 죽음을 당했을 때였다. 설교하고 복음을 증거 하는 것이 이 땅에 완성될 수 없다 해도, 하나님의 심판은 여전히 그 심판에 살아남은 사람들을 위해 이루어 질 수 있다. 이 시대에 하나님의 심판은 항상 사랑의 행위로 나타난다. 하나님은 대개 심판에서 교훈을 얻을 수 있는 남은 자들을 남겨두신다.

종말 직전에 하나님께서 순교자들을 변호하시는 것은 임종 직전에 회심하는 것과 같은 것인데 그 성이 예수께서 십자가에 못 박히신 곳이다. 즉 살아남은 대부분의 사람들이 회심하였다(계 11:11-13). 그러나 심판이 사람들의 관심을 끌 수는 있다 해도, 우리는 심판 직후에 그런 일이 일어나리라고 항상 믿을 수는 없다(계 6:10). 역사를 통하여서 대부분의 사람들은 예수님이 재림하실 때 살아있지 못할 것이며, 세상에서 살아남은 대부분의 사람들이 진정으로 회개하는 일도 없을 것이다(계 6:16-17; 참조. 계 1:7). 그렇기 때문에 회개하기에 적절한 때는 항상 "지금"이다(고후 6:2). 하지만 우리는 때때로 심판을 통하여 사람들이 진리에 대해 관심을 가진다 해도 요한계시록에서 심판의 행위들은 증거 하는 것과 관계없이 회개에 이르도록 하지 못했다(계 9:20-21).

요한계시록 11:15-19

15 일곱째 천사가 나팔을 불매 하늘에 큰 음성
들이 나서 이르되 세상 나라가 우리 주와 그
의 그리스도의 나라가 되어 그가 세세토록
왕 노릇 하시리로다 하니
16 하나님 앞에서 자기 보좌에 앉아 있던 이십
사 장로가 엎드려 얼굴을 땅에 대고 하나님
께 경배하여
17 이르되 감사하옵나니 옛적에도 계셨고 지금
도 계신 주 하나님 곧 전능하신 이여 친히 큰
권능을 잡으시고 왕 노릇 하시도다
18 이방들이 분노하매 주의 진노가 내려 죽은
자를 심판하시며 종 선지자들과 성도들과 또
작은 자든지 큰 자든지 주의 이름을 경외하
는 자들에게 상 주시며 또 땅을 망하게 하는
자들을 멸망시키실 때로소이다 하더라
19 이에 하늘에 있는 하나님의 성전이 열리니
성전 안에 하나님의 언약궤가 보이며 또 번
개와 음성들과 우레와 지진과 큰 우박이 있
더라

원 의미

11장을 마무리하는 구절들은 일곱째 나팔에 대해 말한다. 비록 마지막 나팔이 일곱 시리즈를 끝맺고 있긴 하지만(계 11:15), 이는 또한 이곳에 나오는 상황과 어울리기도 한다. 나팔은 대개 왕이 즉위할 때 불게 된다(왕상 1:34-41; 왕하 9:13; 11:14). 성경은 다윗 계열의 메시아가 "세세토록 왕 노릇" 하실 것임을 약속해왔다(계 11:15; 참조. 사 9:7; 마카비 1서 2:57). 자연히 유대인들은 하나님이 영원토록 통치하실 것으로 인식하였다(시 10:16; 146:10; 에녹 1서 84:2).[1] 다니엘은 하나님의 나라가 계속 이어지는 세상 제국들에 대해 최종적으로 승리하실 것임을 강조하였는데(단 2:44; 참조. 단 7:17-18), 이는 요한 당대의 많은 사람들에게 잘 알려졌던 소망이었다.[2] 유대인들은 또한 지금은 열방들이 다스리고 있지만, 하나님과 그의 백성들이 오는 세상을 다스릴 것임을 강조하였다(아울러 계

1. 이러한 약속은 다윗의 영원한 보좌에 대한 초기의 약속(시 89:29, 36; 132:12)에 의존하고 있으며 또한 인자 예언에도 적합하다(단 7:14). C. F. Moule, *The Birth of the New Testament* (New York: Harper & Row, 1962), 23은 이곳과 계 19:6-8에서 그리스도 즉위 시편을 발견하고 있다.
2. 예를 들면, 1QM 1.5-6; 모세의 유언 10:1.

19:6에 대한 설명을 참조하라).[3] 추측컨대 "우리 주와 그의 그리스도의" 나라(계 11:15)는 시편 2편 2절의 표현을 상기시킨다. 이곳에서 열방들이 여호와와 그의 기름부음 받은 자를 대적하비만 결국 그들은 멸망을 당할 것이다(계 11:18에 대한 설명을 보라).

하나님의 백성들은 종종 그의 백성들을 구원해주신 것에 대하여 하나님을 찬양해왔다(출 15:18; 계 11:17-18, 15:3-4; 계 11:17에서 하나님의 전능하심과 영원성에 대해서는 1:8에 대한 설명을 보라). 요한계시록 11:18에서 이방들이 분노하는 것은 시편 2편 1-2절에서 열방들이 여호와와 그의 기름부음 받은 왕을 대적하는 것을 생각나게 하는데, 이제 그들은 하나님의 진노에 직면하게 된다(시 2:12). 여기서 이방들의 분노(NIV: "화가 난"(were angry); 계 12:17에서 마귀가 "분노한 것"을 참조하라)는 심판의 날에 하나님의 "진노"에 직면하게 된다(계 11:18; 참조. 계 6:16).

유대 전승은 또한 하나님께서 종말의 때에 그의 백성들에게 주실 상급을 강조하였다(계 11:18; 참조. 계 22:12).[4] 일부 그리스도인들이 유대 전승을 훼손하려는 시도들과는 대조적으로, 상급도 바로 기독교적 개념이었으며, 또한 상급을 주는 행위들은 그리스도 안에서 경험되는 은혜와 분리되는 것도 불가능하다(마 5:11, 46; 6:1; 막 9:41; 고전 3:8, 14; 9:17-18; 요이 8). 의인이든 악인이든 모두 이 때 자신들이 행한대로 상급을 받는다(계 11:18).

하나님의 "종 선지자들"(계 11:18)은 히브리어 성경에서 통상적인 하나의 관용구이지만(거의 20회나 등장), 그러나 요한에게 있어서 이 표현은 "성도들" 및 "하나님의 이름을 경외하는 자들"과 동일시될 수도 있다(계 11:18). 일부 주석학자들의 논증과는 달리, 모든 신자들은 일반적인 의미에서 그리스도를 증거 하도록 성령의 능력을 받은 증인들이라는 점에서 "선지자들"을 의미할 수 있다(계 19:10; 참조. 계 11:3). "작은 자든지 큰 자든지"(계 11:18; 참조. 계 6:15;

3. *Gen. Rab.* 95 (MSV)를 보라; 두 세대에 대해서는 에스라 4서 7:50; *tos. Taan.* 3:14; *Sifre Num.* 115.5.7; *Sifre Deut.* 29.2.3을 보라; 참조. A. J. Ferch, "The Two Aeons and the Messiah in Pseudo-Philo, 4 Ezra, and 2 Baruch," AUSS 15 (1977): 135-51; John J. Collins, *The Sibylline Oracles of Egyptian Judaism*, SBLDS 13 (Missoula, Mont.: Society of Biblical Literature, 1972), 320, 358-59.

4. 예를 들면, 지혜서 5:15; 에스라 4서 7:98; *m. Ab.* 2:2; *Sifra A.M.* par. 8.193.1.11; *Sifra Behuq. pq.* 2.262.1.9; 가장 상세한 것은 Morton Smith, *Tannatic Parallels to the Gospels* (Philadelphia: Society of Biblical Literature, 1951), 163-84를 보라. 유대 교사들은 종종 상급을 위해서보다는 오히려 그 자체를 위해 선을 행하는 것을 강조하곤 했다(*Sifre Deut.* 48.6-7; M. Brocke, "Tun und Lohn im nachbiblischen Judentum: Ein Diskussionsbeitrag," *Bibel und Leben* 8 [1967]: 166-78을 보라).

13:16; 19:5, 18; 20:12)는 "가장 작든지 가장 크든지"처럼 "모든 사람"을 의미하는 흔히 사용되는 관용구이다(구약성경에서 거의 40회나 등장 한다. 예를 들면, 왕하 23:2).[5]

"땅을 망하게 하는 자들"이라는 표현(계 11:18)과 또한 그렇게 마땅히 심판을 받을 만하다는 것은 좀더 어려운 내용이다. 아마도 그것은 죄인들의 불순종으로 인하여 땅을 황폐하게 만드는 유린을 언급할 수도 있지만(계 7:3; 참조. 희년서 9:15), 그러나 "망하게 하는 것"은 보다 적극적인 관련성을 암시할 수도 있다. 그것은 하나님의 백성들을 대적하는 침략자들을 가리킬 수도 있는데, 이들은 거룩한 땅을 멸하려고 하는 침입자들이다(왕하 18:25). 하지만 문맥에서 그 어느 것도 그 이미지를 구체적으로 거룩한 땅에 한정시키지 않고 있다는 것은 그 이미지를 일반화하고 있다는 것이다. 옛 바벨론처럼 악한 제국은 전체 땅을 황폐화 시킨다(렘 51:25의 헬라어 번역은 이곳과 동일한 헬라어 단어들을 사용하고 있으며 이것이 아마도 지금 우리 본문에 나타나는 이미지의 원천이 되었을 것이다). 다른 사람들을 해하는 사람들이 동일한 운명에 처할 것이라는 것은 성경 및 고대 지혜에 흔하게 나오는 내용이다(예를 들면, 마 26:52).[6]

19절은 이 구절이 그 다음 단락(계 12:1-6; 두 부분 모두 하늘의 환상들을 포함한다)을 도입한다는 점에서 중추적인 구절이지만, 그러나 우리는 여기서 혼란을 피하기 위해 이 구절을 다룰 것이다. 유대인들은 일반적으로 하나님께서 언약궤를 숨기셨지만, 종말의 때에는 그것이 회복될 것으로 믿었다(계 2:17에 대한 설명을 보라). 그리하여 최종 심판의 때가 도래하게 되면(계 11:15-18), 하나님은 그의 하늘 성전의 베일을 벗기셔서 종말을 나타내실 것이다(계 11:19). 뿐만 아니라 이전에 언약궤가 성전 안에 있었을 때는 땅에 있는 사람들이 그 언약궤를 볼 수 없도록 하는 규정들이 있었다. 왜냐하면 언약궤는 지성소에 숨겨진 채 보호되었기 때문이다(출 40:21; 레 16:2). 그리하여 지금 언약궤가 보이고 있다는 것은 사건의 비상한 변화를 보여주고 있는 것이다.

언약궤에 대한 묘사는 다양한 연관성을 암시하는데, 특히 시내산 언약과 관련해서이다. 이러한 언약을 통해서 하나님은 불순종하는 세상으로부터 회계할 것을

5. 이것은 초기 유대교 용법에서 지속되었다(바룩서 1:4를 보라).

6. 예를 들면, Demosthenes, *Against Zenothemis* 6; Aulius Gellius, 7.4.4; 시락 27:25-27; 희년서 4:32; 1QpHab 12.5-6; *m. Ab.* 2:7; 보다 자세한 것은 Aune, *Revelation*, 2:646을 보라.

요구하신다. 고대 근동 지역에서 한 나라는 대개 신전에 있는 신 앞에서 다른 사람들과 언약을 체결하였으며, 그리하여 만일 언약이 파기될 경우 그 언약에 언급되어 있는 복수의 저주가 초래되는 것이다. 또한 칙령들이 공동 장소, 가령 성전 같은 곳에서 표명되었다는 것과도 관련될 수 있다. 뿐만 아니라 이스라엘 사람들이 전쟁하기 위해 언약궤를 취하여 그들 앞에 두었듯이(삼상 4:3-9), 로마 사람들도 그들 나라의 수호신이 전쟁을 치르기 위해 신전에서 나가고 나중에 돌아오는 것으로 생각하였다.[7] 기상학적인 현상들(계 11:19)은 아마도 하나님께서 시내 산에서 계시하신 것과 비교되는 하늘로부터 오는 새로운 계시를 의미할 것이다(참조. 계 4:5; 출 19:16).[8]

상황잇기

요한계시록 11:15-19에서, 가령 하늘에 있는 언약궤와 같은 상징적 이미지는 원래 특별한 충격을 연상시키기 위해 도출된 것이었지만, 그러나 그것이 최초의 청중들에게 환기시켰던 것은 오늘날 우리들에게 환기시키는 것보다 더 실질적이었을 것이다. 현대의 독자들은 수많은 전승들과 또한 이러한 이미지들과 관련이 있는 암시적 의미들에 대해 대체로 익숙하지 않기 때문에, 우리는 본문을 설명할 필요가 있다(말하자면 빌립보 사람들에게 필요할 수도 있는 것보다는 더 많은 관심을 원 의미 단락에 초점을 맞추는 일).

종종 우리가 해석할 때 단순히 단어들의 사전적 의미에만 초점을 맞출 때가 있다. 하지만 주해에서 성경 신학으로 옮겨가는 일은 "수사학" 혹은 우리의 문헌에서 저작의 성격에 민감해 질 것을 요구하고 있다. 왜냐하면 이것 없이 우리는 때때로 성경의 동일한 책 내에서조차도 많은 "모순들"을 발견하게 될 것이기 때문이다. 이 단락은 요한계시록이 사용하고 있는 언어의 성격을 이해함으로써 그러한 "모순"이 가장 잘 해결될 수 있는 실례를 제공한다. 의인들과 악인들이 동시에 상급을 받는다는 것(계 11:18)은 요한계시록 20:4-6에 나오는 두 부활 사이의 연대기적인 차이가 상징적인지, 아니면 현재의 그러한 진술들이 연대기적인 정확성을 위해 의

7. 이러한 내용에 대해 보다 자세한 것은 Meredith G. Kline, *Treaty of the Great King: The Covenant Structure of Deuteronomy* (Grand Rapids: Eerdmans, 1963), 24; John Pairman Brown, "The Ark of the Covenant and the Temple of Janus. The Magico-Military Numen of the State in Jerusalem and Rome," *BZ* 30 (1986): 20-35 등을 보라. 율법 궤는 대부분의 회당에서 사람들이 볼 수 있었을 것이다(Rachel Hachili, "The Niche and the Ark in Ancient Synagogues," *BASOR* 223 [Oct. 1976]: 43-53 [p. 53]을 보라).

8. 하늘이 열리는 것은 종종 계시를 상징한다(에녹 1서 34:2; 바룩 2서 22:1; 계 4:1에 대한 설명을 보라).

도되지 않은 요약인지 둘 중 하나를 암시할 것이다. 하여튼 저자는 두 구절들을 종말에 대한 보완적인 묘사로 생각하고 있다.

또한 만일 하나님의 "종 선지자들"이 하나님의 이름을 경외하는 자들과 동일한 시간에 걸쳐 있는 성도들을 가리키고 있다면(계 11:18), 이것은 모든 신자들이 어떤 방식으로든 선지자적 증언을 위해 능력을 부여받았다는 것을 의미한다(계 19:10). 하지만 어떤 점에서 증인들이 성경적 선지자들을 닮았는가? 우리가 성경적 선지자들로부터 무엇을 배울 수 있으며 또한 다른 그리스도인들로 하여금 동일한 일을 할 수 있도록 어떻게 격려할 수 있겠는가? 성경은 때때로 예언이라는 특별한 은사에 대해 언급하고 있지만(고전 14장), 그러나 요한계시록이 전체 교회의 예언적 증인을 언급할 때, 그것은 아마도 하나님의 메시지를 이해하고 또한 이를 선포하기 위해 우리가 하나님의 성령의 능력에 의존해야 할 필요성에 초점을 맞추고 있을 것이다.[9]

현대적 의미

사람들에 대해 아무런 차별을 하지 않으시는 분. 세상에서 슬픔이나 어떤 고난에 직면하는 사람들은 이러한 구절들이 주는 메시지에서 위로를 얻을 것이다. 이 구절들은 이 세상이 궁극적으로 하나님께 속해 있으며(계 11:15) 또한 하나님께서 심판의 날에 역사의 악한 모든 것들을 바로 잡으실 것이며, 모든 대적하는 것들을 멸망시키신다는 것을 선언한다(계 11:18). 아울러 이 구절들은 우리가 하나님이 장차 오셔서 개입하실 것을 곰곰이 묵상하면서 하나님을 경배하도록 요청한다(계 11:16-17). 뿐만아니라 이 구절들은 하나님께서 큰 자와 작은 자 모두를 심판하시는 것처럼(계 6:15), 하나님은 작은 자든지 큰 자든지 모두에게 상급을 주실 것임을 우리들에게 상기시킨다(계 11:18). 하나님은 그 어떤 사람들에게도 차별 대우를 하지 않으신다.

전통적으로 내가 직접적으로 가장 잘 알고 있는 흑인 교회의 전통에서, 특히 과거에 학대를 받고, 사회에서 억압을 받았던 많은 사람들이 교회에 나오기를 기대하였다. 마치 초대 교회에서 사회의 노예들과 자유민들이 감독의 지위에까지 올라갈 수 있었던 것처럼, 교회에서는 청소하는 사람들도 집사가 될 수 있었다. 오늘날

9. 대부분의 고대 독자들은 비록 분명하게 표현된 것은 아니지만 예언과 영 사이의 연관성을 인정했을 것이다(Craig Keener, *The Spirit in the Gospels and Acts* [Peabody, Mass.: Hendrickson, 1997], 10-13을 보라).

우리들은 종종 세상적인 지위를 (경험뿐만 아니라) 교회 안의 직분에 가지고 오는 경우가 종종 있다. 만일 우리가 그 무엇인가를 못 보고 놓친다면 이상한 일일 것이다(고전 6:4).

환경적인 관심사들. 이 땅은 여호와의 것이며(시 24:1), 그리고 그 나라도 주님의 것이 될 것이다(계 11:15). 그리하여 이 땅을 황폐하게 하는 사람들은 하나님의 통치에 도전하는 것이다. 굳이 현대적으로 해석하지 않는다 해도, 이것은 하나님의 창조물을 더럽히거나 남용하는 사람들이 심판을 받을 것임을 정당화하는 묵시적 신학을 반영한다(에스라 4서 9:19-22; 바룩 2서 13:11).[10] 따라서 이러한 황폐는 이 땅을 더럽히는 것을 암시하며, 또한 이는 창세기 1:26에 있는 최초의 창조 위임 명령을 역전시키는 것이다. 정복자들은 대개 자연적 차원들을 파괴하곤 한다(신 20:19; 사 14:8). 그리하여 이 본문은 하나님께서 이 세상에 제공하신 자원들에 대해 신자들이 보다 책임성 있는 청지기들이 되기를 원하는 오늘날의 기독교 환경론자들에 대해 중요성을 지닐 것이다.[11]

환경적인 타락은 결국 남아있는 피조물뿐만 아니라 당장은 가난한 사람들로부터 시작해서 사람들에게도 해를 가할 것이다.[12] 많은 환경론자들은 지구 온난화 문제에 초점을 맞추고 있으며, 훨씬 더 직접적인 위협은 안전하지 못한 물을 마심으로 인한 수인성 질병들이며, 또한 이는 매년 300만 명이 넘는 어린이들을 죽이고 있다.[13] 국제적인 유독성 폐기물은 제3세계에서 정기적으로 폐기되고 있다.[14]

---

10. 랍비 문헌들에 있는 몇 가지 생태학적 논점들에 대해서는(현대적 술어를 사용한) Gerhard Langer, "Pfanzen, Schützen und Bewahren—eine ökologische Ethik der Rabbinen," *Bibel und Liturgie* 64 (1991): 86-92를 보라.

11. 기독교 환경론자의 관점들에 대해서는 *World Christian* (April 1990), 전체적 논점에 대해서는 William Dyrness, "Are We Our Planet's Keeper?" *CT* (April 8, 1991), 40-42; *CT* (April 4, 1994), 16-33에 있는 "Eco-Myths"와 그 밖의 논문들; Lionel Basney, *An Earth-Careful Way of Life* (Downers Grove, Ill.: InterVarsity, 1994); 그리고 정규적으로 발행되는 *Creation Care* 잡지 (Wynnewood, Pa.: 이전에는 Green Cross 잡지였다) 등을 보라. 그러한 주장을 하는 것은 어떤 극단적인 환경론자들과 관련이 있는 신 이교주의 종교의 의제를 확증하는 것이 아니다. 이 점에 대해서는 *SCP* [*Spiritual Counterfeits Project*] *Journal* 16/1 (1991) and 17/3 (1992); Tod Connor, "Is the Earth Alive?" *CT* (Jan. 11, 1993), 22-25를 보라.

12. *NW* (June 1, 1992)에 있는 몇 가지 논문들을 보라.

13. Gregg Easterbrook, "A House of Cards," *NW* (June 1, 1992), 24-33 (p. 33); 그는 이러한 것이 "갈색의 먼 가난한 추상적인 지역에만" 영향을 미치고 있기 때문에 서구 국가들이 이러한 논점에 훨씬 덜 참여할 것으로 예상하고 있다.

14. "The Global Poison Trade," *NW* (Nov. 7, 1988), 66-68; Franz Schurmann, "Third World Becomes Garbage Dump for the West," *National College Newspaper* (Oct. 1988), 9.

이와 마찬가지로 수십 년 이상 동안 나이지리아의 북부의 영향력 있는 사람들은 오고니랜드(Ogoniland)의 자원들을 수탈하였으며, 오고니스(Ogonis) 사람들은 그들이 살고 있는 땅에 검은 연기로 뒤덮여 건강의 위협이 증가하고 있으며, 이로 인하여 그들이 마시는 물도 못쓰게 되고, 또한 그들의 농토까지 망쳐놓았다.[15] 석유회사들은 정부에 돈을 지급하고 토지를 차지하고 있지만 그러나 그들의 개발 수입에 일천 분의 일도 안 되는 것을 지역 주민들에게 되돌려주고 있다. 한 마을이 쉘 석유회사(Shell Oil)로부터 보다 나은 환경 보호의 보장을 요구했지만, 그 회사는 대화하기를 거부하였으며, 더구나 경찰이 출동하여 마을의 노인들과 그 자녀들을 불에 태워 죽였으며 다른 많은 사람들을 총으로 쏘아 죽였다.[16]

널리 존경을 받는 나이지리아의 작가 켄 사로-위와(Ken Saro-Wiwa)는 자신의 고향 오고니랜드가 대규모의 환경오염으로 인하여 "느린 대량학살"이 진행되고 있다고 항변하였다.[17] 그러자 마침내 사로-위와와 몇몇 비폭력 행동주의자들은 그들이 아무 관계도 없는 사람들을 죽였다고 거짓 고소를 당하여 석유 수익으로 인해 이익을 얻는 부패한 군시 독재정권에 의해 즉결 처형을 당하였다. 기독교인이 있넌 사로-위와는 처형되기 전에 동료 죄수들이 기도하도록 하였다.[18] 셸 석유회사는 사니 아바차(Sani Abacha) 독재정권과 거래를 하고 있었으며 지난 30년 이상에 걸쳐 나이지리아로부터 355억 달러나 되는 돈을 벌어들였지만, 죄 없는 사람들을 죽인 것에 대해 아바차를 공개적으로 정죄하지는 못했다. 그들이 주장하기를 "우리는 정치에는 아무런 관련이 없습니다"라고 하였다.[19]

이 본문에서 예레미야 51장을 암시하는 것은 특히 정복하는 것이 인간 생명에 끼치는 해에 특별히 초점을 맞추고 있다. "땅"(*ge*)이라는 단어가 지구를 가리킬 수도 있지만(계 7:1-3), 요한계시록에서 이 단어는 대개 인간을 가리킨다(계 13:12, 14). 땅에 거하는 악한 자들이 땅을 심하게 파괴시킬 수도 있지만, 그러나 "하늘"에는 해를 가할 수 없으며, 하늘과 땅은 짝을 이루어 10번 이상 등장한다(계 5:3, 13;

---

15. "A State's Well-Oiled Injustice," *WPR* (Jan. 1996), 14-15 (자료는 영국의 한 주간 잡지에서 가져왔다).
16. Detlef Pypke, "Partners in Crime?" *WPR* (Jan. 1996), 16 (자료는 독일의 한 시사 잡지에서 가져왔다).
17. Tim Ledwith, "Nigeria's Year of Shame," *Amnesty Action* (Winter 1997), 3.
18. "The Making of a Legend," *NW* (Dec. 18, 1995), 47. "Notes From a Gulag," *WPR* (Oct. 1995), 40-41에 나오는 구류에 대한 그 자신의 설명을 보라.
19. Pypke, "Partners"; "Nigeria Defies the World," *Amnesty Action* (Winter 1996), 5. 왕립 화란계 쉘은 미국의 쉘 석유회사를 포함하고 있지만, 후자는 나이지리아에 그 자체의 사업을 가지고 있지는 않았다는 것을 주목하라(G. C. Goodier이 저자에게 보내어 온 편지, Shell Oil Company [May 1, 1996]).

12:12). 따라서 이 단락은 환경적 파괴(사람들에게 미치는 영향 때문에 포함될 것이다)뿐만 아니라 다른 사람들을 파괴하는 권력의 불의한 남용도 정죄한다. 하나님은 다른 사람들을 압제하는 악한 제국들을 심판하실 것이다. "자업자득"(自業自得)이라는 속담은 다른 나라들에 대해 진노의 포도주를 먹이며(계 14:8) 또한 그도 마침내 그 진노의 포도주를 마시는(계 14:10) 악한 제국에 적합한 말이다.

언약궤를 보이시는 것의 상징. 하늘의 언약궤를 보이시는 것은 감추어진 것들(계 10:4)이 마침내 드러난다는 것을 의미한다. 그러나 그것이 요한계시록에 기록되어 있다는 사실은 이 시대에 정말로 중요한 "감추어진" 것들에 관하여, 우리 그리스도인들은 이미 "내부적인 특종"을 가지고 있다는 것을 의미한다. 우리는 우리가 하늘의 관점에 따라 합당하게 살아야 한다는 것에 대해 충분히 알고 있다.

요한계시록 12:1-17

1 하늘에 큰 이적이 보이니 해를 옷 입은 한 여
자가 있는데 그 발 아래에는 달이 있고 그 머
리에는 열두 별의 관을 썼더라
2 이 여자가 아이를 배어 해산하게 되매 아파
서 애를 쓰며 부르짖더라
3 하늘에 또 다른 이적이 보이니 보라 한 큰 붉
은 용이 있어 머리가 일곱이요 뿔이 열이라
그 여러 머리에 일곱 왕관이 있는데
4 그 꼬리가 하늘의 별 삼분의 일을 끌어다가
땅에 던지더라 용이 해산하려는 여자 앞에서
그가 해산하면 그 아이를 삼키고자 하더니
5 여자가 아들을 낳으니 이는 장차 철장으로
만국을 다스릴 남자라 그 아이를 하나님 앞
과 그 보좌 앞으로 올려가더라
6 그 여자가 광야로 도망하매 거기서 천이백육
십 일 동안 그를 양육하기 위하여 하나님께
서 예비하신 곳이 있더라
7 하늘에 전쟁이 있으니 미가엘과 그의 사자들
이 용과 더불어 싸울새 용과 그의 사자들도
싸우나
8 이기지 못하여 다시 하늘에서 그들이 있을
곳을 얻지 못한지라
9 큰 용이 내쫓기니 옛 뱀 곧 마귀라고도 하고
사탄이라고도 하며 온 천하를 꾀는 자라 그
가 땅으로 내쫓기니 그의 사자들도 그와 함
께 내쫓기니라
10 내가 또 들으니 하늘에 큰 음성이 있어 이르
되 이제 우리 하나님의 구원과 능력과 나라
와 또 그의 그리스도의 권세가 나타났으니
우리 형제들을 참소하던 자 곧 우리 하나님
앞에서 밤낮 참소하던 자가 쫓겨났고
11 또 우리 형제들이 어린 양의 피와 자기들이
증언하는 말씀으로써 그를 이겼으니 그들은
죽기까지 자기들의 생명을 아끼지 아니하였
도다
12 그러므로 하늘과 그 가운데에 거하는 자들은
즐거워하라 그러나 땅과 바다는 화 있을진저
이는 마귀가 자기의 때가 얼마 남지 않은 줄
을 알므로 크게 분내어 너희에게 내려갔음이
라 하더라
13 용이 자기가 땅으로 내쫓긴 것을 보고 남자
를 낳은 여자를 박해하는지라
14 그 여자가 큰 독수리의 두 날개를 받아 광야
자기 곳으로 날아가 거기서 그 뱀의 낯을 피
하여 한 때와 두 때와 반 때를 양육 받으매
15 여자의 뒤에서 뱀이 그 입으로 물을 강 같이
토하여 여자를 물에 떠내려 가게 하려 하되
16 땅이 여자를 도와 그 입을 벌려 용의 입에서
토한 강물을 삼키니
17 용이 여자에게 분노하여 돌아가서 그 여자의
남은 자손 곧 하나님의 계명을 지키며 예수
의 증거를 가진 자들과 더불어 싸우려고 바
다 모래 위에 서 있더라

원 의미

이 단락은 요한계시록의 중심 부분(12-14장)으로서, 나팔 심판과 대접 심판 사이에 들어가 있으며, 또한 이 단락이 자세히 말하고 있는 전통적 이미지들을 재해석하고 있을 뿐 아니라, 요한계시록 전체에 걸쳐서 나오는 다른 이미지들을 해석하는 열쇠를 제공하기도 한다. 만일 우리가 12:5-6(아래를 보라)을 정확하게 이해했다면, 이것은 특히 요한계시록에 나오는 대 환난 기간에 관한 것으로 보인다. 고대 저자들은 종종 여담(餘談)에서 신비적인 이미지들을 사용하곤 했으며, 그리고 요한계시록은 이 단락에서 세 가지 중요한 여담을 포함하고 있는 것으로 보인다. 즉 여자와 그녀의 자손(계 11:19-12:17, 여기에는 12:7-12에서 하늘의 관점으로 본 그 자체의 여담을 포함한다), 13장의 짐승들, 그리고 다가오는 심판에 대한 여러 가지 환상들(14장) 등이다. 데이비드 오니(David Aune)는 이러한 여담들이 과거와 현재와 미래를 각각 묘사한다고 주장을 한다.[1]

요한은 이곳에서 상징을 다루고 있는 것이 분명하다. 즉 그는 여자와 용 모두를 "이적"으로 부르고 있다(계 12:1, 3; 참조. 계 15:1).[2] 헬라인들은 종종 여기서 사용된 술어(*semeion*)를 하늘에 있는 별자리에 적용시키곤 하였으며, 그리하여 어떤 헬라인들은 이 여자를 처녀자리(Virgo)로 그리고 용을 용자리(Draco) 혹은 뱀자리로 생각하기도 하였다. 그러나 여기서 묘사하고 있는 것은 그리스 신화와 다른 점들이 있기 때문에 이 이적들이 별자리를 가리키는 것이 아니라는 것을 그들에게 재빨리 경고했을 것이다. 그럼에도 불구하고 어떤 독특한 요점을 전달하기 위해 전통적 상징들의 결합이 다시 사용되었다.

그렇다면 상징들은 무엇을 의미하는가? 이러한 상징들을 고대의 문맥과는 관계없이 우리의 현대적 세계의 관점에서 그들을 해석하는 것은 별로 도움이 안 될 것이다. 그리하여 몇 세기 전에 해석학자들은 해를 기독교 세계로, 달을 이슬람 세계로, 그리고 성도들과의 전쟁(계 12:7)을 왈도파와 알비파에 대한 교황의 공격으로 생각하였다.[3] 오늘날 해석자들 중에 이러한 견해를 본문에 대한 당시의 적절한 적용으로 간주하는 사람은 거의 없다. 뱀은 많은 집단들에게 혐오의 대상이었지만,

1. Aune, *The new Testament in Its Literary Environment*, 242. 어떤 학자들은 이 중심 단락에 일곱 개의 이적이 있다는 것을 발견하지만, 그러나 요한은 이것에서 이적들의 번호를 매기지 않고 있다는 것이 분명하다(Caird, *Commentary on Revelation*, 105-6); 포드(Ford)는 여섯 개의 이적을 선호한다(*Revelation*, 47).
2. "이적"은 전형적으로 예언적 확신에 대한 상징적인 표현이다(예를 들면, 사 8:18; 20:3; 37:30; 렘 44:29; 겔 4:3; 12:6, 11; 24:24, 27). 그러나 Aratus, *Phaen.* 46을 참조하라.
3. Wesley, *Commentary on the Bible*, 604-5.

수많은 전통 문화들은 뱀을 숭배하기도 하였다. 그렇기 때문에 이러한 이미지조차도 초문화적으로 이해하기 쉬운 것은 아니다.[4] 성경을 우리들에 대한 하나님의 메시지로 해석하는 사람들에게, 우리가 오늘날 이 본문들을 어떻게 적용할 것인가 하는 규범적인 원칙은 본문이 말해졌던 최초의 청중들에게 무엇을 전달했는가 하는 것이다(계 1:4). 그리하여 우리는 요한계시록에서 이러한 이미지들이 무엇을 상징하고 있으며 또한 그들이 1세기에는 어떻게 이해되었을까 하는 것을 결정하기 위해 각 등장인물들을 살펴보고자 하는 것이다.

어머니(12:1)

본문에 나타나는 첫 번째 등장인물은 "여자"인데, 이는 고대 환상 기록들에서 종종 나타나는 상징적 인물이다.[5] 이 여자는 어머니이며, 이 사람은 아무래도 새 예루살렘이며(계 21:2) 그리고 음녀인 바벨론과 대조되는(계 17:5) 그리스도의 신실한 신부의 선조이다. 학자들은 이 여자에 대한 다양한 배경들을 주장해왔으며, 그러한 주장들 중 많은 것들은 다른 주장들과 양립할 수 있다.[6] 한 가지 자료는 아이를 해산할 때 적대적인 한 용과 맞서는 어머니에 대한 헬라 및 이집트 신화이다. 우리는 이 신화를 아래에서 보다 상세하게 다룰 것이다. 그러나 만일 요한이 이 신화에서 상징적인 표현을 사용하고 있다면(아마 요한이 그렇게 하고 있을 지도 모르기 때문에), 그는 또한 다른 어떤 의미를 전달하기 위해 그것을 재해석하고 있으며, 그렇다면 우리의 탐구는 여기서 멈출 수가 없는 것이다. 어떤 사람들은 하나님이 이 여자를 통하여 메시아를 낳음으로써 이 여자는 하나님의 창조물이라는 주장을 하고 있지만, 이러한 해석은 너무 일반적이다.[7]

---

4. Balaji Mundkur, "The Roots of Ophidian Symbolism," *Ethos* 6 (Fall 1978): 125-58; idem et al., "The Cult of the Serpent in the Americas: Its Asian Background," *Current Anthropology* 17 (Sept. 1976): 429-41.
5. Plutarch, *Divine Vengence* 33, Mor. 568A, 바룩 3서 9:3; Herm, *Vis.* 1.1.1-9; 2.8.1을 보라. 헤르마스의 목자(Shepherd of Hermas)의 용법은 이례적이며, 보다 성적인 것을 의식하는 방향으로 그 이미지를 발전시킨 것이 분명하다(C. S. Keener, "Marriage, Divorce and Adultery," 712-17 in *Dictionary of the Later New Testament and Its Developments* [Downers Grove, Ill.: InterVarsity, 1997], 713-14에 나오는 설명을 보라).
6. 이곳에 나오는 여자에 대하여 보다 상세한 내용은 C. S. Keener, "Woman and Man," 1205-15 in *Dictionary of the Later New Testament and Its Developments*, 1209-10을 보라. 신적인 지혜에 대해서는 G. H. Dix, "The Heavenly Wisdom and the Divine Logos in Jewish Apocalyptic," *JTS* 26 (Oct. 1924): 1-12 (p. 2)를 보라.
7. Ellul, *Apocalypse*, 85. 땅은 그레코-로마의 이교주의뿐만 아니라(*Homeric Hymn* 30.1; Apollonius

보다 적절한 것은, 이 여자가 이스라엘 혹은 이스라엘의 신실한 남은 자를 상징한다는 것이다. 초기 그리스도인들이 가장 광범위하게 사용할 수 있었던 신학적 자료는 구약성경이었을 것이다. 그러나 그들은 그레코-로마 세계에서 생명과 사상에 대한 공통적인 경험도 공유하고 있었을 것이다. 선지자들은 의로운 이스라엘을 회복된 미래적 이스라엘의 남은 자의 어머니로 묘사했는데(사 54:1; 66:7-10; 미 4:9-10; 5:3; 참조. 사 7:14; 9:6; 26:18-19), 이는 신부로서의 이스라엘과 혼합한 이미지이다(사 62:5). 유대 전승에서 시온 혹은 예루살렘은 종종 어머니로 나타난다.[8] 성경에서 종종 그러하듯이 이곳에서도 여러 이미지들이 융합되고 있다. 즉 예루살렘의 자손은 회복된 혹은 새 예루살렘일 것이다(에스라 4서 10:44-46).

해, 달, 그리고 여자 위에 있는 열 두 별은 이러한 환상이 이스라엘 혹은 이스라엘의 신실한 남은 자를 상징하고 있는 것으로 확증한다(창 37:9).[9] 만일 이 여자가 그리스도께서 승귀하시기 이전에 구약의 의로운 남은 자를 상징하고 있다면(계 12:1-5)—즉 의로운 이스라엘 사람과 이방인 회심자들—그녀는 추측컨대 예수님이 승귀하신 이후에 유대의 의로운 남은 자들과 예수님을 따르는 이방인들을 계속 상징할 것이다(계 12:6-7). 그러나 이러한 해석은 논란이 있다.

이 여자가 예수님의 어머니이기 때문에, 많은 학자들은 자연스럽게 이 여자를 마리아와 연결시킨다(대개 이스라엘과 관련하여).[10] 하지만 요한계시록은 그 어디에서도 마리아에 대한 분명한 가르침을 주고 있지 않으며, 그리고 우리는 본문에 대한 보다 세밀한 주석도 하지 않은 채 이 단락에서 이 여자에 대해 함부로 추정해

Rhodius, 3.716; Virgil, *Aen.* 6.595; Ovid, *Metam.* 1.393; *Gr. Anth.* 7.461) 에스라 4서 5:50; 10:9-14와 Philo, *Creation* 133에서도 "어머니"로 나타나는데, 그러나 에스라 4서는 종종 시온을 어머니로 강조한다(9:41-10:24). 그녀가 쓰고 있는 열두 별의 머리 장식물은 12궁으로서 우주적 통치 및 의미를 상징할 수 있지만(고대 유대인들에게서도 흔한 상징이었다), 그러나 이러한 매력은 한 범신론자에게만 우주와 동일시된다. 그녀가 우주가 아닌 것은 요셉과 아세낫 5:5/6에서 요셉이 태양신 헬리오스가 아닌 것과 같다.

8. 토빗 13:9; 에스라 4서 9:38-10:59(특히 10:7); 바룩 2서 3:1-3; 갈 4:26을 보라. "어머니 도시들"(Mother cities)은 다른 도시들, 즉 제국들의 수도들을 건립한 것이며(Dionysius of Halicarnassus, 3.11.1-2; 3.23.19), 그리고 필로는 이를 예루살렘에 적용하였다(*Embassy* 281; 참조. 사 1:26 칠십인 역, 그러나 칠십인 역은 이 칭호를 보다 느슨하게 사용한다). 어머니 이미지 역시 사라(사 51:2; Philo, *Cong.* 6)와 지혜(시락 15:2)에 적용된다. 예루살렘을 인격화하는 것에 대해서는 솔로몬의 시편 1을 보라.
9. 이러한 우주론적 이미지는 다른 곳에서는 족장들에 대해 나타난다(아브라함의 유언 7A; 7B; 납달리의 유언 5:3-5).
10. Peter Paul James, "Mary and the Great Sign," *American Ecclesiastical Review* 142 (May 1960): 321-29; N.-D. O'Donoghue, "A Woman Clothed with the Sun," *Furrow* 11 (1960): 445-56; J. Edgar Bruns, "The Contrasted Women of Apocalypse 12 and 17," *CBQ* 26 (Oct. 1964): 459-63. 어떤 학자들은 이 견해를 이차적인 적용으로 생각한다. Feuillet, *Apocalypse*, 115; idem, "Le chapitre XII de l'Apocalypse: Son caractère synthétique et sa richesse doctrinale," Esprit et Vie 88 (1978): 674-83.

서는 안 된다. 우리는 또한 그리스도께서 보좌에 오르신 후에 마리아가 특히 박해를 받았으며, 그리고 1,260일 동안 보호를 받았다는 것은 의심스럽다(계 12:6, 13-16).[11] 좀더 도움이 되는 것으로, 때때로 마리아와 관련하여, 학자들은 여기서 이브의 이야기에 대한 암시를 발견하기도 한다.[12] 하나님은 이 여자의 "후손"이 결국에는 뱀의 머리를 상하게 할 것임을 약속하셨는데(창 3:15), 이 약속이 요한계시록 12:9, 17에서 반향 되고 있는 것이 분명하다. 이러한 연관성은 여기서 하나님의 백성이라는 이미지를 보충하지만 압도하지는 않는다.

해산의 고통과 용(12:2-3)

위에서도 언급하였듯이, 선지자들은 의로운 이스라엘을 회복된 미래적 이스라엘의 남은 자의 어머니로 묘사하였다. 사해사본은 대 환난의 기간을 해산, 즉 새로운 공동체를 탄생시키는 것에 대한 언급으로 묘사한다(1QH 3.7-12).[13] 한 단락에서 하나님은 그녀가 부활의 때에 진실로 새로운 생명을 낳을 고난 받는, 잉태한 이스라엘을 약속하셨으며(사 26:17-19), 하나님의 진노의 날에 하나님은 그 뱀을 죽이실 것이다(사 26:20-27:1).[14]

성경 전승은 뱀 리워야단이 많은 머리를 가지고 있는 것으로 말하고 있으며(시 74:14), 그리고 가나안 전승에서는 일곱 개의 머리를 가지고 있는 것으로 확인한

---

11. 여기서 마리아 해석을 거부하는 사람들 중에는 Ford, *Revelation*, 207; Caird, Commentary on Revelation, 149; L. Stefaniak, "Mulier amicta sole (Apok 12,1-17)," Ruch Biblijiny i Liturgiczny 9 (1956): 244-61 등이다. 마리아 해석은 A.D. 6세기 이전에는 나타나지 않는다 (Beale, *Revelation*, 629 n. 29).

12. Charles Hauret, "Ève transfigurée de la Genèse à l'Apocalypse," *RHPR* 59 (1979): 327-39; 마리아와의 관련성을 포함하는 것으로는 Elio Peretto, "María Donna in Gv 2,3-4; 19,26-27; Ap 12,1-6: Ipotesi di lettura continuativa in prospettiva ecclesiale," *Ephemerides Mariologicae* 39 (1989): 427-42를 보라.

13. Matthew Black, *The Scrolls and Christian Origins* (London: Thomas Nelson & Sons, 1961), 149; John Pryke, "Echatology in the Dead Sea Scrolls," 45-57 in *The Scrolls and Christianity*, ed. Matthew Black (London: SPCK, 1969), 50-51; Schuyler Brown, "Deliverance From the Crucible: Some Further reflexions on 1QH iii.1-18," *NTS* 14 (1968): 247-59 등을 보라. 다양한 자료들이 아이를 해산할 때의 고통을 가리키고 있으며(예를 들면, Ovid, *Metam.* 9.292-304; Life of Adam 19:1-20:3), 구약성경의 심판에 대한 말씀에도 나온다(예를 들면, 시 48:6; 사 13:6-8; 21:3; 26:17-19; 42:14; 렘 4:31; 6:24; 13:21; 22:23; 30:6; 31:8; 48:41; 49:22, 24; 50:43; 호 13:13). 어떤 학자들은 1QH 3.7-12가 보다 구체적으로 메시아의 탄생을 언급하고 있다고 생각한다. Lou H. Silberman, "Language and Structure in the Hodayot (1QH 3)," *JBL* 75 (June 1956): 96-106; William H. Brownlee, "Messianic Motifs of Qumran and the NT, II," *NTS* 3 (1956-1957): 195-210에 있는 논의를 보라.

14. 새 언약(1QH 3.7-12)과 벨리알의 급류(1QH 3.29, 32; 참조. 계 12:15)의 문맥에서 하나님이 벨리알에 대해 진노하시는 것에 대해서는 1QH 3.28도 참조하라.

다.[15] 고대 세계에서 많은 사람들은 거대한 뱀 혹은 용이 문자적으로 세상 여러 곳에 존재하고 있는 것으로 믿었다. 그러나 요한이 다시금 우리들에게 말하고 있는 것은 요한이 이를 상징적으로, 즉 하나의 "이적"으로 말하고 있다는 것이다(계 12:3).[16] 뱀(종종 "용"으로 불리어지기도 한다)은 이교 종교 특히 아스클레피우스(Asclepius) 제의에서 중요한 것으로 나타나는데, 이 뱀은 요한계시록이 보내어지는 일부 도시들에서 숭배되고 있었다.[17] 그렇지만 요한에게 있어서 용은 특히 "옛 뱀"인데(계 12:9), 즉 창세기에서 아담과 하와로 하여금 하나님을 불순종하도록 유혹하여 죽음에 이르게 한 존재를 말한다(창 3:1-15; 희년서 2.17-23). 후에는 발람이 이스라엘 자손들에게 이와 같은 일을 저질렀다(계 2:14 참조). 유대 전승은 종종 뱀을 마귀와 동일시하든지 아니면 여러 가지 방식으로 마귀와 연결시켰다.[18]

하지만 이러한 연관성들이 요한에게 있어서 용의 의미를 고갈시키는 것이 아니다. 일부 다른 묵시문학 저자들처럼, 요한계시록도 그 요점을 보다 생생하게 전달하기 위해 고대 신화들의 주제들을 광범위하게 사용하기도 한다. 구약성경은 하나님이 태고의 용 리워야단을 정복하셨다는 것을 강조한다(시 74:14; 사 27:1). 이것은 특히 하나님이 홍해에서 애굽("라합"이라는 별명을 가지고 있다)을 정복하신 것을 상징하는 것으로 보이는데(시 89:10; 사 30:7; 51:9), 이는 새 출애굽의 이야기에 적절하다(계 12:6).[19] 유대 전승은 리워야단에 대한 다양한 이야기들을 하나

15. *Baal Epic* 67.1.1-3 in *ANET,* 138; J. Philip Hyatt, "Canaanite Ugarit," *BA* 2 (Feb. 1939): 1-8 (p. 8); Walter C. Kaiser, "The Ugaritic Pantheon" (Ph.D. diss., Brandeis University, 1973), 112, 132-33, 214. 용의 일곱 머리는 아브라함의 유언 19A에서 죽음이 세상을 철저하게 파괴하는 일곱 시대들이다.

16. 거대한 뱀과 용에 대해서는 가령 Philostratus, *V.A.* 3.6-8; *p. Ned.* 3:2, §1을 보라.

17. Lucian, *Alexander the False Prophet* 12-14; Pausanias, 2.27.2. 뱀은 Diodorus Siculus, 4.10.1에서는 헤라(Hera)와, Homer, *Il.* 12.208-9에서는 제우스(Zeus)와, Ovid, *Metam.* 3.31-32에서는 아레스(Ares, 그리스 신화에서 군신-옮긴이)와, Virgil, *Aen.* 7.346-55; Ovid, *Metam.* 4.454, 475, 491-99에서는 퓨리(Pury, 그리스·로마 신화에서 복수의 여신의 하나-옮긴이)와, Ovid, *Metam.* 4.617-20에서는 메두사(Medusa, 그리스 신화에서 세 자매 괴물의 하나-옮긴이)와, 그리고 특별히 Plutarch, *Isis* 71, *Mor.* 379D에서는 아데나(Athena, 그리스 신화에서 지혜·예술·학문·전술 등의 여신-옮긴이)와 각각 관련이 있다. 이집트인들은 악어를 숭배하였으나(Plutarch, *Isis* 75, Mor. 381B), 헬라인들은 이들을 부정적으로 생각하였다(Artemidorus, *Oneir.* 3.11). 동방에서 뱀 제의에 대해서는 Ramsay MacMullen, *Enemies of the Roman Order* (Cambridge, Mass.: Harvard Univ. Press, 1966), 118을 보라.

18. 솔로몬의 지혜 2:24; 바룩 3서 9:7에서는 사탄; Targum Ps-Jon. Gen. 3:6에서는 삼마엘(Sammel)로(Martin McNamara, *Targum and Testament* [Grand Rapids: Eerdmans, 1972], 121); Apoc. Mos. 16:1, 5에서 마귀는 뱀을 사용하였다. 뱀 혹은 용을 마귀들과 관련시키는 것에 대해서는, 에녹 1서 69:12; 바룩 2서 10:8; 눅 10:19를 보라. 그리고 Horace, *Sat.* 1.8.33-35; *PGM,* 4.662-64, 2426-428, 2614에서는 마법과 관련시킨다.

19. 초기 그리스도인들은 정복이라는 동일한 이미지를 그리스도의 승리에 적용시켰으며(Ode Sol. 22:5), 또한 그들은 그를 신성한 아이 정복자로 간주하였다(시빌의 신탁 8.196-97).

님이 종말에 멸망시키실 어떤 문자적인 짐승으로 발전시켰다.[20]

비슷한 노선의 이야기가 A.D. 1세기 후반 경 이교도들 사이에서 광범위하게 유포되었는데, 이 때 요한이 요한계시록을 기록하였으며, 그리고 그의 청중들은 요한이 이 이야기를 다른 등장인물로 고쳐서 말하는 방식에서 그러한 풍자를 인식했을 것이다. 이집트 신화에서 이시스(하토르[Hathor]: 고대 이집트의 사랑의 여신, 死者의 수호신-옮긴이)는 그녀의 머리 위에 태양이 있는 것으로 묘사되고 있는데, 이시스는 호루스(Horus: 매의 머리 모습을 한 이집트의 태양신-옮긴이)를 낳았으며, 그리고 붉은 용 타이폰(Typhon: 그리스 신화에서 어깨에 100마리의 용이 있는 괴물-옮긴이)이 이시스를 죽이려고 하였으나, 그녀는 한 섬으로 도망을 치고 그녀의 아들 호루스는 용을 타도하였다.[21] 이 이야기의 그리스 판에서는, 거대한 용 퓌톤(Python: 그리스 신화에 나오는 거대한 뱀-옮긴이)은 그가 레토(Leto: 그리스 신화의 티탄족 여신의 하나-옮긴이)의 아들에 의해 죽임을 당할 것이라는 경고를 받자 임신한 레토를 추적하는데, 그러나 레토는 한 섬에서 포세이돈(Poseidon: 그리스 신화에서 바다의 신-옮긴이)에 의해 은닉되었다가, 그 다음에 일시적으로 그는 물속에 가라앉는다. 퓌톤이 떠나간 후에 레토는 아폴로 신을 출산하는데, 그는 4일 만에 용을 죽일 만큼 강하게 되었다.[22]

대부분의 주석학자들은 이러한 이미지에 일반적인 이교적 배경이 있다는 것에 멈추지 않는다. 1세기의 동전들을 보면 몇몇 황제들이 스스로 태양신 아폴로와 관련이 있는 것으로 드러난다. 로마가 소아시아에서 선전한 것에서, 여신 로마(Roma)는 새로운 어머니 여신이었으며 그리고 그녀의 아들인 로마 황제는 세상의 구원자였다. 요한의 환상에서 용과 그리고 그와 관련된 짐승을 결국 죽이는 분은

20. 에녹 1서 60:7-8; 바룩 2서 29:4; *Pes. Rab Kah. Sup.* 2:4를 보라(그러나 Apoc. Abr. 10:10, *b. B.B.* 74b에서는 복수형의 리워야단이 나오는 것을 참조하라). 리워야단은 아람의 주문(呪文) 교과서 2.3-4; 6.8에서 마귀적인 의미를 함축하고 있다. Virgil, *Ecl.* 4.24는 뱀이 미래 시대를 멸망시킬 것으로 예상하고 있다.

21. Roland Bergmeier, "Altes und Neues zur 'Sonnenfrau am Himmel(Apk 12)': Religionsgeschichtliche und quellenkritische Beobachtungen zu Apk 12:1-17," *ZNW* 73 (1982): 97-109; Koester, *Introduction*, 1:188을 보라. 용은 또한 바벨론 전승에서도 나타난다(유대인들이 인식하고 있는 것처럼, 예를 들면, 벨과 용 23-27). 신적인 어머니들에 대해서는 Gali Paterson Corrington, "The Milk of Salvation: Redemption by the Mother in Late Antiquity and Early Christianity," *HTR* 82 (Oct. 1989): 393-420을 보라.

22. 다양한 고대 문화에서 용의 의미에 대해서는 Ivan M. Benson, "Revelation 12 and the Dragon of Antiquity," *Restoration Quarterly* 29 (1987): 97-102를 보라. 그리스 신화에서 이 주제는 티탄 크로노스(Titan Kronos)가 자신의 아이들이 내던져지는 것을 막기 위해 그의 자식들을 삼키는 것만큼이나 오래되었다(Hesiod, *Theog.* 459-64).

바로 주 그리스도이시다. 실제로 황제는 단순히 용의 꼭두각시에 불과하다. 대부분의 주석학자들은 황제 숭배와 관련된 갈등을 이러한 배경의 일부로 이해하고 있다.[23]

별의 의미도 설명할 만한 가치가 있다. 우리는 별들이 떨어지는 것을 우주적 재난에 대한 묘사로 생각할 수 있지만(계 6:13), 그러나 12:4은 아마도 그 이상을 암시할 것이다. 유대교 상징주의에서, 별은 이 문맥에서처럼 의인들을 나타낼 수도 있다(계 12:1; 참조. 창 26:4; 단 12:3). 그러므로 이 구절은 배교를 묘사하는 것일지도 모른다(단 8:10 참조).[24] 우리는 또한 위대함에서 수치로 떨어지는 것을 하늘에서 땅으로 떨어지는 것으로 묘사할 수도 있다(사 14:12, 15; 애 2:1; 시빌의 신탁 3.359-62). 그러나 요한계시록에서 별은 대개 천사들을 상징하며(계 1:20; 9:1), 아울러 유대교 문헌에서도 이러한 이미지의 빈번한 적용이 나타난다.[25] 이교도들은 종종 별을 신적인 존재로 간주한 반면, 많은 유대인들은 별을 천사들로 간주하였다.[26] 유대인들은 오래 전에 있었던 사탄의 반란이 많은 천사들이 타락하도록 했다고 인식하고 있었으며(가끔 창 6:2와 연관된다), 이러한 견해는 베드로전서 3:19-22과 베드로후서 2:4의 지지를 받는 것이 분명하다.

그렇지만 요한은 이러한 타락 이야기의 그리스도 중심적 재적용을 제공한다. 사탄의 가장 큰 반란과 천사가 배교한 궁극적인 목적은 예수님의 지상 사역을 반

---

23. Ray Summers, "Revelation 20: An Interpretation," *RevExp* 57 (1960): 176-83; Caird, *Commentary on Revelation*, 148; Beasley-Murray, *Revelation*, 191; Elisabeth Schüssler Fiorenza, "The Revelation to John," 99-100 in *Hebrew-James—1& 2 Peter-Jude-Revelation*, ed. G. Krodel (Philadelphia: Fortress, 1977), 111. 용은 바벨론과 이집트의 계승자로서, 솔로몬의 시편 2:25-26에서는 로마일 수도 있다(Beale, *Revelation*, 632-33). 신적으로 선택을 받은 아이의 출생은 아우구스투스의 통치부터 선전의 특징이다(Virgil, *Ecl.* 4; Wlifred L. Knox, *St. Paul and the Church of the Gentiles* [Cambridge: Cambridge Univ. Press, 1939], 18-19를 참조하라).

24. 죽은 후에 혹은 미래 시대에 의인들이 별이 된다는 것에 대해서는 단 12:3; 에녹 1서 104:2; 마카비 4서 17:5; 바룩 2서 51:10; Ps-Philo 33:5 등을 보라; 현재에 비교되는 것들에 대해서는 에녹 1서 43:1-4; *Sifre Deut.* 47.2.5.8; b. Ber. 56b; 참조. 요셉과 아세낫 2:6/11.

25. 에녹 1서 6:7(아람어); 8:3; 18:14-16; 20:4; 21:3, 6; 80:6-8; 86:1-4; 88:3, 에녹 2서 7:3; 29:4-5 rec J; 31 rec J; 바룩 2서 51:10; 솔로몬의 유언 20:16-17; 사 24:21 등은 지상의 왕들 뒤에 서 있는 하늘의 권세들에 대한 최후의 심판을 언급하는 것으로 이해하였다. Beale, *Revelation*, 636-37은 별들이 하늘에서 그들을 대표하는 사람(들)과 천사들 모두라고 설득력 있게 주장한다(계 1:20 참조).

26. 신들로서는, Cicero, *De Nat. Deor.* 2.15.39-40; *De Re Publica* 6.15.15; Seneca, *Benef.* 4.23.4; 에녹 1서 80:7-8; 영혼들로서는, Plato, *Timaeus* 41E; Philo, *Giants* 7-8; 마카비 4서 17:5; 천사들로서는, 1QM 10.11-12; 에녹 2서 4:1; 29:3A; 에녹 3서 46:1; 바룩 2서 51:10; Philo, *Plant.* 12-14; *Pes. Rab Kah.* 1:3; 마귀들과의 관련은, 솔로몬의 유언 2:2; 4:6; 5:4; 6:7; 7:6; 18장. 어떤 학자들은 자연주의적 설명들을 선호하고 있다(Varro, 5.10.59; Diogenes Laertius, 7.1.152-53). 시빌의 신탁 5.512-31에서 별은 최후의 전투에 참여하여 땅에 떨어진다(아마도 요한 당시에 기록된 듯하다).

대하는 것이다(계 12:4). 그러나 사탄과 그의 사자들은 실패하며, 그리고 정확하게 예수님의 승귀에서 사탄의 나라는 패배했다는 완벽한 통고를 받았다(계 12:7-9).

마지막 출애굽(12:5-6)

일반적으로 신화에서 여자에게서 태어난 아이는 세상의 체계에서 논란의 여지 없이 신 아니면 숭배 받는 황제였다. 요한은 그 신화를 재해석하여 그 아이가 주 예수님이시며, 박해받는 그리스도인 집단에서 십자가에 못 박힌 지도자이심을 보여준다. 예수님과 그의 교회가 여기서 고려되지 않고 있다는 것은 그가 철장으로 다스리실 뿐 아니라(계 19:15 참조)—그의 종들이 오직 예수님과 함께 다스릴 것이다(계 2:27)[27]— 예수님이 하늘로 올려 가신 이후에도 여자에게 예수님을 따르는 다른 자손들이 있다는 것이 분명하다(계 12:17).[28] 이 이야기는 요한계시록의 중심 부분이며 또한 역사 개관의 중심 부분이기도 하다. 우리 주 예수 그리스도 외에 그 어떤 존재도 그러한 역할을 만족시킬 수가 없다.

뿐만 아니라, 일반 신화는 신적인 아들의 출생에 초점을 맞추는 반면, 요한계시록은 예수님의 출생이 아닌 그의 승귀에 초점을 맞추고 있다(계 12:5). 예수님은 그의 부활과 즉위에서 왕으로 "나신" 분이시다(시 2:7; 행 13:33; 히 1:3-5). 만일 요한복음과 함께 읽는다면, 요한계시록은 심지어 예수님의 즉위가 십자가에서 시작된 것으로 묘사하고 있으며, 또한 십자가상에서 예수님은 "유대인의 왕"으로 관이 씌어졌다(요 19:19-21; 참조. 요 16:21). 사탄이 하늘에서 "쫓겨난" 것도 십자가에서였다(요 12:32; 14:30; 16:11; 참조. 계 12:9, 13). 예수님이 그의 제자들을 위한 "거처를 예비하신" 때도 십자가에서였다(요 14:2-3; 참조. 계 12:6).[29]

시간은 묵시적 전승에서보다도 요한계시록에서 다르게 나타난다. "1,260일"은 아마도 다니엘의 대 환난을 개작한 듯하다(단 12:11 참조). 1년이 360일 것을 생각

27. 대부분의 주석학자들은 여기서 그리스도를 고려하고 있다고 주장하고 있으며, Walvoord, *Revelation*, 189-90과 같은 세대주의 저자들도 포함하고 있다.

28. 초기 기독교 문헌에서, '하르파조'(*harpazo*, 여기서는 "끌려가다"는 의미)라는 낱말이 신적인 행위에 적용될 때, 그것은 일반적으로 이끌려가는 것(행 8:39), 때로는 하늘에 이끌려가는 것(고후 12:2, 4; 살전 4:17)을 의미한다.

29. 다른 사람들(예를 들면, Caird, *Commentary on Revelation*, 149-50)도 역시 이곳에서 십자가를 발견하고 있다. Beale, *Revelation*, 648-49는 이 "곳"에서 어떤 영적인 신성한 장소를 발견하지만(단 8:11; 마 24:15 참조), 그러나 '토포스'(*topos*)라는 낱말은 훨씬 더 광범위하게 사용되고 있다. 그러나 요한복음에 병행되고 있는 것은 이러한 의미를 뒷받침할 수도 있다(요 14:2에 "아버지의 집"을 참조하라).

해보면 1,260일은 3년 반이 될 것이다(단 7:25; 9:27; 12:7).[30] 여기서 요한계시록은 종말의 환난에 대한 전통적인 유대교적 상징을 예수님에 대한 기독교적 믿음의 관점에서 재해석하고 있다. 다니엘서를 따라, 저자들은 마지막 3년 반의 환난을 묘사할 수 있었다(단 9:24-27; 12:1, 11). 여러 유대교 전통들은 마지막 환난의 기간을 다양한 기간으로 개조하였다(가장 흔한 것은 40년이다). 그러나 요한계시록은 이 숫자를 사용하여 우리들에게 시간의 길이보다는 오히려 시간의 종류에 대하여 말함으로써 그 시간이 우선 환난이라는 것을 강조하고 있는 것으로 보인다. 만일 예수님이 왕이고 그리스도시라면, 그리고 만일 예수님이 오셨고 또한 다시 오실 분이시라면, 그리스도인들은 그 시간의 길이에 관계없이 이미 종말의 시기에 살고 있는 것이다(예를 들면, 행 2:17; 딤전 4:1; 딤후 3:1; 벧후 3:3). 마찬가지로 요한과 동시대 사람들도 사탄의 미래적 멸망을 기대하였으나, 요한은 그들에 대해 메시아께서 이미 역사 안에 들어오셔서 자신의 권리를 주장하셨다고 말함으로써 사탄이 과거에 패배했다는 것을 선언한다.[31]

여러 가지 이유로 요한이 그 당시 예언 도표를 개조했다는 것이 우리를 놀라게 해서는 안 된다. (1) 요한계시록은 종말에 대한 유대교의 상징들뿐만 아니라 신적으로 영감 된 구약성경에 나오는 상징들조차도 그리스도인들이 예수님에 대해 알고 있는 것의 관점에 비추어 그들을 재적용하지 않고서는 이들을 그대로 가져오는 일은 거의 없다. 요한계시록은 상징적 숫자로 가득 차 있다(계 7:1-8에 대한 설명을 보라). (2) 다니엘서 그 자체는 하나님의 인도하심을 받아 예레미야의 70년 예언을 훨씬 긴 기간에 재적용하고 있으며, 이는 그곳에 언급되고 있는 환난 기간이다(단 9:2, 24; 참조. 모세의 유언 3:14). (3) 예수님은 다니엘의 환난을 A.D. 66-70년에 일어난 사건들에서 최소한 부분적으로는 문자적으로 성취된 것으로 간주하셨으며, 이 때 성전은 모독을 당하고 파괴되었고, 또한 가이사에게 희생제물을 드리는 장소가 되었다.[32] (4) 요한과 동시대 사람들 중 어떤 이들은 환난에 대한 다니

---

30. 아마도 1,260일이 다니엘의 1,290일보다 오히려 더 나은 듯하다. 왜냐하면 그 날들이 감해졌기 때문이다(막 13:20). 이는 어쩌면 유대 전승(*Ruth Rab.* 5:6) 혹은 여러 가지 이유 때문일 것이다. 삼년 반은 이스라엘이 압제를 당한 역사적 기간이었으며(이를테면 Josephus, *War* 1.19), 이는 다른 유사한 기간들에 대해 다시 적용되었다(*Lam. Rab.* 2:2, §4).

31. Rissi, *Time and History*, 38, 117; Bowman, *First Christian Drama*, 78; Beale, *Revelation*, 646-47; 참조. "Das Weib das den Mann gebar (Apk 12,13)," *Benedikinische Monatscrrift* 34 (1958): 427-33; 계 12:14에 나오는 인물에 대해서는 Rissi, *Time and History*, 112를 보라. Bauckham, *Climax of Prophecy*, 185는 이러한 유대교적 기대의 변형을 "전례가 없는" 일로 부르고 있다.

엘의 숫자를 상징적으로 다시 적용하였다.[33]

이러한 논증들은 요한이 숫자를 다시 적용하고 있다는 가능성만 뒷받침할 뿐이지만, 그러나 우리를 더 이상으로 나아가게 하는 것은 요한계시록 본문 자체이다. 왜냐하면 그 이야기는 마치 예수님의 승귀가 환난 직후에 일어나는 것으로 말하고 있기 때문이다(계 12:5-6). 게다가 사탄이 하늘에서 쫓겨나는 것은 여기서 미래의 사건이 될 수 없다. 오히려 그 사건은 "구원" 및 하나님의 "나라"의 도래와 함께 일어나며 또한 그러한 표현은 다음 두 사건에만 어울린다. 하나는 영광중에 오시는 그리스도의 재림인데(계 19:1; 참조. 계 11:15), 그러나 이것은 여기서 고려될 수 없다. 왜냐하면 그것은 "짧은" 시간에 사탄을 거의 떠나게 할 수 없을 것이기 때문이다(계 12:12). 다른 하나는 그의 죽음, 부활, 그리고 즉위를 통한 예수님의 승리인데(계 1:9; 2:27; 7:10), 이것은 여기서 고려되어야 한다.[34] 요한의 청중들이 이미 알고 있듯이, 신자들은 세상의 환난에 직면할 것이지만, 그러나 예수님은 자신의 완성된 승리가 그러한 환난보다 훨씬 더 중요하다는 것을 약속하신다(요 16:33).[35]

이시스와 레토 신화에서, 여자는 한 섬으로 도망을 간다. 요한은 여기서 명백하게 차이가 나는 이미지를 제시하는데, 이는 이스라엘이 출애굽 하여 광야로 들어간 것을 의도적으로 상기시키고 있다(계 12:6). 선지자들은 이스라엘이 미래에 구속을 받을 때 새로운 출애굽을 하여 광야로 들어갈 것을 약속했기 때문에(사 40:3; 호 2:14), 일부 유대인들은 문자적으로 광야에 들어가서 그러한 일이 도래할 것을 기다리기도 하였다(1QS 8.14-15; 9.19-20).[36] 다른 사람들은 메시아적 인

---

32. Craig Keener, *Matthew* (Downers Grove, Ill.: InterVarsity, 1997), 348-49와 이곳에 인용되어 있는 문헌들을 보라.

33. 쿰란 문헌들은 다니엘의 표현을 상당히 다른 방식으로 다시 적용하고 있다(예를 들면, 1QM 1.4 in Yadin, *The Scroll of the War of the Sons of Light Against the Sons of Darkness*, tr. B. and C. Cabin [Oxford: Oxford Univ. Press, 1962], 180). F. F. Bruce, "Qumran and Early Christianity," *NTS* 2 (Feb. 1956): 176-90 (p. 177); D. S. Russel, *The Method and Message of Jewish Apocalyptic* (Philadelphia: Westminster, 1964), 198-201을 참조하라. 다른 곳에 나오는 삼년 반에 대해서는 Josephus, *War* 1.19; p. *Taan.* 4:5, §10; *Ruth Rab.* 5:6; *Lam. Rab.* Proem 25, 30; *Lam. Rab.* 2:2, §4 등을 보라.

34. 그러한 술어들의 축적은 심판의 날에 적합하지만(에녹 1서 60:6), 그러나 주석학자들은 대개 십자가와 부활을 염두에 두고 있다고 주장한다(Schlier, *Principalities*, 49).

35. 비록 나는 지금 이것이 그 내러티브를 분석하는 가장 자연스러운 방법이라고 생각은 하지 않지만, 마치 환난이 다음에 단순히 언급되어 있는 문자적인 미래의 삼년 반을 언급하는 것처럼 해석하는 것은 가능하다. 왜냐하면 신자들이 예수님의 승리의 논리적인 결론들을 성취하기 때문이다(Walvoord, *Revelation*, 191). 그러나 이 경우에도, 어쩌면 우리는 실제적인 의미는 여전히 동일한 것으로 모두 동의할 수 있다. 즉 환난이 현재에 영향을 미치기 때문에 결국 그것은 마치 잠재적으로 현재적인 것처럼 작용할 것이다.

물들이 광야에서 나올 것으로 기대하였다(마 24:26; 행 21:38; Josephus, *Ant.* 20. 189; *War.* 2.259, 261-62). 뿐만 아니라 폭동이나 게릴라 전투가 아니더라도, 광야는 피신하기에 천혜의 장소였다(솔로몬의 시편 17:17). 그러나 요한은 그의 복음서에서(요 3:14; 6:31, 49) 영적인 새 출애굽을 선언하고 있는 것처럼(요 1:23), 첫 번째 출애굽을 다시 언급하기 위해 광야를 상징적으로 사용하고 있는 것이다.

그리하여 요한계시록은 훌륭한 묵시처럼 방금 묘사한 사건에 대해 하늘의 관점으로 이동한다. 지상에서 용에 대한 그리스도의 승리는 하나님의 세력과 사탄의 세력 사이의 하늘의 전쟁의 관점에서 기술되고 있으며, 동시에 사탄의 세력들이 필연적으로 패배한다.[37] 위에서 언급한 것처럼(계 12:4에 대한 설명을 보라), 유대인들은 종종 아득한 과거에 천사들이 타락한 것에 대해 말하곤 하였다. 이제 요한은 이러한 사건을 구체적으로 그리스도의 승리에 관련시키고 있다(계 12:7-11). 사탄의 타락은 여기서 분명히 과거의 사건을 가리키고 있다. "구원"과 하나님의 "나라"(계 12:10)는 그리스도의 재림에서 완성되겠지만, 그러나 그리스도의 죽음, 부활, 그리고 즉위에서 이미 시작되었다.

하늘의 전쟁(12:7-12)

여기서 묘사되고 있는 하늘의 전쟁은 많은 전통적인 유대교적 이미지들을 다시 적용한 것이다. 쿰란의 전쟁 두루마리에서처럼(계 7:1-8에 대한 설명을 보라), 거룩한 전쟁이라는 종말의 주제는 그 결과가 십자가에서 충분하게 입증된 하늘의 전쟁에 다시 적용되고 있다.[38] 유대인들은 다니엘서에 근거하여(단 10:13, 21; 12:1) 미가엘이 자신들을 호위하는 큰 군주이며, 또한 그는 자신들을 압제하려고 하는 다른 나라들의 천사들로부터 자신들을 보호해주는 존재로 인정하였다.[39] 미가엘은

---

36. 보다 자세한 내용에 대해서는, 예를 들면, F. F. Bruce, "Qumrân and Early Christianity," *NTS* 2 (1956): 176-90 (p. 177)을 보라. 계 12장에 나오는 새 출애굽에 대해서는, 특별히 Beale, *Revelation*, 643-45를 보라.

37. 하늘의 전쟁이 지상에서 그리스도의 사역과 대응한다는 것은 종종 관찰되었다(Ellul, *Apocalypse*, 87; Caird, *Commentary on Revelation*, 153; idem, *Apostolic Age*, 98 n. 5 등을 보라). 하늘에서 쫓겨나는 것에 대한 고대의 유명한 이미지에 대해서는(티탄에 대한 그리스 신화들을 포함하여), Aune, *Revelation*, 2:699를 보라.

38. 그러나 쿰란도 모든 인간들을 빛의 왕자와 어둠의 왕자 사이에서 영적인 갈등을 하는 존재로 간주하였다(1QS 3.20-21). Beale, *Revelation*, 653은 Josephus, *War* 6.297-99에 나오는 하늘 군대가 지상에 있는 로마 사람들에 해당할 수도 있다고 주장한다.

다른 나라들의 천사들을 단독으로 물리칠 수 있었다(단 10:13, 21).

하지만 미가엘의 능력에도 한계가 있다. 그는 그 자신의 권위를 넘어서서는 안 되며, 그리하여 그는 하나님의 허락이 없이는 사탄에 대항하여 행동할 수 없다(유 9절). 뿐만 아니라 그는 이스라엘이 마지막 환난을 겪을 수 있도록 길을 비켜서라는 명령을 받는다(단 12:1; 혹시 살전 2:7). 그러나 여기서 미가엘과 그의 세력들은 사탄의 세력들을 이기고 있다. 왜냐하면 미가엘과 그의 동맹군들은 지상에서 그리스도께서 이루신 하늘의 승리를 나타내고 있기 때문이다. 하나님은 하늘에서 일어나는 사건들을 통하여 세상을 통치하실 뿐만 아니라 그분은 또한 이러한 사건들을 지상에 대한 그의 행동에 적합하도록 하신다. 요한은 우리 주님의 승리에 초점을 맞춤으로써 타락한 천사들뿐만 아니라 미가엘의 행동까지 파악하고 있다.

사탄이 땅으로 내쫓기는 것은 하나님의 궁정에서 그의 특권의 위치가 끝났다는 것을 말한다.[40] 아이러니컬하게도 사탄이 "있을 곳"(*topos*, 계 12:8)을 잃어버린 것은 하나님께서 사탄에 의해 박해를 받는 그의 백성들에게 제공하시는 숨을 "곳"(*topos*, 계 12:6, 14)과 뚜렷한 대조를 이루고 있다. 성경은 이미 사탄이 하나님의 보좌 바로 앞에서(욥 1:6; 2:1) 고소자로서의 역할을 한다는 것을 선언했다(슥 3:1). 유대 전승은 이러한 개념을 확대하여, 후대 본문에 보면 사탄은 속죄일은 제외하고 밤낮으로 이스라엘을 고소하고 있는 것으로 말한다.[41] 그러나 여기서 사탄이 성도들을 고소하는 것에 대해서는 아무런 말이 없다. 왜냐하면 그리스도의 승리가 밤낮 하늘에서 참소하던 자의 모든 반대들을 침묵시킬 만큼 충분하기 때문이다(계 12:10). 검사의 반대는 변호사이며, 그리하여 요한의 청중들은 아마도 예수

---

39. 1QM 17.6; *b. Yoma* 77a를 보라; 보다 상세한 것은 Otto Betz, *Der Paraklet Fürsprecher im Häretischen Spätjudentum, im Johannes-Evangelium und in neu Gefundenen Gnostischen Schriften*, AGJU 2 (Leiden: Brill, 1963), 149-58을 보라. 수호천사들 역시 개인들을 마귀들로부터 보호하였다(*Sifre Num.* 40.1.5; 참조. 에녹 1서 40:7, 9). 그러나 요한계시록에서 미가엘은, 몇몇 유대교적인 견해들에서 나타나는 것처럼, 민족적인 이스라엘과만 관계를 맺는 것이 아니다(에녹 3서 44:10; 1QM 17:6-7; 모세의 유언 10:2).

40. 계 12:8에서 "그들이 있을 곳을 얻지 못한지라"라는 헬라어 표현은 20:11에서 발견되는 것과 동일한 극적인 표현이다.

41. *b. Yoma* 20a; *Lev. Rab.* 21:4; *Num. Rab.* 18:21; *Pes. Rab.* 45:2, 47:4 등을 보라; 참소자로서 사탄에 대해서는 희년서 48:15-16; 에녹 3서 14:2; 26:12; *Gen. Rab.* 38:7; 84:2; *Ex. Rab.* 31:2; *Lev. Rab.* 21:10; *Koh. Rab.* 3:2, §2 등을 보라; 참소하는 다른 천사들에 대해서는, 에녹 1서 40:7; 에녹 3서 4:6-7; 28:8; 스바냐의 묵시 3:8-9; 6:17; *Pes. Rab Kah.* 24:11 등을 보라. "사탄"은 원래 "참소자"를 의미했지만, 그러나 구약성경과 유대교 전승에서 사탄의 위치는 하나님의 허락에 달려 있다(욥 1:12; 2:6; 욥의 유언 8:1-3; 16:4/2; 20:3).

님이 우리의 충분한 변호자가 되신다는 개념에 이미 익숙했을 것이다(요일 2:1; 아울러 요 14:16, 이 구절에서 "상담자"는 "변호자"로 번역된다). 이곳에서 사탄의 활동은 "밤낮으로" 이루어진다. 사탄을 추종하는 자들이 받는 고통처럼(계 14:11; 20:10), 이것은 요한계시록 4:8과 7:15에서 쉬지 않고 하나님을 예배하는 자들의 역할과 대조를 이루고 있다.

사탄이 하늘에서 패배한 것은 지상에서 육체적 고난이 끝났다는 것을 의미하지 않는다. 여기서 성도들은 그들이 세상을 이기는 것처럼 마귀도 계속 이기고 있다—죽기까지 그리스도의 승리를 신실하게 입증함으로써(계 12:11). 이것은 예수님이 오래 전에 자기를 따르려는 사람들에게 요구하신 것은 희생이지만(요 12:25), 그러나 "이기는 것"(계 11:7; 13:7에서는 "제압하다"(overpower)와 "정복하다"(conquer)로 번역되고 있다)의 문맥에서는 특히 군사적 순교자의 이미지를 상기시킬 수도 있다(계 7:1-17에 대한 설명을 보라).[42] 그 승리는 과거의 것이며, 그리스도의 "피"로 말미암아 이루어진 것이다(계 12:11; 참조. 계 1:5; 7:14). 정복하는 사자는 죽임당한 어린 양이다(계 5:5-6). 성도들은 믿음으로서 그 승리를 충족시키며(요일 4:4; 5:4-5 참조), 자신들이 치르는 대가와 관계없이 그리스도를 담대하게 선포한다(계 12:11; 20:4). 그렇게 함으로써 종말의 도래와 인간 역사에서 하나님의 목적들의 성취를 앞당기는 것이다(계 6:9-11).

사탄은 예수님을 따르는 자들을 억압하며(계 12:10-12) 또한 여자를 광야까지 추격한다. 이는 마치 바로가 출애굽 한 이스라엘 백성들을 추격한 것과 같다. 유대교 전통에서 벨리알(사탄)은 종말에 이스라엘에 대한 특별한 분노를 가진 채 풀려난다(CD 4.12-13). 여기서 하나님의 백성들에 대한 그 고난의 시간은 그들이 하나님 앞에서 구원받는 것과 대응한다. 사탄의 유일한 활동은 여전히 지상에서 속이는 것과 압제하는 것이다. 마귀의 "때가 얼마 남지 않은 것"(계 12:12)은, 십자가와 부활 사이가 "조금"인 것처럼(요 16:16-19), 긴장과 압제 모두를 포함하는 중간 시기이지만, 그 결과는 미리 결정되어 있다. 마귀의 "때"(*kairos*, 계 12:12)는 "지체"(*chronos*, 계 10:6)가 끝날 때 다할 것이다. 즉 하나님의 목적들이 성취되고(계

---

42. 생명을 아끼지 아니하고 죽는다는 것은 전쟁 영웅에 적합하였다(삿 5:18).전투에서 죽는 것은 고귀한 것으로 간주되었으며(예를 들면, Demosthenes, *Or.* 60, *Funeral Speech* 19) 또한 가이사와 같은 지도자를 위해 기꺼이 죽을 준비가 되어 있다는 약속을 할 수도 있지만(*IGRR* 3.137), 그러나 우리의 본문에서 정복자들은 정확하게 말해서 순교에 의해서이다. 어떤 대의를 위해 죽는 것의 헬라적 모티프에 대해서는 Aune, *Revelation*, 2:703을 보라.

10:7) 또한 그 나라는 하나님의 심판의 때(*kairos*)에 그의 나라가 된다(계 11:15-18). 이것은 성도들의 남아 있는 고난들과 동일한 길이의 시간이다(계 6:11).[43]

여자는 연장된 기간 동안 광야로 도피한다. "한 때와 두 때와 반 때"라는 기간(계 12:14)은 3년 반을 가리키는 것으로 대 환난의 기간이다(단 7:25; 12:7에서처럼; 이 숫자의 상징적인 의미에 대해서는 계 12:6에 대한 설명을 보라). 시편 기자는 새의 날개를 가지고 광야로 날아갈 것을 기도하였으나(시 55:6-7), 하나님이 그 여자에게 제공하신 큰 독수리의 두 날개(계 12:14)는 아마도 하나님 그분의 도우심을 암시하는 듯하다. 출애굽 전승은 하나님이 독수리의 날개로 그의 백성들을 인도하시는 것을 말하고 있는데(출 19:4; 신 32:11), 이는 새 출애굽에도 적용될 수 있는 이미지이다(사 40:31; 에녹 1서 96:2; 모세의 유언 10:8).[44] 이곳 광야에서 기적적인 공급하심은 하나님께서 첫 번째 출애굽 때에 그의 백성들에게 주셨던 만나를 생각나게 한다. 하나님은 "일용할 양식"을 공급하신다(마 6:11 참조).

그리스 이야기에서 강의 신들은 그들이 대적들에 내해 홍수를 보낼 수 있었다(Homer, *Il.* 21.248-327). 성경에서 첫 번째 출애굽 때 하나님이 던지셨던 그 뱀은 물속에서 살고 있었다(시 74:13; 겔 29:3; 32:2). "강 같은 물"이 뱀의 입에서 나왔다는 것(계 12:15; 참조. 계 16:13)은 요한계시록 2:9과 3:9에서 사탄의 대리인들이 고소한 것처럼 비방에 대한 하나의 상징일 것이다. 사탄은 더 이상 성도들을 하나님께 고소할 수 없으며, 그 대신 그들을 세상에 고소한다. 선지서의 표현에서 "홍수"는 신적인 심판을 포함하여(사 28:2; 렘 47:2) 어떤 고난을 나타낼 수도 있지만(시 32:6 참조), 또한 부당한 반대를 포함할 수도 있다(시 18:3-4; 69:1-4, 14-15; 124:2-5).[45]

요한계시록에서 입은 일반적으로 말, 특히 하나님의 말씀에 대한 상징으로서의

---

43. Rissi, *Time and History*, 25를 참조하라; 몇몇 주석학자들에게는 실례지만, 요한계시록은 이 두 단어를 거의 동일한 의미로 사용하는 것으로 보인다. 유대교적 소망은 마귀가 최종적으로 멸망당하는 것을 고대하였다(모세의 유언 10:1); 하늘에서 기뻐하라는 명령은 승리를 약속하는 일종의 문학적 형식이다(계 19:7; 에녹 1서 105:2; 모세의 유언 10:8).

44. 하나님의 보호하심을 "임재의 날개"로 피난처가 되어주신다는 유대교적 표현을 참조하라(예를 들면, 룻 2:12; 시 17:8; 36:7; 63:7; 91:4; 바룩 2서 41:4; ARN, 12A; *Sifre Num.* 80.1.1). 여기서 독수리는 로마도 아니며(에스라 4서 11:1-12:39; 계 8:13에 대한 설명을 보라), 또한 날개는 하나님의 계명(*b. Ber.* 53b) 혹은 그의 원수가 아닐 것이다(렘 48:40; 49:22). 렘 48:9는 날개를 심판으로부터 피하라는 것에 대해 은유적으로 사용한다. 헬라인들은 그들의 신화에서처럼 변형을 상상했을 지도 모른다(Aune, *Revelation*, 2:704-6을 참조하라).

45. 1QH 3.29, 32는 벨리알의 급류라는 이미지를 은유적으로 적용한다(Beale, *Revelation*, 672에 나오는 여러 자료들을 보라); 벨리알은 종말 직전의 때에 이스라엘을 공격할 것이다(CD 4.12-13).

기능을 하는데(계 1:16; 2:16; 10:9-10; 19:15, 21), 이 입이 다른 이미지로 변경될 때조차도 그러하다(계 11:5). 다음 장에서 악한 자의 입은 하나님에 대항하여 과장되고 신성모독의 말을 하는데 사용되고 있지만(계 13:2-6), 성도들에게 영향을 미치고 있다(단 7:8, 20, 25 참조). 이와 반대로 성도들은 그들의 입에 거짓말이 없다(계 14:5). 중상의 해석을 보다 분명하게 뒷받침하는 것은 시편 140편 1-5절에서 뱀의 혀가 중상을 하기 위한 것으로 나타나고 있다는 것이다. 물이 주는 시험이 무엇이든 간에, 하나님은 물 가운데서도 그의 백성들을 인도하실 것을 약속하셨다(사 43:2). 아울러 요한계시록 12:16에서는 땅의 입이 용의 입과 반대된다는 의미심장한 반어법으로 나타나기도 한다.

그리스 신화의 가장 흔한 형태에서, 뱀 퓌톤(Python)은 땅의 아들 티탄(Titan)이었다. 그러나 여기서 땅은 하나님을 순종하여 여자를 돕는다(계 12:16). 이러한 이미지는 잘 알려진 것이다. 그 밖에 유대교 문헌들은 땅이 불법에 항의하는 것으로 묘사한다(에녹 1서 7:6; 모세의 승천 40:5; 참조. 사 26:21). 하나님의 명령으로 땅은 땅을 보호하기 위해 무언가를 삼키든지(바룩 2서 6:9; 바룩 4서 3:10, 19) 혹은 이스라엘을 압제하는 자들이나(에녹 1서 90:18) 그 밖에 죄인들을 삼킨다(민 16:32; 26:10; 신 11:6; 시 106:17; 아브라함의 유언 10A; 12B). 그리고 스올은 종말에 거룩한 땅을 침략하는 자들을 삼키기 위해 그 입을 벌린다(에녹 1서 56:8).[46] 아마도 가장 중요한 것으로 첫 번째 출애굽 때 홍해에서 이스라엘의 원수들을 패배시킨 것을 땅이 그들을 삼킨 것으로 묘사하였다(출 15:10, 12).

요한계시록 12:1-5에서 여자가 예수님이 오시기 전에 이스라엘의 신실한 남은 자라는 것은 매우 분명하다. 12장 전체를 통하여 이 여자의 정확한 정체가 무엇인가에 대해서는 논란이 있다. 그녀는 교회를 가리키는가, 아니면 민족적인 유대인, 아니면 구체적으로 유대 그리스도인들을 가리키는가? 요한은 이 모든 집단들이 마지막 때를 통과하여 살아남을 것으로 생각한 듯하며, 그리고 현대의 해석학자들은 대개 그들의 보다 광범위한 신학적 체계에 따라 이러한 질문들에 답변을 하고 있다. 예수께서 오신 후에, 신실한 남은 자들은 유대 그리스도인들만으로 구성되

46. 나무들이나(*p. Sanh.* 10:2, §6) 깊음(Ps-Philo 26:4)이 하나님의 명령으로 무엇인가를 "삼켰다". Ovid, *Metam.* 5.639-41에서는 물이 그 추적자를 피하도록 땅이 그 입을 벌린다. 뱀의 후손으로서 가인이 아벨을 공격하는 것은 아마도 적절하지만, 그러나 땅이 "그 입을 벌려" 아벨의 피를 받아 아벨의 상황을 도와주었다(창 4:10-11; 참조. 시빌의 신탁 3.696-97). 레토(Leto) 신화의 한 형태에서 땅은 여자를 돕는다(Beasley-Murray, *Revelation*, 192); 땅은 또한 Hesiod, *Theog.* 459-64에서 신적인 구원자를 돕고 있다.

는지(보다 많은 해석학자들이 몇 가지 훌륭한 근거를 가지고서 주장하고 있다) 아니면 모든 그리스도인들로 구성되는지, 아니면 우리가 문맥에 의존하여 둘 중 어느 하나의 대답을 줄 수 있는가? 하여튼 분명한 것은 여자의 집합적인 생존과는 관계없이 각 개인 신자들은 여전히 뱀의 입으로부터 죽음을 당할 수 있다는 것이다.

여자에 대한 용의 분노(계 12:17)는 그가 "크게 분내는 것"(계 12:12)과 이방들의 분노(계 11:18)에서 나아간 것이지만, 이제 그는 자신의 활동을 여자의 남은 자손에 초점을 맞추고 있다.[47] 그가 "싸우기 위해 내려갔다"는 것은 개인 성도들이 광야에서 완전하게 보호를 받는 것은 아니라는 것을 암시한다. 그들은 두 증인들처럼 복음으로 세상에 맞서는 사람들로 묘사된다(계 11:8). 여자의 "후손" 혹은 여기서 "자손"(계 12:17)은 창세기 3:15의 표현을 생각나게 한다. 그들은 뱀이 물어서 고통을 당할 수도 있지만 마침내 승리할 것이다(롬 16:20 참조).[48] 이 후손들은 하나님의 계명을 지키는 사람들로 나타난다. 즉 이들은 예수님의 진정한 제자들이다(계 3:10; 14:12; 참조. 요 14:21; 요일 3:22). 그들은 예수의 증언을 가지고 있는 사람들이다(계 1:2, 9; 19:10; 20:4).

어떤 사람들은 여자의 자손이 전체 역사에서 예수님을 믿는 자들을 가리킨다는 것에 의심을 하면서, 요한계시록 1-3장에 언급되어 있는 "교회"는 4-19장에 있는 교회와 다르다고 이의를 제기한다.[49] 이러한 항변은 일관성이 전혀 없다. 즉 4-19장에서 교회는 땅 위에 있는 것으로 언급되는 것이 아니며, 또한 하늘에 있는 것으로 언급되는 것도 아니다. 19:8에서 그리스도의 신부는 "성도들"로 구성되어 있는 것이지 "교회"가 아니다. 뿐만 아니라 요한계시록 1-3장은 "교회들"을 언급하고 있는 것이지 전체로서의 "교회"가 아니다. 요한계시록 나머지 부분을 고려하면, "예수의 증거"를 가지고 있는 사람들이(계 12:17) 모든 신자들이라는 것은 의심할 이유가 없다(계 1:2, 9; 2:13; 19:10). "성도들" 혹은 "거룩한 자들"은 의인들이며, 유대 전승은 의인들을 이스라엘의 남은 자들에 적용하지만(예를 들면, 에녹 1서 100:5), 그러나 초기 기독교 문헌들은 문맥이 그 의미를 분명히 보여주는 모든 경우에는 예수님을 믿는 신자들에게 적용한다(예를 들면, 롬 1:7; 8:27; 고전 1:2;

---

47. 마찬가지로 그리스 이야기들은 심지어 승천함으로써 방어자를 제거하는 것이 이러한 보호자의 하인들이 보다 공격을 받기 쉽게 만들었다는 원리를 인식하였다(Apollodorus, 2.8.1 in Aune, *Revelation*, 2:708).

48. R. A. Martin, "The Earliest Messianic Interpretation of Genesis 3:15," *JBL* 84 (1965): 425-27은 칠십인 역이 창 3:15의 메시아적 해석을 간직하고 있다고 주장한다.

49. Lindsey, *New World Coming*, 78.

6:1-2; 빌 4:22).[50] 그들이 이러한 증거를 위해 기꺼이 지불해야만 하는 대가는 바로 죽음이다(계 12:11).[51]

마귀는 여자의 남은 자손들과 정확하게 어떻게 전쟁을 하는가?(계 12:17) 그 대답은 세상을 억압하는 것을 묘사하고 있는 다음 장의 주제이다.

상황잇기

마리아와 교회 전승. 어떤 학자들은 이 단락에 나오는 여자를 마리아로 간주하고 또한 이를 고양된 마리아에 대한 후대 가톨릭 전승을 입증하기 위해 사용한다(그러나 모든 가톨릭 주석학자들이 이 견해를 주장하는 것은 아니다). 여기서 프로테스탄트 및 가톨릭 주석학자들은 종종 받아들일 수 있는 해석학적 도구들을 결정하는 일 보다는 이 본문에서 분명하게 나타나는 것을 해석하는 일에 있어서 차이가 덜 난다. 만일 우리가 "오직 말씀으로"(*sola scriptura*)라는 전제로 시작을 하고 후대의 전승으로 이 본문을 해석할 수 없다면, 마리아에 대한 어떤 직접적인 가르침도 별로 도움이 안 될 것이다. 그러나 반대로 만일 후대 전승으로 성경을 해석할 수 있다면, 우리는 이 본문에 암시되어 있는 마리아의 고양된 지위에 관하여 실마리들을 찾아낼 수 있을 지도 모른다.[52]

이것은 합법적인 해석학적 쟁점을 제기한다. 때때로 나는 삼위일체나 예수님의 신성과 같은 문제들에 대해 자유주의 프로테스탄트가 내린 결론에 질색하는 가톨릭 친구들과 이야기를 나눈 적이 있다. 그들은 이단을 방지하는 가장 좋은 방법은 정통 신앙의 연속성이 가톨릭 역사에 있음을 호소하는 것이라고 생각하고 있었다. 나는 그들의 정통 신앙의 본질에 대해서는 동의한다고 대답을 했지만 그러나 그

50. 기독교적 견해는 어떤 사람이 유대인이든 아니면 이방인이든 간에 예수에 대한 믿음을 진정한 거룩함을 위한 필수 조건으로 요구한다.

51. 대부분의 주석학자들은 그들을 일반적으로 신자들로 인정하고 있다(예를 들면, Hill, *New Testament Prophecy*, 81; George E. Ladd, *The Blessed Hope* [Grand Rapids: Eerdmans, 1956], 98-99). 초기 기독교 전통은 적 그리스도적 인물이 성도들을 박해할 것으로 기대하였다(엘리야의 묵시 4:20-29).

52. 교회 안에서 교리의 발전에 대한 다양한 견해들에 대해서는 Peter Toon, *The Development of Doctrine in the Church* (Grand Rapids: Eerdmans, 1979)를 보라. 마리아의 중재적 역할에 대한 온건주의자와 비타협주의자 사이에 분열이 있었기 때문에, 제2차 바티칸 회의는 어떤 확고한 입장을 표명하지 않았다(G. C. Berkouer, *The Second Vatican Council and the New Catholicism* [Grand Rapids: Eerdmans, 1965], 226-38; Walter M. Abbott, ed., *The Documents of Vatican II* [New York: Guild, 1966], 86-93, 53-63 항목). *Catechism of the Catholic Church* (Mahwah, N.J.: Paulist, 1994), 122-28은 마리아의 무죄성을 확인했지만 그녀의 중재는 언급하지 않았다. 다양한 문화 속에서 마리아에 대한 여러 견해들에 대한 개관을 위해서는 George H. Tavard, *The Thousand Faces of the Virgin Mary* (Collegeville, Minn.: Liturgical, 1996)를 참조하라.

정통 신앙이 우리를 위해 성경 안에 보존되어 있는 사도적인 증거에서부터 나온 것이기 때문에 우리가 동일한 견해를 공유한다고 주장했다. 그들은 성경이 해석되어야 하며, 그리고 정통 전승보다 정통 신앙을 누가 더 잘 해석할 수 있는가? 라고 맞받아쳤다. 그래서 나는 성경이 그 원래의 문맥에 비추어 볼 때 가장 잘 이해될 수 있으며, 또한 그것이 원래적인 정통 전승의 기초에 의미를 제공해준다고 주장하였다. 이번에 그들은, 2세기 변증론자들에게 거슬러 올라가는 한 전승에서, 성경은 교회의 책이며, 또한 교회에 의해 그리고 교회를 위해 만들어졌다고 주장하였다.

비록 나는 하나님이 교회를 위해 성경을 주셨다는 것에 동의하고 있음에도 불구하고(롬 15:4), 나는 교회가 성경의 공동체가 되어야 하며 또한 성경은 하나님의 전체 백성들로부터가 아니라 하나님의 영감을 받은 사도들 및 선지자들에게서 나온 것이라고 주장하면서, 종종 하나님의 백성들이 실수를 할 수 있다는 것에 대해 이의를 제기하였다. 교회는 항상 성경의 가르침 아래 있어야 하며, 또한 성경 저자들이 그들의 청중들에게 말씀을 전하기 위해 영감을 받았기 때문에 그 원 의미를 우리가 이해한 후에야 비로소 그 성경의 가르침을 재적용해야 한다.

최근에, 보다 많은 복음주의자들은 전통적으로 가톨릭이 주장하는 노선을 택하고 있으며, 또한 여러 가지 이유로 그러한 상황이 이해할 만하기는 하다. 오래 동안에 걸친 역사적 전통은 성경과 신학에 대해 일시적으로 유행하는 비판적 이론들에 대해 유익한 노선의 방어를 제공하며 또한 학문적인 세계의 부자연스러운 문화 밖에서는 그 어느 누구에게도 결코 생각난 적이 없는 비평적인 생각들을 듣는 것이 가치가 있다는 것도 분명하다. 동시에 신앙의 세부적인 내용들을 결정하는 일에 있어서 그 가치는 여전히 논쟁의 여지가 있다. 만일 성경이 "교회의" 책이라면, 그러면 교회의 정의를 누가 내리는가? 로마 가톨릭 교회가 동방 정교회보다 역사적으로 더 오래되었다고 주장할 수는 없다. 로마의 주교에 대한 수위권을 최초로 주장한 것은 동방에서 군주적 주교가 일어난 이후 한 세기가 지나서였다.[53]

초기 가톨릭 전승이 모든 세부적인 것들에 대해 만장일치가 된 것은 아니지만, 그러나 그 전승은 (나와 다른 정통 그리스도인들이 받아들일 수 있는) 신앙에 대한

53. Geoffrey Barraclough, *The Medieval Papacy* (New York: W. W. Norton, 1968). 13-37을 보라. 만일 다마스커스(366-84)가 "로마 교황의" 권위를 주장하는 로마의 초대 감독이었다면(Henry Chadwick, *The Early Church* [Baltimore: Penguin, 1967], 160-64를 참조하라), 이것은 서로 다른 주교 관할구의 감독들이 생겨난 지 오랜 후였다(ibid., 51, 131).

광범위한 합의를 제공하였다. 그리고 교회 전승에 호소하는 프로테스탄트들이 가톨릭 신도들보다 더 어려운 시기에 처해있는 것이 분명한데, 이는 우리가 일치의 구실조차도 제공하지 않고 있기 때문이다. 우리는 또한 루터, 칼빈, 웨슬리, 혹은 그밖의 사람들이 성경 그 자체의 일차적인 연구를 넘어서서 그들의 이름으로 신학적 신학적 전통들에 특권을 주는 어떤 이들에 대해 어떻게 생각할지 궁금하기도 하다.

나는 교회 전승이 가치가 있는 교정물이라는 것은 인정하지만, 그러나 그것은 항상 성경 안에서 하나님의 말씀에 의한 판단을 받아야 한다(막 7:6-9). 후대 그리스도인들의 집단적인 정서는 도움이 되지만, 그러나 그것이 거룩한 사도들과 선지자들에 의해 경험된 영감과 동일한 것이 아니며 그리하여 그것이 "정경" 즉 측량하는 잣대와 동일한 수준으로서의 역할을 해서는 안 되는 것이다. 게다가 교회 전승의 교정적인 가치는 장단점이 있다. 우리의 전통들을 인식하는 것은 우리가 전제하고 있는 것들의 근원을 평가하는데 도움을 주기 때문에 우리가 이들을 단순히 암송하는 것보다는 오히려 자유롭게 이의를 제기하는 방식으로 성경을 해석할 수 있도록 한다. 다만 이러한 방식으로 그리스도인들이 정직한 대화 속에서 그러한 장벽들을 극복하는 다양한 전통들을 세울 수 있다.

여자를 둘러싸고 있는 많은 상징적 표현들은 이스라엘을 생각나게 한다. 현대의 해석학자들은 본문에 대한 그들의 해석에 근거하여 그러한 연관성이 어떻게 갈라지고 있는지를 적용한다. 비록 그녀의 "자손"이 유대인 및 이방인 신자들 모두를 포함한다 해도(하나님의 계명을 지키며 예수의 증거를 가진 자는 누구든지, 계 12:17), 이러한 상징은 구원 역사에 있어서 연속성을 암시하고 있다. 그러한 연속성은 우리가 성경을 얼마나 일반적으로 읽는가를 함축하고 있다. 어떤 사람들은 구약과 신약 사이에 불연속성만 가지고 읽으려고 하지만, 또한 상당한 정도의 연속성을 암시하는 수많은 요점들이 있다(여기에 있는 것들을 포함하여).

환난을 다루기. 우리가 위에서 주장한 것처럼, 만일 요한계시록의 "환난"이 다니엘과 예수님이 예언한 것(그것은 이미 요한계시록 당시에 성취되었다)과 다르다면, 그것은 그 어떤 미래적 환난도 없다는 의미인가? 반대로 고난은 복음을 선포하는 것과 분리될 수 없으며(계 6:9-11에 대한 설명을 보라), 그리고 예수님의 제자들이 대 위임 명령(마 24:14)을 실행한 이후에야 끝이 올 것이다. 우리가 가장 거부하는 지역에 복음을 전하기 위해 순교까지도 감수하려는 철저한 신자들 세대를 볼 때, 우리는 또한 강화된 환난을 보게 될 것이다. 하지만 그러한 환난은 요한계시록이 환난을 묘사하는 배경의 일부일 수도 있기 때문에, 12:6에 있는 직접적인 요점은 어쩌면 예수님의 초림과 재림 사이에서 우리가 경험하는 것이 마귀의 적대감을 포함할 수도 있다는 것이다. 그렇지만 그러한 환난의 한가운데에서도, 우리는 최상의 용기를 가져야 한다. 즉 예수께서 세상을 이기셨다는 것이다(요 16:33).

영적인 전쟁에 대하여. 요한계시록 12:7-9은 땅에서 그리스도의 승리(계 12:5, 10)와 대응하는 하늘에서의 영적인 전쟁을 보여준다. 분명히 이것은 우리의 전투가 영적인 것이며, 이는 야곱이 그의 형 에서를 대면하기 위해 준비했던 것(창 32:26)과 그리고 엘리사가 그의 옆에 있는 하늘 군대를 인식했던 것처럼(왕하 6:17) 일찍부터 인식된 하나의 실재임을 보여주고 있다.[54]

하지만 일부 현대의 해석학자들은 영적인 전쟁에 대해 성경의 가르침을 잘못 적용해왔다. 한번은 내가 전체 모임이 마귀에게 말하고 또 마귀를 꾸짖는 것에 모든 시간을 보내고 있는 어떤 "기도회"에 참석한 적이 있었다. 그들 모임에서 하나님에 대해 말하는 일은 거의 없었다. 성경은 현존하고 있는 마귀를 쫓아내고 있는 많은 실례들을 보여주고 있다(예를 들면, 막 1:25-26; 행 16:18). 그러나 마귀가 어디에나 있는 존재인 것처럼, 기도하는 동안 마귀에게 말하는 것을 지지하는 것은 성경에 한 구절도 없다. 종종 이를 입증하기 위해 인용되고 있는 본문들은 선의의 신자들에 의해 종종 잘못 적용된 것이며, 또한 그 구절들은 마귀를 꾸짖는 것이 아니라 마귀를 대적하기 위해 언급하고 있다.[55] 어떤 본문도 최소한 기도하는 동안 마귀가 현존하고 있는 것으로 말하는 것을 지지하지 않는다는 것은 어떤 현대의 영적인 전쟁에 대한 행위들에 지나친 점이 있다는 것을 암시한다. 일부 주변적인 은사주의적 집단들에서 유행하고 있는 마귀를 조롱하는 행위는 명백히 비성경적인 것이다(유 8-10절).[56]

---

54. 영적 전쟁에 대한 구약성경의 뿌리에 대해서는 Gregory Boyd, *God at War: The Bible and Spiritual Conflict* (Downers Grove, Ill.: InterVarsity, 1997), 73-167을 보라.

55. 문맥상 약 4:7과 엡 4:27은 세상의 도덕적 가치관에 맞서는 것으로 마귀에게 대적하는 것에 적용한다. 벧전 5:9는 계 12:11에서처럼 박해를 견디는 것에 적용한다. 이에 대한 반대는 Kenneth Hagin, *I Believe in Visions* (Old Tappan, N.J.: Revell, 1972), 83-84; idem, *Authority of the Believer* (Tulsa, Okla.: Kenneth E. Hagin Evangelistic Association, 1978), 19-20; idem, *Demons and How to Deal with Them* (Tulsa, Okla.: Kenneth E. Hagin Evangelistic Association, 1977), 25 - 이 책들은 수십만 명의 그리스도인들에게 영향을 미쳤다. 종종 인용되고 있는 말 3:11(Kenneth Copeland, *The Laws of Prosperity* [Fort Worth, Tex.: Kenneth Copeland Publications, 1974], 81)은 단순히 하나님께서 수확하기 위해 메뚜기를 억제시키는 것을 언급할 뿐이다.

56. 유다가 반대하고 있는 사탄을 비방하는 관습은 널리 알려진 것으로 보이며(1QM 13.1-2; 4Q280-87; Life of Adam 39:1), 그리고 몇몇 다른 사람들도 이에 반대하였다(시락 21:27; *b. Kid.* 81ab).

오늘날 몇몇 영적인 "전사들"은 하늘에 있는 세력들을 "멸시"함으로써 실재에 도전하는 영적인 지름길을 추구하고 있다. 아마도 그들은 다니엘이 21일 동안 기다려야 했던 것은 단지 다니엘이 더 나은 어떤 것을 몰랐기 때문이라고 생각한다. 그러나 우리의 문화가 즉각적인 만족에 대한 강조를 보다 많이 하는 것처럼 보인다는 것은 기도의 전통적인 방식으로 그들을 너무나도 성급하게 만들어 버렸다.[57] 비록 열방의 천사들, 즉 "지역적인 영들"이 하나의 실재로 보인다 해도(단 10:13; 엡 1:21; 6:12), 성경은 여전히 그들에 대해 많은 상세한 내용들을 말하지 않고 있는데, 이는 아마도 우리가 깊이 파고들어서는 안 되는 몇 가지 문제들이 있기 때문일 것이다(신 29:29; 롬 16:19; 벧후 2:10-11).

이것은 하나님이 신자들의 방법을 무시하고서 그러한 신자들의 신앙에 실제로 응답하실 수도 있다는 것을 부정하는 것이 아니라, 오히려 엄밀하게 말해서 그들의 방법이 성경적이지 않다는 것을 암시하는 것이다. 요한계시록 12장은 하늘에 있는 천사의 전쟁을 묘사하고 있지만, 여기서 그 결과는 그리스도의 승귀에서 이미 결정되었으며, 그리고 그 남은 전쟁은 지상의 세력들에 의해 수행되고 있다(계 12:10-11). 하나님은 우리가 하나님의 일을 위해 우리가 하나님께 기도하는 것에 대한 응답으로 얼마든지 우리들에게 "공중 엄호"를 제공해주실 수 있다. 하지만 진정한 영적 전쟁은 지상의 세력들보다 앞설 것을 요구한다. 예수님은 마귀의 시험을 이기심으로써(막 1:13) 강한 자를 결박하는 것이 분명했으며(막 3:27), 그리고 (만일 우리가 그 구절을 올바르게 이해한다면) 예수님의 제자들이 하나님의 통치를 선포하고 또한 마귀에 의해 사로잡힌 자들에게서 마귀를 쫓아내셨을 때 이 세대의 신은 자신의 권능의 위치에서 후퇴하고 있었다(눅 10:17-19).[58]

이러한 본문들과 그리고 하나님의 전신 갑주에 대한 바울의 논의에 근거하여 볼 때(엡 6:10-18), 마치 그리스도인들이 압제당하는 자들을 구원하고 또한 복음을 선포함으로써 마귀를 혼내주고 또한 "지상전"을 수행하는 것처럼 보인다. 우리의 지상전과 기도에 응답하여, 하나님은 하늘의 통치자들을 제거하신다. 영적인 무장에서 하나님이 우리에게 제공하신 한 가지 공격 무기는 그의 "말씀"이다(엡 6:17).

---

57. 신자들은 "지역의 영들에게 던져지는 것"으로는 불리어지지 않는다. Clinton E. Arnold, *3 Crucial Questions About Spiritual Warfare* (Grand Rapids: Baker, 1997), 143-98을 보라.

58. 눅 10장에 대해서는 George E. Ladd, *The Gospel of the Kingdom* (Grand Rapids: Eerdmans, 1959), 49-50; idem, *A Theology of the New Testament* (Grand Rapids: Eerdmans, 1974), 67, 625-26을 보라. 막 3장에 대해서는, Craig S. Keener, *The Spirit in the Gospels and Acts* (Peabody, Mass.: Hendrickson, 1997), 106을 보라.

바울의 용법의 문맥에서 볼 때 그것은 복음을 의미한다(예를 들면, 엡 1:13). 우리는 동일한 원리를 요한계시록의 이 단락에서 읽는다. 즉 여자의 자손은 "그들이 증거 하는 말씀으로써" 다시 말해서 그들이 그리스도에 대해 입으로 증거 함으로써(요한계시록 다른 곳에서 "증거"가 의미하는 것) 마귀를 이겼다. 만일 우리가 실제적으로 세상에 복음을 전하는 것을 무시하는 영적인 지름길을 사람들에게 가르치고 있다면, 우리는 하나님의 목적들을 세상에서 수행하기는커녕 오히려 약화시킬 수도 있는 것이다.

전체와 부분. 나는 대체로 한 구절에 대한 본문 설교보다는 한 단락을 가지고 설교하는 것을 더 좋아한다. 그러나 요한계시록을 포함하여 성경의 각 책은 하나의 전체로서 다루어질 때 의미가 통한다—아마도 시편과 잠언은 예외로 하고. 그리하여 우리는 전체 단락이든지 아니면 한 구절을 가지고 설교를 하든지 간에, 우리는 특정 단위를 그 책의 주제를 굴절시키는 일종의 프리즘으로서 사용해야 한다.

한번은 내가 아프리카에 있을 때 요한계시록 12:11을 가지고 설교를 한 적이 있다. 그런데 나는 전체로서 요한계시록의 세 가지 주제를 다루기 위한 구조를 제공해주기 위해서만 그 구절을 사용하였다. "이기는 것"이라는 주제로 시작하면서, 나는 이 구절의 인접 문맥을 규명하였으며, 그 다음 이들 신자들이 이기는 것이 무엇을 의미하는지 말하였다. 그러고 나서 나는 방향을 돌려 일곱 교회에 보내는 편지에서 이기는 것의 주제를 다룬 후에, 그러한 이기는 것이 다른 상황에 처해있는 신자들에게 어떻게 다르게 보일 수가 있는지를 말하였다(그리고 나는 그 교훈들을 나의 청중들이 직면해 있는 여러 종류의 상황에 적용시켰다). 이어서 "자기들이 증언하는 말씀"에 초점을 맞추면서, 나는 요한계시록 전체에서 증언의 주제를 추적하였다. 나는 요한계시록이 복음을 위해 우리의 생명을 드리는 것에 대해 무엇을 가르치고 있는가를 자세히 말하고 또한 복음을 위해 고난을 당하는 사람들이 어떻게 진정한 하나님의 승리의 군사인지를(계 6:9-11; 7:1-17; 14:1-5) 자세히 말함으로써 결론을 내렸다. 우리가 요한계시록에 나오는 어떤 단락을 전체를 앎으로써 더 잘 이해할수록, 우리는 하나님께서 그 단락이 이해될 수 있도록 영감을 주신 방법을 더 많이 이해하면서 그 말씀을 전달할 수 있을 것이다.

요한계시록의 상징들을 그들의 고대적 의미보다 현대의 서구적 개념의 관점에서 읽는 것은 인기 있는 하나의 유혹이다. 예를 들면, 홀 린드세이(Hal Lindsey)는 독수리를 미국에 대한 상징으로 만들어버렸다(린드세이와 다른 미국인들에게 있어서, 벤저민 프랭클린(Benjamin Franklin)은 국가의 새를 칠면조로 만드는 일에 실패한 것은 다행스러운 일이었다). 그리하여 린드세이는 가령 지중해 상의 미국의 제6 함대처럼, 12:14이 미국 비행기로부터 공중 보급을 받는 것을 언급할 수도 있다고 주장한다. 과도하게 사색하는 것을 원하지 않는다고 하면서, 그는 다만 제6 함대가 페트라로 이동시킬 수 있다는 것을 주장한다.[59] 그러나 그 이후 역사에서 그 어느 누구도 그 상징을 미국으로 이해하는 사람은 아무도 없으며, 아울러 본문은 그 상징을 그러한 방식으로 이해할 아무런 근거도 제공하지 않는다.

현대적 의미

오늘날을 위한 성경적 이미지들 해석하기. 그리스도는 드래곤 슬레이어(dragon-slayer)이며 가이사(Caesar)이다. 가이사는 드래곤 슬레이어인 것으로 주장할 지 모르지만, 그는 단지 드래곤(용)의 꼭두각시일 뿐이다. 카르타고에 있는 로마의 장교들이 그리스도인인 퍼페투아(Perpetua)를 처형하기 직전에, 그 젊은 여자는 사다리의 발 부분에 한 마리의 용이 하늘에 닿아있는 한 사닥다리에 대한 환상을 보았다. 나는 "예수의 이름으로 용이 나를 해치지 않을 것이다"라고 말하였다. 그 다음에 그녀는 용의 머리 위로 발걸음을 옮기고 난 후 사닥다리를 타고 올라갔다. 그녀는 이 환상이 그녀가 순교를 통하여 승리할 것에 대한 주님의 확신으로 이해하였다.[60]

세상의 이야기들, 노래, 극적인 주제들 등등 복음을 위해 다시 사용할만한 것들이 많이 있다. 우리의 문화가 개인적인 성적 만족을 강조할 때, 우리는 그리스도께서 당신을 결코 배반하지 않을 것이라는, 그리스도 안에서 발견되는 가장 진실한 사랑을 말함으로써 대답할 수 있다. 세상이 폭력적인 행위를 일삼는 영웅들을 포장할 때, 우리는 가장 진실한 영웅에 대해 말할 수 있다. 그는 우리의 폭력을 용기있게 받아주었으며 또한 우리의 가치관에서 잘못된 것을 부끄러워 하였다.

여기서 갈등의 이미지는 하나님의 백성들이 세상의 적대 행위에 항상 맞설 준비가 되어 있어야 한다는 것을 우리들에게 상기시킨다. 12장에 나오는 어머니와 17장에 나오는 음녀 사이의 대조는 하나님의 도성과 바벨론이 결코 세상에서 자연스럽게 공존할 수 없다는 것을 우리들에게 상기시킨다. 특히 히브리어 성서에서 해산의 고통에 대한 이미지를 사용하는 관점에서 보면, 여기서 이러한 이미지는

59. Lindsey, *New World Coming*, 179.
60. Herbert Musurillo, "The Martyrdom of Perpetua," *Christian History* 17 (1988): 32-33 (p. 33).

더욱더 하나님의 목적들이 종종 고난을 통해서만 성취된다는 것을 우리들에게 상기시킨다(요 16:21-22; 롬 8:22-23 참조). 마귀의 적대 행위는 어쩌면 비방으로 표현되기도 하는데(12:15에 대한 설명을 보라), 이는 또한 우리들에게 거짓 고소를 예상하라는 경고를 하는 것이기도 하지만, 우리들도 그러한 비방을 받지 않기 위해 최선을 다해야 한다(딤전 3:7; 5:14-15).

요한계시록이 창세기에 나오는 고대의 뱀을 그 당시의 시대 가운데서 다시 사용하고 있다는 것은 역사를 통하여 동일한 원수가 연속 상태에 있다는 것을 더욱 강조하고 있다. 사탄의 궤계의 많은 것들(예를 들면, 성적 유혹, 정치적 압제, 용서하지 않음 등)이 그 당시와 마찬가지로 오늘날에도 동일하게 남아있다. 그러나 사탄과는 달리 그의 대리인들(예를 들면, 아폴로와 동일시되는 로마 황제)은 그들의 모든 악한 계승자들의 거만함을 반복하고 있으며, 한편 그들 앞에서 죽임을 당한 사람들의 운명에 대해 겉으로 보기에는 여전히 안중에 없다. 각 세대는 그 자체의 적그리스도들의 무리들이 있지만(요일 2:18 참조), 그러나 그들 배후에 있는 초자연적인 악의 성격은 주님이 재림하실 때까지 여전히 변하지 않고 있다. 지상에서 여자를 추격하는 것과 하늘 전쟁의 이미지 모두 세속적이고 물질주의적인 미국이나 그 밖의 나라에서 우리가 세상에 대해 어떤 고통이 경감되는 것에 만족하게 되지 않도록 우리를 경고하고 있다. 평안이 우리 사회의 목적이긴 하지만, 그러나 적절한 조건이 주어지면 우리의 담대한 증거("예수의 증거," 계 12:17)는 반대를 초래하게 될 것이다.

요한계시록이 별들이 떨어지는 것과 환난의 기간 모두를 기독론적으로 다시 적용하는 것은 그리스도께서 모든 일에 중심이 되신다는 것을 우리에게 상기시킨다. 그리스도인들로서 우리는 과거와 미래 모두를 그리스도 안에 있는 하나님의 목적이라는 렌즈로 바라보아야 한다. 천사들이 알고 있었던 것처럼, 가장 큰 반역은 그리스도의 주재권에 대한 반역이며, 이는 마치 우리 자신의 생명이 우리에게 속한 것처럼 행동하는 것과 같다.

후퇴인가 관여인가? 광야 주제는 중요하다. 미국에서 몇몇 생존주의자 집단들은 다가오는 환난에서 살아남기 위해 황야에 틀어박혀 있다.[61] 그러한 행동이 핵전쟁

---

61. 몇몇 우익 운동들이 성경 본문들을 잘못 적용하는 것에 대해서는 Richard Abanes, *American Militias* (Downers Grove, Ill.: InterVarsity, 1996), 87-97을 보라. 그들이 몇몇 보수적인 복음주의 집단들에 침투한 것에 대해서는 ibid., 191-221을 보라. 많은 사람들이 아마겟돈에서 싸우기 위해 준비하고 있다(예를 들면, Kyle, *The Last Days*, 161).

이나 아마도 생화학전에서는 생명을 연장시킬 수 있을지는 몰라도, 그것은 요한계시록의 요점에서 벗어난 것이다. 요한계시록의 나머지 부분은 그리스도인으로서 우리의 목표가 고난이나 죽음을 피하기 위한 것이 아니라 예수님을 세상에 증거하기 위한 것임을 가르치고 있다(계 6:9-11; 11:3-7; 19:10). 우리가 죄인들을 멀리 해서는 안 되지만(그러나 우리가 영적으로는 세상의 부패를 멀리해야 한다, 계 18:4 참조), 하나님의 구속적인 사랑의 메시지와 모범을 가지고 세상에 침투해야 한다.

이 단락에서 광야의 실제적인 요점은(원 의미 단락을 보라) 전반적인 수도원 생활을 하도록 요청하는 것이 아니라 우리의 첫 구속과 마지막 구속 사이의 한 시기인 현재에 대한 묘사라는 것이다. 이스라엘이 그들의 속박으로 인하여 탄식을 하고 또한 하나님이 그의 백성들을 애굽의 노예로부터 해방시키신 후에, 그들은 자신들의 "기업"으로 들어가기까지 광야에서 하나님의 인도하심을 받아 중간 시기를 겪게 된다. 초기 그리스도인들은 초림과 재림 사이의 중간 시기를 묘사하기 위해, 그리고 왜 하나님이 두 단계로 구원을 행하시는가를 설명하기 위해 이러한 표현을 사용하였다(예를 들면, 롬 8:14, 17, 23; 엡 1:14).[62]

다시 말해서 그리스도인들은 일부 학자들이 "이미, 그러나 아직은 아닌"으로 부르는 것 사이에 살고 있다. 즉 우리가 앞으로 오는 세상에 완전히 들어가야 함에도 불구하고 오는 세상의 생명을 경험하기 시작했다. 우리는 여전히 죽을 몸을 가지고 있지만, 하나님은 우리의 삶이 미래적인 나라의 방식에 순종하여 살아가도록 우리에게 능력을 주셨다. 그리하여 광야 주제는 현재의 고난과 물질적 부요함으로부터 초연하도록 하는 것이지(환난을 재 정의하는 것과 같이), 우리가 그러한 것에 빠져 있을 때 우리가 문화에 관여하는 것으로부터 물러나라는 말이 아니다.

우주적 영적 전쟁. 비록 예수님의 편에 있는 사람들이 승리를 얻었다 해도, 세상의 많은 부분들은 이러한 것을 모르고 있으며 여전히 기만 속에 처해 있다. 따라서 우리가 영적 전쟁으로 부르는 것은 오늘날에도 우주적인 차원에서 계속 되고 있다. 예를 들면, 미국에서의 세계관이 뉴 에이지와 동방 신비주의 사상으로 이동하고 있다. 대충 미국의 절반 정도가 초감각적 지각을 믿고 있으며, 사분의 일 정도가 유령을, 사분의 일 정도가 점성술을, 그리고 10% 정도가 영계(靈界)와의 교통을 믿

---

62. 그리스도께서 두 번 오신다는 것은 유대교와 대화하는 2세기의 그리스도인들에게 하나의 변증적인 문제를 제공한 것으로 보인다(Justin, *1 Apol.* 52, 111; 바나바 서신 7; Tertullian, *Apol.* 21.15; *adv. Jud.* 14 등을 보라).

고 있다.[63]

성경은 이 시대에 우리들의 영적 전쟁에 대한 본질적인 통찰력을 제공해주고 있다. 그 전투는 영적인 것이며, 그리고 하나님은 주권자이시다. 마귀의 때는 제한되어 있으며 이는 하나님의 허락에 의해서만 지속된다. 천사는 기도의 사람 다니엘을 하나님 앞에서 크게 은총을 입은 자로 맞이하였다. 그 다음에 열방들을 움직이는 것처럼 보이는 왕들이 어떻게 역사 속에 있는 하나님의 보다 큰 계획 속에 단순히 붙잡혀 있는 사람들인지를 계속 자세하게 말해주고 있다. 미래는 하나님께 속해 있다!

우리 시대를 위한 증거와 고난. 미국의 많은 그리스도인들은 그들의 증거가 어떤 이들을 화나게 하지 않을까 두려워하고 있지만, 그러나 이 단락은 예수님을 위한 우리의 증거가 우리의 생명을 아끼지 않을 만큼 값어치가 있다는 것을 강조하고 있다(계 12:11). 위에서 언급한 것처럼, 내가 이 구절을 가지고 설교했을 때, 나는 때때로 12:11을 요한계시록 전체를 꿰뚫고 있는 주제들을 굴절시키는 하나의 프리즘으로 사용하곤 한다. 인접 문맥을 다룬 후에, 나는 이기는 것(특히 일곱 교회에 보내는 편지에서)과 그리고 어린 양이 하셨던 것처럼(계 5:6; 6:9-11) 우리의 증거를 위해 고난 받는 것을 다룬다. 실제로 세상 여러 곳에서 신자들이 그들의 생명을 던져왔다. 그리고 그리스도의 메시지의 진실성을 생각하면 그것은 능히 치를 만한 대가이기도 하다. 브루스(F. F. Bruce)는 이 구절에 대해 다음과 같이 설명한다.

> 원수의 공격에 저항하는 그들의 유일한 수단은…끈기 있는 인내와 신실한 고백이다. 이것은 고난과 죽음을 의미할 수도 있다. 하지만 그들의 지도자가 이기셨던 것은 정확하게 말해서 고난과 죽음이었다. 세상의 지배권은 가이사가 아니라 예수님께 속해 있다. 역사의 주인은 가이사가 아니라 예수님이시며, 가이사와 가이사의 대표자들 앞에서 충성스럽게 그리스도를 고백하는 사람들은 그의 승리와 왕의 권세에 참여한다.[64]

전문가들은 매년 전 세계에서 그리스도를 위해 순교를 당하는 사람들의 수를

63. Arnold, *Questions About Spiritual Warfare*, 28-29. 미국에서 이러한 것들의 한 부분으로서 영적 전쟁과 기도의 중요성에 대한 관심을 환기시키는 두 권의 소설책이 특별히 인기가 있었다. Frank E. Peretti, *This Present Darkness* (Westchester, Ill.: Crossway, 1986): idem, *Piercing the Darkness* (Westchester, Ill.: Crossway, 1989)를 보라.
64. F. F. Bruce, *The Message of the New Testament* (Grand Rapids: Eerdmans, 1981), 85.

수만 명으로 추산한다(어떤 이는 수십만으로 추산하기도 한다). 그러므로 그리스도를 위해 고난을 받는 개인적인 모범들은 증가되기가 쉽다. 예를 들면, 쿠바 정부는 그리스도 재림론자인 젊은 목사 노블 알렉산더(Noble Alexander)를 20년 동안이나 감옥에 가두었다. 그리스도를 부인하는 것을 거절한 것 때문에,

> 그는 구더기가 득실거리는 오트밀 죽에 독약을 탄 음식을 먹었다가 고통을 받았다. 그는 묶인 채로 얼음 호수에 담겨졌다가 의식을 잃기도 하였다. 그는 전선 케이블로 채찍질을 당하는 고통으로 세 번이나 기절을 하였다. 그는 그의 손과 다리와 허벅지에 총상의 흔적을 지니고 있었다.

그는 성경을 가지고 있었다는 이유로 "겨우 움직일 수 있는 관(棺)처럼 생긴 상자 안에서" 90일을 보냈다. 안식일에 일하기를 거부한 것 때문에 그는 "세 시간 동안 썩어가는 쓰레기와 악취가 나는 배설물 구덩이에 담겨져" 있었다. 그가 가장 견디기 어려운 고통은 그의 그리스도인 아내가 그가 감옥에 있는 동안 자신과 이혼을 했다는 것이었다. 이것은 그에게 너무나도 큰 절망을 안겨다 주었으며 그리하여 그는 28년이 지난 후에도 재혼을 하지 않았다. "그분이 억지로 그들을 시험하기까지는 그 어느 누구도 그의 믿음과 인내를 진실로 확신할 수 없다"고 알렉산더는 경고한다.[65]

우리가 시험을 받는 중에도 한 가지 격려가 되는 것은 사탄의 때가 얼마 남지 않았다는 것이다(계 12:12). 우리는 한정된 기간만이라도 견디지 않으면 안 된다. 나는 결혼을 하고 싶어 했으나 다행히도 여러 가지 이유로 결혼을 하지 못한 39세 된 한 독신주의자를 알고 있는데, 그는 아직도 인생의 절반을 가지고 있는 것이다. 만일 우리가 이미 몇 가지 시험을 성공적으로 이겨냈다면, 우리는 하나님이 그 경주를 마칠 힘을 우리에게 주실 수 있다는 것을 경험으로부터 알고 있다. 뿐만 아니라 마귀는 하나님 앞에서 우리를 더 이상 참소할 수 없으며(계 12:10), 그리하여 가장 중요한 쟁점은 해결된 것이다. 우리들도 역시 교회의 남은 자들이 마지막에 승리할 것임을 알고 있다(계 15:2; 21:7). 만일 독수리의 날개가 출애굽기 19장을 암시하고 있다면, 그것들은 하나님이 우리를 친밀하게 보호하신다는 것을 암시한다.

---

65. John W. Kennedy, "Bittersweet Cuban Memories," *CT* (Jan. 1998), 24.

요한계시록은 우리가 고난을 준비할 수 있도록 함으로써 우리에게 도움을 준다. 빌리 그레이엄은 그의 아내가 중국에 있는 선교사 가정에서 성장하면서 "하나님이 그곳에 있는 자신의 교회가 고난을 받고 있는 동안 심지어는 앞에 있는 더 큰 고난까지 견딜 수 있도록 어떻게 준비시키셨는가"를 보았다고 말한다. 그는 고난이 실제로는 교회를 강하게 했으며 하나님의 경고하심이 도움을 주었다고 언급한다.[66]

다니엘이 환난에 대해 말한 것처럼, 요한계시록은 예수님의 초림과 재림 사이의 시간을 대 환난으로 묘사하면서, 예수님을 따르는 자들이 그의 십자가를 져야 할 것을 우리들에게 상기시킨다. 그리하여 십자가는 우리가 예비할 수 있도록 경고한다. 고난은 이 세상에서 우리에게 속한 것이지만, 우리 주 예수님은 결국 승리하신다(요 16:33).

66. Graham, *Approaching Hoofbeats*, 39.

요한계시록 13:1-10

1 내가 보니 바다에서 한 짐승이 나오는데 뿔
이 열이요 머리가 일곱이라 그 뿔에는 열 왕
관이 있고 그 머리들에는 신성모독 하는 이
름들이 있더라
2 내가 본 짐승은 표범과 비슷하고 그 발은 곰
의 발 같고 그 입은 사자의 입 같은데 용이
자기의 능력과 보좌와 큰 권세를 그에게 주
었더라
3 그의 머리 하나가 상하여 죽게 된 것 같더니
그 죽게 되었던 상처가 나으매 온 땅이 놀랍
게 여겨 짐승을 따르고
4 용이 짐승에게 권세를 주므로 용에게 경배하
며 짐승에게 경배하여 이르되 누가 이 짐승
과 같으냐 누가 능히 이와 더불어 싸우리요
하더라
5 또 짐승이 과장되고 신성모독을 말하는 입
을 받고 또 마흔두 달 동안 일할 권세를 받으
니라
6 짐승이 입을 벌려 하나님을 향하여 비방하되
그의 이름과 그의 장막 곧 하늘에 사는 자들
을 비방하더라
7 또 권세를 받아 성도들과 싸워 이기게 되고
각 족속과 백성과 방언과 나라를 다스리는
권세를 받으니
8 죽임을 당한 어린 양의 생명책에 창세 이후
로 이름이 기록되지 못하고 이 땅에 사는 자
들은 다 그 짐승에게 경배하리라
9 누구든지 귀가 있거든 들을지어다
10 사로잡힐 자는 사로잡혀 갈 것이요 칼에 죽
을 자는 마땅히 칼에 죽을 것이니 성도들의
인내와 믿음이 여기 있느니라

원 의미

12장에서 여자는 아들을 낳은 후에 광야로 피한다. 이 여자는 또한 다른 자손도 있는데, 그는 아마도 교회, 즉 의로운 유대인 남은 자들과 예수님을 따르는 이방인들이다. 그곳 광야에 용이 있는데, 이는 마귀를 상징하며 이러한 신자들에 대해 전쟁을 벌인다. 용이 그 일을 행하는 정확한 방식이 이 장의 주제이다.

바다짐승(13:1-2)

13:1-10에 나오는 짐승은 다니엘 7:3-8을 상기시킨다. 여기에서 네 짐승이 다니엘서에서처럼 "바다"에서 올라온다(단 7:2). 또한 바다는 출애굽 때 하나님이 던

지셨던 신화적 뱀의 위치로서도 의미가 있다(시 74:13-14; 89:9-10; 사 27:1; 51:9-10).[1] 다니엘의 네 짐승은 어느 정도는 사람 모양의 날개 달린 사자(혹시 그리핀[griffin], 그리스 신화에서 몸통은 사자이고 머리와 날개는 독수리인 괴물-옮긴이), 탐식하는 곰, 날개 달린 표범, 그리고 마지막으로 앞의 존재들보다 더 무서운 열 뿔 달린 짐승이며(단 7:3-8), 바로 그 다음에 인자의 오심에 대한 환상이 나온다(단 7:9-14). 지배적인 통치자인 마지막 짐승이 성도들을 삼년 반 동안 박해할 것이다(단 7:21, 25; 참조. 단 9:25-27). 유대교 전승은 넷째 짐승을 로마로 이해하였는데, 대부분의 유대인들은 넷째 세상 제국이 이스라엘을 정복할 것으로 믿었다(에스라 4서 12:10-11; 바룩 2서 39:7).[2] 유대인들(밧모 섬에 유배되어 있는 유대인들 뿐 아니라 에베소의 시민들까지)은 로마를 지리적으로도 "바다"에서 오는 것으로 인식하였으며, 또한 바다의 모래는 짐승이 다스린다고 주장하는 "열방"을 나타낼 수도 있다(계 20:8).[3]

하지만 요한계시록에 나오는 짐승은 다니엘서에서 여러 짐승들의 복합물인 넷째 짐승과는 다르다. 즉 열 뿔 외에(계 13:1; 참조. 단 7:7, 24) 그 짐승은 어떤 부분에서는 표범을 닮았고, 다른 부분에서는 곰을, 그리고 또 다른 부분에서는 사자를 닮았다(계 13:2). 복합적인 묘사들은 창조물의 영광을 증대시킬 수는 있지만(겔 1:10), 그러나 여기서 그들은 그 끔찍함을 증대시키고 있다. 따라서 비록 요한이

---

1. 바다에 있는 리워야단에 대해서는 에스라 4서 6:52를 보라. 에스라 4서 11:1에서 로마는 바다에서 올라온다. 에스라 4서 13:1, 52에서 바다에서 올라오는 메시아적 인물에 대해서는 Gregory K. Beale, "The Problem of the Man From the sea in IV Ezra 13 and Its Relation to the Messianic Concept in John's Apocalypse," *NovT 25* (1983): 182-88을 보라. 어떤 학자는 바다를 악과 연관시키고 있지만(Caird, *Commentary on Revelation*, 161), 그것은 아마도 바다 건너편에 있는 로마의 위치를 언급하는 듯하다 (Ramsay, *Letters to the Seven Churches*, 103-4; 참조. Caird, *Commentary on Revelation*, 162).
2. *Sifre Deut.* 317.4.2; 320.2.3; p. *Taan.* 2:5, §1; *Pes. Rab Kah.* 12:25; *Midr. on Ps 40*, §4; 세상의 제국들에 대한 유사한 헬라의 표상들을 참조하라 (E. C. Lucas, "The Origin of Daniel's Four Empires Scheme Re-Examined," *TynBul* 40 [1989]: 185-202; D. Mendels, "The Five Empires: A Note on a propagandistic Topos," *American Journal of Philology* 102 [1981]: 330-37 등을 보라. 어떤 문헌이 말하는 것처럼(시빌의 신탁 8.6-11 참조), 만일 네 번째 짐승이 헬라라고 하더라도, 로마에 대한 적용은 이해할 수 있다 (Chrys C. Caragounis, "Greek Culture and Jewish Piety: The Clash and the Fourth Beast of Daniel 7," *ETL* 65 [1989]: 280-308은 이를 로마가 헬라문화를 흡수한 것으로 생각한다). 제롬(Jerome)을 포함하여 그리스도인 해석학자들은 네 번째 짐승을 로마로 간주해왔지만, 그러나 많은 현대의 비평학자들은 셀루시드 제국으로 본다. 왜냐하면 이들은 다니엘서의 저작 연대를 후대로 생각하고 있으며 또한 미리 말하는 의미의 예언을 부정하고 있기 때문이다 (Lewis, *Questions*, 106).
3. 모래는 창 22:17; 사 10:22; 48:19; 참조. 대하 1:9; 아브라함의 유언 1.15-16; 4; 8A 등에서 하나님의 백성에 대한 하나의 은유로 나타난다. 그러나 모래는 또한 "바다" 옆에 있는 자연적인 이미지이기도 하다 (계 13:1).

로마를 암시하고 있다 해도, 그 요점은 로마를 넘어서서 "악한 제국"의 전반적인 위협까지 나아간다.[4]

"열 뿔"과 "일곱 머리"(계 13:1)는 짐승과 그 인간 이상의 존재, 다른 짐승, 곧 뱀(계 12:3)과 연결된다. 요한계시록에서 이러한 이미지는 성경이 고대 신화에서 초인간적인 원수라는 이미지들을 사용하는 것과 일치한다(시 74:14).[5] "신성 모독하는 이름들"(계 13:1)은 아마도 다니엘 7:8, 20에서 거만한 짐승을 생각나게 하는데, 이 짐승은 요한계시록 13:6에서 하나님과 성도들을 향하여 신성모독을 하고 비방을 한다.[6] 이들은 구체적으로 요한의 청중들과 관련되는 것으로 드러날 것이다. 즉 지중해 동부에서 통용되는 로마의 동전들은 황제가 "하나님의 아들"이며 "하나님"이라고 선언하였다. 도미티안(Domitian)도 "주요 하나님"이라는 칭호를 요구하였다.[7] 우리는 17:1-11에서 이 짐승에 대해 더 상세한 설명을 할 것이다.

요한계시록 13:1-7은 다니엘 7장에 나오는 많은 이미지들을 채택하고 있지만, 그러나 그 다음에 나오는 단락은 요한의 청중들과 직접적으로 연관성이 있는 새로운 정보와 이미지들을 반영하고 있다. 보캄(Bauckham)은 다니엘서와의 병행을 다음과 같이 정리하고 있다.

요한계시록	다니엘서
13:1	7:2-3, 7
13:2	7:3-6
13:4	7:6, 12

4. George E. Ladd, *A Theology of the New Testament* (Grand Rapids: Eerdmans, 1974), 626; Feuillet, *Apocalypse*, 55; Michaels, *Revelation*, 158; Tremper Longman III, *Daniel*, NIVAC (Grand Rapids: Zondervan, 1999), 190을 보라; 참조. Beale, *Revelation*, 685. 랍비의 비유에서 "위험한 짐승들은 이스라엘의 원수들, 혹은 그들이 일으키는 고난들을 나타내고 있다"(Robert M. Johnston, "Parabolic Interpretations Attributed to Tannaim" [Ph.D. diss., Hartford Seminary Foundation, 1977], 595).

5. 성경의 이미지가 의존하고 있는 로탄(Lotan)의 가나안 신화는 일곱 머리를 언급하고 있다 (Baal 67.1.AB 1 in *ANET*, 138; J. Philip Hyatt, "Canaanite Ugarit," *BA* 2 [Feb. 1939]: 1-8 [p. 8]; Walter C. Kaiser, "The Ugaritic Pantheon"(Ph.D. diss., Brandeis, 1973], 132-33, 212-13). 에스라 4서 11:1에서 로마는 세 머리를 가지고 있다. 이곳에 나오는 리워야단과 짐승에 대한 설명에 대해서는 Howard Wallace, "Leviathan and the Beast in Revelation," *BA* 11 (Sept. 1948): 61-68을 보라.

6. 자랑 혹은 거만에 대한 표현은 안티오커스 에피파네스 4세와 폼페이와 같은 초기의 적그리스도적인 인물에게 적용되었다(마카비 1서 1:24; 솔로몬의 시편 17:13). "신성 모독"에 대한 동일한 술어가 계 2:9에서는 성도들에 대한 "비방"에 적용되고 있다. 계 13:6에 대한 설명을 보라.

7. Caird, *Commentary on Revelation*, 163; Beasley-Murray, *Revelation*, 209; Ramsay, *Letters to the Seven Churches*, 94; Aune, *Revelation*, 2:734 등을 보라.

13:5a	7:8, 25
13:5b	7:25(12:7, 11-12 참조)
13:6	7:25(8:10-11; 11:36 참조)
13:7a	7:21
13:7b	7:14 참조

보캄은 13:7 이후부터는 병행이 없다고 말하고 있으며 또한 13:7 이후의 단락은 이사야의 승천 4:2-14에서 증언되고 있는 새로운 네로 전승을 언급하고 있다고 주장한다.[8]

네로가 다시 공격하다(13:3)

그러나 네로에 대한 암시는 아마도 13:3에서 이미 시작된 듯하다. 요한계시록은 적그리스도를 묘사함에 있어서 초기의 성경 및 묵시 전승들을 넘어서고 있으며, 또한 성경적 이미지들뿐만 아리라 아시아의 일곱 교회 그리스도인들이 인식했을 당대의 사건들에서 차용한 상징들도 사용하고 있다. 자유주의 신학자들이든지 아니면 복음주의 신학자들이든지 간에 대부분의 신약학자들은 이곳에 새로운 네로 이미지가 있다는 것을 인식하고 있다.[9] 네로는 그리스도인들에 대해 공식적으로 박해를 선언한 최초의 황제였으며(아마도 로마에 한정되었을 것이다), 그리고 밤에 황제의 정원에서 수백 명의 그리스도인들을 산채로 불에 태워 죽였으며 또한 여러 가지 방법으로 그들을 학살하였다.[10]

8. Bauckham, *Climax of Prophecy*, 424-27.

9. Kraybill, *Imperial Cult and Commerce*, 161-65; Bauckham, *Climax of Prophecy*, 423-31, 441-44; C. H. Dodd, *The Apostolic Preaching and Its Developments* (London: Hodder & Stoughton, 1936), 39; Eduard Lohse, *The New Testament Environment*, tr. J. E. Steely (Nashville: Abingdon, 1976), 206; William Barclay, "Great Themes of the New Testament: V. Revelation xiii," *ExpTim* 70 (1959): 260-64, 292-96; Bowman, *First Christian Drama*, 87; Caird, *Commentary on Revelation*, 164-65; Bo Reicke, *The New Testament Era*, tr. D. E. Green (Philadelphia: Fortress, 1974), 243; F. F. Bruce, *1 & 2 Thessalonians*, WBC 45 (Waco, Tex.: Word, 1982), 182; idem, *New Testament History* (Garden City, N.Y.: Doubleday, 1972), 402; Aune, *Revelation*, 2:737-40; 그러나 Beale, *Revelation*, 690-92와 대조하라.

10. Tacitus, *Ann.* 15.44; Tertullian, *Apol.* 5.3-4; Harold Mattingly, *Christianity in the Roman Empire* (New York: W. W. Norton, 1967), 31-32; Murray J. Harris, "Reference to Jesus in Early Classical Authors," 343-68 in *The Jesus Tradition Outside the Gospels*, ed. D. Wenham, vol. 5 Gospel Perspectives (Sheffield: JSOT, 1984), 5:348-50 등을 보라. 네로는 악한 행위로 널리 유명하였다(예를 들면, Dio Cassius, 61.2.1-63.4).

네로는 A.D. 68년 6월 9일에 죽었지만, 1세기 말엽까지도 많은 사람들이 네로가 여전히 살아있을 것으로 생각하였다.[11] 비록 과장하고 있긴 하지만 디오 크리소스톰(Dio Chrysostom)은 그의 이름으로 다시 살아났다는 사기꾼들이 있었지만 "대부분의 사람들"은 네로가 여전히 살아있었다고 주장하는 내용을 보여주고 있다(*Or.* 21, *On Beauty* 9-10). 한 가짜 네로는 네로가 죽은 직후에 등장했으며(Tacitus, *Hist.* 2.8-9), 그리고 요한계시록이 기록되기 약 15년 전 티투스 황제가 잠시 다스릴 때에는 다른 가짜 네로가 나타나기도 하였다(Dio Cassius, 66.19.3). 마지막으로 A.D. 88년 도미티안이 다스릴 무렵 요한계시록이 기록되기 10년도 되기 전에 또 다른 가짜 네로가 등장했는데, 이 사람은 로마 제국에 무서운 위협을 가하였으며 그리하여 로마가 두려워하는 파르티아의 도움을 얻기도 하였다(Suetonius, *Nero* 57).[12] 이것은 요한계시록이 파르티아의 침입에 대해 경고하고 있는 것과 일치한다(계 9:14-16; 16:12).

어떤 유대인들은 또한 네로가 돌아올 것으로 믿기도 하였다(시빌의 신탁 5.33-34, 137-54, 361-85). 요한계시록이 기록되기 직전에 심지어 그들은 "로마의 도망자" 네로가 파르티아의 우두머리가 되어 돌아올 것이며(4.119-20, 124, 137-39), 그리고 모든 땅을 정복할 것이라고 예언하였다(5.365, 368-69). 어떤 이들은 네로가 죽었다가 다시 돌아올 것으로 기대하는 사람들도 있었다(5.367). 그리스도인들도 새로운 네로를 기대하였으며(8.68-72), 그는 "큰 짐승"으로 불리어질 것이다(8.139-59).[13] 새로운 네로 신화는 요한계시록이 기록된 후 수십 년이 지난 후에도 계속 발전되었다.[14] 네로가 마지막 적그리스도로 돌아올 것이라는 전승은 너무나도 광범위하게 퍼졌기 때문에 아르메니아어로 "네로"는 실제로 적그리스도를 가리키는 말이기도 하였다.[15]

---

11. 이러한 믿음은 오랫동안 주목을 받아왔다. 예를 들면, Crawford Burkitt, *The Church and Gnosis: A Study of Christian Thought and Speculation in the Second Century* (Cambridge: Cambridge Univ. Press, 1932), 21.
12. 이 연대는 수에토니우스의 추정에 근거하고 있다. Paul Trudinger, "The 'Nero Redivivus' Rumour and the Date of the Apocalypse of John," *St. Mark's Review* 131 (1987): 43-44는 그러한 기대에 적응시키기 위해 요한계시록의 연대를 A.D. 68-69년으로 추정한다 (Martin Bodinger, "Le myth de Néron. De l'Apocalypse de saint Jean au Talmud de Babylone," *RHR* 206 [1989]: 21-40은 원본 유대교적 요한계시록의 연대를 이 시기로 추정하고 있으며 또한 후대 판에서도 이것이 계속 유지되었다고 주장한다). 그러나 2-30년 후에도 여전히 생생하게 남아있었다.
13. 한 신탁은 벨리알(사탄)이 황제 혈통에서 올 것으로 예언한다(시빌의 신탁 3.63). 상처 입은 통치자의 죽음에 대한 거짓 소문들이 종종 유포되고 있었다 (Livy, 42.16.1-9).
14. Larry Kreitzer, "Hadrian and the Nero Redivivus Myth," *ZNW* 79 (1988): 92-115를 보라.

이곳 요한계시록에서 우리는 머리 하나가 상처를 입었다가 다시 회복된 존재를 볼 수 있는데(계 13:3), 이는 아마도 로마의 통치자를 가리키는 내용일 것이다(계 17:10). 비록 일곱 개의 머리가 달린 짐승 이미지가 다니엘 7:6에 나오는 짐승들 중 하나인 머리 넷이 있는 짐승뿐만 아니라 머리가 일곱인 용(계 12:3)에서 비롯되었다 해도, 어떤 로마 전승이 이에 대해 관심을 가졌을 수도 있다. 초기 로마 사람들은 한 사람의 머리가 땅에 묻힌 것을 발견하였는데 그들은 이를 로마의 미래적 통치를 예언하는 것으로 이해하였다.[16] 요한 청중들의 박식한 구성원들이 네로에 대한 암시를 하는 것으로 소급하여 붙잡으려는 것이 13:18의 수수께끼이다(혹은 만일 그들이 이해하지 못했다면, 17:9-11의 수수께끼이다).

이런 구절들 중 어느 것도 요한계시록이 네로가 죽음에서부터 문자적으로 살아날 것이라고 예언하지 않는다. 적어도 저주받은 자들이 부활하기도 전에는 그렇게 될 수 없다(계 20:6, 14). 세례 요한이 또 다른 엘리야였던 것처럼(마 17:12-13; 눅 1:17), 오히려 마지막 적그리스도 혹은 적그리스도 인물들의 전승이 네로와 비슷했을 것이다.[17] 로마 사람들은 황제들에 대해 다음과 같이 말할 수 있었다. 즉 클라우디우스는 또 하나의 "게르마니쿠스"(Germanicus)였으며, 티베리우스는 또 하나의 "아우구스투스(Augustus)였다.[18] 따라서 도미티안과 그 다음에 이어질 황제들의 힘은 "교회가… 모세와 엘리야이다와 같은 의미로" 일종의 새로운 네로였다(계 11:3-6 참조).[19]

어떤 이들은 요한이 이곳에서 네로 이야기에 대해 암시를 하고 있다는 것을 의심한다. 한 학자는 요한이 그 당시의 정치적 상황에 대해 잘 모르고 있었다는 의심스러운 전제를 가지고 이것을 거부한다.[20] 또 다른 학자는 1세기의 독자들이 요한계시록 17장에 이르기까지 새로운 네로를 알 수 없었을 것이기 때문에 그것을 거

15. Beasley-Murray, *Revelation*, 211. 3세기에 빅토리누스(Victorinus)를 참조하라; 초기 기독교 문헌들에서 네로 적그리스도에 대해서는(Tertullian, *Apol.* 5; Augustine, *Civitas Dei* 20.19; Jerome, *Dialogue* 21.4를 포함하여), Miriam T. Griffin, *Nero: The End of a Dynasty* (New Haven: Yale Univ. Press, 1984), 15를 보라.

16. Dionysius of Halicarnassus, 4.59.2; 4.61.2; Dio Cassius, frag. in Zonaras, 7.11.

17. 가령 다른 사람들, 예를 들면, Caird, *Commentary on Revelation*, 165.

18. B.C. 390년에 로마의 지도자를 로마의 제2 창건자인 "또 하나의 로물루스"로 불렀던 것을 참조하라(Livy, 5.49.7); 혹은 가이사를 죽이기 위해 브루투스와 카토에게 자리를 잡고 있는 폼페이의 영 (Lucan, *C.W.* 9.15-18). 어떤 사람들은 티투스가 새로운 네로임을 보여줄 것으로 그릇되게 두려워하였다 (Suetonius, *Titus* 7).

19. Bauckham, *Climax of Prophecy*, 449.

20. Corsini, *Apocalypse*, 15-16, 231.

부하고 있다(이곳에서 그는 그 주제를 알고 있다).[21] 그러나 두 단락 모두 한 통치자가 되살아나며(계 13:3; 17:11), 또한 요한은 종종 나중에 나오는 환상으로 앞에 나온 환상들을 명백하게 설명하고 있다(예를 들면, 계 7:1-17). 뿐만 아니라 어떤 이는 요한계시록처럼 복잡한 숫자의 양식을 지니고 있는 책이 여러 교회에서 과연 단 한번만 읽혀지도록 의도 되었겠는가 의심하기도 한다. 하지만 고대 문헌들은 종종 다시 읽도록 의도되기도 하였다(Quintilian, 10.1.20-21).

네로가 죽은 후에, 로마의 통치권을 성공적으로 쟁취하는 황제가 되기 위해 후보자들이 경쟁하는 혼란이 뒤따랐다. 로마의 평화는 외관상으로는 네로의 죽음과 함께 온 듯했다. 최초의 황제 가문은 사라졌으며, 그리고 어떤 이들은 공화정의 부활을 기대했을 것이다. 하지만 도미티안의 아버지인 베스파시안이 즉위함으로써, 제국은 안정과 권력을 되찾은 것처럼 보였다. 여하튼 로마 제국은 죽음 직전에서 다시 회복되었다. 그러나 요한계시록은 이 악한 제국이 언젠가는 무너질 것으로 선언한다(계 18:2-8).[22]

용, 짐승, 그리고 어린 양(13:4-10)

이 단락에서 네로에 대한 암시보다 더 중요한 것은 짐승과 어린 양을 대조하는 것이다. 네로 귀환 이야기가 줄거리의 배경을 제공하고 있는 반면, 실제적인 줄거리의 주제는 부활과 그 공개적인 결과에 대한 보다 의도적인 묘사이다. 죽음으로부터의 귀환은 예수님을 모방한 것이다. 마찬가지로 열 뿔 달린 짐승은 일곱 뿔이 달린 어린 양과 강한 대조를 이루고 있다(계 5:6; 참조. 계 13:2와 5:5). 온 땅의 첫 번째 질문은 "누가 이 짐승과 같으냐?"인데(계 13:4), 이는 하나님께만 합당하게 돌릴 수 있는 예배를 모방한 것이다(출 15:11).[23] 그러나 로마 제국과는 대조적으로 예수님은 사망을 이기셨으며 이제는 그 사망의 영역을 통치하신다(계 1:18). 그러므로 온 땅의 두 번째 질문인 "누가 능히 이와 더불어 싸우리요?"(계 13:4)에 대해 암시된 대답은 "만왕의 왕"이다(계 17:14; 19:16).

---

21. Michaels, *Revelation*, 157.
22. Caird, *Commentary on Revelation*, 164; Bauckham, *Climax of Prophecy*, 452를 보라.
23. 유딧 6:2-3; 시락 33:5, 10에 나오는 유사한 모방을 참조하라. 적그리스도 안에 있는 그리스도의 다양한 모방에 대해서는 Bauckham, *Climax of Prophecy*, 431-41; Cullmann, *The State in thr New Testament* (New York: Charles Scribner's Sons, 1956), 75를 보라. Gr. Ezra 4:35; 시빌의 신탁 3.66에 나오는 모방이 함축하고 있는 것들을 참조하라.

이와 같이 새로운 네로의 이미지보다 더욱 무서운 것은 3절에 기록되어 있는 "부활"이 주는 인상이 황제뿐만 아니라 그 뒤에 서 있는 용이라는 사실이다. A.D. 89/90년에, 아마도 요한계시록이 아시아 일곱 교회에 도달하기 5, 6년 전에, 에베소는 도미티안을 최고신인 제우스의 이미지에 일치시키는 동전을 발행하였다.[24] 비록 황제숭배 의식이 황제에게 드리는 제사라고 해도, 실제로 그것은 "황제를 위해 신들에게" 드리는 제사였다. 요한에게 있어서 이교 종교와 타협을 하는 것은 곧 사탄 그 자체를 예배하는 것이다(계 2:13, 24).[25] 짐승은 하나님의 이름과 그의 장막 곧 하늘에 사는 자들을 "비방하고" 혹은 "중상한다"(계 13:6; 참조. 살후 2:4; 에녹 1서 45:1의 몇몇 사본들).

성전을 더럽히는 이미지는 요한의 청중들에게는 잘 알려진 것이었다. 그보다 반세기 전에 자신을 신으로 생각했던 한 황제는 성전에 자신의 형상을 세우려고 하였으며, 그리고 도미티안의 형 티투스는 성전을 불태우고 더럽히는 일을 통솔하였다.[26] 그러나 요한은 하늘 성전을 의미하고 있으며, 그리고 요한이 분명히 말하고 있는 것처럼 그는 그 성전을 상징적인 뜻으로 말하고 있다(계 13:6). 즉 하나님의 장막 혹은 성전은 그의 성도들이며(계 3:12 참조), 그리고 이들을 해하는 자들은 누구든지 심판을 받을 것이다(고전 3:17; 단 7:25 참조). 황제들은 군사적인 형태로 스스로를 나타내었으며 그리고 최소한 중요한 군사적 역할을 수행하는 것으로 주장하였다. 그러나 여기서 그 통치자는 황제의 안위에 대한 외부적인 위협들에 대해 전쟁을 하는 것이 아니라, 용들로부터 미움을 받는 성도들과 전쟁을 한다(계 13:7).[27]

하지만 짐승에게 "권세가 주어져 있다"는 것은(계 13:5, 7, 아마도 하나님으로부터) 심지어 적그리스도라 할지라도 그의 백성들을 위한 하나님의 더 큰 계획 속에 있는 저당물이라는 것을 요한의 청중들에게 상기시켜준다. 분명히 다른 악한 동류들이 그들의 권위를 공유하는 것처럼(계 13:12; 17:13), 마귀도 짐승의 권위가 나오는 직접적인 근원이다(계 13:2, 4). 그러나 결국에는 하나님만이 각 나라를 다스리는 권한을 마귀나 짐승에게 주실 수 있다(계 13:7; 17:12; 또한 단 4:32를 보라). 하나님은 또한 심판을 위해 다른 대행자에게 권세를 주시기도 한다(계 6:2,

---

24. Kraybill, *Imperial Cult and Commerce*, 28.

25. Bauckham, *Climax of Prophecy*, 445를 보라.

26. 이러한 신성 모독들과 보다 초기의 신성 모독들에 대해서는 마카비 1서 3:45; 마카비 3서 1:29; 2:14; 바룩 2서 5:1; 아셀의 유언 7:2; *tos. Suk.* 4:28; CD 4.17-18; Keener, *Matthew*, 348-49 등을 보라.

27. 군사적 형태의 황제들에 대해서는 Griffin, *Nero*, 221-34를 보라.

8; 9:3).[28] 그 권세가 "마흔두 달"동안 제한되어 있다는 것(계 13:5; 참조. 11:2)은 짐승이 악을 행할 기회가 제한된 기간만을 위한 것임을 강조한다. 그 날들을 계산하는 날이 반드시 올 것이다(계 19:20).

짐승의 왕국의 통일성(계 13:7-8)은—비록 일시적이긴 하지만(계 17:15-17)—하나님께서 성도들을 시험하기 위해 단일한 악한 제국 아래에서 세상이 결속하도록 허락하신 것에 대한 이해를 반영한다. 유대교 전승은 악한 제국들이 백성들로 하여금 강제로 자신들을 따르도록 하는 경향을 오랫동안 인식해왔으며, 그리하여 그들은 점차 이스라엘의 하나님의 독특성을 저버렸던 것이다(예를 들면, 단 3:4-6; 마카비 1서 1:41-43).[29] 이와는 대조적으로 성도들은 그들 자신의 다문화적인 통일성을 가지고 있으며(계 7:9-10), 그 속에서 세상의 통일성은 희미한 모방일 뿐이다.

짐승이 전체 세상을 다스린다고 주장하는 것은 완전히 액면 그대로 받아들여져야 한다. 동방의 왕들(계 9:14-16; 16:12)이 짐승의 영역에 속해있는 것으로 나타나지 않는 것은 짐승의 통치력에 대한 제한이 있다는 것을 암시한다. 황제 아우구스투스는 사람이 살고 있는 전체 세상을 다스리고 있으며, 심지어는 파르티아까지도 정복할 수 있는 것으로 주장하였다. 그러나 실제로 이것은 순전히 제국의 피지배자들에게 어떤 인상을 심어주기 위한 로마의 선전에 불과했다.[30] 바벨론 왕도 이와 비슷하게 모든 인류에 대한 권위를 주장했지만(단 3:4, 7; 4:1; 5:19), 이러한 주장은 과장된 것이었다. 짐승이 성도들을 "이기지만"(계 13:7; 참조. 단 7:21), 그러나 그것은 십자가처럼 겉모양의 패배이지 실제로는 성도들의 승리를 의미하는 것이다(계 12:11; 참조. 계 5:5-6; 계 12:11에서 NIV의 "이겼다"[overcame]는 것(*nikao*)은 13:7에서 "정복하다"로 번역되는 것과 동일한 헬라어 단어이다).

유대교 교사들은 종종 하나님의 책에서 의인들의 운명에 대해 설명을 하고 있다(아울러 계 17:8을 참조하라). 그러나 이곳에서 그 책은 어린 양에게 속해 있으

28. Caird, *Commentary on Revelation*, 167; Beasley-Murray, *Revelation*, 213.

29. "모든 땅"을 정복하는 것에 대해서는 렘 27:6-8; 단 4:22; 7:23; 유딧 2:7, 19; 6:4; 11:1, 7; 마카비 3서 6:5 등을 보라. 알렉산더는 모든 문화들을 하나로 융합시키려고 노력하였다(Michael Avi-Yonah, *Hellenism and the East* [Jerusalem: Hebrew Univ. press, 1978], 20-21).

30. James M. Scott, "Luke's Geographical Horizon," 483-544 in *The Book of Acts in Its Graeco-Roman Setting*, ed. D. W. Gill and C. Gempf (Grand Rapids: Eerdmans, 1994), 491은 *Res Gestae Divi Augusti* 29.2; 32.2를 인용하고 있다. 마찬가지로 헬라 역사가인 폴리비우스(Polybius, 1.1-2, 64)는 로마 사람들이 카르타고가 멸망한 이후에 "거의" 전 세계를 다스렸으며 또한 파르티아와 다른 나라들을 지중해 밖으로 명백하게 몰아내었다고 주장하였다. Sallust, *Catil.* 36.4; Appian, *R.H.* Preface 7; Cornelius Nepos, 18.3.3-4; 23.8.3에 나오는 유사한 표현을 참조하라.

며(계 13:8), 이는 다시금 요한 및 대부분의 다른 유대 묵시주의자들과의 결정적인 차이점을 강조하고 있다.[31] 그러나 유대교 사상의 전반적인 형태처럼, 운명에 대한 요한의 개념은 인간의 책임을 부정하는 것이 아니다.[32] 실제로 13:9에서 "누구든지 귀가 있거든 들을지어다"라는 요청(계 2:7에 대한 설명을 보라)은 정반대의 수사학적 기능을 수행한다. 즉 예정되어 있지 않은 자들의 무지—그리하여 파멸을 당함—의 관점에서 볼 때, 들을 수 있다는 것을 입증하는 사람은 누구든지 하나님의 부르심에 즉각 응답해야 하며 또한 인내할 수 있는 힘을 구해야 한다.

우리가 13:10을 성도들이 처형을 당하는 방식에 대한 하나의 요약으로 해석할 수 있으며(계 13:7), 그 때문에 성도들로부터 "인내"를 요구한다(계 13:10).[33] 그러나 "인내"에 대한 비슷한 요청(계 14:12)은 짐승을 예배하는 자들의 파멸을 약속한다(계 14:9-11). 따라서 이 단락은 아마도 영생이 약속되어 있지 않는 사람들(계 13:8)은 여러 가지 방식으로 죽음을 당할 것이 예정되어 있으며, 이는 고난당하는 성도들의 믿음에 위로를 주는 약속이다(계 13:10). 이 구절은 하나님의 심판에 대한 표현으로서, 예레미야 15:2과 43:11을 생각나게 한다.[34] 어느 경우든 간에, 이 표현들은 성도들에게 인내할 것을 요청하며 또한 "어떤 종류의 무장한 저항"에 대해서도 경고한다.[35]

---

31. 주석학자들은 에녹 1서 62와 모세의 승천 1:14에서 다소 유사한 표현을 인용한다. 8절에서 "창세 이후로"는 문장 속에서 "죽임을 당한"과 더 가깝지만, 어떤 이들은 이를 "기록된"과 연결시키는 것을 선호한다(Vincent Taylor, *The Atonement in New Testament Teaching* [London: Epworth, 1945], 41).
32. 예를 들면, 솔로몬의 시편 9:4; *Sifre Deut.* 319.3.1; Gabriele Boccaccini, *Middle Judaism: Jewish Thought 300 B.C.E. to 200 C.E.* (Minneapolis: Fortress, 1991), 105-9에 있는 시락을 참조하라. 아울러 David Winston, "Freedom and Determinism in Greek Philisophy and Jewish Hellenistic Wisdom," *Studia Philonica* 2 (1973): 40-50; idem, "Freedom and Determinism in Philo of Alexandria," *Studia Philonica* 3 (1974-1975): 47-70을 보라. 심한 예정론자들이었던 에세네파(예를 들면, 1QS 10.1ff.; 참조. 에녹 1서 1:1-3, 8; 5:7-8; 25:5; 38:4; 48:1, 9; 50:1; 58:1; 61:4, 12; 93:2; 희년서 11:17)조차도 자유 의지를 부정하지 않았다 (F. Nötscher, "Schicksalsglaube in Qumrân und Umwelt (2. Reil)," *BZ* 4 [1960]: 98-121; E. P. Sanders, *Judaism: Practice and Belief, 63 BCE-66 CE* [Philadelphia: Trinity Press International, 1992], 251). Josephus, *Ant.* 18.18에게는 실례지만.
33. "칼에 죽을" 사람들에 대해 능동태로 언급하는 본문의 이형은 명확하게 성도들을 언급하는 것이 아니지만, 본문의 증거가 분명하지 않다.
34. 심판에 대해 적용될 수 있는 유사한 표현에 대해서는 희년서 24:32를 참조하라.
35. Michaels, *Revelation*, 160-61; Oscar Cullmann, *The State*, 84를 보라.

상황잇기

많은 적그리스도들. 만일 요한이 적그리스도를 어떤 새로운 네로로 생각했다면, 이것은 요한의 환상이 단지 그 시대에만 관련된 것임을 암시하지 않는다. 요한은 현재의 압제자 다음에 나올 한 사람에 대해 말하고 있는데(계 17:8), 그는 네로가 그랬던 것처럼 악의 화신이다. 그는 네로와 안티오커스 에피파네스 4세(Antiochus Epiphanes IV) 및 그 밖의 존재들에 대한 성경적 전승과 같이 보다 오래된 이미지들을 재활용하고 있기 때문에, 쟁점은 그러한 인물 이상의 형태라는 것이다—"불법의 사람"이라기보다는 오히려 "불법의 비밀의 활동"(살후 2:3, 7). 악의 궁극적인 화신은 단지 그의 전임자들의 특징을 요약하고 또한 그것을 발전시켜 나간다. 그리하여 우리는 이들과 유사한 행위를 보여주는 많은 악한 통치자들을 발견할 수 있다.

우리는 네로의 이미지가 우리의 동시대 사람들의 이미지로 쉽게 해석될 수 있는 것에 대해 많이 알고 있다. 그래서 아마도 다음과 같이 말할 지도 모른다. "너는 히틀러가 악했나고 생각한다. 네가 무엇이 올 것인지 알 때까지 기다려라." 아마도 우리 세대에서 어떤 이들은 우리 시대의 청중들에게 히틀러가 행한 일보다도 훨씬 더 끔찍한 일을 저지르는 다른 이름들을(가령 당대의 어떤 테러리스트들)을 들을지도 모른다. 아무튼 예수님이 재림하실 때까지는, 세상이 적그리스도의 종말을 보지 못한다.[36] 사탄은 예수님이 언제 재림하실지 모르고 있기 때문에(막 13:32), 사탄은 항상 적그리스도들을 모시고 있어야 한다. 그리하여 우리는 예수님이 오셔서 사탄을 전멸시키실 때에야 비로소 누가 적그리스도이지를 알게 될 것이다. 그때가 될 때까지는 불법의 영이 세상에서 계속 활동할 것이며(살후 2:7), 그리고 우리는 많은 적그리스도들을 계속 경험하게 될 것이다(요일 2:18).

그러나 어떤 사람들은 당대의 어떤 특별한 적그리스도적인 인물을 꼬집어서 말하는데 이 구절을 사용한다. 초기의 프로테스탄트들이 선호했던 후보는(오늘날은 인기가 없다) 로마 교황이었다. 그리하여 초기의 스위스 주석학자인 데오도루스 비블리안더(Theodorus Bibliander, 1504-64)조차도 요한계시록 13장에서 상처 입은 짐승을 네로의 죽음으로 간주하고, 그리하여 로마의 황제 혈통이 그 당시의 로마에 있는 교황에게서 지속되고 있는 것으로 생각하였다.[37] 다른 해석학자들은 그

---

36. George Eldon Ladd, *The Gospel of the Kingdom* (Grand Rapids: Eerdmans, 1978), 37: "요한계시록 13장에 나오는 짐승은 실제로 역사적인 로마와 미래의 종말론적인 적그리스도 모두이다."

37. F. F. Bruce, "The History of new Testament Study," 21-59 in *New Testament Interprtation: Essays on*

당시의 나폴레옹이나 그밖에 자기들이 속한 시대의 정복자들에게 적용시키는 것을 선호하였다.[38] 그러나 마지막 적그리스도에 대한 상세한 내용에 관하여 가장 현대적인 추측들도 아무런 근거가 없다. 다행히도 요한계시록은 후대의 묵시문학에 근거한(Gr. Ezra 4:29-31; 엘리야의 묵시 3:13-18) 적그리스도의 무시무시한 특징들(예를 들면, 큰 낫 모양의 손가락들)에 대해 일종의 추측을 하는 것은 생략하고 있다.

일부 현대 해석학자들은 그 짐승 아래서 왕국이 통일되는 것을 새로운 로마 제국을 요구하는 것으로 받아들이고 있으며, 그리하여 그들은 이를 유럽 공동 시장(European Common Market)으로 이해하고 있다.[39] 그러나 그것은 단지 요한 당시에 로마가 세계의 질서를 지키는 기능을 수행했다는 것으로 우리가 반드시 오늘날 바벨론이나 혹은 로마 주변에 위치시킬 필요는 없다(이를 바티칸에서 찾는 사람들도 있다). 만일 오늘날의 "바벨론"이 로마와 함께 정상의 자리를 차지하는 제국이 아니라면, 따라서 로마나 이탈리아가 단순히 하나의 제국의 역할을 할 것이라고 생각할 필요는 없다. 남극 대륙 다음으로 유럽이 오늘날 가장 복음화가 덜 된 대륙일 수도 있으며, 그리고 그 다음으로 복음화가 가장 덜 된 지역 중의 하나는 중동 지역 대부분일 것이다. 그러나 적그리스도들과 악한 제국들은 세계의 많은 지역들에서 일어났으며, 그리고 만일 유럽(혹은 구체적으로 문자적인 로마)이 마지막 적그리스도를 등장시킨다면, 그것은 오로지 거룩한 것을 빈정대는 최고의 솜씨가 될 것이며 아울러 요한계시록의 본문도 그러한 것을 요구하고 있는 것도 아니기 때문이다.[40]

무장한 저항이 허용될 수 있는가? 만일 요한계시록 13:10이 무장한 저항에 대해 경고하고 있다면, 이 구절이 전달하는 것은 어떤 종류의 문맥인가? 틀림없이 어떤 박해 받는 소수가 로마에 대항하기 위해 무장하는 것은 자멸적인 것이며 아무런 의미가 없는 것으로 드러날지 모르지만, 그러나 승리할 수 있는 어떤 더 나은 기회가 있을 때 칭찬할만한 폭력적인 저항이 한 번이라도 있는가? 여기서 요한은 단순히 체념할 것을 촉구하고 있는가? 요한은 박해받는 자들을 돌보시는 하나님을 염

Principles and Methods, ed. I. Hiward Marshall (Grand Rapids: Eerdmans, 1977), 34를 보라.

38. Kyle, *The Last Days*, 71.

39. Lindsey, *New World Coming*, 186-88.

40. 아시아를 유럽 및 아프리카와 근대적으로 구분하는 것은 고대 헬라의 전통에서 비롯된 것이지만 분명한 지리적 경계선이나 혹은 영구적인 문화적 연속체에 근거한 것도 아니다. Glenn Usry and Craig Keener, *Black Man's Religion* (Downers Grove: InterVarsity, 1996), 41-44를 보라.

두에 두고 있기 때문에, 체념이라는 것은 도가 지나친 말이다. 하지만 기독교가 "그림의 떡 같은" 말하자면 불의한 자들을 위협하는 방식으로 불법과 싸울 만큼 철저하지 않다는 고발은 어떻게 되었는가?

요한의 요점은 그리스도인으로서 박해를 받는 그리스도인들이 보복하는 것을 금지하는 것처럼 보이지만, 그러나 엄밀하게 말해서 그는 기독교적이지 않는 혁명적인 운동에 참여하라고 말하는 것이 아니라, 독재나 대량학살에 반대하고 있는 것이다. 하나님이 행동하실 것을 기다리라는 요한의 언급을 염두에 둔다면, 그는 그리스도인들이 폭력을 전적으로 피해야 한다는 것을 선호했을 것이다.[41] 그러나 이것이 비록 그런 경우가 아니라 해도, 폭력이 때때로 필요하다고 주장하는 사람들은 최소한 일관성이 있다는 것을 입증해야 한다. 많은 백인 미국인들은 미국 혁명—이것은 세금 및 대의제도를 포함하였다—이 식민 착취를 반대하는 하나의 의로운 전쟁으로 생각하고 있지만, 노예 제도에 항거하기 위해 백인 시민들을 죽인 나트 터너(Nat Turner[1800. 10. 2~1831. 11. 11], 버지니아에서 대규모 노예 반란을 일으킨 미국의 한 노예-옮긴이)의 살육은 정죄하고 있다. 그럼에도 불구하고 후자가 전자보다 더 가혹한 정도의 불의를 보여주고 있다는 것은 의로운 폭력에 대한 우리의 기준으로부터 가능한 한 편견을 많이 차단시키도록 우리를 경고하는 것이어야 한다.

역사는 아무런 저항도 하지 않고 순교를 위해 준비된 신자들의 많은 모범들을 제공해주고 있다. 예수님(눅 23:34)과 스데반(행 7:60)의 전승에서, 프로테스탄트인 마이클 새틀러(Michael Sattler)는 그가 고문을 당하여 처형을 당할 때, "자신을 박해하는 자들을 위해 기도했으며" 그리고 그들이 회심하도록 요청하였다.[42] 재세례파인 더크 윌렘스(Dirck Willems)는 얼어붙은 호수를 건너 도망했지만, 얼음에 금이 가면서 그를 추격하는 자가 물에 빠져버렸고, 윌렘스는 자신을 죽이려고 했던 그 사람을 구출해주었다. 이렇게 지체되긴 했지만 그는 순순히 체포되었으며, 그리고 그의 대적들은 1569년에 그를 화형에 처했다.[43] 프로테스탄트 지도자인 조지 위스하트(George Wishart, 1513-1546)는 자신의 순교가 임박했다는 것을 알고

41. 군인 복무를 허용하지 않는 터툴리안과 같은 견해들이 처음 3세기 동안 보편화 되었으나, 콘스탄틴 이후 교회와 국가 사이의 관계에 대해서는 별다른 모범을 제공하지 못하였다 (Robert A. Krupp, "Risky Lifestyles," *Christian History* 51[1996]: 40-41[p. 41]).

42. Leonard Gross, "Showing Them How to Die, How to Live," *Christian History* 4 (1985): 22-25 (p. 23).

43. "Did You Know?" *Christian History* 4 (1985): 6.

서는 "희생제물이 되는 것으로 충분하다"고 말하면서 자신의 친구들을 돌려보내었다.[44] 그는 평온하게 자신의 몸을 내맡겼으며 곧 처형되었다. 그러나 이러한 순교들이 요한계시록에 등장하는 성령 안에서 죽은 것인 반면, 교회 역사에 나오는 많은 순교들과 또한 오늘날 교회의 많은 순교들을 보면 과연 우리가 요한계시록에 묘사되어 있는 그런 성도들처럼 준비될 수 있을지 모르겠다.

현대적 의미

세속적 권력과 용기 있는 믿음. 사탄도 이적을 행할 수 있으며, 심지어는 거짓 부활까지도 포함한다. 이것이 기독교 변증론에 어떤 영향을 미치는가? 이 문제를 다르게 말하면, 신자들이 공공 활동 장소에서 이러한 것을 능가하는 진리의 어떤 증거를 제시할 수 있는가?(즉 우리의 주관적인 경험은 별문제로 하고) 사탄의 왕국은 세속적인 권력에 의해서 행동하지만, 그러나 하나님의 백성들은 용기 있는 믿음으로부터 행동한다. 이슬람 정권들은 그들의 패권에 도전하는 그리스도인들을 및 그 밖의 무슬림 종파들과 어떤 다른 것을 억압하고 있다. 진정한 그리스도인들은 순교를 통하여 증가한다. 역사는 권력에 기초를 두고 있는 모든 왕국이 결국에는 붕괴된다는 것을 보여주고 있다. 그러나 하나님의 백성들은 보존되어 왔으며 그리고 이제는 여러 나라에 영향을 미치고 있다. 따라서 그리스도의 능력은 이 세상 어떤 것보다 더 크다(비록 비밀처럼 감추어져 있지만; 마 13:31-33을 보라). 믿음의 눈을 가지고 있는 사람들은 궁극적인 승리를 미리 내다보고 있다.[45]

오늘날 은사주의자들과 사회 정의 운동가들은 일반적으로 성경적 기독교 경건의 다른 흐름에 속해 있지만, 우리는 당대의 예언을 불경건한 정치적 구조들에 대해 심판을 선언하는 관점에서는 좀처럼 생각하지 않는다. 그러나 성경적 예언들은 사회적 불의들을 거듭 비난하였다. 그리스 및 헬레니즘적 유대교 신탁들도 종종 정치적 예언들이었으며, 때로는 열국에 대한 성경적 계시와 공통점이 있기도 하다(예를 들면, 시빌의 신탁 4).[46]

이 단락은 국가가 마귀화가 되는 것에 대해 우리를 경고하고 있다. 우리는 가이

---

44. J. Stephen Lang, "Martyrs and Architects," *Christian History* 46 (1995): 33-35 (p. 34).
45. 이것은 단순히 세상 권력을 통하여 그리스도의 진가를 강력하게 주장하고자 하는 사람들과 관련이 있다. Charles Colson, *Kingdoms in Conflict* (Grand Rapids: Zondervan, 1987), 265-75를 보라.
46. 보다 자세한 내용은 John J. Collins, *The Sibylline Oracles of Egyptian Judaism*, SBLDS 13 (Missoula, Mont.: SBL, 1972), 1장을 보라.

사의 것은 가이사에게 바쳐야 하지만(세금을 포함하여 - 막 12:17; 롬 13:6), 그러나 한 국가가 하나님에게만 합당한 예배를 드릴 것을 주장하기 시작한다면, 그것은 하나님의 대권을 빼앗는 것이며 또한 적그리스도의 영에 굴복하는 것이다.[47] 진정한 그리스도인들은 국가의 합법적인 권위와 우상숭배 사이에 어디에다 선을 그어야 할 것인지에 대해 차이가 날 수는 있지만, 그러나 그들은 그러한 한계가 존재한다는 것을 부정할 수는 없다. 시민 불복종이 가이사를 숭배하는 것을 거부한다든지 아니면 남아프리카의 인종차별 정책을 군사적으로 실시하는 것을 거부하든지 간에 시민 불복종에 대한 몇 가지 근거들이 있다.[48]

예를 들면, 히틀러의 전쟁을 지지하는 것을 거부함으로써, 독일의 그리스도인들은 죽음에 직면하게 되었다.[49] 강단에서 히틀러를 공개적으로 반대하는 수백 명의 독일 목사들 중의 한 사람이었던 마르틴 니몰러(Martin Niemoller) 목사가 투옥되었을 때, 충격을 받은 한 군목이 감옥에서 그가 무엇을 하고 있었느냐고 물었다. "'이보게 형제, 왜 당신은 감옥에 있지 않은가?' 라고 니몰러는 대답하였다."[50] 나치의 전체주의에 저항하던 독일과 스위스의 많은 그리스도인들은 요한계시록 13장을 풍부하게 사용하도록 만들었다.

믿음의 눈에 의해서만 혹은 영원을 되돌아봄으로써 우리는 신실함에 대한 보상이 이를 위해 치른 대가를 능가한다는 것을 알 수 있다. 보리스 코른펠트(Boris Kornfeld)는 얼마 전에 예수를 믿은 한 유대인 의사로서, 그는 소련의 강제 노동 수용소에서 죄수들을 죽이는 일에 협력할 것을 거절하였다. 그리하여 그는 한 사람의 환자에 대해서만 오랫동안 복음을 전하다가 마침내 잔인하게 죽임을 당하였다. 한편 그 환자는 곧 그리스도인이 되었으며 또한 그는 그러한 회심의 영향을 몇 배나 증가시켰다. 그의 이름은 알렉산드르 솔제니친이었다.[51]

마귀는 어떻게 활동하는가. 이 단락은 끔찍한 악이 어떤 것인가를 보여주고 있다.

---

47. Cullmann, *The State*, 75; Ellul, *Apocalypse*, 93-94; Corsini, *Apocalypse*, 231을 참조하라.
48. 인종 차별 정책 하에서 군 복무를 거부하는 그리스도인들을 투옥한 것에 대해서는 *ESA Advocate* (Nov. 1989), 11-12; (May 1991), 11-12를 보라. 다른 그리스도인들이 인종 차별 정책을 항의한 것에 대해서는 *World Christian* (July 1986)에 있는 논문들; "Church Leaders Condemn Apartheid," CT (Dec. 17, 1990), 54; *ESA Advocate* (May 1990), 11-12; (June 1990), 11-13; *ESA Advocate* (March 1991), 11에서 재판도 없이 몇 달 동안 감금된 한 아프리카 수녀 등을 보라.
49. John Dear, "The Solitary Witness of Franz Jagerstatter," *Sojourners* (Aug. 1993), 7; 본훼퍼(Bonhoeffer)에 대해서는 *Christian History* 32 (1991), 여러 곳을 보라.
50. Charles Colson, *Kingdoms in Conflict* (Grand Rapids: Zondervan, 1987), 152.
51. Charles Colson, *Loving God* (Grand Rapids: Zondervan, 1987), 27-34.

인류학적 연구들은 다양한 문화 속에서 영에 사로잡힌 광범위한 것들을 증언하고 있으며, 그리고 개인적인 악이 구체적으로 존재한다는 것도 대부분 기독교 신앙에서 경험적으로 증명할 수 있는 교리들 중의 하나이다.[52] 서구 세계에서 종종 악을 부정하는 것은 그러한 것을 가장하거나 또는 마귀의 손에 놀아나는 것보다 덜 합리적이다.[53]

하지만 이 단락에서 정말로 무서운 것은 성경 대부분에서처럼 이곳에서도 마귀는 독립적으로가 아니라 사람을 통해서 활동한다는 것이다. 이 단락은 인간들이 마귀의 방식을 따르는 일에 있어서 타락할 수도 있다는 무서움을 증명하고 있다(엡 2:1-3)—네로들, 히틀러들, 스탈린들, 마오나 폴 포트들; 아랍과 서구의 노예무역; 르완다의 대량 학살 등등—이 모든 것들은 인간의 죄를 확대시키고 또한 그것의 일상적인 속박들을 분쇄하는 마귀적인 능력의 실재를 입증하고 있다. 남경(南京)에서 항복하는 중국 여인들을 집단 성폭행을 하고 그 다음에 죽여 버리는 일을 누가 믿을 수 있겠는가?[54] 만일 증인들이나 증거 자료가 남아있지 않다면, 갓 결혼한 새색시를 포함하여 젊은 한국의 여인들을 일본 제국주의 군인들이 "위안부"로 강간을 하고 죽이는 일을 우리가 어떻게 믿을 수 있겠는가?[55]

오늘날은 우리들 거의 모두 다 노예제를 비양심적인 것으로 인식하고 있지만, 그러나 여전히 인종적 편견을 용인하거나 또는 그러한 것이 허용되는 것을 묵인하는 일들이 많이 일어나고 있다. 1837년 여성 노예제도 반대 대회가 선언되었을 때—그들이 모인 그 다음날 아침 집회장은 흑인들과 백인들이 함께 모이는 것을 감히 허락한 것에 대해 화가 난 필라델피아 군중들에 의해 불에 태워져 잿더미가 되었다—"색깔에 대한 편견은 노예제의 바로 그 정신이다."[56] 인권 조사관인 게리 호겐(Gary Haugen)은 대량 학살이 "병적인" 살인자들을 필요로 하지 않는다는 것을 르완다에서 발견하였다. "모든 속박들이 풀려나자, 농부들, 사무원들, 학교 교장

---

52. 인류학 문헌에서 영에 사로잡힌 것의 묘사에 대해서는 Felicitas D. Goodman, *How About Demons? Possessions and Exorcism in the Modern World* (Bloomington, Ind.: Indiana Univ. Press, 1988); Ari Kiev, ed., *Magic, Faith, and Healing: Studies in Primitive Psychiatry Today* (New York: Free Press, Macmillan, 1964), 여러 곳을 보라.
53. C. S. Lewis, *The Screwtape Letters*, rev. ed. (New York: Macmillan, 1982)를 참조하라.
54. Iris Chang, "Exposing the Rape of Nanking," *NW* (Dec. 1, 1997), 55-57을 보라.
55. Andrew Sung Park, *Racial Conflict and Healing: An Asian-American Theological Perspective* (Maryknoll, N.Y.: Orbis, 1996), 12-15.
56. Dorothy Sterling, ed., *We Are Your Sisters: Black Women in the Nineteenth Century* (New York: Norton, 1984), 115.

들, 어머니들, 의사들, 시장들, 그리고 목수들 등이 날이 넓은 칼을 들고서 방어할 수 없는 여자들과 어린 아이들을 닥치는 대로 난도질 하여 죽였다." 호겐은 결론을 내리기를 "하나님 없는 인간은··· 대단히 무서운 피조물이다"고 하였다.[57]

우리는 악이 양적으로 우리의 지배권에서 벗어나게 될 때는 악에 대해 반대한다. 그러나 대규모로 가족들과 생명들을 잔인하게 짓밟는 악이 질적으로 매일의 인간관계 속에서 겉으로 드러나는 바로 그 부패는 우리가 인정하기를 원하지 않는다. 이 단락은 마귀가 규칙들이 없이도 활동한다는 것을 우리들에게 상기시켜줄 뿐 아니라 또한 우리들 대부분이 보다 극적인 증거들에 직면하지 않는다면 가능하면 믿는 것을 거부하고자 하는 것은 우리 인간의 죄의 상상할 수 없는 공포를 입증하는 것이다.

세상은 그들이 섬긴다고 생각하는 신들 뿐만 아니라 그들 뒤에 서 있는 용까지 섬긴다는 것(계 13:4)은 우리에게 깨어있을 것을 요청한다. 소아시아의 몇몇 그리스도인들은 우상에게 비쳐진 음식에 적응하기를 원했지만, 그러나 그렇게 함으로써 그들은 사탄 그 자체를 숭배하는 일에 관여하게 되었다(계 2:24; 참조. 고전 10:20). 실제로 단지 두 가지 측면이 있을 뿐이며, 그리고 그리스도인들이 세상적인 것을 받아들임으로써 자기만족에 빠지든지 아니면 추구하는 것들을 조심하든지 하는 것이다. 교회가 어린 양을 예배하는 다문화적인 합창단이 된 것처럼(계 7:9-10), 세상도 짐승을 섬기는 다문화적 합창단이 되고 있다(계 13:6-7).[58] 만일 우리가 하나님만 섬기지 않는다면, 우리는 세상이 중요하게 여기는 것을 예배하는데 참여하는 것이다.

다문화주의와 그리스도인. 뿐만 아니라 세상의 다문화주의(계 13:7-8)는 하나님의 교회의 다문화주의(계 7:9-10)를 모방한 것이다. 하나님은 모든 문화들을 창조하셨으며 그리고 그들이 그리스도 안에서 하나가 되는 것을 기뻐하신다. 그러나 세상은 문화들을 다양한 중심지로 모으려고 하고 있다. 세상이 종종 힘으로, 경제적인 필요성에 의해, 혹은 단순히 동료 집단으로부터 받는 사회적 압력에 의해 일치를 강요하는 반면, 교회는 상호간에 그리고 지상의 모조품에 의해서라기보다는 오히려 동일한 하늘의 주님에 의해 사랑으로 연결된 대안적인 다문화적 통일성을 제공해야 한다.

---

57. Gary Haugen, *Good News About Injustice* (Downers Grove, Ill.: InterVarsity, 1999), 111.
58. Rissi, *Time and History*, 72는 "세상을 적그리스도의 교회로 만드는 것"(계 13:3f.: 12, 15)에 대해 말하고 있다.

많은 대학 캠퍼스에서, 어떤 문화적 견해와 연관될 수 있는 어떤 것을 용인하는 것은 "정치적으로 옳은 것"이 되어 왔다.[59] 그러나 잠시 생각해보면 오로지 관용에 근거한다면 아마도 하나 됨의 천박함을 보여줄 것이며, 또한 관용으로 인하여 만일 도가 지나치게 되면 정의를 뿌리 뽑을 수도 있다. 관용은 좋은 것이지만, 그러나 사회적 관용이 도덕적 상대주의와 동일한 것은 아니다. 어떤 사회 평론가는, "관용은 관용하는 것이 어려울 때만 미덕이다—그것은 강한 신념들을 계속 엄하게 구속하는 것을 포함할 때이다. 강한 신념의 부재를 반영하는 관용은 하나의 독특한 현대적 형태의 방종 징후이다"라고 진술하였다.[60]

몇몇 전통적 사회들이 하나의 문화적 관습으로서 여성에게 할례(외부 생식기 절단)를 행하기를 원할 때, 서구의 여성 인권 단체들은 이것이 소녀들을 심하게 망쳐놓은 불법이라는 것을 항의하는 일은 옳은 일이다.[61] 그러나 누군가가 모든 문화에 적용하는 옳고 나쁜 것의 표준에 호소하는 순간, 보다 많은 책임 있는 다문화 옹호자들이 지적하는 것처럼, 우리가 다문화주의를 얼마나 멀리 밀고 나가야 할지 제한을 받는다.[62] 그러나 오늘날 교회의 많은 부분들에서, 정반대의 문제가 보다 일반적인 것으로 되고 있는 듯하다. 즉 우리는 문화적으로 다른 우리의 형제들과 자매들을 이해하거나 포용할 수 있을 만큼 열심히 노력하지 않는다는 것이다(계 7:9-10에 대한 설명을 보라).

도덕적 상대주의는 현대의 세속적인 다문화주의에 대해 치명적인 채찍이 될 수도 있다. 한번은 나의 뉴 에이지 친구 한 사람이 왜 옳고 나쁜 것이 단순히 착각에 불과한 것인가를 설명하고 있었을 때, 나의 그리스 정교회 친구 한 사람은 뉴 에이저들이 히틀러에 대해 어떻게 생각하느냐고 물었다. "어쩌면 히틀러는 그가 했던

---

59. 예를 들면, Tim Stafford, "Campus Christians and the New Thought Police," *CT* (Feb. 10, 1992), 15-20; John G. Stackhouse., "PC: Almost Correct?" *CT* (Nov. 23, 1992), 17; Lynda Hurst, "Censorship for the Kindergarten Set," *WPR* (June 1993), 46-47; R. Judson Carlberg, "Culture of Disrespect," *CT* (June 20, 1994), 18-19; Ginni Freshour, "When It's Wrong to Be Right," *InterVarsity Summer* (1994), 4-6; David Gates, "It's Naughty," *NW* (Oct. 10, 1994), 73-75; S. D. Gaede, *When Tolerance Is No Virtue* (Downers Grove, Ill.: InterVarsity, 1993) 등을 보라.

60. George F. Will, "Intolerable Tolerance," *NW* (May 11, 1998), 94.

61. David Kaplan, "Is It Torture or Tradition?" *NW* (Dec. 20, 1993), 124.

62. 문화적 다양성을 이해하는 것은 애매한 도덕적 절대자를 필요로 하지 않는다. Ricardo L. García, "Educating for Human Rights: A Curricular Blueprint," *Multicultural Education for the Twenty-first Century*, ed. Carlos Díaz (Washington, D.C.: National Education Association, 1992), 167-68; Stephen A. Grunlan and Marvin K. Mayers, *Cultural Anthropology: A Christian Perspective* (Grand Rapids: Zondervan, 1979), 12-13 등을 보라.

일에 대해 어떤 이유를 가지고 있었겠지요"라고 나의 뉴 에이지 친구는 냉담한 "관용"으로 대답을 하였다. 옳고 나쁜 것에 대한 어떤 의식이 없다면, 정의에 대한 어떤 기초도 없는 것이며, 그리고 무슨 짓을 해도 괜찮은 것이다—우리가 아는 한 이는 문화의 자살에 이르게 한다.

이 단락에서 짐승의 다문화주의는 바로 그러한 제한된 종류의 관용에 근거해 있다. 로마 제국은 다신론적이었으며, 항상 새로운 신들에 적응할 수 있었다. 관용할 수 없는 것으로 드러난 유일한 종교는 공공질서를 전복시키는 것으로 생각되는 종교였다—혹은 진정한 한 분 하나님을 섬기기 위해 다른 사람들로 하여금 다신론을 포기하도록 주장하는 사람들이다(행 14:15; 살전 1:9 참조). 포스트모더니즘에 완전하게 적응을 하고 또한 단순히 그리스도를 진실하시고 유일하신 주님보다는 무엇보다도 사람들에게 도움을 줄 수 있는 분으로 제시함으로써, 많은 미국의 그리스도인들이 짐승의 표를 받아들이는 것이 가능한 일인가?

동시에 이 단락은 여기서 감히 그것을 이해하는 사람들에게 희망을 제공한다. 즉 하나님은 짐승에게 마흔두 달 동안 일할 권세를 주시는 분이시며, 그리고 그분은 세상을 심판하시는 자신의 목적들을 실행하시기 위해 세상을 그 자체의 악한 방식에 넘겨주시는 일도 행하신다(계 17:17; 롬 1:18, 24, 26, 28 참조). 그리하여 "우리는 마귀가 가장 악한 일을 행할 때조차도 그는 여전히 하나님의 마귀라는 루터의 말을 해야 한다. 하나님의 아들이 십자가에서 원수들의 손에 의해 죽임을 당할 때처럼 역사상 이것이 그렇게 분명하게 드러났던 때가 결코 없었다."[63] 심판의 약속은 또한 성도들을 격려하기 위해 주어졌다(계 13:10). 심판은 하나님이 의로우시며, 세상에서 정의에 대한 도덕적 확신들과 쟁점들이 있으며, 또한 하나님이 결국에는 정의를 변호하실 것임을 우리들에게 상기시킨다.

63. Beasley-Murray, *Revelation*, 213.

요한계시록 13:11-18

11 내가 보매 또 다른 짐승이 땅에서 올라오니 어린 양 같이 두 뿔이 있고 용처럼 말을 하더라
12 그가 먼저 나온 짐승의 모든 권세를 그 앞에서 행하고 땅과 땅에 사는 자들을 처음 짐승에게 경배하게 하니 곧 죽게 되었던 상처가 나은 자니라
13 큰 이적을 행하되 심지어 사람들 앞에서 불이 하늘로부터 땅에 내려오게 하고
14 짐승 앞에서 받은 바 이적을 행함으로 땅에 거하는 자들을 미혹하며 땅에 거하는 자들에게 이르기를 칼에 상하였다가 살아난 짐승을 위하여 우상을 만들라 하더라
15 그가 권세를 받아 그 짐승의 우상에게 생기를 주어 그 짐승의 우상으로 말하게 하고 또 짐승의 우상에게 경배하지 아니하는 자는 몇이든지 다 죽이게 하더라
16 그가 모든 자 곧 작은 자나 큰 자나 부자나 가난한 자나 자유인이나 종들에게 그 오른손에나 이마에 표를 받게 하고
17 누구든지 이 표를 가진 자 외에는 매매를 못하게 하니 이 표는 곧 짐승의 이름이나 그 이름의 수라
18 지혜가 여기 있으니 총명한 자는 그 짐승의 수를 세어 보라 그것은 사람의 수니 그의 수는 육백육십육이니라

원 의미

많은 사람들은 이 둘째 짐승을 첫째 짐승을 예배하도록 촉진하는데 전념하는 황제 제사장으로 해석한다.[1] 어떤 사람들은 이 짐승이 "바다"와는 반대로(계 13:1) "땅"에서 올라오는 것(계 13:11)이 토착의, 지방적인 권위를 가리키고 있으며, 그리하여 황제 의식을 집행하는 지방 제사장이라고 주장한다.[2] 다른 사람들은 땅에서 올라오는 짐승을 황제 숭배에 참여하는 모든 이교적 제의들을 인격화한 것으로 보기도 한다(계 13:4에 대한 설명을 보라).[3]

1. 예를 들면, Bowman, *First Christian Drama*, 87; Beasley-Murray, *Revelation*, 216-17.
2. Ramsay, *Letters to the Seven Churches*, 97, 103-4; Caird, *Commentary on Revelation*, 171. 다른 사람들은 둘째 짐승을 제국 전체의 황제 제사장직을 언급하는 것으로 생각한다. (예를 들면, Bauckham, *Climax of Prophecy*, 446). 어떤 신화적 체계에서 두 짐승들에 대해서는 Beasley-Murray, *Revelation*, 215를 보라.
3. Feuillet, *Apocalypse*, 55.

이 짐승이 "어린 양 같이" 두 뿔이 있다는 것(계 13:11)은 일곱 뿔을 가지고 있는 하나님의 어린 양을 모방하고 있다는 것을 반영하고 있다(계 5:6). 그러나 이 두 뿔은 다니엘 8:3의 숫양에게서 비롯되었을 것이다. 하지만 이 "어린 양"은 용처럼 말을 한다. "하나님의 어린 양이 하나님의 말씀이며 또한 그 말씀을 말하는 반면에(계 19:13…), 땅에서 올라오는 짐승은 사탄의 '어린 양'이며 또한 사탄의 말이며 아울러 그 말을 한다."[4] 그 짐승의 메시지가 그의 정체를 드러내고 있다. 참된 어린 양은 약함 가운데 죽임을 당하였으며, 하나님의 능력으로 다시 살아났다. 그러나 가짜 어린 양은 죽게 되었던 상처에서 나은 체하는 자를 선동하고 있다(계 13:12). 어떤 학자들은 이러한 모방을 너무 대단하게 생각하여 그들은 이 둘째 짐승을 두 짐승과 용의 "사탄적 삼위일체"의 일부로 간주하고 있다(계 1:4; 16:13). 그러나 요한은 결코 이러한 점을 분명하게 말하지 않는다.[5]

우상을 경배하는 행위(계 13:14-15)는 요한의 청중들에게는 잘 알려진 일이었을 것이다. 요한계시록이 기록된 지 몇 년이 지나지 않아서, 우리는 황제 상(像)을 경배하기를 거절했다는 이유로 그리스도인들을 처형했다는 한 법률 전통의 증거를 가지고 있다(Pliny, *Ep.* 10.96). 요한계시록은 아마도 도미티안이 에베소에 있는 황제 정원에 높이가 거의 8미터나 되는 황제 상을 건립한 지 5년 후에 기록되었을 것이다.[6] 그러나 요한의 청중들은 또한 모든 백성들이 경배하도록 강요된 느부갓네살 신상을 생각했을 것이다. 고대 유대교의 경건한 영웅들은 그들의 생명을 결국 잃는다 할지라도 그러한 신상에 절하는 것을 거부하기로 결심하였다(단 3:12-18). 하지만 다니엘의 친구들은 하나님으로부터 구원을 받은 반면(단 3:23-27), 요한계시록은 그 당시 신실한 많은 그리스도인들이 죽을 것임을 경고하고 있다(계 13:7, 15), 문자적으로 어떤 그리스도인들도 살아남지 못했다는 것은 아니지만, 이 본문은 죽이고자 하는 권력과 의도를 보여주고 있다(고전 15:51; 살전 4:15; 참조. 막 13:20). 그러나 분명한 것은 어떤 그리스도인도 살아남을 것을 기대할 수가 없다는 것이다.[7]

---

4. Beasley-Murray, *Revelation*, 216; 참조. Bowman, *First Christian Drama*, 87. Peterson, *Reversed Thunder*, 123은 땅의 짐승을 참된 어린 양의 "서투른 모조품"으로 묘사한다. 용들은 쉿 하는 소리를 내는 것으로 생각되지만, "용처럼" 말을 하는 것은 단순히 그를 사탄과 관련시킨다(Aune, *Revelation*, 2:757).
5. Rissi, *Time and History*, 62, 69, 84. Roloff, *Revelation*, 161은 이러한 견해를 요한 하인리히 융-스틸링(Johann Heinrich Jung-Stilling, 1740-1817)에게로 거슬러 추적한다.
6. Kraybill, *Imperial Cult and Commerce*, 28. 로마 사람들은 신전 안에 있는 우상들의 기분을 상하게 할까봐 두려워하였다. 예를 들면, Livy, 36.20.3.

이교 종교에서는 마법사들과 마술 행위들이 지중해 세계에 광범위하게 퍼져 있었다. 비록 일부 사람들이 예증을 들고 있긴 하지만, 이적과 마술을 황제 의식과 연관시키는 것은 요한의 청중들에게 그리 분명한 일은 아니었을 것이다. 제사장들이 몇 가지 의식을 행하면서 조각상들을 움직이게 한다든지 아니면 말을 하게 한다든지 또는 종종 기계를 사용하여 천둥이나 불이 나오게 하는 이적들을 공연했다는 주장은 여러 문헌들이 입증하고 있다. 예를 들면, 루키안(Lucian)은 거짓 선지자 알렉산더가 어떻게 가짜 신으로 말을 하게 만들었는지 설명해주고 있으며(Alexander 26), 한편 몇몇 교부들은 마귀들이 조각상들로 하여금 말을 하는 것처럼 만들 수 있다고 설명하였다(Athenagoras, 26-27). 전하는 바에 의하면 어떤 황제들은 또한 이러한 효과들을 만들어 내기 위해 이처럼 기계들을 사용하였으며 또한 스스로를 우레를 던지는 사람으로 연관시키기도 하였다.[8]

바벨론과 그레코-로마의 마술은 우상들에게 생기를 주기 위한 의식들을 포함하였다. 신이 이룩한 일(theurgy)로 불리어지는 마술의 선 분야는 우상이 신탁을 줄 수 있도록 그 조각상에게 생기를 주는 일을 전문으로 하고 있었다.[9] 이러한 이적의 가장 중요한 기능은 그들이 하나님과 그의 사자들을 계속 모방하는 것이다(계 11:5와 함께 13:13을 참조하라). 그리스도께서 죽으시고 다시 살아나심과 같이(계 2:8), 둘째 짐승도 역시 첫째 짐승이 가지고 있는 특성을 가지고 있다(계 13:14). 바다짐승의 생기를 받는 것(계 13:15)은 부활한 성도들이 경험하는 생기를 모방한 것이다(계 11:11). 그러나 그리스도에 대한 어떤 형상도 되살아나서는 안 된다. 우상을 경배하는 것은 순전히 이교적 관습이기 때문이다.

그러한 행위들이 예수님을 따르는 자들을 놀라게 하지 않는다. 예수님은 종말에 거짓 선지자들이 이적을 행할 것이라고 경고를 하셨으며(마 24:24), 그리고 바울도 악한 자(개인이든 아니면 복합적인 계열이든 간에)가 나타나서 그러한 표적을 행할 것임을 인정하였다(살후 2:9). 고대 이스라엘의 율법조차도 거짓 선지자

---

7. Caird, *Commentary on Revelation*, 177; 뿐만 아니라 단 3:13-20; 6:10-13; 마카비 1서 1:50-51에서 배교 혹은 죽음을 위한 요구들.

8. Steven J. Scherrer, "Signs and Wonders in the Imperial Cult: A New Look at a Roman Religious Institution in the Light of Rev. 13:13-15," *JBL* 103 (1984): 599-610; Roloff, *Revelation*, 163; Talbert, *Apocalypse*, 56-57 등을 보라. 보다 약한 주장들은 Ramsay, *Letters to the Seven Churches*, 100-103; Ford, *Revelation*, 224에 나온다. 황제들에 대해서는 Dio Cassius, 59.28.6; Dionysius of Halicarnassus, 1.71.3을 보라.

9. 특히 Aune, *Revelation*, 2:762-64를 보라; 참조. Livy, 40.19.2에서는 울고 있는 조각상, 그리고 Dionysius of Halicarnassus, 8.56.2-3에서는 말하는 조각상.

들이 요술을 행하거나(출 7:11) 혹은 이적을 행할 수 있다는 것(신 13:1-2)을 인정하고 있다.[10]

짐승은 모든 사회적 계층을 포함하는 하나의 통일성을 강요하지만(계 13:16), 그러나 주의 깊은 독자들은 하나님의 심판이 그러한 구별들을 포함한다는 것을 기억할 것이다(계 6:15; 11:18). 국가적 혹은 제국적인 통일성을 강요하기 위해 표를 사용하는 것은 요한의 청중들에게는 이미 오랜 역사 동안 알려진 것이었다. 이집트의 통치자 프톨레미 4세 필로파토르(Ptolemy IV Philopator)는 자신의 영토에서 살아가는 유대인들에게 인구 조사에 등록이 되어 디오니수스(Dionysus)를 상징하는 담쟁이 잎 모양의 소인(消印)을 찍을 것을 요구하였다(마카비 3서 2:28-29).[11] 다이스만(Deissmann)은 상업 문서에 찍힌 황제 인이나 표(*charagma*, 계 13:16-17에서 사용된 것과 동일한 단어)를 인용하고 있다.[12] 사람들이 그러한 "표"를 사용하지 않고서는 어떤 상업적인 행위도 할 수 없다(계 13:17). 왜냐하면 황제의 신성을 암시하는 것들이 많은 동전들 그리고 심지어는 수출품 명세서와 다른 문서들에도 나타나고 있기 때문이다.[13]

이 표는 요한계시록 7:3-4에 나오는 "인"과는 직접적으로 대조가 되는데, 이 인은 에스겔 9:4-6에 나오는 의인들에 대한 "표"를 암시한다. 의인들에 대한 표는 에스겔서에서 의인들을 보호하기 위한 것인 반면(아울러 창 4:15; 솔로몬의 시편 15:6-7을 참조하라), 악한 자의 이마에 받는 파멸의 표의 개념은 요한계시록보다 시간적으로 앞선다(솔로몬의 시편 15:8-9; 이곳에서 표는 문자적으로 "기호"이다). 에스겔서의 의인들에 대한 표와 그리고 솔로몬의 시편에서 악한 자들에 대한 표 모두 사람들이 아닌 오로지 하나님과 천사들만 볼 수 있는 상징적인 표이다.

보호 혹은 심판의 상징적인 표는 대개 이마에 찍히는 반면(겔 9:4; 솔로몬의 시편 15:9), 요한은 여기에다가 "오른손"을 첨가한다. 이것은 하나님의 언약에 대한

---

10. 시빌의 신탁 3.66-67에서 적그리스도는 이적들을 행하고 죽은 사람을 살린다(어쩌면 어떤 그리스도인이 써넣은 것일 수도 있지만, 기독교 이전 문맥이다). Caird, *Commentary on Revelation*, 172는 다른 문헌들을 인용하고 있으며 또한 이곳에서 "거짓 메시아"의 적절한 선구자인 "거짓 엘리야"를 암시하고 있다.

11. Kraybill, *Imperial Cult and Commerce*, 137은 이것에서 주요한 암시를 발견하고 있다.

12. G. Adolf Deissmann, *Bible Studies*, tr. A. Grieve (Edinburgh: T. & T. Clark, 1923), 242-46. 이를 따르는 것으로 Caird, *Commentary on Revelation*, 173; Collins, *Crisis and Catharsis*, 125.

13. Kraybill, *Imperial Cult and Commerce*, 137-39. 비록 이것이 요한 당시에 대해서는 거의 말해주고 있지 않지만, A.D. 3세기 중반에 제국 정부는 사람들이 이교 신들에게 희생제물을 드렸다는 것을 입증하는 증명서를 요구할 만큼 멀리 나아갔다(*P. Oxy.* 1464; *P. Ryl.* 12); 아울러 Ramsay, *Letters to the Seven Churches*, 106; Kenneth Scott Latourette, *A History of the Expansion of Christianity*, 5 vols. 1: *The First Five Centuries* (Grand Rapids: Zondervan, 1970), 148-49를 보라.

충성의 표시로서 이마와 오른손에 성경구절을 써넣은 상자('테필린' [tefillin] 혹은 성구함으로 불리어진다)를 차는 유대교적 관습을 이교도들이 모방한 것을 암시한다.[14] 아마도 보다 중요한 것은 노예 낙인이라는 개념인데, 이마에 낙인을 찍는 것은 충성이라기보다는 오히려 불명예의 표시였다.[15] 짐승의 체제에 노예 상태가 되는 것은 심판에서처럼(계 6:15) 모든 계층적 차이들을 포함한다(계 13:16).

3세기 중반에 어떤 황제는 상업 활동에 참여하고 또한 박해를 피하기 위해 황제에게 제사들 드린다는 증명서를 요구하기도 했다. 그는 아마도 그리스도인들을 뿌리 뽑기 위해 그렇게 했을 것이다. 많은 그리스도인들이 관리들에게 뇌물을 주거나 혹은 다른 방법들을 사용함으로써 타협하였다. 어떤 그리스도인들은 차라리 죽음을 선택하여 결국 처형되기도 하였다.[16] 그러나 심지어 요한 당시에도 사람들은 황제 체제에 관여하지 않고서는 돈을 만질 수가 없었다.[17] 황제 예배에 스며들어 있는 경제 체제에서 탈퇴한다는 것은—상업 길드에서 탈퇴하는 것까지도, 이들 모임은 우상에게 고기를 드리는 것을 포함하였다—많은 도시들에서 경세적인 자살 행위였다. 사데와 같은 도시들에서 잘 사는 유대인 공동체들은 그러한 체제를 거부함으로써 많은 것들을 잃어버렸으며, 그리고 더 작은 소수였던 그리스도인 상인들도 훨씬 더 많은 것을 잃게 되었다.[18] 여러 상황들 속에서, 어떤 사람들이 물건을 사고파는 것을 못하도록 봉쇄하는 것은 그들을 굶어죽게 만들 수도 있었다(마카비1서 13:49).

그러나 하나님은 필요하다면 기적적으로 그의 백성들의 필요를 채워주실 것이다(계 12:6, 14). 한편 많은 사람들은 이 표를 상업에 종사할 수 있는 것으로 받아들이는 반면(계 13:17), 요한계시록에서 그 다음에 나오는 "표"에 대한 모든 언급은 그 표를 받는 사람들이 받는 심판을 암시한다(계 14:9-11; 16:2; 19:20; 20:4). 믿음으로 하나님의 경고를 믿는 사람들은 세상의 관점에도 불구하고 실제로는 성도들이 결국 더 나은 상태가 될 것임을 인정하게 된다.

---

14. 예를 들면, *Revelation*, 225; Collins, *Crisis and Catharsis*, 125.

15. Caird, *Commentary on Revelation*, 173; Ford, *Revelation*, 215. 군인들은 대개 최소 20년을 복무하였다. 아울러 몇몇 동부 지역의 제의에서 광신적인 신자에게 낙인을 찍는 관습을 참조하라(Cullmann, *The State*, 77).

16. A. M. H. Jones, *A History of Rome Through the Fifth Century*; vol. 2: *The Empire* (New York: Walker, 1970), 327.

17. Hermas, *Vis.* 3.6.5-7에서, 어떤 사람들은 그들의 직업을 유지하기 위해 그리스도를 부인하곤 하였다. 우상숭배와 돈의 관계에 대해서는 Richard, *Apocalypse*, 116을 보라.

18. Kraybill, *Imperial Cult and Commerce*, 197.

짐승의 이름의 수는 무엇인가? 일부 학자들은 그 의미가 최초의 청중들은 당연히 잘 알고 있었으나 지금은 영원히 그 의미를 알 수 없다고 생각한다.[19] 알기 어려운 수수께끼들이 예언들 속에 흔히 나타나며(예를 들면, 시빌의 신탁 3.812; 막 13:14), 그리고 최초의 청중들에게는 분명했던 몇몇 수수께끼들의 의미들을 지금은 알 수 없다(예를 들면, Phaedrus, 3.1.7). 그러나 대개의 경우 우리는 그렇게 빨리 포기해서는 안 된다. 13:18이 청중들에게 그 수수께끼를 해석하도록 요청하는 것은 그 대답이 최소한 일곱 교회들의 신자들에게는 이해할 수 없는 것이 아니었음을 암시하고 있으며, 심지어 그 대답이 17:9의 병행적인 요청에서보다도 다소 덜 분명한 것으로 드러난다 하더라도 말이다.[20]

고대인들은 상징적인 숫자들을 사용하는데 능숙한 사람들이었으며, 요한계시록은 이러한 상징적인 숫자들을 몇 가지나 포함하고 있다(예를 들면, 계 7:4-8). 숫자 666은 삼각수로서 그 근은 36이다. 36은 삼각수로서 근이 8이다. 삼각수들의 근이 그 의미를 제공해주기 때문에, "8"은 17:11에서 여덟째 왕을 독자들에게 준비시킬 수도 있으며, 이는 일반적으로 새로운 네로를 가리키는 것으로 합의가 되고 있다.[21] 숫자 666은 100과 1,000사이에서 단지 네 개만 있는 이중적인 삼각수들 중의 하나이다. 어쩌면 덜 적절할 수도 있지만, 제곱과 삼각수 모두가 되는 숫자(36처럼)도 드물다(처음 셋은 1, 36, 그리고 1,225). 고대의 수에 대한 사색에 관심이 있었던 사람들은 666을 잘 알고 있었을 것이다.[22]

아마도 보다 중요한 것으로, 6은 7을 모방하는 것으로 기능할 수도 있었으며, 그리하여 666은 악을 암시할 수도 있었다(Irenaeus, *Her.* 5.28.2; 5.29.2).[23] 흥미 있는

---

19. 가령 Guthrie, *Relevance*, 106; 수수께끼는 흔한 것이었다(예를 들면, Josephus, *Apion*. 1.111, 114-15; 마 24:15).

20. 종말론적으로 분별하는 일은 어떤 묵시적인 모티프일 수도 있다. 바룩 2서 27:15; 28:1-2; 48:33; 막 13:14; 특히 Gregory K. Beale, "The Danielic Background for Revelation 13:18 and 17:9," *TynBul* 31 (1980): 163-70을 보라. 그러한 수수께끼들은 다른 유대교의 예언적 전승들에서도 나타나는데(시빌의 신탁 1.141, 145-46), 그 의미는 알 수 없다.

21. Rissi, *Time and History*, 76. 그러나 "8"은 새로운 창조를 상징할 수도 있다(Gr. Ezra 4:39).

22. Bauckham, *Climax of Prophecy*, 390-94를 보라. 숫자 666은 또한 1,000의 약 2/3에 해당하며(전문적으로 1의 2/3가 거기에 첨가되어야 한다), 그리고 요한계시록은 때때로 1/3의 심판을 말하고 있다(계 8:7-12; 9:15, 18).

23. Walvoord, *Revelation*, 210은 느부갓네살의 신상이 높이가 60 규빗이며 너비가 6 규빗이었다는 것을 언급함으로써 부분적으로 이러한 견해를 발전시키고 있다(단 3:1); 이러한 제안은 문맥에는 적합하지만(계 13:15), 다른 제안들을 고려해보면 우리가 이곳에 나오는 6에 대해 그러한 자료에 호소할 만큼 충분한 근거는 없다. (왕상 10:14; 대하 9:13에서 솔로몬의 세입금의 무게가 금 육백육십육 달란트라는 솔로몬의 부에 대한 암시; 혹은 스 2:13에서 아도니감 자손이 육백육십육 명 - 어느 것도 이런 의미에 해당

것은 요한의 청중들이 진정한 그리스도이신 "예수님"이 888을 산출해내는 것으로 알고 있었을 것이라는 점이다. 비록 오늘날처럼 고대 지중해의 수 체계에서 분명한 일치가 일어나지 않았다 해도, 기본 10을 사용하는 고대인들은 6을 삼중적으로 반복하는 것의 의미를 놓치지 않았을 것이다(계 13:18이 이를 자세하게 말해주고 있다).[24]

그러나 요한이 우리들에게 어떤 특별한 이름을 찾아보도록 원했다는 것도 역시 가능한 일이다. 요한이 그 이름의 "수를 세어 보라"고 독자들에게 요청한 것은 게마트리아(*gematria*)에 대한 기술적인 요청처럼 보인다.[25] 이 시기에 많은 유대인들과 초기 그리스도인들은 게마트리아(*gematria*)를 사용하였으며, 히브리어 글자를 구성하는 요소들의 숫자적 가치들에 따라 단어들을 해석하였다.[26] 언뜻 보아서 어떤 특정 이름으로 그 목록을 좁혀나가는 것이 수수께끼에 대한 열쇠를 모르고서는 불가능한 것처럼 보인다. 2세기 후반에도 666에 일치한다는 많은 이름들이 제시되었으며(Irenaeus, *Her.* 5.30), 그리고 그 이후로 많은 주장들이 있었다.[27]

하지만 우리는 666의 인물에 도달하는 어떤 특별한 방법을 발전시킬 필요는 없다. 헬라어와 히브리어 모두 글자들을 숫자로 사용하였으며, 그리고 그러한 수 체계는 잘 확립되어 있었다. 로마 제국에서 발견된 낙서들을 보면 이름들은 종종 숫자로 나타나곤 하며, 그리고 헬라어 글자에서 "네로 가이사"(Nero Caesar)의 숫자에 대한 소름끼치는 놀이가 제국 전체에 퍼져있었다고 전한다(Suetonius, *Nero* 39).[28] 통치자의 이름들을 숫자로 세는 것(첫 글자에 근거하여)은 유대교의 한 예

하지 않는다.)

24. 100과 1,000사이의 숫자 중에서 단지 1%만이 이러한 양식에 해당한다. 로마 숫자에서 666은 500까지 모든 문자를 한 번은 포함한다(DCLXVI). 신의 비밀의 이름은 9,999로 세어질 수도 있다(PGM, 2.129). 물건을 사고팔 때 사용된 시장의 주판에 그 이름이 세어졌을 가능성이 있지만(E. M. Bruins, "The Number of the Beast," *Nederlands Theologisch Tijdschrift* 23 [1969]: 401-7; NTA 14:206), 그러한 일이 필요한 것은 아니다.

25. 가령 Cullmann, *The State*, 80.

26. 예를 들면, 시빌의 신탁 1.141-46; 3.24-26; 5:14-42; 11:29-30, 91-92,114, 141-42, 190, 208, 256, 274; 제12권 여러 곳; Tr. Shem 3:1-2; *B. Ned.* 32a; *Pes. Rab Kah.* 2:8; Irenaeus, *Her.* 1.3.2; 1.14-15; 바나바서신 9.8. Lucian, *Alexander the False Prophet* 11에서 숫자들은 사람의 이름을 말하기 위해 사용되었다.

27. Caird, *Commentary on Revelation*, 174-76에 나오는 목록을 보라. 보다 최근의 주장들 중에는: 히브리어로 번역된 베스파시안 동전의 약자들(W. G. Baines, "The Number of the Beast in Revelation 13:18," *Heythrop Journal* 16 [1975]: 195-96); 히브리어로 "니콜라이테스"(Nikolaitës)는 니골라 당을 생각나게 한다(Michael Topham, "Hanniqola' ïtës," *ExpTim* 98 [Nov. 1986]: 44-45); 히브리어로 "너는 망해야 한다"(Michael Oberweis, "Die Bedeutung der neutestamentlichen 'Rätselzahlen' 666 (Apk 13:18) und 153 (Joh 21:11)," *ZNW* 77 [1986]: 226-41). "바벨론"은 불행하게도 헬라어로 1,285까지 이른다.

언 전통에서는 표준적인 관습이었으며(시빌의 신탁 5.14-42; 11.29-30, 91-92, 114, 141-42, 190, 208, 256; Bk. 12 여러 곳), 그리고 율리우스(Julius)부터 하드리안(Hadrian)에 이르기까지 모든 황제들을 이런 방식으로 조사하기도 하였다.[29]

대다수 주석학자들은 네로 가이사의 이름에 대한 암시가 이곳 히브리어 문자에 기록되어 있는 것을 발견한다.[30] 다른 주석학자들은 요한이 히브리어보다는 오히려 헬라어로 기록했다는 것을 반대한다. 그러나 이것은 요한이 히브리어에 대한 상당한 지식을 요구하는 언어유희를 사용하고 있는 유일한 곳은 아니다(계 9:11; 16:16). 뿐만 아니라 몇몇 다른 문헌들은 헬라어 단어들의 수들을 히브리어 글자로 세는 경우도 있다(바룩 3서 4:3-7, 10, "용"을 포함하여).[31] 또한 어떤 주석학자들은 "네로 가이사"라는 철자가 결국에는 "666"으로 드러나는데 이는 히브리어로 그 이름을 발음하는 가장 자연스러운 방법이었다는 것을 의심한다. 하지만 요한은 "666"에 도달하기 위해 그 이름을 발음하는 다른 근거들을 가지고 있었으며(위에서 언급하였다), 그리고 고고학자들은 유대의 사막에서 그 이름을 정확하게 이러한 방식으로 발음하는 한 문서를 발견하였다.[32] 재미있는 것은, 일부 사본학자들이 "666"보다는 의심스러운 독법인 "616"을 선호하고 있다는 것인데, 이는 우리가 "네로 가이사"를 셀 수 있는 또 다른 방법이다(논란이 있는 한 글자를 생략하고 있다). 이러한 변화는 서기관들이 숫자가 철자를 나타내는 이름의 전통을 알고 있으며, 또한 그 숫자에 따라서 다시 철자를 말했다는 것을 암시한다.[33]

로마 제국 사람들이 네로의 이름을 헬라어로 놀이를 했을 때, 그들은 그 이름의 수를 세었을 뿐만 아니라 또한 그 이름을 동일한 숫자를 산출하는 적절한 문구와

---

28. 낙서의 실례에 대해서는 G. Adolf Deissmann, *Light From the Ancient East* (Grand Rapids: Baker, 1978), 276-78을 보라.

29. 시빌의 신탁 5.12-51을 인용하고 있는 Bauckham, *Climax of Prophecy*, 385를 보라. 유대의 점성가들은 어떤 사람의 이름에 사용된 글자에서 의미를 발견하였다(Tr. Shem 3:1-2; 6:1; 7:13; 8:11; 9:1; 10:1; 11:1; 12:1).

30. 예를 들면, Bowman, *First Christian Drama*, 87; Beasley-Murray, *Revelation*, 219-20; John A. T. Robinson, *Can We Trust the New Testament?* (Grand Rapids: Eerdmans, 1977), 70-71; Koester, Introduction, 2:255; Boring, *Revelation*, 163.

31. 보다 자세한 내용은 Gideon Bohak, "Greek-Hebrew Gematrias in 3 Baruch and in Revelation," *Journal for the Study of the Pseudepigrapha* 7 (1990): 119-21을 보라.

32. 보다 최근의 주석학자들(Bauckham, *Climax of Prophecy*, 388-89; Boring, *Revelation*, 163)은 DJD 2:101, plate 29 line 1을 인용한다. 헬라어에 대한 반대에 대해서는 Tenney, *Revelation*, 19를 보라. 철자에 대해서는(그는 광야 문헌에서조차도 불명확한 것으로 간주하고 있다) Beale, *Revelation*, 719-20을 보라.

33. Metzger, *Breaking the Code*, 76-77.

연결시키기도 하였다("그는 그의 어머니를 죽였다"—네로는 모친 살해 범인이다). "짐승"(*therion*)은 히브리어로 "*TRYVN*"(테리온)으로 번역될 수 있으며, 이것도 역시 666으로 드러난다. "짐승의" 수가 문자적으로 "짐승"이 라는 것은 놀라운 일이 아니다. (원래의 독법이 아닌 "616"—히브리어 글자로 "*TRYV*"(테린)으로 쓰여져 있다—은 헬라어 "데리우"(*theriou*)로 음역할 수 있는데, 즉 "짐승의"라는 속격 형태라는 것을 다시 주목하라.)[34] A.D. 66-70년의 전쟁에서 유대가 멸망한 후에 많은 유대 그리스도인들이 아시아로 이주하였으며, 그리고 그들 중 많은 사람들이 히브리어를 잘 알았을 것이다. 그러나 많은 사람들이 이미 알고 있는 것에 대한 대답을 요한이 하나의 수수께끼로 기록했다는 것은 의심할 수 없는 사실이다.[35]

상황잇기

이 단락을 이해하는데 있어서 흔히 저지르는 실수들. 이 본문을 오늘날의 세계에 적용하는 일에 있어서 한 가지 실수는 많은 묵시적 및 예언적 문헌들을 문자적으로 읽는 것을 우리들에게 요구하는 어떤 특별한 예언적 해석을 하기 위해 보다 넓은 메시지를 무시하는 일이다. 예를 들면, 여러 본문들에 대한 자신의 해석을 조화시키기 위해, 린드세이는 종말에 두 적그리스도가 나타날 것이라고 주장하고 있다. 즉 로마로부터 다스리는 한 유럽 사람과 이스라엘에서 다스리는 한 유대의 종교적 선지자이다.[36]

또 하나의 위험은 이 본문을 요한계시록의 나머지 문맥과 관계없이 고정시키는 것이다. 그리하여 종말의 미혹을 적절하게 경고하는 어떤 사람들은 불행하게도 모든 표적과 이적에 대해 포괄적으로 정죄를 선언하고 있다. 그러나 이것은 본문을 모순되게 적용하는 것이다. 만일 우리가 마귀의 사자들이 행하는 거짓 이적들을 진지하게 생각해본다면(계 13:13), 우리는 또한 그리스도의 사자들이 행하는 진정한 이적들도 진지하게 생각해보아야 한다(계 11:5-6). 그들에 의한 이적들은 긍정

34. Bauckham, *Climax of Prophecy*, 388-90; Roloff, *Revelation*, 166; Oberweis, "Bedeutung" 등을 보라; ("가이사가 하나님이다"는 616으로 드러난다. Deissmann, *Light*, 278 n. 3; Schlier, *Principalities*, 89를 보라.) 이것은 재미있는 언어유희 이상이다. 유대인들과 헬라인들 모두 논증을 위해 언어유희를 사용하였다. 로마의 창건자가 짐승들에 의해 양육되었기 때문에, 시빌의 신탁 11.274는 그를 "짐승의 아들"로 부르고 있다.

35. Bauckham, *Climax of Prophecy*, 403-4는 계 13:18 배후에 있는 숫자 전승이 이미 초기 그리스도인들 사이에서 유포되고 있었던 이사야의 승천 4:12-14로부터 강력한 옹호론을 펴고 있다.

36. Lindsey, *New World Coming*, 103. 이중적 적그리스도의 견해 형태는 13세기의 한 수도승에게서 시작되었다 (Kyle, *The Last Days*, 50).

적일 수도 있고 부정적일 수도 있다. 우리가 참된 선지자들과 거짓 선지자들을 구분할 수 있도록 해주는 것은 선지자들을 통째로 버리는 것이 아니라 오히려 그들이 어떤 도덕적 특질을 나타내는가 하는 것으로 그들을 평가해야 한다. 우리는 그들의 메시지로 그리고 그들의 열매로 그들을 알 수 있는 것이지, 그들의 은사가 아니라는 것이 요점이다(신 13:1-5; 마 7:15-23).

어떤 사람들은 물건을 사고파는 것의 제약을 정교한 은행 업무의 시스템과 연관시키기도 한다.[37] 유감스럽게도 젊은 성경 대학교 학생이었을 때 나는 이러한 문제들에 대해 내가 살고 있는 지역 은행에 가서 물었는데, 거기서 업무가 능숙하지 못한 한 직원이 그것에 대해 알고 있는 것이 없을 뿐만 아니라, 또한 아마도 그들이 몰랐던 것을 내가 알고 있다는 것에 대해 화가 나 있었다(그들은 걱정할 필요가 없다). 많은 예언 교사들은 적그리스도가 문자적으로 어떻게 표(mark)를 할 것인지에 대해 깊이 생각해오면서, 컴퓨터 기술이 그러한 일을 할 수 있을 것으로 특별히 언급하고 있었다.[38] 미래의 어떤 적그리스도가 표를 사용하려고 하는 것은 가능한 일이며, 특히 만일 그 사람이 요한계시록을 직접 무시하면서 행동한다면 말이다. 그리하여 예를 들면, 모든 주의 수도마다 폭탄을 터뜨리고 또한 미국의 여러 도시의 물을 공급하는데 50갤런의 청산염으로 독극물을 넣으려는 계획을 하는 백인지상주의자 집단의 회원들은 하나의 표로 그러한 집단에 대한 충성을 보여주고 있다(문신 위에 피 한 방울을 흘린 "N"자의 오래된 클랜 문신).[39]

그러나 무엇보다도 이 본문의 관점에서 볼 때, 어떤 적그리스도적인 인물이 무엇을 할 것인가에 대해 깊이 생각하는 것은 이 본문의 의미를 해석하는 것과 동일한 것이 아니다. 그러한 해석은 이 단락을 요한계시록의 나머지 문맥 안에서, 혹은 이미 그 당시에 존재했던 상징주의의 문맥 안에서 요한계시록을 해석하지 않는 것이다. 그 자체로 본다면 13:16은 어떤 문자적인 표를 언급할 수도 있으며, 우리 시대와 마찬가지로 요한 당시의 시대에도 타당한 것으로 보일 수도 있는 하나의 가

37. 그러나 고대의 독자들이 매우 복잡한 은행 업무의 개념을 모르는 것이 아니었다. 로마의 은행들은 그들 자신의 계좌로 예금을 이체함으로써 빚을 청산할 수 있었으며, 그리고 다른 은행에 대해서도 동일한 일을 할 수 있는 몇 가지 기본적인 방법들을 고안해내기도 했다 (M. Cary and T. J. Haarhoff, *Life and Thought in the Greek and Roman World*, 4th ed [London: Methuen & Company, 1946], 126).

38. 우익계 민병대와 연관된 음모론자들 중에서 나온 견해들, 가령 666을 슈퍼마켓의 바코드나 혹은 오늘날 사람들이 좋아하고 있는, 즉 피부 밑에 이식된 컴퓨터 칩과 같은 것으로 보는 것에 대해서는 Richard Abanes, *American Militias* (Dlwners Grove, Ill.: InterVarsity, 1996), 92를 보라.

39. "Plot Against SPLC Alleged," *Southern Poverty Law Center Intelligence Report* (Spring 1998), 4.

능성이 있다.[40] 하지만 요한계시록의 나머지 문맥은 이렇게 해석할 수 있는 가능성에 제한을 가한다. 우리가 요한계시록에 나오는 사람들에 대해 기록된 여러 이름들뿐만 아니라(계 3:12; 17:5; 19:16; 22:4), 심지어는 144,000에 대한 언급에 대해서도 상징적으로 해석했음을 주목하라(계 7:3-4; 14:1; 이 숫자의 상징주의에 대해서는 7:1-8에 대한 설명을 보라). 만일 요한계시록에 나오는 다른 모든 표가 상징적이라면, 우리는 그것이 단순히 많은 예언 교사들의 오래 계속된 전통이라는 이유 때문에 이 표를 문자적으로 해석해야 하는가?

본문의 원리들을 우리 자신의 상황에 대한 교훈으로 옮기는 일에 있어서, 우리는 그 본문이 요한 당시에는 얼마나 구체적으로 말해졌는지를 기억할 필요가 있다. 로마 제국의 주민들이 황제 상(또는 다른 신들의 조각상)을 경배해야 한다는 요구는 하나님 한 분만 응당 받아야 할 영광에 대한 극적인 모욕이었다. 오늘날 세계는 종종 하나님의 경쟁자들에게 충성하라는 보다 교활한 기회들과 또한 우리들의 삶 속에서 하나님의 우월성을 부인하는 여러 방법들을 제공하고 있다. 초기의 그리스도인들은 물질적인 우상들을 헐어버리거나 또는 그들 이웃 사람들의 신념을 모욕하라고 부르심을 받은 것이 아니라(이것은 어느 경우든 효과가 없는 증거임이 드러났다), 그들의 우상숭배에 참여해서는 안 되었다. 만일 그리스도가 우리 삶의 주님이시라면, 비록 우리가 우리 문화에서 적응하지 못하는 사람으로 드러난다 하더라도, 우리는 도덕적으로 뿐만 아니라 기분 전환으로도 그리고 다른 점에 있어서도 우리의 동시대 사람들이 중요하게 여기는 많은 것들과 정중하게 인연을 끊어야 한다.

숫자 666. 예언 교사들은 많은 이름들을 666에 강제로 집어넣었다. 물론 16세기의 일부 해석학자들도 교황이나 마르틴 루터 등 둘 중 하나를 제안하였으며, 종교개혁자들의 토론이 어느 편에 서 있는지에 따라 좌우되었다.[41] 어떤 학문적인 주석학자는 2,520(이 숫자는 1,260의 곱이다)을 넷(다니엘의 네 제국)으로 나누고, 거기에다가 666을 만들기 위해 6의 제곱인 36을 더하였다.[42] 물론 히틀러도 666으로 만들 수 있다.[43] 20세기 후반에 나온 보다 창의적인 제안들 중에 로널드 레이건

40. 로마 제국에서 시장 통제를 위해 문자적인 잉크 표시를 했을 가능성에 대해서는 E. A. Judgd, "The Mark of the Beast, *Revelation* 13:16," *TynBul* 42 (1991): 158-60을 보라.

41. Morrice, "John the Seer," 44. 그러나 대부분의 가톨릭 교인들은 적그리스도를 미래의 한 개인으로 생각하고 있다 (Kyle, *The last Days*, 62).

42. Corsini, *Apocalypse*, 239. 단순히 1,260을 반으로 나누고 36을 더하는 것이 더 간단할 것이다.

43. Kyle, *The Last Days*, 111.

(Ronald Reagan)이 666을 암시하고 있다는 견해가 있었다(그의 첫째, 둘째, 그리고 마지막 이름이 6글자를 가지고 있다).[44]

현재 인기 있는 견해는 666이 국제 상품 코드라고 주장하는 것이며, 이는 물건을 사고파는 것과 관련이 있다는 것이다(그러나 손이나 이마에 찍혀 있는 것은 아니지만).[45] 다른 사람들은 9 단위의 사회보장 번호나 18 단위의 숫자를 제안하기도 한다. 그리하여 캘리포니아에 거주하고 있는 한 사람은 그의 딸이 사회보장 번호를 받지 못하도록 법정에서 싸우기도 하였다.[46] 그러나 헬라어 본문은 우리가 6 더하기 6 더하기 6으로 읽도록 허용하는 것이 아니라(그 숫자의 반은 더더구나 아니다), 육백육십육이다.

만일 우리가 이름들을 숫자에 맞추기 위해 원칙들을 적용한다면(말하자면, 곱하기 7, 더하기 4, 나누기 3), 우리는 결국 어떤 이름도 666에 다 맞출 수가 있을 것이다.[47] 실제로 성경학자들(당연히!), 과학자들, 그리고 닌자 거북이(Teenage Mutant Ninja Turtles, TMNT, 거북이 특공대) 노동조합에 이르기까지 모든 것이 적그리스도에 대한 후보자로 부상하였다.[48] 한 친구는 아이들이 보는 텔레비전에서 종종 사랑을 받고 있는 공룡 바니(Barney)에 대해 인터넷의 새로운 생각을 다운로드받았다. 만일 우리가 "귀여운 자줏빛의 공룡"(Cute Purple Dinosaur)에 내재해 있는 로마 숫자들을 첨가한다면("U"를 "V"로 세어서 5로), 그 숫자는 결국 100+5

---

44. 그는 나중에 로스앤젤레스로 집을 이사하였는데, 그 이사한 집의 주소가 클라우드 드라이브 가(St. Cloud Drive) 666번지에서 668번지로 바뀌어져야 했다 (*CT* [Feb. 3, 1989], 40). 그러나 그는 오늘날 마지막 적그리스도의 후보로 보기는 힘들 것 같다. (본 요한계시록 주석이 출간된 지 4년 후인 2004년 6월 5일 레이건 전 미국대통령은 사망하였다-옮긴이)

45. Collins, *Crisis and Catharsis*는 몇몇 국제 생산물 코드에 대해 666에 관한 주장들을 인용하고 있다(1981년 『당신의 돈이 떨어졌을 때』(*When Your Money Fails*)라는 책이 "국제 베스트셀러 1호"가 되었고 이 책의 후속판인 Mary Stewart Relfe, *The New Money System "666"* [Montgomery: Ministries, 1982]를 언급하면서). 여러 번의 꿈에서 렐페는 대환난이 1990년에 시작될 것이며 그리스도는 1997년 아마겟돈 이후에 재림하실 것으로 파악하였다(Kyle, *The Last Days*, 120, 224에서 인용된 Relfe, *Economic Advisor* [newsletter: Feb. 28, 1983]).

46. "Social Security: The 666 Challenge?" *Contemporary Christian* (June 1984), 19. Lindsey, *New World Coming*, 194-95는 사회 보장 번호가 문자적으로 손이나 이마에 찍히는 것으로 주장하고 있다.

47. 수학적 조작에 대해서는 John Winston Moore, "Bible Codes, or Matrix of Deception?" *SCP Newsletter* 22 (Fall 1997): 1-2, 8, 14, 16; Hugh Ross, "Cracking the Codes," *Facts and Faith* 11/3 (1997): 10-11; Ben Witherington, "A Cracked Code," CT (July 12, 1999), 60 등에서 "바이블 코드"라고 주장하는 것에 대한 비판들을 보라. 철자의 이형들에 대해 기본적인 본문비평을 수용하는 것조차도 그러한 "코드"를 가장 완전히 손상시키고 있다.

48. Robert C. Fuller, *Naming the Antichrist: The History of an American Obsession* (New York: Oxford Univ. Press, 1996)을 보라. 보다 간략한 개요와 설명에 대해서는 Michael W. Holmes, *1 & 2 Thessalonians*, NIVAC (Grand Rapids: Zondervan, 1998), 241-42, 244를 보라.

+5+50+500+1+5가 되어 전체 666이 되는 것이다. 우리는 이것이 하나의 장난거리라고 생각한다.

그러나 보다 진지하게 주목해보면, 강력한 박해와 순교를 경험한 그리스도인들은 그들이 그리스도의 재림 이전의 마지막 환난을 겪고 있는 것으로 종종 생각해 왔다는 것이다.[49] 물론 그렇기도 하다. 그리스도께서 그들의 세대에 재림하실 것으로 생각한 것은 그들이 잘못된 것이지만, 그러나 각 세대는 그리스도를 고대할 권리를 가지고 있다. 이스라엘이 그 땅으로 돌아오기 전에 주님의 오심이 임박했을 수도 있다는 것을 지금 부정하는 많은 사람들은 1948년 전에는 다르게 가르쳤다. 이전에 많은 사람들은 예수님이 성도들을 위해 "비밀히" 오신 후에야(말하자면 휴거) 이스라엘을 그 땅으로 되돌아가게 하실 것으로 생각하였다.[50]

그리스도인들의 순교 경험 관점에서 보면, 그들은 적그리스도의 세력들과 마지막 전투에 참여해왔다(눅 12:4; 요일 2:18을 보라). 예를 들어 스탈린이 17년 동안 1천만 명에서 3천만 명까지 죽였을 때, 만일 우리가 우크라이나에 살고 있었다면 우리는 의심할 것도 없이 그를 적그리스도로 생각했을 것이다—그리고 우리가 옳을 수도 있으며, 하나님도 기꺼이 그렇게 생각하셨을 것이다. 미래의 어떤 대학살에서 우리는 아마도 그 가해자를 마지막 적그리스도로 생각할 것이다—그리고 우리가 옳을 수도 있다. 그러나 만일 역사가 한 번 더 우리를 놀라게 한다면, 우리는 불법의 비밀이 어떻게 마지막까지 계속 끔찍하게 구체화될 것인지를 상기하게 될 것이다(살후 2:7). 우리든 아니면 사탄이든 마지막 시간을 모르고 있기 때문에, 그러한 모든 적그리스도들은 적그리스도들로써 경험되지만, 그러나 마지막으로 우리가 최후의 적그리스도를 목격하는 것을 나타내는 것은 예수님이 재림하셔서 그를 전멸시키실 때일 것이다.

현대적 의미

적그리스도의 미묘한 현존. 빌리 그레이엄은 고대 세계에서 한 그리스도인이 만일 그가 단순히 가이사에게 제사를 드리는 의식적 행위에 참여하려고 할 때 자유를 제안 받는 어떤 상황을 상상하고 있다. 그러한 단순한 행위에 대해 고난을 택하는 완고한 사람이 누가 있겠는가? 그러나 그러한 행위는 "보다 광범위한

49. 예를 들면, 재세례파들: Kyle, *The Last Days*, 58.
50. Ibid., 108을 보라.

불순종의 상징"을 구성하고 있으며, 그리고 그리스도는 그의 참된 제자들에게 타협하는 것을 받아들일 수 없는 것으로 거절할 것을 요구하신다.[51]

우리는 이러한 종류의 갈등에 직면하기 위해 도미티안과 같은 황제가 필요하지 않다. 히틀러를 반대하고 또한 이 본문에서 초문화적인 의미를 찾고 있는 일부 그리스도인들은 이 둘째 짐승에서 전체주의 국가의 선전 행위에 대한 어떤 분명한 상징을 발견하고 있다.[52] 당연히 그렇지 않겠는가? 사탄은 예수님이 언제 오실지 모르고 있으며(막 13:30), 또한 그 사탄은 섬기고 있는 어떤 적그리스도를 항상 가지고 있어야 한다.[53] 보다 넓은 의미에서, 이러한 시험은 단순히 하나님의 나라를 부정하는 세상적인 가치들에 동화시키기 위한 모든 시험을 반영하고 있다. 초기 그리스도인들은 그들 사회의 가치들을 받아들였는가?(계 2:14, 20; 3:16-18) 아니면 그들이 거기서부터 "나왔는가?"(계 18:4) 이것은 오늘날의 교회에도 계속 도전하는 문제이기도 하다.

요한계시록이 기록될 때, 많은 오만한 통치자들은 가령 바벨론의 왕(사 14:12-14; 단 3:5), 두로 왕(겔 28:2, 9), 바로 왕(겔 29:3), 안티오커스 에피파네스 4세(아마도 단 11:36-37), 그리고 그 밖의 이방 통치자들(시 82:1, 6-7)처럼, 스스로를 신들로 높임으로써, 적그리스도의 초상을 스스로 이미 제공해왔다. 로마 자체에서도, 도미티안이 오기 전에 가이우스 칼리굴라(Gaius Caligula)와 네로가 스스로를 신들로 높였다. 스스로를 신으로 높이는 악한 제국의 영은 오늘날 압제적이고 전체주의적인 정권 속에 존재하고 있다. 조지 오웰(George Orwell)의 반(反)유토피아 소설인 《1984》에 나오는 예언들은 예정된 날짜까지 우리 사회를 잡아가두지 못하였지만, 그러나 다른 사회들은 그러한 공포를 체험하였으며, 그리고 우리들 중의 몇 사람이 그와 유사한 공포에 직면할 수도 있다는 것이 불가능한 일은 아니다(마 24:9).

하지만 우리를 훨씬 더 섬뜩하게 만드는 것은 스스로를 신성시하는 로마 제국의 동일한 영이 모든 인간들의 마음속에 여전히 남아있다는 것인데, 이는 제국 자신의 죽을 수밖에 없는 운명의 생각들을 숨기면서 그것 자체를 삶의 중심으로 만들려고 하는 것이다. 보다 초기의 선험 철학에서부터 현대의 뉴 에이지 운동에 이

51. Graham, *Approaching Hoofbeats*, 33.

52. Cullmann, *The State*, 76.

53. 몇몇 유대교 자료들은 어느 세대도 마지막 적그리스도를 입증할 수 있다고 인식하였다(예를 들면, *b. Sanh.* 94a).

르기까지, 우리의 소비문화는 보다 높은 권위에 대답을 하는 것보다는 자기 성취를 추구하기 위해 모든 사람들의 신성과 자유를 포함하는 자기 우상숭배를 대중화하였다.[54]

참된 어린 양은 약함 가운데서 죽으셨으며 하나님의 능력으로 다시 살아나셨다. 가짜 어린 양은 놀라울만큼 두드러지게 회복된 것처럼 사칭하는 자를 선동하고 있다(계 13:12). 사탄의 모조품은 그들의 거짓된 정통성이 하나님을 모방하는 것에서 비롯되고 있으며, 그리하여 십자가와 그 고난의 설명하기 어려운 메시지를 받아들이지 않는 사람들은 모조품에 굴복하기 쉽다. 예를 들면, 이러한 일은 1930년데 독일에서 일어났다. 히틀러는 사회에서의 지위가 다소 약화된 교회 지도자들에게 우호적인 체 하였으며, 그리고 그가 정권을 잡았을 때 "프로테스탄트 교회 지도자들보다 더 좋아하는 사람은 거의 없었다."[55] 그러나 기독론에 대한 본훼퍼(Bonhoeffer)의 강연은 대담하게도 "거짓 메시아들에 대한 고찰은…히틀러에 대한 직접적인 도전"인데, 그는 "겸손하시며 십자가에 못 바히신 메시아"와는 대조를 이룬다는 것을 포함하였나. 그러한 도전들은 불가피하게 니치 정권의 분노를 촉발하였다.[56] 종교는 세속적인 미국의 여러 집단들에서 최근 몇 년 동안 점차 받아들일 수 있는 것으로 되어갔다. 그러나 어린 양의 십자가가 필요하다는 것은 여전히 걸림돌로 남아있다.

사탄의 모조품은 하나님의 사역을 모방한 것이기 때문에, 거짓 이적들이 오늘날 많은 사람들을 계속 타락시키고 있다는 것은 놀라운 일이 아니다. 어떤 이적들은 날조된 것이며, 반면에 다른 이적들은 마귀적이다.[57] 예를 들면, 우리가 아마도 심령 치료사들이나 현대의 정신과학 기술에 대해 생각해 볼 수 있다.[58] 어느 가톨

---

54. "Best-Selling Spirituality," *Mars Hill Audio Report* (Charlottesville, Va.: Berea Publications, 1999)를 보라.
55. Richard V. Pierad, "Radical Resistance," *Christian History* 32 (1991), 30-33 (p. 30).
56. Clifford Green, "Exploring Bonhoeffer's Writing," *Christian History* 32 (1991): 34-36 (p. 35).
57. 거짓 이적에 대해서는 Danny Korem, "Psychic Confession" (video: Korem Productions: Spiritual Counterfeits Project에 의해 판매 촉진되었다); Robert Burrows, "Firewalking: The Ultimate Burn," *SCP Newsletter* 14/4 (1989): 5-6 등을 보라.
58. John Weldon and Zola Levitt, *Psychic Healing* (Chicago: Moody, 1982)을 보라. 뉴 에이지 개념과 관련된 많은 치료 방법들에 대해서는 여전히 논쟁 중이다. Joe Maxwell, "Nursing's New Age?" *CT* (Feb. 5, 1996), 96-99; *SCP Journal* (Aug. 1978); *SCP Newsletter* 8 (Oct. 1982); *SCP Newsletter* 9 (Sept. 1983) 등을 보라. 1993년 2월 치유와 마음에 대한 공공 방송국(PBS, Public Broadcasting Service)의 특별 시리즈가 어떤 기독교적 치유보다 더욱 여러 문화들에서 기원한 명상법에 대해 보도할 수 있다는 것은 우리 문화의 강력한 세속주의(그리고 계몽주의의 여파)와 그리고 그들의 관습들을 세속주의자들에게 받아들여질 수 있는 단순한 "문화적" 협의 사항들로서 새롭게 포장시키는 여러 운동들의 능력을 나타낼 수도 있다.

릭 학자는 이적을 보여주는 그리스도와 마리아의 거짓 출현들에 대해 경고하고 있지만 여전히 잘못된 것을 가르치고 있다.[59] 비록 하나님이 무슨 일이든 하실 수 있다 하더라도, 우리는 울거나 땀을 흘리는 것으로 알려진 조각상이 구체적으로 기독교적인 현상이 아니라는 것을 주목해야 한다.[60] 그러나 능력 대결(power encounters)에 대한 선교학자들의 설명은, 성경에 있는 것처럼(출 7:11-12; 행 13:11), 하나님의 능력이 사탄의 능력보다 더 크다는 것에 주목하고 있다.[61] 두 증인은 그들이 순교를 당하는 정해진 순간까지 이적을 통하여 능력을 나타내고 있으며(계 11:7), 그리고 오늘날 교회는 오컬트 담당자들이 그들의 능력을 드러내고 있는 것보다 더 효과적으로 하나님의 능력을 드러낼 수 있어야 한다.[62]

오늘날 그리스도를 위한 박해. 우리는 박해를 받고 있는 우리의 형제자매들을 위해 기도해야 한다. 가능하면 우리는 또한 그들을 보호하기 위해 노력해야 한다.[63] 몇몇 전문가들은 매년 10만 명 이상의 사람들이 그리스도를 위해 순교를 당한다고 주장한다.[64] 비록 그 통계가 세계 대부분의 지역에서 부풀려진 것처럼 보인다 하더

---

59. John Randall, *The Book of Revelation: What Does It Really Say?* (Locust Valley, N. Y.: Living Flame, 1976), 79. 마리아가 출현한 것들에 대해서는 *SCP Newsletter* 19 (July 1995): *SCP Newsletter* 20 (Jan. 1995): Elliot Miller and Kenneth Samples, *The Cult of the Virgin: Catholic Mariology and the Apparitions of Mary* (Grand Rapids: Baker, 1992) 등을 보라. 보다 긍정적인 평가에 대해서는 René Laurentin, *Apparitions of the Blessed Virgin Mary Today* (San Francisco: Veritas, Ignatius Press, 1990); Pierre-Marie Théas, *The Faith of Bernadette*, tr. M. Roch (Hamilton, Ont.: Image, 1982) 등을 보라.
60. 우는 것(Livy, 40.19.2; 43.13.4), 땀을 흘리는 것(Livy, 27.4.14; Appian, *C.W.* 2.5.36; 4.1.4), 혹은 심지어 말하는 것(Dionysius of Halicarnassus, 8.56.2-3; 참조. Euripides, *Iphig. Taur.* 1165-67)과 같은 몇몇 현대의 성상(聖像)과 관련된 특징들은 여신들의 환상처럼 기독교 이전 이교주의에서 입증된 것들이다((Dionysius of Halicarnassus, 8.56.1; Chariton, *Chaer.* 2.2.5; Eric Wolf, "The Virgin of Guadalupe: A Mexican National Symbol," *Journal of American Folklore* 71 [1958]: 34-39). 이와는 대조적으로 성경적 환상에는 결코 죽은 사람들이 아니라 거의 항상 하나님과 천사들만 나타난다.
61. David A. Powlison, *Power Encounters: Reclaiming Spiritual Warfare* (Grand Rapids: Baker, 1994); Stan Guthrie, "Muslim Mission Breakthrough," *CT* (Dec. 13, 1993), 20-26 (p. 26); "Signs and Wonders," *Mountain Movers* (April 1988); Judy Graner, "Appointment with a Piachi," *MM* (Sept. 1993), 16; Robert Cobb, "To Battle With Hoes anf Machetes," *MM* (April 1993), 14-14; Mel Tari, *Like a Mighty Wind*, 2d ed. (Carol Stream, Ill.: Creation House, 1972), 여러 곳을 보라.
62. 인도의 만달라(Mandala)에 있는 *bhaghat* (마법사)와 비교하라. 그는 진정한 하나님께서 불로 응답해주실 것을 간구하였으며, 그리고 예수님은 응답하시는 유일한 분이셨다(Paul Eshleman with Carolyn E. Phillips, *I Just Saw Jesus* [Laguna Niguel, Calif.: The Jesus Project, 1985], 114-15).
63. 워싱턴 D.C.에 있는 *International Christian Concern*은 전 세계에서 일어나고 있는 박해에 대해 정규적인 기사를 제공하고 있다(참조. the "Top-Ten Priority Watch List of Countries Where Christians Are Persecuted," *ICC Concern* (Aug. 1998). 캘리포니아 코로나 델 마르에 있는 《국제 기독교 연대》(Christian Solidarity International)가 필요한 정보와 도움을 제공하고 있다. 박해받는 교회들을 위한 국제적인 "기도의 날"에 기도하고 있는 교회는 200,000개로 추정되고 있다(*CT* [Oct. 5, 1998], 17).

라도, 많은 사람들이 그들의 믿음 때문에 죽어가고 있다. 나는 개인적으로 그들의 동료들이 살해당하는 것을 목격한 생존자들 몇 명과 이야기를 나눈 적이 있다.

오늘날 심한 박해를 받는 실례는 많이 있다.[65] 몇 가지 예는 집단과 관계가 있는데 신자는 이들로부터 회심을 하였으며, 또한 그들은 회심에 대해 적대감을 가지고 대응을 한다. 아시아의 작은 한 나라에 많은 관리들을 총을 쏘아 죽인 란지트(Ranjit)라는 이름을 가진 한 암살자가 어떤 목사의 복음 증거를 통하여 회심을 하였다. 이 새신자의 복음 선포와 변화된 삶을 통해서 많은 다른 사람들이 회심을 하였지만, 전에 그가 한 일원이었던 그 테러리스트 집단은 그가 계속 자기들과 함께 일할 것을 요구하였다. 그가 거절하자 그들이 목사의 집에 찾아와서 그를 내놓으라고 요구하였다. 목사는 그를 감추었으며 또한 그가 숨어있는 곳에서 금방 죽임을 당할 것 같았으나, 목사는 그대신 그를 데리고 나와 그들에게 넘겨주었다. 란지트는 죽도록 매를 맞았는데, 그가 마지막으로 한 말은 "우리 목사님에게 내가 신자로 죽었다고 말해주시오"였다.[66]

종종 그리스도인들은 그들이 복음을 증거 한 것 때문에 죽임을 당하거나 고문을 당하기도 한다. 20년 동안 그리스도를 증거 해 온 한 전도자가 다섯 번째 감옥에 투옥되었는데, 그는 가로 18피트 세로 24피트의 창문도 없는 더운 방에서 25명의 다른 죄수들과 함께 갇혀있었는데, 각 사람에게 하루에 밥 두 공기가 주어졌다. 매일 아홉 시간의 심문이 시작되면서, 그는 반년 동안 그를 수사하는 사람들에게 복음을 전하였다. 그 동안 많은 그의 감방 동료들이 심문 시간 이후에 회심을 하였다. 그다음 교도소에서도 많은 사람들이 회심하도록 하였는데, 그 때문에 그는 120명의 남자들이 100 제곱미터의 감방에서 두 개의 화장실을 사용하는 강제 노동 수용소로 이감되었다. 그러나 그는 결국 석방되었다.

이 전도자가 감옥 안에서 그리스도에게로 인도했던 한 사람이 그가 회심한 후

---

64. 데이비드 바렛(David Barrett)은 1996년에 160,000명 이상의 사람들이 순교를 당한 것으로 추정하고 있다("Annual Statistical Table on Global Mission: 1997," *International Bulletin of Missionary Research* [Jan. 1997], 25). 현대에 일어나는 박해에 대해서는 Paul A. Marshall, *Their Blood Cries Out: The Worldwide Tragedy of Modern Christians Who Are Dying for Their Faith* (Dallas: Word, 1997)을 보라.

65. *Mountain Movers* (April 1995); (May 1995)에 있는 기사들을 보라. 최근에 페루에 있었던 박해에 대해서는 John Maust, *Peace and Hope in the Corner of the Dead* (Miami: Latin America Mission, 1987); "Sauñe Brothers Murdered in Peru," *Mountain Movers* (Feb. 1993), 11을 보라. 구소련 체제 하에서 신자들은 정신 병원에 감금되기도 하였다 (Lori Cydilo, "The Insanity of Russian Psychiatry," *WPR* [Aug. 1993], 44).

66. Ronald Q. Tuttle, "Tell My Pastor I Died a Believer," *Mountain Movers* (Feb. 1992), 4.

에 곧 석방되어 아직 복음을 받지 못한 부족들에게 복음을 전하기 위해 돌아왔다. 그는 한 달 동안 다섯 개의 마을을 돌면서 750명의 사람들에게 복음을 전하였다.[67] 그들의 믿음 때문에 고난 받는 일에 헌신한 그리스도인들은 담대한 증인들이 되었다. 한 미국의 선교사는 그에게 말을 했던 한 이란 그리스도인의 활기찬 증거를 듣고 깜짝 놀랐다. "신자가 자연적인 이유로 죽은 것은 수치스러운 일입니다."[68] 우리 형제자매들의 용기는 오늘날 우리 대부분이 직면하는 훨씬 작은 반대를 즐거움 마음으로 견디도록 우리의 관심을 불러일으켜야 한다.

몇몇 곳에서 신자들은 단순히 그들이 그리스도인이라는 이유로 죽임을 당하고 있다. 수단에서는 그리스도인들이 십자가에 못 박히거나 노예가 되는 보도들이 많이 있다. 내가 알고 있는 어떤 사람은 판매 영수증에다가 공공연하게 "그리스도의 노예들"이라고 표시해놓고서는 복음을 증거하고 있다. 지난 세기 내내 그러한 고난들로 가득 차 있다. 일본이 한국을 정복했을 때(1937-1940), 그들은 "그리스도인들로 하여금 신사참배를 하도록 명령하였다. 많은 그리스도인들이 거부하였다가 감옥에 갇히고 또한 고문을 당하였다."[69]

중국에 있는 교회는 고난에 대한 많은 실례들을 제공해준다. 조지 첸(George Chen)은 사람의 배설물로 가득 찬 오수 구덩이 깊은 곳에서 하루 종일 강제 노역을 당하였지만, 그는 그 악취 때문에 다른 사람들이 근처에 오지도 못하면서 이 때문에 하루 종일 일하면서 기도하고 찬송을 부르도록 해주었기 때문에 기뻐하였다. 그가 감옥에 있는 동안, 그가 세웠던 교회들은 300명에서 5,000명으로 성장하였다.[70] "비록 지하 교회가 박해받는 것을 원하지 않는다 해도 그들은 두려워하지 않는다. 그것이 그들에게 하나의 생활방식이다."[71] 미국의 한 논평자가 고난 받는 중국의 그리스도인들의 담대하고도 기쁨에 찬 증거에 대해 말하기를, "나는 성도들을 꾸며줄 저 흰 옷을 지금도 입기에 적합한 중국 신자들의 제자가 되었다. 그들의 아름다운 옷에 비하면 나는 영적으로 벌거벗었다는 느낌이 든다."[72]

---

67. "The Harvest God Is Bringing About," *Mountain Movers* (March 1995), 16-17, 26.
68. Jerry Parsley, "Acts Revisited," *Mountain Movers* (Dec. 1993), 26.
69. Johnson, *Revelation*, 41은 Han Woo Keun, *History of Korea*, ed, G. K. Muntz, tr. Lee Kyen-Shik (Seoul: Eul-W00, 1970), 496을 인용하고 있다. 일본의 형무소에서 고통 받았던 그리스도인들에 대해서는 Rodney Clapp, "Laboratories of the Soul," *CT* (March 7, 1986), 23-26을 보라.
70. Timothy C. Morgan, "A Tale of China's Two Churches," *CT* (July 13, 1998), 30-39 (p. 38).
71. 돈 아규(Don Argue)와 인터뷰한 David Neff, "China Mission: More Than 'Ping-Pong Diplomacy,'" *CT* (July 13, 1998), 34-38 (p. 37).
72. Karen M. Feaver, "Chinese Lessons: What Chinese Christians Taught a U.S. Congressional Delegation,"

열정 있는 젊은 그리스도인으로서 때때로 복음을 증거하는 것 때문에 매를 맞거나 또는 무기로 위협을 당할 때, 나는 1980년까지는 순교자의 면류관을 기대하였다. 하나님의 크신 긍휼하심으로 그분은 그 당시에 다른 일을 위해 나의 생명을 보존해주셨다. 하지만 나는 그리스도인으로서 이 세상에서 우리의 생명은 우리가 다른 세상에 속해 있기 때문에 여전히 잃어버릴 수 있다는 것을 감히 결코 잊어서는 안 된다(막 8:34-38). 나의 가장 중대한 관심사들 중의 하나는, 성경의 가르침에도 불구하고, 대부분의 서구 그리스도인들이 비교적 즐거운 마음으로—그리고 어쩌면 조금이나마—순교에 직면할 준비가 되어 있지 않다는 것이다.

타협의 유혹. 이 구절(계 13:17)이 경제적 시험을 말하고 있다는 것은 여전히 적절하다. 두아디아의 그리스도인들은 이미 제국의 종교와 상업 사이에 경제적으로 결탁이 되어있다는 것에 공감하였다(계 2:18에 대한 설명을 보라).[73] 콘스탄틴 이후 그리스도인들은 여전히 타협을 위한 압박들에 직면하였다. 예를 들면, 요한 크리스소톰(John Chrysostom)은 정기적으로 재화를 낭비하는 것을 비판하였으나 심지어 콘스탄티노플의 주교로서 수치스러울 정도로 단순한 삶을 이어나갔다. 그는 결국 다른 힘 있는 주교들 및 사회 정치적 엘리트들과 사이가 벌어졌으며, 마침내 그는 추방되어 죽임을 당하였다.[74] 마찬가지로 부유한 상속자 올림피아스(Olympias)는 반대에도 불구하고 그녀의 돈을 가난한 자들에게 주었다. 그녀는 자신의 주교인 요한 크리스소스톰을 지속적으로 후원하였는데, 마침내 그녀도 추방을 당하여 남은 재산을 모두 몰수 당하였다.[75]

마찬가지로 오늘날 통찰력이 있는 그리스도인들도 경제적 성공과 보다 광범위한 사회의 가치들을 반영하는 것 사이의 많은 직업들(특히 연예 산업, 정치, 그리고 교육)에서 나타나는 연관성들을 인식할 수 있다. 소아시아의 몇몇 교회들에서 행해졌던 경제적 타협들("사고파는 것")은 우리 사회에도 공통적으로 나타난다. '크리스채너티 투데이' (Christianity Today)의 한 인터뷰 기사에서, 파산 율이 다른 나라들보다는 카지노가 있는 나라들에서 18.6%나 더 높으며, 그리고 자살율도 도박이 심한 지역에서 네 배나 높게 나타나고 있음에도 불구하고, 정부는 이익을 얻고 있으며 "그리고 도박 산업이 교회와 자선 사업에 돈을 주기조차 한고 있다. 그

CT (May 16, 1994), 33-34.

73. Hemer, *Letters to the Seven Churches*, 126-27.

74. Robert A. Krupp, "Golden Tongue and Iron Will," *Christian History* 44 (1994): 6-11 (pp. 7, 9-11); Carl A. Volz, "The Genius of Chrysostom's Preaching," *Christian History* 44 (1994): 24-26 (p. 25).

75. Mary L. Hammack et al., "Other Women of the Early Church," *Christian History* 17 (1988): 12-18 (p. 18).

들의 목적은 당신과 타협을 함으로서 당신이 침묵하도록 하는 것이다"라고 주장한다.[76]

그러나 이것은 하나님의 메시지를 그들에게 말하는 것보다 오히려 그들이 자신들에 대해 듣기를 원하는 것을 사람들에게 말하는 우리들 중 누군가와 다른가? 어떤 사역자들은 그들의 경제적 후원 기반을 잃어버리게 될까봐 두려워하고 있다. 내가 그리스도에게 인도했던 한 침례교인은 왜 목사님이 강단에서 진정한 회심에 대해 결코 설교를 한 적이 없는지 그에게 물었다. 그 목사는 청년이 그리스도에 이르는 길을 찾은 것으로 자신이 행복하다고 표현하였으나 또한 그가 설교하는 내용 때문에 집사들을 화나게 하지 않을까 조심해야 했다는 것을 말하였다. 분명히 우리는 가능한 한 가장 전략적이고 민감한 방식으로 진리를 전달하기를 원한다. 하지만 우리가 사람들이 우리들에 대하여 어떻게 생각할까에 대해 보다 신경을 쓰게 될 때, 우리는 우리의 영적인 선배들이 했던 것과 동일한 종류의 타협을 하게 되는 것이다.

심지어 우리의 종교적 하위문화에서도 우리는 종종 하나님이 말씀하시는 것을 진정으로 믿는 것보다 오히려 사람들이 듣고 싶어 하는 것을 사람들에게 말하고자 하는 유혹에 직면한다. 민권 운동(Civil Right Movement, 특히 미국에서 1950-60년대에 일어난 흑인 차별 철폐 운동-옮긴이) 기간에 많은 목회자들이 그들의 직업을 잃어버리게 될까봐 인종 차별에 대해 항의하지 않았다.[77] 오늘날 많은 목회자들은 우익이나 좌익에 대해 "정치적으로 옳은" 여러 제약들을 어쩔 수 없이 느끼고 있다. 직업 안정이 때로는 정의보다 더 중요한 문제이며(요 19:12-16), 그리고 종교 전문가들조차도 직업의 전망이 어떤 가에 근거하여 결정을 내리고 있다(삿 18:18-20). 만일 지위와 물질주의가 우리를 그렇게 유혹하고 있다면, 우리가 어떻게 박해 속에서 살아갈 수 있겠는가?[78]

사실, 우리가 우리 이웃 사람들이 그것을 가지고 있기 때문에 필요하지 않는 물건을 살 때마다, 우리는 세상적인 체계의 가치들과 타협하고 있는 것이다. 매일 40,000명이 기아로 죽어가고 있으며, 기근으로 고통 받는 몇몇 지역에 매일 어린이

76. Thomas Grey and Kevin Miller, "How to Fight Gambling," *CT* (May 18, 1998), 39.

77. Douglas Hudgins in Charles Marsh, *God's Long Summer* (Princeton: Princeton Univ. Press, 1997), 82-115를 보라.

78. Graham, *Approaching Hoofbeats*, 106-8은 오늘날 많은 사람들이 전통적인 의미에서 거짓 종교들이 아닌 물질주의를 섬기고 있다는 것을 특별히 언급하고 있다. 하나님이 우리의 삶을 지배하시는 것과 떨어져 있는 것은 무엇이든지 그것은 하나의 우상이다.

한 명에게 50센트의 음식물이 공급되고 있으며, 돈을 탕진하기 위해 노력하는 여분의 시간들이 우리의 아이들과 함께 시간을 보내거나 혹은 우리의 이웃들에게 복음을 증거 하는 일에 쓰여 질 수 있다는 것을 우리가 알 때 우리가 천박해질 수 있겠는가?

만일, 위에서 언급한 것처럼, 악한 자에 대한 표(계 13:16-18)가 요한계시록에 나오는 다른 모든 표와 마찬가지로 상징적인 것이라면, 따라서 요한은 타협에 대해 우리를 경고하고 있다기보다는 종말에 대한 우리의 호기심을 덜 만족시키는 것에 대해 우리들에게 말하고 있는 것이다. 이 표는 아마도 요한계시록 7:3-4에 나오는 인처럼 노예에게 찍힌 낙인과 같은 기능을 할 수도 있다. 144,000이 하나님과 그리스도에게 속한 "하나님의 종들"인 반면, 짐승의 표를 받은 사람들은 그 짐승의 종들이다. 짐승은 노예 낙인과 다름없는 것을 받아들이는데, 이는 "오직 믿음으로 인식할 수 있는 보이지 않는 세례의 표를 모방한 것이다."[79]

요한계시록은 그 어떤 분리된 충성도 허용하지 않는다. 우리는 하나님과 세상 사이에서 그리고 각 측면이 소중히 여기는 것 사이에서 결정해야 한다. 하지만 우리는 요한계시록 나머지 부분을 이해하지 않고서는 이 단락이 경고하는 것을 적절하게 해석할 수 없다. 과거의 모든 바벨론은 무너졌으며, 또한 우리를 압제하는 모든 제국들도 그렇게 될 것이다(계 18:2; 19:2). 미래는 바벨론이 아닌 믿는 자들에게 속해 있으며, 이들의 본향은 다가 올 예루살렘이다(계 21:2-8).

---

79. Schlier, *Principalities*, 88.

요한계시록 14:1-20

1 또 내가 보니 보라 어린 양이 시온 산에 섰고
그와 함께 십사만 사천이 서 있는데 그들의
이마에는 어린 양의 이름과 그 아버지의 이
름을 쓴 것이 있더라
2 내가 하늘에서 나는 소리를 들으니 많은 물
소리와도 같고 큰 우렛소리와도 같은데 내가
들은 소리는 거문고 타는 자들이 그 거문고
를 타는 것 같더라
3 그들이 보좌 앞과 네 생물과 장로들 앞에서
새 노래를 부르니 땅에서 속량함을 받은 십
사만 사천 밖에는 능히 이 노래를 배울 자가
없더라
4 이 사람들은 여자와 더불어 더럽히지 아니하
고 순결한 자라 어린 양이 어디로 인도하든
지 따라가는 자며 사람 가운데에서 속량함을
받아 처음 익은 열매로 하나님과 어린 양에
게 속한 자들이니
5 그 입에 거짓말이 없고 흠이 없는 자들이더
라 세 천사가 전하는 말
6 또 보니 다른 천사가 공중에 날아가는데 땅
에 거주하는 자들 곧 모든 민족과 종족과 방
언과 백성에게 전할 영원한 복음을 가졌더라
7 그가 큰 음성으로 이르되 하나님을 두려워하
며 그에게 영광을 돌리라 이는 그의 심판의
시간이 이르렀음이니 하늘과 땅과 바다와 물
들의 근원을 만드신 이를 경배하라 하더라
8 또 다른 천사 곧 둘째가 그 뒤를 따라 말하되
무너졌도다 무너졌도다 큰 성 바벨론이여 모
든 나라에게 그의 음행으로 말미암아 진노의
포도주를 먹이던 자로다 하더라
9 또 다른 천사 곧 셋째가 그 뒤를 따라 큰 음
성으로 이르되 만일 누구든지 짐승과 그의 우
상에게 경배하고 이마에나 손에 표를 받으면
10 그도 하나님의 진노의 포도주를 마시리니 그
진노의 잔에 섞인 것이 없이 부은 포도주라
거룩한 천사들 앞과 어린 양 앞에서 불과 유
황으로 고난을 받으리니
11 그 고난의 연기가 세세토록 올라가리로다 짐
승과 그의 우상에게 경배하고 그의 이름 표
를 받는 자는 누구든지 밤낮 쉼을 얻지 못하
리라 하더라
12 성도들의 인내가 여기 있나니 그들은 하나님
의 계명과 예수에 대한 믿음을 지키는 자니라
13 또 내가 들으니 하늘에서 음성이 나서 이르
되 기록하라 지금 이후로 주 안에서 죽는 자
들은 복이 있도다 하시매 성령이 이르시되
그러하다 그들이 수고를 그치고 쉬리니 이는
그들의 행한 일이 따름이라 하시더라 마지막
수확
14 또 내가 보니 흰 구름이 있고 구름 위에 인자
와 같은 이가 앉으셨는데 그 머리에는 금 면
류관이 있고 그 손에는 예리한 낫을 가졌더라
15 또 다른 천사가 성전으로부터 나와 구름 위에
앉은 이를 향하여 큰 음성으로 외쳐 이르되
당신의 낫을 휘둘러 거두소서 땅의 곡식이
다 익어 거둘 때가 이르렀음이니이다 하니
16 구름 위에 앉으신 이가 낫을 땅에 휘두르매
땅의 곡식이 거두어지니라 마지막 재난을 가
지고 온 천사
17 또 다른 천사가 하늘에 있는 성전에서 나오
는데 역시 예리한 낫을 가졌더라
18 또 불을 다스리는 다른 천사가 제단으로부터
나와 예리한 낫 가진 자를 향하여 큰 음성으
로 불러 이르되 네 예리한 낫을 휘둘러 땅의
포도송이를 거두라 그 포도가 익었느니라 하
더라

19 천사가 낫을 땅에 휘둘러 땅의 포도를 거두
어 하나님의 진노의 큰 포도주 틀에 던지매
20 성 밖에서 그 틀이 밟히니 틀에서 피가 나서
말 굴레에까지 닿았고 천육백 스다디온에 퍼
졌더라

원 의미

요한계시록 14장의 장면은 새로운 환상으로 갑자기 이동하면서 앞의 환상과 뚜렷한 대조를 이루고 있다. 짐승이 그의 추종자들의 이마에 자신의 이름을 요구하는 끔찍한 환상 이후에(계 13:16-18), 우리는 다시금 어린 양을 따르는 144,000을 보는데(계 7:1-8), 그들의 이마에는 하나님과 어린 양의 이름을 쓴 것이 있다(계 14:1)

시온 산의 군대(14:1-5)

우리는 방금 언급한 짐승의 수와 대조가 되는 예수님의 이름의 수에 대해 생각해볼 수 있다. "666"이 되는 이름이 무엇이든 간에, "예수"라는 이름이 "888"이라는 것은 논란의 여지가 없다. 그럼에도 불구하고 요한계시록은 어떤 수보다는 이름을 언급하고 있으며, 또한 144,000이라는 군대의 상징적인 숫자의 의미를 중요시하고 있다.[1] 이 순교자들의 영광스러운 운명은 짐승의 표를 받고 그리하여 거주를 받을 수밖에 없는 사람들의 운명과 뚜렷한 대조를 이루고 있다(계 14:9-11). 타협을 경고하고 있는 것이 분명하다.

일곱째 나팔로 끝나는 심판의 행위(계 11:15)가 14:6-12에서 천사의 심판 선언을 통하여 다시 시작되고 있다. 이러한 단락들 사이에 위치해 있는 것이 여자와 그의 남은 자손들이 용과 그의 사자들에 의해 핍박을 받는 것에 대한 묘사이다. 용은 여자의 후손에 대하여 전쟁을 벌이는데(계 12:17), 이 전쟁이 13:5-7에서 세상의 우상숭배라는 문맥 안에서(계 13:1-18) 보다 상세하게 묘사되어 있다. 이제 내러티브는 여자의 후손으로 방향을 돌리고 있는데, 이들은 짐승의 이름보다는 어린 양의 이름을 지니는 것을 더 좋아하는 사람들이며(계 13:17-14:1) 또한 짐승을 경배하는 거짓 성구함보다는(계 13:16) 하나님의 계명을 지키는 것을(계 12:17) 더 좋

1. 144(144,000에서처럼)와 666을 대조하는 것의 의미에 대해서는 21:17에 대한 설명을 보라.

아하는 사람들이다. 이 144,000은 여자의 후손을 박해받는 성도들로서가 아니라 승리하는 군대로 묘사 한다—왜냐하면 이들은 순교를 통하여 승리했기 때문이다(계 15:2).[2] 그들의 주님이신 어린 양처럼, 그들도 정말 그대로 자신들의 발꿈치를 상하게 하도록 내버려두는 대신 뱀의 머리를 상하게 하였다(창 3:15; 참조. 롬 16:20).

아마도 여기서 우리가 주목해야할 가장 중요한 것은 144,000의 위치이다. 그들은 시온 산 위에서 어린 양과 함께 있는데, 이곳은 하나님이 현재(시 74:2; 76:2)와 그리고 미래에도 거하시는 곳이며(슥 2:10; 8:3), 또한 이스라엘이 구원(시 53:6; 69:35; 87:5; 102:13)과 승리(시 110:2; 옵 21; 바룩 2서 40:1)를 소망하는 장소이기도 하다. 비록 예루살렘이 A.D. 70년 이후에 거의 수치 가운데 놓였으며 또한 열방들이 상징적 의미이긴 하지만 하나님의 성소를 이제 짓밟고 있지만(계 11:2), 요한의 청중들은 시온이 회복될 것으로 선지자들이 약속했다는 것을 알고 있었다(사 1:27; 4:5; 46:13; 51:3; 62:11; 미 4:2, 7). 하나님은 그들을 구원하신 승리의 전사(戰士)로서 시온 가운데 거하실 것이다(습 3:15-19). 하나님은 시온 산에서부터 전쟁을 일으키실 것이다(사 31:4; 참조. 슥 14:4). 유대교 묵시 전통은 메시아가 전쟁을 일으키기 위해 준비하실 때 시온 산 위에 서실 것이라는 것을 첨가하였다(에스라 4서 13:35).

여러 묵시 문학가들은 시온 산 위에 서 있으면서 관점을 추구할 수도 있지만(바룩 2서 13:1), 요한계시록에서 시온은 또한 거룩한 성인 새 예루살렘이며(계 3:12; 21:2-22:2), 또한 이곳은 그 멸망이 곧 소개되고 있는 바벨론과 대조가 되는 곳이다(계 14:8).[3] 유대인들은 옛 바벨론이 예루살렘을 파괴시킨 것으로 기억하고 있으며 그리고 하나님의 심판이 바벨론 위에 임할 것으로 기대하였다(시 137편; 렘 50:28; 51:10, 24, 35). 예루살렘의 영적인 자녀들을 압제하는 새 바벨론도 그와 마찬가지의 운명을 겪게 될 것이다(참조. 계 12:17; 18:24).[4] 따라서 요한계시록은

2. 성도들의 승리가(계 14:1-5) 15:2의 승리자들 속에 있는 것과 함께, 계 14:1-20의 메시지가 15:1-16:21에서 종합적으로 반복되고 있다(Talbert, *Apocalypse*, 59를 참조하라).

3. 성경과 마찬가지로 초기 유대교는 "시온 산"을 구체적으로는 성전 산에(마카비 1서 4:37; 5:54; 7:33; 14:27; 유딧 9:13) 그리고 전체적으로는 예루살렘에 적용시키고 있다(바룩 4:14; 에스라 4서 13:27, 44). 전체로서 이스라엘을 상징적으로 사용하는 것은 비교적 드물다(1QM 12.13; *p. Meg.* 3:6, §2, *Taan.* 4:2, §13을 참조하라). 초기 그리스도인들은 시온 산이 새 예루살렘일 것으로 생각하였다(히 12:22).

4. 그들은 슥 2:7-8에서처럼 심판 이전에 바벨론에서 피해야 하였다. 계 18:4에 대한 설명을 보라. 시온을 압제하는 자들에 대해 하나님이 심판하실 것이라는 약속은 바벨론 포로 이전에 나타난다(미 4:11-13). 원래의 바벨론은 단 7:3-27에서처럼 악한 제국과 연속선상에 있는 나라들 중의 하나이다(에녹 1서 90:1; 바

"두 도시의 이야기"(Tale of Two Cities), 즉 하나님의 도시와 세상의 도시를 대조하는 것으로 시작한다.

요한이 시온 산에서 144,000을 본 후에, 그는 하늘에서 나는 소리를 듣는다(계 14:2). 요한계시록 7:9-17에서 구속함을 받은 순교자들에 대한 그의 환상이 7:1-8에서 144,000의 하나님의 군대에 대해 그가 듣는 것을 해석하고 있는 것처럼, 여기서도 마찬가지로 그가 듣고 있는 것은 144,000에 대한 그의 환상을 해석하는데 도움을 주고 있다. "하늘에서 나는 소리"는 땅과 지금은 하늘에서 부르는 144,000의 노래이다(계 14:3). "많은 물소리와도 같고"는 하나님의 음성을 나타내는 것으로(계 1:15; 참조. 겔 43:2), 이 문맥에서는 의심할 것도 없이 셀 수 없는 하늘의 무리들의 소리를 나타낸다(계 19:6; 참조. 단 10:6에서 "무리의 소리" 혹은 겔 1:24에서 하나님의 군대와 같은 스랍의 "날개 소리"). "큰 우렛소리"도 하나님의 소리를 나타낼 수 있는데(욥 37:5; 시 29:3), 아마도 시내 산의 계시 혹은 심판을 암시할 것이다(참조. 계 4:5; 8:5; 11:19; 아울러 출 19:16; 사 29:6). 그러나 이곳에서 이것은 셀 수 없는 무리들의 소리를 나타내고 있는 것이 분명하다(계 19:6). "거문고 타는 자들이 그 거문고를 타는 것"과 같은 소리는 예배자들의 하늘 찬양을 묘사하고 있는데(계 5:8; 15:2), 이들은 하나님께 찬양을 드리는 구별된 자들이다(예를 들면, 대상 25:1-6; 시 81:2).[5]

144,000이 땅과 인간들 중에서 동일한 헬라어의 형태로(*agorazo*, 아고라조) "속량함을 받고"(계 14:3, redeemed) 또한 "속량함을 받았다"(계 14:4, purchased)는 것이 우리들에게 상기시키는 것은 그들 모두가 신자들이라는 것이다(계 5:9). 어린 양은 몇 구절 앞에서 그들이 매매를 할 수 도 없었던 사실(계 13:17)을 보상해 주는 것 이상으로 그들을 사신 것이다. 그들이 "어린 양을 따르는" 자들이라는 것(계 14:4)은 그들의 위치가 모두 신자들임을 입증한다(계 7:17). 현재의 삶에서 그들은 성령의 인도함을 받는 사람들이다(요 16:13; 롬 8:14). 요한의 청중들은 또한 어린 양을 따르는 것이 그의 희생적인 죽음을 따르는 것을 의미할 수도 있다는 것을 이해했을 것이다(요 13:36-37; 21:19-22; 계 6:9). "처음 익은 열매"(계 14:4)도

룩 2서 39:3-8; 67:7-8; 시빌의 신탁 3.158-61). 바벨론은 하나님의 성전을 파괴한 것으로 인하여 멸망을 당하게 될 것이다(시빌의 신탁 3.302-3).

5. Greshom G. Scholem, *Jewish Gnosticism, Merkabah Mysticism, and Talmudic Tradition* (New York: Jewish Theological Seminary of America, 1965), 23은 유대교 신비주의에 있는 헤칼로트(Hekhaloth) 찬송과 흥미있게 비교하고 있지만, 그러나 대부분은 구약성경에 나오는 공통적인 자료에서 기원한 특징들을 공유하고 있다.

역시 제사를 드릴 때 사용하는 표현인데, 왜냐하면 이스라엘은 그들 수확물의 첫 열매를 여호와께 드렸기 때문이다(출 23:19; 34:26; 레 2:12; 23:10; 민 28:26; 느 10:35). 그리스의 상업 문서들은 사람들이 어떤 신에게 드려질 때 그 사람을 특히 "첫 열매"로 말하였다(예를 들면, 신전의 종들로서). 그런데 이 영적인 전사들은 어린 양에게 드려진다.[6]

왜 144,000은 "새 노래"를 부르는가? 그들은 아마도 하나님의 종말의 군사로서 묘사되고 있으며(계 7:4-8에 대한 설명을 보라) 그리고 그들은 세상을 방금 이긴 자들이기 때문일 것이다(계 15:2-4를 보라. 이 단락에서 새 노래가 보다 자세하게 나와 있다). 거룩한 전쟁이 끝나면 승리한 자들이 축하하는 것은 하나의 관습이었다(대하 20:27-28; 마카비 1서 13:51; 1QM 19.1-3).[7] 그러나 마치 하나님께서 이스라엘 백성들의 대적들을 홍해에 던지셨을 때 그들이 하나님을 찬양했던 것처럼(출 15:1-21; 참조. 계 15:2-4에 대한 설명을 보라), 이곳에서도 성도들은 어린 양의 승리를 인하여 하나님을 찬양한다(계 5:6-14; 7:9-12에서처럼). 마치 새 이름을 받은 신자들 외에는 그 이름을 알 사람이 없듯이(계 2:17; 3:12), 이 새 노래도 아무도 공유할 수 없는 그들만의 독특한 경험이다(계 14:3).

왜 144,000이 독신자들인가? 이 단락은 7:4-8에서처럼 그들의 유대성을 강조하지 않는다. 오히려 그들은 자신들이 여자들을 멀리한 사람들임을 강조한다.[8] 이것은 요한계시록이 하나님의 종말의 군대를 묘사하는 것의 한 부분일 수도 있다. 왜냐하면 고대 이스라엘 군대에서는 통상적으로 남자들만이 거룩한 전쟁에 참여할 수 있었으며, 또한 그들은 여자들을 가까이 하지 않도록 분명하게 요구되었다(신 23:10; 삼상 21:5; 삼하 11:11).[9] 성경의 예언자들이 종종 이스라엘을 신실하지 않는 음부나 혹은 하나님에 대한 순결한 처녀나 신부로 묘사한 것처럼, 마찬가지

---

6. Aune, *Revelation*, 2:814-17을 보라. 아마도 144,000은 모두 제사장들이며(계 1:6), 그리하여 한 때 레위지파에 한정되었던 역할과 구체적인 대조가 의도되어 있다(계 7:7).

7. Bauckham, *Climax of Prophecy*, 230은 "새 노래"가 시 98:1-3; 144:9; 사 42:10-13; 유딧 16:2-3 등에서 거룩한 전쟁에 적용된다는 것을 언급하고 있다(Aune, *Revelation*, 2:808은 "새 노래"가 시 144:9에서만 군사적이며 그리고 하늘 노래들의 그레코-로마적인 모티프를 선호한다고 생각한다).

8. 비록 드물긴 하지만, "동정남"(童貞男, male virgin)의 이미지가 나타난다(고전 7:25; 요셉과 아세낫 4:7/9; 8:1; 참조. 쿰란 두루마리에서 독신 남자들). 그러나 우리는 이곳에 나오는 이미지가 상징적이지 일생의 독신주의를 언급하는 것이 아니라는 것을 주장한다. 고대의 독신주의에 대해서는 Aune, *Revelation*, 2:818-22; C. S. Keener, ···*And Marries Another* (Peabody, Mass.: Hendrickson, 1991), 68-78을 보라.

9. 어떤 유대인들은 여자들이 하나님의 종말론적 군대의 진영에 있는 것이 허락되지 않을 것이라고 생각하였다(1QM 7:3-6).

로 요한계시록도 회개하지 아니하는 인간을 음녀로(계 17:1-5) 그리고 그리스도에게 신실한 사람들을 그의 순결한 아내로 묘사한다(계 19:7; 21:2, 9). 이 144,000은 음녀 바벨론과 더불어 부정을 저지르는 것을 거절하였다(계 18:3 참조).[10] 그리하여 상징적인 표현은 강력한 주장을 하고 있는 것이다. 즉 만일 그리스도인들이 어린 양의 거룩한 전쟁을 위해 준비하고 또한 참여하고자 한다면 그들은 그리스도께 순결해야 하며 또한 신실해야 한다는 것이다. 세상과는 달리(계 13:17), 신자들은 잡다한 관심사에 탐닉해서는 안 된다.[11]

"그 입에 거짓말이 없고"(계 14:5)는 아마도 이스라엘의 남은 자는 거짓을 말하지 아니한다(습 3:13)는 약속을 상기시키는 듯하다.[12] 이 그림은 하나님의 신실한 자들과 그리고 신자들을 비방하며(계 3:9), 거짓된 신적인 통치자를 경배하며(계 13:4), 예수님의 독특한 역할을 부정하는 적그리스도의 영을 받아 거짓말을 받아들이며(요일 2:22), 또한 그들의 운명은 멸망을 받을(계 21:8) 세상의 거짓말 하는 자들을 대조를 하고 있다. 세상은 거짓 선전을 유포시키는 반면(계 13:5-6, 11, 15), 하나님의 성도들은 복음의 진리를 말하며 또한 그 대가와는 관계없이 우상들을 폐기하는 자들이다(계 6:9-11; 11:13; 12:11). 이것이 그들에게 순결한 것이 무엇을 의미하는지의 일부이다(계 14:4). "흠이 없는 자들이더라"(계 14:5)는 제사장들처럼 모든 흠이 없어야 하는 거룩한 전사들의 이미지를 반영할 수도 있다(1QM 7.4). 아니면 그것은 14:4에서 상징된 순결에 대한 보다 문자적인 설명을 연장시킨 것일 수도 있다.[13]

---

10. Michaels, *Interpreting Revelation*, 138은 여자들과 더불어 "더럽힌다"는 것은 결혼(결혼이 19:7; 21:2에서는 호의적으로 나타난다)을 포함하는 것이 아니라고(주장한다(옳은 주장으로 보인다).

11. Caird, *Commentary on Revelation*, 179; Bauckham, *Climax of Prophecy*, 231; Talbert, *Apocalypse*, 60-61; Meeks, *Moral World*, 146. 대안적인 견해는 에녹 1서에 나오는 타락한 천사와 대조를 이룬다(Daniel C. Olson, " 'Those Who Have Not Defiled Themselves With Women' : Revelation 14:4 and the Book of Enoch," *CBQ* 59 [July 1997]: 492-510).

12. Fekkes, *Isaiah*, 191을 보라. 후대 랍비들은 그들이 심지어 로마에 있는 개들도 속이는 법을 알고 있었다(Gen. *Rab.* 22:6)고 주장하는 거짓말로 로마와 너무 많이 연관을 시켰다(계 14:8 참조).

13. '아모모스'(*amomos*)라는 단어는 대개 초기 기독교 문헌에서 도덕적 순결을 가리킨다(엡 1:4; 5:27; 빌 2:15; 골 1:22; 유 24). Bauckham, *Climax of Prophecy*, 232는 거룩한 전사들 혹은 흠이 없는 제사 등 둘 중 하나를 선택하고 있다(출 29:38; 레 1:3; 히 9:14; 벧전 1:19; 참조. 14:4의 "처음 익은 열매"에 나오는 다른 제사적 이미지).

네 개의 하늘 선언들(14:6-13)

요한은 그가 본 "다른 천사"(계 7:2; 8:3; 10:1)에 대해 종종 설명을 하고 있지만, 그러나 14:6은 11:15에서 일곱째 나팔이 울린 이후로 천사에 대한 그의 첫째 환상을 보도하고 있다. 11:15과 14:6에 나오는 하늘의 선포들은 성도들과 짐승들에 대한 삽입적 단락을 구성하고 있는데(계 12:1-14:5), 여기서는 성도들의 고난(계 12:17; 13:7)과 승리(계 14:1-5)를 강조한다. 14:7-11에서 심판에 대한 세 가지 선포가 나온다. 즉 일반적인 선언(계 14:7), 바벨론에 대한 선언(계 14:8), 그리고 짐승을 경배하는 자들에 대한 선언(계 14:9-11) 등이다. 이러한 선언들은 성도들을 변호하실 것을 확인하고 있으며(계 14:12) 그 다음에 의로운 순교자들에 대한 평안의 선언이 뒤따르고 있다(계 14:13).[14]

"영원한 복음"은 천사들에 의해 모든 백성들에게 선포되고 있는데(계 14:6), 이는 아마도 종말이 오기 전에 천사가 문자적으로 구원하는 복음을 모든 민족들에게 전하는 것을 의미하는 것이 아니다(마 24:14; 계 6:9-11). 왜냐하면 요한계시록에서 천사들은 종종 지상의 실재들과 대응하기 때문에(계 12:5-7), 천사가 날아가는 것은 순교를 통하여 복음이 확산되는 것에 대응하는 것일 수도 있다.[15] 하지만 아마도 "복음"의 또 다른 의미가 이곳에 있을 지도 모른다. 예언 전통에서, "복음"은 하나님께서 그의 백성들을 회복시키시는 것을 선언하는 것뿐만 아니라(사 40:9; 41:27; 52:7; 61:1) 그들의 대적들에 대해 심판을 선언하는 것이기도 하다(나 1:15). 문맥으로 볼 때 이 천사는 임박한 심판을 선언하고 있다(계 14:7).[16]

분명히 이 천사는 세상으로 하여금 하나님을 두려워하고 또한 그분을 영화롭게 하도록 요구하고 있다—이는 만국에 대한 미래적 소망을 암시하기 위한 찬송의 표시이며(계 19:5) 또한 회개의 요청이기도 하다(계 11:13; 16:9). 그러나 이 문맥에서 묵시를 연상시키는 이미지와 다른 선언들을 고려하면(계 14:8-13), 천사의 선언

---

14. Fekkes, *Isaiah*, 286-87은 14-19장에 나오는 신탁을 열방에 대한 구약성경 예언자들의 신탁과 비교하고 있다. 열방의 운명에 대한 초기 유대교의 신탁의 실례에 대해서는 시빌의 신탁 4.88-101을 보라.

15. Caird, *Commentary on Revelation*, 182.

16. Talbert, *Apocalypse*, 64; "시간"의 의미에 대해서는 Rissi, *Time and History*, 5를 참조하라. 아울러 Bauckham, *Climax of Prophecy*, 286-89는 시 96:2에 대한 암시를 발견하고 있지만, 칠십인 역은 그 암시를 분명하게 하기보다 오히려 애매하게 만들고 있다. 비슷한 표현이 대상 16:8-36에 나오지만(Willem Altink, "1 Chronicles 16:8-36 As Literary Source foe Revelation 14:6-7," *AUSS* 22 [1984]: 187-96), 그러나 그것은 흔하게 나오는 성경의 찬송 표현이다.

은 아마도 종말에 회개하지 않는 세상이 들어야 할 소리를 마음에 그리고 있다기보다는 오히려 요한계시록의 청중들을 위해 의도하고 있는 것으로 보인다.

바벨론에 대한 묘사에서 이중적으로 "무너졌도다"라고 말하는 것(계 14:8; 18:2)은 강조적인 것으로 이는 이사야 21:9에서 우상을 섬기는 바벨론이 "함락되었도다"라고 예언한 것을 암시하고 있으며, 이는 아마도 요한계시록 11:13과 16:19에서 성취된 것으로 간주된다.[17] 로마 사람들은 "바벨론"을 그들의 대적인 파르티아(옛 바벨론에게 지배를 받았다)에게 시적으로 적용시켰다. 그러나 이 본문이 특별히 로마를 암시하고 있다는 것은 의심의 여지가 없다.[18] 초기 그리스도인들이 그랬던 것처럼, 초기 유대인들도 종종 바벨론을 로마에 대한 하나의 암호로 사용하였다(벧전 5:13).[19] 이러한 암시들은 어떤 의미를 지니고 있다. 이스라엘이 한때는 악한 제국 바벨론 치하에서 유배를 경험한 것처럼, 이제 그들은 새로운 악한 제국 로마의 포로를 경험하고 있다. 바벨론과 로마 모두 성전을 파괴하였다. 신적인 변호의 성경적 관점에 뿌리를 두고 있는 유대의 여러 예언자들도 역시 로마의 멸망이 임박한 것으로 기대하였다.[20]

바벨론은 모든 나라들에게 "음행으로 말미암아 진노의 포도주"를 마시게 한 것으로 심판을 받는다(계 14:8). 이 구절과 18:3에 나오는 "진노"(*thymos*)는 열정을 가리킬 수도 있지만(그리하여 바벨론의 "정욕적인" 음행), 그러나 요한계시록에서는 대개 이 단어가 진노를 가리키고 있으며(계 15:1, 7; 16:1에서 하나님의 진노; 계 12:12에서 마귀의 분노), 또한 인접한 문맥에서처럼(계 14:10, 19) 특별히 이것이 포도주와 관련이 될 때도 포함한다(계 16:19; 19:15). 따라서 이 구절은 바벨론 자신의 "정욕적인" 포도주 잔과 바벨론에 대한 하나님의 진노의 강렬한 포도주를

17. 랍비들은 사 21:9를 역사적 바벨론에 적용하였으나 동시에 로마를 그들 당시의 "에돔"으로 정죄하였다(예를 들면, *Gen. Rab.* 44:17). 에돔은 로마에 대한 또 하나의 별명이었다(에스라 4서 6:9; *p. A.Z.* 1:2, §4; *Taan.* 4:5, §10; *Pes. Rab Kab.* 23:2). 로마와 바벨론에 대한 몇몇 성경적 신탁 사이의 병행에 대해서는 Kraybill, *Imperial Cult and Commerce*, 149-50을 보라.

18. "바벨론"을 파르티아로 보는 것에 대해서는 Lucan, *C.W.* 1.10을 보라. 많은 유대인들이 문자적인 바빌로니아에 살고 있었으며(그러나 Josephus, *Ant.* 18.371-79를 참조하라), 이는 초기 유대교 문헌에서도 나온다(시빌의 신탁 5.434-46). 몇몇 현대의 교사들은 종말에 바벨론이 유브라데 강가에 재건될 것으로 기대하고 있다(Charles H. Dyer, "The Identity of Babylon in Revelation 17-18. Part 2," *BibSac* 144 [1987]: 433-39).

19. 시빌의 신탁 5.143, 159-61; 에스라 4서 3:1-2, 28; 바룩 2서 11:1-2; 67:7; 합 1:6에 대한 4QHab를 참조하라.

20. 시빌의 신탁 3.52를 보라. 바벨론의 정체성과 "음행들"에 대한 보다 상세한 설명에 대해서는 계 17:2, 9-11; 18:3, 12-13을 보라.

대조하든지, 아니면 단순히 하나님의 포도주 잔을 바벨론의 음행에 대한 진노로 소개하는 것일 수도 있다. 왜냐하면 바벨론은 모든 나라들에 대해 그러한 부도덕을 행했기 때문이다. 바벨론은 다른 나라들에게 섞었던 것과 동일한 잔을 갑절이나 마시고 있기 때문에(계 18:6), 후자의 해석이 보다 적절한 것 같다. 마지막 모든 재앙들이 하나님의 진노의 포도주 대접으로부터 부어지고 있다(계 15:7; 16:1). 그럼에도 불구하고 바벨론은 마침내 무르익어 마지막에는 그가 저지른 죄악들의 결과들을 맹렬하게 받을 수밖에 없게 되며(계 16:19), 이 때 하나님의 포도주 틀이 넘쳐나게 된다(계 14:18-20).

짐승의 표를 받는 짐승 경배자들이 심판에 직면하게 될 것이다(계 14:9-10). 우상숭배는 매우 정교하고 강력한 것인데 비해 유일신론자들은 경멸을 당하는 소수인 이 세상에서 우상숭배는 어떤 일시적인 유익이 있을지는 모르지만(계 13:17), 그러나 이들에게는 오직 영원한 죽음만이 약속되어 있다. 그러나 그 표를 받는 것은 사람으로 하여금 회개를 할 수 없게 만드는 하나의 상징적인 행위이다. 세상(계 9:20-21; 16:9-11)과 심지어 거짓 선지자들까지도(계 2:16, 21-22) 회개하도록 요청을 받으며, 그리고 증인들을 조롱했던 사람들 중 많은 사람들이 회개할 것이다(계 11:13).[21] "불타는 유황"은 불의 호수에서 영원히 불에 타는 사람들의 고통을 가리키지만(계 19:20; 20:10; 21:8), 또한 영적인 "소돔"에 거주하는 사람들을 위한 적절한 심판을 의미하기도 한다(계 11:8; 창 19:24; 신 29:23; 눅 17:29).[22]

고대 사람들은 그들이 취하고 싶을 때는 예외로 하고, 대개 그들은 물과 포도주를 2대 1의 비율로 섞어서 포도주를 묽게 하였다.[23] 그러나 하나님은 그의 진노의 포도주를 "섞인 것이 없이" 부으실 것이다(계 14:10). "잔"은 일시적으로 하나님의 백성에 대해(사 51:17, 22; 겔 23:31-33) 그리고 악한 열방들(시 75:8; 렘 25:15-17, 28; 49:12; 애 4:21; 합 2:16; 슥 12:2) 이 모두에 대해 하나님의 진노를 가리키는 전형적인 상징이다.[24] 여기서 우선적으로 암시하는 것은 예레미야 51:7인데,

21. Caird, *Commentary on Revelation*, 185-86.

22. 고대 사람들은 유황이 종종 화산이 폭발할 때 땅 속에서부터 분출되는 것으로 알고 있었다. 그들은 또한 유황이 무서운 무기로 알고 있었다. 왜냐하면 포위를 당한 성 안의 시민들이 아래에서부터 공격해오는 자들에게 끓는 유황을 부을 수 있었기 때문이다. 또한 유황은 "신체에 달라붙기 때문에 끔찍한 효과가 있는 것으로" 드러났다(Aune, *Revelation*, 2:835).

23. Apollonius Rhodius, 1.473; Plutarch, *Bride* 20, *Mor.* 140F; T.T. 1.4.3; *Mor.* 621CD; *Sifra Sh.* par. 1.100.1.3 등을 보라.

24. 초기 유대교의 암시들에 대해, 이스라엘에 대해서는 1QpHab 11.14-15; 4QpNah 4.5-6; 솔로몬의 시편 8:14; 열방들에 대해서는 *Gen. Rab.* 16:4를 보라.

이곳에서 바벨론은 여호와의 손에 잡혀 있는 잔이었으며, 또한 온 세계를 자신의 포도주로 취하게 만들었다. 그 문맥은 바벨론이 멸망할 것에 대한 하나님의 경고이며(렘 51:8) 또한 하나님은 바벨론에서 도망하여 나와서 그의 말씀을 마음에 두고자 하는 자들에게, 바벨론의 심판에 참여하지 않도록 알려주신다(렘 51:6, 9; 그리고 계 18:4를 보라).

고난을 당하는 사람들은 그들이 경멸했던 어린 양과 거룩한 천사들을 바라볼 수 있을 것이며(계 14:10), 그들이 한 때 무시했던 현실을 이제는 피할 수 없게 된다(에녹 1서 108:15; 에스라 4서 7:37). 일부 유대교 저자들은 성도들이 저주받은 자들의 고통을 바라보는 것을 묘사하였지만(에녹 1서 27:3; 48:9; 108:14), 그러나 그러한 구경거리가 이곳에서는 나오지 않는다. 여기서 강조하고 있는 것은 "심판의 피할 수 없음과 최종성이지, 심판을 증언하는 사람들에게 만족을 제공하는 것이 아니다."[25] 그 고난의 연기가 "세세토록" 올라간다는 것(계 14:11; 19:3; 참조. 사 34:10)은 멸절보다는 영원한 고통을 의미하는 것이어야 한다. 이와 동일한 문구가 하나님과 그리스도의 영원성에 대해(계 1:18; 4:10; 10:6; 11:15; 15:7), 성도들을 다스리는데 대해(계 22:5), 그리고 짐승의 영원한 고통에 대해(계 20:10) 적용되고 있다.[26] 하늘 성전에서 천사적 경배자들이 밤낮으로 하나님을 섬기기 위해 결코 쉬지 않는 반면(계 4:8), 저주받은 자들은 고난 받는 것을 결코 쉬지 않는다(계 14:11). 이러한 문맥에 훨씬 더 직접적으로 관련이 있는 것으로, 저주받는 자들은 "쉼을 얻지 못하지만"(계 14:11), 그러나 의로운 순교자들은 안식에 들어간다(계 14:13).[27]

저주받은 자들의 고난에 대한 광경이 성도들에게 허락되어 있지 않은 것이 분명한 반면, 그들이 받는 고난으로 인하여 성도들은 인내하도록 격려를 받는다(계 14:12). 성도들은 이 심판이 그들에 대한 보복이기 때문에 격려를 받든지(에녹 1서 104:3-4), 아니면 보다 많은 사람들이 짐승을 경배하여 영원한 고통의 고뇌에 이르지 않도록 하기 위해 그들이 순교자-증인들의 역할을 감당하도록 권면을 받아야 한다.[28]

---

25. Beasley-Murray, *Revelation*, 226; 아울러 Caird, *Commentary on Revelation*, 187. 저주받은 사람들을 볼 수 있다는 것은 전승의 다른 요소들에도 나타난다(예를 들면, *Koh. Rab.* 7:14, §3).
26. Talbert, *Apocalypse*, 66; Beale, *Revelation*, 761-62. 우리는 사 34:10이 멸절을 상징한다고 주장할 수는 있으나, 요한 당시의 사람들은 아마도 이 구절을 사 66:24에 비추어 해석했을 것이다(막 9:48의 해석을 참조하라).
27. 종말의 심판에서 악한 자들은 "안식"이나 평강이 없을 것이다(에녹 1서 99:13-14).

마지막으로, 하늘의 음성은 예수님의 순교-증인들에게 평안을 약속한다. 그리하여 성령은 예언적 확신으로 이것을 확인시키고 있다(계 14:13).[29] 유대교 문헌들은 종종 의인들이 그들의 고난으로부터 안식하는 것에 대해 말하고 있다(살후 1:7 참조). 어떤 문헌들은 이곳에서처럼 고난으로부터 종말의 안식을 선언하는 하늘의 소리를 약속한다(에녹 1서 96:3). 다른 문헌들도 의인들이 순교를 당할 때 의인들을 위해 평안과 안식이 있다는 것을 약속한다(솔로몬의 지혜 3:3; 4:7). 가장 중요한 것은 우리의 전통적인 "평안 가운데 안식"("Rest in Peace," R.I.P.)이라는 문구 배후에 있는 표준적인 유대교 전통이다. 유대교 문헌들은 대개 죽음 이후에 의인들이 대해 안식을 약속한다.[30] "지금 이후로"는 "십자가의 때 이후로" 혹은 "틀림없이"로 보다 더 잘 해석될 수도 있다.[31] 모든 사람들은 "행한 일"에 따라 심판을 받지만(계 2:23; 20:12-13; 22:12; 참조. 에녹 1서 41:1), 의인들은 그들의 행한 일로 인하여 만족할 수 있다(계 14:13). 핵심 문구는 이 죽은 자들이 "주 안에서" 있다는 것이다(계 14:13; 참조. 살전 4:16).

추수가 이르렀다(14:14-20)

요한계시록 14:14-20에서는 하늘의 선언으로부터(계 14:6-13) 상징적인 행동의 환상들로 사건이 옮겨가고 있다. 주석학자들은 14:14에서 "인자와 같은 이"라는 인물이, 이 표현이 암시하고 있는 것처럼(계 1:13; 단 7:13), 예수님을 나타내는

---

28. 헬라어 구문에 대해서는 Caird, *Commentary on Revelation*, 188을 보라.

29. 하늘에서 나는 소리는 종종 유대교 문헌들에서 신적인 의사소통의 형태로, 때로는 예언적 영의 대용으로 나타나기도 한다(Craig S. Keener, *The Spirit in the Gospels and Acts* [Peabody, Mass.: Hendrickson, 1997], 55). 그 영은 종종 초기 유대교에서 예언과 관련되어 잇다(ibid., 10-13). 요한계시록에서는 10:4, 8; 11:12; 12:10; 18:4를 보라. 그 소리는 반드시 늘 그런 것은 아니지만(계 14:2; 19:1), 예수님을 가리킬 수도 있다(계 1:10; 4:1). 어떤 사람들은 14:13이 독립적인 신탁이라고 생각한다(Aune, *Prophecy in Early Christianity*, 283). 성령의 "아멘"에 대해서는 Bruce, "The Spirit in the Apocalypse," 342를 보라. 이것은 요한계시록에서 일곱 축복선언들 중의 하나이다(Bauckham, *Climax of Prophecy*, 29에 나오는 토론을 보라).

30. 무덤의 비문들에 대해서는 Harry J. Leon, *The Jews of Ancient Rome* (Philadelphia: Jewish Publication Society of America, 1960), 123; *CIJ* 1:198-99, §283; 1:230, §292; 1:233, §296 and passim (나는 *CIJ*에서만 족히 50개 이상을 찾았다). 그레코-로마의 위로 편지는 Stowers, *Letter Writing*, 145를 보라. 에녹 1서 103:3; Syriac Menander, *Sent.* 470-73; Gr. Ezra 1:12를 참조하라. 환난의 시대에 우리는 죽은 자들이 살아있는 자들보다 더 복되다는 것을 한탄할 지도 모른다(바룩 2서 11:6-7).

31. 전자에 대해서는 Rissi, *Time and History*, 29를 보라. 후자에 대해서는 Beasley-Murray, *Revelation*, 227이 *ap' arti*를 *aparti*로 읽고 있는 것을 보라.

지 아니면 단순히 인간으로 나타나는 어떤 천사를 나타내는지(계 4:7; 참조. 21:17)에 대해 논쟁을 벌이고 있다. 전자(다수의 견해)를 찬성하는 사람들은, 19:12-13에서 예수님의 옷은 사람의 피의 포도주 틀을 밟아서 짤 때 튀겨진 옷을 입으신 것처럼 보인다는 것이다. 후자의 견해에 대해서, 우리는 예수님이 천사의 명령과 관련하여 행동하시거나(계 14:15) 혹은 단순히 천사와 유사하다고(계 14:17) 생각할 수 없다는 것이다. 진실로 예수님은 구름을 타고 오시지만(계 1:7), 그러나 여기서 "면류관"이라는 말은 항상 다른 사람들에게 적용된다(계 2:10; 3:11; 4:4; 6:2; 9:7; 12:1). 하지만 구름은 예수님에게 "인자"라는 칭호를 제공하는 다니엘서의 이미지와 너무나도 잘 맞으며, 그리하여 아마도 이 칭호 배후에는 예수님이 있을 것이다.[32]

그러나 이 본문에서 중요한 주석학적 문제는 첫째 환상의 곡식 추수와 둘째 환상의 포도 수확을 동일시할 것인지(요한계시록의 전형적인 특징이 둘째 환상으로 첫째 환상을 해석하는 것이다), 아니면 이 두 환상을 다르게 해석할 것인지 하는 것이다. 의심할 것도 없이, 전체 단락은 여호와의 날에 열방을 심판하는 것에 대한 요엘의 예언으로부터 나온 이미지를 발전시키고 있다는 것이다. 하나님은 낫으로 익은 곡식을 거둘 것을 요구하시며 그리고 열방의 악함의 포도들이 그의 포도주 틀에서 밟히도록 요구하신다(욜 3:13; 참조. 바벨론에 대한 것은 렘 51:33; 애 1:15에서는 예루살렘에 대하여).[33] 두 추수 모두 요엘서에 나오는 심판의 이미지들과 병행하는 것처럼 보이는 반면, 어떤 주석학자들은 요한계시록이 심판에 대해서는 둘째 이미지만을 사용하고 있다고 주장한다(계 14:17-20). 이와는 대조적으로 곡식 추수는 초기 기독교 문헌에서 많이 사용되고 있다(막 4:20, 29). 아울러 14:4에 나오는 순교자들은 하나님의 곡식 추수에서 "처음 익은 열매," 즉 이들처럼 추수가 남아있다는 것을 예시하는 하나의 희생이었다는 것을 주목하라(레 23:9-14).[34]

다시 말해서 이 단락은 14:6-13에서 발견되는 의인들과 악인들의 운명을 계속 대조하고 있는 것으로 보인다. 하지만 우리는 요한이 병행하는 이미지들을 종종

---

32. Gregory M. Stevenson, "Conceptual Background to Golden Crown Imagery in the Apocalypse of John (4:4, 10; 14:14)," *JBL* 114 (1995): 257-72 (pp. 271-72)는 몇몇 유대교 문헌들에서 천사적 무리들의 지도자가 금으로 된 화관(花冠)을 쓰고 있었다고 언급하지만, 그러나 그것은 통치자-심판자로서 다니엘의 인자에 더 적합하다고 결론을 내린다. 예수님은 "추수하는 주인"으로 나타난다(마 9:38; 눅 10:2 참조).

33. 후대 랍비들은 로마의 멸망을 사 63장에 나오는 포도주 틀의 이미지로 묘사하였다(*Lev. Rab.* 13:5).

34. Bauckham, *Climax of Prophecy*, 290-94; 참조. Caird, *Commentary on Revelation*, 193. 두 추수 모두 심판을 가리키고 있다는 견해에 대해서는 Aune, *Revelation*, 2:801-3; Beale, *Revelation*, 765-79를 보라.

반복하고 있는 것에서부터 확신을 가지고 대답을 할 수 있는 것은 이러한 묵시적 이미지에서 "처음 익은 열매"인 144,000은 단순히 전체적인 추수를 예시하고 있으며, 또한 심지어는 의인들을 추수하는 이미지에서도 악인들이 심판을 받는다는 것이다(마 3:12; 13:40-42). 문제가 쉽게 해결되는 것은 아니지만, 그러나 보다 가능성이 있는 것은 대체로 두 환상 모두 요엘서처럼 심판을 포함하고 있는 것처럼 보인다는 것이다.

첫째 환상의 요점이 무엇이든 간에, 둘째 환상의 의미는 비교적 분명하다. 둘째 환상은 이제 포도송이를 거두어 하나님의 포도주 틀에서 짓밟혀 포도주로 나오는 것으로서 악한 자를 묘사하고 있으며, 이는 또한 그들에게 부어지는 하나님의 진노의 포도주 잔에 대응한다.[35] 포도주는 때때로 "포도즙"으로 불리어진다(창 49:11; 참조. 신 32:14). 그리고 유월절의 붉은 포도주가 마지막 만찬에서 예수님의 피에 대한 유용한 상징을 제공하고 있기 때문에, 여기서 포도주는 의도적으로 쓸모없게 된 육체를 짓밟아서 나오는 인간의 피라는 끔찍한 이미지를 생각나게 한다. 8일이나 9월경이 되면 일꾼들은 익은 포도송이를 바구니에 담아서 이들을 나무나 돌로 만든 긴 물통에 저장하였다. 거기서 일꾼들은 종종 피리 부는 사람의 리듬에 맞추어 그들의 발로 포도송이를 밟아서 즙으로 만들었다.[36] 하나님은 그가 나가셔서 악한 자들의 피를 마치 포도주 틀의 포도주처럼 짓밟으셔서 그의 의복이 그들의 피로 더러워질 때까지 하실 것임을 이미 약속하셨다(사 63:1-6). 요한계시록에서 예수님은 이러한 하나님의 역할을 맡으신다(계 19:13, 15). 요한은 이미지들을 재활용하고 있는 것이다. 악한 자들은 하나님의 진노의 포도주를 마셔야 하는데(계 14:10), 결국 이것은 그들 자신의 피인 것이다(계 14:20; 16:6).

"불을 다스리는" 천사(계 14:18)는 자연의 다양한 요소들을 다스리는 유대교의 천사 개념을 암시할 수도 있다(계 16:5 참조).[37] 그러나 이 천사는 제단으로부터 나

---

35. Ford, *Revelation*, 250은 포도나무가 이스라엘이라고 생각한다(이 견해를 찬성하는 것으로는 특히 신 32:32에 나오는 소돔의 포도나무를 참조하라. 계 11:8 참조). Caird, *Commentary on Revelation*, 192는 이곳에서 순교자들을 비교하고 있다. 어쩌면 이 포도나무는 요 15:1-7에서 묘사된 하나님의 백성들과의 대조를 제공할 수도 있다. 초기 유대교 저자들은 포도주 틀을 밟는 이미지를 다양한 방식으로 적용하였으나, 그 중에 하나는 심판이다(Joshua Schwartz, "Treading the Grapes of Wrath: The Wine Press in Ancient Jewish and Christian Tradition," *Theologische Zeitschrift* 49 [1993]: 215-18을 보라).

36. Naphtali Lewis, *Life in Egypt Under Roman Rule* (Oxford: Claredon, 1983), 125.

37. 예를 들면, 희년서 2:2; 에녹 1서 20:2; 60:12-22; 66:1-2; 에녹 2서 5:1-2; 1QM 10.11-12; *b. Pes.* 118ab; 아마도 시 148:2-3. 불의 천사에 대해서는 Ps-Philo 38:3; 불의 이교적 신들에 대해서는, 예를 들면, Virgil, *Aen.* 12.90; Diogenes Laertius, 7.1.147을 보라.

오기 때문에, 제단의 불을 지키는 천사임이 거의 분명하다(계 8:5). 이러한 이미지는 하나님께서 다시금 그의 압제 당하는 성도들의 부르짖음에 응답하여 심판을 행하신다는 것을 암시한다(계 6:9-11; 8:3-5).

피는 "성 밖에서" 높이 흐르는데, 이는 바벨론에 대한 무서운 종말을 생생하게 묘사한다(계 14:20).[38] 피가 끔찍하게 흐르는 것에 대한 이미지는 그것이 역사적이든 아니면 가상적이든 간에 전쟁에 대한 고대의 묘사에서 표준적인 것이 되었다.[39] 다른 이들은 사람들이 전쟁에서 죽임을 당할 때 피가 강같이 흐르는 것에 대해 한탄하였다.[40] 어떤 이들은 나무들이 이슬로 흠뻑 젖어 있었으며 또한 죽은 인간들이 갑자기 나타나서 이때 물릴 정도로 먹은 새들이 먹이를 나르느라 점점 지쳐있을 때 시체가 가득한 들판에서 먹이를 먹는 새들에게 너무나도 많은 핏자국이 묻어 있는 것에 대해 말하기도 하였다.[41]

상징을 자유롭게 사용하는 묵시문학들은 당연히 그러한 묘사들을 자유롭게 확대시켰다. 그리하여 피가 시내를 이루어 흘러가는 동안(에녹 1서 100:1), 말들은 죄인들의 피가 그들의 가슴까지 올라올 때까지 걸어갔으며 전차들은 잠겨버렸다(에녹 1서 100:3; 에스라 4서 15:35). 또 다른 자료는 시체들이 높은 산의 깊은 계속을 가득 채울 것이며 피가 평지를 휩쓸 것이라고 경고한다(시빌의 신탁 3.682-84).[42] 후대 랍비들은 A.D. 135년 로마군이 베타르에서 그들 백성들을 살육한 사건을 확대하여, 말들이 피에 빠지고 또한 피가 거대한 호박돌처럼 굴러서 바다 쪽으로 40마일이나 흘러갔다고 묘사하였다. 그 피는 키프로스까지 먼 바다를 가득 채웠다.[43] 때로는 보다 극단적인 묘사들이 무서운 유혈을 묘사하는 단순한 비유적 방

---

38. 욜 3:12-14를 보라. 이 단락은 포도 수확과 추수 이미지를 제공하고 있는데, 심판을 여호사밧 골짜기에 두고 있으며(욜 3:2, 12), 아울러 전승은 예루살렘 밖에 심판을 두기도 한다(슥 14:1-4를 참조하라; Mounce, *Revelation*, 282). 그러나 바벨론은 14:8에서 고려하고 있다.

39. 예를 들면, Homer, *Il.* 4.451; 17.360-61; 20.494; *Od.* 11.420; Apollonius Rhodius, 3.1391-92; Virgil, *Aen.* 11.382; Ovid, *Metam.* 12.110; Livy, 25.12.6; Lucan, *C.W.* 7.728-29; Herodian, 3.4.5; 4.9.8. 로마 사람들은 이유가 밝혀지지 않는 피의 강을 위험한 전조(前兆)로 생각하였다(Livy, 26.23.5; 27.37.3).

40. Homer, *Il.*, 21.21; Virgil, *Aen.* 11.393-94; 12.35-36; Ovid, *Metam.* 12.71, 111; Lucan, *C.W.* 2.214-20; Longinus, *Sublime* 38.3(Thucydides, 7.84를 인용하면서); 시빌의 신탁 4.61; 5.200-204. 많지 않은 기사에서(Lucan의 것처럼), 전해지는 바에 의하면 피의 대부분이 바다로 흘러나가기까지 피가 배들을 가로막았다고 한다.

41. Lucan, *C.W.* 7.831-40. 다른 문헌들은 사람들이 핏덩이에 미끄러지거나 혹은 시체 더미 위로 넘어지는 것에 대해 말하고 있다(Ovid, *Metam.* 12.113-14; Polybius, 15.14; Dionysius of Halicarnassus, 9.21.21; 14.114.5). 루칸(Lucan)은 시체가 성벽만큼 높이 쌓였다고 특이하게 주장한다(*C.W.* 6.180).

42. 보다 자세한 내용은, 시빌의 신탁 3.453-54, 695-97(B.C. 2세기)을 보라. 묵시적 문헌들에서 그 이미지는 전형적으로 종말론적이다(Bauckham, *Climax of Prophecy*, 40-44를 보라).

식이 되기도 하였다(예를 들면, 겔 32:5-6; 유딧 6:4).

"천 육백 스다디온"(계 14:20)은 요한계시록에 나오는 다른 많은 숫자들과 마찬가지로 상징적인 의미를 지니고 있는 세련된 숫자이다. 1,000이 10의 3제곱인 것처럼, 144,000이 12의 제곱 곱하기 10의 3제곱인 것처럼(입방체는 새 예루살렘의 모습이다—계 21:16), 그리고 666이 제곱 숫자의 삼각수일 뿐만 아니라 이중적인 삼각수인 것처럼, 1,600은 잘 알려진 성경적 숫자인 40의 제곱이다.[44] 그러나 요한이 제곱 숫자로 만드는 동안, 그 숫자의 우선적인 의미는 그 이미지의 괴상함을 혼합시키는 것이다. 즉 하나님을 대항하기 위해 모인 어느 군대도—세상의 가치들에 헌신한 짐승 숭배자들 그 누구도—살아남지 못할 것이다. 몇몇 주석학자들은 또한 여기서 대조가 있다는 것을 주장한다. 즉 낙원의 강은 하나님의 보좌로부터(계 22:2) 상당한 높이까지(겔 47:4-5) 흐르는 반면, 악한 자들은 그들 자신의 피의 강물에 빠져 죽을 것이다(계 14:20).

상황잇기

바벨론들. 바벨론은 로마일 수도 있지만, 또한 그것은 "세상적" 체계를 가지고 있는 도시이기도 하다. 따라서 바벨론은 11:2, 8에 나오는 소돔과 애굽과 그리고 회개하지 않는 예루살렘을 포함한다. 우리가 알고 있는 세상은 16세기 이전에 로마의 멸망과 함께 끝난 것이 아니라, 그 세상은 요한의 청중들을 위한 것이다. 로마는 세상적 체계, 즉 전형적인 악의 제국을 구축하였다. 요한계시록은 아시아의 일곱 교회에 메시지를 전달하기 위해 그 당시의 상징들을 사용한다. 악한 제국들은 그들이 가지고 있는 권력을 남용하는 나라들이며, 그리하여 개인적인 죄의 악과 그리고 집합적 규모의 이기심을 확대시킨다.[45] 요한의 계시는 초기의 예언에서 문자적 바벨론에 대한 심판의 언어를 재활용하고 있다(렘 51:7). 그러나 만일 로마가 되살아난 바벨론이라면, 후대 제국들도 마찬가지로 되살아난 로마일 수도

43. 예를 들면, *b. Git.* 57a; *p. Suk.* 5:1, §7; *Taan.* 4:5, §10; *Lam. Rab.* 2:2, §4. 랍비들은 또한 이스라엘 여인들이 너무나도 많은 양을 월경하여 그 피가 바벨론 사람들의 전차들을 가득 채웠다고 말한다(예를 들면, *Pes. Rab Kah.* 17:6). 대부분의 고대 독자들은 과장하는 내용들이 전형적으로 가리키는 것의 실재가 무엇인지를 알고 있었다(Livy, 3.8.10).

44. Beasley-Murray, *Revelation*, 230은 40이 구약성경에서는 형벌의 숫자라고 주장한다(예를 들면, 민 14:33; 신 25:3). 그는 또한 어떤 사람들이 거룩한 땅의 경계선이 약 1,600에서 1,700 스타디아에 이른다고 생각하는 사람들의 증거를 언급하기도 했다(물론 그는 결국 그것을 받아들이지는 않았지만).

45. 불법의 성격에 대해서는, 특히 Gary Haugen, *Good News About Injustice* (Downers Grove, Ill.: InterVarsity, 1999), 119-41을 보라.

있다. 그러한 연관성은 지리적인 위치가 아니라 어떤 제국이 하나님의 종들을 억압하고 있다는 사실이다.

로마 제국의 영은 여전히 살아 있으며 또한 오늘날 세상 안에서도 당연히 살아 있다—둘 모두 많은 신들을 관용한다고 주장은 하지만 그러나 한 분 하나님과 그의 아들 예수 그리스도의 진리를 선포하는 사람들을 억압하는 제국이다. "사람들이 진실하시고 살아계신 하나님보다 어떤 다른 것을 섬기는 사람들은 그 도시가 어디에서든 그리고 모든 곳에서 어떻게 불리어지든 간에—그 도시는 또한 로마, 캘커타, 런던, 뉴욕이다—모두 하나다.[46] 그리하여 요한계시록에서는, 거룩한 성과 음녀 바벨론 모두 악한 예루살렘을 공유하고 있다(계 11:8). 새 예루살렘과 바벨론이 전쟁을 시작하는 곳이 어디에서든 간에 전쟁터는 지형학적 로마나 유대가 아니라, 아시아의 교회들이다—그리고 오늘날 세상과 교회들이다.[47]

구체적인 세부 사항들. 우리는 몇 가지 세부 사항들을 문자적으로 혹은 상징적으로 어떻게 적용할 것인지 결정해야 하고, 그 다음에 이러한 세부 사항들을 어떻게 적용할 것인지 결정해야 한다. 본문은 14:4에서(고전 7:8을 참조하라) 문자적으로 일생의 독신 생활을 칭찬하고 있는가, 아니면 우리가 주장한 것처럼 상징적으로 일시적인 절제의 이미지를 적용하고 있는가? 만일 우리가 이 본문을 세상과 인연을 끊는 것의 상징으로서 적용한다면, 사회의 몇몇 측면들이 실제로 "세상적"이라는 것을 누가 결정하는가? 전체 역사의 배경에서 볼 때 비교적 특색이 있는 우리 문화의 몇 가지 측면들은(가령 인권 존중과 같은 것) 기독교적 가르침들과 양립할 수 있으며 또한 어느 정도는 거기에서 유래된 것이기도 하다. 하지만 그리스도인들은 세상에서 중요한 것보다는(예를 들면, 자신을 위해 부와 지위를 획득하는 일) 오히려 하나님에게 가장 중요한 것(예를 들면, 세상을 복음화하며, 또한 하나님의 형상으로 지음을 받은 사람들을 돕는 일)을 가치하게 여기고 있다는 것이 하나의 기본적인 차이이다. 하나님을 위해 세상을 무시하는 영적인 독신주의자는 세상과 "함께" 잠자고 있을 수 없으며, 여전히 하나님의 승리적인 군대의 자격을 갖추고 있다.

하나님의 종들의 입에 "거짓말이 없다"(계 14:5)는 것도 역시 살펴 볼 것을 요구한다. 때때로 성경은 특별한 상황들에 제한되어야 한다는 조건으로 일반 원칙을

46. Bowman, *First Christian Drama*, 91 ; 참조. Tenney, *Revelation*, 82.
47. Paul S. Minear, *Images of the Church in the New Testament* (Philadelphia : Westminster, 1960), 95.

제시하는 경우가 있다. 일반적으로 거짓말하는 것은 나쁜 것이지만, 그러나 만일 속이는 것이 어떤 사람의 생명을 구하는 것이라면 어떻게 해야 하는가? 그런 경우에, 성경은 경건한 사람들이 경건한 목적을 위해 거짓말하는 것을 묘사하고 있으며(출 1:18-21; 구 2:4-6; 삼하 17:20; 렘 38:24-27) 또한 그런 것을 정죄하지 않는다. 때때로 성경은 신적인 명령으로 거짓말을 하기조차 한다(삼상 16:2-4; 참조. 왕하 8:10). 이러한 문맥에서 하나님의 사자들의 진실성(계 14:5)은 사탄의 사자들의 속임 및 신성모독(계 13:5-6, 11-15)과 뚜렷한 대조를 이루고 있다.

각 본문이 그 문맥 안에서의 수사학적 기능을 이해하는 것은 요한계시록의 생생한 이미지들을 올바르게 적용하는데 필수적이다. 어떤 사람들은 만일 우리가 저주받은 자들의 영원한 운명을 알고 있다면 우리가 어떻게 하늘에서 실제로 기뻐할 수 있겠는가? 라고 묻기도 한다(계 14:10-11). 그러나 이러한 선언을 기록하고 있는 목적은 그리스도인들을 압제하는 사람들에게 그들을 신원(伸寃)하는 날이 다가오고 있다는 것을 확인시키기 위한 것이다(계 14:12). 일반적으로 훨씬 낮은 수준의 압제에 직면하고 있는 우리들에 대해서, 그러한 이미지는 축하를 위한 근거로서의 인상을 우리에게 주지 않을 수도 있다. 본문의 정신을 충분히 파악하기 위해서, 우리는 세계 도처에서 압제를 당하고 있는 우리 형제자매들의 고난 속으로 들어갈 필요가 있다. 만일 성도들의 기도로 인하여(계 6:9-11; 8:3-5) 하나님께서 심판의 대행자로 제단 옆에 있는 한 천사를 선택하신다면(계 14:8), 이 본문은 심판이 종종 잘못된 일을 저질러 온 사람들에 대한 보복으로 임할 때도 있다는 것을 우리들에게 상기시킬 수도 있다.

하나님의 포도주 틀이라는 요한의 이미지(계 14:19-20)는 구약성경에서 온 것이긴 하지만, 요한은 그것을 부드럽게 만들지 않는다. 요한은 기독교 신앙에 관하여 부드러운 관심을 지닌 탐구자들을 쫓아내는 일을 두려워하지 않는다. 오히려 그는 주저하면서 기회주의적인 태도를 취하는 사람들을 깜짝 놀라게 하여 그리스도에게 철저하게 순종하도록 하는 것을 의도하고 있다. 선은 이미 그어졌다. 악한 자들은 멸망을 당할 것이며, 그리고 지혜로운 자들은 이제 그리스도를 위해 그들의 선택을 해야 한다. 이러한 이미지들은 박해 그리고 점차적으로 그들을 억누르는 사회로부터의 소외를 경험하고 있는 공동체에서는 보다 효과적으로 작용하지만, 우리가 우리 자신에 대해 생각하는 것처럼 공포의 이미지들을 보다 시민 사회로 설명하는 것에 우리가 걱정해야 하는가? 그 대답으로 요한계시록은 서머나와 빌라델비아처럼 박해 받는 교회만을 위해 기록되지 않았다는 것을 주목하라. 이 책은 또한 사데, 두아디라, 그리고 라오디게아처럼 타협하는 교회를 위해, 그리고 버가모처럼 이 두 가지 모두를 겪고 있는 교회를 위해 기록되었다. 우리 모두 우리가 하는 행동들은 한 쪽 측면 아니면 다른 측면에 공헌할 것이라는 단지 두 가지 측면이 있다는 것을 명심할 필요가 있다.

현대적 의미

승리에 이르는 길. 이 단락은 적용을 위한 수많은 원칙들을 제공하고 있다. 예를 들면, 요한계시록 14:1-5에서 본문은 짐승을 경배하는 자들과 어린 양을 경배하는 자들 사이의 대조를 강조하고 있으며, 또한 후자가 담대한 순교를 통하여 승리한다는 것을 강조한다. 어린 양을 "따라가는 것"은 우리들에 대해 대가를 요구한다. 순교자들의 영광스러운 운명(계 14:1-5)은 짐승의 표를 받아(계 13:16-18) 그리하여 저주를 받은 사람들의 운명(계 14:9-11)과 현저한 대조를 이루고 있다. 이것은 가치와 지위에 대한 현재 세상의 개념들을 피할 것을 우리들에게 경고하고 있다. 즉 우리가 지위의 상징들이나 혹은 사회에서 편안해질 수 있는 다른 수단들을 획득하는 일보다는 오히려 그 나라를 확장하기 위해 우리 자신들과 우리의 자원들을 희생해야 한다는 것이다. 그러한 과정 속에서 우리는 왜 그 나라의 가치들이 세상의 가치들과 차이가 있으며 또한 더 중요한 것인가에 대해 우리 이웃 사람들에게 실제로 증인이 될 수도 있는 것이다.

어린 양을 따라가는 것은 만일 우리가 인내하기만 한다면 새 예루살렘의 백성들인 우리들에게 영광스러운 미래를 약속한다. 새 예루살렘에서 영광스러운 미래가 있는(계 21:2-22:5) 시온(계 14:1)과 멸망이 임박한(계 18:2-19:3) 바벨론(계 14:8) 사이의 대조는 우리들에게 현재의 도성보다는 오히려 미래의 도성에 투자하도록 경고하고 있다(마 6:19-20 참조). 새 예루살렘은 지금은 오직 믿음으로써만 볼 수 있는 것이지만(히 11:10, 16; 13:14 참조), 하나님께서 우리 앞에서 기다렸던 세대의 믿음을 옹호하신 것과 마찬가지로 또한 그분은 그러한 믿음을 옹호하실 것이다.

거문고(계 14:2)는 하늘이 예배의 장소인 새 성전과 같은 곳이 될 것임을 우리들에게 상기시키고 있다(계 4:8-11; 5:9-14에 대한 설명을 보라). 세상이 하나님의 백성들에 대해 승리한 것처럼 보인다 할지라도(계 13:7, 15-17), 세상의 가치들과 타협을 하지 않음으로써 승리한 성도들은 승리에 대해 하나님을 찬양한다(계 14:3). 믿음으로 우리는 그 승리가 지금 있음을 축하할 수 있다. 왜냐하면 그 승리는 어린 양이 우리를 구속하셨던 과거의 승리에 근거를 두고 있기 때문이다(계 14:3; 15:2-4).

본문은 또한 우리들이 성적으로 그리고 영적으로 순결할 것을 요구하고 있다(계 14:4). 하나님의 군대로서 우리는 세상과 타협하거나 혹은 분리된 관심들을 품어서는 안 된다. 신자들의 영적인 순결은 음행으로 가득 찬 바벨론과 대조를 이루고 있다(계 14:8). 하나님은 우리가 생명의 근원이신 그분보다 다른 것들을 더 좋아할 때 의로운 화를 내신다. 우리는 오늘날 많은 그리스도인들의 분리된 관심사들에 대해 여기서 설명할 수 있지만, 그러나 우리는 이 주석책의 다른 곳에서 이러한 주제들에 대해 설명을 하였다(특히 버가모와 두아디라에 보내는 편지에서).

세상과 그 세상적 체제에 대한 심판. 요한계시록 14:6-20은 수많은 적용의 원리들을 안내하고 있으며, 또한 그들 대부분이 지금까지 이 책을 통하여 공부해 온 독자들에게는 이미 잘 알려져 있는 내용들이다. 6-13절은 성도들을 위한 신원의 확실성을 강조하고 있으며, 또한 압제자인 바벨론, 즉 세상적 체제에 대한 심판을 가장 생생하게 묘사하고 있다. 바벨론의 심판은 또한 요한계시록 전체에서 반복되고 있는 심판의 원리를 우리들에게 상기시킨다. 즉 바벨론은 다른 나라들을 짓밟았지만, 그러나 남에게 잘못한 만큼 자신에게 돌아오는 법이다.

뿐만 아니라 이 단락은 성도들을 압제하는 악한 체제와 타협하지 않도록 경고하는 영원한 관점으로 우리들을 안내한다. 표를 받음으로써 얻는 단기적인 유익이 영원한 저주를 받을만한 가치가 있는 것이 아니다. 고통을 당하는 악한 자들이 어린 양과 천사들을 본다는 것(계 14:10)은 모든 사람들이, 만일 지금이 아니라면 나중에라도, 결국에는 실재에 직면하게 될 것임을 우리들에게 경고하고 있다. 악한 자들은 안식이 없는 반면, 의인들은 영원한 안식을 누릴 것이다. 마지막 단락에서(계 14:14-20) 공포와 유혈의 이미지는 회개를 끌어내야 한다. 이 단락은 짐승을 경배하는 자들이 마지막 전투에서 살아남을 것이라는 그 어떤 희망도 보여주지 않는다.

영원한 고통이라는 개념(계 14:9-11; 참조. 20:10)은 우리들 대부분에게 너무나 당연하게 불쾌감을 일으키는 것이기 때문에 현대의 독자들은 그것을 교묘하게 회피하기 위한 수많은 방법들을 알아내었다. 어떤 사람들은 멸절(滅絶)을 가르치고 있다. 그러나 이것은 영원한 고통을 말하고 있는 수많은 본문들과 모순을 일으키는 것처럼 보이지만(마 3:12; 25:46; 막 9:43, 47-48; 눅 3:17), 그러나 이것은 본질적으로 적절한 대안은 아니다.[48] 이러한 견해가 이단적인 것은 아니며, 또한 사람들이 그리스도를 기꺼이 받아들이고자 하는 필요성을 감소시키는 것은 아니다. 하지만 그것이 올바른 견해는 아니다.

오늘날 많은 이들은 사람들에게 "겁을 주어" 그 나라에 들어가도록 하려는 것을 피하고 있다. 권위에 대한 반발이 일어나고 또한 여러 위협들에 대해 의심이 많은 문화에서는, 하나님의 사랑스러운 초청을 강조하는 것이 보다 전략적인 접근일 수도 있다. 그러나 요한은 사람들을 "겁주는 것"에 대해 어떠한 망설임도 가지고 있지 않았으며, 또한 우리가 진리를 말하고 또한 사람들을 설득할 수 있는 한(행 19:9; 24:25), 이러한 접근이 적절한 여러 경우들이 있다. 어떤 젊은 무신론자는 지옥의 교리를 무시하기에는 너무나 큰 개인적 관심사가 되었기 때문에 결정하는 것을 미루는 것보다는 오히려 그리스도께서 주장하시는 내용들을 즉시 숙고하기로 하였다. 24년이 지난 후 이전에 무신론자였던 그 사람은 헌신된 그리스도인으로 남아있었다. 그리고 바로 그 사람이 지금 이 주석을 쓰고 있다.

---

48. 복음주의적 관점에서 멸절주의자의 입장을 취하는 대표자들에 대해서는 "John's Stott's Response to Chapter 6," 306-31 in David L. Edwards and John Stott, *Evangelical Essentials: A Liberal-Evangelical Dialogue* (Downers Grove, Ill.: InterVarsity, 1988), 313-20; 그리고 대부분의 그리스도 재림론자 복음주의자들.

요한계시록 15:1-8

[1] 또 하늘에 크고 이상한 다른 이적을 보매 일곱 천사가 일곱 재앙을 가졌으니 곧 마지막 재앙이라 하나님의 진노가 이것으로 마치리로다
[2] 또 내가 보니 불이 섞인 유리 바다 같은 것이 있고 짐승과 그의 우상과 그의 이름의 수를 이기고 벗어난 자들이 유리 바다 가에 서서 하나님의 거문고를 가지고
[3] 하나님의 종 모세의 노래, 어린 양의 노래를 불러 이르되 주 하나님 곧 전능하신 이시여 하시는 일이 크고 놀라우시도다 만국의 왕이시여 주의 길이 의롭고 참되시도다
[4] 주여 누가 주의 이름을 두려워하지 아니하며 영화롭게 하지 아니하오리이까 오직 주만 거룩하시니이다 주의 의로우신 일이 나타났으매 만국이 와서 주께 경배하리이다 하더라
[5] 또 이 일 후에 내가 보니 하늘에 증거 장막의 성전이 열리며
[6] 일곱 재앙을 가진 일곱 천사가 성전으로부터 나와 맑고 빛난 세마포 옷을 입고 가슴에 금 띠를 띠고
[7] 네 생물 중의 하나가 영원토록 살아 계신 하나님의 진노를 가득히 담은 금 대접 일곱을 그 일곱 천사들에게 주니
[8] 하나님의 영광과 능력으로 말미암아 성전에 연기가 가득 차매 일곱 천사의 일곱 재앙이 마치기까지는 성전에 능히 들어갈 자가 없더라

원 의미

대접 재앙은 인 및 나팔 재앙과 마찬가지로 천사들에 의해 시행되고 있다. 그러나 요한은 그가 보고 있는 것이 심판에 대한 상징적인 묘사라는 것을 분명히 하고 있다. 여자와 용처럼, 대접을 부으려고 준비하는 천사의 이 장면은 하늘에 있는 하나의 "이적"이다(계 12:1, 3; 15:1).[1] 요한이 이 일곱 재앙들이 "마지막 재앙"이며, 이 재앙이 하나님의 진노를 마치는 것임을 선포했을 때, 그는 아마도 요한계시록이 모든 심판들을 문자적인 연대기적 연속으로 배열하고 있다는 것을 암시하는 것은 아니었을 것이다(그러나 이 책은 하나님의 목적들이 완성되는 것을 강조한다. 계 10:7; 11:7). 오히려 "마지막"은 이 대접들이 요한의 마지막 심판 시리즈를 시작하는 것을 암시한다. 이들은 요한의 내러티브에서 볼 때 마지막이다—

1. 묵시적 이적들에 대한 유사한 표현에 대해서는 에녹 1서 34:1을 보라.

역사의 연속보다는 환상들의 연속에 근거하여. 15:1, 8에서 이러한 재앙들의 완성은 15:1-8에 있는 전체 하늘 장면의 인클루지오(inclusio)를 형성하고 있으며, 그리하여 재앙에 대한 강조를 함으로써 이 단락을 구성하고 있다. 신적인 진노에 대해 "대접"이라는 단어를 사용한 것(*phiale*, 15:7; 16:1-17:1; 21:9)은 성도들의 기도가 담겨진 대접에 대해서도 사용되고 있는데(계 5:8), 이는 나팔 재앙에서처럼(계 8:3-5), 성도들의 간청과 세상의 심판을 통한 그들의 신원(伸冤) 사이에 어떤 연관성이 있다는 것을 암시한다.[2] 아마도 이 대접들은 5:8에 있는 대접과 마찬가지로 성도들의 기도를 나타내는 향을 담고 있을 것이다. 이곳에 나오는 이미지는 하나님의 진노의 포도주 잔의 마지막 심판에 이르는 심판의 잔을 암시하고 있다는 것도 역시 가능하다(계 14:10, 19-20). 이 단락에서 심판이 하나님 앞에서 시작하며 또한 승리한 순교자들의 노래(계 15:2-4)가 뒤따르고 있다는 것은 아마도 하나님께서 신실한 성도들의 예배에 응답하여 역사 속에서 자신의 행동을 펼치시기로 결정하셨음을 암시할 것이다.[3]

"짐승을 이긴" 자들(계 15:2)은 십자가를 통하여 이긴, 다시 말해서 순수하게 지상적 차원에서 압제적인 짐승의 계획들과 타협하는 것을 거부함으로써 그들을 패배시킨 성도들을 말한다(계 12:11; 13:7). 이는 14:1-5에서 하나님의 승리하는 군대로 이미 묘사된 자들과 동일한 집단이다. 이들은 순교를 통해서 승리하였다(계 7:4-8에 대한 설명을 보라). 이긴 자들이 있는 위치가 의미심장하다. "유리 바다"(계 15:2)는 하늘 성전을 생각나게 한다(계 4:6에 대한 설명을 보라). 그리고 "불이 섞인"은 아직까지 언급된 것은 아니지만, 아마도 이 성도들이 "불 못"을 이긴 성도들임을 암시할 것이다(계 19:20; 20:10, 14-15; 21:8).

15:2-4에 나오는 노래가 핵심을 찌르고 있다. 거문고를 타는 자는 14:2을 생각나게 하는 것이 분명하며, 그리고 이 단락은 14:3에 있는 144,000이 부른 "새 노래"를 상세하게 설명한다. 이 노래는 그들이 어떻게 승리했는가를 선언한다. 그들이 부르는 노래는 "모세의 노래, 어린 양의 노래"인데, 이는 모세가 이스라엘 백성들을 애굽에서 이끌어내며(계 11:8 참조) 또한 유월절 어린 양의 피로 하나님의 재앙

---

2. 성전의 대접들에 대해서는, 출 25:29; 37:16; 민 4:7; 7:84를 보라; 장막절 의식을 위해 제단에서 사용되는 물과 포도주를 담는 "대접"에 대해서는 *m. Suk.* 4:9; *tos. Suk.* 3:14를 참조하라. Ford, *Revelation*, 254는 '피알레'(*phiale*)가 술을 마시거나 혹은 따르는데 종종 사용되는 넓고도 평평한 대접"에 적용된다고 주장한다(Josephus, *Ant.* 3.143을 참조하라).

3. Talbert, *Apocalypse*, 69-70을 보라. "짐승을 이긴다"(문자적으로)는 것은 라틴어 문법을 반영하는 것일 수도 있다(David Aune, "A Latinism in Revelation 15:2," *JBL* 110 [1991]: 691-92).

들로부터 이스라엘 백성들을 구원해낸 출애굽 사건을 생각나게 한다.[4] 어떤 사람들은 이 노래와 신명기 31:30-32:43에 나오는 모세의 노래와 비교하기도 하는데, 실제로 신명기에 나오는 이 노래에서부터 후기 선지자들과 요한계시록에서 사용된 이미지들에서 기원했을 것이다(특히 신적인 보복, 소돔의 포도나무, 그리고 이들의 치명적인 포도주, 신 32:32-35).[5] 그러나 우선적으로 암시하는 것은 출애굽기 15:1-18에 나오는 출애굽의 노래인 것이 분명한데, 이 노래는 본문에 암시되어 있는 출애굽 주제들을 보다 많이 재현하고 있다.[6] 이 노래는 초기 유대교의 여러 집단들에서 많은 관심을 지속적으로 불러일으켰다.[7]

이스라엘은 모세의 인도로 이 노래를 불렀으며 그리고 미리암에 의해 응답 송가로 요약되었다(출 15:21). 이 때 하나님은 그의 백성들을 홍해를 통해서 인도해 내셨으며 그들의 원수 애굽 사람들을 멸망시키셨다. 하나님이 바다에서 애굽을 이기시고, 그곳에서 태고의 용을 은유적으로 죽이신 것처럼(시 74:13-14; 사 51:9), 여기서도 마찬가지로 144,000은 새 출애굽의 백성들이며, 불이 섞인 유리 바다에서 구원받아 승리자들로 서 있다. 이 노래는 옛날 애굽에 내려졌던 재앙들과 혹은 요한계시록에 대응하는 것(계 11:8)과 적절한 클라이맥스를 구성하고 있으며, 이 재앙들로부터 의인들은 보호를 받는다(계 7:1-8).

3절과 4절에 있는 노래는 이스라엘의 고대 예배, 특히 시편 86편 8-10절에서 발전된 표현으로 하나님을 찬양하고 있다.[8] 성도들은 하나님을 "만 대의 왕"(King of the ages) 혹은 "만국의 왕"(King of the nations)으로 부르고 있다(계 15:3). 두 독법 모두 상당한 지지를 받고 있으며 또한 우리는 어느 것이 보다 확실하게 원래적 독법인지를 결정적으로 말할 수가 없다. "만 대의 왕"은 영원한 왕을 의미하는데,[9]

---

4. Glasson, *Moses*, 96은 그 배경으로서 모세와 어린 양을 비교하는 꿈에 대한 한 가지 언급을 인용하고 있다(출 1:15에 대한 예루살렘 탈굼). 그러나 모세를 계 15:3에 나오는 어린 양과 구별하는 것이 가장 좋다(헬라어는 중언법[重言法]으로 그들을 연결하지 않는다).
5. 초기 기독교 문헌에 나오는 신명기 32장의 사용에 대해서는, Richard N. Longenecker, *Biblical Exegesis in the Apostolic Period* (Grand Rapids: Eerdmans, 1975), 179를 보라.
6. Bauckham, *Climax of Prophecy*, 296-307; Roland Meynet, "Le cantique de Moïse et le cantique de l'Agneau (Ap 15 et Ex 15)," *Gregorianum* 73 (1992): 19-55를 보라. Markus Barth, *The People of God*, JSNTSup 5 (Sheffield: JSOT, 1983), 14는 계 15장에 묘사된 교회를 출애굽 공동체로 보고 있다.
7. Philo, *Contemp. Life* 85-87; *Husbandry* 80-82; 4Q365, fr. 6a in George J. Brooke, "Power to the Powerless Long-Lost Song of Miriam," *BAR* 20 (May 1994): 62-65를 참조하라. Roloff, *Revelation*, 183은 모세와 부활한 자들이 부활할 때 다시 출 15장의 노래를 부를 것이라는 탄나임 전승을 인용한다.
8. Mounce, *Revelation*, 287은 시 11:2; 139:14(하나님의 기이한 행위들); 암 4:13; 신 32:4; 시 86:9; 말 1:11; 시 144:17; 98:2 등에서 칠십인 역의 표현(순서대로)을 발견하고 있다. 하나님 한분만이 거룩하시다는 것에 대해서는, 삼상 2:2와 출 15:11에 나오는 사상을 보라.

분명히 이 표현이 문맥에 적합하다. 즉 하나님은 알파와 오메가 되시며(계 1:8) 또한 세세토록 왕 노릇 하실 것이다(계 11:15). 다른 한편으로, "만국의 왕"도 가능하다. 하나님은 출애굽 당시 애굽에 대해 승리하심으로써 만국에 대해 승리를 하였으며, 그리고 이제 만국은 하나님께 와서 경배할 것이다(계 15:4).[10] 뿐만 아니라 "만국의 왕"(계 15:3)은 예레미야 10:7의 "주를 경외하지 아니할 자가 누구리이까?"(이 본문의 기본 텍스트가 되는 시편 86편 9절에는 "영광을 돌리다"가 첨가되어 있다)라는 기도와 관련되어 있다. 두 표현 모두 아마도 원문의 '멜렉 바올람'(*melek bá olam*)에 대한 셈어적 이해를 반영하고 있을 것이다. 이 문구는 "만 대의 왕" 혹은 "세상의 왕"으로 번역될 수 있다.[11] 하나님은 또한 요한계시록이 다른 곳에서 8번이나 선언한 것처럼 "전능하신 분"이신데, 대개 찬양을 드릴 때 사용된다(계 1:8에 대한 설명을 보라).

하나님의 위대하심과 그의 "놀라우신…일"(계 15:3)은 시편 86편 10절(욥 9:10 참조)을 상기시키는데, 이는 4절이 명백하게 시편 86편 9절을 인용하고 있기 때문이다. 그러나 요한계시록 내의 문맥 속에서 "크고 놀라우신…일"은 특히 요한계시록 15:1의 "크고 이상한" 재앙들, 즉 하나님의 심판을 가리킨다.[12] 마찬가지로 하나님께서 애굽의 군대를 홍해에 던지신 후에, 이스라엘 백성들은 하나님을 "기이한 일을 행하시는" 분으로 인식하였다(출 15:11). 시편 86편은 아마도 출애굽기에 나오는 선포를 다시 암시하고 있는 것으로 보이는데, 왜냐하면 86편 8절과 10절이 출애굽기의 표현을 상기시키고 있기 때문이다.[13] 하나님은 그의 심판을 행하시는데

---

9. Rissi, *Time and History*, 31. "만 대의 하나님"(God of the ages)은 알려지지 않고 있다(예를 들면, 희년서 31:13; Gen. Apoc. 2:7; 21:2; 요셉과 아세낫 12:1/2의 일부 사본들).

10. 이 독법은 지지하는 사람들이 약간은 있으나 그리 많지는 않다(Bruce M. Metzger, *A Textual Commentary on the Greek New Testament*, 2d ed. [New York: United Bible Societies, 1975], 753-54). "세상의 주"와 같은 문구들은 흔하게 나타난다(에녹 1서 84:2; 마카비 2서 7:9; 솔로몬의 시편 2:32; 모세의 유언 1:11; *Sifre Deut.* 306.3.1; 306.5.1; *p. Sanh.* 6:3, §1). 수사학자들은 그들에 대한 광범위한 예배를 이유로 신들을 격찬했을 수도 있다(Robert M. Grant, *Gods and the One God*, LEC 1 [Philadelphia: Westminster, 1986], 56).

11. 예를 들면, 에녹 1서 81:10의 닙(Knibb)과 아이작(Isaac)의 번역들.

12. 욥의 유언 4:11/9에서, 그리고 느 9:13과 단 4:37에서는 그의 행하심에 대해 하나님을 "의롭고 참되신 분"으로 말하는 것을 참조하라. 1QM 15.13(아마도 1QM 12.7에서도)에서 하나님은 마지막 전투에서 그의 "놀라운" 힘을 보여주신다.

13. 유대교 전승은 종종 하나님의 "행위들"을 애굽에 내리신 재앙들과 홍해에서 애굽 사람들에게 행하신 심판들에 구체적으로 적용하였다(*Sifre Deut.* 27.5.1; 27.7.1). 하나님의 "일들"은 그의 강력한 행위들을 언급할 수 있으며(CD 13.7-8) 또한 찬양을 요구할 수도 있다(1QS 1.21; 11.20; 1QM 10.1-2, 8-9). 하나님의 "의로우시며" 또한 "참되신" 심판들에 대해서는 욥의 유언 43:13을 보라.

있어서 "의롭고 참되신" 분이시다(계 15:3; 16:7; 19:2; 참조. 6:10). 즉 합당한 심판을 행하시는데 있어서 "의로우시며" 혹은 "옳으며"(계 16:5-6), 또한 하나님께서 그의 성도들에게 신실하시다는 점에서 "참되시다." 하나님은 성도들이 흘린 피를 이제 신원해주신다(계 3:7, 14; 19:9, 11; 21:5; 22:6).[14]

그러나 출애굽 당시 하나님은 이스라엘을 압제한 것으로 인하여 애굽을 던지신 반면, 여기서 하나님은 세상을 거부하는데 있어서 하나님의 종들과 행동을 같이한 만국에서 온 사람들을 환영하신다. 이제 만국은 21:24에서처럼 경배하기 위해 하나님께 나아온다. 심판은 모든 백성의 대표자들이 회개에 이르도록 할 것이다(이에 대한 보다 상세한 내용은 다음에 나오는 《상황잇기》를 보라).

인 심판(계 5:1-2)과 나팔 심판(계 8:2)에서처럼, 대접 재앙(계 16:1-17)도 하늘의 장면으로 시작하는데(계 15:5-8), 이는 지상의 재난들이 단순히 우발적인 사건이 아니라, 하나님께서 그의 성도들을 주권적으로 신원하심으로써 결정되어 조직적으로 배열된 사건들임을 우리들에게 상기시킨다. 이 심판의 천사들은, 유대교 전통의 몇몇 요소에서 파괴적인 천사들과는 대조적으로, 하나님의 종들에게 기꺼이 순종하는 존재들이다(계 17:1; 21:9 참조). 인간에게 심판을 행하도록 천사들에게 대접을 넘겨주는 존재는 보좌의 한 천사이다(계 15:7).[15]

이 장면이 하늘 성전에서 일어나고 있다는 것은 의미심장하다.[16] 천사가 빛난 세마포 옷을 입고 있는 것(계 15:6)은 천사들이 대개 흰 옷이나 세마포 옷을 입고 있는 전승을 단순히 반영하는 것일 수 있다(에녹 1서 71:1; Ps-Philo 9:10; 요 20:12). 그러나 가슴에 금띠를 띠고 있다는 것을 나란히 언급하는 것(참조. 출 39:8; 아마도 계 1:13)은 이 천사들이 하늘 성전에서 제사장들이 행하는 것을 성취하고 있음을 독자들에게 상기시키고 있는 것이 분명하다(계 15:5-6). 성전에서 예배하는 자들은 대개 세마포나 흰 옷을 입으며,[17] 그리고 이것은 지성소에서 섬길 때에도 요구되는 것이었다(레 16:4). 이러한 예배의 전제조건은 의로움이다(계 19:8). 하늘 성전에서 제사장들은 억압을 받고 있는 지상 성전의 지상적 제사장들

---

14. 이 표현은 또한 여러 미덕들 중에서도 황제를 "의롭다"고 찬미하는 제국의 선전 행위에 맞서는 것일 수도 있다(Augustus, *Res Gestae* 34:2를 인용하고 있는 Aune, *Revelation*, 2:874를 참조하라).

15. "파괴의 천사들"에 대해서는 1QS 4.12를 보라.

16. Aune, *Revelation*, 2:878은 이 성전을 여는 것과 그리고 전쟁이 선포될 때마다 열려진 야누스의 신전을 병행시키고 있다. 가장 중요한 것은 "열려진" 하늘이 신적인 계시와 관련이 있다는 것이다(계 4:1; 11:19; 19:11; 참조. 요 1:51).

17. Pausanias, 2.35.5; 6.20.2; Josephus, *Ant.* 11.327; 계 4:4에 대한 설명을 보라.

에게 응답을 하는데(계 11:1-2), 이들은 곧 심판이 일어나도록 요청하는 기도를 하고 있다(계 6:9-11; 8:3-6).

"연기"가 하늘 성전에 가득 찼다는 것(계 15:8, 계 14:11에서 세상의 고통의 연기와 대조를 이루고 있는 것을 주목하라)은 구약의 몇몇 신현(theophany, 神顯)에서 하나님의 집을 가득 채우는 그분의 영광을 암시한다(사 6:4; 겔 10:3-4). 이러한 상황 하에서 제사장들은 성전에서 섬기는 일을 할 수도 없으며(왕상 8:10-12; 대하 7:2) 또는 모세조차도 장막에 들어갈 수 없었다(출 40:35). 그 영광은 인간이 저항할 수 있는 능력을 능가한다. 하나님은 성막을 봉헌하고 축하할 때 지상적 성막에 그의 영광으로 충만하게 하였다(출 40장; 참조. 왕상 8장). 이제 하나님은 역사를 통하여 순교를 당한 그의 승리자들의 예배에 응답하여 성전을 그의 영광으로 채우시며, 또한 체계적인 심판으로 응답하신다(어쩌면 역사의 처음부터 끝까지 그 심판이 행해질 것이다). 긍휼하심뿐만 아니라 심판도 하나님의 위대하신 영광을 드러낸다.

상황잇기

만국. 15:4에서 만국은 하나님께 경배하기 위해 나아온다. 요한계시록은 성경적 예언들에서 미래에 대한 다양한 묘사들을 혼합시키고 있으며, 또한 만국에 대한 심판(계 19:18-21; 20:8-9; 참조. 욜 3:12; 미 4:13), 만국이 하나님께로 돌아옴(계 21:24, 26; 참조. 사 19:25; 슥 2:11; 8:22-23), 그리고 만국이 하나님의 백성들의 종이 되는 것(계 21:24-26; 참조. 사 45:14; 49:23; 단 7:14) 등을 포함한다.

신학적 차원에서 이러한 묘사들을 조화시키기 위해서, 우리는 최소한 상징적 차원에서 이들에 대한 내용들을 이해하지 않으면 안 된다. 다른 초기 기독교 문헌은 어떤 기독교적 회심도 그리스도를 믿는 신앙과 분리될 수 없다는 것에 대해서는 이의가 없으며, 또한 요한계시록도 만국의 멸망을 묘사하고 있기 때문에, 만국이 돌아선다는 것은 아마도 만국 중에서 회개하는 남은 자를 언급하고 있는 것이다. 어떤 사람들은 이것을 죽임을 당하지 않는 다수로 생각하여, 세상 사람들 중 다수가 회심할 것이라고 예언하기도 한다(계 11:13 참조, 만일 이것이 유대민족보다 세상을 가리키고 있다면). 하지만 아마도 짐승이 모든 민족들로 구성된 그의 왕국을 가지고 있는 것처럼, 그리스도께서도 자신의 백성들로 구성된 나라를 가지고 계시며, 또한 모든 열방의 남은 자들이 그리스도를 경배할 것임을 단순히 우리들에게 상기시키고 있다. 만국의 찬양은 종말에 세상이 우상의 거짓됨과 하나님, 어린 양, 그리고 이들 백성들의 진실성을 알게 될 것임을 암시한다.

진노. 어떤 사람들은 하나님의 진노의 대접들을 바울이 신자들에게 그리스도의 부활에 참여함으로써 하나님의 "노하심"으로부터 구원을 얻는 것으로 해석한다(살전 1:10; 5:9). 그러나 (1) 환난은 하나님의 진노이다, (2) 성도들은 하나님의 진노를 겪지 않을 것이다, (3) 그러므로 성도들이 환난을 겪지 않을 것이라는 삼단 논법은 논리적으로 약점이 있다. (1)에 있는 "진노"를 (2)에 있는 "진노"와 동일시하는 것은 성도들이 환난을 받게 되어있다는 말씀(살전 3:3)을 볼 때 올바른 것은 아니며, 따라서 대 환난을 겪어야 한다.

"진노"의 의미가 두 문맥에서 동등한 것인가? 바울의 글에서, "진노"(*orge*)는 종종 하나님의 현재적 진노를 언급할 때가 있다. 그것은 우리들에 대한 진노는 아니지만, 그 진노를 견디고 있는 세상으로부터 우리를 떼어내는 것도 아니다(롬 1:18; 엡 5:6; 살전 2:16). 그러나 대개 바울은 심판의 날인 재림 때의 미래적 진노를 의미하고 있다(롬 2:5, 8; 9:22). 그는 어디에서도 진노를 환난 기간에 명백하게 적용하지 않는다. 바울이 진노로부터의 구원을 말할 때, 그는 마지막 세대뿐만 아니라 모든 신자들에 대한 약속을 말하고 있는 것이다(롬 5:9).

마치 바울의 처음 독자들이 바울이 의미하고 있는 것을 이해하기 위해 (아직 기록은 되지 않았지만) 요한계시록으로 단순히 빨리 넘어가려고 하는 것처럼, 요한계시록을 바울을 통해 읽는 것은 역사적으로 볼 때 순진한 행동이다. 그러나 비록 우리가 바울의 용법으로부터 요한계시록으로 뛰어넘는다 해도, 요한계시록은 항상 진노라는 동일한 헬라어를 대환난 기간이 아닌 그리스도께서 오실 때의 심판에 대해 적용하고 있다(계 6:16-17; 11:18; 14:10; 16:19; 19:15). 같은 뜻을 나타내는 헬라어 단어 '디모스'(*thymos*)는 종종 환난 기간에 대해 적용되고 있지만(계 15:1, 7; 16:1), 그러나 대개 재림 때의 진노를 가리키고 있다(계 14:10, 19; 16:19; 19:15).[18]

환난을 당하고 있는 성도들에게 무슨 말을 한다 해도, 그들은 하나님의 진노를 받지 않는다고 말해야 한다. 왜냐하면 그리스도께서 그들을 위해서 죽으셨기 때문이다(계 7:14). 만일 성도들이 환난 동안에 하나님의 진노를 받지 않는다면, 우리는 교회가 하나님의 진노를 피하기 위해 환난 전에 휴거가 되어야 한다고 주장할 아무런 근거가 없다. 만일 교회가 진노가 행해지는 동안 보호를 받을 것이라면, 동

18. 일반적으로 묵시 문헌에서 하나님의 진노의 기능에 대해서는, Talbert, *Apocalypse*, 65를 보라.

일한 것이 교회에 대해서도 말할 수 있다. 어쨌든 이것은 환난 전 휴거에 대한 어떠한 논리적인 논증도 제공하지 않는다.[19]

현대적 의미

영적 전쟁과 이김. 이 본문은 요한계시록 다른 부분과 마찬가지로 영적인 전쟁의 생생한 모범을 우리들에게 제공해주고 있다. 우리가 육체적으로는 패배를 당하고, 세상의 고난을 당한다 해도 승리한다(계 5:5-6; 7:9-19). 승리자들은 우리들에게 하나님과 그의 목적들에 대해 확고하게 신실하다는 것의 모델을 보여주고 있다. "짐승은 순교로 성도들을 이겼지만 그러나 동일한 바로 그 순교를 통해서 성도들은 짐승을 이긴다. 왜냐하면 짐승은 성도들로 하여금 결코 그리스도를 부인하도록 할 수 없었기 때문이다. 환난 중에서 그리스도에게 충성하는 것, 이것이 바로 성도들의 승리인 것이다."[20]

요한 당시에 그리스도인들이 황제숭배 의식 혹은 역사상 이어서 일어나는 적그리스도의 힘에 대해 투쟁하고 있기 때문에, "이 노래는 커다란 위로를 준다. 역사의 마지막 말은 사탄과 그의 적그리스도에게 있는 것이 아니라, 하나님과 그리스도에게 있다."[21] 교회는 오는 세대뿐만 아니라 이 세대에서도 두려워할 아무 것도 없다. 왜냐하면 하나님께서 영원히(혹은 모든 사람들에 대해, 자신이 좋아하는 다른 독법에 달려있다) 다스리시기 때문이다. 래드(Ladd)가 말했듯이, "악이 이 땅에서 가장 강할 때에라도, 하나님의 백성들이 사탄에 의해 가장 격렬하게 공격을 받을 때에라도, 하나님은 여전히 '만 대의 왕' 이시다(계 15:3)."[22]

출애굽 당시의 이스라엘처럼, 하나님의 백성들은 또 다시 승리할 것이다. 새로운 구속의 확실성은 옛날의 구속에 대한 우리의 확신에 뿌리를 박고 있다.[23] 요한에게 있어서, 마치 구약의 구속과 신약의 구속이 연속적이며 양립할 수 있는 개념인 것처럼, 모세의 노래와 어린 양의 노래는 두 개의 분리된 노래가 아니다. 어린 양으로서의 예수님이 첫 번째 출애굽의 유월절 어린 양과 유사한 구속의 절정 행

19. Gundry, *Church and Tribulation*, 44-45.

20. Ladd, *The Last Things*, 70, 그가 이탤릭체로 표시한 것. 참조. Ladd, *Theology*, 625: "사람들에 대한 영원한 운명이 위험에 처하는 날에, 순교는 그 자체가 하나의 승리가 될 것이다."

21. Beasley-Murray, *Revelation*, 236-37.

22. Ladd, *Gospel of the Kingdom*, 31.

23. 첫 번째 구속의 역사적 확실성에 대해서는, 예를 들면, Kevin D. Miller, "Did the Exodus Never Happen?" CT (Sept. 7, 1998), 44-51에 나오는 설명들; Craig Keener and Glenn Usry, *Defending Black Faith* (Downers Grove, Ill.: InterVarsity, 1997), 147-65를 보라.

위를 제공하신 것처럼, 모세의 노래도 역시 어린 양의 노래인 것이다. 이긴 자들이 바다 가에 서 있다는 것(계 15:2)은 바다조차도 복종시키신 출애굽의 승리를 새롭게 암시하고 있다(출 15:8; 시 78:13; 89:9-10).

하나님을 찬양하기. 이 노래는 하나님이 행하신 구원에 대해 그분을 찬양하고 또한 하나님의 위대하심을 인정해야 한다는 것을 우리들에게 상기시킨다(계 15:3-4; 전자에 대해 보다 자세한 내용은 계 5:9-10에 대한 설명을 보라; 후자에 대해서는 계 4:8에 대한 설명을 보라). 본문은 또한 하나님이 세상에 행하신 심판을 찬양하도록 우리를 초대한다(계 15:1, 3; 참조. 19:1-6). 그러나 우리는 이러한 찬양을 통해서 우리가 의미하고 있는 것을 제한시켜야 한다. 그것은 우리와 동류 인간들이 당하는 고통에 대한 찬양이 아니라, 우리가 노력하고 기도하는 사람들의 행복을 위한 찬양이다(눅 6:28; 딤전 2:1-2). 오히려 우리는 이러한 심판들에서, 첫 번째 출애굽의 재앙들에서처럼, 하나님의 백성들을 위한 구원의 행위를 볼 수 있어야 한다. 이 세대의 고난들은 더 나은 어떤 것을 위한 출산의 고통이다. 하나님은 단지 수동적으로 그러한 행동을 보시는 것이 아니다(습 3:17). 하나님의 하늘 성전이 영광으로 가득 차 있다는 것(계 15:8)은 하나님께서 우리와 더불어 그 승리를 축하하신다는 것을 의미한다.

대접. "대접"이 하나님의 진노를 위해서도(계 15:7) 그리고 성도들의 기도를 위해서도(계 5:8) 사용되고 있다는 것은, 앞에서도 언급한 것처럼, 하나님이 역사를 움직이시며 또한 그의 목적들을 행하시는 방식에 있어서 기도의 중요성을 아마도 강조하는 듯하다. 이것은 하나님이 종말 이전에 철저한 증인들뿐만 아니라(계 6:9-11; 참조. 마 24:14) 또한 기도의 사람을 찾으신다는 것을 암시한다. 하나님은 종종 역사 속에서 자신의 목적들 중 많은 것들을 성취하기 위한 준비로서 하나님의 영으로 인도함을 받은 기도를 사용하실 때가 있다(예를 들면, 출 2:23-24; 마 9:37-38).

심판들(계 16:1-17)이 하늘의 장면으로 시작하고 있다는 것(계 15:5-8; 참조. 5:1-2; 8:2)은 하나님이 주권자이심을 우리들에게 상기시킨다. 세상의 재난들은, 비록 재난들을 겪고 있는 각 개인들에게 직접 향하는 것은 아니라 해도, 종종 세상에 대해 주의를 환기시키는 경고들로서 기능을 하며, 또한 하나님께서 세상에 자신을 드러내실 하나님의 메시지와 그의 백성들의 기도를 옹호하는 것이기도 하다. 따라서 그러한 심판들은 마지막 심판의 날을 미리 맛보는 것으로서의 기능을 하며, 또한 너무 늦기 전에 심판을 준비하도록 사람들을 경고하기 위한 것이기도 하다.

요한계시록 16:1-21

1 또 내가 들으니 성전에서 큰 음성이 나서 일
곱 천사에게 말하되 너희는 가서 하나님의
진노의 일곱 대접을 땅에 쏟으라 하더라
2 첫째 천사가 가서 그 대접을 땅에 쏟으매 짐
승의 표를 받은 사람들과 그 우상에게 경배
하는 자들에게 악하고 독한 종기가 나더라
3 둘째 천사가 그 대접을 바다에 쏟으매 바다
가 곧 죽은 자의 피 같이 되니 바다 가운데
모든 생물이 죽더라
4 셋째 천사가 그 대접을 강과 물 근원에 쏟으
매 피가 되더라
5 내가 들으니 물을 차지한 천사가 이르되 전
에도 계셨고 지금도 계신 거룩하신 이여 이
렇게 심판하시니 의로우시도다
6 그들이 성도들과 선지자들의 피를 흘렸으므
로 그들에게 피를 마시게 하신 것이 합당하
니이다 하더라
7 또 내가 들으니 제단이 말하기를 그러하다
주 하나님 곧 전능하신 이시여 심판하시는
것이 참되시고 의로우시도다 하더라
8 넷째 천사가 그 대접을 해에 쏟으매 해가 권
세를 받아 불로 사람들을 태우니
9 사람들이 크게 태움에 태워진지라 이 재앙들
을 행하는 권세를 가지신 하나님의 이름을
비방하며 또 회개하지 아니하고 주께 영광을
돌리지 아니하더라
10 또 다섯째 천사가 그 대접을 짐승의 왕좌에
쏟으니 그 나라가 곧 어두워지며 사람들이
아파서 자기 혀를 깨물고
11 아픈 것과 종기로 말미암아 하늘의 하나님
을 비방하고 그들의 행위를 회개하지 아니하
더라
12 또 여섯째 천사가 그 대접을 큰 강 유브라데
에 쏟으매 강물이 말라서 동방에서 오는 왕
들의 길이 예비되었더라
13 또 내가 보매 개구리 같은 세 더러운 영이 용
의 입과 짐승의 입과 거짓 선지자의 입에서
나오니
14 그들은 귀신의 영이라 이적을 행하여 온 천하
왕들에게 가서 하나님 곧 전능하신 이의 큰
날에 있을 전쟁을 위하여 그들을 모으더라
15 보라 내가 도둑 같이 오리니 누구든지 깨어
자기 옷을 지켜 벌거벗고 다니지 아니하며
자기의 부끄러움을 보이지 아니하는 자는 복
이 있도다
16 세 영이 히브리어로 아마겟돈이라 하는 곳으
로 왕들을 모으더라
17 일곱째 천사가 그 대접을 공중에 쏟으매 큰
음성이 성전에서 보좌로부터 나서 이르되 되
었다 하시니
18 번개와 음성들과 우렛소리가 있고 또 큰 지
진이 있어 얼마나 큰지 사람이 땅에 있어 온
이래로 이같이 큰 지진이 없었더라
19 큰 성이 세 갈래로 갈라지고 만국의 성들도
무너지니 큰 성 바벨론이 하나님 앞에 기억
하신 바 되어 그의 맹렬한 진노의 포도주 잔
을 받으매
20 각 섬도 없어지고 산악도 간 데 없더라
21 또 무게가 한 달란트나 되는 큰 우박이 하늘
로부터 사람들에게 내리매 사람들이 그 우박
의 재앙 때문에 하나님을 비방하니 그 재앙
이 심히 큼이러라

원 의미

순교자들의 예배에 응답하여(계 15:3-4), 일곱 천사들이 진전된 예배 의식으로서 하나님의 진노의 일곱 대접을 가지고 나온다(계 15:5-7). 여기서 대접들은, 출애굽기에 나오는 재앙들을 생각나게 하는 것으로, 회개하지 않는 세상에 부어지고 있다.

더 많은 재앙들(16:1-11)

"성전에서" 큰 음성이 나는데(계 16:1), 이는 방금 언급해 왔던 하늘 성전이다(계 15:5-8). 유대인들은 하나님에게서 나오는 하늘의 소리를 종종 성전에서 말씀하시는 것으로 매우 자연스럽게 생각하곤 하였다. 하늘의 소리는 요한계시록에서 많이 등장하는데(계 10:4, 8; 11:12; 12:10; 19:5; 21:3), 항상 그런 것은 아니지만(계 14:2), 어떤 경우에는 그리스도를 나타내기도 한다(계 1:12-13; 4:1). 악한 자들이 지상의 성전을 짓밟곤 했으며(계 11:2), 그리하여 하늘 성전에서부터 심판이 시작되는 것이다(계 11:19; 14:15, 17; 15:5-16:1; 16:17). "하나님의 진노의 일곱 대접"은 성전에 있는 항아리를 말하는데, 아마도 향을 담는 그릇이었을 것이다(계 15:7에 대한 설명을 보라).[1] 대접 재앙은 나팔 재앙과 순서에 있어서도 상당히 유사한데, 차이점은 "공통적인 주제들에 대한 변화" 정도이다. 그러나 대접은 인간의 반역을 강조하고 있으며 그 심판의 영역은 나팔에 의해 심판을 받는 영역보다 넓다.[2]

나팔 재앙과 마찬가지로 대접 재앙 대부분도 출애굽기의 재앙을 생각나게 한다. 즉 종기(계 16:2), 물이 피로 변하는 것(계 16:3-4), 그리고 흑암(계 16:10) 등이다. 재앙들을 생각나게 함으로써, 이 심판 시리즈는 하나님께서 재앙이 행해지는 동안 고센에 있는 자신의 백성을 보호하셨던 것처럼, 그분은 또한 그의 심판으로부터 자기 백성을 보호하실 것임을 신자들에게 상기시킨다(계 7:1-8; 12:6, 16). 마지막 두 대접 재앙은 약속된 종말의 전쟁과 그리고 하나님의 약속들의 성취를 나타낸다.

---

1. 하나님의 진노를 "쏟는다"는 것은 구약성경에서 잘 알려진 표현이다(나는 대략 30회 정도의 예들을 찾았다. 예를 들면, 대하 12:7; 34:21, 25; 렘 6:11; 7:20; 10:25; 42:18; 44:6; 겔 20:8, 13, 21, 33-34; 30:15; 단 9:11, 27; 호 5:10; 나 1:6). 이들 구절 중의 하나는 구체적으로 하나님이 그 자신의 백성들을 보호하시는 문맥에서(겔 9:8), 그리고 하나는 특히 무죄한 피를 흘리는 문맥이다(겔 36:18).
2. Beasley-Murray, *Revelation*, 238-39; 아울러 Beale, *Revelation*, 809-10을 참조하라.

물이 피로 변하는 재앙은 강조를 위해 두 번 반복되고 있는데(계 16:3-4), 이는 하나님의 심판의 적절성을 보여주기 위함이다(계 16:5-7).[3] 유대인들은 하나님께서 다양한 천사들에게 자연의 여러 특징들을 감독하도록 지정하신 것으로 생각하였다(헬라인들은 그것을 신들이나 다른 영들에게로 돌렸다). 여기서 "물을 차지한 천사"가 자신들의 영역을 피로 변하게 하고, 또한 하나님의 의로우심을 찬양한다(계 16:5-6).[4]

천사 및 제단의 찬양은 청중들이 나팔 심판에서 이미 경험하였던 것에 추가하고 있는 이 심판들의 가장 두드러진 특징을 제공한다(계 16:5-7). 하나님의 공의(혹은 의로우심)와 거룩하심을 낭송하는 것(계 16:5)은 15:3-4에 나오는 모세의 노래를 발전시킨 것이며, 이는 또한 하나님의 심판을 설명한다. 이곳에서 하나님의 거룩하심과 의로우심을 인식하고 있는 근거는 "이렇게 심판하시니"이다(계 16:5; 19:2에서 다시 반복된다).

대부분의 유대인들은 토빗이 "여호와여, 당신은 의로우시니이다…그리고 당신은 참되고 의로운 심판을 영원토록 행하시리이다"라고 외친 것을 포함하여(토빗 3:2) 토빗의 이야기를 알고 있었다. 그러나 토빗이 하나님의 의로우심을 언급한 것은 하나님께서 그의 백성들을 용서하시는 것을 강조하고 있는 반면(토빗 3:3-4), 우리가 살펴보고 있는 요한계시록 구절은 하나님께서 악한 자들을 형벌하시는 그의 의로우심을 강조한다(계 16:5-6).[5] 하나님의 원수들이 피를 "흘리게(쏟아지게)" 한 것처럼, 마찬가지로 하나님은 피를 포함하여(계 16:3-4) 심판을 "쏟으신다"(계 16:1-17). 하나님은 세상이 그의 종들을 억압한 것에 대해 복수하시며, 그의 순교자들의 기대를 성취하신다(계 6:9-11; 14:20; 17:6; 18:24). 피를 흘리게 한 자들에 대해 피로 갚은 것의 적절성은 또한 하나님이 이스라엘의 유아들을 죽인 이전의 애굽 사람들을 복수하기 위해 나일 강을 피로 변하게 하셨던 유대 전통과도 일

3. 의로운 순교자들의 피, 때로는 실제적인 피의 샘으로 암시되어 있는 변호를 위한 탄원을 강조하는 유대교 전승들에 대해서는, Craig S. Keener, *Matthew* (Downers Grove, Ill.: InterVarsity, 1997), 341; idem. *A Commentary on the Gospel of Matthew* (Grand Rapids: Eerdmans, 1999), 956-57에 있는 자료들을 보라.

4. 자연의 천사에 대해서는 희년서 2:2; 에녹 1서 20:2; 계 14:18 이하에 나오는 여러 참고 문헌들을 보라. 복수형인 "강들"(rivers)은 아마도 출 7:19 혹은 시 78:44를 반영한다.

5. 어떤 사람들은 요한이 16:5에서 "장차 오실 이"를 생략하고 있다고 주장한다("전에도 계셨고 지금도 계신"에서 - 계 1:4; 4:8). 왜냐하면 하나님께서 지금 심판을 행하시기 때문에 더 이상 "오실 이"가 될 수 없기 때문이다(Gerhard Delling, "Zum Gottesdienstlichen Stil her Johannes-Apokalypse," *NovT* 3 [1959]: 107-37 참조). 하지만 이것은 마지막 심판도 아니고, 또한 하나님께서 미래의 주가 되심을 그만두신 것도 아니다. 따라서 그러한 생략은 우연히 일어난 것일 수 있다.

치한다(지혜서 11:6-7).[6]

"제단"은 하나님의 의로우심을 확증한다(계 16:7). 왜냐하면 제단은 성도들의 기도를 품고 있음이 분명하기 때문이다(희생의 제단[계 6:9] 혹은 향의 제단[계 8:3, 5]). 그리하여 제단은 그 심판에 참여한다(계 9:13; 14:18). 이것은 15:3에 나오는 모세의 노래를 반향 시킨다. 즉 하나님은 그의 "참되시고 의로우신" 심판을 행하실 만큼 강하신 분이시다("전능하신 주 하나님").

태우는 태양과 흑암의 재앙(계 16:8-10)은 구약성경에 나오는 흑암의 재앙을 생각나게 하는 것으로, 이는 애굽의 태양신 아몬-레(Amon-Re)에 대한 심판이다. 이 재앙들은 또한 출애굽기의 다른 사건들도 생각나게 한다.[7] 흑암이 실제로 고통을 일으킨다는 것(계 16:10)은 모세 당시의 흑암을 반영할 수도 있는데, 이때의 흑암도 "느껴질 수" 있는 것이었다(출 10:21; 참조. 시 107:10).[8] 그러나 하나님의 의로우심을 깨닫고 이에 회개하여 응답하는 것 대신, 그의 진노의 대상들은 하나님에 대해 점점 더 완악해지고 있으며 하나님을 더더욱 비방하고 있다(계 16:9, 11; 참조. 9:20-21; 16:21; 비방하는 것에 대해서는 계 13:1, 6에 대한 설명을 보라).

심판을 향하여 질주함(16:12-21)

"큰 강 유브라데"(계 16:12)가 9:14의 무서운 이미지를 생각나게 하듯이, 마찬가지로 "예비"라는 말도 하나님께서 적절한 시간에 심판을 행하실 것이라는 동일한 단락의 강조를 생각나게 한다("준비된"[9:15]은 이 구절에 나오는 것과 동일한 헬라어 단어이다). 비록 근동 지역에 많은 강들이 이따금 마르긴 했지만, 거대한

---

6. 그러한 형벌을 받는 것이 "합당하다"는 것에 대해서는, 솔로몬의 지혜 16:1, 9; 18:4; 19:4를 보라; 또한 *Ex. Rab.* 9:10을 참조하라. 계 3:4와 비교하라. 살 혹은 피를 포함하는 유사한 적절한 심판들에 대해서는 사 49:26; Josephus, *War* 6.216; *Lev. Rab.* 33:6; Homer, *Il.* 16.459 등을 보라. 게걸스럽게 먹는 사람에 대해서는 에녹 1서 103:11, 15를 참조하라. 심판에서 하나님이 사람들의 피를 흘리는 것에 대해서는 에녹 1서 94:9를 참조하라. 살인에 대한 하나의 은유로서 피를 마시는 것에 대해서는 Suetonius, *Tib.* 59를 보라.

7. J. Massyngberde Ford, "The Structure and Meaning of Revelation 16," *ExpTim* 98 (1987): 327-30은 넷째와 다섯째 대접에서 불기둥과 구름 기둥 사이의 대조를, (아마도) 여섯째 대접에서 홍해를 마르게 하신 것에 대한 암시를, 그리고 일곱째 대접에서는 시내 산에서의 신현(theophany)에 대한 암시를 각각 발견하고 있다. Aune, *Revelation*, 2:889는 판테온이 우연히 태양 전차로 땅을 태운 그리스 신화를 언급한다.

8. 일부 후대 랍비들은 흑암이 심지어는 이스라엘에 있는 악한 자들까지 죽였다고 말하였다(*Pes. Rab Kah.* 5:9; *Song Rab.* 13, §1). 짐승의 "왕좌"(계 16:10; 참조. 2:13)는 하나님의 보좌와 대조를 이룬다(계 4:2). 짐승의 "나라"(계 16:10)는 하나님의 나라가 될 것이다(계 11:15; 단수형은 짐승이 전 세계를 다스리는 그의 주장을 반영하는 것일 수 있다).

유브라데 강은 결코 그러한 자연적 환경 아래 놓인 적이 없었다. 이러한 사실은 그 이미지의 공포를 증대시키고 있으며 또한 신적 심판의 증거가 되기도 한다(사 50:2; 호 13:15; 나 1:4).[9]

고대 유대의 청중들은 강이 마르는 이미지가 침입을 초래하는 것으로 쉽게 이해하곤 하였다. 한 유대교 전승은 강이 얼어서 아시아의 침입을 허용했다고 말하고 있으며(시빌의 신탁 4.464-67), 그리고 일부 유대인들은 하나님이 "잃어버린" 열 지파가 그들의 땅으로 돌아오도록 유브라데 강을 갈라지게 것으로 기대하였다(에스라 4서 13:43-47; 참조. 사 11:15-16).[10] 실제로 이스라엘 백성들을 위해 요단 강을 갈라지게 함으로써 가나안 정복을 할 수 있었다(수 3:14-17; 4:23-5:1).[11] 그러나 앞에서도 언급한 것처럼(계 9:14), 고대 지중해 지역에 살았던 사람들은 유브라데 강이 특별히 로마 제국과 파르티아 제국 사이의 경계선으로 기억하고 있었다. 사람들은 네로가 동방의 왕들을 이끌고 유브라데 강을 건너 로마에 대해 원수를 갚을 것으로 기대하였다(계 9:14-16; 13:1-4에 대한 설명을 보라).[12]

본문은 일종의 사탄적 삼위일체로서 용, 짐승, 그리고 거짓 선지자를 암시하고 있는 것으로 보인다(계 13:11-12에 대한 설명을 보라). 또한 본문이 이들의 입에서 나오는 개구리에 대해 말하고 있는 것은 또 다른 애굽의 재앙을 생각나게 하는 것 같지만(출 8:2-13; 시 78:45; 105:30), 그러나 메뚜기의 재앙처럼(출 10:13-14; 계 9:3) 그것은 요한계시록의 상징에서 다른 그 무엇으로 변해버린다. 생각컨대 개구리가 세 입에서 나오기 때문에 세 마리의 개구리가 있는 것이다. 개구리가 입에서 나오기 때문에, 이들은 아마도 선전(propaganda)을 나타낼 것이다(계 13:2, 5-6; 14:5와 대조하라). 그러나 결국 개구리들은 말씀이 육신이 되신 분의 입에서 나오는 검인 하나님의 진리에 대해서는 경쟁 상대가 되지 않는다는 것을 보여준다(계 1:16; 19:15).

이러한 이미지는 기괴하다. 고대인들은 대개 개구리를 부정하고, 추악하며, 또한 사악한 것으로 생각하였다.[13] 특히 개구리들이 다른 생물들의 입에서 뛰어오른

---

9. Aune, *Revelation*, 2:890-91.

10. Beale, *Revelation*, 827은 또한 바벨론의 예상치 못한 포로를 허락하기 위해 고레스가 유브라데를 딴 데로 돌렸다는 것을 언급한다(Herdotus, 1. 190-91; Xenophon, *Cyropedia* 7.5.1-36; 렘 50:38; 51:36에 예언되어 있음).

11. Fekkes, *Isaiah*, 201-2를 참조하라. 이러한 유대교 전승들 중 몇몇은 유브라데가 이스라엘의 제국에 대한 하나의 경계선을 형성한다는 약속을 보다 반영하고 있을 지도 모른다(창 15:18; 출 23:31; 신 11:24).

12. 아울러 Talbert, *Apocalypse*, 74; Kraybill, *Imperial Cult and Commerce*, 162-64를 보라.

다면, 이들은 무서운 전조(前兆)로서의 역할을 하였다.[14] 요한 당시의 한 작가는 네로가 독사(毒蛇)로 거의 환생할 뻔 하였지만, 다행히도 개구리가 되도록 허락을 받아 그가 계속 노래를 부를 수 있었다고 하여 이를 조롱하는 투로 말한 적이 있었다.[15] 일부 유대인들은 또한 종말에 더 많은 마귀들이 풀려날 것이라고 기대하였다(계 16:14; 바룩 2서 27:9). 이 "귀신의 영"은 이들이 섬기는 짐승처럼(계 13:13-14), 설득력이 있는 "놀라운 이적들"을 행한다(계 16:14).

그리하여 마귀와 그의 사자들은 참된 하나님과 싸우기 위해 열방들을 불러 모은다. 그러나 실제로 그들은 하나님의 큰 날, 즉 그들이 멸망을 당하기 위해 모이고 있는 것이다(계 16:14; 참조. 19:11-18; 20:8-9). 악한 자들이 스스로 멸망을 당하기 위해 모이는 것은 일반적인 종말 이미지이다(욜 3:10-16; 미 4:11-13; 습 3:8; 슥 12:3-4; 14:2-3).[16]

이러한 선언은 요한이 앞에서 말한 것처럼(계 3:3), 그리고 대부분의 초기 그리스도인들이 경고를 받았던 것처럼(마 24:43; 눅 12:39; 살전 5:2, 4; 벧후 3:10), 요한은 그의 청중들에게 예수님께서 도둑 같이 오실 것임을 상기시키는 적절한 시점임을 입증한다. 이렇게 초기의 경고를 암시함으로써(특히 잠자고 있는 사데 교회를 향한 가혹한 경고), 준비되어 있지 않은 사람들은 예수님과 함께 흰 옷을 입고 다니는 것 대신 벌거벗고 다니게 될 것임을 요한은 주장하고 있는 것이다(계 3:4-5, 17-18을 참조하라). 벌거벗음은 유대인들에게 큰 수치였다.[17] 의인들은 타협

---

13. Ovid. *Metam.* 6.370-81. 늪이 많은 개구리의 서식지에 대해서는, Ps-Hesiod, *Battle of Frogs and Mice* 56-64; *Babrius* 120을 보라. 입이나 코에서 나오는 영들에 대해서는 Aune, *Revelation*, 2:894를 보라.
14. Apuleius, *Metam.* 9.34. 꿈에서 개구리들은 사기꾼들과 거지들을 상징하는 것으로 생각될 수 있었다(Artemidorus, *Oneir.* 2.15). 개구리들은 페르시아 종교(Beasley-Murray, *Revelation*, 244)와 다른 일부 문화들에서(Catherine Berndt, "The Role of Native Doctors in Aboriginal Australia," 264-82 in *Magic, Faith, and Healing*, ed. Ari Kiev [New York: Free Press, 1964], 227) 악과 관련이 있다.
15. Plutarch, *Divine Vengeance* 32, *Mor.* 567F-68A.
16. 마찬가지로 1QM 15.3; 에스라 4서 13:33-34를 참조하라. 바벨론을 치기 위해 모인 나라들과 이스라엘의 여러 대적들에 대해서는 렘 49:14; 50:29를 보라. 에녹 1서 56:5-7에서, 천사들은 동방의 파르티아와 한 영을 선동하여 파르티아가 패배할 때까지 거룩한 땅으로 그들을 몰아넣고 있다. 악한 자들을 모으는 것에 대해서는 사 43:9; 66:18; 에녹 1서 100:4; 마 3:12; 13:41; 24:39-41; 25:32 등을 보라.
17. 희년서 3:21-22, 30-31; 7:8-10, 20; 1QS 7.12; *tos. Ber.* 2:14; *Sifre Deut.* 320.5.2를 보라. 잠을 자고 있는 파수꾼들은 매를 맞을 것이며 그리고 두 번째로 위반할 때에 그들의 옷이 불에 태워질 것이라는 유대 전승이 있다(Ford, *Revelation*, 263). 바벨론이 불신앙의 결과로 벌거벗겨질 것이라는 것(사 20:4; 47:1-3; 계 17:16)과 그리고 유다를 사랑하는 자들이 유다의 벗은 몸을 그들 앞에 드러낼 것(겔 16:37)이라는 하나님의 위협을 주목하라. 벌거벗음은 구약 시기에 불신앙에 대한 하나의 형벌로 보이며(렘 13:22, 26-27; 애 1:8; 겔 23:26-29; 호 2:3; Cyrus H. Gordon, *The Ancient Near East* [New York: W. W. Norton, 1965], 229-30), 이는 요한계시록의 "음녀"와 결탁한 자들에게 적합하다.

함이 없이 여전히 의로워야 한다. 왜냐하면 무서운 때가 다가오고 있기 때문이다. 그러나 예수님은 세상이 자신을 미처 예상하지 못할 때 오실 것이다.

"아마겟돈"의 의미—아마도 히브리어로는 "므깃도의 산"—는 모호하다. 므깃도는 산에 있다기보다는 오히려 평지에 있지만(대하 35:22; 슥 12:11), 그러나 묵시적 지형은 상당한 상징적 융통성을 허용한다. 므깃도 골짜기는 역사에서 상당히 의미 있는 전투들이 있었던 장소였으며(삿 5:19; 왕하 23:29) 그리고 전략적으로도 중요한 요충지에 위치하고 있었다. 비록 어떤 골짜기가 종말의 심판의 이미지로서 좋은 역할을 했음에도 불구하고(욜 3:12, 14), 므깃도는 이곳에서 그 높이를 상징하기 위한 산으로서 혹은 시온 산과의 대조로서(계 21:10) 나타나는 듯하다. 일부 전승에 보면 므깃도에서 메시아가 열국들을 불러 모아 전쟁을 하실 것이라고 말한다(에스라 4서 13:34; 참조. 계 14:1).[18]

일곱째 천사가 그 대접을 "공중에 쏟는" 것(계 16:17)은 공중에(계 7:1에 나오는 바람을 참조하라) 혹은 "공중의 영역"(그레코-로마의 사고에서 하늘의 가장 낮은 곳)에 있는 전 세계에 대한 심판을 가리킨다.[19] 어느 경우든 이것은 독자들에게 하나님께서 우주에 대해 계속적인 주권을 가지고 계신다는 것을 상기시킨다. 이러한 심판으로, 마지막 나팔에서처럼(계 10:7), 그 심판들은 "되었다"(계 16:17)라고 하며 그리고 역사에 대한 하나님의 계획의 완성은 새 창조에 암시되어 있다(계 21:6).

우렛소리, 번개, 그리고 지진(계 16:18) 등은 시내 산에서 있었던 하나님의 영광의 계시를 암시한다(출 19:16; 계 4:5에 대한 설명을 보라; 참조. 8:5; 11:19). 그러나 지진은 또한 시대의 마지막을 알리고 있다(계 6:12; 11:13).[20] 세 갈래로 갈

18. 이 산을 엘리야가 바알 선지자들에 맞선 갈멜 산과 동일시하는 사람들도 있고(William H. Shea, "The Location and Significance of Amageddon in Rev 16:16," *AUSS* 18 [1980]: 157-62), 또한 슥 12:11에 있는 칠십인 역의 번역 "넘어 뜨리다"와 연결시키는 사람도 있고(Hans K. LaRondelle, "The Etymology of *Har-Magedon* [Rev 16:16]," *AUSS* 27 [1989]: 69-73, 아마도 요한의 청중들은 사용할 수 없었을 것이다), 또한 이를 사 14:13에서 '바르 모 에드'(*bar mo'ed*, "집회의 산")와 연결시키는 사람도 있는데(Rissi, *Time and History*, 84; 그러나 Fekkes, *Isaiah*, 202-3을 보라), 이 산은 시온 산을 상징할 수 있다(Roland E. Loasby, "Har-Magedon' According to the Hebrew in the Setting of the Seven Last Plagues of Revelation 16," *AUSS* 27 [1989]: 129-32; Meredith G. Kline, "Har Megedon: The End of the Millennium," *JETS* 39 [June 1996]: 207-22; 이것은 요한의 청중들 대부분이 이해할 수 없는 관련성들을 요구하지만, 논리적이다). 혹은 이를 종말의 살육의 장소로 보는 사람도 있다(겔 38:8-39:16에 있는 마곡).

19. 하늘들의 가장 낮은 영역으로서의 "공중"에 대해서는 Cicero, *De Nat. Deor.* 2.26.66; 2.36.91; *PGM*, 1.179-82; 4.3040-44; 12.67; Philo, *Giants* 9; *Som.* 1.135 등을 보라.

20. Amos Nur and Hagai Ron, "Earthquake! Inspiration for Amageddon," *BAR* 23 (July 1997): 48-55는 아마도 계 16:16에 암시되어 있는 므깃도는 지진이 많이 일어나는 곳으로 유명했다고 말한다. 그러나 요한은 그의 청중들 대부분이 이것을 알았을 것으로 예상할 수 있었는가?

라진 "큰 성"(계 16:19)은 예루살렘을 가리킬 수도 있지만(그것이 11:8, 13의 "큰 성"이라면), 그러나 거기에서 성의 십분의 일만이 지진에 의해 무너졌다(만일 우리가 상세한 내용들을 문자적으로 주장한다면). 다른 "큰 성"은 바벨론인데, 이는 "큰 성 바벨론"(계 14:8; 17:5; 18:2) 혹은 "큰 성"(계 17:18; 18:10, 16, 18-21)으로 불리어지고 있다. 왜냐하면 바벨론은 이 일 직후에 "큰"으로 불리어지고 있기 때문이다(계 16:19). 이곳에서 분명히 염두에 두고 있는 것은 바벨론(로마)이다.[21] 그 성은 이제 하나님의 진노의 잔을 마시는데(계 14:8-10), 이는 성적으로 신실하지 않는 것을 묘사하는데 적절한 이미지이다(민 5:23-24).

어떤 사람들은 산들이 사라지는 것을 풍유화 하면서(계 16:20), 이들을 고대 이스라엘에서의 우상숭배와 연결시킨다(겔 6:3, 13-14). 그러나 그 다음에 섬들을 설명할 때에는 스스로 어려움에 처한다는 것을 알 수 있다(계 16:20).[22] 하지만 6:14에서처럼, 각 산과 섬이 제 자리에서 옮겨지는 것은 단순히 극적이고, 우주적인 심판의 이미지의 일부에 불과하며(사 42:15; 64:1-3; 나 1:5-6), 이는 특히 종말에 적절한 것이다(겔 38:19-20; 미 1:3-4; 슥 14:5; 에녹 1서 1:6-7).

8:7에서처럼, "우박"(계 16:21)은 애굽의 농작물에 내려졌던 재앙을 상기시키는데(출 9:18-34), 이는 들에 있는 것들을 죽일 만큼 맹렬한 것이었다(출 9:19). 그러나 이것은 종말에 내려지는 심판이며, 그리하여 우리는 "각 일백 파운드 정도" 되는 우박이 내리칠 때 그 누구든지 쉽게 죽일 정도가 되는지를 알기 위해 이를 현대 물리학으로 연구할 필요는 없다.[23] 그러나 예루살렘이 회개한 것과는 대조적으로(계 11:13), 바벨론에 거주하는 자들은 더욱 완악해져서 그들이 심판을 받을 때에도 더욱 하나님을 비방하는데(계 16:21), 이는 이전의 재앙들이 행해지는 동안에도 그들의 회개하지 않음으로서 아무 것도 배우지 못했음을 보여준다(계 16:11).[24] 세상은 죄 가운데 있으며, 그리하여 회개 하려고 하지 않는다.

---

21. 지진과 파르티아에 의해 바벨론이 멸망하는 것에 대해서는, 시빌의 신탁 5.34-44를 보라.
22. Caird, *Commentary on Revelation*, 209는 섬들을 유배에 대한 언급으로 주장하기도 한다(계 1:9). 그가 계 17:9에서 산을 바벨론과 연결시키는 것은 21:10에 있는 새 예루살렘과의 병행을 무시하는 것이다.
23. Ford, *Revelation*, 265는 Josephus, *War* 5.270-73에서 거의 이 정도 무게의 투석기 돌의 파괴력과 비교하고 있다.
24. Rissi, *Time and History*, 11도 이러한 대조를 강조한다.

상황잇기

심판들을 식별하는 것에 대하여. 심판들을 한 번에 하나씩 적용하도록 유혹을 받는 사람들은 어떤 심판들을 다른 심판들과 구별하는데 어려움을 겪을 수도 있다. 이 심판들을 구체적인 과거의 사건들과 연결시키려고 하는 것은 훨씬 더 어려운 일이다. 이것은 그러한 상호 관련성이 종종 시도되어왔다는 것을 부정하지는 않는다. 조나단 에드워즈(Jonathan Edwards)는 애굽에 행해진 재앙들과 적그리스도에 행해지는 재앙들 사이의 병행들을 인식하였으나, 그 첫째 대접은 "위클리프(Wyclif), 후스(Hus), 그리고 제2의 종교개혁을 한 프라하의 제롬(Jerome of Prague)에게 쏟아졌다"고 생각하였다.[25]

그러나 우리는 개별적 심판들의 순서를 너무 지나치게 해석해서는 안 된다. 이들은 하나의 시리즈로 해석되도록 의도된 것이다. 생각건대 이들은 시간표나 미리 쓰여 진 역사를 전달하는 것이 아니라, 하나님이 인간들에게 행하시는 일종의 심판들을 요약한다. 즉 출애굽에서 능력 있게 행동하셨넌 하나님은 또한 역사 속에서 여전히 행동하시는 하나님이시다. 하나님은 여전히 자신을 위해 선포할 그의 모세들을 가지고 계시지만(계 11:5-7), 바로와 같이 세상이 그의 마음을 강퍅케 하며 또한 백성들을 압제하기를 그치는 것을 거부하는 한 그의 심판들을 이 땅에 보내신다.[26]

19세기에 대부분의 프로테스탄트들은 동방의 왕들을 오스만 터키 족의 사람들 혹은 이스라엘의 잃어버린 지파들 중의 하나와 동일시하였다. 터키의 오토만 제국이 붕괴한 이후에는, 2차 세계대전이 진행되고 또한 끝날 때까지 일본이 에언 운동이 새롭게 좋아하는 동방의 왕들이 되었다. 일본이 패망하고 공산주의 국가인 중국이 등장하자, 이 "황화"(黃禍, yellow peril; 황색 인종이 서양 문명을 압도한다는 백인종의 두려움을 강조한 말-옮긴이)가 "동방에서 오는 왕들"의 현대적인 서구적 해석들의 새로운 배경이 되었다.[27] 이러한 시각에서, 공산주의 국가인 중국과 아시아의 남은 국가들의 침입은 남은 세상의 군대로 하여금 그들과 싸우도록 결집하는 일을 요구할 것이다.[28]

---

25. Peterson, *Preaching in the Last Days*, 232.
26. 후대 랍비들도 바로가 이스라엘에게 행했던 것에 대해서 하나님이 그를 치신 것으로 인식하였다(*Num. Rab.* 10:2).
27. Kyle, *The Last Days*, 111; 오스만 터키 족에 대한 개혁자들의 견해에 관해서는(이들을 적그리스도와 동맹인 곡과 동일시한다) ibid., 61을 보라.

이러한 관점은 유브라데 강이 지중해 세계에 살고 있는 고대의 청중들에게 무엇을 의미하였는지에 대한 총체적인 이해가 부족했다는 것을 반영한다. 분명히 말해서, 파르티아는 더 이상 왕국이 아니었다. 하지만 지리적으로 상응하는 것은 중국보다는 이란과 이라크에 더 가까울 것이다. 중국의 군사력은 분명히 가동할만한 것이며, 또한 미래의 전쟁에서 중국의 역할을 배제할 수는 없다. 그러나 내가 말하는 요점은 일반적으로 동아시아나 남아시아의 역할 또는 특히 중국의 역할을 암시하는 것은 본문에 나오지 않는다는 것이다. "동방에서 오는 왕들"을 이런 식으로 해석하는 것은 세계 권력의 현재 판도가 최종적인 것이라는 가정 하에 기초한 무차별적인 추측에 불과하며, 또한 이 표현이 고대 세계에서 어떻게 사용되었는지에 대한 가장 기본적인 지식을 충분히 알고 있지 못해서 이런 오해가 일어나는 것이다.

편견을 줄이기. 우리 문화 속에 있는 많은 사람들이 반 아시아적 편견을 품고 있으며, 그리하여 우리는 그러한 편견을 조장하지 않기 위해서 성경 본문들을 어떻게 유기적으로 연관시켜 적용할 것인가에 대해 신중할 필요가 있다. 그러한 편견에 대한 하나의 예로서, 우리는 중국계 미국인 빈센트 친(Vincent Chin)을 들 수 있는데, 그는 27세 때에 9일 동안 결혼식을 치렀다. 이전에 디트로이트 크라이슬러 자동차 회사 노동자들이었던 사람들은 친이 일본 사람인 줄 잘못 알고서 자신들을 해고한 것에 대해 일본을 비난하면서 친을 야구 방망이로 때려서 죽여 버렸다. 그가 죽으면서, 그는 "이건 잘못된 일이야"라고 진정으로 항변하였다. 비록 그 노동자들이 나중에 중형을 받았음에도 불구하고, 1심에서 그 살인자들은 단지 집행유예 3년과 각 사람에 대해 벌금 3,780달러의 선고를 받았다.[29]

동시에, 지리적으로 좀더 적절하지만, 이란이나 이라크에 구체적으로 적용을 해보는 것도 역시 문제가 있다. 이것이 역사의 모든 세대에 대해 의미가 있는 것이 아니라는 것은 분명하다. 그것은 몇 가지 문제에 있어서 요한이 단순히 파르티아를 일반적으로 무서운 침략을 상징하기 위해 사용하고 있는지 아니면 보다 구체적으로 유브라데 강을 건너서 문자적으로 침략하는 것에 적용을 하고 있는지에 달려 있다. 분명히 9:14-19의 "파르티아"는 상징적인 복합적 심판들이지만, 그러나 보다 구체적인 침략은 여기서 가능하다. 즉 지리적으로 거룩한 땅은 분명히 동방의 침략을 허용하고 있다. 침략의 원리는 분명한 반면, 많은 성경적 예언들이 어떻게

28. Lindsey, *New World Coming*, 225; Jack T. Chick, *Kings of the East* (Chino, Calif.: Chick Publications, 1975).
29. Andrew Sung Park, *Racial Conflict and Healing* (Maryknoll, N.Y.: Orbis, 1996), 16-17.

성취되어질 것인가 하는 방식은 성취가 이루어지기까지는 불분명하다. 하여튼 그리스도인들로서 우리는 그리스도께서 위해서 죽으신 어떤 사람들에 대한 증오를 조장하여, 로마에 대한 요한의 공포 이미지를 편견을 위한 유혹으로 바꾸지 않도록 조심할 필요가 있다.

어떤 보수적인 침례교 작가는 1991년 이라크와의 전쟁이 우리가 지상적인 충성보다 더 높은 하늘 시민권을 가지고 있다는 것을 상기하도록 자신에게 도전을 주었다고 언급하였다. 그의 친구들 중 한 사람이 미군 군목이었으며 그리고 또 한 사람은 전쟁이 시작되었을 때 바그다드에서 이라크 태생의 그리스도인 노동자였다. 그는 기도해야 할 두 나라의 친구들이 있었던 셈이다.[30] 어쨌든 성경은 하나님께서 단지 "동방에서 오는 왕들"만이 아니라, 이 심판을 위해 모든 나라들을 모으실 것임을 암시하고 있다(계 16:14; 참조. 욜 3:10-16).

현대적 의미

신적인 심판과 그 심판의 목적. 이 단락은 하나님의 심판이 의롭다는 것을 선언하고 있다. 세상은 하나님의 자녀들을 압제하고 있으며 그리고 왜 그렇게 많은 고난을 받아야 하는지에 대해 의아하게 생각하고 있다. 오늘날 많은 사람들은 신적인 심판에 대해 이야기하는 것을 좋아하지 않는다. 그들이 볼 때, 그것은 어떤 신적인 존재가 하는 일이 아니라는 것이다. 그러나 산타클로스 신학은 "악의 실재에 대처할 수 없으며" 혹은 겉으로 보기에 아무런 의미가 없는 고난이라는 것이다. 하나님은 친절하시지만 결코 변치 않는 분이 아니라는 것(많은 자유주의자들이 주장해왔듯이)은 고난으로 가득 찬 세상에 "대해 하나님의 전능하심과 주재권을 부정하는 것"이다. 하나님께서 그들 안에 어떤 목적을 가지고 계신다는 확신이 없이 그러한 고난에 직면하는 것은 결국 운명론에 이르게 된다.[31] 세상에 대해 집합적인 심판을 결코 가하지 않으시는 하나님은 성경에서 말하는 하나님이 아니라, 우리가 스스로 만든 하나의 우상이다. 토저(A. W. Tozer)가 말했듯이, "하나님이 의롭게 행동하실 때 그분은 어떤 독립적인 기준을 따르기 위해 그렇게 하시는 것이 아니라, 단순히 어떤 주어진 상황 속에서 그분 자신처럼 행동하고 있을 뿐이다."[32]

---

30. A Charles Ware, *Prejudice and the People of God* (Indianapolis: Baptist Bible College of Indianapolis, 1998), 77.
31. J. I. Packer, *Knowing God* (Downers Grove, Ill.: InterVarsity, 1993), 160.
32. A. W. Tozer, *The Knowledge of the Holy* (New York: Harper & Row, 1961), 93. 심판에 대해 더 많은 것

이것은 개인적인 차원에서 일어나는 각각의 고난이 어떤 심판을 구성한다는 것을 말하는 것이 아니다. 한 사람이 심판으로서 어떤 특별한 종류의 심판을 경험할 수 있는 반면 다른 사람들은 믿음을 검증하는 것으로서 동일한 종류의 고난을 경험할 수도 있는 것이다. 고난 그 자체가 이러한 목적을 드러내는 것이 아니라, 우리가 그 고난의 목적에 대한 이해를 우리에게 주실 수 있는 하나님에 대해 관심을 가질 것을 요구하고 있는 것이다(계 6:1-8에 대한 《현대적 의미》를 보라).

하나님은 압제 당하는 그의 백성들을 변호하실 뿐만 아니라(계 6:9-11; 8:3-6), 또한 세상의 관심을 끌어 그들로 하여금 회개할 수 있는 기회를 제공하시기 위해 심판들을 행하신다(계 16:9, 11, 21). 그들이 심판을 당할 때에도 많은 사람들이 회개를 하지 않는다는 것은 그리 놀라운 일이 아니다(계 16:9). 비행기 추락 사고에서 생존한 한 사람이 자세히 말하기를, 그는 늘 죽어가고 있는 사람들이 마지막 순간에는 긍휼을 베풀어 주실 것을 하나님께 간청할 것으로 예상했지만, 그러나 그는 많은 사람들이 오히려 저주를 하는 것으로 반응하는 것을 들었다고 언급을 하고 있는데, 이는 자신들의 삶을 이런 일을 하면서 보낸 습관을 따르고 있는 것이다. 하나님께서 공의로 행동하시든 아니면 긍휼하심으로 행동하시든 간에, 어떤 사람들은 믿기를 거부한다(계 16:9). 그들은 임박한 심판에 대한 여호와의 훈계를 농담으로 여겼던 악한 자들과 같으며(창 19:14), 그리고 롯이 동성애 강간을 막으려고 애를 썼을 때, 오히려 롯이 그들의 법관이 되려고 하는 것으로 비난을 받았다(창 19:9).

하나님의 심판에도 불구하고 세상이 회개하지 않고 죽는 것(계 16:9, 11, 21)은 하나님을 거스르는 인간 반역의 완고함과 그 깊이를 보여주고 있다. C. S. 루이스는 동일한 종류의 요점을 설명하면서, 그들의 삶 전체에서 죄를 짓는 사람들은 그들이 하나님으로부터 영원한 소원(疏遠)으로 추방을 당한 이후에도 생명을 선택하지 않을 것으로 가정하였다.[33] 이러한 관점이 우리가 성경에서 지옥에 대해 이해하고 있는 것과 문자적으로 일치하지는 않지만, 현재의 삶에서 하나님으로부터 멀리 떨어져 있기를 원하는 사람들에 대한 요점을 보여주고 있다.

선전과 진리. 짐승들이 하나님 및 그의 백성들과 마지막 전쟁을 치르기 위해 열국들을 모으기 위한 악한 선전을 유포하고 있다는 것(계 16:13; 참조. 13:1, 6)은

들은 계 8:7-12의 《현대적 의미》 단락을 보라).

33. C. S. Lewis, *The Great Divorce* (New York: Macmillan, 1946), 특히 6-9.

현 세상에서 그리스도인으로서 우리의 경험, 즉 직업, 학문, 혹은 비방으로 가득 찬 교회 안에서 우리가 겪고 있는 경험과 일치한다. 가족 구성원들을 학대하는 것과 같은 끔찍한 범죄들은 엄연한 실재이긴 하지만, 그러나 내가 잘 알고 있는 두 세 경우에서처럼, 거짓 고소들로 인하여 경건한 지도자들의 명성이 더럽혀지고 있을 때 그 죄는 더욱 악화된다. 이러한 범죄들의 공포는 너무나도 크기 때문에 피고는 때때로 "회복된 기억"에 근거하여 그 증거가 평가를 받기도 전에 유죄로 판결을 받는 경우가 종종 있다.[34] 만일 거짓 고소들이 보다 작은 차원에서 사람을 무너뜨릴 수 있다면, 보다 큰 차원에서 일어나는 거짓 고소들이 우리를 놀라게 해서는 안 된다.

종종 속임수는 그들의 불의를 감추기 위해 혹은 세상 사람들로 하여금 "진리가 양 쪽에" 있을 수 있다는 것을 생각하도록 하기위해 압제자들에 의해(아내 혹은 자녀 학대자들, 강간범들, 도둑들, 독재자들, 테러리스트들) 사용되고 있다. 때때로 다양한 측면에 진리가 있기 때문에 그리고 상대주의적인 문화 때문에 진리가 주장하는 것에 대해 점차 회의적으로 되어가고 있기 때문에, 압제자들은 도덕적으로 모호한 인식을 하게 되며, 또한 불의로 원수를 갚은 자들이 모호한 말을 하게 되는 것이다. 그리스도인들은 속임수를 드러내기 위해 노력해야 하며(엡 5:11-13) 그리고 속임수와 불의에 직면하여 모호하게 말해서는 안 된다.[35]

한창 냉전 중이었을 때 미국의 지도자들은 소비에트 연방을 심히 악한 제국으로 묘사하였다. 소련이 붕괴한 이후 러시아는 미국이 기업 투자를 하기 위한 여건이 되었으나, 다양한 확장주의 정책을 펴는 중동 정권들과 이슬람 테러리스트들이 주요 대적이 되었다. 비록 진정한 악이 이런 곳에 존재하고 있음에도 불구하고, 이 악은 모든 소비에트 연방 국가들 혹은 모든 무슬림들이 비슷하게 보이도록 풍자화 될

34. "Anatomy of an Abuse Case," *NW* (July 26, 1993), 52-53; "Was It Real or Memories?" *NW* (March 14, 1994), 54-55; "Misty, Watercolored Memories," *NW* (Dec. 13, 1993), 68-69; John Meacham, "Trials and Troubles in Happy Valley," *NW* (May 8, 1995), 58-60; 그리고 메넨데즈 형제들에 대한 1990년대의 이야기를 보라. 아울러 Reinder Van Til, *Lost Daughters: Recovered Memory Therapy and the People It Hurts* (Grand Rapids: Eerdmans, 1997), 그리고 그가 인용하는 자료들을 참조하라. 또 다시 우리는 진정한 남용의 끔찍한 영향력을 경시하고 있지 않는데, 이러한 영향력은 일반적이다.

35. 권력에 있어서 독재자들과 다른 사람들에 의한 억압의 해결책에 대해서는 Gary Haugen, *Good News About Injustice* (Downers Grove, Ill.: InterVarsity, 1999), 142-53을 보라. 압제자들이 모호한 말을 하도록 속임수를 사용하는 것에 대해서는 ibid., 129-41을 보라. 나이지리아의 한 육군 대령은 그가 거짓으로 전 국가원수를 비난했다고 말하기까지 고문을 받았으며, 나중에는 독재자 아바차(Abacha) 치하에서 투옥되었다(Olusegun Obasanjo, *Guides to Effective Prayer* [Abeokuta: Olusegun Obasanjo, 1998], 7-8을 보라).

수 있다. 언론의 자유가 있는 미국에서도, 진실은 특히 전쟁의 시기에 사람들이 한 마음을 가지고서 행동하도록 사람들을 자극하기 위해 교묘하게 조작될 수도 있다.

하지만 우리 그리스도인들은 사랑하도록 부르심을 받은 사람들이다. 우리가 실제로 정치권에 대해 알고 있는 것은 참고 받아들이면서 여전히 정치권 안에서 사람들이 억눌림을 당하고 있는 것을 모를 수 있다는 말인가? 무슬림들은 종종 기독교에 대해 거짓된 것을 들으면서 자란다. 사우디아라비아의 한 사업가는 그가 성장하면서 기독교에 대해 들었던 거짓된 선전에 대해 내가 대답을 한 후에야 그는 기독교에 대한 반대를 더 이상 하지 않았다. 인종과 종족들은 종종 진실된 혹은 거짓된 잔인한 이야기들로 서로 대립하기도 했지만, 때때로 대량학살 반대에 이르게도 했다.[36] 속임수는 이 세상에서 치명적인 놀이이며, 그리하여 그리스도인들은 진리를 드러내기 위해 부지런히 노력하지 않으면 안 된다.[37]

우리는 하나님 앞에서 아무 것도 아니다. "큰 성"(계 16:19)은 심판에 직면한다. 큰 성은 그 화려함에 있어서 세상을 나타낸다. 애굽, 앗수르, 팀북투(아프리카 서부의 말리 중부에 있는 도시-옮긴이), 그리고 다른 제국들의 힘은 이제 기억 속으로 사라졌으며, 또한 옛 대영제국과 소비에트 연방의 영광도 재빠르게 사라지고 있다. 가장 장엄한 인간 권력도 하나님 앞에서는 기껏해야 건방진 것에 불과하며 아무 것도 아니다. 따라서 우리는 하나님 앞에서 아무 것도 아니라는 것을 기억하는 것이 좋으며(고전 8:2; 고후 12:11; 갈 6:3), 그리하여 우리는 오로지 하나님의 능력에 의존해야 하는 것이다(고후 12:9-10; 13:4).

---

36. 예를 들면, 세르비아와 보스니아에서 오래토록 기억에 남은 일들(그곳의 경박한 종교적 선전에 대해서는 Michael Sells, "Bosnia: Some Religious Dimensions of Genocide," *Religious Studies News & Notes* (May 1994), 4-5), 혹은 아프리카에서 식민지주의를 촉진한 백인 우월론자의 이데올로기(Glenn Usry and Craig Keener, *Black Man's Religion* [Downers Grove, Ill.: InterVarsity, 1996], 25-26을 보라)를 생각해보라.

37. 그리스도인들은 설득의 윤리적 형태들에 관여해야 한다. Em Griffin, "Winning Over: How to Change People's Minds," *Eternity* (May 1976), 29-34; Duane Litfin, "The Perils of Persuasive Preaching," *CT* (Feb. 4, 1977), 14-17; Raymond W. McLaughlin, *The Ethics of Persuasive Preaching* (Grand Rapids: Baker, 1979)에 있는 토론들을 참조하라.

요한계시록 17:1-18

1 또 일곱 대접을 가진 일곱 천사 중 하나가 와
서 내게 말하여 이르되 이리로 오라 많은 물
위에 앉은 큰 음녀가 받을 심판을 네게 보이
리라
2 땅의 임금들도 그와 더불어 음행하였고 땅에
사는 자들도 그 음행의 포도주에 취하였다
하고
3 곧 성령으로 나를 데리고 광야로 가니라 내
가 보니 여자가 붉은 빛 짐승을 탔는데 그 짐
승의 몸에 하나님을 모독하는 이름들이 가득
하고 일곱 머리와 열 뿔이 있으며
4 그 여자는 자주 빛과 붉은 빛 옷을 입고 금과
보석과 진주로 꾸미고 손에 금 잔을 가졌는
데 가증한 물건과 그의 음행의 더러운 것들
이 가득하더라
5 그의 이마에 이름이 기록되었으니 비밀이라,
큰 바벨론이라, 땅의 음녀들과 가증한 것들
의 어미라 하였더라
6 또 내가 보매 이 여자가 성도들의 피와 예수
의 증인들의 피에 취한지라 내가 그 여자를
보고 놀랍게 여기고 크게 놀랍게 여기니
7 천사가 이르되 왜 놀랍게 여기느냐 내가 여
자와 그가 탄 일곱 머리와 열 뿔 가진 짐승의
비밀을 네게 이르리라
8 네가 본 짐승은 전에 있었다가 지금은 없으
나 장차 무저갱으로부터 올라와 멸망으로 들
어갈 자니 땅에 사는 자들로서 창세 이후로
그 이름이 생명책에 기록되지 못한 자들이
이전에 있었다가 지금은 없으나 장차 나올
짐승을 보고 놀랍게 여기리라
9 지혜 있는 뜻이 여기 있으니 그 일곱 머리는
여자가 앉은 일곱 산이요
10 또 일곱 왕이라 다섯은 망하였고 하나는 있
고 다른 하나는 아직 이르지 아니하였으나
이르면 반드시 잠시 동안 머무르리라
11 전에 있었다가 지금 없어진 짐승은 여덟째
왕이니 일곱 중에 속한 자라 그가 멸망으로
들어가리라
12 네가 보던 열 뿔은 열 왕이니 아직 나라를 얻
지 못하였으나 다만 짐승과 더불어 임금처럼
한동안 권세를 받으리라
13 그들이 한 뜻을 가지고 자기의 능력과 권세
를 짐승에게 주더라
14 그들이 어린 양과 더불어 싸우려니와 어린
양은 만주의 주시요 만왕의 왕이시므로 그들
을 이기실 터이요 또 그와 함께 있는 자들 곧
부르심을 받고 택하심을 받은 진실한 자들도
이기리로다
15 또 천사가 내게 말하되 네가 본 바 음녀가 앉
아 있는 물은 백성과 무리와 열국과 방언들
이니라
16 네가 본 바 이 열 뿔과 짐승은 음녀를 미워하
여 망하게 하고 벌거벗게 하고 그의 살을 먹
고 불로 아주 사르리라
17 이는 하나님이 자기 뜻대로 할 마음을 그들
에게 주사 한 뜻을 이루게 하시고 그들의 나
라를 그 짐승에게 주게 하시되 하나님의 말
씀이 응하기까지 하심이라
18 또 네가 본 그 여자는 땅의 왕들을 다스리는
큰 성이라 하더라

원 의미

이제 요한은 하나님의 진노의 대접에서 나타난 하나님의 일반적인 심판의 주제로부터(계 16장) "많은 물 위에 앉은 큰 음녀"(계 17:1)로 묘사된 "큰 성 바벨론"(계 16:19)에 대한 구체적인 심판으로 나아간다.

음녀들의 어미(17:1-5)

한 천사가 요한에게 음녀가 받을 심판을 "보여주기" 위해 요한에게 "이리로 오라"고 명령한다(계 17:1). 그 다음 천사는 요한을 "성령으로" 데리고 가는데(계 17:3; 참조. 겔 8:3; 11:1, 24), 마찬가지로 나중에 천사는 요한에게 음녀와 대조되는 신부를 보여주며(계 21:9), 또한 그를 "성령으로" 데리고 간다(계 21:10).[1] 여기서 요한은 음녀의 음행으로 여러 나라를 취하게 한 상류 계층의 음녀를 보지만(계 17:2), 그러나 음녀 자신이 성도들의 피에 취해 있다(계 17:6). 이러한 이미지는 전체적 관점으로 볼 때 악한 제국의 본질적인 끔찍함을 보여주는 것으로 생각된다. 고대에 사람을 잡아먹는 풍습의 공포는 컸으며, 그리고 인간을 잡아먹는 것으로 여겨진 키클롭스(Cyclops, 그리스신화에서 시칠리아에 살았던 외눈박이의 거인-옮긴이)와 같은 상상의 생물은 이교도들에게조차도 불쾌감을 일으켰다.[2] 머리들, 뿔들, 그리고 하나님을 모독하는 이름들 등은 이 짐승을 용 및 짐승에 대해 앞에서 나온 환상을 연결시킨다(계 17:3; 참조. 12:3; 13:1).

구약의 예언자들은 종종 이스라엘을 여자로 묘사하였는데, 순결할 때에는 하나님의 신실한 신부로(예를 들면, 사 54:5-6; 62:5; 호 2:19-20) 혹은 하나님께 불성실할 때에는 음녀로(예를 들면, 레 17:7; 사 1:21; 렘 3:1; 겔 16:20) 묘사하였다.[3] 요한계시록은 두 도시, 즉 예루살렘과 바벨론을 신부와 음녀로 각각 대조하고 있다(계 17:5; 21:2). 구약성경의 두 곳에서, "음녀"는 이스라엘, 유다, 혹은 예루살렘이 아니라 악한 세계 제국인데, 니느웨 혹은 두로였다. 니느웨는 여러 나라를 그

1. 천사들이 환상가들을 위로 데려가는 것에 대해서는, 에녹 1서 17:1; 바룩 2서 6:3-4; 아브라함의 유언 10B; 스바냐의 묵시 2:1 등을 보라. 겔 8:2-3을 참조하라. "보여주는 것"에 대해서는 계 1:1; 4:1; 21:9-10; 22:1, 6을 참조하라.

2. 사람 고기를 먹는 것에 혐오감을 가지는 것에 대해서는 Herodotus, *Hist.* 1.123, 129; Diodorus Siculus, 34/35.12.1; Achilles, 5.5를 보라.

3. 후대에 이스라엘을 신실한 아내 혹은 불성실한 아내로 대조하는 것에 대해서는 *Pes. Rab Kah* 19:4를 보라.

의 음행과 마술로 미혹할 것이다(나 3:4; 계 18:23에 대한 설명을 보라). 그리고 두로는 "지면에 있는 열방"과 음란을 행할 것이지만(사 23:17), 그의 부는 결국 의인들을 위해 쌓아놓는 것이 될 것이다(사 23:18).

여기서 여왕에 대한 이미지의 배경은 이세벨의 이교가 하나님의 선지자들을 억압한 것에서 찾아볼 수 있다. 그녀는 요한계시록 2:20-22에서 "음행"으로 인하여 정죄를 받았다. 그러나 바벨론은 이사야 47:5-7에서 여왕으로 앉아 있다. 문자적 바벨론 역시 "많은 물" 가에 살았다(렘 51:13). 그러나 대부분의 부유한 고대의 도시들(티베르 강가에 있었던 로마를 포함하여)은 물을 가지고 있었다. 여기서 열방을 나타내는 "물"은 아마도 로마의 국제적인 권력을 암시할 것이다.[4]

마찬가지로, 이방의 수사학은 사람의 조상들이나 고향을 여자로 인격화하여 종종 상상하곤 했다.[5] 동전과 다른 수공예품은 대체로 도시를 강가에서 왕좌에 앉아 있는 부유한 여신으로 묘사하고 있다.[6] 예를 들면, 도미티안의 아버지가 다스릴 당시에 나왔던 동전은 일곱 언덕 위에 앉아 있는 여신 로마(Roma, 이 여인은 로마의 권력을 의인화하였다)를 포함하였다(계 17:9 참조).[7] 공식적인 국가 예배는 황제숭배뿐만 아니라 여신 로마를 숭배하는 것을 포함하였다. 어떤 학자들은 여기서 바벨론이 예루살렘을 부분적으로 상징한다고 주장하였다.[8] 다른 학자들은 문자적으로 바벨론이 소생할 것으로 예언하고 있다고 주장한다.[9] 하지만 특히 일곱 언덕이

---

4. 유대교 해석학자들은 사 17:12-13에 근거하여 물과 "많은 나라들"을 동일시할 수 있었다(T. W. Manson, *On Paul and John: Some Selected Theological Themes*, SBT 38 [London: SCM, 1963], 102는 *Song Rab.* 8:6-7을 인용하고 있다). 바벨론이 부도덕으로 얼마나 광범위하게 명성을 얻고 있었는가 하는 것은 확실하지 않다(Herodotus, 1.99). 시빌의 신탁 8.194는 아마도 요한계시록의 이미지를 빌려온 듯하다.

5. Demetrius, *On Style* 5.265.

6. Ford, *Revelation*, 277; 가장 상세한 것으로는 Aune, *Revelation*, 3:920-22는 923-27페이지에서 *ekphrasis* 장르의 요소들을 규명해내고 있다.

7. Robert Beauvery, "L'Apocalypse au risque de la numismatique. Babylon, la grande Prostituée et le sixième roi Vespasien et la déesse Rome," *RevBib* 90 (April 1983): 243-60. 그러나 그가 로물루스를 양육한 암 이리(*lupa*)의 이미지와 부도덕한 여인에 대한 다른 라틴어 의미를 연결시킨 것(Aune, *Revelation*, 3:929에서도 마찬가지이다)은 아마도 이전의 가르침으로 인하여 요한의 청중들에게 생각이 났을 것이다.

8. Corsini, *Apocalypse*, 200을 보라. Iain Provan, "Foul Spirits, Fornication and Finance: Revelation 18 From an Old Testament Perspective," *JSNT* 64 (1996): 81-100은 계 18장의 구약성경 이미지들에서 예루살렘을 보고 있다. 그러나 요한계시록은 분명히 그 이미지들의 많은 것들을 은유적인 계승자들로 재적용하고 있다(예를 들면, 두로를 종말의 바벨론으로 묘사하는 것). 그리스도인들은 예루살렘에서 종교적 박해자들에 대한 초기의 감정들을 로마에 재 적용했을 지도 모른다. 이와 대조적으로 S. G. F. Brandon, *Jesus and the Zealots* (New York: Charles Scribner's Sons, 1967), 60 n. 3은 이것이 반로마적 증오심으로 끓어오르는 어떤 유대교적 자료를 반영한다고 주장한다.

9. 문자적 바벨론에 대해서는 Dyer, "Identity"를 보라.

위치해 있는 관점에서 볼 때(계 17:9), 대부분의 주석학자들은 본문이 로마를 뛰어넘는 것처럼 보이든 그렇지 않든 간에, 로마를 염두에 두고 있다는 것을 인식하고 있다. 주석학자들도 종종 인정하고 있듯이, 음녀 바벨론은 신부인 새 예루살렘과 의도적으로 대조를 이루고 있다.[10] 다른 주석학자들도 역시 시온과 바벨론을 대조시키고 있는데, 바벨론의 부를 한탄하지만 그 바벨론의 심판을 기대하고 있다(바룩 2서 11:1-3; 에스라 4서 3:29, 31).

음녀와 음행을 행한 "땅의 임금들"(계 17:2)은 음녀와 함께 고난을 받을 것이다. 일부 고대 작가들은 왕들(kings)이라는 말을 어떤 부유한 자들에 대해 사용하였지만, 그 표현은 로마 권위의 지방 대리인으로 그들 백성들을 다스렸던 예속 통치자에 훨씬 더 적절하였다(아울러 계 17:12, 16, 18을 참조하라).[11] 그리하여 여기서 바벨론은 로마이지만, 특히 "제국의 사람들에게 부패하게 하는 영향력으로서"이다. 로마의 경제력과 정치력이 로마를 국제적인 우상숭배와 부도덕을 만연시키는 수단으로 만들었다.[12] 로마에 대한 이러한 묘사를 요한의 청중들 대부분은 잘 알고 있었을 것이다. 그리하여 유대교의 시빌의 신탁 몇 부분은 로마가 그들의 많은 고객들, 즉 로마가 유혹하고 있었던 동방의 왕들과 함께 술에 취한 결혼식에 대하 불평하고 있다(시빌의 신탁 3.356-59).

여자가 "일곱 머리와 열 뿔"이 있는 "붉은 빛 짐승"을 타고 있다는 것(계 17:3)은 이 짐승을 일곱 머리와 열 뿔을 지니고 있는 붉은 용(계 12:3)뿐만 아니라 로마(계 13:1)와도 동일시하고 있다. 이러한 동일시는 로마를 "사탄의 화신"으로 부르는 것과 같다. 이것은 또한 이 짐승을 하나님 자신에 의해 멸망을 받기로 예정되어 있는 마지막 악한 제국과도 동일시하고 있다(단 7:7, 20, 24).[13]

여러 가지 의미로, 바벨론은 "아주 멋진 옷차림을 하고 있다." 그녀가 자주 빛과 붉은 빛 옷을 입고 있다는 것(계 17:4)은 그녀의 부를 나타낸다. 왜냐하면, 자주 물감은 매우 비쌌으며, 그리하여 전체적으로 자주 빛 옷은 특히 일류 음녀와 연관되

---

10. 이곳에 나오는 로마에 대해서는 F. F. Bruce, *The Message of the New Testament* (Grand Rapids: Eerdmans, 1981), 86; Michaels, *Revelation*, 196을 보라. 대조적인 것으로는 Paul S. Minear, "The Cosmology of the Apocalypse," 23-37 in *Current Issues in New Testament Interpretation*, ed. W. Klassen and G. F. Snyder (New York: Harper & Row, 1962), 30을 보라.
11. Ramsay, *Letters to the Seven Churches*, 94를 보라.
12. Bauckham, *Climax of Prophecy*, 343.
13. 시빌의 신탁 3.396-400은 다니엘의 이미지를 알렉산더 이후의 헬라 왕들에게 적용하고 있는 것이 분명하다. 어떤 사람들은 붉은 빛 짐승을 속죄양에게 비교하기도 하는데(레 16:8-26; Ford, *Revelation*, 277), 아마도 붉은 암송아지와 합체했을 것이다(민 19:2).

어 있다.[14] 그녀가 꾸미고 있는 금, 보석, 그리고 진주(계 17:4) 등은 이러한 부에 대한 묘사를 하는데 더욱 기여를 하고 있으며(계 18:12, 16), 뿐만 아니라 그 길이 정금이며 문은 진주로 되어 있으며, 그리고 성곽의 기초 석은 보석들로 되어 있으며, 금으로 만들어진 하나님의 도성과 절박한 대조를 강화하는데 도움을 주고 있다(계 21:18-21). 진정한 그리고 궁극적인 부는 바벨론과의 무역에서 오는 것이 아니며, 짐승과 물건을 사고파는 데서 오는 것이 아니라(계 13:17; 참조. 시 73:6), 예수님의 약속을 위해 세상적 부를 포기하는데서 나온다(계 3:17-18).

어떤 붉은 빛 옷이나 금으로 꾸민 것도 이렇게 성적으로 부정한 인물을 그녀 자신의 연인들에 의해 궁극적으로 거절과 죽임을 당하는 것을 막을 수가 없다(계 17:16; 참조. 렘 4:30). 그녀의 이마에 기록된 이름은 요한계시록 19:12-13에서 예수님에게 기록된 이름과 대조를 이룬다. 아마도 그 이름이 그녀의 이마에 있다는 것은 이 여자와 13:16의 표를 연결시키며 또한 (만일 본문이 정확하게 이해되고 있다면) 그들의 머리띠에 자신들의 이름이 있었던 로마의 창녀들과도 병행을 이루고 있을 것이다.[15] 요한과 그의 독자들은 로마가 제사장들에 의해 사용된 "비밀" 이름을 가지고 있었으며, 최소한 어떤 사람들은 이를 '아모르'(*Amor*, Roma의 철자를 거꾸로 한 것), 즉 "사랑"(Love)이라고 생각했다는 것도 가능한 일이다(비록 확실한 것은 결코 아니지만). 그리하여 요한계시록은 음녀의 이미지로 이것을 패러디한 것이다.[16] 하여튼 "음녀들의 어미"로서(계 17:5), 그녀는 음녀들의 원형이며, 또한 이 음녀는 전체 동업자들이 본으로 삼고 있는 탁월한 음녀로서, 그리하여 세상이 하나님을 대적하고 있는 것이다.

---

14. 부와의 관련성에 대해서는, 예를 들면, Lucretius, *Nat.* 5.1423; Horace, *Ode* 1.35.12; 2.18.7-8; 마카비 1서 10:20, 62, 64; 14:43-44; 시빌의 신탁 8.74 등을 보라. 일부 저자들은 부를 낭비하는 것에 불평하였다(Seneca, *Dial.* 12.11.2; Plutarch, *T.T.* 3.1.2, *Mor.* 646B; 에녹 1서 98:2의 몇몇 사본들). 창녀들의 자줏빛 의복에 대해서는 Ps-Melissa, *Letter to Kleareta* (in Malherbe, *Moral Exhortation*, 83을 보라.

15. Bauckham, *Climax of Prophecy*, 344; Mounce, *Revelation*, 310; 그러나 이를 지지하는 언급들은 의심스럽다. 후대의 일부 그리스도인들은 기록된 그 이름을 문자적으로 해석하기도 하였다 (Gr. Ezra 4:31). 음녀의 이마(아마도 뻔뻔함을 나타내는; 참조. 사 48:4; 겔 3:8-9)의 의미에 대해서는, 렘 3:3; 호 2:2를 보라. 이 시기에 일부 유대인들은 이를 노출된 머리에 적용하기도 했는데, 이는 성적인 능력을 나타낼 수도 있었다 (C. S. Keener, "Head Coverings," in *Dictionary of New Testament Background*, ed. C. Evans and S. Porter [Downers Grove, Ill.: InterVarsity, 2000).

16. Aune, *Revelation*, 3:926-27, 증거 자료와 함께. 이 전승은 로마가 아에네아스(Aeneas)를 통하여, 사랑의 여신 비너스의 후손이라고 주장하는 것과 일치한다.

산들과 왕들로서 일곱 머리(17:6-11)

로마가 그의 음행으로 다른 사람들을 술에 취하게 만들었을 때에(계 17:2), 그녀는 또한 성도들의 피에도 취하였다(계 17:6; 참조. 18:20-24). 고대 저자들은 음녀를 종종 술꾼으로 묘사하였지만, "피에…취하였다"는 것은 단순히 성가신 이런 이미지에서 무서운 이미지로 바꾸어버린다.[17] 피를 마신다는 이미지는 유대인들에게는 섬뜩한 것이지만(레 17:14; 신 12:23), 무서운 신탁에서 전례가 없는 것이 아니다(신 32:42; 사 49:26; 겔 39:19).[18] 요한 당시에 많은 성도들이 네로 치하에서 순교를 당하였지만 아마도 도미티안 치하에서는 순교를 당한 사람들이 그렇게 많지 않았을 것이다(계 2:13). 하지만 그 다음 수세기 동안, 더 많은 사람들이 순교의 죽음을 당하였는데, 이는 특히 로마의 관중들을 즐겁게 하기 위한 것이었다.[19] 환상가들은 종종 그들이 보고 있는 것을 설명해 달라고 천사들 혹은 다른 존재들에게 요청하곤 하였지만(예를 들면, 단 12:8; 바룩 2서 38:3), 그러나 요한은 단순히 놀랐으며, 이것이 천사가 반응하도록 만든다(계 17:6-7). 놀랍게 여긴다는 이 표현은 놀라운 일을 감상하는 것을 암시할 수 있는 것으로서 억제를 필요로 한다(계 13:3; 15:1; 17:8). 그러나 그 음녀가 취한 것을 요한이 알고 있다는 것을 감안하면, 요한의 감상이 실제적인 것인지는 의심스럽다.

천사가 여자와 짐승의 비밀을 설명하고 있기 때문에(계 17:7-18), 가장 순수한 신비한 모습만은 여전히 남아 있다. 여러 다양한 방식으로, 짐승은 로마와 동일시되고 있다("비밀"에 대해, 계 1:20에 대한 설명을 보라).[20] (1) 여자는 일곱 산 위에 앉아 있다(계 17:9). 로마도 대개 이러한 방식으로 묘사되고 있다. (2) 바벨론의 지도자는 분명히 새로운 네로이다(계 17:8-11). 비록 네로가 파르티아와도 연관성이

---

17. Aune, *Revelation*. 3:937에 있는 자료들을 보라.
18. 에녹 1서 62:12를 참조하라. Mounce, *Revelation*, 310은 이 숫자를 사용한 로마의 저자들을 인용 한다(Suetonius, *Tib.* 59; Pliny, *N.H.* 14.28; Josephus, *War* 5.344).
19. Ramsay, *Letters to the Seven Churches*, 94-95; 아울러 Eusebius, *Book of Martyrs* 6 (Agapius); William H. C. Frend, *Martyrdom and Persecution in the Early Church* (Garden City, N.Y.: Anchor, 1967); idem. "Evangelists to the Death," *Christian History* 57 (1998): 31-33; Paul Keresztes, *Imperial Rome and the Christians* (Lanham, Md.: Univ. Press of America, 1989)를 보라. Tacitus(*Ann.* 15.44)에서 나는 수백 명의 사람들이 네로 치하에서만 순교를 당했다는 것에 의심을 하고 있으며, 그리하여 나는 현재 많은 역사가들이 그 후 몇 세기 동안 순교 당한 사람들의 수를 과소평가했다고 생각한다.
20. Talbert, *Apocalypse*, 80; Beasley-Murray, *Revelation*, 256; Mounce, *Revelation*, 314; Martin Hengel, *Poverty and Riches in the Early Church* (Philadelphia: Fortress, 1974), 48. 아울러 시빌의 신탁 2.18; 11.113, 116을 주목하라. 이 부분은 로마를 일곱 언덕 위의 도시로 묘사하고 있다.

있지만, 일곱 시리즈들에서 네로는 통치자로 로마를 다스릴 것이다. (3) 이 제국은 땅의 왕들을 다스릴 것이다(17:8). 그는 바다 주위에 모인 나라들을 바다의 권력으로서 다스린다(17:15). (4) 이 시기에 "바벨론"은 로마를 가리키는 표준적인 유대적 명칭이었다(14:8에 대한 설명을 보라. 두 제국 모두 성전을 파괴시켰다).

캐어드(Caird)가 지적했듯이, 로마는 대개 일곱 언덕 혹은 일곱 산 위에 있는 도시로 등장한다.

> 로마의 여섯째 왕 세르비우스 툴루스(Servius Tullus) 때부터, 로마는 일곱 언덕의 도시(*urbs Septicollis*)로 알려져 왔으며, 그리고 셉티몬티움(Septimontium) 축제는 매년 12월 로마가 성벽 내에 있는 일곱 개의 언덕으로 둘러싸인 것을 축하하기 위해 거행되었다(Suetonius, *Dom.* 4). 라틴 문학은 로마의 지형의 이렇게 잘 알려진 특징에 대한 언급들로 가득 차 있다.[21]

요한계시록의 상징은 너무나도 명백하여 비그리스도인 로마 사람들이라도 즉시 그 의미를 이해했을 것이며 그리하여 이 문헌을 위험한 책으로 간주하였다. "로마의 주권의 임박한 운명을 선언한 모든 환상가들이 제국의 대적들로 간주된 것은 이해할만한 일이었다."[22] 그러나 로마를 이해하는 일 외에도, 많은 주석학자들은 또한 큰 음녀를 대체로 로마의 멸망을 넘어서서 지속되는 악한 세상의 체계로 간주하고 있다.[23]

대부분의 주석학자들도 17:8-11에서 네로에 대한 암시를 발견한다.[24] 17:9에서 지혜로 분별하라는 요청은 13:18에 나오는 동일한 양식을 생각나게 한다. 그것이 두 비밀스러운 왕들의 정체가 연결된다는 것을 반드시 암시하지는 않지만, 그것은

---

21. Caird, *Commentary on Revelation*, 216 (이곳에 인용된 자료들을 보라. 가령 Virgil, *Geor.* 2.535; *Aen.* 6.782-83). 우리는 Dionysius of Halicarnassus, 4.13.2-3; Varro, 5.7.41을 첨가할 수 있다. 이 언덕들은 팔라틴(Palatine), 카피톨(Capitol), 아벤틴(Aventine), 카엘리안(Caelian), 에스퀼린(Esquiline), 비미날(Viminal), 그리고 퀴리날(Quirinal) 등이다(Andrew D. Clarke, "Rome and Italy," 455-81 in *The Book of Acts in Its Graeco-Roman Setting*, ed. D. W. J. Gill and C. Gempf [Grand Rapids: Eerdmans, 1994], 457). 일곱 산들을 낙원에 대해 사용하는 것(에녹 1서 24:2; 32:10)은 계 21:10에 대한 설명을 보라.
22. Howard Clark Kee, *Christian Origins in Sociological Perspective: Methods and Resources* (Philadelphia: Westminster, 1980), 71 (계 13장에 대한).
23. 예를 들면, Tenney, *Revelation*, 82; Desmond Ford, *The Abomination of Desolation in Biblical Eschatology* (Washington, D.C.: Univ. Press of America, 1979), 269.
24. 예를 들면, Talbert, *Apocalypse*, 79.

다른 근거로 동일하게 되살아난 그 통치자를 부르는 것으로 보이는 두 구절 사이의 연관성에 관심을 끌고 있다.[25] 일곱 머리가 일곱 산과 일곱 왕 모두를 나타낼 수 있다는 것은 요한계시록이 그 이미지를 다원적인 것으로 자유롭게 재적용하고 있다는 것을 암시한다. 아마도 요한은 자신이 일곱 머리를 로마의 "일곱 언덕"에 적용하고 있다는 것에서 청중들이 웃음을 지을 것으로 기대했을 것이다.

일곱 왕은 누구인가?(계 17:10) 다니엘서의 짐승은 열 뿔과 그 외에 다른 뿔이 나왔는데 세 뿔이 빠지고 일곱 뿔이 남았다(단 7:20, 24). 그러나 비록 이것이 요한이 일곱 왕들을 세고 있는 이유의 일부라 해도, 아마도 요한계시록은 일곱 왕들을 어떻게든 원하는 것으로 보인다. 그러한 도식은 다소 무리한 것일 수도 있는데, 왜냐하면 요한은 그 자신의 문학적 양식에 "일곱"이라는 도식을 주장해야 하기 때문이다(계 17:12, 16의 "열" 왕은 다니엘서에서 빌려온 것이다). "사탄의 메시아적 왕조를 로마의 일곱 황제들에게 제한하는 것은 요한의 시적인 이미지를 그것이 지탱할 수 없는 문자주의에 강요하는 것이다."[26] 혹은, 다른 주석학자가 말했듯이, 일곱은 요한의 상징적인 숫자들 중의 하나이며, "그리고 실제적인 목록이 얼마나 오랫동안 있었는가와 관계없이 그 숫자들은 여전이 일곱으로 남을 것이다."[27]

그럼에도 불구하고 요한은 자신의 요점을 그의 일곱 도식으로 짜 맞출 수 있다. 요한이 여기서 사용하는 것으로 보이는 되살아난 네로의 이미지에 적응시키는 통치자들의 어떤 양식을 찾는 것은 전혀 어려운 일이 아니다.[28] 만일 초기 교회 전승이 이 책의 연대를 정확하게 나타내고 있다면, "있는" 왕 하나(17:10)는 도미티안이 틀림없다. 만일 우리가 폭력적으로 죽임을 당하기 전에 네로와 베스파시안 사이에 기껏 몇 달 정도를 다스렸던 세 명의 과도기적 강탈자들을 건너뛴다면 도미티안에서 거슬러 올라간 다섯 왕들 중에 네로를 포함하는 것이 당연하다(그렇지 않다면 네로는 두 황제들에 의해 총수에서 빠지게 된다).[29]

25. Bauckham, *Climax of Prophecy*, 394-96은 상세한 수학적 병행을 제시한다. 즉 666은 8의 "이중적 삼각수"이며, 그리고 여덟째 이중적 삼각수이다. 첫째 일곱의 이중 삼각수는 6이며, 그리하여 여덟째를 일곱 중의 하나가 되게 한다.

26. Bowman, *First Christian Drama*, 115. 이 왕들은 계 17:18에서 "땅의 왕들"이다 (Beale, *Revelation*, 878).

27. Caird, *Commentary on Revelation*, 218-19. 시빌의 신탁 3.191-94, 318, 608-10에서 약속된 일곱 왕들을 참조하라. 이들은 아마도 로마 이전 이집트에 있었을 것이다.

28. 로마 문학은 종종 처음 일곱 왕들을 특별한 집단으로 말하고 있으며(예를 들면, Appian, *R.H.* 1.2), 그 중에 여섯째 왕(계 17:10)이 일곱 언덕을 세웠다. 그러나 만일 이 숫자가 어떤 의미를 가지고 있다면, 요한이 일곱 왕들을 열거하는 것은 로마 역사의 끝 부분과 단순히 대조를 이룰 수도 있다(에스라 4서 11:1-35에는 도미티안에서 열 두 왕이 끝나는 것을 참조하라).

"여덟째 왕"은 멸망으로 들어가는 일곱 중에 속한 통치자들 중의 하나인데, 의심할 것도 없이 상처를 입어 죽게 된 것 같았으나 다시 회복된 것으로 언급된 앞에 나온 머리를 말한다(계 13:3). 이것은 예수님의 부활을 모방하여 구성된 것인데, "이전에 있었다가 지금은 없으나 장차 나올"이라는 문구(17:8)가 "이제도 계시고 전에도 계셨고 장차 오실 이"(계 1:4, 8; 참조. 4:8)이신 주님을 모방한 것과 마찬가지이다.[30] 네로 신화의 몇 가지 양식들은 네로가 파르티아의 수장으로 로마를 멸망시키기 위해 돌아올 것으로 기대했기 때문에, 보캄(Bauckham)은 17:10-11에서 네로의 귀환이 예수님의 부활을 모방한 것이 아니라(계 13:3에서처럼) 예수님의 재림을 모방한 것을 가리킬 수 있다고 주장한다—로마의 마지막 왕이 파르티아를 전복시키게 된다.[31] 따라서 우리는 이러한 관점에서 사탄이 왕국을 세우려는 마지막 시도인 "이교적 메시아"를 생각할 수 있으며, 이것은 결국 그의 로마 권력을 손상시키고 또한 하나님의 나라에 반대하는 어떤 보편적인 인간적 혹은 사탄적 정부의 무익함을 보여주고 있다.

이 단락에서는 파르티아의 위협이 구체적으로 나오지는 않으며, 그리하여 이러한 주장은 여전히 추론적이라고 할 수 있다. 하여튼 네로 귀환 사상은 전에 네로의 추방으로 고통을 겪었던 그리스도인들보다는 오히려 현재 로마의 정권을 탈취한 자들에게는 공포를 주었을 것이다.

---

29. Roloff, *Revelation*, 198-99를 참조하라. 스트로벨(A. Strobel)은 티베리우스와 함께 시작하며(그리스도의 승귀로부터) 그리고 임시적인 황제들을 건너뛰고 있다("Abfassung und Geschichtstheologie der Apokalypse nach Kap. xvii. 9-12," *NTS* 10 [1964]: 433-45). 울리히센(Jarl H. Ulrichsen)은 흥미롭게도 도미티안을 여섯째 및 열째 왕으로 계산하고 있으며, 세 명의 임시적인 황제들과 또 이들을 포함한 열 뿐 없이 칼리굴라부터 일곱 머리를 황제들에게 사용하고 있으며("Die sieben Häupter und die zehn Hörner. Zur Datierung der Offenbarung des Johannes," *ST* 39 [1985]: 1-20). 많은 학자들은 줄리우스로부터 시작하여(Josephus, *Ant.* 18.225) 네로를 여섯째 (지금 있는) 황제로 간주하고 있으며(E. lipinski, "L'apocalypse et le martyre de Jean à Jérusalem," *NovT* 11 [1969]: 225-32; Sproul, *Last Days*, 147), 혹은 아우구스투스로부터 시작하여 여섯째를 베스파시안으로 생각하기도 한다(Rissi, *Time and History*, 81). 어떤 문헌들은 세 명의 임시적인 황제들을 통치자들로 생각하기도 하지만(Josephus, *War* 4.494, 498; 시빌의 신탁 5.35), 다른 사람들은 이들을 찬탈자들로 인식하기도 한다(Suetonius, *Vesp.* 1). 이는 아마도 도미티안 치하에서 지배적인 로마의 견해를 반영하는 것 같은데, 수에토니우스는 이들의 왕위를 찬탈한 왕조에 속해 있었다(Mounce, *Revelation*, 314-15).
30. Bauckham, *Climax of Prophecy*, 396-97은 숫자 8에서 그리스도에 대한 모방이 가능하다고 주장하는데, 초기 그리스도인들은 "여덟째 날"과 예수님을 888로 강조하였다.
31. Ibid., 438-40. Bowman, *First Christian Drama*, 115에서 앞서 파루시아의 모방에 대한 암시를 참조하라.

열 뿔(17:12-18)

"열 왕"으로서 "열 뿔"(계 17:12)은 다니엘 7:7, 20, 24에서 비롯된 것이며, 또한 요한계시록에서 단순히 지속되고 있는 황제 체제를 언급하는 것일 수도 있다.[32] 다른 사람들은 "열 뿔"이 "동방에서 오는 왕들", 즉 하나님의 교회를 궤멸시키기 위해 로마와 함께 일시적으로 힘을 합하였으나 로마의 대적이 되었다고 주장한다(계 17:16).[33] 필시 그들은 로마의 예속 왕국으로 간주되었을 것이다. 결국 로마 제국은 붕괴할 것이며, 그들이 음행을 저지른 자에게 공격을 할 것이다.[34] 로마가 다스렸던 예속 왕국들의 숫자는 시기마다 달랐으며, 어떤 지역은 다양한 시기에 속주가 되었다.[35] 그러나 "열"은 다니엘서 7장과 꼭 맞는 숫자를 제공하는 것으로 보인다. 이들은 짐승과 같은 목적을 가지고 있지만(17:13; 참조. 시 83:5), 그들은 자신들이 교제해왔던 음녀처럼 부정한 것으로 드러난다(17:16). 그들은 어린 양과 싸우기 위해(계 17:13-14) 짐승과 함께 짧게 "한동안"(for one hour, "한 시간 동안") 다스릴 것이다. 그들의 시간이 짧다는 것은 바벨론이 얼마나 신속하게 멸망할 것인가에 대한 묘사에서도 "한 시간"(one hour)을 반복함으로써 강조되고 있다(계 18:10, 17, 19).[36]

그 왕들이 누구이든지 간에, 그들은 자신들의 "시간"이 지나면 반드시 망할 것이다. "만왕의 왕"(계 17:14)은 오래 전에 바벨론 왕에 대한 칭호였으며(겔 26:7) 또한 요한 당시에는 파르티아의 통치자들에 대한 칭호로 남아 있었다.[37] 하지만 여

---

32. Ramsay, *Letters to the Seven Churches*, 95, 113; Bowman, *First Christian Drama*, 117을 보라. 왕들을 상징하기 위해 동물의 몸통 부분을 비슷하게 사용하는 것에 대해서는, 에스라 4서 12:19-20을 보라; 심판이 단 한 사람의 왕 이후에 도래할 것이라는 개념에 대해서는 *Gen. Rab.* 83:4를 보라. 다니엘의 열 왕국은 아마도 *Pes. Rab.* 1:7에 나타난다.

33. Beasley-Murray, *Revelation*, 258은 아마도 파르티아의 14명의 태수(太守)와 관련이 있는 것으로 인용하고 있다. 요한은 다니엘의 "열"에 제한시키고 있다.

34. Caird, *Commentary on Revelation*, 219-20; Rissi, *Time and History*, 80에 나오는 네로의 열 명의 태수들에 대한 신화를 참조하라. 이들은 3명의 찬탈자들을 추가하여 일곱 왕들을 나타낼 수도 있으나 (Ulrichsen, "Haüpter"), 요한이 사용하는 "일곱"(그의 숫자 사용의 양식과 짐승의 머리들에 의해)과 그의 "열"(다니엘서로부터) 모두 미리 결정되어 왔으며, 또한 분명한 적용을 제시하는데 있어서 그에게 융통성을 별로 허용하지 않는다.

35. Aune, *Revelation*, 3:951. 별로 적절하지는 않지만 오니(Aune, ibid.)는 로마 법을 성문화 한 로마의 "열 명"(*decemviri*) 위원을 언급하고 있다.

36. 다른 신탁 문헌에 나오는 비슷한 표현에 대해서는, 시빌의 신탁 12.26을 보라. "한동안"("in one hour")은 "즉시"를 의미할 수 있다 (욥의 유언 7:12/11).

37. Plutarch, *Pompey* 38:2. 이 명칭은 최상의 통치자에게 적용될 수 있다(유다의 언약 3:7). Aune, *Revelation*, 3:954-55는 동방에서의 용법에 대해 상세한 요약을 제공한다.

기서 왕은 파르티아의 통치자를 말하는 것이 아니다. 그 왕은 예수님이시며(계 19:16에 대한 설명을 보라), 그리고 세상 나라는 곧 그의 나라가 될 것이다(계 11:15). 로마 왕은 스스로를 땅의 다른 모든 왕들을 다스리는 통치자로 생각하였으나(17:18), 이러한 역할은 결국 예수님에게 속한 것인데(계 1:5), 예수님은 "만주의 주시오 만왕의 왕"이시다(17:14).

예수님은 강하신 정복의 왕이시며, 또한 그분은 혼자서 오시지 않는다. 이 시점에서 예수님의 군대는 사납고 중무장한 군대로 묘사되는 것이 아니라 오히려 "부르심을 받고 택하심을 받은 진실한" 자들로 묘사되고 있다(계 17:14). 처음 두 술어는 그들이 이룬 승리의 확실성을 가리키고 있는데, 왜냐하면 영원한 결과는 하나님의 주권적인 미리 아심 속에서 이미 결정되었기 때문이다("부르심을 받고"는 19:9에서 "청함을 받은"으로 번역되고 있다). "진실한"은 그들이 죽기까지 인내하는 것을 포함할 수도 있다(계 2:10, 13). 이것은 땅의 왕들의 불충성과 날카로운 대조를 이룬다(계 17:16).[38]

항제 체제와 동맹한 나라들의 통치자들은 결국 로마를 황폐하게 만들 것이다(17:16). 세상의 동맹은 이기적인 것이며, 그리하여 일시적이다. 요한계시록은 이러한 이미지를 보다 자세하게 발전시킨다. 그들은 "로마를 망하게 할 것이다"(계 18:17 참조). 그들은 "로마의 살을 먹을 것이다"(19:18에서 썩은 고기를 먹는 새들을 참조하라). 로마는 불에 살라질 것이다(계 18:8 참조). 음녀가 벌거벗게 된다는 것은 그가 심히 취한 후에 스스로 망신을 당할 수도 있는 방식을 암시하며(애 4:21), 특히 로마가 다른 나라들을 취하게 만든 악한 제국이면 말이다(합 2:15-16). 벌거벗는 것은 또한 채찍질하거나 처형하기 전에 행하는 전형적인 관습이기도 했다.[39] 여기서 벌거벗는 것은 성적인 음행에 대한 전형적인 고대의 형벌을 나타낸다는 것이 가장 적절하다(겔 16:37-38; 호 2:3; 계 16:15에 대한 설명을 보라). 불로 사르는 것은 정복한 도시들의 정상적인 운명이었으며(예를 들면, 수 6:24; 8:28) 또한 마지막 적그리스도적인 인물의 약속된 운명이기도 하지만(단 7:10-11), 그러나 그것은 혼음(混淫)이라는 가장 심각한 행위에 대한 형벌이기도 했다(창 38:24;

---

38. 이렇게 심중적으로 지칭하는 것은 흔한 것이 아니다(예를 들면, 희년서 21:4에서 하나님은 "거룩하시고", "신실하시고", 그리고 "의로우시다").

39. 처형하기 전에 벌거벗기는 것은 Dionysius of Halicarnassus, 7.69.2; Josephus, *Apion* 1.191; 2.53; *m. Sanh.* 6:3; *b. Sanh.* 45a, bar; 공개적으로 채찍질을 하기 전에 벌거벗기는 것은, Longus, 2.14; Aulus Gellius, 10.3.3을 보라.

렘 20:14; 21:9). 하나님은 오래 전에 이스라엘의 불성실을 벌하기 위해 불성실한 연인들의 배신을 사용하셨다(렘 4:30; 애 1:2; 겔 23:9; 호 2:7). 그리하여 마귀적인 체제는 적절한 종말을 맞이하게 된다.

아마도 하나님의 위대한 통치에 대해 가장 두드러진 진술은 마귀가 악함에도 불구하고 하나님은 주권자이시며, 또한 그 자신의 원대한 목적들을 위해 마귀를 사용하신다는 것이다(계 17:17).[40] 그분은 다른 악한 사람들을 심판하시기 위해 악한 세력들을 사용하실 수 있다(예를 들면, 사 10:5-15; 렘 51:11, 29; 욜 2:11). 확실히 로마는 땅의 왕들을 다스렸다(17:18).[41] 그러나 하나님은 훨씬 더 중요한 방법으로 로마와 그 대적들을 다스리셨다(17:17). "세상 나라"는 언젠가는 도전받지 않는 하나님의 나라가 될 것이지만(11:15), 그러나 인간 역사에서 일어나는 하나님의 심판은 지금도 무대 배후에서 하나님은 여전히 역사의 주이시며 또한 그의 목적들은 성취될 것이라는 것을 우리들에게 상기시켜주고 있다.

상황잇기

로마의 상징성. 로마가 오래 전에 멸망했다는 것을 고려하면, 우리는 단기적인 주요 목표물이 로마였던 예언을 어떻게 적용할 수 있는가? 요한계시록 자체가 보다 이른 악한 제국들에 대한 구약성경의 예언들에서 우선 제공되고 있는 익숙한 이미지들을 빌려옴으로써 이러한 멸망을 서술하고 있다는 점이 단서를 제공한다. 즉 인간의 죄성과 하나님의 일관된 공의가 비교적 긴 역사의 기간에 걸쳐서 하나님이 다루시는 일 가운데 잘 알려진 양식들을 산출하고 있다. 쟈끄 엘룰(Jacques Ellul)은 이 문제를 다음과 같이 진술하고 있다. 즉 큰 음녀는 "주어진 역사의 시점에서 보면 분명히 로마였다. 그러나 로마만이 아니다. 로마는 모든 매춘의 총화이며, 바벨론도 그 당시에는 매춘의 상징이었다." 성적인 매춘 그 자체보다, 이 매춘은 하나님의 언약에 대한 불성실도 포함하며, 또한 "종교적이고 영적인 세

40. 초기 유대교는 이러한 원칙을 이해하였다(예를 들면, 1QS 3.23; 1QM 1.8; *b. Yoma* 10a; *Lam. Rab.* Proem 23; 4:19, §22). 비록 사탄이 세상 나라들을 다스린다고 주장하지만(눅 4:6), 진정으로 그러한 역할은 오직 하나님께만 속한 것이다(단 4:32; 솔로몬의 지혜 6:3). 디오 크리소스톰(Dio Chrysostom)은 알렉산드리아를 높이 찬양하여 이를 태양 아래 둘째 도시로 불렀는데(*32nd Discourse* §35), 이는 로마가 첫째 도시로 알려졌기 때문이었다.

41. 할리카르나수스의 디오니시우스(Dionysius of Halicarnassus, 1.9.1)는 로마를 "땅과 바다를 다스리는 여인"으로 불렀으며, 디오도루스 시쿨루스(Diodorus Siculus, 1.4.3)는 로마가 너무나도 강력하여 "사람이 살고 있는 세상의 끝까지" 다스린다고 주장하였다.

력, 사탄적 근원들, 그리고 비교(秘教)와의 (거룩한 매춘에 의한) 교통을 포함한다."[42] 바벨론과 로마의 영(요한은 이를 새 "바벨론"으로 부른다)은 세상으로서의 악한 제국들을 가장 압제적인 형태로 나타내기 위해 각 제국들보다 더 오래 지속된다.[43]

요한계시록 17-18장의 논점은 단순히 로마가 악한 제국이라는 것이 아니다. 그 논점은 국제 무역에서 특권을 받은 위치가 부도덕의 으뜸가는 수출국가로 만들었다는 것이다. 그리하여 우리는 자기 백성들을 힘으로 압제하는 악한 제국들을 정당하게 비난하기를 원하면서도, 이 단락은 우리들에게 바벨론의 모델을 통렬하게 적용하도록 하고 있다(다음에 나오는 《현대적 의미》를 보라).

그러나 이 본문을 적용하려고 할 때, 해석학자들은 이상한 방식으로 이 본문을 다루어왔다. 오랫동안 프로테스탄트들은 교황이 지리적으로 로마와 가깝다는 것으로 로마의 가톨릭주의를 짐승과 연결시키는 것이 관행이었다.[44] 에큐미니칼 운동이 발흥한 이후에, 그들 중 일부 대표자들은 역사적인 기독교적 신념과 타협을 하였는데, 보수적인 프로테스탄트적 경건의 한 계통은 가톨릭 신자들과 주류 프로테스탄트 신자들 모두를 포함한 전 세계적인 교회의 배교를 예상하였다.[45] 진실한 빌라델비아 교회가 휴거한 후에 종말에 배교한 교회를 찾으려고 하는 사람들은 종종 그러한 교회를 에큐미니칼 운동에서 발견해내고 있다.[46]

이렇게 별 가능성이 없는 논지는 로마 가톨릭의 관습들과 혼합된 것으로 알려진 "바벨론"의 비밀이라는 개념과 관련이 있다.[47] 하지만 교회가 이교적 로마의 일부 관습들을 개조했을 지도 모르는 반면, "바벨론의 비밀 종교들"에 대한 대부분의 증거는 최근 수세기 동안의 사색의 산물이지, 역사의 견고한 사실에 바탕을 둔 것

42. Ellul, *Apocalypse*, 190. Mounce, *Revelation*, 30을 참조하라.

43. 유대교 자료들은 대개 이스라엘을 압제했던 "네 왕국"에 대해 말하고 있는데(다니엘의 짐승들에 대한 그들의 이해에 근거하여 바벨론, 페르시아, 그리스 그리고 로마), 로마를 가장 마지막으로 생각하였다(바룩 2서 39:4-5).

44. 이 견해가 프로테스탄트주의에서 완전히 사라져버린 것이 아니다. Tim LaHaye, *Revelation Unveiled* (Grand Rapids: Zondervan, 1999), 특히 65-71, 260-77을 보라.

45. James DeForest Murch, *The Coming World Church* (Lincoln, Neb.: Good News Broadcasting Association, 1971), 22; R. W. DeHaan, "The Coming World Church," *Radio Bible Class* (March 1969)를 참조하라.

46. 비슷한 견해에 대해서는 John F. Walvoord, "Revival of Rome," *BibSac* 126 (1969): 317-28; idem, *Revelation*, 243-44; *Prophecy Knowledge Handbook*, 604-8 등을 보라. Lindsey, *New World Coming*, 242-43은 문자적으로 바벨론이 재건될 것으로 예언한다.

47. Walvoord, *Revelation*, 247-48.

이 아니다.[48] 보다 의미심장한 것은, 17장에 나오는 음녀가 18장에서 해석학자들이 발견하는 "정치적 바벨론"과는 대조가 되는 거짓 종교인 "교회적 바벨론"이라는 견해를 본문 안에서 무엇이 지지하고 있는가? 요한은 로마를 염두에 두고 있지만, 그러나 만일 우리가 요한의 원리들을 오늘날 적용하려고 한다면, 우리는 그러한 적용을 우리들 외에 다른 모든 집단들에게도 제한해서는 안 된다. 신학적이든 아니면 우리의 삶의 양식에서든 간에 모든 사람들이 세상의 웅장함에 의해 유혹을 받는 교훈들이 있다.[49] 내가 관찰한 바에 의하면, 이것은 다른 사람들뿐만 아니라 현대의 많은 북아메리카의 복음주의자들에 대한 경고도 포함하고 있다.

요한의 언어에 담긴 문제들. 일부 현대 비평적인 주석학자들은 요한이 바벨론이나 세상을 음녀로 그리고 새 예루살렘을 신부로 묘사한 것은 성 차별주의자의 상투적인 문구들이라고 불평을 해왔다. 분명히 이러한 것들이 진부한 역할들을 하는 것 같지만, 그러나 요한계시록은 단순히 그 당시에 이미 통용되고 있었던 이미지들을 사용하고 있을 뿐이다(《원 의미》 단락을 보라). 요한은 남자든 여자든 모든 신자들을 19:7-8과 21:22(아울러 12:1-2도 참조하라)에서 신실한 신부와 동일시하고 있다. 요한계시록은 원래 이러한 이미지들의 의미를 쉽게 이해했던 문화에 대해 그 메시지를 효과적으로 전달하였다. 그러므로 이러한 언어에 불편한 오늘날의 서구 문화 속에 살아가는 사람들에게 이러한 배경을 설명해주는 것이 적절한 일이다. 그러나 요한이 그 당시의 이미지들을 사용하고 있는 것에 대해 그를 평가하고 정죄하는 것은 문화적으로 볼 때 둔감하고 또한 시대착오적이다.[50]

또 하나의 문제는 우리가 이 본문의 메시지를 새신자들과 나눌 때에 발생할 수 있다. 비록 우리의 가장 강한 말이 대개는 가장 완악한 심령들을 그 대상으로 하고 있긴 하지만, 가장 민감하게 반응하는 사람들은 죄를 짓기 쉬운 보다 약한 마음을 가진 사람들이다. 비록 이 단락이 육체적 부도덕에 대해 직접적으로는 말하지 않는다 해도, 내가 알고 있는 한 사람은 이 단락의 언어에 화를 내면서 그녀가 지은

48. 비밀들은 주로 소아시아로부터 영향을 받았던 헬라의 현상이었다 (Walter Burkert, *Ancient Mystery Cults* [Cambridge, Mass.: Harvard Univ. Press, 1987], 2-6, 37; idem, *Greek Religion* [Cambridge, Mass.: Harvard Univ. Press, 1985], 166, 177; Giulia Sfameni Gasparro, *Soterology and Mystic Aspects in the Cult of Cybele and Attis*, ÉPROER 103 [leiden: Brill, 1985], 49). C. S. Keener and Glenn Usry, *Defending Black Faith*, 50, 그리고 주(註)에서 비밀들에 대해 오래된 견해들에 대한 보다 철저한 대답을 보라.

49. Walvoord, *Revelation*, 245는 자줏빛 옷과 다른 장식들이 이교적 로마보다는 로마 가톨릭 및 헬라 정교의 관리들에게 보다 잘 어울린다고 생각한다 (그러나 계 18:12-13에 대한 설명을 보라).

50. C. S. Keener, "Women and Man," *Dictionary of the Later New Testament and Its Development*, 1205-215 (pp. 1209-211)를 보라.

과거의 죄들이 용서를 받을 수 있을 지 의아해하였다. 우리가 육체적인 부도덕에 대해 설교할 때와 마찬가지로, 부도덕한 삶의 방식을 오랫동안 해온 사람들이 회개하면 용서를 받을 수 있으며 하나님의 백성으로 기꺼이 환영을 받는다는 것을 은혜로 선포하는 것도 중요한 일이다(마 21:31 참조).

요한의 상징들의 해석. 역사 속에서 많은 상징들에 대한 다양한 해석들이 나왔다. 그랜빌 샤프(Granville Sharp, 1735-1813)는 탁월한 헬라어 학자요 노예 제도를 반대하는 활동가였는데, "한번은 유명한 정치가 찰스 폭스(Charles Fox)와 인터뷰를 하다가 그에게 왜 나폴레옹이 '다니엘 7장에 나오는 작은 뿔' 과 동일시되어야 하는지 설명하기 시작했다."[51] 그러한 역사적 실수들은 그 다음의 세대들에게 더 큰 주의를 기울이도록 경고를 할 수도 있었지만, 그러나 안타깝게도 우리들 대부분은 좀처럼 역사를 공부하지 않으며, 또한 우리는 과거가 주는 교훈들을 재빨리 잊어버린다. 우리들의 생명은 너무나도 짧아서 우리가 알 필요가 있는 모든 교훈들을 경험으로 배울 수가 없다. 역사에서 배우지 않는 사람들은 그러한 실수를 반복하도록 예정되어 있나는 것을 경고하는 것이 믿을만한 말이다.

오늘날의 "대중적인" 해석자들은 요한계시록에 나오는 상징들을 그들의 해석학적 도구 안에서 원래적 문맥이나 일관성에 대한 상당한 이해도 없이 이를 재해석하는 일로 신나게 즐기고 있다. 예를 들면, 신성 로마제국 때부터, 많은 사람들은 문자적으로 로마 제국이 되살아날 것으로 기대하였다. 유럽 사람들이 유럽 경제 공동체를 결성하고자 합의를 했을 때, 예언광(豫言狂)들은 이를 다니엘서와 요한계시록에 나오는 열 뿔로 생각을 하였다(비록 이 공동체가 로마라는 보다 넓은 지중해 제국과 지리적으로 일치하는 것은 아니지만). 1960년대와 1970년대에 유럽 경제 공동체는 10개 회원국이 좀 못되었지만, 그러나 1981년 1월에 그 숫자에 도달하자 많은 예언 교사들은 그들의 해석 전통이 승리했다는 것을 알렸다. 불행하게도 "1990년대까지 유럽 경제 공동체는 15개국이 되었으며, 그리하여 이는 또 다른 문제를 낳았다."[52]

이 책의 서론에서도 언급하였듯이, 우리는 성경을 그 자체의 술어로 살펴야 하며 그것을 현대적 사건들 속에 집어넣어 읽어서는 안 된다. 우리는 성경을 우리 시대의 사건들 속에 적용해야 하지만, 그러나—만일 우리 시대가 어쩐지 특별하다는

51. Bruce Hindmarsh, "Aristocratic Activists," *Christian History* 53 (1997): 23-27, 25.

52. Kyle, *The Last Days*, 129.

분명한 성경적 암시를 가지고 있지 않다면(이는 대개 회고해보면 알 수 있다)—우리는 모든 세대의 사건들에 대해 그리고 우리 자신의 삶 속에 대해 적용하곤 하는 것처럼 성경을 적용해야 한다.

현대적 의미

힘든 적절한 적용 작업. 요한은 그 당시의 이미지들을 사용하여, 이를 또한 오늘날 그의 메시지를 공유하는 사람들을 위해 성경적 메시지를 상황화하고 또한 적용할 것을 우리들에게 상기시키고 있다. 만일 우리가 멀리서 손가락으로 가리킬 수밖에 없다면 적용할 수 없지만, 그러나 이 경우에는 가까이 있어서 가능성 있는 적용을 많이 할 수 있다. 세속 진영에서조차도 우리 사회의 회개를 요구하는 사람들이 있다. 널리 읽혀지고 있는 세속 잡지의 편집인은 종교적 가치들에 대한 독자들의 여론 조사 문맥에서 자신의 의견을 말하였다.

> 우리 연방 정부가 방위 계약자들로부터 장도리를 각 250달러에 구매를 하면서 자선을 위해 담요를 구입하는 사람들에게는 복지비를 삭감하며 그리고 월 스트리트의 한 사기꾼이 일류 경영대학원에서 그들은 이기적일 권리를 가지고 있으며, 기본적인 도덕적 가치로 되돌아가는 것은 케케묵은 것이라고 학생들에게 말하자 학생들로부터 기립 박수를 받았다.[53]

요한계시록에 대한 하나의 적용으로서 미국의 부도덕성. 음녀의 이미지를 오로지 군사적 제국주의에 적용하는 것(우리는 대개 이를 우리 자신에게보다는 오히려 전체주의 사회에 적용한다)은 본문의 관련성을 놓치는 것이다. 로마는 더 이상 군사력으로 제국 전체를 통제할 필요가 없다. 왜냐하면 경제적 제국주의는 대부분의 제국을 로마에 의존하도록 만들었기 때문이다.

어떤 저자는 바벨론을 그것이 나치 독일이든 아니면 미국이든 간에 "한 국가에서 우쭐대는 마귀의 본질적인 변형물"로 요약하였다.[54] 오늘날 미국은 앗수르나 나치 독일, 혹은 (본서를 기록할 당시에) 이란, 수단, 혹은 세르비아에서 밀로세비

---

53. David Jordan, in *Better Homes and Gardens* (Jan. 1988), 15.

54. William Stringfellow, *An Ethic foe Christians and Other Aliens in a Strange Land*, 3d ed. (Waco, Tex.: Word, 1979), 33. 이 작품은 베델 대학(Bethel College)의 존 헤르족(John Herzog)에 의해서 나의 관심을 끌게 되었다.

치의 일시적인 대량학살 등과 같은 전체주의적 혹은 정치적으로 억압 국가의 의미에서는 악한 제국이 아니다—이 모든 나라들은 그들이 회개하지 않는다면 심판을 초래할 것이다. 그러나 우리는 여전히 본문의 원리들을 우리 사회에 적절하게 여러 방식으로 적용할 수 있다. 우리는 세계의 주요 부도덕 수출국가들 중의 하나가 되었다. 최소한 성(性)에 대해 공공연한 노출을 각별히 경계하는 일부 무슬림 국가들이 세계에서 가장 널리 시청되고 있는 텔레비전 프로그램이 베이워치(Baywatch, 해상구조대)라면 미국을 "위대한 사탄"으로 간주해온 것이 이상하지 않는가?[55]

최소한 우리는 미국 정부의 우선순위가 분명하다는 것은 추정할 수 있다. 사우디 정부가 미국 대사관이 미국 시민들을 위한 예배와 나이트클럽을 폐쇄하도록 요구했을 때, 대사관은 "타협을 하면서, 만일 그들이 나이트클럽을 열도록 한다면, 그들은 예배를 폐쇄 하겠다"고 하였다.[56] 미국 정부에서 최고조에 달한 섹스 스캔들은 놀랄 것 없이 무슬림 세계에서 조롱거리가 되었으며, 이는 미국의 외교 정책과 미국인들의 삶에 중요한 결과를 가져왔다—일부 사람들이 주장하듯이 단순히 "사적인" 문제가 결코 아닌 것이다.[57]

미국의 민주주의가 일부 탈공산주의 국가들에게 수출되자 암거래 경제와 마피아 형식의 범죄가 극적으로 증가하는 것, 그리고 그러한 나라들에서 유행하는 음악들이 마약이나 강간을 미화하거나, 혹은 우리나라의 유흥 산업을 특별대우 하는 것 등을 수반하였다.[58] 이혼율이 25%에 달하는 것에 놀라며, 또한 만연하는 배우자의 부정과 할리우드와 MTV에서 비롯되는 가치관들을 모으고 있는 보다 젊은 세대들을 바라보면서, 중국의 관리들은 공중도덕을 다스릴 수 있는 보다 엄격한 법률을 추구하려고 하는 것은 이해할만 하다.[59]

비록 중용이 선을 위해서 사용될 수 있지만, 미국의 오락 미디어는 대체로 파괴적인 가치관들을 만연시키는 하나의 수단이 되고 있다.[60] 많은 아이들과 몇몇 성인

55. 미국의 도색 문학의 위험성에 대해서는 Tom Minnery, "Pornography: The Human Tragedy," *CT* (March 7, 1986), 17-22; idem, ed., *Pornography: A Human Tragedy* (Wheaton, Ill.: Christianity Today, Inc., and Tyndale, 1986)를 보라. 사이버포르노에 대해서는 John Zipperer, "The Naked City," *CT* (Sept. 12, 1994), 42-49를 보라.

56. Chuck Colson, "Save the Christians," *Jubilee* (Spring 1996), 15.

57. Howard Fineman, "Collateral Damage," *NW* (Aug. 31, 1998), 18-23, 21을 보라.

58. 난잡한 성행위로 인하여 러시아에 에이즈(AIDS)가 증가하고 있음을 주목하라 (Matthew Kaminski and Kim Palchikoff, "The Crisis to Come," *NW* [April 14, 1997], 44-45).

59. "China's New Family Values," *NW* (Aug. 24, 1998), 36.

들은 영화에서 본 범죄들을 모방하고 있다.[61] 예를 들면, 열아홉 살 된 한 남자가 열여덟 살 된 한 여대생을 살해하고, 그 다음에 자살을 해버렸다. 경찰은 그의 방에서 90개의 공포물 비디오를 발견하였으며, 그리고 《13일의 금요일》 영화에 사용되었던 것을 모방하여 칼(중남미 원주민들이 벌채할 때 사용하는 칼–옮긴이)과 고릴라 가면이 있었다.[62] 십대들 중 31%가 그들은 자신들이 보았던 것을 모방한 적이 있다고 말한다. "캘리포니아의 법무부에 따르면, 십대가 저지른 범죄의 21%가 십대들이 영화와 텔레비전에서 살인하는 장면을 세밀하게 보여주는 것을 직접 모방한 것이다."[63]

16세가 되면 미국에서 자란 평균적인 아이들은 "텔레비전이나 영화에서 33,000번의 살인을 포함하여, 26,000번의 공공연한 성행위 장면들과 400,000번의 성적인 언급들과 빈정대는 말, 그리고 200,000번의 폭력 장면"을 접한다.[64] 한 공포물 영화 제작자는 "종종 살인자의 관점에서 살인자들의 영화가 제작되고 있지만," 그러나 이것이 공포물을 좋아하는 팬들로 하여금 "정신병적인 살인자들"과 동일시하도록 이끌지는 않는다고 놀라울 정도로 항변한다.[65] 통계학적 증거를 보면 이제 분명해지는 것이, 그러한 오락 미디어물의 폭력이 우리들로 하여금 실제적인 폭력을 줄이기도 하지만, 또한 그것을 보고 자라난 세대들 중에 폭력을 양산하는데 도움을 주기도 한다는 것이다.[66]

우리는 미국 교회가 그러한 문화의 행동에 대해 책임을 지지 않는다는 것에 이의를 제기할 수도 있지만, 그러나 그리스도인들이 물건을 구입하고 텔레비전을 시청하는 습관이 우리의 세속적 이웃들과 별반 다르지 않을 때, 우리가 세상을 죽이

---

60. 항의하고 있는 것들에 대해서는 Bruno Bettlheim, "TV Stereotypes 'Devastating' to Young Minds," *USNWR* (Oct. 28, 1985), 55 ; Susan Baker and Tipper Gore, "Some Reasons for 'Wilding,'" *NW* (May 29, 1989), 6-7 ; Kevin Perrotta, "Television's Mind-Boggling Danger," *CT* (May 7, 1982), 20-22 등을 보라. 쓰레기 텔레비전에 대해서는 Harry F. Waters et al., "Trash TV," *NW* (Nov. 14, 1988), 72-78을 보라.

61. 오락 미디어에 근거한 모방 범죄에 대해서는, John Leland, "Violence, Reel to Real," *NW* (Dec. 11, 1995), 46-48에 나오는 통계 자료를 보라.

62. Mary Rose McGeady, *Covenant House Newsletter* (Aug. 1993), 1.

63. Ted Baehr, "Redefining Culture Through Media," *SCP Journal* 18/1-2 (1993) : 36-43 (p. 39). 영국에서 이루어진 한 조사에 의하면, 폭력을 많이 본 10대들이 그렇지 않은 사람들보다 "49%나 더 폭력적이고 또한 반사회적 행동을 했다"고 결론을 내렸다(Baehr, "Culture," 40).

64. Baehr, "Culture," 40.

65. John Russo, "Reel' Vs. Real Violence," *NW* (Feb. 19, 1990), 10.

66. David Gelman, "The Violence in Our Heads," *NW* (Aug. 2, 1993), 48 ; David Neff, "Shootout at the Not-So-Ok Corral," *CT* (Nov. 9, 1992), 12-13 ; 특히 폭력 심리학자인 David Grossman, "Trained to Kill," *CT* (Aug. 10, 1998), 30-39를 보라.

고 있는 어떤 산업을 유지시키고 있다는 것을 부정할 수 있겠는가?[67] 초기 그리스도인들은 극장에 들어가서 다른 사람들이 고통을 당하는 것을 쳐다봄으로써 "즐기는 것"을 거부하였다.[68] 4세기에 텔레마쿠스(Telemachus)라고 불리어지는 아시아의 한 수도사가 로마를 방문하였다가 콜로세움에서 행해지는 검투사 경기를 보고 공포에 질렸다고 전해진다. 그는 검투사들 사이로 달려 들어가 그들 중의 한 사람이 죽는 것을 막으려고 하다가 오히려 그가 죽임을 당하였다. 그가 아직도 운동장 위에 누워있을 때, 한 관중이 싫증이 나서 일어서서 나가자 다른 사람들도 따라 나가서 마침내 모든 사람들이 나가버렸다. 이 사건이 로마의 콜로세움에서 벌어졌던 검투사 경기의 끝을 가져왔다.[69] 유감스럽게도 초기 그리스도인들은 공공연하게 피했던 것을, 현대의 그리스도인들은 그들의 거실에서 즐기고 있다는 것이다.

세상 나라들에 대한 심판. 다른 사람들의 죄에 참여를 하고 또한 그 죄로 자신을 속이도록 두는 사람들은 함께 심판을 받아야 한다. 그러나 유혹하는 사람들은 유혹을 받는 사람들보다 더 가혹한 심판에 직면하게 될 것이다(17:2; 18:9). 열 왕이 결국 음녀를 적대시 하는 것(17:16)은 세상의 충성에 대한 그 무엇을 우리들에게 보여준다. 심지어 로마의 정치에서도, 동맹은 종종 자기가 원하는 것을 얻기 위한 하나의 일시적인 수단이었으며, 그리고 만일 자기 자신의 이익을 챙기는데 있어서 그렇게 하는 것이 도움이 된다면 사람들은 언제든지 그 충성을 바꿀 수가 있는 것이다. 하나님은 악한 자들이 스스로 망하도록 하기 위해 악한 자들을 종종 사용하신다(삿 7:22; 대하 20:23 참조). 사탄과 사탄이 서로 나누어지면서 "틀어지는 것"은 "도덕적 세계에서는 불가피한 일이다. 그리고 모든 악한 세력들의 종말은 내부의 항쟁이며, 자기 파멸이며, 그리고 죽음이다."[70]

앗수르부터 소비에트 연방까지 역사상 모든 제국들은 붕괴하였으며, 침략자들에 의해 끝장이 나기 전에 그 자체의 내부적인 모순에 의해 질식해버린다. 우리는 그 어떤 제국도 그 어떤 억압도 두려워할 필요가 없다. 왜냐하면 역사는 모든 인간이나 사탄적 제국도 멸망할 것임을 보증하고 있기 때문이다. 하나님의 성도들이 지금은 고통을 당하고 있지만, 그러나 역사에 있어서 하나님의 목적들이 압도하게

---

67. 부분적으로는 시간이 부족해서, 부분적으로는 폭력을 미화하는 것을 항의하기 위해, 나는 결코 텔레비전을 소유한 적이 없다.
68. Tertullian, *On Spectacles*를 보라.
69. 이 이야기는 Charles Colson, *Loving God* (Grand Rapids: Zondervan, 1987), 243에 나온다.
70. Bowman, *First Christian Drama*, 117.

될 것이다. 이러한 진리는 신자들이 굳게 설 수 있도록 힘을 준다. 이는 미래가 하나님에게 있는 것이지, 오늘날의 전망에서 가장 강한 제국들에게 있지 않기 때문이다.

악한 통치자들은 그들의 "때"가 있다(계 17:12)—그 후에 그들과 그들의 제국들은 결국 사라진다. 우리 개인적인 삶의 짧은 관점에서 보면, 정의는 지체된 것처럼 보인다. 그러나 역사의 긴 관점에서 보면, 압제자들의 권력은 항상 종말을 맞이하였다. 이것은 분명한 일이다. 왜냐하면 이 단락이 명백하게 보여주고 있듯이(17:17), 하나님은 악한 제국들이 택한 것들에 대해서도 여전히 주권을 가지고 계시기 때문이다.

우리는 히틀러가 스탈린에 대해 악한 감정을 가지고서 러시아 전선에 군대를 파견한 치명적인 결정을 생각해 볼 수 있다. 수년에 걸쳐 전쟁 준비와 전략으로 본다면 독일이 연합군보다는 앞섰다. 그러나 종말에 다가갈수록 히틀러는 몇 가지 심각한 전략적으로 큰 실수를 저질렀으며, 그리하여 롬멜과 같은 몇몇 훌륭한 전술가들을 처형하도록 하였으며, 그리고 결국에는 그 자신의 대의를 파괴시켜버렸다.

요한계시록 18:1-24

1 이 일 후에 다른 천사가 하늘에서 내려 오는
것을 보니 큰 권세를 가졌는데 그의 영광으
로 땅이 환하여지더라
2 힘찬 음성으로 외쳐 이르되 무너졌도다 무너
졌도다 큰 성 바벨론이여 귀신의 처소와 각
종 더러운 영이 모이는 곳과 각종 더럽고 가
증한 새들이 모이는 곳이 되었도다
3 그 음행의 진노의 포도주로 말미암아 만국이
무너졌으며 또 땅의 왕들이 그와 더불어 음
행하였으며 땅의 상인들도 그 사치의 세력으
로 치부하였도다 하더라
4 또 내가 들으니 하늘로부터 다른 음성이 나서
이르되 내 백성아, 거기서 나와 그의 죄에 참
여하지 말고 그가 받을 재앙들을 받지 말라
5 그의 죄는 하늘에 사무쳤으며 하나님은 그의
불의한 일을 기억하신지라
6 그가 준 그대로 그에게 주고 그의 행위대로
갑절을 갚아 주고 그가 섞은 잔에도 갑절이
나 섞어 그에게 주라
7 그가 얼마나 자기를 영화롭게 하였으며 사치
하였든지 그만큼 고통과 애통함으로 갚아 주
라 그가 마음에 말하기를 나는 여왕으로 앉
은 자요 과부가 아니라 결단코 애통함을 당
하지 아니하리라 하니
8 그러므로 하루 동안에 그 재앙들이 이르리니
곧 사망과 애통함과 흉년이라 그가 또한 불
에 살라지리니 그를 심판하시는 주 하나님은
강하신 자이심이라
9 그와 함께 음행하고 사치하던 땅의 왕들이
그가 불타는 연기를 보고 위하여 울고 가슴
을 치며
10 그의 고통을 무서워하여 멀리 서서 이르되 화
있도다 화 있도다 큰 성, 견고한 성 바벨론이
여 한 시간에 네 심판이 이르렀다 하리로다
11 땅의 상인들이 그를 위하여 울고 애통하는
것은 다시 그들의 상품을 사는 자가 없음이라
12 그 상품은 금과 은과 보석과 진주와 세마포
와 자주 옷감과 비단과 붉은 옷감이요 각종
향목과 각종 상아 그릇이요 값진 나무와 구
리와 철과 대리석으로 만든 각종 그릇이요
13 계피와 향료와 향과 향유와 유향과 포도주와
감람유와 고운 밀가루와 밀이요 소와 양과
말과 수레와 종들과 사람의 영혼들이라
14 바벨론아 네 영혼이 탐하던 과일이 네게서
떠났으며 맛있는 것들과 빛난 것들이 다 없
어졌으니 사람들이 결코 이것들을 다시 보지
못하리로다
15 바벨론으로 말미암아 치부한 이 상품의 상인
들이 그의 고통을 무서워하여 멀리 서서 울
고 애통하여
16 이르되 화 있도다 화 있도다 큰 성이여 세마
포 옷과 자주 옷과 붉은 옷을 입고 금과 보석
과 진주로 꾸민 것인데
17 그러한 부가 한 시간에 망하였도다 모든 선
장과 각처를 다니는 선객들과 선원들과 바다
에서 일하는 자들이 멀리 서서
18 그가 불타는 연기를 보고 외쳐 이르되 이 큰
성과 같은 성이 어디 있느냐 하며
19 티끌을 자기 머리에 뿌리고 울며 애통하여
외쳐 이르되 화 있도다 화 있도다 이 큰 성이
여 바다에서 배 부리는 모든 자들이 너의 보
배로운 상품으로 치부하였더니 한 시간에 망
하였도다
20 하늘과 성도들과 사도들과 선지자들아, 그로
말미암아 즐거워하라 하나님이 너희를 위하
여 그에게 심판을 행하셨음이라 하더라

21 이에 한 힘 센 천사가 큰 맷돌 같은 돌을 들
어 바다에 던져 이르되 큰 성 바벨론이 이같
이 비참하게 던져져 결코 다시 보이지 아니
하리로다
22 또 거문고 타는 자와 풍류하는 자와 퉁소 부
는 자와 나팔 부는 자들의 소리가 결코 다시
네 안에서 들리지 아니하고 어떠한 세공업자
든지 결코 다시 네 안에서 보이지 아니하고
또 맷돌 소리가 결코 다시 네 안에서 들리지
아니하고
23 등불 빛이 결코 다시 네 안에서 비치지 아니
하고 신랑과 신부의 음성이 결코 다시 네 안
에서 들리지 아니하리로다 너의 상인들은 땅
의 왕족들이라 네 복술로 말미암아 만국이
미혹되었도다
24 선지자들과 성도들과 및 땅 위에서 죽임을
당한 모든 자의 피가 그 성 중에서 발견되었
느니라 하더라

원 의미

요한계시록은 17:1-18에서 묘사된 바벨론에 대한 서술을 계속해나가는데, 이제는 바벨론의 멸망에 대한 경고를 매우 자세하게 발전시켜 나간다(계 17:16-18). 18장은 일련의 애가(哀歌)를 포함하고 있다. 요한은 바벨론에 대한 장송곡으로 한탄하는 가운데 이 단락을 시작하며(계 18:2) 그리고 바벨론의 멸망으로 인하여 즐거워하면서 마무리를 하고 있는데, 이는 결혼식의 기쁨을 위한 길을 열고 있다(계 19:1-9).

바벨론의 죽음(18:1-8)

그러나 요한이 기록하고 있는 애가는 저주에 보다 가깝다. 구약의 예언자들은 종종 슬픔의 표현인 장례식 애가를 심판을 알리는 하나의 독창적인 방식으로 사용하였으며, 이것이 크게 기뻐하는 하나의 원인이 될 수도 있다(예를 들면, 사 16:7-11). 선지자들은 임박한 심판을 알리는 독창적인 방식으로서 다른 사람들의 슬픔을 말하기도 한다(사 3:26; 렘 48:17; 미 1:10).[1] 황폐한 성읍들에 대한 한탄은 고

1. 실제로 애통하는 것일 수도 있다(예를 들면, 렘 6:26; 8:21). 죽은 자들에 대한 애통은 고대 지중해에서 보편적인 것이었으며(예를 들면, Achilles Tatius, 1.14; Emanuel Feldman, "The Rabbinic Lament," *JQR* 63 [1972]: 51-75), 그리고 때로는 그들에게 말을 걸기도 하였다(예를 들면, 토빗 10:5). 애통하는 것과 찬사에 대한 그리스적 형태가 유대교적 형태에 종종 영향을 주었지만(J. C. H. Lebram, "Die literarisch Form des vierten Makkabäerbuches," *Vigiliae Christianae* 28 [June 1974]: 81-96), 예루살렘에 대한 쿰란의 애통은 구약적 언어를 강조한다(Maurya P. Horgan, "A Lament Over Jerusalem (4Q179)," *JSS* 18 [Autumn 1973]: 222-34).

대에서 하나의 인정된 문학 양식이 되었다.[2] 압제자의 멸망을 선언하는 것은 마치 시온이 회복된 것처럼(사 40:9; 41:27; 52:7), 기쁜 소식이었다(나 1:15).

"무너졌도다 무너졌도다 큰 성 바벨론이여"는 14:8에도 반복하고 있으며, 두 구절 모두 이사야 21:9에서 바벨론에 대한 비가(悲歌)를 생각나게 한다(렘 51:8 참조). 애가는 특히 음녀와 더불어 부도덕을 행한 사람들, 즉 로마에 의존하여 다스리던 땅의 왕들(계 18:9-10)과 마찬가지로 로마에 의존하여 부를 누리던 땅의 상인들(계 18:11-19)에 의해 합쳐지고 있다. 이와는 대조적으로 하늘에 거하는 자들은 즐거워하고 있다(계 18:20; 19:1-3).[3] 우리는 이를 옛날 경제적으로 음녀였던 두로와 장사를 하던 나라들의 애가와 비교해볼 수 있다(사 23:5-7, 15-17).

바벨론이 가증한 새들이 모이는 곳이 될 것이라는 언급(계 18:2; 참조. 19:17)은 심판을 선언하는 하나의 독창적인 방식이다. 성읍들이 황무해지면, 짐승들이 그 자리를 대신하는 것을 아무도 막을 수 없다. 그리하여 로마의 인구는 요한 당시에는 100만 명 정도 되었다가 몇 세기가 지나 로마가 멸망한 후에는 약 30,000명으로 줄어들었다.[4] 선지자들은 바벨론(사 13:20-22; 렘 50:13; 51:29, 37)과 예루살렘(렘 9:11; 10:22)을 포함하여 많은 강력한 도시들에 대해 그러한 운명을 맞게 될 것임을 선언하였으나(사 34:11-15; 렘 49:33), 하나님은 예루살렘이 회복될 것으로 약속하셨다(사 35:7).

이러한 몇 가지 예언적 묘사들 중에는 칠십인 역이 "마귀들"이라고 부르는 짐승들을 포함하고 있는데(사 34:14; 참조. 바룩 4:35), 이러한 묘사들은 바벨론에 대한 심판의 계시들이다(사 13:21). 마귀들이 거하는 곳이 된다는 것은 한 때 마귀

---

2. 예를 들면, "Lamentation over Ur" in *ANET*, 455-63; 애 1:1-5:22; 마카비 1서 2:6-13; *Greek Anthropology*, 9.151. 한 도시의 미래적 파멸에 대한 선지자의 애가에 대해서는 시빌의 신탁 5.98-99를 보라.

3. 이곳에 나오는 구조는 천사(계 18:1-3, 21-24)와 하늘로부터의 음성(하나님 혹은 어떤 높은 사자, 계 18:4-8, 20; 19:5; 19:1-3, 6-7에 나오는 성도들) 사이를 교차시키고 있다. 하늘의 음성은 또한 만국의 애통을 말한다(계 18:9-19).

4. González, *Revelation*, 116. 최근의 추정은 로마의 초기 인구가 더 적은 것으로 평가한다(Richard L. Rohrbaugh, "The Pre-Industrial City in Luke-Acts: Urban Social Relations," 125-49 in *The Social World of Luke-Acts: Models for Interpretation*, ed. J. H. Neyrey [Peabody, Mass.: Hendrickson, 1991], 133), 그러나 전통적인 추정은 로마의 역사가들이 보도하는 곡물 구호품에 대한 로마의 기록에 근거하고 있다(Clarke, "Rome and Italy," 464-66). 심지어 공화정 초기에도 그 숫자는 50만 이하로 내려가지 않았는데, 왜냐하면 로마의 인구조사는 대개 약 100,000명의 시민이 살았음을 보여주고 있는데, 여기에는 여자들, 어린 아이들, 외국인들, 그리고 천한 일을 하는 노동자들이나 노예들이 포함되지 않았기 때문이다(예를 들면, Dionysius of Halicarnasus, 5.20.1; 5.75.3; 6.96.4; 9.15.2; 9.36.3).

들에 의해 결집된 세력에 대한 적절한 심판이다(계 16:14; 참조. 9:20). 그러한 영들이 그곳에 "갇혀있다"는 것(계 18:2, 그러나 구약성경 본문은 아니다)은 적절한 심판을 암시하는 하나의 은유적인 방식일 수도 있다(계 20:7; 2:10에서 신자들이 받는 고난과는 대조적으로).[5] 바벨론은 정확하게 그들이 하나님의 백성들을 짓밟았기 때문에(렘 51:33-36; 참조. 계 18:24; 19:2) 그러한 심판에 직면하는 것이다(렘 51:37).

지방의 엘리트들(이들의 신분은 로마의 후원자에게 의존하고 있다)에 의해 유포되었던 로마의 선전을 통하여, 로마는 많은 사람들에게 좋은 것들을 가져다주었다. 하지만 이곳에서 선지자들은 통렬한 비판을 하면서 로마가 오로지 그 자신의 개인적 이익을 위해서만 다른 사람들과 관계를 맺는다고 선언한다. 세 번이나 본문은 로마의 "사치"에 초점을 맞추고 있다(계 18:3, 7, 9).[6] 여러 나라들이 로마의 멸망을 슬퍼한다는 것은 로마의 착취적인 유혹으로 말미암아 취하게 하고 매혹시켜왔던 정도를 보여줄 뿐이다(계 14:8; 17:2; 18:3, 23).[7] 그러나 요한의 청중들은 하나님의 주권을 시야에서 놓치지 않는다. 왜냐하면 이곳에 나오는 표현은 예레미야서를 반영하고 있기 때문이다. 바벨론은 여호와의 손에 잡혀 있어 온 세계가 취하게 하는 금잔이며 그들이 그 포도주를 마심으로 미쳤으며(렘 51:7; 참조. 슥 12:2), 이는 바벨론에 대한 비탄(렘 51:8)과 하나님의 백성들의 도망을 초래하였다(렘 51:6, 45; 참조. 슥 2:7).

바벨론에 대해 애통하는 사람들은 "왕들"과 "상인들" 모두를 포함하고 있는데, 이들은 로마의 정치적 및 상업적 동맹들이다(계 18:3). 요한은 전자보다는(계 18:9-10) 후자 그룹에(계 18:11-19) 더 많은 관심을 기울인다. 바벨론에 대한 요한의 신탁(계 18:1-19:8)은 구약성경의 예언들에 대한 암시들로 가득 차 있는데, 바벨론에 대한 예언뿐만 아니라 에스겔 26-28장에 나오는 두로에 대한 신탁도 포함하고 있다. 요한계시록은 두로에 대한 구약성경의 이미지들을 많이 빌려오고 있는데, 이는 두로(역시 음녀였다—사 23:15-17을 보라)가 로마처럼 경제적 힘을 가진 나라였기 때문이다. 즉 "만일 로마가 정치적 및 종교적 활동에서 바벨론을 계승하

5. 칠십인 역은 대개 "마귀들"을 우상숭배와 관련시키고 있는데(신 32:17; 시 96:5; 106:37; 사 65:3; 바룩서 4:7), 이는 바벨론/로마에 적합하다(계 9:20). 초기 유대교 문헌은 종종 여러 장소에서 타락한 천사들을 가둔 것에 대해 진술하고 있다(벧후 2:4에 대한 주석들을 보라).

6. Aune, *Revelation*, 3:990은 계 18:3, 9, 16-17, 19에 나오는 바벨론의 사치 혹은 부를 겔 27:12, 18, 27, 33에 나오는 두로의 부에 대한 네 가지 언급들과 관련시킨다.

7. Bauckham, *Climax of Prophecy*, 347.

고 있다면, 로마는 또한 경제적 활동에서 두로를 계승하고 있다."[8] 두로는 에스겔의 예언에도 불구하고 많은 사람들이 정복할 수 없는 나라로 여겼지만, 결국 알렉산더 대왕의 손에 비참한 최후를 맞이하였다.

이 당시 요한의 청중들 모든 사람이 짐승에 의해 박해를 받은 것은 아니었다. 실제로 라오디게아와 사데에서 이들 중에 일부 사람들은 다른 곳에서는 성도들을 죽이는 것과 동일한 체제의 부분으로서 번영하고 있었다. 따라서 "거기서 나오라"(계 18:4)는 명령은 황제숭배나 혹은 다른 형태의 우상숭배와 타협할 것을 요구하는 경제적 활동 무대에서 물러나는 것을 포함할 수도 있다.[9] 요한의 예언은 부도덕을 옹호하는 타협의 선지자들인 "발람"과 "이세벨"과는 반대되는데, 이들은 아마도 은유적으로 짐승을 가리킬 것이다(계 2:14, 20; 참조. 18:3). 다른 유대교적 문헌들은 비슷한 표현을 세상의 악과 타협하는 것에 대해 사용하고 있다.[10]

여전히 바벨론 안에 머물러 있는 사람들은 바벨론의 심판에 동참할 것이며, 그리하여 예레미야는 오래 전에 그의 백성들에게 도망하여 나오라고 예언하였다(렘 51:6). 그러나 예레미야가 이 말을 통하여 의도한 것은 현재의 경고하기보다는 오히려 미래적 심판의 예언이었다(렘 29:7). 이렇게 도망치라는 경고는 바벨론이 온 세계를 취하게 하는 금잔이며 또한 갑자기 넘어져 파멸되어 슬퍼하게 될 것임을 언급하는 것과 동일한 문맥에 나온다(렘 51:7-8). 사람들이 지금도 심판을 받기 직전에 도망을 하라고 요청을 받았다는 것은 하나님의 자비의 위대하심을 보여준다. 하나님은 그의 백성들이 더 나은 도성을 가지고 있기 때문에 바벨론을 떠나라고 말씀하시는 것이다(계 21:2-3).

바벨론의 죄가 하늘에 이르기까지 쌓이게 될 때 심판이 이르게 된다(계 18:5). 때때로 하나님은 여러 세대들에 대한 심판의 분량이 찰 때까지 심판을 연기하실 때가 있다(창 15:16; 마 23:36; 눅 11:50 참조). 그러한 예언들은 그들의 조상들의

---

8. Ibid., 346; 참조. Kraybill, *Imperial Cult and Commerce*, 152-61.

9. Bauckham, *Climax of Prophecy*, 376-77; Kraybill, *Imperial Cult and Commerce*, 29. Collins, *Crisis and Catharsis*, 127은 이를 육체적으로 물러나는 것보다는 사회적으로 물러나는 것과 관련시킨다(계 12:6, 14).

10. 머물러 있으라는 예레미야의 경고는 바벨론 사람들의 죄와는 아무런 관계가 없다(바룩 4서 7:37). 머물러 있으라는 에녹의 경고는 죄인들이 "비밀히" 행한 행위들이 하나님께 알려진 것과는 아무런 관계가 없다(에녹 1서 104:6-8). 그것은 세상에 마음을 두는 사람들이 그 멸망에 동참하게 될 것이라는 경고이다(욥의 유언 33:4). 토빗은 니느웨가 멸망하기 전에 그곳을 떠나라고 경고를 한다(토빗 14:8). "지옥에 들어가기로 예정된 사람들"로부터 분리하라는 요청이다(CD 6.14-15). 그리고 종말론적 남은 자들이 진정한 이스라엘에게 배교한 자들로부터 도망할 것이라는 믿음이다(4QpNah 3.5).

죄로부터 이익을 얻는 사람들이 그들의 조상들이 당연히 받아야 할 심판뿐만 아니라 그들 자신의 죄로 인하여 심판을 받을 것임을 보여준다.[11] 결국 성도들의 신원을 위한 탄원의 향이 담긴 잔뿐만 아니라 바벨론의 죄의 잔도 가득 차게 되어 하나님 앞으로 올라가는 것이다(계 6:10; 8:4). 바벨론을 파괴하는 사람들은 바벨론이 행한 죄의 갑절을 그에게 갚아 줄 것이다(계 18:6). 이는 마치 문자적인 바벨론이 한때는 하나님의 백성들이 지은 죄를 갑절로 심판하는데 있어서 하나님의 대행자였던 것처럼 말이다(사 40:2). 이것은 도둑에게서 거두는 일종의 배상금이었다(출 22:4, 7, 9).[12] 바벨론은 그 자신의 잔으로부터 마시게 될 것이다(계 14:8-10; 참조. 사 51:22-23; 렘 50:15, 29; 옵 15).

18:7에서 바벨론의 거만에 대한 심판의 메시지는 바벨론에 대한 고대 신탁의 표현을 반영한다. 바벨론은 스스로를 영원한 여왕으로(계 18:7; 참조. 사 47:7) 주장하며, 사치스럽게 (혹은 감각적으로—계 18:7; 참조. 사 47:8) 살아가며 또한 자신이 과부가 되거나 자신의 자녀를 잃게 될 것임을 부인하였다(계 18:7; 참조. 사 47:8).[13] 그리하여 재앙들이 하루 동안에 바벨론에 임할 것이다(계 18:8; 참조. 사 47:9). 바벨론은 더 이상 자신의 복술로 미혹하지 못할 것이다(계 18:23; 참조. 사 47:9). 이사야의 예언은 로마에 적절한데, 왜냐하면 로마가 영원한 도성임을 주장했기 때문이다.[14] 다른 유대 저자들은 이 신탁을 로마에 적용하는 것이 적절하다는 것을 발견하였다(시빌의 신탁 5. 169-74).[15]

로마가 자기를 영화롭게 한 정도(계 18:7)는 황제 및 로마를 인격화 한 여신 로

---

11. 이러한 원리는 또한 유대교 해석학자들에 의해서도 인식되었다(*Sifre Deut.* 332.2.1). 눅 11:50-51에서처럼, 계 18:20, 24의 심판을 행하심에 대해서는 F. F. Bruce, *The Time Is Fulfilled* (Grand Rapids: Eerdmans, 1978), 106을 보라.

12. 심판의 잔을 남김없이 마시는 것에 대해서는 시 75:8을 보라. 갑절로 갚는 것에 대해서는 딤전 5:17; Sherk, *Empire*, 92, 159-60; Aune, *Revelation*, 3:992-93에 나오는 헬라의 여러 참고문헌들을 참조하라.

13. 애 1:1에 나오는 예루살렘의 운명을 참조하라. 거만함에 대해 이 말과 같은 종류의 말은 왕하 19:28에서 앗수르에 대한 신탁에 등장한다. 자녀를 잃은 것은 계 2:23에서 부도덕한 여자에 대한 심판이었다. 흉년과 사망(계 18:8)은 6:8에서온 세상에 임한다. 흉년과 역병은 종종 그 도시의 멸망을 수반한다(Aune, *Revelation*, 3:996).

14. Kraybill, *Imperial Cult and Commerce*, 57은 *I. Eph.* 599; Josephus, *War* 5.367을 인용한다. Ps-Philo, 7:1에서 창 11:4에 첨가된 것을 참조하라.

15. 하나님은 또한 아시아가 받는 고난들을 정복자 로마에 갚아주실 것이며(시빌의 신탁 3.350-55) 그리고 로마의 거만함을 심판하실 것이다(시빌의 신탁 3.446-68; 8.75-76). 이집트(와/혹은 클레오파트라)는 과부였지만(시빌의 신탁 11.279; 참조. 3.75-92) 로마와 결혼한 것은 훨씬 잘못된 일이었다(시빌의 신탁 11.290). 이러한 표현을 재적용하는 것은 이사야의 문자적 의미를 취소한다는 의미가 아니다. 시빌의 신탁 5.444-45는 이사야 47장을 문자적인 바벨론에 대해 적용하고 있다.

마 숭배가 확산된 것을 보면 알 수 있다. 선전과 사회적 통제의 수단으로서, 로마는 이런 신이 나타내는 것을 숭배하기를 기대하였다. 18:7에서 바벨론이 자기에게 "영광"을 부여한 것은 하나님의 영광을 가지고 있으며(계 21:11, 23) 그리고 만국의 영광을 모아서 들어가는(계 21:24, 26) 새 예루살렘과 두드러진 대조를 이루고 있다. 거만한 자들에게서 영광을 취할 날이 다가오고 있으며(계 13:5 참조). 그날은 하나님과 그의 백성에게만 속해 있다. 바벨론은 불로 사라지게 될 것이다(계 17:16에 대한 설명을 보라). 그 형벌의 날이 도래할 것이다. 왜냐하면 심판하시는 주 하나님은 강하신 분이시기 때문이다(계 18:8; 참조. 신 3:24; 9:26; 시 89:8; 겔 20:33; 욜 2:11).

완강하게 저항하는 우는 왕들과 애통하는 상인들(18:9-20)

이러한 반(反)유도피아적인 예언에서, 왕들은 악한 제국의 멸망을 슬퍼한다(18:9-10). 대조적으로 모든 백성들의 의로운 남은 자들은 새 예루살렘에 참여할 것이며, 그리고 그들의 왕들은 자신들의 영광을 가지고 그곳으로 들어갈 것이다(계 21:24). 세상의 통치자들은 여기서 애통할만한 이유를 가지고 있다. 왜냐하면 그들은 로마의 통치로부터 개인적으로 이익을 얻었으며(계 18:3 참조), 또한 그들은 황제의 후원을 받아 권력과 지위가 올라간 사람들이기 때문이다. 로마는 "자신의 친구들을 위해 안전과 번영을 제공하였다."[16] 요한의 청중들이 살고 있었던 아시아는 속주들 중에서 가장 부유하였다.[17] 따라서 이 지도자들은 바벨론(로마)을 위해서뿐만 아니라 자신들을 위해서도 애통해한다. 바벨론의 통치로부터 이익을 얻은 왕들과 상인들 모두 바벨론의 멸망으로 인하여 슬퍼할 것이지만 안전한 먼 거리에서 애통해 한다. 왜냐하면 그들은 바벨론이 당하는 고통을 두려워하고 있기 때문이다(계 18:10, 15; 참조. 겔 26:18). 세상의 사랑은 이기적인 것이지, 자기희생적인 것이 아니다(계 17:16-17).

"땅의 왕들"은 비록 이 표현이 구약성경을 개작한 것이긴 하지만 로마의 예속 왕들을 가리킨다(계 17:2, 18; 18:3). 이것은 구약성경에서 흔하게 나오는 표현이지만(최소한 15회 사용되고 있다), 이 본문은 특히 몇 구절을 생각나게 한다. 즉 메

16. Kraybill, *Imperial Cult and Commerce*, 57, 59-82.
17. Ibid., 65-66.

시아는 왕들을 다스릴 것이다(시 89:27; 계 1:5). 땅의 왕들은 하나님의 아들을 대적하기 위해 모이지만 망할 것이다(시 2:2; 행 4:26; 계 19:19). 그리고 그들은 두로의 무역을 통하여 풍부하게 되었다(겔 27:33). 그들이 "화 있도다! 화 있도다"라고 외치는 것은 요한계시록 18:10, 16, 19에서 상인들에 의해 반복되고 있다.

가장 긴 애통은 상인들에게서 나온다. 왜냐하면 그들은 로마의 무역으로부터 이익을 얻었기 때문이다.[18] 이들의 관점을 공유하고 있는 귀족들과 많은 사람들은 로마의 웅장함과 제국이 가져다 준 부를 보고서 여전히 감탄하였다.[19] 로마는 어떤 이가 주장했듯이 신들의 제국 다음으로 가장 강한 제국이었다.[20] 하지만 로마는 속주들에 대해 불공정한 무역에 근거하여 사치스럽게 살았다. 찬탈자 비텔리우스(Vitellius)는 1년도 채 못 되는 기간 동안 2천만 달러 이상에 해당하는 것을 낭비하였는데, 주로 "공작의 뇌와 나이팅게일(유럽산 지빠귀과의 작은 새-옮긴이)의 혀와 같은 맛있는 음식"을 먹는데 허비하였다."[21] 크레이빌(Kraybill)은 상인들과 선원들에 대해 설명을 하면서 다음과 같이 언급한다.

> 그들은 이집트 북 아프리카와 흑해 지역으로부터 수도를 위해 매년 약 40만 톤의 곡물을 수송해왔다. 지방에 사는 사람들이 곡식을 위해 높은 가격을 지불하고 때로는 아무런 음식도 구하지 못하는데 비해, 로마에 사는 20만 가구는 정부로부터 공짜 곡식을 정기적인 "구호품"으로 받았다.[22]

로마의 만족할 줄 모르는 식욕과 유혹적인 부는 속주에 사는 사람들로 하여금 그들 백성들이 필요로 하는 것보다는 오히려 로마로 수출하는데 투자하도록 유혹

---

18. 다른 저자들은 하나님께서 페니키아의 해양 도시들(시빌의 신탁 3.492-94)과 부유한 알렉산드리아를 심판하실 때처럼(시빌의 신탁 5.98), 하나님이 로마를 심판하실 때 막대한 부도 멸망시키실 것으로 기대하였다(시빌의 신탁 2.18). 이와는 대조적으로 유토피아적 미래를 묘사하는 사람들은 모든 땅이 각종 열매를 맺을 것이기 때문에 무역선이 다니지 않을 것으로 기대하였다(Virgil, *Ecl.* 4.37-39).

19. Bauckham, *Climax of Prophecy*, 375-76은 Aelius Aristides, Or. 26.7, 11-13을 인용하고 있다. 보캄은 요한 자신이 로마의 부를 슬퍼하기보다는 비난하고 있다고 말한 것은 분명히 옳다(ibid., 338-83).

20. Livy, 1.4.1. 후대 랍비들은 로마의 부가 비길 데 없었으며(ARN, 28A) 로마에는 133,225개의 궁전이 있었고, 각 궁전은 365층으로 되어있는데 각 층은 세상을 먹일 풍부한 음식으로 가득 차 있었다고 주장하였다(*b. Pes.* 118b).

21. Mounce, *Revelation*, 329.

22. Kyaybill, *Imperial Cult and Commerce*, 107은 *Res Gestae* 15를 인용한다. 황제들은 그들의 수도에 안정성을 유지하기 위해 곡물을 사용하였다(Pliny, *Panegyricus* 29.1-5). 황제들이 곡물을 주지 않고 가지고 있으면, 폭동이 일어났다(Appian, *C.W.* 5.8.67; Tacitus, *Ann.* 6.13; 12:43).

하였다. 아시아에 있는 지주들은 포도주와 같은 품목들을 수출하기 위해 포도 재배를 위한 많은 토지를 사용하였으며 그리하여 아시아의 도시들은 이집트로부터 남부로 혹은 흑해 지역으로부터 북부로 곡물을 수입해야 하였다. 그리하여 지주들은 이익은 챙겼으나, 그밖에 모든 사람들은 기본적으로 필요한 음식을 위해 보다 높은 가격을 지불했다.[23]

로마의 상업적 이익은 또한 이교 종교를 보급시켰으며, 그리고 대부분의 사람들은 로마의 요구에 항거하기보다는 사고파는 일에 보다 몰두하였다(계 13:17). 이제는 아무도 그들의 상품을 사지 않는다는 상인들의 애통(계 18:11)은 그들이 매매를 하기 위해 짐승을 경배한 사람들에 대한 반어적인 보복이다(계 13:17). 이교적 상징들은 지중해의 주요 항구들에서 두드러졌으며, 그리고 해운 활동들과 상업 길드들은 황제숭배 의식의 여러 측면에 관여하였다.[24] 유대인들은 황제숭배 의식에 참여하는 것에서 면제를 받았으나, 회당에서 추방되었던 그리스도인들은 아마도 그러한 숭배의식에 참여하거나 그런 일을 행하지 않으면 수입을 잃기도 했다.[25] 이 단락에서 요한은 속주에 사는 사람들이 가난했음을 확인해주고 있는데, "왜냐하면 요한은 그리스도인들이 더 이상 우상을 숭배하는 애국심으로 철저하게 젖어 있는 불공정한 상업적 네트워크에 참여할 수 없다고 생각했기 때문이다."[26]

요한계시록이 기록되기 약 반세기 전에 클라우디우스에 의해 건설된 로마의 항구 오스티아(Ostia)는 상인들을 위한 사무실로 가득 찬 열주(列柱)가 있는 커다란 광장이 있었다.[27] 파괴를 당한 상품의 목록들은 상세한 애곡이나 심판의 신탁에 적절하였으나(바룩 2서 10:19), 이 목록에 들어있는 구체적인 물품의 많은 것들은 요한계시록이 사치품에 대해 비판하고 있음을 보여준다(계 18:12-13).[28] 우리는 이 목록을 다음과 같이 간략하게 살펴볼 것이다.

이 시기에 로마의 신흥 부자들은 전형적으로 그들이 가지고 있는 "금"과 "은"을 과시하였다. 로마는 스페인으로부터 이러한 금속들 대부분을 수입하였는데, 이곳

---

23. Kyaybill, *Imperial Cult and Commerce*, 66-67.
24. Ibid., 29, 123-41; 항구에서 이교적 상징에 대해서는 125-27을 보라. 참조. 행 28:11.
25. Ibid., 197.
26. Ibid., 23.
27. Caird, *Commentary on Revelation*, 226.
28. 이하에 나오는 대부분의 내용들은 Bauckham, *Climax of Prophecy*, 352-66에서 가지고 온 것이다. 보캄은 세밀한 자료들을 첨부하고 있다. 다른 사람들도 가치 있는 상세한 설명들을 제공해주고 있지만(예를 들면, Caird, *Commentary on Revelation*, 228; Ford, *Revelation*, 298-99; Aune, *Revelation*, 3:998-1002), 보캄이 최근의 자료들을 제공하고 있다.

에 로마는 수많은 광산들을 소유하였으며, 어떤 사람들은 광산 소유자들로부터 압수를 하기도 했다. 그러한 광산에서 일하는 노예들은 거의가 몇 년 이상을 살지 못하였다.[29] 그들은 "보석들"을 수입하였는데, 이것은 남성들의 반지에도 사용하지만 특히 여성들에 의해 사용되었으며, 이는 인도에서 수입하였다. 요한과 동시대의 많은 사람들은 진주를 사치의 척도로 간주되었다. 그들은 홍해에서 이러한 진주들을 확보하였으며, 더 좋은 진주는 페르시아 만에서 수입하였으며, 그리고 가장 풍부한 출처는 인도였다. 요한 당시에 이러한 것들이 로마가 동방과 무역한 가장 많은 부분을 차지하였다.[30]

로마는 "세마포"를 스페인, 소아시아, 그리고 특히 이집트에서 수입하였다. 이 당시에 세마포가 양모를 대체하기 시작했다. "자주 옷감"은 오랫동안 부의 상징이었으며, 특히 이를 두로에서 수입하였다. "붉은 옷감"은 또한 사치의 상징이었으며, 주로 소아시아의 연지벌레가 사는 떡갈나무에서 추출하였다. 로마 사람들은 비단이 나무에서 자라는 것으로 생각하였는데, 이 "비단"을 특히 인도 북서부 항구와 파르티아를 지나가는 육로를 통해 중국으로부터 수입하였다. 먼 거리를 여행한 것을 고려하면, 이것은 부자들에게만 한정된 화려한 소비의 상징이었다는 것은 결코 놀라운 일이 아니다.[31]

"향목"(혹은 감귤류 나무)은 원래 북아프리카 해안에서 서쪽으로 나아가는 구레네에서 생산되는데, 이 당시에는 그 공급이 격감되어 이러한 나무 대부분은 모로코에서 수입되었다. 향목으로 만든 테이블은 "초기 제정 로마 시대에 가장 값비싼 유행들 중의 하나"였다. 그리하여 테이블 한 개는 상당한 재산을 주고서야 살 수 있었다.[32] "상아" 무역으로 인하여 시리아의 코끼리들이 거의 멸종되어 소수의 코끼리만이 북아프리카에 남아 있었다. 부를 과시하고 싶은 사람들은 상아를 사용

---

29. 광산 노예들에 대해서는, Naphtali Lewis, *Life in Egypt Under Roman Rule* (Oxford: Clarendon, 1983), 137-38을 보라. 1세기 이후에 로마는 금을 얻기 위해 발칸 반도로 방향을 돌렸다(Aune, *Revelation*, 3:998).

30. 굴을 채집하는 것에 대해 직접적으로 잘 알고 있는 것은 아니었지만, 고대 사람들은 종종 굴이 어떻게 수확되는가에 대해 재미있는 여러 생각들을 가지고 있었다(예를 들면, Arrian, *Indica* 8.11-12).

31. 역사를 통하여 비단 생산과 무역에 대해서는 보캄뿐만 아니라 Richard N. Frye, *The Heritage of Central Asia: From Antiquity to the Turkish Expansion* (Princeton, N.J.: Markus Wiener, 1996), 153-57을 보라. 로마는 특히 A.D. 90-130년에 중국과 무역을 하였는데, 아마도 1년에 거의 4,500만 세스테르세스(고대 로마의 화폐 단위-옮긴이) 정도였을 것이다(그리고 인도와는 5,500만 세스테르세스: Aune, *Revelation*, 3:999).

32. Pliny, *N.H.* 13.95를 보라. 이는 Bauckham, *Climax of Prophecy*, 356-57에 인용되어 있다.

하여 테이블 다리와 우상을 만들었다. 다른 "값진 나무"(계 18:12)는 아마도 단풍나무, 히말라야 삼목, 그리고 사이프러스를 가리킬 것인데, 이들 모두가 값비싼 사치 품목으로 사용되었다(흑단은 로마에서 귀하였다). 제국에서 가장 유명한 "구리"는 고린도 산이었다. 가장 좋은 "철"은 동방에서 수입되었는데, 다른 곳에서도 구할 수 있었다. 로마 사람들은 "대리석"을 아프리카, 이집트, 그리고 그리스에서 수입하였는데, 특히 이것은 궁전을 짓는데 사용되었다.

"계피"는 아마도 동아프리카의 소말리아에서 가져왔는데 계수나무(대부분의 무역은 계피 식물의 나무에 한정되었다)와 특유한 계피(부드러운 가지와 섬세한 나무껍질) 모두를 포함하였는데, 이 모두 매우 값비싼 것이었다.[33] 동아프리카 무역에 관련이 있는 배들은 탄자니아 해변에서 떨어져 있는 잔지바르(Zanzibar, 아프리카 동해안의 섬-옮긴이)까지 남쪽으로 나아갔으며, 왕복으로 항해하는데 2년 정도 걸렸다.[34] "향료"라는 말은 인도 남부에서 온 향기로운 향료를 지칭한다. "향"은 종교적 의식뿐만 아니라 무상십을 향기로 채우는데도 사용되었다. "향유"는 예멘과 소말리아에서 수입되었다. "유향"은 사치스러운 물건으로 알려져 있는데(예를 들면, 욥의 유언 32:10/11), 아라비아 남부에서 수입되었다. 이 당시 몇몇 로마 사람들은 다른 로마 사람들이 동방에서 온 사치스러운 물건들에 너무나 많은 돈을 사용다고 불평하기도 했다.

로마는 최고급 "포도주"를 시칠리아와 스페인에서 입수하였는데, 다른 곳에서도 구할 수가 있었다. 요한 당시에 로마 제국은 포도주는 넘치는데 비해 곡물 부족을 겪었다(계 6:6에 대한 설명을 보라). 왜냐하면 포도주 무역은 곡물보다는 이윤이 많이 남았으며, 그리하여 부유한 로마의 대지주들은 속주에서 곡물보다는 포도나무를 재배하였기 때문이었다. 이탈리아는 자체적으로 "감람유"를 생산하였으나 이 당시에는 아프리카와 스페인으로부터 더 많은 감람유를 수입하였다. "고운 밀가루"(포도주, 감람유, 그리고 밀과는 대조적으로)는 사치품이었으며, 최상품은 아프리카에서 수입하였다.

아프리카와 이집트는 제국의 곡물 선단을 통하여 로마의 대부분 사람들에게 "밀"을 공급하였는데, 이 곡물 선단은 상인들에 의해 운영은 되지만 정부에 의해

---

33. Bauckham, *Climax of Prophecy*, 360. 가장 값이 싼 계피라도 같은 무게에서 밀보다 50배 비쌌으며, 그리고 공급이 부족할 때에는 300배까지 값이 오르기도 하였다(Kraybill, *Imperial Cult and Commerce*, 105는 Pliny, *N.H.* 12.93, 97을 인용한다).

34. Ibid., 104.

감독을 받는 수천 척의 선박으로 구성되어 있었다. 이러한 밀의 상당량이 속주들에서는 세금이 붙여져서 나갔지만 로마의 거주자들에게는 공짜로 배분되었다. 그리하여 부자들뿐만 아니라 로마의 전체 주민들은 "제국의 남은 백성들을 희생하여서만 생존할 수 있었던 것이다." 이것은 음녀 로마가 제국의 권력이라는 짐승 위에 올라 탄 것에 대한 한 가지 의미이기도 하다.[35]

부자들도 좀처럼 육류를 먹을 수가 없었다. "소"는 특히 일하는 짐승으로 사용되었으며 그리고 1세기에 부자들은 이탈리아와 속주에서(일반적으로 몰수나 정복에 의해) 거대한 토지를 목장으로 마련하였다. 몇몇 "양"은 양고기를 위해 사용되었지만, 이탈리아는 주로 양모를 생산하여 부유한 재산을 만들기 위해 양을 수입하였다. 이탈리아는 "말"을 위한 충분한 목초지가 부족하였으며, 이들을 공중 오락에서 전차 경주로 사용하기 위해 아프리카, 스페인, 그리고 다른 지역에서 수입하였다. 말은 또한 골(Gaul) 지방에서는 네 바퀴가 달린 전차를 끌었으며, 때때로 은으로 갑옷을 입히기도 하였다. 부자들은 "로마 안에서와 시골에 있는 자신들의 소유지로" 말을 타고 여행하였다.[36]

요한은 절정에서 "종들과 사람의 영혼들"로 마무리를 한다. 이 시기는 노예들을 직접 로마에 공급하기 위해 전쟁이 충분하지 않았기 때문에, 로마는 노예의 필요를 유지할 수 있는 다른 방법들을 찾아야만 하였다. 로마 제국에서 가난한 많은 사람들은 그들이 양육할 수 없다고 생각되는 아기들을 버렸다. 이들 중 많은 아기들이 새들이나 개들의 먹이가 되었지만, 또 많은 아기들이 구출되어 노예가 되었다. 아시아는 아마도 에베소 항구를 통하여 많은 수의 노예들을 로마로 수출하였을 것이다.[37] 사람의 "영혼들"(여기서 사용된 말은 또한 "생명들"로 번역될 수도 있다)은 에스겔 27:13의 헬라어 역에서 비롯되었을 수도 있는데, 이곳에서 "인간의 생명들"(문자적 번역)—두로의 잘못된 무역 중의 하나이다—은 "노예들"을 의미한다(NIV역을 참조하라).[38] 성경의 법은 다른 사람의 "생명"을 훔치는 것—즉 노예무역을 위해 납치하는 것—을 중대한 범죄로 정죄하였다(신 24:7). "맛있는 것들과

35. Bauckham, *Climax of Prophecy*, 363.

36. Ibid., 365.

37. 아기들이 버려지는 것은 흔한 일이었으며(예를 들면, Diodorus Siculus, 4.64.1; 8.4.1; 19.2.3-5; Juvenal, *Sat.* 6.602-9; Longus, 1.2, 5; 4.24, 36; Pausanias, 2.26.4) 그리고 종종 노예로 양육되기도 하였다(Justin, *Apol.* 1.27; Lewis, *Life in Egypt*, 54, 58). 유대인들처럼(Josephus, *Apion* 2.202; Diodorus Siculus, 40.3.8), 이집트 사람들도 아이를 유기하는 것을 반대하였다(Diodorus Siculus, 1.80.3).

38. Bauckham, *Climax of Prophecy*, 370; Ford, *Revelation*, 299. 노예를 나타내는 사람의 "몸"에 대한 언급에 대해서는 G. Adolf Deissmann, *Bible Studies*, tr. A. Grieve (Edinburgh: T. & T. Clark, 1923), 160을 보라.

빛난 것들"(계 18:14)은 이 목록을 요약하고 있는데, 헬라어에서는 일종의 언어유희를 포함하고 있는 것으로(*lipara*와 *lampra*) 헬라의 수사학자들과 이스라엘의 선지자들에 의해 종종 사용되고 있다.

이것은 로마 시대로부터 지금까지 남아있는 가장 긴 생산품 목록이다. 요한은 에스겔의 두로가 무역한 40개의 품목을 개작하고 있지만(겔 27:2-24), 그러나 1세기 로마가 실제로 무역을 했던 것을 위해 그것을 정확하게 업데이트하고 있다. 에스겔의 목록이 지리적으로 배열된 데 비해, 요한의 목록은 주제별로, 화물의 형태별로 배열되고 있다.[39] 비록 요한이 비싸지 않은 몇 가지 품목들(대량으로 수입되었던 감람유)을 포함하고 있지만, 요한은 대개 값비싼 수입품들에 초점을 맞추고 있으며, 아울러 29개 값비싼 품목들에 대한 다른 저자의 목록과 실질적으로 겹치기도 한다.[40]

요한 당시의 몇 가지 자료들은 로마의 부가 제국의 다른 사람들을 희생하여 탐닉에 빠졌다는 것을 인정하고 있지만, 그러나 사치를 비판하는 내부분의 자료들은 단순히 그러한 사치가 귀족들을 부패시켰으며 또한 그러한 것들에 의존하게 만들었기 때문이라고 말한다. 아마도 이러한 비판 몇 가지에 대해서 동조는 하겠지만, 요한계시록은 로마가 제국의 사람들을 희생하여 치부를 했다는 것에 대해 분명하게 정죄한다. 음녀는 그녀의 수입품으로 치장하고 있다(계 17:4; 18:16).[41] 18장의 대부분이 로마의 사치 그 자체를, 부분적으로는 그 거만함을 정죄하고 있음에도 불구하고(계 18:7), 또한 압제자들을 염두에 두고 있다(계 18:24).

18:17에서 애통하는 사람들은 배에서 일하는 사람들을 포함하지만, 이는 아마도 배의 소유주들의 슬픔도 암시하는 듯하다. 상인들은 땅의 "왕족들"인데(계 18:23), 이들은 세속적 지위에 대한 요한계시록의 체계에서 볼 때 왕들 바로 아래에 있는 사람들이다(계 6:15; 18:23). 하지만 요한계시록은 이들에 대해 "땅의"라

---

39. Bauckham, *Climax of Prophecy*, 350-51.

40. Ibid., 366 (Pliny, *N.H.* 37.204는 요한계시록의 28개 품목들 중 13개를 포함하고 있으며, 그리고 요한계시록은 플리니의 품목들 중 18개를 포함하고 있다).

41. Ibid., 368-69. 시빌의 신탁에서 로마가 아시아를 착취한 것을 비난하는 것과 병행하는 내용에 대해서는 378-83페이지를 보라. Aune, *Revelation*, 3:990은 이 단락이 착취보다는(그러나 3:1010을 참조하라. 그리고 고대 사람들은 바다 여행과 탐욕을 연관시키고 있다) 오히려 사치를 비난하고 있다고 주장하는데(로마 사회에 대해 오늘날의 몇몇 로마 비평들처럼), 왜냐하면 속주들(특히 아시아)도 로마와 무역을 함으로써 이익을 얻었기 때문이다. 그러나 상인 계급에서 배제된 지역(계 13:17-18; 18:3)은 그 무역에 참여하는 것을 환영하는 사람들만 도움을 주는 불공정한 무역 방식으로 속주들로부터 부를 획득했다는 것을 인식할 수도 있다.

는 말을 덧붙임으로써 이러한 지위가 궁극적으로 덧없음을 나타낸다(계 1:5, 7; 17:2, 18; 18:3, 9, 11).[42] 바다로 수송을 하면 비용이 더 쌌기 때문에, 로마는 18:12-13에 기록되어 있는 대부분의 품목들을 오스티아 항구를 통하여 수입하였다. 난파는 선박 소유주들을 파산시킬 수도 있었지만, 어떤 사람들은 위험을 줄이면서 자신의 많은 배를 소유할 만큼 부자가 되기도 하였다.[43] 그러나 로마의 멸망과 더불어 선박 소유주들과 그들이 고용한 사람들 모두 직업을 잃게 되었으며, 로마가 높은 세금으로 잔인하게 착취를 하고 있는 농부들보다 더 나을 것이 없었다.[44]

반세기가 채 되기 전에 불에 탄 적이 있었던 이 도시에 대해(네로는 이 화재에 대해 그리스도인들을 비난하였다), 18:18에서 그러한 화재의 위협은 생생한 묘사였을 것이다(Tacitus, *Ann.* 15.38-44를 보라). 티끌을 자기 머리에 뿌리는 것(계 18:19)은 슬퍼하는 것에 대한 전통적인 행위였다(수 7:6; 삼상 4:12; 삼하 1:2; 15:32; 애 2:10; 겔 27:30).

성도들을 위한 원수 갚음(18:20-24)

18:21-24에서 한 "힘센 천사"가 메시지를 전하지만, 이 단락의 사상은 앞에서부터 계속되고 있다. 20절과 24절은 성도들의 피에 대한 원수 갚음이라는 주제로 이 단락을 괄호로 묶고 있는데, 이것은 성경 다른 곳에서도 나오는 주제이기도 하다(신 32:43; 왕하 9:7; 시 79:10; 욜 3:21).[45]

땅에 거하는 자들이 애통하는 것과는 대조적으로, 하늘은 바벨론의 멸망에 대해 즐거워한다(계 18:20; 참조. 12:12에 용의 패배).[46] 하나님께서 순교당한 성도

---

42. "땅의 위대한 자들"이라는 문구(문자적으로)는 사 23:8(두로에 대해)에서 비롯된 것일 수도 있으나 로마 제국의 상인들에게 어울린다. 비록 높은 사회적 지위를 가진 것은 아니었지만, 이들은 종종 부유한 자들이었다(Bauckham, *Climax of Prophecy*, 373).

43. Ibid., 373-74를 보라; 참조. Hesiod, *Works and Days* 689-91; Brian M. Rapske, "Acts, Travel and Shipwreck," 1-47 in *The Book of Acts in Its Graeco-Roman Setting*, ed. D. W. Gill and C. Gempf (Grand Rapids: Eerdmans, 1994), 25-28. 선장의 안전한 배달 계약에 대해서는 *P. Oxy.* 3250을 보라.

44. 분명히 유입된 공물(아마도 제국의 국민 총생산의 약 10%였을 것이다)은 무역에 자극을 주었으며 그리고 현금의 유출은 로마 제국 도시의 전반적인 경제에 이익이 되었다(Aune, *Revelation*, 3:989). 그러나 대부분의 농촌에 사는 농부들—제국민들의 대부분—은 세금을 가혹한 것으로 경험하였다(C. S. Keener, *Matthew* [Grand Rapids: Eerdmans, 1999], 292-93을 보라).

45. 바벨론에 대한 2인칭 언사(계 18:22-23)에서 바벨론에 대한 3인칭 서술(계 18:21, 24)로의 변화는 심판의 연설을 포함하여 예언문학에서 표준적인 것이었다(Aune, *Prophecy in Early Christianity*, 285).

들, 사도들, 그리고 선지자들을 위하여 바벨론에 대해 심판을 선언하실 것이라는 것은 종말의 때까지는 이러한 집단들의 증거와 고난이 지속될 것임을 암시한다.[47] 신자들은 세상의 법정에서 심문을 받고 죽임을 당해왔지만, 그러나 실제로 재판을 받는 것은 바로 세상이다(요 16:8-11을 참조하라). 이 단락은 피 흘림과 거짓 증거에 대한 구약의 율법을 반영하는 것일 수 있다(창 9:6; 신 19:16-19).[48]

하나님은 바벨론의 영원한 멸망을 상징하기 위해 예레미야에게 돌을 유브라데 강 속에 던지라고 명령을 하셨다(렘 51:63-64). 요한계시록에서 이것은 맷돌을 바다에 던지는 것으로 되었는데(계 18:21), 이는 아마도 작은 자들 중 하나라도 실족하게 하는 사람들은 이런 식으로 죽임을 당할 것이라는 예수님의 경고를 생각나게 한다(막 9:42; 눅 17:2). 각 경우에서 노새가 돌리는 큰 맷돌을 말하고 있는 것이지, 여인이 손으로 돌리는 맷돌을 말하는 것이 아니다.[49] 그렇게 빠지는 것은 끔찍한 운명으로 간주되었으며, 또한 그렇게 무거운 무게의 맷돌이 던져지면 빠져나갈 수 없다는 것을 보여준다.[50]

하나님께서 바벨론이라는 수단을 사용하시어 유다를 심판하셨을 때, 예루살렘은 폐허가 되었으며, 신랑의 소리와 신부의 소리와 맷돌 소리와 등불 빛이 끊어졌다(렘 25:10; 참조. 렘 16:9). 이제 천사의 선언은 하나님의 백성들을 압제하는 바벨론이 하나님의 백성들에게 뿌린 만큼 거두게 될 것이며, 또한 맷돌 소리와 등불 빛과 신랑과 신부의 음성이 정지될 것임을 언급하고 있다(계 18:22-23).[51] 이와는

46. 유대교 문학은 승리자들(의인들 혹은 불의한 자들)이 그들의 원수들에 대해 기뻐하는 많은 실례들을 포함하고 있는데(레위의 유언 15:3), 이에는 바벨론에 대해 기뻐하는 것도 포함하고 있으며(바룩 2서 11-12), 그리고 의인들은 악한 자들의 고통을 영원히 바라볼 것이다(에녹 1서 27:3-4).

47. 어떤 사람들은 이곳에 나오는 "선지자들"을 오직 구약의 선지자들에게 적용하지만, 그러나 이 본문은 아마도 이 시대의 선지자들도 포함하는 듯하다(Bruce, "The Spirit in the Apocalypse," 338). 이러한 은사들의 지속성에 대해서는 엡 4:11-13; Craig S. Keener, *3 Crucial Questiona About the Holy Spirit* (Grand Rapids: Baker, 1996), 81-127 (특히 101-7); Jack Deere, *Surprised by the Power of the Spirit* (Grand Rapids: Zondervan, 1993), 99-115, 229-66 (특히 241-52) 등을 보라.

48. Caird, *Commentary on Revelation*, 229-30; Allison A. Trites, *The New Testament Concept of Witness*, SNTSM 31 (Cambridge: Cambridge Univ. Press, 1977), 172.

49. 목 주위의 맷돌은 전통적으로 거추장스러운 것에 대해 말하지만(*b. Kid.* 29b, bar.), 예수님은 그것을 더욱 거칠게 말씀하신다(에녹 1서 48:9를 참조하라). 당나귀는 노새가 끌 수 있는 무게의 반을 끌 수 있는데 100파운드 이상도 가능하다 (Rapske, "Travel," 8). 최악의 경우 늙은 말을 사용하기도 한다(Babrius, 29.1-2).

50. 던져지는 것은 전형적인 로마의 형벌이지만(예를 들면, Livy, 1.51.9—나무 상자에 돌을 가득 넣어 함께 던짐: 27.37.5-7; Babrius 27), 그러한 형벌이 유대인들에게 있는 것인지는 알려지지 않았다(Josephus, *Ant.* 14.450).

51. 신부의 방은 기쁨의 전형이며, 그 음성이 들리지 아니한다는 것은 슬픔의 전형이다(예를 들면, 마카비

대조적으로 새 예루살렘은 그 어떤 지상의 빛도 필요하지 않으며, 하나님과 어린 양의 영광이 비취게 되며(계 21:23; 22:5), 그리고 이 도시 자체는 신부가 될 것이다(계 19:7; 21:2, 9; 22:17). 바벨론에서는 거문고 타는 자들의 소리를 더 이상 들을 수 없다는 것(계 18:22)은 하늘에서 거문고 타는 자들의 소리를 들을 수 있는 것과 대조를 이룬다(계 14:2). 하나님의 백성들이 포로 시절에 그들의 수금을 타기 위해 애를 썼지만(시 137:2-4), 그러나 새 성전 도시는 수금을 타기 위한 적절한 장소가 될 것이다(대하 9:11; 20:28; 29:25를 참조하라).

"복술"을 언급하는 것은 의미심장하다(계 18:23). 마술은 성경에 나오는 이세벨을 묘사할 때 음녀와 관련이 있으며(왕하 9:22), 또한 요한계시록에서 이세벨은 음녀에 대한 하나의 모델이다(계 2:20). 보다 적절하게 바벨론은 자신을 여왕으로 생각하였으며(사 47:5-7; 계 18:7) 그가 곧 과부가 될 것임을 부인하고 있으며(사 47:9; 계 18:7), 자신을 마술로 보호할 것이라고 헛되이 생각하고 있다(사 47:9, 12). 그러나 만일 이사야 47장에서 바벨론에 대한 예언이 이러한 개념을 공급해준다면, 음녀 니느웨에 대한 신탁도 이러한 표현에 도움을 준다. "이는 마술에 능숙한 미모의 음녀가 많은 음행을 함이라 그가 그의 음행으로 여러 나라를 미혹하고 그의 마술로 여러 족속을 미혹 하느니라"(나 3:4). 마술은 아시아, 특히 에베소에서 행해지던 주요한 행위였다(행 19:13-19).[52] 그러나 요한계시록은 마술을 행하는 사람은 누구든지 심판을 받을 것이라고 경고한다(계 21:8; 22;15; 참조. 9:21).[53]

그러나 바벨론이 저지른 가장 큰 죄는 예수님의 증인들인(계 11:3, 7; 17:6) "선지자들과 성도들의 피"를 흘린 것이다(계 18:24). "땅 위에서 죽임을 당한 모든 자"를 첨가한 것은 선지자들과 성도들을 언급하는 것일 수 있지만, 그러나 이들을 넘어서서 로마의 경제적 불의에 대해 비판한 사람들을 가리키는 보다 넓은 의미일

1서 1:27; 9:39-41; 마카비 3서 4:6; Josephus, *War* 6.301). 청중들은 너무 어려서 결혼하지 못한 사람들과 신혼부부들에게 심판이 구체적으로 임하는 것을 보고서 마음이 움직였을 지도 모른다(애 1:18; 2:21; 시빌의 신탁 3.480-82; 525-27). 렘 31:13과 33:11에서, 하나님은 16:9와 25:10에 나오는 이스라엘의 "신부"가 가지고 있는 슬픔을 역전시키실 것을 약속하셨다.

52. Floyd V. Filson, "Ephesus and the NT," *BA* 8 (Sept. 1945): 73-80 (p. 80); Clinton E. Arnold, *Ephesians: Power and Magic*, SNTSM 63 (Cambridge: Cambridge Univ. Press, 1989), 14-16; Paul Trebilco, "Asia," 291-362 in *The Book of Acts in Its Graeco-Roman Setting*, ed. D. W. J. Gill and C. gempf (Grand Rapids: Eerdmans, 1994), 314 등을 보라.

53. 비록 마술이 초기 유대교 집단들에서 광범위하게 행해졌다 해도(행 13:6; Craig S. Keener, *The Spirit in the Gospels and Acts* [Peabody, Mass.: Hendrickson, 1997], 29-30 n. 21), 많은 유대인 집단들은 이를 정죄하였으며(솔로몬의 지혜 17:7; 바룩 2서 66:2; *m. Sanh.* 7:11; Urbach, *Sages*, 1:97-100) 또한 성경적 사형을 집행하는 것이 적절하다고 주장하였다(*p. Hag.* 2:2, §5; *Sanh.* 7:13, §2).

것이다(계 18:5-19에 암시되어 있다). 분명히 이 문맥에서 하나님은 애굽의 농부들을 짓밟은 것, 노예들의 잔인성, 그리고 로마가 여러 수단을 통하여 제국의 대부분을 착취한 것 등에 대해 관심을 가지고 계신다.[54] 요한은 한 사람의 유대인으로서 A.D. 70년에 로마에 의해 짓밟힘을 당한 그의 백성들의 고통에 동참했음에 틀림없으며, 이 유혈의 정복으로 로마는 동전에 이러한 승리를 널리 기념했으며 또한 제국 전체에 살고 있는 모든 유대인들에게 세금을 부과하였다.[55] 하지만 18:20과 언어적으로 병행하는 것을 고려하면, 로마가 지은 죄의 절정은 하나님의 사자들을 순교하게 만든 것이었다.

상황잇기

바벨론에 대한 현대적 대응물 찾기. 요한이 듣고 있는 애가(계 18:2)는 그 당시 어떤 도시의 파멸에 대한 적절한 문학적 형태라고 할 수 있다. 비록 오늘날 우리 청중들이 성경적으로 덜 박식하며 그리하여 이러한 문학적 형태가 심판의 신탁에 사용된다는 것을 모르는 경향이 있음에도 불구하고, 우리는 죄를 지은 사람들에 대해 조롱하는 찬사를 말함으로써 우리 세대에 대해서도 동일한 충격 효과를 되찾을 수 있을 지도 모른다. 오늘날 대부분의 사람들은 찬사들은 알고 있으며(대개 장례식 때 행해지는 일종의 수사학적 형태), 또한 그들이 자신들의 나라나 다른 사람들의 나라의 "멸망"에 대해 생각하는데 익숙하지 않기 때문에, 이러한 이미지가 귀에 거슬리는 것이 될 수도 있다.

요한에게 있어서, 바벨론의 멸망은 현재의 세계 질서를 끝장내는 것처럼 보였다(계 18:2-9). 하지만 현재의 세계 질서는 로마의 멸망과 함께 무너지지 않았다. 그리하여 회의론자들은 요한이 잘못하고 있다고 주장한다. 그러나 그 반대도 사실이다. 즉 역사는 요한의 가장 비범한 주장을 옹호해왔다는 것이다. 요한 당시의 강력한 로마 제국은 무너졌지만, 그러나 로마가 뿌리를 뽑으려고 했던 그 박해받는 교회는 여전히 남아있을 뿐 아니라 사람들이 거주하는 모든 대륙에 퍼져 있기도 하다. 그러나 로마가 요한 당시에는 바벨론이었지만, 로마는 바벨론이 한 여러 역할들 중의 하나에 불과하였다. 두아디라의 거짓 여선지자가 새로운 이세벨이었듯이, 버가모의 거짓 선지자가 새로운 발람이었듯이, 악한 황제가 새로운 네로였듯

54. Bauckham, *Climax of Prophecy*, 349를 보라.
55. Kraybill, *Imperial Cult and Commerce*, 203-4를 보라.

이, 그리고 로마가 새로운 바벨론이었듯이, 마찬가지로 역사에 나타나는 제국들은 동일한 기본적인 속임수들을 반복하는 연속적인 화신(化身)으로 끊임없이 새롭게 등장한다는 것을 그 후의 역사는 우리들에게 상기시키고 있다. 하지만 바벨론 이후의 대부분의 바벨론들과 또한 바벨론보다 앞서는 모든 바벨론들처럼, 요한 당시의 바벨론이 사라졌다는 것은 최후의 바벨론 역시 하나님의 영광이 나라를 침입하기 전에 사라지게 될 것임을 암시함으로써 우리에게 용기를 준다.[56]

이 단락을 적용함에 있어서, 우리는 로마 제국 대부분의 사람들이 여전히 가난했음에도 불구하고 로마의 웅장함으로 유혹을 받으면서 바벨론을 부유하게 만든 바벨론의 상업적 제국에 해당하는 현대적 대응물들을 찾아야 한다. 문제는 부 그 자체가 아니라 로마 제국 안에서 기회의 심각한 불공평일 수 있다는 것이다. 사치 품목들(계 18:12-13)은 자원들(로마가 정복을 통하여 획득한 것) 혹은 지위를 상징하는 것들을 낭비하면서 동시에 다른 사람들의 필요는 무시하는 것을 나타낸다(우리는 《현대적 의미》 단락에서 몇 가지 현대적 병행들을 제안할 것이다). 그렇지만 이 단락은 단순히 상업적 제국에 참여하는 자들의 부뿐만 아니라(계 18:11), 자기 자신의 백성들을 정복할 수 없는 것으로 생각하는 오만함에도 적용이 된다(계 18:7-8). 오늘날에도 강대국들이 여전히 그러한 오만함을 유지하고 있지만 역사는 그러한 생각들이 어리석다는 것을 입증해주고 있다.

요한계시록은 오늘날 많은 사람들에게 익숙하지 않은 인구 감소라는 고대의 예언적 이미지들을 재사용하고 있다(계 18:2). 오늘날 동일한 종류의 이미지를 전달하기 위해, 우리는 히로시마에 투하되었던 원자폭탄의 후유증들, 중성자탄의 결과에 대한 공상 과학 소설의 이미지들, 혹은 최소한 우리의 세계에서 우리가 알고 있는 것처럼 문명의 종말 등과 같은 것에서 빌려올 수 있다.

이 단락은 특히 새 예루살렘의 영원한 영광과 대조를 이루는 바벨론의 이전 화려함의 겉치레를 입증하기 위해 바벨론의 유적이 영원히 비어있는 잔해임을 묘사하고 있다. 이러한 이미지는 우리들에게 우리의 희망을 이 세상에 둘 것이 아니라 오히려 우리의 시간을 영원한 가치가 있는 것—사람들과 그들이 필요로 하는 것들

56. 20세기 초의 보수적인 프로테스탄트 양극단들은 "원수들"을 가령 도시 생활, 로마 가톨릭주의, 혹은 유대교, 그리고 나중에는 공산주의로 보았다. 21세기 초의 "원수들"은 이슬람이나 뉴에이지 이데올로기로 등장할 지도 모른다 (Robert Wuthnow, *Christianity in the 21st Century* [New York: Oxford, 1993], 121). 그러나 요한의 관점은 그러한 선택적인 양극단들을 허용하지 않는다. 그것은 전체 세상의 가치 대 그 나라의 가치인 것이다(그러나 이러한 것들은 교회의 많은 부분에 있어서도 실제로 중복된다).

과 또한 그들의 운명—에 투자하도록 요청하고 있다.

심판에 동참함. 이 단락에서처럼, 다른 사람들의 죄에서 이익을 얻는 사람들(조상들이나 동맹들의 죄)은 그들의 심판에 동참한다. 어떤 사람들은 세대 사이에 죄가 영향을 미치는 가능성을 의심하고 있지만, 그러나 그들은 그들의 현대적 서구의 개인주의적 관점에서 성경을 읽고 있는 것이다. 하나님께서 수세기 동안 쌓여진 죄에 대해 바벨론을 심판하셨을 때(계 18:5), 그분은 성경 다른 곳에서 진술되고 있는 형식을 따르고 계시는 것이다. 하나님은 조상들의 죄로 인하여 그 자녀들을 벌하신다. 물론 그분의 긍휼은 더욱 크시며 또한 그들 조상의 길에서 떠난 사람들은 심판 받는 것을 면하게 될 것이다(출 20:5-6; 신 5:9-10; 7:9; 겔 18:14-20). 사무엘하 21:1-9에서 이스라엘의 한 세대가 기근으로 고통을 당하고 있었는데 이는 이전의 세대가 불가침 조약을 맺었던 몇몇 이교도들을 죽였기 때문이었다. 기근은 그 범법자들의 자녀들을 죽임으로써 끝났다. 이것은 오늘날 우리가 그들의 부모들이 저지른 범죄들로 인하여 사람들을 죽여야 한다고 말하는 것이 아니라, 우리의 선조들이 저지른 죄를 우리가 무의식적으로 지을 수도 있다는 것을 말하는 것이다.

병행하는 불공평들. 모든 순교자들의 피가 어떻게 바벨론의 성 중에서 발견되었는가?(계 18:24) 예수님은 그것이 예루살렘에서 발견되도록 하지 않으셨는가?(마 23:35-37) 그러나 "바벨론은 모든 박해하는 제국의 원형이다."[57] 성도들은 단기적으로는 고통을 당하지만, 그러나 하나님의 때가 되면 반드시 그 원수를 갚아주신다. 이 본문에서 그리고 오늘 우리 세계에서 (그의 성도들과 그밖의 사람들의) 불공평에 대한 하나님의 관심 사이의 격차를 메우는데 있어서, 우리는 저녁 뉴스를 만드는 사람들과 결코 뉴스거리가 되지 않는 많은 개인적인 이야기들 모두에 대해 우리가 알고 있는 불공평을 생각하지 않으면 안 된다. 우리는 기도와 (가능하면) 행동을 통해서 상처받은 사람들을 위해 정의를 위한 하나님의 열정에 동참할 필요가 있다.

57. Caird, *Commentary on Revelation*, 232.

현대적 의미

믿음의 변호. 유배된 이 유대 그리스도인 예언자는 지금까지 알려진 세계 최강 제국에 대한 장송곡을 써내려갈 만큼 대담함을 가지고 있다. 그러한 행동은 나중에 생각해보면 그렇게 무모한 것은 아니었지만, 그러나 요한 당시에 이러한 일은 놀라운 믿음이든지 아니면 놀라운 추정임에 틀림없다. 결국 그리스도인들은 박해를 당하는 소수 집단이었으며, 그들의 선지자는 정치범으로 섬에 유배를 당했지만, 요한은 로마의 멸망을 선언하기 위해 구약 선지자들에 의해 사용된 풍자적인 문학 형태를 사용하여 로마에 저항하고 있다.

그러나 로마는 16세기 전에 무너졌으며, 그리고 예수 그리스도의 교회는 계속 자라나고 있다. 이것은 요한의 상속자들인 우리들에게 믿음에 대한 매우 훌륭한 교리를 제공해준다. 즉 로마의 모든 계승자들, 즉 하나님의 백성들을 억누르는 역사 속의 모든 악한 제국들은 먼지와 재가 될 것이지만, 그러나 하나님의 나라는 실패하지 않는다는 것이다. 제국들은 흥망성쇠를 거듭하며, 그리고 우리들의 지상적 삶도 세대가 지나가면서 사라지게 된다.[58] 우리는 뉴스 헤드라인 기사에서 읽는 단기적인 문제들에서가 아닌 역사 속에 나타나는 하나님의 원대한 목적들에 확신을 가져야 한다. 로마에 승리하신 하나님은 궁극적인 승리를 곧 이루실 그 하나님이시다. 요한은 초기 선지자들에 의존하여, 제국들이 하나님의 백성들을 무너뜨려 승리할 때에도 하나님의 백성들은 여전히 남아있다는 것을 인식할 수 있었다. 그는 하나님이 로마에게 행하신 것과 동일한 일을 행하실 것이라는 확신을 가질 수 있었으며, 그리고 역사는 그의 믿음이 옳다는 것을 변호해왔다.

바벨론에서 나오기. 하나님은 그의 백성들에게 바벨론에서 "나오라"고 경고하신다(계 18:4). 이것은 거룩함을 위한 부르심이기도 하지만, 그러나 우리는 거룩함을 오해해서는 안 된다. 거룩함은 일부 전통적인 교회들이 강조해왔듯이, 단순히 어떤 종류의 행위들을 피하는 문제가 아니다. 거룩함은 하나님에 대해 세상으로부터의 분리이다. 그리하여 우리는 거룩함을 텔레비전에 강조점을 두는 세상적 가치관보다는 오히려 하나님의 말씀에 스스로 잠김으로써 거룩함을 나타낼 수 있다. 혹은 누군가가 하나님께서 그에게 다른 장소에서, 아마도 가난한 사람들 가운데서 일하기를 원하신다는 것을 느끼고 있기 때문에 보수가 더 좋은 직업을 포기함으로

58. 심지어 많은 로마인들도 트로이, 앗수르, 메데, 페르시아, 마게도니아, 그리고 카르타고의 멸망을 보면서 모든 제국들도 결국에는 사라질 것을 인정하였다(Appian, *R.H.* 8.19.132).

써 거룩함을 나타낼 수 있다. 그러한 거룩함은 우리가 바벨론에 있을 때보다 훨씬 더 많은 희생을 요구할 수도 있다. 내가 "스티븐"이라고 부르는 한 그리스도인은 하루에 두 시간 정도 기도하곤 했는데 그는 하나님을 너무나도 사랑해서 하나님 외에는 그 어떤 것도 중요하지 않다고 열정적으로 하나님께 아뢰기 시작했다. 그런데 1987년에 스티븐은 그의 아내를 잃어버렸다. 이제 그가 "하나님, 저는 어떤 다른 것보다 더욱 당신을 사랑합니다"라고 말했을 때, 그는 자신이 말하기 있는 것을 더 잘 이해하고 있었다. 결국, 우리가 진정한 예수님의 제자라면, 우리가 자신의 삶을 잃어버릴 수도 있는 것이다(막 8:34-38).

"거기서 나오라"(계 18:4)는 말씀은 또한 우리 그리스도인들이 우리들의 사회에 대해 심판이 행해질 때 거기에 참여할 수도 있다는 것을 우리들에게 상기시킨다. 개인적인 죄는 용서를 받을 수 있지만, 집단적인 실체로서 나라들이나 기관들은 심판 아래 놓일 수가 있는 것이다(예를 들면, 삼상 15:2-3). 그러한 기관에 참여하고 있는 우리들이 만일 우리가 그들과 연루되어 있다는 것을 명백히게 거절을 하고 또한 그들의 행위가 잘못되었다는 것을 선언하지 않는다면 우리들도 그들의 책임에 동참하게 되는 것이다(신 21:7-9; 참조. 암 4:1-3). 무엇보다도 "거기서 나오라"는 요구는 우리가 다른 도성에 속해있으며(갈 4:26; 히 11:16), 그리고 진정한 부는 우리의 이웃 사람들이 얻으려고 애를 쓰는 바벨론의 영광보다 더 크다는 것을 신자들에게 상기시킨다(계 3:17).

마이클스(Michaels)는 특히 그리스도인들이 보복을 하지 않고, "하나님의 진노가 그 무서운 목적을 성취하도록 여지를 남겨두고" 있기 때문에(계 13:10) 바벨론이 엄중한 보복을 당하고 있다고 주장한다(계 18:6).[59] 그러한 경고는 세계 여러 곳에서 자신의 친한 친구들이나 가족들을 순교로 잃어버린 그리스도인들에게는 이론적인 것 이상이 되고 있다. 그러나 박해가 단지 비방을 당하는 정도의 사람들은 이러한 해석이 요구하는 것들을 잘 생각해야 한다. 만일 그것이 옳다면, 세상이 이해하고 있는 것과는 완전히 이질적인 방식으로 사랑할 것을 요구하고 있는 것이다.

의인들이 바벨론에서 나와야 한다는 경고는 죄악 된 사회와 여전히 유대 관계에 있는 사람들은 그 사회가 받는 심판에 참여하게 된다는 것을 우리들에게 상기시킨다. 개인적인 책임과 사회적인 부패 사이의 현대적인 이분법은 성경 저자들에게는 생소한 것이었다. 유다, 빌라도, 대제사장들, 그리고 예수님 당시 세대의 사람

59. Michaels, *Revelation*, 204.

들은 예수님을 정죄하는데 있어서는 모두 유죄였다(마 27:4, 24-25; 막 14:41; 15:1, 15). 죄는 전체 사회에 심판을 가져온다(예를 들면, 수 7:1-26; 22:31). 개인적인 가해자들을 법에 따라 처벌할 수 없는 사회는 원상회복에 대한 책임을 져야 한다(신 21:1-9).

하나님의 백성들은 저녁 뉴스에서 범죄 희생자들에 대해 단순히 불쌍히 여기거나 혹은 어떤 다른 사람들이 그들을 돕기 위해 실제적인 어떤 일을 하도록 기다려서는 안 된다. 우리가 할 수 있는 한 최선을 다해서 우리는 그들을 도우려는 책임감을 가져야 한다. 우리의 믿음은 우리의 공공 정책을 알리는 것이어야 한다. 왜냐하면 죄악 된 사회에 참여하는 자들로서 우리는 그 심판에 동참할 것이기 때문이다. 우리 모두 죄에 의해 영향을 받기 때문에, 우리는 죄에 반대하는 목소리를 높여야 한다(수 22:17-18). 하지만 사회가 너무나도 부패하여 그러한 목소리를 듣지 않을 때, 하나님은 그리스도인들로 하여금 그 사회가 멸망을 당하기 전에 거기서 나오도록 경고하시는 것이다(창 19:12-13). 세상을 동경하면서 뒤로 돌아보는 사람들은 그 운명에 동참하게 될 것이다(창 19:26).

죄와 그 치료에 대한 세대 사이의 영향들. 만일 죄에 대해 세대 사이에 영향을 주는 것이 가능하다면(삼상 15:2; 삼하 21:1-6; 마 23:30-32), 우리는 우리 자신의 삶에 대해 어떻게 생각해야 하는가? 개인적인 차원에서, 우리는 우리가 자라면서 보았던 행동으로부터 우리가 채택했을 지도 모르는 죄악 된 형태들을 고려할 수 있다. 종종 학대를 당한 아이들은 학대하는 사람이 되며, 알코올 중독의 부모가 있는 아이들은 관계의 문제들을 가질 수 있으며, 이혼한 부모의 아이들은 약속을 신뢰하는 일에 보다 어려운 시간을 보낼 수도 있으며, 그 외 등등이다.[60] 이러한 각 경우들에서, 하나님의 은혜는 우리가 과거로부터 받은 유산을 변형시킬 수 있도록 해주지만, 그러나 우리는 과거의 유산을 무시하기보다는 오히려 그것에 직면하여 이를 극복함으로써 그렇게 해야 한다.

우리가 세대 사이의 죄에 대한 집합적인 차원을 인식하기가 어려운 것이, 대체로 우리 주변에 있는 사람들은 우리가 가지고 있는 것과 동일한 맹점을 공유하고

60. 이혼한 부부의 자녀들에 대해서는 Amy E. Black, "For the Sake of the Children: Reconstructing American Divorce Policy," *Crossroads Monograph Series on Faith and Public Policy* 1 (1995); Douglas E. Adams, *Children, Divorce and the Church* (Nashville: Abingdon, 1992); Joan Guest, "The Biggest Divorce," *CT* (Nov. 17, 1989), 30-32; "Breaking the Divorce Cycle," *NW* (Jan. 13, 1992), 48-53; Kevin Chappell, "Go-Parenting After Divorce," *Ebony* (March 1996), 60-64; David Gushee, "Tears of a Generation," *Prism* 5 (Nov. 1998), 9-14, 23-26 등을 보라.

있기 때문이다. 위에서 언급하였듯이, 하나님은 이방 기브온 사람들과 맺었던 불가침 조약을 깨뜨렸다는 이유로 이스라엘의 후대 사람들을 벌하셨다. 그러나 백인 미국인들이(또한 흑인 군인들도) 아메리카 인디언들과 맺은 불가침 조약을 얼마나 많이 깨뜨렸는가? 미국 정부와 평화 조약을 맺은 대부분 무장하지 않은 여자들과 아이들이 대량 학살을 당하는 동안, 아메리카 인디언들은 항복하기 위해 미국 국기로 달려갔으나 사살을 당하였으며, 백인 남자가 그의 친구였기 때문에 군인들이 그의 말을 들을 것이라고 믿었던 추장까지 포함하였다. 3-40명의 여자 인디언들이 여섯 살 난 여자 아이에게 항복하겠다는 깃발을 든 채 보냈으나 군인들은 그 아이들 총을 쏘아 넘어뜨렸다. 그러자 조직적으로 모든 여자 인디언들을 죽이고서는 그들의 머리 가죽을 벗겨버렸다. 임신한 한 여인에 대해서는 칼로 배를 갈랐다. 두 명의 미국 군인들이 다섯 살 난 여자 아이가 숨는 것을 발견하자, 그들은 총을 발사하여 그 아이를 죽여 버렸다. 이 일 후에 샤이엔 족(Cheyenne, 아메리카 인디언)은 백인들을 믿었던 그들 자신의 지도자들을 거부하게 되었다. 그들은 이제 무장 저항 세력으로 변하였다.[61] 도대체 어떤 그리스도인이 그러한 대량 학살을 정당화할 수 있겠는가?

동일한 방식으로, 우리는 종종 정의를 다루기 전에 "과거사는 흘려보내자"라고 말하기를 원한다. 성경에서는 출애굽 한 이후에 젖과 꿀이 흐르는 땅에 정착한 것이다. 그러나 미국에서는 그러한 정착이 노예제도 이후에 일어난 것이 아니다. 이스라엘의 법은 노예 주인들에게 노예들이 스스로의 삶을 살도록 할 때 이전의 노예들에게 필요한 것들을 제공하도록 요구하고 있다(신 15:13-14). 그러나 미국에서 자유하게 된 노예들은 약속된 "40에이커의 땅과 한 마리의 노새"를 결코 받은 적이 없다. 북부 지역이 무력으로 노예제도를 공식적으로 종결시킨 후에, 해방된 노예들은 농지가 있는 남부 지역에서 자급자족할 만큼의 토지가 여전히 부족하였다. 남북 전쟁 후 남부의 제주(諸州)를 재통합하는 일이 끝난 후에(그리고 수천 명의 흑인 지도자들이 점심을 먹은 후에), 많은 사람들은 그들이 한 때 노예로 일했던 바로 그 소유지에서 사실상 빚진 노예가 되었다.[62]

61. John Dawson, *Healing America's Wounds* (Ventura, Calif.: Regal, 1994), 146-48.

62. 남북 전쟁 후 남부 제주(諸州)의 재통합에 대해서 가장 상세한 것으로는 Eric Foner, *Reconstruction: America's Unfinished Revolution, 1863-1877* (New York: Harper & Row, 1988)을 보라. 몇 년 후 짐 크로우(Jim Crow)에 대해서는 C. Vaan Woodward, *The Strange Career of Jim Crow* (New York: Oxford, 1957)을 보라. 더 상세한 증거 자료에 대해서는 Glenn Usry and Craig Keener, *Black Man's Religion*, 158에 있는 주(註)를 보라.

그리하여 20세기 초에 수백만 명의 남부 시골 흑인들은 북부의 도시들로 이주를 하면서, 그곳에서 일자리를 얻고 또한 인종 차별이 없을 것으로 기대하였다. 그러나 그들이 맞닥뜨린 것은 백인 중산층의 도심에서 교외로의 이주(white flight)에 의해 야기된 새로운 종류의 인종차별이었다. 이러한 현상은 도시에서 벗어나 오늘날 북부 도시에 흑인들이 모여 사는 빈민가를 형성하는데 도움을 주었다.[63] 분명히 교외에서 살아가는 백인들은 오늘날 도심에서 고통당하는 모든 것들에 대해 직접적인 책임은 없지만, 그러나 백인에 의한 인종적 차별은 격리된 도심들을 형성하는데 도움을 주었다. 그러나 우리의 선조들이 윤리적 근거보다는 오히려 경제적 근거에 의해 의식 있는 선택을 했기 때문에, 우리는 태어날 때부터 다른 사람들이 이용할 수 없는 교육적 및 경제적 기회들을 가지고 있다. 우리가 가지고 있는 기술들과 강점들을 다른 사람들을 겸손하게 섬기는데 사용함으로써 이러한 불균형에 도전하고자 과연 누가 의식 있는 선택을 하며 희생하려고 하겠는가?[64]

1990년대에 일부 백인 그리스도인들은 백인 그리스도인들이 흑인 그리스도인들에게 과거에 자신들이 지은 죄에 대해 용서를 구하는 프라미스 키퍼스(Promise Keepers)를 신랄하게 비판하였다.[65] 하나님은 적어도 꼭 껴안고서 용서를 구하는 것 이상의 그 무엇을 원하는 것이 가능한 일인가? 분명히 인종에 근거한 배상금과 같은 제안들은 비현실적이며 그리고 아마도 아프리카계 미국인 복음주의자인 존 퍼킨스(John Perkins)가 주장하듯이 쓸데없는 일인지도 모른다. 그는 많은 가난한 사람들이 즉시 값비싼 자동차를 구입할 것이며 그렇다면 부자들은 그들의 돈을 되돌

63. 북부 이주와 인종차별에 대해서는, Ida Rousseau Mukenge, *The Black Church in Urban America* (Lanham, Md.: Univ. Press of America, 1983), 51-53; Usry and Keener, *Black Man's Religion*, 50-52를 보라.

64. 존 퍼킨스(John Perkins)는 과거를 무시하는 것을 "우리는 남은 경기에 페어플레이를 할 겁니다"라고 약속하면서 9회 경기에 속이는 것이 발견된 한 야구팀에 비교한다. 그는 이 시점에서 페어플레이를 한다는 것은 경기에 지고 있는 팀이 마지막 회에서 20점이나 난 점수 차를 끝낼 만큼 경기를 잘 할 수 있다는 것을 단순히 희망하는 것 이상을 필요로 하지 않을 것으로 생각한다(John Perkins, *With Justice For All* [Ventura, Calif.: Regal, 1982], 169). 미국의 감리교 감독인 헨리 맥닐 터너(Henry MsNeal Turner)는 오래 전에 미국의 백인 교회들(이들은 그들의 선교 사업에 흑인들이 참여하는 것을 오랫동안 배제하였다) 이 흑인들이 선교에 관계하는 것을 지원해야 한다고 주장하였다(Gayraud S. Wilmore, *Black Religion and Black Radicalism*, 2d ed. [Maryknoll, N.Y.: Orbis, 1983], 123-24를 보라).

65. 이와는 대조적으로, 많은 주요 복음주의 신학대학원에서 온 대표자들을 포함하여 보수적인 복음주의적 성경학자들 위원들은 한 목소리로 성경은 어떤 의미에서 집합적인 죄와 세대 사이의 죄 모두를 가르치고 있다고 결론을 내렸으며, 또한 프라미스 키퍼스(Promise Keepers)가 화해에 헌신했다고 주장했다(1996년 9월 6-7일, 콜로라도 덴버, 화해에 대한 프라미스 키퍼스 신학 정상회의). 이 위원들은 나 자신과 많은 저명한 보수주의 학자들, 예를 들면, 월터 카이저(Walter Kaiser), 그랜트 오스본(Grant Osborne), 그리고 크레이크 블롬버그(Craig Blomberg) 등을 포함하고 있었다.

려 받을 것이라고 농담을 던진다.[66] 보다 실제적인 것은 우리들의 시간과 돈을 궁핍한 지역사회에서 공동체적인 발전을 하는데 사용되도록 투자하는 것인데, 그렇게 하면 가난한 사람들이 그들의 삶을 스스로 형성할 수 있는 능력을 주는 것이다.[67]

이 단락에 반영되어 있는 죄, 죄의식, 그리고 심판 등의 확장도 주목할 만하다. 하나님께서 로마를 심판하셨을 때, 속주들도 고통을 당했다. 왜냐하면 속주들도 로마의 이익과 밀접한 관계가 있었으며 또한 로마의 행동지침으로 인하여 타락했기 때문이었다. 만일 미국이 부도덕한 가치들의 주요 수출국이 되어왔다면(계 17장에 대한 《현대적 의미》 단락을 보라),[68] 미국만이 고통을 당하지는 않을 것이다. 음행의 잔을 마시는 모든 사람들이 진노의 잔에 동참할 것이다(계 14:8-10; 16:19; 17:4; 18:6).

경제적 정의를 위해 노력하기. 그리스도인들은 우리가 여기서 열거하는 불의한 것들 중 많은 것들을 변화시킬 수 있다. 사실상 역사에서 때때로 요한이 이곳에서 강력하게 비난하고 있는 바로 그 악들은 그리스도인들이 반대하고 있는 것들이다. 서인도제도는 노예무역이 한창일 때는 "한 해에 5,500명의 선원들과 영국 화폐로 600만 파운드의 가치가 나가는 160척의 배를" 사용하였다.[69] 그러나 윌리엄 윌버포스(William Wilberforce)와 그의 동맹자들은 기독교적 확신에서 우러나온 행동으로 노예제도가 대영제국 전체에서 폐지가 될 때까지 의회에서 투쟁하였다.[70] 보다 이른 시기에, 일부 사제들은 스페인의 식민주의자들이 남부 아메리카 원주민들을 착취하는 것에 대해 항의의 목소리를 높인 적이 있었다.[71]

하지만 우리는 다른 사람들의 필요를 돌보기 위해 가장 작은 발걸음이긴 하지만 반대할 준비가 되어있어야 한다. 워싱턴 D.C.에 있는 한 장로교회에서 운영되

---

66. John Perkins, "Luncheon Address," Reconcilers Fellowship "College, Ethnicity & Reconciliation" conference (Jackson, Miss., Jan. 24, 1998).

67. John Perkins, *Beyond Charity: The Call to Christian Community Development* (Grand Rapids: Baker, 1993); Stephen E. Berk, *A Time to Heal* (Grand Rapids: Baker, 1997)을 보라. 아울러 기독교 공동체 발전 협회(Christian Community Development Association, 3827 W. Ogden Ave., Chicago, IL 60623)에서 나온 자료들을 보라.

68. Richard, *Apocalypse*, 135에 있는 설명을 참조하라.

69. Charles Colson, *Kingdoms in Conflict* (Grand Rapids: Zondervan, 1987), 166. 영국의 노예무역에 대해서는 Mark Galli, "A Profitable Little Business," *Christian History* 53 (1997): 20-22를 보라.

70. Colson, *Kingdoms in Conflict*, 95-108. 더 상세한 내용은 Christopher D. Hancock, "The 'Shrimp' Who Stopped Slavery," *Christian History* 53 (1997): 12-19를 보라.

71. Justo L. González, "Lights in the Darkness," 32-34; 그리고 John Maust, "Champions for the Oppressed," *Christian History* 35 (1992): 35-38을 보라.

고 있는 무료 급식소를 폐쇄시키고자 지역 집단들이 도시를 장악하면서, 이러한 행위는 나쁜 사람들을 이웃 사람들에게 데려오는 것이라고 말하였다. 그 교회는 법정에서 종교적 자유가 위기에 처해있다고 항의하였지만, 놀랍게도 법정은 배고픈 사람을 먹이는 일(최소한 그 지역에서)이 교회 사역의 일부가 될 수는 없다고 1심 판결을 하였다.

내가 내 친구 목사와 그 교회 성도들과 함께 북부의 한 도시에서 노숙자들에게 음식을 나눠주기 위해 갔을 때, 그는 나에게 우리가 경찰에 의해 딱지를 떼일 수도 있다고 알려주었다.[72] 임시 수용소가 사람들로 가득 차 있었고 때는 겨울임에도 불구하고, 몇몇 시 공무원들은 숙소 밖에서 노숙자들에게 음식을 먹이는 일에 반대하고 있었다. 공식적인 이유는 노숙자들을 길거리에서 몰아내는 것이지만, 또 다른 이유는 도심으로 몰려들어 음식 얻어먹는 것을 업으로 삼지 못하게 하는 것이었다. 삶의 질을 높이는 일에 있어서 도심은 도시민의 유효한 관심사가 되는 반면, 많은 노숙자들은 어디에도 갈 곳이 없다.

마찬가지로, 내가 복음을 전하면서 노숙자들에게 식사를 제공하는 사역을 하고 있을 때, 우리는 "나쁜 종류의 사람들"을 도시의 그 구역으로 끌어들인다는 것으로 지역 변호사들로부터 반대에 직면하였다. 한 동성애자 술집은 우리가 이전에 있었던 자리에 있는 것도 반대하였다. 이 사람들은 어디로 가야할까? 많은 사람들은 재산을 남용하기 때문에 노숙자가 된다. 그러나 또 많은 사람들은 그들이 정신적으로 병을 앓고 있고 또한 예산 삭감으로 인하여 그들이 있던 시설에서 나와 거리로 내몰리기 때문에 노숙자가 되기도 한다. 또 다른 사람들은 그들이 실직하여 그들이 저축해놓은 돈이 바닥났기 때문에 노숙자가 되기도 한다. 이런 상황들이 내가 내 생애 중에서 몇 번 공유했던 것들이다.[73] 문제는 해결책보다 식별하기가 더 쉽다. 하지만 우리는 최소한 우리가 할 수 있는 것을 해서는 안 되는가?

경제적 착취와 태만도 역시 이 본문에서 바벨론이 저지른 끔찍한 죄의 형태 중 일 부분이다. 전 텔레비전 복음 설교자인 짐 배커(Jim Bakker)는 감옥에서 성경을

---

72. 그러나 많은 공무원들이 노숙자들을 돕기 위해 노력을 해왔다는 것을 주목해야 한다(Penni Roberts, "Helping the Homeless Is No Walk in Park for Officers," {www.philatribune.com/72897-4pl.htm}. downloaded April 21, 1999).

73. "New Richmond Law Recognizes Churches' Right to Feed the Needy" (Nov. 1997, at {www.freedomforum.org}); "S. L. Pastor Files Suit Against City: Citations foe Abiding Needy Called Unconstitutional," *Salt Lake Tribune* (March 20, 1997)에 나오는 (다양한 관점에서 바라본) 비슷한 논쟁들을 참조하라. 이러한 예들은 Evangelicals for Social Action에서 일하는 프레드 클락(Fred Clark)이 제공해준 것이다. 아울러 계 6:1-8에 나오는《현대적 의미》에서 집 없는 것에 대한 설명을 보라.

읽으면서 변화를 받아, 요한계시록에 나오는 음녀는 "물질주의이다. [어떤 사람들은]…매춘부가 가톨릭교회라고 가르치곤 한다. 그것은 도피주의자이다. 우리는 어떤 다른 사람들을 비난하기를 원하는 것이지 결코 우리 자신을 살펴보고자 하는 것이 아니다"라고 주장한다.[74]

다수의 복음주의적 그리스도인들이 현재 가난한 나라들에서 살고 있다. 비록 우리가 경제적 불의에 대해 생각할 많은 이유를 가지고 있고 또한 성경도 그것에 대해 자주 말하고 있음에도 불구하고(예를 들면, 잠 13:23; 14:31; 19:17; 21:13; 22:7, 9, 16, 22; 사 10:2; 58:7; 렘 5:28; 겔 18:7-17; 22:29; 단 4:27; 암 2:6-8; 4:1-2; 5:11-12; 슥 7:10; 말 3:5; 눅 6:20; 14:13; 16:19-25; 18:22; 19:8; 갈 2:10; 약 2:2-6), 대부분의 서구 그리스도인들은 그것에 대해 생각하기를 좋아하지 않는다. (이것은 잠언 29:7, "의인은 가난한 자의 사정을 알아주나 악인은 알아 줄 지식이 없느니라"는 말씀으로 우리를 불편하게 만든다.)[75] 실제로 가난한 나라들에 대한 미국의 태도를 형성하는 요소들을 연구한 사회학자들은 "종교가 전혀 중요한 역할을 하지 못한다"는 것을 발견하였다.[76]

상업적 착취나 혹은 다른 사람들을 무시하는 것은 우리들이 이를 중단시킬 수 있어야 하는데, 이는 특히 우리가 미국을 모든 면에서 국제적 선의 지도자임을 무비판적으로 받아들인다면 말이다. 분명히 많은 국가들이 역사를 통하여 그리고 현재에도 동일한 일을 해왔지만, 그러나 미국은 이 책을 쓰고 있는 때에도 세계 최강의 경제 대국의 위치를 유지하고 있으며 그리하여 우리 자신의 이익 안에서 무역 방식을 지시할 수 있다.[77] "세계은행은 산업화된 나라들에 의한 보호 무역주의 관습이 제 3세계에 대한 공식 원조 총액의 거의 두 배 차이로 그들의 수입을 줄이고 있다고 보도한다."

오늘날 10억 명이 넘는 사람들이 하루에 1달러도 채 안 되는 돈으로 살아가고

---

74. "The Re-education of Jim Bakker," *CT* (Dec 7, 1998), 62-64 (p. 62).

75. 소유와 정의에 대한 성경적 관점에 대해서는 특히 Craig L. Blomberg, *Neither Poverty Nor Riches* (Grand Rapids: Eerdmans, 1999)를 보라. 실행에 대한 몇 가지 관점들에 대해서는 *Economic Justice for All: Pastoral Letter on Catholic Social Teaching and the U.S. Economy* (Washington, D.C.: National Conference of Catholic Bishops, 1986을 보라).

76. Ronald J. Sider, *Rich Christians in an Age of Hunger*, 3d ed. (Dallas: Word, 1990), 38.

77. 식민 세력들은 그들 자신의 이익을 이해 많은 국민들의 천연 자원들을 강탈했을 뿐만 아니라, 또한 많은 지역에서 기독교 선교를 억압하였다. Yusufu Turaki, "The Britisch Colonial Legacy in Nothern Nigeria" (Ph.D. diss. Boston University, 1982); Elizabeth Isichei, *A History of Christianity in Africa from Antiquity to the Present* (Lawrenceville, N.J.: Africa World Press; Grand Rapids: Eerdmans, 1995), 233 등을 보라.

있으며, 그리고 상황은 점점 악화되고 있다. 부유한 나라와 가난한 나라 사이의 경제적 격차는 1960년 이후로 두 배가 되었다. 즉 세계 인구의 가장 부유한 20%는 1960년에 세계 소득의 70%를 차지한 데 비해 1990년대에는 거의 83%를 차지하였다. 가장 가난한 20%는 동일한 기간에 2.3%에서 1.4%로 떨어졌으며, 그 결과 가장 잘 사는 나라 대 가장 못 사는 나라의 소득 비율은 "1960년에 30대 1에서 1989년에 59대 1"로 바뀌었다.[78] 미국에는 많은 그리스도인들이 있기에 그리고 미국의 시민들과 미국 회사들의 주주들은 한 목소리를 내고 있기 때문에, 우리는 여러 다른 나라에서 분투하고 있는 우리 형제들과 자매들을 대신하여 보다 많은 그리스도인들이 상황을 보다 공정하게 만들기 위해 노력해야 한다는 희망을 가지고 있다.

미국이 한 때는 국제적 관계에서 위대한 도덕적 거인이었다고 생각하는 유혹을 받지 않도록—예를 들면, 미국은 압제받는 모든 이민자들을 받아들인 것으로 알려졌다—우리는 상황이 더 악화되고 있다는 것을 인식해야 한다. 1790년에 우리의 최초 시민법은 오로지 "자유로운 백인들"에게만 시민이 되도록 허용하였다. 1940년대에 가서야 일본과 인도에서 온 이민자들은 그들이 백인이었다는 것을 입증해야 하였다. 그 법은 1952년에야 폐지되었다.[79]

심지어 오늘날에도 심각한 편견들이 여전히 남아 있다. 한 백인 뉴질랜드 사람은 미국에서 시민권을 얻었을 때 당했던 학대를 나에게 말해주었지만, 그러나 그는 유색 인종이나 자기의 모국어가 영어가 아닌 사람들은 훨씬 더 심한 취급을 받았다는 것을 알고 있었다. 아프리카 복음주의 교단의 총회장들이 그들의 가족을 동반하지 않고 여행을 하려고 하였는데, 비록 그들이 큰 미국의 선교단체로부터 초청을 받았음에도 불구하고 처음에는 방문 비자를 거절당했다. 아프리카에서 온 나의 몇몇 목회자 친구들이 미국의 신학대학원에 다니려고 하였는데, 응시료는 받은 후에(그 돈은 아프리카에서 넉 달 치 급료에 해당하였다) 그들이 제출한 서류는 보지도 않고 대사관에 의해 외면을 당했다. 이와는 반대로 내가 그들의 나라를 방문했을 때, 나는 내가 어떤 다른 곳에서도 경험한 것 이상으로 친절하고도 희생적인 환대를 받았다. 미국은 많은 점에서 바벨론이나 로마와는 다르다. 그러나 때대

---

78. Andrew Sung Park, *Racial Conflict and Healing*, 34, 60. 미국에서 가장 부유한 5%가 1년에 6,000달러 이상의 연간 자산 증가를 이루는 반면, 가장 가난한 20%는 200달러 이상의 손실을 보고 있다(*Bread for the World Newsletter* [Sept. 1998], 7). 증가하는 불균형에 대해서는 미국 통계청의 인구조사 자료를 인용하고 있는 *Economic Justice*, 8, 90-91을 보라.

79. Ellis Cose, "One Drop of Bloody History," *NW* (Feb. 13, 1995), 70.

로 그 거만함에 있어서는 비슷하다고 할 수 있다. 몇 가지 판단이 영적으로 우리에게 도움을 주는 것으로 드러날 수도 있다.

좀더 구체적으로, 우리는 다른 사람들의 자원을 희생하여 사치품들을 종종 소비한다(계 18:12-13). 평균 중산층 미국 가정의 삶의 방식을 세계에서 가장 가난한 10억 명의 삶의 방식과 비교해보면, 대충 중세 시대의 귀족과 농노(農奴, 중세 시대 농민의 한 계급으로 토지에 부속되어 토지와 함께 매매되었다-옮긴이)의 관계에 해당한다고 할 수 있다.[80] 우리는 단순히 일하기 싫어하는 사람들이나 혹은 그들의 수입에 만족하지 않는 사람들에 대해 말하는 것이 아니라, "영양실조 혹은 기아(飢餓)에 직면해 있는" 약 4억 5천만 명에 대해 말하고 있는 것이다.[81] 유아 사망률은 선진국보다는 개발도상국에서 10배나 높다. 25만 명 이상의 아이들이 영양실조로 매주 죽어가고 있으며 또한 쉽게 질병에 걸리기도 한다.[82] 1년에 200만 명 이상의 죽음에 대해서는 경구 수분 보충 소금(oral rehydration salts) 봉지만 있으면 예방될 수 있는 것인데, 이는 서구인들이 1개당 10센트를 주면 구입할 수 있다.[83]

두뇌 발전의 80%는 두 살 때 일어나지만, 그러나 전 세계에 1억 5천만 명의 아이들이 적절한 두뇌 발전에 필요한 단백질 흡수가 부족하여 영구적인 지능 발달의 지연을 가져온다.[84] 놀랍게도 한 연구에 의하면, "개발도상국에 기본적인 교육, 건강관리, 그리고 깨끗한 물 등을 모든 사람들에게 공급하는데 연간 300-400억 달러가 소요되는데, 그 비용은 매년 골프에 소비되는 비용이라는 것이다."[85] 그들의 차

---

80. Sider, *Rich Christians*, 19를 보라. 미국 내의 불공평은 순수한 능력 위주 사회의 어떤 규모도 능가한다. 만일 우리가 부동산(주택과 같은)을 배제한다면, 미국인들의 2%(1980년대에는 연간 125,000달러의 수입을 기록했다)가 전체 국가 부의 54%를 차지한다(*Economy Justice*, 91은 연방 준비제도 이사회의 통계를 인용하고 있다).

81. *Economic Justice*, 3. 비록 게으름이 존재하고 있고 이것이 가난을 일으키거나 악화시킬 수 있다 해도(잠 13:4; 19:24; 20:4; 21:25; 24:30-34; 살후 3:10), 노동은 모든 사회에서 모든 사람이 할 수 있는 것이 아니며, 그리고 어떤 직업들은 임대료나 식비정도만 가까스로 충당할 수 있고, 의료비는 감당할 수도 없는 급료를 받고 있다(*Economic Justice*, 96을 참조하라). 성경 대학을 마친 후 몇 년 동안 나는 목회를 하면서 레스토랑에서 파트타임으로 일하는 경험을 하기도 하였다(대학에 다닐 여유가 전혀 없는 사람들은 얼마나 더 하겠는가).

82. Sider, *Rich Christians*, 9. 매 1,000명 당 유아 사망률은 스웨덴은 7명, 영국은 9명, 미국은 10명, 구아테말라는 58명, 인도는 98명, 그리고 모잠비크는 172명이라는 것을 주목하라(p. 12). 우리가 유아 사망률의 충격을 이해하는데 도움을 주기 위해, 어떤 사람들은 이를 80대의 보잉 747기가 매일 아이들을 가득 싣고서 추락하거나, 혹은 처음의 원자폭탄이 며칠에 한 번씩 투하되는 것과 비교하기도 한다.

83. Ibid., 11.

84. Ibid.

85. Ronald J. Sider, "Evangelicals in the Balance," *Prism* (March 1998), 36-37, 46 [p. 37, 미국의 한 연구를 인용하고 있다]).

이에도 불구하고, 서구의 과격한 소비자 보호 운동과 마르크스주의는 경제학이 최고라는 철학적 전제를 공유한다는 것이다. 즉 이 두 가지 모두 하나님보다는 재물을 삶을 지배하는 힘으로 본다는 것이다.

어느 나라들이 국제적 발전을 위해 가장 큰 책임을 져야 하는가? 1980년대 후반에 미국의 1인당 국민 총생산은 18,530달러였던 반면, 인도는 300달러, 그리고 방글라데시는 160달러였다.[86] 부에 있어서 이러한 불균형을 고려한다면, 우리는 미국이 현재 경제적 자원이 제한된 나라들에게 많은 도움을 제공할 여유가 있다고 생각할 것이다. 우리가 태어난 곳이 우리 자신에게 어떤 장점이 있어서가 아니라, 우리가 언젠가는 계산해야 하는 하나님으로부터 받은 선물이라는 것을 또한 명심해야 한다. 하지만 개발도상국을 돕는 일에 있어서, 노르웨이가 가장 높은 위치를 차지하고 있으며(국민 총생산의 1.12%를 개발 원조비로 사용한다), 캐나다는 일곱 번째이고(0.50%), 그리고 미국은 선진국 중에서 끝에서 두 번째이다(0.25%).[87]

해당 연도에, 미국은 외국 원조비용의 20배에 해당하는 비용을 국방예산으로 세웠으며, 그리고 외국 원조비용의 거의 3분의 2에 해당하는 비용을 우리 자신의 이익에 대해 전략적인 곳으로 간주되는 군사적 원조나 몇몇 국가들에게 사용하였다.[88] 도움을 필요로 하는 사람들에게 자원들을 주는 일의 어려움들은 틀림없이 복잡한 일이지만, 그러나 우리는 여전히 이 문제의 전체적인 우선권에 대해서는 의문을 가지고 있다.[89] 선전하는 일은 우리가 더 많은 물건을 필요로 하며 그리고 다른 사람들에 대한 우리의 사랑을 잊어버리게 만드는 것으로 우리가 생각하게 할 수 있다. 그러나 우리는 소유물을 축적하는 것보다는 국제적인 친구들과 지속적인 관계를 가지는 일에 훨씬 더 큰 보상을 발견하기를 기대할 수 있다.[90]

---

86. 세계은행의 통계와 함께 Sider, *Rich Christians*, 19, 21을 참조하라.
87. Ibid., 31 (1988년 통계). 오스트레일리아는 0.46%의 원조를 제공하고 있으며, 영국은 0.32%, 일본은 0.31%, 그리고 뉴질랜드는 0.27%를 각각 원조하고 있다.
88. *Economic Justice*, 141 (1985년 통계를 인용하고 있다). 1980년대 중반 미국의 국방비 지출은 1년에 거의 3,000억 달러에 달한다 (ibid., 9).
89. 기독교는 어떤 특정한 경제 체제나 특별한 해결책에 속박되어 있는 것이 아니라, 그리스도인들은 그러한 것들이 사람들, 특히 가장 연약한 사람들에게 미치는 영향에 따라서 모든 체제들을 평가해야 한다 (*Economic Justice*, 66). 그리하여 Milton Friedman, "Good Ends, Bad Means," 99-106 in *The Catholic Challenge to the American Economy*, ed. Thomas M. Gannon (New York: Macmillan, 1987)은 *Economic Justice*의 몇 가지 생각들을 반대한다. 그러나 이상하게도 그는 "적절한 음식"이 기본권이라는 Economic Justice의 주장을 다른 사람들의 자유에 대한 침해로 생각하면서(106), 그러한 자유를 다른 사람이 살아갈 필요성보다 높이고 있다.
90. 이와 동일한 생각에 대해 보다 자세한 설명은 Tony Campolo, *Wake Up America* (Grand Rapids: Zondervan, 1991), 5-10을 보라.

이 주석은 특별히 그리스도인들을 대상으로 하는 것이기 때문에, 예수님이 자신을 따른 자들에게 요구하시는 것이 무엇인가를 주목하는 것이 중요하다. 우리나라의 행동을 변화시킬 수 있는 우리의 능력은 종종 소비자 문화의 우월성으로 인하여 심하게 제한되어 있지만, 그러나 우리는 우리 자신의 행동을 변화시키는데 있어서 공적인 장애물에 직면하는 것과 동일한 것은 아니다. 성경은 예수님의 제자들이 소유물을 높이 평가해서는 안 되며(눅 14:33) 그리고 동료 형제들의 필요를 돌보지 않는 것은 구원하는 믿음이 결여되어 있다는 표시라는 것(약 2:14-17)을 분명하게 말하고 있다. 아울러 성경은 그러한 관심이 지리적 경계선을 넘는 것이어야 한다고 말한다(롬 15:25-27; 고전 16:1-4). 바울의 중심적인 사역은 복음을 전하는 것이었지만, 그는 가난한 자들의 필요로 하는 것들을 잊어버리지 않았으며, 또한 교회의 보다 풍족한 부분들에서 자원들을 가지고 와서 가난한 사람들을 도왔다(고후 8:13-15; 갈 2:10). 우리가 풍족한 미국에서 청지기도의 본질에 대해 의아심을 가질 때는 교회의 구성원들이 대략 자기들의 수입의 2.5%도 안 되는 돈을 내어놓을 때이며, 그 액수 대부분은 그들 자신의 회중 안에 여전히 머물러 있다.[91]

요한계시록 18장은 하나님께서 경제적 불평등에도 불구하고 외면하지 않으신다는 것을 우리들에게 상기시킨다. 하나님은 모든 경제적 제국을 때가 이르면 파멸시키실 것이다. 서아프리카와 중국은 중세 시대에는 유럽 대부분의 나라들보다 훨씬 더 부유하였다. 영국의 제국주의는 불과 수세기 전에 스페인과 아랍의 제국주의를 무너뜨렸다. 어떤 나라도 영원히 "꼭대기에서" 혹은 "각광을 받으면서" 남아있을 수가 없다. 많은 북아메리카의 그리스도인들은 우리가 필요로 하지도 않는 것들에 돈을 낭비하고 있으며, 또한 성경의 명백한 가르침이 있음에도 불구하고 다른 곳에 있는 그리스도인들의 진정한 필요를 모르는 체 하고 있다(고후 8:14-15). 우리는 때때로 가난하거나 나쁜 정부로 인하여 그러한 나라들에서 살고 있는 사람들을 비난함으로써 이런 일을 하고 있다. 그러나 우리는 하나님의 공의를 상기시켜야 하며 또한 우리가 가지고 있는 자원들을 복음을 확장하고 또한 사람들이 필요로 하는 것들을 섬기는 일에 투자해야 한다. 왜냐하면 우리 자신이 가지고 있는 자원들이 단지 짧은 시간동안만 우리의 것이라는 것을 성경말씀과 역사는 우리에게 확인시키고 있기 때문이다.

우리는 우리의 요점을 잘못 전달하지 않기 위해 여기서 한 가지 경고를 첨가해

91. Sider, "Balance," 46을 보라.

야 한다. 즉 소유물은 그 자체로서 나쁜 것이 아니라는 것이다. 소유물을 그리스도 안에 있는 우리 형제자매들의 진정한 필요와 비교해보면 가치 있는 것이 아니다(행 2:44-45; 4:34-35를 참조하라).[92] 만일 50센트가 굶주림에 짓눌린 몇몇 지역에서 하루에 아이 한 명에 대해 충분한 음식을 제공할 수 있다면, 나는 내가 가지고 있는 재산 중에서 가장 작은 것으로 보이는 것이라도 이를 처리하여 보살핌을 받아야 할 그 아이에 대해 충분히 돌볼 것이다.

인간의 진정한 필요에 직접적으로 노출되는 것은 아마도 통계가 할 수 있는 것보다 더 우리의 마음을 분발시킬 수 있다. 오클라호마 출신의 젊은 목회자인 토리 리스턴(Tony Liston)은 필리핀의 한 개인 병원 병실에서 47달러에 이틀을 보냈다. 그가 병원에 들어갔을 때 밖에 한 여자 거지가 있는 것을 겨우 발견하였다. 그가 퇴원했을 때, 그는 근처 대형 쓰레기통에서 발가벗겨진 채 처박혀 있는 그 여자 거지의 시체를 발견하였다. 그녀는 자신이 방금 취급했던 것과 동일한 고통으로 인하여 죽었던 것이다. "그 여자는 돈 한 푼도 가지고 있지 않았어요"라고 간호사는 사무적으로 대답했다. 토니(Tony)는 너무나도 놀라 숨이 멈춰질 것만 같았다.[93] 우리는 몇 개의 문장으로 자신의 요점을 보다 철저하게 나타낼 수 없지만, 나는 우리가 근본적인 요점은 알아챌 수 있을 것으로 기대하고 있다. 즉 우리는 하나님의 마음에 가장 중요한 것에 따라 우리가 가지고 있는 자원들을 사용하는 것에 대해 보다 세심해야 한다는 것이다.

무죄한 피를 흘리는 일. 이 장은 무죄한 피를 흘리는 것을 비난하는 것으로 끝맺음한다. 로마는 노예제도의 그 야만적인 체제를 통하여 많은 피를 흘렸으며, 뿐만 아니라 사람들을 즐겁게 하기 위해 노예들과 범죄자들을 죽이기까지 사였다. 태아가 살아있는 인간이라는 것을 주장하는 사람들은(그리고 만일 태아가 살아있는 인간이 아니라면 그 태아가 도대체 무엇인지 생물학적으로 추측하는 일은 어려운 일이다) 낙태를 살인으로 볼 것이다.[94] 미국의 대법원이 낙태가 합법적인 것이라고

---

92. 우리는 이 사도행전 구절들을 부정적인 모델로 이해해서는 안 된다. 이 구절들은 이상적인 공동체를 묘사하는 고대의 표현을 사용한 것이다(Craig Keener, *The Spirit in the Gospels and Acts* [Peabody, Mass.: Hendrickson, 1997], 198-99에 인용되어 있는 학문적인 자료들을 보라).

93. Stan Guthrie, "Why Tony Spent the Night in a Chicken Coop," *Mission Today* 94 (1994): 148-54를 보라. Jim Reapsome, "Victor's Reality Check," *Mountain Movers* (April 1995), 30 (*Pulse* [Dec. 2, 1994]에서 재 인쇄)에서 북 아메리카 기독교의 과잉에 직면한 한 콜롬비아 목회자의 가상적인 경험을 참조하라. 아울러 Roger S. Greenway, "Eighteen Barrels and Two Big Crates," *The 1994 Great Commission Handbook*, 28-29, 36에서 선교사들 중에 증거의 일부로서 검소함을 위한 간청도 참조하라.

판결한 후에, 본서를 쓰기까지 낙태를 당한 태아의 수는 미국 인구의 10분의 1을 죽인 것에 맞먹는다. 1인당 흘린 무죄한 피는 하나님이 유다를 심판하신 것에 필요한 것 이상이다(왕하 21:16; 24:4).[95] 일단 그렇게 많은 피가 흘려지게 되면, 요시야 왕의 짧은 부흥조차도 하나님의 진노를 돌이킬 수가 없다. 다만 그 진노가 지연될 뿐이다(왕하 22:15-20).

본문이 무죄한 피를 흘리는 모든 사람들에 대해 말하고 있지만, 그 초점은 그리스도인들에 대한 박해와 그리고 오늘날 여러 나라에서 일어나고 있는 범죄에 있다.[96] 비록 종교적 관용의 전통을 가지고 있는 서구가 현재 그러한 목록에 높이 올라가 있는 것은 아니지만, 이곳에 있는 많은 사람들은 다른 곳에서 일어나고 있는 종교적 박해에 대해 많은 관심을 보여주지 못하고 있다. 이 주석을 기록하기 직전에, 미국 하원은 종교적 박해로부터의 자유(the Freedom From Religious Persecution) 법령을 375대 41로 통과시켰다. 상원도 그 법령을 통과시켰지만, 몇몇 회사들이 이 법령이 통과되면 그들의 이익에 어떤 영향을 미칠 수 있기 때문에 이 법령에 반대하여 열심히 로비를 하였으며, 결국은 제재조치를 법제화하는 법안을 만들지 못하게끔 하였다.

예를 들면, 유노칼(Unocal)은 "미얀마의 천연 가스 파이프라인에 대해 10억불이라는 엄청난 금액을 투자하였는데, 이는 그 나라의 폭압적인 군사 독재정권과 긴밀하게 협상할 것을 요구하는 프로젝트였다." 미얀마의 현 정부는 선거로 선출된 대통령을 감옥에 가두었으며, 아마도 파이프라인을 포함하는 여러 프로젝트를 위해 노예 노동력을 사용하였으며, 또한 여러 가지 인권 침해로 유명하였다.[97] 요한 당시처럼 오늘날도 어떤 사람들에게는 정의보다는 이윤 차액이 더 중요한 문제이다. 하나님은 그러한 문제들이 바로 잡혀질 것을 약속하셨다.

---

94. George Will, "Life and Death at Princeton," *NW* (Sept. 13, 1999), 80-82를 참조하라. 태아기의 성장에 대해서는 예를 들면, *Science Digest* (Dec. 1982), 46-53을 보라. 의사들은 이제 성인의 손바닥에 들어맞을 만큼 작은 미성숙아들을 살려낼 수 있다 ("Premies," *NW* [May 16, 1988], 62-70; 참조. "The Tiniest Patients," *NW* (June 11, 1990), 56. 미성숙아에 대한 프로그램에 대해서는 Elizabeth Sledden, "When Will Life Be Normal?" (Austin, Tex.: Hogg Foundation for Mental Health, 1989)을 보라.
95. 미국에서 낙태는 1974년에 처음으로 합법화되었으며 현재는 1년에 평균 150만 명의 아기들이 낙태를 당하고 있다("On Demand = Less Demand," *NW* [June 27, 1994], 49). 최근에 인가를 받은 경구 피임약은 낙태 통계를 내는 것을 더욱 어렵게 만들고 있다.
96. International Christian Concern, 2020 Pennsylvania Ave. NW, No. 941, Washington, D.C. 20006을 보라.
97. Fred Clark, "USA*Enrage," *Prism* (July 1998), 30-31 (p. 30) ("USA*Enrage"는 미국에서 가장 큰 수출업자들을 위한 로비 집단인데, 그들 중 많은 사람들이 억압적인 정권들과 거래를 하고 있다).

요한계시록 19:1-21

1 이 일 후에 내가 들으니 하늘에 허다한 무리
의 큰 음성 같은 것이 있어 이르되 할렐루야
구원과 영광과 능력이 우리 하나님께 있도다
2 그의 심판은 참되고 의로운지라 음행으로 땅
을 더럽게 한 큰 음녀를 심판하사 자기 종들
의 피를 그 음녀의 손에 갚으셨도다 하고
3 두 번째로 할렐루야 하니 그 연기가 세세토
록 올라가더라
4 또 이십사 장로와 네 생물이 엎드려 보좌에
앉으신 하나님께 경배하여 이르되 아멘 할렐
루야 하니
5 보좌에서 음성이 나서 이르시되 하나님의 종
들 곧 그를 경외하는 너희들아 작은 자나 큰
자나 다 우리 하나님께 찬송하라 하더라
6 또 내가 들으니 허다한 무리의 음성과도 같
고 많은 물 소리와도 같고 큰 우렛소리와도
같은 소리로 이르되 할렐루야 주 우리 하나
님 곧 전능하신 이가 통치하시도다
7 우리가 즐거워하고 크게 기뻐하며 그에게 영
광을 돌리세 어린 양의 혼인 기약이 이르렀
고 그의 아내가 자신을 준비하였으므로
8 그에게 빛나고 깨끗한 세마포 옷을 입도록
허락하셨으니 이 세마포 옷은 성도들의 옳은
행실이로다 하더라
9 천사가 내게 말하기를 기록하라 어린 양의
혼인 잔치에 청함을 받은 자들은 복이 있도
다 하고 또 내게 말하되 이것은 하나님의 참
되신 말씀이라 하기로
10 내가 그 발 앞에 엎드려 경배하려 하니 그가
나에게 말하기를 나는 너와 및 예수의 증언
을 받은 네 형제들과 같이 된 종이니 삼가 그
리하지 말고 오직 하나님께 경배하라 예수의
증언은 예언의 영이라 하더라 백마를 탄 자
11 또 내가 하늘이 열린 것을 보니 보라 백마와
그것을 탄 자가 있으니 그 이름은 충신과 진
실이라 그가 공의로 심판하며 싸우더라
12 그 눈은 불꽃 같고 그 머리에는 많은 관들이
있고 또 이름 쓴 것 하나가 있으니 자기밖에
아는 자가 없고
13 또 그가 피 뿌린 옷을 입었는데 그 이름은 하
나님의 말씀이라 칭하더라
14 하늘에 있는 군대들이 희고 깨끗한 세마포
옷을 입고 백마를 타고 그를 따르더라
15 그의 입에서 예리한 검이 나오니 그것으로
만국을 치겠고 친히 그들을 철장으로 다스리
며 또 친히 하나님 곧 전능하신 이의 맹렬한
진노의 포도주 틀을 밟겠고
16 그 옷과 그 다리에 이름을 쓴 것이 있으니 만
왕의 왕이요 만주의 주라 하였더라
17 또 내가 보니 한 천사가 태양 안에 서서 공중
에 나는 모든 새를 향하여 큰 음성으로 외쳐
이르되 와서 하나님의 큰 잔치에 모여
18 왕들의 살과 장군들의 살과 장사들의 살과
말들과 그것을 탄 자들의 살과 자유인들이나
종들이나 작은 자나 큰 자나 모든 자의 살을
먹으라 하더라
19 또 내가 보매 그 짐승과 땅의 임금들과 그들
의 군대들이 모여 그 말 탄 자와 그의 군대와
더불어 전쟁을 일으키다가
20 짐승이 잡히고 그 앞에서 표적을 행하던 거
짓 선지자도 함께 잡혔으니 이는 짐승의 표
를 받고 그의 우상에게 경배하던 자들을 표
적으로 미혹하던 자라 이 둘이 산 채로 유황
불 붙는 못에 던져지고
21 그 나머지는 말 탄 자의 입으로부터 나오는 검
에 죽으매 모든 새가 그들의 살로 배불리더라

원 의미

이 단락은 음녀인 바벨론의 운명(계 19:1-5)과 신부인 미래적 새 예루살렘(계 19:6-9; 참조. 21:2)을 대조하고 있다. 두 사건 모두 하늘의 찬미가 나오며, 또한 하나님의 완전한 목적들이 성취되었음을 반영하고 있다(계 19:1, 3-7). 하나님만이 그러한 사건들과 그들의 선포를 인하여 찬양을 받으실만한 분이시다(계 19:10). 하나님의 계획안에서, 음녀는 죽을 것이며 그녀와 사이가 틀어진 연인들에 의해 불에 태워지게 될 것이다(계 17:16-17). 이와는 대조적으로 어린 양은 그의 신부를 환영한다(계 19:6-9).

음녀와 신부(19:1-10)

대부분의 초기 유대교 독자들은 오로지 헬라어만 사용했던 사람들임에도 불구하고 "할렐루야"(계 19:1, 3, 4, 6)가 특별히 강조된 형태로 "여호와를 찬양하라"는 뜻임을 알았을 것이다. 이 표현은 칠십인 역(헬라어판 구약성경)에서 23번이나 번역되지 않은 채 등장하며, 시편에서는 항상 그렇게 나온다(외경에 나오는 2번의 언급은 예외로 하고).[1] 다른 곳에 나오는 유대교 전승들은 종말의 기쁨을 강조하며 또한 악한 자들의 파멸에 대한 환희를 보도하고 있다(계 18:2에 대한 설명을 보라).[2] 그리하여 18:2에서 바벨론에 대해 슬퍼하는 것은 순전히 문학적인 장치하고 할 수 있다. 세상 및 그 세상이 소중히 여기는 것들을 동일시하는 청중들은 바벨론의 멸망에 대해 슬퍼할 수도 있겠지만(계 18:9, 11), 그러나 하늘과 그 하늘이 소중하게 여기는 것들을 동일시하는 사람들은 바벨론의 멸망에 대해 기뻐할 것이다(계 19:1, 3-5).

사람들이 어떤 정복자를 환호하는 문맥에서, "구원"(혹은 "구출", 계 19:1)은 승리를 가리킬 수 있다(계 7:10; 12:10을 참조하라). 음녀는 죽임을 당한 성도들의 피로 더럽혀져 있으며(계 18:24), 그리고 하나님은 그들에 대해 보복을 행하셨다

---

1. 토빗 13:18; 마카비 3서 7:13을 보라. 할렐루야가 또한 아람어 문헌에도 등장한다는 것은 놀라운 일이 아니다(아람어 마법 문서 20.12). Shepherd, *Liturgy*, 78은 할렐 시편(시 113-118편)과의 병행을 발견하고 있으며, 그 중에 어떤 것들은 헬라어에서 출애굽을 가리키고 있다(시 114:1; 칠십인 역 113:1). 그러나 이들은 칠십인 역 용법의 4분의 1정도만 설명한다.
2. 종말론적 기쁨에 대해서는 사 66:10; 토빗 13:10-14; 1QM 17.7; 희년서 23:30; 에녹 1서 5:7; 25:6; 47:4; 103:3; 솔로몬의 시편 11:3 등을 보라. 악한 자들의 멸망에 대한 환희는 에녹 1서 47:4; 94:10; 97:2; 욥의 유언 43:17을 보라.

(계 19:2). 초기의 성경적 전통은 하나님의 백성들을 억압한 사람들에게 행한 심판으로 인하여 기뻐하라고 사람들에게 요구하셨다(신 32:43; 렘 51:48-49).

하나님의 심판은 바벨론의 억압을 단순히 중지시킨 것이 아니다. 하나님은 바벨론의 이해할 수 없는 불의에 대해 복수를 하신다. 세상의 체제에 속해 있는 도시인 바벨론은 새로운 소돔이다(계 11:8). 바벨론의 죽음의 연기는 세세토록 올라가는데(계 19:3), 이는 영원한 고통을 의미한다(계 14:11; 참조. 사 34:10).[3] 비록 "세세토록"이라는 말이 요한계시록에서 보다 광범위하게 적용되고 있지만(계 14:11; 20:10), 로마의 '영원한'(*eternal*) 심판의 이미지는 신화적 이름인 '로마 아에테르나'(*Roma aeterna*, eternal Rome)—이는 로마 제국에 대한 여러 이름들 중 하나였다—에 대한 부분적인 논쟁일 수도 있다는 것이 불가능한 것은 아니다.[4]

세상의 체제를 심판하심으로써, 하나님은 통치하시기를 시작하셨다(계 19:6; 참조. 11:17).[5] 아마도 지금 승리적인 찬양에 참여하는 사람들 중에서 순교자들이 있을 것이며, 특히 19:6의 "많은 물소리"는 14:2을 상기시킨다. 하나님의 모든 "종들"(계 1:1 참조)—즉, 하나님을 경외하는 자들(계 11:18 참조)—은 19:5에서 찬송을 드리고 있다. 또한 이 집단은 최소한 원칙적으로는 19:2에서 언급되고 있는 순교자들과 동일한 시간에 존재한다. 왜냐하면 그리스도를 따르는 모든 진정한 자들은 잠재적인 순교자들이기 때문이다(계 20:4 참조). 이 집단은 여러 계층을 포함하고 있는 것이 분명한데, 이는 세상 사람들처럼(계 6:15; 13:16; 19:18; 20:12), 그들도 "작은 자나 큰 자"를 포함하기 때문이다(계 19:5; 참조. 11:18).[6]

혼인은 일반적으로 기쁨이 그 특징이며, 그리고 고대 문헌들도 신랑신부들의 기쁨을 고무시키기 위한 혼인 하객들의 책임을 강조하고 있다.[7] 이러한 잔치에 참여하리라는 약속은 흔하게 나타나는 문학적인 형태로서("…하는 자는 복이 있나니") 하나의 지복(至福)이라고 할 수 있다. 이 형식은 요한계시록에서 일곱 번 등장하며, 대개는 인내하라는 격려로서 나타난다(계 1:3; 14:13; 16:15; 19:9; 20:6;

---

3. 시빌의 신탁 3.504-6을 보라. 렘 17:4를 참조하라. 최초의 이미지는 영원한 황폐함이었다(신 13:16).
4. Beale, *Revelation*, 929.
5. NIV의 현재 시제 "통치하다"(reigns)는 여기서 헬라어 부정과거 시제를 애매하게 만들 수도 있다. 그러나 부정과거 시제는 동작의 개시를 나타낼 수도 있다.
6. Aune, *Revelation*, 3:1027은 19:5에서 "성가대 지휘자처럼 행동하는" 것에 대한 헬라의 병행을 인용한다. 그러나 이것은 시편에서도 흔하게 나타나며, 또한 하나님에 감사를 드릴 때 예언했던 레위 지파의 노래하는 사람의 역할을 반영하고 있다(예를 들면, 대상 25:1; 시 95:1-2).
7. S. Safrai, "Home and Family," 728-92 in *JPFC*, 759를 보라. 기쁨을 상징하는 것으로 결혼은 애통과 강한 대조를 이룬다(*p. Ket.* 1:1, §6; 렘 7:34; 마 11:17).

22:7, 14).

"혼인 잔치"는 다가오는 메시아 시대에 대해 잘 알려진 표상이었다(예를 들면, 에녹 1서 62:14; 에녹 3서 48A; 10).[8] 하나님은 화려한 잔치를 베푸실 것을 약속하셨으며(사 25:6), 이 때 하나님은 사망을 멸하시며 자기 백성의 눈물과 수치를 제하실 것이다(사 25:8). 일부 유대교 교사들은 심지어 크고 많은 머리가 달려있는 뱀인 리워야단도 죽이실 것이며(사 27:1) 또한 메시아적 잔치에 음식으로 상이 차려질 것이라고 생각했다. 만일 이러한 생각이 요한계시록이 기록될 당시에 지배적이었다면, 어린 양의 혼인 잔치는 하나님의 큰 잔치와 대조를 이루고 있다는 것이 적절한 것이며, 그 잔치에서 새들이 악한 자의 살을 먹을 것이다(계 19:9, 17-18).[9] 심판이 다가오는 것과 함께, 대략 요한계시록이 기록될 당시의 한 유대인 현자는 그 잔치를 위해 모든 것이 준비되었다고 선포하였다(R. Akiba in *m. Ab.* 3:17).

요한계시록은 신부가 "준비하였다"는 것으로 무엇을 의미하는가?(계 19:7; 참조. 21:2; 마 22:8) 신부는 잔치를 위해 자신을 준비하기 위해서 목욕을 하고 또한 특별한 옷으로 자신을 단장했을 것이다.[10] 여기서 특별한 옷은 "성도들의 옳은 행실"을 말하는데, 이 성도들이 신부를 의미한다(계 19:8; 아마도 이것은 사 61:10에서 신부가 의의 옷을 입은 것을 반영할 것이다). 흰 세마포 옷은 예배를 위해 어울리는 옷이지만(계 4:4에 대한 설명을 보라), 여기서는 결혼을 위해 어울리는 것으로도 나타난다.[11]

성도들의 세마포 옷(계 19:8; 참조. 19:14)은 음녀의 세마포 옷과 대조를 이룬다(계 18:12, 16). 고급 창녀들은 그들의 입고 있는 정교한 옷으로 유명하였으나, 성도들은 신랑을 위해 아름다운 결혼 예복을 입고 있다. 그리고 이 결혼 예복은 그

---

8. 예를 들면, *m. Ab.* 4:16; *tos. Ber.* 6:21; 마 8:11; 후대 자료에는 풍부하게 나타난다. 예를 들면, *b. Ber.* 34b; *Sanh.* 99a; *Shab.* 153a; *Gen. Rab.* 51:8; 62:2; *Ex. Rab.* 19:6; 45:6; *Lev. Rab.* 13:3; *Num. Rab.* 13:2; *Koh. Rab.* 9:8, §1; *Pes. Rab.* 41:5; 보다 자세한 것은 Robert M. Johnston, "Parabolic Interpretations Attributed to Tannaim" (Ph.D. diss., Hartford Seminary Foundation, 1977), 593-94를 보라. 신부에 대한 표현은 지혜에 대한 사랑에 적용할 수 있지만(솔로몬의 시편 8:2-3), 그러나 종말론적 본문들은 대개 이를 하나님과 이스라엘의 관계에 적용한다(사 49:18; 61:10; 62:5).

9. 종말의 음식으로서 리워야단에 대해서, 바룩 2서 29:4; *b. B.B.* 74b-75a; *Pes. Rab Kah.* Sup. 2:4; *Pes. Rab.* 48:3을 보라.

10. 예를 들면, 엡 5:26; *Ex. Rab.* 23:5; Everett Ferguson, *Backgrounds of Early Christianity* (Grand Rapids: Eerdmans, 1987), 54-55. 이 옷은 흰 세마포, 팔찌, 그리고 이름이 새겨진 값비싼 장식물 등을 포함할 수 있다(요셉과 아세낫 3:6/9-11; 4:1/2).

11. 이들은 기쁨을 상징할 수 있다(*p. R.H.* 1:3, §27). 따라서 의인들의 매장 의복(Ps-Philo, 64:6; 참조. 아브라함의 유언 20:10A; 아담의 생애 48.1; 모세의 묵시 40.1-3; *b. Ber.* 18b).

들의 "옳은 행실"로 구성이 되어 있다.[12] 몇몇 후기 유대교 문헌들에서, 결혼 준비에 참여하는 것이 결혼 잔치에 참여하는 자격을 주는 것처럼 종말의 고난은 오는 세상을 위해 의인들을 준비시키는데 도움을 줄 수 있다.[13] 아마도 이 예비 신부는 19:14에서 세마포 옷을 입은 성도들이 예수님을 따르는 모습으로 묘사되어 있기도 하다. 이와는 대조적으로 예수님은 피 뿌린 옷을 입고 계시는데(계 19:13), 이는 원수 갚는 일의 과업이 결혼식보다 선행할 것이기 때문이다(마 22:7-8 참조).

요한이 사자를 예배하려는 것으로 시작하는 것(계 19:10)은 놀라운 일이 아니다. 왜냐하면 사자의 메시지는 하나님의 메시지와 쉽게 혼동이 될 수 있기 때문이다(계 21:5-6). 하지만 여기서 "같이 된 종"은 같이 죽을 수 있는 존재가 아닌 천사를 말한다(계 22:8-9 참조). 그리스도인들과 천사들은 다른 기능을 가지고 있지만, 그러나 둘 모두 하나님의 메시지를 선포할 수 있다.[14] 천사가 자신을 경배하는 것을 명백하게 금지하는 것은 소아시아 유대인들 사이에 어떤 혼합주의적 관습을 경계하는 것일 수도 있는데, 이들 중에 어떤 이들은 천사를 숭배하기도 하였다.[15] 하나님만이 경배를 받아야 한다는 단호한 요구는 제국에 충성한다는 명분으로 황제에게 제사를 드리는 것들을 포함하여 모든 형태의 우상숭배에 도전한다.

가장 중요한 것은 천사가 자신이 단지 하나님의 대리인으로 행동한다는 것을 선언하고 있다는 것이다(계 19:10b). 예언의 영은 그리스도에 대한 메시지를 말하는 사람들에게 권능을 주신다(계 19:10; 참조. 행 1:8; 2:17-18; 고전 12:3). 그리하여 모든 신자들은 자기가 있는 곳에서 하나님의 메시지를 말하도록 하나님의 영

---

12. 고급 창녀들의 옷차림에 대해서는, Ps-Melissa, *Letter to Kleareta*를 보라. 도덕주의자들은 교훈적인 장식을 선호한다(예를 들면, Isocrates, *Demon.* 15, *Or.* 1; Crates, *Ep.* 9; 딤전 2:10). "옳은 행실"이라는 표현은 요한계시록 다른 곳에서 하나님의 행위에 대해서만 나타난다(계 15:4).

13. Lev. *Rab.* 11:2.

14. 천사가 하나님의 영에 의해 움직여진다는 사상은 아마도 요한의 청중들에게는 문제가 있는 것으로 보이지는 않을 것이다. 왜냐하면 동일한 계시적인 영이 천사들(겔 1:12, 20-21; 10:17; 에녹 1서 68:2)과 인간들(겔 2:2; 에녹 1서 71:5) 모두와 관련이 있다는 것이 분명하기 때문이다. 대행자들로서 천사들은 어느 정도 예언적 기능을 감당한다(슥 1:14; 희년서 2:1).

15. 골 2:18; R. A. Kearsley, "Angels in Asia Minor: The Cult of Hosius and Dikaios," 6:206-9 in *New Documents Illustrating Early Christianity*, ed. S. R. Llewelyn with R. A. Kearsley (North Ryde, N.S.W.: Ancient History Documentary Research Centre, Macquarie University, 1992); Kraabel, "Judaism in Western Asia Minor," 143-45 등을 보라. 초기 기독교 자료는 이사야의 승천 9:36을 보라. 요한계시록 12:7(참조. 1:15)에서 미가엘과 그리스도 사이의 병행을 고려하면, 이 구절은 천사 기독론을 은연중에 반대할 수도 있다(나중에 입증이 된 것처럼; Epiphanius, *Her.* 30.164-65; Jean Daniélou, *The Theology of Jewish Christianity* [Chicago: Henry Regenery, 1964], 67, 117; 참조. G. Juncker, "Christ As Angel: The Reclamation of a Primitive Title," *TrinJ* 15 [1994]: 221-250을 보라). 보다 자세한 내용은 R. Bauckham, "The Worship of Jesus in Apocalyptic Christianity," *NTS* 27 (1981): 322-41을 보라.

으로 기름부음을 받은 잠재적인 선지자들이다.[16] 메시아 시대가 오기까지 예언의 영이 억제되어 왔으며 완전하게 회복되지 않을 것으로 생각했던 요한 당시의 많은 유대인들에게는, 요한계시록 전체를 통하여 예수님을 증거 하는 일에 있어서 성령의 현재적인 활동은 예수님의 신분을 진정한 주님으로 입증할 것이다.[17] 참 예언과 거짓 예언을 분별하려고 하지 않고 아무 예언이라도 쉽게 믿으면서 "발람"(계 2:14)과 "이세벨"(계 2:20)에게서 오는 메시지를 받아들이는 사람들에게, 진정한 예언이 예수님을 높인다는 암시(계 19:10)는 매우 중요할 것이다.

거룩한 전쟁(19:11-21)

만일 19:10에서 하나님의 사자가 잘못된 예배의 대상이라면("하나님께 경배하라"를 참조), 19:11-16은 예배의 적절한 대상을 갑자기 그리고 즉시 보여준다. 하나님의 "말씀"으로서(계 19:13), 예수님은 하나님에 대한 다른 표현들처럼(계 21:5; 22:6) "충신과 진실"이다(계 19:11). 요한계시록 앞에서 이 문구는 어떤 대가를 지불하고서라도 하나님의 진리를 증거 하는데 있어서 신실한 것을 암시하였다(계 1:5; 2:10, 13). 예수님은 "심판하시며 싸우시는" 분이시다(계 19:11). 전자의 속성은 하나님(계 6:10; 11:18; 18:8, 20; 19:2; 20:12)과 메시아에게 속해 있으며, 그리고 메시아는 그의 입으로 악한 자들을 칠 것이다(사 11:4; 참조. 계 19:15).[18] 후자의 속성은 종말의 거룩한 전사의 이미지이며, "누가 능히 이와 더불어 싸우리요?"(계 13:4)라고 말하는 짐승 숭배자들에 대한 최종적인 답변이다. 처음부터 하나님은 짐승에게 그의 백성들과 땅에서 싸우도록 허락을 하셨다(계 11:7; 12:17; 13:7). 그러나 적절한 때가 오면, 짐승들은 어린 양 그분과 전쟁을 할 것이며 그리고 멸망을 당하게 될 것이다(계 17:14; 19:19; 20:8).

하나님은 구약성경에서 종종 거룩한 전쟁을 하도록 그의 백성들을 보내시며,

---

16. David Hill, "Prophecy and Prophets in the Revelation of St. John," *NTS* 18 (July 1972): 401-18 (414)을 보라. 행 1:8; 2:17-18; 고전 14:1, 31을 참조하라.

17. 초기 유대교의 몇몇 집단에서 성령의 예언적 역할의 억제와 회복에 대한 생각에 대해서는 C. S. Keener, *The Spirit in Gospels and Acts* (Peabody, Mass.: Hendrickson, 1997), 13-16을 보라. 기능을 증명하는 것에 대해서는 J. M. Ford, "'For the Tstimony of Jesus Is the Spirit of Prophecy' (Rev 19:10)," *ITQ* 42 (1975): 284-91을 보라.

18. 후대 유대교 전승에서, 어떤 메시아가 (후각으로) 심판을 할 수 없다는 것은 그를 사기꾼이 되게 만들었다(*b. Sanh.* 93b).

그리고 초기 유대교 문헌들도 로마와 다른 이교 압제자들의 멍에를 던져버리도록 종말의 전쟁을 기대하고 있다.[19] 그러한 문헌들은 하늘에 나타나는 여러 징조들 중에서 피에 대해 경고를 하기도 하며(시빌의 신탁 3.800-804), 그리고 마지막으로 하늘에 있는 보병들과 기병대의 전쟁을 경고한다(시빌의 신탁 3.805-8). 그러나 "하늘에 있는 군대들"(혹은 세마포가 암시하듯이[계 19:8] 신자들[계 17:14 참조] 혹은 거룩한 천사들[슥 14:5 참조])이 여기서는 예수님과 함께 있는 반면(계 19:14), 그들은 어떤 폭력도 스스로 행사하지 않는다. 예수님은 악한 자들을 치시는 강한 전사이시다(계 19:11, 15, 21). 성경의 선지자들은 하나님을 전쟁을 위해 겉옷을 입으신 분으로(사 59:17), 요한계시록처럼 포도즙 틀의 피를 포함하는(사 63:3) 궁극적인 거룩한 전사(戰士)로 예언하였다(사 42:13; 합 3:11-14; 습 3:17; 참조. 1QM 18.1-3). 예수님은 이곳에서 이 같은 신적인 역할을 맡고 계시는 것이 분명하다.

예수님은 하늘에 있는 군대들처럼(계 19:14) 백마를 타신다(계 19:11). 백마는 대개 최상의 말로 간주되고 있다.[20] 그러한 말들은 통치자들, 중요한 관리들, 그리고 승리하여 로마에 입성하는 정복자들 등이 타기에 적절한 것이다.[21] 그러나 백마를 타고 있는 "만왕의 왕"이라는 개념(계 19:16 참조)은 파르티아의 왕 이미지에서 가져온 것일지도 모른다.[22] 만일 로마가 파르티아의 침략을 두려워하고 있다면, 하늘의 진정한 주님은 더욱 두려워해야 하지 않을까!

예수님의 불꽃같은 눈은 신성과 분노를 나타낸다(계 1:14에 대한 설명을 보라). 그리고 그의 "많은 관들"은 예수님이 세상의 모든 왕들에 대한 통치자이심을 암시한다(계 19:12, 16; 참조. 1:5). 예수님은 성도들과 마찬가지로(계 2:17) 감추어진 이름을 가지고 계신다(계 19:12). 아마도 이 이름은 세상에게만 비밀이며, 성도들에게는 이미 인정되었고 또한 예수님이 오실 때에 모든 인류들에게 드러나게 될 "하나님의 말씀"(계 19:13) 혹은 "만왕의 왕이요 만주의 주"이시다(계 19:16).[23] 그

19. 이곳과 요한계시록에서 거룩한 전쟁 이미지에 대해서는, Fiorenza, *Revelation*, 162; Bauckham, *Climax of Prophecy*, 210-37을 보라; S. G. F. Brandon, *Zealots*, 320은 여기에서 지상의 예수님에 대한 열심당의 전승에 대한 암시를 발견하고 있는데 이는 잘못된 것이다. 거룩한 전쟁 이미지에 대해서는, 희년서 38을 보라; 종말에 있어서는 1QM passim; 에녹 1서 1:4; 성도들의 역할에 대해서는 에녹 1서 98:12; 4QpNah 4:3; 1QpHab 5.4; 1QM 14.7; 16:1을 보라.

20. 가령 Homer, *Il.* 10.436-37; 반대의 견해에 대해서는 Virgil, *Georg.* 3.82-83을 보라.

21. Suetonius, *Dom.* 2; 요셉과 아세낫 5:4/5; Livy, 5.28.1을 보라.

22. 어떤 사람들은 계 6:2에서 말 탄 자를 적그리스도의 반정립으로 보기도 한다 (M. Rissi, "Die Erscheinung Christi nach Off. 19,11-16," *TZ* 21 [1965]: 81-95).

23. 천사들은 또한 자신들의 이름을 드러내기를 주저하였다는 것을 보여준다(창 32:29; 삿 13:18). 이는 아

가 피 뿌린 옷을 입고 있다는 것은 고대의 일반 독자들에게는 무서운 이미지를 나타내고 있다.[24] 하지만 이 구절은 구체적으로 이사야 63장에서 그 표현을 끌어내고 있으며, 그리고 세상이 결국에는 예수님이 재림하실 때 예수님 그분이 하나님이시라는 것을 알게 되리라는 것을 암시한다.[25] 이사야 63:2에서처럼 피는 그의 포도주틀, 즉 전 세상(계 19:15; 참조. 14:18-20)에서 죽임을 당한 자들에게서 나온 것이다.[26] 하늘의 군대는 아마도 천사들을 포함할 수도 있지만(슥 14:5), 그러나 신자들을 포함하는 것도 분명하다(계 17:14; 참조. 19:8과 함께 19:14에 나오는 세마포). 순교로 말미암아 짐승을 이긴 군대(계 14:1-5)는 이제 그리스도의 최종적인 승리에 참여하게 될 것이다(계 19:15에 나오는 "철장"; 2:27도 참조하라).

많은 유대인 청중들에게, "예리한 검"은 유명한 외경 작품인 『솔로몬의 지혜』(*the Wisdom of Solomon*)를 생각나게 하는데, 이 책에서 하나님의 말씀은 힘 있는 전사처럼 하늘에서 뛰어 다니며(계 19:13 참조), 불순종하는 자들을 죽이기 위해 하나님의 계명을 예리하고 곧은 검으로 제시한다(솔로몬의 지혜 18:15-16; 참조. 솔로몬의 시편 17:24-27, 35-36; 계 1:16에 대한 설명을 보라). 검이 예수님의 입에서 나오기 때문에, 어떤 해석학자들은 이를 예수님이 재림하시기 전에 있을 종말론적인 이데올로기 전쟁에 적용한다. 그러한 이데올로기의 갈등이 가능하지만(계 6:9; 참조. 사 49:2; 66:16; 호 6:5; 마 24:14), 이사야 11:4과 시편 2편 9에 대한 암시는 어쩌면 이 구절에서 그 이상을 요구할지도 모른다(살후 2:8 참조).[27] 왜냐하면 이것은 또한 문자적인 피 흘림을 나타낼 수도 있기 때문이다(사 34:5;

마도 영의 이름을 아는 것이 그 사람에 대해 능력을 준다는 이교적 견해를 뒷받침하는 것을 피하기 위해서일 것이다. 그러나 이렇게 주저하는 것은 오는 왕에게는 적합하지 않다 (Mounce, *Revelation*, 345). Aune, *Revelation*, 3:1056은 고대 사람들이 이름을 잘 모르는 신들을 두려워했다고 주장한다. 이것은 특히 이스라엘의 하나님에게 해당되는 것일 수도 있는데, 마술사들은 그 이름을 시험 삼아 사용하기도 하였다(행 19:13 참조).

24. Ovid, *Metam.* 4.481-84에 무서운 분노가 이런 식으로 묘사되어 있다.

25. 그러나 후대 문헌들은 종종 이 본문을 메시아에 적용하기도 한다 (예를 들면, *Pes. Rab.* 37:2); 사 63:2와 미드라쉬적 결합은 또한 창 49:10-11에 대한 후대 팔레스타인 탈굼에도 나온다 (Martin Hengel, *Targum and Testament* [Grand Rapids: Eerdmans, 1972], 141). 사 63:2-3에 대해서는 Fekkes, *Isaiah*, 197-99를 보라.

26. 전사(戰士)들은 종종 피에 젖은 것으로 묘사된다(시 58:10; 1QM 14.2-3; 참조. 사 1:15의 살인자들). 그것이 여기에서 그의 원수들이 손에 있는 예수님의 피라는 생각(John A. T. Robinson, *Twelve New Testament Studies*, SBT 34 [London: SCM, 1962], 173)은 이 문맥에 어긋난다.

27. 이상적인 해석에 대해서는, 예를 들면, Bowman, *First Christian Drama*, 128을 보라. 욥 5:15; 사 49:2를 참조하라. 검과 성경을 연관시키는 비종말론적 해석도 문자적인 처형을 암시한다 (*Sifre Deut.* 40.7.2). "입에서" 나오는 맹렬한 명령들에 대해서는 유딧 2:2-3을 보라.

렘 12:12; 47:6).

예수님의 칭호인 "만왕의 왕이요 만주의 주"(계 19:16)는 위에서 언급한 것처럼 파르티아의 통치자에 대한 칭호를 상기하는 것일 수도 있다. 때때로 그는 단순히 "위대한 왕"으로 불리어졌으며, 또한 "왕들 중의 왕"으로도 불리어졌다.[28] 이것은 구약성경 기간에 동방의 군주들에 대한 칭호이기도 했지만(스 7:12; 겔 26:7; 단 2:37), 이 칭호는 무엇보다도 항상 진정한 최상의 통치자이신 하나님께 적용되었다(신 10:17; 시 136:3; 단 2:47; 슥 14:9; 딤전 6:15).[29] 고대 유대교는 이 칭호를 거의 배타적으로 하나님께만 계속 적용하였다.[30] 요한계시록은 이 칭호를 지상의 다른 왕들을 다스리는 진정한 통치자이신(계 1:5) 예수님에게 일관되게 적용한다(계 17:14; 19:16). 그 이름이 예수님의 다리에 기록되어 있다는 것은 고대 청중들을 당황스럽게 하지는 않았을 것이다. 그리하여 주석학자들은 헬라 사람들이 종종 밀돌의 다리에 소인(消印)을 찍었으며 어떤 사람들은 로마에 있는 조각상에 이름들을 쓰기도 했다는 것을 주목하고 있다.[31]

성도들은 약속된 메시아 잔치에 참여하는 반면(계 19:9), 악한 자들은 그 잔치에서 썩은 고기를 먹는 동물의 잔치가 될 것이다(계 19:17). 그들의 피는 마치 포도주 틀에서 즙이 흘러나오는 것처럼 흐를 것인데(계 19:15), 이는 초기의 성경적 이미지에서 빌려온 것이다(사 63:2-3; 참조. 9:5; 34:3-7; 49:26). 전쟁에서 죽은 시체의 살을 먹는 새들의 잔치 이미지는 고대의 독자들에게는 익숙한 것이었다(삼상 17:44-46; 렘 16:4; 겔 29:5).[32] 자신의 모습이 죽은 영들의 영역에서도 계속된다는 일반적인 헬라인들의 견해를 고려하면, 죽음 그 자체보다 더 나쁜 유일한 운명은 죽은 이후에 매장되지 못하고, 자신의 유해가 짐승들에 의해 먹히는 것이었

---

28. Suetonius, *Calig.* 5; Plutarch, *Pompey* 38.2; "위대한 왕"에 대해서는 Herodian, 6.2.1을 보라.

29. 이 신적인 칭호는 단 4:37 칠십인 역에 나온다. T. B. Slater, "'King of Kings and Lord of Lord's Revisited," *NTS* 39 (1993): 159-60은 G. K. Beale의 계 17:14에 대한 적용을 발전시키고 있다.

30. 하나님을 "만왕의 왕"으로 언급하는 것에 대해서는 에녹 1서 9:4; 84:2; 마카비 3서 5:35; Philo, *Decal.* 41; *Spec.* 3.18; *PGM* 13.605; 에녹 3서 22:15; *m. Ab.* 3:1; *tos. Sanh.* 8:9; *Sifra Sav Mekhilta De Milum* 98.8.5; ARN, 25A; 1, §1B ; 아람어 마법 교과서 67.2 등을 보라; 이교도들은 이 칭호를 제우스 (Dio Chrysostom, *Second Discourse on Kingship* 75) 혹은 다른 높은 신들에게 적용시킨다 (*PGM.* 2.53-54; 4.640-42; *Book of Dead Spells*, 185Eb, part S-1).

31. Ford, *Revelation*, 323은 Cicero, *Verr.* 4.43; Justinius, 15.4-5를 인용한다.

32. 예를 들면, Homer, *Il.*, 1.4-5; 22.42-43; *Od.* 3.258-60; Livy, 25.12.6; Appian, *R.H.* 11.10.64; Lucan, *C.W.* 7.831-35; 특히 독수리에 대해서는 Aelian, 2.46; 10.22; Longinus, *Sublime* 3.2를 보라. 고대 저자들은 종종 전쟁에서 죽은 사람들을 다시 셀 때 시적 파격 어법에 빠지기도 하였다 (1QM과 4QpNah 2.2-4에서는 상당할 정도로 나온다).

다. 유대교 문헌도 역시 악한 자들이 종말에 매장되지 못하고 누워서 독수리와 다른 짐승들에 의해 먹혀지게 될 것임을 기대하였다(시빌의 신탁 3.643-45). 그러나 요한계시록의 최초 청중들 대부분은 이 구절에서 말하는 표현의 분명하고도 직접적인 자료가 무엇인지를 알았을 것이다. 즉 하나님은 에스겔 39:17-20에서 자신에게 대항한 용사의 살을 먹도록 짐승들과 새들을 불러 모으셨다.

그다음 하나님은 사탄의 군대의 지도자들을 "유황 불 붙는 못"에 던지신다(계 19:20). 이렇게 불타는 유황은 소돔이 당한 운명을 암시할 수도 있지만(창 19:24), 그러나 불 못에서 당하는 형벌은 영원한 것이며(계 14:10) 그리고 하나님 앞에 있는 유리 바다와 대조를 이루고 있다(계 4:6).[33]

상황잇기

성경적 이미지들을 전달하기. 어떤 이미지들은 대부분의 문화에 통한다. 비록 "메시아적 잔치"가 그 최초의 청중들에게 가졌을 광범위한 성경적 및 고대의 유대교적 연관성들을 오늘날의 대부분의 청중들에게는 자아내지 못하지만, 결혼 축하연은 대부분의 문화에 다 있다. 우리 문화는 결혼식을 기쁨과 (만일 우리 사회가 이혼하는 경향이 그렇게 없다면) 지속적인 축복의 약속이라는 모습과 관련시킬 수 있다.

때때로 우리는 본문에다가 우리의 신학을 집어넣어 해석하기도 한다. 어떤 사람들은 어린 양의 혼인 잔치가 예수님의 재림에 선행하는 대 환난 기간에 일어난다고 주장한다. 그러나 본문은 이 세대의 끝에 신부가 단순히 준비되어 있다고 말한다. 요한계시록에서 혼인 잔치는 초기 유대교에서처럼 메시아 시대 혹은 오는 세상에서 의인들을 위해 준비되어 있는 잔치였다.[34]

때때로 우리는 우리가 가지고 있는 신학으로 본문을 해석하고자 한다. 언젠가 한 친구는 그녀가 기르는 개가 하늘에 있을 것이라고 나에게 주장하였다. 그 당시에는 하늘에 있는 동물을 암시할 수도 있는 것을 내가 생각해 낼 수 있는 유일한 본문이 이 구절이었지만, 그러나 그것이 어쩌면 도움이 되는 구절은 아니었다. 우리는 예수님과 그의 성도들이 문자적으로 말을 타고 있다고 생각해야 하는가? 하

33. 불에 대해서는, 에녹 1서 54:5-6; 63:10을 보라; 불타는 유황에 대해서는, 1QpHab 10.5; 후대의 스바냐의 묵시 6:1-2를 각각 보라.

34. 심지어 Lindsay, *New World Coming*, 255-56은 그 잔치를 천 년 기간 중에 두면서, 아버지의 나라에 대한 예수님의 약속을 인용하고 있다(막 14:25).

나님께서 어떤 천사적인 말들을 창조하실 수 있다는 것이 불가능한 것은 아니며, 그리고 고대의 독자들이 그러한 생각에 움찔하지는 않았을 것이다. 따라서 그리스 및 로마의 문헌은 하늘과 땅 사이를 날 수 있는 말인 불멸의 말들을 알고 있었으며, 또한 그 밖에 초자연적인, 날개가 달린 말들도 알고 있었다.[35]

유대인들은 하나님의 군대를 하늘에서 하나님께 경배하는 무장한 군대로 상상하였다(에녹 2서 17:1). 이 당시에 유대인들은 하늘의 천사가 말을 타고 나타나는 것을 기대하였다(마카비 2서 5:1-4; 11:8; 마카비 4서 4:10; 이와는 대조적으로 아브라함의 유언 2A). 그러나 아마도 요한의 환상은 그 당시에 가장 격렬한 전쟁의 이미지를 채용한 것으로 보인다. 구약성경에서 하나님의 하늘 군대는 병거를 타고, 그 당시에 가장 위험한 군대와 어울리는 것으로 묘사되고 있다(왕하 2:11; 6:17; 시 68:17; 합 3:8). 요한 당시의 정예 부대는 병거가 아닌 말을 타고 있는 전사들이었다. 오늘날은 아마도 우주선을 타고 오거나 핵무기로 세상을 공격하는 것으로 본다면 (비교하는 목적으로 볼 때) 그들을 묘사하는데 부적절한 것은 아닐 것이다.

요한계시록은 아마도 무서운 많은 이미지들을 혼합시키고 있으며, 또한 연대기적 연속성에 대한 고려 없이 회개를 요구하고 있다. 예를 들면, 에스겔 38-39장에서 곡과 마곡의 반란 이후에 죽임을 당한 자들을 먹도록 새들이 초대되고 있다. 요한계시록 19-20장에서 만일 우리가 본문의 순서를 따른다면 그 차례가 반대로 되어 있다.[36] 만국들은 이 전쟁에서 패배를 당하지만(계 19:15; 참조. 살후 1:9), 그러나 20:3, 8에 보면 만국 중에 일부 사람들은 살아 있다. 여기서 요점은 정확한 묘사를 하는 것이 아니라 하나님의 뜻에 순종하기를 요청하는 종말의 여러 세부적인 내용들을 혼합시키고 있는 것이다.

심각한 오해들. 상황을 연결시키기 위해 때때로 심각한 실수들이 발생하기도 한다. 종종 비 보복에 대한 예수님의 가르침에는 별로 관심을 기울이지 않으면서 거룩한 전쟁에 대한 성경적 이미지를 끌어오는 경우가 있다. 중세기 그리스도인들은

---

35. Homer, *Il.* 5.367-69, 770-72; 17.444; Ovid, *Metam.* 4.214-16, 262-63, 765-86; Apollodorus, 2.3.2; 3.13.5를 보라. 여자 마술사의 수레는 날개 달린 뱀들이 끌었을 지도 모른다 (Ovid, *Metam.* 7.350); 어떤 여신의 수레는 날개 달린 용들이 끌었을 지도 모른다 (8.795). 일부 고대 사람들은 내세에서는 죽은 짐승들이 죽은 사람들과 함께 있는 것으로 상상하였다 (Homer, Od. 11.572-75; *Battle of Frogs and Mice* 236; Aristophanes, *Frog* 209-20; Virgil, *Culex* 208-384). 그러나 이들이 죽은 영의 말들이라고 생각할 아무런 근거는 없다.

36. 이러한 해석은 전형적인 전천년주의적 해석을 취하고 있다. 무천년주의적 해석으로 보면, 계 20장은 계 19장에서 이미 자세하게 말해진 종말을 되풀이하고 있으며, 그리하여 어떠한 갈등도 없다.

그들이 무슬림들의 탓으로 돌리면서 복수를 하고 있는 심각하게 포악한 일을 저질렀다.[37] 항복하지 않는 도시에 대한 중세기의 관습을 따라, 십자군들은 그들이 예루살렘에서 마주치는 무슬림들과 유대 민간인들을 여자들과 아이들까지 포함하여 거의 무차별적으로 학살하였다. 그런 후에 그들은 자신들에게 승리를 주신 하나님께 찬양을 드렸다.[38] 분명히 그들은 억압을 받고 있는 동방의 그리스도인들로부터 자신들을 지켜달라고 요청을 받았다. 터키 사람들은 스스로 영토 확장론자였으며, 그리고 셀주크 터키 사람들은 많은 중세기 그리스도인들이 그들이 구원을 얻는데 매우 중요하다고 생각했던 성전에 출입하는 것을 그리스도인들에게 제한하였다.[39] 그러나 이 전사들은 "칼이 그리스도의 나라를 확장하는 하나님의 방법이 결코 아니다"는 것을 웬일인지 인식하지 못했다.[40] 이러한 교훈은 어떤 희생을 치르더라도 새 예루살렘의 기독교 윤리를 위해서보다는 어떤 희생을 치르더라도 그들의 지상 나라의 국가적 안전에 보다 헌신하고 있다는 것을 보여주는 사람들에게 문제를 제기한다.

오늘날 일부 극단적인 해석학자들은 심지어 십자군보다 더 문제를 일으키는 것으로 보이는 의제들을 뒷받침하기 위해 최후의 전쟁이라는 본문의 이미지를 이용한다. 예를 들면, 소규모의 아리아족 지상주의자 기독교 정체성 종파(Aryan supremacist sect Christian Identity) 회원들은 다른 인종들과 인종적 충성을 하는 사람들을 살육함으로써 마지막 아마겟돈에 참여하기를 기대하고 있다. 이 집단의 지도자들 중 한 사람은, "하나님은 그의 백성들이 투쟁하는 사람이 되도록 명령하셨다…만군의 여호와는 전쟁을 위해 조직된 무수한 사람들의 여호와임을 의미 한다"고 선언하였다. 이 운동과 관련이 있는 일부 애국자들은 현재 무기들을 비축하고 있으며 또한 테러 행위에 가담하고 있다. 인종 차별을 하지 않는 민병대의 지도

---

37. 무슬림들은 아기들과 노인들을 포함하여 전투를 할 수 없는 사람들도 죽였으며, 또한 젊은 여인들을 첩으로 취하였다 (Ronald C. Finucane, "Women of the Cross," *Christian History* 40 [1993]: 36-37 [p. 36]).
38. 이러한 일들이 종종 기록되어 있다(Mark Galli, "Bloody Pilgrimage," *Christian History* 40 [1993]: 8-15 [p. 15]를 참조하라).
39. Bruce L. Shelly, "How Could Christians Do This?" *Christian History* 40 (1993): 16-19를 보라; Adriaan H. Bredero, *Christendom and Christianity in the Middle Ages*, tr. R. Bruinsma (Grand Rapids: Eerdmans, 1994), 19를 참조하라. 일부 십자군들은 기사들의 침략을 서로로부터 외부적인 침략자들에게 향하도록 방향을 바꾸었으며(ibid, 107) 그리고 유럽의 수장이었던 교황의 정치적 영향력을 강화시켰다 (Geoffrey Barraclough, *The Medieval Papacy* [New York: W. W. Norton, 168], 91). 아울러 철천지원수, 명예, 복수 등으로 생각하는 중세의 경향을 참조하라 (Jonathan Riley-Smith, "Holy Violence Then and Now," *Christian History* 40 [1993]: 42-45 [p. 43]).
40. Shelley, "Christians," 19.

자들의 원통함에 대해, 이들 백인 지상주의자들은 미국에서 인종 전쟁을 일으키기 위해 이들을 점령하고자 비인종 차별 무장 집단에 잠입해오고 있다.[41] 이들의 지도자들 중 한 사람은 거룩한 전쟁에 대한 구약성경의 예들을 인용하면서, 하나님은 아기들을 포함하여 모든 원수들을 죽이는 것을 옹호하신다고 주장한다.[42]

그들이 하고 있는 "전쟁"의 현재적이고 계획된 성격은 "그리스도인"이라는 이름에 결코 합당한 것으로 보이지 않으며, 또한 그들이 하는 행동도 많은 세속주의자들이 볼 때에도 부수적인 것들을 더럽히고 있다.

> 기독교적 인종 차별주의자의 견해를 따르는 자들은 8살 난 소녀를 포함하여 그들이 계획하고 있는 "아리아족" 공화국을 추구하고자 아칸소 주의 전 가족을 살해한 사건을 정당화하기 위해 성경을 해석한 것으로 작년에 비난을 받았다. 또 다른 백인 인종 차별주의자 집단은 성경이 이자를 받는 것을 금지하고 있다고 말하면서 워싱턴에 있는 은행을 폭파하여 돈을 훔친 것으로 유죄 판결을 받았다.[43]

이러한 "기독교" 정체성 종파를 위한 전사들은 겁에 질려있는 여덟 살짜리 소녀의 머리에 비닐봉지를 뒤집어 씌어 이를 묶고, 그 소녀를 질식시켜 죽이고서는 그 소녀의 시체를 늪에다 유기하는 것을 녹화하였다. 또 다른 "전사"는 한 희생자의 손가락을 총으로 쏘아서 날려버리고, 그의 허벅지로부터 피부를 벗겨낸 다음, 그를 죽여 버렸다. 다섯 살짜리 백인 소년이 여호와에게 죄를 지었다고 생각하고서는, 그 종파의 지도자가 그 소년을 성적으로 농락하도록 명령하였다. 그 소년은 몇 주 동안 고통을 당한 후에 결국 목이 부러져 죽었다.[44] 이 집단은 "기독교의 자경단원(自警團員)"이라는 소책자를 발간하여 이를 배포하고 있으며, 이 글을 쓰고 있는 동안에도 최소한 "34개 주에서 94개의 활발한 일들"을 벌이고 있다. 인종 증

41. "The Patriot Movement," *Southern Poverty Law Center Intelligence Report* (Spring 1998), 6-7.
42. "Identity Crisis," *Southern Poverty Law Center Intelligence Report* (Winter 1988), 7-12 (p. 12).
43. "Religion Stokes the Fires," *Southern Poverty Law Center Intelligence Report* (Winter 1988), 2. 전하는 바에 의하면 1998년 5월 살아남은 세 명의 사람들은 세상의 종말을 위해 사막에 벙커를 준비한 후 콜로라도에서 경찰관들을 죽이고 또한 부상을 입혔다 (*Southern Poverty Law Center Intelligence Report* [Summer 1998], 3). 일관되게 임신 중절 합법화에 반대하는 윤리를 주장하는 사람들은 "임신 중절 반대" 테러리즘과 또한 이를 백인 우월론자 테러리즘과의 연관성을 발전시킴으로써 또한 혼란을 겪을 것이다 (Frederick Clarkson, "Anti-Abortion Extremism," *Southern Poverty Law Center Intelligence Report* [Summer 1998], 8-16을 보라).
44. "Identity Crisis," 7.

오와 종말에 현혹된 망상증이 폭발적으로 구성되어 있는 급진적인 기독교 정체성 회원들은 스스로를 하나님의 최후 심판의 도구들로 생각하고 있으며 그리하여 사람들을 닥치는 대로 죽이는 성향을 가지게 되었다.[45]

그러나 자신들의 과격한 의제들을 옹호하기 위해 최후의 전쟁이라는 성경의 이미지들을 이용하는 사람들은 이 본문이 말하는 요점과 정반대되는 것을 가르치고 있다. 신자들은 요한계시록 전체에서 그리스도가 비폭력적인 분이심을 경험하고서 이를 선포하였다. 여기서 본문은 예수님(구약성경에서는 하나님)이 친히 그 자신의 검으로 그의 원수 군대를 멸망시킨다는 것을 분명히 말한다(계 19:11, 15, 21). 예수님의 군대가 그와 함께 있지만(계 19:14, 19), 그러나 살육하는 일에 적극적으로 참여하지는 않는다. 뿐만 아니라 이 군대는 하늘에서 나온다(계 19:11, 14). 지상의 군대들은 서로 간에 동맹을 맺을 수도 있고 그렇지 않을 수도 있지만, 그들은 모두 그리스도에게 저항을 한다(계 16:12-14; 19:19). 지상의 호전적인 집단들이 대량 학살을 저지르고 있다는 것은 분명히 예수님께서 재림하실 때에 예수님의 손에 죽음을 당할 운명에 놓여 있는 자들이다.

현대적 의미

하나님이 보내시는 심판. 이 19장을 여는 이미지가 바벨론의 멸망에 대한 찬미라는 것은 18장에서 음녀의 사망에 대한 애가의 하늘의 응답이다. "한 사회의 죽음—특히, 어쩌면 모든 나라들 중에서 가장 부유하고 가장 강력한 나라인 바벨론의 맹렬한 붕괴—이 하늘에서 환희를 일으키다니 우리가 보기에 너무나도 이상한 일이다."[46] 우리가 이 세상에서 그리고 세상이 중요하게 여기는 지위에서 편안하기란 어려운 일이지만, 그러나 심판에서 하늘이 즐거워하는 것을 분명히 들으라. 만일 하나님의 심판을 받는 사회들 중의 하나가 우리 자신이 속한 사회라면, 특히 우리가 알고 있고 또한 우리가 관심을 가지고 있는 사람들에게 심판이 미치는 영향을 구체적으로 생각해볼 때 특히 어려운 일이다. 하나님의 자비하심은 하나님께서 심판을 연기하시며 또한 그 심판을 관대하게 행하시는 하나의 이유이긴 하지

45. Ibid. 다른 많은 사람들은 신흥 이교인 고대 스칸디나비아 사람들의 종교에 의지하고 있다(히틀러의 제 3 제국의 지도자들 중 아리안족 우월주의자처럼); "The New Barbarians," *Southern Poverty Law Center Intelligence Report* [Winter 1998], 15-16을 보라.

46. William Stringfellow, *An Ethic for Christian and Other Aliens in a Strange Land*, 3d ed. (Waco, Tex.: Word, 1979), 25 (이 책은 베델 칼리지의 존 헤르족[John Herzog]에 의해 나의 관심을 끌었다).

만, 역사의 보다 넓은 범위에서 볼 때 심판은 회개하는 사람들과 다른 이들을 변호하는 사람들을 위해서도 필요한 일이다. 만일 우리가 시간과 정력에 대한 우리의 헌신이 하나님의 목적들보다는 세상이 제공하는 것에 있다면, 우리는 회개가 필요한 사람들 중에 속할 지도 모른다. 하나님은 결국 모든 나라들을 심판하실 것이다(시 110:6; 렘 25:31; 욜 3:12).

하나님은 종종 억압을 중지시키기 위해 심판을 행하기도 하시며, 또한 하나님은 억압에 대한 복수를 하시기 위해 심판을 행하시기도 하시며, 또한 억압당하는 자들을 위해 그의 의를 옹호하신다. 이 세상에서 하나님은 단 기간에 모든 것을 청산하시는 것은 아니지만, 그러나 결국 그의 공의는 항상 만족을 주신다. 회개조차도 죄가 공의를 피하도록 허용하는 것은 아니다—왜냐하면 회개하는 자들의 빚은 미리 십자가에서 청산되었기 때문이다.

기쁨과 예배. 1-10절은 신원(伸寃)과 기쁨이 의인들을 위해 오는 것임을 약속하고 있는데(계 19:1-5), 이는 하나님께서 주권적으로 통치하시기 때문이다(계 19:6) 그것은 결혼과 같은 영속적인 결합에 있어서 하나님과 보다 깊은 친밀감을 약속한다(계 19:7). 예수님이 죄인들과 함께 식사를 하신 것이 메시아적 잔치를 미리 맛보는 것인 한, 이제 예수님과 함께 교제하는 사람들(계 3:20 참조)은 그들이 미래에 받을 복을 미리 맛보는 것을 경험하는 것이다. 성도들의 옳은 행실이 우리 신부의 옷을 구성하고 있으며, 그리하여 하나님과 우리의 미래적 친밀함을 준비시킬 수 있다(계 19:8).

이 단락은 또한 우리가 천사들을 포함하여 하나님이 아닌 다른 것이나 다른 존재들을 경배해서는 안 된다는 것을 가르친다(계 19:10). (이와는 대조적으로, 이것은 예수님이 요한계시록에서 충만한 신성으로 경배 받고 있음을 우리들에게 상기시킨다.) 이것은 우리가 말씀을 선포하고 가르치는데 중요하다. 왜냐하면 성경적으로 교양이 있는 하위문화권 밖에는, 기독교적 가르침에 대해 불충분한 이해를 가지고 있는 많은 사람들이 비술(秘術)의 목적을 위해 천사들—틀림없이 타락한 천사들—에게 호소하고 있기 때문이다(고대 지중해 세계의 마술 파피루스에서처럼).[47]

---

47. Timoyhy Jones, "Rumors of Angels?" *CT* (April 5, 1993), 18-22: Kenneth L. Woodward, "Angels," *NW* (Dec. 27, 1993), 52-57을 보라. 한 가지 예를 들면, Joyce Keller, "Your Angel Astrology Love Diet: How Your Guardian Angel and Star Sign Can Work Together to Make You Slimmer and Happier" (Lantana, Fla.: MicroMags, 1998)를 보라. 켈러(Keller)는 "태어날 때부터 투시적인" 사람으로, 그는 또한 심령술사

성령으로 권능을 받음. 이 단락은 또한 우리들에게 성령께서 하나님에 대해 말하도록 우리에게 권능을 주신다는 것을 상기시킨다(계 19:10). 예수에 대한 증거가 또한 성령에 의한 예언적 권능 부여를 의미한다는 것(계 19:10)은 오늘날 우리들에게 중요한 의미를 지니고 있다.[48] 어떤 그리스도인들은 다른 그리스도인들에 대한 기름부음을 특별한 영적 은사들을 소유하고 있는가에 근거하여 평가하지만, 그러나 그리스도께서는 자신에 대해 증거를 하도록 그의 성령을 우리 모두에게 주신다(행 1:8). 따라서 예수님에 대해 증거 하는 모든 그리스도인은 성령의 권능 부여를 어느 정도는 체험하고 있는 것이다(고전 12:3 참조).[49] (비록 나는 방언 기도가 복음전도를 포함하여 성령에 대한 민감성 안에서 성장하는데 나에게 개인적으로 도움을 준다는 것을 발견했음에도 불구하고, 열정과 효과를 가지고서 사역하는 내가 가장 존경하는 나의 복음증거 동료들과 다른 사역 동료들 대부분은 방언 기도를 거의 하지 않고 있다.)

아울러 성령에 의한 이 같은 권능 부여는 우리들의 효과가 우리의 자연적인 인간적 능력들을 훨씬 능가할 수 있다는 것을 의미한다. 우리는 소심한 한 젊은 남자에 대해 생각해볼 수 있는데, 그는 갑자기 200명의 그의 동료들에게 복음을 전하기 시작했다. 그는 때때로 복음을 계속 전했는데, 그는 오늘날 복음전도자로 널리 알려진 제임스 로빈슨(James Robinson)이다.[50] 마찬가지로 나도 대개 내성적이었으며 수줍음이 많은 성격을 가졌지만(부드러운 태도를 가진 교수 타입), 나는 하나님께서 내가 그리스도를 증거 할 때 초자연적인 담대함을 규칙적으로 부여하신다는 것을 발견한다. 실제로 내가 아프고 지쳤을 때에도 하나님은 늘 내가 복음을 증거하거나 설교를 하는 전체 시간동안 나에게 건강과 힘을 제공하셨다.

복음을 증거 할 때 성령의 인도하심은 예외적일 수도 있으며 혹은 보다 평범하게 나타날 수도 있다. 나는 내가 그리스도를 전하고 있었던 한 사람의 배경에 대해—나는 그를 전에 만난 적이 결코 없다—상세하게 말하도록 성령께서 나를 인도

와 최면술사로 주장되고 있으며, 그는 "어떤 천사적 중재도 우리 영혼의 인과응보적 양식 내에서 이루어져야 한다"고 경고한다 (p. 4). 이 작은 책자는 체중 감소와(p. 7) 그리고 서둘러 결혼하기 위한(12궁 천사의 이름으로) 조언을 얻기 위해 천사들에게 기원하며, "천천히" 회개하는 것(p. 61)을 옹호한다.

48. 우리는 "예수의 증언"을 목적격적 속격으로 이해한다(Bruce, "The Spirit in the Apocalypse," 338). 그러나 주격적 요소가 여기서 반드시 양립하지 않는 것은 아니다(Boring, *Sayings*, 106).

49. 이 문제에 대해 보다 자세한 내용은 내가 쓴 Keener, *3 Questions*, 35-61을 보라. 모든 신자들을 예언적 공동체로 보는 것에 대해서는, F. F. Bruce, *The Time Is Fulfilled* (Grand Rapids: Eerdmans, 1978), 103; E. Schweizer, "πνεῦμα, πνευματικός," 6:389-51 in *TDNT*, 449.

50. Deere, *Surprised by the Voice of God*, 33-36을 보라.

하신 한 경우의 예를 나는 종종 사용하곤 하는데, 하나님께서 그녀의 마음속에 있는 비밀들을 드러내셨다는 것을 주목하였다(고전 14:25). 그러나 보다 많은 경우에, 나는 성령께서 내가 말하는 것을 억누르시거나 혹은 재촉하시며 또한 우리 주 예수 그리스도에 대하여 타협함이 없이 증거 하도록 담대함을 제공해주시는 것을 느끼고 있을 뿐이다(엡 6:19).

거룩한 전쟁을 적용하기. 요한계시록 19:11-21에 나오는 거룩한 전쟁에 대한 묘사는 우리의 관심을 일으키기도 한다. 이 단락은 예수님께서 전능하신 분이시며, 또한 마지막 공의의 신원(伸冤)이 예수님에게 있다는 것을 우리들에게 상기시킨다. 비록 우리가 공의와 긍휼을 위해 최선을 다해야 하지만, 우리는 이 땅에서 하나님의 나라를 세우는 후천년적 환상을 현실적으로 성취할 수는 없다. 오히려 우리의 전능하신 주님은 자신이 재림하실 때 이러한 문제들을 해결하실 것이다. 이 세상에서 우리는 모든 전쟁에 이길 수는 없지만, 보다 긴 범위의 관점에서 볼 때 그 전쟁이 우리의 기세를 꺾는 것은 아니다. 우리 주 예수님이 오실 때, 그 어느 것도 예수님에게 저항할 수 없다.[51] 이 단락에서 악한 자들에 대한 형벌은 하나님의 공의가 이 세상에서 행해지고 있는지, 압제를 당하는 의인들의 원수를 갚아주시는지, 그리고 현 시대에서 불공평한 축복으로 너무나도 편안하게 지내는 사람들에게 왜 경고를 보내시지 않는지 의문을 가지는 사람들에게 신정론(theodicy)을 제공한다.

만일 우리가 예수님의 입에서 나오는 검을 올바르게 해석한다면(계 19:15), 그 검 역시 하나의 격려를 우리들에게 제공한다. 다른 입들은 우리를 죽일 수도 있지만(계 11:10; 12:15; 13:6), 그러나 궁극적으로 중요한 것은 예수님의 입에서 나오는 생명과 사망의 올바른 판결이다.

51. 19세기의 복음주의적인 후천년주의와 그리고 이것의 지나친 낙관주의를 산산 조각 낸 것을 경험한 20세기에 대한 설명에 대해서는, 아래에 나오는 요한계시록 20장에 대한 설명과 특히 Stanley Grenz, *The Millennial Maze* (Downers Grove, Ill.: InterVarsity, 1992), 65-89를 보라.

요한계시록 20:1-15

1 또 내가 보매 천사가 무저갱의 열쇠와 큰 쇠
사슬을 그의 손에 가지고 하늘로부터 내려
와서
2 용을 잡으니 곧 옛 뱀이요 마귀요 사탄이라
잡아서 천 년 동안 결박하여
3 무저갱에 던져 넣어 잠그고 그 위에 인봉하
여 천 년이 차도록 다시는 만국을 미혹하지
못하게 하였는데 그 후에는 반드시 잠깐 놓
이리라
4 또 내가 보좌들을 보니 거기에 앉은 자들이
있어 심판하는 권세를 받았더라 또 내가 보
니 예수를 증언함과 하나님의 말씀 때문에
목 베임을 당한 자들의 영혼들과 또 짐승과
그의 우상에게 경배하지 아니하고 그들의 이
마와 손에 그의 표를 받지 아니한 자들이 살
아서 그리스도와 더불어 천 년 동안 왕 노릇
하니
5 (그 나머지 죽은 자들은 그 천 년이 차기까지
살지 못하더라) 이는 첫째 부활이라
6 이 첫째 부활에 참여하는 자들은 복이 있고
거룩하도다 둘째 사망이 그들을 다스리는 권
세가 없고 도리어 그들이 하나님과 그리스도
의 제사장이 되어 천 년 동안 그리스도와 더
불어 왕 노릇 하리라 사탄의 패망
7 천 년이 차매 사탄이 그 옥에서 놓여
8 나와서 땅의 사방 백성 곧 곡과 마곡을 미혹
하고 모아 싸움을 붙이리니 그 수가 바다의
모래 같으리라
9 그들이 지면에 널리 퍼져 성도들의 진과 사
랑하시는 성을 두르매 하늘에서 불이 내려와
그들을 태워버리고
10 또 그들을 미혹하는 마귀가 불과 유황 못에
던져지니 거기는 그 짐승과 거짓 선지자도
있어 세세토록 밤낮 괴로움을 받으리라 크고
흰 보좌에서 심판을 내리시다
11 또 내가 크고 흰 보좌와 그 위에 앉으신 이를
보니 땅과 하늘이 그 앞에서 피하여 간 데 없
더라
12 또 내가 보니 죽은 자들이 큰 자나 작은 자나
그 보좌 앞에 서 있는데 책들이 펴 있고 또
다른 책이 펴졌으니 곧 생명책이라 죽은 자
들이 자기 행위를 따라 책들에 기록된 대로
심판을 받으니
13 바다가 그 가운데에서 죽은 자들을 내주고
또 사망과 음부도 그 가운데에서 죽은 자들
을 내주매 각 사람이 자기의 행위대로 심판
을 받고
14 사망과 음부도 불못에 던져지니 이것은 둘째
사망 곧 불못이라
15 누구든지 생명책에 기록되지 못한 자는 불못
에 던져지더라

원 의미

요한계시록 20장이 이 책에서 가장 논란이 많은 부분이라는 것은 거의 의심할 여지가 없다. 이 장은 천년왕국(Millennium, "천 년"을 의미하는 라틴어), 즉 여기서 묘사된 그리스도의 천 년 통치를 다룬다. 우리가 특정 구절들을 살펴볼 뿐만 아니라, 또한 이 문제에 대해 다양한 입장을 지니고 있는 복음주의자들을 광범위한 개요를 분석하고자 한다.

천 년과 첫째 부활(20:1-10)

이 장을 해석하는 사람들은 넓게 세 개의 학파로 분류된다. 먼저 전천년주의자들(premillennialists)인데, 이들은 예수님이 구체적인 천년왕국을 건설하기기 위해 재림하실 것으로 믿고 있다. 그 다음으로 무천년주의자들(amillennialists)인데, 이들은 일반적으로 천년왕국이 현 세대를 상징적으로 생각한다. 그리고 마지막으로 후천년주의자들(postmillennialists)인데, 이들은 그리스도인들이 예수님의 재림에 앞서서 지상에 천년왕국을 세우는데 도움을 줄 것으로 생각하고 있다. 오늘날 대부분의 복음주의자들은 전천년주의자들이 아니면 무천년주의자들이다.

하나의 체계로서는 무천년주의가 많은 전천년주의자들이 보여주는 것보다 더 많은 성경적 지지를 얻고 있지만, 이 주석학자는 현재의 본문이 마치 천년왕국이 역사 속에서 환난 기간(6-19장)을 반복하고 있다기보다는 오히려 환난 기간 다음에 오는 것으로 말하고 있다고 생각한다.[1] 이러한 관찰은 천 년이 문자적인 것인지 아니면 은유적인 것인지를 해결하지 못하며—전천년주의자들 자신도 이 문제에 대해 나뉘어져 있다—또한 무천년주의나 전천년주의가 여러 근거에서 볼 때 어느 것이 보다 정확한지 결정하지도 못한다.[2] (이 문제에 대해 보다 자세한 내용은 아래에 나오는《상황잇기》를 보라). 그러나 이것은 우리가 요한계시록의 구조에 접근하는데 영향을 미치며, 아울러 우리가 이 단락을 적용하는 데에도 영향을 미칠

1. 천년왕국에 대한 다양한 견해들에 대해서는 Robert G. Clouse, ed., *The Meaning of the Millennium* (Downers Grove, Ill.: InterVarsity, 1977)을 보라. 종교개혁 이후부터 천년왕국의 견해에 대한 보다 완전한 개관에 대해서는, Petersen, *Preaching in the Last Days*, 232-47을 보라.

2. 많은 전천년주의자들은 이 기간이 문자적으로 천 년인지 아니면 그것이 상징적인 숫자일 수도 있는지에 대해 확신하지 못하고 있다 (Johnson, *Revelation*, 189-90을 보라). 세대주의자들은 대개 이 기간을 문자적으로 해석하는 반면 역사적 전천년주의자들은 종종 이를 단순히 긴 기간으로 해석하기도 한다 (Lewis, *Questions*, 127). 이 기간을 비문자적인 것으로 보는 근거에 대해서는, Beale, *Revelation*, 1017-21을 보라.

수가 있다.

분명히, 무천년 학자들이 주목하고 있듯이, 요한계시록 대부분의 내용을 연대기적으로 연속적인 기사로 보는 것은 어려운 일이다. 왜냐하면 인, 나팔, 대접 등은 그 처음과 완성에 있어서 병행하는 것처럼 보이기 때문이다.[3] 요한계시록은 미래적 종말론을 강조하지만, 그렇다고 해서 "실현된 종말론"이 없는 것이 아니다(미래의 축복들이 현재에도 사용되고 있음을 암시하고 있다. 계 22:17에 대한 설명을 보라). 뿐만 아니라 20장에서 종말에 대해 표현하고 있는 많은 내용들도 요한계시록에서 종말에 대한 이전의 묘사들과 분명히 병행하고 있다.[4] 하지만 다른 요소들이 보장한다면, 이러한 병행들은 전자의 종말에서 끝나지 않은 것을 후자의 종말이 반복하고 있다는 것을 단순히 암시할 수 있다.[5] 실제로 다른 요소들은 이 천 년을 요한계시록의 내러티브에서 환난 다음에 이어지는 것으로 이해하는 것을 지지하고 있다.

(1) 천 년 동안 사탄을 결박하는 것은 현재 기간 동안 사탄이 맹렬하게 속이고 죽이는 활동을 하는 것과 어울리지 않는다(계 12:12-13; 13:11-15; 20:2-3).

(2) 성도들이 이미 순교를 당했는데, 이는 환난 기간이 천년왕국에 앞선다는 것을 암시한다(계 20:4).

(3) 의인들의 부활은 천 년 이후에 나머지 죽은 자들이 살아나는 것과 병행하며 또한 대조를 이루는데(계 20:4-6), 이는 상징적인 부활이라기보다는 육체적 부활임을 암시한다(우리의 영적인 신생 혹은 자연적 죽음 혹은 그리스도의 부활과의 연합이라기보다는 미래적 부활).[6] 비록 그 자체로서는 "살아서"가 실현된 종말론

---

3. 피오레의 요아킴(Joachim of Fiore, c. 1135-1202)은 요한계시록이 역사의 과정을 상세하게 예언하고 있지만, 반복은 허용하지 않는다고 생각했다 (Wainwright, *Mysterious Apocalypse*, 49-53). 그러나 다른 사람들은 요한계시록을 연대기적 연속성을 지닌 것으로 보았다 (pp. 53-55).

4. R. Fowler White, "Reexamining the Evidence for Recapitulayion in Rev. 20:1-10," *WTJ* 51 (1989): 319-44; Meredith G. Kline, "*Har Magedon*: The End of the Millennium," *JETS* 39 (June 1996): 207-22를 보라.

5. "요한에게 있어서 그것은 동일한 이야기가 두 번 말해지는 경우가 아니라, 역사 그 자체가 반복되는 것이다"(Michaels, *Revelation*, 226).

6. 상징적 견해에 대해서는 Norman Shepherd, "The Resurrection of Revelation 20," *WTJ* 37 (1974): 34-43; James A. Hughes, "Revelation 20:4-6 and the Question of the Millennium," *WTJ* 35 (1973): 281-302; Meredith G. Kline, "The First Resurrection," *WTJ* 37 (1975): 366-75; Phillip E. Hughes, "The First Resurrection: Another Interpretation," *WTJ* 39 (Spring 1977): 315-18; Paul A. Rainbow, "Millennium as Metaphor in John's Apocalypse," *WTJ* 58 (Fall 1996): 209-21; 철저하고도 상세한 무천년적 해석에 대해서는, 특히 Beale, *Revelation*, 972-1021을 보라. 다양한 전천년적 해석들에 대해서는 George E. Ladd, "Revelation 20 and the Millennium," *RevExp* 57 (1960): 167-75; Jack S. Deere, "Premillennialism in Revelation 20:4-6," *BibSac* 135 (Jan. 1978): 58-73; J. Ramsay Michaels, "The First Resurrection: A

을 언급할 수도 있지만 (예를 들면, 요 11:25; 갈 2:20), 그것은 또한 부활에 대해 용인할 수 있는 완곡어법이기도 하다(계 2:8; 참조. 요 5:25; 롬 6:10; 고후 13:4; 에녹 1서 103:4; 시빌의 신탁 4.187-90). 여기서 문맥은 후자의 이해를 가리키고 있다는 것이 더욱 분명하다.

(4) 요한계시록 20장은 "12-19장에서 일어났던 모든 일들을 전제하고 있다."[7] 그리하여 짐승과 거짓 선지자는 이미 천년왕국 이전에 불못에 있는 것이다(계 20:10). 마찬가지로 마귀도 "다시는" 미혹할 수 없는데, 이는 12:9부터 계속 일어났던 그의 속이는 행위가 정지되었음을 암시한다.

(5) 지나고 나서 뒤돌아보니 우리는 예수님의 초림과 재림 사이의 기간이 천 년보다 길다는 것을 인식하고 있지만, 그러나 요한 그 당시에는 중간 시기의 기간이 너무나도 길었음에 틀림없다(계 1:3).

중간의, 메시아적 왕국이라는 개념은 주석학자들이 대개 지적하듯이 초기 유대교 문헌에 종종 나타난다.[8] 그러나 이 시대에 대해 추정하고 있는 기간은 자료들마다 상당히 차이가 나는데, 가령 세 세대 혹은 사백년 정도이다(에스라 4서 7:28-29). 동일한 그 랍비는 성경에 대한 네 가지 다양한 해석에 근거하여 이 시대의 기간에 대한 네 가지 다양한 추정들을 제시한다.[9] 에녹 1서는 종말이 서서히 다가오는 것처럼 보이는 매우 많은 짧은 과도기들을 제시한다(에녹 1서 91:8-17).

비록 지배적인 것은 아니지만, 종말의 시간에 대한 이러한 묘사들 중 몇 가지는 천 년의 기간들을 이용하는 도식들을 사용하고 있는데, 이 중에는 종종 일곱 번째 천 년을 마지막 안식일 기간으로 보기도 한다.[10] (따라서 일부 전천년주의자들은

Response," *WTJ* 39 (1976): 100-109 등을 보라. 월부어드(Walvoord)는 신생이 이 시기에 일어나는 것이지 그 이전이 아니라고 강조한다(*Prophecy Knowledge Handbook*, 626).

7. Michaels, *Revelation*, 222.

8. 학자들 중에는 Leon Morris, *Apocalypse* (Grand Rapids: Eerdmans, 1972), 44-45를 보라. 중간기의 메시아 왕국에 대해서는 바룩 2서 40:3; 시빌의 신탁 3.741-59, 767-95; 아브라함의 유언 13A; *Sifre Deut.* 34.4.3; *b. Pes.* 68a를 보라.

9. R. Eliezer에 대해서는 Bonsirven, *Judaism*, 212-13을 보라; 세 세대에 대해서는 *Sifre Deut.* 310.5.1; *Pes. Rab. Kah.* 3:16을 보라.

10. *b. Sanh.* 97ab를 보라. 그러나 다양한 다른 도식들을 열거하고 있는 것, 아마도 Ps-Philo, 28:8의 다른 독법; 아담의 생애 51:2(모세의 묵시 43:3에 나오는 병행과 대조하라) 등을 보라. 천 년은 신화적 불사조의 수명이었다(*Gen. Rab.* 19:5). 이교도들은 천 년을 환생 사이의 주기(Plato, *Rep.* 10.621D; 그리고 *Phaedo* 113E-114B에 있는 덜 명확한 기간을 참조하라) 혹은 무녀의 수명에 대해 사용하였다(Ovid, *Metam.* 14.144). Beasley-Murray, *Revelation*, 286에 나오는 다른 이교적 병행들을 보라. 초대 기독교에서 이러한 견해들에 대해서는 Chadwick, *Church*, 78 n. 1을 보라. 손시노(Soncino)가 *Gen. Rab.* 20:1; *Ex Rab.* 25:3, 8, 12; 32:9; 45:6을 번역한 것들에 나오는 "천 년"(millennium)의 용법을 참조하라.

"천 년"이 중간 왕국의 길이라기보다는 오히려 그 남은 기간의 성격을 나타낸다고 주장한다.) 한 고대의 신탁은 6천 년 끝에 가서 로마가 붕괴하며, 그 다음에 평화의 천 년 기간이 올 것으로 예언하였다.[11] 요한은 아마도 그러한 배경을 사용하고 있으며, 어느 정도 그는 에스겔 36-48장에 나오는 순서에 따라 사건들을 해석했을 지도 모른다. 즉 부활과 왕국(겔 37장), 마곡에서 나오는 곡(겔 38-39장), 그리고 새 성전과 도성(겔 40-48장).[12] 그러나 에스겔서와 일치한다는 것이 그 자체로는 정확하거나 완전한 것이 아니다. 즉 에스겔 37장은 천년왕국이 빠져있는 것이 분명하며, 그리고 요한계시록 21-22장은 물리적 성전이 아니다.

해석학자들은 이러한 전통적인 중간 시대의 의미를 그들의 다양한 도식에 따라 다르게 적용한다. 전천년주의자들은 요한도 똑같이 여기서 중간 시기를 보고 있다는 것을 전형적인 중간 시기의 묵시문학적 확증에서 발견한다. 또한 우리는 이사야 24:22과 다니엘 7:12과 같은 구절들에서 최후의 완성이 어느 정도 연기가 되고 있는 것으로 주장할 수 있다. 이와는 대조적으로 무천년주의자들은 요한이 진정한 미래적 사건들을 유대교 문학적 장치에 근거하여 예언하는 것이 아니라고 주장한다. 요한은 최후의 완성을 비신화화 한 이후에 기독교 진리를 전달하기 위해 단순히 이러한 문학적인 장치 사용하고 있다는 것이다. 그러나 캐어드(Caird)가 지적하고 있듯이, 천년왕국은 필요불가결한 문학적 장치가 아니었다. 많은 유대교 문헌들은 중간 시대의 여러 기간들을 포함하고 있든지 아니면 전혀 포함하고 있지 않다.[13] 그리하여 "천 년"은 다시 단순히 상당히 긴 시간을 나타낼 수도 있다(희년서 23:26-28, 아래에 나오는 《상황잇기》를 보라).

하나님은 9:1에서처럼 여기서도 무저갱을 여는 "열쇠"를 한 천사에게 위임하고 있다(계 20:1). 악한 천사를 "결박한다"는 개념(계 20:2; 참조. 9:14)은 유대교 문헌에 종종 나타난다. 따라서 널리 읽혀지고 있는 한 유대교 문헌에서, 심판의 날에 불에 던져질 때까지 하나님은 반역하는 천사들의 우두머리를 결박하도록(그리하여 움직이지 못하도록) 천사장에게 명령하신다.[14] 유대교 문헌들은 또한 현재에도

11. Aune, *Revelation*, 3:830-31은 *Oracles of Hystaspes*를 인용한다.

12. 보다 자세한 것은 Moyise, *The Old Testament in Revelation*, 66-67; Rissi, *Time and History*, 116; Beasley-Murray, *Revelation*, 288-89; Ladd, *Theology*, 557; Boring, *Revelation*, 209; Ryrie, *Revelation*, 115는 "시간이 다르고(겔 38:16) 또한 심판이 비슷하지 않기 때문에(겔 38:19-22)" 다른 전쟁을 예상하고 있다.

13. Caird, *Commentary on Revelation*, 250-51.

14. 희년서 5:6; 참조. 10:5-7, 11. 악한 천사들과 악한 다른 존재를 결박하는 더 많은 예증에 대해서는, 에녹

마귀들을 "결박하거나" 혹은 움직이지 못하게 하는 것에 대해 말하고 있는데(토빗 8:1-3), 이는 마술 파피루스에도 입증되고 있듯이 자주 나타나는 마술적 관용어이다.[15]

그러나 요한계시록은 묵시문헌에 등장하는 보다 더 잘 알려진 용법에 의존하고 있는데, 이곳에서 영 혹은 악한 천사는 심판의 날까지 결정적으로 결박되어 있다. 이러한 묵시문헌들에서 결박당한 천사들은 또한 무저갱에 던져질 수도 있다(에녹1서 88:1). 일부 초기 유대교 문헌들은 사탄의 활동으로부터 종말의 구원을 기대하였다.[16] 일단 사탄이 무저갱에 결박되면, 천사는 그 위에 "인봉하여" 그가 도망을 치는 기회를 막는다(단 6:17 참조). 사탄은 현재 그가 처해있는 상황처럼 그 기간에도 행동할 수가 없다.

20:4의 순교자들은 "하나님의 말씀 때문에" 그리고 "예수를 증언함으로 인하여" 죽은 사람들이다. 이러한 이유로 고난은 요한계시록에서 주기적으로 되풀이되는 주제로서(계 1:9; 6:9; 12:11) 이는 요한의 청중들에게 그 대가를 지불하는 일에 참여하도록 실질적인 초대를 구성한다. 짐승과 그의 우상에게 경배하기를 거부하여 목 베임을 당한 성도들(계 20:4)은 13:15을 생각나게 한다. 목을 베는 것은 로마 시민들에 대한 주요 처형 수단이었다. 사람을 발가벗긴 채로 기둥에 묶은 후에, 채찍질을 하고, 그 사람을 강제로 무릎을 꿇게 한 후에 목을 베었다. 공화정 기간에는 처형을 집행하는 자들이 도끼를 사용하였다. 이 시기에 속주에서 집행되는 처형에서는 칼을 사용하였다.[17]

요한은 전체 교회가 세상적 체계에 저항할 필요가 있다는 것을 계획하고 있기 때문에, 그는 교회를 순교하는 교회로 묘사하고 있지만, 그러나 그의 표현은 짐승에 저항하는 사람들을 고려하고 있는 것이지 구체적으로 순교 당하는 것이 아니다.[18]

1서 10:12-14; 13:1; 14:5; 21:3-4; 22:11; 90:23; 레위의 유언 18:12도 참조하라.

15. 솔로몬의 유언 3:7; 18장을 보라.

16. 희년서 23:29; 50:5; 모세의 승천 10:1; 레위의 유언 18:12를 보라. 역사 내의 사건들에 대해서는, 희년서 48:15-18; 참조. 40:10; 46:2를 보라. Aune, *Revelation*, 3:1081은 이 이미지를(아마도 적절하게) 그리스 신화에서 타이탄을 결박하는 것과 관련시킨다.

17. 예를 들면, Livy, 2.5.8; Seneca, *Dial.* 3.18.4; *m. Sanh.* 7:3; ARN, 38 A; John E. Stambaugh and David L. Balch, *The New Testament in Its Social Environment*, LEC 2 (Philadelphia: Westminster, 1986), 35. 더 상세한 내용은 Aune, *Revelation*, 3:1086을 보라.

18. Rissi, *Time and History*, 117; Ladd, Theology, 628-29; Michaels, *Interpretating Revelation*, 136을 참조하라. 어떤 해석도 "첫째" 부활에 선행하는 부활의 단계를 위한 많은 여지를 남겨두지 않고 있다(Strombeck, *Rapture*, 194에게는 실례지만).

앞서 나온 요한계시록의 몇 장들은 의인들의 피를 후렴처럼 반복한다(계 16:6; 17:6; 18:24). 예수님을 따르는 자들은 예수님이 행하셨던 방식대로 죽음을 통하여 "정복하든지" 혹은 "이겼다"(계 3:21; 참조. 5:5-6).[19] 하지만 지금의 세상이 성도들에 대해 심판을 행하고 있는 반면, 성도들은 미래의 세상을 다스린다(계 5:10)—"천 년" 동안(계 20:4, 6) 그리고 세세토록 (계 22:5). 억압을 당한 의인들은 그 원수를 갚아주기를 탄원하였다(계 6:10). 이제 그것이 마침내 이루어진 것이다.

"첫째 부활"의 약속과 대조가 되는 것은 "둘째 사망"이다(계 20:6; 그리고 2:11에 대한 설명을 보라). 지옥으로 떨어지는 이 부활은 너무나도 끔찍한 것이기 때문에 그러한 부활은 신자들이 상속받는 영원한 생명과 반대되는 것으로서 "사망"으로 불리어지는 것이다. 다니엘은 저주받은 자들의 부활을 예언하였으며(단 12:2), 또한 일부 유대교 저자들이 이를 이어받고 있으며(바룩 2서 51:1-2; 참조. *tos. Ber.* 6:6) 그리고 초기의 모든 기독교 저자들도 이 주제를 명확히 드러내고 있다(요 5:29; 행 24:15; 참조. 마 5:29-30; 10:28; 25;46).

천 년 후에, 사탄은 곡과 마곡을 격발시켜 성도들의 진을 대항하기 위해 풀려날 것이다(계 20:8-9). 그의 본성에 따라(요 8:44 참조), 사탄은 다시 전쟁을 위하여 만국을 "모은다"(계 16:16; 19:19). 이 군대는 숫자적으로 "바다의 모래 같다"(계 20:8). 이는 히브리어 성경에서 사람들의 집단이 셀 수 없는 것을 말하기 위해 흔히 사용하는 표상이지만, 그러나 이렇게 표현하는 대부분의 구절들은 과장적으로 말하는 것임이 분명하다.[20] 이것은 앞서 나왔던 동방의 군대보다도 더 큰데(이만만, 계 9:16), 이는 하나님의 종들의 (은유적) 숫자가 압도적으로 많다는 것을 말하는 것이 분명하다(계 7:4; 그러나 7:9를 참조하라).

요한은 에스겔서에서 이러한 이미지를 가져오지만, 그러나 에스겔서에서 곡은 마곡의 통치자인데 반해, 여기에서는 곡과 마곡이 함께 모든 나라들을 단순히 상징할 뿐이며, 그 나라들은 "땅의 사방에서" 나온다.[21] 다른 초기의 유대교 주석학자들이 에스겔서를 사용한 것을 고려하면, 곡과 마곡이 종말에 대한 유대교 문헌들

---

19. Michaels, *Interpretating Revelation*, 135-36.
20. 창 22:17; 32:12; 41:49; 삿 7:12; 삼상 13:5; 삼하 17:11; 왕상 4:20; 사 10:22; 48:19; 렘 15:8; 33:22; 호 1:10; 합 1:9 등을 보라.
21. "네 모퉁이"에 대해서는 7:1에 대한 설명을 보라. 곡과 마곡 그리고 다른 술어들에 대한 에스겔의 용법에 대해서는, 특히 Edwin M. Yamauchi, *Foes from the Nothern Frontier* (Grand Rapids: Baker, 1982)를 보라. 이 기간에, 일부 해석학자들은 "마곡"이 스키타이 사람들을 가리키는 것으로 생각했다. Josephus, *Ant.* 1.123; 희년서 9:8 (그러나 시빌의 신탁 3.319-20은 마곡을 남쪽에 두고 있다).

에서 잘 알려져 있다는 것은 놀라운 일이 아니니다.[22] 많은 유대교 문헌들에서 곡은 신화적 기능을 가지고 있다. 여러 문헌들에서 만일 하나님이 곡을 종말로 의도하신다면 악한 압제자들이 최후의 곡의 역할을 이행한다.[23] 유대교 저자들은 하나님의 백성들에 대항하기 위해 모든 나라들을 모으는 것을 예언하기 위해 곡의 침략을 전형적으로 사용하고 있으며, 그리고 요한계시록도 이러한 이미지를 동일한 방식으로 사용하고 있는 듯하다.[24]

일부 주석학자들은 이 사건이 하나의 가짜 "파루시아"나 사탄의 "재림"을 나타낸다고 주장한다. 만일 그렇다면, 하나님의 섭리 가운데 그것은 다만 사탄의 최후 패배를 위한 무대가 될 것이다(계 20:9-10). "하늘에서 내려오는 불"은 특별한 선지자들에 의해 사용된 잘 알려진 형벌이지만(계 11:5; 참조. 왕하 1:10, 12; 눅 9:54), 그러나 여기서 불은 소돔의 경우처럼(창 19:24-25) 전체 원수 무리들을 말살 시킨다. 요한계시록은 에스겔 39:6에서 하나님이 마곡에 대해 불을 내리실 것이라는 경고에 의존하고 있을 수도 있으며, 특히 38:22의 위협, 즉 하나님께서 이 군대에 불과 큰 우박덩이와 불타는 유황을 내리실 것이라는 경고에 의존하고 있다. 이러한 묘사는 마곡의 종말론적 운명을 소돔과 같은 것으로 서술하고 있다(혹은 그 보다 덜한 정도로 애굽과 같이, 계 11:8 참조). 초기의 일부 다른 유대교 문헌들은 이스라엘의 최후의 원수들에 대해서도 비슷한 운명을 반영시키고 있다.[25] 에스겔서의 요점은 하나님께서 그들의 멸망을 통하여 영광을 받으실 것이며(겔 38:16, 23) 또한 그의 백성들을 변호하실 것이라는 점이다(겔 38:14-16).[26]

---

22. 예를 들면, 4QpIs fr.; 1QM 11.15-16; *tos. Ber.* 1:11; *Mekilta Amalek* 2.115-16; *Sifra Behuq. pq.* 8.269.2.15; *Sifre Num.* 76.2.1; *Pes. Rab Kah.* 22:5; *Ex. Rab.* 12:2; *Midr.* Ps. 17.9 on 17:13; *b. Sanh.* 95b에 나오는 과장된 숫자를 주목하라. 이들은 대개 메시아의 승리 다음에 오는 메시아 시대를 구분하고 있다 (*Sifre Deut.* 343.7.1; *b. A.Z.* 3b; *Pes. Rab Kah.* 27:5; *Gen. Rab.* 88:5; 그러나 에녹 3서 45:5를 참조하라). 1QM 11.8; 15:2-3에 나오는 종말의 "벨리알의 군대"(사탄)와 성도들의 진 (1QM 3.5)을 참조하라.
23. *b. Sanh.* 94a를 보라(그러나 여기서 종말의 메시아에 대한 후보들은 또한 변경될 수 있다); 에녹 1서 56:5는 마곡을 파르티아로 대체시킨다.
24. Beasley-Murray, *Revelation*, 297을 보라(에스라 4서 13:5-11; 시빌의 신탁 3.662-68을 인용한다. 시빌의 신탁 3.319, 512를 참조하라).
25. 종말의 마곡에 대한 심판에 대해서는, 시빌의 신탁 3.669-74, 685-92를 보라; 로마에 대해서는 3.52를, 네로와 다른 왕들에 대해서는 5.377-79를 보라; 에녹 1서 56:7-8; 1QM 11.16에 나오는 다른 신적인 파멸을 참조하라. 하나님의 원수들을 멸망시키기 위해 하늘에서 내려오는 불에 대해서는, 솔로몬의 시편 10:6; 바룩 2서 27:10; 스불론의 유언 10:3을 보라. 시빌의 신탁 2.252-53을 참조하라; 이교 문헌들에
26. 그들 주위에 있는 불의 벽처럼 종말에 하나님께서 그의 백성을 보호하시는 것에 대해서는, 시빌의 신탁 3.705-6을 보라(슥 2:5의 이미지에 의존하고 있다). 후대의 문헌들에 대해서는, Ira Chernus, "'A Wall of Fire Round About': The Development of a Theme in Rabbinic Midrash," *JJS* 30 (1979): 68-84를 보라.

거룩한 성은 그 가운데 거하는 사람들이 많기 때문에 성곽이 없는 성읍이 될 것이다(슥 2:4). 그리하여 하나님 자신이 그 가운데 "불로 둘러싼 성곽"이 될 것이다(슥 2:5; 참조. 9:8). 하지만 성도들의 "진"(계 20:9)이라는 표현은 아마도 거주민들이 성곽을 넘어서 넘쳐나는 것 이상을 암시하는 듯하다. 그러나 이것은 이스라엘이 출애굽에서 경험했던 것으로 전쟁을 치르기 위한 군대로서 겪었던 것을 암시한다.[27] 이것은 요한의 청중들에게 천 년 기간 동안에도 하나님의 백성들은 그들이 최후 승리를 얻을 때까지 계속 경계해야 한다는 것을 상기시켜주며, 또한 성도들이 현재에도 더욱 더 경계를 해야 할 것을 요구한다.

최후의 심판(20:11-15)

전투 심판의 장면은 하나님의 보좌 앞의 최후 심판에 자리를 양보한다. 유대교 전통들은 종종 이 날을 묘사하고 있다. 긍휼과 인내의 시간이 끝나고(에스라 4서 7:33), 또한 악한 자들이 부끄러움을 당할 것이다(에녹 1서 97:6).[28] 땅과 하늘이 "간 데 없더라"는 것(계 20:11; 참조. 12:8)은 심판주로 나타나시는 하나님의 모습이 얼마나 극적인 것인가를 보여주며, 아울러 새 하늘과 새 땅을 위한 준비를 하고 있다(계 21:1). 영광 중에 계신 하나님을 보고 살 자가 아무도 없으며(출 33:20), 또한 하나님을 보는 것은 피조물을 형벌에 처할 것이다. 그러나 새 창조에서, 하나님의 종들은 그의 얼굴을 보게 될 것이다(계 22:4-5).

"책들"은 또한 악한 자들에게 공포를 일으키는 역할을 한다. 일부 유대교 전통들에서, 땅이 멸망을 한 직후에 그리고 악한 자들의 부활이 있기 전에 천사들이 하나님의 법정 앞에서 인간의 잘못된 행위들을 보고한다(시빌의 신탁 2.215-16). 대개 유대교 문헌들은 인간의 행위들을 보도하는 하늘의 심판 책에 대해 묘사하고 있으며, 이 책은 심판의 날에 펼쳐지게 된다.[29] 여기서 이 책들은 다니엘 7:10에 나오는 책들을 반영한다(마찬가지로 에스라 4서 6:20도 참조하라).[30]

---

27. 히 13:11, 13; 1QM 3.5; 4.9를 참조하라; 칠십인 역에서 출애굽의 진에 대해 75회 이상 언급되고 있다.
28. 심판의 날에 대해서는, 에녹 1서 90:20; *Pes. Rab Kah. Sup.* 2:2를 보라.
29. 희년서 28:6; 39:6; 에녹 1서 39:2; 81:1-4; 89:70-71; 91:14; 93:1-3; 98:7-8; 104:7; 에녹 2서 19:5; 44:5; 에녹 3서 44:9; 아브라함의 유언 10 B; 12 A; 스바냐의 묵시 3:6-9; 7:1-6 등을 보라. 몇몇 문헌들에서 "살아있는 자들의 책"은 이 책과는 다를 수 있으며(스바냐의 묵시 9:2), 누가 죽을 것인지 그리고 그가 누구를 일으킬 것인지에 관하여 말한다(에녹 3서 18:24-25; *b. R.H.* 32b).
30. 생명책에 대해서는, 3:5에 대한 설명을 보라."[그들이] 행한 대로" 심판을 받는다는 것에 대해서는

여기서 "사망과 음부"도 심판을 받는다. "음부"(계 20:13-14)는 죽은 자들의 영역이며, 또한 그 가운데 거하는 자들은 첫째 부활에서 일으킴을 받지 못한 자들이며(계 20:4-6), 따라서 이들은 저주받은 자들이다.[31] 음부가 이곳에 맡겨져 온 것들을 돌려줄 것이라는 사상은 심판을 위해 죽은 자들이 부활한다는 유대교의 묘사와 일치한다(에녹 1서 51:1; 에스라 4서 7:32; Ps-Philo 3:10).[32] 바다도 그 죽은 자들을 내어둔다는 사상은 고대의 많은 사람들이 가졌던 관심사에 대답을 해주는 것이며, 이는 또한 일부 유대인들이 매장되지 못하고 죽은 자들의 운명에 관하여 그 부활을 심사숙고한 것을 포함한다.[33]

악한 자들을 불못으로 추방한다는 적나라한 묘사는 청중들의 관심을 사로잡지만, 그것은 초기 유대 그리스도인 독자들을 놀라게 하지는 않았을 것이다.[34] 유대교 전승은 하나님께서 타락한 천사들, 이방인들, 그리고 불순종하는 이스라엘 사람들을 불의 심연으로 던지실 것이라는 것을 알고 있었지만(에녹 1서 90:24-27), 그러나 요한계시록은 "불못"이라는 보다 생생하고, 모순어법적인 묘사를 선호하고 있으며(계 19:20; 20:10, 14-15; 21:8), 이와는 대조적으로 성도들은 승리를 한다(계 15:2; "불못"은 단 7:10에 나오는 "불의 강"을 반영하는 것일 수 있다). 비록 불이 영원한 고통보다는 오히려 즉각적인 파멸을 말하는 것일 수 있지만, 초기 기독교 전승은 꺼지지 않는 불로 묘사하고 있으며(마 3:12; 막 9:43; 눅 3:17), 그리고 요한계시록 다른 곳에서는 세세토록 받는 고통에 대해 말하고 있는데(계 14:10-11), 이는 또한 불못에 대한 이 문맥에 암시되어 있다(계 20:10).[35]

22:12에 대한 설명을 보라.

31. 천사들은 음부의 문을 깨뜨려 악한 자들에게 심판을 일으킬 수 있다(시빌의 신탁 2.228-30).

32. Bauckham, *Climax of Prophecy*, 56-61 (바룩 2서 21:23; 42:8; 50:2를 인용한다).

33. Ibid., 68을 보라(에녹 1서 61:5; 시빌의 신탁 2.233을 인용한다). 그러나 보캄은 이 "바다"를 죽은 자들의 영역에 대한 동의어로 보는 것을 선호한다. Aune, *Revelation*, 3:1102; 특히 Achilles, *Tatius* 5.16.1-2를 참조하라.

34. 영원한 불에 던져지는 사탄에 대해서는(계 20:10), 유다의 언약 25:3을 보라; 인간 통치자들에 대해서는, 에녹 1서 54:1-2; 악한 제사장(하나의 적그리스도적인 인물)에 대해서는, 1QpHab 10.4-5; 악한 모든 자들에 대해서는, 에녹 1서 100:9; 108:3; 1QpHab 10.13; 에스라 4서 7:36; *Gen. Rab.* 20:1을 각각 보라. 고대의 "불의 강"에 대해서는 C. S. Keener, *A Commentary on the Gospel of Matthew* (Grand Rapids: Eerdmans, 1999), 129를 보라. *Egyptian Book of the Dead*, Spell 17b, part S3을 참조하라.서는 Athenaeus, *Deipnosophists* 12.523ab를 참조하라.

35. 멸절주의자의 입장에 대해서는, "John Stott's Responses to Chapter 6," 306-31 in David L. Edwards and John Stott, *Evangelical Essentials: A Liberal-Evangelical Dialogue* (Downers Grove, Ill.: InterVarsity, 1988), 313-20; Marie-Émile Boismard, "Le sort des impies dans l'Apocalypse," *Lumière et Vie* 45 (1996): 69-79를 보라; 죽은 자들의 부활 이후 혹은 부활 없는 멸절에 대해서는, 솔로몬의 시편 3.11-12; 13:11; 1QS 4.13-14; *tos. Sanh.* 13:3에 나오는 대부분의 죄인들 등을 보라.

상황잇기

천년왕국에 대한 견해들. 해석사를 살펴보는 것은 우리가 가지고 있는 견해들이 어디서부터 왔는가를 이해하여 우리가 그러한 견해들에 대해 적절한 설명을 하고 또한 해석하는 일에 있어 우리가 가지고 있는 편견들을 (가능한 한) 줄임으로써 성경말씀에 객관적으로 귀를 기울이려고 하는 데 도움을 준다. 요한계시록 20장은 교회 역사의 전 기간에 걸쳐 상당한 논란의 주제가 되어 왔다. 초기 교부들은 문자적이고, 미래적인 그리스도의 천 년 통치를 생각하였다.[36] 예를 들면, 파피아스(Papias)는 사도 요한이 의인들이 부활한 이후의 천년왕국에서 다가올 물질적이고, 농업적인 낙원을 약속했다고 말한 것으로 알려져 있다.[37]

2세기 중반 기독교 철학자인 저스틴 마터(Justin Martyr)는 의인들이 부활한 후 예루살렘을 재건할 때 문자적이고 미래적인 그리스도의 천 년 통치를 받아들였으나, 그는 일부 그리스도인들이 다른 견해들을 주장했다는 것을 인정하였다. 그는 자신의 주장을 이사야서와 요한계시록에서 입증하였다.[38] 2세기 후반의 감독이었던 이레나이우스(Irenaeus)는 요한계시록에 나오는 예언들을 포함하여 성경의 많은 예언들을 문자적으로 해석하는 경향이 있었으며, 또한 그는 이 예언들을 알레고리적으로 해석하는 것을 경고하였다.[39]

그러나 4세기 교회 역사가인 유세비우스(Eusebius) 당시에는, 거의 모든 기독교 지도자들이 천년왕국은 현재 시대를 나타낸다고 생각하였다. 그리하여 유세비우스는 완악한 많은 이단자들과는 대조적으로, 몇몇 전천년주의자들이 가르침을 보다 잘 받는 것으로 전하고 있다. 그러나 전천년주의자들이 실수했다는 것을 보여주었기 때문에, 그들은 무천년주의자가 되었다.[40] 431년에 열렸던 에베소 회의는 문자적 천년왕국에 대한 생각을 미신으로 정죄하였다.[41]

무천년적 관점은 그 이후 이어지는 교회 역사 대부분을 지배하였다. 오늘날 여

36. Wainwright, *Mysterious Apocalypse*, 21-30을 보라. Larry V. Crutchfield, "The Apostle John and Asia Minor as a Source of Premillennialism in the Early Church Fathers," *JETS* 31 (1988): 411-27은 소아시아에서 요한의 영향력이 초기 아시아 교부들의 천년주의를 낳았다고 주장한다. 어떤 학자들은 교부들이 요한계시록보다는 오히려 유대교의 묵시적 메시아 왕국들로부터 그러한 견해를 끌어내었다고 주장한다(Leonhard Goppelt, *Theology of the New Testament*, 2 vols., tr. J. E. Alsup, ed. J. Roloff [Grand Rapids: Eerdmans, 1981-1982], 2:194).
37. Frags. 4, 6; in Irenaeus, *Her.* 5.32; Eusebius, *H.E.* 3.39.
38. 그의 *Dial.* 80과 81을 보라.
39. Irenaeus, *Her.* 5.34-35.
40. Eusebius, *H.E.* 7. 24. 초기의 무천년주의에 대해서는, Wainwright, *Mysterious Apocalypse*, 33-48을 보라.
41. Kyle, *The Last Days*, 39.

러 논점들에 관하여 복음주의자들에 의해 인용되고 있는 어거스틴, 칼빈, 루터, 그리고 많은 탁월한 교회 지도자들은 무천년주의자들이다.[42] 아마도 한 가지 입장 이상의 주장을 인정하고 있었던 웨슬리(Wesley)는 두 개의 천년왕국, 즉 하늘의 천년왕국과 지상의 천년왕국을 생각했던 것으로 전해진다.[43] 교회사의 처음 천 년 동안, 무천년주의자들은 일반적으로 문자적인 현재의 천년왕국을 믿었다. 교회가 그리스도의 재림 없이 로마로부터 해방된 다음 천 년이 지난 후, 무천년주의자들은 일반적으로 천년왕국을 현재의 기간으로 그리고 천 년이라는 기간을 상징적으로 재해석하였다.

어떤 무천년주의자들은 이 "천 년"의 기간을 현재 기독교 시대의 전체 과정이 아닌 로마의 박해 이후의 기간으로 해석하기도 한다. 이러한 견해는 로마의 압제의 시기로서의 "대환난"과 천년왕국 사이의 구별을 고려한 것이다. 이러한 구별이 안고 있는 심각한 문제는 교회가 로마 제국 못지않게 오늘날 세계의 여러 곳에서 심한 고통을 겪고 있다는 것이다.[44] 아마도 오늘날 지배적인 무천년적 입장을 지니고 있는 다른 사람들은 천년왕국을 그리스도의 초림과 재림 사이의 전체 기간으로 해석을 하며, 이는 많은 사람들이 요한계시록에 나오는 "대환난"의 기간을 해석하는 방식이다(계 12:5-6).[45]

최근 몇 세기 동안 전천년주의는 상당한 기반을 확보하였는데, 특히 1830년대에 존 넬슨 다비(John Nelson Darby)와 더불어 시작되었던 세대주의적 전천년주의가 복음주의적 사고에서 뿌리를 내리기 시작했던 20세기 초반 무렵이었다.[46] 그가 교회 안에서 인식했던 율법주의에 대해 관심을 가지고 또한 성경에서 말하고 있는 몇몇 부분들이 특히 이스라엘에 대한 집착과 관련이 있다는 것을 알고서, 다비(Darby)는 성경이 민족적인 이스라엘에 대해 말하고 있는 부분들과 교회에 대해

---

42. 중세기의 견해들에 대해서는, ibid., 41-54; 종교개혁자들에 대해서는, 55-76; David Wright, "Millennium Today," 13-15, and John R. Franke, "Salvation Now, Salvation Forever," *Christian History* 61 (1999): 20-22를 보라.

43. Wesley, *Commentary on the Bible*, 608-9는 대부분 전천년주의적이지만, 두 개의 구분된 천 년 기간을 생각하고 있는데, 첫째 천 년에서는 마귀가 결박되어 있고(계 20:2-3, 7) 그리고 둘째 천 년과 이어지는 기간에는 성도들이 다스린다(계 20:4-6; ibid., 610).

44. 후자에 대해서는, Johann Gottfried Eichhorn (1752-1827)를 보라. Wainwright, *Mysterious Apocalypse*, 127을 참조하라. 보다 최근에 나온 것으로 Feuillet, *Apocalypse*, 120-21을 참조하라.

45. Sydney H. T. Page, "Revelation 20 and Pauline Eschatology," *JETS* 23 (1980): 31-43을 보라. 어떤 학자는 천년왕국을 옛 경제를 상징하는 것으로 보기도 한다(Corsini, *Apocalypse*, 369).

46. 전천년주의의 부흥에 대해서는, Wainwright, *Mysterious Apocalypse*, 67-87을 보라.

말하고 있는 부분들을 구분하려고 하였다. 그는 교회 시대까지는 하나님이 이스라엘을 다루시며 그리고 마지막 대환난 기간 동안에, 즉 교회가 하늘로 휴거를 당한 이후에는 다시 이스라엘을 다루신다고 주장하였다. 대개의 경우 초기 세대주의자들은 신약 서신들만이 주로 교회를 향하고 있는 것으로 받아들였다. 그러나 시간이 지나면서 세대주의의 원래 형태는 상당히 변화되었다. 오늘날 "진보적인 세대주의"는 클라렌스 라르킨(Clarence Larkin)의 도표, 스코필드의 최초 관주성서, 혹은 1830년에 다비가 가르친 것들과는(보다는 좀더 성경적인 모델이다) 현저한 차이가 있다.[47]

대부분의 19세기 미국의 복음주의자들은 오늘날 몇 사람만이 옹호하는 견해를 주장했으며, 그리고 그들의 견해는 실제로 세계를 복음화 하도록 그들에게 동기를 부여하는데 도움을 주었다.[48] 그들은 후천년주의적이었다. 즉 그들은 자신들이 예수님의 재림을 위한 길을 예비하도록 이 땅위에서 그 나라를 세우려고 생각하였다. 전천년주의자들처럼 그들도 미래적 천년왕국을 받아들였다. 일부 무천년주의자들처럼 그들도 예수님의 재림 이전에 평화의 통치가 있고 그 다음에 박해의 시기가 오는 것으로 생각하였다. 19세기 미국의 복음주의자들이 복음화 하고 또한 노예제도를 폐지하려고 노력했던 것처럼 이 후천년적 견해는 이들의 행동주의적 믿음에 불을 붙였다. 조나단 에드워즈(종종 그의 영향력 있는 신학으로 유명한 사람이다)와 찰스 피니(Charles Finney, 수십만 명의 회심이 일어났던 부흥 시기의 탁월한 목소리)같은 대각성 운동의 주요 인물들은 후천년주의자들이었다. 이러한 견해는 선교를 위한 최상의 동기부여를 제공하였으나, 결국에는 현실이라는 단단한 암초에 부딪쳐 산산조각 났다. 즉 그리스도인들의 헌신이 아무리 신실하다 해도, 하나님의 직접적인 개입이 없이는 하나님의 나라를 완전하게 세울 수가 없다는 것이다.[49]

---

47. 세대주의적 사상의 역사에 대해서는, Craig A. Blaising, "The Extent and Varieties of Dispensationalism," 9-56 in *Progressive Dispensationalism*, by Craig A. Blaising and Darrel L. Bock (Wheaton, Ill.: Bridgepoint, Victor, 1993)을 보라; Timothy P. Weber, "How Evangelicals Became Israel's Best Friend," *CT* (Oct. 5, 1998), 38-49; Charles C. Ryrie, *Dispensationalism Today* (Chicago: Moody, 1965), 74-76을 참조하라.

48. Steven R. Pointer, "Seeing the Glory," *Christian History* 61 (1999): 28-30을 보라. 후천년주의적 관점의 세심한 표현에 대해서는, 특히 Kenneth L. Gentry Jr., "Postmillennialism," 11-57 in *Three Views on the Millennium*, ed. D. Bock (Grand Rapids: Zondervan, 1999)을 보라. 가장 방어할 수 있는 형태는 요한계시록 19장이 로마에 대한 예수님의 심판을 (상징적으로) 묘사하며 그리고 20장은 예수님의 마지막 오심이라는 견해이다.

이러한 여러 견해들에 대한 개관은 그 견해 배후에 있는 훨씬 더 다양한 견해들을 감히 잘못 전달할 수도 있을 만큼 매우 간략한 것이었지만, 그러나 그것은 헌신된 그리스도인들이 종말에 대한 다양한 많은 견해들을 가지고 있으나 여전히 하나님의 복을 간직하고 있다는 요점을 보여주는 것이어야 한다. 후천년주의가 19세기 미국의 복음주의자들의 지배적인 견해였으며 또한 그것이 선교 운동을 자극하는 데 도움을 주었다는 것은 우리들을 주저하게 만든다. 우리들 대부분은 우리가 생각하는 것과 동일한 견해들을 공유하는 집단에서 움직이고 있기 때문에 우리가 "알고" 있는 천년왕국에 대한 견해들이 옳다고 생각한다. 나는 자신들의 생각이 잘못된 것이라고 상상조차 하지 않는 많은 그리스도인들을 알고 있는데, 왜냐하면 자신들의 집단에서 그들이 존경하고 있는 모든 열정적인 신자는 모두 그러한 견해를 가지고 있기 때문이다. 하지만 만일 우리가 조나단 에드워즈나 찰스 피니의 집단에 속해 있었다면, 우리가 진정으로 후천년주의를 당연한 것으로 받아들일 수 있었을지도 모른다.

어쩌면 우리의 영적 선조들은 만일 우리가 후천년주의를 의심했다면 과연 우리가 진정으로 복음주의자들인지를 의심했을지도 모른다. 분명히 오늘날 우리는 후천년주의가 성경적 증거가 충분하지 않다는 것을 인식하는 것은 어려운 일이 아니다. 하지만 어떤 사고 체제도 그 체제 내부의 것과 일치하는 것으로 보이기 때문에 (여호와의 증인들이나 혹은 우리 자신들), 우리는 만일 그러한 견해들이 그것에 도전하는 그리스도인들과 대화를 하여 증명되지 않을 경우 우리 자신의 견해가 모든 증거에 적합하다는 것을 너무 쉽게 안심해서는 안 된다.

빌리 그레이엄과 아마도 루이스 팔라우(Luis Palau), 그리고 그들과 같은 몇몇 다른 사람들은 제외하고, 오늘날 우리들 중의 그 누구도 조나단 에드워즈, 찰스 피니, 혹은 D. L. 무디가 자신들의 세대에 미쳤던 직접적인 영향력을 지닌 사람은 거의 없다. 하지만 이 세 사람 모두 종말에 대해서는 전혀 다른 견해를 가지고 있었다. 하나님은 우리가 종말에 대해 가지고 있는 견해에 근거하여 그의 복을 베풀지 않으시며, 또한 우리는 하나님이 보여주신 예증으로부터 이 문제에 대해 다른 견

49. Stanley J. Grenz, *The Millennial Maze: Sorting Out Evangelical Options* (Downers Grove, Ill.: InterVarsity, 1992)에 나오는 몇 가지 견해들; Kyle, *The Last Days*, 79-81을 보라. 중세기의 많은 천년왕국론자들은 적그리스도가 패배를 당한 후에 그리고 그리스도께서 오시기 전의 중간기에 황금 시대가 있을 것으로 기대하였다 (Kyle, ibid., 53). 세속화되고 자유주의적인 형태로서, 후천년주의적 낙관주의는 미국의 명백한 사명(Manifest Destiny, 미국이 북미 전체를 지배하고 개발할 운명을 가지고 있다는 주장-옮긴이) 혹은 독일의 천년왕국과 같은 것을 양산할 수 있다.

해를 가지고 있는 사람들을 향하여 자비에 대한 교훈을 배워야 한다는 것은 최소한 우리들 중 많은 사람들에게 분명한 것으로 보인다.

문자적인가 아니면 상징적인가? 오늘날 기독교의 다양한 부분에서 가장 널리 주장되고 있는 두 가지 천년왕국에 대한 견해들은 전천년주의와 무천년주의이다. 각 견해는 일반적으로 반대하는 입장을 옹호하는 사람들이 인식하는 것보다 그 견해를 지지하는 더 많은 논거를 가지고 있다. 전천년주의가 요한계시록 20장에 대한 가장 자연스러운 해석이라고 찬성하는 사람들은 위에서 언급하였다. 즉 천년왕국은 이에 선행하는 대환난 동안에 죽임을 당한 사람들이 부활함으로써 시작하며 그리고 대환난의 짐승과 거짓 선지자가 천 년이 지속되는 동안에 있는 그 동일한 고통의 장소로 마귀가 던져짐으로써 끝난다. 뿐만 아니라 어떤 사람들은 가령 고린도전서 15:23-24과 같은 본문들에서 천년왕국에 대한 단서를 발견하기도 한다(비록 이 구절이 ㅗ 자체로서는 현재와 영원한 미래 사이의 중간 시대를 입증하기에 충분한 것은 아니지만).[50]

어떤 전천년주의자들(특히 세대주의자들)은 구약성경에서 천년왕국에 대한 풍부한 언급들을 발견하기도 한다. 만일 우리가 에스겔서와 요한계시록을 문자적으로 해석한다면, 에스겔의 새로운 성전(겔 40-43장)이 천년왕국 이후에 나타날 수 없지만(계 21:22), 그러나 그 성전이 천년왕국 동안에 나타날 수 있다는 것이 불가능한 것은 아니다. 영원한 미래에서, 하나님의 종들은 하나님 앞에서 그분을 섬기며(계 2:3-4), 따라서 지상적이고, 농업적인 축복에 대한 묘사들(예를 들면, 암 9:13-14)이 영원한 미래적 통치 이전의 중간 시대 동안에 일어난다는 것은 합리적이다(그러나 계 22:2를 참조하라). 선지서에 나오는 종말에 대한 다양한 묘사들을 조화시키고자 하는 그 같은 수단들을 요한의 동시대 사람들은 잘 이해를 했을 것이다.[51] 구약성경의 예언들에서 민족적인 이스라엘의 회복에 대한 약속들을 발견

50. 어떤 사람들은 이 본문에서 중간기 왕국을 발견하기도 한다 (Hans Joachim Schoeps, *Paul: The Theology of the Apostle in the Light of Jewish Religious History*, tr. H. Knight [Philadelphia: Westminster, 1961], 105; Rissi, *Time and History*, 126을 참조하라). 하지만 문법이 분명하지 않다 (W. D. Davies, *Paul and Rabbinic Judaism: Some Rabbinic Elements in Pauline Theology*, 4th ed. [Philadelphia: Fortress, 1980], 292-93; T. Francis Glasson, *The Second Advent: The Origin of the New Testament Doctrine*, 3d rev. ed [London: Epworth, 1963], 212; Gordon Fee, *The First Epistle to the Corinthians* [Grand Rapids: Eerdmans, 1987], 753).

51. Talbert, *Apocalypse*, 93-94를 보라. 그는 다양한 요소들과 두 견해 모두를 포함하는 유대교 문헌들을 인용한다. 아울러 Aune, *Revelation*, 3:1104-8. 또한 Morris, *Apocalypse*, 51; D. S. Russel, *The Method and Message of Jewish Apocalypse* (Philadelphia: Westminster, 1964), 286-97을 참조하라.

하지만 그러나 요한계시록 21-22장에서는 교회에 대한 영원한 소망을 발견하는 세대주의자들은 둘 모두를 주장함으로써 이를 조화시키고자 한다. 즉 한 가지는 천년왕국 동안에 일어나고 다른 한 가지는 그 후에 일어난다는 것이다.[52]

이러한 견해들은 도전을 받을 수 있다. 요한계시록 21장에 나오는 영원한 미래는 요한계시록 20장 못지않게 이스라엘에 있는 교회의 유산에 뿌리를 박고 있다. 즉 21장에 나오는 거룩한 도성이 하늘로부터 내려오지만, 그것은 여전히 어린 양의 열두 사도뿐만 아니라(계 21:14) 이스라엘의 열두 지파에서도 발견되는(계 21:14) 새 예루살렘이다. 게다가 미래에 대한 구약성경의 많은 묘사들도 분명히 상징적인 이미지들이며, 또한 고대 이스라엘 사람들에게는 잘 이해가 되었던 술어를 사용하여 미래적 소망을 생생하게 전달하고 있다. 그들이 살았던 당시에 칼을 쳐서 보습을 만든다는 것(미 4:3)은 평화를 상징하였다. 오늘날 우리들은 총을 녹인다든지 혹은 미사일을 무장해제한다는 이미지를 더 선호할 지도 모른다.

그러나 만일 그러한 이미지들이 상징적인 것이라면, 그러한 것들 역시 문자적인 차원에서 완전하게 조화를 이루어야 할 필요는 없다—이것은 심지어 가장 전통적인 세대주의도 우리를 구해낼 수 없었던 몇 가지 난처한 것들을 우리에게 덜어준다.[53] 요한계시록이 구약성경의 예언들에서 종말에 대한 몇 가지 주요한 묘사들을 우리가 조화시키도록 하는 어떤 천년왕국을 포함하고 있다는 것은 가능하다. 그러나 우리는 성경에서 종말에 대한 다양한 모든 묘사들을 조화시키기 위해서 단 하나의 천년왕국 이상을 필요로 하곤 한다. 어떤 본문들은 종말에 이방인들을 모으는 것에 대해 말하며(예를 들면, 사 2:2, 4; 11:9-10; 42:6; 49:6), 다른 본문들은 그들이 복종하는 것과 공물을 가지고 오는 것(사 11:14-15; 49:22-23; 54:3; 60:6-14; 66:18-20), 그리고 그들의 멸망에 대해서(사 29:5-8; 30:27-28; 34:2-3) 말한다.

하지만 이러한 본문들 대부분의 기능은 한 때 이스라엘을 조롱했던 나라들 중에서 이스라엘이 회복되어 높임을 받을 것이라는 약속을 하고 있다. 그리하여 이

52. Craig Blaising, "Premillennialism," 157-227, in *Three Views on the Millennium*, 160-64는 "영적인 환상 모델"(이는 하늘과 영적인 것을 강조한다)과 "새 창조 모델"(이는 지상의 구체화된 사람을 강조한다)을 대조시킨다. 그러나 Robert B. Strimple, "An Amillennial Response to Craig A. Blaising," 256-76 in ibid.는 현대의 무천년주의자들이 순전히 비물질적인 종말론적 소망을 고수하지 않는다고 대답한다(259).

53. 인기가 있는 일부 세대주의자들은 그들 자신이 모든 본문들을 문자적으로 해석할 수 없다는 것을 인정은 하지 않은 채 단순히 본문들의 "문자적" 의미에 호소함으로써 이러한 문제들을 해결하려고 노력해왔다 (Lindsey, *New World Coming*, 267).

러한 시적인 이미지들을 모순되는 틀에 억지로 집어넣은 것은 이 본문들을 오해하는 것이다. 이들은 예수님 안에 있는 이스라엘의 유산을 받아들이는 이방인들의 구원과 그렇지 않은 남은 이방인들의 멸망에 대한 의미를 함축하고 있지만, 그러나 이러한 함축들은 나머지 성경 신학에 비추어 볼 때에만 분명하게 드러난다.

만일 우리가 요한계시록 21:24-26을 문자적으로 해석한다면, 영원한 미래에서도 우리는 외부인들이 영원한 형벌에 직면하지 않은 비그리스도인들을 말하는지, 아니면 유대 그리스도인들에 비해 영적으로 이등급인 새 예루살렘 밖에 있는 이방 그리스도인들인지—아니면 이것이 단순히 하나님의 백성들의 높임을 묘사하는 상징적인 방식인지—의심스럽다. 처음 두 대안들 중 어느 것도 신약신학에 일치하지 않는다.

뿐만 아니라 우리는 바울(롬 2:5-9; 살후 1:7-9)과 베드로(벧후 3:10)에게서 모든 비그리스도인들은 예수님이 오실 때 멸망을 당할 것이라는 뚜렷한 인상을 받는데, 이는 지상에 있는 어떤 사람도 천년왕국에 들어가지 못하도록 하는 사건이다.[54] 어떤 전천년주의자는 바울과 베드로가 일반적인 술어로 말하고 있다는 것으로 대답하면서 주장하고 있는데, 반면 요한계시록은 사건의 보다 상세한 연대기를 제공하고 있다. 이러한 대답은 정당한 것이긴 하지만, 그것은 우리의 해석적인 문제를 보여주고 있다. 즉 우리는 단순히 모든 본문들을 "문자적으로" 해석할 수도 없고, 또한 그렇게 해야 한다. 만일 우리가 이사야, 에스겔, 혹은 다른 선지서들을 읽는데 실제로 많은 시간들을 사용한다면, 이 책들은 미래적 약속을 말해주는 다양한 상징적 이미지들을 사용하고 있는 것이 분명하며, 그리고 이 선지자들은 문자적인 차원에서 이 모든 것들을 조화시키는데 관심을 가지고 있지 않았을 것이다.

무천년적 해석학자들은 대개 요한계시록에서 미래적 천 년에 대한 단순하고도 분명한 주장과 반대되는 구절들이 바울이나 베드로에게서 우세하게 나타난다고 지적한다. (많은 전천년주의자들은 여기서 "점진적인 계시"에 호소함으로써 이에 반대하고 있다.) 무천년주의자들이 주목하고 있듯이, 우리는 어쨌든 몇몇 구절들을 상징적으로 해석해야 하며, 그리고 요한계시록은 상징적인 표현으로 가득 차 있기 때문에, 바울서신들과 신약의 나머지 책들은 문자적으로 해석하면서 요한계시록은 상징적으로 해석하는 것이 그 반대보다 더욱 이치에 맞지 않겠는가? 따라

54. 어떤 사람들은 마 24:40-41에서 어떤 사람은 "버려둠을 당할 것"이지만, 문맥상 "데려감을 당하는" 사람들도 심판으로 데려감을 당한다고 주장한다(마 24:39). 그리고 비록 "버려둠을 당하는" 사람들이 그리스도인이 아니라 해도 그들이 매우 오랫동안 버려둠을 당할 것인지는 분명하지 않다.

서 무천년주의자들은 바울 혹은 다른 해석자들이 미래적 왕국에 대한 구약성경의 약속들을 그리스도 안에 있는 믿음의 현재 시대에 적용하는 것처럼 보이는 것에 대해 다양한 신약의 구절들을 제시하고 있다(예를 들면, 행 2:17; 15:15-18; 롬 9:24-25). 만일 사도들이 그러한 구약성경의 약속들을 영적으로 해석했다면, 우리도 그들의 모범을 따라야 하지 않겠는가?

민족적 이스라엘에 대하여, 오늘날 많은 무천년주의자들은 바울이 예수님을 믿는 전체 유대 민족의 마지막 세대가 돌아오는 것을 고려하고 있다는 것을 인정할 것이다(롬 11:26). 그러나 그들은 인종적 유대성이 유대인의 민족적 상태나 혹은 유대 그리스도인과 이방 그리스도인들 사이의 영적인 차이를 암시하지 않는다고 주장한다.[55] 어거스틴 이래로 무천년주의자들은 요한이 유대 묵시록의 전통적인 중간 왕국을 개작하여 이를 상징적인 방식으로 재적용했다고 종종 주장해오고 있는데, 이는 요한이 대환난의 이미지를 재적용했다고 우리가 다른 곳에서 주장해온 방식이기도 하다(계 12:5-6).[56] 설득력이 덜 하지만, (요한계시록 밖으로 나가는) 많은 사람들은 20:2에서 사탄을 결박하는 것을 마태복음 12:29에 비추어 해석한다. 그러나 요한계시록이 다른 곳에서 공관복음 전승에 의존하고 있긴 하지만, 그 본문에 대한 요한의 독자들의 지식이 마귀를 결박하는 것에 대한 널리 퍼진 유대교 전승과 반대되는 것으로 생각하는 것은 그들에게 너무나도 많은 것을 말하라고 다그치는 것일 수도 있으며, 그리고 심지어 그들이 그 본문을 알았다 해도, 그들이 동일한 방식으로 이를 적용했는가 하는 것은 분명하지 않다.

천년왕국에 대한 두 가지 입장을 지지하는 강한 논증들이 있으며 또한 우리가 성경의 나머지 내용들을 어떻게 읽느냐에 대해서는 기복적인 경향이 있다. 일반적으로, 만일 우리가 요한계시록 20장으로 시작한다면, 우리는 전천년주의자가 될 것이다. 그러한 전제로부터 출발하여 그것에 기울어져 있는 사람들은 민족적인 이스라엘에 대한 많은 약속들을 그 기간에 문자적인 방식으로 적용할 수 있다(하지만 요한계시록 20장 그 자체는 우리가 그러한 약속들을 그 기간에 돌리도록 요구하지는 않는다). 만일 우리가 종말에 대한 대부분의 신약성경 구절로 시작한다면, 우리는 아마도 무천년주의자가 될 수도 있으며 그리하여 요한계시록 20장으로 무

55. 새 이스라엘(유대 그리스도인들과 이방 그리스도인들 모두를 포함하는)과 인종적 이스라엘의 종말론적 회심을 주장하는 한 견해에 대해서는, Thomas R. Schreiner, "The Church As the New Israel and the Future of Ethnic Israel in Paul," *Studia Biblica et Theologica* 13 (April 1983): 17-38을 보라.

56. Ford, *Revelation*, 351을 보라.

엇을 할 것인지를 결정할 필요가 있다. 각각의 견해는 그 자체의 전제에서 의미가 통하지만, 종종 다른 전제들로 시작하는 사람에게는 특별히 항변하는 것처럼 들리기도 한다.[57] 그러한 전제들을 평가하는 일은 성경 전체를 개관하는 것을 요구하기 때문에, 우리는 여기서 그러한 평가를 하는 일에 관여할 수 없다. 그러나 우리는 왜 성경을 믿는 그리스도인들이 그 문제에 대해 다양한 확신에 이르게 되었는지 그 이유들을 지적할 수 있으며 그리고 생각에 차이가 나는 다른 사람들에 대해 보다 큰 자비를 가질 것을 우리에게 요구한다.

개인적인 관점. 여기서 나는 보다 큰 성경적 묘사에 대해 내가 이해하고 있는 것을 통합시키기 위해 나 자신이 노력한 것의 결과들을 요약할 수 있을 뿐이다.[58] 무엇보다도, 우리는 각 본문들을 그 문맥 속에서 그리고 그 자체의 술어로 해석해야 한다. 따라서 구약성경의 예언자들은 그들 자신의 세대뿐만 아니라 우리들을 위해서도 메시지를 주었다는 것을 주목하라. 선지자들의 세대들은 "나는 이스라엘과 결별하고 있으며 또한 이스라엘을 교회로 대체하고 있다"라고 주장되는 예언의 해석에서는 어떤 위로도 받지 못했을 것이다. 그들은 이스라엘의 진정한 회복을 기대하였다.[59] 동시에 초기 그리스도인들은 이러한 약속들을 예수님의 승리에 비추어 이해를 하였으며, 또한 그들의 해석은 우리 자신에 대해 지침들을 제공해준다. 미래적 왕국에서 문자적인 축복이 무엇이든 간에, 우리는 현재 그리스도의 나라의 영적인 유익들을 경험하고 있다(갈 3:14; 엡 1:3).

뿐만 아니라 구약 선지자들 스스로도(예를 들면, 사 19:22-25; 56:3-8), 언약 백성들의 미래는 아브라함의 유전적인 후손들보다 더 많은 사람들을 포함하고 있음을 단언하고 있으며 이는 신약 저자들에 의해 분명히 확인되고 있다(롬 16:25-26). 구약성경에서 이방인들도 일상적으로 언약 백성 속에 포함되었으며(예를 들면, 수

57. 천년왕국에 대한 견해들에 있어서 다른 전제들이 다른 결론에 이르게 하는 방식들에 대해서는, Darrell L. Bock, "Summary Essay," 279-309 in *Three Views on the Millennium*, 285-90을 보라; 한 가지 주요 논점은 구약성경이 신약성경과 어떤 관계를 가지는가 하는 것이다(ibid., 290-93).

58. 종말론에 대한 구약적인 배경을 알기 쉽게 개관한 것으로는 Lewis, *Questions*, 19-49이다.

59. 분명히 로마서 11장 이외에서 신약성경은 이스라엘의 회복에 대한 분명한 암시를 거의 제공하고 있지 않지만(그러나 마 23:39; 행 3:19-21을 참조하라), 초기 그리스도인들은 이방 그리스도인들이 하나님의 백성 가운데 포함된다는 것을 변호하는데 많은 시간을 보내야 했다. 이것은 강조와 청중의 문제이지, 모순의 문제가 아니다. 저스틴의 대체 신학(replacement theology, Justin, *Dial.* 11; 119; 123; 135)은 훨씬 더 사실적이다(Ben Zion Bokser, "Justin Martyr and the Jews," *JQR* 64 [Oct. 1973]: 97-122 (p. 99); [Jan. 1974]: 204-11 (p. 208); Eric F. Osborne, *Justin Martyr* [Tübingen: J. C. B. Mohr, 1973], 175-78을 보라).

6:25; 룻 1:16; 삼하 8:18), 반면에 많은 이스라엘 사람들은 하나님과의 언약을 깨트렸다(예를 들면, 출 32:10; 시 95:8-11). 1세기 유대교는 여전히 정기적으로 이방인 개종자들을 자신들의 신앙과 백성 속에 포함시키기도 하였다.[60]

이방인들이 유대의 남은 자들의 수를 결국 능가하여 그렇게 많은 수의 이방인들이 하나님의 백성 안으로 유입될 것이라고는 그 어느 누구도 예상하지 못했음이 분명하다. 그러나 전체적으로 볼 때 유대 민족의 마지막 세대가 결국 예수를 믿게 될 것임을 바울은 분명히 한다(롬 11:26-27; 그 외에도 바울은 11:25에서 11:26까지 아무런 주의도 없이 "이스라엘"의 의미에 변화를 주고 있다). 바울은 이방인들이 하나님의 백성의 일부가 될 수 있다는 것을 말할 만큼 급진적인 사람은 아니었다(대부분 그의 유대 동시대 사람들이 공유하고 있는 견해). 그는 이방인들이 할례 없이, 즉 인종적으로 혹은 문화적으로 유대인이 되지 않고 하나님의 백성이 될 수 있다고 말할 만큼 급진적이었다. 동시에 완전히 비 유대적인 특징을 지닌 오늘날 대부분의 교회들, 즉 주로 유대적인 뿌리로부터 멀어진 교회를 기대했을까 하는 것은 확실하지 않다(롬 11:18).

아마도 유대 민족이 최종적으로 돌이키는 일은 이방 그리스도인들이 이스라엘의 역사 안에서 그들의 영적인 유산을 재발견할 때만 일어나게 될 것이다(롬 11:14 참조). 그 때 이스라엘 그 자체에 대해 공동의 "대체"가 일어난다고 주장하는 것이 아니라, 이방 그리스도인들이 이스라엘의 신앙 안으로 접붙임이 되어 세상의 복이 되는 존재임을 우리가 인식할 수 있다는 것이다. 아마도 오늘날의 유대 그리스도인들(메시아적 유대인)은 이방 그리스도인들이 이러한 관점으로 돌아가는 길을 발견할 수 있도록 도와줄 수 있다.[61]

이러한 근거 위에서, 나는 이스라엘의 유산과 소망 안으로 접붙임을 받아온 종족적인 이방 그리스도인들을 배제하는 민족적 이스라엘을 위한 미래적 약속에 대해서는 회의적이다(롬 2:29; 9:6-13; 갈 3:29 참조). (그러한 시나리오는 특히 유대 그리스도인들에게 정신적 충격을 주는 선택이 될 것임을 들어날 수도 있다. 그

60. Craig S. Keener, *The Spirit in the Gospels and Acts* (Peabody, Mass.: Hendrickson, 1997), 62-64, 146-48을 보라.

61. 중요한 메시아적 유대교의 관점에 대해서는, Daniel Juster, *Jewish Roots: Foundation of Biblical Theology* (Shippensburg, Pa.: Destiny Image, 1995)를 보라; 이 운동의 일부에 대한 역사에 대해서는, Yohanna Chernoff with Jimi Miller, *Born a Jew…Die a Jew: The Story of Martin Chernoff, a Pioneer in Messianic Judaism* (Hagerstown, Md.: EBED, 1996); Robert I. Winer, *The Calling: The History of the Messianic Jewish Alliance 1915-1990* (Wynnewood, Pa.: Messianic Jewish Alliance of America, 1990) 등을 보라.

들이 교회 혹은 종족적 이스라엘의 운명을 공유할 것인가?) 동시에 나는 구약의 선지자들이 현재의 이스라엘의 역사적 유산과 아무런 관계가 없이 이스라엘을 영적으로 "대체"할 것으로 의도했다고는 생각할 수 없다. 아마도 성경의 전체적인 묘사는 족장들, 다윗, 그리고 선지자들의 역사에 기반을 둔 미래를 제시하지만, 그러나 이방 그리스도인들도 언약 속으로 접붙임을 받은 사람들과 같이 그들과 완전히 공유하고 있는데, 즉 그들은 (지금 대부분의 사람들이 인식하고 있는 것 이상으로) 자신들의 영적인 유산을 인식해야 한다.

나는 이스라엘의 역사 속에 기반을 둔 이러한 소망이 천년왕국에 제한된 것이라고는 생각하지 않는다. 즉 요한계시록 21장의 영원한 도성이 새 예루살렘으로 불리어지고 있다는 바로 그 사실은 우리의 미래적 소망이 우리의 영적인 역사에 기초하고 있다는 것이다. 나는 그러한 해결책이 몇몇 세대주의자들에게도 혹은 몇몇 전통주의적 언약신학자들에게도 호소력이 없을 것으로 믿고 있다. 나는 이것을 우리의 미래적 소망에 대한 성경적 묘사들을 다양하게 배열시킨 것을 종합하려는 나 자신의 시도로서 제안할 뿐이다. 성경은 위대한 책이다. 그리고 우리들 중의 어느 누구도 우리가 많은 것들을 배우고 있는 것 이상으로 생각할 만큼 성경을 통달한 사람은 없다.

마침내 어떤 학자들은 현재 우리들의 천년왕국 논쟁들이 요한계시록의 요점을 전적으로 비켜가고 있다고 주장한다. 어떤 복음주의 주석학자가 지적한 바와 같이, 요한의 환상은 전천년주의적인 체계 내에서 일어난 것이다. 하지만 천년왕국에 대한 여러 견해들 사이의 진짜 논쟁은 요한의 환상이 과연 미래에 대한 문자적인 계획임을 강조하고 있는가?를 우리가 질문할 때 발생하는 것이다.[62] 요한계시록은 미래적 천년왕국을 말하고 있지만, 이 책은 미래적 사건들을 연대기적인 연속적 시리즈나 또는 마지막 때의 기대 대한 여러 가지 가닥들을 짜 맞추는 다양한 이미지들 제시하는 것도 아니다. 요한계시록은 종말에 대한 상호보완적인 환상들을 마치 구약성경이 창조에 대해 다양한 묘사를 하는 것과 유사한 방식으로 나란히 배열하고 있다. 이들 학자들은 우리가 요한계시록의 문학적 장르를 잘못 해석하고 있기 때문에 요한계시록의 요점을 오해하고 있다고 주장한다.[63]

---

62. Michaels, *Revelation*, 220; I. T. Beckwith 및 Robert Mounce와 더불어, 마이클스(Michaels)는 미래의 천년왕국에 대해 이것은 반드시 문자적인 것은 아니며, 로마 제국의 붕괴와 세대의 궁극적인 끝, 즉 실제로 일어난 중간기 사이의 완충물이라고 주장한다(아울러 Caird도 참조하라).

63. Talbert, *Apocalypse*, 96-97 (창조에 대해, 예를 들면, 창 1:1-2:3; 2:4-24; 시 74:12-17; 104 등을 인용한

이와 같은 접근이 많은 점에서 요한계시록이 발전시키고 있는 예언적 장르의 성격에 가장 민감한 것처럼 보이지만, 또한 그것은 역사를 통하여 많은 해석학자들에게 이해되지 않았다는 것도 놀라운 일이 아니다. 요한계시록의 최초 독자들 중 많은 사람들은, 초기의 많은 교부들과 마찬가지로, 이러한 접근방식의 미묘한 차이들을 결코 알지 못했을 것이다. 우리가 모든 것을 문자적으로 이해하는 것이 종종 보다 자연스러운 것으로 보이기도 한다 - 문자적인 차원에서 우리가 시작했던 접근들이 여러 예언자들과 모순되는 일에 직면할 때까지는 적어도 우리가 그러한 질문들을 고려할 수밖에 없도록 만든다. 그리하여 이러한 쟁점들이 복잡성을 가지고 있다는 것은 천년왕국의 세부적인 내용들에 대해 우리와 견해가 다른 사람들에 대해서도 많은 관대함을 가질 것을 요구한다.

요한계시록에서 정체성. 우리가 이 단락을 떠나기 전에 최소한 한 가지 쟁점을 하나 더 간략하게 언급해야 한다. 이 단락에 등장하는 다양한 인물에 대해 제기된 정체성은 당일의 머리기사에 따라 다르며, 많은 세대는 그들이 생각하는 악한 제국들의 목록이 마지막 적그리스도일 것으로 생각하고 있다. 루터와 많은 종교개혁자들은 교황을 적그리스도로 그리고 오스만 터키를 적그리스도의 동맹인 곡(Gog)으로 보았다.[64] 지금도 어원론적으로 억지 해석을 하여 곡을 러시아로 생각하는 몇몇 현대 예언 교사들이 있다.

예를 들면, 이와 같은 선상에서 메섹과 두발(겔 38:2-3)을 모스크바와 토볼스크(Tobolsk)로 생각한다.[65] 하지만 곡과 마곡은 에스겔서의 최초 청중들에게는 특별한 의미를 지녔으며, 또한 요한계시록의 청중들에 대해서도 이들 도시는 에스겔에 언급된 최후 전쟁 때의 사람들을 함축하고 있었다.[66]

몇몇 견해들은 본문과 명백하게 모순을 일으킨다. 하지만 그레그 비일(Greg Beale)은 에스겔 이후에 그 이미지가 단순히 마지막 때의 대적들, 즉 하나님의 백성들에 대한 어느 대적들에게도 적용될 수 있었기 때문에, 요한계시록은 그 이미지를 정확하게 재생하고 있는 것으로 당연히 생각한다(우리가 어떤 사람에 대해

다); Boring, *Revelation*, 205-6을 보라; Mounce, *Revelation*, 359를 참조하라.

64. Kyle, *The Last Days*, 61.

65. 오히려 이 사람들은 고대 소아시아에서도 알려진 모스키(Moschi)와 티바레니(Tibareni)였다(Mounce, *Revelation*, 362 n. 28). 린드세이(Lindsey)가 러시아를 "곡"으로 강조한 것은 소련이 붕괴한 이후에 보다 어렵게 되었다 (Robert G. Clouse, "Late Great Predictions," *Christians History* 61 [1999]: 40-41).

66. 원 의미에 대해서는("곡"은 아마도 오늘날 터키에 있는 리디아 왕에 그 근거를 두고 있을 것이다), 위에서 언급하였듯이 Yamauchi, *Foes*를 보라.

오늘날의 "히틀러"와 같다고 말하는 것과 같은 방식이다).[67]

우리가 해석하는 방식을 채택함에 있어서 일관성을 유지하는 것은 중요한 일이다. 특히 논리적 구조를 지니고 있는 여호와의 증인들은 의로운 자들의 부활이 여러 단계에서 발생할 것으로 생각하고 있는데, 이는 일으킴을 받을 수 있는 기회를 각자가 속해 있는 사회에 문화화 시키고 있는 것이다.[68] 그러나 본문 그 자체는 "그 나머지 죽은 자들" 모두가 다만 천년왕국의 마지막 때에 심판으로 죽은 자들을 일으키기 위해서 남겨둔 첫째 부활임을 언명한다(20:4-6). 이러한 견해 그 자체는 그 배후에 있는 모순된 해석학만큼이나 놀라운 것은 아니다. 왜냐하면 많은 점에서 여호와의 증인들은 요한계시록을 완전히 문자적으로 해석하고 있기 때문이다(가령 144.000명의 수).그러나 여기서는 문자적 해석을 세세한 것에 얽매이는 것으로 비판할 것이다.

현대적 의미

목회직인 적용. 요한계시록 20장에 나오는 천년왕국이 현 시대를 상징하는 것으로 해석하는 사람들은 현재의 신자들이 그리스도와 함께 일으키심을 받으며, 세상에서 그리스도 왕국에서 어떤 역할을 감당하며, 또한 그리스도를 믿지 않는 자들이 당할 최후 심판의 공포에서 벗어날 것이라는 격려를 그 속에서 발견할 것이다.

우리는 문맥상 이 단락은 가장 자연스럽게 미래적인 천년왕국과 미래적 소망을 암시하는 것으로 위에서 주장하였다. 이러한 제안이 해석학적인 여러 문제들을 해결하기 시작하는 것은 아니다. 즉 우리는 천년왕국이 마지막 때의 소망에 대한 여러 다양한 묘사들과 마찬가지로, 단순히 상징적인 것임을 주장한다. 우리는 천년왕국이 중간 왕국에 대한 매우 흔한 묵시적 이미지에서 빌려온 것이며 또한 현 시대와 미래 시대 사이의 문자적인 중간 시기를 묘사하는 것이 아니라는 것을 주장한다. 그리하여 모든 사람이 요한계시록 20장에서 어떤 미래적인 천년왕국을 단언하지 않는다는 것은 문자적인 천 년의 중간기적 통치가 실행되고 있다는 것을 단언할 수도 있다.

그러나 목회적인 적용의 차원에서, 문자적인 미래적 시기이냐 아니면 상징적인

67. Beale, *Revelation*, 1025.

68. Revelation: *Grand Climax*, 289, 300을 보라.

미래적 시기이냐 사이의 해석학적 차이는 가장 중요한 요점들에 영향을 미치는 것은 아니다. 일시적인 중간기적 왕국이든 아니면 새 하늘과 새 땅이든, 우리는 그리스도와 함께 있을 것이다.[69] 요한계시록 20장은 미래적 소망에 대한 약속이며, 특히 고난을 당한 사람들과 관련이 있다(20:4의 순교자들처럼). 예수는 자신 때문에 고난을 당한 사람들을 일으키실 것이며, 그리고 그들은 그와 함께 왕 노릇 함으로써 보답을 받을 것이다(딤후 2:12 참조).[70]

마귀는 하나님의 허락이 없이는 행동할 수 없으며(계 20:2-3), 또한 이는 우리들에게 마귀의 현재적인 활동들이나 그의 박해를 포함하여 마귀에 대해 무서워하지 말 것을 우리에게 권면하고 있다(12:12). 하나님은 때가 적절하다고 생각하실 때, 한 천사가 마귀를 결박하게 될 것이다(20:1). 루터가 말한 것처럼, "한 개의 작은 병기로 그를 쓰러뜨릴 것이다." 만일 천년왕국 이후에 사탄의 귀환이 "거짓의 파루시아"를 나타낸다면, 누가 주장했듯이, 그 구절이 우리에게 상기시키는 것은, 비록 사탄이 최후의 "결정적인 타격"을 받은 후에도 때때로 "돌아온다" 해도, 교회가 보존되는 것에서 볼 수 있듯이(마 16:18) 사탄이 최종적인 패배는 확정된 것이다.

그리스도의 주권에 능동적으로 순복하지 않는 사람들은, 비록 그들이 좀처럼 시험을 받지 않는 상황에 있었다 하더라도, 여전히 마귀의 미혹에 민감하며(20:8) 마침내 최후 심판 때에 영원한 고통으로 추방될 것이다(20:4). 결국 우리가 이 장에서 질문하는 미래에 대한 호기심의 문제들은 종종 오늘의 교회에서는 거의 중요하지 않은 문제이다. 미래적 천년왕국에 대한 모든 세부적인 문제들에 대한 이해를 하지 않고서, 우리는 신자들에게 인내하고 그리하여 세상 속에서 그리스도의 목적을 성취하라는 권면을 하는 충분한 설교 자료를 이 단락에서 찾을 수 없지 않겠는가!

요한계시록에서 천년왕국은 또 다른 중요한 신학적인 기능을 수행한다. 앞서 있었던 심판들은 회개를 가져오지 못했다(9:20-21; 16:9, 11, 21). 그러나 이제 미

69. Arthur D. Katterjohn with Mark Fackler, *The Tribulation People* (Carol Stream, Ill.: Creation House, 1976), 77을 참조하라. Tenney, *Revelation*, 159는 천년왕국의 중요성을 과장하지 않도록 여러 전천년주의자들에게 경고를 하고 있는데, 이는 영원한 나라가 우리의 목적지이기 때문이다. 이와 마찬가지로 Oscar Cullmann, *The Early Church*, ed. A. J. B. Higgins (London: SCM, 1956), 156은 세부적인 내용보다는 본질적인 것을 강조한다.

70. Babara Wootten Snyder, "How Millennial Is the Millennium? A Study in the Background of the 1000 Years in Revelation 20," *Evangelicals Journal* 9 (Fall 1991): 51-74는 "천 년"이 메시아이신 예수님에 대한 신학을 전하고 있다고 주장한다. 그 기간이 문자적이냐 하는 것은 그다지 긴급한 문제가 아니다.

혹하는 자는 그가 천 년 동안 부재했음에도 불구하고 인간의 마음이 반역을 잘 받아들인다는 것을 발견한다. "그리하여 천년왕국은 인간이 자신들의 죄성을 그들의 환경이나 상황 탓으로 돌릴 수 없다는 것을 입증한다." 이것은 인간의 악을 드러낸다. 공동적인 죄가 폐지된 곳이라 하더라도, 개인적인 부패는 여전히 남아 있으며, 하나님의 전체적인 구속 행위는 마지막 때가 이를 때까지 방해를 받을 것이다.[71] 어떤 사람은 C. S. 루이스의 『위대한 이혼』(*The Great Divorce*)에 나온 인간의 부패에 대한 비유를 예로 든다. 거기서 그는 지옥에 떨어진 사람들 대부분이 여전히 회개를 하지 않고 있다고 주장한다. 문자적인 차원에서 지옥에 떨어진 사람들은 자신들의 태도를 후회하는 것은 분명하다. 그러나 거듭나지 않은 사람들은 하나님의 의보다는 죄를 더 사랑하는 것처럼 보인다는 것이 루이스의 우선적인 초점이다.

만일 성도들이 천 년의 기간 동안에도 여전히 깨어있어야 한다면(20:9에 대한 설명을 보라), 우리가 볼 때 이것은 우리로 하여금 지금 더더욱 깨어있을 것을 요청하고 있는 것이다. 나는 "영적 전쟁"이라는 이름으로 현재 많은 지지를 받고 있는 특이한 많은 행위들을 발견하고 있는데, 이러한 것들은 마치 우리의 선교에 적대적인 권세들이 존재하지 않는 것처럼 실제적으로 행동하는 기독교계 안에 널리 퍼진 태도보다는 덜 당황하게 하는 것일 수도 있다.

하나님의 승리. 하나님께서 다윗 시대부터 그의 백성의 유산을 상징하는 한 도성을 지키시는 것(20:8-9)은 그 자신의 백성에 대한 사랑과 신실하심을 보여주는 것이다. 이 단락은 또한 우리가 숫자가 더 적을 수도 있지만(20:8; 참조. 7:4), 그러나 마침내 하나님의 목적들이 승리할 것이며, 또한 하나님께서 결국 세상의 악한 압제자들을 물리치심으로 교회를 지키실 것임을 보여준다. 우리는 그 전쟁이 헛된 것처럼 보일 때조차도 악에 대해 단호하게 맞설 수 있다. 승리는 주님께 속한 것이다. 하지만 성경 전체와 우리 그리스도인의 경험이 우리에게 상기시키듯, 우리는 하나님의 도움이 없이 세상의 악한 것들에 대해 승리를 거둘 수 없다.

하나님을 대적하기 위해 모인 열방들의 건방진 행위들은 하나님께서 그들을 패배시키실 때 즉시 드러난다(20:9). 수많은 역사를 통하여, 하나님은 그의 백성들이 고난당하는 것을 허용하신다. 그러나 이것은 하나님의 자비로우신 제한과 주권적

71. Talbert, *Apocalypse*, 95를 보라. 유대교 문헌들에서는, 예를 들면, *Sifre Deut.* 318.1.10을 보라. 유혹이 사라질 때인 중간 메시아 시기에는 공로도 유죄도 없을 것이다(*Koh. Rab.* 12.1, §1). 아우구스투스 황제 시대에 로마의 희망인 유토피아적 환상에서 영웅적인 새로운 전쟁을 초래한 것은 죄의 결과들이라는 것을 참조하라(Virgil, *Ecl.* 4.4-7, 31-36).

목적을 나타내는 것이지 그분의 무기력함이 아니다. 하나님이 하시려고 한다면, 그분은 자신의 대적들을 한 순간에 소멸시킬 수 있는 분이시다. 그리하여 3세기에 한 랍비는 에스겔서에서 마곡에 대한 하나님의 반응을 다음과 같이 이해했다. "오 너희 악한 자들아, 왜 너는 나와 싸우기 위해 분발하느냐?"[72] 요엘 3:9-12가 언급하듯이, 마지막 때에 이방인들이 하나님의 백성에 대해 대적하는 그 같은 행위들은 헛된 것임이 드러나게 될 것이다. 요한계시록은 또한 몇몇 유대적인 전통들이 선언하는 것을 가르치기도 한다. 즉 하나님 그분은 너무나도 강하여 이스라엘이 그들의 힘으로 이길 수없는 곡과 마곡을 멸망시키실 것이다(겔 38:11-12, 14 참조).[73]

몇몇 회의주의자들은 "그림의 떡"에 불과한 소망을 가지고 있는, 다시 말해서 현재의 삶에서 절박한 관심사의 쟁점들은 무시하면서 불확실한 소망을 가지고 살아가는 그리스도인들을 비난해왔다. 하지만 성경적인 소망은 우리들로 하여금 현재 거룩한 삶을 살도록 요청한다(딛 2:12-13; 벧전 1:13-16; 요일 3:3). 이 단락에서 생명책(계 20:12)은 우리가 이 땅에서 살아있는 동안 행하는 것들이 궁극적인 의미에서 실제로 중요하다는 것을 상기시킨다.

이 단락은 요한계시록에 나오는 대부분의 내용과 마찬가지로 19세기와 20세기의 많은 복음주의자들이 "제단 초청"(altar call)으로 불렀던 것에 대해 적절한 전환을 설교자들과 목회자들에게 제공해준다. 최후 심판에 대한 지식은 현재 모든 사람들에게 회개할 것을 요구한다. 언젠가는—하나님과 그의 완전한 길을 무시하는 것이 더 이상 가능하지 않을 때—회개하기에는 너무 늦을 때가 올 것이다.

72. Pes. *Rab Kah.* 9:11.

73. Pes. *Rab.* 31:9.

요한계시록 21:1-22:5

1 또 내가 새 하늘과 새 땅을 보니 처음 하늘
과 처음 땅이 없어졌고 바다도 다시 있지 않
더라
2 또 내가 보매 거룩한 성 새 예루살렘이 하나
님께로부터 하늘에서 내려오니 그 준비한 것
이 신부가 남편을 위하여 단장한 것 같더라
3 내가 들으니 보좌에서 큰 음성이 나서 이르
되 보라 하나님의 장막이 사람들과 함께 있
으매 하나님이 그들과 함께 계시리니 그들은
하나님의 백성이 되고 하나님은 친히 그들과
함께 계셔서
4 모든 눈물을 그 눈에서 닦아 주시니 다시는
사망이 없고 애통하는 것이나 곡하는 것이나
아픈 것이 다시 있지 아니하리니 처음 것들
이 다 지나갔음이러라
5 보좌에 앉으신 이가 이르시되 보라 내가 만
물을 새롭게 하노라 하시고 또 이르시되 이
말은 신실하고 참되니 기록하라 하시고
6 또 내게 말씀하시되 이루었도다 나는 알파와
오메가요 처음과 마지막이라 내가 생명수 샘
물을 목마른 자에게 값없이 주리니
7 이기는 자는 이것들을 상속으로 받으리라
나는 그의 하나님이 되고 그는 내 아들이 되
리라
8 그러나 두려워하는 자들과 믿지 아니하는 자
들과 흉악한 자들과 살인자들과 음행하는 자
들과 점술가들과 우상 숭배자들과 거짓말하
는 모든 자들은 불과 유황으로 타는 못에 던
져지리니 이것이 둘째 사망이라 새 예루살렘
9 일곱 대접을 가지고 마지막 일곱 재앙을 담
은 일곱 천사 중 하나가 나아와서 내게 말하
여 이르되 이리 오라 내가 신부 곧 어린 양의
아내를 네게 보이리라 하고
10 성령으로 나를 데리고 크고 높은 산으로 올
라가 하나님께로부터 하늘에서 내려오는 거
룩한 성 예루살렘을 보이니
11 하나님의 영광이 있어 그 성의 빛이 지극히
귀한 보석 같고 벽옥과 수정 같이 맑더라
12 크고 높은 성곽이 있고 열두 문이 있는데 문
에 열두 천사가 있고 그 문들 위에 이름을 썼
으니 이스라엘 자손 열두 지파의 이름들이라
13 동쪽에 세 문, 북쪽에 세 문, 남쪽에 세 문, 서
쪽에 세 문이니
14 그 성의 성곽에는 열두 기초석이 있고 그 위
에는 어린 양의 열두 사도의 열두 이름이 있
더라
15 내게 말하는 자가 그 성과 그 문들과 성곽을
측량하려고 금 갈대 자를 가졌더라
16 그 성은 네모가 반듯하여 길이와 너비가 같
은지라 그 갈대 자로 그 성을 측량하니 만 이
천 스다디온이요 길이와 너비와 높이가 같
더라
17 그 성곽을 측량하매 백사십사 규빗이니 사람
의 측량 곧 천사의 측량이라
18 그 성곽은 벽옥으로 쌓였고 그 성은 정금인
데 맑은 유리 같더라
19 그 성의 성곽의 기초석은 각색 보석으로 꾸
몄는데 첫째 기초석은 벽옥이요 둘째는 남보
석이요 셋째는 옥수요 넷째는 녹보석이요
20 다섯째는 홍마노요 여섯째는 홍보석이요 일
곱째는 황옥이요 여덟째는 녹옥이요 아홉째
는 담황옥이요 열째는 비취옥이요 열한째는
청옥이요 열두째는 자수정이라
21 그 열두 문은 열두 진주니 각 문마다 한 개의
진주로 되어 있고 성의 길은 맑은 유리 같은
정금이더라

22 성 안에서 내가 성전을 보지 못하였으니 이는 주 하나님 곧 전능하신 이와 및 어린 양이 그 성전이심이라
23 그 성은 해나 달의 비침이 쓸 데 없으니 이는 하나님의 영광이 비치고 어린 양이 그 등불이 되심이라
24 만국이 그 빛 가운데로 다니고 땅의 왕들이 자기 영광을 가지고 그리로 들어가리라
25 낮에 성문들을 도무지 닫지 아니하리니 거기에는 밤이 없음이라
26 사람들이 만국의 영광과 존귀를 가지고 그리로 들어가겠고
27 무엇이든지 속된 것이나 가증한 일 또는 거짓말하는 자는 결코 그리로 들어가지 못하되 오직 어린 양의 생명책에 기록된 자들만 들어가리라

22:1 또 그가 수정 같이 맑은 생명수의 강을 내게 보이니 하나님과 및 어린 양의 보좌로부터 나와서
2 길 가운데로 흐르더라 강 좌우에 생명나무가 있어 열두 가지 열매를 맺되 달마다 그 열매를 맺고 그 나무 잎사귀들은 만국을 치료하기 위하여 있더라
3 다시 저주가 없으며 하나님과 그 어린 양의 보좌가 그 가운데에 있으리니 그의 종들이 그를 섬기며
4 그의 얼굴을 볼 터이요 그의 이름도 그들의 이마에 있으리라
5 다시 밤이 없겠고 등불과 햇빛이 쓸 데 없으니 이는 주 하나님이 그들에게 비치심이라 그들이 세세토록 왕 노릇 하리로다 주 예수여 오시옵소서

원 의미

미래적 유토피아에 대한 요한의 환상은 이제 이사야의 새 하늘과 새 땅에 대한 약속으로 향한다(사 65:17; 66:22). 요한계시록처럼 이사야서에서도, 문맥은 새 예루살렘에 대해 말하고 있다(사 65:18).[1] 이전의 땅과 하늘(NIV: "earth and sky)은 하나님 앞에서 피하여 간 데 없으며, 그리고 하나님은 이제 옛 창조물을 그의 영광의 계시를 견딜 수 있는 새로운 창조물로 대신하신다(계 21:23).

새 창조(21:1-8)

새 창조는 유대교의 종말론 논의에서 잘 알려진 주제가 되었으며(에녹 1서 91:16), 이는 대개 죽은 자들이 부활한 이후에 일어난다(Ps-Philo 3:10).[2] 적어도 이 땅은 정화되어야 한다(에녹 1서 10:7 참조). 하지만 종말에 대한 많은 시나리오에서, 심판의 날은 하늘과 땅을 변화시키곤 한다(에녹 1서 45:4-5). 새 창조에 대한

1. 또한 희년서 1:29와도 관련이 있다. 고대의 유토피아에 대해서는, Aune, *Revelation*, 1:1191-94를 보라.
2. 희년서 1:29; 4:26; 에녹 1서 72:1; 바룩 2서 44:9; 벧후 3:13에 있는 종말론적 새 창조를 보라.

두 가지 모델—갱신과 대체—은 초기 유대교에서 존재하였으나, 바다가 없다는 그런 요소들을 고려하면, 요한계시록은 최소한 후자의 이미지를 사용하는 듯하다.[3]

바다가 없는 것은 이사야의 약속이 다만 새 하늘과 새 땅만 언급하고 어떤 바다도 언급하지 않고 있다는 사실에서 추정한 것으로 보이지만, 아마도 바다가 나오지 않는 것은 어떤 다른 목적에 있을 것이다. 어떤 사람들은 바다가 나오지 않는 것을 가나안 신화와 이스라엘의 상징주의에서 악의 파멸과 관련이 있는 바다의 패배와 연관시키기도 한다.[4] 혹은 바다는 죽은 자들이 있는 장소(계 20:13) 또는 적그리스도의 영역일 수도 있다(계 13:1). 그러나 이러한 견해는 요한계시록에 나오는 보다 긍정적인 바다 이미지들을 설명하기 위한 고육지책이다(계 5:13; 15:2).[5] 우리는 바다가 나오지 않는 것을 요한계시록에서 불못과 연결시켜서는 안 되는데, 신자들은 이 불못과 아무런 관련이 없다(계 15:2 참조).

일부 유대교 전승들은 종말에 바다가 멸망할 것임을 암시하고 있다(시빌의 신탁 5.157-59).[6] 요한계시록 자체의 문맥 내에서, 바다가 마르는 것은 상업적인 무역을 할 필요성이 사라졌다는 것을 의미할 수도 있다(계 18:17). 하나님은 그의 백성들이 필요로 하는 모든 것들을 공급해 주실 것이다(계 22:2).[7] 요한계시록 전체 문맥에서 바다가 사라진 것은 아마도 바다에서 올라오는(계 13:1) 짐승을 따르는 자들의 "많은 물들"에 대한(계 17:1, 15) 최후를 말하는 것일 지도 모른다.

새 예루살렘(계 21:2; 아울러 21:9-22:5도 보라)도 잘 알려진 유대교적 기대가 되었다. 하나님은 그의 백성들을 위해 이러한 도성을 준비하셨다(에스라 4서 8:52). 이 도성이 하늘에서 내려온다는 것(계 21:2, 10)은 놀라운 일이 아니다(갈 4:26; 히 11:16; 12:22).[8] 어떤 문헌들은 예루살렘이 회복되고 높아질 것을 기대하고 있다(토빗 13:7-16; 솔로몬의 시편 11:2-6). 다른 문헌들은 지금은 감추어져 있지만 그때에는 드러나게 될 도성에 대해 말하고 있다(에스라 4서 7:26; 바룩 2

3. 문자적인 "대체"라 해도 그것이 무에서의 창조를 의미하는 것은 아니다. Gale Z. Heide, "What Is New About the New Heaven and the New Earth? A Theology of Creation from Revelation 21 and 2 Peter 3," *JETS* 40 (1997): 37-56을 참조하라 (무에서 재창조한다기보다는 현재의 창조에서의 변형).

4. 예를 들면, Beasley-Murray, *Revelation*, 307.

5. Rissi, *Future of the World*, 55.

6. 그러한 멸망은 물이 없어진다는 것을 의미할 필요는 없다(계 22:1 참조). 시빌의 신탁 5.447-48에서 바다는 말라붙는 반면, 5.449에서는 물이 있는 다른 장소들이 형성되어 있다.

7. 버질(Virgil)은 모든 땅들이 충분한 열매를 맺고 있기 때문에 배다 더 이상 무역을 할 수 없는 풍요의 때를 상상하고 있다(*Ecl.* 4.37-39).

8. "하늘의 도성"(시빌의 신탁 2.40), "하늘의 예루살렘"(에스라 4서 10:25-28), "위에 있는 도성"(바룩 4서 5:35) 등을 참조하라.

서 4:2-6).[9] 여기에서 예루살렘이 하늘로부터 내려온다는 것의 요점은 그 도성이 하나님으로부터 온다는 것이지 어떤 인간의 능력에 의해서가 아니라는 것이다(계 3:12).[10]

유대 민족은 대개 예루살렘을 이곳에서처럼 "거룩한 성"이라는 명칭으로 불렀다(계 21:2, 10; 참조. 11:2; 2:19). 하나님은 한 때는 짓밟혔던 거룩한 성을 새롭게 하신다(계 11:2).[11] 요한계시록에서 바벨론이 단순히 그 위치가 아니라 로마 사람을 나타내듯이, 그리고 구약성경에서 "예루살렘"이 단순히 그 터가 아니라 백성들을 대개 포함하듯이, "새 예루살렘"은 하나님의 백성들을 포함하는 것이 분명하다.[12] 우리가 알고 있듯이 이 도성은 교회와 마찬가지로 "신부"이다(고후 11:2; 엡 5:23).[13] 여기서 예루살렘이 신부의 단장을 하고 있다는 것은 적절하다. 다른 문헌들은 종말에 예루살렘이 아름답게 장식할 것으로(옷을 입는다는 은유로) 묘사하고 있으며(사 52:1; 솔로몬의 시편 11:7), 또한 신부가 단장하는 것을 포함한다(사 61:10).[14] 아마도 그리스도(요 14:3 참조)와 교회 모두 자신의 결혼을 위해 신부를 "준비시키는" 역할을 한다. 요한계시록 19:7은 신부가 자신을 준비하는 것에 대해 능동태를 사용하는 반면 21:2은 수동태를 사용하고 있다.

하나님께서 그의 백성들과 함께 "계신다"(*skenoo*, 스케노오)는 약속(계 21:3)은 궁극적으로는 이스라엘에 대한 하나님의 언약의 약속을 가리키는 빈번한 유대교

---

9. 회복에 대해서는, *b. Ber.* 44a; *Pes. Rab.* 17.2를 보라. 새로운 혹은 감추어진 예루살렘에 대해서 Roloff, *Revelation*, 235는 에스라 4서 8:52; 10:27; 13:36을 인용하고 있다. 우리는 *b. Hag.* 12b와 쿰란의 새 예루살렘 본문을 첨가할 수도 있다. 묵시문헌에서 이와 유사한 하늘의/지상의 병행들에 대해서는, Ford, *Revelation*, 361을 보라. 유대교 전승은 또한 미래에 그의 백성들과 함께 거하기 위해 하나님이 "내려오시는 것"을 알고 있었다(희년서 1:26). 신에 의해 세워지는 어떤 것이 단순히 인간의 손에 의해 세워지는 것보다 훨씬 더 큰 것으로 간주되었다(Apuleius, *Metam.* 5.1).

10. 일부 유대교 문헌들에서는, 하나님 자신이 예루살렘을 세우신다(에녹 1서 90:29; *Pes. Rab.* 26:7; 28:1; 33:1; 아마도 에스라 4서 8:52; 참조. 시 147:2). 회복의 종말론에 대한 상세한 논의에 대해서는, E. P. Sanders, *Jesus and Judaism* (Philadelphia: Fortress, 1985), 77-90을 보라.

11. 느 11:1, 18; 시 46:4; 사 48:2; 52:1; 단 9:16, 24; 슥 8:3; 시락 36:13; 토빗 13:9; 마카비 2서 3:1; 11QTemple 47:14-15; 마 4:5; 37:53.

12. 대부분의 주석학자들은 새 예루살렘을 하나의 백성으로써 혹은 최소한 백성을 포함하는 것으로 인식한다. 예를 들면, Robert H. Gundry, "The New Jerusalem: People As Place, Not Place for People," *NovT* 29 (3, 1987): 254-64; Bruce, *Message*, 87.

13. 시 48편에 대한 탈굼은 연대가 불확실한데, 이 또한 예루살렘을 신부로 묘사한다(Ford, *Revelation*, 361). 초기 그리스도인들이 묘사한 것들에 대해서는, L. Cerfaux, *The Church in the Theology of St. Paul*, tr. G. Webb and A Walker (New York: Herder & Herder, 1959), 360을 보라.

14. 아래의 21:11-21에서 단장에 대한 보다 상세한 묘사를 보라. 단장에 대한 상세한 내용은 19:7에 대한 설명을 보라. 세마포(19:8)와 진주(21:21)는 부유한 가정 출신의 신부들이 흔히 단장했던 것들이었다(Fekkes, *Isaiah*, 249는 Pliny, *Ep.* 5.16을 인용한다).

적 소망이었으며(출 25:8; 29:45-46; 레 26:12; 왕상 6:13; 겔 37:27; 슥 2:10-11), 이는 미래적 성전에서도 마찬가지이다(겔 43:7, 9).[15] 이 약속은 새 예루살렘이 성전 도성이며(계 21:22) 또한 그 모습이 지성소처럼 생겼다는 것을 본문이 드러낼 때 보다 분명하게 설명되고 있다. 성전의 회복은 회복된 예루살렘에 대한 구체적인 소망이었다(겔 37:26-28; 41-48). 그러나 요한계시록에서 이러한 소망은 전체 도성으로 전이된다.[16] 이것은 성육신(요 1:14를 보라. 여기에서 말씀이신 예수님이 우리 가운데 "거하시매"[문자적으로는 "장막을 치시매"]라고 선언하는데, 이는 신약성경에서 요한계시록 외에 스케노오(*skenoo*)를 유일하게 사용하는 경우이다) 이후에 하나님께서 사람들과 함께 "장막을 치신다는 것"을 가장 분명하게 나타낸 것이지만, 그러나 하늘에서 죽은 신자들은 이미 그러한 것을 경험하고 있다(계 7:15). 이러한 약속은 종말의 이스라엘에 대해 기대된 것이지만, 여기서는 "이기는" 모든 자들이 그 약속을 받고 있다(계 21:7).

만국에서 오는 대표자들이 있다는 것을 강조하고 있기 때문에, 헬라어는 NIV에 나오는 단수보다는 오히려 "그들은 하나님의 백성들이 되고"(복수형)로 되어 있다.[17] 이것은 많은 나라들이 하나님의 백성이 되고 또한 하나님은 그들 중에 거하실 것이라는 약속을 성취하는 것이다(슥 2:11; 참조. 사 19:25).

요한은 미래에 대한 우리의 호기심을 만족시키기 위해서가 아니라, 이 세상의 본질이 결국에는 변화될 것에 대해 우리를 위로하기 위해 새 창조를 묘사하고 있다(계 21:1). 옛 질서에 속한 것들이 다 지나가고 만물을 새롭게 하신다는 것(계

15. 유대교적 기대에 대해서는, 희년서 25:21; 아담의 생애 29:7; *Sifra Behuq. pq.* 3.263.1.5를 보라. 여기서 성경적 약속의 발전에 대해서는, 특히 Walter C. Kaiser Jr., "The Old Promise and the New Covenant: Jeremiah 31:31-34," 106-20 in *The Bible in Its Literary Milieu*, ed. V. L. Tollers and J. R. Maier (Grand Rapids: Eerdmans, 1979), 114; 그러나 Fekkes, *Isaiah*, 169는 특히 겔 37:27을 생각한다. 신부의 문맥에 어울리는 것으로서(계 21:2), Fekkes, *Isaiah*, 248은 21:3이 고대 근동의 결혼 계약과 궁극적으로 유사한 계약 양식을 상기시킨다고 생각한다.

16. 회복된 성전에 대해서는, 에녹 1서 90:28-29; 희년서 1:27-28; 토빗 13:10; 14:5; 시빌의 신탁 3.657-60, 702, 772-74; 바룩 2서 4:3; *tos. R.H.* 2:9; *Shab.* 1:13; 아미다(Amida)의 14번째 축복(Oesterley, *Background*, 65) 등을 보라. 또한 회당이 성전 대용적 특징이 있다는 것도 참조하라 (예를 들면, T. Friedman, "Some Unexplained Features of Ancient Synagogues," *Conservative Judaism* 36 [1983]: 35-42). 종말론적 "장막"에 대해서는, 아브라함의 유언 20 A; 에녹 2서 65:10, rec. J; *b. B.B.* 75a를 보라.

17. 그 내용은 불확실하다. 즉 소수의 초기 사본들은 복수형을 가지고 있으며, 좀더 어려우면서도 따라서 보다 가능성 있는 독법으로 간주되고 있지만, 단수를 선호하는 사본들이 더 넓은 지역에 분포되어 있다. 복수형을 선호하는 것에 근소한 무게를 두는 찬반양론에 대해서는, Bruce, M. Metzger, *A Textual Commentary of the New Testament*, 2d ed. (New York: United Bible Societies, 1975), 763을 보라. 복수형을 선호하는 것으로는 F. F. Bruce, *The Message of the New Testament* (Grand Rapids: Eerdmans, 1981), 87 n. 8을 보라.

1:4-5)은 슬픔(7:17에 대한 설명을 보라)과 그 원인, 특히 죽음이 끝났다는 것을 포함한다—신자들은 이러한 실재를 현재 단지 미리 맛보고 있는 것에 불과하다(고후 5:17).[18] 고통을 포함하여 이러한 "처음 것들"이 지나간다는 것(계 21:4의 문자적 번역. 또한 사 65:16의 칠십인 역을 보라)은 이사야 65:16-17의 새 창조에 대한 약속을 직접적으로 반영한다. 눈물과 사망으로부터의 구원은 이사야 25:8을 반영한다. 애통도 이렇게 지나가는 것은 악한 자들의 운명과 뚜렷한 대조를 이룬다(계 18:7-8, 15, 19; 참조. 마 8:12). 그리하여 요한은 이러한 말씀들이 참된 것이기 때문에(계 19:9 참조) 기록하라는 명령을 다시 받고 있다(계21:5; 참조. 1:11, 19; 14:13).

"이루었도다"(계 21:6)라는 선언은 완성을 암시하는데, 이는 요한복음 19:30에서 예수님이 그의 사역을 마무리하시면서 하신 말씀과 비슷하다(다른 단어를 사용한다). 하나님께서 함께 거하실 백성들을 창조하심으로써(엡 1:10 참조) 역사 속에서 하나님의 목적들이 이제 결론에 도달하게 된 것이다(계 10:7; 16:17 참조). 자신이 "알파와 오메가"이심을(계 21:6) 선언하심으로써, 하나님은 그가 약속하신 것들을 성취하실 수 있다는 것을 우리들에게 상기시킨다(계 1:8에 대한 설명을 보라). 생명수 샘물에서 물을 제공하심으로써, 하나님은 7:17을 상기시키고 있으며 또한 현재 심판 시대의 오염된 물과 대조를 이루고 있다(계 8:10; 14:7; 16:4). 이러한 약속은 22:1, 17에서 제시되고 있는 더 상세한 설명을 기대한다. 아마도 여기서 언급되고 있는 목마른 자는 함축적인 권면이면서(요 6:35; 7:37에서처럼) 동시에 이 시대의 상처들로 고통을 당해왔던 지친 자들을 초청하는 것이다(계 7:16). 이러한 샘물을 "값없이" 주신다는 것(계 21:6; 참조. 22:17)은 이사야 55:1을 반영하고 있는데, 이 구절은 약속된 예루살렘의 회복이라는 문맥 속에서 이스라엘을 초대하는 내용이다.

고난 그 자체로서는 그 나라에 들어갈 자격을 충분하게 주는 것이 아니다. 오히려 우리는 이겨야 하는 것이다(계 21:7). 요한계시록의 문맥에서, 이기는 것은 세상의 가치관들과 타협하는 것(계 2:14, 20), 우리 자신의 힘에 의존하는 것(계

18. 또한 일부 유대교 저자들은 지혜가 "모든 것을 새롭게" 만든다고 말함으로써 현재의 변형에 대해 말하고 있다(솔로몬의 지혜 7:27). 그러나 대개 완전한 소망은 미래의 새 창조에 대한 것이다(계 21:1에 대한 설명을 보라). 많은 후대의 랍비들은 이러한 종말론적 이미지를 현재의 새로운 시작에 적용했는데(*Lev. Rab.* 29:12), 이는 다른 사람을 회심시키신 분이 그를 "창조했다"는 그들의 이미지와 일치한다(*Sifre Deut.* 32.2.1; ARN 12A; 26, §54B). 하나님은 또한 그의 백성들에게 새 마음을 "창조하실" 것이다(희년서 1:20-21).

3:17), 그리고 박해 당하는 것(계 2:10) 등과 같은 온갖 시험을 이기는 것을 말한다. 그러나 박해는 요한계시록이 특별히 예수님의 종말의 증인을 강조하는 시험이다(계 12:11; 13:7). 유대교 문헌들은 종종 오는 세상을 상속 받는 것에 대해 말하는데(계 21:7), 이는 초기 그리스도인들도 비슷하게 말하는 표상이기도 하다(예를 들면, 마 25:34; 롬 8:17; 고전 6:9).[19] 여기서 이기는 자들은 "이것들", 즉 하나님께서 그들을 위해 예비하신 새롭고도 슬픔이 없는 세상을 상속받는 것이다(계 21:1-6).

하나님께서 그의 백성들의 하나님이 되시며 또한 그들이 하나님의 백성이 될 것이라는 약속은 고대 언약 양식의 가장 기본적인 요소이다(창 17:8; 출 6:7; 29:45; 레 11:45; 22:33; 25:38; 26:12, 45; 민 15:41; 신 29:13). 선지자들도 동일한 언약 양식들을 자세히 말하고 있다(렘 7:23; 11:4; 24:7; 30:22; 31:33; 32:38; 겔 11:20; 14:11; 36:28; 37:23, 27; 슥 8:8).[20] 그러나 요한계시록은 이를 가볍게 적용하고 있다. 즉 하나님은 이기는 자의 하나님이 되실 것이나, 또한 이기는 자는 그의 아들이 될 것이다(계 21:7). 하나님은 이전에 이스라엘을 그의 아들로 선언하셨지만(출 4:22; 신 32:19-20; 호 1:10; 11:1), 그러나 여기서는 종말에 하나님께서 공개적으로 개인 신자들을 그 자신의 아들들로 존중하실 것이다(계 21:7; 참조. 마 5:9; 롬 8:19; 요일 3:2).[21]

하지만 이 모든 약속들은 경고로 끝맺고 있다. 즉 이기지 못하는 자들은 불순종하는 자들이며 이들은 저주를 받을 것이다(계 21:8). 전통적 도성들은 성벽 밖에 몇몇 집단들을 두었는데, 가령 외국인들, 장사하는 사람들, 그리고 창녀들 등인데, 그러나 이들 집단들도 도성 안에서 일을 할 수는 있었다. 그러나 새 예루살렘 밖은 지옥이다.[22] NIV의 "their place will be"("그들이 있을 곳은~일 것이다")는 보다 문자적으로 "they will have their part [or share] in" ("그들은 ~가운데 그들의 몫을 가질 것이다")이다. 이것은 상속의 언어로서, 21:7에서 이기는 자들이 상속받는 것

19. 유대교적 자료들에 대해서는, 희년서 32:19; 에녹 1서 5:7; 에스라 4서 6:59; 7:96; 바룩 2서 51:3; *Mek. Beshallah* 7.139-40 등을 보라. 특히 렘 3:19; 슥 8:12를 보라.

20. 유대교 전승으로는, 희년서 2:19; 12:24; 15:32를 보라.

21. 종말에 하나님의 종들을 그의 자녀들로 공개적으로 변호하신다는 것에 대해서는, 희년서 1:24-25; 솔로몬의 시편 17:30; 시빌의 신탁 3.702-4를 참조하라.

22. 성곽 내부에서 추방된 집단들에 대해서는, Richard L. Rohrbaugh, "The Pre-Industrial City in Luke-Acts: Urban Social Relations," 125-49 in *The Social World of Luke-Acts: Models for Interpretation*, ed. J. H. Neyrey (Peabody, Mass.: Hendrickson, 1991), 145를 보라. 창 2:24에서 에덴으로부터의 추방을 참조하라.

과 의도적인 대조를 이루고 있다. "불못"은 21:1-6에서 새 예루살렘과 새 창조를 상속받지 못할 모든 사람들을 위한 목적지이다. "둘째 사망"(계 21:8)은 새 예루살렘에서 사망이 없는 것과 대조를 이룬다(계 21:4).[23] 신자들로서 시작하는 사람들은 "이겨야" 한다. 배교자들은 그리스도를 무엇보다도 먼저 공언하지 않는 사람들과 같이 죽음을 당할 것이다.

새 예루살렘에서 배제된 사람들의 목록(계 21:8)은 21:27과 22:15에서 관련된 형태로 등장한다. 악의 목록들은 고대 문헌들에서 흔히 나오지만, 그러나 요한계시록은 이러한 목록을 그 청중들이 직면하고 있는 특정 문제들에 맞추고 있다.[24]

- "두려워하는 자들"은 그들이 하나님을 경외한다기보다는(계 11:18; 14:7; 15:4; 19:5) 박해를 두려워하는 자들일 것이다(계 2:10).[25]
- "믿지 아니하는 자들"은 믿음이 없는 것으로 드러나는 자들이며, 또한 시험을 받는 중에 그들의 믿음을 유지하려고 하지 않는 자들이다(계 2:13, 19; 13:10; 14:12).
- "흉악한"으로 번역된 헬라어(*ebdelygmenos*, 에브델리그메노스)는 "가증한 것들"을 가리키는 단어들과 관련이 있으며(계 17:4-5; 21:27), 이는 하나님이 가증히 여기는 것을 말한다(신 14:3; 17:1; 잠 15:9, 26). 대개 칠십인 역에서 이 단어는 두 가지 죄에 적용된다. 즉 성적인 부도덕(레 18:22-29; 신 22:5; 23:18; 24:4; 왕상 14:24; 렘 13:27; 말 2:11)과—훨씬 자주 나오는 것으로—우상숭배이다(40회 이상).[26] 황제숭배 의식이나 혹은 이교주의의 여러

23. 악한 자들이 새 창조를 즐기는 것으로부터 배제시키는 것을 전제하고 있다(에녹 1서 45:5). 이것은 또한 새 예루살렘에도 적용된다(*b. B.B.* 75b는 최소한 1세기의 한 교사의 것으로 생각된다).

24. 악의 목록들에 대해서는, Plato, *Laws* 1.649D; Aristotle, E.E. 2.3.4, 1220b-21a; *V.V.* 1249a-51b; Epictetus, *Disc.* 2.8.23; Diogenes, *Ep.* 36 (Timomachus에게); Maximus of Tyre, *Disc.* 36.4; 1QS 4.9-11; 솔로몬의 지혜 14:25-26; Philo, *Sac.* 32; *Post.* 52; 시빌의 신탁 2.555-82; 레위의 유언 17:11; 롬 1:28-32; 디다케 5:1-2 등을 보라. 심판을 위한 종말의 악의 목록에 대해서는, 1QS 4.9-11; 시빌의 신탁 2:255-82 (기독교적 자료); *b. Sanh.* 103a를 보라. 이러한 목록이 우리 자신의 것과 유사하다는 상황화에 대해서는, Mounce, *Revelation*, 375; Kraybill, *Imperial Cult and Commerce*, 199를 보라.

25. 철학자들은 또한 겁내는 것을 정죄하였지만(예를 들면, Epictetus, *Disc.* 1.9.33; Aune, *Revelation*, 3:1131은 이를 도덕적 타락에 적용하는 본문들을 인용한다), 요한계시록은 이를 보다 상황적으로 적용한다. 요한문헌은 또한 "두려움"을 심판의 날에 대한 불확실성(요일 4:18)과 세상을 이기지 못한 불신앙(요일 5:4)에 적용한다.

26. 우상숭배에 대해 가장 분명하게 지적하는 것으로는, 신 7:25-26; 12:31; 13:13-14; 17:3-4; 18:9-12; 20:18; 27:15; 29:17; 32:16; 왕상 11:5, 33; 21:26; 왕하 16:3; 17:32; 21:2, 11; 23:13; 대하 15:8; 28:3; 33:2; 34:33; 36:14; 사 2:8, 20; 17:8; 44:19; 66:3; 렘 7:30-31; 16:18; 32:35; 44:17-23; 겔

형태들 및 세속주의와 타협하는 자들은 "가증스러운" 혹은 "흉악한" 범주에 들어간다.

- "살인자들"(참조. 계 9:21; 22:15)은 넓은 의미를 지니고 있지만 또한 하나님의 성도들을 죽이는 자들을 포함한다(계 2:13; 6:11; 13:10, 15). 이것은 그리스도인들을 정부에 밀고한 자들(계 2:9; 3:9), 자기 몸을 아껴 다른 사람들을 밀고하는 것을 억제시킬 만큼 충분히 형제들을 사랑하지 않는 사람들(요일 3:14-16 참조), 혹은 동료 그리스도인들의 궁핍함을 보고도 도와주려고 하지 않는 사람들(요일 3:17) 등을 포함할 것이다. 이러한 살인자들은 둘째 사망을 겪는 것이 옳을 것이다(계 20:14).
- 요한계시록에서 "음행"(참조. 9:21)은 종종 영적인 음행을 가리키지만(계 2:14, 20; 17:1-2, 5, 15-16; 18:3, 9; 19:2), 만일 독자들이 이것을 염두에 두지 않고 있다면, 이것은 문사 그대로 이교주의의 악명 높은 육체적 부도덕을 가리키고 있다는 것이 가장 자연스러울 것으로 생각된다. 어느 경우든지 세상 시민들의 성적 음행은 신부, 거룩한 성, 그리고 그곳에 거주하는 사람들의 성적인 순결과는 뚜렷한 대조를 이루고 있다(계 14:4; 19:7-8; 21:2).
- "점술가들"(22:15 참조)은 요한계시록에서 세상의 미혹하는 표적들(계 13:13-14)과 아마도 그 미혹하는 힘까지도(계 18:23) 포함하는 단어를 번역한 것이다. 보다 넓은 의미로, 이것은 귀신들이 가지고 있는 미혹하는 도구들도 포함한다(계 9:20-21; 갈 5:20).[27]
- "우상 숭배자들"은 황제숭배 의식이 요구하는 것들에 굴복하는 자들과 또는 세상 체제라는 우상들을 숭배하는 모든 것들을 포함한다(계 2:14, 20; 참조. 요일 5:21). 그들은 짐승의 우상을 경배한다(계 13:15).
- "거짓말 하는 자들"은 발람 및 이세벨과 같은(계 2:14, 20) 거짓 선지자들뿐만 아니라(계 2:2; 참조. 요일 2:22) 진리를 따른다고 거짓으로 주장하는 자들을 포함하며(계 3:9; 참조. 요일 2:4; 4:20), 또한 이들은 성도들과는 대조적이다(계 14:5).[28]

5:11; 6:9; 7:20; 8:10; 20:7-8, 30; 호 9:10; 슥 9:7 등을 보라.

27. 많은 유대인들은 마술사들에 대한 저주를 받아들였다(시빌의 신탁 2.283; 참조. 에녹 1서 65:5; 이사야의 승천 2:5). 그럼에도 불구하고 많은 유대인들은 그 다음 수 세기동안 우리가 마술적 행위로 간주하는 것에 참여하였다(예를 들면, *CIJ*, 2:62-65, §819; *b. Sanh.* 65b; Judah Goldin, "The Magic of Magic and Superstition," 115-47 in *Aspects of Religious Propaganda in Judaism and Early Christianity*, ed. E. Schüssler Fiorenza, UNDCSJCA 2 [Notre Dame: Univ. of Notre Dame Press, 1976]).

새 예루살렘의 재료들과 크기(21:9-21)

로마의 수사학자들은 종종 찬사(*encomium*)나 그들 백성들을 칭찬할 때 그들이 가지고 있는 최상의 기술들을 사용하여 도시들에 대한 감동적인 묘사를 제공하였다.[29] 그들은 매우 생생한 묘사를 제공하려고 노력하였으며 그리하여 청중들이 그들이 묘사하고 있는 것들을 실제로 보는 것처럼 묘사하려고 하였다(Theon, *Progymn.* 7.53-55). 구약성경은 하나님의 도성인 예루살렘(시 48편)과 종말의 도성(사 2:2-3)에 대한 감동적인 묘사들을 포함하고 있다. 에스겔은 에스겔 40-48장에서 새 예루살렘과 특히 성전 산에 대해 축어적인 설계도를 제공한다. 그 후에 나온 유대교 문헌들은 이러한 묘사를 더욱 상세하게 발전시켰으며,[30] 어떤 사람들은 새 예루살렘을 낙원과 동일시하기도 하였다(에스라 4서 8:52).

하지만 그러한 묘사들은 종종 문자적인 세부적 내용들을 강조한다기보다는 오히려 하나님의 신실하심에 대한 이해를 고무시키는 결과를 낳았다. 그리하여 예를 들면, 보석으로 포장된 거리들을 포함하여 종말의 예루살렘에 대한 어떤 묘사(토빗 13:9-17)는 토빗이 하나님을 찬양하는 것의 일부이다(토빗 13:1-18).[31] 이사야도 홍보석으로 성벽을 짓고 석류석으로 성문을 만드는 것을 예언하면서(사 54:11-12) 구원의 성벽과 찬송의 성문에 대해 말하고 있다(사 60:18). 이와는 대조적으로 스가랴는 예루살렘이 하나님 자신이 불로 둘러싼 성곽이 될 것이기 때문에 성곽이 필요 없게 될 것임을 예언하고 있다(슥 2:4-5). 우리가 이 도성의 세부적인 내용들을 아무리 달리 해석한다 해도, 이 새 예루살렘은 "하나님의 영광으로 빛날 것이며"(계 21:11), 다른 묘사들도 이를 보여주고 있다(계 21:23).

---

28. 유대교 전승은 또한 거짓말 하는 자들이 저주받을 것을 기대하였다(시락 20:25; ARN 45, §§125-26B 참조). 요한계시록에서 거짓말하는 자들은 "용과 그의 지상적 대리인들의 본성인 근본적인 거짓"을 저지르는 사람들로서 세상을 미혹하는 자들이며(Caird, *Commentary on Revelation*, 267), 또한 이는 우상숭배를 포함한다(사 44:20).

29. 예를 들면, Isocrates, *Panathenaicus and Panegyrius.* 하나의 "도시"로서 이스라엘에 대해서는, *Pes. Rab Kab.* 24:11을 참조하라. 도시들을 마치 백성들처럼 칭송하는 것에 대해서는, David L. Balch, "Two Apologetic *Enocomia*: Dionysius on Rome and Josephus on the Jews," *JSJ* 13 (1982): 102-22를 참조하라.

30. J. Licht, "An Ideal Town Plan from Qumram - The Description of the New Jerusalem," *IEJ* 29 (1979): 45-59를 보라.

31. 일부 종말의 환상들은 지배적으로 시골적인 것이지만(욜 3:18; 시빌의 신탁 3.744-49; 참조. Virgil, *Ecl.* passim), 그러나 도시의 청중들에 대해서는 이러한 도시적 미래가 보다 적절하다(시빌의 신탁 3.750-51을 참조하라).

천사는 요한에게 신부인 예루살렘을 보도록 요청하고 있으며, 또한 그를 "성령 안에서"(계 12:9-10, 아마도 환상의 상태로) 데리고 가는데, 이는 17:1-3에서 그가 음녀 바벨론을 보도록 이끌림을 받는 것과 같다. 바벨론은 광야에 있었다. 그러나 예루살렘은 하늘에서 내려온다. 요한은 하늘의 예루살렘이 어떤 산에서 내려오는 것을 보고 있다는 것은 환상의 산들에 대한 묵시적 전승들을 생각나게 할 수도 있으며(예를 들면, 에녹 1서 17:2), 혹은 이러한 광경을 바라보는 이상적인 장소를 나타낼 수도 있다(겔 40:2; 참조. 마 4:8). 그러나 산 그 자체는 종말의 시온 산을 가리킬 수도 있으며(계 14:1; 참조. 사 2:2-3), 그리하여 바벨론이 앉아있는 일곱 산들과 대조를 이루고 있다(계 17:9).[32]

요한은 그의 환상 속에서 영광스러운 도성을 본다. 어떤 자료들은 영광으로 빛나는 종말의 시온을 기대하였다(에스라 4서 10:25-27). 예루살렘 성전이 파괴된 후, 요세푸스(Josephus, *War.* 5.208 10)는 1세기 예루살렘 성전의 부에 대해 반추하면서, 그 문은 금과 은으로 장식되어 있었다고 말한다. 하지만 하나님은 일찌이 포로를 당했던 자들에게 그들이 보았던 것보다 더 큰 미래적 성전의 영광을 약속하셨다(학 2:9). 요한의 청중들 중에 나이가 많은 유대 그리스도인들은 성전의 찬란함을 기억하고 있었는데, 이들은 그들과 동시대 유대인들이 성전의 영광스러운 미래에 대해 진술했던 것과 같이, 새 예루살렘의 영광스러운 미래에 대한 묘사로 인하여 감동을 받았을 것이다.[33]

이름들이 문들과 기초석 위에 기록되어 있다는 것(계 21:12-14)은 고대의 청중들에게 특이한 것으로 충격을 주지 않았을 것이다. 도시 건축 프로젝트에 자금을 제공한 부유한 후원자들은 종종 그들의 이름을 문이나 기초석 위에 새기곤 하였다.[34] 하지만 새 예루살렘 위에 이름이 기록되어 있는 기부자들은 부유한 후원자들이 아니라 하나님의 백성들을 위해 기초석을 제공했던 삶을 사는 자들이었다. 열두 지파와 열두 사도들 모두가 있다는 것은 고대 이스라엘과 그리스도 교회 사이의 연결과 연속성을 강조한다.

---

32. 낙원에 대한 일곱 개의 환상적인 산에 대해서는, 에녹 1서 18:6-8; 24:1-3; 77:4를 보라. 예루살렘에 대한 유대교적 묘사는 예루살렘을 산 위에 두고 있는데(아리스테아스의 편지 83-84, 105-6; 희년서 4:26), 특히 유토피아적 문헌에서 그렇다(아리스테아스의 편지 116에 나오는 과장된 내용들을 참조하라). 구약성경은 대개 시온을 하나님의 "거룩한 산"으로 부르고 있다(예를 들면, 시 2:6; 3:4; 48:1; 겔 20:40; 욜 2:1).

33. 수 세기를 가로 질러, 예를 들면, 시락 36:16; *Pes. Rab Kah.* Sup. 6:2.

34. Kraybill, *Imperial Cult and Commerce*, 212.

일부 유대교 전승들은 하늘의 열두 문에 대해 말하고 있다(에녹 1서 33-36, 72-82). 여기 요한계시록에 나오는 문들은 이스라엘의 열두 지파를 나타낸다(겔 48:31-34 참조).[35] 요한계시록 앞에서 요한은 예수 안에 있는 모든 신자들을 이 열두 지파의 유산 속으로 통합시키고 있는 것은 제외하고(계 7:4-9), 요한의 새 예루살렘은 새 성전에 대한 몇몇 다른 유대인들의 환상과 공통점이 있다 (쿰란의 성전 두루마리는 성전의 열두 문에 있는 열두 지파의 이름들을 기념하고 있다). 로마의 많은 도시들은 한 방향에 출입문으로 세 개의 문을 가지고 있었던 것이 분명하지만, 새 예루살렘은 모든 방향으로 접근할 수 있다. 이는 새 예루살렘이 모든 방향에서 오는 사람들을 환영한다는 것을 암시한다.[36]

성경 전승에서 열두 돌은 열두 지파를 가리킨다(수 4:3-9). 출애굽기 28:17-21에서 대제사장의 흉패에는 특히 지파들의 이름을 새겨 넣었다.[37] 그러나 여기서 기초석은 어린 양의 열두 사도를 가리키고 있으며, 이는 새 성전의 진정한 기초석이라는 그리스도인의 표상과 일치한다(엡 2:20; 히 11:10; 벧전 2:5).[38] 비록 예수님이 우리의 궁극적인 기초석이 되시지만(고전 3:11), 초기 기독교 전통은 이미 교회가 예수님의 메시지를 드러낸 사도들과 선지자들의 터 위에 세우심을 받았다는 것을 강조하였다.

자(measuring rod, 계 21:15)는 요한이 그 도성의 초자연적인 거대함을 인식하도록 해주는 중요한 무대 장치이다(계 21:16).[39] 이 자는 성경에서 예루살렘(슥 2:1-2) 혹은 성전(겔 40-41장)을 측량했던 것을 생각나게 하며 또한 요한계시록 11:1-2에서 시작되었던 박해받는 남은 자들을 측량한 것이 영광스러운 미래적 도성에 대한 원형임을 요한의 압제 당하는 청중들에게 상기시키고 있다. 에스겔의

35. 유대교는 전통적으로 열둘 모두를 이스라엘의 지파들에 관련시킨다. 예를 들면, 열두 달(희년서 25:16). 몇몇 열둘은 12궁(宮)을 자아내기도 하지만(예를 들면, Josephus, *Ant.* 3.186; *War* 5.217), 이것 역시 이스라엘을 나타낼 수도 있다(*Pes. Rab Kab.* 16:5; *Ex. Rab.* 15:6; *Pes. Rab.* 4:1; 29/30A:6을 참조하라).

36. Kraybill, *Imperial Cult and Commerce*, 211-12.

37. 또한 후대 유대교 전승에도 언급되어 있는데, 예를 들면, 아리스테아스의 편지 97; Josephus, *War* 5.234; *Ant.* 3.169; *Ex. Rab.* 38:8-9.

38. Joseph M. Baungarten, "The Duodecimal Courts of Qumran, Revelation, and the Sanhedrin," *JBL* 95 (March 1976): 59-78 (p. 77)을 보라. 뿐만 아니라 1QS 8.7-8에서 쿰란이 기초 성곽을 열둘의 지도자 회의에 적용한 것도 주목하라 (Raymond E. Brown, "The Dead Sea Scrolls and the New Testament," 1-8 in *John and Qumran*, ed. J. H. Charlesworth [London: Geoffrey Chapman, 1972], 7).

39. 새 예루살렘에 대한 쿰란이 묘사한 것들도 역시 측량하는 천사들을 포함하고 있다 (Vermes는 5Q15를 인용한다. 참조. 1Q32; 2Q24; 5Q15). 하늘의 처소에 대해 묘사할 수 없는 광채에 대해서는 에녹 1서 14:15를 보라.

새 성전은 모든 방면에서 18,000 규빗이었다. 그러나 요한의 새 성전은 거의 2천배나 더 크다.[40] 상징적 숫자들은 이러한 도성을 하나님의 백성들이 거주하는 곳으로 묘사한다. 즉 12,000(스다디온)과 144(규빗; 21:16-17) 모두 하나님의 종들의 숫자를 생각나게 한다(계 7:4-8). 144와 같은 평방수를 사용하는 것도 삼각수인 666(계 13:18)과 생생한 대조를 제공하는데, 즉 이는 정사각형 도성의 기초 대 피라미드 기초이다.

이 도성의 정사각형 모양(계 21:16)은 몇몇 고대 건축의 계획에 적합하다.[41] 시리아-팔레스타인에 있는 성읍들은 "고르지 못한 지형"으로 인하여 일반적으로 울퉁불퉁하며 그리하여 이집트 및 바벨론의 보다 평탄한 땅과는 대조를 이룬다.[42] 새 예루살렘은 옛 예루살렘과 이러한 방식에서 차이를 보인다. 고대 이스라엘의 성읍들은 대개 임의적으로 생겨났지만, 그러나 그리스와 로마의 도시들은 중심부에 아고라가 있고 그 주변으로 공적인 일을 할 수 있도록 건물을 배치하여 세밀하게 계획되었다.[43] 에스겔도 역시 새 예루살렘이 정사각형으로 실계되어, 그 도성의 네 방향의 각 출입구에 이스라엘의 세 지파들의 이름이 기록되어 있는 세 문들이 있는 것으로 보도하고 있다(겔 48:16, 31-35).[44]

이러한 배경이 중요한 역할을 하고 있지만, 새 예루살렘이 단순한 정사각형이 아니다. 어떤 도시의 높이가 1,500마일이나 된다는 모든 인간들의 상상과 완전히 모순됨에도 불구하고 새 예루살렘은 입방체이다. 따라서 이 모든 모양의 대부분은 지성소를 생각나게 한다(왕상 6:20). 하나님은 예루살렘에서 그의 백성들과 함께 거하시며(계 21:3), 전체 도성이 성전과 같을 뿐만 아니라, 그것은 지성소와도 비슷할 것이다. 따라서 이 도성이 주님 자신 이외에 다른 성전을 필요로 하지 않는다

---

40. 이와는 대조적으로, 바벨론과 알렉산드리아의 성벽은 둘레가 9마일에 불과하였으며 그리고 니느웨는 훨씬 더 작았던 것으로 유명하였다(Aune, *Revelation*, 3:1160).
41. 전통적으로 바벨론과 니느웨를 포함하고 있다. 5Q15는 몇몇 고대의 도시들처럼 직각의 디자인을 가지고 있다 (Michael Chyutin, "The New Jerusalem" Ideal City," *Dead Sea Discoveries* 1 [1994]: 71-97). 정사각형은 또한 어떤 문헌들에서는 완벽함을 상징하기도 한다 (Talbert, *Apocalypse*, 101은 Plato, *Protagoras* 344A; Aristotle, *Rhet.* 3.11.2를 인용한다).
42. Aune, *Revelation*, 3:1159-60.
43. Kraybill, *Imperial Cult and Commerce*, 211.
44. 정사각형 모양(한 면의 치수가 짧은 입방체)은 또한 새 성전 및 새 예루살렘 이미지에서 중요하였다. 겔 40:47; 45:2; 48:20을 보라. 제단에 대해서는 출 27:1; 30:1-2; 37:25; 38:1; 겔 43:16; 에봇에 대해서는 출 28:16; 39:9를 보라. 파러(Farrer)는 만일 그 도시가 입방체의 각 12 경계선을 따라 12,000스타디아라면, 이것은 144,000명을 수용할 것으로 주장하지만(Mounce, *Revelation*, 380), 그러나 아마도 기하학을 가장 잘 알고 있는 사람만이 이러한 날카로운 내용들을 생각할 것이다.

는 것은 놀라운 일이 아닌 것이다(계 21:22). 신자들은 결코 전에는 경험할 수 없었던 완전한 강도로 하나님의 임재를 경험할 것이다. 만일 교회가 이미 성전이라면(엡 2:18-22), 우리의 미래적 경험은 성전의 가장 거룩한 부분과 같을 것이며, 그러기에 지속적인 예배를 드리며 또한 하나님의 임재를 즐거워할 것을 요구한다.

이 도성의 크기는 초자연적인 것으로서(계 21:15-16), 멸망당한 "위대한 도성" 바벨론의 자만과는 뚜렷한 대조를 이루고 있다(계 18:10, 16, 18-21).[45] 전문적으로 볼 때, 성벽 높이와 두께가 72야드(65미터)가 된다는 것은(계 21:16)[46] 1,500마일의 높이가 되는 도성을 보호하기 위해서는 완전히 부적절한 것으로 드러날 것이지만(계 21:16), 그러나 이 숫자들의 목적은 문자적인 것이 아니라 오히려 그 도성의 미래적 영광을 강조하기 위한 것이며 또한 역사가 완성되었을 때, 시대를 통하여 하나님의 남은 자들이 지금 요한 세대의 박해받는 교회들이 그렇게 보이는 것처럼 약한 모습이 아닐 것임을 암시하기 위한 것이다. 그 높이는 가장 극적인 특징이다(아마도 에베레스트 산 꼭대기처럼, 해발 6마일이 덜 되는 높이임을 인식하는 현대의 독자들에게, 그곳은 이미 숨을 쉬기도 어렵다). 인간들이 바벨에서 성취하지 못했던 것을—하늘에 닿은 도성(창 11:4)—하나님은 압도적인 선물로서 허락해 주시는 것이다.

왜 예루살렘은 영원한 평화의 시대에도 성벽을 필요로 하는가? 그 목적이 어떤 사람이 들어오지 못하도록 하는 것은 분명히 아니다. 왜냐하면 어느 누구도 그 문을 닫지 않기 때문이다(계 21:25). 성벽에 대한 묘사는 문자적인 것이 전혀 아니다(위의 21:17에서 144 규빗에 대한 설명을 보라). 그러나 고대 도시들의 실질적인 규모는 항상 성벽을 가졌는데, 따라서 가장 큰 도시들에 대한 묘사에서도 성벽은 필요하다.[47] 뿐만 아니라 만일 성벽이 없다면, 찬란한 문들에 대한 어떤 묘사도 없었을 것이다. 문들은 소아시아와 다른 곳에 있는 도시들에 대해 "제국의 당당한 건

45. 후대 랍비들도 역시 예루살렘과 거룩한 땅이 하늘까지 확장되고 자랄 것으로 기대하였다(*Sifre Deut.* 1.11.1; b. B.B. 75b; *Pes. Rab Kah.* 20:7; *Deut. Rab.* 4:11; *Song Rab.* 7:5, §3은 사 54:2를 인용한다). 한 수사학자는 로마가 모든 백성들에 적합할 수 있을 것으로 과장되게 묘사한다(Lucan, *C.W.* 1.511-13). 그러나 요한의 묵시적 이미지들은 좀더 극적이다. 어떤 사람들은 현재 세상은 지금까지 살아왔던 모든 사람들을 동시에 수용할 수 없으며(에스라 4서 5:44), 그리하여 의로운 남은 자들에게 제한시키는 어떤 도시가 초자연적으로 커야 한다고 생각했다(시빌의 신탁 5.249-52에 나오는 과장적인 표현을 참조하라). 일부 전승들에서 의인들은 새 예루살렘에서처럼(*b. B.B.* 75b), 높은 곳에 거주할 것이다(바룩 2서 51:10).

46. 두께는 고려할 가능성이 더 있지만(겔 41:9, 12; Aune, *Revelation*, 3:1162), 그 문제는 여전히 논란이 되고 있다.

47. Ladd, *The Last Things*, 112-13; Rissi, *Future of the World*, 67을 참조하라.

축물"을 과시하는 최상의 기회를 제공하였다.[48] 그리하여 이러한 문들이 없었다면, 요한계시록은 성경적 상징주의를 특히 그리스도 중심적 방식으로 재적용하는 기회를 놓쳤을 것이다.

천사의 측량이 곧 사람의 측량이라는 것(계 21:17)은 정상적인 천사들을 의미해야 하는 것이지, 10:2에서처럼 예외적인 크기를 가진 천사들을 말하는 것이 아니다.[49] 여기서 사람의 측량은 분명히 에스겔 40:5을 상기시키지만, 보컴(Bauckham)은 이것이 동시에 요한계시록 13:18과 생생한 대조를 이루고 있다고 주장한다. 즉 짐승인 사람의 수와 비교하는 천사이기도 한 사람의 측량이다(계 21:17). 짐승의 나라는 사람을 짐승의 수준으로 떨어뜨리는 반면, 새 예루살렘은 사람을 천사의 수준으로 높인다.[50]

성곽이 벽옥이라는 것(계 21:18; 참조. 21:11)은 성곽이 하나님의 영광을 반영하고 있음을 의미하는데(계 4:3), 이는 아마도 그 도성의 가장 중요한 특징일 것이다(계 21:19, 23; 참조, 슥 2:5). 이사야는 보석으로 꾸며진 성벽을 약속했다(사 54:12). 이 벽옥은 하늘의 물처럼(계 4:6; 22:1) "수정 같이 맑으며"(계 21:11), 그리하여 하나님의 영광이 통과하도록 한다. 그 도성이 정금으로 되어 있다는 것은 최초의 낙원에서 나온 이미지들을 반영하는 것으로 보이지만(창 2:11-12) 그러나 아마도 지금은 일반적으로 부로 간주되는 것을 반영하는 것으로서(계 3:18 참조), "부유한" 바벨론이 단순히 금으로 치장한 것과 뚜렷한 대조를 이루고 있다. 금이 맑은 유리 같다는 것은 사람에게 알려진 제련 기술과 어울리지 않으며, 그리고 고대에서 유리는 완전히 "투명한" 것이 전혀 아니었다. 그러한 투명성은 또 다시 하나님의 영광을 암시한다(계 4:6; 15:2; 참조. 출 24:10; 겔 1:22).[51]

그 도성 기초석의 "보석들"(계 21:19-20, 이는 21:14를 발전시킨 것이다)은 이사야 54:11-12에 나오는 하나님의 약속들을 생각나게 하는데, 이 약속은 후대 유

---

48. Aune, *Revelation*, 3:1154.

49. 천사들은 예를 들면, 에녹 2서 20:1-2에서 "사람"처럼 되풀이하여 나타나기도 한다. 후대의 일부 유대교 전승에 보면, 하늘 환상에서 모세는 천사들을 사람으로 보기도 하였다(*Pes. Rab.* 20:4). 혹은 천사들은 천사나 사람의 형태를 지닐 수 있었다(*Gen. Rab.* 50:2). 요한계시록은 가끔 모호할 뿐이다(예를 들면, 계 22:8-9).

50. Bauckham, *Climax of Prophecy*, 397-98도 히브리어 글자에서 "짐승"(beast)에 대한 헬라어는 666이며, 한편 히브리어 글자로 "천사"(angel)는 144라는 것을 주목하고 있다 (Gideon Bohak, "Greek-Hebrew Gematrias in *3 Baruch* and in Revelation," *JSP* 7 [1990]: 119-21을 참조하라).

51. 계 21:18, 21에서 정금의 순수성은 제련된 금속에 적절한데, 15:6; 19:8, 14 등의 헬라어에도 등장한다. 헬라어는 이와 대조되는 표현을 16:13; 17:4; 18:2에서 바벨론과 관련이 있는 더러운 것에 사용하고 있다. 정금은 유리에 비유되고 있는데, 이는 겉모습에 근거한 것이 아니다(ARN, 24A).

대교 전승들에서 발전되었다(예를 들면, 토빗 13:16).[52] 어떤 랍비들은 보석과 진주로 꾸며진 예루살렘 문들이 가로 세로 30 규빗이 될 것임을 예언하였다(*b. B.B.* 75a). 요한계시록의 이미지에 더 가까운 것으로서, 이사야 54:11-12에 대한 쿰란의 주석은 보석에 대한 그 진술들을 이스라엘의 남은 자들과 그 지도자들에 대해 은유적으로 적용하였다.[53] 요한이 21:2(NIV, "beautifully dressed"[아름답게 차려입은], 동일한 헬라어 단어)에 나오는 장식에 대한 그의 언급을 21:19(NIV, "decorated"[꾸며졌다])에서 반복하고 있는 것은 이것이 새 예루살렘의 신부 옷에 대한 묘사임을 암시하고 있으며, 이는 바벨론의 음녀가 입은 옷과 뚜렷한 대조를 이루고 있다(계 17:4).

그다음 요한은 보석들을 열거하고 있다. 이는 제사장의 흉패(출 28:17-20)와 두로의 부유한 단장(겔 28:13)에서 비롯된 것인데, 이 중에 열두 보석에 빠져있는 것도 있으며 그리고 두 목록에 함께 나오는 9개의 보석을 포함하고 있다. 이것은 새 예루살렘이 제사장적 도시일 뿐만 아니라(대제사장의 흉패가 암시하는 것으로 주장한다), 또한 이 성의 경제적 풍부함과 정의는 요한계시록 18장에서 바벨론에 대한 모델을 제공했던 경제적 착취자인 두로와 뚜렷한 대조를 이루고 있다(계 17:4).[54]

이사야는 수정으로 만든 문을 약속했다(사 54:12). 여기서 진주 문(계 21:21)은 또 다시 화려하지만 열등한 바벨론의 진주 장식들과 뚜렷한 대조를 이루고 있다

---

52. *Pes. Rab Kab.* 18:4-6에 나오는 상세한 내용을 보라. 이곳에서 문자적으로 진주와 보석으로 되어 있는 문들은 현재에는 바다 밑에 형성되어 있다. 랍비 이전 문헌들에 많은 관심을 두고 있는 보다 자세한 내용은 William W. Reader, "The Twelve Jewels of Revelation 21:19-20: Tradition History and Modern Interpretation," *JBL* 100 (Sept. 1981): 433-57; Fekkes, *Isaiah*, 239를 보라. 왕상 5:17에서 성전의 기초석으로 사용된 "귀한 돌"(NIV: "quality stone"[상질의 돌])을 참조하라. 그러나 해석학자들이 이를 보석으로 해석하는 것은 곤란하다. 계 21:11의 "빛"을 고려하여, 어떤 전승들은 이를 특히 빛을 내는 돌로 말하는 것이 적절할 지도 모른다(Ps. Philo 26:9-14; *b. Sanh.* 1086; *Gen. Rab.* 31:11; *Pes. Rab.* 32:3/4).

53. J. A. Draper,"The Twelve Apostle As Foundation Stones of the Heavenly Jerusalem and the Foundation of the Qumran Community," *Neot* 22 (1988): 41-63을 보라.

54. Kyaybill, *Imperial Cult and Commerce*, 209; Reader, "Jewels," 456에 있는 설명들을 참조하라. Ps-Philo에 나오는 병행들은 문학적인 대조가 단순히 우연적인 것이 아님을 보여준다. 후대의 일부 전승들은 이 도시의 보석들은 모든 사람의 경제적 필요를 채워주며 그리하여 모든 경제적 분쟁들을 해결할 것으로 생각하였다 (*Pes. Rab Kab.* 18:6; *Pes. Rab.* 32:3/4). Beale, *Revelation*, 1080-88은 다양한 배경들의 유용한 요약을 제공해준다. 대제사장의 흉패 위에 있는 보석조차도 하나님의 백성들의 영광을 나타낸다 (솔로몬의 지혜 18:24). 요한이 보석들을 열거하는 순서는 출애굽을 의도적으로 반영하는 것처럼 보인다 (이에 대한 설명으로는, Caird, *Commentary on Revelation*, 275-77을 보라. 그러나 캐어드가 반 12궁의 연관성을 말하는 것에 대해서는 옳지 않은 듯하다. T. Francis Glasson, "The Order of Jewels in Revelation xxi. 19-20: A Theory Eliminated," *JTS*[1975]: 95-100을 보라).

(계 17:4; 18:12, 16). 후대 유대교 전승은 바다 밑바닥에 있는 천사들이 현 시대 동안 이사야의 진주를 만들고 있다는 것을 강조하였다(*Pes. Rab Kah.* 18:5; *Pes. Rab.* 32:3/4). 값 비싼 진주는 다른 소유물보다 더 가치가 있었을 것이다(마 13:45-46).[55]

"큰 길"(계 21:21)에 대한 요한계시록의 설명도 역시 중요하다. 처음 예루살렘(아마도 요한계시록이 기록되기 20여 년 전에 파괴되었을 것이다)을 기억했던 사람들은 남북 및 동서 주요 도로(그 너비가 10에서 13미터가 되었다)를 기억했을 것이다. 그러나 새 예루살렘의 환상은 이보다 더욱 크다.[56] 새 예루살렘이 보석으로 장식되어 있다는 것을 묘사한 후에, 토빗은 예루살렘의 거리가 녹옥으로 포장될 것이며(토빗 13:16; 참조. 계 21:20) 또한 하나님께 찬양을 드릴 것으로 선언한다(토빗 13:17). 새 예루살렘이 열두 문을 가지고 있어서 수많은 거리들이 있었던 것이 분명하지만, 요한계시록은 하나의 "길"에 대해 말하고 있다(계 21:21). 아마도 이것은 단순히 주요 도로를 언급하는 듯하다(계 11:8; 22:2; 삿 19:15-20; 에 6:9-11을 보라).[57]

새로운 낙원에서 하나님의 임재와 영광(21:22-22:5)

새 예루살렘에 성전이 없다는 것(계 21:22)은 종말에 대한 전통적인 유대교적 기대들과 뚜렷한 대조를 이루고 있는데, 여기에서 새 성전은 새 예루살렘의 중심적 특징이었다. 정규적으로 암송되었던 18 기도문(Eighteen Benedictions)에 나오는 한 기도는 다른 유대교 문헌들처럼 성전이 갱신될 것을 기대하였다.[58] 새 예루살렘에 대한 이러한 묘사는 유대교적 기대들을 잘 알지 못하는 이교들에게도 이목

---

55. Fekkes, *Isaiah*, 243은 진주가 이사야 54장의 자연스러운 해석을 어떻게 표현하는지를 설명한다(진주는 사람이 구멍을 뚫을 수 있는 보석의 일종이다).

56. 헤롯왕 당시의 예루살렘 거리들에 대해서는, Aune, *Revelation*, 2:618을 보라. 그리고 로마의 *Sacra Via* (620; Holy Road에 대한 라틴어)과 비교하라.

57. 로마의 도시들은 일반적으로 두 개의 주요 도로가 있고 그 주변으로 다른 도로들이 편성되어 있었다. 카르도(*cardo*)는 북서 도로로써 동서를 달리는 데쿠마누스(*decumanus*)를 교차하는 도시의 중심부 근처에 있다 (J. Julius Scott, *Customs and Controversies* [Grand Rapids: Baker, 1995], 240). Beasley-Murray, *Revelation*, 326은 그 거리가 고대인들이 은하수에서 발견했던 하늘의 도로를 상기시킨다고 주장한다.

58. 희년서 1:27-29; 에녹 1서 90:28-29; 시빌의 신탁 3.702-6; *m. Ab.* 5:20; *Taan.* 4:8을 보라. 상세한 것으로는 Talbert, *Apocalypse*, 102를 보라. E. P. Sanders, *Jesus and Judaism* (Philadelphia: Fortress, 1985), 86은 여기서 전통적인 유대교적 기대에 대한 반론을 주장한다. 일부 후대의 기대 요소들은 희생 제사를 폐지하였다 (*Pes. Rab Kah.* 9:12).

을 끌었을 것이다. 정상적인 모든 그리스와 로마의 도시들은 신전을 가지고 있었다.[59] 그러나 요한의 환상에서 미래적 성전이 없다는 것은 새 예루살렘에서 미래적 성전에 대한 에스겔의 환상을 실제로 부인하는 것은 아니다(겔 41-48). 그보다는 새로운 도성 그 자체가 전체적으로 하나님이 거하시는 곳인 성전이라는 것이다(계 21:3, 16, 22). 하나님은 그의 백성들 가운데 거하시며 또한 그들은 현존하시는 하나님 안에서(요 15:4; 참조. 사 8:14; 겔 11:16), 그리고 오는 시대에는 보다 깊은 차원으로 거할 것이다.

새 예루살렘은 성전이 없을 뿐만 아니라, 또한 타격을 받았던(계 8:12; 참조. 7:16) 해와 달도 필요로 하지 않을 것이다. 이 도성뿐만 아니라 전체 창조 질서도 하나님을 명백하게 의존하는 가운데 행할 것이다. 하나님은 그의 백성들에게 약속하시기를, 그들이 회복할 때가 이르면, 그리고 새 예루살렘의 때가 이르면, 그들은 해나 달도 필요로 하지 않을 것이라고 하셨다. 하나님 자신이 그들의 영광이 되실 것이며, 다시는 해가 지거나 달이 물러가지 않을 것이다(사 60:19-20; 참조. 13:10; 24:23). 천사라도 땅을 비출 수가 있다면(계 18:1), 하물며 하나님과 어린 양은 얼마나 더 하겠는가(계 21:23; 22:5; 이사야가 하나님에 대해 말하고 있는 것을 요한계시록은 이곳에서 어린 양에게 적용하고 있다는 것을 주목하라).[60] 우리는 밤에 어두운 수평선을 배경으로 환하게 밝혀진 도시를 볼 수 있지만, 대부분의 고대 도시들은 밤에 빛이 희미하였다. 이와는 대조적으로 새 예루살렘은 지속적인 빛으로 가득 차 있다.

어떤 문헌들은 하나님께서 만국을 멸망시키실 것으로 경고하고 있는 반면(최소한 그들의 군대를; 사 17:13-14; 렘 25:31-32; 30:11; 욜 3:2, 10-19; 미 4:1-4, 11-13; 습 3:8; 학 2:22; 슥 12:9), 다른 문헌들은 만국이 종말에 여전히 남아 있을 것이며(사 2:4) 그리고 이스라엘을 섬길 것이라고 말한다(사 45:14; 49:23; 단 7:14). 어떤 문헌들은 미래의 예루살렘에서 이방인들을 배제시키는 반면(사 52:1; 욜 3:17; 참조. 슥 14:21), 다른 문헌들에서 그들은 자신들의 부를 가지고 예루살렘으로 올 것이라고 말한다(시 72:9-11, 16; 사 45:14; 60:5-16; 61:6).[61] 이것은

59. Arrian, *Indica* 7.2; Kraybill, *Imperial Cult and Commerce*, 213. 일부 사람들은 신전들을 반대하였지만(시빌의 신탁 4.27-28), 그들은 소수였다.

60. 다른 초기 유대교 저자들은 하나님이 그의 백성들에게 빛을 비추실 것으로 생각하였다(에녹 1서 1:8; 50:1; 58:2-6; 96:3; 1QH 18.28-29; 에스라 4서 7:39-44; 참조. 1QM 1.8; 에녹 2서 65:10; 시빌의 신탁 2.329; 4.190-92; *Pes. Rab Kah.* 21:5). 보다 자세한 내용은 계 22:5에 대한 설명을 보라.

미래에 대한 가장 긍정적인 환상이다. 이방인들은 한 때 성전 도시를 짓밟았지만(계 11:2), 이제 그들은 성전을 공경하고 있으며, 또한 하나님을 경배하기 위해 나아온다(계 15:4; 참조. 시 102:15; 슥 14:16-19). 만국은 예루살렘의 빛 안에서 거한다(계 21:24; 참조. 사 2:3-5; 60:2-3).

요한계시록에서 만국이 가지고 오는 선물들은 단순히 부가 아니라 "영광"이다(계 21:24 [NIV, "splendor"], 26). 만국은 하나님의 더 큰 영광 속에서 우상을 버리고 그들의 영광을 하나님께 바친다(계 21:23). 만국은 한 때 자신들의 부를 바벨론으로 가져갔다(계 18:12-16). 그러나 이제 그들은 그 부를 하나님의 진정한 도성으로 가지고 간다. 그러나 그들은 자신들의 이름이 "어린 양의 생명책"에 있기 때문에 그리로 들어가는 것이다(계 21:27). 만국은 결국 하나님의 길로 회심하였다(사 19:19-25; 렘 3:17; 슥 2:11; 8:22-23).[62]

새 예루살렘의 성문들이 결코 닫히지 않는다는 것(계 21:25)은 제한을 받지 않고 접근할 수 있다는 것을 암시한다(성문이 열려 이방인들이 계속 재물을 가지고 온다는 표상에서 빌려온 것이다. 사 60:11 참조). 접근하는 것을 통제하기 위해, 로마의 도시들은 대개 그 도시의 한쪽에만 출입구를 열어놓았다. 안전을 이유로, 도시는 대개 밤에 성문을 닫아놓았다. 하지만 새 예루살렘은 모든 사람들을 환영하며(계 22:17) 또한 두려워할 아무런 원수들이 존재하지 않는다. 뿐만 아니라 이 도성은 결코 밤을 경험하지 않는데, 이는 여호와의 영광의 빛이 다함이 없기 때문이다(계 21:25). 의인들은 그 문들을 통하여 들어갈 수 있으며(계 3:7; 22:14), 그리고 들어갈 수 있는 어떤 다른 문이 존재하지 않는다(요 10: 1 참조). 유대교 전통에서, 예루살렘과 그 성전은 땅의 중심 혹은 배꼽을 구성하고 있다.[63]

하지만 앞의 21:1-8에 나온 약속처럼, 새 예루살렘의 약속된 기쁨은 위로뿐만 아니라 경고로서의 기능도 한다. 왜냐하면 모든 사람들이 그 안에서 거주하지 않

---

61. Sanders, *Jesus and Judaism*, 214는 또한 미 4:13과 습 2:9를 인용한다. 아울러 토빗 13:11; 1QM 12.14; 시빌의 신탁 3.772-74를 보라. 성경과 마찬가지로, 유대교 전승들도 다양하였다. 즉 만국은 이스라엘로부터 이익을 얻지 않을 것이며(*Sifre Deut.* 315.1.1), 그리고 초대받은 사람들만 예루살렘에 갈 수 있으며(*b. B.B.* 75b), 혹은 하나님이 만국이 예루살렘으로 들어가도록 그들을 속이시며, 거기서부터 하나님은 그들을 게헨나로 쫓아내실 것이다 (*Pes. Rab Kah.* 2:2).

62. 겔 39:21; 유다의 유언 25:5; 시빌의 신탁 3.716-19를 참조하라. 어떤 전승들은 회심이 없는 만국의 존속을 허용하고 있으며(미 4:5), 혹은 그 남은 자들만이 회심할 것이라고 말한다(슥 14:16-19).

63. 희년서 8:12, 19; 시빌의 신탁 5:249-50; *tos. Kip.* 2:14; *b. Yoma* 54b를 보라; 참조. 겔 5:5; 38:12. 이것은 델피가 중심이었다는 그리스와 로마의 주장에 대한 대답이다 (예를 들면, Euripides, *Medea* 667-68; *Orestes* 591; Varro, 7.2.17; Livy, 38.48.2; Ovid, *Metam.* 10.168; 15.630-31; Lucan, *C.W.* 5.71).

기 때문이다(계 21:27). 고대의 성소들은 종종 죄를 지은 사람들의 피난처로 사용이 되었지만, 그러나 성경은 이것을 오직 부지중에 죄를 지은 사람들에게만 허용하였다(출 21:14; 민 35:22-25). 이 거룩한 성은 악을 행하는 어떤 사람도 숨겨주지 않을 것이다.[64] 요한계시록 21:8에서처럼, 악한 자들은 추방을 당할 것이다(슥 5:3-4 참조).[65]

"또 그(천사)가…내게 보이니"(계 22:)는 요한이 21:10에서 보았던 것의 연속적인 환상임을 암시한다(21:8과 함께 21:27을 참조하라). 그러나 이 진술은 장면 전환의 특징이 빠져있기 때문에 이는 아마도 새 예루살렘의 환상을 계속하는 것으로 볼 수 있다. 물론 다른 관점에서 본 것일 수도 있지만, 그러나 이 단락은 앞에 나온 묘사의 요소들을 계속 이어나가고 있다(예를 들면, 22:2의 길). 하여튼 22:1-5은 새 창조에 대한 요한의 환상의 절정을 이루고 있다.

"강"이 하나님의 보좌로부터 나온다는 것은 미래의 시온에서 물이 흘러나온다는 성경의 이미지들을 반영하는 것일 수 있다(겔 47:1-12; 욜 3:18; 슥 14:8). 하나님의 보좌로부터 직접 나오는 이 수정 같이 맑은 강은 앞에 나왔던 수정 같은 바다를 대신한다(계 4:6; 15:2; 21:1). 현재의 예루살렘도 몇몇 사람들이 시적으로 하나의 강으로 묘사했던 물 공급원을 가지고 있었다(시 46:4; 에스라 4서 5:25).[66] 강한 모든 도시들은 그들 자체의 물 공급 근원을 가지고 있었음에 틀림없으며(계 3:15-16에 대한 설명을 보라. 라오디게아의 그리스도인들은 특별한 주목을 했을지도 모른다), 더구나 새 예루살렘은 영원한 공급원을 가지고 있다.

"생명수의" 강(계 22:1)은 아마도 최초 낙원의 강들을 생각나게 하는데(창 2:10), 특히 이 이미지와 생명나무를 결합시킨 것을 볼 때 그렇다. 이것은 놀라운 일이 아니다. 왜냐하면 유대 문헌들은 종종 마지막 때를 최초의 때의 관점에서 묘사했기 때문이다.[67] 일부 저자들은 에덴을 새 예루살렘으로 연결시키거나(단의 유

---

64. Hemer, *Letters to the Seven Churches*, 48-51; 성소의 기능에 대해서는, Hesiod, *Works and Days* 327; Euripides, *Madness of Heracles* 48; Diodorus Siculus, 11.89.6-8; Livy, 35.51.1-2; Appian, *R.H.* 12.1.7 등을 보라.

65. 포메리움(*Pomerium*), 즉 한 도시 안에서 불법적인 활동을 차단하는 경계선으로서, 로마의 성읍들과 도시의 각 방면으로부터 1마일 확장되어 있다(Kraybill, *Imperial Cult and Commerce*, 212). 그러나 21:17은 성곽 그 자체에 대해 말하고 있다.

66. 디아스포라 유대인들은 성전의 수로 시스템을 종종 과장하였다 (아리스테아스의 편지 88-91). 칠십인 역에서 "수정"은 얼음과 관련이 있지만(욥 6:16; 38:29; 참조. 시 147:17; 148:8), 그러나 이곳의 자료는 사 54:12와 겔 1:22이다.

67. 에스라 4서 8:52-54; 9:5-6; 바나바 서신 6:13; 행 3:21을 보라. 보다 자세한 것은 D. S. Russell, *The*

언 5:12) 혹은 에덴을 지성소에 해당하는 것으로 간주하였다(희년서 8:19; 참조. 계 21:16). 많은 사람들은 종말의 낙원을 기대하였다.[68]

미래의 환상들은 종종 초자연적인 농업적 풍부함을 포함시키면서 노동의 수고는 감소시키거나 없애버린다(욜 3:18; 암 9:13).[69] 풍성함에 대한 일부 묘사들은 태고의 동산을 암시하였다.[70] "낙원"(paradise)은 문자적으로 "동산"(garden)을 의미했으며, 그리고 낙원과 같은 이미지는 대개 강들과 열매 맺는 나무들을 포함하였다.[71] 이것은 최초의 낙원에 언급되었던 생명나무를 포함할 수도 있었다(에녹 1서 24:4-25:7; 에스라 4서 8:52; 에녹 2서 8:3; 레위의 유언 18:11). 요한계시록의 나무는 에스겔 47:12에서 성전 강의 양쪽에 치료하기 위한 각종 열매 맺는 나무들에게서 기원한 것이다. 보통 열매들은 계절적인 열매를 맺는데 비해(예를 들면, 막 11:13), 이 나무는 달마다 열매를 맺는다.[72]

일부 유내교 문헌들은 이러한 이미지를 열두 나무로 발전시키고 있는데, 이는 아마도 그 나무들이 열매를 맺는 열두 달에 기초한 것으로 보인다(희년서 21:12;

Method and Message of Jewish Apocalyptic (Philadelphia: Westminster, 1964), 280ff.; French L. Arrington, *Paul's Aeon Theology in 1 Corinthians* (Washington, D.C.: Univ. of America, 1978), 77-81을 보라. 고대인들은 강의 이미지를 세상으로 이해했을 것이다. 즉 헬라인들은 강을 세상을 둘러싸고 있는 오케아노스(Oceanus, 그리스 신화에서 대양의 신-옮긴이)로 생각했으며, 그리고 어떤 이들은 나일 강이 오케아노스 (Diodorus Siculus, 1.12.6) 혹은 동일한 강으로써 유프라테스 강(Pausanias, 2.5.3)과 하나가 되는 것으로 생각하였다. 그리하여 어떤 유대인들은 창세기 2장에 나오는 네 개의 강을 오케아노스의 네 부분으로써 갠지스 강, 유프라테스 강, 티그리스 강, 그리고 나일 강으로 생각하였다 (Josephus, *Ant.* 1.38-39).

68. 에스라 4서 7:123-24; 8:52; 바룩 2서 51:11; 레위의 유언 18:10; *Sifra Behuq. pq.* 3.263.1.5를 보라. 죽음 이후의 낙원에 대해서는 에녹 1서 60:8; 61:12; 아브라함의 유언 20 A; 10 B를 보라. 이것은 종종 에덴으로 비유되거나(사 51:3; 겔 36:33-35) 혹은 그렇게 불리어졌다(*m. Ab.* 5:20; 1QH 6.16-17). 후대 랍비들은 대개 종말론적 에덴을 게헨나와 대조하기도 했으며(ARN, 25A; *b. Ber.* 28b; *Erub.* 19a; *Yoma* 87a; *Ex. Rab.* 7:4; *Lev. Rab.* 32:1; *Koh. Rab.* 7:14, §3) 그리고 이를 의인들의 목적지로 말하기도 했다 (*b. Temurah* 16a; *Num. Rab.* 13:2).

69. 더 자세한 내용은 바룩 2서 29:5-7; 시빌의 신탁 3.744-49; *b. Ket.* 112b를 보라. 에녹 1서 10:18-19와 로마인들 중에는 Virgil, *Ecl.* 4.18-25, 37-40을 각각 참조하라.

70. 예를 들면, *Sifra Behuq. pq.* 1.261.1.6.

71. 에녹 1서 31:1-3; 32:3-6; 에녹 3서 42:2; *Lev. Rab.* 22:10; 아울러 에녹 1서 29:2에 나오는 심판의 나무도 참조하라. 헬라어 파라데이소스(*paradeisos*, "paradise"는 페르시아어에서 빌려온 것이다)는 보통 정원이나 공원을 의미한다 (예를 들면, Dio Chrysostom, *79th Disc.* 6; Longus, 4:1-2; Philostratus, V.A. 1.37; Philo, *Creation* 153).

72. 이교도들도 역시 나무가 일 년 내내 열매를 맺는 장소를 하나의 이상으로 생각하고 있었다 (Homer, *Od.* 7.114-19). 그들은 땅이 인간의 수고 없이(Ovid, *Metam.* 1.101-6; Babrius prologue 12) 1년 열두 달 동안 (Ovid, *Metam.* 1.106) 열매를 제공하는 원시적인 황금시대를 상상하였다. 초기 유대교는 각 달을 천사 하나에 할당하였다(에녹 1서 82:11-20).

레위의 유언 9:12). 그러나 요한계시록은 이 나무들을 열두 가지 열매를 맺는 한 개의 나무로 제시하는 것을 좋아하는데(가령 에덴의 최초 생명나무처럼), 이는 필시 신자들이 영생의 한 가지 근원만을 가지고 있다는 것을 강조하는 것으로 보인다. 즉 예수님만이 영생의 유일한 근원이시다.[73] 고대 도시들의 주요 거리에는 종종 가게들이 줄지어 늘어선 반면, 요한계시록은 다양한 종류의 양식을 제시한다. 에스겔의 "치료"에다가 요한계시록은 "만국을" 첨가하여, 하나님의 종말론적 공동체는 그의 도성으로 접붙임을 받은 만국으로부터 나온 사람들을 포함한다는 것을 다시금 강조한다(계 7:9).[74]

다시 저주가 없다는 구체적인 표현(계 22:3)은 스가랴 14:11을 암시한다. 하나님의 백성들은 저주가 아닌 복을 받을 것이다(슥 8:13). 그러나 낙원에 대한 이 문맥에서 저주를 없애는 것은 또한 타락이 역전되었음을 가리킨다(창 3:14, 17). 유대교 전통은 악한 자들에 대한 종말의 저주에 대해 말하고 있다(에녹 1서 5:5-6; 97:10; 토빗 13:12). 새 예루살렘의 가운데에 있는 "보좌"는 고대의 청중들에게 전형적인 로마 도시들의 중앙에 있었던 광장이나 극장을 생각나게 했을 것이다.[75]

그의 종들이 그를 "섬긴다"는 것은 예배드리는 것을 암시한다. 이것은 여기서 "섬기다"에 대해 사용된 헬라어 단어 라트류오(*latreuo*)에 대한 일반적인 기독교적 의미이다. 요한계시록에서 이 단어의 다른 용법은 하늘 성전에서 드리는 예배에 대해 사용된다(계 7:15).

의인들은 "그(하나님)의 얼굴을 볼 것이다(계 22:4). 이는 하나님의 종이었던 모세에게 허락된 환상 그 이상으로 그들을 데리고 가는 진술이다(출 33:20; 참조. 요 1:18; 요일 4:12).[76] 전통적인 유대교적 기대는 종말에 혹은 죽은 후에 하늘에서 하나님의 얼굴을 보는 것을 포함하였다(에스라 4서 7:98).[77] 하나님의 얼굴을

---

73. 요한이 에스겔의 이미지를 다시 적용하는 것은 그리스어와 히브리어에도 나타나는 것처럼 "나무들"에 대한 "나무"의 집합적인 사용을 전제하는 것일 수 있지만(Aune, *Revelation*, 3:1177은 창 1:11-12; 3:8을 포함하여 다양한 본문들을 인용한다), 그러나 이것은 요한에게 단수로서 "생명나무"의 전승을 강조하도록 한다.

74. 미래 시대에 대한 여러 환상들은 건강을 포함하였다(예를 들면, 사 65:20; 희년서 23:29-30; 1QS 4.6; 바룩 2서 29:7; *Gen. Rab.* 20:5; *Pes. Rab.* 29/30B:3).

75. Kraybill, *Imperial Cult and Commerce*, 212.

76. Wesley, *Commentary on the Bible*, 612도 보라.

77. *CIJ* 1:452, §634; 1:509, §696; 에녹 1서 90:35; ARN, 1 A; *Sifra Behuq. pq.* 3.263.1.5; *Sifra VDDen. pq.* 2.2.3.2; *Sifre Deut.* 310.6.1; 357.19.1. 더 자세한 내용은 A. Marmorstein, *The Old Rabbinic Doctrine of God: Essays in Anthropomorphism* (New York: KTAV, 1937), 95-99; Kenneth E. Kirk, *The Vision of God: The Christian Doctrine of the Summum Bonum* (New York: Longmans, Green & Co., 1934), 14-

봄으로써 처음 땅과 하늘이 피하여 간 데 없고(계 20:11), 또한 새 창조를 요구하는 반면(계 21:1), 하나님의 자녀들은 하나님과 함께 영원히 거할 것이며(계 21:3) 또한 그의 얼굴과 그 영광을 보게 될 것이다(계 22:4-5). 그러한 빛은 밤을 제거시킨다(계 21:25; 22:5). 하나님의 얼굴이 백성들에게 비친다는 것은 은유적으로 사용된 것으로 이는 그분의 호의를 가리킨다(민 6:25; 시 31:16; 67:1; 80:1, 3, 7, 19; 119:135).[78] 그러나 이 표현이 종말의 이미지로 사용될 때에는 현재 세상보다는 훨씬 더 체험적인 것이 될 것임을 함축한다. 새 예루살렘의 미래적 영광이라는 이미지는 아마도 하나님의 얼굴을 보는 것과 관련이 있을 것이다. 모세가 하나님의 영광을 보았을 때, 그는 그 영광을 반영하였다(출 34:30). 후대 미드라쉬에서 의인들은 해와 같이 빛나는데, 이는 하나님의 영광이 그들에게 비칠 것이기 때문이다(*Lev. Rab.* 30:2). 유대교 전승은 의인들을 미래 시대에 영광과 함께 빛나는 것으로 묘사하였다(단 12:3; 지혜서 3:7-8; 에녹 1서 39:7; 108:11-15).[79]

상황잇기

이기는 것. 이기라는 요청(계 21:7)은 우리가 당하는 시련들이 요한의 최초의 청중들이 당했던 것과 비슷하게 보이는 것이 얼마나 밀접한지 아니면 떨어져 있는지에 관계없이 여전히 적절하다. 아무리 편안한 상태에 있는 사람이라 해도 결국 그는 병이 들고, 죽으며, 사별하게 된다. 요한계시록에 나오는 각 일곱 교회는 서로 다른 시련에 처해 있었으나, 각 교회는 이기라는 요청을 받았다(계 2:7, 11, 17, 26; 3:5, 12, 21). 오늘날 우리들도 모두 각각 다른 시련에 처해 있지만, 모든 사람들이 이기라는 요청을 받는다(계 21:7).

새 땅과 낙원. 우리는 요한계시록에서 빈약한 해석학적 방법론의 주요한 실례들로 돌아간다. 즉 이 책을 세밀하게 읽어보면 여호와의 증인들이 예수님의 신성에 대해 잘못 알고 있으며, 144,000의 정체에 대해서도 잘못 알고 있으며, 또한 다른 것들의 숫자에 대해서도 잘못 알고 있다는 것이 드러난다. 하지만 우리는 그들이 새 땅에서의 삶에 대해 말할 때의 한 가지 의미에서는 그들이 옳다는 것을 인정해

15를 참조하라. 유대인들은 또한 태초의 빛에 대해 말하였는데(에녹 2서 24:4; 에녹 3서 5:3; *b. Hag.* 12a), 이는 종말에 회복될 수도 있었다.

78. Aune, *Revelation*, 3:1181에서 그는 구약성경의 용법을 태양의 은류로 간주한다.

79. 사 54:11-12에 대한 쿰란의 주석; Ps-Philo, 26:13; 에스라 4서 7:97; 에녹 2서 65:11 A; *Sifre Deut.* 47.1-2; *Pes. Rab Kah.* 27:2; 마 13:43 등을 참조하라.

야 한다. 이와는 대조적으로 오늘날 많은 그리스도인들은 성경이 대개 현재에 죽은 자들을 제한하는 미래의 관점, 즉 천상의 기쁨을 받아 들여왔다. 그러나 미래에 대한 성경적 관점의 많은 것들이 지상적이며 육체적이면서 또한 신령한 것이며(고전 15:44) 아울러 이를 상징적인 언어로 묘사하고 있다. 서구 기독교는 하늘에 대한 알레고리적인 견해를 초기 몇몇 해석학자들의 플라톤주의로부터 이어받았지만, 그러나 신약성경은 육체적 존재의 부활과, 궁극적으로 새 땅을 강조하고 있다.[80]

미래적 낙원(과 낙원에서의 추방)에 대한 생생한 이미지들은 요한의 최초 청중들에게 감동을 주었을 것이며, 또한 우리들도 문화적으로 다른 우리 자신들의 청중들을 감동시키는 방식으로 그러한 이미지들을 되풀이해서 말할 수도 있다. 제임스 맥그래디(James McGready)는 19세기 북아메리카에서 프로테스탄트 종교를 심오하게 형성시켰던 전도 집회의 초기 지도자였는데, 그는 "하마터면 하늘의 영광을 거의 볼 수 있을 뻔 했다는 식으로 묘사하곤 했다"고 전해진다.[81] 이러한 생생한 묘사들은 이곳에 나오는 요한 자신의 방법론을 이어받은 것이다. 그러나 우리는 요한계시록의 소망에 대한 이미지들을 오늘 이 시대에 우리가 문화적으로 이해할 수 있는 이미지들로 옮기기 위해 노력해야 한다. 부유하고 농사를 짓지 않는 많은 서구인들에게 있어서, 쇼핑몰은 충분한 식료품들을 최상으로 갖추고 있지만, 그러한 이미지는 오히려 바벨론에 가까운 소비자 중심주의와 탐욕을 일으킬 수도 있다. 우리는 어린 양에게 초점을 맞추면서 충족함을 분명하게 나타낼 수 있는 다른 방법들을 찾아야 한다.

새 예루살렘에 대한 묘사(계 21:9-22:5)는 일곱 교회들이 가장 깊이 동경하는 것들, 특히 이들의 성경적 유산에 가장 몰두하는 사람들에 대한 응답이다. 만일 우리가 구약 선지자들의 이미지에 보다 몰두해 있다면, 그러한 묘사는 우리와 보다 관련성을 가질 것이다. 따라서 그러한 관련성을 확립하는 가장 좋은 길은 우리 스스로가 성경에 깊이 잠기는 것이다. 하지만 또 다른 차원에서, 요한계시록 이야기는 그 언어를 이해하는 누군가와도 관련성을 가지게 된다. 새 예루살렘의 소망은 굶주림, 목마름, 여러 관계들, 그리고 하나님과의 관계 등을 포함하여 인간이 필요로 하는 모든 것들의 성취를 포함한다. 그 소망이 우리의 성경적 유산에 있어서 고대 이스라엘과 사도들의 사역에 뿌리를 박고 있다는 것은 그것이 구체적으로 그러

80. Norman Perrin, *The Kingdom of God in the Teaching of Jesus* (1963), 69.

81. Timothy K. Beougher, "Did You Know?" *Christian History* 45 (1995)" 2-3 (p. 2).

한 유산을 받아들이는 우리를 위해 계획된 것임을 보여준다. 역사를 좋아하지 않는 사람들은 이러한 유산을 충분히 이해하지 못할 수도 있지만, 그러나 건강한 음식에 대한 것과 마찬가지로 성경적 역사에 대한 맛을 볼 수도 있다.

낙원의 지상적 장소보다 더 인상적인 것은 도시적 성격이다. 도시 사역 전문가들은 구원 역사가 동산에서 시작되고 도시에서 끝난다고 지적한다.[82] 이러한 생각은 본문을 순전히 현대적으로 해석할 것을 필요로 하지 않는다. 즉 농촌 공동체와 도시 공동체 사이의 긴장은 1세기에 상승하였으며, 이는 그들이 종종 다른 편을 긍정적으로 생각하지 않았을 수도 있다는 것을 우리가 추정하도록 한다.[83] 이러한 관점은 그 기본적인 요점에 있어서는 옳은 것이 확실하다. 즉 하나님은 시골뿐만 아니라 도시도 잘 알고 계신다는 것이다 하나님은 그의 백성들이 있는 곳이 어디든지 그곳에 계신다. 비록 예수님을 따르는 자들이 주로 갈릴리 시골이나 촌락에서 온 사람들이었지만, 바울은 그의 사역을 복음이 확산되기 시작하는 문화적 중심지로서의 도시들에 초점을 맞추었다(행 19:10 참조).

그러나 이 단락은 하나님이 전원뿐만 아니라 도시들을 사용하실 수 있다는 것을 우리들에게 상기시키지만, 낙원의 다양한 이미지들은 하나님이 전원 혹은 도시들을 선호하신다는 것보다 그들의 다양한 문화적 상황에 대해 더 많은 말을 해줄 수도 있다. 창세기에 묘사된 최초 시기의 대부분이 도시가 생기기 이전이어서 이를 전해주는 반유목민들에게 적합한 반면, 요한계시록은 이미 도시적 배경에서 유포되고 있는 유대교적 상징들을 사용한 도시 교회들에게 쓰여 진 글이다.[84] 다시 말해서, 하나님은 성경 저자들에게 영감을 불어넣으시고 환상을 주셔서 그들이 전하는 메시지가 그들 청중들과 관련될 수 있는 이미지로 상황화 하도록 했던 것이다. 비록 원래적 이미지들이 가지고 있는 힘이 변형되든지 아니면 폐기될 수 있다 해도, 어쩌면 우리들도 동일한 일을 해야 할지도 모른다.

구약과 신약의 관계. 요한계시록에 있는 이 단락은 구약과 신약 사이의 관계 문제

82. Raymond Bakke, *The Urban Christian* (Downers Grove, Ill.: InterVarsity, 1987), 78. 도시 사역의 성경적 토대에 대한 보다 최근의 관점에 대해서는, idem, *A Theology As Big the City* (Downers Grove, Ill.: InterVaity, 1997). 두 책 모두 상당한 통찰력이 있다.

83. Longus, 2.22; M. I. Finley, *The Ancient Economy*, Sather Classical Lectures 43 (Berkerly: Univ. of California Press, 1973), 123-49; Ramsay MacMullen, *Roman Social Relations; 50 B.C. to A.D. 284* (New Haven, Conn.: Yale Univ. Press, 1974), 15, 30, 32 등을 보라.

84. 계 21:9-22:5와 에스라 4서 8:52(그러나 희년서 4:26에서는 전혀 다르다)에서 낙원과 생명나무 이미지를 도시와 결합시키는 것은 이러한 소망들이 이 시기에는 융합되었음을 보여주고 있다.

를 제기한다. 우리는 종말의 성전에 대한 에스겔의 상세한 계획에 비추어 볼 때 새 예루살렘에 성전이 없는 것을 어떻게 설명해야 하는가? 어떤 해석학자들은 에스겔의 성전을 20장의 천년왕국에 둠으로써 에스겔과 요한계시록 모두를 문자적으로 해석하지만, 그러나 그것은 이곳에 언급되어 있지 않다. 다른 사람들은 에스겔의 성전에서 예수님 안에서 성취된 두 번째 성전에서 회복의 상징적 묘사를 발견하기도 한다. 신약성경은 이 이미지를 최소한 상징적인 차원에서 예수님에게 적용시킨다(요 7:37-39). 구약성경의 이미지들을 이렇게 재적용하는 일은 필요한 것으로 보인다. 그리스도인들에 대한 영원한 다윗의 통치의 약속이 다윗 그 자신이 아닌 예수님 안에서 영원히 확립되는 다윗 계열을 의미한다는 것은 분명하다(렘 30:9; 겔 34:23-24; 37:24-25; 참조. 호 3:5).[85] 그러나 하나님께서 역사를 통하여 그의 백성들을 다루시는 일관성을 염두에 둔다면, 어떤 적용이 단기적으로 미래에 대한 예언의 의미를 반드시 고갈시키는 것이 아니다.

그러나 에스겔과 요한계시록 모두 동일한 미래를 다른 상징적인 방식으로 묘사하고 있다는 것도 가능한 일이다. 두 이미지의 중심적 요점은 영광스러운 회복이지만, 성전이 없는 것에 대한 요한계시록의 이미지는 요한계시록이 전체 도성을 (그리고 하나님의 백성들을) 하나의 성전으로 전제하고 있다는 점에서 볼 때(계 21:3, 16, 22) 에스겔의 성전보다 더욱 영광스럽다. 고대 유대교와 기독교의 종말 기대에 대한 포괄적인 경향에서 볼 때, 더욱 큰 성취가 덜 고양된 소망들을 결코 폐기하는 것이 아니었다. 오히려 그것은 생각하기에 더 좋은 방법으로서 묘사할 수 있는 단순한 말과 이미지들을 능가하는 것이었다. 바울이 우리들에게 상기시키듯이, "눈으로 보지 못하고 귀로 듣지 못하는" 것이지만(고전 2:9; 참조. 사 64:4), 그러나 하나님의 성령은 우리가 하나님과의 경험을 맛볼 수 있도록 하셨다(고전 2:10).

문자적인가 아니면 상징적인 것인가? 새 예루살렘의 보석들(계 21:18-21)은 아마도 예언적 시로부터 그 이미지를 가져온 것으로 보이는데(사 54:11-12), 이들은 문자적인가 아니면 상징적인 것인가? 물론 하나님은 그러한 보석들을 문자적으로 창조하실 수는 있다. 그러나 하나님이 그렇게 하신다 해도, 그 보석들은 아마도 상징적 해석이 선호하는 것과 같은 요점을 전달할 수 있을 것이다. 즉 지금은 진기하

85. 성경적 예언자들 스스로 그들이 어떤 특별한 종말의 통치자인(사 9:6-7; 렘 23:5; 33:15) 다윗의 종말론적 통치에 대해 말할 때 그들은 다윗의 집을 의미했다는 것을 알고 있었다(시 89:3-4; 132:10-11, 17; 사 16:5; 55:3; 렘 33:17, 21-26; 암 9:11; 슥 12:7-12; 13:1).

고 귀한 것이 그때에는 풍부하게 될 것이다. 하나님의 백성들은 부족한 것이 없는 것을 경험하게 될 것이며, 그리고 지금 우리가 견디고 있는 그 도성의 미래적 영광은 로마(계 17장), 현대의 기술, 혹은 우리의 상상력을 매료시키는 어떤 다른 것 등을 포함하여 세상의 가장 위대한 제도들의 가장 큰 영광보다 더 클 것이다.

동일한 방식으로, 우리는 12,000과 144(계 21:16-17)를 문자적으로 이해해야 하는가? 묵시문학 그리고 특히 요한계시록에 나오는 일관된 숫자의 양식들(계 7:4-8)에 있는 상징들의 사용은 우리로 하여금 이러한 숫자들을 상징적으로 이해하기를 요구한다. 여기서 숫자들은 하나님의 백성들을 위한 상징적인 것인데, 이는 누가 그곳에서 살게 될 것인가를 우리들에게 상기시킨다(계 7:4-8).

종말의 예루살렘에 신적으로 수여된 빛(계 21:23-24; 22:5)을 어느 정도까지 문자적으로 해석하도록 의도되고 있는가? 종말의 빛에 대한 이사야의 선언들은 하늘의 빛들이 증가할 것이라는 그의 진술에 따라 해석되어야 한다(사 30:26; 참조. 에녹 1서 91:16). 일부 문헌들은 시온의 "빛"을 은유적으로 말하고 있기도 하다(바룩 2서 10:12). 어쨌든 간에 그것은 어둠에 의해 강요된 고통과 같은 것들이 없는 미래를 묘사하고 있다(요 9:4; 11:10 참조).

우리는 이미지들 중에 어떤 것을 동일함 문맥에 나오는 다른 이미지와 분리하여 해석하는 것을 거부해야 한다. 예를 들면, 우리는 밤이 없는 것을 피곤한 것이 없다거나 혹은 (여름의 혹서 기간 동안 이 본문을 읽는 사람들에게) 강한 노출로 햇볕에 탈 위험이 없다는 것으로 해석하는 것이다.[86] 하지만 긍정적인 이미지들을 결합시키는 것은, 미래적 낙원에 대한 전체적인 묘사의 부분들과 마찬가지로, 우리에게 각 이미지를 긍정적으로 이해하도록 요청한다. 햇볕에 타는 것은 불가능한 일이 될 것이다. 왜냐하면 그곳에는 해(계 21:23)나 어떤 뜨거운 기운(계 7:16)이 없을 것이기 때문인데, 그리하여 다만 이러한 것들이 부정적으로 나타내는 것들이 없다는 것으로 해석하는 것이다. 오늘날의 물리학 법칙에 따르면, 태양이 없는 삶은 불가능하다. 문자적으로 열이 부족하게 되면 기온은 절대 영도로 낮아진다. 하지만 또 다시 요점은 현학적인 문자주의가 아니라 축적된 긍정적 이미지들에 의해 묘사되는 낙원이다.

만국: 만국의 회심을 말하는 이미지(계 21:24)는 만일 요한계시록에 나오는 다

86. 후대의 일부 유대교 전승들은 그들이 쉬지 않고 공부를 할 것이기 때문에 오는 세계에서도 남아있는 지혜자들을 제한하고 있으나(*b. Ber.* 64a), 이것은 요한계시록의 문맥에는 적합하지 않다(다른 견해에 대해서는 전 12:12를 참조하라).

른 이미지들에 대해 문자적인 차원에서 강조된다면 아마도 문제가 있는 것일 지도 모른다.[87] 한 가지 가능성은 하나님께서 그의 성도들로 하여금 다스리도록 하기 위해 새로운 백성들을 창조하셨다는 것인데, 그러나 이는 주장되지도 않을 것이기 때문에, 주석학자들은 이것을 거의 주장해오지 않았다. 이 이야기는 현재 상태 그대로는 두드러진 간격을 보여주고 있다. 회심하지 않은 사람들이 19:15, 18, 21에서 멸망당한 것으로 보이며, 그리고 살아남은 자들도 20:8-9에서 미혹되어 멸망을 당한 것으로 보인다. 그러나 여기서 이 살아남은 자들은 회심한 자들지만, 새 예루살렘에서 살아가는 하나님의 백성들과는 구별된 존재로 보인다 (아울러 21:27에서 악한 자들과도 구별된다). "온 천하 왕들"은 적그리스도의 권세를 섬기고 있으며(계 16:14; 참조. 17:2, 18; 18:3, 9; 19:19), 그리하여 어떤 사람들은 그들이 죽은 후에(계 19:19-21; 20:15), 그들이 일으킴을 받아 화해될 것이라고 주장하는데, 이는 모든 사람들이 결국에는 구원을 받을 것임을 암시하는 것이다.[88]

그러나 이러한 견해는 "다른 방식으로 보다 쉽게 설명되는 부수적인 언급에서 너무나도 많은 신학을 읽어내는" 것이다.[89] 요한계시록의 내러티브는 단순히 이 왕들이 일으킴을 받을 때 이들이 화해될 것으로 말하지 않는다. 오히려 이들은 둘째 사망으로 던져져서(계 20:14-15), 세세토록 고난을 받을 것으로 말한다(계 14:11; 19:3). 이것은 보편구원론을 배제하는 것이지만, 계속되고 있는 한 가지 문제를 남겨놓는다. 즉 우리는 최후 전쟁에서 살아남은 자들을 이 본문 어디에서 찾을 수 있는가? 우리는 아마도 해석학적 원칙이라는 차원에서 해결책을 찾아야 할지도 모른다. 우리가 지적해온 것처럼, 이사야도 단순히 어떤 이미지들은 천년왕국에 귀속시키고 또 다른 이미지들은 영원한 미래에 귀속시킴으로서 해결하기에는 너무나도 복잡한 종말에 대한 경쟁적인 이미지들을 제시하고 있다(만국은 멸망을 당하였고, 회심을 하였으며, 그리고 정복을 당한다). 그러나 이것은 우리들에게 문제가 있을 수 있는데, 왜냐하면 우리들 대부분은 예언적이고 묵시적인 이미지들

87. 유대교의 종말론적 문헌은 이방인들에 대한 종말의 이미지에 대해 분명한 합의가 결여되어 있다. Terence L. Donaldson, "Proselytes or 'Righteous Gentiles?' The Status of Gentiles in Eschatological Pilgrimage of Thought," *Journal for the Study of the Pseudepigrapha* 7 (1990): 3-27을 보라.

88. Rissi, *Future of the World*, 77-78. 우리는 요한계시록에서 이러한 가능성을 발견할 수 있지만, 그것이 실현될 지는 불확실한 것으로 생각한다 (Walter E. Pilgrim, "Universalism in the Apocalypse," *Word & World* 9 [Summer 1989]: 235-43을 참조하라).

89. Mounce, *Revelation*, 384-85는 요한계시록이 선지자들에게서 온 이미지들을 이어받고 있다는 견해에서 벡위드(Beckwith)와 글래슨(Glasson)을 따르고 있으나, 그 의미는 선지자들에게 나타나는 구체적인 이미지와는 차이가 있다.

의 성격을 여전히 잘 모르고 있으며, 또한 이러한 것들은 문자적으로 주장됨이 없이 동일한 책 안에서 여러 이미지들이 모순을 일으키는 방식으로 눈앞에서 보는 것처럼 주장할 수 있기 때문이다. 모든 사람들이 회심하게 될 것이라는 것을 실제로 암시하지 않고서도 하나님의 미래적 영광은 모든 사람들에 대한 그의 목적들을 결정한다.

이러한 경쟁적인 환상들이 미래에 대한 다른 가능성들을 암시하고 있으며, 만국이 회심하든지 아니면 멸망을 당하든지 그리스도 교회의 신실함에 의존하고 있는가? 아마도 그들은 셀 수없는 무리들의 두 가지 형태, 즉 어떤 사람들은 그리스도를 경배하고 또 어떤 사람들은 짐승을 경배하는 것과 같은 기능을 수행할 것이다. 비록 세상 사람들이 하나님의 백성들을 짓누르는 일에 있어서 세상 체제에 참여한다 해도, 이 세상 사람들 중 많은 대표자들은 오히려 하나님의 백성 가운데 참여하게 될 것이다. 심지어 이 환상에서, 아무도 어린 양의 생명책에 기록되지 않고서는 그 도성에 들어갈 수 없다는 것을 주목하라. 이 환상은 보편구원론을 받아들이지 않는다(계 21:27). 만국이 영광을 가지고 예루살렘으로 들어간다는 이미지는 또한 새 예루살렘의 영광을 강조한다. 만일 당신이 인내한다면, 당신은 변호를 받을 것이다(예를 들면, 사 61:9; 62:2; 말 3:12). 결국 당신을 죽인 사람들이 너의 앞에서 절하게 될 것이며 또한 네가 옳았다는 것을 인정하게 될 것이다(계 3:9).

에덴. 유대교 교사들은 에덴에 대한 다양한 전설들을 퍼뜨렸는데, 그 중에 많은 사람들은 이를 문자적으로 해석하였다. 예를 들면, 어떤 전승들은 에덴에 있는 많은 나무들을 언급하면서, 그 나무들 모두 거룩했다고 말한다(희년서 3:12). 많은 사람들은 동산이 여전이 어딘가에는 있을 것으로 믿고 있다.[90] 일부 유대교 환상가들은 불의 강 가까이에 있는 신화적인 지역들이나(에녹 1서 17:5; 그리스 신화에 나오는 신화적 불의 강을 모방하여), 혹은 에덴 그 자체의 동산에(아브라함의 묵시 21:6) 생명수를 보았다고 주장하는 사람들이 있다(에녹 1서 17:4). 한편으로 일부 디아스포라 유대인들은 에덴을 알레고리화 하여, 에덴이 하늘의 역천사(力天使)의 정원이었다고 주장하기도 한다.[91] 팔레스타인의 유대인들도 종종 그러한 표현을 은유적으로 적용하기도 한다(에녹 1서 39:5). 어떤 사람들은 하나님의 보좌로부터

90. 예를 들면, *b. Tamid* 32b; *Gen. Rab.* 33:6; *Song Rab.* 1:15, §2. 에덴에 대한 전승들 중에는, 에덴이 세상이 있기 전에(*b. Ned.* 39b, bar; *Pes.* 54a, bar) 혹은 창조의 제 3일에(*Gen. Rab.* 15:3) 창조되었다고 말한다.

91. Philo, *Creation* 153-54; *Conf.* 60-61. 필로에게 있어서 강은 신적인 말씀(*Som.* 2.242-43) 혹은 에덴에서 흘러나오는 선인데, 이는 곧 말씀을 나타낸다(*L.A.* 1.65).

흘러나오는 기쁨과 사랑의 강에 대해 말하기도 한다(에녹 2서 22:7; 생명나무 이미지의 은유적 사용에 대해서는 계 2:7에 대한 설명을 보라). 하지만 에덴이 은유적으로 사용될 때에도, 유대교 저자들도 종종 이를 문자적으로 받아들였다는 사실이다.

그러나 만일 우리가 길 가운데로 흐르는 강 좌우에 있는 생명나무를 문자적으로 생각한다면(계 22:2), 우리는 오늘날 곧은 강과 식물로 그 중간을 나눈 고속도로를 상상할 수도 있다. 하지만 아마도 이 환상이 문자적으로 주장되어서는 안 된다. 한 나무가 어떻게 문자적으로 강 좌우에 있으면서, 그 길의 전체에 뻗칠 수 있겠는가?[92] 하나님은 한 나무의 뿌리가 강의 밑으로와 옆으로 서로 연결되어 강의 길이를 따라 열매를 맺는 것처럼 보이는 한 개의 나무를 얼마든지 만드실 수 있다. 그러나 하나님이 그런 식으로 하시도록 요구하는 것은 이 이미지의 요점을 빗나가는 것이다.

보좌에서 흐르는 강은 아마도 요한복음 7:37-39에 암시되어 있는 것과 동일한 이미지를 반영하는 듯한데, 이곳에서 물은 곧 성령이다.[93] 예루살렘은 이곳을 통과하는 문자적인 강이 없다(사 7:3을 참조하라). 따라서 그러한 강을 언급하는 구약성경 구절들(시 46:4; 참조. 겔 47장)은 그 강을 "하나님의 임재의 상징"으로 사용하고 있을 수도 있다.[94] 요한은 우리가 가장 동경하고 있는 것의 성취를 우리에게 약속하기 위해 낙원의 잘 알려진 이미지들을 하나님 자신의 임재에 대해 다시 적용하고 있는 것이다. 만일 우리가 미래의 낙원에 대한 다양한 성경적 이미지들을 문자적으로 해석한다면, 그러한 내용들은 결국 서로 모순을 일으키게 될 것이다.[95]

낙원의 소망들은 다양한 문화들 속에서 공유되었다. 예를 들면, 아프리카의 많은 전통 종교들은 행복한 삶을 백성들 가운데 있는 하나님의 임재로 상상하였으며, 또한 그들이 지상에서 필요로 하는 모든 것들을 제공해주시는 것으로 생각했

92. 이 나무는 에스겔의 "나무들"을 나나낼 수도 있지만, 그러나 위에서 언급한 것처럼 요한은 아마도 어떤 요점을 전달하기 위해 단수를 의도적으로 사용한 듯하다. 고대 사람들은 생명나무가 규모에서 500년의 여행 거리가 되며(*Gen. Rab.* 15:6) 혹은 하나의 "강"이 열매 맺는 많은 나무들에게 물을 대는 것으로 상상하였다(요셉과 아세낫 2:11-12/19-20).

93. John A. T. Robinson, *Twelve New Testament Studies*, SBT 34 (London: SCM, 1962), 174를 참조하라.

94. "River," 729-31 in *Dictionary of Biblical Imagery*, ed. Leland Ryken et al. (Doners Grove, Ill.: InterVarsity, 1998), 730을 참조하라.

95. 저자들이 도시에 있는 아니면 농촌에 있든 자연히 그들의 소망과 가장 친밀한 이미지들을 강조하기 마련이다. 그리하여 몇몇 후대의 랍비들은 낙원을 성경을 연구하기 위한 놀라운 장소로 묘사하였다(예를 들면, *b. Ber.* 18b; 64a; *Song Rab.* 6:2, §6).

지만, 그러나 그들은 최초 낙원의 미래적 회복에 대해서는 거의 말하지 않았다.[96] 그러나 낙원에 대해 가지고 있는 모든 문화들의 소망이 동일한 것은 아닌데, 이는 불카누스(Vulcans, 로마 신화에서 불과 대장장이의 신-옮긴이)와 다른 모든 문화들을 동경하는 가상의 에덴을 순진하게 묘사하는 스타 트렉(Star Trek, 미국의 NBC TV의 과학 시리즈[1966-69]: 거대 우주선 엔터프라이즈호와 그 승무원이 우주를 탐험하는 모험의 내용-옮긴이) 영화와는 대조를 이룬다. 비록 우리가 모르몬교도들과 무슬림들의 일부다처의 환상들, 불교도들의 열반에 있는 자아의 소멸, 혹은 뉴 에이지의 열망들을 신성시하는 것 등을 추방하고, 그 대신에 기독교적 환상이 유대교 묵시에 가장 밀접하게 병행하는 것들에 초점을 맞춘다 해도, 기독교적 낙원은 기독교적 관점과 차이를 드러내고 있다. 신자들은 하나님과 어린 양을 세세토록 경배한다. 낙원은 우리의 구속주이신 하나님의 어린 양이 없다면 낙원이 아니다(계 22:3-4).

우리가 그리스도를 의존하는 것은 마지막 시대에도 나타나는데, 그때에 그리스도는 여전히 우리의 왕이실 뿐만 아니라 우리의 중보자이신 하나님의 어린 양이시다. 그리스도는 하나님과 함께 우리의 생명수의 근원이 되신다.[97] 한 개의 약을 복용하는 것으로 충분하지 않다. 치료하기 위한 나무는 하나님의 백성들이 영원토록 계속 그리스도에 의존할 것임을 암시한다. 종말의 그림은 포괄적인 것으로 의도된 것이 아니라 하나의 초청을 포함한다. 즉 원하는 자들로 하여금 하나님의 놀라운 낙원에 와서 맛보게 하라는 것이다. 이에 대해 요한계시록은 강력한 시각적인 견본을 제공해주고 있다(계 22:17). 이 약속을 놓치기로 선택하는 자는 누구든지 그 자신의 생명을 잃게 된다(계 22:14-15).

현대적 의미

오늘날을 위한 원칙들. 이 단락은 오늘날 우리의 삶에 적절한 많은 원칙들을 제공해주고 있다. (1) 새 예루살렘은 하나님의 창조물이다 (계 21:2; "하나님께로부터"). 우리가 할 수 있는 모든 것은 옳은 행실로 우리의 옷을 준비하는 것이다(계 19:8; 21:2). 종종 우리 기독교의 하위문화는 다른 그리스도인들, 교파들, 목회자들 등과 경쟁할 것을 요구한다. 나는 때때로 영적인 가정을 가지기 위해 어떤 특

96. John S. Mbiti, *African Religions and Philsophies* (Garden City, N. Y.: Doubleday, 1970), 127.
97. Strong, *Systematic Theology,* 776에 있는 설명을 보라.

정한 교파나 운동의 가치관들을 혼합시키고 싶은 유혹을 받는 자신을 발견한다. 그러나 하나님은 무엇보다도 신실할 것을 요구하시며, 그리고 우리 기독교의 하위문화들에서 가장 중요한 지위를 성취한 우리들이 실제로는 오는 세상에서 가장 보잘것없는 지위를 차지할 지도 모른다(막 9:37; 눅 9:48). 우리는 새 예루살렘을 위해 우리 자신을 단장해야 하지만, 그러나 오직 우리를 향한 우리 하늘 아버지의 은혜로우신 사랑에 의해서 새 예루살렘이 우리의 것이 된다.

(2) 우리가 자신을 "옳은 행실"로 단장할 때(계 19:8)는 지금이다. 비록 요한계시록이 새 예루살렘을 미래적 도성으로 강조하고 있긴 하지만, 그것은 현재에도 세워지는 도성이다. 만일 바벨론의 성격이 우리 주위에 있는 세상 속에서 명백하게 드러난다면, 우리들 가운데 있는 하나님의 임재의 영광도 최소한 우리가 살아가는 방식 속에서 드러나야 한다. 요한의 신학에서, 하나님의 영광은 우리가 어떻게 서로를 다루느냐를 통해서 우리 안에 드러나게 된다(요 13:34-35; 17:22-23; 요일 4:12). 신약신학에서, 비록 소망이 우리의 관심을 미래로 향하도록 하지만, 그 소망 역시 우리가 지금 어떻게 살아가느냐 하는 것에 의미를 가지고 있다(롬 12:12; 골 1:4-5; 딛 2:12-13; 요일 3:3). 요한의 청중들 중에서 가장 신실한 자들(특히 서머나와 빌라델비아 교회)은 자신들을 박해 받는 소수로 생각했을 것이다. 그러나 요한계시록은 또한 그들에게 스스로를 미래를 상속하는 자들로 생각할 것을 요청하고 있다. 만일 우리가 하나님이 우리를 부르신 운명에 따라 자신을 본다면, 우리는 거기에 따라서 행동할 것이다.

(3) 슬픔과 고통이 사라질 것이라는 약속은 불행한 일에 대한 상담을 하거나 장례식뿐만 아니라 인생에 장애물을 만난 사람들에게도 유익할 것이다. 각 독자들이나 설교자는 아마도 자기 자신의 상황에 대한 수많은 구체적인 적용들을 생각해낼 수 있을 것이다.

(4) 하나님의 완전한 거하심은 우리와 함께 하실 것이다. 우리는 하나님과 영원토록 지성소의 친밀함을 누리게 될 것이다. 만일 이것이 진실로 우리가 동경하는 미래라면, 따라서 우리는 기도 속에서 하나님과 지금 가질 수 있는 친밀함을 누려야 한다.[98] 새 예루살렘 그 자체가 성전 도시라는 것은 우리에게 예배의 끊임없는 경험을 약속한다. 그 도성의 시민으로써, 우리는 지금 그러한 예배를 즐기기를 시

98. 다양한 관점으로 하나님과의 이러한 친밀함에 대해서는, J. I. Packer, *Knowing God* (Downers Grove, Ill.: InterVarsity, 1973); Craig S. Keener, *3 Crucial Questions About the Holy Spirit* (Grand Rapids: Baker, 1996), 131-80; Jack Deere, *Surprised by the Voice of God* (Grand Rapids: Zondervan, 1996) 등을 보라.

작해야 한다. 성경은 우리가 이미 하나님의 성전이며 또한 하나님이 거하시는 장소라고 말한다(고전 3:16-17; 고후 6:16; 엡 2:21-22). 하나님의 임재는 우리가 여러 시련에 직면할 때에 우리를 지탱시키는 그 무엇이다(렘 1:8; 행 18:10; 히 13:5-6). 미래에도 우리는 현재의 혼란한 것들이 없이 예배를 위한 그분의 처소가 될 것이다.

(5) 이 단락은 바벨론과 새 예루살렘을 대조하는 것으로 가득 차 있다. 내가 이 단락을 가지고 설교할 때, 나는 하나님의 도성이 이 세상이 제공하는 것보다 얼마나 더 큰가에 대해 초점을 맞춘다. 이 단락은 우리가 하나님의 약속을 위해 살아가며 현재의 만족을 위해 살아가지 않도록 우리에게 상기시키고 있다.

하나님의 놀라운 사랑. 요한은 그리스도의 신부로서 새 예루살렘의 이미지를 초기 자료에서 가지고 온다 (구약성경은 이스라엘을 하나님의 신부로 묘사한다). 그러나 아마도 요한은 그러한 초기 문헌들에 암시되어 있듯이 그의 백성들에 대해 하나님의 친밀하심과 사랑이라는 그 동일한 이미지를 전달하려고 하는 것 같다. 내 생애 중에 언젠가 내가 깊은 사랑을 느꼈을 때, 이 단락의 의미가 나에게 떠올랐다. 즉 내가 얼마나 많은 사랑을 할 수 있다 해도, 내 사랑은 우리를 향한 그리스도의 사랑의 그림자에 불과하다는 것이었다. 아마도 어떤 상징도 우리를 향한 예수님의 사랑의 깊이를 다만 불완전하게 전달할 뿐이지만, 가령 강렬한 결혼처럼 이타적인 사랑에 대한 우리의 최선의 근사치는 예수님의 사랑에 대한 어떤 최초의 의미를 우리에게 제공할 수 있다. 우리를 향한 하나님의 사랑에 대한 궁극적인 묘사는 우리가 아직 그의 원수 되었을 때에 십자가에서 우리를 위한 예수님의 죽으심이다(롬 5:6-10). 바울은 성령께서 우리 마음속에 들어오시면, 우리가 그 십자가를 바라보면서, "보소서, 내가 당신을 사랑하나이다! 내가 당신을 사랑하나이다! 내가 당신을 사랑하나이다!"라고 고백한다는 것을 우리들에게 말하고 있다(롬 5:5 참조).

인정을 받지 못한다고 느끼는 과로한 목회자에게, 자신의 남편으로부터 버림을 받은 상처 입은 아내에게, 뚱뚱하다고 혹은 얼굴에 여드름이 많이 났다고 친구들에게 놀림을 받는 수줍어하는 아이에게, 또한 상처 입은 우리들 중 누구에게, 가장 큰 위로는 바로 하나님의 사랑이다. 우리는 우리가 당하는 고통에 대해 상처를 입기 쉬운 사람들이다. 왜냐하면 우리는 우리의 고통을 나 자신과 나누기 때문이다. 내가 당하는 고통이 너무나도 커서 견디기 힘들 때–그 고통은 요한계시록을 자신들에게 읽어주는 것을 들었던 최초의 그리스도인들 중 많은 사람들이 가졌음에 틀림이 없는 것처럼—우리는 하나님의 사랑이 앞서서 우리에게 성취의 약속을 주신다는 것을 기억해야 한다. 그리고 만일 그 고통이 우리로 하여금 하나님의 현재적 사랑과 우리의 미래적 소망을 의심하도록 유혹한다면, 우리는 오로지 십자가로 되돌아가야 할 필요가 있다. 왜냐하면 그 십자가에서 육신을 입으신 하나님이 우리 안에서 그리고 우리를 대신하여 우리의 고통을 받으셨기 때문이다.

진정한 부. 우리들도 사람들이 이 세상에서 얻으려고 힘쓰는 부의 기준이 오는 세상의 기준들과 공통적인 실체일 것으로 인식하고 있다(계 21:18, 21). 가장 진정한 부는 어린 양의 영광이다(계 21:11, 23-26; 22:5). 우리가 세상의 부를 얻기 위해 우리의 수고를 바칠 것인가?(계 3:17-18)[99] 우리는 세상적인 부도, 물리적 성전도, 해와 달 같은 창조된 빛조차도 필요로 하지 않는다(계 21:22-26). 하나님은 모든 것의 직접적인 원천이 되신다. 물조차도 그의 보좌로부터 흘러나오며(계 22:1), 이 물이 생명을 주는 열매 맺는 나무에게 자양분을 공급한다(계 22:2). 미래를 위한 연습으로, 우리는 지금 하나님을 의존하는 법을 배워야 한다.

그리스도를 따를 것인가 아니면 세상의 가치들을 따를 것인가. 악의 목록(계 21:8, 27)은 우리가 진정으로 그리스도를 따를 수는 없지만 우리가 살아가는 방식에서 그분을 부인하는 것을 경고한다. 두려움과 불신앙 때문에 우리가 순교를 단념해서는 안 되며, 따라서 우리는 시험이 오기 전에 지금 기독교적 신앙을 강하게 할 필요가 있다. 우리는 감히 세상의 가치들과 타협하지 않으며 혹은 동료 그리스도인들을 세상 사람들 앞에서 배신하거나 중상하지 않으며 혹은 교회 안에서 타협이라는 거짓 선지자에 빠지지도 않는다.

죄의 목록들은 그것을 저지른 사람들에 대해 가능한 가장 심한 경고를 하고 있다(계 21:8, 27). 이것은 음행과 점술을 포함한다. 음행은 참을 수 없는 것으로 생각하며 혹은 이와 그것에 대한 설교를 하는 것이 그들의 회중들을 불쾌하게 하는 것이 되지 않을까 두려워하는 사역자들을 내가 처음 만났을 때 나는 집에 돌아와 울었다. 여기에 나오는 경고를 생각해보면, 목자가 그 부르심에 신실하면서 필요한 무슨 영역에든지 영적인 삶과 죽음의 문제를 말하지 않는 것은 놀라운 일이다.[100] 많은 문화들은 "악마적인 마술"과 "선의의 마술"을 구별하지만, 요한계시록

99. 물질주의에 대한 설명에 대해서는, 특히 계 18:11-19에 대한 《현대적 의미》 부분을 보라.

100. 절제에 대해서는, Michele Ingrassia, "Virgin Cool," *NW* (Oct. 17, 1994), 58-69; Robert C. Noble, "'There Is No Safe Sex,'" *NW* (Apr. 1, 1991), 8; Katherine Bond, "Abstinence Education: How Parents Are Making It Happen," *Focus on the Family* (Sept. 1998), 12-13 등을 보라. 그리고 계 2:14에

은 모든 마술적 행위가 마귀에 그 뿌리를 두고 있기 때문에 그러한 차이를 두지 않고 있다(계 9:20-21; 21:8; 22:15). 오늘날 이것은 (또한 점치는 것을 성경적으로 금지하는 것과 관련이 있다) "심령 직통전화"(psychic hotlines)와 같은 자료들을 포함한다. 최소한 내가 사역을 했던 교회의 일부 집단들에서, 신앙을 고백하는 보다 많은 그리스도인들이 우리가 생각하는 것 이상으로 그러한 관습에 연루되어 있다.

영원한 심판과 영원한 복을 전달하기. 미국의 관용 문화는 영원한 심판에 대해 말하는 것을 시대에 뒤진 것으로 만들었지만, 그러나 우리는 적절한 때에 그러한 이미지를 전달하는 적당한 방법들을 찾지 않으면 안 된다.[101] "요한의 예언의 후반부에 있는 네 단락들은 모두 엄격한 경고에 대한 말씀으로 끝난다(계 20:15; 21:8, 27; 22:15)."[102] 이 단락에서 저주에 대한 유일한 대안은 "이기는 것"이다(계 21:7-8). 요한계시록 2-3장은 각 교회가 다양한 시험에 직면해 있지만, 그들 모두 이기라는 요청을 받았음을 보여준다.

12,000과 144라는 숫자를 사용하는 것(계 21:16-17)은 우리가 언급했던 것처럼, 새 예루살렘이 하나님의 종들을 위해 준비된 도성임을 강조하고 있다(계 7:4-8). 웅장한 규모 역시 이 시대에 하나님의 작은 남은 자들(계 7:4; 11:1-2 참조)이 영광스러운 미래를, 바벨탑이 쌓은 것보다 더욱 높게 그리고 이 시대에 바벨론보다 더 찬란한 것들을 가지고 있다는 것을 강조한다.

나무가 "만국을 치료하기" 위한 것(계 22:2)은 지금까지 살아온 모든 사람들이 구원을 받을 것임을 암시하지 않는다. 이러한 주장은 요한계시록의 신학과 명백하게 모순된다.[103] 오히려 이것은 모든 백성의 대표자들이 이 시대에 어린 양을 따를 것이며 오는 세상에서 그들의 이상적인 성격으로 만국을 구성하며(계 21:24), 또한 예수님을 경배하기 위해 모든 문화들의 선물을 가지고 온다는 것을 우리들에게 상기시킨다(계 7:9에 대한 설명을 보라). 사실 22:2에 나오는 한 그루의 생명나무(에스겔의 나무와는 대조를 이룬다)와 21:21 및 22:2에 나오는 하나의 길은 하나님께서 단 하나의 생명의 원천과 그리고 새 예루살렘에 이르는 하나의 "길"을 제

대한 《현대적 의미》에 나오는 다른 자료들도 참조하라.

101. 나는 Craig Keener and Glenn Usry, *Defending Black Faith* (Downers Grove, Ill.: InterVarsity, 1997), 129-31에 나오는 예증에서 이를 문화적으로 적절한 방식으로 전달하려고 노력하였다.

102. Michaels, *Revelation*, 254.

103. Rissi, *Future of the World*, 80에게는 실례지만 말이다.

공하셨다는 사실을 가리킬 수 있다(요 14:6 참조). 분명이 그 길이 하나라는 것은 주요 도로를 가리키는 것이며 또한 나무가 나타내는 것처럼 은유적인 말이다(계 11:8). 요한계시록에 나오는 여러 그리스도 중심적인 이미지들을 함께 고려하면, 이들은 어린 양의 생명책 안에, 그리고 어린 양을 따르는 자들 속에 속해 있어야 할 필요성을 강조한다(계 14:4; 21:27).

요한계시록 22:6-21

6 또 그가 내게 말하기를 이 말은 신실하고 참
된지라 주 곧 선지자들의 영의 하나님이 그
의 종들에게 반드시 속히 되어질 일을 보이
시려고 그의 천사를 보내셨도다
7 보라 내가 속히 오리니 이 두루마리의 예언의
말씀을 지키는 자는 복이 있으리라 하더라
8 이것들을 보고 들은 자는 나 요한이니 내가
듣고 볼 때에 이 일을 내게 보이던 천사의 발
앞에 경배하려고 엎드렸더니
9 그가 내게 말하기를 나는 너와 네 형제 선지
자들과 또 이 두루마리의 말을 지키는 자들
과 함께 된 종이니 그리하지 말고 하나님께
경배하라 하더라
10 또 내게 말하되 이 두루마리의 예언의 말씀
을 인봉하지 말라 때가 가까우니라
11 불의를 행하는 자는 그대로 불의를 행하고
더러운 자는 그대로 더럽고 의로운 자는 그
대로 의를 행하고 거룩한 자는 그대로 거룩
하게 하라
12 보라 내가 속히 오리니 내가 줄 상이 내게 있
어 각 사람에게 그가 행한 대로 갚아 주리라
13 나는 알파와 오메가요 처음과 마지막이요 시
작과 마침이라
14 자기 두루마기를 빠는 자들은 복이 있으니
이는 그들이 생명나무에 나아가며 문들을 통
하여 성에 들어갈 권세를 받으려 함이로다
15 개들과 점술가들과 음행하는 자들과 살인자
들과 우상 숭배자들과 및 거짓말을 좋아하며
지어내는 자는 다 성 밖에 있으리라
16 나 예수는 교회들을 위하여 내 사자를 보내
어 이것들을 너희에게 증언하게 하였노라 나
는 다윗의 뿌리요 자손이니 곧 광명한 새벽
별이라 하시더라
17 성령과 신부가 말씀하시기를 오라 하시는도
다 듣는 자도 오라 할 것이요 목마른 자도 올
것이요 또 원하는 자는 값없이 생명수를 받
으라 하시더라
18 내가 이 두루마리의 예언의 말씀을 듣는 모
든 사람에게 증언하노니 만일 누구든지 이것
들 외에 더하면 하나님이 이 두루마리에 기
록된 재앙들을 그에게 더하실 것이요
19 만일 누구든지 이 두루마리의 예언의 말씀에
서 제하여 버리면 하나님이 이 두루마리에
기록된 생명나무와 및 거룩한 성에 참여함을
제하여 버리시리라
20 이것들을 증언하신 이가 이르시되 내가 진실
로 속히 오리라 하시거늘 아멘 주 예수여 오
시옵소서
21 주 예수의 은혜가 모든 자들에게 있을지어다
아멘

원 의미

이 단락은 요한계시록을 마무리 지으면서, 또한 하나님, 어린 양, 성령, 신부, 그리고 성령에 대해 신부에게 말하는 선지자들의 마지막 증언들을 제공한다. 이 단락은 요한에 대한 나머지 하나님의 계시의 메시지를 단호하게 강조한다.

"선지자들의 영의 하나님"(계 22:6)은 익숙한 문구일 수도 있다. 구약성경은 하나님을 "모든 육체의 생명의 하나님"으로 부르고 있으며(민 16:22; 27:16), 그리고 초기 그리스도인들은 하나님을 "우리 육신의 아버지"로 부르고 있다(히 12:9). 이것은 초기 유대교에서 하나님에 대한 잘 알려진 묘사가 되었지만, 그러나 오로지 기도에서는 그렇지 않았다.[1] 때때로 "영들"은 사람들에게 배당된 천사들을 가리키기도 하며(에녹 1서 20:3), 그리하여 어떤 사람들은 이 영들이 여기서는 예언하는 것과 관련된 영들을 가리키고 있다고 생각한다(어떤 이들이 고전 12:10; 14:32; 계 22:9를 이해하는 것처럼). 이는 또한 "일곱 영"으로서의 성령을 가리킬 수도 있는데(계 1:4 참조), 그는 또한 예언의 영감을 주기도 한다(계 19:10). 그러나 아마도 구약성경에서 이 영들의 용법을 생각해보면, 이는 인간의 영들을 지배하는 통치자로서 하나님을 가리키기도 한다—이 경우에는 특히 하나님의 선지자들의 영을 말한다(다른 이들이 고전 14:32를 이해하는 것처럼).

선지자들의 하나님이 "그의 종들에게 반드시 속히 되어 질 일"을 다시 한 번 말씀하셨으며, 그리고 "이 말은 신실하고 참된" 것이다(계 22:6).[2] 이 구절 대부분은 하나님께서 그의 천사들로 말미암아 그의 메시지를 보내셨다는 1:1의 선언을 반복하는 것이며, 이와 마찬가지로 22:7에서 예수님이 오시겠다는 약속과 말씀을 지키는 자들에 대한 복은 1:3을 반영하고 있으며, 그리고 22:8에 있는 "나 요한"은 1:9에 있는 내러티브의 서론을 반영하고 있다. 고대 저자들은 종종 그들의 글이나 혹은 그들 글의 일부를 괄호로 묶었기 때문에, 이러한 반영들은 이 책이 거의 끝부분에 도달했다는 것을 청중들에게 알리는 하나의 방식이다.

이렇게 참된 예언에 주의하는 사람들은 상급을 받게 될 것이다. 왜냐하면 예수님은 우리가 행한 대로 각 사람에게 갚아주기 위해(계 22:12) "속히 오실 것"이기

1. 예를 들면, 1QH 10.8; 희년서 10:3; 에녹 1서 37:4; 38:2, 6; 39:2, 8-9, 12; 40:1-2, 4; *CIJ* 1:524, §725; *PGM*, 62.25-26; 클레멘트 1서 59.3; *b. Ber.* 60b; G. Adolf Deissmann, *Light From the Ancient East* (Grand Rapids: Baker, 1978), 424에 나오는 여러 자료들; John Bowman, tr., *Samaritan Documents Relating to Their History, Religion and Life*, POTTS 2 (Pittsburgh: Pickwick, 1977), 328.
2. Beale, *Revelation*, 1124는 이곳에서 단 2:45의 반향에 대한 훌륭한 논거를 제시하고 있다.

때문이다(계 22:7). "속히 오신다"는 약속은 22:7-12과 보다 광범위한 방식으로 22:7-20에서 단락의 틀을 구성하고 있으며, 또한 끝맺음 단락의 반복되는 주제를 형성하고 있다.[3] 예수님의 오심은 1:7(이 구절에 대한 설명을 보라)과 19:11-16의 보다 자세한 묘사를 생각나게 한다. "속히"는 1:3, 2:16, 그리고 3:11을 상기시킨다. 이제 22:8에서, 요한은 1장 이후 처음으로 자신의 이름을 언급하며(계 1:1, 4, 9), 그리고 동일한 이유로 요한복음에서 사랑하시는 제자가 증언한 것처럼(요 19:35), 목격자의 증거를 제공한다. 선지자적 천사가 요한의 예배를 거절한 것(계 22:8-9; 참조. 19:10)은 하나님과 어린 양만이 예배를 받으실만한 분이심을 독자들에게 상기시킨다. 이렇게 대조하는 방식으로 요한은 다시 한 번 요한계시록 여러 곳에서 강조했던 그리스도의 신성을 분명히 나타내고 있다.

하나님은 다니엘에게 자신의 예언을 봉함할 것을 명령하셨는데(단 12:4, 9), 이는 종말의 때가 긴 시간을 두고 떨어져 있었기 때문이었다(단 8:26; 9:24; 10:14).[4] 이와는 대조적으로 요한계시록은 예언의 말씀을 인봉하지 말라고 말하는데(계 22:10), 이는 그 당시에 이미 시작된 사건들을 말하고 있기 때문이다(계 12:5-6에 대한 설명을 보라). 때가 매우 가까이 온 것처럼 보이기 때문에 각 사람은 그 자신이 지금 행하고 있는 일을 계속 행하는 것이 좋으며(계 22:11), 또한 각 사람은 그 행위에 합당한 보응을 받는다(계 22:12). 이 단락은 아마도 종말의 때가 가까이 다가왔다는 것을 암시하고 있는데, 왜냐하면 다니엘은 악한 자들이 그들의 악한 행위를 계속 행하는 것에 대해 말했기 때문이다(단 12:10). 악한 자들은 역사 속에서 하나님의 계획 가운데 그들의 부정적인 역할을 감당하게 될 것이다.[5]

그러나 실제로, 하나님은 사람들이 계속 반역을 행하기를 원하시는 것이 아니다. 오히려 이 표현은 반어적인 것이며, 그리하여 흔히 성경의 예언자들에게 나타나는 것처럼 회개하기를 촉구하는 수사학적 기능을 담당하고 있다(사 29:9; 렘 44:25; 암 4:4).[6] 하나님은 듣기를 원하는 자들과 그리고 반역을 선택하여 그들의 반역의 결과에 직면하는 사람들을 부르신다(겔 3:27 참조).[7] 그러나 요한은 일단

---

3. Aune, *The New Testament in Its Literary Environment*, 241은 22:10-21이 편지 결론의 추신으로 기능을 하며, 그리하여 이 책의 주제들을 요약하고 있다고 주장한다.
4. Pseudo-Enoch(僞에녹)은 하나님의 말씀들이 종말에는 이해될 것으로 주장하였다 (에녹 1서 100:6). "인봉된" 어떤 것은 "닫혀져" 있으며, 접근할 수 없는 것이다(사 29:11; *b. Sanh.* 103b).
5. Beale, *Revelation*, 1131-33을 보라.
6. 또한 전 11:9; 마 23:32; 시빌의 신탁 3.57-59를 보라. 회개하라는 요청은 디다케 10.6에 보다 분명하게 나타난다. "더러운"이라는 표현은 슥 3:3-4의 칠십인 역에 등장한다.

종말이 오면, 주님께서는 그가 행한 일에 따라 각 사람에게 의롭게 갚아주신다는 것은 그의 동시대 유대인들과 생각이 같을 것이다(계 22:12; 참조. 20:12).[8]

하지만 그리스도를 믿지 않은 요한의 동시대 유대인들 대부분이 요한의 말을 불편하게 생각하는 곳은 예수님께서 마지막 날에 심판주로 오신다는 그의 주장인데(계 22:12), 이는 그리스도를 믿지 않는 유대교가 가장 배타적인 의미로 하나님에 대해 남겨두고 있는 역할이다.[9] 이사야서에 대한 암시를 이해하는 사람들은 예수님이 여기서 자신을 신적인 존재로 주장하고 있다는 것을 훨씬 더 분명하게 인식할 것인데, 왜냐하면 하나님은 이사야 40:10과 62:11에서 그의 상급이 따를 것("상급이 그에게 있고")을 약속하셨기 때문이다.[10] 요한계시록은 22:13에서 그리스도의 신성에 대한 이러한 암시를 강화하고 있는데, 이곳에서 세 가지 다른 방식으로 화자는 처음과 나중—즉 하나님으로 불리어지고 있다(사 41:4; 44:6; 48:12; 계 1:8, 17에 대한 설명을 보라). 그가 "처음과 마지막"이심을 강조하심으로써, 예수님은 또한 자신이 역사를 다스리시는 분이심을 이 책의 수신자들에게 상기시키고 있다. 종말에 대한 유대교 문헌들은 종종 하나님이 이 세상을 창조하셨을 때, 그 세상을 마무리 지을 능력을 가지고 계신 분은 하나님이심을 독자들에게 상기시키곤 하였다(에스라 4서 6:6).

"두루마기를 빠는" 것에 대한 요청(계 22:14)은 그들이 입고 있는 옷이 더렵혀져 있다는 것을 이미 선언했던 사데 사람들에게 특히 강한 어조의 경고로 들린다(계 3:4).[11] 이 문맥에서 언급되고 있는 것처럼(계 22:12), 예수님의 임박한 재림을 준비하기 위해서(계 16:15), 이 옷은 예수님의 피로 씻어져야 한다(계 7:14). 예수님의 재림에 준비된 사람들은 그의 피에 의존하여 "생명나무"에 참여하며(계 2:7;

7. 좋은 가르침을 거부하는 자들에 대한 형벌은 그 사람이 있는 그대로 남아있는 것이다 (Epictetus, *Disc.* 1.12.21-22; *PGM*, 4.749-50).

8. 시 62:12; 잠 24:12; 렘 17:10; 시락 16:12, 14; 에스라 4서 7:35; 마 16:27; 롬 2:6; 고후 11:15; 계 22:12; *Pes. Rab.* 8:2를 보라. 보응에 대해서는 11:18에 대한 설명을 보라.

9. 예를 들면, 시빌의 신탁 4.183-84; 에녹 1서 9:4; 60:2; 62:2. 보다 일반적인 의미에서 그것은 아벨(아브라함의 유언 12-13A; 11B), 에녹(에녹 3서 16:1), 혹은 사람의 아들(에녹 1서 69:27) 등에게 적용할 수 있지만, 그러나 예수님은 최상의 의미를 가지고 등장하신다(마 7:23; 25:31-33을 참조하라).

10. 요한계시록의 "그가 행한 것"(22:12)도 사 40:10; 62:11 칠십인 역에 나오는 표현을 공유하고 있으나, 아마도 이를 시 62:12와 관련시키는 방식으로 했을 것이며, 또한 요한계시록이 그러한 노선을 따라 인용하고 있다.

11. 우리는 그들의 옷을 씻으라는 요청은 본문의 증거에 기초한 보다 가능성 있는 독법으로 간주한다. 그러나 어떤 사람들은 교부들의 증거와 요한계시록 그 외의 부분에 기초하여 "그의 계명을 행하는 자들"을 선호한다(Stephen Goranson, "The Text of Revelation 22:14," *NTS* 43 [1997]: 154-57을 보라).

그리고 22:2에 대한 설명을 보라) 그리고 "문들을 통하여 성에" 들어간다(계 22:14; 그리고 21:25-26에 대한 설명을 보라). 문들과 나무를 다시 언급하는 것은 22:14이 22:15(이 구절은 21:8, 27을 암시하고 있다)과 더불어 앞에 나온 내용을 요약하고 있는 것이다.

그러나 모든 사람이 그 성에 들어가도록 환영을 받는 것은 아니다. 신실한 자들을 위해 준비된 미래의 낙원은 보편 구원론을 암시하는 것이 아니다. 21:25-27에서 문들이 어린 양의 생명책에 기록되어 있는 사람들을 위해서만 열려있는 것처럼, 마찬가지로 22:15에서 예수님은 낙원에 배제될 사람들의 부분적인 목록을 제공하고 계신다(계 21:8에 대한 설명을 보라). 복술을 행하는 자들(계 9:21; 18:23), 음행하는 자들(계 2:14; 9:21; 14:8), 그리고 우상을 숭배하는 자들(계 13:14-15) 모두 짐승의 체제에 참여하는 자들이다. 그리스도인들을 죽이는데 참여하는 사람들은 살인자들로 간주된다(계 2:9-10; 13:15). "거짓"으로 사랑하고 살아가는 사람들은 아마도 적그리스도의 체제에 의해 미혹을 받는 사람들 속에 포함될 것이다(계 3:9; 14:5; 참조. 요 8:44; 살후 2:10; 요일 2:22). "개들"은 남성 동성애적 매춘을 가리키는 듯한데(신 23;18), 이는 음행에 대한 경고를 더욱 발전시키고 있다.[12]

요한이 증언할 뿐만 아니라(계 22:8), 예수님도 증언하시는데, 예수님은 이 전체 계시의 배후에 계시는 분이시다(계 22:16).[13] 예수님은 "다윗의 자손"이실 뿐만 아니라 또한 그의 "뿌리"이기도 하다(계 22:16; 참조. 5:5). 약속된 메시아는 다윗 계열의 가지인 반면(사 11:1)—이곳에서 이를 염두에 두고 있다—요한계시록 기독론의 전체 문맥을 고려하면, 이 구절은 예수님이 다윗의 계열에서 나온 바로 그 뿌리이며 또한 그 다윗의 계열이 궁극적으로 의존하고 있는 분 이상이 되시는 분으로 제시한다.[14] "광명한 새벽 별"로써, 예수님은 그의 영광을 요한과 동시대의 사

12. 개들은 종종 성적으로 부도덕한 자들로 간주되고 있다(Aelien, *Animals* 7.19). 이 명칭은 고대 이교 전승에서 잘 알려진 욕설이 되었다(Homer, *Il.* 8.527; 9.373; 11.362; 20.449; 22.345; *Od.* 17.248; 22.35; 참조. 막 7:27). 마르크 필로넨코(Marc Philonenko)는 요한계시록이 4QMMT에 나오는 것처럼 예루살렘 성전에서 개들을 추방하는 것을 영적인 의미로 만들고 있다고 생각한다("'Dehor les Chiens' [Apocalypse 22.15 et 4QMMT B 58-62]," *NTS* 43 [1997]: 445-50). 그러나 불결한 짐승들이 어떤 경우라도 문자적인 성전 안에 있도록 허락될 수 있었겠는가?

13. 여기서 "너희"(복수; 참조. NIV의 설명)는 (일곱) 교회와 다르기 때문에, 오니(Aune)는 이것이 아마도 22:9의 선지자들을 가리키는 말이 아니겠는가 생각한다("The Prophetic Circle of John of Patmos and the Exegesis of Revelation 22.16," *JSNT* 37 [1989]: 103-16; idem, *Revelation*, 3:1225-26).

14. 마태복음의 족보의 구조에 암시되어 있는 비슷한 논증을 참조하라(Craig S. Keener, *Matthew* [Downers Grove, Ill.: InterVarsity, 1997], 53). 뿌리로서의 족장들에 대해서는, *Pes. Rab Kab.* 15:5; 롬 11:16을 참조하라.

람들에 의해 종종 경배를 받았던 천체와 비교하고 있으며, 아울러 메시아이신 분으로 주장하고 있다(민 24:17).[15]

22:17에서 "성령"은 아마도 선지자들이 말을 하도록 영감을 불어넣으시는 성령을 가리키는 듯하다(일곱 교회 편지에서처럼, 예를 들면, 계 2:7).[16] 아마도 성령은 여기서 "신부"를 통해 말씀하시는데, 그리하여 신부는 선지자적 공동체로 묘사되고 있다. 혹은 성령께서 말씀하시고 그 다음에 신부가 말을 하는 것일 수 있다.[17] 말씀이 "오라"고 함으로써, 성령과 신부는 목마른 자들에게 마시라고 요청하는데, 이는 나중에 예수님이 오실 것이라는 외침에서 반향이 되고 있다(계 22:20). 그러나 요한계시록이 최초의 독자들에게만 말하는 것이 아님에도 불구하고, 성령과 신부의 초청에 다가가는 사람은 그 다음에 나오는 행이 아니라 앞의 문맥으로부터 우선적으로 그렇게 할 것이라는 점은 주목할 만한 것으로 보인다. 그리하여 아마도 "오라"는 말씀에서, 그들은 22:7, 12에 나오는 예수님의 약속을 따라서 그리고 22:20에서 이러한 성격을 지니고 있는 마지막 기도를 기대하면서 예수님이 오실 것을 외치고 있는 것이다. 이러한 사실은 목마른 자들이 오는 것을 환영하도록 끌어내고 있으며 또한 이는 예수님의 재림을 기다리는 성령과 성도들의 탄식에 대한 초기 기독교적 가르침과도 일치한다(롬 8:22-23, 26).

하나님의 보좌로부터 흘러나오는 "생명수"에 대한 이 같은 초대(계 22:17)는 아마도 미래에 생명수를 마실 것에 대한 초대뿐만 아니라 현재에도 그 물을 마실 수 있다는 것을 암시한다. 즉 "원하는 자는 값없이 생명수를 받으라." 우리가 "생명나무와 및 거룩한 성에 참여하는 것"(계 22:19)은 미래적 유업을 가리키지만(계 21:7), 그러나 요한복음에 나오는 영생에 대한 개념처럼(요 3:16), 그 나라를 현재적으로 맛보는 것과 모순되는 것이 아니다.

요한이 일곱 교회에 보내는 편지의 마지막 부분은 우리가 지금 예수님과 더불

---

15. 새벽별에 대해서는 2:28에 대한 설명을 보라. 그러나 많은 주석학자들은 그 별(이것이 그리스도 자신일 필요는 없다)과 이 별을 구분한다. 메시아적인 발람의 별에 대해서는, 또한 1QM 11.6-7을 보라. 주석들에 나오는 다른 자료들 외에도, Richard N. Longenecker, *The Christology of Early Jewish Christianity* (Grand Rapids: Baker, 1981), 112, n. 221을 보라.

16. 요한의 동시대 사람들 중에 성령을 예언과 연관시키는 것에 대해서는, Craig S. Keener, *The Spirit in the Gospels and Acts* (Peabody, Mass.: Hendrickson, 1997), 10-12를 보라. 성령의 대답에 대해서는 *Sifre Deut.* 355.17.1-6; 356.4.1을 보라.

17. Bruce, "The Spirit in the Apocalypse," 342-43; idem, *Time Is Fulfilled*, 112와 Caird, *Commentary on Revelation*, 287은 예수님의 재림을 기원하는 마라나 다(Marana tha) 기도에서 신부가 성령을 지지하는 것을 찬성한다. 나는 성령이 신부를 통하여 이를 말씀하신다는 것을 임시로 찬성한다.

어 먹으며(계 3:20) 그리하여 신부의 영적인 단장(계 21:2, 19), 부(계 21:18), 그리고 치유(계 22:2) 등을 이 시대에 받는다는 것을 암시한다(계 3:18). 만일 새 예루살렘에 대한 요한계시록의 묘사를 요한복음과 함께 읽는 것이 정당하다면, 열매(계 22:2)는 신자들 속에 있는 예수님의 생명을(요 15:2) 그리고 보좌로부터 흐르는 생명수(계 22:1)는 신자들의 현재적 성령의 경험을 가리키는 듯하다(요 4:14; 7:37-39; "흐른다"는 술어는 요 15:26에서 아버지께로부터 "나오시는" 성령으로 보인다). 우리는 미래의 영광을 약속받았지만, 그러나 우리는 현재 우리와 하나님과의 관계에서 그 영광을 미리 맛보는 것을 경험할 수 있다.

22:8에 나오는 요한의 증언과 22:16에 나오는 예수님의 증언에, 성령과 신부의 확신 있는 기도에 의해 암시되고 있는 것을 더하는 것(계 22:17)은 이 책(계 22:18-19)과 신실한 증인이신 예수님에 의한 다른 증언(계 22:20)을 변경시키려는 자들에 대한 엄숙한 저주이다.[18] 이것은 영감된 것으로 주장하는 책이나 글에 대한 표준적인 주장이다. 이 저주는 요한계시록이라는 개별 책에 해당한다(그러나 그 '원칙'은 나머지 성경에도 해당된다. 왜냐하면 그 성경의 기초가 영감이기 때문이다).

모세는 율법에서 가감하지 말 것을 이를 듣는 자들에게 경고하였다(신 4:2; 12:32). 후대 유대교 저자들은 칠십인 역이 완전하며 개정되어서는 안 된다고 주장하였다(아리스테아스의 편지 310-11). 에녹 1서도 신중하게 전달할 것을 요구하였으며(에녹 1서 104:11-13) 그리고 그 예언적 말을 변경시키는 자들에게 저주 선언으로 위협하였다(에녹 1서 108:6).[19] 요한계시록에 나오는 모든 저주가 그러한 사람에게 임할 것이라는 것은 성경적 및 유대교적 기대와 일치한다(신 29:19-20, 27).

요한계시록은 아마도 그 당시에는 잘 알려졌던 기도, 즉 "주 예수여 오시옵소서"(계 22:20; 디다케 10.6)로 끝을 맺는다(22:21에서 서간체 축복 선언 직전에). 아람어에 해당하는 동일한 기도인 "마라나 다"(*Marana tha*, 오 주님, 오시옵소서)는 고린도전서 16:22에도 나타나는데, 이러한 말들은 아람어를 말하는 최초 교회

18. 저주 양식에 대해서는, Aune, *Prophecy in Early Christianity*, 115-16, 288을 보라. 이 책이 인봉되지 않았다는 것(비록 은유적이긴 하나; 22:10)은 이 책을 변화의 여지가 있는 것으로 만들고 있다.

19. 요세푸스는 아무도 감히 성경에 추가하거나 변경시키려고 하지 않았다는 것을 언급하고 있다(Josephus, *Apion* 1.42; 참조. 잠 30:6). 후대 랍비들도 지금까지 어느 누구도 토라의 단 한 글자도 변경시킨 사람이 없었다는 것에 동의했다(*b. Sanh.* 107ab; *p. Sanh.* 2:6, §2; *Gen. Rab.* 47:1; 참조. 마 5:18). 레위지파가 이를 보증해야 했다(*Pes. Rab Kab.* Sup. 1:8). 후대 영지주의자들은 실제로 신약성경 본문, 특히 요한계시록이 경고하고 있는 문제들을 자유롭게 개작하였다(Beasley-Murray, *Revelation*, 346).

들의 열망을 반영하고 있으며, 또한 이는 예수님이 오실, 신적인 주님으로 이미 인식되었음을 보여준다.[20]

상황잇기

전제를 가지고 단락을 해석하는 것. 해석학자들은 너무나도 자주 그들 자신의 전제들을 가지고서 성경 본문들을 해석한다. 신흥 종교들도 두드러진 예증을 제공한다. 서투른 해석학적 방법을 보여주는 우리의 가장 두드러지면서도 시시한 논쟁의 예로 돌아가 보면, 여호와의 증인들은 "알파와 오메가"가 신적인 칭호임을 알고 있으면서도(계 1:8), 22:13에서 말씀하시는 분은 "여호와"이지 예수는 아니라고 주장한다.[21] 하지만 이러한 견해는 이 표현에 대한 요한계시록의 전형적인 용법을 고려하면 놀라운 일이다. 이러한 생각이 그들의 가르침을 침해한다는 것을 알지 못하는 여호와의 증인 한 사람은 22:13이 마치 예수님이 말씀하시는 것처럼 들린다고 나에게 인정했다. 결국 요한계시록 다른 곳에서 예수님은 그들의 행위를 따라 각 사람에게 갚아주시는 분이시며(계 2:23), 그리고 "속히 오리니"라고 말씀하시는 분은 바로 예수님이시다(계 2:16; 3:11; 22:20).

여호와의 증인들이 인정해야 하는 것처럼, 22:16에서 말씀하시는 분은 분명히 예수님이시다.[22] 이 단락에서 화자(話者)가 바뀌어지기 때문에(계 22:8-9; 참조. 창 16:10), 설득력이 있는 다른 세부 내용들을 기억하는 것도 도움이 된다.[23] "처음과 마지막"(계 22:13)은 요한계시록 다른 곳에서 예수님에 대해 사용되고 있으며(계 1:17; 2:8), 그리고 "시작"은 예수님에 대해 한 번 사용되고(계 21:6), 그리고 "알파와 오메가"—이는 명백한 신적인 칭호이다—는 이 칭호가 의미하는 그대로 신적인 칭호이다(사 44:6; 48:12; 계 1:8에 대한 설명을 보라).

속히 오리니. 이 단락은 예수님이 "속히 오실 것"을 반복해서 강조한다(계 22:7,

---

20. 보다 자세한 설명에 대해서는, Oscar Cullmann, *Early Christian Worship* (Philadelphia: Westminster, 1953), 13-14; idem, *The Christology of the New Testament* (Philadelphia: Westminster, 1959), 210; Otto Betz, *What Do We Know About Jesus?* (Philadelphia: Westminster, 1968), 108; Gordon D. Fee, *The First Epistle to the Corinthians* (Grand Rapids: eerdmans, 1987), 838-39 등을 보라.

21. *Revelation: Grand Climax*, 316.

22. Ibid., 317-18.

23. 화자들의 명백한 변화는 아마도 구약성경의 몇 가지 상황에 나타나는 "여호와의 사자"처럼, 하나님에 대해 예언하는 "천사들"을 가리킬 수도 있다. 여호와의 사자의 이러한 활동에 대해서는, John H. Walton and Victor H. Matthews, *The IVP Bible Background Commentary: Genesis-Deuteronomy* (Downers Grove, Ill.: InterVarsity, 1997), 43을 보라.

12, 20). 이것은 본문에서 중요하게 강조되고 있는 것이며, 그리고 수많은 반응들을 일으켜왔다(계 1:3에 대한 설명을 보라). 오늘날 이 본문을 전달하는 한 가지 방법은 주님의 재림에서 임박성의 의미를 새롭게 반복하는 것이다. 본문이 다른 곳에서 무엇을 의미하든, 그것은 우리가 주님의 재림을 준비하며, 또한 그날을 바라보고 기대해야 할 것을 우리에게 요구하고 있다. 만일 예수님의 재림 사상이 패닉 상태를 유발시킨다면, 그것은 우리가 이 세상과 또한 그 세상이 중요하게 여기고 있는 것에 너무나도 집착하고 있기 때문이다. 이 세상에는 주님이 재림하실 때 우리 주님을 보는 것보다 더 갈망해야 하는 것은 없다.

경고들. 요한계시록은 그 성취가 워낙 임박했기 때문에 사람들은 그들이 지금 하고 있는 행동을 계속하는 것이 차라리 낫다는 것을 경고한다(계 22:10-11). 수사학적으로 이것은 특히 이 책의 주요 청중들에게 인내에 대한 요청의 기능을 하지만, 또한 이는 무사안일에 빠져있는 사데 및 라오디게아의 그리스도인들을 뒤흔들기 위한 경고로서의 기능도 한다. 어떤 사람들은 사건들이 곧 일어날 것이라는 약속이 결코 실현될 수 없으며, 최소한 예수님의 약속된 재림의 의미에서는 아니라고 불평을 한다(계 22:12). 로마의 멸망조차도 비록 그러한 전망이 있었음에도 불구하고 수세기 동안 연기되었다는 것이다. 하지만 이러한 표현의 수사학적 기능은 시간이나 때를 제공하는 것이 아니라(어떤 날짜도 제공되지 않는다), 우리로 하여금 준비하도록 요구하는 것이다. 본문은 우리들 중 많은 사람들에게 임박한 것이 무엇인가를 가르치고 있다. 즉 예수님이 오실 때까지, 예수님의 재림은 항상 잠재적으로 가까운 것이며, 또한 우리는 늘 깨어있어야 하는데, 이는 예수님이 오실 때 반드시 도덕적으로 준비되지 않은 것을 간파해내시기 때문이다.

이 책에 무엇인가를 더하는 사람에 대한 경고는 예언 혹은 하나님께서 자신을 그의 백성들에게 계시하시는 다른 수단들의 중지로 해석되어서는 안 된다.[24] (1) 이것은 단순히 요한계시록이 마무리 된 것을 말하며, 그리고 최초의 청중들은 이 구절을 요한계시록 그 자체에 더하지 않는 것 이상으로 달리 해석하지 않았다. 우리가 살펴본 대로 이와 비슷한 경고는 다른 문헌들에도 나타나고 있으며, 그리고 항상 그러한 경고가 첨가되어 있는 일만을 가리킨다.

(2) 완성된 신약 성경 어디에서도 예언과 같은 은사들이 그리스도의 재림 이전

24. Robert L. Thomas, "The Spiritual Gift of Prophecy in Rev 22:18," *JETS* 32 (June 1989): 201-16은 이 구절을 예언의 중지와 관련시킨다(우리가 볼 때에는 잘못되었다).

에 중단될 것으로 말하지 않는다(고전 13:8-13, 특히 13:12). 실제로 요한계시록은 주님이 오실 때까지 선지자들을 기대하고 있다(계 11:10; 16:6; 18:20, 24).[25]

(3) 우리는 또한 보다 일반적인 의미에서의 계시와 정경으로서의 계시 사이를 구분할 수 있다. 성경은 선지자들이 예언한 것들이 어디에도 기록되지 않는 많은 합법적인 선지자들을 알고 있다(예를 들면, 왕상 18:13; 고전 14:29-32). 하나님 자신은 성경 어디에서도 기록되지 않는 많은 것들을 말씀하셨다(요한계시록에도 암시되어 있다. 10:4를 보라). 하지만 정경의 기능은 측량하는 자이며, 또한 우리가 다른 모든 주장들을 계시로 평가할 수 있는 비평적으로 합의가 된 최소한의 권위 있고, 정확한 계시이다. 성경 그 자체는 성경이 하나님이 지금까지 말씀하신 모든 것이 아니라 전체적으로 여전히 하나님의 말씀이며 따라서 다른 주장들을 평가하는 기준이요 척도라는 것을 우리에게 가르친다.

22:18-19에 있는 경고가 예언의 중지와 그리하여 기독교 정경의 종결을 가리키는 것이 아님에도 불구하고, 오늘날 대부분의 그리스도인들 중에는 요한계시록이 정경에서 마지막 책이라는 것에 대해서는 아무런 논란이 없다. 물론 우리는 정경이 지금 종결되었으나(즉, 구약 성경이나 신약 성경에 더 이상 첨가할 책이 없다는 것), 종결된 정경은 하나님이 성경 속에서 말씀하신 것처럼 그리고 성경 그 자체가 우리로 예상하도록 인도하고 있는 것처럼 극적인 방식으로 더 이상 말씀하실 수 없다는 것을 의미하는 것은 아니다.[26]

---

25. 은사들의 지속성에 대해서는, Gordon D. Fee, *God's Empowering Presence: The Holy Spirit in the Letters of Paul* (Peabody, Mass.: Hendrickson, 1994), 893-94; idem, *Gospel and Spirit: Issues in New Testament Hermeneutics* (Peabody, Mass.: Hendrickson, 1991), 75-77; Jack Deere, *Surprised by the Power of the Spirit* (Grand Rapids: Zondervan, 1993), 99-115, 229-66; Craig Keener, *3 Crucial Questions About the Holy Spirit* (Grand Rapids: Baker, 1996), 79-130. 네 가지 견해들에 대해서는, Wayne A. Grudem, ed., *Are Miraculous Gifts for Today?* (Grand Rapids: Zondervan, 1996); 또한 D. A. Carson, *Showing the Spirit* (Grand Rapids: Baker, 1987)과 Max Turner, *The Holy Spirit and Spiritual Gifts* (Peabody, Mass.: Hendrickson, 1998)에서 은사에 대한 탁월한 토론을 보라.
26. 특히 Deere, *Surprised by the Voice of God*, 여러 곳에 나오는 논증을 보라. 성경은 우리가 "계시"(*apocalypsis*)로 번역하는 단어를 성경에 한정하지 않으며(고전 14:6, 26, 30; 갈 2:2), 그리하여 성경 안에 있는 것을 넘어서는 계시가 있다고 주장하는 사람들을 "자유주의적"이라고 단언하는 것은 성경의 명예를 손상시키는 것이며 또한 성경과 모순된다.

현대적 의미

진리와 성취. 이 단락은 하나님의 약속들이 "신실하고 참되며" 또한 하나님께서 그 약속들을 성취하실 것임을 강조한다. 이러한 원칙은 우리가 우리 자신이 삶 속에서 계속 기다리고 있다고 느끼는 개별적인 약속들에 관하여 우리들에게 위로를 주지만, 본문은 그보다 훨씬 더 큰 그 무엇을 말하고 있다. 즉 구원사에 있어서 하나님의 전체적인 목적이 그것이다. 우리는 하나님께서 우리의 생애 가운데 우리로 하여금 하라고 부르신 일들이라고 해도 그 모든 것이 성취되는 것을 보지 못하고 죽을 수도 있다. 예레미야(렘 43:1-7)와 바울(딤후 1:15)과 같은 성경적 인물들은 그렇지 않았지만, 하나님은 그럼에도 불구하고 그의 선하신 말씀들을 성취하셨다(예를 들면, 대하 36:21-22; 스 1:1; 단 9:2).

하나님은 우리에게 다가오는 시대를 기억하도록 요구하셨으며, 이 때 하나님의 남아있는 모든 약속들이 성취되어질 것이다(행 3:21-25; 엡 3:6; 딤전 4:8; 히 6:12). 우리는 그 약속들의 궁극적이고 영원한 의미를 명심하고 있기 때문에(엡 1:17-20; 벧후 1:4), 그러한 약속들을 굳게 붙잡는 것은 하나님께서 우리에게 완수하라고 주셨던 현재의 과업에 계속 신실하도록 우리에게 힘을 준다. 미래적 소망의 생생한 약속들은 성령을 통하여 그러한 약속들을 미리 맛보도록 현재적인 초청을 제공하는데, 이는 성령께서 우리의 미래적 세계의 전조가 되시기 때문이다(고전 2:9-10; 엡 1:3, 13-14; 참조. 히 6:4-5).

예배. 이 단락은 어떤 창조된 존재의 역할이 아무리 엄청나다 하더라도, 하나님만이 우리의 경배를 마땅히 받으실만한 분이라는 것을 신자들에게 상기시킨다(계 22:8-9). 교회 안에서도, 명성이 있는 사람들을 숭배한다든지, 혹은 다른 사람들이 예배 중에서 우리의 행위를 어떻게 생각할 지에 대해 걱정을 한다든지, 또는 다른 여러 문제들이 우리가 하나님 앞에서 예배를 드리는 순수함을 딴 데로 돌릴 수도 있다. 결국 하나님은 우리가 다른 그 무엇보다도 즐겁게 해드려야 할 분이시며(갈 1:10; 골 3:22) 또한 우리의 예배 가운데 우리가 하나님을 즐거워해야 한다는 것을 명심하라. 그렇게 하는 것은 우리의 관심을 다시금 하나님에게 집중하도록 하는데 도움을 줄 것이다.

순종. 우리는 또한 예언이 인봉되지 않았다는 것을 알고 있는데(계 22:10), 이는 요한계시록 전체의 메시지가 이 세대를 통하여 하나님의 백성들에게 적용되어야 한다는 것을 의미한다. 모든 상세한 예언들을 분석하지 않고서도, 우리는 이 책이 우리의 순종과 소망에 대해 제공하는 중요한 모든 진리를 생각해 낼 수 있다. 이것은 특정한 죄에 대한 경고를 포함하지만(계 22:15; 그리고 계 21:8에 대한 설명을 보라), 특히 바벨론이나 세상과 동일시하는 죄를 포함하는데, 이 바벨론과 세상은 하나님과 그리고 우리의 진정한 고향인 새 예루살렘에 적대적이다(계 3:12; 참조. 히 11:10, 16; 12:22; 13:14).

우리는 우리의 삶 속에서 우리가 행한 일들에 대해 심판을 받는다는 것을 또한 명심해야 한다(계 22:12). 그리스도인들은 마치 아무런 문제가 되지 않는 것처럼 규칙적으로 죄를 짓고 그 다음에 죄 용서를 구하는 것을 정당화하기 위해 여러 신학들을 너무나도 자주 사용해왔다. 요한계시록은 어떤 차원에서 우리가 선택하는 모든 일들에는 결과가 있으며, 이러한 결과들은 정당한 것이고, 따라서 우리가 변명해서는 안 된다는 것을 우리들에게 상기시킨다. 우리가 죄를 지을 때, 만일 우리가 죄 짓는 것을 그만 둘 수 없다고 말한다면 우리는 스스로를 속이는 것이다. 우리는 우리가 죄 짓는 것을 그만 두기를 '선택' 할 수 없다는 것을 인정할 만큼 정직해야 한다. 그러한 정직함은 우리가 거룩하게 살도록 그리스도께서 우리에게 은혜를 주신다는 것을 인정하는 필요조건이다. 우리의 옷을 빨도록 하는 경고(계 22:14)는 교회에 다니는 사람들에게도 적용할 수 있다(계 3:4). 예수님의 오심에 비추어 볼 때(계 22:12), 우리는 "준비되어" 있어야 한다.

악 목록(계 22:15)은 도덕적으로 준비가 되어있어야 한다는 이 같은 요청을 강화시킨다. 하지만 거룩하라는 이 같은 요청이 이미 교회 안에 있는 사람들을 위한 것임에도 불구하고, 22:11은 지금 그러한 일을 행하는 것을 회개하려는 사람들에게 그 회개가 너무 늦었다는 것을 의미하는 것이 아니다(계 2:5, 16, 21-22; 3:3, 19; 9:20-21; 16:9, 11; 그리고 위에서 22:11의 수사학적 힘을 보라). 이 같은 악의 행동 목록은 남창(男娼)으로 시작하고 있으며, 그리고 오늘날 많은 교회들은 그러한 배경을 지닌 사람들을 껴안는 일을 두려워하고 있다. 하지만 하나님은 모든 사람들에게 다가가기를 원하신다. 틴 챌린지(Teen Challenge) 출신의 한 친구와 나는 시카고의 거리에서 남창들과 그리스도에 대해 이야기를 나누고 있었을 때, 그는 재빨리 자백하기를 하나님께서 자신의 현재 삶의 방식에서 벗어나기를 얼마나 원하시는가에 대해 말하였다.

진실로, 그 목록에 들어있는 죄인들은 거룩한 도성에서 추방되어질 것이다. 하지만 복음의 기쁜 소식은 이전의 매춘부, 거짓말하는 자들, 우상숭배자들, 그리고 이제는 "그들의 옷을 씻은"(계 22:14) 사람들이 거룩한 도성에서 환영을 받을 것임을 말하고 있다. 요한계시록은 지금 세상의 적대행위를 견디고 있는 그리스도인들이 언젠가는 좋은 이웃들을 가질 것을 약속하며(계 22:14), 뿐만 아니라 잘못 살아가는 사람들에게 그리스도로 말미암아 변화될 것을 요구함으로써(계 22:17 참조) 아마도 부분적으로 축출에 대해 우리를 경고하고 있는 듯하다.

요한계시록이라는 책에 더하지 말하는 단호한 경고가 나온다(계 22:18). 이 말의 초점은 구체적으로 이 책을 가리키지만, 아울러 우리가 그것이 요한계시록이든 아니면 다른 책이든 간에, 하나님의 말씀에 결코 덧붙여서는 안된다는 보다 광범위한 원리를 제시하고 있다(잠 30:5-6; 아마도 창 3:3). 실제로, 때로는 우리의 신학적인 추정들 혹은 본문을 보다 편리하게 만들기 위해 성경 본문을 피해 다니는 방식들이 정확하게 바로 그러한 일을 저지를 수가 있는 것이다. 다양한 그리스도인들은 특정한 입장들이 그러한 추정들을 드러내는 일에 대해 의견이 다를 수 있지만, 그러나 우리는 순전한 마음으로 하나님의 말씀 모두를 듣고 순종하기 위해 최선을 다하도록 우리의 마음을 지키지 않으면 안 된다.[27]

주 예수여 오시옵소서. 우리는 마지막 관찰로 마치려고 한다. 오늘날 모든 그리스도인들이 "주 예수여 오시옵소서"(계 22:20)라고 기도함으로써 편안함을 느끼는 것은 아니다. 고난 받는 그리스도인들은 예수님의 재림을 갈망하겠지만, 그러나 어떤 사람들은 세상에 좀더 편안함을 가지고 있으며 또한 현 세상 질서의 종말을 근심어린 눈으로 바라보기도 한다(계 3:3을 참조하라). 때때로 우리는 나쁜 것이 아닌 것들을 사랑하고 있지만, 만일 우리가 예수님을 동경하는 것 이상으로 그러한 것들을 사랑한다면, 그것은 우선순위가 잘못된 것이다.

수년 전에 나는 결혼 배우자를 위해 걱정을 하면서 규칙적으로 기도한 적이 있었다. 하지만 어느 날 내가 어떤 교회 안으로 걸어 들어가서 내 형제자매들이 예수님의 재림에 대해 찬양하는 것을 들었다. 갑자기 나는 내가 그리스도의 재림을 갈망하는 것보다 내 아내가 될 사람을 더 갈망하고 있었구나 하는 생각이 들었다. 나는 회개하였으며 그리고 내 마음이 주님 앞에서 정돈될 수 있도록 도와주시기를 주님께 간구하였다. 우리가 가지고 있는 어떤 다른 갈망은 가장 위대하고 가장 진정한 사랑에 대해 우리가 갈망하는 것의 그림자에 불과할 것이며, 어린 양의 피 흘림은 이를 사랑하는 자들에게 영원한 증언으로 남아있을 것이다.

27. 희생에 대한 예수님의 명백한 의미를 피하려는 사람들에 대한 디트리히 본훼퍼(Dietrich Bonhoeffer)의 도전을 보라(*The Cost of Discipleship*, rev. ed [New York: Macmillan, 1963], 88-91).